本报告出版得到

国家重点文物保护专项补助经费资助

本报告后期整理研究得到中宣部人才项目"并江融淮——文化中国在泛江淮区域的历史趋势"和安徽大学文科创新团队建设项目支持

本报告为国家文物局重大研究项目——考古中国

"长江中游文明进程研究"之"夏商周课题"皖南先秦矿冶遗址项目成果

本发掘项目获"2009—2010 年度国家文物局田野考古奖"三等奖

铜 陵 师 姑 墩

——夏商周遗址考古发掘与研究

（上）

安徽省文物考古研究所
安　徽　大　学
铜　陵　博　物　馆　编著
铜陵市义安区文物局

文物出版社

图书在版编目（CIP）数据

铜陵师姑墩：夏商周遗址考古发掘与研究 / 安徽省文物考古研究所等编著. -- 北京：文物出版社，2020.10

ISBN 978-7-5010-6703-9

Ⅰ.①铜… Ⅱ.①安… Ⅲ.①文化遗址—考古发掘—发掘报告—铜陵—三代时期 Ⅳ.①K878.05

中国版本图书馆CIP数据核字（2020）第087184号

审图号：GS（2020）5545号

铜陵师姑墩——夏商周遗址考古发掘与研究

编　　著：安徽省文物考古研究所、安徽大学、
　　　　　铜陵博物馆、铜陵市义安区文物局

封面设计：秦　彧
责任编辑：秦　彧　彭家宇
责任印制：苏　林

出版发行：文物出版社
社　　址：北京市东直门内北小街2号楼
邮　　编：100007
网　　址：http://www.wenwu.com
邮　　箱：web@wenwu.com
经　　销：新华书店
印　　刷：北京荣宝艺品印刷有限公司
开　　本：889mm×1194mm 1/16
印　　张：69　　插页：2
版　　次：2020年10月第1版
印　　次：2020年10月第1次印刷
书　　号：ISBN 978-7-5010-6703-9
定　　价：680.00元（全二册）

Excavation and Archaeological Research at Shigudun Site of Xia, Shang and Zhou Period in Tongling

(I)

by

Anhui Provincial Institute of Cultural Relics and Archaeology

Anhui University

Tongling Museum

Cultural Heritage Administration of Yi'an District, Tongling City

Cultural Relics Press

内容简介

师姑墩遗址位于安徽省铜陵市义安区钟鸣镇，北距长江 10 千米，所处地带为长江南岸冲积平原边缘一个面积较小的盆地，地势平坦。师姑墩遗址南面数千米的山区即为长江下游最大的铜矿带，自商周时期以来那里一直是采、冶、铸铜的资源重地。

师姑墩遗址为典型的墩形遗址，呈椭圆形，北高南低，高 1～3 米，面积约 7500 平方米。因宁（南京）—安（安庆）、合（肥）—福（州）铁路建设，经国家文物局批准，2010 年 3～8 月，安徽省文物考古研究所对该遗址进行了考古发掘。

发掘共布 10 米 ×10 米探方 9 个、5 米 ×5 米探方 15 个，实际发掘面积近 1300 平方米。发现夏商至春秋时期房址 2 座、灰坑 9 座、沟 3 条、水井 1 口，以及与建筑相关的大量柱洞和沟槽。发掘出土陶器、石器、铜器等各类标本 250 余件，以及较多的铜渣和炉壁残块，还有树干、木头、兽骨等各种动植物遗存。

夏时期遗存的年代应相当于二里头文化三、四期，与江淮斗鸡台文化较为相似。文化堆积分布较广，但遗迹较少，共有灰坑 2 个、沟 1 条、少量小坑及柱洞。遗物以陶器为主，有少量印纹硬陶，另有少量石器和冶铸遗物。主要陶器器形有鼎、豆、高领罐、厚唇缸、觚形杯等，还有个别的鸡冠耳盆、花边罐底等。

商时期遗存的年代相当于吴城文化二期，与吴城文化有密切关系。因发掘位置所限仅少数探方有堆积，遗迹仅有少量小坑。遗物以陶器为主，另有少量印纹陶。陶器数量不多但特征明显，主要器形有鬲、豆、罐等，另有鬶、竹节形杯柄等。

周时期遗存可大体分为四段，年代分别相当于西周早期、西周中期、西周晚期至两周之际、春秋早中期。遗迹十分丰富，共有灰坑 7 个、沟 2 条、水井 1 口、房址 2 座，以及大量柱洞、沟槽等与建筑相关的遗迹。

周时期的遗物数量和种类都十分丰富，主要有陶器、印纹陶、原始瓷、石器等，其中印纹硬陶、原始瓷的数量大增，冶铸遗物数量明显增多。陶器的完整器数量有限，可辨器形有鼎、鬲、盆、豆、罐、盂、甗、簋、尊、缸、盘、钵、盂、碗、器盖等。印纹陶有软陶和硬陶两种，以硬陶数量居多，器形主要有罐和瓮。原始瓷数量之多在以往同类遗址发掘中极少见，但大多数为豆。石器数量较少，主要有石凿、锛、钺、矛、镞等，此外还有大量砺石，其中部分似与青铜冶铸有关。铜器以小件铜兵器为主，还有个别青铜容器口沿、残足。与冶铸特别是铸造相关的遗物是该遗址最重要的发现，数量较多，有矿石、支座和较多粘有铜锈的遗物。

师姑墩遗址夏商时期遗存的发现是本次发掘的重要收获之一，填补了皖南和沿江区域夏商时期文化的一个缺环，首次证明了皖南青铜冶铸时间可早到二里头文化时期。西周晚期与青铜冶铸有关的遗物大增，基本涵盖了青铜冶铸的各个环节。较多与铸造相关的遗物，为重新认识商周时期青铜器制造是否具有民间冶铸行为、或者官方铸造业的其他模式提供了丰富的实物资料和全新的视野。

Abstract

The Shigudun site is located in Zhongming Town, Yi'an District, Tongling City, Anhui Province, 10 Kilometers north of the Yangtze River, situated in a flat small basin at the edge of the alluvial plain south of Yangter River. In the mountain area, several kilometers south of this site, there is the largest mineral deposit of copper in the lower Yangtze, which had been the important source for mining, smelting and casting of bronze since the Shang and Zhou Period. From March to August 2010, to cooperate with the Ning (Nanjing)-An (Anqing) and He (Hefei)-Fu (Fuzhou) railway construction, approved by the National Cultural Heritage Administration, Anhui Provincial Institute of Cultural Relics and Archaeology conducted an archaeological excavation of the site.

The Shigudun site is a typical mound-shaped site, oval, high in the north and low in the south, 1 to 3 meters high, with an area of about 7500 square meters. Including nine excavating units of 10 × 10 m and fifteen units of 5 × 5 m, the total area of this excavation covers nearly 1300 square meters. The unearthed findings include pottery, stone artifacts, bronzes and so forth, total up to 250 pieces, as well as many copper slags, furnace wall debris, and remains of plants and animals such as tree trunk, wood and beast bones.

The remains dated equivalent to the third and fourth phase of Erlitou Culture of the Xia Period, have many similarities to Doujitai Culture in the Huaihe Valley. The cultural deposits are distributed widely, but the remains are not rich. There are two ash pits, one ditch, a few small pits and pillar holes. Among the objects are mainly potteries, with a small number of stamped hard potteries, stone artifacts and casting debris. The majority of types of the pottery includes tripod-*ding*, stemmed cup-*dou*, jar with a tall neck, thick-lipped jar, *gu*-shaped cup, a few basins with cockscomb-shaped handles and jars with a lace bottom and so forth.

The remains of the Shang Period are dated equivalent to the second phase of Wucheng Culture and closely related to the latter. Deposits were found in a few excavation units and only a small number of pits were revealed. Among the objects are mainly potteries, with a small number of stamped hard potteries. Although not rich in quantity, the characteristics of the potteries are very typical, including tripod-*li*, stemmed cup-*dou*, jar as well as tripod-*gui*, bamboo-shaped stems of vessels and so forth.

The remains of the Zhou period can be roughly divided into four phases, respectively corresponding to the early Western Zhou, the middle Western Zhou, the phase from the late Western Zhou to the turning of Western and Eastern Zhou, and the early and middle Spring and Autumn Period. The ruins are very rich, including seven ash pits, two ditches, one well, two house foundations, and a large number of architectural-related relics such as pillar holes and drains.

The relics of the Zhou period are abundant both in quantity and in categories, which include potteries, stamped hard potteries, proto-porcelain and stone artifacts, with a sharp increase of stamped potteries and proto-porcelains as well as an obvious increase of smelting and casting debris. Not many potteries are found intact. The cognizable wares include tripod-*ding*, tripod-*li*, basin, stemmed cup-*dou*, jar, tripod-*he*, tripod-*yan*, rice container-*gui*, wine container-*zun*, cup, dish, bowl and vessel covers. There are two types of stamped pottery respectively with soft and hard body, most of which are hard pottery. Jar and urn are predominated in the category. Such a quantity of the proto-porcelain has been rarely seen in the previously found sites of the same category. Stone artifacts are relatively small in number, mainly including chisels, adze, tomahawk, spear, arrowhead and so forth. But a large number of whetstones are found, some of which seem to be related to bronze smelting. The majority of bronzes are small weapons, as well as fragments of mouth and foot of a few bronze vessels. The most important discovery from this site is the remains of the casting of bronze for example, ores, stands and debris with verdigris.

The discovery of the remains of the Xia and Shang period at the Shigudun site is one of the important results of this excavation, which fills a missing link of the Xia and Shang culture in southern Anhui and the area along the Yangtze river, and proves, for the first time, that the history of the smelting and casting of bronze in this region could be traced back to the time as early as the Erlitou Culture period. Sharply increasing in the late Western Zhou, the remains related to the smelting and casting of bronze can be roughly related to each procedure of the production of bronze. The abundant relics relevant to the casting of bronze will provide abundant material evidence and new perspectives for re-understanding the mode of bronze casting in terms of folk or official management in the Shang and Zhou period.

本书主编：吴卫红

副 主 编：张小雷

特别指导：徐天进

考古工作各阶段参加工作人员

考古领队：

吴卫红

考古调查：

铜陵市博物馆唐杰平、安徽省文物考古研究所叶润清等

考古发掘：

安徽省文物考古研究所：叶润清、张小雷、赵卫东

铜陵县文物管理所（现义安区文物局）：潘章军

南京师范大学社会发展学院文博系研究生：闻磊

安徽大学历史系考古专业学生：孙振、邱振威、程至杰、黄珊珊、李文成、慕占雄

望江县博物馆：朱强

太湖县文物管理所：张操

怀宁县文物管理所：潘启和

河北肃宁县文物管理所：梁纪想

山东、河北、河南技工：渠志正、甄小峰、陈文凯、王忠启、贺世新、刘小亮、田金成、智建荣

器物修复：

赵卫东（工地期间）、智建荣（全面整理）

标本整理：

张小雷、闻磊（工地期间）

北京大学考古文博学院硕士研究生、博士研究生：王冬冬、罗汝鹏、卢一、李宏飞、王开、路国权

安徽大学历史系考古专业研究生：孙振、朱辞

绘图：

陕西技工：朱录乾

安徽大学历史系考古专业本科生、研究生：许晶晶、袁增箭、张晨、孙振、周晓燕、赵嫚、曹伟伟

山东大学历史文化学院研究生：武昊、张馨月、蒋来希

张小雷、闻磊

文字、绘图电脑处理：

张小雷

安徽大学历史系考古专业本科生、研究生：许晶晶、袁增箭、安静平、雷鸣宇、张蓓蕾、李利民

南京大学历史学院考古专业研究生：张朝智

器物与文字校核：

北京大学考古文博学院博士研究生：李宏飞

摄影：

吴卫红（器物摄影）、邱振威等人（工地摄影）

科技分析：

北京大学考古文博学院老师：陈建立、崔剑锋，研究生：王开

中国科学技术大学科技史与科技考古系老师：秦颖

北京科技大学科技史与文化遗产研究院研究生：郁永彬

动物鉴定：

安徽大学历史系考古专业博士后：戴玲玲

执笔：

吴卫红、张小雷、王冬冬、罗汝鹏、陈建立、崔剑锋、郁永彬、王开、戴玲玲等（详细分工见后记）

目　录

（上册）

插图目录

插表目录

彩版目录

第一章　概述

　　铜陵位于长江中下游平原与皖南山区的交界地带，长江下游的南岸，属皖江流域（长江安徽段）的中段。南依凤凰山、大工山与南陵县分界，北临长江与无为县相望，东与繁昌县相接，西南与青阳县毗邻，西与池州市接壤。截至2016年，铜陵市下辖3区1县（铜官区、郊区、义安区、枞阳县），总面积3008平方千米。

　　这一区域地处长江中下游最大的成矿带上，富含铜、铁等有色金属，也是长江中下游三大古铜矿区之一，区域南半部山区即为大型铜矿带，从有史记载的时期开始，这里便一直是以铜的采、冶、铸为特点的铜工业重地，也是目前中国最重要的铜工业基地之一[1]（图1-1）。

第一节　概况[2]

一　地理与气候

　　铜陵所辖区域内的地形整体南高北低，南部以低山、丘陵为主，呈北东向分布，海拔300～500米；中部为起伏的丘陵、岗地，发育了一系列的冲、坳谷地，海拔大多在100～350米，仅少量低山可超过450米；北部为沿江平原，由长江及其支流的冲积作用发育而成，海拔一般在15米以下，大多数为7～10米，水网纵横，湖沼遍布。境内最高峰为铜官山，为典型的褶皱断块山，海拔495.7米，蕴含丰富的铜、硫、铁和共生的金、银等矿藏，著名的铜官山铜矿即在其北麓。

　　区域内河流属长江水系，水资源丰富，除北临长江外，南侧主要河流自西向东分别有青通河、顺安河，东有黄浒河与繁昌县为界。

　　铜陵属北亚热带湿润季风气候，雨量丰沛，四季分明，冬寒夏热，历年平均降水量在1300毫米以上，全年平均降雨日达到1/3以上。南部低山丘陵区以常绿阔叶林和常绿、落叶阔叶混交林为主，中部丘陵岗地以落叶阔叶林为主，北部沿江地区水生植物茂盛，有成片的芦苇、荻草分布。

　　土壤在不同区域有所不同，在低山丘陵区广泛分布着黄红壤，pH值4.5～6；平畈圩区则以水稻土为主，沿江滩地有灰潮土，沙性较重，pH值7.6～8。

---

　　[1]　毛景文、段超、刘佳林、张成：《陆相火山-侵入岩有关的铁多金属矿成矿作用及矿床模型——以长江中下游为例》，《岩石学报》2012年第1期。

　　[2]　本节内容主要引自铜陵市地方志编纂委员会编：《铜陵市志》，黄山书社，1994年。《嘉靖铜陵县志》，天一阁藏明代方志选刊，上海古籍书店，1962年。

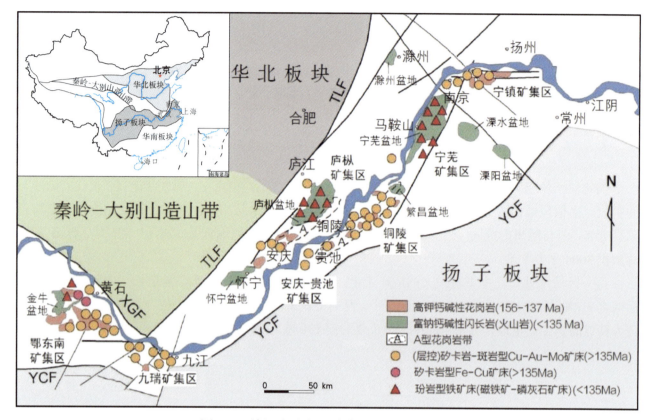

图 1-1　皖江流域主要矿集区及矿床分布图

二　矿产资源

　　铜陵地处长江铜铁成矿带上，其中金属矿最为丰富，以铜矿最为著名，另有铁、金、银、钼、铝、锰、锌等矿藏。非金属矿有硫、白云岩、石灰岩、黏土、大理石、石英岩、膨润土、玄武岩、磷、玛瑙等，硫矿仅累计探明的单硫矿石储量即达 1.84 亿吨以上。燃料煤的探明储量超过 6000 万吨，含硫及灰分量中偏高（图 1-2）。

　　铜作为区域内最重要的资源，累计探明铜金属储量达 360 多万吨，矿石储量 3.6 亿多吨[1]。其中铜 - 硫矿的大型矿床 1 处、中型矿床 8 处，小型矿床 11 处。矿产地带属下扬子坳陷褶皱带东段，淮阳山字形前弧东翼，主要矿山有铜官山铜矿、狮子山铜矿、凤凰山铜矿、铜山铜矿、金口岭铜矿、安庆铜矿、井边铜矿。现代采矿有露天开采和坑下开采两种方式。

　　据现代选矿的入选矿石数据[2]，原矿性质在不同矿区有所不同：

　　铜官山铜矿的矿石主要为接触变质、高中温热液交代矽卡岩型多金属硫化矿，主要矿物成分为磁铁矿、磁黄铁矿、赤铁矿、黄铁矿、黄铜矿及其他，其中黄铜矿含量 1%～2%，磁黄铁矿 4%～8%，黄铁矿 5%～9%，磁铁矿 18%～24%，以及其他矿物。铜物相分析得到的原生铜含量为 0.35907%，次生铜 0.02498%，氧化铜 0.01005%，结合铜 0.0056%。

　　[1]　铜陵市地方志编纂委员会编：《铜陵市志》，黄山书社，1994 年，第 74 页。该数据与同书 221 页所记 250 余万吨有所不同。

　　[2]　铜陵市地方志编纂委员会编：《铜陵市志》，黄山书社，1994 年，第 237、238 页。

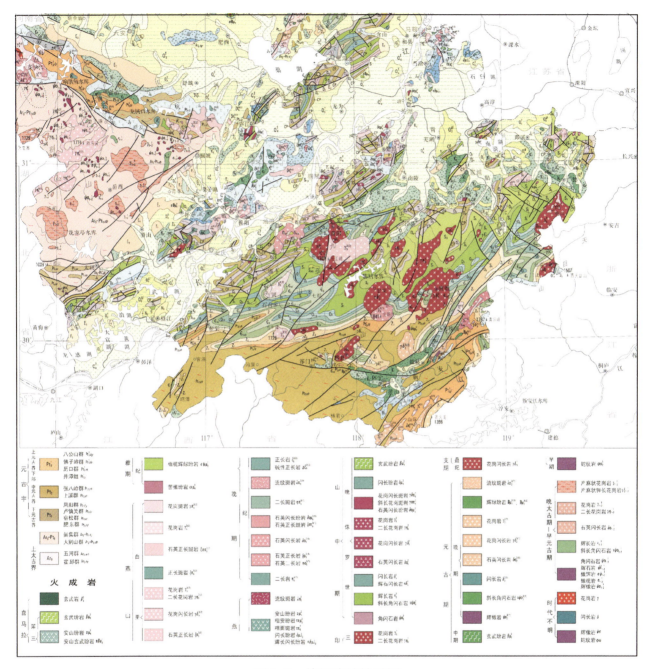

图 1-2 皖江流域地质图

铜山铜矿的矿石主要为含铜矽卡岩、含铜闪长岩、含铜黄铁矿三种类型，含铜矿物以黄铜矿为主，次为斑铜矿、辉铜矿，铜物相分析的铜含量 1.043%，硫化铜 0.986%，氧化铜 0.057%。

狮子山铜矿的矿石中含铜矿物以黄铜矿为主，存于硫化物及脉石矿物中，并与磁黄铁矿、黄铁矿密切共生，铜物相分析的原生硫化铜含量 0.875%，次生硫化铜 0.042%，自由氧化铜 0.006%，结合氧化铜 0.001%。

凤凰山铜矿原矿均属硫化矿，主要为块状含铜磁铁矿、赤铁矿、浸染状含铜石榴子石矽卡岩矿、块状含铜赤铁矿、浸染状含铜大理石等。

三　人口

铜陵自古以来是一处以铜资源为主要产业的区域,不同时期对劳动力的需求变动较大,因此除自然增长外,人口的变动以机械变动为主,移民数量较多,直到当代,在境内不同区域的人口变动仍与矿产开采密切相连。移民来源传统以安庆、徽州两地为多。同时也是一个多民族杂居地区,以汉族为主。据嘉靖版《铜陵县志·田赋篇》记载,洪武二十四年黄册"户五千零二,口二万二千六百八十五",嘉靖四十二年黄册"户三千七百八十四,口一万四千八百九十三,男子一万四千八百九十三丁,妇五千七百六十九"。铜陵市统计局 2011 年公布的第六次全国人口普查数据为全市人口 72.3958 万人。

第二节　历史沿革

一　行政沿革

战国以前有关铜陵的记载较为模糊,据嘉靖版《铜陵县志》载:铜陵古属扬州,春秋战国时期先后属吴、越、楚国。战国以后的记载在各种志书中较为明确。

秦始皇既分建天下为四十郡,铜陵属鄣郡。

西汉时鄣郡改为丹阳郡,铜陵先后属该郡的春谷县、陵阳县。

东汉时置宣城郡,始在铜陵设铜官,属南陵县。

三国时期,先后属吴国的丹阳郡的春谷县、临城县。

西晋时期,分属宣城郡春谷、临城两县。

东晋义熙年间,山西流民侨居铜陵,侨置定陵县,县治在今顺安镇,至此以后,铜陵地区大体确定。

南朝宋、齐时期,定陵县属淮南郡,梁、陈时属南陵郡。

隋统一后定陵县归入南陵县,属宣城郡。唐朝文德元年(888 年)后,又从南陵县划出五个乡为义安县,县治顺安,后废为铜官治。

南唐保大九年(951 年),改义安县为铜陵县,属昇州,县治由顺安镇迁至铜官镇。

北宋先属江南道,后属江南东路池州。

元代属江浙行省池州路(府)。

明代属南京直隶池州府。

清初属江南左布政史司池州府,康熙元年设立安徽省,铜陵属安徽省池州府。

民国废府后,铜陵直属安徽省。1914 ~ 1928 年属安徽省芜湖道,1932 年 10 月后属第二专区,1938 年改属第八专署。

1949 年 4 月 21 日铜陵解放后,设立了铜官山区,隶属皖南行署池州专区铜陵县。

1952 年皖南、皖北行署合并后,隶属安庆专区。

1956 年 10 月 12 日,成立省直辖铜官山市。

1958 年 9 月 5 日，撤销铜陵县建制，市、县合并为铜陵市，次年又市、县分开，恢复铜陵县属安庆专区，1965 年 7 月 14 日改属池州专区。

1964 年 7 月 29 日，铜陵市改为铜陵特区，政企合一，为省直辖。

1971 年 12 月 11 日，改特区为铜陵市，属省直辖。

1974 年铜陵县划归铜陵市管辖。

2015 年 10 月 13 日，安庆市枞阳县划归铜陵市，撤销铜官山区、狮子山区，设立铜官区，以原铜官山区、狮子山区的行政区域为铜官区的行政区域。

2015 年 12 月 3 日，撤销铜陵县，设立铜陵市义安区，以原铜陵县的行政区域为义安区的行政区域。

二 铜矿采冶

有关铜陵地区铜矿采冶的历史在史书中多有记载，但因早期行政区划变动较大，各文献记载或有专记，或分见于其他区域记载中，在汉代仍或以江南、丹阳之名概而述之，如汉镜中便有"汉有善铜出丹阳"之铭，也因此导致相关历史研究中对于一些重要记载的不同认识。

最早相对可靠的记载当属《史记》记载汉武帝元狩二年（公元前 121 年）改鄣郡为丹阳郡，并在其境设铜官，《汉书·地理志》载汉武帝元封二年（公元前 109 年），在丹阳郡设铜官，负责这一带的铜矿开采冶炼，地点应已覆盖现今的铜陵一带。三国时期的吴国在铜陵、池州一带设置炼铜场——梅根冶[1]。

南朝齐、梁时置冶炼铜场于铜官山县，去镇十里。

唐开元年间，中央政府特派铜官来铜官山监督开采铜矿，并将铜官山封为"利国山"。

北宋开宝七年（974 年），朝廷在铜官山下设采铜管理机构——利国监。梅尧臣《铜官山》："碧矿不出土，青山凿不休。青山凿不休，坐令鬼神愁"。

清中期以后铜陵一带的铜矿开采一度荒废，清末重新开采。

20 世纪 30 年代开始的抗战时期，日本对铜官山进行了掠夺性开采。

1949 年中华人民共和国成立后，即决定重点开发铜官山的铜矿资源，要求到 1951 年底完成日采选 400 吨的铜矿基建工程，并建一座年产 2000 吨的粗铜冶炼厂。此后铜陵成为国内重要的铜业生产基地。

第三节 考古工作

一 考古发现与研究

铜陵的考古工作起步较晚，且多数限于零星发掘。自 20 世纪 70 年代初在湖北省大冶铜绿山发现了一处规模较大的古代铜矿采冶遗址后，长江中下游的铜矿资源对中原青铜文明的影响日益受到

---

[1] 关于梅根冶的地望有不同认识，可参看杨国宜、裘士京：《丹阳铜、梅根冶、永丰监考》，《文物研究（第六辑）》，黄山书社，1990 年。裘士京：《梅根冶考辨》，《东南文化》1990 年第 1、2 合期。

学界的重视，铜陵的青铜考古工作也逐渐开展起来。

其实，在20世纪50年代，在铜陵市凤凰山、铜官山等现代矿区就曾发现古代的矿井或"老窿"。1974年在铜陵县木鱼山遗址发现重100多千克的铜锭。80年代中期，随着对古代铜矿原料产地探索热的兴起，同时为更完整地揭示长江中下游古代铜矿业的全貌，国家文物局特将铜矿研究列为"八五"重点课题，并定名为"皖鄂赣苏古铜矿冶遗址研究"。1986年以来安徽省文物考古研究所专门成立了古铜矿课题组，与当地文物部门合作对铜陵市的金牛洞古采矿场、木鱼山古冶炼遗址、包山古采矿遗址等进行了调查和试掘，1992、1995年铜陵市文物管理所对金牛洞古采矿场进行了两次清理[1]。中国科学技术大学和北京科技大学等也多次来到皖南采选古铜矿石或炼渣标本进行测试研究，1992年10月还在铜陵召开了首届亚洲文明暨中国青铜文化国际学术研讨会，充分肯定了铜陵以及整个皖南古铜矿遗址的考古发现在探索长江流域乃至中国古代文明过程中的重要作用，有力地促进了本区域的青铜文化研究。

之后一段时期工作陷入沉寂。直到2007年以后，全国第三次文物普查开始，对相关遗存的调查又重新启动；同时中国国家博物馆也在铜陵一带开展了一系列调查和试掘工作。

通过多年工作，铜陵的考古工作取得了一系列重要收获，了解到铜陵一带是各朝代重要的铜资源产地，最早采矿、冶炼年代可到西周早中期，采矿方式有露采和巷采两种，并发现了大量的采矿工具和炼渣，在先秦时期是以火法炼铜为主，并能够使用硫化铜矿生产冰铜锭。

二　以往的不足

由于工作未能持续进行，且核心目标是以铜业生产的具体内容为主，缺乏全面系统的目标定位，因此，以往的发现与研究还存在着以下几方面不足：

对于本区域铜业生产的研究主要集中在铜矿的采、冶两个方面，青铜铸造方面的发现和研究明显不足，以至于长时期以来，形成了一种带有普遍性的认识：这一带古代发达的铜业是以资源供给为主。

已发现的遗存年代大多数较晚，以先秦之后的材料为主，先秦时期的较少，特别是夏商时期的材料十分缺乏。

除铜业生产以外的其他方面材料明显不足，无法认识这一区域的各时期考古学文化的面貌，尤其是先秦时期考古学文化的面貌近乎空白。在其东、南方向的繁昌、南陵等地都存在大量土墩墓，虽然在铜陵也有零星迹象[2]，但未有明确发现（特别是成片的墓地）。

忽视了对古代铜工业生产者生活方面的研究，聚落考古研究基本上处于空白状态。在师姑墩遗址发掘之前，除曾在木鱼山遗址进行过试掘，基本上未对采矿或冶炼以外的聚落遗址进行过研究，使得先秦时期这一区域的聚落与矿冶的关系、居民的生活等各方面信息付诸阙如，也严重影响到对

---

[1]　杨立新：《安徽沿江地区的古代铜矿》，《文物研究（第八辑）》，黄山书社，1993年。汪景辉：《安徽古代铜矿考古调查综述》，《文物研究（第八辑）》，黄山书社，1993年。张国茂：《安徽铜陵地区古代矿冶遗址调查报告》，《东南文化》1988年第6期。唐杰平：《安徽古代铜矿考古的回顾与思考》，《文物研究（第十四辑）》，黄山书社，2005年。

[2]　如在宁安城际铁路工程中发掘破塘墓地时，便在工程已动土范围附近采集到成组完整的原始瓷器，从器物群与地貌分析当与土墩墓有关，详见安徽省文物考古研究所：《安徽铜陵龙干、鸡龙山、破塘宋代、明清墓地发掘简报》，《文物研究（第19辑）》，科学出版社，2012年。

这一区域发达铜业产生的基础认识。虽然吴卫红在之前对这一区域及附近繁昌、南陵、池州诸市县进行过多次基于考古学传统研究的遗址调查，并曾将铜陵一带发达的铜业置于相对较大的背景下思考，以南陵县牯牛山城址、大量铜业遗存（采矿、冶炼遗址）、分布密集的土墩墓、分布广泛的周代聚落群为基础，提出了一城、多矿、土墩墓、聚落群四位一体综合研究的思路，但一直未能付诸实施[1]。

所幸这些不足因周边地区一系列考古的成果而得到了一定程度的弥补。

三　周边考古成果

在该区域西侧的安庆诸市县和东侧的繁昌、南陵、马鞍山等地，考古工作开展得相对较多。目前可以知道，至少从距今6000年以后，皖江两岸便有了长足的发展，并可以分为东、西两个小区域，东部以巢湖流域和江东的马鞍山一带为主体，西部以皖河流域为主体。在距今5000多年前，东部出现了高度发达的凌家滩文化，之后出现了衰落，直到距今4000多年前才再度兴盛起来；而西部自5000多年前出现了发达的薛家岗文化后，被之后的张四墩类型取代，到距今4300年左右出现了衰落。

虽然因各自地缘不同，与周边不同文化交流的强度体现出差异，如东部更多见长江下游的北阴阳营、崧泽文化因素，而西部则包含一定量的长江中游大溪、屈家岭文化因素，但两个区域都有一个共同特点是：在5000多年前的崧泽时代，均受到崧泽文化的广泛影响，文化面貌上的崧泽化趋势较为明显。值得关注的是，从现有材料来看崧泽文化因素向西的影响在皖江南岸基本上止于繁昌、青阳一线，铜陵及以西迄今尚未有明确迹象；皖江北岸则在整个皖河流域普遍存在。而长江中游的因素也大体止于皖江北岸的皖河流域，南岸的池州及铜陵基本未见。距今5000年前后的薛家岗文化晚期因素，曾一度向东、向南扩展，但在皖江南岸呈现出由西向东的递减趋势，到铜陵一带影响已明显较弱。

距今4500年左右，长江下游的良渚文化晚期因素再度向西拓展，但在南岸也基本止于繁昌、青阳以东，北岸则仍在皖河流域有所发现。大体同一时期的西部薛家岗文化之后的张四墩类型文化因素，向东影响所及虽较为广泛，但皖江南岸明显波及的区域大体在铜陵附近，再往东则相对减弱[2]。

上述不同时代的趋势反映了一个问题，即新石器时代的东、西文化在皖江南岸的影响长时期以繁昌、铜陵一带为界，或许这一带便是某种意义上的文化边界。

在距今4000年后相当于夏时期，整个皖江流域甚至长江中下游都出现了明显衰落，皖江区域发现的这一时期遗存数量极少[3]，南岸基本不见。到了商时期，皖江北岸不仅本地文化有一定的发现，典型商文化风格的遗物也多有发现；但南岸除个别地点的零散发现外，仍无明显改变，因此当铜陵西湖乡商代前期的青铜爵、斝出土后，还曾引出器物来源问题的讨论。

至少从西周中期开始，随着西周王朝对东南地区控制力的增强，这种情况发生了明显变化，皖江两岸的遗址数量急剧增加，并形成了较为统一的聚落模式，大多数遗址都为人工堆筑的墩形，面

---

[1]　朔知：《皖江区域考古的意义》，《文物研究（第十四辑）》，黄山书社，2005年。

[2]　朔知：《皖西南新石器时代文化的变迁》，《南方文物》2006年第2期。朔知：《崧泽时代皖江两岸的聚落与文化》，《东南文化》2015年第1期。

[3]　宫希成：《夏商时期安徽江淮地区考古学文化》，《东南文化》1991年第2期。

积多为几千平方米，而高度则在 3 米左右，使用年代多数在西周中晚期至春秋早中期，在部分遗址的外围发现了环壕迹象，但多数未明确年代。这一时期整个皖江流域铜矿的采、冶开始较快地发展起来，小件青铜器特别是农具的铸造有所增多，青铜器发现的数量大幅增加[1]。在繁昌、南陵及以东、以南地区发现了数万计的土墩墓，这些墓葬一般均认是吴、越文化的重要特征，一般土坑墓发现较少，基本上是在聚落址中散布，未见明确的专用墓地，随葬品较为贫乏。原始瓷器也大量出现，但多数是在墓葬特别是土墩墓中所出，聚落址中虽均有发现，但数量较少。

---

[1]　安徽大学、安徽省文物考古研究所编著：《皖南商周青铜器》，文物出版社，2006年。

第二章 遗址考古小史[1]

第一节 地理位置

师姑墩遗址位于铜陵市义安区[2]城东偏北方向直线距离约 20 千米的钟鸣镇长龙行政村合义村民组西南约 300 米处，北纬 118°01′21.4″，东经 30°59′35.5″。北距长江约 10 千米，南距凤凰山边缘约 4 千米，东南距钟鸣镇约 3.5 千米。宁铜铁路从遗址南面约 3 千米处穿过，在遗址的东北侧约 300 米有一条大致呈东北—西南向的乡村水泥大路通往钟鸣镇（彩版一）。

遗址位于四周低山和岗丘环抱的河谷地带，东北部为横亘的鲶鱼山，呈西北—东南走向，顶部最高海拔约 80 米（彩版二，1）。南侧约 200 米有一条中心闸河，系经过人工改造的老河道，该河现存长度不足 10 千米，源于钟鸣镇西侧的鲶鱼山与凤凰山边缘之间（上游现已不显，遥感图上尚可辨迹象），向西经过遗址南侧并穿过索山和鲶鱼山之间的山口，在长江南岸的广袤冲积平原上蜿蜒汇入黄浒河，并最终汇入长江（彩版二，2）。

遗址周边地势平坦，现为大片农田，海拔 5 ～ 6 米，以种植水稻为主。遗址本身为一独立的土墩，属南方商周时期典型的墩形遗址，呈椭圆形，南北长径约 130、东西短径约 90、高 1 ～ 3 米，经 GPS 测算，墩底边缘所占的实际面积约 7500 平方米。墩子四周原应较陡，但因长期开垦已呈阶梯状。顶部较为平坦，西北高东南低，面向闸河，高差近 1 米，面积不足 6000 平方米。在遗址外缘，围绕了一圈水沟，但东半部已填平（彩版三～五）。

遗址上现为旱地，分属合义、合汪、合姚、大地 4 个村民组，一般种植棉花、大豆、油菜或蔬菜等经济作物。在墩子中心偏北位置有一清代墓，现高仍有 1 米有余，据《东溪姚氏宗谱》卷八载，系嘉庆年间所葬姚氏女。该遗址发现之初曾据方言命名为丝瓜墩遗址，后据族谱所记改为师姑墩遗址（图 2-1）。

在遗址的东、南两个方向，经调查还发现了 3 处时代相同、面积大小不一的遗址，构成一个不大的聚落群，彼此间相距 650 ～ 700 米，其中夏家墩、神墩头两处遗址均为一大一小两个土墩组成，土墩相距不到百米，时代完全相同，应密切相关，或属同一聚落的不同功能区，或属具有某种纽带

---

[1] 本章旨在全面、客观、真实地反映遗址的发现、发掘与认识过程，客观记录考古工作的思路、经过与不足，为商周考古史提供些许实物材料之外的史实，并为其他研究者重新判别、利用这批实物材料提供背景知识，增强对材料取舍的科学性，打破以往发掘材料一旦由发掘、编写者一言所定便成"事实"，而无法再判断可靠性的困局。

[2] 师姑墩遗址发掘及整理期间，该遗址属铜陵县，2015 年 12 月 3 日，铜陵县改为义安区。本书在相关介绍中有的仍以铜陵县来称呼。

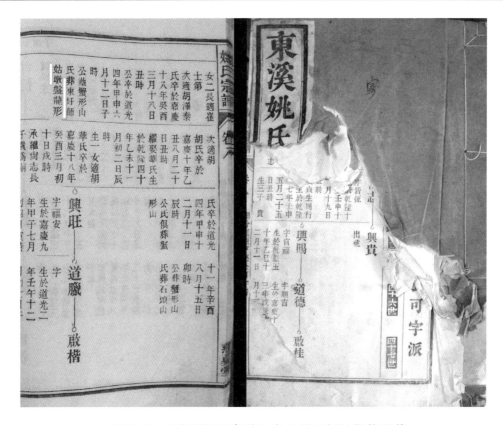

图 2-1 《东溪姚氏宗谱》卷八关于师姑墩的记载

的两个聚落[1]（彩版五，2）。

第二节 发现

2008 年 5 月，因宁（南京）—安（安庆）城际铁路规划设计完成，安徽省文物考古研究所对沿线文物分布情况进行了先期调查，因线路未经过该遗址而并未发现。2009 年春，北京—福州高速铁路规划设计中的铜陵东站（现改称为铜陵北站）有一条连接线需从遗址北侧穿过，铜陵市、县文物工作者唐杰平等对沿线进行了现场调查并确认了该遗址，同时发现宁安铁路原设计线路改动偏移到遗址南半部，随即将这些情况汇报到安徽省文物局，后经安徽省文物考古研究所叶润清等到现场核实了相关情况，并与铁路部门沟通拟定了初步的发掘计划。

第三节 发掘

2010 年初，两条铁路动工在即，安徽省文物局指派安徽省文物考古研究所负责遗址的发掘工作。安徽省文物考古研究所随即安排人员筹备发掘事宜。由于吴卫红（即朔知）在数年前便对皖江两岸

---

[1] 此种一大一小相邻分布的聚落形态在安徽江淮一带和沿江南岸多有所见，是一种很具特点的聚落形式，但因发掘不足，其内涵的关联性尚不能明晰，此外各遗址间近乎等距的分布更是值得揣摩。

的考古拟定了皖江考古工作计划，而铜陵一带以往一直未开展过聚落址的大规模考古发掘，同时原先调查时发现的一件似鼎足状陶片引起了吴卫红的兴趣，希望藉此找到夏商时期的遗存（图 2-2），经商讨后遂由吴卫红领队，负责两条铁路铜陵段境内的全部发掘工作。因为其他涉及的文物点均为汉代以后的墓葬且均较零散，考古队最后决定先将最主要的师姑墩遗址发掘完成，之后再进行其他地点的发掘。

图 2-2　首次调查时采集陶鼎足

一　经过

2010 年 3 月 12 日，吴卫红带领考古队部分人员先行进驻合义村民组，之后各地的技工、学生陆续到达，17 日上午用全站仪对宁安城际铁路所占遗址范围内进行了布方，基点设在遗址东南 30 米处的田埂上。考虑到铁路横贯遗址南侧，通过贯穿的布局可以了解整个遗址的横剖面，同时兼顾到路基为 78°方向，占压宽度仅 18 米，因此未按正磁北方向布方，而是采取了顺铁路路基方向以 10 米 × 10 米的探方一字形布方方式，北侧未留隔梁。探方编号按顺序号编列，首次共布探方 13 个，编号 T1 ～ T13，其中 T4 ～ T11 在遗址上，T12 在遗址东缘，而 T1 ～ T3 和 T13 在遗址两侧是计划为后期扩展发掘的预留区域，此种布方设计是基于想了解遗址周边的其他可能迹象的考虑（图 2-3）。此外，在发掘初期还在遗址西南边缘的水沟中尝试发掘了 1 米 × 4 米的探沟，意在了解水沟是否与遗址相关或者是遗址的环壕，但因沟中有水，需在两侧堵水后迅速发掘才可，不幸在发掘过程中因下雨垮塌而未进一步开展（彩版六，1）。最后实际发掘了 T4 ～ T12 九个探方，布方面积 900 平方米，实际发掘面积 810 平方米（各探方东隔梁未挖）。除 T11、T12 外，其他探方深度一般都在 3 ～ 3.5 米。

第一批探方发掘的野外工作自 3 月 18 日开始，至 6 月 30 日结束，共计 105 天，因赶上春季雨水较多（彩版六，2），实际现场发掘工作日仅 60 余天，之后进行了短期的现场整理。参加第一批探方发掘的人员共有 17 人：领队安徽省文物考古研究所吴卫红，外联协调铜陵县文物管理所潘章军、望江县文物管理所朱强、太湖县文物管理所张操、安徽大学历史系 2006 级本科生邱振威和程志杰、以及山东滕州技工渠志正、河北技工甄小峰、陈文凯全程参加了发掘，此外安徽省文物考古研究所叶润清、河北肃宁县文物管理所梁纪想以及河北技工田金成参加了开工及前期发掘。在发掘过程中，又有安徽省文物考古研究所赵卫东、南京师范大学社会发展学院文博系 2008 级研究生闻磊，以及河南偃师技工智建荣、山东滕州技工王忠启、贺世新陆续加入。由于业内周知的考古工地用人管理、待遇等问题，发掘队经常处于不稳定状态，少数探方发掘人员换手达 3 ～ 5 次，由此也多少影响到发掘的成效（彩版七，1）。

本次发掘虽然属于基建工程中的考古，但发掘之始便树立了很强的课题意识。在发掘之前，领队向全体队员交待了三项基本目的：一是因为这个遗址地处中国最重要的铜资源基地之一——铜陵，关注和收集与铜有关的遗存包括碎铜渣甚至粉状渣，是最重要的一项工作。二是在皖江两岸，特别是南岸还没有发现准确的夏商时期地层堆积，需要特别注意。三是周代墩形聚落的结构，虽然吴卫红从 2002 年参加滁州何郢遗址发掘开始便持续研究，后经调查了数百个遗址和 2005 年霍山戴家院

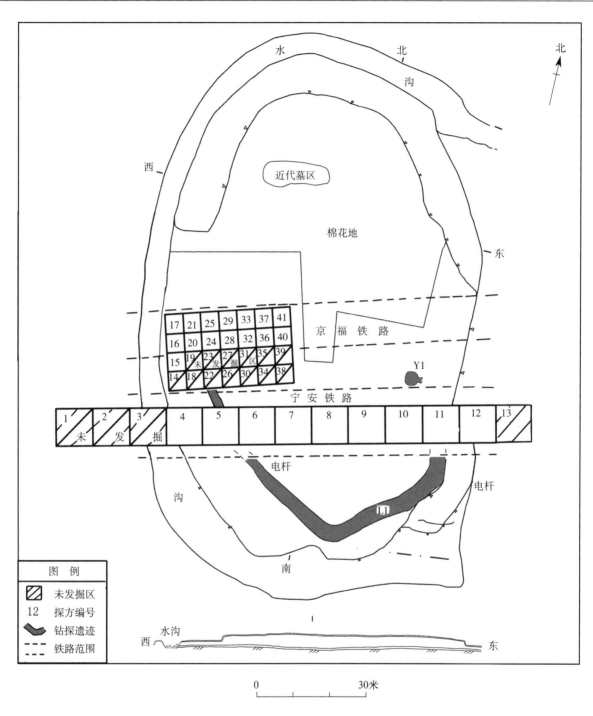

图 2-3　师姑墩遗址平、剖面与探方分布图

遗址发掘，已基本了解了这类遗址的聚落形态，但不同区域是否有异，其外围究竟是否存在环壕等，还有待解决。此外，还试图寻找周代的水稻田（T12 的发掘即为此目的）（彩版八）。

因此在第一批探方发掘中，细致的工作成为首要的问题。虽然发掘初期以上几个目的还没有深入到每个发掘人员的脑中，但通过多次提醒，逐渐让各队员都意识到了其重要性。最终虽然因塌方未完成环壕的验证、也未发现水稻田，但终于还是发现了夏商时期的地层，和一批夏商周时期与青铜冶铸相关的遗物，成为本次发掘的重大收获，凸显了该遗址的重要性。

在田野发掘进行中，因京福高铁的线路设计又从遗址北侧南移到遗址中部，我们随即对考古发掘计划作了调整，意在发掘宁安铁路北侧的京福高铁路基部分的同时，对遗址进行较大面积的揭露，将两条铁路之间的全部或东、西选一处全面发掘，以期了解遗址更完整的聚落布局、发现更多冶铸遗存。但由于铁路部门的占地赔偿未确定、一个仅十余亩的遗址却分属四个村民组几十户的复杂土地权属关系及各村之间人事关系等考古队无法解决的问题，严重影响到计划的实施，在迫不得已的情况下只能放弃该项计划，将发掘收缩到路基范围内的西半部，而这一片 300 多平方米的区域最后也竟然涉及十余户村民之间的内部纠葛，最终未能按计划发掘完，这一改变也因此成为本次发掘的一大遗憾。

在第一批探方发掘之后，经过 20 余天的协调工作，最终得以在路基西侧进行了发掘。第二批探方的发掘正值最炎热的夏天，因该条线路方向与第一批探方轴线仅差 1°，路基宽 13 米，考虑到为尽可能扩大发掘面积，以及安排超出需要但实际上无法削减的民工人数，布方仍采取了顺路基方向布方的方式，改为 5 米 ×5 米探方，东、北各留有隔梁，共布方 28 个，其中 T14、T18、T19、T22、T23、T26、T27、T30、T31、T34、T35、T38、T39 因用地问题未能解决，无法发掘，最后实际发掘 15 个探方，布方面积 375 平方米，实际发掘面积 240 平方米（各探方东、北隔梁均未挖）。各探方深度大都在 3 米以上。

发掘自 7 月 30 日开始，至 8 月 23 日结束，为避开高温，每天利用上午 5～9 点、下午 4～7 点的温度稍低时段进行工作，实际现场发掘工作日 25 天。参加发掘的考古人员共 13 人，除第一批的吴卫红、潘章军、赵卫东、邱振威、闻磊外，新增了刚入职安徽省文物考古研究所的张小雷、安徽大学历史系考古专业 2009 级研究生孙振和 2006 级本科生黄珊珊、李文成、慕占雄，此外怀宁县文物管理所的潘启和也紧急支援参加了一段时间的工作，山东技工渠志正、刘小亮参加了前期工作，后因天气炎热而退出（彩版七，2，九）。

因为第一批探方发掘对遗址的地层有了充分的掌握，加之天气酷热难耐、队员生物钟被打乱，特别是经过三个多月连续野外工作后的心理烦躁感日趋明显，以及因发掘而带来的各种麻烦因素严重影响到心理稳定，全体考古队员的心理承受和体能支出都达到了极限，因此第二批探方发掘进度较快，虽然地层堆积较为简单，并有前期发掘经验支撑，基本没有什么问题，但明显不如第一批探方细致，因而损失了很多原本可以获得的信息。

由于充分认识到遗址的重要性，在两批探方的发掘中，多学科的合作意识始终贯穿在发掘过程中，碳样、浮选土样、柱状土样、大植物遗存、特别是与铜有关的样品均按技术要求进行了大量采样，并及时进行了分析、检测。第二批探方结束后，中国科技大学秦颖老师还专程到工地采集了部分土壤、陶范胎土样品。

二　问题与处理 [1]

在发掘过程中，虽尽可能做到细致，但仍不可避免地遇到一些问题，而导致发掘结果的偏差。同时，因多种原因导致的时间因素使得发掘中一些本该完成的工作未能完成。这些问题主要表现在

[1]　本小节旨在以科学的态度，指出发掘、整理和采样过程中难免出现的一些主客观问题如操作不当或失误、认知问题，为后续研究者提供真实的背景材料，客观提取有效的信息。

以下几个方面：

（一）地层问题

1. 斜坡地层对发掘的影响

在第一批探方发掘的明清时期地层清理完之后，各探方大都出露了多道平行地层（即斜坡地层的典型堆积形态），坡度较大者可达 15°～20°。虽然领队对此种地层有充分认识和较多发掘经验，但各探方发掘队员大都缺乏相关经验。在发掘中领队一方面加强指导，另一方面带领诸位多次现场讨论分析，基本上使发掘者掌握了相应的发掘方法。但各人的掌握程度不一，在具体操作过程中仍不能排除局部不慎而造成地层混淆（彩版一〇）。

2. 多层黄土与多层灰黑土的划分问题

在发掘过程中，各探方地层均独立编号，最后进行了地层的对应，但因此类墩形遗址的堆积较为复杂，各地层并非能一一对应，特别是周代地层中一种颇具特点的堆积：夹杂较多陶片、碳等遗物的疏松灰黑土与薄层纯净几无遗物的黄土间隔堆积，且灰黑土或黄土常呈小范围分布，类似于夹心饼干，各探方在划分时出现标准不一，也即分布范围较大的单独作为一层，而分布范围较小或在较薄的厚度内有多层堆积的，则常与上层或下层合并，如果这一现象跨两个探方，会因此造成两个探方地层线对应的错位。

3. 隔梁、临时性支撑台阶对地层衔接的影响

因工期和天气等原因未将全部隔梁打去，又增加了这一麻烦。在第一批探方的发掘后期，因探方较深而且临近梅雨季节，雨水较多，在探方的南、北壁留出了 50 厘米的台阶以起到有限的防塌方作用，东、西两壁则利用原有的上下台阶为支撑，这些临时性措施在发掘临近结束时未清除，也在一定程度上影响到地层的衔接（彩版一一）。

为此，在地层对应问题上，最终采取了以大地层或关键层位为标准的对应方法，小的层位确实无法对应时则将各层保留，因此在多探方连续的地层图中会出现少量地层断线现象，但这些断线都是短时间、小面积的堆积所造成，不影响分期、活动面等重要内涵的判断。

4. T6⑪ 层，G7、T9⑪ 层及部分坑、洞的开口层位问题

T6⑪ 层、T9⑪ 层的遗物有明显的混淆问题。说是混淆的前提是：基于中原夏商周考古的分期，发掘者对该层、该遗址及江南地区夏、商时期遗物的判断。如 T6⑪ 层包含大量相当于夏时期、极少商时期、稍多周时期的遗物。土色为黄色，夹铁锈斑，土质致密，夹少量红烧土颗粒、炭粒，堆积厚薄不均，以西南、西北部较厚，除探方东北部外遍布全方。而 T6 ⑩层为西周时期，分布全方，为土质疏松的灰黑土，夹大量草木灰、炭粒、红烧土颗粒。两个地层的土质、土色差异极大（彩版一二，1～4）。因此该层遗物混淆有以下四种可能：一是野外发掘时操作的失误；二是陶片在野外收集或清洗后归类过程中发生混淆；三是该层或属商时期，混扰了原来夏时期地层中的遗物，而上层周代地层或遗迹也未做净；四是该层属西周时期，混扰了夏、商时期的遗物。但从其他探方的情况以及多个测年数据分析，第四种可能几不存在，第三种可能在理论上不排除。其余两种无论哪种，都是考古工作中的问题，是需要引以为戒的。

G7 的问题与 T6⑪ 层类似。遗迹跨至 T7 内，开口于夏时期地层之下，但陶片中大部分属夏时期，一部分则属商时期，而在 T7 内的 G7 填土中所采碳-14 测年样品（坐标 843×310-292 厘米），位于

G7 上层黄褐色土中，也是陶片出土层位，测年结果为 1380B.C.（95.4%）1120B.C.，属于商代中晚期，惜该坑测年数据不足，难以相互验证。如此，对 T6⑪ 层及 G7 上层的堆积成因需要再考虑，在不排除有⑩层或更晚遗存未挖净、或者后期陶片清洗过程中可能混淆的同时，其堆积本身是否也存在先民翻土再填的可能性？或者说 T6⑪ 层具备商时期的可能性？

但是，与相邻探方的同地层情况比较，其他探方中的遗物均较纯净，似乎 T6⑪ 层确实存在操作中的问题，而 G7 的问题则需要更多的讨论了。

少数坑、洞的开口层位问题。柱洞的形成、开口层位是田野考古中十分复杂的一个问题，从理论上说，如果没有柱坑或其他可以确认的开口层位证据，单个柱洞（现场表现为只有一个圈）因为存在直接打入土中的可能性，实难判定其开口层位，除非现场操作没有任何辨识困难，在柱洞刚刚出露时即能辨识清楚。[1]

因为开口层位的问题，柱洞与房址、沟槽的关系问题在田野工作中也一直难以解决。虽然从现场观察，这些柱洞必与两者相关，但哪些与房址有关、哪些与沟槽有关，很难确认，仅有一部分与房址或沟槽具有相同的分布形态和规则，可以判断为相关。因此本次发掘中除少量柱洞外，大多数柱洞并未急于将其定性为归属于某房址或某基槽，如 T6、T7 的第⑩层下，有大量的柱坑、柱洞，可以辨识出它们的开口层位，但没有足够的证据能够将它们分为几个房址，报告中仅公布出其分布和相关数据，供研究者进一步分析之用。

5. 夏与周两个时期的地层分界及遗物问题

在第一批探方中没有发现商时期堆积，均为周代地层直接叠压于夏时期地层之上。由于两个时期的堆积在土质、土色上差异较大（参见上文第 4 点中的 T6⑪ 层分析），在发掘到夏时期地层时表现为土质明显较硬、色暗、遗物破碎并与土壤结合较紧，两者很容易区分，但个别探方在处理时可能未将上层挖干净而有混层，如 T9⑪ 层便存在这种现象。在后期整理过程中经过认真判别，客观对待了这一问题，并做了客观处理（即不简单剔除，而是如实说明）。特别是针对极其敏感的夏时期铜的问题，由于并不是在一个探方、一个位置发现，而是在数个探方内均有发现，经认真核实原始文字记录、图、发掘现场照片，已将个别不能完全排除混层可能性的炼渣暂且归入上层的周代堆积并做了说明，以确保准确性，但即便如此，毕竟没能在现场直接确认或排除，也是瑕疵，期待以后有新的证据加以证明。

（二）商时期遗存问题

商时期遗存是本次发掘的又一重要收获，但遗物和地层堆积仅在第二批探方的 T37 ⑨层最为丰富，也即遗址的中部略偏西位置，堆积为松软的夹大量炭灰地层，或许为大灰坑的一角，色极黑，与上、下层堆积区分极其明显，但最厚达半米以上（彩版一三，1、2）。由于位置已处于铁路征地范围北缘，在全体队员身心俱惫、协调工作困难重重的情况下，已无力进一步考虑在路基之外的扩方之事，由此而留下一大遗憾。

---

[1] 具体分析可以参考蒋乐平：《考古发掘中的"地层"问题》，《纪念浙江省文物考古研究所建所二十周年论文集》，西泠印社，1999 年。卓识雨：《从霍山戴家院遗址看柱洞的发掘》，《文物研究（第十五辑）》，黄山书社，2004年。方向明：《"柱洞"发掘相关问题的再补充》，《文物研究（第16辑）》，黄山书社，2009 年。

（三）铜业生产遗存的问题

发掘之初，领队便强调了与铜相关遗物的重要性，一再要求凡是与铜有关的遗物包括已成粉状的遗物都需要收集，大多数都按小件要求及时收集，但在前期发掘过程中各队员的认识仍有一个渐进的过程，因此在初始阶段还是遗漏了部分不显眼的遗物，特别是炼渣由于个体较小、形态普通、颜色灰暗，易与土壤混淆而未被识别收集，北京大学陈建立老师在现场的堆土中仍能捡到一些炼渣便是很好的证明。

此外，数量极少的泥内芯、普通陶范发掘时也只当作一般小件收集，如 T5 ④层出土的刻纹陶范是在清洗过程中发现，虽然这些器物的出土是在发掘前期的简单地层中发现，不会有混淆的可能，但未能在现场及时辨别出其重要性也是一种疏忽。

特别需要提及的是 T10 中的 F1，在经过细致发掘后，确认其为一处重要的房址，并可能与铸铜相关，并进行了简单的覆盖保护，原计划腾出人手后对其进行更细致的解剖，但随后一系列诸如多雨、发掘人员频繁更替、以及暑期到来导致的当地小学生在发掘现场玩耍可能造成的安全隐患，在当地村民的要求下提前将全部探方回填，最终没能及时开展进一步工作，而致使更多的考古信息未能提取。此外，下文（五）中提及的 Y1 位于宁安铁路线外，但与 F1 很近，可能是与铜业生产相关的遗迹，但该区域也因前文第三节的一中所言困难而未能开展发掘。

（四）碳样采集问题

本次发掘中的碳样采集均严格按照采样要求，每次采样都由专人负责，并每次于采样前用清水清洗采样工具，样品直接入袋，应不存在人为污染问题。但样品没有及时送往检测机构而是在塑料封口袋中保留了几个月，是否会造成测试误差尚未可知。

（五）遗址布局问题

因为原定的全面了解遗址布局的发掘计划无法得到实施，整个遗址的堆积、F2 向南北两侧延伸情况以及是否存在窑址等都不清，在发掘结束后，对遗址进行了补充简易钻探，以适当弥补发掘的不足。钻探采用十字形布孔，南北向深探孔一排，东西向从宁安铁路发掘区向西 5 米处开始，东西向布深探孔 3 排，间距 5 米，由于现场北部地面种植有大量棉花，部分深探孔无法勘探，大部分探孔布在没有庄稼的空地内。钻探发现红烧土带 1 条（编号 L1）、窑址 1 处（编号 Y1）（参见图 2-3）。分别如下：

L1 位于土墩南部边缘地带。平面呈长条形，开口于浅黄色土层下，距地表深 0.4 米，长 56.0、宽 2.6 米左右，底距地表深 0.5 米，厚 0.05～0.10 米，含有大量红烧土颗粒。该遗迹与 F2 大体可以衔接，似应为 F2 的延伸，也即是一种环绕式的排房结构。

Y1 位于土墩东南边缘，南靠宁安铁路发掘区。平面呈葫芦状，开口于浅黄色土下，距地表深 0.5 米，窑道长 1.3、宽 1.0 米，窑室直径 2.6 米，底距地表深 1.0 米，含有大量红烧土。该遗迹位于 F1 的东北部，距 F1 不足 5.0 米，似应与之相关。

依钻探结果并结合发掘情况分析，该遗址边缘为较厚的黄土堆筑且十分纯净，而中间相对较洼且遗物丰富、炭灰层多，似圜底状，周代的房址应处在遗址边缘的黄土层上，呈环状分布。

三　主要收获

本次发掘历经 5 个多月，共计布方面积 1275 平方米，发掘面积 1050 平方米，先后参加现场发掘的人员 25 人，取得了一系列重要收获：

遗址自相当于二里头文化晚期开始，经历商、西周、春秋几个大的时段，除商代遗存因发掘面积不足而材料较少外，其他各时期的材料均较为丰富，因此构建了皖南乃至更广大区域内自夏商至春秋时期的较完整文化序列。

通过遗址本身的发掘和对周边遗址的调查，了解了夏商周时期这一区域的聚落分布特点、聚落形态和结构方面的信息，基本了解了该遗址的堆积过程，进一步认清了周代聚落的结构和布局。

首次在长江下游地区发现了丰富的西周及之前的青铜铸造材料。不仅证实了铜陵一带在夏时期便可能已有铜业，也证实这一时期除铜矿采、冶外，还存在铸造业，特别是西周铸铜刻纹陶范的发现更是重要收获。

促进了对铜业生产模式的思考，为长江下游夏商周时期的青铜冶铸和青铜生产的社会化问题提供了十分重要的材料。至少从西周地层开始，与青铜冶铸有关的遗物基本涵盖了青铜冶铸的各个环节。证明这个普通的遗址存在青铜铸造，特别是刻纹的鼎类陶范证实还可铸造工艺较复杂的容器。这一套完整冶铸遗物的发现对研究商周时期青铜铸造工艺提供了系统而又丰富的材料。后在 2011 年 6 月参加全国十大考古新发现终评时，首次正式提出了青铜产业生产的社会化及四个可能的模式问题。

经调查的盆地内 4 处同时期遗址中，也有青铜冶铸的相关线索，可能意味着整个聚落群都与青铜冶铸有关，这就为我们从当时铜陵这个青铜资源重地的基层社会而不仅仅是上层社会这样一个社会角度来探讨青铜产业的发展提供了难得的材料，也为研究夏商周王朝与东南资源重地的关系提供了准确的年代标尺和社会背景。其中的夏家墩、神墩遗址在 2013 年由安徽省文物考古研究所宫希成领队、北京大学考古文博学院黎海超等试掘，不仅发现了周代的房址、炼渣等，还发现了西周早期炼炉和配套设施，完全证实了这一点[1]。

这些成果引起了各方面的重视，早在第一批探方结束后的 7 月份，中国科技大学科技史与科技考古系秦颖老师便到现场考察，并对个别样品进行了测试分析。在整个发掘结束不久，正值 "2010 中国（铜陵）青铜文化论坛" 于 9 月 22～24 日在铜陵市召开，虽然因材料尚未及时整理，有些认识还存在不足，但应会议之约，在会上仍将本次发现内容首次公布，希望得到大家的指导。材料引起了与会代表的极大兴趣，会议期间，北京大学考古文博学院李伯谦教授、中国社会科学院考古研究所白云翔副所长、武汉大学考古专业张昌平教授等到驻地认真观摩了出土标本，对遗物的年代、意义提出了很多见解；安徽省文物考古研究所宫希成副所长、北京大学考古文博学院徐天进教授、陈建立副教授、中国科技大学科技史与科技考古系金正耀教授等还曾在会议期间商谈进一步的考古工作与青铜冶铸物的合作研究问题（彩版一四、一五）。

---

[1]　安徽省文物考古研究所、北京大学考古文博学院：《安徽铜陵夏家墩、神墩遗址发掘简报》，《江汉考古》2015 年第6期。

第四节　整理

一　经过

　　自发掘结束后，在铜陵县钟鸣镇继续开展宁安城际铁路其他地点的考古工作之时，初步整理便在钟鸣镇上的临时驻地断续进行，张小雷、闻磊、孙振绘制了部分器物线图，赵卫东进行了器物修复，后因年底队伍转到明光市基建工地发掘而停止。之后的修复工作一直到2011年初夏才由河南偃师技工智建荣基本完成。

　　2011年6月上旬，师姑墩遗址发掘有幸入围全国十大考古新发现终评，在赴北京参评时，吴卫红按在青铜文化论坛期间的协商计划，将全部与青铜冶铸有关的遗物送交北京大学考古文博学院的陈建立老师，并商谈了全面分析测试事宜，后又造访徐天进老师，并问及是否有学生可以协助参加师姑墩材料的整理工作，徐老师表示将大力支持。7月28日，徐天进、陈建立两位老师带着商周考古2010级博士生罗汝鹏、硕士生王冬冬、卢一及科技考古硕士生王开到达安徽省文物考古研究所，正式开始了全面的材料整理工作。

　　2011年9月14～15日，吴卫红、张小雷赴北京参加国家文物局组织的"田野考古奖"参评汇报，最终获得了三等奖，更激发了我们及时开展整理的责任感，张小雷也参与到其发掘过的第二批发掘材料的整理，但因其他任务较多，进展较为缓慢。

　　整个整理进行了约一年半时间，大家分工合作，到2012年底基本完成了以陶器为主的整理工作，期间卢一和王开在暑期完成各自任务后回校，罗汝鹏数次往来合计长达数月，王冬冬则连续在安徽整理一年有余，此外北大2010级博士生路国权也短暂参加了整理。徐天进、陈建立两位老师在整理期间还专程到整理场所进行了认真指导，期间还有北京大学考古文博学院刘绪教授、中国社会科学院考古研究所常怀颖博士后等全国很多商周考古专家以及各级领导到整理场所参观，并留下了很多指导意见，为我们开阔了思路。2011年9月2日上午，时任安徽省委书记张宝顺同志在考察安徽省文物考古研究所时，也专门参观了师姑墩遗址发掘材料整理现场（彩版一五，1）。

　　自2012年开始，器物绘图工作提上日程，由陕西岐山县朱录乾师傅完成了大部分的底图绘制和清绘，安徽大学历史系考古专业2008级本科生许晶晶、袁增箭、张晨、周晓燕、赵嫚、曹伟伟以及山东大学历史文化学院2009级本科生武昊、张馨月、蒋来希等同学先后参加了其余部分底图的绘制和部分器物描述。全部线图的扫描、电脑处理主要由许晶晶、袁增箭两位同学完成（彩版一五，2）。与铜相关的遗物检测工作也在这期间由陈建立主持（包括其团队成员）并基本完成。为尽快让这批材料为学界所用，在整理过程中撰写了一篇发掘简报和一篇青铜分析报告，先期发表于《考古》杂志上[1]。

　　2013年1月、3月，由吴卫红主摄、安徽大学历史系考古专业2010级研究生朱辞协助，完成了全部器物的拍照工作（彩版一五，3）。

　　自2013年春～2015年夏，由于凌家滩国家考古遗址公园的申报、建设提上日程，吴卫红承担了相关的勘探、发掘工作，暂停了对师姑墩材料的集中整理工作，改为利用零散时间开展。

　　2013年12月上旬，在初稿大体完成后，适逢由安徽省文物考古研究所和北京大学联合开展的

---

[1]　安徽省文物考古研究所：《安徽铜陵县师姑墩遗址发掘简报》，《考古》2013年第6期。王开、陈建立、朔知：《安徽铜陵县师姑墩遗址出土青铜冶铸物的相关问题》，《考古》2013年第7期。

围绕师姑墩周边遗址的发掘工作结束（夏家墩、神墩遗址发掘），遂请北京大学考古文博学院 2012 级博士生李宏飞利用短暂空闲到合肥的安徽省文物考古研究所科研基地，将初稿内容与线图、照片进行了校核。

2014 年 1 月、6～8 月，又由南京大学历史系考古专业 2013 级研究生张朝智、安徽大学历史系考古专业 2012 级研究生李利民和 2010 级本科生安静平、雷鸣宇、张蓓蕾先后对照片进行了处理，后三位同学并对线图进行了初步排版。

直至 2015 年 10 月，才由吴卫红对全部内容开始第一次统稿，2016 年 1 月，陈建立提交了他的团队（包括北京科技大学郁永彬、北京大学崔剑锋和国家博物馆王开）对青铜分析的结果，以及对原始瓷、硬陶的研究成果[1]，到 2016 年 6 月第一次统稿工作大致完成，但仍有一些问题未解决，核对工作也尚未进行。2016 年 10 月，由安徽大学博士后戴玲玲帮助鉴定了出土动物骨骼。

2017 年 3 月初～2018 年 1 月底，吴卫红持续在凌家滩遗址开展发掘及相应的整理工作，交稿一推再推。2018 年 3 月，吴卫红入职安徽大学从事考古教学工作，报告后续编写工作全面委托给张小雷，由其负责完成剩余的工作，并对全稿进行第二次统稿。

由于各自工作繁忙，最终稿仍断断续续，到 2019 年 9 月才最终完成。至此，经过 8 年时间、30 多人的先后参与，全部整理工作结束[2]。

二　整理方法

实物材料的整理是一切考古研究的基础。对陶器、石器等遗物的整理，仍按照传统的整理方法，在复核原始记录之后，开展分类、统计、拼对、绘图、描述、照相等工作。

原始记录的繁杂、无序以及不可避免的各种错误或不足（发掘过程中的判断纠正、编号变更、跨探方对应地层矛盾、书写错误等），需要在整理期间以科学的态度再复核、有序化，这个过程中最易出现纠正过度、无据变更的问题，本次整理以"客观、科学"为基本要求，理性辨析、客观记录。首先整理出了表 2-1（T4～T10 各层土色及与建筑相关遗迹单位表）、表 2-2（T15～T41 各层土色及与建筑相关遗迹表），将全部地层、遗迹浓缩到两张表中，这是后续整理的基础平台，也成为分期的基础。

由于没有墓葬、重要灰坑等材料，分期工作是以地层为依据，以堆积方式的变化和器物组合的变化为重要指标，并结合器物形态的变化，将整个遗址分为夏时期、商时期、周时期三个大时期，其中周时期又分为 4 个小阶段（或许划分得过细，会有点问题）。

除传统的整理工作外，科技考古也是整理中的重要内容。在发掘期间便已十分强调科技考古的作用，制定了系统、针对性的采集方法，将科技考古内容直接融入发掘中，并强调采集技术的规范。发掘过程中采集了近百份测年碳样、49 份浮选样品、土壤等方面的样品，尤其重视与青铜冶铸有关遗存的判别和收集，并从铁路部门收集了相关的地质资料。

---

[1]　郁永彬、王开、崔剑锋、朔知、陈建立：《安徽铜陵师姑墩遗址出土原始瓷的初步分析研究》，《文物保护与考古科学》，2017 年第 29 卷第 1 期。

[2]　这批材料的简报、第三三章"青铜冶铸遗物研究"、第三四章"原始瓷科技研究"已先期在《考古》2013 年第 6 期、第 7 期和《文物保护与考古科学》2017 年第 1 期上分别发表。

整理工作开始后，发掘者与科技考古人员多次交流、密切合作。一是以系列样品的理念，从近百份碳样中选择了30多份样品送往北京大学检测；二是提倡全面、系统地青铜冶铸问题研究，对所有与之相关的样品，进行了全面多角度检测分析以替代往常的抽样分析，使得分析数据更加扎实；三是针对师姑墩遗址出土数量较大的硬陶、原始瓷，单独开展了专项研究，这些研究都有了很好的成果。

三　报告编写体例

1. 体例改变的缘由

考古报告的体例，并无一成不变之规。2001年《中国文物报》就此开展了一次笔论，国内众多专家学者参与了讨论，一致的结论是在学科发展日新月异的今天，原有的考古报告模式已无法满足研究的需求，考古报告的内容应大大拓展，从而引发了21世纪初中国考古报告的一次大变革，其要点本便是尽可能多地发表原始材料，更多的是倡议按单元全面发表资料，因而出现不同的变化：一是在原模式基础上的扩充式（仍以分期为基础，但串联了更多的内容，如《秦安大地湾》），二是原模式＋部分单元资料的改良式（附上更多单元的完整资料，如《南河浜》），三是基本按单元发表资料的变革式（基本上按单元发表资料，如《潜山薛家岗》）；四是有专家学者表示，考古报告应按探方全面发表资料，更有利于研究者使用材料，当然这不并不是说简单地把原始的探方记录发表出来即可，而是应当在分类、整合、研究的基础上。

经过十余年的实践、改进，目前前三种方式都有了良好的发展，各有其特色，为进一步的考古研究提供了大量有效信息，但第四种方式迄今尚无人尝试，如何按探方全面发表资料、如何避免资料过于零碎、如何给其他研究者一个较系统的认识等等，诸多技术环节都有待于探索，其有效性也需验证。

我们近些年一直在思考：考古发掘材料中的大多数，都是像师姑墩这样的以碎陶片为主、遗迹不丰富的小遗址，怎样利用小资源解决大问题，物尽其用，是考古工作者需要认真对待的问题。

2. 本报告体例的内涵

本报告基于以上原因，试图在编写体例上进行探索，尝试以探方为基本单位发表材料。报告分上、中、下三编，上编包括概述、遗址考古小史、遗址与堆积、夏商周遗存总述、宋至清代遗存总述。中编是报告的主体，按探方编写，每个探方一章，共24章，每章中详述该探方的地层堆积、遗迹单位及遗物、地层遗物，地层遗物介绍中又按陶器、印纹硬陶、原始瓷、石器、铜器及相关遗物的顺序分层介绍，全部的小件和绝大部分标本都有介绍。下编则是相关认识和分析，包括遗址的分期和年代、陶器文化因素分析、青铜冶铸遗物分析、原始瓷科技分析、动物鉴定报告等。

为避免材料零碎问题，单列第三章"遗址与堆积"并有图2-4（虚拟聚落形成过程图）、表2-1、2的地层和遗迹串联作为弥补。同时考虑到当今已进入到信息时代，"知识爆炸"早已成为现实，信息数据已不可能似乾嘉学派那样把经史子集存于大脑之中便可"学无不成"，"数据检索"成为所有文、理科研究都必备的基本条件，因此，本报告原计划在书后增加"索引"，便于研究者查找相应的材料，这种尝试必有诸多不足之处，但相信一定有益于考古学研究，有益于读者的需求，但因各种条件限制而未成。

3. 代号、编号问题

目前全国考古界虽有《田野考古工作规程》对常规遗迹如灰坑、房址、墓葬等有了规定，但尚无一个涉及所有内涵的代号、编号规范。本报告中的遗迹代号依各类遗迹的中文拼音首字母，编号

表 2-1　T4 ～ T10 各层土色及与建筑相关遗迹单位表

遗物	遗迹	T4	T5	T6	T7	T8	T9	T10
早期 二里头三四期	地势低洼存在人类活动迹象		19 青灰黑	15 青灰	16 青灰	14 青灰	15 青灰	
			18 灰褐	14 灰褐	15 灰褐	13 灰褐	14 灰褐	
		16 青灰白	17 青灰白	13 青灰白	14 青灰白	12 青灰白	13 青灰白	
		15 青黄褐						
		14 灰黑褐						
		13b 青						
	早期遗物出现			12 黑褐	13 灰褐	11 灰褐	12 灰褐	
				11 黄	12 黄	10 黄	11 黄	
			16 深灰					
			15 深灰					
中期 中商	中期遗物点状		$_{10}ZD^{17}$					
			14 深褐					
			13 浅褐					
晚期一段 西周早期	一垫	13a 黄						
		12 青褐黄	12 黄褐		11 黄灰			
	二垫	11 黄	11 浅黄					
	一建		HDM+$_3ZD^{13}$	$_{50}ZD^{11}$	$_{10}ZD^{11}$	$_{26}ZD^{10}$	ZD	
	一堆		⑩黑	⑩灰黑	⑩灰		⑩灰黑	
	三垫	⑩黄	⑨灰黄			⑨灰黄	⑨灰黄褐	
		⑨黄						
	二堆		⑧灰黑					⑥红褐
	二建		F2^{11}					F1
晚期二段 西周中期	三堆 房倒堆积		⑦c 青灰					
			$_4ZD^{7c}$					
			⑦a/b 黄褐					
	三建		GC+$_{19}ZD^{7a}$			GC+$_7ZD^9$	$_{38}ZD^9$	
	三堆		⑥黑褐				⑧灰褐	
	四垫		⑤黄褐	⑨黄褐	⑨灰黄	⑧黄褐	⑦b 黄	⑤黄褐
						⑦黄		
	四建						⑦a 灰	
			$_{13}ZD^5$			$_1ZD^7$	$_9ZD^7$	
							⑥d 黄	
	五堆	⑧灰黑	④ 黑褐	⑧灰黑	⑧灰	⑥灰褐	⑥c 灰	④灰褐
晚期三段 两周之际	五垫	⑦浅黄					⑥b 黄	③黄褐
							⑥a 灰	
	六垫	⑥黄	③黄褐	⑦灰黄	⑦黄	⑤浅黄	⑤浅灰黄	②黄
	五建		$_7ZD^3$					$_{14}ZD^2$
	六堆			⑥深灰	⑥灰	④深灰	④灰黄	
			②黑褐	⑤灰褐			③深灰褐	
	七垫				⑤黄			
晚期四段 春秋早中	七堆	⑤浅灰		④深灰	④灰	③灰褐	②灰褐	
		④灰褐		③褐	③黄褐			
	八垫	③黄褐		②黄褐	②浅黄	②浅黄		
	八堆	②灰褐						

1. T11、T12 位于墩子边缘和外部，与墩子形成过程关系不大；另由于田野发掘中这两个探方地层较为混乱，故暂不考虑。

2. ZD 开口于某层下，不代表一定在某层加一层之上，例如 T5（14）下 ZD 开口于 17 层面上，共有 10 个柱洞。

3. T10①下 ZD 陶片略有混淆

4. T5⑦a 下柱洞有疑虑，为何在堆积中有柱洞，可能是⑥下。

黄：垫土
灰：垃圾
红：建筑
下划线：可通层
方框：可确定为垫土层
斜体：乱
正体：整齐
PS：4下柱洞，打破 6，五为垫土，是先垫土，还是先建筑，不确定。

表 2-2　T15～T41 各层土色及与建筑相关遗迹单位表

遗物 / 遗迹	遗迹单位	T15	T16	T17	T20	T21	T24	T25	T28	T29	T32	T33	T36	T37	T40	T41
	存在人类活动迹象															
商	连续堆积	⑧青灰 / ⑦黄 / ⑥灰黑	⑧灰白 / ⑦青灰 / ⑥灰黑	⑨灰白 / ⑧青灰 / ⑦黄 / ⑥灰黑	⑧灰白 / ⑦青灰	⑧灰白 / ⑦青灰	⑪灰白 / ⑩青灰 / ⑨灰褐 / ⑧灰黑 / ⑦灰褐 / ⑥灰	⑪灰白 / ⑩青灰 / ⑨灰褐 / ⑧灰褐 / ⑦灰	⑫灰白 / ⑪灰褐	⑪灰白 / ⑩灰褐	⑨灰白 / ⑧黑 / ⑦灰褐	⑪灰白 / ⑩灰褐	⑪灰白 / ⑩灰褐 / ⑨青灰 / ⑧灰绿 / ⑦灰褐	⑫灰白 / ⑪灰褐 / ⑩青灰 / ⑨灰黑 / ⑧灰绿 / ⑦灰褐	⑧青灰 / ⑦青灰黑 / ⑥黑	⑧青灰 / ⑦青灰黑 / ⑥黑
西周中期	一垫	⑤黄	⑤黄	⑤黄	⑥黄	⑥黄		⑤黄	⑩黄	⑨黄		⑨黄	⑥黄	⑥黄	⑥黄	⑥黄
西周中期	二堆								⑨灰褐			⑧黑				
西周中期	二垫				⑤黄	⑤黄						⑦灰褐				
西周中期	三堆						⑤黑	⑥黑	⑧黑	⑧黑	⑧黑					
西周中期	一建										⑥黄褐	⑥黄褐				
西周中期	三垫						④黄	⑤黄	⑥黄	⑥黄	⑤灰褐	⑤灰褐				
西周中期	四堆							④灰	⑤灰	⑤灰	⑤黄	⑤黄				
西周中期	四垫								④黄	④黄	④灰褐	④灰褐	⑤灰褐	⑤灰褐	⑤灰	⑤灰
西周中期	五堆												④黄	④黄	④黄	④黄
两周之际	五垫							ZT		HDM						
春秋早中	连续堆积	④灰	④灰	④灰	④灰	④灰	③灰褐	③灰褐	③灰	③灰	③黄褐	③黄褐	③灰褐	③灰褐	③灰褐	③灰褐
春秋早中	六垫	③深灰	③深灰	③深灰	③灰	③灰										
春秋早中	七垫															
春秋早中	连续堆积	②灰	②灰	②灰	②灰	②灰	②黄	②黄	②黄	②黄	②灰褐	②灰褐	②灰褐	②灰褐	②灰褐	②灰褐

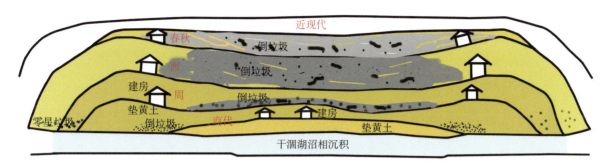

图 2-4　虚拟聚落形成过程图

具体说明如下：

　　a. 常规遗迹：如灰坑、房址、墓葬、灰沟等，是整个遗址统一编号。

　　b. 普通小坑：有可能是不规则的小柱坑、取土坑、自然凹坑，每个探方各自编号，如 T5K1、T6K1、T6K2。

　　c. 柱洞：每个探方各自编号，如 T5D1、T8D1。

　　d. 其他非常规性遗迹：按探方分别编号，如活动面 T5HDM1。

4. 线图和照片选择

　　虽然缺乏珍贵、重量级的遗物和遗迹，但本报告提出"没有废物，只有废人"的理念，"人不废则物有用"，因此按最大量的标准来进行选择，尤其是一些反映器物制作工艺、细部特征的照片选用尤多。

第三章　遗址与堆积

一　遗址选址

师姑墩遗址地处闸河河谷之中，距现今的闸河仅约 200 米，周边为大面积水田，地势平坦，现海拔 5～6 米。据铁路地质钻探资料，遗址所在位置自下而上的地层分别为泥质粉砂岩、细角砾土、青灰色粉质黏土、灰褐色粉质黏土（图 3-1），遗址底部生土层面略低于现水田平面不足半米，与周边相比属地势最为低平之地，而南北两侧几百米之外则逐渐抬高。这种选址方式与新石器时代晚期盛行以山岗边缘为主要选址、趋高避水的理念明显不同，而以贴近水源、弃高就低为理念，是整个江淮及沿江南岸商周时期聚落的最典型选址方式。但为着既近水又避水的现实生活需要，筑土为墩成为最佳选择，因此形成了大大小小各种形式的墩形遗址；又因人工筑墩所耗能量惊人，费工日久，绝大多数遗址面积都较小，一般都在 1000～3000 平方米，超过 5000 平方米的数量较少，不过局部区域（如巢湖北岸的柘皋河一带）的单体面积偏大，或是人口与聚落密度不同的反映。

师姑墩遗址本身也为一独立土墩，平面呈椭圆形，长轴呈西北—东南方向，轴向约 170°；表面略呈斜坡状，东南低西北高，斜面坡度 4°～5°，倾向闸河方向；立面现状呈两层台阶，与现今周边地平的相对高度东南部不足 1 米，中部偏北的最高处达 4 米；顶部边缘各个方向的边坡角度分别为：东南 70°，西侧 72°，北侧 70°，东侧 75°。在遗址外缘，围绕了一圈水沟，但东半部已填平，从未完成的解剖情况看[1]（参见彩版六），似应为周代的小壕沟。

二　地层堆积

第一批探方地层堆积情况以 T5 北壁地层为例说明（图 3-2）。

第①层：厚 0.05～0.20 米。灰褐色土，土质疏松。分布于整个探方。包含物有晚期瓷片、陶片。开口于第①层下的单位有 K1、K6、K7、G1。

第②层：距地表深 0.05～0.20、厚 0～0.50 米。黑褐土，土质较软，夹大量草木灰。堆积坡状向西倾斜，分布于探方东北部。包含物有少

---

[1]　未完成工作原因详见第二章第三节。

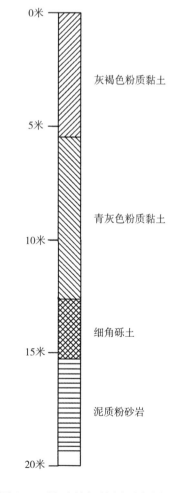

图 3-1　地质钻探地层示意图

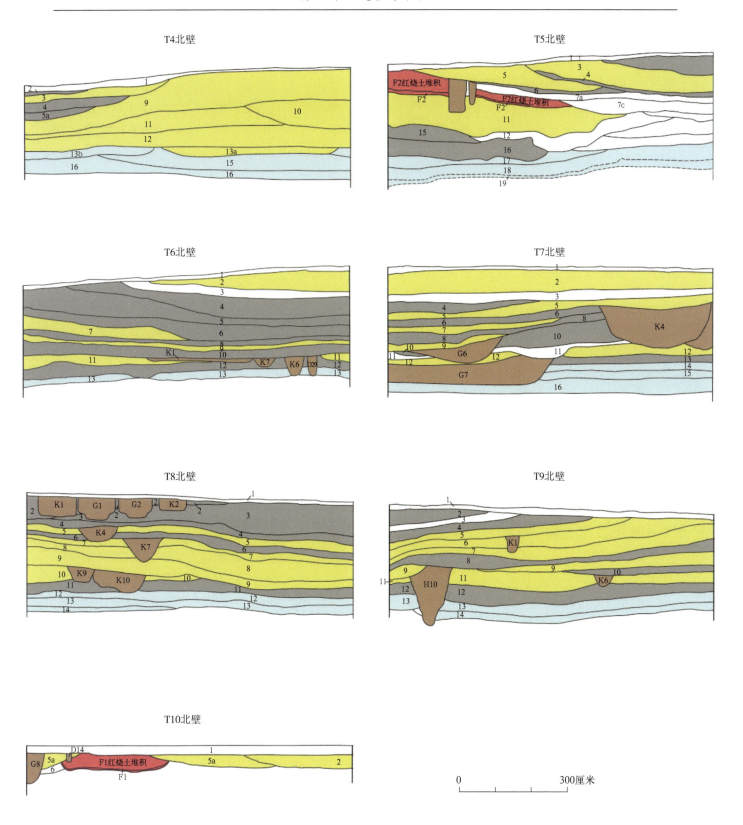

图 3-2　T4～T10 北壁剖面图

量陶片。开口于第②层下的遗迹有 D1 ～ D7。

第③层：距地表深 0.10 ～ 0.60、厚 0 ～ 0.60 米。黄褐色土，夹少量铁锈斑，土质坚硬。堆积呈坡状向西倾斜，分布于探方东北部。包含物较少。

第④层：距地表深 0.10 ～ 1.10、厚 0 ～ 0.20 米。黑褐色土，土质松软，夹大量草木灰。堆积呈坡状向西倾斜，分布于探方东北部。包含物有少量陶片、石器、铜器。开口于第④层下的单位包括 D12 ～ D14、D20 ～ D27、D35、D37。

第⑤层：距地表深 0.10 ～ 0.70、厚 0 ～ 0.55 米。黄褐色土，土质较硬，夹大量铁锈斑。堆积呈坡状向西倾斜，分布于探方东部。包含物较少。开口于⑤层下的单位有 K2。

第⑥层：距地表深 0.45 ～ 0.90、厚 0 ～ 0.25 米。黑褐色土，土质松软，夹草木灰、红烧土颗粒。堆积呈坡状向西倾斜，分布于探方东部。包含物有陶片。开口于⑥层下的遗迹单位有 D8 ～ D11、D15 ～ D19、D28 ～ D34、D36、D56、D57、GC1 ～ GC4。

第⑦a层：距地表深 0.50 ～ 1.20、厚 0 ～ 0.35 米。黄褐色土，土质硬，含铁锈斑。分布于探方东半部。包含物较少。开口于⑦a层下的遗迹单位有 D42、D43、D44、D45。

第⑦b层：距地表深 0.13 ～ 1.10、厚 0 ～ 0.45 米。黄灰色土，夹大量红烧土。分布于探方东南部。该层土层可能与 F2 上红烧土层有着密切的关系，可能为二次堆积。

第⑦c层：距地表深 1.10 ～ 1.35、厚 0 ～ 0.40 米。青灰色土，土质较致密，含铁锈斑。分布于探方东北部。该层底部发现陶器、石器、铜器。开口于第⑦c层下的遗迹有 F2。

第⑧层：距地表深 0.50 ～ 0.70、厚 0 ～ 0.25 米。灰黑色土，土质较硬。堆积较薄，分布于探方西南部。包含物有少量陶片、铜渣等。

第⑨层：距地表深 0.05 ～ 1.30、厚 0 ～ 0.90 米。灰黄色土，土质硬，夹红烧土颗粒。堆积呈坡状向东部倾斜，分布于探方西南部和东部。包含物有少量陶片。

第⑩层：距地表深 0.90 ～ 1.65、厚 0 ～ 0.30 米。黑褐色土，土质较软，夹大量草木灰。堆积水平状，分布于探方东半部，包含物有陶片、铜器、石器。开口于⑩层下的遗迹有活动面一块（HDM1）及柱洞三个 D59 ～ D61。

第⑪层：距地表深 0.45 ～ 1.55、厚 0 ～ 1.15 米。浅灰黄褐色土，土质较硬，夹少量红烧土颗粒、草木灰。分布于探方西部。包含物有陶片。

第⑫层：距地表深 1.45 ～ 1.95、厚 0 ～ 0.65 米。姜黄色土，土质硬。分布于探方北部。包含物有少量陶片。

第⑬层：距地表深 1.50 ～ 2.15、厚 0 ～ 0.70 米。浅褐色土，土质较硬，夹少量炭灰、红烧土颗粒。除西北部外遍布全方。包含物有陶片。开口于⑬层下的遗迹有 K3、K4。

第⑭层：距地表深 1.80 ～ 2.50、厚 0 ～ 0.40 米。深褐色土，土质硬，夹少量红烧土颗粒、炭灰。堆积水平状，分布于探方东北部及西南部。包含物有陶片。开口于⑭层下的遗迹有 D46 ～ D55，皆打破第⑰层，柱洞内未见包含物。

第⑮层：距地表深 1.65 ～ 2.10、厚 0 ～ 0.40 米。深灰色土，土质较硬，分布于探方西北部。未见包含物。

第⑯层：距地表深 1.95 ～ 2.40、厚 0 ～ 0.65 米。深灰色土，土质较软，夹少量红烧土颗粒、炭灰。分布于探方西北部。包含物有陶片。开口于⑯层下的遗迹有 K5。

第⑰层：距地表深 1.75～2.65、厚 0～0.35 米。深青灰色土，偏白，土质较软。分布于探方中西部。未见包含物。

第⑱层：距地表深 1.90～2.75、厚 0～0.60 米。红褐色土，土质硬。遍布全方。未见包含物。

第⑲层：仅发掘北部探沟时露出该层，距地表深 2.50～3.10、厚 0.05～0.25 米。灰黑色土，略青，土质较硬，夹少量草木灰、炭灰。

整个遗址大范围的地层堆积状况可以参见图 3-3。

三　遗址面积与土方量

（一）各种面积

根据钻探时的实测数据，现有墩底部南北长径（L1）约 130、东西短径（L2）约 90 米，墩底面积（S1）约 9200 平方米，墩顶面积（S2）约 7000 平方米。外围壕沟宽 5.60～14.40、深约 2.10 米，沟口的面积（S3）约 2700 平方米。若壕沟确为周代所挖，则加上壕沟外缘的遗址总面积（图 3-4）：

S=S1+S2+S3=11900 平方米

（二）各种土方量

1. 探方发掘土方量与遗物体积分析

由于遗址经过了长期的人类活动，堆积包括了土、各种遗物，所以这里计算的土方量并非纯土方量，但在已实际挖掘过的 1050 平方米范围内（不包括隔梁），土方总量约为 3675 立方米，扣除探方壁向下收缩、保留的台阶等 100 多平方米，实际出土量应在 3500 立方米以上。其中包含的陶片、石块等遗物总量不足 10 立方米（估算值），加上未收集的烧土块、其他遗物，最大遗物量应不会超过 20 立方米，所以基本可以忽略遗物在土方量中的意义。

2. 墩形遗址堆积总土方量（V）

数学计算

遗址本身平面为椭圆形，立面呈台阶状，外围一圈壕沟。将航拍图处理后，可以发现其壕沟、墩底边缘、墩上层边缘均为较规则的椭圆，仅局部区域受到破坏。依照片、实地测量数据综合，可以画出这个遗址的理论模型如图。

依理论模型数据图，利用微积分推导公式进行体积计算，计算过程如下：

设上底面半长轴为 a_1，半短轴为 b_1，下底面半长轴为 a_2，半短轴为 b_2，高为 h，则近似椭圆圆台的体积 $= \pi a_1 b_1 h + h (2a_2 b_2 + a_1 b_2 + a_2 b_1 - 4a_1 b_1)/6$（$\pi$ 取 3.14）。

原模型可视作两个椭圆圆台的叠加。

对下椭圆圆台，

V1=3.14×64.4×44.35+2×（2×65×45+64.4×45+44.35×65-4×64.4×44.35）/6=18005.28 立方米

对上椭圆圆台，

V2=3.14×55.56×34.51+1.5×（2×56×35+55.56×35+34.51×56-4×55.56×34.51）/6=9062.75

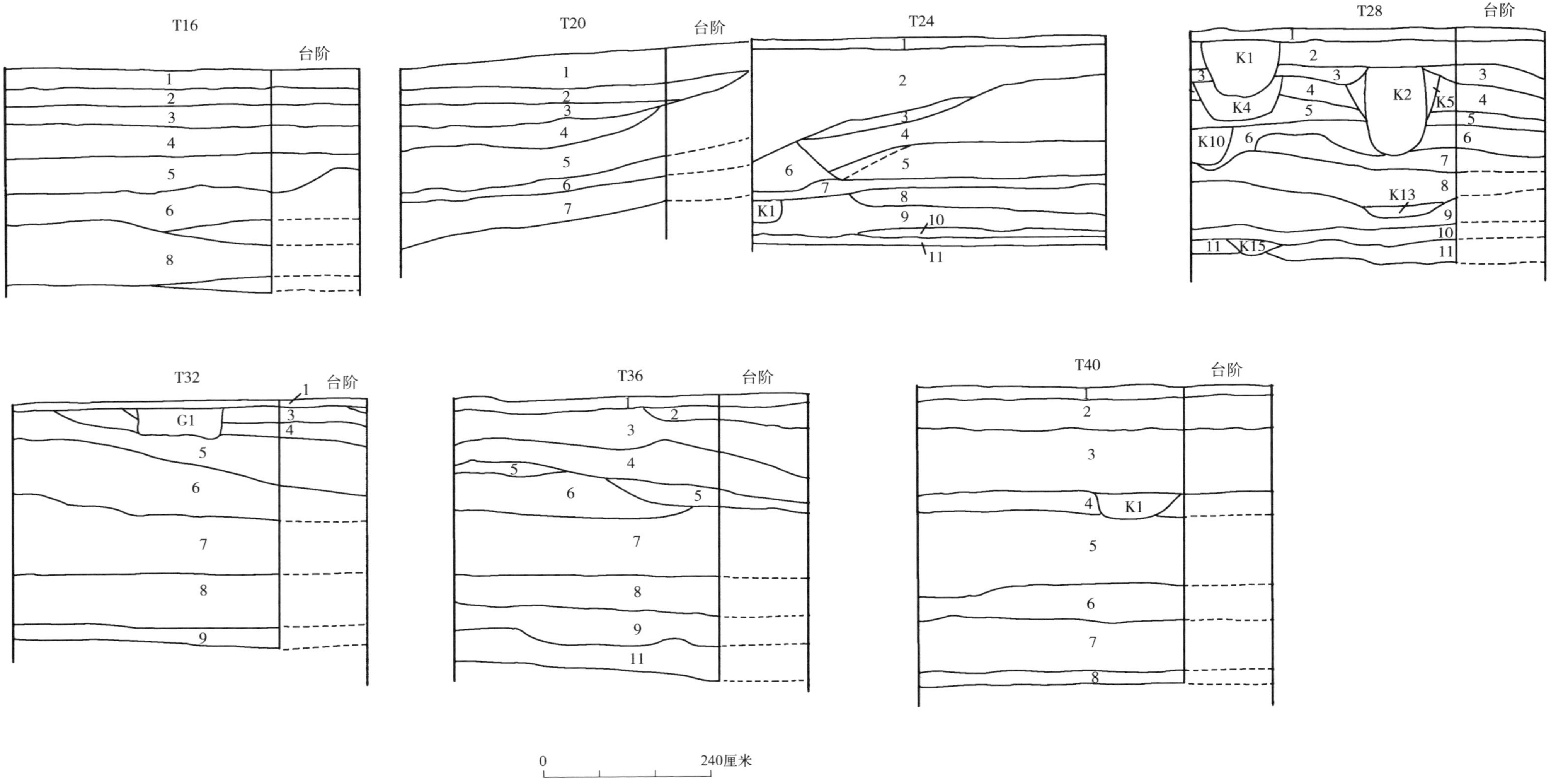

图 3-3　T16～T40 北壁剖面图

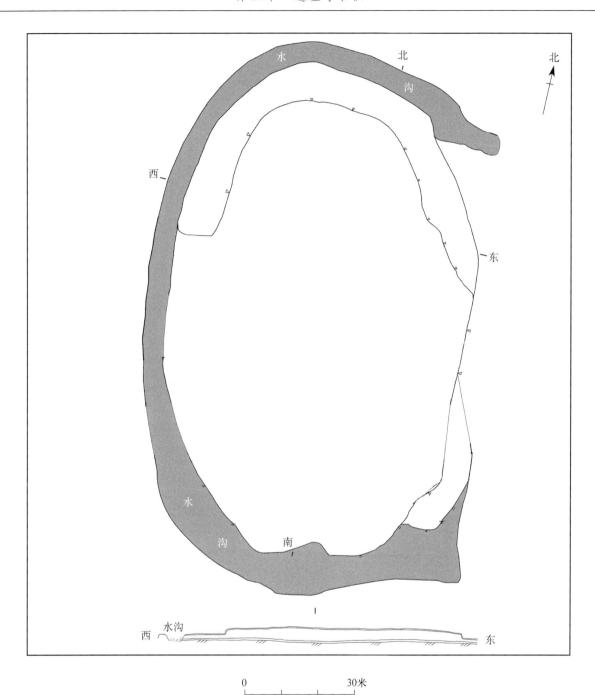

图 3-4　师姑墩遗址实测平、剖面图

立方米

则可以粗略核算该遗址的体积也即总土方量（V）约：

V=V1+V2 ≈ 27000 立方米

3. 壕沟挖沟土方量（V3）

壕沟因解剖发掘未能完成，尚不能确定其年代和文化属性，判断应该属于周代遗迹，据钻探和已挖掘获得的信息估算，按沟口的面积（S3）约 2705 平方米，平均深度为 2 米左右，沟为直壁计算，挖沟的土方量最大不超过：2705 平方米 ×2 米 =5410 立方米，但一般壕沟均口大底小，实际土方量应不超过 4000 立方米。假设沟确为周代所挖，那么沟口以下堆积中虽然包括了宋代及以后的堆积，但实际上仍属周代所挖，因此周代挖沟土方量 = 沟内总土方量，也即：

V3 ≈ 4000 立方米

4. 宋至近现代墩形堆积土方量（V4）

宋代及以后的堆积基本上为遗址的表层，包括两级墩台的陡坎斜面。因两级墩底与墩面的值差极小（陡坎 > 70°），可以将整个墩底面积（S1）视为遗址表层面积，再加下墩台、上墩台的陡坎斜面（S4、S5），但椭圆圆台侧表面积（环带状）的计算极其复杂，此处简单将其理想化为椭圆柱模型（垂直面）估算。

台墩斜面表面积 = 下底面椭圆周长 × 高

设椭圆长半轴为 a，短半轴为 b，则椭圆周长近似为：L=2 π b+4 (a-b)

带入数据计算得（π 近似取 3.14）：

下台墩斜面表面积 S4=2×3.14×45+4×（65-45）=362.6 平方米

上台墩斜面表面积 S5=2×3.14×35+4×（56-35）=303.8 平方米

下墩底面积 S1 ≈ 9200 平方米

则宋代及以后的表面积约：

S宋=S1+S4+S5 ≈ 9866.4 平方米

其体积按平均堆积 0.5 米厚度估算，土方量（V3）约：

V4 ≈ 9866.4 平方米 ×0.5 米 =4933.2 立方米

也即宋代及以后的堆积土方量约 4900 立方米

5. 夏商周时期墩形堆积土方量（V5）

墩形堆积总土方量 - 宋代以后墩形堆积土方量，

V5=V-V4=27000-4900=22100 立方米

夏商时期堆积土方量（V6）

整个遗址夏商时期的堆积量并不大，基本上是平地堆土，从 T5 ～ T9、T37 等探方的夏商时期地层估算，其平均厚度不超过 1 米，分布面也难以超过墩底面积，因此夏商时期堆积的土方量最大估算：9200 平方米 ×1 米 =9200 立方米

V6 实际土方量估计不超过 6000 立方米

西周至春秋时期墩形堆积的土方量（V7）

V7=V5-V6=22100-6000=16100 立方米

由于"墩形"的形成主要是在西周、春秋时期，如果壕沟确为周代所挖，沟内的土没有运到别处而是直接堆筑成土墩，则：

V8=V7-V3=16100-4000=12100 立方米

也就是说，至少 V8 共 12100 立方米的土方量，在西周至春秋时段必然需要从别处更远的地方搬

运而来，如果土墩不是用沟内土方堆积，则从外运来的土方量更大。这些土方有较大一部分是堆筑于遗址边缘的纯黄土，而从铁路部门沿铁路线的地质钻探结果看，遗址周边约 300 米范围内缺乏这种黄土，但在 300 米外的现代村庄所处山岗地带则较多见。

四 遗址堆积过程复原

师姑墩遗址包涵了夏、商、周、宋、明清五个大的时期，其中夏商周特别周代是最主要的内涵。在上述计算的基础上，若以发掘过的 T4 ～ T11 地层堆积为依据（参见图 3-2），合并为夏商、周代、宋代以后三大时期的堆积过程图示如下：

现以第一批发掘的横向一排探方为例，其中位于墩形遗址边缘的 T4 可见墩形遗址形成过程中主要的三次垫土，三次扩墩过程，而聚落形态和居住方式也发生了明显的变化（图 3-5）。

1. 墩子形成之初

在 T4 中第 ⑮ 层土质呈淤土状，土色略呈黄色与青灰色夹杂的状态，而 ⑯ 层亦呈淤土状，两层看似皆类似生土层，而从 T5 可知第 ⑯ 层应为活动层，故而可知在黄土台墩形成之前，已经有了早期的人类活动。从整个第一批探方北壁剖面图看，早期活动层整体中部略隆起，其间有一些似沟槽一样的低洼处。

2. 第一次垫土

在原有的 ⑮、⑯ 层以上，出现了第 ⑬a 层的黄土，从土质看，黄色土较单纯，经调查可知这类单纯的黄色土应该不是该遗址低洼处出现的地层，而是从周边山丘上特意挖来的纯黄土，当为第一次垫土之证明。在 ⑬a 层之上，又出现一层夹杂青灰淤土的黄色黏土层，第 ⑫ 层，虽然土色较 ⑬a 层不够纯净，但应该是为垫平淤土层而铺的黄土。

3. 第二次垫土

在 ⑫ 层基础上，开始铺垫较纯净且厚的黄土层——第 ⑪ 层至第 ⑨ 层，台墩面积明显扩大，且高度明显增高。台墩的基本面貌正式形成，遗迹现象增加，遗物数量显著增加，开始出现明显的垃圾层——第⑧层，且垃圾倾倒于探方的西南侧（也即墩外侧），堆积情况较明确，遗物包含丰富，当为第二次扩墩的过程。从垃圾分布于外缘来看，这一时期的居址应在聚落的中间位置。

4. 第三次垫土

第⑧层形成之后，其上探方西侧出现了多层叠压的垫土层和垃圾层，即第⑧至第④层（亦可能

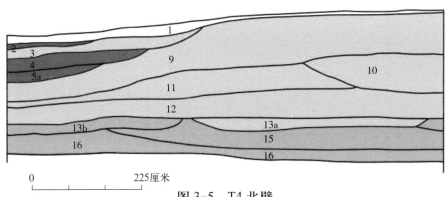

图 3-5 T4 北壁

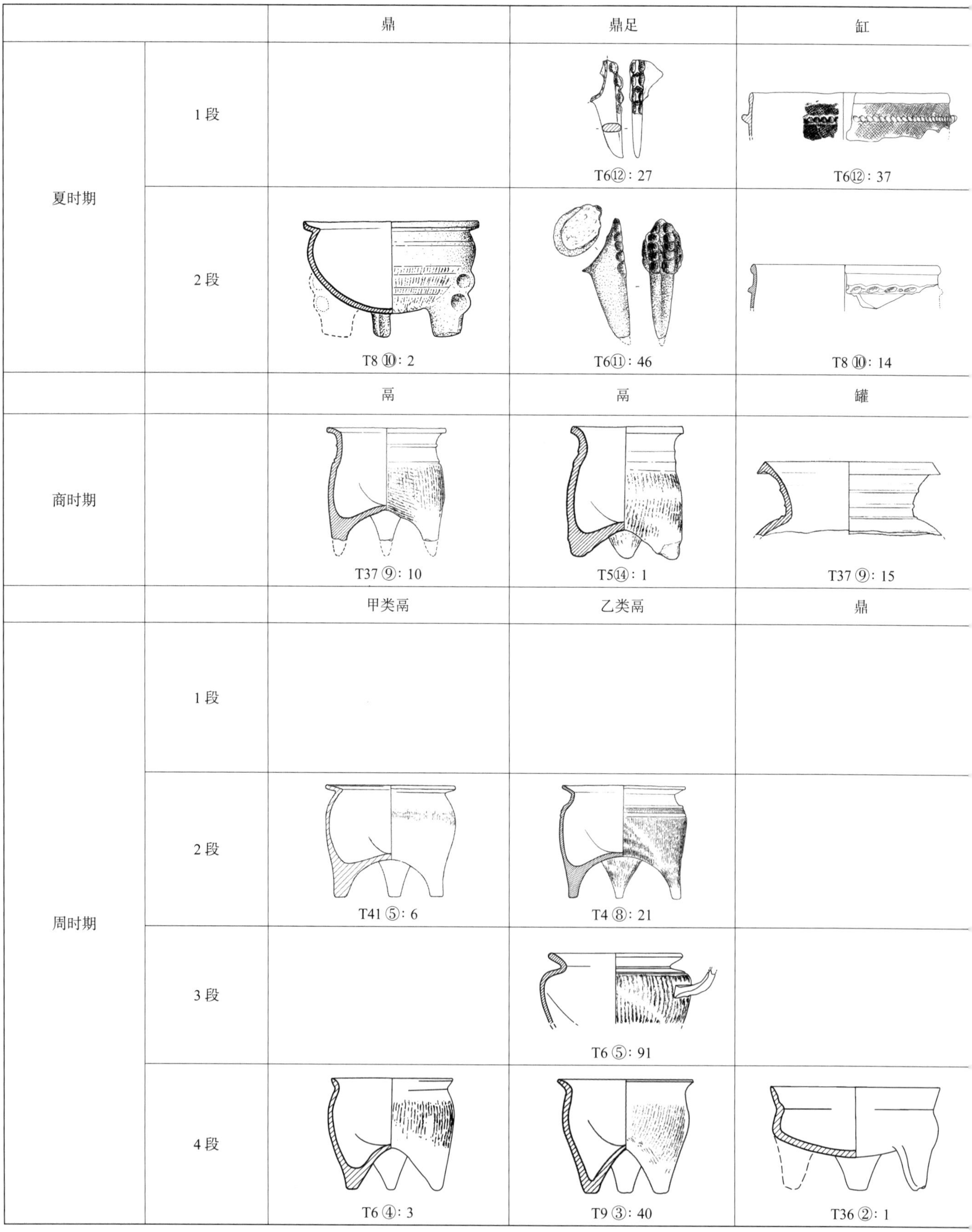

		鼎	鼎足	缸
夏时期	1 段		T6⑫：27	T6⑫：37
	2 段	T8⑩：2	T6⑪：46	T8⑩：14
		鬲	鬲	罐
商时期		T37⑨：10	T5⑭：1	T37⑨：15
		甲类鬲	乙类鬲	鼎
周时期	1 段			
	2 段	T41⑤：6	T4⑧：21	
	3 段		T6⑤：91	
	4 段	T6④：3	T9③：40	T36②：1

图 3-6　师姑墩遗址总分期图

豆	觚	罐	罐	盆
	T6⑫：10			
T7⑫：1	T7⑫：24	H8：2	H8：1	H9：3
豆	豆	豆	鬶	竹节柄
T37⑨：6	T37⑨：7	T37⑨：3	T37⑨：11	T37⑨：2
盉	豆	盆	盘	钵
F2：1	F2：4		T8⑨：10	T8⑩：3
T8⑧：1	T4⑧：20	T8⑦：1	T9⑥：20	T8⑦：8
T9④：6	T9⑤：1	T7⑦：16		T36⑤：1
T7④：142	T7④：2	T33③：6+7	T36③：1	T11⑬：9

至第②层），使得台墩继续向西南外缘扩张，面积继续变大，应该与目前可见的台墩西南边缘范围大体一致，由于垃圾层堆积结构与垫土层堆积结构明显不同，土质、土色、包含物亦不同，可以在剖面上较好的区分其形成过程，当为第三次扩墩的行为。

随着四周垫土的升高，聚落中间逐渐形成一个巨大的坑，使整个聚落成为一个类似圜底的锅底状，居住遗迹则分布于四周高处，从而使聚落形态发生了一次大的变化：垃圾不再或很少往土墩外缘倾倒，而是集中倾倒于中间的大坑中。在垃圾不断增加的同时，每隔一段时间，便用纯黄土铺垫上断续的一薄层，从而使遗址快速增高（见图2-4）。

五　分期年代总述

具体的分期与年代在以下各章节中均有详细内容，在此先概略介绍。

通过地层学和器物类型学研究，师姑墩遗址先秦时期遗存分为三个大期，第一期共分为两段，第二期所获材料较少，变化不明显，未分段，第三期分为四段。第一期对应二里头三、四期，第二期对应二里冈至殷墟一期，第三期的四段分别对应西周早中期、中期、两周之际、春秋早中期四个阶段（图3-6）。

此外，师姑墩遗址还有少量宋、明、清时期的遗存。

为便于宏观了解遗址的总体堆积和年代，特制成表2-1、2。

六　遗迹总述

本次发掘发现夏商至春秋时期房址2座、灰坑9座、沟3条、水井1座，以及与建筑相关的大量柱洞和沟槽（图3-7、8）。出土陶、石、铜类标本250余件，以及较多的铜渣和炉壁残块，还有树干、木头、兽骨等各种动植物遗存。此外，在遗址上层还发现应属明代的大型砖砌排水沟2条，应与庙宇类建筑有关。

第四章 夏商周时期遗存总述

第一节 遗存综述

本次发掘发现夏商至春秋时期房址 2 座、灰坑 9 座、沟 3 条、水井 1 座，以及与建筑相关的大量柱洞和沟槽（图 4-1、2）。出土陶、石、铜类标本 250 余件，以及较多的铜渣和炉壁残块，还有树干、木头、兽骨等各种动植物遗存。

第二节 夏时期

一 总述

夏时期遗迹较少，共有灰坑 2 个、沟 1 条、少量小坑及柱洞。

遗物以陶器为主，有少量印纹硬陶，未见原始瓷，石器数量较少，有个别冶铸遗物。

二 典型单位

夏时期典型单位包括 T6⑫、T7⑬、T7⑫、T8 ⑩、T9⑪、G7、H8、H9 等，根据地层叠压打破关系可以看到以下早晚关系：

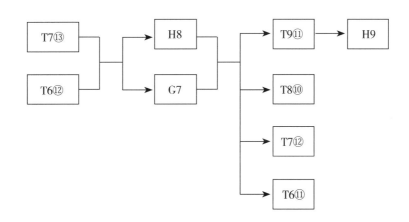

三　陶器型式分析

主要陶器器形有鼎、豆、高领罐、厚唇缸、瓠形杯等，还有少量盆、花边罐底、钵等。现将变化趋势明显、并具有代表性的器物型式划分如下。

1. 鼎

皆夹砂，且以夹细砂为主，根据器型特征可分为两型。

A 型　胎壁较薄，以灰胎为主，胎体表面皆有一层浅色的薄层，深色表皮，根据领部及腹部特征分两亚型。

Aa 型　平折沿或平卷沿，无颈，上腹部较直。标本 T6⑫：19（图 4-3，1）。

Ab 型　平折沿或平卷沿，束颈，腹部呈扁球状的盆形鼎。标本 T8⑩：2（图 4-3，4）。

B 型　胎体多较厚，但较疏松，以红褐胎为主，胎体表面浅色薄层不明显，且腹内壁往往可见受热变黑的情况。根据口部特征可分为两个亚型。

Ba 型　宽沿，唇部较厚。标本 T9⑪：25（图 4-3，5）。

Bb 型　窄沿，唇部较薄，该型与 Aa 型形态相近，但 Bb 型沿下角较 Aa 型大，且束颈不如 Aa 型明显。标本 T9⑪：26（图 4-3，6）。

2. 鼎足

所见皆长扁足，以刀形为主，少量两侧对称的长三角形，足外侧缘顶端皆可见多对对称的手指捏窝纹。如标本 T6⑫：27（图 4-3，7）、T6⑪：46（图 4-3，8）。

3. 豆

皆泥质，表面有黑色或灰黑色陶衣，根据豆盘形制可分为两型。

A 型　折盘豆，根据折盘特征可分为两个亚型。

Aa 型　斜直口微侈，折盘部位圆鼓。标本 T6⑫：38（图 4-4，1）。

Ab 型　侈口略卷，折盘部位折棱明显。标本 T7⑬：10（图 4-4，2）、T7⑫：1（图 4-4，3）。

B 型　敛口曲盘豆（可能是瓠的口沿）。标本 T6⑫：33（图 4-4，4）。

豆柄　根据形制可分为三型。

A 型　细长豆柄，根据豆柄顶端的形态可分为两亚型。

Aa 型　豆柄顶端较粗，柄壁竖直，向下内折，豆柄渐变细。标本 T7⑬：3（图 4-4，5）。

Ab 型　豆柄顶端呈喇叭状外撇，向下内收变细。标本 T6⑫：31（图 4-4，6）、T6⑪：61（图 4-4，7）。

B 型　圆柱形粗豆柄。仅 1 件，标本 T6⑫：30（图 4-4，8）。

C 型　喇叭形豆柄。仅 1 件，标本 T7⑫：23（图 4-4，9）。

陶罐数量较大，器型复杂，根据陶质可分为泥质和夹砂两大类，尤以夹砂陶器型复杂。

4. 泥质罐

根据口部至腹部的特征可分为四型。

A 型　数量较多，所见皆领部较高，从完整器看，腹部应较扁，根据口部与领部特征分两亚型。

Aa 型　侈口前端微卷。标本 T6⑫：8（图 4-5，1）、H8：2（图 4-5，2）。

Ab 型　窄平折沿，或窄侈口近平，内折沿。标本 T9⑪：7（图 4-5，3）。

B 型　数量少，器型较小，卷沿，球腹。仅 1 件，标本 H8：9（图 4-5，4）。

C 型　侈口，折沿，广圆肩。仅 1 件，标本 T8⑩：38（图 4-5，5）。

D 型　敛口，上腹部略鼓。共 2 件，标本 T8⑩：9（图 4-5，6）。

5. 夹砂罐

数量多。根据器形可分为四型。

A 型　微侈口，领部较高，深球腹。根据口部特征可分为两亚型。

Aa 型　卷沿，唇部多较厚。标本 T6⑫：22（图 4-5，7）、H8：1（图 4-5，8）。

Ab 型　斜直口，圆唇。标本 T6⑫：36（图 4-5，9）。

B 型　器形较小，卷沿，直领，腹部略圆鼓。标本 T6⑪：25（图 4-5，10）。

C 型　侈口，无领，上腹部多斜直略外撇。标本 T6⑫：17（图 4-5，11）、T8⑩：7（图 4-5，12）。

D 型　斜方唇，斜直口，高领，上腹部略外撇出。标本 T6⑪：21（图 4-5，13）。

6. 盆

数量较少，可分为三型。

A 型　领部较明显，腹部鼓出。根据口部特征可分为两亚型。

Aa 型　微侈口，前端卷沿，唇部较厚。标本 H9：3（图 4-6，1）。

Ab 型　有窄沿面，薄唇。标本 T6⑪：16（图 4-6，2）。

B 型　无领，侈口，窄折沿，薄唇，上腹部斜腹内收。共两件，标本 T6⑪：13（图 4-6，3）。

C 型　无领，窄平折沿，腹部圆鼓。仅 1 件，标本 T6⑫：7（图 4-6，4）。

7. 觚

皆泥质，表面黑衣，从部分觚身内壁上可以看出拉坯成型的螺旋状凹痕，根据觚身的粗细可分为两型。

A 型　细圆柱觚身，器身底端外撇较明显，根据底座特征可分为两亚型。

Aa 型　觚身末端与底座转折较明显，且交接处多刮出弦纹或旋纹，座缘纵截面呈尖锐的鸟喙状。如标本 T6⑫：10（图 4-3，10）、T7⑫：24（图 4-3，11）。

Ab 型　觚身末端与底座面弧壁自然过渡，交接处少见弦纹或旋纹，座缘圆转略鼓。如标本 T6⑫：14（图 4-3，12）、T8⑩：20（图 4-3，13）。

B 型　粗圆柱形觚身，器身底端外撇不明显，座面与觚身转折明显。标本 T8⑩：19（图 4-3，14）。

8. 厚唇缸

数量多，皆夹砂，口部厚叠唇略宽，根据口及腹部特征分两型。

A 型　直口或微侈口，上腹部较直。如标本 T6⑫：37（图 4-4，10）、T8⑩：14（图 4-4，11）。

B 型　侈口明显，上腹部略鼓。如标本 T6⑫：6（图 4-4，12）、T6⑪：37（图 4-4，13）。

以下器类或因出土数量较少，或因形制变化不明显，暂不划分型式。

9. 鬲

标本 G7：10（图 4-6，13）。

	鼎			
	A 型		B 型	
	Aa 型	Ab 型	Ba 型	Bb 型
1 段	1. T6⑫：19	3. T7⑬：9		
2 段	2. T9⑪：5	4. T8⑩：2	5. T9⑪：25	6. T9⑪：26

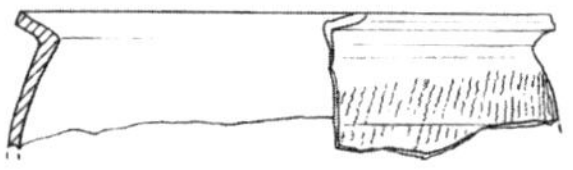

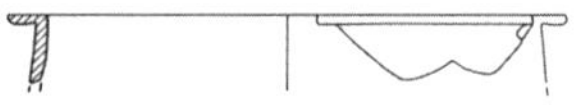

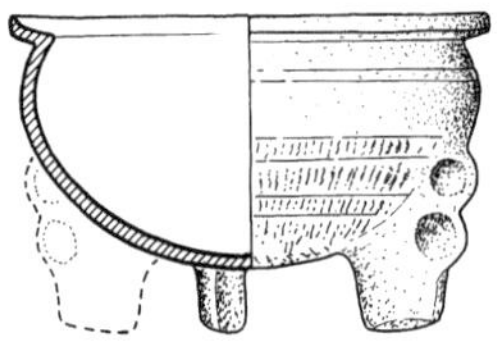

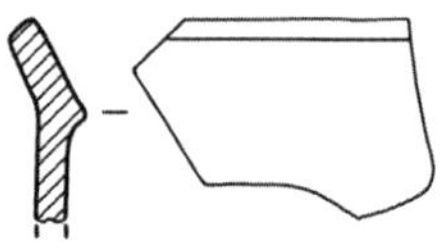

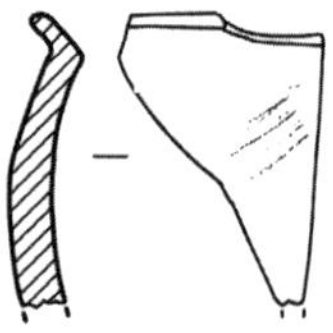

图 4-3　夏时期陶器分期图（一）

	豆			豆柄	
	A 型		B 型	A 型	
	Aa 型	Ab 型		Aa 型	Ab 型
1 段	1. T6⑫：38	2. T7⑬：10	4. T6⑫：33	5. T7⑬：3	6.T6⑫：31
2 段		3. T7⑫：1			7.T6⑪：61

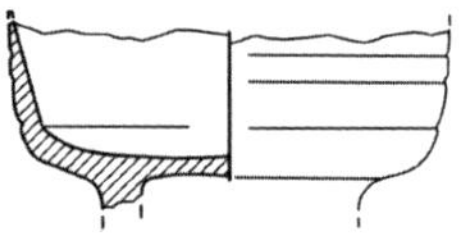

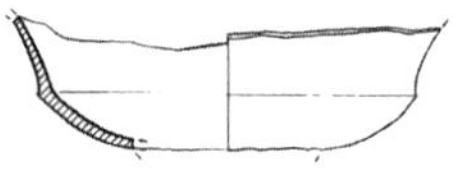

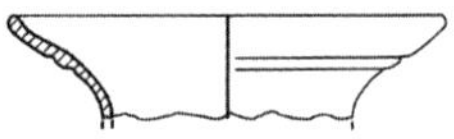

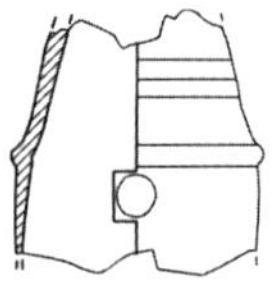

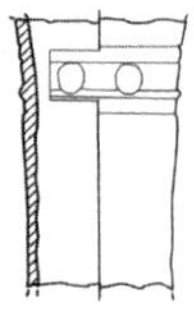

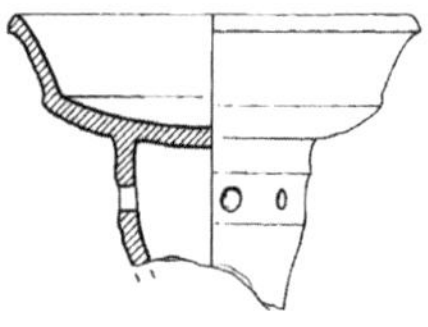

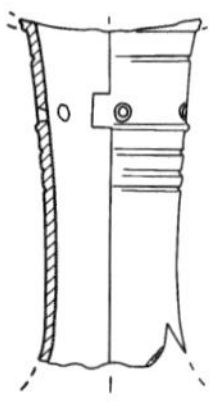

图 4-4　夏时期陶器分期图（二）

鼎足		瓾		
		A 型		B 型
		Aa 型	Ab 型	
7. T6⑫：27		10. T6⑫：10	12. T6⑫：14	
8. T6⑪：46	9. T7⑫：20	11. T7⑫：24	13. T8⑩：20	14. T8⑩：19

		厚唇缸	
B 型	C 型	A 型	B 型
8. T6⑫：30		10. T6⑫：37	12. T6⑫：6
	9. T7⑫：23	11. T8⑩：14	13. T6⑪：37

泥质罐					
A 型		B 型	C 型	D 型	
Aa 型	Ab 型				
					1 段
1. T6⑫：8					
					2 段
2. H8：2	3. T9⑪：7	4. H8：9	5. T8⑩：38	6. T8⑩：9	

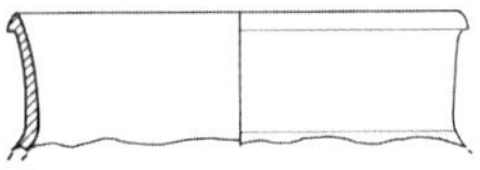

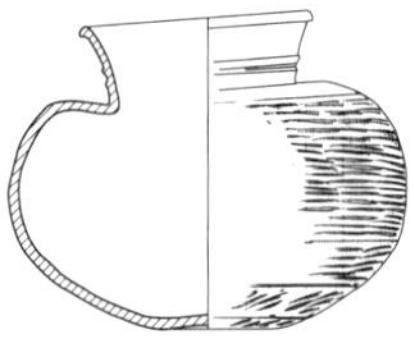

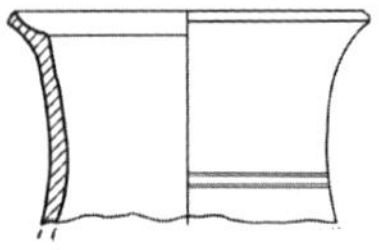

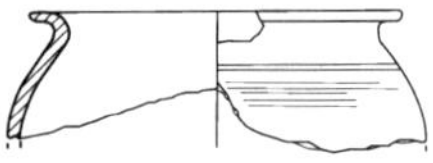

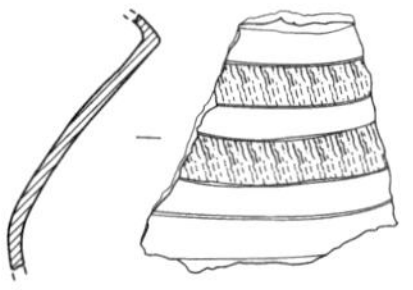

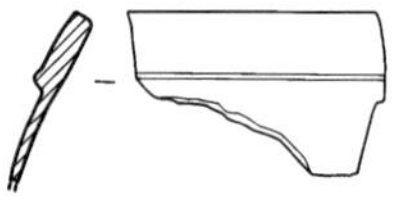

图 4-5　夏时期陶器分期图（三）

盆				
A 型		B 型	C 型	
Aa 型	Ab 型			
				1 段
			4. T6⑫：7	
				2 段
1. H9：3	2. T6⑪：16	3. T6⑪：13		

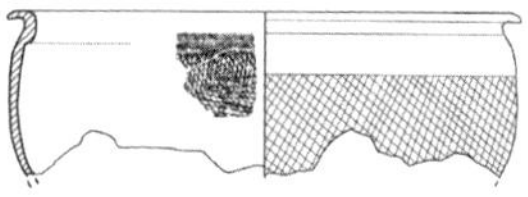

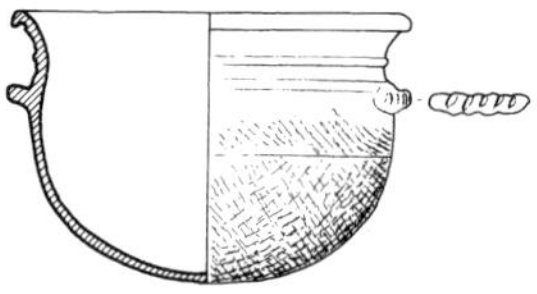

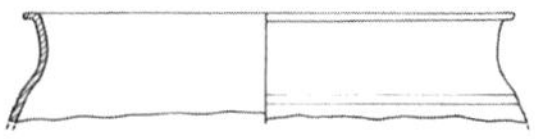

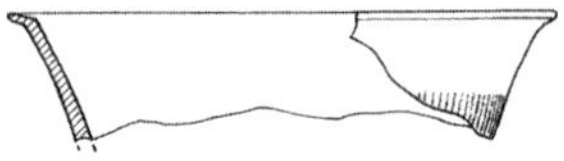

图 4-6　夏时期陶器分期图（四）

夹砂罐				
A 型		B 型	C 型	D 型
Aa 型	Ab 型			
7. T6⑫：22	9. T6⑫：36		11. T6⑫：17	
8. H8：1		10. T6⑪：25	12. T8⑩：7	13. T6⑪：21

器盖	鬶流	鬶	鬲
5. T6⑫：11	6. T7⑬：6	10. T6⑪：42	13. G7：10
陶柄		钵	鸭形壶
	7. T6⑫：3	11. T8⑩：3	14. T8⑩：6
花边器底	陶铃	高领尊	长颈壶
8. T6⑪：59	9. T9⑪：3	12. H8：4	15. T8⑩：30

10. 鬶

标本 T6⑪：42（图4-6，10）。

11. 鬶流

标本 T7⑬：6（图4-6，6）。

12. 钵

标本 T8 ⑩：3（图4-6，11）。

13. 鸭形壶

标本 T8 ⑩：6（图4-6，14）。

14. 长颈壶

标本 T8 ⑩：30（图4-6，15）。

15. 高领尊

仅1件，算珠状器身。标本 H8：4（图4-6，12）。

16. 器盖

标本 T6⑫：11（图4-6，5）。

17. 陶铃

仅1件，标本 T9⑪：3（图4-6，9）。

18. 陶柄

标本 T6⑫：3（图4-6，7）。

19. 花边器底

标本 T6⑪：59（图4-6，8）。

第三节　商时期

一　总述

商时期遗迹较少，仅有少量小坑。

商时期遗物发现较少，主要为陶器及少量的石器。陶器中有少量印纹陶，未见原始瓷。可辨器形种类较少，主要器形有鬲、豆、罐等，另有陶鬶、竹节形杯柄等。因为发掘面积所限，未发现铜制品。

二　典型单位

包括 T37 ⑨、T28 ⑨ 及 T5⑭、T5⑬ 等，根据地层叠压打破关系可以看到以下早晚关系：

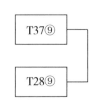

三　陶器型式分析

陶器可辨器形种类较少，主要器形有鬲、豆、罐等，另有少量陶鬶、竹节形杯柄等。现将变化趋势明显，并具有代表性的器物型式划分如下。

1. 鬲

皆为夹砂陶。根据口部领部特征分为三型。

A型　4件。窄平沿，或侈口近平的窄沿。标本 T37⑨：10（图4-7，1）。

B型　7件。卷沿。标本 T5⑭：1（图4-7，2）、T37⑨：5（图4-7，3）。

C型　6件。斜直侈口，内折沿明显，领部较上两型更明显。标本 T5⑬：14（图4-7，4）、T37⑨：13（图4-7，5）。

2. 鬲足

根据腿部及足部的制法分为两型。

A型　实足跟另接于腿部末端，根据足跟形态分为两亚型。

Aa型　14件。圆锥状细长足跟。标本 T37⑨：20（图4-7，6）。

Ab型　1件。截锥状足跟。标本 T28⑨：14（图4-7，7）。

B型　2件。足跟与腿部末端为同一泥片叠合而成或于腿部末端捏出短小的足跟，且腿部末端往往塞入泥球或泥块加固。标本 T37⑨：22（图4-7，8）、T28⑨：12（图4-7，9）。

3. 豆

根据陶质分为两型。

A型　泥质黑皮或灰黑色表皮陶，根据豆盘特征分为四个亚型。

Aa型　1件。假腹。标本 T37⑨：6（图4-8，1）。

Ab型　1件。侈口折盘。标本 T37⑨：8（图4-8，2）。

Ac型　1件。盆形豆盘。标本 T28⑧：1（图4-8，3）。

Ad型　1件。罐形豆盘。标本 T37⑨：7（图4-8，4）。

B型　1件。夹砂陶。敞口，弧腹。标本 T37⑨：3（图4-8，5）。

4. 豆柄

泥质黑皮陶，细直柄。仅1件，标本 T5⑬：5（图4-8，6）。

罐　器形差异较大，且陶片部位也有所不同，难以一一对应，故亦可见特征归为不同罐类。

5. 高领罐

根据肩部、腹部特征分为两型。

A型　耸肩。仅1件，标本 T37⑨：15（图4-9，1）。

B型　溜肩。仅1件，标本 T5⑬：9（图4-9，2）。

6. 卷沿罐

1件，标本 T37⑨：30（图4-9，3）。

7. 圆肩罐

仅存肩部，可能与高领罐为同一器形的部件，共3件，标本 T37⑨：36（图4-9，4）。

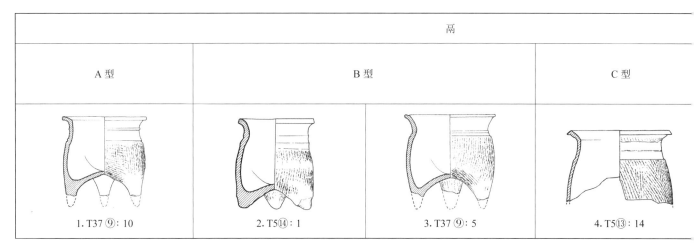

图 4-7　商时期陶器型式图（一）

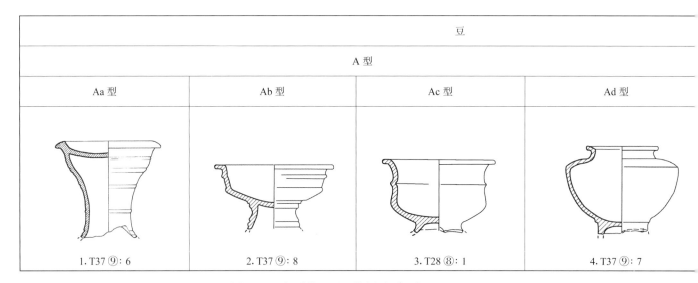

图 4-8　商时期陶器型式图（二）

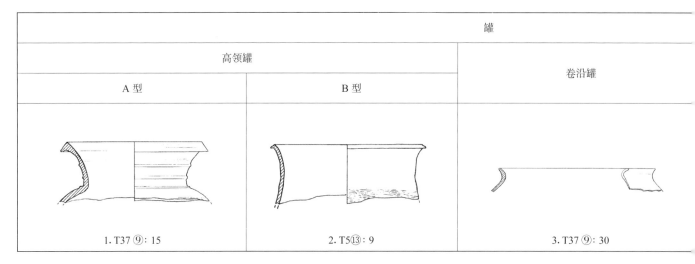

图 4-9　商时期陶器型式图（三）

C 型	鬲足			
	A 型		B 型	
	Aa 型	Ab 型		
5. T37⑨: 13	6. T37⑨: 20	7. T28⑨: 14	8. T37⑨: 22	9. T28⑨: 12

B 型	豆柄	竹节形杯柄	鬶	敛口瓬
5. T37⑨: 3	6. T5⑬: 5	7. T37⑨: 2	8. T37⑨: 11	9. T5⑬: 12

圆肩罐	花边缸底	杯	杯类圈足
4. T37⑨: 36	5. T5⑬: 10	6. T5⑬: 15	7. T37⑨: 12

以下器类或因出土数量较少，或因形制变化不明显，暂不划分型式。

8. 鬶

1件，标本 T37 ⑨：11（图 4-8，8）。

9. 敛口罍

仅 1 件，标本 T5⑬：12（图 4-8，9）。

10. 杯

标本 T5⑬：15（图 4-9，6）。

11. 杯类圈足

标本 T37 ⑨：12（图 4-9，7）。

12. 竹节形杯柄

2件，标本 T37 ⑨：2（图 4-8，7）。

13. 花边罐底

标本 T5⑬：10（图 4-9，5）。

第四节　周时期

一　总述

周时期遗迹十分丰富，共有灰坑 7 个、沟 2 条、水井 1 眼、房址 2 座，以及大量柱洞、沟槽等与建筑相关的遗迹。

周时期遗物十分丰富，主要有陶器、印纹陶、原始瓷、石器等，其中印纹陶、原始瓷的数量大增，冶铸遗物数量较多。

石器数量较少，主要有凿、锛、钺、铲、矛、镞等。此外还有大量砺石，其中部分砺石似与青铜冶铸有关。

铜器器形以小件铜兵器为主，还有个别青铜容器口沿、残足。与冶铸相关的遗物较多，有矿石、支座和较多粘有铜锈的炉壁、炉渣、陶范和石范。此外，还出土少量冶铸铜器的铅块。

二　典型单位

周时期典型单位包括 T5 ⑩、F2、T5 ⑦、T5 ④、T6 ⑧、T6 ④、T7 ④、T8 ④、T9 ④、F1 等，根据地层叠压打破关系可以看到以下早晚关系：

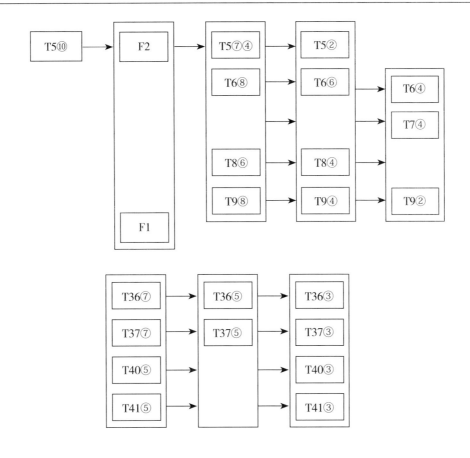

三　陶瓷器型式分析

师姑墩遗址周代陶器器类丰富，型式复杂，但完整器数量有限，故形制分析多根据口、腹、底、足各部分独立划分，但均相互兼顾，并立足整体形态考虑。

（一）陶器

鬲　根据陶质及纹饰风格不同分为甲、乙、丙三大类。

1. 甲类鬲

夹粗砂刮面鬲。多夹粗砂红褐、灰褐陶，多方唇或圆角方唇，折沿，鼓腹，联裆，以柱足为主，纹饰多为素面，部分腹部饰绳纹被抹，器表常见明显的刮痕，以口沿及足跟最为普遍。根据口径大小、沿面宽窄及是否带柄分为三型。

A 型　口径较大（一般为 20 厘米左右），沿面较宽（4 厘米左右），均折沿。根据口沿和腹部特征分为三式。

Ⅰ式　沿下角较大，沿面较宽。标本 T36 ⑦: 6（图 4-10，1）。

Ⅱ式　沿下角较小，沿面较宽。标本 T41 ⑤: 6（图 4-10，2）。

Ⅲ式　沿下角较小，沿面较窄。标本 T9 ④: 16（图 4-10，3）。

A 型变化趋势：沿下角由大到小，沿面由宽到窄。

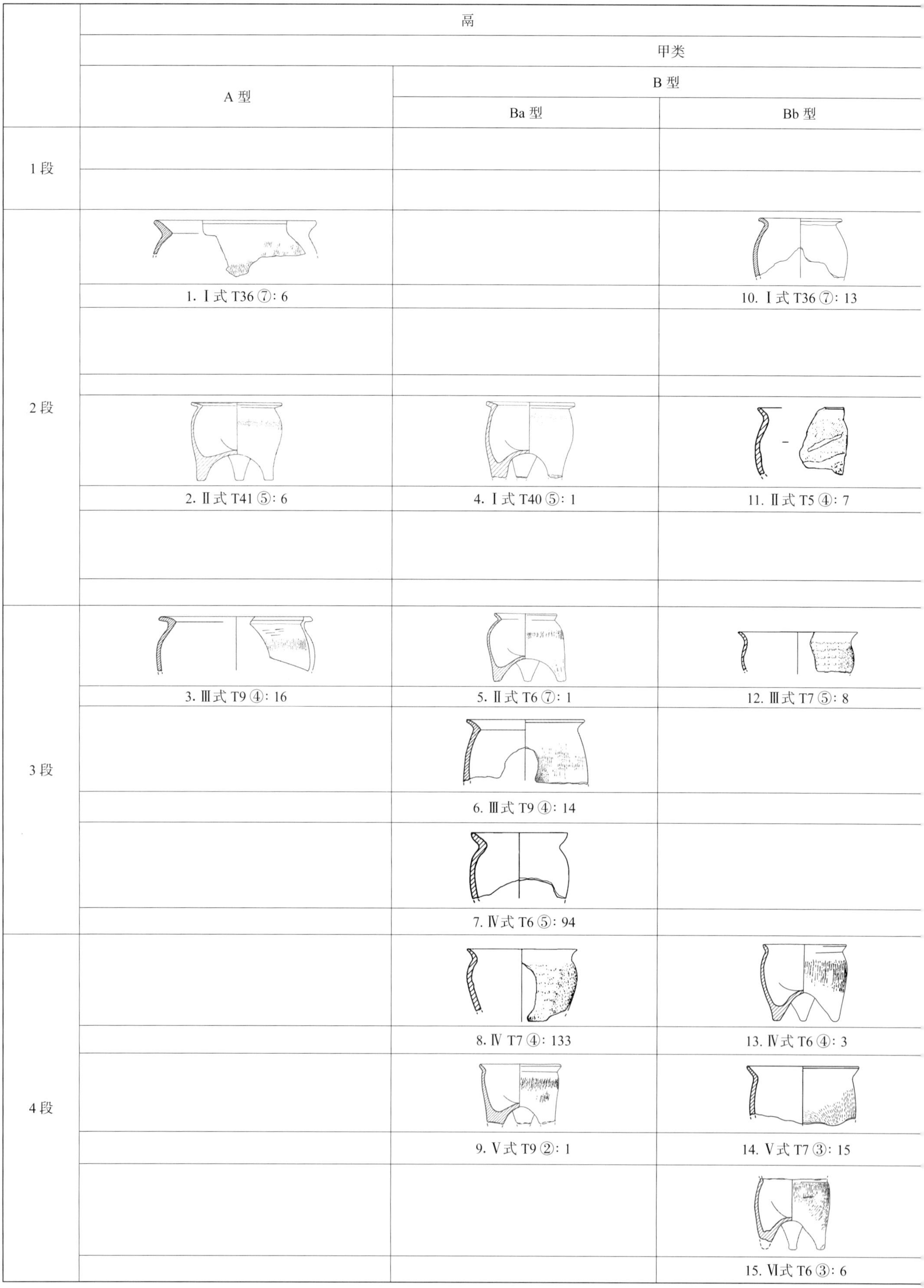

	鬲		
	甲类		
	A 型	B 型	
		Ba 型	Bb 型
1 段			
2 段	1. Ⅰ式 T36 ⑦: 6		10. Ⅰ式 T36 ⑦: 13
	2. Ⅱ式 T41 ⑤: 6	4. Ⅰ式 T40 ⑤: 1	11. Ⅱ式 T5 ④: 7
3 段	3. Ⅲ式 T9 ④: 16	5. Ⅱ式 T6 ⑦: 1	12. Ⅲ式 T7 ⑤: 8
		6. Ⅲ式 T9 ④: 14	
		7. Ⅳ式 T6 ⑤: 94	
4 段		8. Ⅳ T7 ④: 133	13. Ⅳ式 T6 ④: 3
		9. Ⅴ式 T9 ②: 1	14. Ⅴ式 T7 ③: 15
	鬲		15. Ⅵ式 T6 ③: 6

图 4-10　周时期陶鬲型式图（一）

C 型	乙类	
	A 型	B 型

17. Ⅰ式 T6⑨: 1

23. Ⅰ式 T40⑥: 3

18. Ⅱ式 T9⑦: 17

19. Ⅲ式 T6⑧: 3

24. Ⅱ式 T4⑧: 21

20. Ⅳ式 T32⑥: 2

21. Ⅴ式 T9⑤: 16

25. Ⅲ式 T9④: 20

16. T6⑤: 54

22. Ⅵ式 T7④: 123

26. Ⅳ式 T7③: 50

B 型　口径较小（一般 12 厘米左右），沿面较窄（2 厘米左右），多折沿，部分卷沿。根据口沿卷折分为两亚型。

Ba 型　折沿。根据沿面及腹部特征，分为五式。

Ⅰ式　沿下角较小，鼓腹。标本 T40⑤：1（图 4-10，4）。

Ⅱ式　沿下角略大，鼓腹。标本 T6⑦：1（图 4-10，5）。

Ⅲ式　斜直角，略鼓腹。标本 T9④：14（图 4-10，6）。

Ⅳ式　斜直角，束颈，微鼓腹。标本 T6⑤：94（图 4-10，7）、T7④：133（图 4-10，8）。

Ⅴ式　斜直角，直腹。标本 T9②：1（图 4-10，9）。

Ba 型变化趋势：沿下角由小到大，器腹由鼓到直。

Bb 型　卷沿。根据沿面、腹部及足部特征分为六式。

Ⅰ式　卷沿近平，微鼓腹。标本 T36⑦：13（图 4-10，10）。

Ⅱ式　沿下角较小，微鼓腹。标本 T5④：7（图 4-10，11）。

Ⅲ式　斜直角，略鼓腹。标本 T7⑤：8（图 4-10，12）。

Ⅳ式　斜直角，束颈，微鼓腹。标本 T6④：3（图 4-10，13）。

Ⅴ式　斜直角，直腹。标本 T7③：15（图 4-10，14）。

Ⅵ式　疙瘩足出现，直腹。标本 T6③：6（图 4-10，15）。

Bb 型变化趋势：沿下角由小到大，器腹由鼓到直。

C 型　带把。标本 T6⑤：54（图 4-10，16）。

2. 乙类鬲

夹细砂绳纹鬲。多夹砂红褐，灰褐次之，形式多样，纹饰多为绳纹，根据口部及颈部、是否带把等情况分为束颈、斜直颈、无颈折沿、无颈卷沿、带把及其他六型。

A 型　束颈。根据口沿及颈部特征分为六式。

Ⅰ式　束颈，鼓肩明显。标本 T6⑨：1（图 4-10，17）。

Ⅱ式　此式开始，鼓肩不明显，卷平沿，厚方唇。标本 T9⑦：17（图 4-10，18）。

Ⅲ式　卷平沿，薄唇。标本 T6⑧：3（图 4-10，19）。

Ⅳ式　口沿斜直，薄唇。标本 T32⑥：2（图 4-10，20）。

Ⅴ式　口沿斜直，高颈。标本 T9⑤：16（图 4-10，21）。

Ⅵ式　高直颈很明显。标本 T7④：123（图 4-10，22）。

A 型变化趋势：肩部外鼓逐渐不明显，由方唇向圆唇转变，颈部逐渐增高。

B 型　斜直颈，肩部略折。根据唇部及肩部特征分为四式。

Ⅰ式　厚方唇，略折沿，肩部微折。标本 T40⑥：3（图 4-10，23）。

Ⅱ式　薄唇，肩部微折。标本 T4⑧：21（图 4-10，24）。

Ⅲ式　硬折肩。标本 T9④：20（图 4-10，25）。

Ⅳ式　圆鼓肩。标本 T7③：50（图 4-10，26）。

B 型变化趋势：斜直颈逐渐增长，折肩转化成圆鼓肩。

C 型　无颈折沿。根据口沿及唇部特征分为五式。

Ⅰ式　平折沿。标本 T7⑨：20（图 4-11，1）。

Ⅱ式　平折沿，沿面有棱。标本 T7 ⑧：9（图 4-11，2）。

Ⅲ式　平折沿，薄唇。标本 T6 ⑦：9（图 4-11，3）。

Ⅳ式　沿下角较小，鼓腹。标本 T8 ⑥：3（图 4-11，4）。

Ⅴ式　斜折沿，鼓腹。标本 T7 ④：124（图 4-11，5）。

C 型变化趋势：由平折沿向斜折沿转变，腹部逐渐外鼓。

D 型　无颈，卷沿。根据沿面大小分为两亚型。

Da 型　沿面较大。根据沿面及腹部特征分为六式。

Ⅰ式　卷平沿，微鼓腹。标本 T5⑫：2（图 4-11，6）。

Ⅱ式　卷沿略平，微鼓腹。标本 T32 ⑦：15（图 4-11，7）。

Ⅲ式　沿面斜直，较宽，微鼓腹。标本 T6 ⑦：8（图 4-11，8）。

Ⅳ式　沿面斜直，较窄，微鼓腹。标本 T6 ⑥：14（图 4-11，9）。

Ⅴ式　沿面斜直，较宽，鼓腹。标本 T6 ⑤：27（图 4-11，10）。

Ⅵ式　沿面宽，微鼓腹，腹部饰附加堆纹。标本 T7 ④：35（图 4-11，11）。

Da 型变化趋势：由卷平沿向斜直沿转变，鼓腹逐渐明显。

Db 型　沿面较小。根据口沿及唇部特征分为五式。

Ⅰ式　方唇，沿面宽。标本 T5 ④：52+66（图 4-11，12）。

Ⅱ式　方唇，沿面窄。标本 T9 ⑥：55（图 4-11，13）。

Ⅲ式　圆唇，沿面宽。标本 T6 ⑥：4（图 4-11，14）。

Ⅳ式　圆唇，沿面窄。标本 T5 ②：2（图 4-11，15）。

Ⅴ式　尖唇。标本 T9 ③：40（图 4-11，16）。

Db 型变化趋势：由方唇向圆唇，沿面宽向窄转变。

E 型　带柄。标本 T6 ⑤：91（图 4-11，17）。

F 型　其他。口沿残，高瘪裆，略呈袋足。标本 T6 ⑧：2（图 4-11，18）。

3. 丙类鬲

泥质素面鬲。

标本 T37 ⑦：1（图 4-11，19）。

鬲足　根据陶质及纹饰风格不同，分为甲、乙、丙三类。

4. 甲类鬲足

刮面鬲足。根据鬲足大小分为三型。

A 型　很大。根据足窝特征分为两式。

Ⅰ式　足窝呈锥形（内部未加泥球并抹平）。标本 T8 ⑦：29（由于标本残破未绘图）。

Ⅱ式　足窝呈平面（内部添加泥并抹平或刻意多加泥）。标本 T7 ④：26（由于标本残破未绘图）。

B 型　较大。根据足跟长短及足窝特征分为四式。

Ⅰ式　截锥状实足跟，较矮，足窝多呈锥形（未加或少加泥）。标本 T8 ⑦：30（图 4-12，1）。

Ⅱ式　截锥状实足跟，较高，足窝多较平（加入泥抹平）。标本 T6 ⑧：40（图 4-12，2）。

Ⅲ式　柱状实足跟，较矮，足窝多较平（少量加入泥抹平）。标本 T8 ⑤：52（图 4-12，3）。

Ⅳ式　柱状实足跟，较高，足窝多较平（少量加入泥抹平）。标本 T9 ②：11（图 4-12，4）。

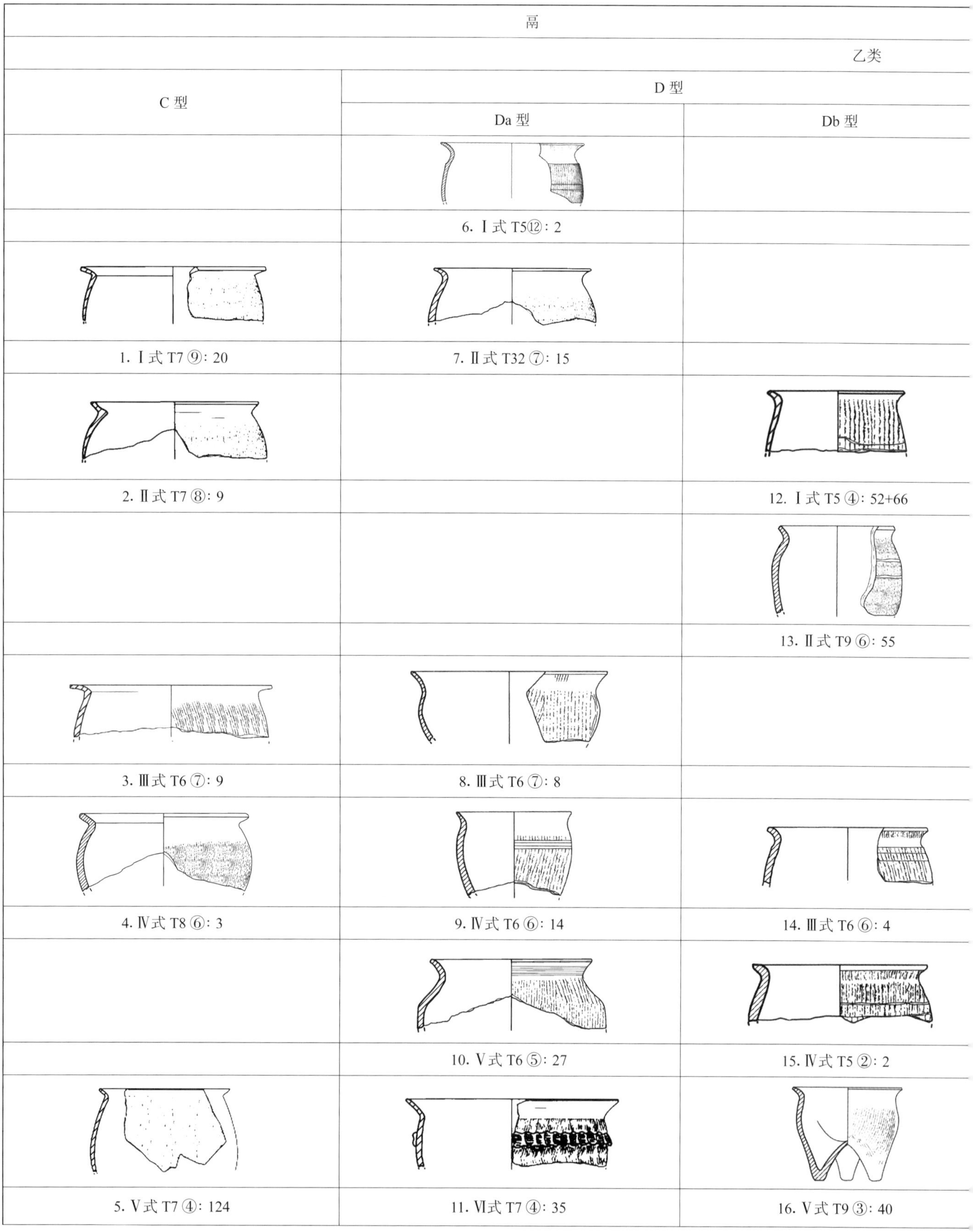

鬲		
		乙类
C 型	D 型	
	Da 型	Db 型
	6. Ⅰ式 T5⑫：2	
1. Ⅰ式 T7⑨：20	7. Ⅱ式 T32⑦：15	
2. Ⅱ式 T7⑧：9		12. Ⅰ式 T5④：52+66
		13. Ⅱ式 T9⑥：55
3. Ⅲ式 T6⑦：9	8. Ⅲ式 T6⑦：8	
4. Ⅳ式 T8⑥：3	9. Ⅳ式 T6⑥：14	14. Ⅲ式 T6⑥：4
	10. Ⅴ式 T6⑤：27	15. Ⅳ式 T5②：2
5. Ⅴ式 T7④：124	11. Ⅵ式 T7④：35	16. Ⅴ式 T9③：40

图 4-11　周时期陶鬲型式图（二）

鬲		
E 型	F 型	丙类
		 19. T37 ⑦: 1
	 18. T6 ⑧: 2	
 17. T6 ⑤: 91		

	鬲足（或甗足）				
	甲类				A 型
	A 型	B 型	C 型		
			Ca 型	Cb 型	
1 段					
2 段	I 式 T8 ⑦：29	1. I 式 T8 ⑦：30 2. II 式 T6 ⑧：40	5. T6 ⑧：39		7. I 式 T8 ⑥：13
3 段		3. III 式 T8 ⑤：52		6. T6 ⑤：58	
4 段	II 式 T7 ④：26	4. IV 式 T9 ②：11			II 式 T7 ④：103

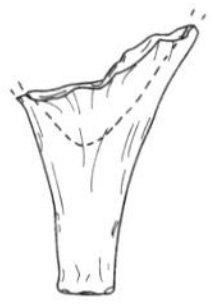

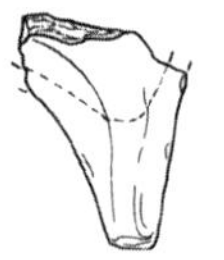

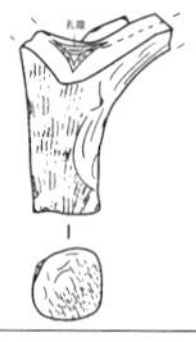

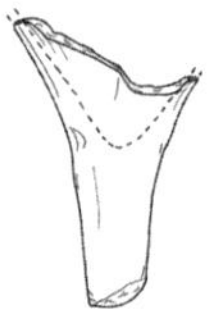

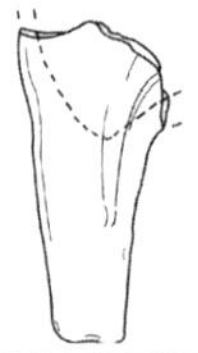

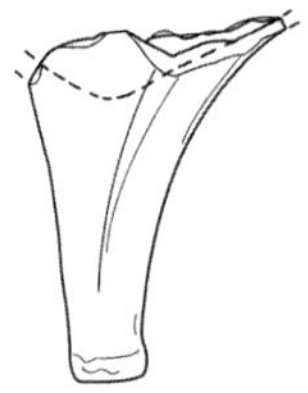

图 4-12　周时期陶鬲足型式图（一）

乙类					丙类
B 型					
Ba 型	Bb 型	Bc 型	Bd 型	Be 型	
8. Ⅰ式 T7⑩: 6		13. Ⅰ式 T9⑩: 14	17. Ⅰ式 T9⑩: 15		
	11. Ⅰ式 T5⑦: 44				21. T8⑦: 39
		14. Ⅰ式 T9⑤: 28			
	12. Ⅱ式 T6⑤: 62	15. Ⅱ式 T9③: 13	18. Ⅰ式 T9④: 45	20. T9④: 34	
9. Ⅱ式 T7④: 107		16. Ⅲ式 T7④: 59			
10. Ⅲ式 T6③: 29	Ⅲ式 T8③: 51		19. Ⅱ式 T6③: 26		

B型变化趋势：由锥状实足跟向柱状实足跟转变，足跟逐渐增高，足窝由锥形向抹平转变。

C型　较小。根据足跟特征分为两亚型。

Ca型　截锥状实足跟。标本T6⑧：39（图4-12，5）。

Cb型　尖锥状实足跟。标本T6⑤：58（图4-12，6）。

5. 乙类鬲足

绳纹鬲足。根据大小不同分为两型。

A型　较大，均为柱状实足跟。根据足跟长短分为两式。

Ⅰ式　较矮。标本T8⑥：13（图4-12，7）。

Ⅱ式　较高。标本T7④：103（由于标本残破未绘图）。

B型　较小。根据足跟特征分五个亚型。

Ba型　柱状实足跟。根据柱足长短分为三式。

Ⅰ式　足跟较矮。标本T7⑩：6（图4-12，8）。

Ⅱ式　足跟较上式略高。标本T7④：107（图4-12，9）。

Ⅲ式　足跟较高。标本T6③：29（图4-12，10）。

Ba型变化趋势：足跟逐渐增高。

Bb型　截锥状实足跟。根据破碎标本可见，均为足窝内填泥球或泥饼后抹实。根据实足跟高矮分为三式。

Ⅰ式　实足跟较矮。标本T5⑦：44（图4-12，11）。

Ⅱ式　实足跟较上式略高。标本T6⑤：62（图4-12，12）。

Ⅲ式　实足跟较高。标本T8③：51（由于标本残破未绘图）。

Bc型　锥状实足跟。根据足跟高矮分为三式。

Ⅰ式　实足跟较矮，跟部较细。标本T9⑩：14（图4-12，13）、T9⑤：28（图4-12，14）。

Ⅱ式　实足跟较矮。标本T9③：13（图4-12，15）。

Ⅲ式　实足跟较高。标本T7④：59（图4-12，16）。

Ba～Bc型变化趋势：足跟逐渐增高。

Bd型　圆锥状足，根据足跟粗细分为两式。

Ⅰ式　粗大。标本T9⑩：15（图4-12，17）、T9④：45（图4-12，18）。

Ⅱ式　细小。标本T6③：26（图4-12，19）。

Be型　兽蹄形足。标本T9④：34（图4-12，20）。

6. 丙类鬲足

足素面鬲足。

标本T8⑦：39（图4-12，21）。

鼎　数量较多，无完整器。根据陶质及纹饰风格不同分为甲、乙两大类。

7. 甲类鼎

刮面鼎。根据口部特征分为两型。

A型　斜直口。根据腹部特征分为两式。

Ⅰ式　略鼓腹。标本T6⑧：36（图4-13，1）。

Ⅱ式　直腹。标本 T40③：14（图 4-13，2）。

B 型　平沿。标本 T8⑤：23（图 4-13，3）。

8. 乙类鼎

素面或绳纹鼎。根据口部特征分为三型。

A 型　斜直口。根据腹部形态分为四亚型。

Aa 型　斜折沿，斜鼓腹，平底。标本 T36②：1（图 4-13，4）。

Ab 型　斜折沿，圆鼓腹，圜底。标本 T11⑪：2（图 4-13，5）。

Ac 型　斜折沿，垂腹，圜底。标本 T15⑥：7（图 4-13，6）。

Ad 型　斜折沿，直腹。标本 T6④：60（图 4-13，7）。

B 型　平沿。根据腹部形态分为两亚型。

Ba 型　平折沿，直腹。标本 T6③：8（图 4-13，8）。

Bb 型　卷沿，直腹。标本 T37②：22（图 4-13，9）。

C 型　直口，双耳。标本 T7④：18（图 4-13，10）。

9. 鼎足

由于标本较残，鼎足较多，故单独划分。根据整体特征分为四型。

A 型　体型较大，扁三角形。根据其横截面形状分为两亚型。

Aa 型　横截面为椭圆形，无棱角。标本 T7③：10（图 4-14，1）。

Ab 型　横截面为有棱角的方形。标本 T6②：10（图 4-14，2）。

B 型　体型较小，扁三角形。根据其横截面形状分为两亚型。

Ba 型　横截面为椭圆形，无棱角。标本 T8③：67（图 4-14，3）。

Bb 型　横截面为有棱角的方形。标本 T7④：24（图 4-14，4）。

C 型　锥形。标本 T7③：12（图 4-14，5）。

D 型　仿铜。标本 T16⑥：7（图 4-14，6）。

10. 甲类鬲

夹粗砂刮面鬲。多夹粗砂红褐、灰褐陶，多方唇或圆角方唇，折沿，鼓腹，鬲腰饰指纹，足以柱足为主，纹饰多为素面，部分腹部饰绳纹被抹，器表常见明显的刮痕，以口沿、鬲腰和足跟最为普遍。口径均较大，根据口部特征分为两型。

A 型　口径较大（一般为 40 厘米左右），沿面较宽（4 厘米左右），均折沿，侈口。根据沿下角大小及腹部特征分为四式。

Ⅰ式　沿下角较大，颈部内凹呈弧线，鼓腹。标本 T5⑨：1（图 4-15，1）。

Ⅱ式　沿下角略小，颈部与腹部交界明显，鼓腹。标本 T5④：54（图 4-15，2）。

Ⅲ式　沿面近平，胎壁略薄，鼓腹。标本 T8⑦：17+23（图 4-15，3）。

Ⅳ式　沿面近平，微鼓腹。标本 T6⑤：96（图 4-15，4）。

A 型变化趋势：沿下角逐渐变小，腹部外鼓逐渐不明显。

B 型　斜直口。根据腹部特征分为三式。

Ⅰ式　微鼓腹。标本 T6⑥：37（图 4-15，5）。

Ⅱ式　耸肩。标本 T9③：21（图 4-15，6）。

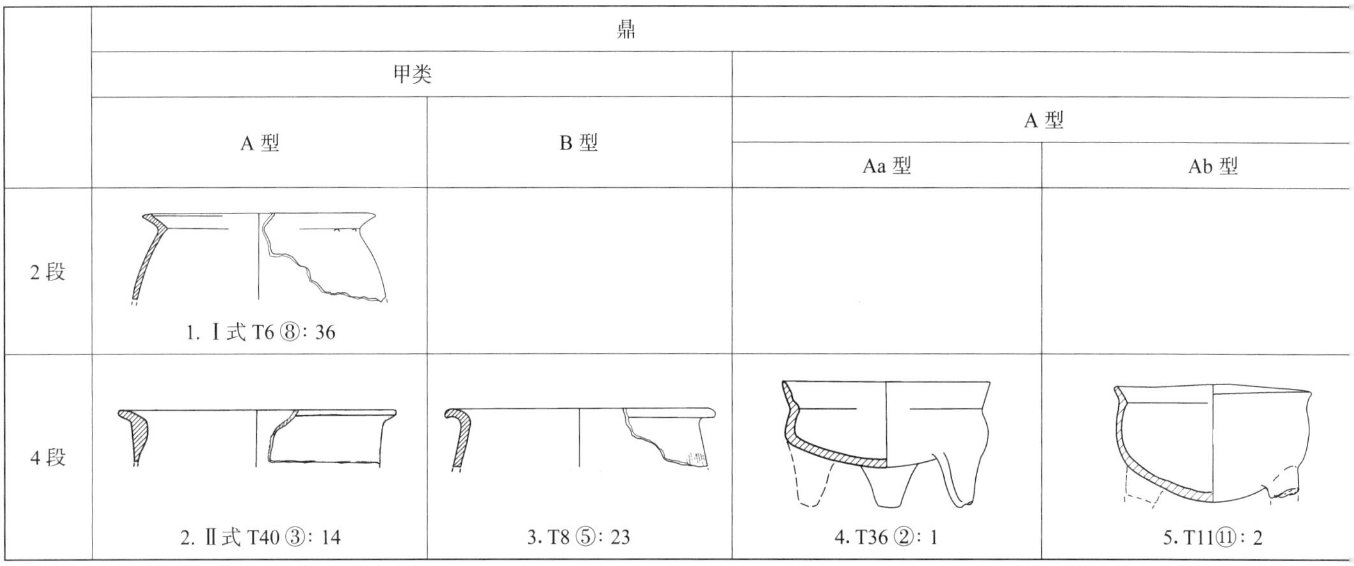
鼎
甲类
A 型
B 型
A 型
Aa 型
Ab 型
2 段
1. Ⅰ式 T6 ⑧: 36
4 段
2. Ⅱ式 T40 ③: 14
3. T8 ⑤: 23
4. T36 ②: 1
5. T11⑪: 2

图 4-13　周时期陶鼎型式图

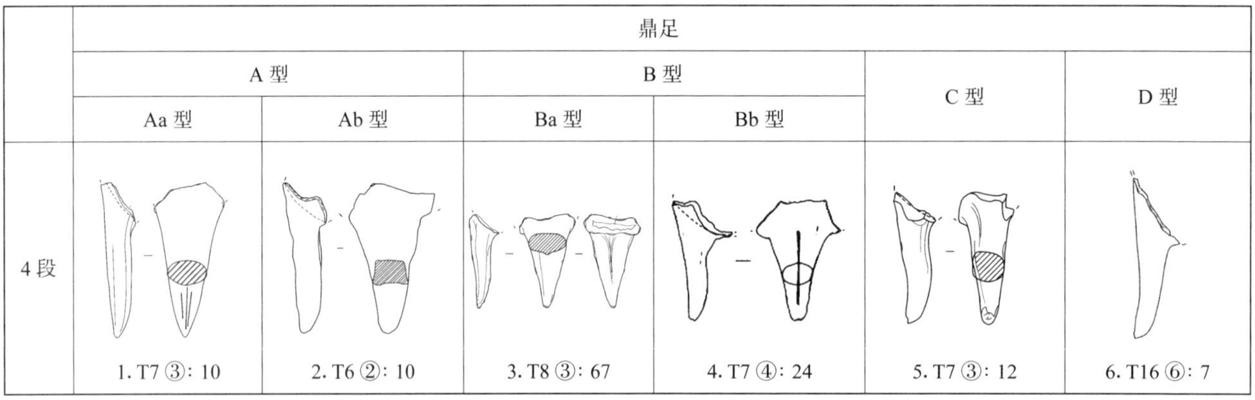
鼎足
A 型
B 型
Aa 型
Ab 型
Ba 型
Bb 型
C 型
D 型
4 段
1. T7 ③: 10
2. T6 ②: 10
3. T8 ③: 67
4. T7 ④: 24
5. T7 ③: 12
6. T16 ⑥: 7

图 4-14　周时期陶鼎足型式图

Ⅲ式　鼓腹。标本 T21 ⑦: 3（图 4-15，7）。

11. 乙类甗

夹砂绳纹甗。根据肩、腹部形态分为三型。

A 型　腹部较直。根据沿面大小分为两亚型。

Aa 型　沿面较大。根据沿下角大小及腹部形态分为三式。

Ⅰ式　卷沿近平，弧腹。标本 T8 ⑧: 9（图 4-15，8）。

Ⅱ式　沿下角较大，微鼓腹。标本 T7 ⑥: 56（图 4-15，9）。

Ⅲ式　沿下角较大，斜直腹内收。标本 T4 ⑦: 9（图 4-15，10）。

Ab 型　沿面较窄，近直腹。标本 T9 ⑦: 28（图 4-15，11）。

B 型　鼓腹。根据沿下角大小及腹部形态分为四式。

Ⅰ式　沿下角较大，束颈，鼓腹。标本 T6 ⑦ : 6+T6 ⑧ : 28+T611 : 7+T8 ⑧ : 29（图 4-15，12）。

乙类				丙类
		B 型		
Ac 型	Ad 型	Ba 型	Bb 型	
6. T15⑥: 7	7. T6④: 60	8. T6③: 8	9. T37②: 22	10. T7④: 18

Ⅱ式　沿下角较大，圆鼓肩。标本 T9⑤: 12（图 4-15，13）。

Ⅲ式　沿下角较大，微鼓腹。标本 T6⑤: 14（图 4-15，14）。

Ⅳ式　沿下角较小，微鼓腹。标本 T17⑧: 1（图 4-15，15）。

B 型变化趋势：沿下角逐渐减小，鼓腹逐渐不明显。

C 型　耸肩。根据唇部形态及肩部形态分为三式。

Ⅰ式　方唇，耸肩不明显。标本 T37⑦: 2（图 4-15，16）。

Ⅱ式　方唇，耸肩明显。标本 T7⑦: 17（图 4-15，17）。

Ⅲ式　尖圆唇，耸肩明显。标本 T9④: 64（图 4-15，18）。

C 型变化趋势：由方唇到圆唇，耸肩逐渐明显。

甗腰　根据陶质及制作风格不同分为甲、乙两大类。

12. 甲类甗腰

夹粗砂刮面甗腰。根据甗腰外所饰附加堆纹不同分为三式。

Ⅰ式　甗腰外饰指甲纹一周，呈月牙形。标本 T8⑦: 25（图 4-15，19）。

Ⅱ式　甗腰外侧饰按窝一周，呈椭圆形。标本 T6⑤: 40（图 4-15，20）。

Ⅲ式　甗腰外贴制泥条较厚，抹光。标本 T6④: 20（图 4-15，21）。

甲类变化趋势：甗腰外附加泥条上的纹饰由月牙形至椭圆形指甲纹，直至抹光。

13. 乙类甗腰

夹细砂绳纹甗腰。根据甗腰外所饰附加堆纹不同分为两型。

A 型　附加堆纹为指纹。根据指纹的不同分为三式。

Ⅰ式　甗腰外饰指甲纹一周，呈月牙形。标本 T5⑩: 8（图 4-15，22）、T7⑧: 12（图 4-15，23）。

Ⅱ式　甗腰外侧饰按窝一周，呈椭圆形。标本 T6⑤: 44（图 4-15，24）。

Ⅲ式　甗腰外侧饰深深的按窝一周，呈圆形。标本 T7④: 143（图 4-15，25）。

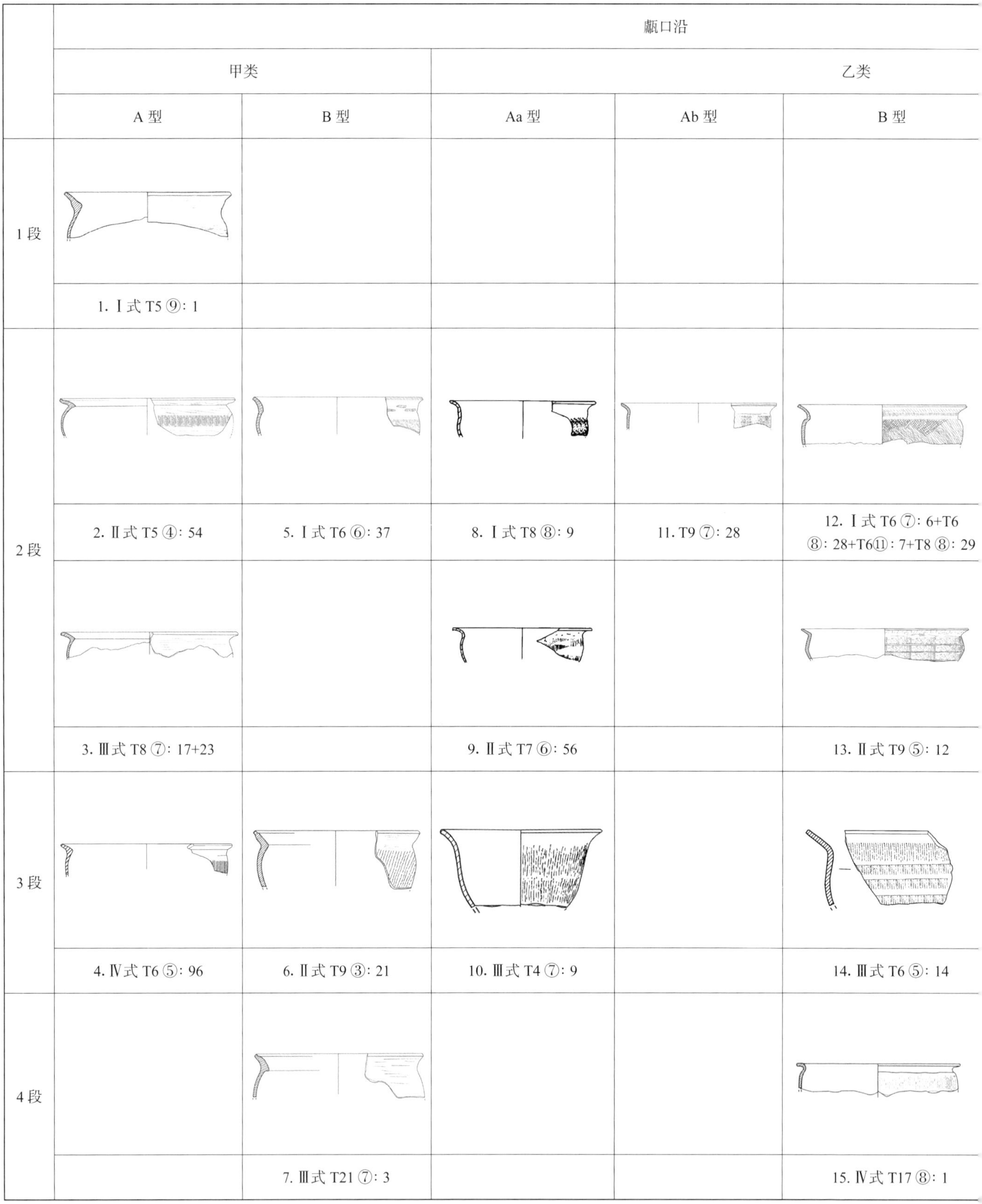

	瓿口沿				
	甲类		乙类		
	A 型	B 型	Aa 型	Ab 型	B 型
1段	1. Ⅰ式 T5⑨: 1				
2段	2. Ⅱ式 T5④: 54	5. Ⅰ式 T6⑥: 37	8. Ⅰ式 T8⑧: 9	11. T9⑦: 28	12. Ⅰ式 T6⑦: 6+T6⑧: 28+T6⑪: 7+T8⑧: 29
	3. Ⅲ式 T8⑦: 17+23		9. Ⅱ式 T7⑥: 56		13. Ⅱ式 T9⑤: 12
3段	4. Ⅳ式 T6⑤: 96	6. Ⅱ式 T9③: 21	10. Ⅲ式 T4⑦: 9		14. Ⅲ式 T6⑤: 14
4段		7. Ⅲ式 T21⑦: 3			15. Ⅳ式 T17⑧: 1

图 4-15　周时期陶瓿型式图

C 型	甗腰			附耳
	甲类	乙类		
		A 型	B 型	
		22. Ⅰ式 T5⑩：8	26. Ⅰ式 T9⑨：25	
16. Ⅰ式 T37⑦：2	19. Ⅰ式 T8⑦：25	23. Ⅰ式 T7⑧：12	27. Ⅰ式 T8⑦：28	31. Ⅰ式 T8⑦：33
17. Ⅱ式 T7⑦：17			28. Ⅱ式 T9⑥：79	32. Ⅱ式 T5④：27
18. Ⅲ式 T9④：64	20. Ⅱ式 T6⑤：40	24. Ⅱ式 T6⑤：44	29. Ⅲ式 T8⑤：34	33. Ⅲ式 T6⑥：19
	21. Ⅲ式 T6④：20	25. Ⅲ式 T7④：143	30. Ⅳ式 T7④：50	

A型变化趋势：甗腰外附加泥条上的纹饰由月牙形至椭圆形至圆形指甲纹。

B型　附加堆纹为绳纹或抹光。根据甗腰处附加堆纹的不同分为四式。

Ⅰ式　甗腰外附加泥条较厚较宽，且纹饰与器身相同，均饰绳纹。标本T9 ⑨：25（图4-15，26）、T8 ⑦：28（图4-15，27）。

Ⅱ式　甗腰外附加泥条较厚较窄，有按压痕迹。标本T9 ⑥：79（图4-15，28）。

Ⅲ式　甗腰较厚，多饰绳纹或抹光。标本T8 ⑤：34（图4-15，29）。

Ⅳ式　甗腰较薄，多饰绳纹或抹光。标本T7 ④：50（图4-15，30）。

B型变化趋势：甗腰外附加泥条由宽、厚到窄、薄，抹光数量也逐渐增加。

14. 附耳甗的附耳

根据附耳特征分为三式。

Ⅰ式　附耳较宽，高于口沿。标本T8 ⑦：33（图4-15，31）。

Ⅱ式　附耳较上式略窄，略高于口沿。标本T5 ④：27（图4-15，32）。

Ⅲ式　附耳较窄，与口沿高度基本相同。标本T6 ⑥：19（图4-15，33）。

附耳甗的附耳变化趋势：由宽到窄，由高到低。

15. 盉

多泥质红褐陶，略夹砂，甑部残，鬲部直径很小且较完整，柄多残。根据流、足跟的形态，分为两型。

A型　管状流，尖锥状足（有小平面）。标本T7 ⑩：1（图4-16，2）、T5F2：1（图4-16，1）。

B型　槽形流，柱状足。标本T11 ⑩：2（图4-16，4）、T8 ⑧：1（图4-16，3）。

16. 盉甑部

根据甑底直径大小分为两型。

A型　直径较小，夹砂红褐陶。标本T9 ⑥：85（图4-17，1）。

B型　直径较大，泥质黑陶。标本T9 ④：6（图4-17，2）。

17. 盉腰

均为夹砂红褐陶。根据盉腰直径大小分为两型。

A型　直径较小。标本T7 ⑩：10（图4-17，3）。

B型　直径较大。根据鬲部特征分为两式。

Ⅰ式　折隔。标本T7 ④：142（图4-17，4）。

Ⅱ式　卷隔。标本T6 ③：15（图4-17，5）。

18. 盉箅

根据盉箅直径大小分为两型。

A型　体型均较小。根据箅孔形状不同分为两式。

Ⅰ式　圆形孔，呈筛状。标本T5 ⑦：13（图4-17，6）。

Ⅱ式　条形孔，呈放射状。标本T8 ⑤：35（图4-17，7）、T7 ④：149（图4-17，8）。

B型　体型较大。根据箅孔形状不同分为两式。

Ⅰ式　圆形孔，呈筛状。标本T4 ⑩：1（图4-17，9）。

Ⅱ式　椭圆形孔，呈放射状。标本 T9④：6（图 4-17，10）。

19. 盉扆部

标本 T9⑦：31（图 4-17，11）。

20. 盉流

均为管状流。标本 T9⑨：37（图 4-17，12）、T36⑤：20（图 4-17，13）、T16⑥：6（图 4-17，14）。

21. 盉柄

根据形制大小分为两型。

A 型　体型均较小。根据形态分为三亚型。

Aa 型　柱状。标本 T9⑧：34（图 4-17，15）、T9⑥：97（图 4-17，16）、T7②：8（图 4-17，17）。

Ab 型　羊角状。标本 T40⑤：2（图 4-17，18）。

Ac 型　喙状，用手简单捏制。标本 T8⑦：36（图 4-17，19）。

B 型　粗大。圆柱形。标本 T9②：23（图 4-17，21）、T8⑦：34（图 4-17，20）。

22. 盉足

细长的截锥状足。根据足的高矮分为两式。

Ⅰ式　较矮。标本 T7④：60（图 4-17，22）。

Ⅱ式　较高。标本 T7③：24（图 4-17，23）。

23. 簋

残，仅剩口沿残片三件。根据口沿形态分为两型。

A 型　敞口。根据腹部深浅分为两式。

Ⅰ式　器腹较深。标本 T6⑥：15（图 4-18，1）。

Ⅱ式　器腹较浅。标本 T8④：18（图 4-18，2）。

B 型　敛口。标本 T28③：8（图 4-18，3）。

24. 簋圈足

均泥质黑、灰陶。根据整体形态特征分为两型。

A 型　豆形簋，高圈足。标本 T37⑦：15（图 4-18，4）。

B 型　盆形簋，矮圈足。根据圈足形态分为三式。

Ⅰ式　圈足直径较大，较高，微外撇。标本 T29⑥：3（图 4-18，5）。

Ⅱ式　圈足直径同Ⅰ式，略矮，略外撇。标本 T9④：96（图 4-18，6）。

Ⅲ式　圈足直径较小，较矮，外撇明显。标本 T15⑥：1（图 4-18，7）。

B 型变化趋势：圈足直径由大到小，高度由高到低，外撇程度由小到大。

25. 豆

多泥质。根据豆盘的形态分为六型。

A 型　侈口。根据腹部弧折分为两亚型。

Aa 型　弧腹。根据整体特征分为三式。

Ⅰ式　红陶，厚方唇，圆弧腹，器腹较深，高直柄，圈足外撇。标本 T5F2：4（图 4-19，1）。

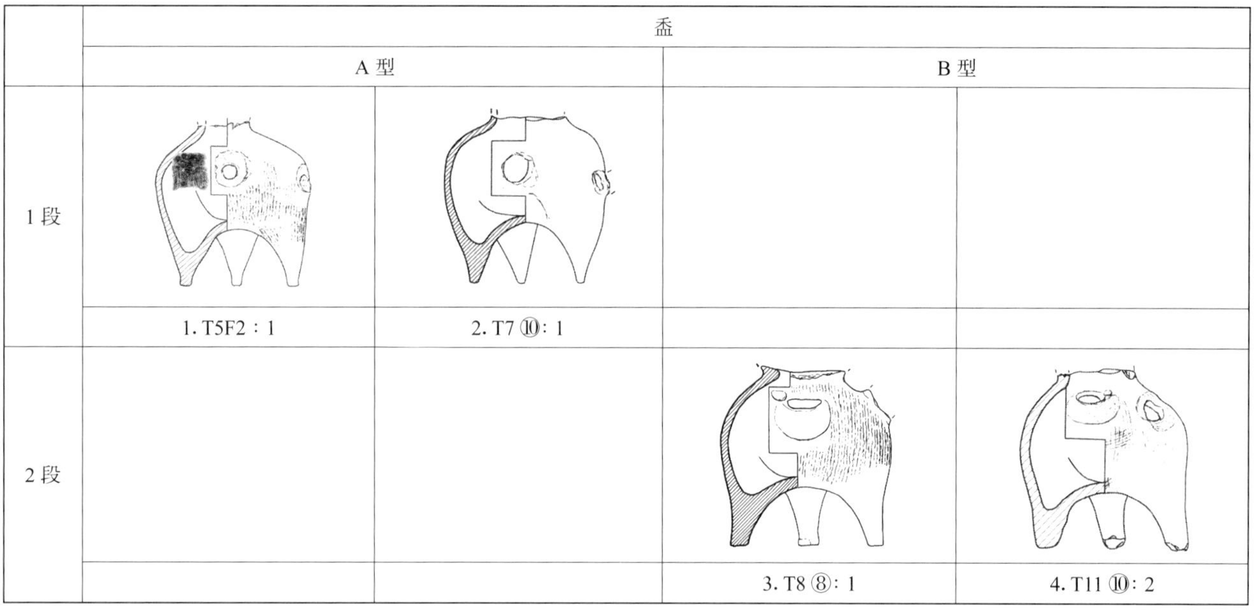

盉			
	A 型		B 型
1 段	 1. T5F2：1	 2. T7⑩：1	
2 段			 3. T8⑧：1　　　　4. T11⑩：2

图 4-16　周时期陶盉型式图

	盉甑部		盉腰		盉箅	
	A 型	B 型	A 型	B 型	A 型	B 型
1 段			 3.T7⑩：10			 9. I 式 T4⑩：1
2 段	 1. T9⑥：85				 6. I 式 T5⑦：13	
3 段		 2. T9④：6			 7. II 式 T8⑤：35	 10. II 式 T9④：6
4 段			 4. I 式 T7④：142	 8. II 式 T7④：149		
			 5. II 式 T6③：15			

图 4-17　周时期陶盉型式图

Ⅱ式　黑陶，厚方唇，浅弧腹，器腹较上式略浅，圈足不详。标本 T6 ⑧：23（图4-19，2）。

Ⅲ式　多红褐陶，圆唇，浅弧腹，器腹非常浅，圈足很高，外撇非常明显。标本 T6 ③：9（图4-19，3）。

Aa 型变化趋势：厚方唇到薄方唇到圆唇，器腹由深到浅。

Ab 型　折腹。标本 T5 ⑦：17（图4-19，4）。

B 型　直口。根据腹部弧折分为两亚型。

Ba 型　弧腹。标本 T6 ⑤：41（图4-19，5）。

Bb 型　直口。根据豆盘特征分为两式。

Ⅰ式　折腹明显，器腹较深。标本 T9 ⑧：15（图4-19，6）。

Ⅱ式　折腹微弧，器腹较浅。标本 T6 ④：17（图4-19，7）。

C 型　敛口。根据腹部弧折及口沿外侧纹饰有无分为三亚型。

盉鋬部	盉流	盉柄				盉足
		Aa 型	Ab 型	Ac 型	B 型	
	12. T9 ⑨：37					
11. T9 ⑦：31	13. T36 ⑤：20	15. T9 ⑧：34	18. T40 ⑤：2	19. T8 ⑦：36	20. T8 ⑦：34	
		16. T9 ⑥：97				
14. T16 ⑥：6					21. T9 ②：23	22. T7 ④：60
		17. T7 ②：8				23. T7 ③：24

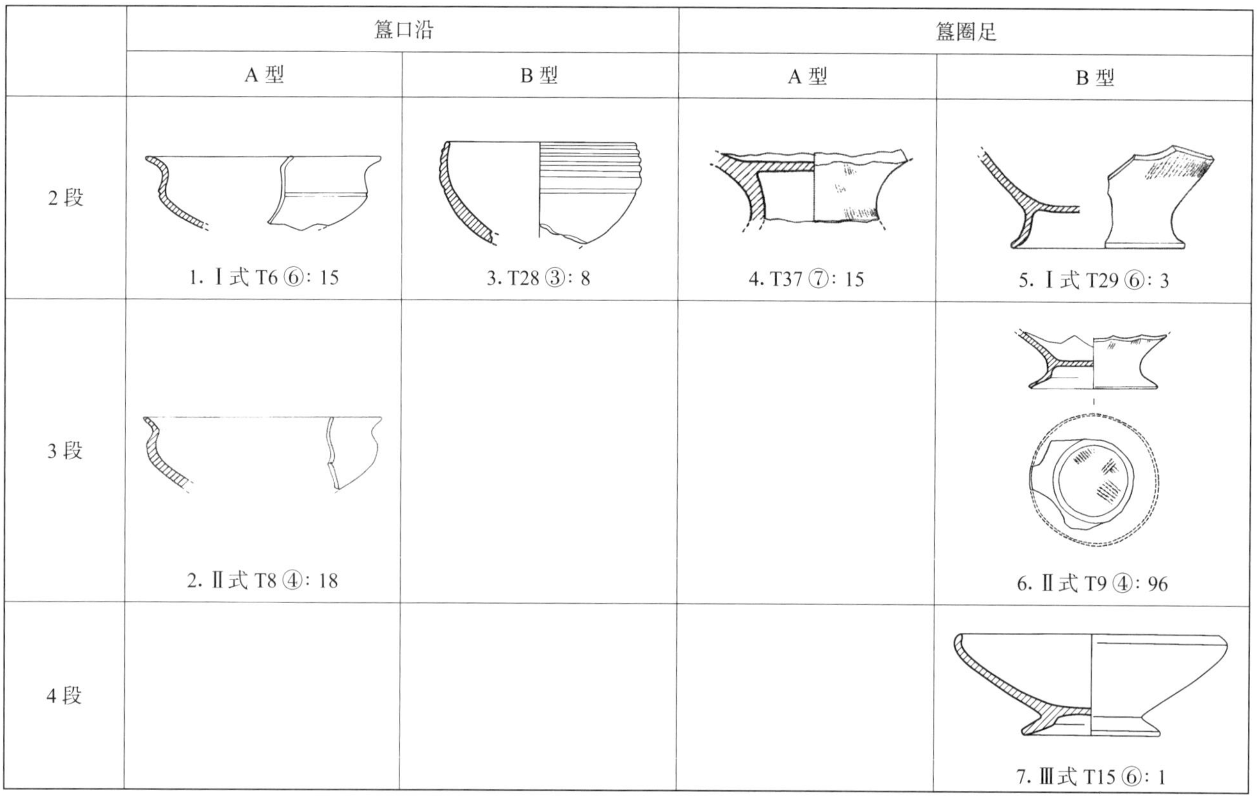

	簋口沿		簋圈足	
	A 型	B 型	A 型	B 型
2 段	1. Ⅰ式 T6⑥: 15	3. T28③: 8	4. T37⑦: 15	5. Ⅰ式 T29⑥: 3
3 段	2. Ⅱ式 T8④: 18			6. Ⅱ式 T9④: 96
4 段				7. Ⅲ式 T15⑥: 1

图 4-18　周时期陶簋型式图

Ca 型　弧腹，口沿外无纹饰。根据口沿特征及器腹深度分为两式。

Ⅰ式　厚圆唇或方唇，器腹较深，高直柄，圈足外撇近平。标本 T4⑧: 20（图 4-19，8）。

Ⅱ式　薄方唇，器腹较浅，喇叭形圈足，较矮。标本 T7④: 2（图 4-19，9）。

Cb 型　折腹，口沿外无纹饰。根据折腹程度分为两式。

Ⅰ式　折腹明显。标本 T8⑤: 24（图 4-19，10）。

Ⅱ式　折腹圆钝。标本 T7④: 68（图 4-19，11）。

Cc 型　折腹，口沿外侧饰多道旋纹。根据口沿及沿面特征分为两式。

Ⅰ式　沿面较宽，圆唇。标本 T7⑧: 19（图 4-19，12）。

Ⅱ式　沿面较窄，薄方唇。标本 T9⑥: 2（图 4-19，13）。

D 型　侈口，颈部内折，折腹。根据口沿及腹部特征分为三式。

Ⅰ式　厚方唇，折腹明显。标本 T9⑥: 90（图 4-19，14）。

Ⅱ式　尖圆唇，折腹明显。标本 T9⑤: 1（图 4-19，15）。

Ⅲ式　尖圆唇，折腹微弧。标本 T6⑤: 39（由于标本残破未绘图）。

E 型　侈口，直颈，折腹。沿面均较大，器腹较浅，似原始瓷 Bb 型。标本 T9④: 99（由于标本残破未绘图）。

F 型　似原始瓷 Ba 型。标本 T6⑧: 22（由于标本残破未绘图）。

26. 豆柄

根据长短及特征分为四型。

A 型　较长。根据豆柄所饰纹饰分为三式。

Ⅰ式　豆柄与豆盘交界处饰少圈旋纹。标本 T40⑥：10（图 4-20，1）。

Ⅱ式　豆柄与豆盘交界处饰多圈旋纹。标本 T8⑤：36（图 4-20，2）。

Ⅲ式　豆柄中部饰弦纹两周或光素。标本 T6②：1（图 4-20，3）。

B 型　中长。根据豆柄特征分为两亚型。

Ba 型　直柄。根据圈足特征分为两式。

Ⅰ式　圈足微外撇，边缘较厚。标本 T7⑧：13（图 4-20，4）。

Ⅱ式　圈足外撇明显，边缘较薄。标本 T7⑥：36（图 4-20，5）、T7③：9（图 4-20，6）。

Bb 型　斜直柄。根据圈足高矮分为两式。

Ⅰ式　圈足较矮。标本 T36⑥：17（图 4-20，7）。

Ⅱ式　圈足较高。标本 T7④：151（图 4-20，8）。

C 型　较矮。根据圈足高矮分为两式。

Ⅰ式　圈足较高。标本 T40⑥：11（图 4-20，9）。

Ⅱ式　圈足略矮。标本 T9⑤：39（图 4-20，10）。

D 型　较矮，覆碗形。标本 T8③：40（图 4-20，11）。

盆　根据陶质及纹饰不同，分为甲、乙两类。

27. 盘

均为泥质黑陶。根据整体特征分为三型。

A 型　直筒形。标本 T8⑨：10（图 4-21，1）。

B 型　矮圈足。根据形制及腹部所饰纹饰分为两亚型。

Ba 型　侈口，折腹，圈足外撇，腹部饰弦纹。根据器壁厚薄及器腹深浅分为三式。

Ⅰ式　器壁较厚，硬折腹，器腹较深，圈足较矮。标本 T32⑧：1（图 4-21，2）。

Ⅱ式　器壁厚度同上式，折腹圆钝，器腹较上式略浅，圈足较矮。标本 T6⑧：4（图 4-21，3）。

Ⅲ式　器壁很薄，器腹不详，圈足较高。标本 T9④：97（图 4-21，4）。

Bb 型　直口，斜直腹，直圈足，腹部饰连珠纹。标本 T9⑥：20（图 4-21，5）。

C 型　无圈足。标本 T36③：1（图 4-21，6）。

盘的变化趋势：由筒形变化到矮圈足，再到无圈足。

敛口钵　根据陶质不同分为甲、乙两类。

28. 甲类钵

多夹砂红褐或灰褐陶钵。夹云母，均弧腹。

标本 T9⑥：91（图 4-22，1）。

29. 乙类钵

泥质钵。多泥质灰黑陶，微敛口，鼓腹，平底。根据肩部特征分为四型。

A 型　近直腹，红褐陶，口沿内敛明显，斜方唇，器腹较宽扁。标本 T10F1：1（图 4-22，2）。

B 型　肩部外鼓，斜弧腹。根据陶色及形制分为两个亚型。

Ba 型　黑陶，口径相对较小，器腹相对较深。根据口沿及腹部特征分为三式。

Ⅰ式　口沿微内敛，器腹较深。标本 T8⑦：8（图 4-22，4）、T8⑩：3（图 4-22，3）。

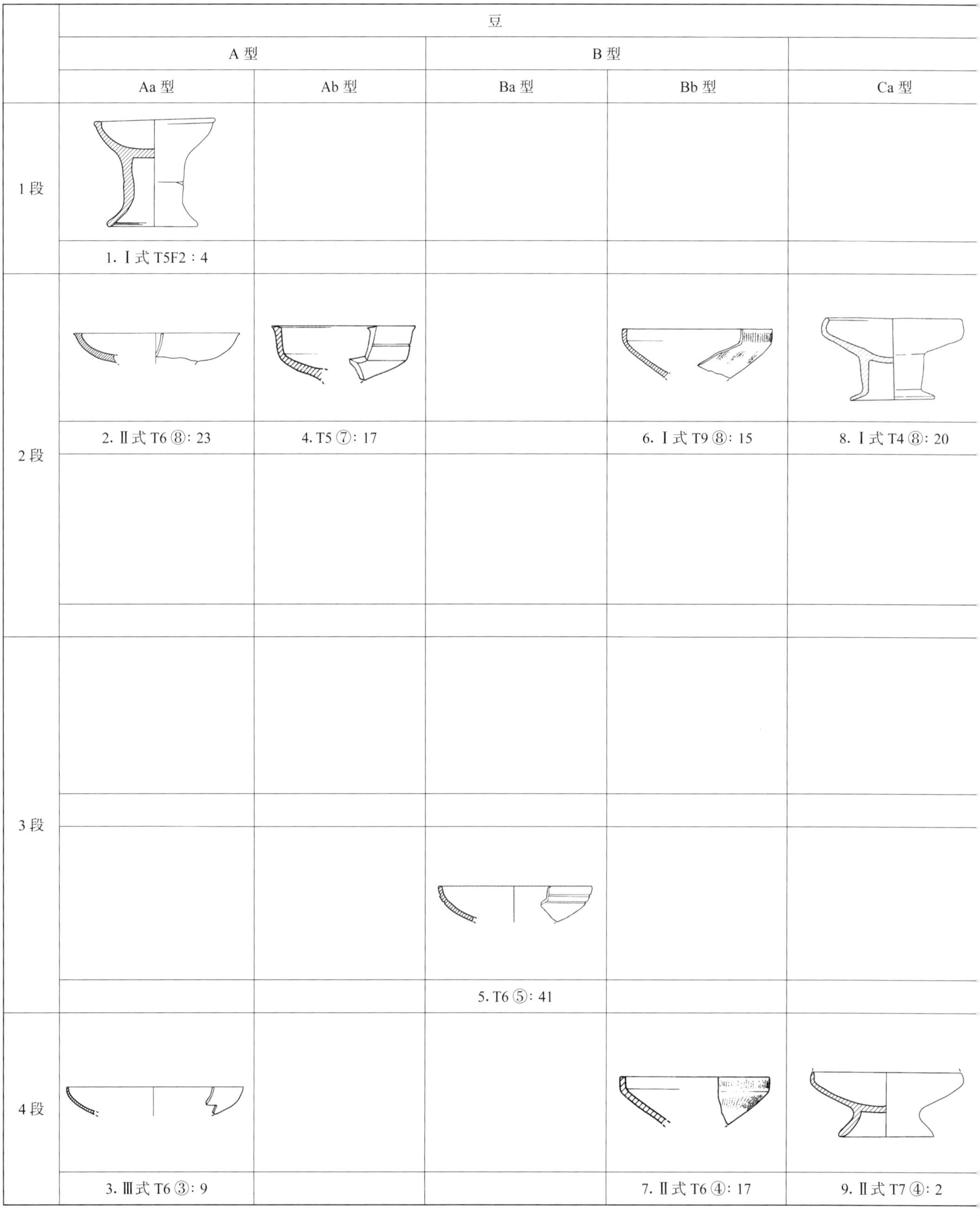

豆				
A 型		B 型		
Aa 型	Ab 型	Ba 型	Bb 型	Ca 型
1 段 1. Ⅰ式 T5F2∶4				
2 段 2. Ⅱ式 T6⑧∶23	4. T5⑦∶17		6. Ⅰ式 T9⑧∶15	8. Ⅰ式 T4⑧∶20
3 段		5. T6⑤∶41		
4 段 3. Ⅲ式 T6③∶9			7. Ⅱ式 T6④∶17	9. Ⅱ式 T7④∶2

图 4-19　周时期陶豆型式图

C 型		D 型	E 型	F 型
Cb 型	Cc 型			
	12. I 式 T7 ⑧: 19			T6 ⑧: 22
	13. II 式 T9 ⑥: 2	14. I 式 T9 ⑥: 90		
10. I 式 T8 ⑤: 24		15. II 式 T9 ⑤: 1		
		III 式 T6 ⑤: 39	T9 ④: 99	
11. II 式 T7 ④: 68				

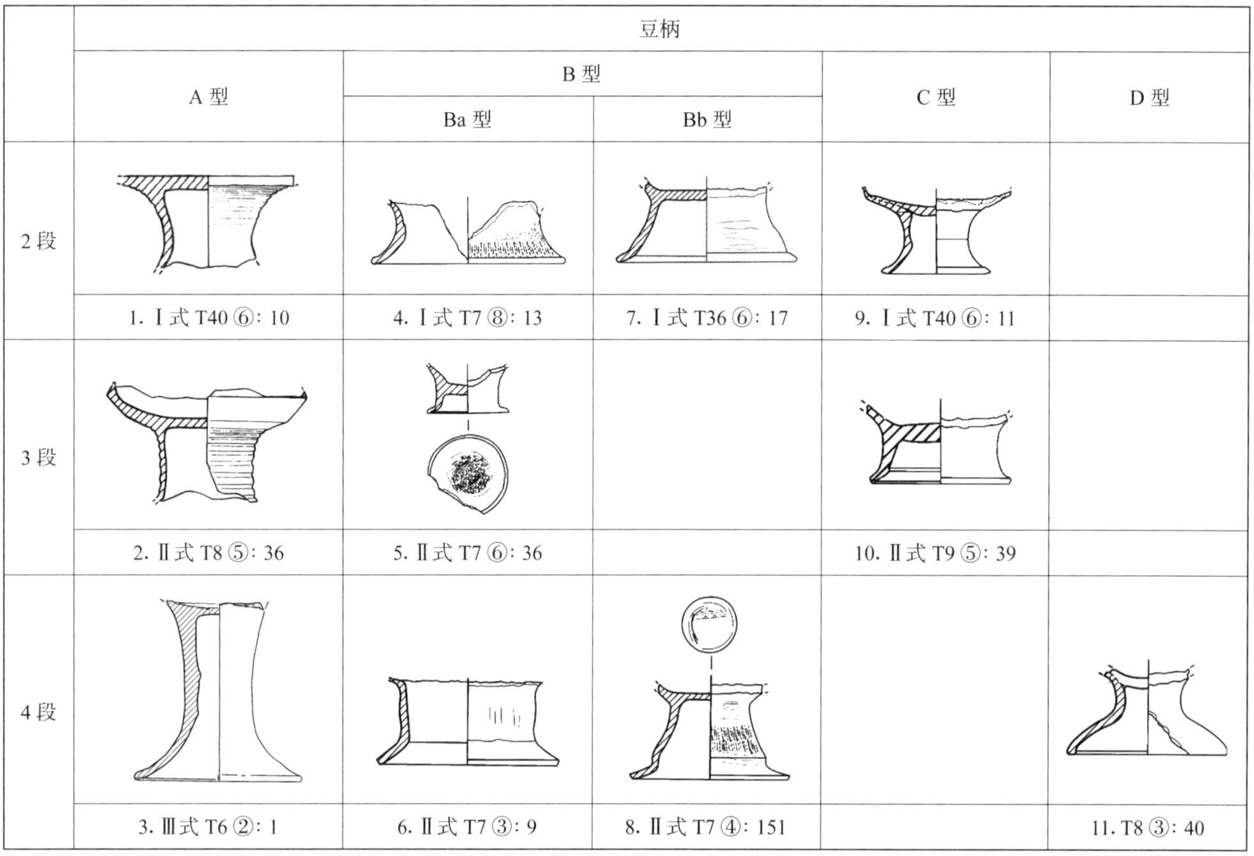

	豆柄				
	A 型	B 型		C 型	D 型
		Ba 型	Bb 型		
2 段	 1. Ⅰ式 T40⑥：10	 4. Ⅰ式 T7⑧：13	 7. Ⅰ式 T36⑥：17	 9. Ⅰ式 T40⑥：11	
3 段	 2. Ⅱ式 T8⑤：36	 5. Ⅱ式 T7⑥：36		 10. Ⅱ式 T9⑤：39	
4 段	 3. Ⅲ式 T6②：1	 6. Ⅱ式 T7③：9	 8. Ⅱ式 T7④：151		 11. T8③：40

图 4-20　周时期陶豆柄型式图

Ⅱ式　口沿内敛，器腹较Ⅰ式浅。标本 T36⑤：1（图 4-22，5）。

Ⅲ式　口沿内敛明显，器腹较宽扁。标本 T11⑬：9（图 4-22，6）。

Ba 型变化趋势：口沿内敛逐渐明显，器身逐渐变宽变矮。

Bb 型　灰白陶或红褐陶，口径相对较大，器腹相对较浅，根据口沿及腹部特征分三式。

Ⅰ式　口沿微内敛，器腹较深。标本 T4⑧：4（图 4-22，7）。

Ⅱ式　口沿内敛，器腹较Ⅰ式浅。标本 T29⑥：1（图 4-22，8）。

Ⅲ式　口沿内敛明显，器腹较宽扁。标本 T11⑦：1（图 4-22，9）。

Bb 型变化趋势：口沿内敛逐渐明显，器身逐渐变宽变矮。

C 型　肩部微折，斜弧腹。根据口沿及腹部特征分为两式。

Ⅰ式　口沿微内敛，器腹较深，斜方唇。标本 T8⑥：2（图 4-22，10）。

Ⅱ式　口沿微内敛，器腹较宽扁，斜方唇。标本 T33④：1（图 4-22，11）。

D 型　斜直腹。标本 T9⑤：4（图 4-22，12）。

30. 盂

肩部饰篦划纹。根据肩部形态分为两型。

A 型　折肩。根据肩部划纹形态分为三式。

Ⅰ式　圆唇，肩部饰单向划纹，划纹一端较深，一端较浅，纹饰疏松，很深，规整。标本 T6⑩：3（图 4-23，1）。

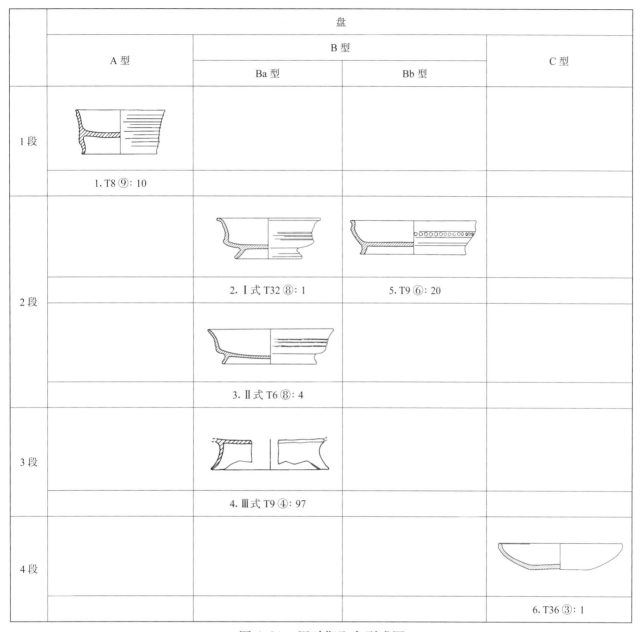

	盘			
A 型	B 型			C 型
	Ba 型	Bb 型		
1 段	1. T8 ⑨: 10			
2 段		2. I 式 T32 ⑧: 1	5. T9 ⑥: 20	
		3. II 式 T6 ⑧: 4		
3 段		4. III 式 T9 ④: 97		
4 段				6. T36 ③: 1

图 4-21　周时期陶盘型式图

II式　圆唇，肩部饰单向划纹，划纹疏松，较深，规整。标本 T6 ⑤: 22（图 4-23，2）。

III式　圆唇，肩部饰单向划纹，划纹较短，纹饰较浅，较随意。标本 T4 ⑧: 2（图 4-23，3）。

A 型变化趋势：肩部纹饰有规整单向划纹向随意单向划纹变化。

B 型　圆肩。肩部饰单向划纹，划纹疏松，较深，较规整。标本 T7 ⑤: 11（图 4-23，4）。

31. 甲类盆

夹粗砂刮面盆。根据腹部形态分为三型。

A 型　斜直腹。根据陶质厚薄分为两式。

I式　胎质很厚。标本 T5 ⑦: 35（图 4-24，1）。

II式　胎质较薄。标本 T8 ④: 9（图 4-24，2）。

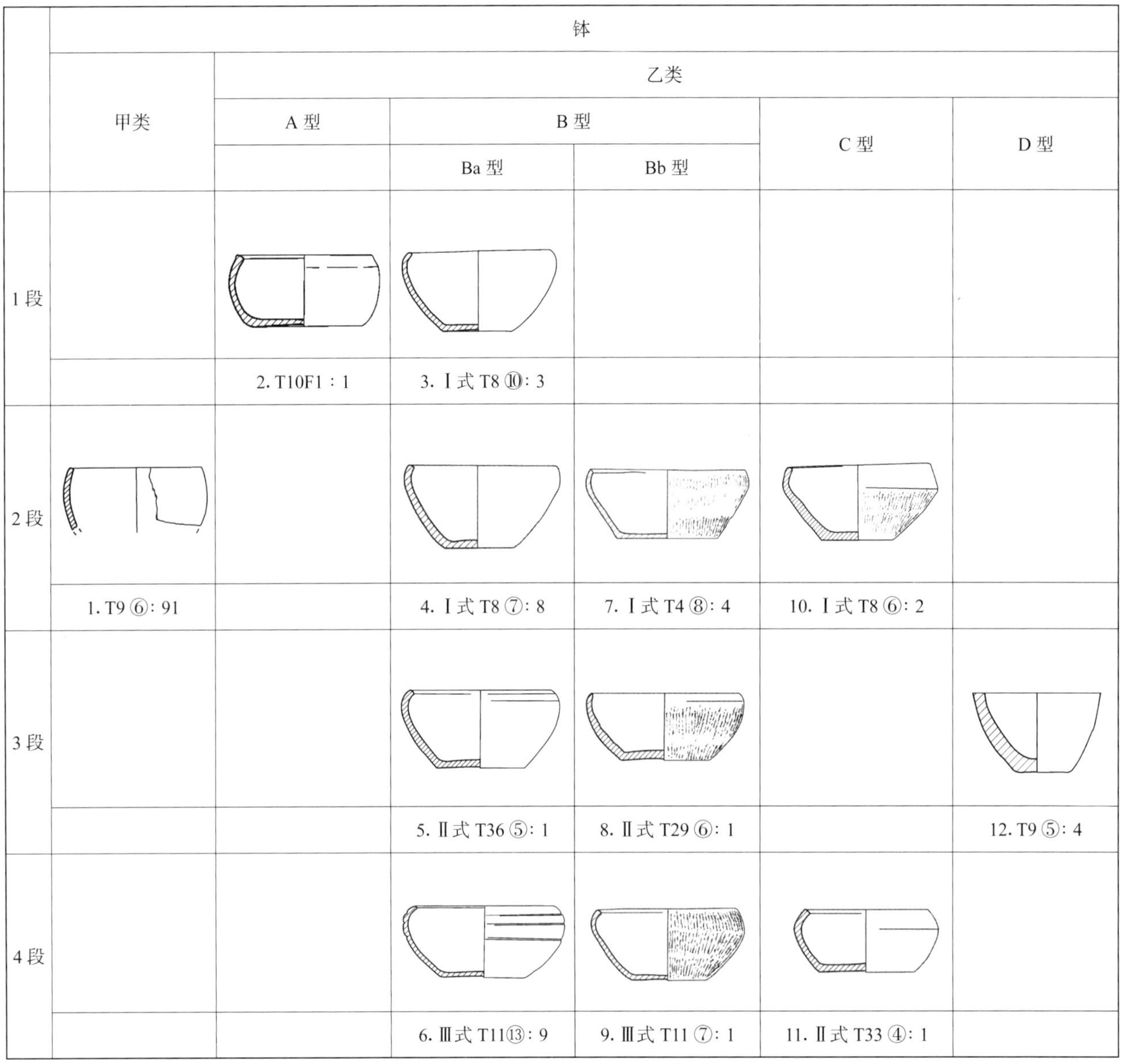

钵					
甲类	乙类				
	A 型	B 型		C 型	D 型
		Ba 型	Bb 型		
1 段	2. T10F1：1	3. Ⅰ式 T8⑩：3			
2 段	1. T9⑥：91	4. Ⅰ式 T8⑦：8	7. Ⅰ式 T4⑧：4	10. Ⅰ式 T8⑥：2	
3 段		5. Ⅱ式 T36⑤：1	8. Ⅱ式 T29⑥：1		12. T9⑤：4
4 段		6. Ⅲ式 T11⑬：9	9. Ⅲ式 T11⑦：1	11. Ⅱ式 T33④：1	

图 4-22　周时期陶钵型式图

B 型　直腹。根据沿面宽窄分为两式。

Ⅰ式　沿面较宽。标本 T6⑧：34（图 4-24，3）。

Ⅱ式　沿面较窄。标本 T6⑤：18（图 4-24，4）。

C 型　鼓腹。根据鼓腹程度分为两式。

Ⅰ式　微鼓腹。标本 T40⑥：7（图 4-24，5）。

Ⅱ式　鼓腹明显。标本 T6⑤：20（图 4-24，6）。

32. 乙类盆

绳纹盆。根据器腹及领部特征分为八型。

A 型　敛口鼓腹盆。根据胎质厚薄及口沿特征分为两式。

Ⅰ式　沿面较窄，胎壁较厚。标本 T9⑥：14（图 4-24，7）。

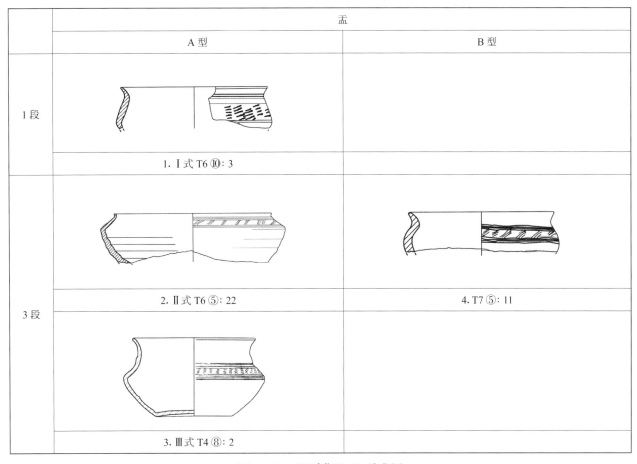

盂		
A 型		B 型
1 段	1. Ⅰ式 T6⑩: 3	
3 段	2. Ⅱ式 T6⑤: 22	4. T7⑤: 11
	3. Ⅲ式 T4⑧: 2	

图 4-23　周时期陶盂型式图

Ⅱ式　沿面较宽。标本 T8③: 9（图 4-24，8）。

B 型　侈口直腹盆。根据沿面大小分为两亚型。

Ba 型　沿面较大。标本 T36⑤: 4（图 4-24，9）。

Bb 型　沿面较小，卷沿。根据唇的厚薄分为两式。

Ⅰ式　薄方唇。标本 T9⑥: 51（图 4-24，10）。

Ⅱ式　厚方唇。标本 T7④: 131（图 4-24，11）。

C 型　侈口鼓腹盆。根据沿面大小分为两亚型。

Ca 型　沿面较宽。根据沿面及腹部特征分为三式。

Ⅰ式　沿下角较大，鼓腹。标本 T9⑥: 45（图 4-25，1）。

Ⅱ式　沿下角较小，鼓腹。标本 T7⑥: 18（图 4-25，2）。

Ⅲ式　卷沿近平，鼓腹较上式不明显。标本 T9②: 17（图 4-25，3）。

Ca 型变化趋势：沿下角由大到小，腹部由鼓到直。

Cb 型　沿面较窄。根据沿面及腹部特征分为两式。

Ⅰ式　折沿，鼓腹。标本 T8⑦: 1（图 4-25，4）。

Ⅱ式　卷沿近平，鼓腹较上式不明显。标本 T7⑦: 16（图 4-25，5）。

D 型　侈口折肩盆。根据肩部及纹饰分为四亚型。

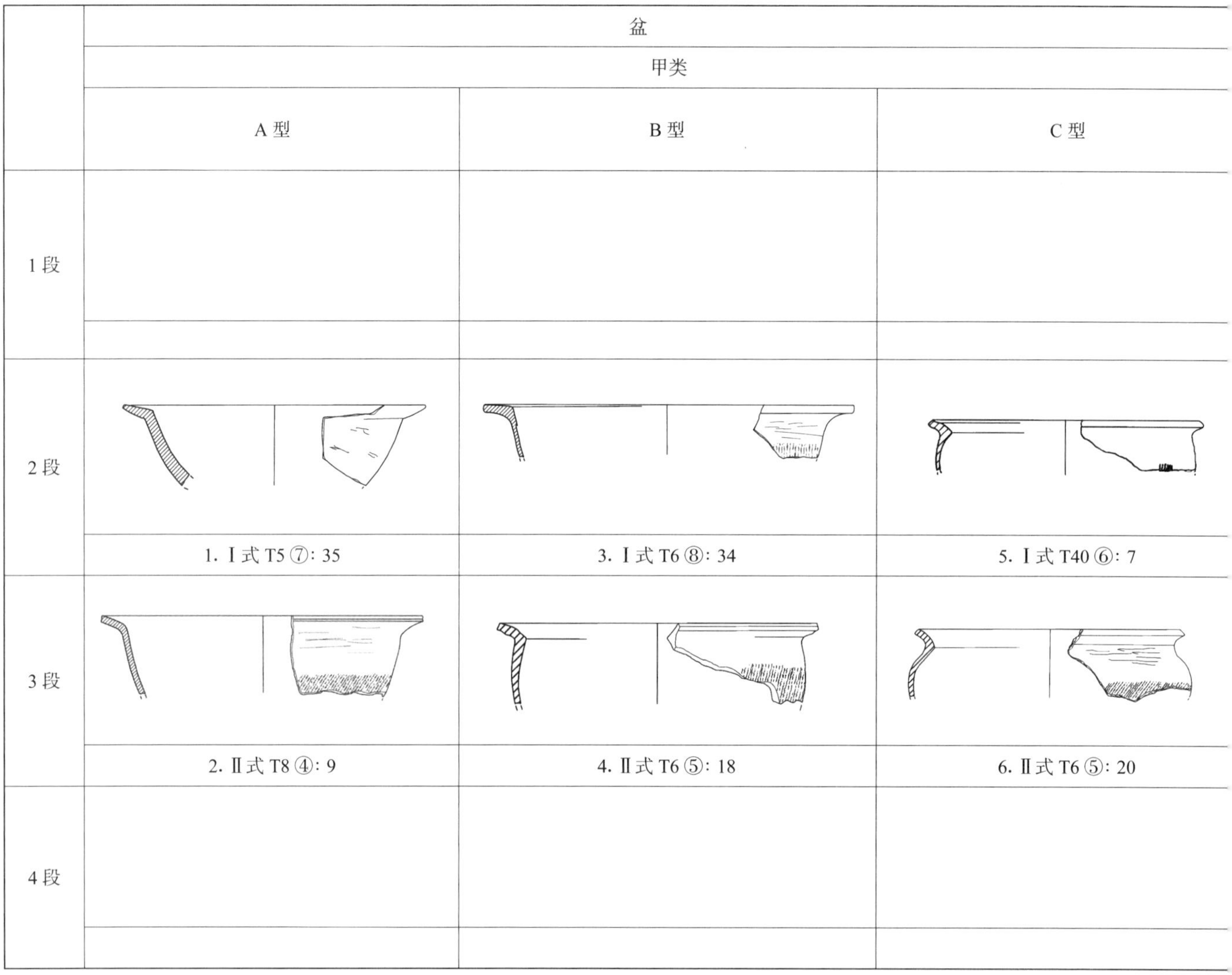

盆		
甲类		
A 型	B 型	C 型
1 段		
 1. Ⅰ式 T5⑦: 35	 3. Ⅰ式 T6⑧: 34	 5. Ⅰ式 T40⑥: 7
 2. Ⅱ式 T8④: 9	 4. Ⅱ式 T6⑤: 18	 6. Ⅱ式 T6⑤: 20
4 段		

图 4-24 周时期陶盆型式图（一）

Da 型　肩部较长。根据肩部长短及肩部特征分为三式。

Ⅰ式　折沿，厚方唇，肩部斜直较高，肩部饰多周凹槽。标本 T5④: 19（图 4-25，6）。

Ⅱ式　折沿，厚方唇，肩部斜直较高，肩部硬折。标本 T9③: 22（图 4-25，7）。

Ⅲ式　折沿，厚方唇，肩部较上式更短，折肩不明显，圆折。标本 T33③: 6+7（图 4-25，8）。

Db 型　肩部较短。根据肩部长短及肩部特征分为三式。

Ⅰ式　颈部内凹，肩部饰多周凹槽。标本 T7⑧: 3（图 4-25，9）。

Ⅱ式　颈部斜直较长，肩部饰多周凹槽。标本 T9⑥: 32（图 4-25，10）。

Ⅲ式　颈部斜直较短，肩部饰一周凹槽。标本 T6⑤: 36（图 4-25，11）。

Dc 型　肩部带附加堆纹，肩部较长。标本 T9④: 77（图 4-25，12）。

Dd 型　肩部带附加堆纹，肩部较短。根据器腹深浅分为两式。

Ⅰ式　器腹较深。标本 T9⑥: 37（图 4-25，13）。

Ⅱ式　器腹较浅。标本 T9④: 74（图 4-25，14）。

乙类		
A 型	B 型	
	Ba 型	Bb 型
7. Ⅰ式 T9⑥: 14	9. T36⑤: 4	10. Ⅰ式 T9⑥: 51
8. Ⅱ式 T8③: 9		11. Ⅱ式 T7④: 131

E 型　侈口高直领鼓腹盆。根据颈、腹分界线为硬折还是圆折分为两亚型。

Ea 型　硬折。根据颈部特征分为两式。

Ⅰ式　肩部硬折，无纹饰。标本 T40⑤: 5（图 4-26，1）。

Ⅱ式　肩部饰多道凹槽。标本 T7④: 92（图 4-26，2）。

Eb 型　圆折。沿面较大，颈部不明显。标本 T7④: 128（图 4-26，3）。

F 型　敞口鼓腹盆。根据腹部形态分为两式。

Ⅰ式　鼓腹明显。标本 T9⑧: 9（图 4-26，4）。

Ⅱ式　腹部略鼓。标本 T7③: 19（图 4-26，5）。

G 型　敞口折肩盆。根据肩部纹饰不同分两亚型。

Ga 型　肩部饰绳纹。标本 T36⑤: 3（图 4-26，6）。

Gb 型　肩部纹饰划纹。根据划纹不同分为三式。

Ⅰ式　肩部饰单向划纹，纹饰疏松，很深，规整。标本 T9④: 106（图 4-26，7）。

	盆		
	乙类		
	C 型		Da 型
	Ca 型	Cb 型	
1 段			
2 段	1. Ⅰ式 T9 ⑥: 45	4. Ⅰ式 T8 ⑦: 1	6. Ⅰ式 T5 ④: 19
3 段	2. Ⅱ式 T7 ⑥: 18	5. Ⅱ式 T7 ⑦: 16	7. Ⅱ式 T9 ③: 22
4 段	3. Ⅲ式 T9 ②: 17		8. Ⅲ式 T33 ③: 6+7

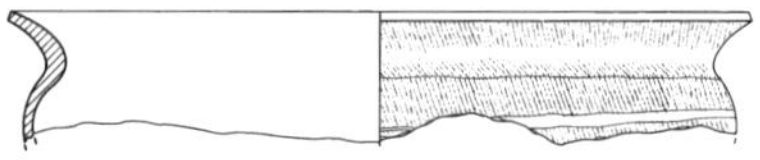

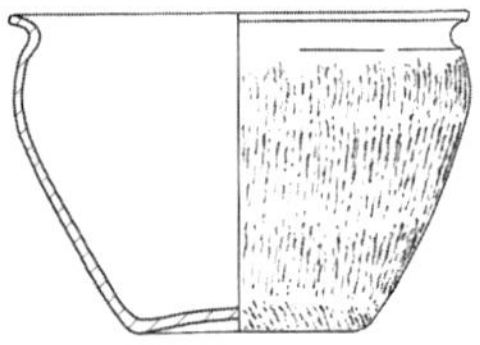

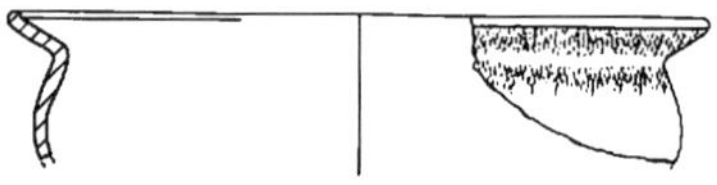

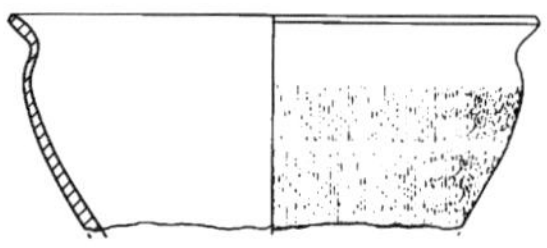

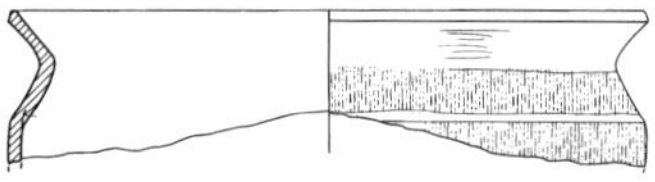

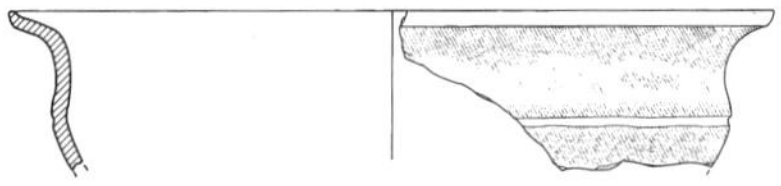

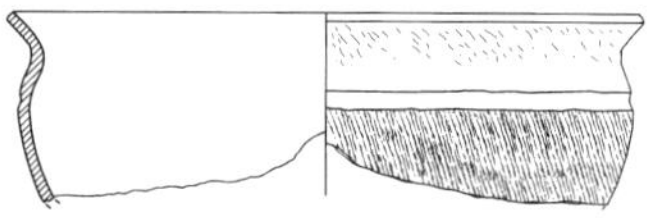

图 4-25　周时期陶盆型式图（二）

D 型		
Db 型	Dc 型	Dd 型
		13. Ⅰ式 T9⑥: 37
9. Ⅰ式 T7⑧: 3		
10. Ⅱ式 T9⑥: 32		
11. Ⅲ式 T6⑤: 36	12. T9④: 77	14. Ⅱ式 T9④: 74

Ⅱ式　肩部饰双层或对向划纹。标本 T8 ⑤: 27（图 4-26，8）。

Ⅲ式　肩部饰单向划纹，划纹很短，纹饰较浅，较随意。标本 T8 ③: 100（图 4-26，9）。

Gb 型变化趋势：肩部饰规整单项划纹向双向划纹、随意单向划纹变化。

H 型　敞口耸肩盆。根据肩部纹饰不同分两亚型。

Ha 型　肩部饰绳纹。根据沿下角大小、颈部形态、唇部形态分为四式。

Ⅰ式　沿下角较大，颈部微内凹，方唇。标本 T36 ⑦: 30（图 4-26，10）。

Ⅱ式　沿下角较Ⅰ式小，颈部内凹，方唇。标本 T9 ④: 65（图 4-26，11）。

Ⅲ式　沿下角较小，内部内凹明显，方唇。标本 T9 ③: 25（图 4-26，12）。

Ⅳ式　沿下角较小，内部内凹明显，圆唇。标本 T7 ④: 144（图 4-26，13）。

Ha 型变化趋势：沿下角由大到小，颈部内凹逐渐明显，由方唇到圆唇。

Hb 型　肩部饰篦划纹。根据肩部所饰纹饰不同分为两式。

Ⅰ式　肩部饰单向划纹，划纹一端较深，一端较浅，纹饰疏松，很深，规整。标本 T7 ⑥: 19（图 4-26，14）。

Ⅱ式　肩部饰单向划纹，划纹很短，纹饰较浅，较随意。标本 T7 ④: 202（图 4-26，15）。

33. 小盆

与盆形制相似，体型略小，部分为素面盆，少量绳纹盆。根据口沿及腹部特征分为六型。

A 型　敛口，鼓腹。根据胎壁厚薄分为两式。

Ⅰ式　胎壁较薄。标本 T8 ⑧: 19（图 4-27，1）。

Ⅱ式　胎壁较厚。标本 T9 ④: 66（图 4-27，2）。

B 型　侈口，直腹。根据腹部深浅分为两式。

Ⅰ式　器腹较深。标本 T36 ⑤: 5（图 4-27，3）。

Ⅱ式　器腹较浅。标本 T7 ④: 122（图 4-27，4）。

C 型　侈口，鼓腹。根据卷折沿分为两亚型。

Ca 型　卷沿。标本 T37 ⑦: 13（图 4-27，5）。

Cb 型　折沿。根据是否束颈分为两式。

Ⅰ式　无颈部。标本 T28 ⑤: 2（图 4-27，6）。

Ⅱ式　束颈明显。标本 T6 ④: 12（图 4-27，7）。

D 型　侈口，折肩。根据肩部长短分为两亚型。

Da 型　肩部较长。根据肩部长短分为两式。

Ⅰ式　略短。标本 T36 ⑦: 31（图 4-27，8）。

Ⅱ式　略长。标本 T9 ④: 71（图 4-27，9）。

Db 型　肩部较短。根据沿下角大小，肩部特征分为三式。

Ⅰ式　沿面较平，折肩，肩部直径小于口径。标本 T7 ⑨: 5（图 4-27，10）。

Ⅱ式　沿下角较大，折肩，肩部直径大于等于口径。标本 T6 ⑤: 35（图 4-27，11）。

Ⅲ式　沿下角较大，肩部圆折。标本 T8 ③: 16（图 4-27，12）。

E 型　敞口耸肩。根据耸肩程度分为两式。

Ⅰ式　耸肩明显。标本 T9 ⑦: 23（图 4-27，13）。

Ⅱ式　不明显。标本 T9 ⑤：15（图 4-27，14）。

F 型　敞口，折肩。根据形制及纹饰不同分为四式。

Ⅰ式　肩部饰单向划纹，划纹一端较深，一端较浅，纹饰疏松，很深，规整。标本 T7G6：10（图 4-27，15）。

Ⅱ式　肩部饰折线或交叉划纹。标本 T7 ④：16（图 4-27，16）。

Ⅲ式　肩部饰双层单向或对向划纹。标本 T6 ④：62（图 4-27，17）。

Ⅳ式　肩部饰单向划纹，划纹很短，纹饰较浅，较随意。标本 T7 ③：5（图 4-27，18）。

F 型变化趋势：肩部饰规整单项划纹向交叉、双向划纹、随意单向划纹变化。

罐　根据陶质及纹饰不同分为甲、乙、丙三类。

34. 甲类罐

夹粗砂刮面罐。均红褐陶，部分刮痕不明显。根据唇方圆分为两型。

A 型　广肩罐。根据肩部外展程度分为三式。

Ⅰ式　肩部近平。标本 T36 ⑦：3（图 4-28，1）。

Ⅱ式　肩部略向下。标本 T6 ⑥：13（图 4-28，2）。

Ⅲ式　肩部较短，内折。标本 T8 ④：29（图 4-28，3）。

B 型　圆肩罐。根据胎壁厚薄分为两亚型。

Ba 型　厚胎。根据鼓腹程度分为两式。

Ⅰ式　鼓腹。标本 T7 ⑨：31（图 4-28，4）。

Ⅱ式　略鼓。标本 T9 ③：4（图 4-28，5）。

Bb 型　薄胎。标本 T37 ⑦：6（图 4-28，6）。

35. 乙类罐

泥质绳纹、素面罐。根据整体特征分为五型。

A 型　敛口直腹罐。根据胎质厚薄及沿面宽窄分为两式。

Ⅰ式　薄胎，沿面较窄。标本 T9 ⑩：41（图 4-28，7）。

Ⅱ式　厚胎，沿面较宽。标本 T9 ⑦：32（图 4-28，8）。

B 型　大口广肩罐。根据口沿及颈部特征分为三亚型。

Ba 型　直口。根据口沿及肩部分为两式。

Ⅰ式　厚方唇，斜直肩较长。标本 T5 ⑦：16（图 4-28，9）。

Ⅱ式　圆唇，斜直肩较短，微鼓。标本 T7 ④：15（图 4-28，10）。

Ba 型变化趋势：由方唇到圆唇，由折肩到鼓肩。

Bb 型　斜直口。根据口沿及肩部分为三式。

Ⅰ式　斜直肩。标本 T36 ⑤：10（图 4-28，11）、T6 ⑦：4（图 4-28，12）。

Ⅱ式　斜鼓肩。标本 T33 ④：4（图 4-28，13）。

Ⅲ式　斜鼓肩较短。标本 T9 ②：15（图 4-28，14）。

Bc 型　高直颈。根据口沿及肩部分为四式。

Ⅰ式　厚方唇，卷缘近平，颈较高，肩部较斜直。标本 T33 ⑦：13（图 4-28，15）。

Ⅱ式　厚圆唇，卷沿较短，颈较 Ⅰ 式稍矮，肩部较鼓。标本 T9 ④：72（图 4-28，16）。

	盆			
	乙类			
	E 型		F 型	
	Ea 型	Eb 型		Ga 型
1 段				
2 段			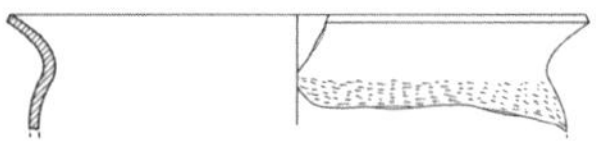	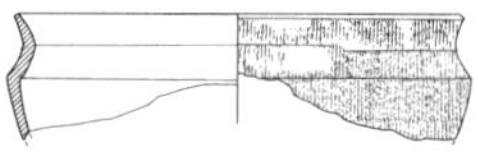
	1. Ⅰ式 T40⑤: 5		4. Ⅰ式 T9⑧: 9	6. T36⑤: 3
3 段				
4 段	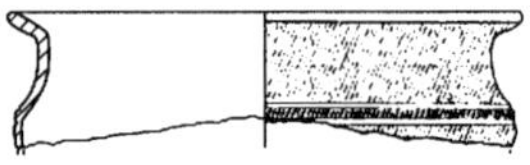	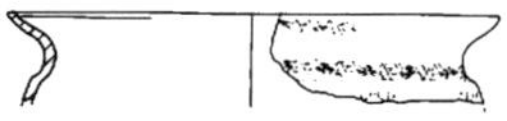	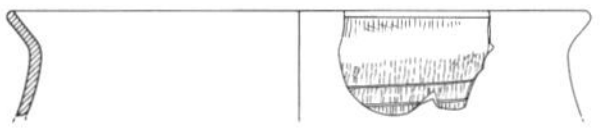	
	2. Ⅱ式 T7④: 92	3. T7④: 128	5. Ⅱ式 T7③: 19	

图 4-26　周时期陶盆型式图（三）

G 型	H 型	
Gb 型	Ha 型	Hb 型
 7. Ⅰ式 T9 ④: 106	 10. Ⅰ式 T36 ⑦: 30	
 8. Ⅱ式 T8 ⑤: 27	 11. Ⅱ式 T9 ④: 65	 14. Ⅰ式 T7 ⑥: 19
	 12. Ⅲ式 T9 ③: 25	
 9. Ⅲ式 T8 ③: 100	 13. Ⅳ式 T7 ④: 144	 15. Ⅱ式 T7 ④: 202

	小盆			
	A 型	B 型	C 型	
			Ca 型	Cb 型
2 段	1. I 式 T8 ⑧: 19	3. I 式 T36 ⑤: 5	5. T37 ⑦: 13	6. I 式 T28 ⑤: 2
3 段	2. II 式 T9 ④: 66			
4 段		4. II 式 T7 ④: 122		7. II 式 T6 ④: 12

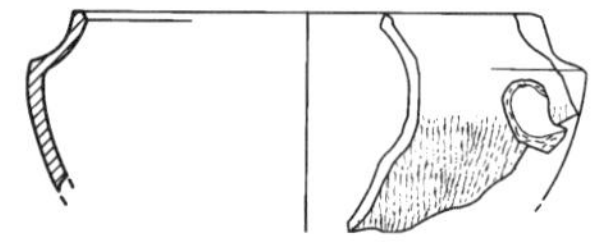

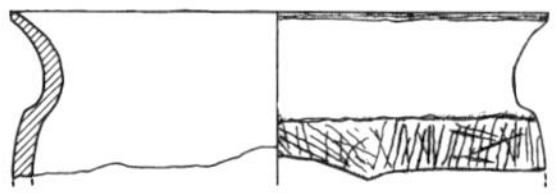

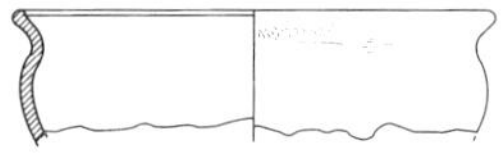

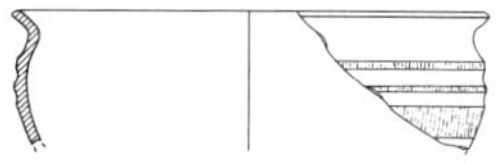

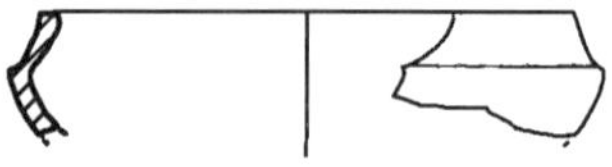

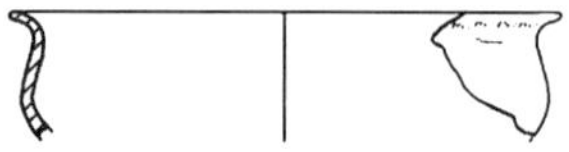

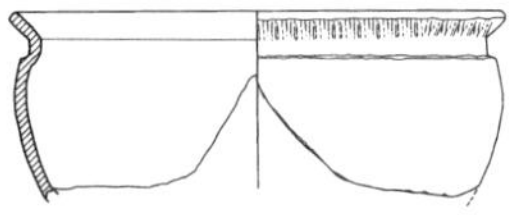

图 4-27　周时期陶小盆型式图

D 型		E 型	F 型
Da 型	Db 型		

8. I 式 T36⑦：31

10. I 式 T7⑨：5

13. I 式 T9⑦：23

15. I 式 T7G6：10

9. II 式 T9④：71

11. II 式 T6⑤：35

14. II 式 T9⑤：15

12. III 式 T8③：16

16. II 式 T7④：16

17. III 式 T6④：62

18. IV 式 T7③：5

罐			
甲类			A 型
A 型	B 型		
	Ba 型	Bb 型	

1 段				 7. Ⅰ式 T9⑩: 41
2 段	 1. Ⅰ式 T36⑦: 3	 4. Ⅰ式 T7⑨: 31	 6. T37⑦: 6	 8. Ⅱ式 T9⑦: 32
3 段	 2. Ⅱ式 T6⑥: 13 3. Ⅲ式 T8④: 29	 5. Ⅱ式 T9③: 4		
4 段				

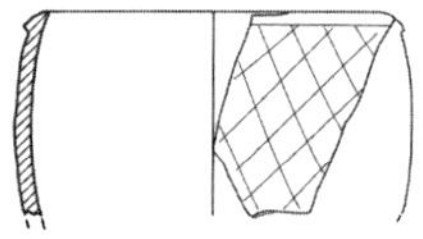

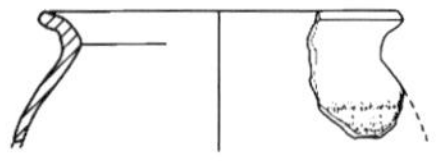

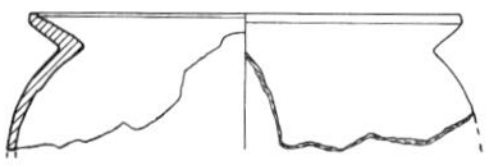

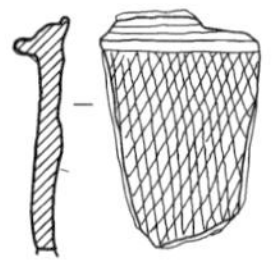

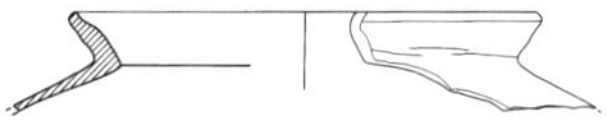

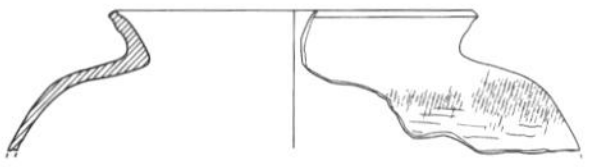

图 4-28　周时期陶罐型式图（一）

乙类		
B 型		
Ba 型	Bb 型	Bc 型
9. I 式 T5 ⑦: 16	11. I 式 T36 ⑤: 10	15. I 式 T33 ⑦: 13
	12. I 式 T6 ⑦: 4	
	13. II 式 T33 ④: 4	16. II 式 T9 ④: 72
10. II 式 T7 ④: 15	14. III 式 T9 ②: 15	17. III 式 T7 ④: 203
		18. IV 式 T7 ④: 13

	罐	
	乙类	
C 型		
Ca 型	Cb 型	Cc 型
2 段 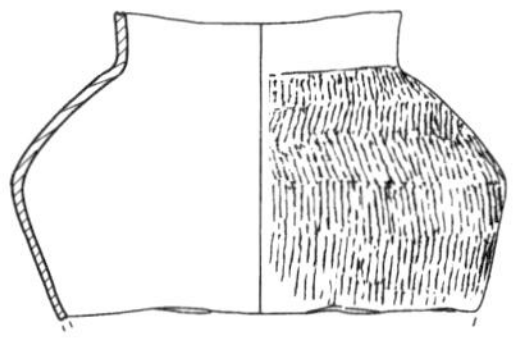 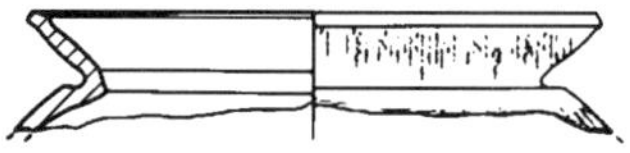 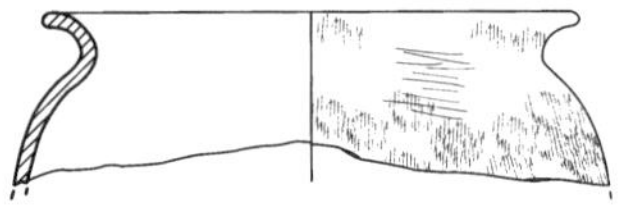		
1. Ⅰ式 T6⑧: 1	4. Ⅰ式 T7⑧: 18	7. Ⅰ式 T6⑧: 15
3 段	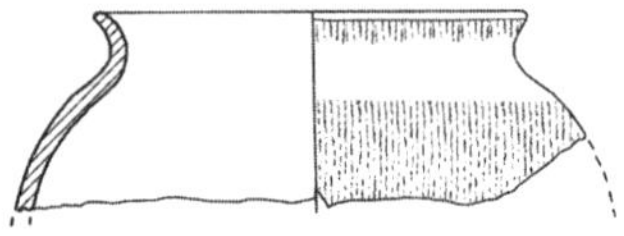	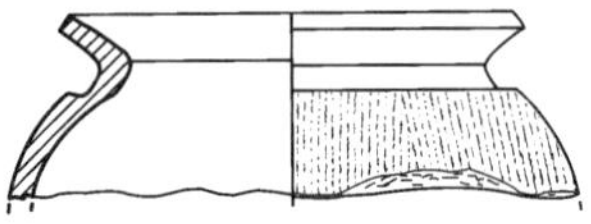
2. Ⅱ式 T6⑦: 16	5. Ⅱ式 T8④: 33	
	6. Ⅲ式 T7⑤: 2	
4 段	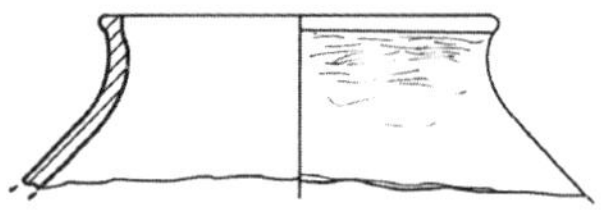	
3. Ⅲ式 T17⑥: 8		8. Ⅱ式 T11⑬: 3

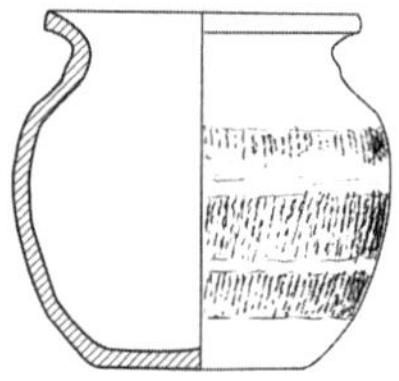

图 4-29　周时期陶罐型式图（二）

D 型	E 型	丙类	
		A 型	B 型
			12. T9 ⑥ : 44
9. T9 ⑤ : 68			13. T6 ⑤ : 23
	10. T11⑬ : 2	11. T16 ⑥ : 1	

Ⅲ式　口沿同Ⅱ式，肩部略鼓。标本 T7④：203（图 4-28，17）。

Ⅳ式　厚圆唇，卷缘近平，高直颈。标本 T7④：13（图 4-28，18）。

Bc 型变化趋势：由方唇到圆唇，由高到低到很高。

C 型　小口圆肩罐。根据口沿及颈部特征分为三亚型。

Ca 型　直口。根据口沿及肩部分为三式。

Ⅰ式　厚方唇，圆肩微折。标本 T6⑧：1（图 4-29，1）。

Ⅱ式　圆唇，圆肩，肩部下垂。标本 T6⑦：16（图 4-29，2）。

Ⅲ式　方唇，斜直肩，肩部下垂。标本 T17⑥：8（图 4-29，3）。

Cb 型　斜直口。根据肩部特征分为三式。

Ⅰ式　肩部较平，圆肩。标本 T7⑧：18（图 4-29，4）。

Ⅱ式　肩部较圆，位置靠下。标本 T8④：33（图 4-29，5）。

Ⅲ式　肩部圆鼓。标本 T7⑤：2（图 4-29，6）。

Cc 型　矮直颈。根据口沿及肩部形态分为两式。

Ⅰ式　卷沿近平，肩部较圆鼓。标本 T6⑧：15（图 4-29，7）。

Ⅱ式　平口，圆肩。标本 T11⑬：3（图 4-29，8）。

D 型　折肩罐。标本 T9⑤：68（图 4-29，9）。

E 型　直口鼓腹双耳罐。标本 T11⑬：2（图 4-29，10）。

36. 丙类罐

素面罐。根据陶质不同分为两型。

A 型　夹粗砂。标本 T16⑥：1（图 4-29，11）。

B 型　泥质。标本 T9⑥：44（图 4-29，12）、T6⑤：23（图 4-29，13）。

37. 小罐

形制与罐相似，体型很小。根据口沿形态分为三型。

A 型　直口罐。标本 T7⑤下 K4：3（图 4-30，1）。

B 型　折肩罐。根据口沿及腹部形态分为三式。

Ⅰ式　肩部与口部直径相似，肩部较长。标本 T40⑤：9（图 4-30，2）。

Ⅱ式　肩部直径大于口部直径，肩部较长。标本 T8⑤：8（图 4-30，3）。

Ⅲ式　肩部直径大于口部直径，肩部较短。标本 T6⑤：26（图 4-30，4）。

C 型　鼓腹罐。根据肩部是否饰篦划纹分为两亚型。

Ca 型　多为素面，或饰少量绳纹。根据肩部特点分为两式。

Ⅰ式　圆鼓腹。标本 T4⑫：1（图 4-30，5）。

Ⅱ式　鼓肩明显。标本 T8⑦：19（图 4-30，6）。

Cb 型　肩部饰篦划纹。肩部饰交叉划纹。标本 T9⑩：28（图 4-30，7）。

38. 器盖

数量较少，但器形丰富。根据整体形态分为五型。

A 型　半球形。根据捉手特征分为两亚型。

Aa 型　桥型捉手。标本 T37⑤：2（图 4-31，1）。

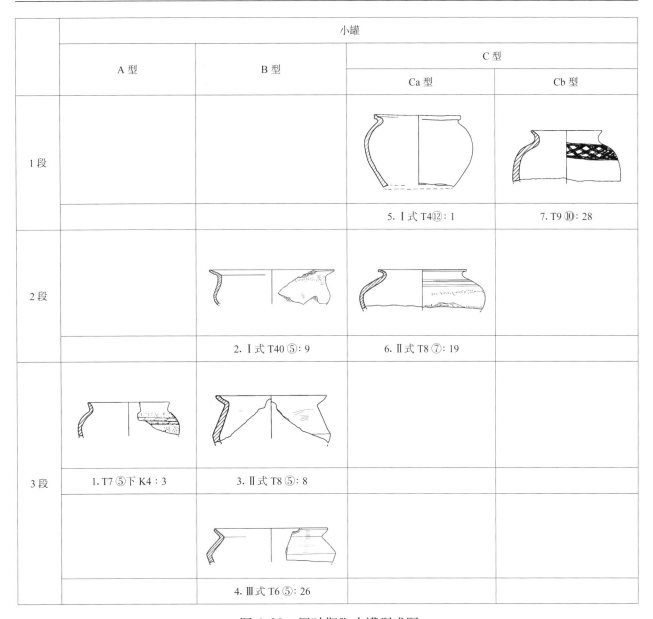

图 4-30　周时期陶小罐型式图

Ab 型　圆形捉手。标本 T6 ④: 5（图 4-31, 2）。

B 型　三棱锥形。根据捉手特征分为两亚型。

Ba 型　动物状捉手。标本 T5 ⑦: 12（图 4-31, 3）。

Bb 型　几何形捉手。标本 T32 ⑦: 16（图 4-31, 4）、T9 ④: 102（图 4-31, 5）。

C 型　圆柱形。标本 T5 ⑦: 21（图 4-31, 6）。

D 型　扁平形。标本 T6 ⑤: 10（图 4-31, 7）。

E 型　三纽形器盖。标本 T8 ⑦: 35（图 4-31, 8）。

39. 壶

仅 1 件，斜直腹微内收，上腹部饰一对片状桥形錾。标本 T32 ⑦: 2（图 4-32, 4）。

瓮　数量较少，形制丰富，根据口部特征分为敛口瓮、侈口瓮、斜直口瓮。

	器盖						
	A型		B型		C型	D型	E型
	Aa型	Ab型	Ba型	Bb型			
2段	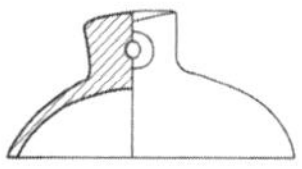		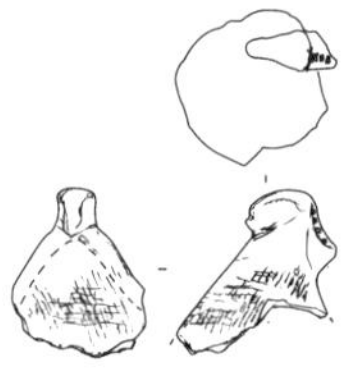	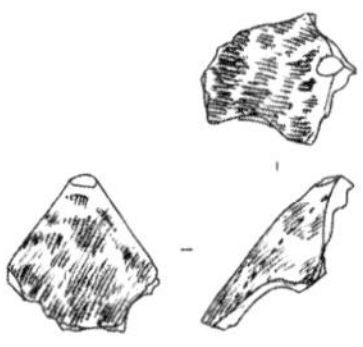	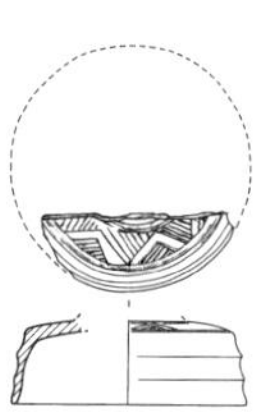		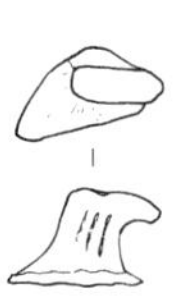
	1. T37⑤: 2		3. T5⑦: 12	4. T32⑦: 16	6. T5⑦: 21		8.T8⑦: 35
3段				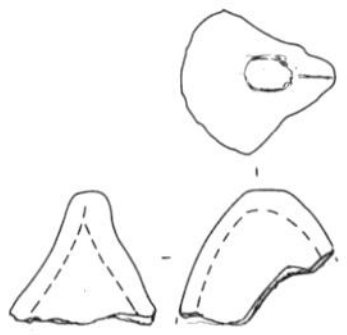		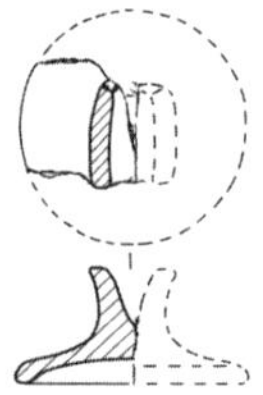	
				5. T9④: 102		7. T6⑤: 10	
4段		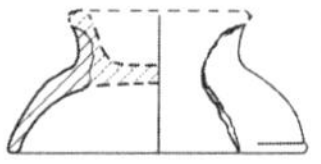					
		2. T6④: 5					

图 4-31　周时期陶器盖型式图

	敛口瓮	侈口瓮	斜直口瓮	壶	缸
2段	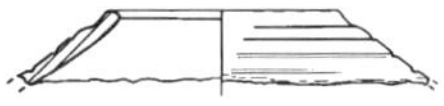			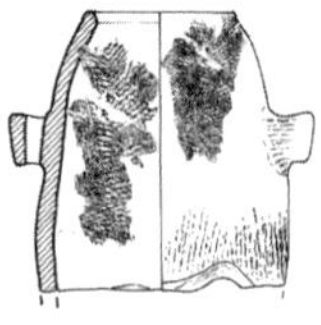	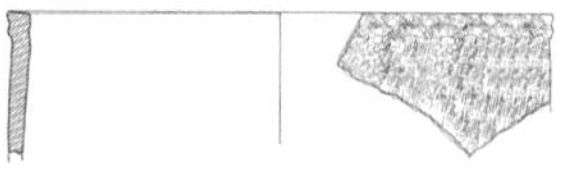
	1. T7⑥: 23			4. T32⑦: 2	5. T9⑧: 35
4段		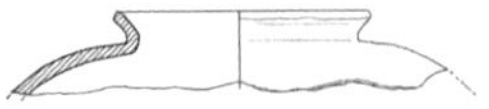	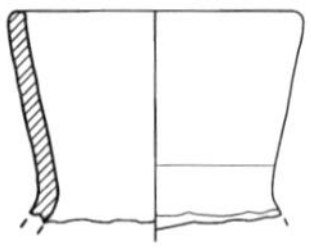		
		2. T6④: 8	3. T7②: 2		

图 4-32　周时期陶瓮型式图

40. 敛口瓮

标本 T7⑥：23（图 4-32，1）。

41. 侈口瓮

标本 T6④：8（图 4-32，2）。

42. 斜直口瓮

标本 T7②：2（图 4-32，3）。

43. 缸

数量较少，均为夹砂红褐陶，口沿外附加堆纹。标本 T9⑧：35（图 4-32，5）。

（二）印纹陶

印纹硬陶及软陶的数量较丰富，大型器主要为瓮和坛，小型器主要为罐、双耳罐和双耳壶等。纹饰主要为回字纹、重回纹、折线纹、变形云雷纹、复线吕字纹、叶脉纹等，还出现有大量组合纹饰。但前期烧成温度还不够，颜色多分层并夹杂有气泡，后期普遍较为坚固。

1. 印纹硬陶瓮

体型较大较宽扁，颈部较矮，口径较大，圆鼓腹。颈部有无分为两型。

A 型　无颈。根据沿面外侈程度及沿面特征分为三式。

Ⅰ式　外侈，沿面无纹饰。标本 T7⑧：16（图 4-33，1）。

Ⅱ式　微外侈，沿面无纹饰。标本 T6③：34（图 4-33，2）。

Ⅲ式　沿面外翻近平，沿面有多道旋纹。标本 T6G1：7（图 4-33，3）。

A 型变化趋势：沿面外侈增大，沿面由无纹饰到多道旋纹。

B 型　有颈。根据沿面外侈程度及沿面特征分为两式。

Ⅰ式　卷沿近平，沿面无纹饰。标本 T6⑤：73（图 4-33，4）。

Ⅱ式　卷沿微外翻，沿面无纹饰。标本 T6④：42（图 4-33，5）。

2. 印纹硬陶坛

体型较大较修长，颈部较高，口径较大，微鼓腹。颈部高矮分为两型。

A 型　颈部较矮。根据沿面外侈程度及沿面特征分为三式。

Ⅰ式　卷沿近平，沿面无纹饰。标本 T7⑦：11（图 4-33，6）。

Ⅱ式　卷沿微外翻，沿面无纹饰。标本 T7⑥：52（图 4-33，7）。

Ⅲ式　颈部增高，卷沿近平，沿面饰多道旋纹。标本 T7④：75（图 4-33，8）。

A 型变化趋势：颈部逐渐增高，沿面由无纹饰到多道旋纹。

B 型　颈部较高。根据沿面特征分为三式。

Ⅰ式　沿面饰一道宽旋纹。标本 T37⑦：16（图 4-33，9）。

Ⅱ式　沿面饰一道窄旋纹。标本 T7⑥：51（图 4-33，10）。

Ⅲ式　颈部增高，沿面饰一道或多道旋纹。标本 T6③：38（由于标本残破未绘图）。

B 型变化趋势：颈部逐渐增高，沿面由一道纹饰到多道旋纹。

印纹硬陶罐　形制多样，根据敛侈口及双耳的有无可分为四类。

3. 印纹硬陶敛口罐

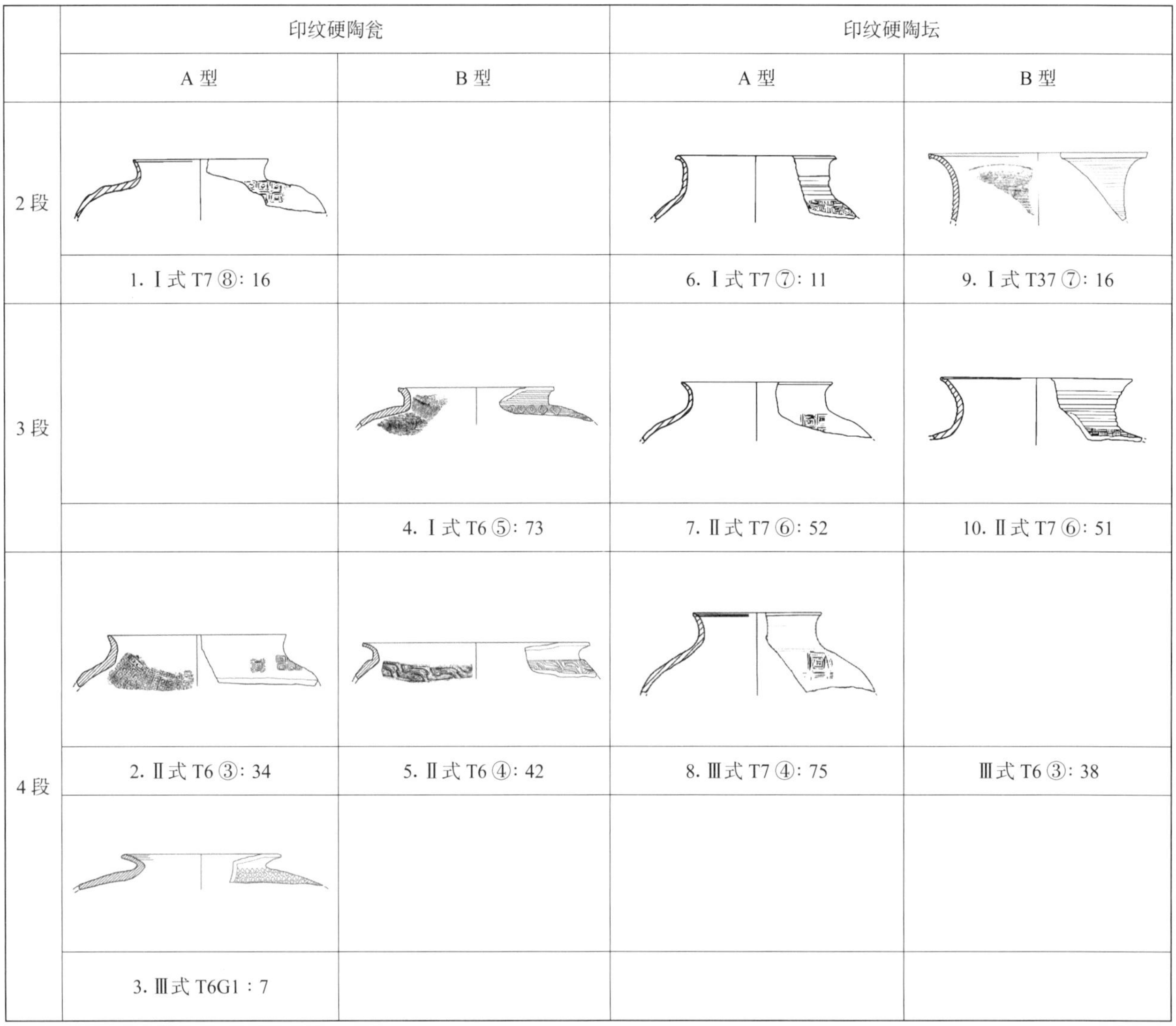

	印纹硬陶瓮		印纹硬陶坛	
	A 型	B 型	A 型	B 型
2 段	 1. I 式 T7⑧：16		 6. I 式 T7⑦：11	 9. I 式 T37⑦：16
3 段		 4. I 式 T6⑤：73	 7. II 式 T7⑥：52	 10. II 式 T7⑥：51
4 段	 2. II 式 T6③：34	 5. II 式 T6④：42	 8. III 式 T7④：75	III 式 T6③：38
	 3. III 式 T6G1：7			

图 4-33　周时期印纹硬陶瓮、坛型式图

标本 T9⑤：58（图 4-34，1）。

4.印纹硬陶敛口双耳罐

标本 T9⑤：55（图 4-34，2）。

5.印纹硬陶侈口罐

根据颈部高矮分为两型。

A 型　颈部较矮。根据沿面外侈程度及沿面特征分为两式。

I 式　微侈口，沿面无纹饰。标本 T6⑥：17（图 4-34，3）。

II 式　微侈口，沿面饰多道旋纹。标本 T8③：78（图 4-34，4）。

B 型　颈部较高。根据沿面外侈程度及沿面特征分为三式。

I 式　卷沿近平，沿面无纹饰。标本 T36④：23（图 4-34，5）。

II 式　卷沿微外翻，沿面无纹饰。标本 T7⑤：10（图 4-34，6）。

III 式　颈部增高，卷沿近平，沿面饰一道或多道旋纹。标本 T7④：78（图 4-34，7）。

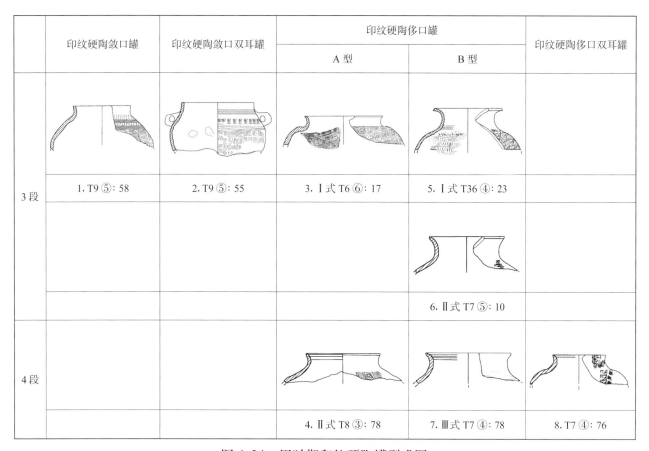

| | | 印纹硬陶侈口罐 | | 印纹硬陶侈口双耳罐 |
印纹硬陶敛口罐	印纹硬陶敛口双耳罐	A 型	B 型	
1. T9⑤: 58	2. T9⑤: 55	3. I式 T6⑥: 17	5. I式 T36④: 23	
			6. II式 T7⑤: 10	
		4. II式 T8③: 78	7. III式 T7④: 78	8. T7④: 76

图 4-34　周时期印纹硬陶罐型式图

B 型变化趋势：颈部逐渐增高，沿面由无纹饰到多道旋纹。

6. 印纹硬陶侈口双耳罐

侈口，斜直颈，鼓腹急内收，双耳位于腹部最大径处。标本 T7④: 76（图 4-34，8）。

印纹硬陶壶　根据是否有耳及双耳分为三类。

7. 印纹硬陶壶

标本 T9⑩: 44（图 4-35，1）。

8. 印纹硬陶双耳壶

根据颈部特征分为两式。

I式　颈部较矮，颈、腹分界明显。标本 T40⑤: 12（图 4-35，2）。

II式　颈部较高，颈、腹分界不明显。标本 T7④: 178（图 4-35，3）。

9. 印纹硬陶鸭形壶

标本 T8④: 67（图 4-35，4）。

（三）原始瓷

遗址出土原始瓷数量丰富，但绝大部分为豆，此外还有少量的罐、盘、碗、盂等。由于普遍所施釉较薄，烧成技术较差，大部分釉已经脱落。

1. 原始瓷豆

	印纹硬陶壶	印纹硬陶双耳壶	印纹硬陶鸭形壶
1 段	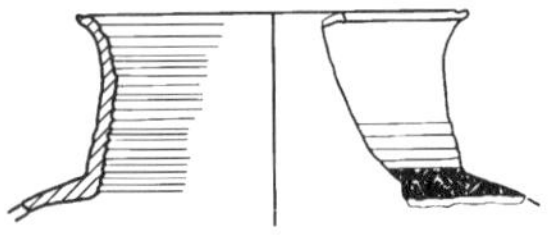 1. T9⑩: 44		
2 段		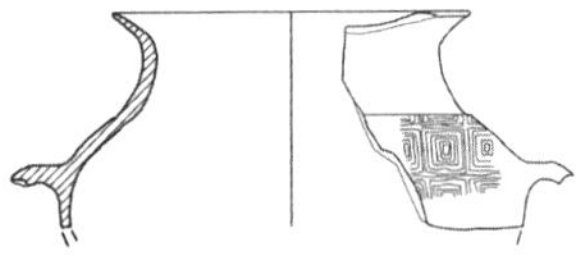 2. I式 T40⑤: 12	
3 段			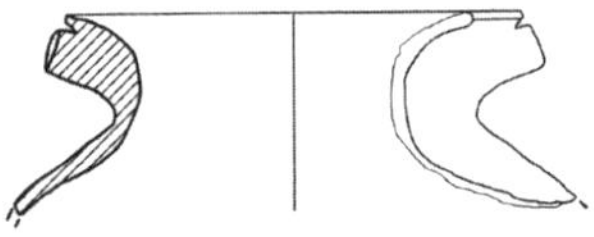 4. T8④: 67
4 段		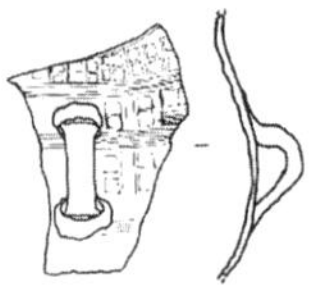 3. II式 T7④: 178	

图 4-35　周时期印纹硬陶壶型式图

根据豆盘的形态，分为九型。

A 型　侈口，口径较大，整体造型似陶豆。根据口沿、腹径及纹饰分为两式。

Ⅰ式　口径较大，弧腹，尖唇，口沿外侈较小，仅口沿外侧饰旋纹。标本T6⑧: 8（图4-36，1）。

Ⅱ式　口径较大，折腹，薄方唇或尖唇，口沿外侈较小，仅口沿外侧饰旋纹。标本T9⑤: 76（图4-36，2）。

B 型　敞口，沿面较大，沿面外侧有明显的轮制痕迹。根据是否有直腹分为两亚型。

Ba 型　无直腹。根据豆盘深浅及所饰旋纹分为四式。

Ⅰ式　口径较小，折腹，口沿外侈较小，沿面较小，腹部内侧饰旋纹。标本T4⑧: 5（图4-36，3）。

Ⅱ式　口径较小，折腹，口沿外侈较大，沿面较小，腹部内侧饰旋纹。标本T9⑥: 13（图4-36，4）。

Ⅲ式　口径较小，折腹，口沿外侈较Ⅱ式大，沿面较大，部分沿面外侧饰旋纹。标本T8⑥: 20（图4-36，5）。

Ⅳ式　口径较小，折腹，沿面较大，器腹明显较浅，部分沿面外侧饰旋纹。标本T8③: 6（图4-36，6）。

原始瓷豆
A 型
B 型
Ba 型
Bb 型
C 型
D 型
2 段
3 段
4 段
1. Ⅰ式 T6⑧: 8
3. Ⅰ式 T4⑧: 5
4. Ⅱ式 T9⑥: 13
7. Ⅰ式 T7⑥: 1
10. Ⅰ式 T6⑥: 18
2. Ⅱ式 T9⑤: 76
5. Ⅲ式 T8⑥: 20
8. Ⅱ式 T6⑤: 2
11. Ⅱ式 T7⑤: 1
14. T6⑤: 76
6. Ⅳ式 T8③: 6
12. Ⅲ式 T6③: 4
9. Ⅲ式 T6②: 7
13. Ⅳ式 T7④: 7

图 4-36　周时期原始瓷豆型式图（一）

Ba 型变化趋势：折腹到弧腹，纹饰由外，到内，器腹由深到浅。

Bb 型　侈口，直腹，沿面较大，沿面外侧有明显的轮制痕迹。根据口沿外侈程度分为三式。

Ⅰ式　直腹较深内折，仅器腹内壁饰旋纹多道。标本 T7⑥：1（图 4-36，7）。

Ⅱ式　直腹较浅内折，仅器腹内壁饰旋纹多道。标本 T6⑤：2（图 4-36，8）。

Ⅲ式 直腹内弧，器腹外侧及内侧均饰旋纹多道。标本 T6 ②: 7（图 4-36，9）。

Bb 型变化趋势：器腹越来越浅，折腹到弧腹，纹饰由内侧到内外均饰。

C 型 侈口，束腹，沿面较小。根据口沿形态分为四式。

Ⅰ式 束腹内折，腹径小于口径，仅口沿外侧饰旋纹一道至数道。标本 T6 ⑥: 18（图 4-36，10）。

Ⅱ式 束腹内折，腹径略等于口径，口沿外侧及器腹内壁均饰旋纹。标本 T7 ⑤: 1（图 4-36，11）。

Ⅲ式 束腹内弧，腹径略等于口径，沿面、口沿外侧及器腹内壁均饰旋纹。标本 T6 ③: 4（图 4-36，12）。

Ⅳ式 束腹内弧，腹径大于口径，沿面、口沿外侧及器腹内壁均饰旋纹。标本 T7 ④: 7（图 4-36，13）。

C 型变化趋势：纹饰由外到内，器腹由内折到内弧。

D 型 侈口，方唇，唇面微内凹，腹部折后又折。标本 T6 ⑤: 76（图 4-36，14）。

E 型 敛口。标本 T9 ⑥: 24（图 4-37，1）。

F 型 扁盘。标本 T4 ⑥: 1（图 4-37，2）。

G 型 子母口。标本 T4 ⑧: 1（图 4-37，3）。

H 型 腹部有一道凸棱。标本 T6 ⑤: 3（图 4-37，4）。

	原始瓷豆				
	E 型	F 型	G 型	H 型	I 型
2 段	1. T9 ⑥: 24		3. T4 ⑧: 1		
3 段				4. T6 ⑤: 3	
4 段		2. T4 ⑥: 1			5. T7 ④: 32

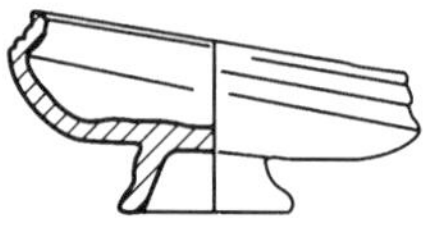

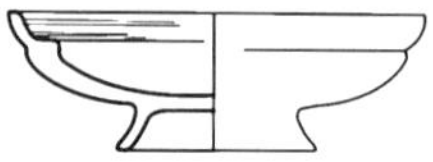

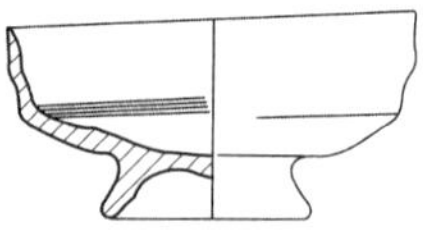

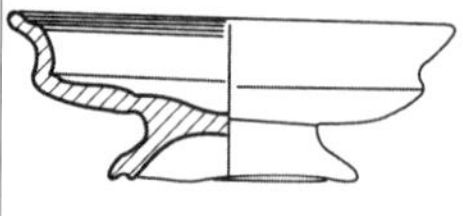

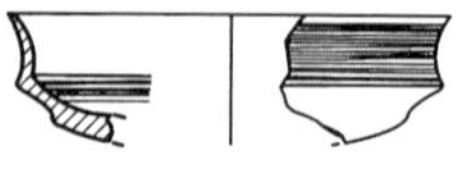

图 4-37 周时期原始瓷豆型式图（二）

Ⅰ型　鼓起双道。标本 T7 ④：32（图 4-37，5）。

2. 原始瓷盘

标本 T6 ③：1（图 4-38，1）。

3. 原始瓷碗

根据唇面特征分为两型。

A 型　方唇。标本 T6 ③：5（图 4-38，2）。

B 型　子母口。标本 T7 ④：10（图 4-38，3）。

4. 原始瓷盂

标本 T11 ⑬：5（图 4-38，4）。

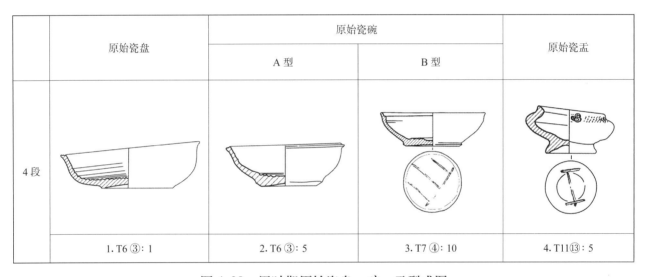

	原始瓷盘	原始瓷碗		原始瓷盂
		A 型	B 型	
4 段				
	1. T6 ③：1	2. T6 ③：5	3. T7 ④：10	4. T11 ⑬：5

图 4-38　周时期原始瓷盘、碗、盂型式图

第五章　宋至清代遗存 [1]

宋至清代遗存较少，共有灰坑 1 个、水沟 4 条、墓葬 1 座、探方自编坑 9 个。

出土遗物较少，有青瓷碗、白瓷碗、瓷壶等。

第一节　遗迹

一　灰坑及其他坑状堆积

1.H1

开口于 T7 ①层下，位于 T7 中部偏西南（图 5-1；彩版一六，1）。坑口呈圆形，直壁，平底，直径约 1.15、深 0.30 米。坑内填灰色土，较疏松，包含物有较多的小石块，以及少量的陶片、瓦片、瓷片等。

2.T4K1

开口于 T4 ①层下，打破 K2 与第⑨层，位于探方东侧，部分坑体进入探方东壁。探方内呈长条形，斜壁，近平底，长约 5.95、深约 0.35 米。坑内填土为浅灰色土，未见包含物。

3.T4K2

开口于 T4 ①层下，被 K1 打破，位于探方东南侧，部分坑体进入东壁和南壁。探方内呈长条形，斜壁，近平底，长约 2.90、深约 0.50 米。坑内填土呈浅灰色，未见包含物。

4.T5K1

开口于 T5 ①层下，位于探方西侧，部分坑体进入探方西壁。暴露部分呈不规则半椭圆形，南北长约 6.65、东西最宽约 1.80、深约 0.55 米。未见包含物。

5.T5K6

开口于 T5 ①层下，位于探方南部偏西。坑口平面为不规则椭圆形，南北长约 0.90、东西宽约 0.60 米。未见包含物。

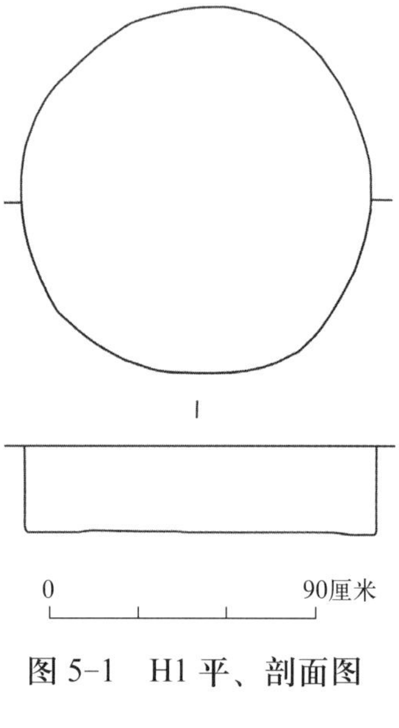

6.T5K7

开口于 T5 ①层下，位于探方南部偏东。坑口平面为圆角长方形，南北长约 1.15、东西宽约 0.60

图 5-1　H1 平、剖面图

---

[1]　因本次发掘的宋至清代遗存数量较少，相关内容均在本章集中描述，后面各探方的描述中仅作简略叙述，不再介绍其详细情况。

米。未见包含物。

7.T8K1

开口于 T8 ①层下，位于探方北部，接近西北角，北侧部分坑体进入北隔梁。暴露坑口呈圆角长方形，直壁，平底，南北长 1.85、东西宽 1.15、深约 0.55 米。填土为灰褐色花土，土质较软，出土少量陶片。

8.T8K2

开口于 T8 ①层下，位于探方北端中部，北侧部分坑体进入北隔梁。坑口暴露面呈圆角长方形，直壁，平底，南北长约 0.95、东西宽约 0.80、深约 0.35 米。灰褐色土，土质较软，未见包含物。

9.T9K8

开口于 T9 ①层下，位于探方东侧中部，部分坑体进入探方东壁内。暴露坑口平面呈半圆形，斜壁，圜底，南北长 0.50、东西宽 0.25、开口距地表约 0.25、深约 0.45 米。未见包含物。

10.T11K1

开口于 T11 ⑤层下，打破⑦a、⑦b、⑨层，叠压在 G4 上，位于探方西北角，部分坑体进入探方北壁和西壁。暴露坑口部分呈椭圆形，直壁，平底，南北长约 1.30、东西宽约 1.50、深约 0.50 米。土色深灰，土质较硬，包含物有较多石块、少量瓷片、陶片等（彩版一六，2）。

二　水沟

1.G1

贯穿 T5、T6、T7、T8 四个探方（图 5-2；彩版一六，3、一七、一八），从 T5 探方东壁延伸过来，从 T6 西壁中部向东南方向延伸至探方南侧中部位置，又折向西北方向延伸一直进入 T7，从 T7 南部横穿后进入 T8，在 T8 西部向北折。开口于①层下，打破 T5 ②、③层，T6 ②、③、④、⑤、⑥、⑦、⑧层。整体呈四折状，长条形，口部边线较明显，直壁，平底，壁面及底部均较平滑，距地表 0.10～0.20、长 35.50、宽 0.50、深度为 0.50～0.55 米。砖结构下水道结构可分为东西两部分，在 T5、T6 内的西段是在沟底平铺一行上下对扣的两块外部呈方形、内部有半圆形凹槽的砖。两块合扣起来的截面外为 12 厘米 ×12 厘米，内为直径 8 厘米的圆。T7、T8 内的东段是在沟底纵向平铺一行底砖，在底砖上平行纵向摆两行侧砖，两相距 6 厘米，再在两行侧砖上纵向平铺一行盖砖，形成一条截面为 5 厘米 ×6 厘米的通道。砖的体积为 $10×20×5$ 厘米^3。从砖的结构、大小及沟的排列看，初步判断是明代墓的排水系统。整体保存完整。

2.G2

贯穿 T7、T8 两个探方，主要位于 T7 的东南部和 T8 的南部及东部（图 5-3；彩版一九，1）。G2 开口于①层下，打破 T7 ②、③、④层。整体呈三折状，长条形，口部边线较明显，直壁，平底，壁面及底部均较平滑，距地表 0.10～0.20、长 15.00、宽 0.50、深度为 0.50～0.55 米。口部 0.30 米开始出现砖结构下水道，大部分是沟底纵向平铺一行底砖，在底砖上平行纵向摆两行侧砖，两相距 6 厘米，再在两行侧砖上纵向平铺一行盖砖，形成一条截面为 5 厘米 ×6 厘米的通道。砖的体积为 $10×20×5$ 厘米^3。在 T7 西段，两砖加工成凹形半圆的槽，合成直径约 6 厘米的通道。从砖的结构、大小及沟的排列看，初步判断是明代墓葬的排水系统。整体保存完整。

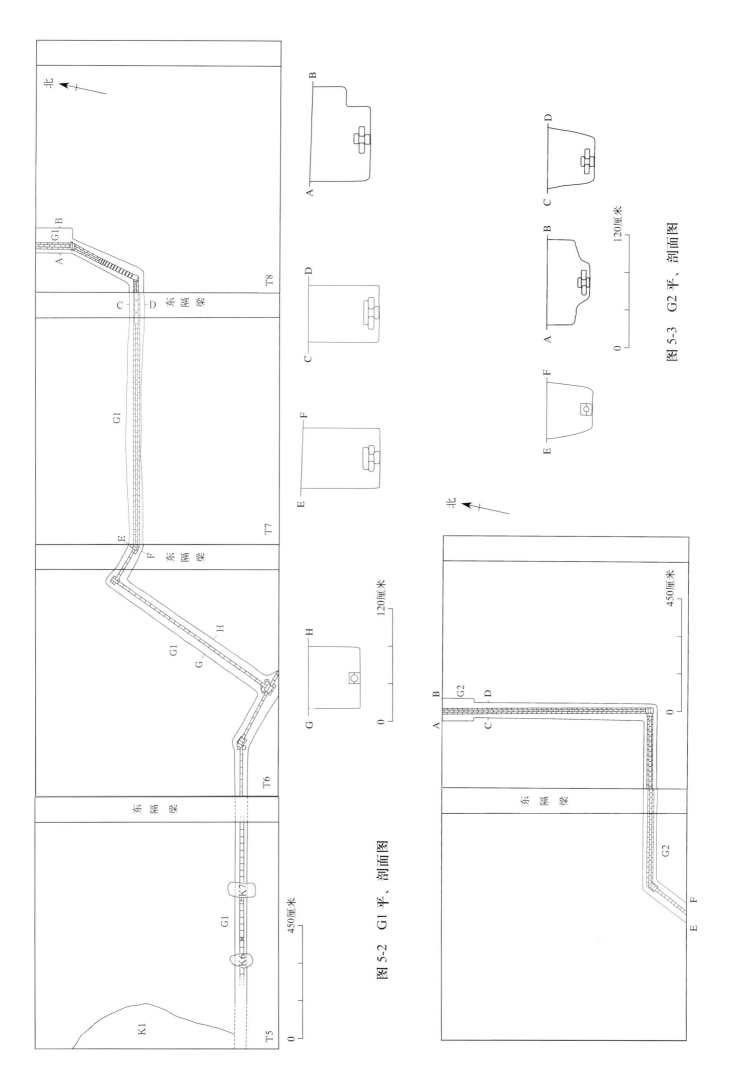

图 5-2　G1 平、剖面图

图 5-3　G2 平、剖面图

3.G3

位于探方 T11 中部，南北向外延伸至隔梁外（图 5-4；彩版一九，2）。开口于①b层下，打破②、③a、③b、④、⑤、⑥、⑦a、⑧a、⑧b、G4。平面为长条形，宽 5.25～6.00、长 10.00 米，斜直壁，平底，开口距地表 0.15、深约 1.20 米。堆积共分为 4 层，第①层土色灰褐色，土质较硬，最厚 0.45 米，包含物有瓷片、陶片等；第②层土色灰色，土质较硬，最厚 0.40 米，包含有瓦片、陶片等；第③层土色青褐色，土质较硬，最厚 0.40 米，包含有陶片、瓷片，可辨器形有鬲、碗、罐；第④层，土色青灰，土质软，最厚 0.25 米，包含有陶片、瓷片等。

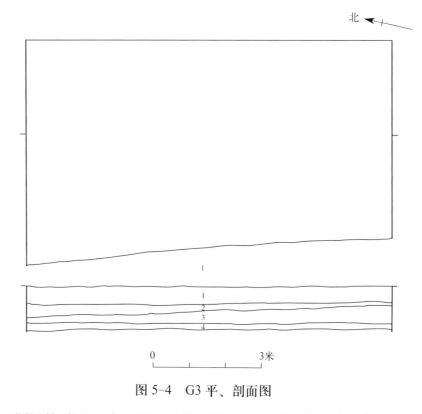

图 5-4 G3 平、剖面图

4.G4

位于探方 T11 中部，南北向外延伸至隔梁外（图 5-5）。开口于⑧b层下，打破⑨、⑩、⑪、⑫、⑬层。G4 开口呈长条形，宽 2.00～3.35、长 10.00 米，壁斜直，底近平，开口距地表 1.00、深约 1.00 米。堆积共分为 2 层，第①层黑褐色土，土质硬，最厚 0.35 米，包含物有陶片、砖块、石块等，小件有原始瓷豆 1 件；第②层黄色土，土质较硬，最厚 0.15 米，无包含物。

三 墓葬

M1

位于探方 T6 中部偏西北（图 5-6；彩版一九，3）。开口于第①层下，竖穴土坑墓，墓口呈圆角长方形，墓向 47°，直壁较光滑，底面较平整，壁面及底面皆可见约 1 厘米的涂抹层，长 1.15、宽 0.60～0.75、深 0.30～0.38 米。填土为灰褐色花土。未见葬具与人骨，出土瓷碗、石斧各 1 件。

第二节 出土遗物

一 宋代遗物

青瓷碗

3 件。

H1：2，白胎，薄胎，施青釉不及底。敞口，方唇，弧壁斜向下收，假圈足，平底。口沿内饰一道弦纹，外腹部饰两道莲瓣纹。口径 16.2、底径 6.2、高 5.8 厘米（图 5-7，1；彩版二〇，1、2）。

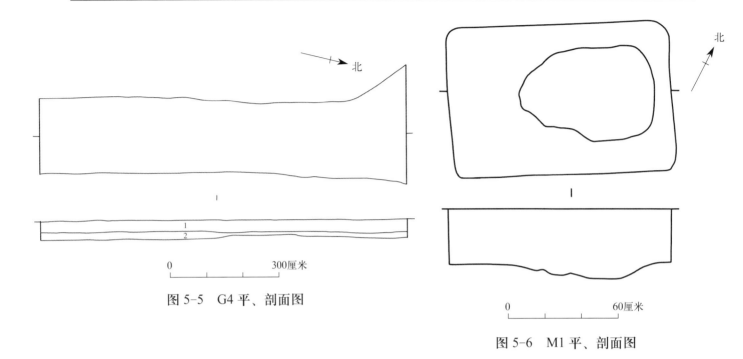

图 5-5　G4 平、剖面图

图 5-6　M1 平、剖面图

　　H1：3，白胎，薄胎，内部施黄釉，外部仅在口沿及上腹部施釉。敞口，圆唇，弧壁斜向下收，圈足。口径 16.0、底径 5.2、高 5.0 厘米（图 5-7，2；彩版二〇，3、4）。

　　H1：4，白胎，薄胎，施青釉不及底。敞口，尖圆唇，弧壁斜向下收，假圈足，平底。口径 14、底径 4.8、高 4.1 厘米（图 5-7，3；彩版二〇，5、6）。

二　明清遗物

1. 青瓷碗

　　T4①：2，褐胎，青釉，外壁施釉到底，圈足下不施釉，内壁靠近底部有一圈不施釉。残存碗底，鼓腹，小圈足。圈足外径 5.2、残高 4 厘米（图 5-8，1；彩版二一，1）。

　　T4②：1，细白胎，外部施青釉及底，圈足内部不施釉。残存中下部，圈足。圈足外径 6、残高 4.5 厘米（图 5-8，2）。

　　T4②：3，红褐胎，厚胎，外部通体施青釉，有流釉现象造成的白斑，碗内底部不施釉。残存下

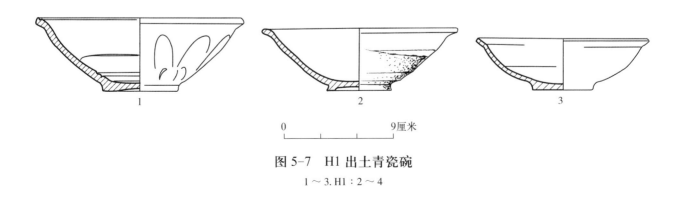

图 5-7　H1 出土青瓷碗

1～3. H1：2～4

部，圈足。圈足外径 5.6、残高 4.8 厘米（图 5-8，3；彩版二一，2）。

T12④：2，青瓷，厚胎，器底不施釉。碗底，实心圈足。残长 11.8、残高 3 厘米（图 5-8，9）。

2. 青花碗

5 件。

T5①：1，白胎，薄胎，通体施透明釉。敞口，圆唇，弧壁斜向下收，圈足。碗中央及口沿内均有两道弦纹。口径 16、底径 6.8、高 8 厘米（图 5-8，4；彩版二一，3、4）。

M1：2，敞口，圆唇，弧壁斜向下收，圈足。白胎，薄胎，通体施透明釉不及底。外腹部绘纹饰。口径 12.2、底径 4.8、高 5.6 厘米（图 5-8，5；彩版二一，5、6）。

T11⑤：2，白胎，薄胎，通体施透明釉及底。敞口，尖圆唇，弧壁斜向下收，圈足。外腹部绘纹饰。口径 12.2、底径 5.4、高 6.6 厘米（图 5-8，6；彩版二二，1、2）。

T11⑩：1，白胎，薄胎，通体施透明釉及底。敞口，尖圆唇，弧壁斜向下收，圈足。外腹部绘纹饰，近圈足处，有一由戳点组成的"長"字。口径 12、底径 5、高 3.6 厘米（图 5-8，7；彩版二二，3、4）。

T11K1：1，白胎，薄胎，通体施透明釉及底。敞口，尖圆唇，弧壁斜向下收，圈足。碗内部中央及外腹部绘纹饰。口径 12.8、圈足径 5.6、高 6.6 厘米（图 5-8，8；彩版二二，5、6）。

3. 白瓷碗

1 件。

T12③：2，白瓷，薄胎，下腹、圈足外部和内壁施釉，釉开片。残存碗底，小圈足。底径 3.8、残高 2.8 厘米（图 5-9，1）。

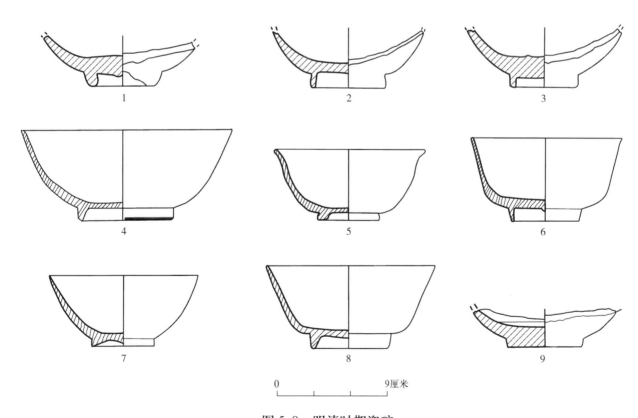

0　　　　　　　　　9厘米

图 5-8　明清时期瓷碗

1～3、9. 青瓷碗 T4①：2、T4②：1、T4②：3、T12④：2　　4～8. 青花碗 T5①：1、M1：2、T11⑤：2、T11⑩：1、T11K1：1

4. 瓷碗底

1 件。

T4 ⑥：28，残存下部。外底径 8、残高 4.8 厘米（图 5-9，2）。

5. 瓷壶

4 件。

T4 ②：2，灰胎，内部有轮制痕迹，外部施酱釉。残存下腹部，鼓腹，平底。底径 4.6、残高 7.4 厘米（图 5-9，3；彩版二三，1）。

T11 ②：7，灰胎，外部施酱黄釉。仅见流口。流口直径 2.2、残长 9.2 厘米（图 5-9，4；彩版二三，2）。

T11K1：3-1+3-2，灰胎，外部施黄釉，内部有流釉现象。3-1 为鋬手及上腹部，3-2 为口沿、流口。应为一件。敞口，圆唇，鼓腹。3-1 残宽 8.6、残高 10.6 厘米，3-2 口径 9.8、残高 7.4 厘米（图 5-9，5；彩版二三，3、4）。

6. 缸

1 件。

T5 ①：2，子口，方唇，直壁斜向下收，大平底微内凹。口径 18.6、底径 15.8、高 15 厘米（图 5-9，6；彩版二三，5）。

7. 铜钱

1 件。

T11 ⑥：1，稍残。为宋徽宗所铸篆书小平光背"圣宗元宝"。直径 2 厘米（彩版二三，6）。

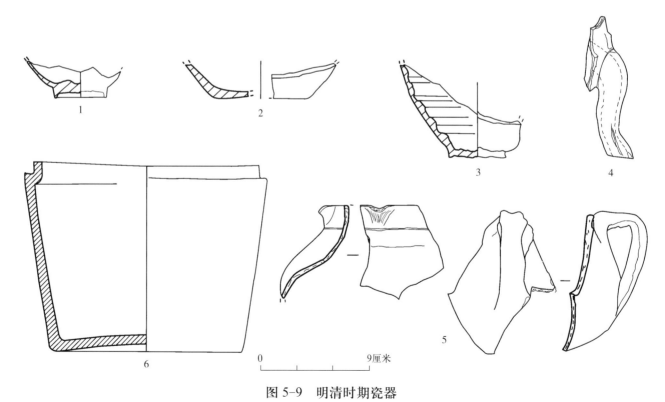

0　　　　　　　　　9厘米

图 5-9　明清时期瓷器

1. 白瓷碗 T12 ③：2　2. 瓷碗底 T4 ⑥：28　3 ～ 5. 瓷壶 T4 ②：2、T11 ②：7、T11K1：3-1+3-2　6. 缸 T5 ①：2

第六章　T4 遗存分述

T4 位于遗址的西南近边缘处。地层堆积以黄土为主，总体上较为水平，西侧上半部呈现向外（即向西）倾斜的形态，倾角 10°～14°，最深处超过 3 米。堆积基本上为黄色土，最下层为灰白色泛青似淤土，应为先民在此生活之前的原始堆积。

本探方中的遗迹和遗物均很少，但在最早期地层中出土了相对丰富的遗物。

第一节　地层堆积

根据土质、土色及其包含物状况可分为 18 层堆积（图 6-1）。

第①层：厚 0.05～0.20 米。黄灰色土，土质疏松，夹大量沙粒。遍布全方。包含物有陶片、明清瓷片等。开口于①层下的遗迹单位有 K1、K2。

第②层：距地表深 0.05～0.20、厚 0～0.15 米。灰褐色土，土质较硬，夹少量料姜石。分布于探方西部及北部。包含物有陶片、明清瓷片等。

第③层：距地表深 0.10～0.35、厚 0～0.25 米。黄褐色黏土，土质较硬，夹大量料姜石。分布于探方西部及北部。未见包含物。

第④层：距地表深 0.10～0.45、厚 0～0.40 米。灰褐色土，土质较硬，夹少量黄色斑。分布于探方西部、南部及北部。未见包含物。开口于④层下的遗迹单位有 K3。

第⑤a 层：距地表深 0.25～0.75、厚 0.10～0.55 米。浅灰色土，土质较硬，含少许黄斑。分布于探方西部、南部和北部。包含物有较多的陶片。

第⑤b 层：距地表深 0.30～0.85、厚 0～0.30 米。浅灰色土，土质较硬，含黄色黏土块。分布于探方南部。包含物有极少的陶片。

第⑥层：距地表深 0.80～1.00、厚 0～0.20 米。黄色土，土质较硬，夹大量红烧土。分布于探方西部、南部。包含物有较多陶片。

第⑦层：距地表深 0.90～1.00、厚 0～0.30 米。浅黄色土，土质较硬，含少量黏土块。分布于探方西部和南部。包含物有大量陶片及少量石器和残铜器等。

第⑧层：距地表深 0.90～1.30、厚 0～0.75 米。灰黑色土，土质较硬，夹少量黏土块。分布于探方西部、南部。包含物有大量石头和极少的陶片。

第⑨层：距地表深 0.05～1.40、厚 0～0.95 米。黄色土，土质较硬，夹大量红烧土块。分布于探方北部及东部。包含物有较多陶片。

第⑩层：深 0.30～1.00、厚 0～0.85 米。黄色土，土质较硬，夹大量锈斑。分布于探方北部、

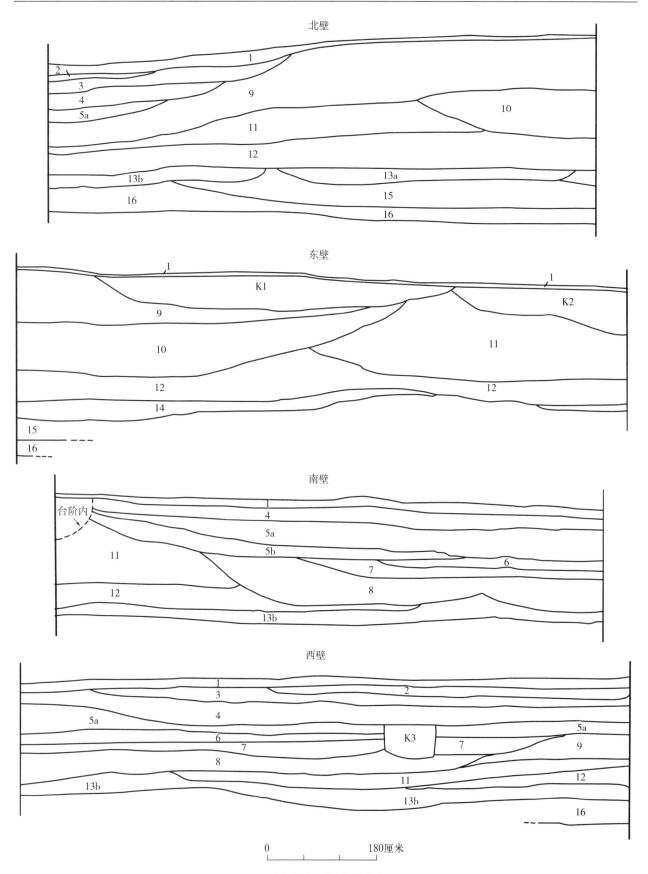

图 6-1　T4 剖面图

东部。包含物有少量的陶片和石器。

第⑪层：距地表深 0.10～1.55、厚 0～1.35 米。黄色土，土质较硬，夹大量黑色黏土块。分布于探方北部、东部。未见包含物。

第⑫层：距地表深 1.20～1.70、厚 0～0.80 米。青褐色土，泛黄，土质较软，夹少量锈斑。遍布全方。包含物有极少的陶片。

第⑬a 层：距地表深 1.90～2.10、厚 0～0.30 米。黄色土。仅分布于探方东北部。未见包含物。

第⑬b 层：距地表深 1.40～2.10、厚 0～0.35 米。青淤土层。除东北部外遍布全方。未见包含物。

第⑭层：距地表深 1.75～2.15、厚 0～0.35 米。灰黑色土，夹褐色土。分布于探方东北部。未见包含物。

第⑮层：距地表深 1.90～2.40、厚 0～0.50 米。青黄色土，夹褐色土。分布于探方东北部。未见包含物。

第⑯层：距地表深 1.95～2.75、厚 0.15～0.50 米。灰白色土，泛青，似淤土。遍布全方。未见包含物。

第二节　遗迹

1.T4K3

位于探方西侧中部，开口于④层下，西部进入探方西壁。暴露坑口平面近似圆角长方形，坑壁斜弧，尖圜底，暴露坑口长约 0.80、宽约 0.50、深 0.45、开口距地表约 0.95 米。坑内填土为灰色土。未见包含物。

2.G1

位于探方东南部。为砖砌排水沟，属明清时期庙宇类建筑附属设施的一段。详见第五章。

第三节　地层遗物

第⑫层以下各层无遗物，自第⑨层开始遗物快速增多 [1]。

一　T4⑫层

出土遗物极少，仅见小罐 1 件。

小罐

1 件。

T4⑫：1，夹砂灰黑陶。卷沿近平，方唇，鼓腹，底残。口径 9.6、腹径 11.8、残高 7.6 厘米（图 6-2；彩版二四，1）。

---

[1] T4 在刚开始发掘时因发掘人员技术不熟练，地层、遗物的辨别与归类存在混乱，自⑧层开始才较为客观，统计数据仅供参考。但出土遗物仍具有很大的参考价值，因此在整理过程中，对这部分地层参照相邻探方层位对遗物进行了甄别，剔除了部分早期地层中的晚期遗物。

0　　　　　　9厘米

图 6-2　T4⑫层出土陶小罐 T4⑫∶1

二　T4 ⑩层

本层遗物极少，可辨识的陶器种类有鬲、甗、罐、盉、盘，另有硬陶豆、印纹硬陶罐、原始瓷豆、以及个别石锤。

（一）陶瓷器

共出土陶片 17 片[1]，质地、颜色、纹饰统计如下表（表 6-1、2）。

表 6-1　T4 ⑩层出土陶瓷器质地、颜色统计表

质地	夹粗砂		夹细砂		泥质			印纹陶		原始瓷	合计
陶色	红褐	灰	红褐	灰	红	红褐	黑皮红胎	红	灰		
陶片数	1	2	5	2	1	2	1	1	1	1	17
百分比（%）	5.88	11.76	29.41	11.76	5.88	11.76	5.88	5.88	5.88	5.88	100

表 6-2　T4 ⑩层出土陶瓷器纹饰统计表

纹饰	软陶					印纹陶		原始瓷	合计
	素面	细绳纹	粗绳纹	间断绳纹	镂孔	席纹带刻划	席纹、刻划组合	不上釉	
陶片数	3	8	1	1	1	1	1	1	17
百分比（%）	17.65	47.06	5.88	5.88	5.88	5.88	5.88	5.88	100

1.鬲口沿

1 件。

T4 ⑩∶7，夹细砂褐陶，夹云母。折沿，沿面上凸，方唇。颈部以下饰斜向细绳纹，外壁被灼黑。口径 18.0、腹径 18.4、残高 9.4 厘米（图 6-3，1）。

2.甗口沿

2 件。

[1]　全书以下各章节凡未注明如硬陶、原始瓷等质地者均为陶器。

　　T4⑩：8，夹细砂红褐陶，夹云母。折沿，沿面上鼓，靠近唇部有一周凹槽，方唇，鼓腹。颈部以下饰斜向细绳纹，颈部有制作时留下的横向抹痕，外壁被灼黑。口径32.0、腹径32.8、残高8.8厘米（图6-3，2；彩版二四，2）。

　　T4⑩：9，夹粗砂红褐陶。宽折沿，方唇，唇面微上鼓。腹部饰细绳纹，颈部和内壁有制作时留下的抹痕。口径28.0、残高10.6厘米（图6-3，3；彩版二四，3）。

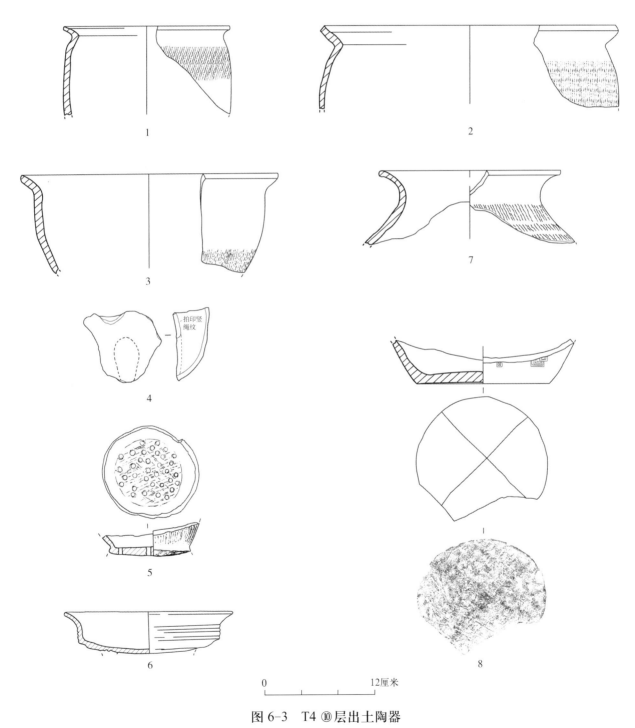

图 6-3　T4 ⑩层出土陶器

1. 鬲口沿 T4 ⑩：7　2、3. 甗口沿 T4 ⑩：8、9　4. 甗附耳 T4 ⑩：12　5. 盂箅 T4 ⑩：1　6. 盘 T4 ⑩：4　7. 罐口沿 T4 ⑩：11　8. 罐底 T4 ⑩：13

3. 甗附耳

1件。

T4⑩：12，甗附耳。夹砂红褐陶。附耳较窄，边缘锐利，呈方形，部分残，略高于器腹高度，外壁抹光，耳洞较小。宽7.6、最厚4、高7.8厘米（图6-3，4；彩版二四，4）。

4. 盉箅

1件。

T4⑩：1，夹砂红褐陶，有烟熏痕迹。箅部较大，箅孔为圆形，呈筛状，甑部上端残，下端斜直内收。甑部饰纵向粗绳纹，盉腰外侧被抹明显，箅部上下两面均饰绳纹。底径8.6、残高3.2厘米（图6-3，5；彩版二四，5）。

5. 盘

1件。

T4⑩：4，泥质黑陶。侈口，尖圆唇，直腹内收，平底，圈足残。腹部饰多道弦纹。口径18.4、残高4.4厘米（图6-3，6；彩版二四，6）。

6. 罐口沿

1件。

T4⑩：11，泥质红陶。卷沿，方唇。颈部的细绳纹被抹去，肩部饰纵向细绳纹和两道横向旋纹。口径20、残宽23.2、残高7.8厘米（图6-3，7）。

7. 罐底

1件。

T4⑩：13，泥质红陶，厚胎。平底。腹部饰席纹，近折处抹光，罐底有十字划痕。外底径14.8、残宽20、残高4.6厘米（图6-3，8）。

8. 硬陶豆座

1件。

T4⑩：5，泥质灰褐陶。底座外展近平。柄部四面均饰对三角形图案。圈足径5.6、底径11.6、残高8厘米（图6-4，1；彩版二五，1、2）。

9. 印纹硬陶罐口沿

1件。

T4⑩：14，泥质灰陶。矮领。肩部饰数周不规整旋纹，其下饰席纹。口径12、腹径21.6、残高8.2厘米（图6-4，2；彩版二五，3、4）。

10. 原始瓷豆

1件。

T4⑩：6，泥质黄褐胎，残留少量青色釉。侈口，尖圆唇，折腹内收，器腹较浅，圈足外撇。腹内饰多道旋纹，器表可见明显轮制痕迹。口径11.6、圈足径5、高5.6厘米（图6-4，3；彩版二五，5）。

（二）石器

石锤

1件。

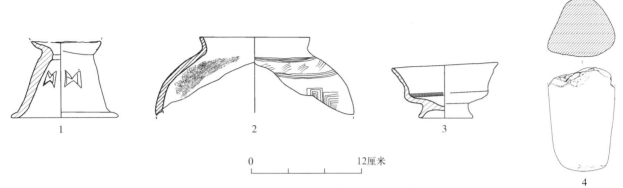

图 6-4　T4 ⑩层出土陶瓷器、石器

1. 硬陶豆座 T4 ⑩：5　2. 印纹硬陶罐口沿 T4 ⑩：14　3. 原始瓷豆 T4 ⑩：6　4. 石锤 T4 ⑩：3

T4 ⑩：3，花白色。器体呈长卵形，横截面呈三角形，一端圆钝，另一端残。通体精磨。宽 7.4、最厚 6.4、长 10 厘米（图 6-4，4）。

三　T4 ⑨层

本层遗物稍多，可辨识的陶器种类有鬲、甗、豆、盆、罐，以及印纹硬陶坛、原始瓷豆。未见石器、铜器。

陶瓷器

共出土陶片 200 片，陶器质地、颜色、纹饰统计如下表（表 6-3、4）。

表 6-3　T4 ⑨层出土陶瓷器质地、颜色统计表

陶质	夹粗砂	夹细砂				泥质			印纹陶			原始瓷	合计
陶色	红褐	红	红褐	灰	黑皮红胎	红	灰	黑皮灰胎	红	红褐	灰		
陶片数	4	7	37	26	30	12	21	47	2	7	3	4	200
百分比（%）	2.00	3.50	18.50	13.00	15.00	6.00	10.50	23.50	1.00	3.50	1.50	2.00	100

表 6-4　T4 ⑨层出土陶瓷器纹饰统计表

纹饰	软陶							印纹陶					原始瓷		合计
	素面	细绳纹	粗绳纹	弦断绳纹	交错绳纹	凹弦纹	附加堆纹	席纹	雷纹	回纹	棱形纹	重回纹	素面	凹弦纹	
陶片数	47	36	77	8	1	10	2	2	1	4	5	3	1	3	200
百分比（%）	23.50	18.00	38.50	4.00	0.50	5.00	1.00	1.00	0.50	2.00	2.50	1.50	0.50	1.50	100

1.鬲口沿

4 件。

T4⑨：6，夹细砂灰陶。窄卷沿，圆唇，束颈，溜肩。口沿外侧和颈部的绳纹被抹去，颈部以下饰纵向细绳纹。口径18、宽19.2、残高7.4厘米（图6-5，1）。

T4⑨：7，夹粗砂灰陶。窄折沿，方唇。颈部饰一周弦纹，口沿外侧和颈部的绳纹被抹去，颈部以下饰纵向细绳纹，肩部饰一道细旋纹。口径16、腹径14.4、残高8.7厘米（图6-5，2）。

T4⑨：9，夹砂褐陶。窄卷沿，圆唇，束颈。口沿外侧和颈部的绳纹被抹去。口径20、残高3厘米（图6-5，3）。

T4⑨：27，夹砂灰陶。卷沿，方唇。颈部的绳纹被抹去，肩部饰一道弦纹，肩部以下饰纵向细绳纹。口径20、残高5.4厘米（图6-5，4）。

2.鬲足

6件。

T4⑨：10，夹砂红陶。锥状足，有小平底。饰纵向细绳纹，制作时填泥入足中，外壁和内壁内灼黑。残高9、残长5.6厘米（图6-5，5）。

T4⑨：11，夹砂红褐陶。足跟残。内壁为制作时留下的纵向抹痕，外壁饰纵向细绳纹。残长8.8、残高8厘米（图6-5，6）。

T4⑨：12，夹粗砂灰陶，夹云母。锥状足。下腹饰细绳纹，足跟抹光。残长5、残高7.4厘米（图6-5，7）。

T4⑨：13，夹粗砂红褐陶，厚胎。柱状足。器壁有制作时留下的纵向抹痕，局部被灼黑。残长6.8、残高10.8厘米（图6-5，8）。

T4⑨：14，夹粗砂红褐陶，厚胎。柱状足。器壁饰斜向细绳纹，内部和外部的局部被灼黑。残长7、

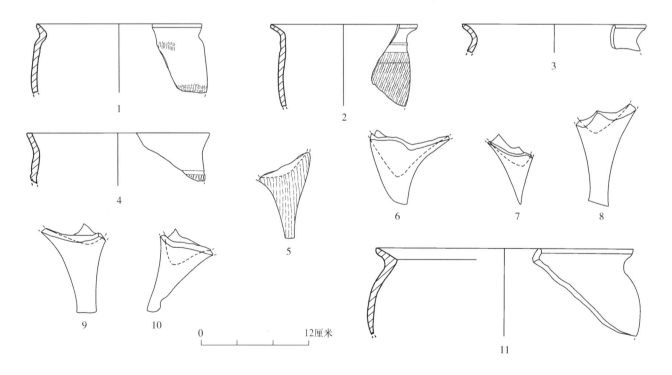

图6-5　T4⑨层出土陶器

1～4.鬲口沿 T4⑨：6、7、9、27　5～10.鬲足 T4⑨：10～15　11.盆口沿 T4⑨：22

残高 9.4 厘米（图 6-5，9）。

T4⑨：15，夹粗砂红褐陶，夹云母，厚胎。柱状足。外壁有制作时留下的纵向抹痕，内壁被灼黑。残长 5.8、残高 8.8 厘米（图 6-5，10）。

3. 甗口沿

7 件。

T4⑨：2，夹粗砂红褐陶，夹云母。宽折沿，沿面上鼓，方唇。颈部以下饰纵向细绳纹。口径 24、残宽 29.2、残高 5.8 厘米（图 6-6，1）。

T4⑨：3，夹砂红褐陶，夹云母。宽折沿，沿面上鼓，方唇。素面。口径 24、残宽 24.4、残高 6 厘米（图 6-6，2）。

T4⑨：4，夹砂红褐陶，夹云母。宽折沿，厚方唇。器表有抹痕，素面。口径 32、残高 5 厘米（图 6-6，3）。

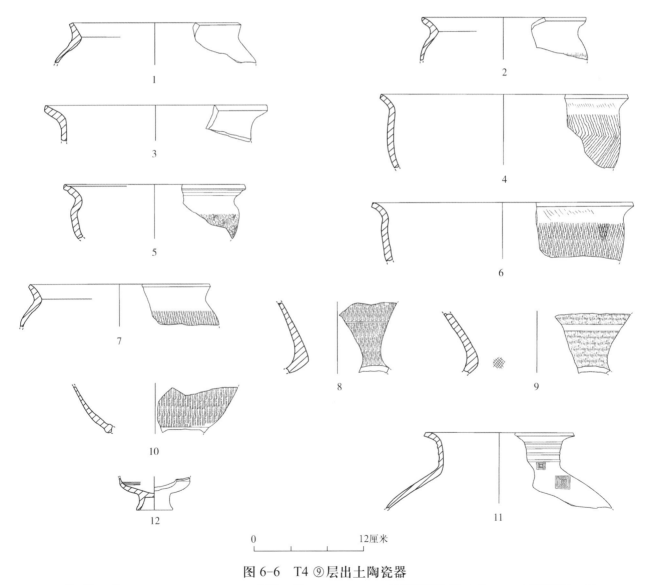

图 6-6　T4 ⑨层出土陶瓷器

1 ～ 7. 甗口沿 T4 ⑨：2 ～ 5、8、21、46　8 ～ 10. 甗腰 T4 ⑨：19、20、28　11. 印纹硬陶罐口沿 T4 ⑨：41　12. 原始瓷豆 T4 ⑨：45

T4⑨：5，夹粗砂红褐陶。宽卷沿，厚方唇。颈部的绳纹被抹去，颈部以下饰斜向交错的细绳纹。口径18、残高5.4厘米（图6-6，4）。

T4⑨：8，夹粗砂红褐陶。宽折沿，沿面上鼓，方唇。颈部以下饰斜向细绳纹，局部被灼黑。口径32、残高7.8厘米（图6-6，5）。

T4⑨：21，夹砂红褐陶。卷沿，方唇。颈部绳纹被抹去，颈部以下饰斜向交错细绳纹。口径38、残高8.2厘米（图6-6，6；彩版二六，1）。

T4⑨：46，夹砂红褐陶，夹云母。宽折沿，唇面上鼓，方唇。颈部以下饰细绳纹，肩部被灼黑。口径32、残宽34.8、残高6厘米（图6-6，7）。

4. 甗腰

3件。

T4⑨：19，夹砂灰陶，厚胎。器表饰纵向细绳纹，甑部有两道横向抹痕。宽12.4、残高9.6厘米（图6-6，8）。

T4⑨：20，夹砂灰陶，厚胎。器表饰纵向细绳纹，甑部有一周横向抹痕，内壁的甑部与鬲部连接处压印有细绳纹。宽20.8、残高8.4厘米（图6-6，9）。

T4⑨：28，夹粗砂红褐陶。甑部与鬲部相接处加厚。器表饰纵向细绳纹。宽14、残高6.6厘米（图6-6，10；彩版二六，2）。

5. 豆盘

2件。

T4⑨：31，泥质灰褐陶。折沿，尖唇，盘壁近方折。盘壁外侧近折有一道旋纹。口径26、残高4厘米（图6-7，1）。

T4⑨：32，泥质灰陶。唇部已残失，细柄。近柄处饰两道旋纹。口径20、残高5.2厘米（图6-7，2）。

6. 豆柄

2件。

T4⑨：33，泥质灰陶。一端粗另一端细。豆柄上有两组旋纹，每组有两道旋纹。最大径2.8、最小径2、残高4厘米（图6-7，3；彩版二六，3）。

T4⑨：34，泥质灰陶。细柄，空心。豆柄上有两组旋纹，每组有两道旋纹。最大外径4.6、最大内径2.6、残高6.2厘米（图6-7，4）。

7. 盆口沿

1件。

T4⑨：22，泥质红褐陶。宽折沿，沿面上鼓，圆唇，束颈，鼓腹。器表有斜向抹痕，素面。口径28、腹径29.2、残高9.4厘米（图6-5，11）。

8. 罐口沿

3件。

T4⑨：24，泥质灰芯红褐陶。卷沿，方唇，唇缘内凹。肩部饰数周旋纹。口径20、残高4厘米（图6-7，5）。

T4⑨：25，泥质灰陶。折沿，方唇，唇缘上翻形成一道凹槽，折肩，上腹内收。肩部饰两道旋纹。

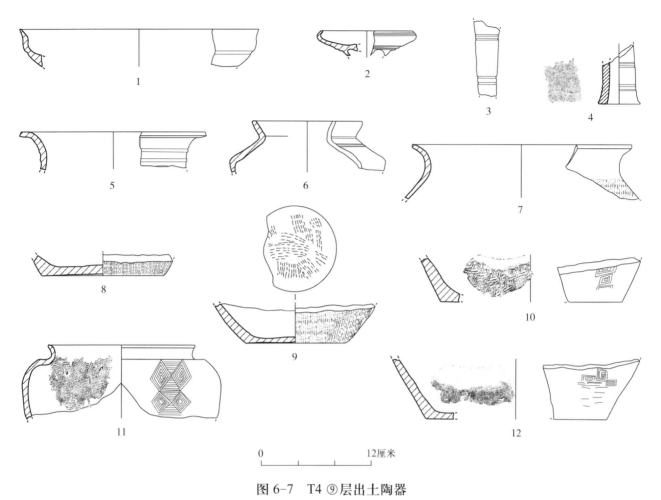

图 6-7　T4 ⑨层出土陶器

1、2.豆盘 T4 ⑨：31、32　3、4.豆柄 T4 ⑨：33、34　5 ～ 7.罐口沿 T4 ⑨：24 ～ 26　8、9.罐底 T4 ⑨：37、38　10.印纹软陶罐底
T4 ⑨：36　11.印纹硬陶罐 T4 ⑨：39　12.印纹硬陶罐底 T4 ⑨：44

口径 12、颈径 10.4、肩径 16.8 厘米（图 6-7，6）。

　　T4⑨：26，泥质红褐陶。卷沿，方唇，直领。口沿外侧和颈部的绳纹被抹去，颈部以下饰纵向细绳纹。口径 24、残高 5.8 厘米（图 6-7，7）。

　　9. 罐底

　　2 件，或为盆底。

　　T4⑨：37，泥质灰陶，厚胎。平底，下腹与底部相接处硬折。下腹部饰纵向细绳纹。外底径 14.4、残高 2.2 厘米（图 6-7，8）。

　　T4⑨：38，泥质红陶，厚胎。平底。下腹部饰纵向细绳纹，近折处抹光，罐底内部压印交错细绳纹。外底径 10.8、残高 4.2 厘米（图 6-7，9）。

　　10. 印纹软陶罐底

　　1 件。

　　T4⑨：36，夹砂红陶，厚胎。平底，下腹与底部相接处硬折。下腹部饰菱形重回纹。外底径 20、残高 4.8 厘米（图 6-7，10；彩版二六，4）。

　　11. 印纹硬陶罐

1件。

T4⑨：39，卷沿，圆唇，束颈，鼓腹。颈部饰数周旋纹，肩部和腹部密集的旋纹之上饰菱形重回纹。口径16、腹径21.6、残高7.8厘米（图6-7，11；彩版二六，5、6）。

12. 印纹硬陶罐口沿

1件。

T4⑨：41，泥质灰陶。卷沿，方唇，高领。颈部饰数周凹槽，颈部以下饰重回纹。口径22、残高10.6厘米（图6-6，11；彩版二七，1）。

13. 印纹硬陶罐底

1件。

T4⑨：44，残存罐底。泥质灰陶。平底。近折处磨光，下腹部饰纵向细绳纹，下腹部饰重回纹。外底径20、残高6.6厘米（图6-7，12；彩版二七，2）。

14. 原始瓷豆

1件。

T4⑨：45，浅灰胎。豆盘方折，腹部微下鼓，细圈足，圈足微外撇。盘腹部近折处饰密集线状旋纹。圈足外直径5.2、残高4.6厘米（图6-6，12；彩版二七，3）。

四　T4⑧层

本层遗物较少，可辨识的陶器种类（T4⑧层陶质陶色统计表、纹饰统计表缺失）有鬲、豆、钵、盂、盆等，石器有石锛。

（一）陶瓷器

1. 鬲

4件。

T4⑧：6，夹砂黑陶。斜折沿，沿下角较大，尖圆唇，鼓腹，联裆，柱足略残。通体被刮抹。口径13、腹径13.6、残高13.2厘米（图6-8，1；彩版二七，4）。

T4⑧：7，黑陶。侈口，卷沿，高领，折肩不明显，尖锥足有小平面。颈部无纹饰，肩部饰弦纹三周，腹部至足部饰纵向绳纹。口径12、腹径12、残高8.8厘米（图6-8，2；彩版二七，5）。

T4⑧：8，红褐陶，有黑色烟炱痕迹。侈口，口沿外卷，直腹，微瘪裆，锥足。腹部饰绳纹，部分被抹。口径15.6、腹径14、高11.8厘米（图6-8，3；彩版二七，6）。

T4⑧：21，夹砂黑陶。侈口，折沿，圆唇，折肩，颈部微内凹，瘪裆较高，截锥状足。腹部饰弦断绳纹，足部饰纵向绳纹。口径20.6、腹径21、高18.4厘米（图6-8，4；彩版二八，1、2）。

2. 鬲口沿

1件。T4⑧：12，夹粗砂褐陶。窄折沿，尖唇，鼓腹。内壁有制作时留下的纵向抹痕，外壁素面。口径24、腹径24.3、残高10.4厘米（图6-8，5）。

3. 鬲足

1件。

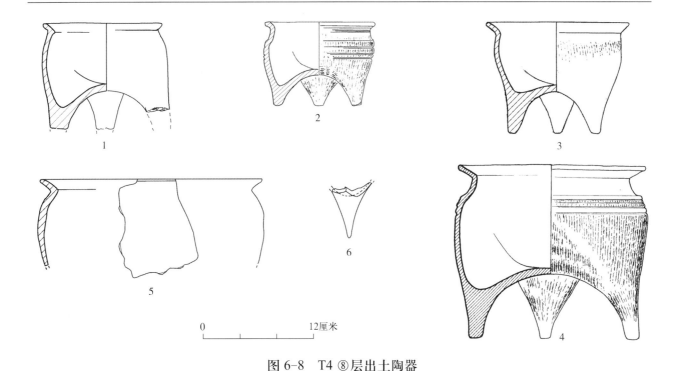

图 6-8　T4 ⑧层出土陶器

1～4. 鬲 T4 ⑧：6～8、21　5. 鬲口沿 T4 ⑧：12　6. 鬲足 T4 ⑧：14

T4 ⑧：14，夹粗砂红褐陶。锥状足。素面。残高 6 厘米（图 6-8，6）。

4. 豆

1 件。

T4 ⑧：20，泥质黑陶略夹砂。敛口，厚圆唇，弧腹内收，器腹较深，高直柄，圈足外撇近平。通体素面，器底及柄部刮痕明显。口径 16.4、圈足径 7.8、底径 10、高 9.4 厘米（图 6-9，1；彩版二八，3）。

5. 钵

1 件。

T4 ⑧：4，泥质灰陶。敛口，方唇，大平底。器表饰竖向细绳纹。口径 14.5、底径 9、高 6 厘米（图 6-9，2；彩版二八，4）。

6. 盂

1 件。

T4 ⑧：2，泥质灰陶。侈口，圆唇，短颈，扁鼓腹，大平底。颈、肩部有两组细凹弦纹，中间为斜向指甲纹。口径 12.5、底径 7.7、高 7.5 厘米（图 6-9，3；彩版二八，5）。

7. 盆口沿

1 件。

T4 ⑧：13，泥质红陶。折沿，方唇，唇部有一道凹槽，沿下角较小。口沿外侧及颈部饰细绳纹。口径 24、残高 5 厘米（图 6-9，4）。

8. 小杯

1 件。

T4⑧：16，泥质灰陶。残存少量黑衣。残高 4.3 厘米（图 6-9，5；彩版二八，6）。

9.圆圈纹陶片

1 片。

T4⑧：15，泥质黑衣灰陶。器表有细凹弦纹，中间有圆圈纹。残高 11 厘米（图 6-9，6；彩版二八，7）。

（二）石器

砺石

1 件。

T4⑧：3，灰白色。长条形。器表磨光。长 8、宽 4、厚 2 厘米（图 6-9，7；彩版二八，8）。

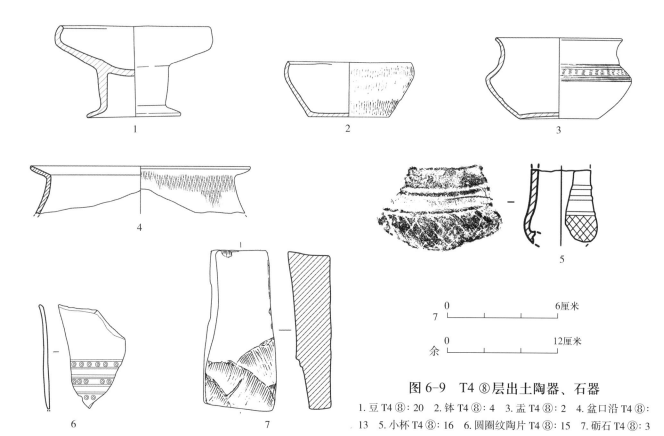

图 6-9　T4 ⑧层出土陶器、石器

1.豆 T4⑧：20　2.钵 T4⑧：4　3.盂 T4⑧：2　4.盆口沿 T4⑧：13　5.小杯 T4⑧：16　6.圆圈纹陶片 T4⑧：15　7.砺石 T4⑧：3

五　T4 ⑦层

本层遗物数量大增，可辨识的陶器有鬲、甗、豆、罐，还有少量硬陶鬲、豆、盂，部分硬陶有印纹，另有原始瓷豆、盂，以及石锛和 12 件残铜器。

（一）陶瓷器

共出土陶片 533 片，陶器质地、颜色、纹饰统计如下表（表 6-5、6）。

表 6-5　T4 ⑦层出土陶瓷器质地、颜色统计表

陶质	夹粗砂					夹细砂					泥质					印纹陶			合计
陶色	红	灰	黑	黑皮红胎	红褐	红	红褐	灰	黑	黑皮红胎	红	红褐	灰	黑	黑皮红胎	红	红褐	灰	
陶片数	53	16	1	3	50	13	21	35	5	14	6	39	53	16	41	42	13	112	533
百分比（%）	9.94	3.00	0.19	0.56	9.38	2.44	3.94	6.57	0.94	2.63	1.13	7.32	9.94	3.00	7.69	7.88	2.44	21.01	100

表 6-6　T4 ⑦层出土陶瓷器纹饰统计表

纹饰	软陶							印纹陶							合计
	素面	细绳纹	粗绳纹	弦断绳纹	附加堆纹	刻划纹	凹弦纹	方格纹	菱形纹	素面	弦断绳纹	重回纹	席纹	回纹	
陶片数	124	203	4	15	1	6	5	2	1	23	2	174	25	18	533
百分比（%）	23.26	38.09	0.75	2.81	0.19	1.13	0.94	0.38	0.19	4.32	0.38	32.65	4.69	3.38	100

1. 鬲口沿

6 件。

T4 ⑦：12，夹细砂灰黑陶。折沿，圆唇，高领，鼓肩。颈部的绳纹被抹去，肩部饰两道旋纹，以下饰纵向细绳纹。口径 22、残高 5 厘米（图 6-10，1；彩版二九，1）。

T4 ⑦：13，夹细砂灰陶。卷沿，圆唇，束颈。肩部饰两道旋纹，以下饰纵向细绳纹，颈部的细绳纹被抹去。口径 22、残高 5.4 厘米（图 6-10，2）。

T4 ⑦：14，夹砂红褐陶。窄卷沿，圆唇，鼓肩。局部被灼黑，素面。口径 16、残高 7 厘米（图 6-10，3）。

T4 ⑦：15，夹细砂红陶。折沿，尖唇，高直领。肩部饰数周旋纹，以下饰纵向细绳纹，颈部及口沿外侧的细绳纹被抹去。口径 32、腹径 32、残高 10.8 厘米（图 6-10，4）。

T4 ⑦：22，夹细砂灰陶。卷沿，方唇。肩部及以下饰斜向方格纹。口径 24、腹径 32.4、残高 6.4 厘米（图 6-10，5）。

T4 ⑦：23，夹砂红胎灰陶。卷沿，方唇，束颈，鼓肩。肩部以下饰斜向方格纹。口径 22、腹径 24、残高 10 厘米（图 6-10，6；彩版二九，2）。

2. 鬲足

5 件。

T4 ⑦：16，夹粗砂红褐陶，厚胎。柱状足，较高。器表有灼痕，素面。残长 5.6、残高 9 厘米（图 6-10，7）。

T4 ⑦：17，夹砂红褐陶。截锥状足。器表所饰绳纹被抹去，局部被灼黑。残长 6、残高 8 厘米（图 6-10，8）。

T4 ⑦：18，夹砂红陶。锥状足，有小平底。饰纵向细绳纹，小平底亦饰有细绳纹。残长 5.2、残高 6.6 厘米（图 6-10，9）。

T4 ⑦：19，夹细砂灰陶。柱状足，较高。下腹部饰纵向细绳纹，足跟抹光。残长 4.4、残高 7.6 厘米（图

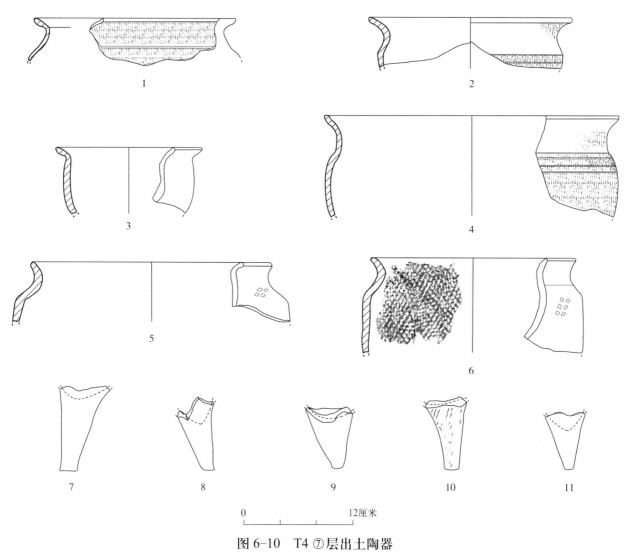

图 6-10　T4 ⑦层出土陶器

1～6. 鬲口沿 T4 ⑦：12～15、22、23　7～11. 鬲足 T4 ⑦：16～20

6-10，10）。

T4 ⑦：20，夹砂红陶。锥状足，有小平底。饰纵向细绳纹，小平底亦有细绳纹。残长 4.4、残高 6.2 厘米（图 6-10，11）。

3. 甗

1 件。

T4 ⑦：9，夹砂红褐陶。侈口，圆唇，沿下角较大，斜直腹内收。腹部饰纵向细绳纹。口径 30、残高 14.2 厘米（图 6-11，1；彩版二九，3）。

4. 豆盘

1 件。

T4 ⑦：27，泥质灰陶，厚胎。器体较大。敛口，方唇，斜鼓腹。素面。口径 16、腹径 18.8、残高 7 厘米（图 6-11，2）。

5. 豆柄

1 件。

T4 ⑦：26，泥质红褐胎黑皮陶。圈足外撇呈喇叭状。豆柄最细处饰旋纹。圈足径4、残高3厘米（彩版二九，4、5）。

6. 罐

3件。

T4 ⑦：21，泥质红褐陶。肩部以上残，鼓肩，下腹内收。肩部两组旋纹间饰斜划纹。口径4.8、肩径6、残高4.6厘米（彩版三○，1）。

T4 ⑦：24，口沿。泥质灰陶。卷沿，方唇，束颈，广肩。肩部饰纵向细绳纹，颈部的细绳纹被抹去。口径16、残宽34.4、残高11.2厘米（图6-11，3）。

T4 ⑦：28，泥质红褐陶。鼓肩，折肩处有一片状錾。器表有横向抹痕，素面。残长10.5、残高9厘米。

7. 硬陶豆盘

1件。

T4 ⑦：36，铁灰皮红褐胎。口沿外侈，盘壁外鼓，圆折。口径14、肩径14.8、圈足径8.4、残

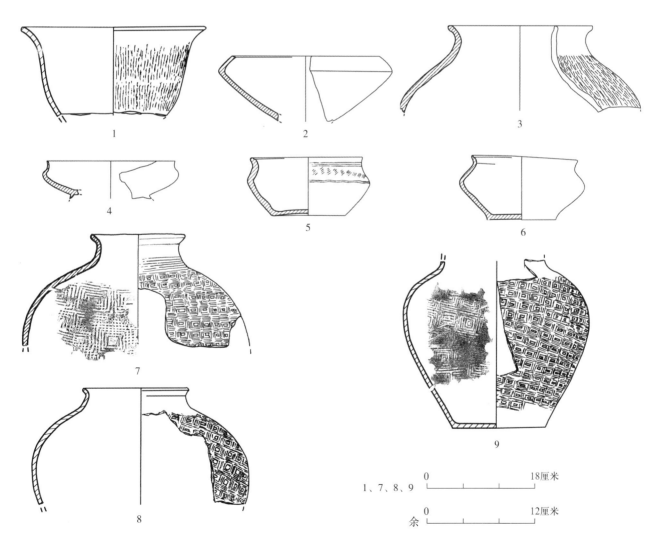

图 6-11　T4 ⑦层出土陶器

1. 甑 T4 ⑦：9　2. 豆盘 T4 ⑦：27　3. 罐 T4 ⑦：24　4. 硬陶豆盘残片 T4 ⑦：36　5、6. 硬陶盉 T4 ⑦：3、5　7～9. 印纹软陶罐 T4 ⑦：4-1～3

高 4 厘米（图 6-11，4）。

8. 硬陶盉

2 件。

T4⑦：3，泥质青灰。侈口，卷沿，尖圆唇，唇面内侧有凹槽一周，颈部内弧，折肩，斜直腹内收，平底。肩部饰单向划纹，划纹较短，纹饰较浅、较随意，划纹上下各饰多道旋纹。口径 12.2、腹径 13.2、底径 8、高 6.2 厘米（图 6-11，5；彩版三〇，2）。

T4⑦：5，泥质灰黑。侈口，卷沿，尖唇，唇面内侧有一道凹槽，斜直肩，折腹内收，平底。烧成温度较低，有许多气泡。素面。口径 11.6、腹径 13.8、底径 7.6、高 6.9 厘米（图 6-11，6；彩版三〇，3）。

9. 印纹软陶罐

3 件。均为泥质红褐色。

T4⑦：4-1，侈口，卷沿，尖唇，高直颈，鼓腹，下腹部残。腹部饰重回纹。口径 15.2、最大腹径 37.2、残高 16.8 厘米（图 6-11，7；彩版三〇，4）。

T4⑦：4-2，侈口，卷沿，尖唇，高直颈，鼓腹，下腹部残。腹部饰重回纹。口径 17.2、最大腹径 35.6、残高 16 厘米（图 6-11，8；彩版三〇，5）。

T4⑦：4-3，口沿残，鼓腹内收，平底。腹部饰重回纹。腹径 30.4、底径 15.2、残高 26.8 厘米（图 6-11，9）。

10. 原始瓷豆

3 件。

T4⑦：6，灰胎，釉不可见。侈口，口沿较薄，尖唇，颈部内折，弧腹内收，圈足微外撇。口沿内侧、外壁及器腹内壁饰多道旋纹，盘底外壁饰粗细不等的旋纹。口径 14.2、圈足径 4.8、底径 5.4、高 5 厘米（图 6-12，1；彩版三一，1、2）。

T4⑦：7，灰白胎，釉不可见。敞口，尖唇，硬折腹内收，器腹较浅，圈足微外撇。沿面内侧及外壁及腹壁均饰多道旋纹，盘底外侧有一道明显圈状凹槽。器表可见明显轮制痕迹。口径 14.8、圈足径 5.2、底径 6、高 5.5 厘米（图 6-12，2；彩版三一，3）。

T4⑦：8，灰白胎，青色釉较薄。敞口，方唇，唇面上有一道凹槽，硬折腹内收，圈足外撇，呈喇叭状。沿面内侧及外壁折腹处及圈足上均饰多道旋纹，器表可见明显的轮制痕迹。口径 13.4、圈足径 5.4、底径 6.6、高 6.2 厘米（图 6-12，3；彩版三一，4、5）。

11. 原始瓷豆盘

3 件。

T4⑦：37，灰胎。盘壁方折，折痕外凸，腹壁斜收。盘壁外侧、口沿及盘腹近折处有密集的细线状旋纹。口径 12、肩径 12.4、残高 4 厘米（图 6-12，4；彩版三一，6）。

T4⑦：38，灰胎。盘壁方折，折痕外凸，腹壁斜收。盘壁近折处有密集的细线状旋纹。口径 14、残高 4 厘米（图 6-12，5）。

T4⑦：39，灰胎。盘壁方折，折痕外凸，腹壁斜收。盘壁近折处有密集的细线状旋纹。口径 10、残高 4.4 厘米（图 6-12，6；彩版三二，1）。

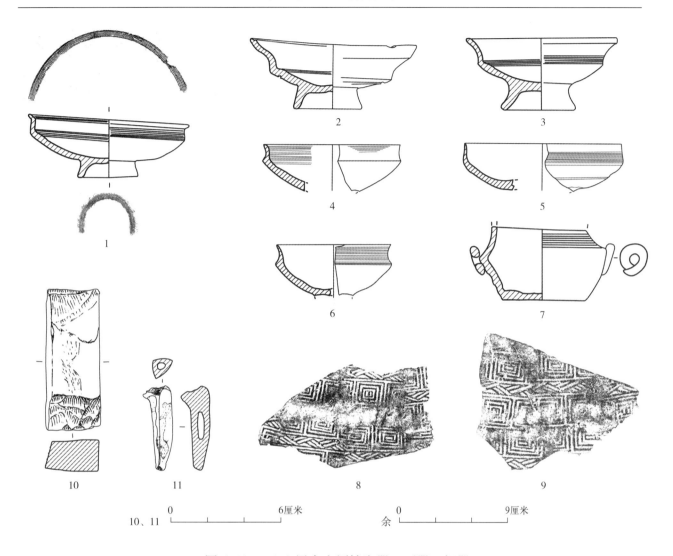

图 6-12 T4 ⑦层出土原始瓷器、石器、铜器

1～3.原始瓷豆 T4 ⑦:6～8 4～6.原始瓷豆盘 T4 ⑦:37～39 7.原始瓷盂 T4 ⑦:11 8、9.原始瓷片 T4 ⑦:40、41 10.石锛 T4 ⑦:1 11.残铜器 T4 ⑦:2

12. 原始瓷盂

1件。

T4 ⑦:11，灰白胎，无釉。口沿残，斜直颈，微内凹，折肩，斜直腹内收，平底。肩部两侧各贴制一圆环状耳。素面。腹径11.4、底径7.2、残高6.1厘米（图6-12，7；彩版三二，2）。

13. 原始瓷片

2片。

T4 ⑦:40，灰胎，青色釉较厚。器表饰复线回字纹和三角填线纹组合。长12.5、宽8厘米（图6-12，8；彩版三二，3、4）。

T4 ⑦:41，灰胎，青色釉较厚。器表饰复线回字纹和三角填线纹组合。长11.7、宽9厘米（图6-12，9；彩版三二，5）。

（二）石器

石锛

1件。

T4⑦:1,灰白色。器体呈长条形,顶部与刃部均残,横截面呈长方形。正面及两侧面磨制较细,背面十分粗糙。残长7、宽2.9、最厚1.8厘米(图6-12,10;彩版三二,6)。

（三）铜器及与铸铜相关遗物

残铜器

1件。

T4⑦:2,长条形。横截面呈三角形,纵截面呈靴形。顶部有一穿孔,器身有一长条形穿孔。长4.8、宽1.2、最厚1.1厘米(图6-12,11;彩版三三,1～7)。

六　T4⑥层

本层遗物较少,可辨识陶器有鬲、甗、鼎、盆、罐,还有印纹软陶罐、印纹硬陶、原始瓷豆。

陶瓷器

共出土陶片144片,陶器质地、颜色、纹饰、可辨器形统计如下表(表6-7、8)。

表6-7　T4⑥层出土陶瓷器质地、颜色统计表

陶质	夹粗砂		夹细砂			泥质				印纹陶		原始瓷	合计
陶色	红	红褐	红	红褐	灰	红	灰	黑皮灰胎	黑皮红胎	红褐	灰		
陶片数	22	9	1	24	33	18	8	6	6	2	14	1	144
百分比（%）	15.28	6.25	0.69	16.67	22.92	12.50	5.56	4.17	4.17	1.39	9.72	0.69	100

表6-8　T4⑥层出土陶瓷器纹饰统计表

纹饰	软陶						印纹陶							原始瓷	合计
	素面	细绳纹	粗绳纹	弦断绳纹	凹弦纹	附加堆纹	方格纹	席纹	重回纹	云纹	斜线纹	回纹	斜线回纹	素面	
陶片数	63	22	7	23	3	2	5	6	8	1	1	1	1	1	144
百分比（%）	43.75	15.28	4.86	15.97	2.08	1.39	3.47	4.17	5.56	0.69	0.69	0.69	0.69	0.69	100

1.鬲足

2件。均截锥状,夹粗砂红褐陶,夹云母。

T4⑥:30,外壁和足内被熏黑。残长7、残高11.2厘米(图6-13,1)。

T4⑥:31,残长6.6、残高10.2厘米(图6-13,2)。

2. 鼎口沿

1 件。

T4 ⑥：7，夹粗砂红褐陶，夹云母，厚胎。折沿，沿面上鼓，圆唇。器表有制作时留下的抹痕，素面。口径 24、高 4.6 厘米（图 6-13，3）。

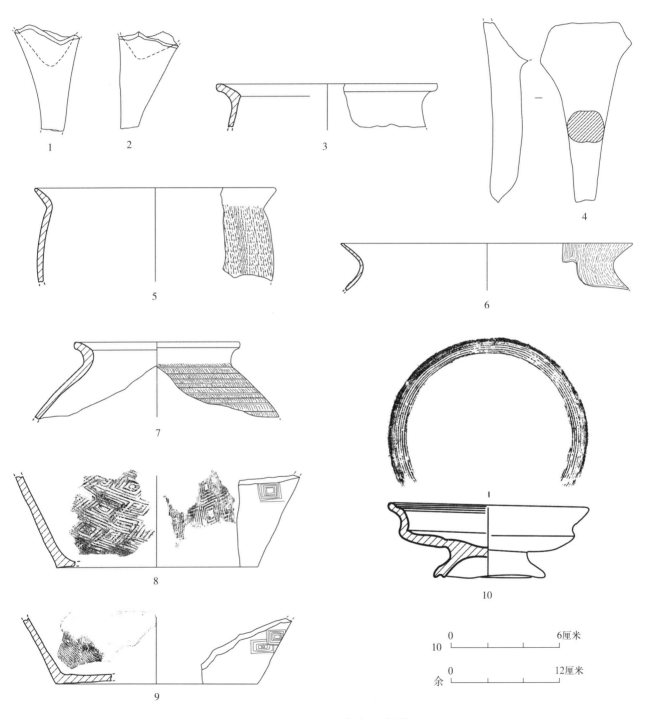

图 6-13　T4 ⑥层出土陶瓷器

1、2. 鬲足 T4 ⑥：30、31　3. 鼎口沿 T4 ⑥：7　4. 鼎足 T4 ⑥：32　5. 盆口沿 T4 ⑥：8　6、7. 罐口沿 T4 ⑥：6、9　8、9. 印纹软陶罐底 T4 ⑥：3-2、3-3　10. 原始瓷豆 T4 ⑥：1

3. 鼎足

2 件。

T4⑥：32，夹粗砂红褐陶，夹云母。铲形足。器体较大，截面呈长方形。器表有制作时留下的纵向抹痕，素面。残宽 9.4、残高 19、厚 3.3 厘米（图 6-13，4；彩版三四，1）。

T4⑥：33，粗砂红褐陶。扁三角形足，足跟残，夹截面椭圆，表面斑驳。残宽 12、残高 10、厚 3 厘米（彩版三四，2）。

4. 盆口沿

1 件。

T4⑥：8，泥质红褐胎黄陶。折沿，圆唇。颈部以下饰纵向细绳纹。口径 26、腹径 25.6、残高 10 厘米（图 6-13，5；彩版三四，3）。

5. 罐口沿

2 件。

T4⑥：6，薄胎。卷沿，平唇。口沿外侧、颈部和肩部饰纵向细绳纹。口径 32、残高 5 厘米（图 6-13，6）。

T4⑥：9，夹细砂红褐陶。折沿，沿面上鼓，方唇，广肩。肩部饰数周旋纹，其间填以纵向细绳纹。口径 18、残高 8.2 厘米（图 6-13，7；彩版三四，4、5）。

6. 陶片

1 件。

T4⑥：15，夹砂灰白陶。弦断细绳纹（图 6-14，1）。

7. 印纹硬陶片

7 件。

T4⑥：17，泥质，青灰外皮，灰白内皮，紫胎，较致密。回字纹（图 6-14，2；彩版三四，6）。

T4⑥：18，泥质，铁灰皮，红褐胎，较致密。三角填线纹、口字纹和弦纹复合（图 6-14，3；彩版三五，1）。

T4⑥：19，泥质，青灰，较致密。云纹（图 6-14，4；彩版三五，2）。

T4⑥：20，泥质，紫色，内侧青灰，较致密。回字纹（图 6-14，5；彩版三五，3）。

T4⑥：21，泥质，铁灰皮，红褐胎，较致密。重回纹（图 6-14，6）。

T4⑥：22，泥质，青灰皮，紫胎，青灰芯，较致密。重回纹（图 6-14，7）。

T4⑥：23，泥质，青灰皮，紫胎，较致密。席纹（图 6-14，8）。

8. 印纹软陶罐

1 件。

T4⑥：3-1，灰胎红皮陶。仅剩罐肩部，罐类肩部。肩部拍印较规整的重回纹。

9. 印纹软陶腹片

4 件。

T4⑥：24，泥质红褐陶，较疏松。席纹（图 6-14，9）。

T4⑥：25，泥质红褐陶，较疏松。重回交叉纹（图 6-14，10；彩版三五，4）。

T4⑥：26，夹砂红褐陶，表面有烟炱痕迹，较疏松。方格纹（图 6-14，11）。

T4⑥：27，夹砂黑皮红褐胎，较疏松。方格纹（图6-14，12）。

10. 印纹软陶罐底

2件。

T4⑥：3-2，泥质红褐陶，胎心青灰色。腹部残，仅存器底，器腹与器底交界处硬折。腹部拍印重回纹，有涂抹的痕迹，下腹部近罐底处无纹饰，器内壁有几处刮痕。底径16、残高约9.5厘米（图

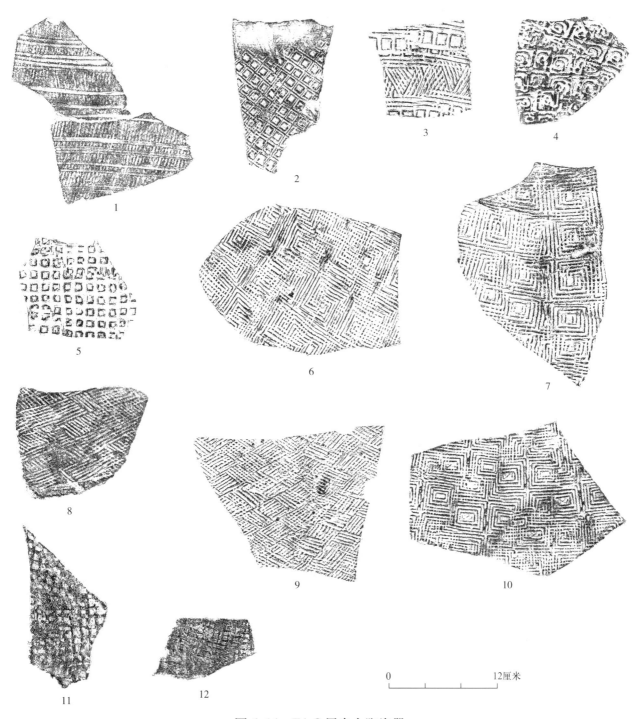

0　　　　　　　12厘米

图6-14　T4 ⑥层出土陶瓷器

1. 陶片 T4 ⑥：15　2～8. 印纹硬陶片 T4 ⑥：17～23　9～12. 印纹软陶腹片 T4 ⑥：24～27

6-13，8）。

T4⑥：3-3，泥质红褐陶。腹部残，仅存器底，平底微内凹，器腹与器底交界处硬折。腹部拍印重回纹和填线纹的复合纹饰，下腹部与底交界处纹饰被抹，内壁可见轮制痕迹。底径22、残高6.6厘米（图6-13，9）。

11. 原始瓷豆

1件

T4⑥：1，灰胎，青色釉较厚。敞口，尖圆唇，束颈，折腹内收，圈足外撇，呈喇叭状。口沿内侧饰多道旋纹。口径11、圈足径4.2、底径6.2、高3.8厘米（图6-13，10；彩版三五，5、6）。

七　T4⑤a层

本层出土遗物很少，可辨识的陶器有鬲、甗、鼎、盆、罐，另有印纹软陶、硬陶、印纹硬陶罐、原始瓷豆。

陶瓷器

该层共出土陶片91片，陶器质地、颜色、纹饰、可辨器形统计如下表（表6-9、10）。

表6-9　T4⑤a层出土陶瓷器质地、颜色统计表

陶质	夹细砂			夹粗砂			泥质			印纹陶		原始瓷	合计
陶色	红	灰	黑皮	红	红褐	灰	红	灰	黑皮	灰	红		
陶片数	5	29	2	2	2	2	11	3	12	20	2	1	91
百分比（%）	5.49%	31.87%	2.20%	2.20%	2.20%	2.20%	12.1%	3.30%	13.19%	21.98%	2.20%	1.10%	100

表6-10　T4⑤a层出土陶瓷器纹饰统计表

纹饰	软陶								印纹陶							原始瓷	合计
	素面	细绳纹	粗绳纹	弦断绳纹	交错绳纹	凹弦纹	附加堆纹	戳印纹	席纹	素面	回纹	斜线纹	重回纹	乳丁纹	方格	凹弦纹	
陶片数	28	2	5	18	1	1	2	1	1	8	5	3	13	1	1	1	91
百分比（%）	30.77	2.2	5.49	19.78	1.1	1.1	2.2	1.1	1.1	8.79	5.49	3.3	14.29	1.1	1.1	1.1	100

1. 鬲足

4件。

T4⑤a：12，夹细砂黑皮红褐胎，厚胎。截锥状足，将泥塞入足中制成。饰纵向细绳纹，足跟底面饰细绳纹。残长7.2、残高8.4厘米（图6-15，1）。

T4⑤a：14，夹细砂红褐陶，厚胎。锥状足，将泥塞入足中制成。器表饰斜向细绳纹。残长5.8、残高6.5厘米（图6-15，2）。

T4⑤a：16，夹粗砂红褐陶。锥状足，小平底。外壁和内壁被灼黑，素面。长6、残高8.2厘米

（图 6-15，3）。

T4⑤a：17，夹细砂红褐陶。柱状足。足跟外侧和底部饰交错中绳纹，外壁被灼黑。长 2.6、残高 5 厘米（图 6-15，4）。

2. 鼎口沿

1 件。

T4⑤a：4，夹粗砂红褐胎。卷折沿，沿面上鼓，圆唇。器壁有制作时的划痕，口沿处被灼黑。素面。口径 22、残高 4 厘米（图 6-15，5）。

3. 鼎足

2 件。

T4⑤a：18，夹粗砂红褐陶。扁三角形，足跟残，截面椭圆，表面斑驳。残宽 3.6、残高 4、厚 2 厘米。

T4⑤a：19，夹细砂红褐陶。体型较大，截面呈椭圆形，器壁较薄，足跟处残。素面。残宽 7.8、残高 9.6、厚 4 厘米（图 6-15，6）。

4. 盆口沿

1 件。

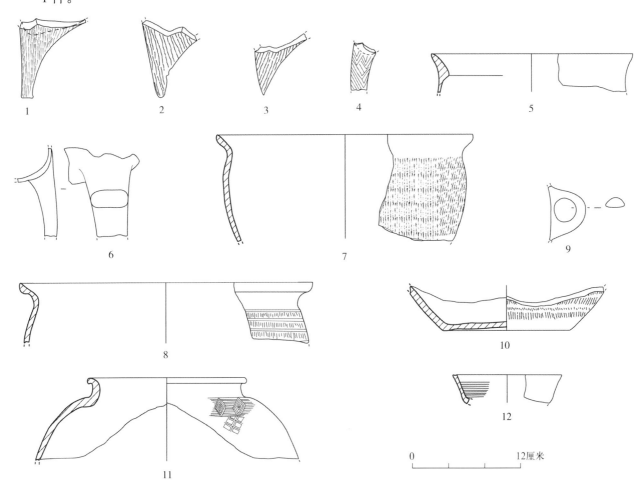

图 6-15　T4 ⑤ a 层出土陶瓷器

1～4. 鬲足 T4 ⑤ a：12、14、16、17　5. 鼎口沿 T4 ⑤ a：4　6. 鼎足 T4 ⑤ a：19　7. 盆口沿 T4 ⑤ a：1　8. 罐口沿 T4 ⑤ a：2　9. 罐耳 T4 ⑤ a：9　10. 罐底 T4 ⑤ a：10　11. 印纹硬陶罐口沿 T4 ⑤ a：7　12. 原始瓷豆 T4 ⑤ a：8

T4⑤a∶1，泥质红胎灰陶，薄胎。圆折沿，沿下角较大，圆唇，唇部微外鼓。颈部有横向抹痕，颈部以下饰纵向细绳纹。口径28、残高11.2厘米（图6-15，7；彩版三六，1）。

5. 罐口沿

1件。

T4⑤a∶2，夹细砂灰陶。沿下角较小，圆唇，唇部下鼓。颈部的细绳纹被抹去，颈部以下饰三道等距的旋纹，旋纹之间填以纵向细绳纹。口径32、残高6.4厘米（图6-15，8）。

6. 罐耳

1件。

T4⑤a∶9，夹砂红褐陶，器腹内壁为灰陶。桥形罐耳，截面为半圆形。素面。厚3.8、孔径2.4、残高5.6厘米（图6-15，9）。

7. 罐底

1件。

T4⑤a∶10，泥质黑皮红褐胎。残存下腹和底部，平底上鼓。下腹部饰纵向细绳纹，近折处抹光，底部素面。外底径14、残高4.6厘米（图6-15，10）。

8. 印纹硬陶罐口沿

2件。

T4⑤a∶7，颈部可见轮制弦纹，肩部饰竖菱形重回纹，腹部饰筛纹。口径17.2、残高8.6厘米（图6-15，11）。

T4⑤a∶22，泥质灰白陶，较致密。卷沿，圆唇。颈部饰数周旋纹，肩部饰旋纹及菱形重回纹，上腹部饰回字形纹。口径18、残高9厘米（彩版三六，2、3）。

9. 印纹硬陶罐底

1件。

T4⑤a∶20，泥质灰白陶，较致密。直腹，平底。腹部及底部外侧饰折线纹，底部内侧饰席纹（图6-16，1）。

10. 印纹硬陶片

6件。

T4⑤a∶24，泥质灰黑皮紫胎，较致密。弦纹和指甲纹复合（图6-16，2）。

T4⑤a∶25，泥质青灰皮紫胎。重回交叉纹（图6-16，3；彩版三六，4）。

T4⑤a∶26，泥质灰白皮紫胎。细密的米筛纹（图6-16，4；彩版三六，5、6）。

T4⑤a∶27，泥质灰黑皮紫胎。重回纹和席纹（图6-16，5；彩版三六，7）。

T4⑤a∶28，泥质青灰皮紫胎。叶脉纹，并贴敷两个泥点（图6-16，6；彩版三六，8）。

T4⑤a∶29，泥质青灰陶，内侧有一层红褐陶。席纹（图6-16，7）。

11. 印纹软陶片

2件。

T4⑤a∶23，夹砂红褐陶，较致密。重回纹（图6-16，8）。

T4⑤a∶30，夹砂红褐陶，较疏松。重回纹（图6-16，9）。

12. 原始瓷豆

1件。

T4⑤a∶8，灰白色，较致密。斜直腹，唇部外侈。腹部内侧饰数周旋纹。口径12、残高6厘米（图6-15，12）。

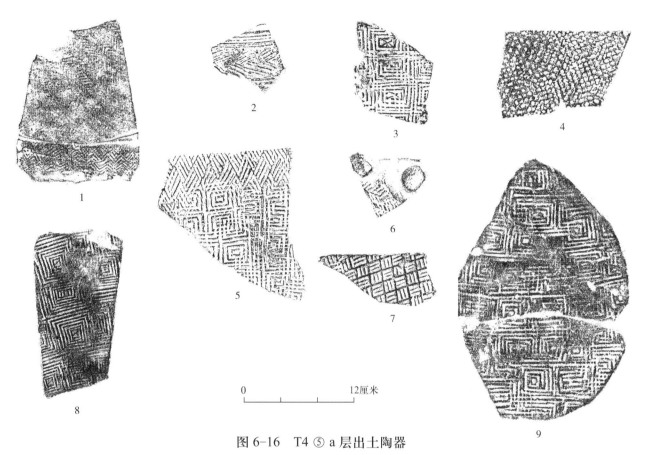

图6-16 T4 ⑤ a 层出土陶器

1.印纹硬陶罐底 T4⑤a∶20 2～7.印纹硬陶片 T4⑤a∶24～29 8、9.印纹软陶片 T4⑤a∶23、30

第七章 T5 遗存分述

T5 位于遗址的西南侧。地层堆积分为东、西两部分，从①层堆积之下开始西侧边缘向西倾斜，而东侧向东偏北倾斜，倾角 5°～10°，近底部则较平，最深超过 3.30 米。上层堆积以多层黄土间隔多层灰黑土为特点，下层堆积则以黄色土为主，最下层几层青灰色淤土当属先民在此生活之前的原始堆积。

本探方内遗迹较多，包括房址、大量柱洞及坑类。遗物十分丰富，特别是从⑩层开始与铜相关的遗物逐渐增多，并出土了与冶炼、铸造相关的陶范等重要遗物。

第一节 地层堆积

根据土质、土色及其包含物状况可分为 21 层堆积（图 7-1；彩版三七、三八）。

第①层：厚 0.05～0.20 米。灰褐色土，土质疏松。分布于整个探方。包含物有明清瓷片、陶片。开口于第①层下的遗迹有 K1、K6、K7、G1。

第②层：距地表深 0.05～0.20、厚 0～0.50 米。黑褐土，土质较软，夹大量草木灰。堆积坡状向西倾斜，分布于探方东北部。包含物有少量陶片。开口于第②层下的遗迹有 D1～D7。

第③层：距地表深 0.10～0.60、厚 0～0.60 米。黄褐色土，夹少量铁锈斑，土质坚硬。堆积呈坡状向西倾斜，分布于探方东北部。包含物仅出土陶纺轮 1 件。

第④层：距地表深 0.10～1.10、厚 0～0.20 米。黑褐色土，土质松软，夹大量草木灰。堆积呈坡状向西倾斜，分布于探方东北部。包含物有较多陶片。开口于第④层下的单位包括 D12～D14、D20～D27、D35、D37，此外 D59～D61 似乎也应开口于此层下。[1]

第⑤层：距地表深 0.10～0.70、厚 0～0.55 米。黄褐色土，土质较硬，夹大量铁锈斑。堆积呈坡状向西倾斜，分布于探方东部。包含物极少。开口于⑤层下的单位有 K2。

第⑥层：距地表深 0.45～0.90、厚 0～0.25 米。黑褐色土，土质松软，夹草木灰、红烧土颗粒。堆积呈坡状向西倾斜，分布于探方东部。少见包含物。开口于⑥层下的遗迹单位有 D8～D11、D15～D19、D28～D34、D36、D56、D57、D58、GC1～GC4。

第⑦a 层：距地表深 0.50～1.20、厚 0～0.35 米。黄褐色土，土质硬，含铁锈斑。分布于探方东半部。包含物较少。开口于⑦a 层下的遗迹单位有 D42、D43、D44、D45。

---

[1] D59～D61原始记录中为开口于⑩层下，后期整理分析后认为应归④层下为妥，原因如下：一是⑩层下并无成组建筑类遗迹。二是它们紧靠两个较大的D21、D22，似为辅助支撑。三是它们很浅且直径均很小，似为残存的底部。由于位置处在T5最东端，是该探方斜坡堆积的最低洼处，④层底面与⑩层表面的高差仅半米左右，疑是在田野发掘过程中未能及时在④层下辨识出柱洞口而出现的误判。

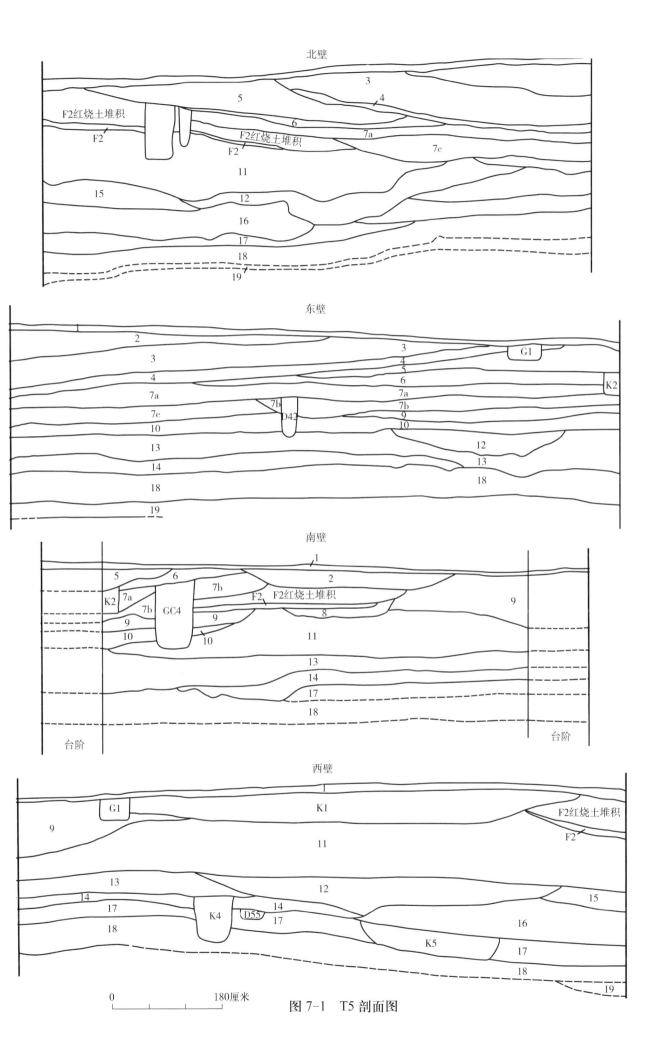

图 7-1 T5 剖面图

第⑦b层：距地表深 0.13～1.10、厚 0～0.45 米。黄灰色土，夹大量红烧土。分布于探方东南部。该层土层可能与 F2 表面红烧土堆积有着密切的关系。

第⑦c层：距地表深 1.10～1.35、厚 0～0.40 米。青灰色土，土质较致密，含铁锈斑。分布于探方东北部。该层底部发现有一定数量的小件。开口于⑦c层下的遗迹有 F2。

第⑧层：距地表深 0.50～0.70、厚 0～0.25 米。灰黑色土，土质较硬。堆积较薄，分布于探方西南部。包含物有较多陶片和少量铜器、铜渣等遗物。

第⑨层：距地表深 0.05～1.30、厚 0～0.90 米。灰黄色土，土质硬，夹红烧土颗粒。堆积呈坡状向东部倾斜，分布于探方西南部和东部。包含物有较少的陶片。

第⑩层：距地表深 0.90～1.65、厚 0～0.30 米。黑褐色土，土质较软，夹大量草木灰。堆积水平状，分布于探方东半部。包含物有较多的陶片和少量石器、铜渣。开口于⑩层下的遗迹有活动面一块（HDM1）。

第⑪层：距地表深 0.45～1.55、厚 0～1.15 米。浅灰黄褐色土，土质较硬，夹少量红烧土颗粒、草木灰。分布于探方西部。未见包含物。

第⑫层：距地表深 1.45～1.95、厚 0～0.65 米。姜黄色土，土质硬。分布于探方北部。包含物有很少陶片。

第⑬层：距地表深 1.35～2.15、厚 0～0.70 米。浅褐色土，土质较硬，夹少量炭灰、红烧土颗粒。除西北部外遍布全方。包含物有较多的陶片。开口于⑬层下的遗迹有 K3、K4。

第⑭层：距地表深 1.80～2.50、厚 0～0.40 米。深褐色土，土质硬，夹少量红烧土颗粒、炭灰。堆积水平状，分布于探方东北部及西南部。包含物有极少的陶片。开口于⑭层下的遗迹有D46～D55。

第⑮层：距地表深 1.65～2.10、厚 0～0.40 米。深灰色土，土质较硬。分布于探方西半部。未见包含物。

第⑯层：距地表深 1.95～2.40、厚 0～0.65 米。深灰色土，土质较软，夹少量红烧土颗粒、炭灰。分布于探方西北部。包含物有少量陶片。开口于⑯层下的遗迹有 K5。

第⑰层：距地表深 1.75～2.65、厚 0～0.35 米。深青灰色土，偏白，土质较软。分布于探方中西部。未见包含物。

第⑱层：距地表深 1.90～2.75、厚 0～0.60 米。红褐色土，土质硬。遍布全方。未见包含物。

第⑲层：仅发掘北部探沟时露出该层，距地表深 2.50～3.10、厚 0.05～0.25 米。灰黑色土，略青，土质较硬，夹少量草木灰、炭灰。未见包含物。

第二节　遗　迹

一　建筑类遗存

（一）房址

仅发现 1 座，呈长条形。

F2

位于探方 T5 西半部（图 7-2；彩版三九，1、2）。开口于第⑦c 层下，房址范围贯穿探方南北，呈西北—东南走向，根据活动面及红烧土堆积情况推测，并结合后期钻探成果，房址应延伸至南北两壁外侧，属排房类。

房址遗存包括两部分，上部为房址表面的红烧土堆积，应为倒塌形成，极硬，厚约 60 厘米，其内包含较多陶片，下部为房址表面，可见残存的隔墙断面、活动面以及 4 个圆形柱洞（D38 ～ D41）（图 7-3）。

其中，房址西北部尚保存一段近似南北向的弧曲状墙体，墙体似为平地起筑，墙体南侧壁面较清晰，可见青灰色表层，残存墙体顶端宽 0.06 ～ 0.10、底端宽 0.22 ～ 0.30、最大残高约 0.45、残长约 1.50 米；墙体延伸线上，还可以发现较长的墙基痕迹，墙基皆弧曲状，但难以复原单元房屋结构（彩版四〇，1、2）。

墙基以东范围内，暴露出较明显的活动面，以夹红烧土颗粒的土层为基础，应经过踩踏处理平整，其中北部墙体以北区域，活动面破坏较严重，仅见残存片状的活动面；北部墙体以南区域活动面基本完整，尤以偏北区域更为清晰且活动面土层更厚，偏南区域部分活动面被晚期遗迹破坏未连续。

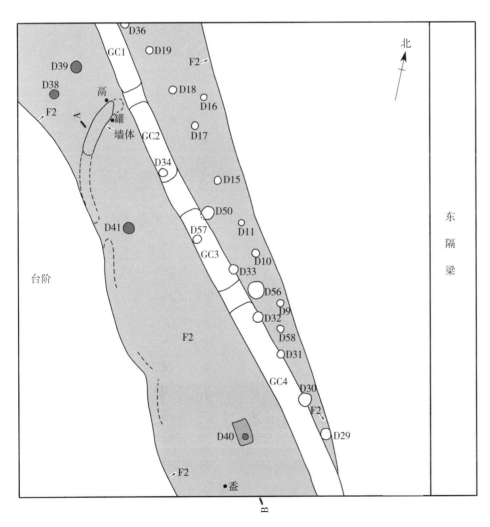
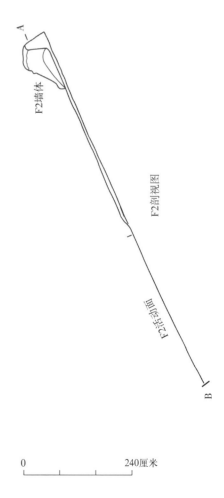

图 7-2　F2 平、剖面图

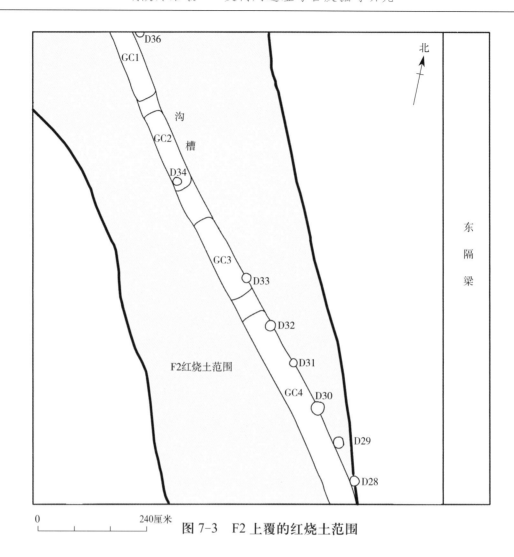

图 7-3　F2 上覆的红烧土范围

活动面的整体范围基本和红烧土堆积的范围相近，仅东侧被断续的四段沟槽 GC1～GC4 打破[1]。

另外红烧土堆积下，在活动面上及北部墙体北侧（未见活动面区域）发现柱洞 4 个，推测可能与房址遗迹有关，具体数据参看下表（表 7-1）。

表 7-1　T5D38～D41 形制与包含物数据表

编号	推测性质	形状与结构	尺寸（米） （长×宽-深）	填土	备注
T5D38	柱洞	圆形洞口，直壁，平底	0.20×0.20-0.35	红烧土	
T5D39	柱洞	椭圆形洞口，直壁，平底	0.24×0.22-0.30	红烧土	
T5D40	柱坑	圆角方形坑口，直壁，平底	柱坑：0.50×0.30-0.28 柱洞：0.11×0.10-0.36	红烧土	打破 F2 活动面
T5D41	柱洞	椭圆形洞口，直壁，平底	0.27×0.25	红烧土	打破 F2 活动面

[1]　田野发掘中，由于GC1～GC4内填土也包含大量红烧土颗粒，故早期工作时F2表面红烧土堆积的范围与沟槽范围有所重叠且不易分辨，但根据地层叠压关系分析，沟槽开口层位应晚于红烧土堆积开口层位，所以F2上覆的红烧土堆积应局部被沟槽打破。沟槽与F2之间属于何种关系尚不明确，或可能是在F2毁弃后原地重建，但建筑方式有所改变？

陶瓷器

F2红烧土堆积及房址表面共出土陶片457片，质地、颜色、纹饰统计如下表（表7-2、3）。标本分述如下：

表7-2 F2出土陶瓷器质地、颜色统计表

陶质	夹砂		泥质		合计
陶色	红	灰	红	灰	
陶片数	237	1	216	3	457
百分比（%）	51.86	0.22	47.26	0.66	100

表7-3 F2出土陶瓷器纹饰统计表

纹饰	软陶					合计
	素面	绳纹	弦断绳纹	凹弦纹	附加堆纹与绳纹	
陶片数	197	193	12	22	33	457
百分比（%）	43.11	42.23	2.63	4.81	7.22	100

鬲

4件。

F2：8，夹细砂红褐陶，部分的厚胎处胎心呈黑灰色。卷沿，沿下角较大，方唇上腹部鼓出明显。上腹部饰较粗的绳纹，其顶端连接沿面部分抹呈素面。口径14、残高5.4厘米（图7-4，1）。

F2：32，夹粗砂红褐陶，腹部胎体较厚。斜直口，内卷沿，圆唇，腹部略鼓，瘪裆至腹中部。腹部饰较粗的绳纹。口径30、残高8厘米（图7-4，2）。

F2：52，夹粗砂灰褐陶，陶色斑驳。卷沿，方唇，矮直领略内凹，上腹部较圆鼓，最大腹径接近口径，高瘪裆，腿部粗大，腿部横截面呈椭圆形，足尖残。器表肩部至腿部饰麦粒状中绳纹，裆部至腿部内侧素面。腿部应为筒状腹部中部内压成高瘪裆，腹底面两两连接，卷合而成。口径20、最大腹径21、残高16厘米（图7-4，3；彩版四一，1）。

F2：57，夹粗砂黑褐陶，陶色斑驳，口沿部分胎体内侧呈橙黄色。侈口，内卷沿，斜方唇，上腹部略圆鼓，最大腹径略大于口径。该鬲从腹片看应为高瘪裆。腹部上端附加一周扭索状扁泥条；腹部顶端素面，其下以附加泥条中脊为界，对称滚压斜向细绳纹，泥条下细绳纹之上抹出一周浅凹痕。口径25、最大腹径约28、残高10厘米（图7-4，4）。

鬲足

5件。

F2：19，夹粗砂灰褐陶，足尖部分陶色较深，泛黑。截锥状鬲足，足跟由内外三部分组成，中间一层由泥片卷合呈圆锥状足跟，足跟内部抹泥填充，泥层涂抹不均匀，内壁凹凸不平，足跟外再以泥片包裹，加长足跟长度，并且加固中央足跟，足尖小平底。鬲足外表面皆素面。底径约0.8、残高9厘米（图7-4，5）。

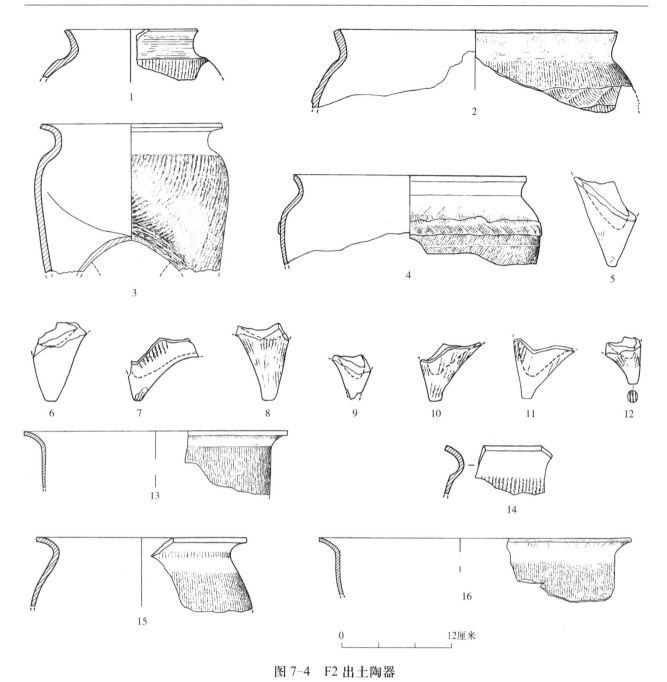

图 7-4　F2 出土陶器

1～4.鬲 F2：8、32、52、57　5～9.鬲足 F2：19、22、25、44、47　10～12.鬲（盉）足 F2：20、24、42　13～16.甗 F2：33～36

　　F2：22，夹粗砂红褐陶。足跟由内外三部分组成，中间一层由泥片卷合呈圆锥状足跟，足跟内部抹较厚的泥层填充，足跟外再以泥片包裹，加长足跟长度，并且加固中央足跟，外围包足呈截锥状，横截面为椭圆形。中央足跟外壁饰粗绳纹，外围包足足跟素面。残高 8.6 厘米（图 7-4，6）。

　　F2：25，夹粗砂红褐陶，胎厚处胎心呈灰褐色。鬲裆部中央较平，截锥状足跟，足跟由内外三部分组成，中间一层由泥片卷合呈圆锥状小足跟，足跟内部抹泥填充，足跟外再以薄泥片或抹泥浆包裹，加固足跟，小平底。裆底至足跟皆素面。残高 6 厘米（图 7-4，7）。

　　F2：44，夹粗砂红褐陶。足跟由内外三部分组成，中间一层由泥片卷合呈圆锥状足跟，足跟内部抹较厚的泥层填充，足跟外再以泥片包裹，加长足跟长度，并且加固中央足跟，外围包足呈截锥状，横截面为椭圆形。外围包足表面及足跟底面皆饰粗绳纹。底径约1、残高8厘米（图7-4，8）。

F2：47，夹粗砂红褐陶。足跟由内外三部分组成，中间一层由泥片卷合呈圆锥状足跟，但足跟尾部未封口，足跟内部塞入泥球，压实，泥球凸出中央足跟尾部形成乳丁状榫头，足跟外再以泥片包裹，加长足跟长度，并且加固中央足跟，外围包足残损；外围包足素面。残高5厘米（图7-4，9）。

鬲（盉）足

3件。

F2：20，夹粗砂红褐陶。截锥状鬲足，鬲足由泥片卷合而成，足内抹入少量胎泥填实，足尖捏呈短柱状，略外撇，圆形小平底。鬲足表面与底面皆饰粗绳纹。底径约1.1、残高6厘米（图7-4，10）。

F2：24，夹粗砂红褐陶。截锥状鬲足，鬲足由泥片卷合而成，足内抹入少量胎泥填实，足尖捏呈短柱状，略外撇，足外再抹泥加固，圆形小平底。鬲足表面先饰粗绳纹，抹泥加固后表面素面。底径约1.1、残高6厘米（图7-4，11）。

F2：42，夹粗砂红褐陶。截锥状鬲足，鬲足由泥片卷合而成，足内抹入少量胎泥填实，足尖捏呈短柱状，略外撇，椭圆形小平底。鬲足表面与底面皆饰粗绳纹。底径1～1.3、残高5厘米（图7-4，12）。

甑

5件。

F2：33，可与32拼合。夹细砂红褐陶。斜直侈口，内卷沿，沿下角较大，方唇，唇下缘内侧抹出一周浅凹槽，上腹部略圆鼓。最大腹径应近同于口径。上腹上附加一周扭索状扁泥条，外沿面至上腹部先饰规整的纵向中绳纹，外沿面绳纹被摸殆尽，与腹部交界处抹净为素面，附加泥条黏接于腹部纹饰之上，表面饰规整的斜向中绳纹。口径30、残高9厘米（图7-4，13）。

F2：34，可与29拼合。夹细砂红褐陶。卷沿近平，方唇，上腹部向下渐内收，腹壁微鼓。外沿面至上腹部先饰规整的纵向麦粒状中绳纹，外沿面绳纹被摸殆尽，与腹部交界处抹净为素面。口径36、残高8.6厘米（图7-4，14）。

F2：35，可与26拼合。夹粗砂红褐陶。卷沿，沿下角较大，方唇，上腹部略鼓出。上腹部其上附加一周扭索状扁泥条；上腹部先饰旋断麦粒状中绳纹，再附加泥条，泥条表面饰交错麦粒状中绳纹。残高5.5厘米（图7-4，15）。

F2：36，夹粗砂红褐陶。卷沿近平，方唇，上腹部较直，腹壁微鼓出。上腹部原饰有绳纹，已模糊。口径约23、残高8厘米（图7-4，16）。

F2：38，夹细砂红褐陶。方唇，卷沿近平，上腹部向下内收较明显，腹壁略鼓。外沿面至上腹部先饰规整的纵向麦粒状中绳纹，外沿面绳纹被摸殆尽，与腹部交界处抹净为素面。口径42、残高8厘米。

甑腰

2件。

F2：13，夹粗砂红褐陶。鬲部上腹部腹壁斜直鼓出，束腰，腰内壁圆转。甑部至鬲部应先饰连贯的竖向麦粒状中绳纹，再附加一周腰间泥条，泥条表面饰相同的绳纹；腰外壁附加一周扁泥条。

束腰处内径约 13、残高 7 厘米（图 7-5，1）。

　　F2：39，夹粗砂灰褐陶。鬲部上腹部圆鼓，束腰，腰内壁硬折。甑部、鬲部分段饰绳纹，甑部为竖向细绳纹，腰部附加泥条至鬲部饰连贯的斜向细绳纹；腰外壁附加一周扁泥条。束腰处内径约 13、残高 7 厘米（图 7-5，2）。

　　甗足

　　3 件。

　　F2：49，夹粗砂红褐陶。足跟由内外三部分组成，中间一层由泥片卷合呈圆锥状足跟，足跟内部塞入泥球，再于泥球上抹泥压平，足跟外再以泥片包裹，加长足跟长度，并且加固中央足跟，外围包足残损。中央足跟外壁饰较粗的麦粒状绳纹，外围包足足跟素面。残高 7 厘米（图 7-5，3；彩版四一，2）。

　　F2：50，夹粗砂红褐陶。足跟由内外三部分组成，中间一层由泥片卷合呈圆锥状足跟，足跟内部塞入泥球，再于泥球上抹泥压平，足跟外再以泥片包裹，加长足跟长度，并且加固中央足跟，外围包足残损。中央足跟外壁饰粗绳纹，外围包足足跟素面。残高 7 厘米（图 7-5，4）。

　　F2：51，夹粗砂红褐陶，陶色斑驳。高瘪裆，足部由内外三部分组成，中间一层由泥片卷合呈圆锥状足跟，足跟内部塞入泥球，再于泥球上抹泥压平，足跟外再以泥片包裹，加长足跟长度，并且加固中央足跟，外围包足残损。中央足跟外壁饰粗绳纹，裆底与外围包足足跟素面。残高 17 厘米（图7-5，5；彩版四一，3）。

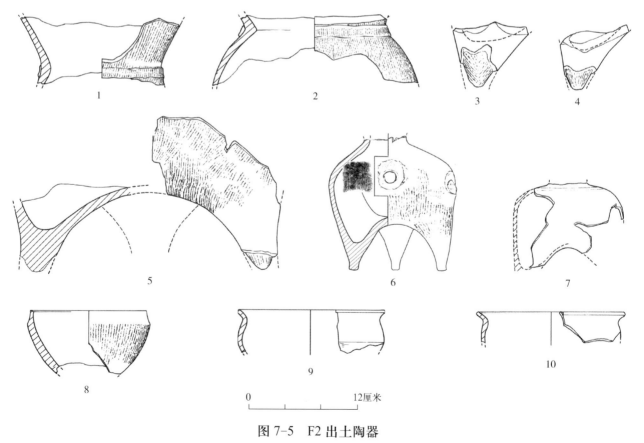

0　　　　　　12厘米

图 7-5　F2 出土陶器

1、2.甗腰 F2：13、39　3～5.甗足 F2：49～51　6～8.盉 F2：1、53、55　9、10.盂 F2：10、11

盉

3 件。

F2：1，甗形盉。夹砂红褐陶，砂粒大小不一。甗部残，盉腰直径较小，鬲部腹部较扁，腹壁圆鼓，腹中部管状流残损，单把以榫卯结构连接于腹中部，榫头尚存，管、把夹角近90°，略瘪裆，裆底平坦，三足上部应是下腹部腹壁内卷而成，下部乃另接，截锥状足瘦长，足尖呈短柱状，略外撇，圆形小平底。腹中部至足面中部饰连贯的麦粒状中绳纹，腹上部、裆底与足内侧面素面。腰部内直径约11.5、腹部最大径约15.2、流口末端外径约3、内径约1.8、单把末端外径约3、内径约1.5、榫头直径约1.2、器身残高15.4、鬲足底径约0.8厘米（图7-5，6；彩版四一，4～6）。

F2：53，夹砂红褐陶，表面有烟熏痕迹及附着物。甗部及足尖残，盉腰直径较小，鬲部腹部较扁，腹壁圆鼓，流口与单把残损，略瘪裆，圆锥状鬲足，鬲足上部应是下腹部腹壁内卷而成，下端足尖残损。上腹部饰多周间距不等的旋纹，下腹部至足外侧面饰竖行中绳纹，裆底与足内侧面素面。腰部内径约5、腹部最大径约14.8、残长12、残高10.5厘米（图7-5，7；彩版四二，1）。

F2：55，残存甗部。夹砂红褐陶。直口，方唇，唇面微内凹，口、腹交界内折，折痕较清晰，腹壁弧曲内收。腹部饰麦粒状中绳纹。口径12.4、残高7厘米（图7-5，8）。

豆

2 件。

F2：4，泥质红褐陶。侈口，方唇面较宽，唇下腹内外壁皆抹出一周浅凹痕，圆弧腹内收，豆柄竖直，直径略粗，柄壁中部略鼓，且刮出一周似螺旋状的旋纹，圈足斜直外撇，底缘圆唇。器表素面，部分似曾磨光。豆柄内壁顶端可见抹泥加固连接处。口径13.8、腹内深2.9、豆柄直径约6.8、底径10.2、器高12厘米（图7-6，1；彩版四二，2）。

F2：14，泥质红陶。豆盘大部分残损，腹底内壁弧凹，豆柄矮粗，向下渐外撇，圈足部分较短，斜直外撇，底缘方唇。器身素面；豆柄内壁顶端可见抹泥加固连接处。豆柄直径6.5～7、残高5.5厘米（图7-6，2；彩版四二，3）。

盂

2 件。

F2：10，泥质红褐陶，胎心部分呈灰色。斜直口，内卷沿，圆唇，唇内缘下抹出一周极浅的折痕，上腹部略鼓出，其下圆转内收。素面磨光。口径16、残高4.8厘米（图7-5，9）。

F2：11，泥质红褐陶。斜直口，内卷沿，圆唇，唇内缘下抹出一周极浅的折痕，上腹部较直，腹壁微鼓。素面磨光。口径16、残高3.5厘米（图7-5，10）。

罐

2 件。

F2：9，泥质红陶，陶色泛黄。（广肩）罐，斜直侈口，内沿略折，沿下角近90°，圆唇略外鼓，广斜肩。肩上可见两组宽旋纹带，一组两根，余外壁素面磨光。口径约10、残高4.5厘米（图7-6，3）。

F2：12，泥质红陶。广肩罐，侈口，内沿略折，宽斜肩。肩部可见两组旋纹带，一组三根，其中上端一组旋纹不规整，余器表素面磨光。残高6厘米（图7-6，4）。

圈足

2 件。

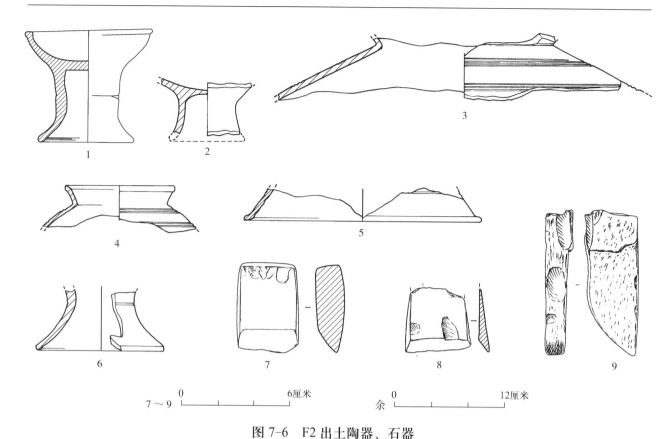

图 7-6　F2 出土陶器、石器

1、2.豆 F2∶4、14　3、4.罐 F2∶9、12　5、6.圈足 F2∶16、17　7、8.石凿 F2∶2、6　9.石锛 F2∶3

F2∶16，泥质红陶。可能为簋类圈足，圈足下部斜直外撇，底端平折鼓出，呈台状，底缘圆唇。残存圈足顶端可见两周不规整的旋纹痕迹，底缘中央亦刮出一周极浅的旋纹，其余外壁素面磨光，内壁素面较粗糙。底径约 24、残高 3.5 厘米（图 7-6，5）。

F2∶17，泥质红陶。喇叭状圈足外撇明显，柄部较短，柄中部刮出一周凹槽，圈足底缘方唇，唇缘圆转，内壁近底缘处刮出一周浅折痕。素面磨光。底径约 12.5、残高 6 厘米（图 7-6，6）。

石器

3 件。

石凿

2 件。

F2∶2，黑色。器体稍厚，平面呈斜梯形，顶部平整，边缘有打制疤痕，单面刃，刃口稍钝，上有多处崩口。通体精磨。长 4.6、宽 3.1、最厚 2 厘米（图 7-6，7；彩版四二，4）。

F2∶6，白色。器体扁薄，平面呈斜梯形，仅剩刃部残片。残长 3.4、残宽 3、残厚 0.5 厘米（图 7-6，8；彩版四二，5）。

石锛

1 件。

F2∶3，灰黑色。尖顶，上端有段，刃部残。通体磨制较粗。残长 7.5、宽 3、最厚 1.5 厘米（图 7-6，9；彩版四二，6）。

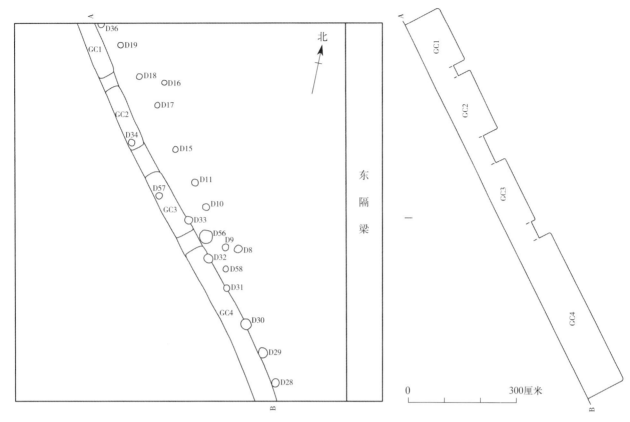

图 7-7　T5 ⑥下、⑦ a 层上沟槽与柱洞平、剖面图

（二）其他柱洞与沟槽遗迹

T5 内不同地层下还发现大量柱洞遗存以及可能为建筑基槽的沟槽遗迹，由于开口层位不同且分布规律不明显，故尚难以复原建筑面貌[1]。

1. 沟槽

开口于⑥层下，与 F2 大体平行，并打破了 F2，共分 4 段，编号 GC1～GC4。各段宽度相近 0.50～0.60 米，GC1 已暴露长约 1.55、深约 0.35 米；GC2 长约 1.75、深约 0.45 米；GC3 长约 1.90、深 0.15～0.30 米；GC4 已暴露长约 4.40、深 0.03～0.40 米。每段之间分别相隔约 30、70、40 厘米（彩版四三）。

在沟槽底部有少量柱洞，东侧则有较密集柱洞开口于第⑥层下（D8～D11、D15～D19、D28～D34、D36、D56、D57），应与之有关（图 7-7；表 7-4）。

2. 柱洞

除与房址、沟槽相关的外，其余分别集中发现于第⑭层下、第⑦ a 层下、第④层下、第②层下。

---

[1]　关于柱洞与房址、沟槽的关系问题，在很多田野工作中一直难以解决，关键在于没有柱坑的柱洞，一般是直接打入土中，其开口层位是很难确认的。发掘现场的柱洞直觉应与房址或沟槽相关，但如何判定也有难度，本报告中除少量柱洞外，多数并未急于定性为归属于某房址或基槽。有关柱洞形成、开口层位及与相关遗迹的关系判断，是田野考古中一个十分复杂的问题，可以参考蒋乐平：《考古发掘中的"地层"问题》，《纪念浙江省文物考古研究所建所二十周年论文集》，西泠印社，1999年。卓识雨：《从霍山戴家院遗址看柱洞的发掘》，《文物研究（第十五辑）》，黄山书社，2004年。方向明：《"柱洞"发掘相关问题的再补充》，《文物研究（第16辑）》，黄山书社，2009年。

表7-4　T5 ⑥层下、⑦a层上的沟槽、柱洞形制与包含物数据表

编号	推测性质	形状与结构	尺寸（米） （长×宽-深）	填土	包含物	备注
GC1	沟槽	圆角长条形坑口，直壁，平底	1.55×0.50-0.35	含烧土颗粒的灰土	无	打破F2；由于发掘认识问题，部分破坏，测量深度小于实际深度
GC2	沟槽	圆角长条形坑口，弧壁，平底	1.75×0.50-0.45	含烧土颗粒的灰土	无	同上
GC3	沟槽	圆角长条形坑口，弧壁，平底	1.85×0.55- （0.15～0.35）	含烧土颗粒的灰土	无	同上
GC4	沟槽	圆角长条形坑口，直壁，平底	4.40×0.60- （0.35～0.40）	含烧土颗粒的灰土	无	同上
T5D57	柱洞	圆形洞口，直壁，圜底	0.14×0.14-0.56	含烧土颗粒的黄土	无	打破GC3
T5D56	柱洞	圆形洞口，直壁，圜底	0.32×0.32-0.45	含烧土颗粒的黄土	无	
T5D36	柱洞	半圆形洞口，斜壁，圜底	0.20×0.10-0.60	含烧土颗粒的黄土	无	
T5D34	柱洞	圆形洞口，直壁，平底	0.16×0.16-0.40	含烧土颗粒的黄土	无	打破GC2
T5D33	柱洞	圆形洞口，直壁，平底	0.20×0.20-0.44	含烧土颗粒的黄土	无	打破GC3
T5D32	柱洞	圆形洞口，直壁，平底	0.28×0.26-0.60	含烧土颗粒的黄褐土	无	打破GC4
T5D31	柱洞	圆形洞口，直壁，平底	0.24×0.23-0.54	含烧土颗粒的黄褐土	无	打破GC4
T5D30	柱洞	圆形洞口，直壁，平底	0.30×0.30-0.54	含烧土颗粒的黄黑土	无	打破GC4
T5D29	柱洞	圆形洞口，直壁，平底	0.32×0.31-0.60	含烧土颗粒的红黑土	无	
T5D28	柱洞	圆形洞口，直壁，平底	0.30×0.29-0.60	含烧土颗粒的红黑土	无	
T5D19	柱洞	圆形洞口，直壁，平底	0.14×0.14-0.40	含烧土颗粒的黄土	无	
T5D18	柱洞	圆形洞口，直壁，平底	0.14×0.14-0.40	含烧土颗粒的黄土	无	
T5D17	柱洞	圆形洞口，直壁，平底	0.16×0.16-0.40	含烧土颗粒的黄土	无	
T5D16	柱洞	圆形洞口，直壁，平底	0.12×0.12-0.40	含烧土颗粒的黄土	无	
T5D15	柱洞	圆形洞口，直壁，平底	0.16×0.16-0.40	含烧土颗粒的黄土	无	
T5D11	柱洞	圆形洞口，直壁，平底	0.14×0.13-0.40	含烧土颗粒的黄土	无	
T5D10	柱洞	圆形洞口，直壁，平底	0.16×0.16-0.40	含烧土颗粒的黄土	无	
T5D9	柱洞	圆形洞口，直壁，平底	0.17×0.15-0.40	含烧土颗粒的黄土	无	
T5D8	柱洞	圆形洞口，直壁，平底	0.20×0.20-0.40	含烧土颗粒的黄土	无	

总观全部柱洞，其中第⑭层下的柱洞分布较为分散，自⑦c层开始分布具有一定的规律，总体上呈西北—东南向线形分布，并有东、西摆动的趋势（图7-8、9；表7-5～8）。

表 7-5　T5⑭层下的柱洞形制与包含物数据表

编号	推测性质	形状与结构	尺寸（米）（长 × 宽 - 深）	填土	备注
T5D55	柱洞	半圆形洞口，斜壁，圜底	0.40×0.20-0.16	未记录	打破⑰层
T5D54	柱洞	圆形洞口，直壁，圜底	0.27×0.27-0.10	未记录	同上
T5D53	柱洞	圆形洞口，直壁，圜底	0.26×0.25-0.16	未记录	同上
T5D52	柱洞	圆形洞口，弧壁，平底	0.26×0.25-0.10	未记录	同上
T5D51	柱洞	圆形洞口，直壁，圜底	0.17×0.17-0.14	未记录	同上
T5D50	柱洞	圆形洞口，斜壁，平底	0.31×0.30-0.20	未记录	同上
T5D49	柱洞	圆形洞口，弧壁，圜底	0.24×0.24-0.14	灰色填土，土质软	同上
T5D48	柱洞	圆形洞口，弧壁，平底	0.25×0.25-0.10	未记录	同上
T5D47	柱洞	圆形洞口，斜弧壁，圜底	0.29×0.29-0.16	未记录	同上
T5D46	柱洞	圆形洞口，弧壁，平底	0.23×0.23-0.10	土褐色填土，土质硬	同上

表 7-6　T5⑦a层下的柱洞形制与包含物数据表

编号	推测性质	形状与结构	尺寸（米）（长 × 宽 - 深）	填土	备注
T5D45	柱洞	圆形洞口，斜弧壁，圜底	0.17×0.17-？	填大量的红烧土碎块	深度未记
T5D44	柱洞	圆形洞口，斜弧壁，圜底	0.20×0.20-？	填大量的红烧土碎块	同上
T5D43	柱洞	圆形洞口，斜弧壁，圜底	0.18×0.15-？	填大量的红烧土碎块	同上
T5D42	柱洞	半圆形洞口，斜弧壁，圜底	0.24×0.15～0.50-？	填大量的红烧土碎块	同上

表 7-7　T5④层下⑤层上的柱洞形制与包含物数据表

编号	推测性质	形状与结构	尺寸（米）（长 × 宽 - 深）	填土	备注
T5D61	柱洞	圆形洞口，直壁，平底	0.16×0.16-0.10	含烧土颗粒的灰褐色土	打破 T5 HDM1
T5D60	柱洞	圆形洞口，直壁，平底	0.16×0.16-0.10	含烧土颗粒的灰褐色土	打破 T5 HDM1
T5D59	柱洞	圆形洞口，直壁，平底	0.16×0.16-0.11	含烧土颗粒的灰褐色土	打破 T5 HDM1
T5D37	柱洞	圆形洞口，直壁，圜底	0.15×0.15	黄褐色黏土，含铁锈斑，土质疏松	
T5D35	柱洞	圆形洞口，直壁，圜底	0.20×0.19-0.11	黄褐色黏土，含铁锈斑，土质疏松	
T5D27	柱洞	圆形洞口，直壁，圜底	0.14×0.14-0.10	未记录	
T5D26	柱洞	圆形洞口，直壁，平底	0.14×0.14-0.10	未记录	
T5D25	柱洞	圆形洞口，直壁，平底	0.24×0.24-0.14	未记录	

编号	推测性质	形状与结构	尺寸（米） （长 × 宽 - 深）	填土	备注
T5D24	柱洞	圆形洞口，直壁，平底	0.20×0.20-0.10	未记录	
T5D23	柱洞	圆形，直壁，平底	0.15×0.14-0.10	未记录	
T5D22	柱坑	圆角长方形坑口，直壁，平底	柱坑：0.34×0.24-0.10 柱洞：0.16×0.15-0.10	未记录	
T5D21	柱洞	圆形洞口，直壁，平底	0.36×0.34-0.20	未记录	
T5D20	柱洞	圆形洞口，直壁，圜底	0.34×0.34-0.16	未记录	
T5D14	柱洞	圆形洞口，直壁，圜底	0.14×0.14-0.10	黄褐色黏土，含铁锈斑，土质疏松	
T5D13	柱洞	圆形洞口，直壁，平底	0.14×0.14-0.10	黄褐色黏土，含铁锈斑，土质疏松	
T5D12	柱坑	圆角方形坑口，直壁，平底	柱坑：0.34×0.30-0.10	黄褐色黏土，含铁锈斑，土质疏松	

表 7-8　T5 ②层下③层上的柱洞形制与包含物数据表

编号	推测性质	形状与结构	尺寸（米） （长 × 宽 - 深）	填土	备注
T5D7	柱洞	圆形洞口，直壁，平底	0.20×0.20-0.12	黄褐色填土，土质较硬	
T5D6	柱洞	圆形洞口，直壁，平底	0.16×0.16-0.12	黄褐色填土，土质较硬	
T5D5	柱坑	圆角长方形坑口，直壁，平底	柱坑：0.30×0.22-0.12 柱洞：0.12×0.12-0.14	黄褐色填土，土质较硬	
T5D4	柱洞	圆形洞口，直壁，平底	0.20×0.20-0.10	黄褐色填土，土质较硬	
T5D3	柱坑	圆角长方形坑口，直壁，平底	柱坑：0.36×0.25-0.12	黄褐色填土，土质较硬	
T5D2	柱洞	圆形洞口，直壁，平底	0.16×0.14-0.10	黄褐色填土，土质较硬	
T5D1	柱坑	圆角长方形坑口，直壁，平底	柱坑：0.40×0.26-0.09 柱洞：0.20×0.15-0.10	黄褐色填土，土质较硬	

3. 活动面

T5HDM1

位于 T5 东南角。开口于第⑩层下，被 D59 ～ D61 打破。辨识并清理出来的范围近似直角三角形，北端长约 2.20、东侧长约 4.50 米。土质较硬，与上覆的堆积易于分别。活动面土层底面为黑灰色土层，表面有较薄的灰白硬层，推测可能是白灰面层或是长期使用后形成（彩版四四，1）。

二　灰坑及其他坑状堆积

1.T5K2

位于探方东南角，开口于第⑤层下。平面呈扇形，仅暴露坑西北部分，直壁，平底，东西长 0.30、南北长 0.25、深 0.35 米。坑内填土灰褐色，未见包含物。

2.T5K3

位于探方西侧，开口于第⑬层下，打破第⑭层。平面呈椭圆形，壁呈弧状，圜底，东西长 1.35、南北宽 1.20 米。坑内填土浅黄色，土质较硬，内含较多草木灰，包含物仅数片陶片。陶器标本分述如下。

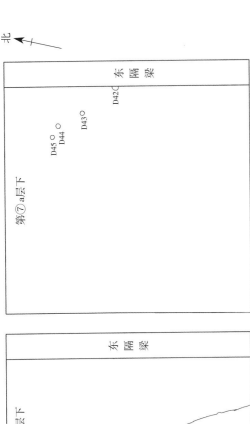

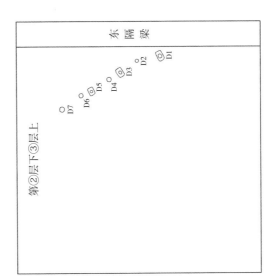

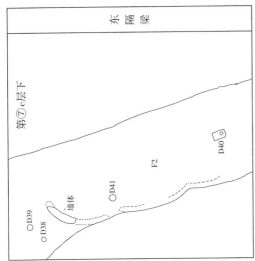

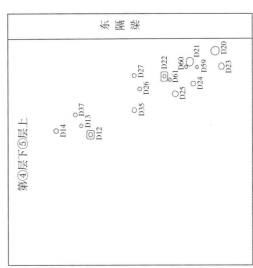

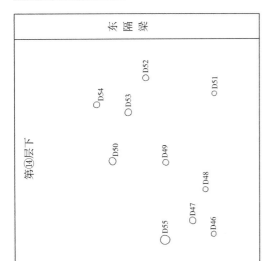

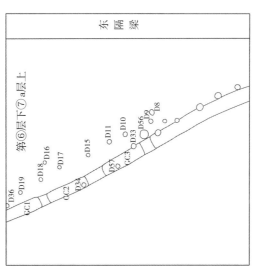

图 7-8　T5 内不同层位柱洞分布图

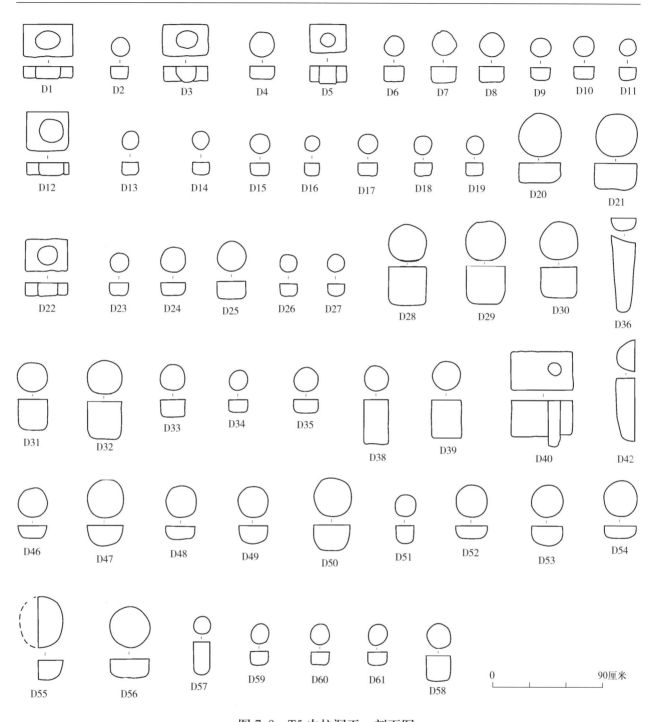

图 7-9 T5 内柱洞平、剖面图

鼎足

1 件。

T5K3：1，夹细砂，胎色内黑外暗红褐色，胎体表面有一层极薄的灰白层，黑色表皮磨损殆尽。侧装刀形长扁足，横截面呈细长椭圆形，足尖外撇。足外侧缘顶端有四对圆捏窝。残宽 6、残高 10.6、厚 0.8～1.8 厘米（图 7-10，1）。

高领罐

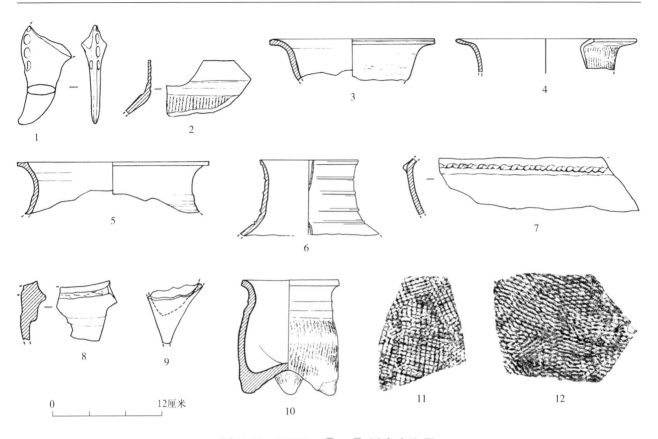

图 7-10　T5K3、⑯、⑭ 层出土陶器

1. 鼎足 T5K3：1　2. 高领罐 T5K3：2　3. 鼎 T5⑯：4　4. 盆 T5⑯：5　5～7. 泥质罐 T5⑯：1、2、8　8. 不明器形 T5⑯：6　9. 鬲足 T5⑯：7　10. 鬲 T5⑭：1　11、12. 印纹硬陶腹片 T5⑭：2、3

1 件。

T5K3：2，泥质红褐陶。直口，方唇，高直领，内壁可见多周抹痕，斜肩近平，肩部顶端抹出一周窄平台。肩部饰麦粒状绳纹。该器亦可能是鸭形壶。肩部末端直径 13、残长 9.2、残高 6 厘米（图 7-10，2）。

3.T5K4

位于探方西南，开口于⑬层下，打破第⑭层，西部被台阶叠压。暴露坑口呈半圆形，坑壁斜直，圜底，长 0.65、深 0.70 米。坑内填土上半部黄色土，土质硬，下半部灰色土，土质软，坑内皆未见包含物。

4.T5K5

位于探方西北，开口于⑯层下，打破第⑰层，西南部被台阶叠压。平面形状推测为近圆形，坑壁斜弧状，平底，南北长 1.20、深 0.20 米。坑内填土为灰色土，土质较软，未见包含物。

第三节　地层遗物

探方内大多数地层中出土遗物较多，是本次发掘出土遗物最多的探方之一，分属夏、商、周三个大时期。

一　T5⑯层

陶瓷器

该层共出土陶片 92 片，陶器质地、颜色、纹饰统计如下表（表 7-9、10）。标本分述如下：

表 7-9　T5⑯层出土陶瓷器质地、颜色统计表

陶质	夹粗砂	夹细砂				泥质			合计
陶色	红褐	红	红褐	灰	黑	灰	黑	灰皮黑胎	
陶片数	2	1	7	27	13	39	2	1	92
百分比（%）	2.17	1.09	7.61	29.35	14.13	42.39	2.17	1.09	100

表 7-10　T5⑯层出土陶瓷器纹饰统计表

纹饰	软陶				印纹陶	合计
	素面	粗绳纹	凸棱	附加堆纹	方格纹	
陶片数	44	35	2	10	1	92
百分比（%）	47.83	38.04	2.17	10.87	1.09	100

1. 鼎

1 件。

T5⑯：4，夹砂，口部红褐陶，腹部黑胎红褐色表皮。侈口，内卷沿，沿面前端呈小平台状，沿后端有一周凹槽，方唇，上腹部微鼓。腹部饰绳纹，且在纹饰上不均匀的抹泥。口径 18、残长 6.2、残高 4.6 厘米（图 7-10，3）。

2. 盆

1 件。

T5⑯：5，泥质紫色胎，紫红色表皮。窄平卷沿，圆唇，上腹部向下斜直内收。沿下末端有一周旋纹，腹部饰细绳纹。口径 20、残长 5.9、残高 3.4 厘米（图 7-10，4）。

3. 泥质罐

3 件。

T5⑯：1，胎色内黑外灰白，应有深色表皮。窄平折沿，沿面微凹，唇面内凹明显，高领弧壁微束，领肩交接不明显，肩部较平。素面。口径 21、残长 14.8、残高 5.5 厘米（图 7-10，5；彩版四四，2）。

T5⑯：2，灰黑色胎，表面有一层极薄的灰白层，黑色表皮。侈口，尖圆唇，高直领微外撇。口部至领、腹交接处较均匀的刮出五周凸棱，顶端一周下沿内折，第四周为三角状凸棱，其余为圆凸棱，上腹部鼓出明显。素面磨光。口径 10.8、残长 11.5、残高 8 厘米（图 7-10，6）。

T5⑯：8，胎色内黑外灰白，应有深色表皮。肩部较平，上腹部微鼓。圆肩处黏接一周扭索状附加堆纹，腹部残存麦粒状绳纹痕迹。残长 20、残高 4.8 厘米（图 7-10，7）。

4. 不明器形

1件。

T5⑯：6，甗形器？夹砂红褐陶。器壁内侧有窄平隔，隔下沿弧壁内收，再下平转形成一个平面，平面外器壁可见横向的残断面。隔直径12、残长6.7、残高6.4厘米（图7-10，8）。

5. 鬲足

另出土1件鬲足[1]。

T5⑯：7，泥质红褐陶，腹部黑色，足部红色。鬲足，尖锥状，足跟残。腹部饰绳纹（图7-10，9）。

二　T5⑭层

陶瓷器

该层共出土陶片7片，陶器质地、颜色、纹饰统计如下表（表7-11、12）。标本分述如下：

表 7-11　T5⑭层出土陶瓷器质地、颜色统计表

陶质	泥质			印纹陶	合计
陶色	红	灰	黑		
陶片数	1	4	1	1	7
百分比（%）	14.29	57.14	14.29	14.29	100

表 7-12　T5⑭层出土陶瓷器纹饰统计表

纹饰	软陶	印纹陶		合计
	素面	粗绳纹	方格网纹	
陶片数	1	2	4	7
百分比（%）	14.29	28.57	57.14	100

1. 鬲

1件。

T5⑭：1，夹砂灰黑陶。卷沿，方唇，矮直领，腹部微鼓，其顶端抹出两周略粗的圆凸棱，联裆。裆部中心面积较小，圆锥状腿部，下端可见抹泥包裹的现象，腹部、腿部以及抹泥包裹的内足跟皆饰麦粒状绳纹，腹部中刮出一周较浅的宽旋纹，抹泥层外素面。口径10.6、肩径9、残高12.2厘米（图7-10，10；彩版四四，3、4）。

2. 印纹硬陶腹片

2件。

T5⑭：2，泥质青灰陶，略致密。不规则方格纹（图7-10，11；彩版四四，5）。

T5⑭：3，泥质红褐皮青灰胎，内侧还有一层青灰皮，内侧较致密，外侧较疏松。绳纹（图7-10，12；彩版四五，1、2）。

---

[1] 该层属夏时期，未出鬲。此鬲足风格近似商代，疑为发掘时混入。但为慎重起见，仍附后发表于此。

三　T5⑬层

陶瓷器

该层共出土陶片 179 片，陶器质地、颜色、纹饰统计如下表（表 7-13、14）。标本分述如下：

表 7-13　T5⑬层出土陶瓷器质地、颜色统计表

陶质	夹细砂					泥质			印纹陶		合计
陶色	红	红褐	灰	黑	黑皮红胎	红	灰	黑	红	灰	
陶片数	16	1	68	11	2	25	27	25	1	3	179
百分比（%）	8.94	0.56	37.99	6.15	1.12	13.97	15.08	13.97	0.56	1.68	100

表 7-14　T5⑬层出土陶瓷器纹饰统计表

纹饰	软陶										印纹			合计
	素面	细绳纹	粗绳纹	弦断绳纹	交错绳纹	凹弦纹	凸棱	镂孔	刻划纹	附加堆纹	素面	凸棱纹	方格纹	
陶片数	51	33	74	1	1	3	5	2	1	2	1	1	4	179
百分比（%）	28.49	18.44	41.34	0.56	0.56	1.68	2.79	1.12	0.56	1.12	0.56	0.56	2.23	100

1. 鬲

6 件。

T5⑬：1，夹细砂，胎色内灰外红褐，黑色表皮。侈口，尖圆唇，领部弧壁内收，领、腹交接处略外折，上腹部略鼓出。领、腹交接处饰一周双阴拱阳的弦纹，腹部饰绳纹。口径 13.4、肩径 11.3、残长 7.2、残高 4.4 厘米（图 7-11，1）。

T5⑬：3，夹细砂，胎色内灰外灰白，黑色表皮。卷沿，尖圆唇，束领弧壁，领、腹交接处略折，上腹部略鼓。腹部饰印痕清晰的绳纹。口径 20、残长 7.3、残高 5.8 厘米（图 7-11，2）。

T5⑬：6，夹细砂，胎色内灰外红褐，胎体表面有一层灰白薄层，深色表皮磨损殆尽。侈口，内折沿，尖圆唇呈三角形凸出，高直领中部微鼓，领、腹交接处略外折，上腹部微鼓。领部绳纹被抹，腹部饰印痕清晰的绳纹。口径 14.4、肩径 12、残长 8、残高 9.6 厘米（图 7-11，3）。

T5⑬：7，夹细砂灰胎，胎体表面有一层灰白薄层，深色表皮磨损殆尽。侈口，内折沿，方唇，唇面微凹，高直领微鼓，领、腹交接处略折，上腹部微撇出。领部绳纹被抹，腹部饰印痕清晰的绳纹。口径 16、残长 8.6、残高 9.3 厘米。与 T5⑬：2，同器（图 7-11，4）。

T5⑬：8，夹细砂灰白胎黑皮陶。卷沿，尖圆唇呈三角形凸出，领弧壁内收，领、腹交接处微折出，上腹部略外撇。领、腹交接处有一周双阴拱阳的弦纹，腹部饰斜行绳纹。口径 17.6、肩径 15.2、残高 4.4 厘米（图 7-11，5）。

T5⑬：14，夹细砂灰胎，胎体表面有一层灰白薄层，黑色表皮。侈口，内折沿，尖圆唇呈三角形凸出，高直领，领、腹交接处略外折，上腹部微外撇。领部可见两周旋纹，腹部饰印痕清晰的绳纹。

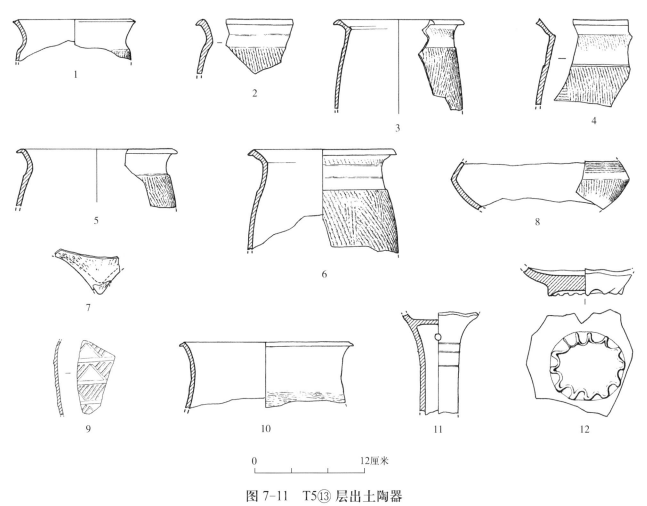

图 7-11　T5⑬ 层出土陶器

1 ～ 6. 鬲 T5⑬：1、3、6 ～ 8、14　7. 鬲足 T5⑬：4　8、9. 豆 T5⑬：12、15　10. 高领罐 T5⑬：9　11. 豆柄 T5⑬：5　12. 花边缸底 T5⑬：10

口径 16.2、肩径 12.8、残高 11 厘米（图 7-11，6；彩版四五，3）。

2. 鬲足

1 件。

T5⑬：4，夹细砂，腿部胎色内灰外红褐，黑色表皮，实足跟红褐陶。裆部较高，腿部末端叠合微圆锥状，实足跟脱落。可见连接处抹泥加固的痕迹，腿部皆饰麦粒状绳纹，足跟素面。残长 7.2、残高 4.8 厘米（图 7-11，7）。

3. 豆

2 件。

T5⑬：12，夹砂，胎色斑驳，红褐色与黑色交织，黑色表皮。敛口，口部残，口、腹圆转近折，腹部弧壁内收较甚。口部饰横绳纹，腹部饰竖绳纹。最大腹径约 19.6、残长 9.1、残高 5.2 厘米（图 7-11，8）。

T5⑬：15，泥质胎色内黑外灰白，黑色表皮。圆柱形柄。外壁饰多周由扁圆浅凸棱间隔的三角填线纹。残长 4.4、残高 7.8 厘米（图 7-11，9）。

4. 高领罐

1 件。

T5⑬：9，泥质灰陶。侈口，尖圆唇呈三角形凸出，高领弧壁内收，向下呈竖直，领肩交接处不明显，溜肩。肩部饰较细的横绳纹。口径 19、残长 11.9、残高 7 厘米（图 7-11，10）。

此外，该层还出土少量更早期遗物。

5. 豆柄

1 件。

T5⑬：5，泥质红褐胎黑皮陶，柄胎较厚。豆柄顶端呈喇叭状外侈，并有两个对称的圆钻孔，向下大部呈细圆柱形，柄底部残。钻孔下端有两周旋纹，其间有一周弦纹，素面磨光。柄中部直径 4.2、残高 11 厘米（图 7-11，11）。

6. 花边缸底

1 件。

T5⑬：10，夹细砂红褐陶，厚胎。腹底黏接于底座表面，底座周边为花边状圈足，腹部饰模糊的粗绳纹。底径 8、残高 3 厘米（图 7-11，12；彩版四五，4 ～ 6）。

四　T5⑫ 层

陶瓷器

该层共出土陶片 37 片，陶器质地、颜色、纹饰统计如下表（表 7-15、16）。标本分述如下：

表 7-15　T5⑫ 层出土陶瓷器质地、颜色统计表

陶质	夹砂			泥质		合计
陶色	红	灰	黑	灰	黑	
陶片数	2	9	13	5	8	37
百分比（%）	5.41	24.32	35.14	13.51	21.62	100

表 7-16　T5⑫ 层出土陶瓷器纹饰统计表

纹饰	软陶						合计
	素面	绳纹	弦断绳纹	凸棱	凹弦	篮纹	
陶片数	11	20	3	1	1	1	37
百分比（%）	29.73	54.05	8.11	2.70	2.70	2.70	100

1. 鬲口沿

3 件。

T5⑫：2，夹砂黑皮红褐胎。卷平沿，沿面略有一道凹槽，尖圆唇，略束颈，略鼓肩，直腹，下部残。沿下绳纹被抹，腹部饰弦断竖行粗绳纹。口径 22、肩径 18.8、残长 9.3、残高 8.8 厘米（图 7-12，1）。

T5⑫：3，夹砂黑陶。卷平沿，圆唇，束颈，略鼓肩，颈、肩分界处略折，直腹，下部残。沿下

绳纹被抹，腹部饰间断竖行粗绳纹。残长 11.4、残高 11.6 厘米（图 7-12，2）。

T5⑫：9，夹砂黑皮红褐胎。卷平沿，沿面略有一道凹槽，尖圆唇，略束颈，略鼓肩，直腹，下部残。沿下绳纹被抹，腹部饰弦断竖行粗绳纹。口径 14.2、肩径 11.2、残长 11、残高 13.8 厘米（图 7-12，3）。

2. 甑形盉甑部口沿

1 件。

T5⑫：5，夹砂黑陶。敛口，斜方唇，微鼓腹内收，与鬲部相连处残。口沿外侧绳纹被抹，下腹部饰绳纹，略抹。最大腹径 12.8、残长 10.8、残高 4 厘米（图 7-12，4；彩版四六，1）。

3. 浅盘豆盘

1 件。

T5⑫：4，泥质黑陶。浅盘，厚方唇，唇外展，唇与外腹部交界明显，腹部凹槽两周，器表可见明显，似二里冈时期的假腹豆。口径 24、残长 10.5、残高 4.4 厘米（图 7-12，5）。

4. 粗豆柄

1 件。

T5⑫：6，泥质黑皮灰白胎黑芯（多层交错）。直柄，较粗。上腹部饰凸棱一周，残断处饰粗棱一周。直径 6.6、残高 4.5 厘米（图 7-12，6；彩版四六，2）。

5. 泥质直颈鼓腹罐

1 件。

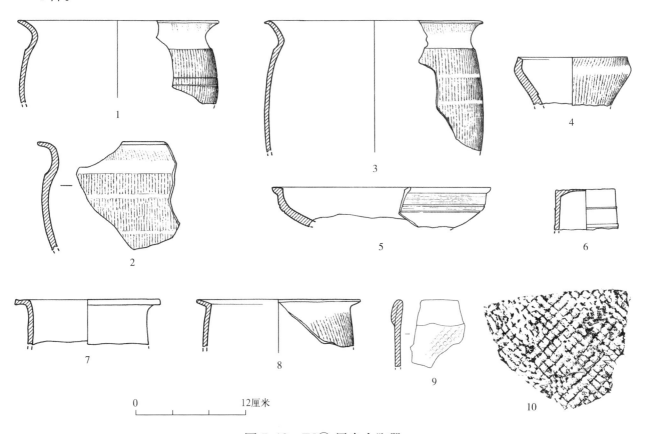

图 7-12　T5⑫ 层出土陶器

1～3. 鬲口沿 T5⑫：2、3、9　4. 甑形盉甑部口沿 T5⑫：5　5. 浅盘豆盘 T5⑫：4　6. 粗豆柄 T5⑫：6　7. 泥质直颈鼓腹罐 T5⑫：1　8. 夹砂直颈鼓腹罐 T5⑫：8　9. 缸口沿 T5⑫：7　10. 硬陶腹片 T5⑫：12

T5⑫：1，泥质灰白胎，黑色表皮。卷平沿，方唇，高直颈。素面磨光。口径15.8、残长11.7、残高4.8厘米（图7-12，7）。

6. 夹砂直颈鼓腹罐

1件。

T5⑫：8，胎色内黑外灰白，腹外壁黑皮。卷平沿，圆唇，上腹部斜直略外撇。腹部顶端素面，以下饰斜行绳纹，上腹部有三道划痕。口径17.8、残长8.7、残高5厘米（图7-12，8）。

7. 缸口沿

1件。

T5⑫：7，夹砂灰白陶。直口，口沿外贴敷厚泥片，圆唇，直腹。腹部饰斜向方格纹。残长6、残高7.2厘米（图7-12，9）。

8. 硬陶腹片

1件。

T5⑫：12，泥质灰黑陶。饰小方格纹（图7-12，10）。

五　T5⑩层

该层发现残铜器1件，新出现了本地因素红褐陶、灰褐陶。

（一）陶瓷器

该层共出土陶片173片，陶器质地、颜色、纹饰统计如下表（表7-17、18）。标本分述如下：

表7-17　T5⑩层出土陶瓷器质地、颜色统计表

陶质	夹砂				泥质				合计
陶色	红	红褐	灰	黑	红	红褐	灰	黑	
陶片数	10	57	5	30	35	15	13	8	173
百分比（%）	5.78	32.95	2.89	17.34	20.23	8.67	7.51	4.62	100

表7-18　T5⑩层出土陶瓷器纹饰统计表

纹饰	软陶					印纹陶	合计
	素面	绳纹	弦断绳纹	凹弦	附加堆纹	方格纹	
陶片数	47	106	15	2	2	1	173
百分比（%）	27.17	61.27	8.67	1.16	1.16	0.58	100

1. 鬲

1件。

T5⑩：21，夹砂灰褐陶。斜直口，沿下角很大，方唇外翻近垂直，唇面棱角分明，微鼓腹，略瘪裆。

腹部至裆部饰纵向粗绳纹。口径14、肩径13.6、最大腹径14.4、残长9、残高7.6厘米（图7-13，1）。

　　2. 鬲口沿

　　3件。

　　T5 ⑩：3，夹砂黑陶。斜直口，沿下角很大，尖圆唇，唇面内侧及外侧均起一道折棱，内侧较宽，外侧较窄，圆鼓腹，下腹部残。肩部饰一道凹槽，沿下绳纹被抹，腹部纹饰模糊不详。口径20.2、肩径18、残长10.8、残高5.4厘米（图7-13，2）。

　　T5 ⑩：19，夹砂黑陶。斜直沿，沿下角较大，方唇，微束颈，微鼓肩。沿下绳纹被抹，腹部饰

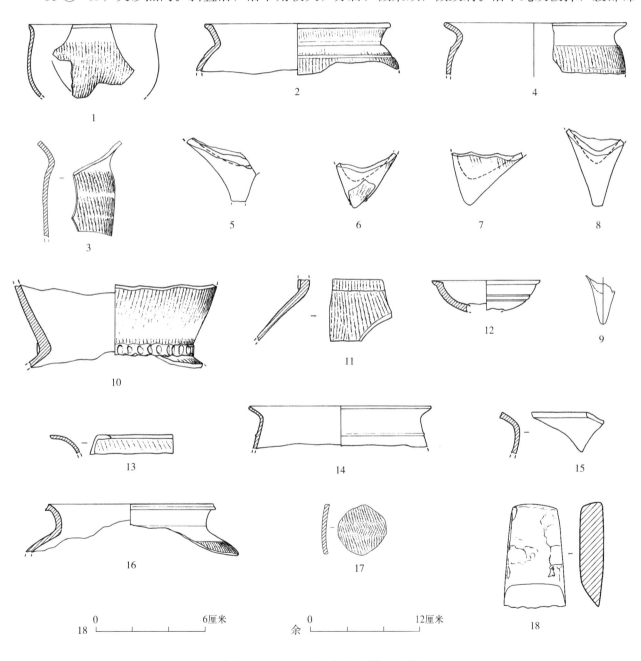

图 7-13　T5 ⑩层出土陶器、石器

1. 鬲 T5 ⑩：21　2 ～ 4. 鬲口沿 T5 ⑩：3、19、22　5 ～ 9. 鬲足 T5 ⑩：11 ～ 15　10、11. 瓶腰 T5 ⑩：8、9　12. 浅盘豆盘 T5 ⑩：7　13. 盆口沿 T5 ⑩：4　14. 夹砂直颈鼓腹罐 T5 ⑩：18　15、16. 高领鼓腹罐口沿 T5 ⑩：5、6　17. 圆陶片 T5 ⑩：10　18. 石凿 T5 ⑩：2

间断斜行粗绳纹。残长 12、残高 10.4 厘米（图 7-13，3）。

T5⑩：22，夹砂黑皮红褐胎。卷平沿，沿面略有一道凹槽，尖圆唇，略束颈，略鼓肩，直腹，下部残。沿下绳纹被抹，腹部饰弦断竖行粗绳纹。口径 20、肩径 17.4、残长 8.8、残高 5.6 厘米（图 7-13，4）。

3. 鬲足

5 件。

T5⑩：11，夹砂，黑皮，外侧红褐胎，内侧灰白胎。足跟残，似为包足，联裆，裆部较低。裆部及腹部饰竖行粗绳纹，足部素面。残高 6.8 厘米（图 7-13，5）。

T5⑩：12，夹砂灰褐陶。包足部分，内足部分可见绳纹，外侧足部未见纹饰，腹部饰粗绳纹。残高 6 厘米（图 7-13，6）。

T5⑩：13，夹砂红褐陶，腹部及足内侧可见明显烟炙痕迹。包足，联裆，裆部较低。裆部素面，腹部饰竖行粗绳纹，包足部分纹饰模糊不详。残高 5.6 厘米（图 7-13，7）。

T5⑩：14，夹砂红褐陶。截锥状足。素面。残高 8.2 厘米（图 7-13，8）。

T5⑩：15，夹砂红褐陶。加贴鬲足的部分，尖锥状足，较长。上部断口清晰，可见反绳纹。素面。残高 5.4 厘米（图 7-13，9）。

4. 甗腰

2 件。

T5⑩：8，夹砂灰褐陶。甑部下腹部斜直。甑部下腹部饰竖行粗绳纹，纹饰模糊；鬲部残，甗腰腰隔为卷隔，外侧贴敷泥条，饰指甲纹一周。甗腰径 17、残长 11、残高 9 厘米（图 7-13，10；彩版四六，3）。

T5⑩：9，夹砂灰褐皮灰白胎。甑部下腹部饰竖行粗绳纹，纹饰模糊，鬲部残，甗腰腰隔为卷隔，外侧贴敷泥条饰绳纹。残长 6.8、残高 6.6 厘米（图 7-13，11）。

5. 浅盘豆盘

2 件。

T5⑩：7，泥质黑陶。浅盘，厚方唇，唇外展，唇与外腹部交界明显。腹部凹槽两周。似二里冈时期的假腹豆。口径 12、残长 6.8、残高 3.2 厘米（图 7-13，12）。

6. 盆口沿

1 件。

T5⑩：4，泥质红褐陶。卷沿外翻近平，薄圆唇，下腹部残。口沿外侧饰绳纹被抹。残长 9.2、残高 1.9 厘米（图 7-13，13）。

7. 夹砂直颈鼓腹罐

1 件。

T5⑩：18，夹砂灰白陶。卷沿，沿下角较小，沿面略内凹，薄方唇略圆，高直颈。上腹部有一道凸棱。口径 20、肩径 17.6、残长 10.7、残高 4.4 厘米（图 7-13，14）。

8. 高领鼓腹罐口沿

2 件。

T5⑩：5，泥质红褐陶。卷沿外翻，沿下角很小，方唇，高直颈。唇面外缘起一道凸棱，颈部素面。残长 7.7、残高 4.3 厘米（图 7-13，15）。

T5 ⑩: 6, 泥质红褐陶。卷沿外翻, 沿下角很小, 方唇, 高直颈, 鼓腹近平。唇面外缘起一道凸棱, 唇面中间有一道凹槽, 颈部素面, 腹部饰竖行粗绳纹。口径 18.6、肩径 16.4、残长 12.3、残高 5.6 厘米 (图 7-13, 16)。

9. 圆陶片

1 件。

T5 ⑩: 10, 泥质红褐陶。周围磨光, 饰纵向粗绳纹。直径 5.3 厘米 (图 7-13, 17)。

(二) 石器

石凿

1 件。

T5 ⑩: 2, 白色。平面呈长梯形, 横截面近似长方形, 顶部较平整, 单面刃, 刃口均有大小不一的崩口。通体磨制较细, 器表有多处打制疤痕。残长 3.4、残高 5.6、厚 1.3 厘米 (图 7-13, 18; 彩版四六, 4)。

六　T5 ⑨层

该层新出现本地因素原始瓷、硬陶。

陶瓷器

该层共出土陶片 81 片, 陶器质地、颜色、纹饰统计如下表 (表 7-19、20)。标本分述如下:

表 7-19　T5 ⑨层出土陶瓷器质地、颜色统计表

陶质	夹粗砂			夹细砂		泥质					印纹陶	合计
陶色	红	灰	黑	灰	黑皮红胎	红	红褐	灰	黑	黑皮红胎		
陶片数	3	6	1	6	1	5	16	6	4	28	5	81
百分比 (%)	4.41	8.82	1.47	8.82	1.47	7.35	23.53	8.82	5.88	41.18	7.35	100

表 7-20　T5 ⑨层出土陶瓷器纹饰统计表

纹饰	软陶						印纹陶	合计
	素面	细绳纹	粗绳纹	弦断绳纹	凸棱	凹弦	细绳纹	
陶片数	29	29	13	2	2	1	5	81
百分比 (%)	42.65	42.65	19.12	2.94	2.94	1.47	7.35	100

1. 甑口沿

1 件。

T5 ⑨: 1, 夹粗砂黑褐陶, 略带云母。侈口, 折沿, 方唇, 沿面外侧微鼓, 微鼓腹。器表抹光,

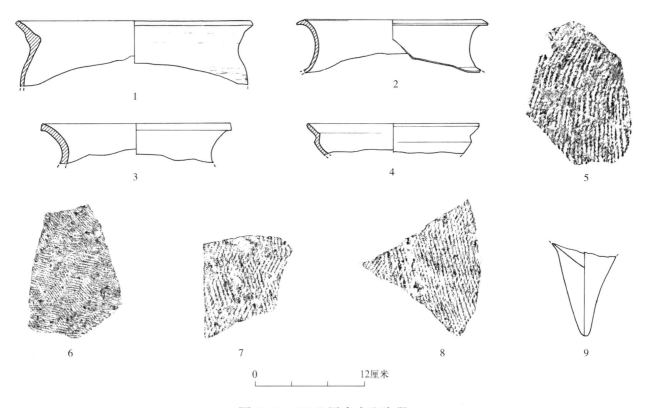

0 ⊢─────┴─────┤ 12厘米

图 7-14　T5 ⑨层出土陶瓷器

1. 瓿口沿 T5 ⑨: 1　2. 夹粗砂鼓腹罐 T5 ⑨: 2　3. 大口广肩罐 T5 ⑨: 3　4. 浅盘豆盘 T5 ⑨: 4　5. 硬陶罐腹片 T5 ⑨: 9　6 ～ 8. 原始瓷片 T5 ⑨: 6 ～ 8　9. 鬲足 T5 ⑨: 5

有抹痕。口径 26、肩径 22.8、残高 6.8 厘米（图 7-14，1）。

　　2. 夹粗砂鼓腹罐

　　1 件。

　　T5 ⑨: 2，夹砂黑陶。侈口，平折沿，薄方唇，高直颈内凹，腹部残。素面。口径 20.8、肩径 16.8、残长 10.9、残高 5.6 厘米（图 7-14，2）。

　　3. 大口广肩罐

　　1 件。

　　T5 ⑨: 3，泥质红褐陶。侈口，厚方唇，颈部弧长，肩部以下残。素面。口径 20.8、肩径 16.4、残长 12、残高 4.2 厘米（图 7-14，3）。

　　4. 浅盘豆盘

　　1 件。

　　T5 ⑨: 4，泥质红褐陶。侈口，斜折沿，圆唇，束颈，折腹内收。素面。口径 18.8、肩径 16.8、最大腹径 17.2、残长 8.3、残高 3.2 厘米（图 7-14，4）。

　　5. 硬陶罐腹片

　　1 件。

　　T5 ⑨: 9，夹砂，外侧红褐陶，内侧灰陶。器腹饰很粗绳纹（图 7-14，5）。

　　6. 原始瓷片

3 件。

T5⑨：6，夹砂灰白胎。腹部饰折线形细绳纹，纹饰间略带黄绿釉（图 7-14，6；彩版四六，5、6）。

T5⑨：7，夹砂灰白胎。腹部饰竖行中绳纹，纹饰间略带黄绿釉（图 7-14，7）。

T5⑨：8，夹砂灰胎，青色釉较薄，仅见少部分，器表饰曲折纹（图 7-14，8）。

另有一件鬲足具有二里冈时期的风格。

7. 鬲足

1 件。

T5⑨：5，夹砂红褐陶。加贴鬲足的部分，尖锥状足，较长。上部断口清晰，可见反绳纹，素面。残高 9.8 厘米（图 7-14，9）。

七　T5 ⑧层

该层发现了少量的残铜块、炉渣等。

（一）陶瓷器

该层共出土陶片 203 片，陶器质地、颜色、纹饰、可辨器形统计如下表（表 7-21、22）。标本分述如下：

表 7-21　T5 ⑧层出土陶瓷器质地、颜色统计表

陶质	夹粗砂			夹细砂			泥质					印纹陶		合计
陶色	红	红褐	灰	红	红褐	灰	红	红褐	灰	黑	黑皮红胎	灰	黑	
陶片数	17	3	4	6	23	22	44	30	24	13	15	1	1	203
百分比（%）	8.37	1.48	1.97	2.96	11.33	10.84	21.67	14.78	11.82	6.40	7.39	0.49	0.49	100

表 7-22　T5 ⑧层出土陶瓷器纹饰统计表

纹饰	软陶								印纹陶			合计
	素面	细绳纹	粗绳纹	弦断绳纹	交错绳纹	附加堆纹	凹弦纹	凸棱	方格纹	戳印纹	粗绳纹	
陶片数	66	47	42	22	5	6	11	2	1	1	1	203
百分比（%）	32.51	23.15	20.69	10.84	2.46	2.96	5.42	0.99	0.49	0.49	0.49	100

1. 鬲

1 件。

T5⑧：1，夹细砂陶，橙黄色陶胎，灰褐色表皮，器表有大量烟熏而成的黑层。卷沿，方唇，上腹部较圆鼓，腹中部附加一周扭索状扁泥条；腹部先饰竖向细绳纹，再附加泥条，泥条表面依据扭索状形态，交错拍印麦粒状中绳纹。口径 32、最大腹径 32、残高 13.4 厘米（图 7-15，1；彩版四七，1）。

2. 鬲足

2 件。

T5⑧：8，夹砂红褐陶，足内部有明显一侧黑色的烟炱痕迹。截锥状足。素面。残高 6.2 厘米（图 7-15，2）。

T5⑧：9，夹砂红褐陶，足内部有明显一侧黑色的烟炱痕迹。截锥状足。素面。残高 6 厘米（图 7-15，3）。

3. 甗腰

1 件。

T5⑧：6，夹砂红褐陶。卷隔。甗腰外侧贴敷泥条，腹部及甗腰均饰竖行中绳纹。残长 12.3、残高 3.4 厘米（图 7-15，4）。

4. 盉柄

1 件。

T5⑧：10，泥质灰陶。截面为圆形。与器身交界处压印细绳纹，纹饰模糊。柄长约 2.9、柄直径 1.9 厘米（图 7-15，5）。

5. 盆口沿

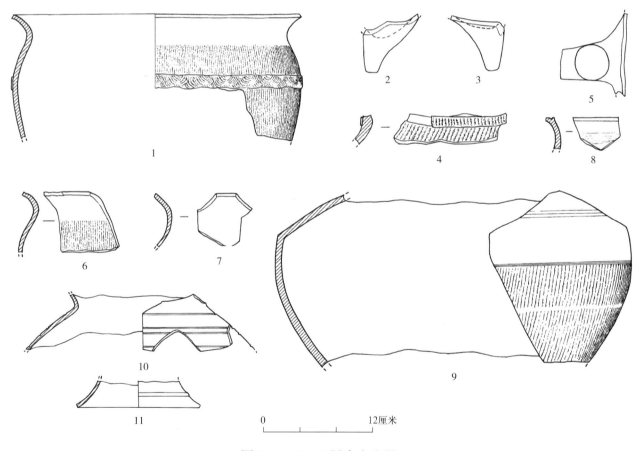

图 7-15　T5 ⑧层出土陶器

1. 鬲 T5 ⑧：1　2、3. 鬲足 T5 ⑧：8、9　4. 甗腰 T5 ⑧：6　5. 盉柄 T5 ⑧：10　6. 盆口沿 T5 ⑧：13　7、8. 弧颈鼓腹罐 T5 ⑧：3、12　9. 斜直肩瓮或罐 T5 ⑧：4　10. 弧肩瓮或罐 T5 ⑧：5　11. 豆圈足 T5 ⑧：7

1 件。

T5⑧：13，泥质红褐陶，外表有一层黑皮，基本脱离。卷沿近平，方唇，斜直腹。腹部饰竖行中绳纹。残长 8.4、残高 6.6 厘米（图 7-15，6）。

6. 弧颈鼓腹罐

2 件。

T5⑧：3，泥质黑陶。侈口，斜折沿，圆唇，高直颈内凹，腹部残。素面。残长 6.2、残高 5.8 厘米（图 7-15，7）。

T5⑧：12，泥质黑陶。侈口，平折沿，折沿面上有一道凹槽，薄方唇，高直颈内凹，腹部残。素面。残长 5.4、残高 3.6 厘米（图 7-15，8）。

7. 斜直肩瓮或罐

1 件。

T5⑧：4，泥质黑皮红褐胎。斜直肩，硬折肩，斜弧腹。颈部饰三道旋纹，下腹部饰竖行间断绳纹。最大腹径 39.4、残高 18 厘米（图 7-15，9）。

8. 弧肩瓮或罐

1 件。

T5⑧：5，泥质灰陶。弧肩。肩部饰一至两道的旋纹多组（图 7-15，10）。

9. 豆圈足

1 件。

T5⑧：7，泥质黑皮红褐胎灰白芯。敞口，方唇，斜弧腹。上腹部起一周凸棱。口径 13.6、残高 2.8 厘米（图 7-15，11）。

10. 腹片

1 件。

T5⑧：1-4，夹砂红褐陶。腹部饰一道旋纹和附加堆纹，腹部饰竖行粗绳纹，附加堆纹为双向按压的粗绳纹。

11. 硬陶腹片

1 件。

T5⑧：11，泥质灰白胎，胎较厚，中间有气孔。腹部饰小菱格纹（彩版四七，2）。

（二）铜器及相关遗物

1. 残铜块

1 块。

T5⑧：2（彩版四七，3 ～ 8）。

2. 炉渣

1 块。

T5 ⑧：21（彩版四八，1 ～ 7）。

八　T5 ⑦层

该层发现了较多石器和少量成品铜器，硬陶、原始瓷数量增加（T5 ⑦a、⑦b、⑦c层在田野工作中，由于三个地层内均包含大量红烧土颗粒以及暗色土，工作初期未能及时分别出三个地层的差异，造成出土遗物的采集出现混乱，皆统一归入第⑦层，未能逐层区分。本报告中器物编号皆采用"T5 ⑦"）。

（一）陶瓷器

该层共出土陶片180片，陶器质地、颜色、纹饰统计如下表（表7-23、24）。标本分述如下：

表 7-23　T5 ⑦层出土陶瓷器质地、颜色统计表

陶质	夹粗砂			夹细砂			泥质					印纹陶	原始瓷	合计
陶色	红	红褐	灰	红	红褐	灰	红	红褐	灰	黑	黑皮红胎			
陶片数	14	27	14	15	31	23	11	18	7	3	3	12	2	180
百分比（%）	7.78	15.00	7.78	8.33	17.22	12.78	6.11	10.00	3.89	1.67	1.67	6.67	1.11	100

表 7-24　T5 ⑦层出土陶瓷器纹饰统计表

纹饰	软陶								印纹陶					原始瓷	合计
	素面	细绳纹	粗绳纹	弦断绳纹	附加堆纹	戳孔	凹弦纹	凸棱	方格纹	素面	席纹	细绳纹	目纹		
陶片数	62	86	3	5	3	1	1	1	1	10	1	2	2	2	180
百分比（%）	34.44	47.78	1.67	2.78	1.67	0.56	0.56	0.56	0.56	5.56	0.56	1.11	1.11	1.11	100

1.鬲足

2件。

T5 ⑦：30，夹砂红陶。柱状实足跟矮，足窝较深，足跟为斜面。素面。残高6.4厘米（图7-16，1）。

T5 ⑦：44，泥质红褐陶，足窝内侧有烟炱痕迹。柱状实足跟矮，足窝较浅，足端为斜面。表面有刮削痕迹，足跟底面饰有中绳纹。残高4.4厘米（图7-16，2）。

2.甗

2件。

T5 ⑦：41、42，夹砂红褐陶，器表外侧有烟炱痕迹，夹云母。斜折沿，沿下角较大，方唇，颈部微内凹，腹部略鼓，二者连为一体。上腹部可见横向刮痕。口径38.8、肩径36.4、残高6.6厘米（图7-16，3）。

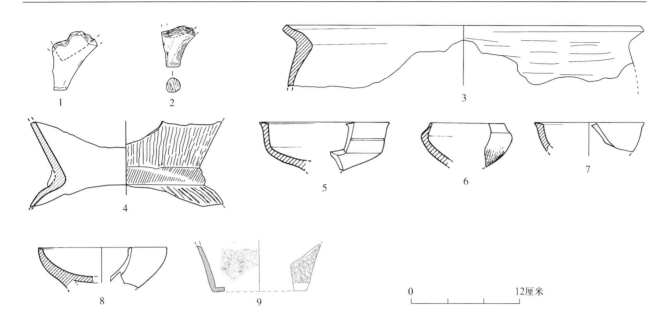

图 7-16　T5 ⑦层出土陶器

1、2. 鬲足 T5 ⑦：30、44　3. 甗 T5 ⑦：41、42　4. 甗腰 T5 ⑦：15、26　5～8. 豆 T5 ⑦：17～20　9. 印纹硬陶片 T5 ⑦：22

3. 甗腰

1 件。

T5 ⑦：15、26，夹砂红褐陶。甗腰外附加泥条较厚较宽，卷隔。器身饰竖行中绳纹，甗腰饰斜向压印的中绳纹。甗腰径 15.6、残高 17.2 厘米（图 7-16，4）。

4. 盉箅

1 件。

T5 ⑦：13，夹砂红褐陶。箅部较小较厚，箅孔为圆形，呈筛状。直径约 4.2、厚约 1.1 厘米（图 7-17，1；彩版四九，1、2）。

5. 盉足

1 件。

T5 ⑦：11，泥质红褐陶略夹砂。锥状足，有小平面，较矮。素面（图 7-17，2）。

6. 豆

4 件。

T5 ⑦：17，泥质黑皮红胎，胎芯黑色。侈口，厚方唇，折腹内收，下腹部残。素面。口径 14.2、残高 5.2 厘米（图 7-16，5）。

T5 ⑦：18，泥质红褐陶，胎芯白色。敛口，子母口，圆唇，折腹内收，下腹部残。器腹饰绳纹。口径 8、最大腹径 10、残高 4.8 厘米（图 7-16，6）。

T5 ⑦：19，泥质红陶。侈口，厚方唇，圆弧腹内收，下腹部残。素面。口径 12、残高 3.1 厘米（图 7-16，7）。

T5 ⑦：20，泥质黑皮灰胎。侈口，厚方唇，圆弧腹内收，器腹较浅，豆柄残。素面。口径 14、残高 4.8 厘米（图 7-16，8）。

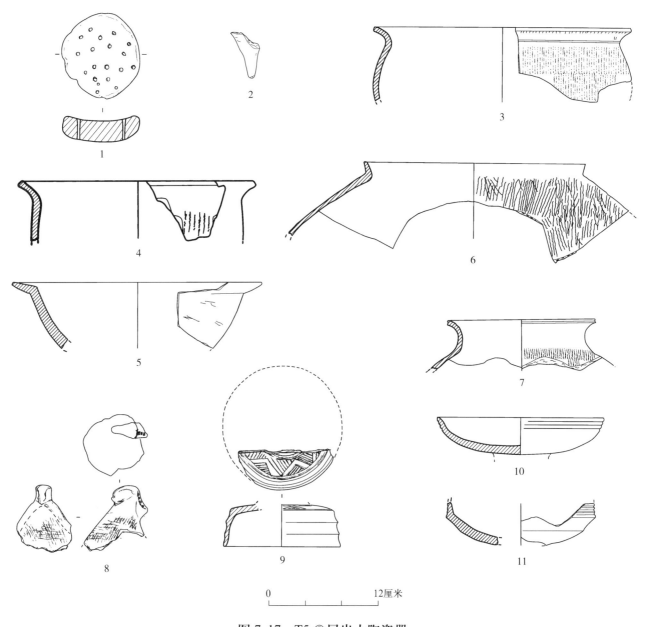

图 7-17　T5 ⑦层出土陶瓷器

1.盃箅 T5 ⑦：13　2.盃足 T5 ⑦：11　3～5.盆 T5 ⑦：32、34、35　6、7.罐 T5 ⑦：16、36　8、9.器盖 T5 ⑦：12、21　10、11.原始瓷豆 T5 ⑦：4、45、46

7. 盆

3 件。

T5 ⑦：32，夹砂红陶。侈口，卷沿较窄，沿下角较大，厚方唇，鼓腹，腹部以下残。腹部饰麦粒状绳纹，沿下和颈部绳纹被抹。口径 28、肩径 23.6、残高 15.6 厘米（图 7-17，3）。

T5 ⑦：34，泥质红陶。侈口，宽卷沿，薄方唇，斜直腹内收，腹部以下残。腹部饰有纵向中绳纹。口径 26、肩径 24.8、残高 6.2 厘米（图 7-17，4）。

T5 ⑦：35，夹砂黑褐陶，夹云母，口沿略呈红褐。侈口，折沿，圆唇，斜直腹。器表较粗糙。口径 27.2、残高 7 厘米（图 7-17，5）。

8. 罐

2 件。

T5 ⑦：16，夹砂陶，红皮灰胎。直口，卷沿，斜直肩，肩部以下残。肩部饰较粗交错绳纹，颈部绳纹被抹去，器内壁有两道指抹痕迹。口径 24、肩径 23.6、残高 10.4 厘米（图 7-17，6）。

T5 ⑦：36，泥质红陶。侈口，卷沿，方唇，斜直肩，肩部以下残。颈部以下饰有竖行中绳纹。口径 16、肩径 17.6、残高 5.4 厘米（图 7-17，7）。

9. 器盖

2 件。

T5 ⑦：12，夹砂红褐陶，器壁内侧有烟熏痕迹。整个盖体由泥片对捏而成，于一侧起脊，尤其在捉手内侧可见明显黏结痕迹，捉手略上凸，呈鸡冠状，并有一列戳印痕，盖身较斑驳，纹饰不详。残高 7.2 厘米（图 7-17，8；彩版四九，3 ～ 5）。

T5 ⑦：21，夹砂灰白胎，表层黑皮脱落严重。盖顶为平面，顶壁交界处外侧起棱，内侧圆转，盖壁有两道凸棱，盖缘圆形，盖顶周圈应饰填线多角星形，现仅残留三个角，每两个角之间还饰一个倒填线三角形，中间有一道凹槽，捉手残。底径 13.6、残高 4.2 厘米（图 7-17，9；彩版四九，6）。

10. 印纹硬陶片

3 件。

T5 ⑦：22，夹细砂灰褐色胎，灰白色表皮脱落严重。罐类，下腹部略内收，腹壁微鼓，腹底交界处折转，且外壁抹少量泥加固，圆平底。下腹部饰较规整的细绳纹，底端纹饰被抹泥覆盖。残长 8、残高 7 厘米（图 7-16，9；彩版五〇，1）。

T5 ⑦：23，泥质灰白陶，较致密。内壁有手按痕迹，重回纹（图 7-18，1）。

T5 ⑦：25，泥质灰白皮陶，紫胎，较致密，有气泡。回字纹（图 7-18，2；彩版五〇，2）。

11. 印纹软陶腹片

1 件。

T5 ⑦：24，夹砂灰褐陶，疏松，有气泡。方格纹（图 7-18，3；彩版五〇，3）。

12. 原始瓷豆

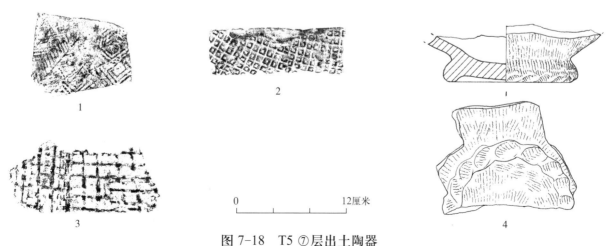

0　　　　　　　　12厘米

图 7-18　T5 ⑦层出土陶器

1、2. 印纹硬陶片 T5 ⑦：23、25　3. 印纹软陶腹片 T5 ⑦：24　4. 花边缸底 T5 ⑦：37

2 件。

T5 ⑦：4，泥质灰白胎，青色釉较厚。侈口，口径较大，尖唇，弧腹，下腹部残。口沿外侧饰三道旋纹。口径 16、最大腹径 16.4、残高 4.4 厘米（图 7-17，10；彩版五〇，4）。

T5 ⑦：45、46，泥质灰白胎，青色釉较厚。直口，口径较大，方唇，折腹内收，下腹残。口沿外侧饰三道旋纹。口径 18.4、残高 4 厘米（图 7-17，11）。

此外，还出土早一时期的花边缸底 1 件。

13. 花边缸底

1 件。

T5 ⑦：37，夹细砂红褐厚胎，灰色表皮，腹内底面中心内凹明显，腹底黏接于底座表面，底座边缘为外撇的花边状圈足，中心略外凸，腹壁、底座底面及圈足上皆饰粗糙的麦粒状绳纹。底径 12、残高 4 厘米（图 7-18，4；彩版五〇，5、6）。

（二）石器

6 件。有锛、凿、镞、砺石。

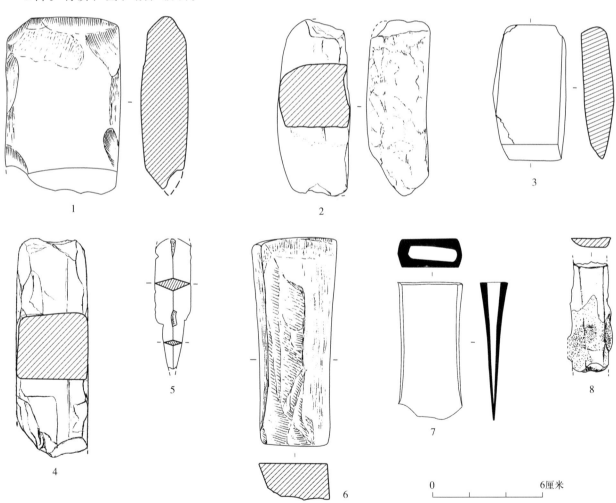

图 7-19　T5 ⑦层出土石器、铜器

1～3. 石锛 T5 ⑦：2、9、10　4. 石凿 T5 ⑦：5　5. 石镞 T5 ⑦：7　6. 砺石 T5 ⑦：1　7. 铜锛 T5 ⑦：3　8. 残铜削 T5 ⑦：8

1. 石锛

3 件。

T5 ⑦：2，灰白色。器体稍扁平，顶部残，单面刃，刃口均有大小不一的崩口，左部残。通体磨制粗糙，器表有多处打制疤痕。残长 9.3、宽 6.1、最厚 2.6 厘米（图 7-19，1；彩版五一，1）。

T5 ⑦：9，器体较厚，上部残，单面刃，刃口稍钝，上有崩口。通体磨制粗糙。残长 9.4、宽 4.1、最厚 3.3 厘米（图 7-19，2；彩版五一，2）。

T5 ⑦：10，乳白色。器体呈长方形，横截面也呈长方形，顶部残，单面刃，刃口较锋利。通体磨制较细，器表有多处打制疤痕。残长 7.1、宽 4.2、最厚 2 厘米（图 7-19，3；彩版五一，3）。

2. 石凿

1 件。

T5 ⑦：5，土黄色。器体厚重，上下均残。通体磨制稍粗，器表有多处打制疤痕。残长 11.6、宽 4、最厚 3.5 厘米（图 7-19，4；彩版五一，4）。

3. 石镞

1 件。

T5 ⑦：7，青灰色。前锋部残，镞身为四棱体，两侧边平直，扁锥形铤，中脊明显贯至铤端，铤平面呈长三角形。通体磨制光滑。残长 6.8、宽 2、厚 0.6 厘米（图 7-19，5）。

4. 砺石

1 件。

T5 ⑦：1，青灰色。平面呈长梯形，半成品。通体磨制较细，器表有不少打制疤痕。刃部未修琢成。长 11.1、宽 4.5、最厚 2 厘米（图 7-19，6；彩版五一，5、6）。

（三）铜器及相关遗物

1. 铜锛

1 件。

T5 ⑦：3，长条形，束腰，刃残。銎口近似圆角长方形。通体素面。通长 7.2、銎口纵 0.7、宽 2.7、刃宽 3.5 厘米（图 7-19，7；彩版五二，1～4）。

2. 残铜削

1 件。

T5 ⑦：8，两端均残，仅剩中间部分，横截面近似直角梯形。残长 5.8、宽 2.5、厚 0.5 厘米（图 7-19，8；彩版五三，1～8）。

3. 残铜器

1 件。

T5 ⑦：6（彩版五二，5）。

九　T5 ⑥层

遗物很少，仅少量陶片和 1 块炉壁。

1. 高足

1 件。

T5 ⑥：15，夹砂红褐陶。平跟。表面有绳纹。

2. 炉壁

1 件。

T5 ⑥：1（彩版五四，1 ～ 8）。

一〇　T5 ④层

该层出土遗物十分丰富，印纹硬陶、原始瓷数量增多，铜器和相关冶铸遗物丰富，并发现了容器类刻纹陶范等。

（一）陶瓷器

该层共出土陶片 285 片，陶器质地、颜色、纹饰统计如下表（表 7-25、26）。标本分述如下：

表 7-25　T5 ④层出土陶瓷器质地、颜色统计表

陶质	夹粗砂		夹细砂				泥质			印纹陶	原始瓷	合计
陶色	红	红褐	红	红褐	灰	黑皮红胎	红	灰	黑皮红胎	灰	带釉	
陶片数	8	12	37	98	24	15	65	13	4	4	5	285
百分比（%）	2.83	4.24	13.07	34.63	8.48	5.30	22.97	4.59	1.41	1.40	1.77	100

表 7-26　T5 ④层出土陶瓷器纹饰统计表

纹饰	软陶										印纹陶			原始瓷		合计
	素面	细绳纹	粗绳纹	弦断绳纹	交错绳纹	凹弦纹	凸棱	附加堆纹	按窝纹	刻划纹	方格纹	回纹	叶脉片数纹	凹弦纹	回纹	
陶片数	122	67	59	6	2	4	1	12	1	1	1	4	1	4	1	285
百分比（%）	43.11	23.67	20.85	2.12	0.71	1.41	0.35	4.24	0.35	0.35	0.35	1.40	0.35	1.41	0.35	100

1. 鬲

5 件。

T5 ④：5，夹砂红褐陶，夹云母，器表外侧有烟炱痕迹。折沿近平，沿面较宽，沿下角较小，斜方唇，鼓腹明显。腹部有纵向刮痕。口径 22、肩径 20、残高 9.2 厘米（图 7-20，1）。

T5 ④：6，夹砂黑褐陶，夹云母。侈口，折沿，沿下角较小，薄方唇，唇面及沿面内侧各有一道凹槽，鼓腹，器身较长，裆部较矮。裆部外壁饰模糊的绳纹。内壁有手制作痕迹。口径 10.8、肩径 9.6、最大腹径 13.2、残高 8.2 厘米（图 7-20，2；彩版五五，1）。

T5 ④：7，夹砂红褐陶，外壁及内壁部分被灼烧呈黑色，卷沿，沿下角较小，尖圆唇，裆部所对腹部微鼓，外壁腹部饰模糊绳纹，内壁上腹部有轮制痕迹，下腹部有按窝痕迹。口径 12、肩径 10.4、最大腹径 13、残高 7.6 厘米（图 7-20，13）。

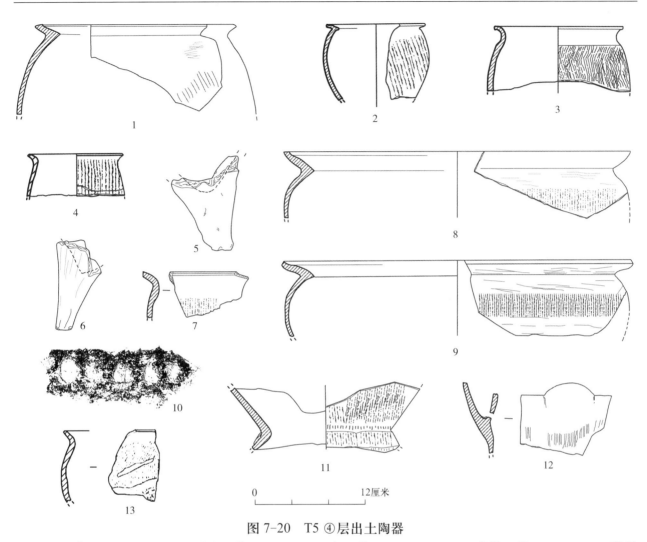

图 7-20　T5 ④层出土陶器

1～4. 鬲 T5 ④：5、6、51、52　5、6. 鬲足 T5 ④：36、37　7～9. 甗 T5 ④：13、53、54　10、11. 甗腰 T5 ④：31、30+56　12. 附耳 T5 ④：27

T5 ④：51，夹砂红褐陶。卷沿近平，圆唇，束颈，微鼓腹，下腹部残。腹部饰弦断中绳纹，绳纹较深，沿下绳纹被抹。口径 16.6、肩径 15.2、残高 8 厘米（图 7-20，3；彩版五五，2）。

T5 ④：52、66，夹砂红褐陶。小卷沿，方唇，唇面有一道凹槽，唇面较宽，微鼓腹，下腹部残。自沿下至腹部饰弦断竖行中绳纹，部分地方绳纹被抹。器腹内壁有很多按窝痕迹。口径 10.8、肩径 9.6、残高 4.6 厘米（图 7-20，4）。

2. 鬲足

2 件。

T5 ④：36，夹砂红陶，足上部和足窝内侧有烟炱痕迹。截锥状矮实足跟，足跟为斜面，足窝较浅。表面有刮削痕迹。残高 10 厘米（图 7-20，5）。

T5 ④：37，夹砂红褐陶。足窝内侧有烟炱痕迹。截锥状矮实足跟，足跟为斜面，足窝较浅。表面有刮削痕迹。残高 9.6 厘米（图 7-20，6）。

3. 甗

3 件。

T5④：13，夹砂红褐陶。卷沿近平，方唇，沿面有一道凹槽，直腹。沿下绳纹被抹，腹部饰竖行中绳纹，内壁可见轮制痕迹。残长8.6、残高4.8厘米（图7-20，7）。

T5④：53，夹砂黑褐陶，器表及口沿有烟炱痕迹，夹云母。折沿，沿下角较小，斜方唇，唇面有一道凹槽，颈、腹分界线明显。腹部部分饰竖行绳纹。沿下有刮痕，内壁有按压痕迹。口径38、肩径34、腹径38、残高7厘米（图7-20，8）。

T5④：54，夹砂黑褐陶，器表有烟炱痕迹，夹云母。折沿，沿下角较小，方唇，唇面有一道凹槽，颈、腹分界线明显。腹部部分饰竖行绳纹，上下均有刮痕，内壁可见口沿与器身黏结痕迹。口径38.4、肩径34.4、腹径37.6、残高8厘米（图7-20，9）。

4. 甗腰

3件。

T5④：31，夹砂红褐陶，略夹云母。呈椭圆形，隔部折。甗腰外饰指甲纹一周（图7-20，10）。

T5④：30+56，夹砂红陶。甗腰外附加泥条较厚较宽，卷隔，器身及甗腰均饰竖行细绳纹。甗腰径14、残高7.4厘米（图7-20，11）。

5. 附耳

1件。

T5④：27，为附耳甗的附耳。夹砂红褐陶，器表有黑色烟炱痕迹。附耳较窄，边缘方唇，略高于器腹高度，耳洞较小。外壁是竖行细绳纹（图7-20，12）。

6. 豆

1件。

T5④：24，夹砂红褐陶。敛口，方唇，弧腹内收，下腹部残。素面。口径14.8、残高3厘米（图7-21，1）。

7. 盘

1件。

T5④：26，泥质黑皮红胎，胎芯为灰白色。口沿残，直腹内收，平底，圈足微向外展。腹径13.6、圈足径12、高4.2厘米（图7-22，1；彩版五五，3）。

8. 盆

2件。

T5④：18，泥质灰陶。侈口，折沿，沿下角较大，厚方唇，口沿下部残。颈部以下可见少量绳纹。口径34、肩径31.2、残高3.2厘米（图7-21，2）。

T5④：19，泥质灰陶。侈口，折沿，沿下角较大，厚方唇，折肩，肩部斜直较高，肩部可见两道凹槽，肩部以下残。沿下至肩部饰纵向绳纹，部分被抹去。口径34、肩径31.6、腹径33.6、残高6.8厘米（图7-21，3）。

9. 盆口沿

2件。

T5④：12，泥质红褐陶，薄胎。卷沿，方唇。颈部的绳纹被抹去，肩部饰纵向细绳纹。口径22、肩径19.2、最大腹径19.6、残高5.4厘米（图7-21，4）。

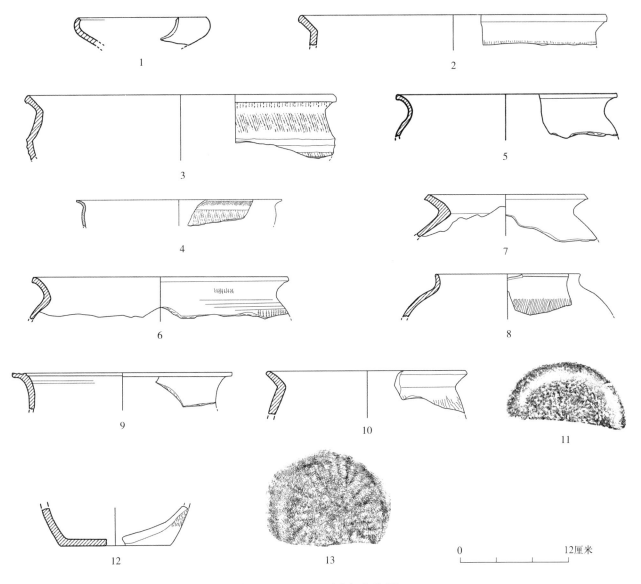

图 7-21　T5 ④层出土陶器

1. 豆 T5 ④：24　2、3. 盆 T5 ④：18、19　4、5. 盆口沿 T5 ④：12、15　6～9. 罐 T5 ④：14、17、22、23　10. 罐口沿 T5 ④：11　11～13. 罐底 T5 ④：43、46、47

T5 ④：15，泥质黄褐陶。卷沿，方唇，鼓肩。素面。口径 24、肩径 21.6、残高 4.6 厘米（图 7-21，5）。

10. 罐

4 件。

T5 ④：14，夹砂陶，红皮黑胎。侈口，卷沿，方唇，束颈，颈部以下残。颈部和颈部以下可见极少竖行绳纹。口径 28、肩径 25.2、残高 4.4 厘米（图 7-21，6）。

T5 ④：17，夹砂红褐陶，器表有灰白色痕迹，夹云母。斜直口，折沿，方唇，肩部略低平。抹光。口径 18、肩径 14.8、残高 5 厘米（图 7-21，7）。

T5 ④：22，泥质陶，黑皮红褐胎。直口，微卷沿，圆唇，束颈，斜直肩，肩部以下残。沿以下至肩部饰有竖行细绳纹，颈部绳纹被抹去。口径 16、肩径 15.6、残高 4.4 厘米（图 7-21，8）。

T5④：23，夹砂陶，内含少量云母颗粒，外黑内红。侈口，卷沿，圆唇，高领，领以下残。沿内侧饰三道凹弦纹，其余部分为素面。口径24、残高3.6厘米（图7-21，9）。

11.罐口沿

1件。

T5④：11，夹砂红褐陶，含少量云母。疑似罐口沿。卷沿，方唇，沿下角较大，鼓腹。腹部饰竖行细绳纹，纹饰很模糊（图7-21，10）。

12.罐底

3件。

T5④：43，泥质灰陶略夹砂。上腹部残，下腹部斜直，器腹与器底交界处圆转，圜底微内凹，底径较小。器腹及外底饰紊乱模糊绳纹。底径6.8、残高4厘米（图7-21，11）。

T5④：46，仅存器底。夹砂红褐陶。底径较大，器身与器腹交界处硬折，平底。下腹部饰竖行细绳纹，外底素面。底径12、残高4.2厘米（图7-21，12）。

T5④：47（与T6⑤：48可拼合），泥质黄褐陶。仅存器底，底径较大，腹部残，圜底，微内凹。器腹与器底交界处圆转，器腹及外底饰紊乱绳纹。底径14、残高3.4厘米（图7-21，13）。

13.印纹硬陶片

4件。

T5④：41，罐底，灰色。回字纹（图7-22，2）。

T5④：44，口沿。敞口，卷沿，方唇，直腹。腹部饰重回纹（图7-22，3）。

T5④：58，腹片，泥质灰白皮深灰胎紫黑芯陶，较致密。回字纹。内壁有轮制痕迹（图7-22，4）。

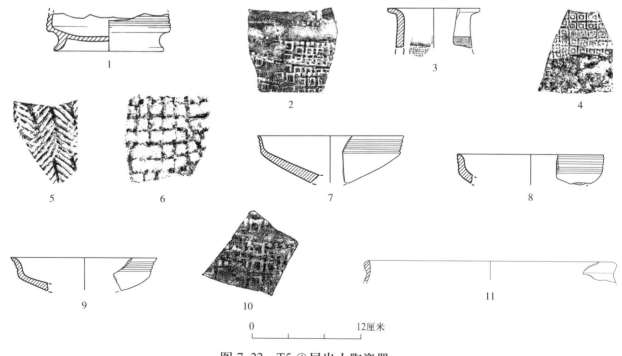

图7-22　T5④层出土陶瓷器

1.盘 T5④：26　2～5.印纹硬陶片 T5④：41、44、58、59　6.印纹软陶腹片 T5④：42　7～9.原始瓷豆 T5④：40、60、61　10.原始瓷腹片 T5④：63　11.陶缸 T5④：20

T5④：59，腹片，泥质铁灰皮、紫胎、灰白芯，较致密。叶脉纹。内壁有手按痕迹（图 7-22，5）。

14. 印纹软陶腹片

1 件。

T5④：42，夹砂灰褐陶，疏松，有气泡。方格纹（图 7-22，6）。

15. 原始瓷豆

3 件。

T5④：40，泥质灰白胎，青色釉保存较好。侈口，口径较大，尖唇，弧腹内收，下腹较厚，豆盘较深。口沿外侧饰三道旋纹。口径 16、残高 6 厘米（图 7-22，7）。

T5④：60，泥质灰白胎，青色釉。侈口，口径较大，尖圆唇，弧腹，下腹部残。口沿外侧饰三道旋纹。口径 16、残高 3 厘米（图 7-22，8）。

T5④：61，泥质灰白胎，青色釉。侈口，口径较大，尖圆唇，弧腹，下腹部残。口沿外侧饰三道旋纹。口径 16、残高 3.4 厘米（图 7-22，9）。

16. 原始瓷腹片

1 件。

T5④：63，泥质灰白胎，青色釉。器表饰凸方格纹（似回字纹）（图 7-22，10）。

此外还发现早期的陶缸 1 件。

17. 陶缸

1 件。

T5④：20，泥质灰白陶，略夹砂。侈口，厚唇，唇内沿棱角分明，外缘较圆转，腹部微外鼓。素面（图 7-22，11）。

（二）石器

数量较少。

石凿

1 件。

T5④：2，灰黑色。器体细长，平面呈长条形，横截面近似正方形，单面刃，刃口较钝。通体精磨，器表有打制疤痕。最大长 9.8、宽 0.8、厚约 0.6 厘米（图 7-23，1；彩版五五，4）。

（三）铜器及相关遗物

1. 铜削

1 件。

T5④：1，长条形刀，柄稍窄，前锋上翘，微残，斜直刃与柄相接处为直角。柄上饰斜向纹饰。通长 15.4、刃宽 1.9、厚 0.2 厘米（图 7-23，2；彩版五五，5、6）。

2. 陶范

1 件。

T5④：4，残。上饰有卷草纹。残长 11、宽 8.9、厚 1～2.5 厘米（图 7-24；彩版五六，1～7）。

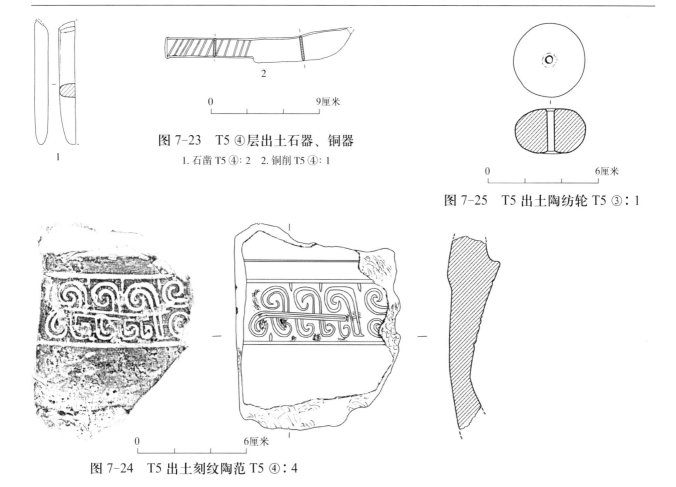

图 7-23　T5 ④层出土石器、铜器

1. 石凿 T5 ④：2　2. 铜削 T5 ④：1

图 7-25　T5 出土陶纺轮 T5 ③：1

图 7-24　T5 出土刻纹陶范 T5 ④：4

一一　T5 ③层

该层包含物较少，仅发现鬲足 1 件，陶纺轮 1 件。

1. 鬲足

1 件。

T5 ③：7，夹砂灰褐陶。柱状实足跟高，足窝较浅，足跟为斜面。表面有刮削痕迹。

2. 陶纺轮

1 件。

T5 ③：1，泥质红陶。两面平。最大直径 4.1、最厚 2.5 厘米（图 7-25；彩版五七，1）。

一二　T5 ②层

本层印纹硬陶数量较多，纹饰较丰富。另有 1 件残鼎足。

陶瓷器

该层共出土陶片 68 片，陶器质地、颜色、纹饰统计如下表（表 7-27、28）。标本分述如下：

表 7-27　T5 ②层出土陶瓷器质地、颜色统计表

陶质	夹粗砂			夹细砂					泥质				印纹陶		合计
陶色	红	红褐	灰	红	红褐	灰	黑	黑皮红胎	红	红褐	灰	黑皮红胎	灰	褐	
陶片数	4	10	3	2	14	4	1	3	6	6	1	2	10	2	68
百分比（%）	5.88	14.71	4.41	2.94	20.59	5.88	1.47	4.41	8.82	8.82	1.47	2.94	14.71	2.94	100

表 7-28　T5 ②层出土陶瓷器纹饰统计表

纹饰	软陶						印纹陶						合计
	素面	细绳纹	粗绳纹	弦断绳纹	凹弦纹	附加堆纹	细绳纹	回纹	席纹	菱形纹	重回纹	凹弦纹	
陶片数	24	23	4	1	9	1	1	3	2	3	2	1	68
百分比（%）	35.29	33.82	5.88	1.47	13.24	1.47	1.47	4.41	2.94	4.41	2.94	1.47	100

1. 鬲

2 件。

T5②：2，夹细砂红褐陶，器表及口沿部分被严重灼黑。小卷沿近平，圆角方唇，唇面较窄，微鼓腹，下腹部残。自沿下至腹部饰弦断细绳纹。内壁有很多按压痕迹。口径 13、残高 4 厘米（图 7-26，1）。

T5②：8，夹砂红褐陶，夹云母，内壁及部分外壁被灼黑。斜直口，折沿，沿下角较大，圆角方唇，裆部所对腹部微鼓。外侧有明显刮痕，内壁有按窝痕迹。口径 14、肩径 12、最大腹径 12.8、残高 7.4 厘米（图 7-26，2）。

2. 角把鬲

1 件。

T5②：1，夹砂黑褐陶。侈口，方唇，束颈，折肩，腹部斜向内收，腹部以下残，肩、腹结合处饰有实体器耳。肩部饰凸弦纹，其余部分为素面。口径 22、肩径 21.2、腹径 26、残高 8.8 厘米（图 7-26，3；彩版五七，2）。

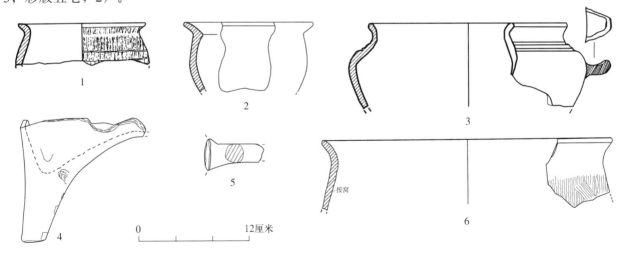

图 7-26　T5 ②层出土陶器

1、2. 鬲 T5②：2、8　3. 角把鬲 T5②：1　4. 鬲足 T5②：9　5. 盉把 T5②：6　6. 盆 T5②：4

3.鬲足

1件。

T5②：9，夹砂红陶，内含少量云母颗粒。弧裆，截锥状实足跟较高，足窝深，足跟为斜面。表面有刮削痕迹。残高13厘米（图7-26，4）。

4.甗腰

1件。

T5②：18，夹砂红褐陶。呈椭圆形，隔部折。器身饰竖行细绳纹，甗腰外饰指甲纹一周。

5.盉把

1件。

T5②：6，夹砂红褐陶。把细长，下端贴近器身部分较平，上端残。直径2、长约5.8厘米（图7-26，5）。

6.盆

1件。

T5②：4，夹砂红陶。侈口，卷沿较窄，方唇较厚，直腹，腹部以下残。沿下至颈部为素面，腹部饰交错绳纹。口径32、肩径30、残高7.4厘米（图7-26，6；彩版五七，3、4）。

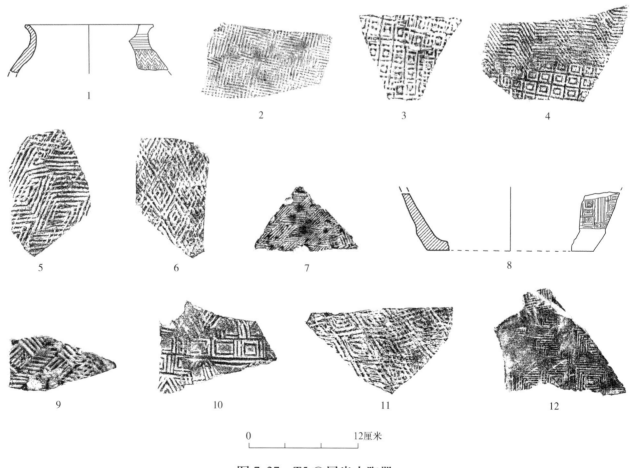

图7-27　T5②层出土陶器

1.印纹硬陶口沿 T5②：19　2～11.印纹硬陶腹片 T5②：12～17、20、21、23、25　12.印纹软陶腹片 T5②：22

7. 印纹硬陶口沿

1 件。

T5 ②：19，泥质紫胎灰皮硬陶。小卷沿，沿面顶端抹出一周浅凹槽，圆唇，矮领略内凹，圆鼓肩。领外壁至肩部顶端刮出数周细凹槽，其下肩部拍印杂乱重菱纹。口径 14.5、残高 5.4 厘米（图 7-27，1）。

8. 印纹硬陶腹片

10 件。

T5 ②：12，泥质外壁灰白、紫红胎，内壁铁灰色，较致密。内壁有手按痕迹，重回纹（图 7-27，2）。

T5 ②：13，泥质灰白皮红胎，致密。内壁有轮制痕迹，回字纹（图 7-27，3；彩版五七，5）。

T5 ②：14，泥质灰陶，较致密。回字纹和折线纹复合（图 7-27，4）。

T5 ②：15，泥质灰白陶，较疏松。内壁有轮制痕迹，菱形重回纹（图 7-27，5）。

T5 ②：16，泥质外壁黑色、紫红胎、内壁深灰色，致密。菱形重回纹（图 7-27，6）。

T5 ②：17，泥质外壁呈灰色、紫胎、内壁铁灰色，较致密，有气泡。席纹（图 7-27，7；彩版五七，6）。

T5 ②：20，泥质硬陶，紫胎，腹外壁灰色表层，内壁、底面及外壁抹泥处灰黑色表层。下腹部斜直内收，腹底交界处折转，且内外壁皆抹泥加固，圆平底。下腹部拍印杂乱的凸方格纹。底径 18、残高 6.4 厘米（图 7-27，8）。

T5 ②：21，泥质灰白陶，较致密。内壁亦有席纹，较模糊，纹理不清，席纹（图 7-27，9）。

T5 ②：23，泥质灰褐陶，较致密。复线三角纹和复线方格纹复合（图 7-27，10）。

T5 ②：25，泥质深灰皮紫红胎，较致密。内壁有轮制痕，菱形重回纹迹（图 7-27，11）。

9. 印纹软陶腹片

1 件。

T5 ②：22，泥质橙色陶，疏松。重回纹（图 7-27，12）。

第八章　T6 遗存分述

T6 位于遗址南半部的近中部，属堆积最厚的区域，西半部略向东倾斜，4°～9°，东半部基本较平，最深超过 3.3 米。地层堆积与 T5 相似，上层仍以多层黄土间隔多层灰黑土为特点，下层则以黄色土为主，最下层几层青灰色淤土当属先民在此生活之前的原始堆积。

本探方内遗迹较多，但相对集中在⑩层下且多数为建筑类遗迹，反映出这是一个活动频繁的时段。

第一节　地层堆积

T6 根据土质、土色及其包含物状况可分为 14 层堆积，现逐层介绍各堆积层情况（图 8-1；彩版五八、五九）。

第①层：厚 0.05～0.16 米。灰色土，土质疏松，夹细碎的烧土颗粒。遍布全方。包含物有陶片、明清瓷片、石器等。开口于①层下的遗迹单位有 G1、M1。

第②层：距地表深 0.05～0.16、厚 0～0.54 米。黄褐色土，土质纯净、较硬。堆积由中部向东北倾斜，分布于探方大部。包含物有少量陶片和石块。

第③层：距地表深 0.07～0.65、厚 0～0.30 米。褐色土，土质致密，夹少量草木灰、红烧土颗粒。堆积东北部厚、东南部薄，分布在探方东部及北部。包含物有大量陶片和少量石器。

第④层：距地表深 0.06～0.80、厚 0～0.70 米。深灰色土，土质较疏松，夹大量炭粒和少量红烧土颗粒。堆积西北向东北略呈倾斜，除探方西部外遍布全方。包含物有大量陶片和少量石器。

第⑤层：距地表深 0.05～1.35、厚 0～0.70 米。灰褐色土，土质较致密，夹少量红烧土颗粒、炭粒。堆积西北部较厚，除探方西南部外遍布全方。包含物有大量陶片、少量石器和炉壁碎片。

第⑥层：距地表深 0.05～1.60、厚 0～0.50 米。深灰色土，土质较疏松，夹大量炭粒、草木灰以及少量红烧土颗粒。堆积水平状，除探方西南部外遍布全方。包含物有较多陶片和少量石器。

第⑦层：距地表深 0.06～1.72、厚 0～0.50 米。灰黄色土，土质较致密，夹大量炭粒、红烧土颗粒、草木灰。堆积以西南、西北部较厚，东南部较薄，除探方东北部外遍布全方。包含物有较多陶片和少量铜锈块。

第⑧层：距地表深 0.20～1.85、厚 0.06～0.38 米。灰黑色土，土质疏松，夹较多草木灰、炭粒及少量红烧土颗粒。堆积水平状，遍布全方。包含物有数量丰富的陶片、少量石器和铜器相关遗物。

第⑨层：距地表深 0.70～1.98、厚 0.06～0.30 米。灰褐色土，土质较疏松，夹较多草木灰、炭粒及少量红烧土颗粒。堆积以东南、西南部较厚，遍布全方。包含物有较少陶片和铜器相关遗物。

第⑩层：距地表深 0.82～2.10、厚 0.17～0.80 米。灰黑土，土质疏松，夹大量草木灰、炭粒、红烧土颗粒。堆积分布全方。包含物有少量陶片。开口于⑩层下的遗迹单位有灰坑 6 个，编号为

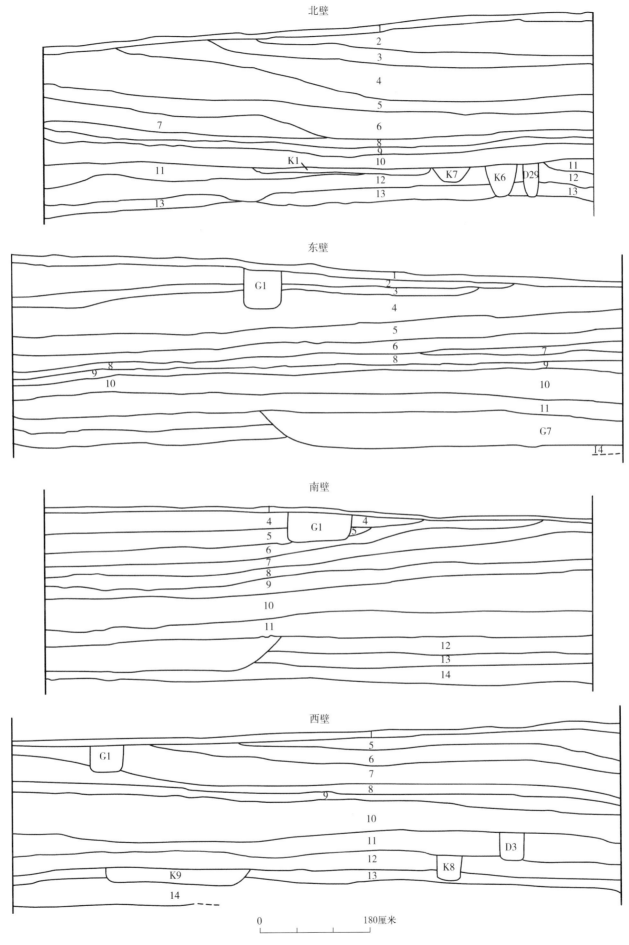

图 8-1　T6 剖面图

K1、K2、K3、K4、K5、K6、K7，柱洞 50 个，编号为 D1 ～ D50，井 1 个，编号为 J1。

第⑪层：距地表深 1.50 ～ 2.40、厚 0 ～ 0.50 米。黄色土，夹铁锈斑，土质致密，夹少量红烧土颗粒、炭粒。堆积厚薄不均，以西南、西北部较厚，除探方东北部外遍布全方。包含物为数量丰富的陶片、少量石器和铜器相关遗物，在东南角出土有少量植物根系。开口于⑪层下的遗迹单位有 K8、G7。

第⑫层：距地表深 1.80 ～ 2.60、厚 0 ～ 0.40 米。褐色土，土质较致密，夹较多炭粒、少量红烧土颗粒。堆积水平状，除东南部被 G7 打破外遍布全方。包含物有较多陶片和少量的石器。开口于本层下的遗迹单位有 K9。

第⑬层：距地表深 2.05 ～ 2.80、厚 0 ～ 0.30 米。青灰色土，土质较疏松，夹极少量炭粒、草木灰。堆积厚度相对均匀，除东南部被 G7 打破外遍布全方。未见包含物。

第⑭层：距地表深 2.20 ～ 3.10、厚 0 ～ 0.45 米。灰黄色土，土质较致密。堆积厚度相对均匀，除东南部被 G7 打破外遍布全方。本层底部有厚约 5 厘米的草木灰堆积，厚薄均匀。未见包含物。

第二节　遗迹

一　建筑类遗存

主要是⑩层下发现的柱洞，下文中的若干小坑也可能与之相关。这些遗迹应当与房址有关，但难以确认其相互关系，也就无法区分出房址形态，均只按个体编号（图 8-2、3；彩版六〇，1）。

该层下的柱洞共 50 个，编号为 D1 ～ D50，其中少部分有较大的柱坑，填土皆为含烧土颗粒的黑褐色土、黄褐色土，并含铁锈斑，与周边黄色土层差别明显，内含少量破碎陶片等。详情如下表（表 8-1）。部分遗物分述如下：

1. 鬲口沿

2 件。

D22：2，夹细砂褐陶。敞口，方唇。外沿下有竖向绳纹。残高 4 厘米（图 8-4，1）。

D34：1，夹细砂红褐陶。略宽斜沿，方唇。残高 4 厘米（图 8-4，2）。

2. 侧装鼎足

1 件。

D22：1，夹细砂红褐陶。足尖残缺，上部对捏三对按窝。残长 7 厘米（图 8-4，3）。

3. 盆口沿

1 件。

D46：2，泥质灰陶。窄平沿，沿外缘上翘，近方唇。残高 3 厘米（图 8-4，4）。

4. 瓿底

1 件。

D46：1，泥质灰陶。底略内凹。底径 5.4、残高 2.5 厘米（图 8-4，5）。

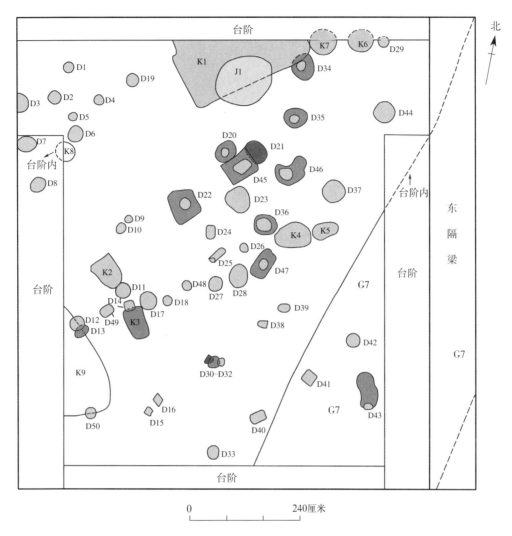

图 8-2　T6 ⑩层下柱洞、小坑平面分布图

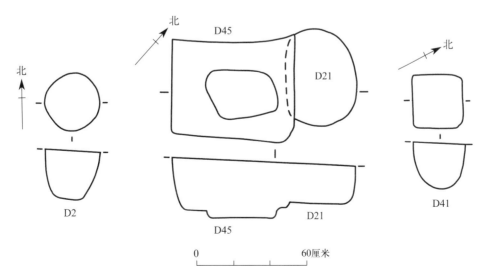

图 8-3　T6D2、D21、D41、D45 平、剖面图

表 8-1　T6D1～D50 形制与包含物数据表

编号	推测性质	形状与结构	尺寸（米） （长 × 宽 - 深）	包含物	备注
T6D1	柱洞	圆形洞口，直壁，平底	0.20×0.20-0.32	无	
T6D2	柱洞	圆形洞口，直壁，平底	0.30×0.28-0.30	无	
T6D3	柱洞	圆形洞口，直壁，平底	0.35×0.25-0.48	极少的陶片	
T6D4	柱洞	圆形洞口，直壁，平底	0.22×0.20-0.24	无	
T6D5	柱洞	圆形洞口，直壁，平底	0.18×0.15-0.20	无	
T6D6	柱洞	圆形洞口，直壁，平底	0.35×0.32-0.48	极少的陶片	
T6D7	柱洞	圆形洞口，直壁，平底	0.28×0.30-0.24	极少的陶片	
T6D8	柱洞	圆形洞口，直壁，平底	0.32×0.30-0.54	极少的陶片	
T6D9	柱洞	圆形洞口，直壁，平底	0.18×0.16-0.12	无	
T6D10	柱洞	椭圆形洞口，直壁，平底	0.23×0.20-0.35	无	
T6D11	柱洞	圆形洞口，直壁，平底	0.35×0.35-0.31	极少的陶片	
T6D12	柱洞	圆形洞口，直壁，平底	0.32×0.30-0.12	无	打破 D13、K9
T6D13	柱洞	椭圆形洞口，直壁，平底	0.32×0.25-0.08	无	被 D12 打破并打破 K9
T6D14	柱洞	圆角方形洞口，直壁，平底	0.19×0.15-0.20	无	打破 K3
T6D15	柱洞	方形洞口，直壁，平底	0.18×0.16-0.10	无	
T6D16	柱洞	方形洞口，直壁，平底	0.20×0.18-0.10	无	
T6D17	柱洞	圆形洞口，直壁，平底	0.37×0.35-0.22	极少的陶片	
T6D18	柱洞	圆形洞口，直壁，平底	0.22×0.22-0.14	无	
T6D19	柱洞	圆形洞口，直壁，平底	0.27×0.25-0.30	无	
T6D20	柱坑	圆形坑口，直壁，平底	柱坑：0.43-0.45 柱洞：0.26×0.26-0.40	无	
T6D21	柱洞	椭圆形洞口，直壁，平底	0.55×0.38-0.21	无	被 D45 打破
T6D22	柱坑	近方形坑口，直壁，平底	柱坑：0.60×0.45-0.31 柱洞：0.25×0.22-0.30	极少的陶片	
T6D23	柱洞	椭圆形洞口，直壁，平底	0.55×0.45-0.50	极少的陶片	
T6D24	柱洞	长方形洞口，直壁，平底	0.20×0.20-0.28	无	
T6D25	柱洞	长方形洞口，直壁，平底	0.34×0.15-0.20	无	
T6D26	柱洞	圆形洞口，直壁，平底	0.17-0.15	无	
T6D27	柱洞	圆形洞口，直壁，平底	0.30-0.30	无	
T6D28	柱洞	椭圆形洞口，直壁，平底	0.48-0.40	极少的陶片	
T6D29	柱洞	半圆形洞口，直壁，平底	0.25×0.13-0.55	无	
T6D30	柱洞	近圆形洞口，直壁，平底	0.13-0.12	无	被 D31 打破
T6D31	柱洞	圆形洞口，直壁，平底	0.25-0.23	无	打破 D30 并被 D32 打破
T6D32	柱洞	圆形洞口，直壁，平底	0.17-0.13	无	打破 D31
T6D33	柱洞	圆形洞口，直壁，平底	0.27-0.25	无	

编号	推测性质	形状与结构	尺寸（米） （长 × 宽 – 深）	包含物	备注
T6D34	柱坑	圆形坑口，直壁，平底	柱坑：0.50-0.50 柱洞：0.22-0.18	极少的陶片	
T6D35	柱坑	圆形坑口，直壁，平底	柱坑：0.50-0.40 柱洞：0.22×0.18-0.22	无	
T6D36	柱坑	圆形坑口，直壁，平底	柱坑：0.47-0.45 柱洞：0.23×0.32-0.42	无	
T6D37	柱洞	圆形洞口，直壁，平底	0.51-0.47	无	
T6D38	柱洞	圆角方形洞口，直壁，平底	0.23×0.13-0.20	无	
T6D39	柱洞	椭圆形洞口，直壁，平底	0.27×0.17-0.22	极少的陶片	
T6D40	柱洞	长方形洞口，直壁，平底	0.28×0.23-0.22	极少的陶片	
T6D41	柱洞	方形洞口，直壁，平底	0.30×0.26-0.24	极少的陶片	
T6D42	柱洞	圆形洞口，直壁，平底	0.30-0.30	无	
T6D43	柱坑	不规则椭圆形坑口，直壁，平底	柱坑：0.80×0.35-0.13 柱洞：0.20-0.13	无	
T6D44	柱洞	圆形洞口，直壁，平底	0.48-0.42	极少的陶片	
T6D45	柱坑	长方形坑口，直壁，平底	柱坑：0.62×0.50-0.32 柱洞：0.38×0.26-0.14	无	打破 D21
T6D46	柱坑	不规则近椭圆形坑口，直壁，平底	柱坑：0.65×0.60-0.24 柱洞：0.30×0.25- ？	极少的陶片	
T6D47	柱坑	椭圆形坑口，直壁，平底	柱坑：0.66×0.35-0.32 柱洞：0.25×0.20-0.42	无	
T6D48	柱洞	圆形洞口，直壁，平底	0.22-0.20	无	
T6D49	柱洞	圆角方形洞口，直壁，平底	0.28×0.18-0.10	无	
T6D50	柱洞	圆形洞口，直壁，平底	0.25×0.23-0.12	无	打破 K9

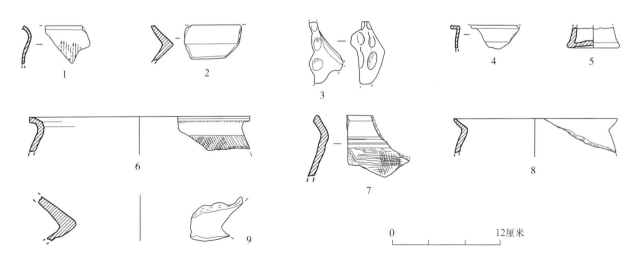

图 8-4　T6K1、K4 及柱洞出土陶器

1、2. 鬲口沿 D22：2、D34：1　3. 侧装鼎足 D22：1　4. 盆口沿 D46：2　5. 瓤底 D46：1　6、7. 鬲口沿 T6K1：1、2　8. 罐口沿 T6K1：3　9. 罐口沿 T6K4：1

二　灰坑及其他坑状堆积

1.T6K1

开口于第⑩层下，位于探方北侧中部，被 J1 打破，打破 D34。平面呈近长方形，斜壁，平底，东西长约 2.90、南北宽约 1.50、深约 0.10 米。填土黑色，夹杂红烧土颗粒。坑内出土陶片 13 片，质地、颜色、纹饰统计如下表（表 8-2、3）。标本分述如下：

表 8-2　T6K1 出土陶瓷器质地、颜色统计表

陶质	夹砂		印纹陶	合计
陶色	灰	红褐	红	
陶片数	5	7	1	13
百分比（％）	38.46	53.85	7.69	100

表 8-3　T6K1 出土陶瓷器纹饰统计表

纹饰	软陶			印纹陶	合计
	素面	细绳纹	附加堆纹	雷纹	
陶片数	8	3	1	1	13
百分比（％）	61.54	23.08	7.69	7.69	100

鬲口沿

2 件。

T6K1∶1，夹细砂红褐陶。卷沿，方唇，唇部内凹形成凹槽，矮领。颈部绳纹被抹去，颈部以下饰交叉细绳纹。口径 24、残高 3.6 厘米（图 8-4，6）。

T6K1∶2，夹细砂红褐陶。折沿，方唇，唇部略内凹。颈部饰两道旋纹，颈部以下饰交错的细绳纹。残长 6.8、残高 6.6 厘米（图 8-4，7）。

罐口沿

1 件。

T6K1∶3，细夹砂红陶，薄胎。窄折沿，圆唇。素面。口径 18、残高 3.6 厘米（图 8-4，8）。

2.T6K2

开口于第⑩层下，位于探方西侧中部。平面呈近长方形，直壁，平底，最大长约 0.62、最大宽约 0.50、深约 0.12 米。填土为黑褐色土，土质较疏松。坑内出土陶片 5 片，皆素面，质地、颜色统计如下表（表 8-4）。

3.T6K3

开口于第⑩层下，位于探方西侧偏南，被 D14 打破。平面呈近长方形，直壁，平底，最大长约 0.70、最大宽约 0.40、深约 0.10 米。填土为黑褐色土，土质较疏松。未见包含物。

4.T6K4

开口于第⑩层下，位于探方中部偏东。平面呈近椭圆形，直壁，平底，最大长约 0.72、最大宽约 0.46、

表 8-4　T6K2 出土陶瓷器质地、颜色统计表

陶质	夹细砂			泥质	合计
陶色	灰	黑皮红胎	黑	黑皮红胎	
陶片数	1	1	2	1	5
百分比（%）	20.00	20.00	40.00	20.00	100

深约 0.30 米。填土为黑褐色土，土质较疏松。坑内出土陶片 3 片，皆素面，夹砂红褐陶 2 片、泥质灰陶 1 片。

罐口沿

1 件。

T6K4：1，夹砂红陶，夹云母，厚胎。窄折沿，尖唇，广肩。器表有刮痕，素面。口径 17.6、残高 4.8 厘米（图 8-4，9）。

5.T6K5

开口于第⑩层下，位于探方中部偏东。平面呈近椭圆形，直壁，平底，长约 0.60、宽约 0.32、深约 0.36 米。填土为黑褐色土，土质较疏松。坑内出土陶片 25 片，质地、颜色、纹饰统计如下表（表 8-5、6）。

表 8-5　T6K5 出土陶瓷器质地、颜色统计表

陶质	夹砂		泥质		合计
陶色	灰	红褐	灰	黑	
陶片数	1	2	5	17	25
百分比（%）	4.00	8.00	20.00	68.00	100

表 8-6　T6K5 出土陶瓷器纹饰统计表

纹饰	软陶					合计
	素面	绳纹	细绳纹	粗绳纹	凸棱纹	
陶片数	19	1	1	2	2	25
百分比（%）	76.00	4.00	4.00	8.00	8.00	100

6.T6K6

开口于第⑩层下，位于探方东北部，部分坑体进入北壁。暴露坑口平面为近圆形，斜壁，圜底。开口距地表约 2.35、口径约 0.60、深约 0.60 米。填土为黑褐色土，土质较疏松。未见包含物。

7.T6K7

开口于第⑩层下，位于探方东北部，部分坑体进入北壁。暴露坑口平面为近圆形，平底，斜壁，开口距地表约 2.45、口径约 0.60、深约 0.23 米。填土为黑褐色土，土质较疏松。未见包含物。

8.T6K8

开口于第⑪层下，位于探方西侧偏北，西侧坑体进入台阶内。暴露坑口平面呈半圆形，直壁，

平底，开口距地表约 2.05、口径约 0.40、深约 0.35 米。坑内填土为褐色，土质较疏松。未见包含物。

　　9.T6K9

　　开口于第 ⑫ 层下，位于探方西南部，西侧坑体进入台阶内。暴露坑口平面近椭圆，斜壁，平底，开口距地表约 2.05、南北长约 2.30、东西宽约 1.00、深约 0.25 米。坑内填土为褐色，土质致密。未见包含物。

三　沟

　　G7

　　位于本探方东南部并延至 T7 西北角（图 8-5）。开口于 T6⑪ 层下、T7⑫ 层下。已暴露的部分平面呈长条形，斜直壁，底近平。开口距地表 2.05 ～ 2.40、南北长约 10.00、东西宽 3.80 ～ 4.00、深约 0.90 米。坑内堆积分为上下两层，上层为黄褐色土，土质略疏松，包含物有极少量炭粒、草木

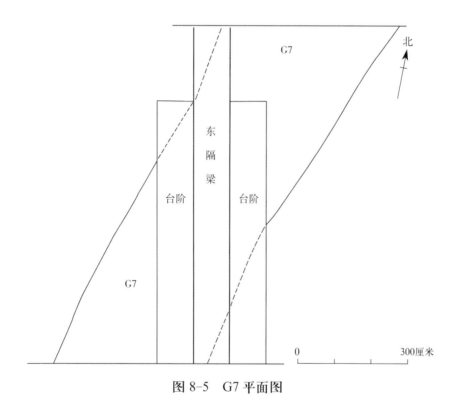

图 8-5　G7 平面图

灰和少量陶片，下层为青灰色似淤土，土质较疏松，包含物只有极少量石块（彩版六〇，2、六一，1、2）[1]。两个探方 G7 填土内共出土陶片 58 片，质地、颜色、纹饰统计如下表（表 8-7、8）。标本分述如下：

　　[1]　G7 在整理中发现如下问题：1.遗迹开口于夏时期地层之下；2.T6K 层发掘时如第二章所述有操作方面的问题，但两个探方的陶片最后归到一起，陶片中大部分属夏时期，一部分属商时期，失去了校核材料；3.碳-14 测年样品为 T7 内 G7 所采，坐标 843×310—292 厘米，位于 G7 上层黄褐色土中，也是陶片出土层位，测年结果为 1380B.C.（95.4%）1120B.C.，属于商代中晚期。如此，对 T6K 层及 G7 上层的堆积成因需要再考虑，在肯定有⑩层或晚遗存未挖净、或者后期陶片清洗过程中可能混淆的同时，其堆积本身是否也存在先民翻土再填的可能性？详见第二章第三节。

表 8-7　G7 出土陶瓷器质地、颜色统计表

陶质	夹细砂			夹粗砂	泥质			合计
陶色	红褐	灰	黑皮红胎	黑皮红胎	黑皮红胎	灰	红褐	
陶片数	10	19	7	1	16	4	1	58
百分比（%）	17.24	32.76	12.07	1.72	27.59	6.90	1.72	100

表 8-8　G7 出土陶瓷器纹饰统计表

纹饰	软陶						印纹陶		合计
	素面	细绳纹	粗绳纹	弦断绳纹	篮纹	凹弦纹	方格纹	凸棱	
陶片数	26	4	17	1	1	1	6	2	58
百分比（%）	44.83	6.90	29.31	1.72	1.72	1.72	10.34	3.45	100

鬲

1 件。

G7：10，夹细砂灰白胎，灰色表皮。卷沿，方唇，高领弧壁内收，领、腹交接处略折出，上腹部较圆鼓。腹部饰规整的斜行绳纹。口径 25.6、残高 9 厘米（图 8-6，1；彩版六二，1）。

鼎足

1 件。

G7：5，夹砂灰褐陶，火候较高，陶胎内灰黑外红褐，表皮陶色斑驳。侧装刀状长扁足，横截面呈肥硕的椭圆形，足部顶端接腹部处可见三个掐窝。表面饰较整齐的绳纹。残长 3.3、残高 9.5 厘米（图 8-6，2；彩版六二，2）。

夹砂罐

1 件。

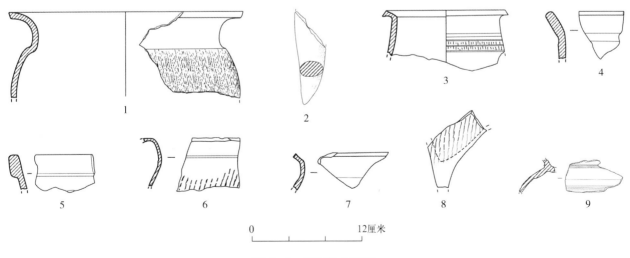

0 ────────── 12厘米

图 8-6　G7 出土陶器

1、6、7.鬲 G7：10、1、2　2.鼎足 G7：5　3.夹砂罐 G7：4　4、5.厚唇缸 G7：3、11　8.鬲足 G7：6　9.器盖 G7：7

G7：4，夹砂紫黑色胎，胎面上有一层极薄的灰白色层，黑色表皮。侈口，内折沿，尖圆唇呈三角形凸出，上腹部外撇明显。顶部素面，靠下饰旋断绳纹。口径13、残高6.4厘米（图8-6，3）。

厚唇缸

2件。

G7：3，夹砂灰白胎灰皮陶。直口，圆叠唇，口部形态规整，厚度略厚于腹壁，上腹部外撇出较明显。上腹表面饰模糊的粗绳纹。残长5、残高5、唇厚2.2厘米（图8-6，4）。

G7：11，夹砂灰白陶，表面陶色略深。直口，斜方唇，唇面内倾，叠唇较宽，底端略圆鼓，上腹部竖直。腹部顶端素面。残长7、残高4、唇厚2.2厘米（图8-6，5）。

另有以下器物年代应属商时期，略晚于上述器物。

鬲

2件。

G7：1，夹砂，胎体内灰外红褐，灰色表皮，其中腹内壁部分脱落殆尽。侈口近平，内卷沿，圆唇，直领，领、腹交接处不明显，仅抹出有一周圆凸棱，上腹部略鼓出。上腹部饰较粗的麦粒状绳纹。残长6.8、残高5.6厘米（图8-6，6）。

G7：2，夹砂灰胎，胎壁有一层极薄的灰白色层，灰色表皮脱落殆尽。侈口，内卷沿，方唇，上腹部外撇明显，其靠上部位腹壁微内折。上腹壁素面。残长7.6、残高3.8厘米（图8-6，7）。

鬲足

1件。

G7：6，夹砂灰胎黑褐色陶，胎中砂含量较少，陶色斑驳，鬲足呈红褐色。腿部较圆鼓，高联裆，裆部夹角近似90°，圆锥状实足跟后接，足跟底部残损。残长6.6、残高8.2厘米（图8-6，8）。

器盖

1件。

G7：7，泥质灰胎，胎体越靠近盖缘越薄，黑色表皮脱落殆尽。器盖与捉手的口沿已损，伞状盖面微鼓，捉手形态与外撇的小圈足相类。盖面顶端、捉手下有两周紧密并排的凹槽，盖面中部亦有两周较细的并排浅凹槽。残长6.2、残高3.4厘米（图8-6，9）。

四　井

仅发现1口。

J1

位于探方北部偏中，打破K1，开口于T6⑩层下（图8-7）。平面呈椭圆形，直壁近底处内收，平底，南北长径约1.20、东西短径约1.15、底径约0.80、深约1.60米。坑内堆积分为上下两层，第①层为黑色土，土质较疏松，含较多红烧土颗粒，出土遗物有较多陶片和少量铜器相关遗物。第②层为青灰色淤土，土质较致密，含少量红烧土块，包含物有较少的陶片、石块、少量未炭化的直径0.3～0.7厘米的植物根系，发现较为完整的猪骨一具，并有少量鹿骨（彩版六三，1、2）[1]。第①、②层出土

---

[1]　J1在清理填土时因地下水位较高，直径较小，难以直接清理到底，在发掘超过1米深后暂停，保留周边土层，待南侧地层堆积下挖到一定深度后才重新采取二分法解剖式发掘，并获得了清晰的剖面。

陶器质地、颜色、纹饰统计如下表（表 8-9 ～ 12）。

J1 ①层出土遗物分述如下：

鬲口沿

3 件。

J1 ①：1，夹砂红褐陶，夹云母。窄折沿，方唇，束颈。肩部饰两道弦纹，肩部以下饰纵向细绳纹。口径 22.4、腹径 25.5、残高 6.4 厘米（图 8-8，1）。

J1 ①：2，夹砂灰褐陶。窄卷沿，尖唇，鼓腹。肩部以下饰不甚清晰的纵向细绳纹。口径 8.8、腹径 9.7、残高 4.6 厘米（图 8-8，2）。

J1 ①：4，夹砂红褐陶。窄折沿，方唇，腹部微鼓。口沿外侧的绳纹被抹去，颈部有一道横向划痕，腹部饰纵向细绳纹。口径 24.4、腹径 24.8、残高 8 厘米（图 8-8，3）。

鬲足

1 件。

J1 ①：10，夹砂红褐陶，表面和足窝内部有烟炱痕迹。截锥状实足跟矮，足窝较深。表面有刮削痕迹。残高 9.8 厘米（图 8-8，4）。

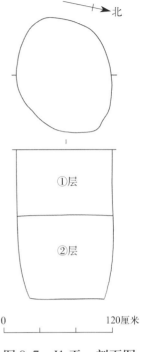

图 8-7　J1 平、剖面图

表 8-9　J1 ①层出土陶瓷器质地、颜色统计表

陶质	夹砂				泥质					印纹陶		原始瓷	合计
陶色	红褐	灰	黑	黑皮红胎	红	红褐	灰	黑	黑皮红胎	红	灰褐		
陶片数	29	32	39	6	1	5	6	7	5	8	24	1	163
百分比（%）	17.79	19.63	23.93	3.68	0.61	3.07	3.68	4.29	3.07	4.91	14.72	0.61	100

表 8-10　J1 ①层出土陶瓷器纹饰统计表

纹饰	软陶									印纹陶							原始瓷	合计
	素面	细绳纹	粗绳纹	弦断绳纹	间断绳纹	凹弦纹	凹弦与刻划	按窝	凸棱与细绳	方格纹	素面	雷纹	席纹	叶脉纹	回纹	凸方格纹	素面	
陶片数	64	17	32	7	1	1	2	4	1	1	16	9	4	1	1	1	1	163
百分比（%）	39.26	10.43	19.63	4.29	0.61	0.61	1.23	2.45	0.61	0.61	9.82	5.52	2.45	0.61	0.61	0.61	0.61	100

表 8-11　J1 ②层出土陶瓷器质地、颜色统计表

陶质	泥质	夹砂		合计
陶色	灰	黑	红褐	
陶片数	5	3	3	11
百分比（%）	45.45	27.27	27.27	100

表 8-12　J1②层出土陶瓷器纹饰统计表

纹饰	软陶					合计
	素面	绳纹	粗绳纹	间断绳纹	附加与绳纹	
陶片数	2	2	4	2	1	11
百分比（%）	18.18	18.18	36.36	18.18	9.09	100

鼎足

1 件。

J1①：8，夹粗砂红褐陶。截面呈椭圆形。素面。残高 8.2 厘米（图 8-8，5）。

甗口沿

2 件。

J1①：3，夹砂红褐陶，夹云母。折沿，沿面上鼓，沿下角较小，方唇上钩，广肩。素面。口径 20.6、残高 3.2 厘米（图 8-8，6）。

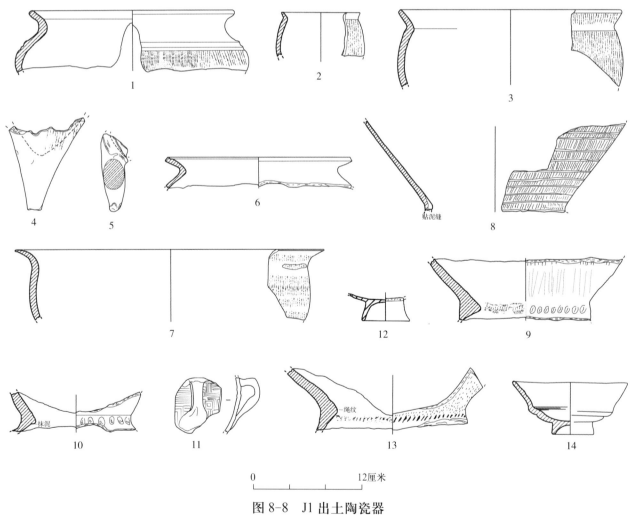

图 8-8　J1 出土陶瓷器

1～3.鬲口沿 J1①：1、2、4　4.鬲足 J1①：10　5.鼎足 J1①：8　6、7.甗口沿 J1①：3、5　8～10.甗腰 J1①：7、14、22　11.印纹硬陶罐耳 J1①：6　12.原始瓷豆 J1①：13　13.甗腰 J1②：5　14.原始瓷豆 J1②：1

J1①：5，夹砂红褐陶。卷沿，圆唇，束颈，鼓腹。颈部的绳纹被抹去，肩部饰纵向细绳纹，并有一道横向的抹痕。口径34、腹径31.8、残高7.4厘米（图8-8，7）。

鬶腰

3件。

J1①：7，可与J1②：2拼合，泥质红褐、灰褐陶。鬶腰外未制贴泥条，饰竖行绳纹，腹部饰间断中绳纹。腰径15.2、残高7.2厘米（图8-8，8）。

J1①：14，夹砂红胎褐陶，夹云母，厚胎。甑部和鬲部相连处饰一周指甲戳印纹，鬲部素面。腰径14.2、残高6.6厘米（图8-8，9；彩版六二，3）。

J1①：22，夹砂红褐陶，夹云母，厚胎。外壁有灼痕，甑部与鬲部相连处饰一周指甲戳印纹，其余为素面。腰径12、残高4.2厘米（图8-8，10）。

腹片

2件。

J1①:17，泥质灰陶，薄胎，器表饰斜向细绳纹和横向的旋纹（图8-9，6）

J1①：18，泥质灰褐陶。器表饰斜向交错细绳纹，内壁有烧制时形成的气泡（图8-9，1；彩版六三，3）。

印纹硬陶罐耳

1件。

J1①：6，泥质夹细砂紫胎黑皮硬陶。器外表饰填线纹，耳部附近的纹饰抹去，内壁有按窝。耳部长4、宽1.5、高约2厘米（图8-8，11）。

印纹硬陶腹片

2件。

J1①：16，泥质紫皮紫红胎陶，致密。回字纹（图8-9，2）。

J1①：19，泥质灰陶，厚胎。器表饰压印回字纹，胎壁内有烧制时形成的气泡（图8-9，3；彩版六三，4）。

印纹软陶腹片

2件。

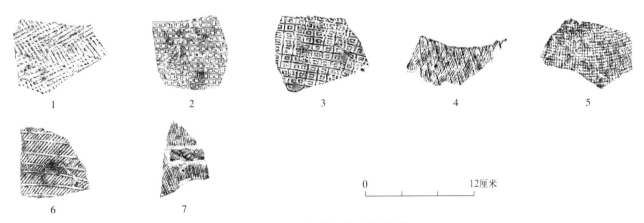

0　　　　　　12厘米

图 8-9　J1 出土印纹硬陶拓片

1.腹片 J1①：18　2、3.印纹硬陶腹片 J1①：16、19　4.J1①：20　5.J1①：15　6.J1①：17　7.J1②：4

J1①：15，泥质外壁深灰皮灰胎，疏松。方格纹（图8-9，5）。

J1①：20，印纹软陶，腹片，泥质橙色陶，疏松。席纹（图8-9，4）。

原始瓷豆

1件。

J1①：13，灰黄色胎，薄胎，釉脱落。盘与圈足残。细圈足，圈足外撇明显。底径5.2、残高2.8厘米（图8-8，12）。

J1②层出土遗物分述如下：

甑腰

1件。

J1②：5，夹细砂灰陶，厚胎。甑部和鬲部连接处饰一周指甲戳印纹，甑部和鬲部饰纵向细绳纹。腰径15.8、残高6.4厘米（图8-8，13）。

腹片

1件。

J1②：4，泥质红陶，薄胎，外壁饰纵向细绳纹，肩部饰压印细绳纹的附加堆纹，内壁有明显的划痕（图8-9，7）。

原始瓷豆

1件。

J1②：1，泥质灰白胎，青色釉较厚。敞口，尖圆唇，硬折腹内收，圈足微外撇。沿面内侧及外壁及腹壁均饰多道旋纹。豆盘底部与豆座有明显接痕，器表可见明显的轮制痕迹。口径12.6、圈足径4.4、底径4.6、高5.4厘米（图8-8，14；彩版六二，4～6）。

动物骨骼

有2.3～3岁野猪较完整骨骼一副，以及17件鹿骨。因J1②是淤泥，发掘时是在泥中捞取，未编号。详见第三五章。

第三节　地层遗物

一　T6⑫层

（一）陶瓷器

该层共出土陶片305片，陶器质地、颜色、纹饰统计如下表（表8-13、14）。标本分述如下：

1. 鼎身

1件。

T6⑫：19，夹细砂，灰黑胎，表面有一层极薄的灰白层，灰黑色表皮脱落明显。平卷沿，尖唇，上腹部直。顶端素面，向下饰近横向的绳纹。残长7.6、残高3.6厘米（图8-10，1）。

2. 鼎足

2件。

表 8-13 T6⑫层出土陶瓷器质地、颜色统计表

陶质	夹砂						泥质			印纹陶	合计
陶色	红	红褐	灰	黑	灰褐	黑皮红胎	红褐	灰	黑	红	
陶片数	21	37	56	17	73	5	15	17	55	9	305
百分比（%）	6.89	12.13	18.36	5.57	23.93	1.64	4.92	5.57	18.03	2.95	100

表 8-14 T6⑫层出土陶瓷器纹饰统计表

纹饰	印纹			
	附加与方格	凹弦与网格	网纹	方格弧线
陶片数	5	1	1	9
百分比（%）	1.64	0.33	0.33	2.95

纹饰	软陶																	合计
	素面	细绳纹	粗绳纹	弦断绳纹	凹弦与细绳	附加与粗绳	凹弦与粗绳	凹弦纹	附加堆纹	方格纹	按窝	竹节镂孔	镂孔	凹弦凸棱镂孔	凸棱	镂孔与细凹弦	篮纹	
陶片数	163	17	74	4	2	3	1	3	6	5	2	2	2	2	1	1	1	305
百分比（%）	53.44	5.57	24.26	1.31	0.66	0.98	0.33	0.98	1.97	1.64	0.66	0.66	0.66	0.66	0.33	0.33	0.33	100

T6⑫：27，夹细砂灰褐陶。侧装扁刀形足，横截面呈椭圆形，足尖略外撇，足上部外缘可见四对对称的手指捏窝，捏窝向下渐小。素面。残宽4.6、残高13、厚约0.7厘米（图8-10，2；彩版六四，1、2）。

T6⑫：28，夹细砂红褐陶。侧装长扁足，足尖残损，横截面呈圆角长方形，足上部外缘可见三对对称的手指捏窝。素面。残宽4.8、残高9.6厘米（图8-10，3；彩版六四，1、2）。

3. 豆

4件。

T6⑫：23，泥质深灰色胎，胎体表面有一层极薄的灰白层，灰黑色表皮。侈口略卷，圆唇，唇外缘微鼓，豆盘较深，折腹略鼓出，腹部圆弧内收。素面磨光。口径14、残高3.8厘米（图8-10，4）。

T6⑫：24，泥质深灰色胎，胎体表面有一层较薄的灰白层，灰黑色表皮。侈口略卷，圆叠唇鼓出，豆盘较深，折腹略鼓，腹部圆弧内收。素面磨光。口径12、残高4.8厘米（图8-10，5）。

T6⑫：33，泥质，胎体内灰黑外浅灰色，灰黑色表皮脱落殆尽。尖圆唇微敛，上腹壁微鼓内收明显，其下渐直腹。上腹部靠下部位刮出两周旋纹，素面磨光。口径14、残高3.2厘米（图8-10，6）。

T6⑫：38，泥质，胎体内灰黑外灰白，灰黑色表皮。口沿残损，直口微侈，豆盘较深，腹部圆转内收，豆柄已脱落，顶端较粗，底端一周略粗。直口外可见四周细旋纹，素面磨光。最大腹径13.2、豆柄顶端直径约7.6、残高5.4厘米（图8-10，7；彩版六四，3）。

4. 豆盘

1件。

T6⑫：29，泥质红褐陶。豆盘外腹部饰两道弦纹，豆盘与豆柄连接处有一道旋纹。豆柄直径约3、

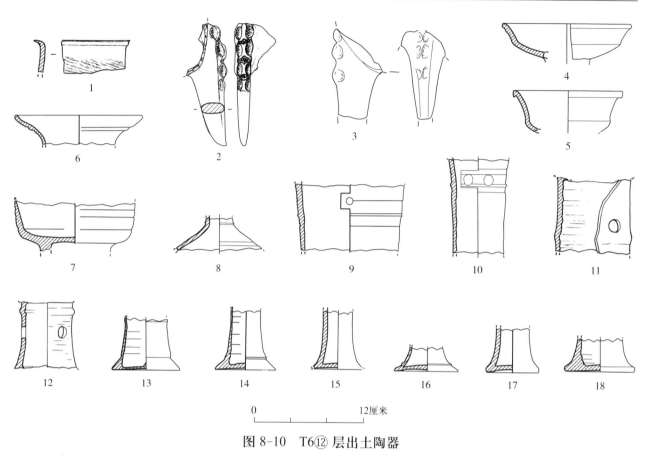

图 8-10　T6⑫层出土陶器

1. 鼎身 T6⑫：19　2、3. 鼎足 T6⑫：27、28　4～7. 豆 T6⑫：23、24、33、38　8. 豆盘 T6⑫：29　9～12. 豆柄 T6⑫：30、31、46、53　13～18. 瓠 T6⑫：9、10、12～15

残高 3.4 厘米（图 8-10，8）。

5. 豆柄

4 件。

T6⑫：30，泥质，胎体内灰黑外红褐，黑灰色表皮。豆柄甚粗，圆柱状，胎体向下渐薄，柄顶端部位残存一个圆形小钻孔。素面磨光。豆柄直径约 10.6、残高 7.2 厘米（图 8-10，9）。

T6⑫：31，泥质，胎体内灰黑外灰白，黑灰色表皮脱落较甚。圆柱状豆柄。豆柄顶端胎体外凸，形成一周较细的圆凸棱，其上有四个两两成组却不甚对称的圆形钻孔，钻孔上端及凸棱以下有两周较对称旋纹，素面磨光。豆柄直径约 5.6、残高 10 厘米（图 8-10，10；彩版六四，4 左）。

T6⑫：46，泥质灰黑色胎，表面有一层灰白色薄层，灰黑色表皮脱落殆尽。圆柱形豆柄，中部胎体凸起，形成一周较细的圆凸棱，其上可见一个残存的圆形钻孔，素面磨光。豆柄直径约 8、残高 8 厘米（图 8-10，11）。

T6⑫：53，泥质酱褐色胎，灰黑色表皮，圆柱状豆柄，下半部残损，豆柄靠上部位可见两个不对称的圆形钻孔，残损处可见豆柄有一周圆凸棱凸起。外壁有较多轮修的细旋纹，素面磨光。豆柄上部直径约 5.6、残高 7 厘米（图 8-10，12；彩版六四，4 右）。

6. 盆

1 件。

T6⑫：7，泥质，胎体内灰黑外红褐，灰黑色表皮磨损殆尽。短平卷沿，圆唇，上腹部较圆鼓，最大腹径相近与口径。腹内壁顶端近口处可见一周细旋纹，最大腹径以下腹部可见模糊的菱格纹。口径26、残高6厘米（图8-11，1；彩版六四，5）。

7. 盆口沿

3件。

T6⑫：18，泥质灰陶。侈口，卷沿，方唇，直腹斜向下收。残长6.7、残高7.2厘米（图8-11，2）。

T6⑫：34，泥质红褐陶，硬陶。直口微敞，尖圆唇，腹部斜向下收。口径15.6、残高2厘米（图8-11，3）。

T6⑫：35，泥质黑陶。口微敛，圆唇。口沿外部饰一道凸棱，下部饰粗绳纹。残长6.3、残高6.4厘米（图8-11，4）。

8. 泥质罐

1件。

T6⑫：8，泥质灰白陶，胎心陶色略深。侈口微卷，圆唇近方，唇面外缘呈细棱状向斜下方凸出，高直领。素面。口径17.4、残高4.8厘米（图8-11，5）。

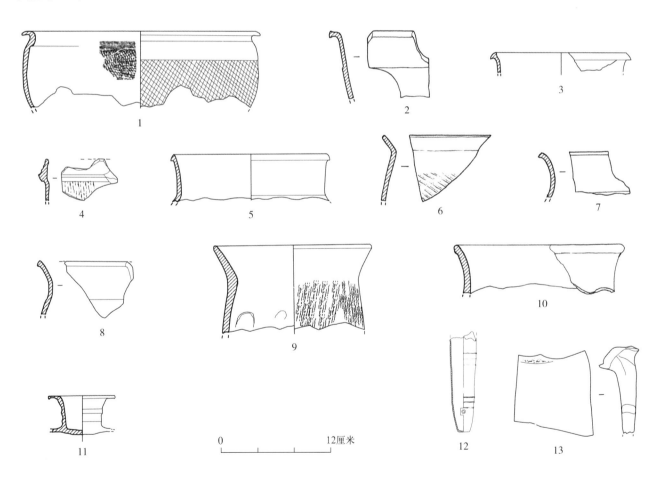

图 8-11　T6⑫ 层出土陶器

1. 盆 T6⑫：7　2～4. 盆口沿 T6⑫：18、34、35　5. 泥质罐 T6⑫：8　6～10. 夹砂罐 T6⑫：17、20、21、36、39　11. 器盖 T6⑫：11　12. 管状器 T6⑫：3　13. 器耳 T6⑫：32

9. 夹砂罐

5件。

T6⑫：17，夹砂灰白陶，表皮脱落殆尽。侈口，沿下角较大，内折沿，圆唇，上腹部斜直外撇。顶端素面，向下饰较规整的斜向绳纹。残长9.1、残高7厘米（图8-11，6）。

T6⑫：20，夹细砂灰褐胎，外壁灰黑色表皮，内壁灰白色。侈口，圆唇，唇外缘呈三角状外凸，形成一个小折棱，高束颈。领、腹交接处有一周旋纹，领部素面。残长6.6、残高4.8厘米（图8-11，7）。

T6⑫：21，夹细砂灰陶，陶色斑驳，泛白。卷沿，圆唇，唇外缘略向外凸出，形成一个小折棱，高束颈，上腹部略鼓出，领、腹交接处微折。纹饰不详。残长7.6、残高6厘米（图8-11，8）。

T6⑫：36，夹砂黑灰陶，陶色较斑驳，胎体略厚。侈口，圆唇，高斜领，上腹部略外撇。腹部可见较粗的麦粒状绳纹，内壁有垫窝痕。口径17.2、残高9厘米（图8-11，9；彩版六四，6）。

T6⑫：39，夹细砂灰白陶。厚圆唇略向外鼓出，高斜领近直，微内凹。领部素面。口径约18.8、残高5.4厘米（图8-11，10）。

10. 觚

6件。

T6⑫：9，泥质灰胎，胎体表面有一层极薄的灰白色层，灰黑色表皮，圆柱状器身底端渐外撇，底座外侈，座缘圆转，器身与底座交接处划出一周细凹槽，圆平底。内壁可见拉坯成型痕迹，素面磨光。底径7.6、残高5.4厘米（图8-10，13；彩版六五，1、2）。

T6⑫：10，泥质灰黑胎，胎体表层有一层极薄的灰白层，灰黑色表皮，细圆柱状器身底端渐外撇，底座斜直外撇，座缘呈锐三角状，器身与底座交接处划出一周细凸棱，平底，底面中心内凹，可见底座外缘乃为加固而后加泥条修成。底径6.8、残高6.1厘米（图8-10，14）。

T6⑫：12，泥质灰胎，胎体表层有一层较薄的红褐色层，黑灰色表皮，细圆柱状器身底端渐外撇，底座外侈，座缘已损，平圆底微内凹。内壁可见拉坯成型痕迹。残高6.2厘米（图8-10，15）。

T6⑫：13，泥质灰黑色胎，表层有一层较薄的灰白层，黑色表皮。细圆柱状器身，底端外撇较明显，底座撇出，截面呈鸟喙状，器身与底座交接处刮出一周细圆凸棱，底面中心微内凹。素面磨光。底径7、残高2.6厘米（图8-10，16）。

T6⑫：14，泥质，胎体内灰黑外灰褐，灰黑色表皮。细圆柱状器身底端渐外撇，杯座凸出，座缘圆转，底面中心略内凹，且可见一周很细的圆凸棱。素面磨光。底径5.8、残高4.8厘米（图8-10，17）。

T6⑫：15，泥质酱褐色陶胎，表层有一层极薄的红褐色薄层，灰黑色表皮。圆柱形器身底端渐外撇，底座凸出，座面微内凹，座缘圆转，圆底面中心微凹。内壁拉坯成型的旋转痕迹较明显，素面磨光。底径7.8、残高3.6厘米（图8-10，18）。

11. 厚唇缸

4件。

T6⑫：4，夹砂灰白陶。直口，方叠唇，叠唇外侧面较平整，微内凹，其下端经抹修，内收较明显，上腹部微鼓不明显。腹部顶端可见一周花边状附加堆纹，其下饰较粗的麦粒状绳纹。残长16、残高9厘米（图8-12，1）。

T6⑫：5，夹砂红陶，外壁陶色略浅。斜直口，圆叠唇外侧面较平整却略宽，上腹部略鼓出。其

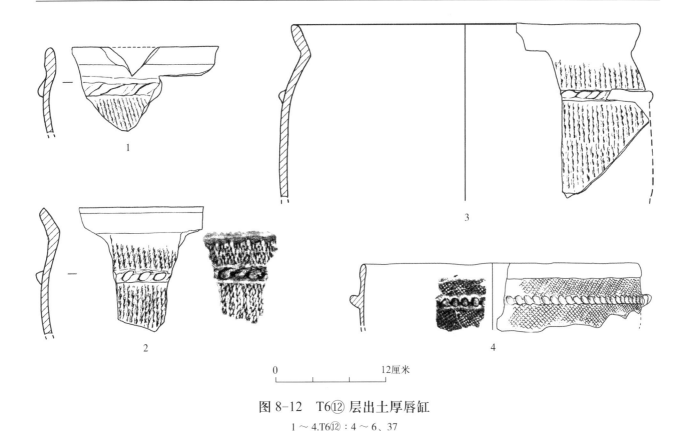

1~4.T6⑫：4~6、37

图 8-12　T6⑫ 层出土厚唇缸

腹部靠上部位有一周花边状附加堆纹带，腹部饰很粗的麦粒状绳纹。残长 13.6、残高 13.2 厘米（图 8-12，2）。

T6⑫：6，夹砂红陶。斜直口，方叠唇，叠唇外侧面较平整却略宽，其底缘起不甚规整，故边界较明显，上腹部鼓出较明显。上腹部尚可见一周花边状附加堆纹带，腹部饰很粗的麦粒状绳纹。口径 38、残高 18.4 厘米（图 8-12，3）。

T6⑫：37，夹砂灰白陶，夹砂颗粒不均匀，含较多粗砂颗粒。直圆口，厚叠唇，叠唇外侧面较宽，略鼓起，上腹部较直，向下微内收。腹部上端可见一周花边状附加堆纹，附加堆纹为圆泥条上均匀按压指印而成，腹部饰小方格纹。口径 31、残高 7.4 厘米（图 8-12，4；彩版六五，3）。

12. 器盖

1 件。

T6⑫：11，泥质灰黑胎，表层有一层极薄的灰白层，灰黑色表皮。捉手呈倒圈足状，平卷沿，沿面略宽，圆唇略下翘，短直颈中部抹出两周不甚规整的三角细凸棱，盖面残，顶端较平。素面磨光。捉手直径 7.4、捉手高 3.4、残高 4.2 厘米（图 8-11，11）。

13. 管状器

1 件。

T6⑫：3，泥质，胎体内灰黑外灰白，灰黑色表皮。圆锥状空心细管，一端残损，一端呈截锥状，且靠近锥首的位置有一对对称的小圆穿孔，其下分布有两组、各三条的细圆凸棱。素面磨光。残长 10.6、最大直径 2.9 厘米（图 8-11，12；彩版六五，4~6）。

14. 器耳

1件。

T6⑫：32，泥质，胎体内灰外灰白，灰黑色表皮。桥状宽扁耳。素面。残长8.4、残高9、厚约1.6厘米（图8-11，13）。

此外，还有4件陶鬲口沿或可能属商时期。

15. 鬲口沿

4件。

T6⑫：22，夹细砂，红褐色胎，灰黑色表皮。侈口，内折沿，沿面内凹，圆唇，高直领微鼓，领、腹交接处不明显，上腹部略鼓。腹部顶端隐约可见一些菱格纹痕迹。口径16.8、残高5.6厘米（图8-13，1）。

T6⑫：25，夹细砂，灰白胎，灰黑色表皮较斑驳。侈口近平，内折沿，圆唇，高直领微内凹，领、腹交接处微折，上腹部略鼓。上腹部饰较细的绳纹。口径约16、残高5.4厘米（图8-13，2）。

T6⑫：26，夹砂灰陶，陶色略斑驳。卷沿，斜方唇外缘呈三角形凸出，高领微内收，上腹部略鼓出。领、腹交接处有两周旋纹，上腹部饰粗绳纹。残长5.2、残高4.8厘米（图8-13，3）。

T6⑫：41，夹细砂，灰白胎，灰黑色表皮较斑驳，内壁表皮脱落殆尽。侈口近平，内折沿，圆唇，高直领微内凹。领部素面。残长5.4、残高4.2厘米（图8-13，4）。

（二）石器

1. 石斧

1件。

T6⑫：1，红褐色。器体很厚重，顶部弧凸，刃部残。器表有大量打制疤痕，通体磨制粗糙。残长10.8、宽7、厚4.1厘米（图8-13，5；彩版六六，1）。

2. 石镰

1件。

T6⑫：2，青色。头端窄长，尾端残。通体磨光。残长5、宽3、厚0.2厘米（图8-13，6；彩版六六，2）。

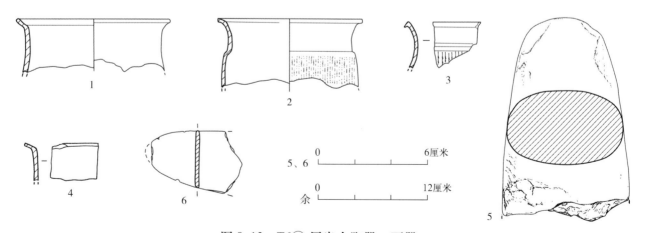

图8-13　T6⑫层出土陶器、石器

1～4. 鬲口沿 T6⑫：22、25、26、41　5. 石斧 T6⑫：1　6. 石镰 T6⑫：2

二　T6⑪层

发现的遗物十分丰富，有陶器、原始瓷器、硬陶，并有少量的铜制品[1]。

（一）陶瓷器

该层共出土陶片 803 片，陶器质地、颜色、纹饰统计如下表（表 8-15、16）。标本分述如下：

表 8-15　T6⑪层出土陶瓷器质地、颜色统计表

陶质	夹粗砂					夹细砂					泥质					印纹陶	合计
陶色	红	红褐	灰	黑	黑皮红胎	红	红褐	灰	黑	黑皮红胎	红	红褐	灰	黑	黑皮红胎	灰	
陶片数	7	89	38	19	7	38	157	110	2	33	8	82	87	73	39	14	803
百分比（%）	0.87	11.10	4.74	2.37	0.87	4.61	19.58	13.72	0.25	4.11	1.00	10.22	10.85	9.10	4.86	1.75	100

表 8-16　T6⑪层出土陶瓷器纹饰统计表

纹饰	软陶										印纹陶				合计
	素面	细绳纹	粗绳纹	弦断绳纹	间断绳纹	附加堆纹	按窝	凹弦纹	凸棱纹	条纹	方格纹	素面	粗绳纹	网格纹	
陶片数	333	28	341	10	1	21	9	19	16	1	5	4	8	7	803
百分比（%）	41.52	3.49	43.39	1.25	0.12	2.62	1.12	2.37	2.00	0.12	0.62	0.50	1.00	0.87	100

1. 相当于夏时期

相当于夏时期的数量较多，有鼎和鼎足、缸、盆、瓿、豆、罐、器盖、鬶、花边器底等。

鼎

2 件。

T6⑪：4，夹细砂，棕灰色胎，黑色表皮，鼎足红褐色。侈口，内折沿，沿面微内凹，圆唇，扁圆球腹，圜底，侧装鼎足残损，其足顶端黏接至腹中部。最大腹径偏上位置有一周旋纹，其下饰横向略杂乱的粗绳纹。口径 15.8、最大腹径 15.8、残高 10.4 厘米（图 8-15，1；彩版六六，3）。

T6⑪：114，夹细砂，灰黑色胎，表层有一层较薄的灰白层，灰黑色外表皮磨损明显，鼎足为红褐色表皮。小侈口，内卷沿，沿面略内凹，圆唇，上腹部靠上部位鼓出明显，其下内收，最大腹径与口径相若，侧装鼎足扁平，横截面近似梯形，足顶端黏接至腹部靠上位置。素面。口径 16.2、残高 10.2 厘米（图 8-15，2；彩版六六，4、5）。

鼎足

8 件。

T6⑪：46，夹细砂红褐陶。侧装扁圆锥状足。足外缘上端可见五对对称的手指捏窝。残长 6、残

---

[1]　T6⑪层田野工作中存在发掘操作或陶片归类的失误，导致遗物中既有大量的夏时期遗物，也有商、周时期遗物。但该层遗物仍有较高价值，但介绍时采取分时期描述的方式，避免误导研究者。G7也有同样问题，详见第二章第三节。

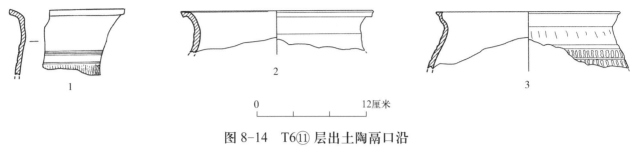

图 8-14　T6⑪ 层出土陶鬲口沿
1 ～ 3.T6⑪：19、27、28

高 14.8 厘米（图 8-15，3；彩版六七，1 ～ 3）。

T6⑪：47，夹砂，浅灰色胎心较厚，灰白色胎皮，黑色表皮磨损殆尽。侧装扁柱状足，横截面呈椭圆形。足外侧顶端向下可见七对残存的捏窝。残长 6.2、残高 10.6 厘米（图 8-15，4；彩版六七，1、2）。

T6⑪：48，夹砂红褐陶。刀形侧装扁足，足尖呈舌状外撇。足身外侧从顶端向下捏有四对渐小的圆形捏窝，内侧抹平，足腹交接处至足内侧中部加固夹粗砂胎泥。素面。残长 4.2、残高 10.4 厘米（图 8-15，5；彩版六七，4、5）。

T6⑪：49，夹砂黄褐胎黑皮陶，腹部接足处胎色呈灰色。侧装三角长舌状扁足，足部厚度较一致，横截面呈圆角长方形。素面。残长 4、残高 10.4 厘米（图 8-15，6；彩版六七，6 右）。

T6⑪：50，夹砂红褐陶。侧装扁柱状足，足尖残。足身外侧顶端可见三个向下渐小的圆捏窝。残长 3.6、残高 7.8 厘米（图 8-15，7；彩版六七，6 中）。

T6⑪：51，夹粗砂红褐陶。侧装扁足，横截面呈圆角长方形，足上端略外撇，向下竖直，外侧顶端可见三个模糊的小圆捏窝，足跟下端残损。素面。残长 8.2、残高 13.4 厘米（图 8-15，8）。

T6⑪：84，夹细砂，胎体内灰外红褐，灰黑色表皮。刀形扁锥足，足尖略外撇。素面，可能磨光。残长 9.2、残高 15、最厚约 2.8 厘米（图 8-15，9；彩版六七，6 左）。

鬶

1 件。

T6⑪：42，仅残存细圆柱状颈部。夹细砂，胎色内灰外黄褐，灰色表皮脱落殆尽。可见一个截面呈椭圆形的宽扁耳根部。素面。颈部直径约 4.6、残长 6.2、残高 6.3 厘米（图 8-16，1；彩版六八，1、2）。

豆

2 件。

T6⑪：32，泥质，胎色内灰白外红褐，黑色表皮。敞口，宽圆唇，口、腹交接处起一周三角状凸起的折棱，腹部微鼓内收。素面磨光。口径 16.2、残高 3.4 厘米。与 T6⑪：92 同一器，与 T6⑪76 可能是配套的同一器（图 8-16，2）。

T6⑪：96，泥质黑陶，胎体表层泛红褐色。敞口微卷，唇部损坏，口、腹交接处刮出一周折棱，深腹，腹壁略圆鼓内收。素面磨光。残长 6.8、残宽 6.2 厘米（图 8-16，3）。

豆柄

2 件。

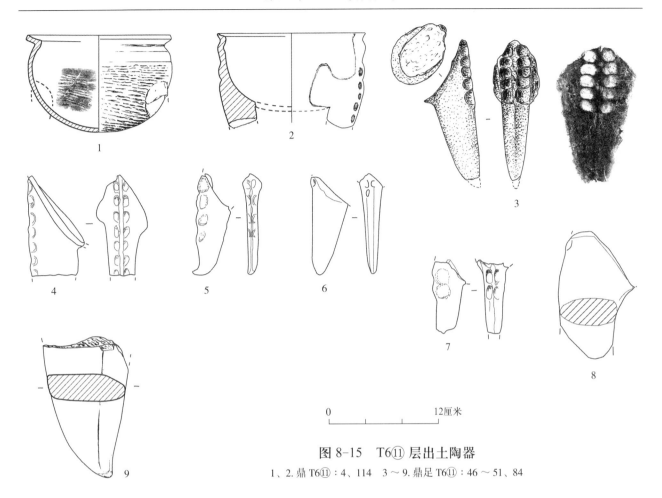

图 8-15　T6⑪ 层出土陶器

1、2. 鼎 T6⑪：4、114　　3～9. 鼎足 T6⑪：46～51、84

T6⑪：61，泥质，胎体内灰黑外灰白，灰黑色表皮。圆柱状柄，向下渐细，足部始外撇，豆柄内壁可见拉坯成型的圈痕。柄中部靠上位置有一周弦纹，弦纹上方由外及内贯穿四个小圆穿孔，穿孔不对称，弦纹下方等距并排三周旋纹。柄直径约 5.2、残高 13 厘米（图 8-16，4；彩版六八，3 左）。

T6⑪：76，泥质，胎色内灰黑外红褐，黑色表皮。圆柱状豆柄，豆柄底端残损。其上端可见三个呈等腰锐角三角形排列的圆形穿孔，孔下有两周双阴拱阳的细弦纹。豆柄上端直径 5.2、残高 9.6 厘米（图 8-16，5；彩版六八，3 右、4）。

盆

4 件。

T6⑪：12，夹细砂，灰白胎灰黑色皮陶，表皮磨损严重。短平折沿，沿面微内凹，圆唇，短直领微内收，领、腹交接处不明显，刮出一周浅折棱，上腹部较直，腹壁微鼓，向下渐内收。腹部顶端略下处黏接一周厚薄不均的花边状附加堆纹，其下饰模糊的绳纹。残长 10.4、残宽 6.4 厘米（图 8-17，1）。

T6⑪：13，夹细砂，暗红褐色胎，胎体较厚处胎心部分呈灰色，胎体表层有一层极薄的灰白层，器表灰黑色表皮。短平折沿，圆唇，上腹部斜直内收较明显。上腹部偏上部位素面，其下可见模糊的绳纹。口径约 22、残高 5.4 厘米（图 8-17，2）。

T6⑪：16，泥质，胎色内灰黑外红褐，黑色表皮。窄平折沿略下斜，圆唇，领部较高，弧形渐内收，肩部圆鼓凸出。肩部可见三周等距的旋纹，素面磨光。口径 27.6、残高 6 厘米（图 8-17，3）。

T6⑪：93，泥质红褐胎黑皮陶。卷沿，方唇，领部微内凹。素面磨光。口径约26.4、残高4厘米（图8-17，4）。

泥质罐

5件。

T6⑪：23，泥质，胎体内灰黑外灰白，灰黑色表皮。卷沿，圆唇，高斜领略内弧，上腹部圆鼓较甚。上腹部饰模糊的绳纹。口径17.2、残高8.4厘米（图8-16，6）。

T6⑪：24，泥质灰胎，胎体表层有一层极薄的灰白层，深色表皮脱落殆尽。侈口，唇下沿内折，圆唇，高领上部斜直内收，下部竖直，平肩。领下部可见三周粗细不同的圆凸棱。口径16、残高7.4厘米（图8-16，7）。

T6⑪：26，泥质灰白胎，深色表皮脱落殆尽。小卷沿，唇下沿内折，圆唇近方，斜高领弧壁内收，

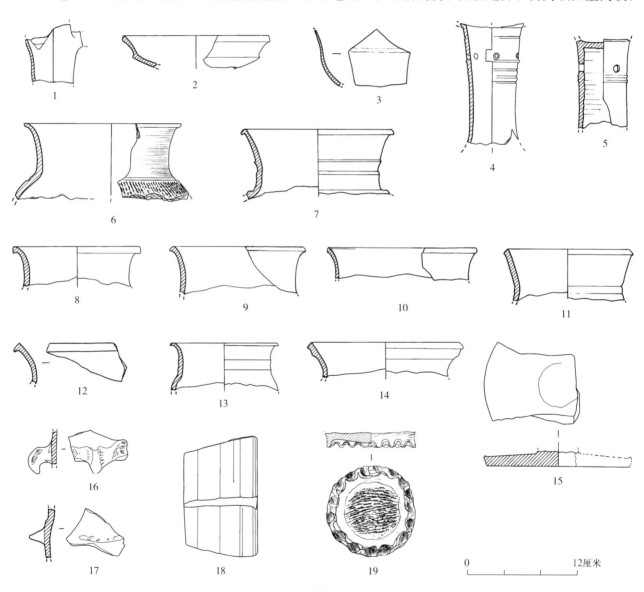

图8-16　T6⑪层出土陶器

1. 鬶 T6⑪：42　2、3. 豆 T6⑪：32、96　4、5. 豆柄 T6⑪：61、76　6～10. 泥质罐 T6⑪：23、24、26、89、98　11～14. 夹砂罐 T6⑪：21、22、25、30　15. 器盖 T6⑪：60　16、17. 陶垫 T6⑪：44、45　18. 器耳 T6⑪：64　19. 花边器底 T6⑪：59

下端较直。素面。口径约 14、残高 4.2 厘米（图 8-16，8）。

T6⑪：89，泥质灰白胎，深色表皮脱落殆尽。侈口，唇下沿窄平，尖圆唇，高领弧壁内收，下端较直。素面。口径 15、残高 5 厘米（图 8-16，9）。

T6⑪：98，泥质灰白胎，黑色表皮。侈口，方唇，高领弧壁内收，下端较直。素面磨光。口径 16.4、残高 15 厘米（图 8-16，10）。

夹砂罐

4 件。

T6⑪：21，夹细砂红褐陶，深色表皮脱落殆尽。侈口，方唇，高领上部斜直内收，下端竖直，领部下端可见三周残存的并列凹痕。素面。口径 14.2、残高 5.4 厘米（图 8-16，11）。

T6⑪：22，夹细砂红褐陶，深色表皮脱落殆尽。唇下沿内折，圆唇较宽，高领弧壁内收。素面。残长 8.8、残高 4.2 厘米（图 8-16，12）。

T6⑪：25，夹细砂，红褐胎泛白，灰黑色表皮脱落殆尽。侈口，小卷沿，尖圆唇，沿下抹出一周窄平面，直领较高，上腹部圆鼓凸出。领部隐约可见三周浅圆凸棱。口径 10.4、残高 5 厘米（图 8-16，13）。

T6⑪：30，夹细砂，红褐胎黑色表皮。侈口，方唇略宽，高领上端斜直内收，下端竖直。领上部中央抹出一周较粗的浅圆凸棱。口径 17、残高 3.6 厘米（图 8-16，14）。

觚

3 件。

T6⑪：62，泥质，胎色内灰黑外灰白，黑色表皮脱落殆尽。小喇叭口，尖圆唇，口部似经过打磨，唇缘部分磨平，细长圆柱形器身，下端残。下端尚可见两周紧密并列、且模糊的三角状细凸棱。底径 4.4、杯身上端直径 3.2、残高 6.6 厘米（图 8-17，5；彩版六六，6）。

T6⑪：63，泥质，胎色内灰黑外灰白，黑色表皮脱落殆尽。圆柱形器身底端微外侈，杯座撇出，截面呈鸟喙状，平底，器身与底座交接处刮出一周极细的折棱。素面磨光。底径 6、残高 6.6 厘米（图 8-17，6；彩版六八，5 左）。

T6⑪：88，泥质黑陶，胎色略泛深紫色，胎体表层有一层极薄的棕色层。细圆柱状器身底端外撇，底座呈伞状撇出，座面较平，座缘圆唇，座底内凹明显，器身与底座交接处刮出一周明显的三角状细凸棱。素面磨光。底径 6.6、残高 3.8 厘米（图 8-17，7；彩版六八，5 右）。

厚唇缸

6 件。

T6⑪：33，夹细砂红褐胎灰黑皮陶。侈口，方唇，沿外上半部附加叠唇，叠唇面微内凹，上腹部微鼓出。上腹部黏接一周花边状附加堆纹。残长 22、残高 13 厘米（图 8-17，8；彩版六八，6 右上）。

T6⑪：34，夹细砂灰陶，胎体外层胎色泛白。侈口，方叠唇，上腹部微鼓。腹部顶端黏接一周花边状附加堆纹，腹部饰较粗的麦粒状绳纹。残长 16.4、残高 13 厘米（图 8-17，9）。

T6⑪：35，夹细砂红褐胎灰皮陶。侈口，圆叠唇，上腹部较直。其上端可见一周花边状附加堆纹，堆纹下饰粗麦粒状绳纹。残长 16.4、残高 9.8 厘米（图 8-17，10；彩版六八，6 左上）。

T6⑪：36，夹砂黄褐陶。斜直口略外侈，沿外附加薄叠唇，方唇，其底端略三角状凸出，上腹部竖直。叠唇末端至上腹部饰模糊的粗绳纹，腹部部分区域似抹有薄泥浆覆盖纹饰。残长 13.8、残高 6.8 厘米

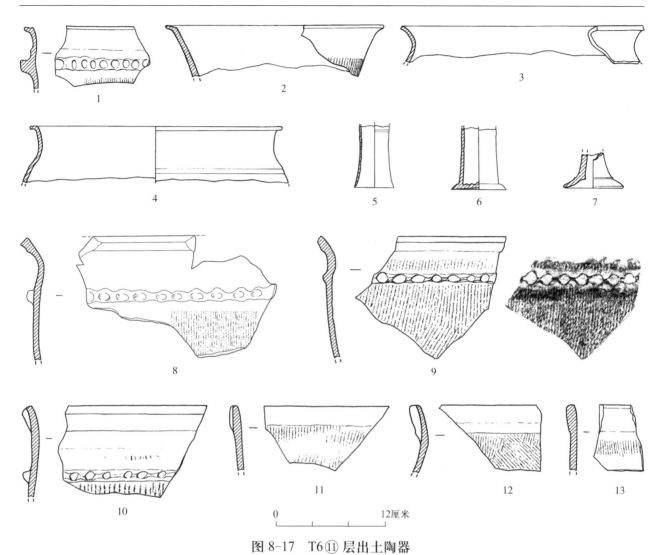

图 8-17　T6⑪层出土陶器

1～4.盆 T6⑪：12、13、16、93　5～7.瓿 T6⑪：62、63、88　8～13.厚唇缸 T6⑪：33～38

（图 8-17，11）。

T6⑪：37，夹砂黄褐陶，胎体较厚处胎心呈红褐色。斜直口略外侈，沿外附加叠唇，方唇，上腹部略外撇出。叠唇末端至上腹部饰交错绳纹。残长 11.2、残高 7 厘米（图 8-17，12；彩版六八，6右下）。

T6⑪：38，夹细砂红褐陶，胎体较厚处胎心呈灰色，表皮陶色略浅。直口，沿外附加薄叠唇，方唇边缘圆转，上腹部竖直。腹部顶端饰模糊的麦粒状绳纹。残长 5.6、残高 7.1 厘米（图 8-17，13；彩版六八，6左下）。

器盖

1 件。

T6⑪：60，夹细砂红褐陶，胎心陶色偏深。圆片状器盖，盖面中央略高，盖缘方唇，唇上缘略翘起，盖底面平整，盖纽脱落。素面。直径约 16、残长 10.4、残高 8.4 厘米（图 8-16，15）。

陶鍪

2 件。

T6⑪：44，夹细砂灰白陶。器壁黏接一个鹰形的附加堆纹，附加堆纹上饰麦粒状绳纹。残长 2.6、残高 4.2 厘米（图 8-16，16；彩版六九，1）。

T6⑪：45，夹砂灰胎红褐陶，陶器腹部附加一个横向的鸡冠状陶錾。陶錾残长 6.4 厘米（图 8-16，17）。

器耳

1 件。

T6⑪：64，泥质灰黑胎深色表皮陶，胎体表面有一层极薄的灰白层。圆环形支圈，直口，圆唇，竖直圈壁较宽，方底面略宽于唇面。素面。残长 13.1、残高 8.2 厘米（图 8-16，18；彩版六九，2）。

腹片

1 件。

T6⑪：113，泥质灰黑胎，外表略偏黄。饰凹弦纹及方格纹（彩版六九，3）。

花边器底

1 件。

T6⑪：59，可能为罐类器底，夹细砂灰白胎，灰黑色表皮陶。底座独立制成，再黏接于腹底，中央圆形泥片，周边附加一周泥条形成矮圈足。圈足底边以手指按压出连续的花边，底座底面饰较粗的绳纹。底径 19.4、残高 3.6 厘米（图 8-16，19；彩版六九，4）。

2. 相当于商时期

相当于商时期的数量很少，仅可辨识出鬲。

鬲口沿

3 件。

T6⑪：19，夹细砂，胎体内灰白外红褐，深色表皮脱落殆尽。侈口近平，内卷沿，方唇，直领，上腹部微外撇，领、腹交接不甚明显。腹饰有一周双阴拱阳的弦纹，其下腹部饰旋断绳纹。口径 18、残长 9、残高 7 厘米（图 8-14，1）。

T6⑪：27，夹细砂，灰白胎黑色表皮。窄平折沿，方唇，高领中部略内凹，上腹部略鼓出。纹饰不详。口径 21、残高 4.4 厘米（图 8-14，2）。

T6⑪：28，夹细砂，胎色由内而外呈灰色、灰白色、红褐色，黑色表皮。侈口，内卷沿，沿面内凹，斜方唇，唇外缘呈锐三角状凸出，直领，领、腹交接处不明显，上腹壁微外撇。领、腹交接处有两周旋纹，其下腹部饰旋断绳纹。口径 20、残高 6 厘米（图 8-14，3）。

3. 西周时期

西周时期的遗物数量也很多，种类丰富，有鼎、鬲、甗、盆、罐、盘、印纹硬陶、印纹软陶片等。

鬲

3 件。

T6⑪：15，可与 68 号拼合，夹细砂红褐陶，外壁陶色略斑驳，胎内含大量细微的云母颗粒。侈口微卷，沿下角近 90°，尖圆唇，沿面前端微凸起，内折沿，腹部圆鼓。素面。口径 17.6、残高 4.4 厘米（图 8-18，1）。

T6⑪：73，夹细砂红褐陶。卷沿，方唇，唇面微内凹，颈部不甚明显，上腹部饰圆鼓凸出，沿外绳纹被抹，上腹部饰规整的斜向细绳纹。残长 9.5、残高 4 厘米（图 8-18，2）。

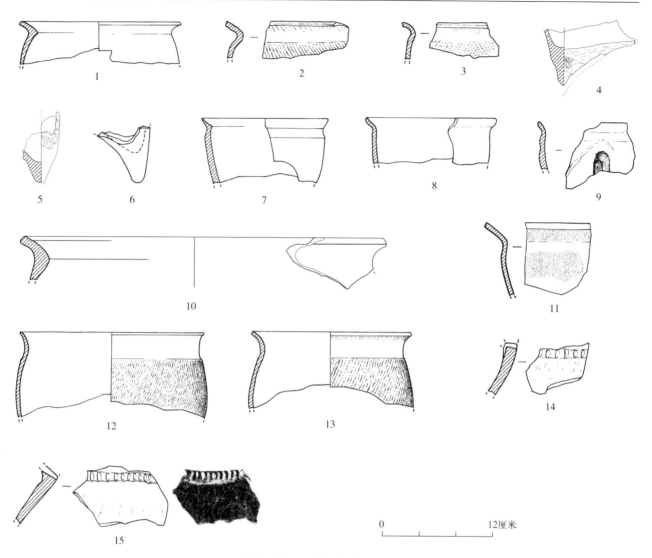

图 8-18　T6⑪ 层出土陶器

1 ～ 3. 鬲 T6⑪：15、73、79　4 ～ 6. 鬲足 T6⑪：53、54、83　7 ～ 9. 鼎 T6⑪：20、74、80　10 ～ 13. 甗口沿 T6⑪：5、10、67、115　14、15. 甗腰 T6⑪：40、41

　　T6⑪：79，夹细砂黄褐陶。卷沿，方唇，唇面内凹明显，颈部不甚明显，上腹部微撇出，较直，颈、腹交接处抹出一周很浅的折棱，沿外绳纹被抹，上腹部饰较清晰的斜向交错绳纹。残长 7.6、残高 3.9 厘米（图 8-18，3）。

　　鬲足

　　6 件。

　　T6⑪：52，夹砂红陶（内有白色石膏类东西，似防水之用），上部有烟炱痕迹。尖锥状实足跟较矮，足窝较浅。通体饰有细绳纹。残高 10.2 厘米。

　　T6⑪：53，夹砂红褐陶。圆弧裆不甚高，圆锥状足跟较矮，其内塞泥球压平，裆部及足跟皆饰较清晰的斜向细绳纹，再在足跟顶端至裆底抹上一层厚薄不均的胎泥加固。残高 7 厘米（图 8-18，4）。

　　T6⑪：54，夹砂红褐陶，外皮有灼黑的痕迹。足部较圆鼓，细长锥形，足跟残，腹部竖行细绳纹，足跟部被竖向刮过。残高 14.8 厘米（图 8-18，5）。

T6⑪：55，夹砂红褐陶，足窝内部有烟炱痕迹。弧裆微瘪，截锥状实足跟，足窝较深。足上部和足跟底面上均饰有粗绳纹。残高 19.4 厘米。

T6⑪：56，夹砂红褐陶，足窝内侧有烟炱痕迹。截锥状实足跟矮，足窝较深，足跟为斜面。表面有刮削痕迹。残高 17 厘米。

T6⑪：83，夹砂红褐陶。圆锥状足跟，圆足尖，其内似塞有小泥球，压平，足跟外壁包裹一层胎泥，胎泥表面经刮抹为素面。残高 6.1 厘米（图 8-18，6）。

鼎

3 件。

T6⑪：20，夹砂黄褐陶。侈口，内卷沿，沿面微内凹，尖圆唇，上腹部顶端微鼓出，其下渐斜直内收。素面。口径 14、残高 6.8 厘米（图 8-18，7）。

T6⑪：74，夹砂黄褐陶，腹内壁胎色受热呈黑色。侈口，内卷沿，沿面微内凹，尖圆唇，上腹部向下渐斜直内收。素面。口径 14.3、残高 5 厘米（图 8-18，8）。

T6⑪：80，夹砂黄褐陶。侈口，沿下角较大，内沿略卷，圆唇，上腹部略鼓，腹中部可见扁状鼎足嵌入腹部残留的凹痕，凹痕上端有一周较宽的浅抹痕。素面。残长 7.6、残高 7.2 厘米（图 8-18，9）。

甗口沿

4 件。

T6⑪：5，夹细砂及大量云母末，红褐陶。侈口，口沿较厚，沿面前端有一周浅抹痕，内折沿处胎体厚，方唇，上腹部略鼓出。素面隐约可见横向的抹痕。口径 39、残高 5 厘米（图 8-18，10）。

T6⑪：10，甑部泥质红褐陶。卷沿，沿下角较大，方唇，略束颈，上腹部略鼓，向下内收，沿外绳纹被抹，上腹部饰模糊的细密绳纹。残长 7.2、残高 7.6 厘米（图 8-18，11）。

T6⑪：67，夹细砂红褐陶，外壁陶色斑驳。卷沿，沿下角大，圆唇，短直领，上腹部较直，腹壁微鼓，领部素面，腹部饰规整的斜行细绳纹。口径 20.2、最大腹径 20.9、残高 9.2 厘米（图 8-18，12）。

T6⑪：115，夹细砂红褐陶，外壁陶色斑驳。卷沿，圆唇，矮直领，上腹部略鼓出，领部素面，腹部饰较规整的交错绳纹。口径 17.6、残高 8 厘米（图 8-18，13）。

甗腰

2 件。

T6⑪：40，夹细砂红褐陶，外壁陶色较斑驳，胎体内含较多云母颗粒。束腰，无腰隔，甑部与鬲部为上下对接，腰间掐印连续的指甲纹。残长 10.4、残高 6.5 厘米（图 8-18，14）。

T6⑪：41，夹细砂红褐胎，外壁灰褐色。束腰，无腰隔，甑部与鬲部为上下对接，腰间掐印连续的指甲纹。残长 6.9、残高 5.4 厘米（图 8-18，15）。

甗足

1 件。

T6⑪：57，夹砂红褐陶。截锥状实足跟，圆平底。素面。底径 5、残高 10.8 厘米（图 8-18，16）。

盘

1 件。

T6⑪:58，泥质红褐胎黑皮陶。腹、底平坦，圆圈足八字形外撇，座缘圆唇。素面磨光。底径17、残高4.4厘米（图8-19，1）。

盆

5件。

T6⑪:6，泥质红陶。长卷沿，沿面前端近平，方唇，斜领微显，领、腹交接处略起折棱，上腹部微鼓。沿外绳纹被抹，领部素面较光滑，腹部饰模糊的细绳纹。残长13.8、残高7厘米（图8-19，2）。

T6⑪:8，泥质褐胎灰皮陶。侈口，宽卷沿，方唇，上腹部微鼓。可见旋断细绳纹。残长12.5、残高4.6厘米（图8-19，3）。

T6⑪:11，略夹砂红褐陶。侈口，宽卷沿，圆角方唇，微束颈，上腹部微鼓。腹部饰竖行细绳纹，颈部可见明显轮制痕迹。口径约17.8、最大腹径18.4、残高5.7厘米（图8-19，4）。

T6⑪:14，夹细砂及少量云母末，红褐陶。侈口，内卷沿，圆唇，腹壁微鼓，向下内收较明显，且胎壁向下渐厚。素面，似曾表皮磨光。口径26、残高7.7厘米（图8-19，5）。

T6⑪:77，略夹砂红褐陶。侈口，宽卷沿，方唇，上腹部微鼓，腹部饰琐碎的竖行细绳纹，沿下绳纹被抹。残长10.8、残高6.4厘米（图8-19，6）。

罐

3件。

T6⑪:17，泥质红陶。喇叭口状长卷沿，方唇，斜肩较平。肩部饰斜向中绳纹，沿下绳纹被抹。残长7.6、残高5.2厘米（图8-19，7）。

T6⑪:18，泥质红陶。喇叭口状长卷沿，方唇，斜肩较平。肩部饰模糊的绳纹，沿下绳纹被抹。残长7.6、残高4.6厘米（图8-19，8）。

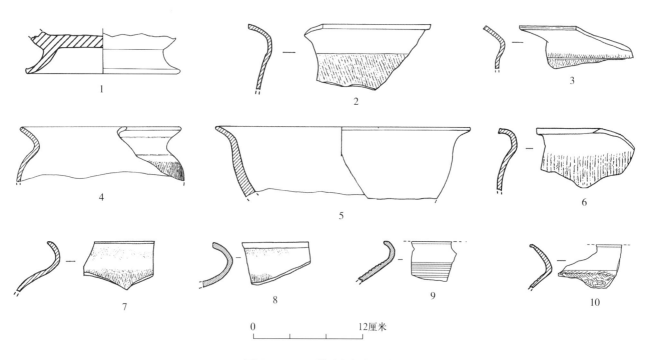

0　　　　　　　　　12厘米

图8-19　T6⑪层出土陶器

1. 盘 T6⑪:58　2～6. 盆 T6⑪:6、8、11、14、77　7～9. 罐 T6⑪:17、18、29　10. 印纹硬陶罐 T6⑪:31

T6⑪：29，泥质红褐胎黑皮陶。小卷沿，圆唇，矮领，宽斜肩。肩部可见多道间距不等的旋纹，其余素面磨光。残长5、残高4.2厘米（图8-19，9）。

印纹硬陶罐

1件。

T6⑪：31，泥质浅紫色胎，器表陶色泛灰，胎体有少量气泡孔洞。小圆唇，长颈呈喇叭口状，斜广肩较平。颈内侧下端有一周浅凹痕，颈、肩交接处内侧圆转，肩部拍印叶脉纹。残长7、残高4.6厘米（图8-19，10；图8-20，1）。

印纹硬陶腹片

4件。

T6⑪：65，泥质铁灰皮紫胎，致密。绳纹（图8-20，2）。

T6⑪：86，泥质铁灰皮紫胎，致密。席纹（图8-20，3）。

T6⑪：107，泥质灰白陶，致密。方格纹（图8-20，4；彩版六九，5、6）。

T6⑪：110，泥质青灰陶，略致密。条格纹（图8-20，5）。

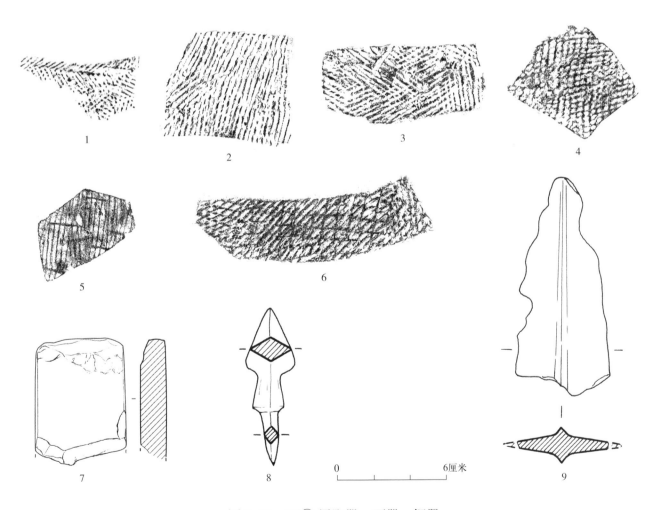

图 8-20　T6⑪ 层陶器、石器、铜器

1.印纹硬陶罐 T6⑪：31　2～5.印纹硬陶腹片 T6⑪：65、86、107、110　6.印纹软陶腹片 T6⑪：66　7.石锛 T6⑪：3　8.铜镞 T6⑪：2　9.铜矛头 T6⑪：1

印纹软陶腹片

1件。

T6⑪：66，泥质橙色陶，疏松。方格纹与斜线纹复合（图8-20，6）。

（二）石器

仅有石锛1件。

石锛

1件。

T6⑪：3，灰白色。器体扁平，顶部稍平，刃部残。通体磨制稍粗，器表有打制疤痕。宽5、残高6.7、厚约1.4厘米（图8-20，7；彩版七〇，1）。

（三）铜器及相关遗物

1. 铜镞

1件。

T6⑪：2（图8-20，8）。

2. 铜矛头

1件。

T6⑪：1（图8-20，9；彩版七〇，2～4）。

3. 炉渣

1件。

T6⑪：112（彩版七〇，5～8）。

三　T6 ⑩层

陶瓷器

该层共出土陶片194片，有鬲口沿、鬲足、甗腰、盆口沿、盂、印纹硬陶等。陶器质地、颜色、纹饰统计如下表（表8-17、18）。标本分述如下：

1. 鬲口沿

1件。

T6 ⑩：15，夹砂红褐陶，器表及口沿略有烟熏痕迹。侈口，卷沿近平，方唇，微束颈，略鼓腹。腹部饰麦粒状绳纹，颈部有一道旋纹，沿下绳纹被抹。残长6.4、残高4.2厘米（图8-21，1）。

2. 鬲足

4件。

T6 ⑩：9，夹砂红褐陶。截锥状实足跟矮，足窝较浅。表面有刮削痕迹。残高9.6厘米（图8-21，2）。

T6 ⑩：10，夹粗砂红褐陶，胎为黑褐色。截锥状实足跟，足跟为斜面，足窝较浅。表面有刮削痕迹。残高7.4厘米（图8-21，3）。

表 8-17　T6 ⑩层出土陶瓷器质地、颜色统计表

陶质	夹粗砂			夹细砂				泥质				印纹陶		合计
陶色	红	红褐	灰	红	红褐	灰	黑	红	灰	黑	黑皮红胎	红	灰	
陶片数	4	21	2	20	46	23	19	19	14	10	8	1	7	194
百分比（%）	2.06	10.82	1.03	10.31	23.71	11.86	9.79	9.79	7.22	5.15	4.12	0.52	3.61	100

表 8-18　T6 ⑩层出土陶瓷器纹饰统计表

纹饰	软陶										印纹陶						合计
	素面	细绳纹	粗绳纹	弦断绳纹	交错绳纹	绳纹与刻划	弦纹与刻划	凹弦纹	凸棱纹	附加堆纹	方格纹	粗绳纹	凹弦纹	重回纹	回纹	雷纹	
陶片数	61	12	84	5	7	1	1	7	3	4	1	1	3	1	1	2	194
百分比（%）	31.44	6.19	43.30	2.58	3.61	0.52	0.52	3.61	1.55	2.06	0.52	0.52	1.55	0.52	0.52	1.03	100

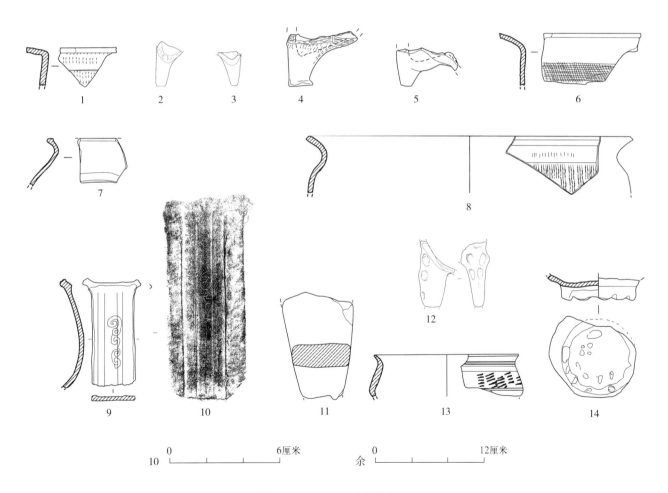

图 8-21　T6 ⑩层出土陶器

1.鬲口沿 T6 ⑩：15　2～5.鬲足 T6 ⑩：9～12　6～8.盆口沿 T6 ⑩：1、2、19　9、10 印纹硬陶罐耳 T6 ⑩：5　11、12.捏窝状鼎足 T6 ⑩：7、8　13.盉 T6 ⑩：3　14.花边缸底 T6 ⑩：6

T6⑩：11，黑皮红胎夹砂陶。柱状实足跟矮，足跟底部稍粗，呈蹄形，足窝较深。足上部饰有中绳纹。残高 5.8 厘米（图 8-21，4）。

T6⑩：12，夹砂青灰陶。裆部呈钝角三角形，略显袋状足，短截锥状实足跟接于腿部末端。素面，略有刮痕。残长 6.8、残高 4、足跟高约 1.6 厘米（图 8-21，5）。

3. 盆口沿

3 件。

T6⑩：1，夹砂红褐陶。卷沿近平，方唇，直腹。腹部饰交错粗绳纹，沿下绳纹被抹。残长 11、残高 5.4 厘米（图 8-21，6）。

T6⑩：2，盆，夹少量砂，胎色内灰外红褐，黑色表皮。卷沿，斜方唇，唇外缘凸出，颈部略内凹，颈、腹交接处不明显，上腹部略鼓。沿下素面，腹部纹饰不详。残长 5.4、残高 4.7 厘米（图 8-21，7）。

T6⑩：19，或为瓿口沿，夹砂红褐陶。卷沿近平，方唇，束颈，微鼓腹。腹部饰竖行细绳纹，颈部饰旋纹，沿下绳纹被抹，内壁有明显轮制痕迹。口径 36、残高 6 厘米（图 8-21，8）。

4. 印纹硬陶罐耳

1 件。

T6⑩：5，泥质灰陶。器表用片状器物斜刮成纵向弦纹，外表刻划出卷云纹，刻纹极细。宽 4.2、残长 11 厘米（图 8-21，9、10；彩版七一，1～3）。

5. 印纹硬陶腹片

2 件。

T6⑩：13，泥质橙色皮胎，深灰色芯，较致密。重回纹（图 8-22，1）。

T6⑩：18，泥质外壁铁灰色，红胎，致密。折线纹（图 8-22，2）。

此外，还出土少量早一时期的遗物。

6. 捏窝状鼎足

2 件。

T6⑩：7，夹砂红褐陶。仅残存鼎足中段，长三角形扁足，横截面呈圆角长方形，棱角分明。素面。残长 11.4、残宽 7.8 厘米（图 8-21，11；彩版七一，5 左）。

T6⑩：8，夹砂红褐陶。侧装刀形长扁足，截面为椭圆形，足上端饰两对纵向排列的目状捏窝，足尖残损。残长 4、残高 7 厘米（图 8-21，12；彩版七一，5 右）。

7. 盂

1 件。

T6⑩：3，泥质红褐陶，表层黑色脱落严重。侈口，卷沿，沿下角较大，尖圆唇，颈部微内收，斜直肩，圆折肩，下腹部残。肩部饰单向划纹，划纹一端较深，一端较浅，划纹上下均饰多道旋纹，上部弦纹道数多于下部弦纹道数。口径 16、最大腹径 16.8、残高 4.4 厘米（图 8-21，13；彩版七一，6 右）。

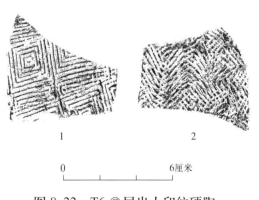

图 8-22　T6 ⑩层出土印纹硬陶

1、2. 腹片 T6 ⑩：13、18

8. 花边缸底

1 件。

T6⑩：6，夹砂红褐陶。腹部底面黏接于底座表面上，平底，底座由一片薄圆饼以及周边黏接的圈足组成，圈足底端捏为粗糙的花边状，腹部底端及圈足边缘部分区域饰粗糙的麦粒状绳纹。底径 8.1、残高 2.4 厘米（图 8-21，14；彩版七一，6 左）。

四　T6 ⑨层

发现遗物较少，有陶鬲、鬲足、甗、罐，极少的铜渣等。

（一）陶瓷器

该层共出土陶片 102 片，陶器质地、颜色、纹饰统计如下表（表 8-19、20）。标本分述如下：

表 8-19　T6 ⑨层出土陶瓷器质地、颜色统计表

陶质	夹砂			泥质		印纹	合计
陶色	红	红褐	灰	红褐	黑	红	
陶片数	16	78	4	2	1	1	102
百分比（%）	15.69	76.47	3.92	1.96	0.98	0.98	100

表 8-20　T6 ⑨层出土陶瓷器纹饰统计表

纹饰	软陶				印纹陶	合计
	素面	细绳纹	粗绳纹	附加与细绳	折线纹	
陶片数	17	1	82	1	1	102
百分比（%）	16.67	0.98	80.39	0.98	0.98	100

1. 鬲

1 件。

T6⑨：1，夹砂红褐陶。侈口，斜折沿，沿面较宽，沿下角较大，厚方唇，束颈，鼓腹明显，略瘪裆，腹部之下残，上腹部饰麦粒状绳纹，沿下绳纹被抹。口径 16、残高 6 厘米（图 8-23，1；彩版七二，1）。

2. 鬲足

4 件。

T6⑨：4，绳纹鬲足。夹细砂红褐陶，截锥状实足跟。表面有烟炱痕迹。足外表饰细绳纹。残高 6 厘米（彩版七二，2 右 1）。

T6⑨：5，绳纹鬲足。夹细砂红褐陶，截锥状实足跟。足外表饰浅细绳纹。残高 4 厘米（彩版七二，2 左 2）。

T6⑨：6，夹砂灰白陶，足窝内侧有烟炱痕迹。截锥状实足跟矮，足窝较浅，足跟为斜面。素面。

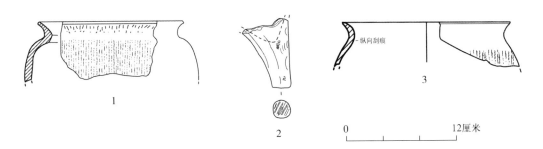

图 8-23　T6 ⑨层出土陶器
1. 鬲 T6 ⑨: 1　2. 鬲足 T6 ⑨: 7　3. 罐口沿 T6 ⑨: 3

残高 4 厘米（彩版七二，2 左 1）。

T6 ⑨: 7，夹砂红褐陶，表面有烟炱痕迹。截锥状实足跟较矮，足窝较深，足跟为斜面。足跟底面饰有绳纹。残高 7.4 厘米（图 8-23，2；彩版七二，2 右 2）。

3. 罐口沿

1 件。

T6 ⑨: 3，泥质红褐陶。卷沿，小方唇，颈部的绳纹被抹去，颈部以下饰纵向细绳纹。口径18、残高 4.4 厘米（图 8-23，3）。

（二）铜器及相关遗物

炉渣

1 件。

T6 ⑨: 10（彩版七二，3 ～ 8）。

五　T6 ⑧层

该层出土遗物十分丰富，陶瓷器种类较多，有鬲、鬲足、甗、鼎、豆、盆、罐、盉足、盘、纺轮、印纹硬陶、印纹软陶、原始瓷豆，此外还有少量的石凿、砺石以及残铜块、炉壁等。

（一）陶瓷器

该层共出土陶片 724 片，陶器质地、颜色、纹饰统计如下表（表 8-21、22）。标本分述如下：

1. 鬲

6 件。

T6 ⑧: 2，夹砂灰褐陶。口沿残，鼓腹，高瘪裆，锥状袋足。腹部饰间断绳纹，足部饰纵向绳纹，腹径 32.4、残高 26.6 厘米（图 8-24，1；彩版七三，1）。

T6 ⑧: 3，夹砂红褐陶。侈口，卷沿，沿面近平，薄方唇，弧腹，联裆，裆部较平，三柱足。腹部饰弦断细绳纹。口径 15.4、腹径 14.4、高 11.6 厘米（图 8-24，2；彩版七三，2）。

T6 ⑧: 5，夹砂黑褐陶，夹云母。侈口，折沿，沿下角较小，方唇，微鼓腹，联裆。器腹中部饰绳纹，足部饰竖向刮痕，裆部饰横向刮痕，内壁足部有按压痕迹。口径 20.8、最大腹径 22、残高 14 厘米（图

表 8-21　T6 ⑧层出土陶瓷器质地、颜色统计表

陶质	夹粗砂	夹细砂			泥质				印纹陶		原始瓷	合计
陶色	红褐	红	红褐	黑	红	灰	黑	黑皮红胎	灰	褐		
陶片数	114	93	340	15	90	19	13	27	4	8	1	724
百分比（%）	15.75	12.85	46.96	2.07	12.43	2.62	1.80	3.73	0.55	1.10	0.14	100

表 8-22　T6 ⑧层出土陶瓷器纹饰统计表

纹饰	印纹陶					
	方格纹	细绳纹	凸棱纹	回纹	席纹	重回纹
陶片数	5	1	2	6	1	4
百分比（%）	0.69	0.14	0.28	0.83	0.14	0.55

纹饰	软陶												原始瓷	合计
	素面	细绳纹	粗绳纹	弦断绳纹	间断绳纹	交错绳纹	绳纹与弦纹	刻划与弦纹	附加堆纹	刻划纹	凹弦纹	按窝	不带釉	
陶片数	201	83	290	35	3	70	2	1	9	2	7	1	1	724
百分比（%）	27.76	11.46	40.06	4.83	0.41	9.67	0.28	0.14	1.24	0.28	0.97	0.14	0.14	100

8-24，3；彩版七三，3）。

T6⑧：16，可与 T6⑪：68 拼合，夹砂红褐陶。侈口，卷沿近平，薄方唇，微鼓腹。腹部饰弦断中绳纹，沿下绳纹被抹。口径 14.4、最大腹径 16.2、残高 7.9 厘米（图 8-24，4；彩版七三，4）。

T6⑧：17，夹砂黑褐陶，夹云母。侈口，折沿，沿下角较小，圆角方唇，鼓腹。外壁较光滑，内壁有手制痕迹。口径 14、最大腹径 14.6、残高 6.8 厘米（图 8-24，5）。

T6⑧：35，夹砂红褐陶，表面有烟炱痕迹，夹云母。折沿，沿下角较大，斜方唇，唇面内侧有一道凹槽，外侧略突出，沿面较宽，鼓腹。口径 28、最大腹径 28、残高 10 厘米（图 8-24，6）。

2. 鬲足

6 件。

T6⑧：9，夹砂红褐陶，上部和内侧有烟炱痕迹。联裆，截锥状实足跟矮，足窝较深，足跟为斜面。表面有刮削痕迹。残高 12.8 厘米（图 8-24，7；彩版七三，5）。

T6⑧：11，夹砂红褐陶，足窝内侧有烟炱痕迹。截锥状实足跟较高，足窝较深。表面有刮削痕迹。残高 13 厘米（图 8-24，8；彩版七三，6）。

T6⑧：12，夹砂灰褐陶。柱状实足跟，足跟为斜面，足窝较深。足上部和足跟底面饰有中绳纹，足下部有刮削痕迹。残高 9.3 厘米（图 8-24，9）。

T6⑧：39，夹砂红陶，内含少量云母颗粒和蚌末，上部和足窝内侧有烟炱痕迹。截锥状实足跟，足跟为斜面，足窝较深。表面有刮削痕迹。残高 6.6 厘米（图 8-24，10）。

T6⑧：40，夹砂红褐陶，足窝内侧有烟炱痕迹。截锥状实足跟高，足窝较深，足跟为斜面。表面有刮削痕迹。残高 11.2 厘米（图 8-24，11）。

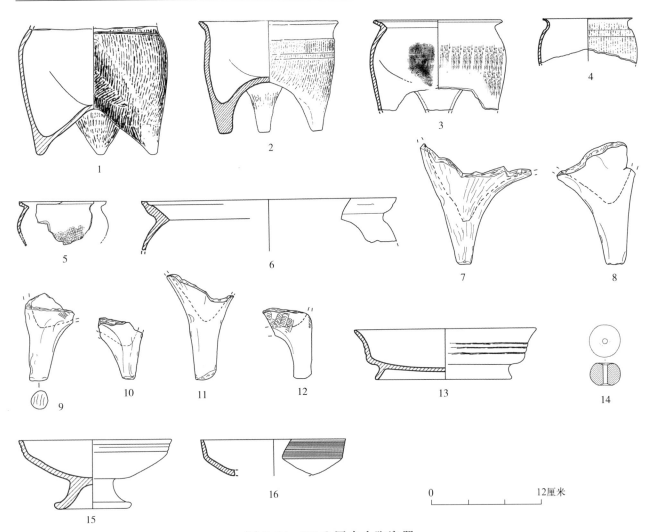

图 8-24　T6 ⑧层出土陶瓷器

1～6.鬲 T6⑧：2、3、5、16、17、35　7～12.鬲足 T6⑧：9、11、12、39～41　13.盘 T6⑧：4　14.陶纺轮 T6⑧：7　15、16.原始瓷豆 T6⑧：8、21

　　T6⑧：41，夹砂灰白陶。柱状实足跟，足窝较浅，足跟略残。裆部和足上部饰有粗绳纹，下部有刮削痕迹。残高 7.5 厘米（图 8-24，12）。

　　3.鼎

　　1件。

　　T6⑧：36，夹砂红褐陶，器表有烟炱痕迹，脱落严重，夹云母。斜直口，折沿，斜方唇，鼓腹，抹光。口径 24、残高 9 厘米（图 8-25，1）。

　　4.瓿

　　1件。

　　T6⑧：33，夹砂红褐陶。侈口，卷沿，沿面较大，方唇，唇面有一道凹槽，颈部内收，鼓腹。颈、腹交接明显，腹部饰交错绳纹，沿下绳纹被抹。口径 40、最大腹径 37、残高 14.4 厘米（图 8-25，2）。

　　5.瓿腰

　　1件。

T6⑧:20，夹砂红褐陶，略夹云母。甗腰外饰指甲纹一周，呈月牙形，隔部折。器身可见明显刮痕。甗腰径15.4、残高4厘米（图8-25，3）。

6.豆

2件。

T6⑧:18，加粗砂，略夹云母。豆盘内壁为黑陶，外壁及连接豆饼处为红褐，弧盘，豆柄残。素面，豆盘外壁及豆柄处可见明显手捏制的痕迹。口径9.6、残高4厘米（图8-25，4）。

T6⑧:23，泥质黑皮红胎。侈口，口沿内外侧均起棱，厚方唇，弧腹内收，器腹较浅，近柄部残。素面。口径23.2、残高4厘米（图8-25，5）。

7.盘

1件。

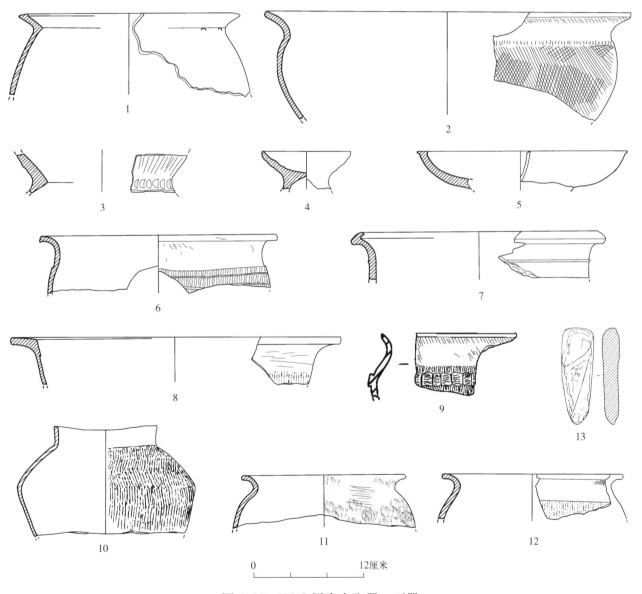

图 8-25　T6 ⑧层出土陶器、石器

1.鼎 T6⑧: 36　2.甗 T6⑧: 33　3.甗腰 T6⑧: 20　4、5.豆 T6⑧: 18、23　6～8.盆 T6⑧: 14、31、34　9.盆口沿 T6⑧: 32　10～12.罐 T6⑧: 1、15、43　13.石凿 T6⑧: 6

T6⑧：4，泥质黑陶。侈口，尖圆唇，直腹内收，平底，圈足微向外撇。腹部饰多道弦纹。口径20、圈足径14、底径15、高5.4厘米（图8-24，13；彩版七四，1）。

8. 盆

3件。

T6⑧：14，夹砂红陶。侈口，卷沿，方唇内凹，直腹，腹部以下残。腹部饰弦断绳纹，沿下及颈部绳纹被抹去。口径26、残高6厘米（图8-25，6）。

T6⑧：31，疑似盘口盆/瓮，泥质黑皮红褐胎。卷平沿，口沿外侧向上向内卷起，直颈，下腹部残。颈部中间有一道凸棱，素面。口径28、残高5厘米（图8-25，7）。

T6⑧：34，夹砂红褐陶，器壁部分被灼烧为黑色。折平沿，沿面较宽，厚方唇，唇面有一道凹槽，沿面有一道凹槽，颈、腹分界明显。内外壁均可见贴敷痕迹，器腹饰竖行中绳纹。口径36、残高5厘米（图8-25，8）。

9. 盆口沿

1件。

T6⑧：32，泥质灰芯黄褐陶。卷沿，方唇，唇缘内凹。口沿外侧和颈部的绳纹被抹去，颈部以下饰斜向细绳纹，肩部饰压印有细绳纹的附加堆纹。残长10.4、残高6厘米（图8-25，9）。

10. 罐

3件。

T6⑧：1，泥质红褐陶略夹砂。直口，厚方唇，斜直肩微折，斜直腹内收，下腹部残。肩部及腹部饰交错绳纹。口径11.2、腹径19.4、残高11.4厘米（图8-25，10；彩版七四，2）。

T6⑧：15，夹砂红褐陶，口沿和肩部有烟炱痕迹。侈口，卷沿，尖唇，束颈，圆肩，肩部以下残。沿下和肩部饰竖行细绳纹，颈部绳纹被抹去。口径18、残高5.4厘米（图8-25，11）。

T6⑧：43，夹砂红褐陶。侈口，卷沿，圆唇，束颈，斜直肩，肩部以下残。沿下至肩部饰有竖行间断绳纹，颈部及沿下绳纹被抹去。口径20、残高4.8厘米（图8-25，12）。

11. 陶纺轮

1件。

T6⑧：7，泥质黑陶。两面凹。直径3.5、厚约2.4厘米（图8-24，14；彩版七四，3）。

12. 印纹硬陶腹片

3件。

T6⑧：24，泥质铁灰皮紫红胎陶，较致密。回字纹和雷纹复合（图8-26，1；彩版七四，4）。

T6⑧：25，铁灰皮灰白胎，致密。回字纹和变形云雷纹复合（图8-26，2；彩版七四，5）。

T6⑧：26，泥质铁灰皮紫胎陶，致密。回字纹和方形填线纹复合（图8-26，3；彩版七四，6）。

13. 原始瓷豆

2件。

T6⑧：8，泥质灰白胎，青色釉。侈口，口径较大，口沿残，弧腹内收，豆盘较深，喇叭状圈足，边缘较厚。口沿外侧饰三道旋纹。口径16.6、圈足径4.7、底径8.3、高7.4厘米（图8-24，15；彩版七五，1）。

T6⑧：21，泥质灰白胎，无釉。侈口，口径较大，薄方唇，唇面内侧起棱，折腹内收，下腹残，

图 8-26　T6 ⑧层印纹硬陶
1～3.腹片 T6 ⑧: 24～26

豆盘较深。口沿外侧饰多道旋纹。口径 16、残高 3.8 厘米（图 8-24，16；彩版七五，2、3）。

（二）石器

石凿

1 件。

T6 ⑧: 6，灰黑色。器体呈长条形，单面刃。通体磨制粗糙。残宽 3.3、残高 9.6、厚约 1.7 厘米（图 8-25，13；彩版七五，4）。

（三）铜器及相关遗物

1. 残铜块

1 件。

T6 ⑧: 47（彩版七五，5～9）。

2. 炉壁

1 件。

T6 ⑧: 48（彩版七六，1～9）。

六　T6 ⑦层

（一）陶瓷器

该层共出土陶片 724 片，陶器质地、颜色、纹饰统计如下表（表 8-23、24）。

1. 鬲

3 件。

T6 ⑦: 1，夹砂红褐陶，有黑色烟炱痕迹。斜折沿，沿下角较大，方唇，鼓腹明显，联裆，柱足略向外撇。腹部所饰绳纹被抹，足部被刮明显。口径 11.6、腹径 14.5、残高 12.4 厘米（图 8-27，1；彩版七七，1）。

T6 ⑦: 8，夹砂红褐陶，腹部外侧部分被灼黑。侈口，卷沿，圆唇，口沿为随意捏制，不甚整齐，沿下角较大，沿面较宽，鼓腹。腹部饰麦粒状绳纹，内壁可见制作痕迹。口径 22、残高 7.2 厘米（图

表 8-23　T6 ⑦层出土陶瓷器质地、颜色统计表

陶质	夹砂					泥质			印纹陶	合计
陶色	红	红褐	灰	灰褐	黑	红	红褐	黑	灰褐	
陶片数	19	116	10	46	46	8	8	7	3	264
百分比（%）	7.22	44.11	3.80	17.49	17.49	3.04	3.04	2.66	1.14	100

表 8-24　T6 ⑦层出土陶瓷器纹饰统计表

纹饰	软陶									印纹			合计
	素面	细绳纹	粗绳纹	弦断绳纹	间断绳纹	附加堆纹	按窝	附加与细绳	凹弦与细绳	素面	云雷纹	方格纹	
陶片数	121	41	82	5	3	2	2	4	2	1	1	1	264
百分比（%）	46.01	15.59	31.18	1.90	1.14	0.76	0.76	1.14	0.76	0.38	0.38	0.38	100

8-27，2；彩版七七，2）。

T6 ⑦：9，夹砂红褐陶。侈口，折平沿，方唇，鼓腹。腹部饰竖行细绳纹，沿下绳纹被抹。口径12、残高5厘米（图 8-27，3）。

2. 鬲足

1件。

T6 ⑦：12，夹砂红褐陶。圆锥状实足跟较矮，足窝较浅。表面饰有划纹。残高6厘米（图 8-27，4）。

3. 甗

2件。

T6 ⑦：5，夹砂红褐陶。卷沿近平，方唇，唇面有一道凹槽，颈部微内凹，略鼓腹。腹部饰竖行中绳纹，纹饰较深，沿下绳纹被抹，器腹内壁可见明显轮制痕迹（图 8-27，5）。

T6 ⑦：6，此件与 T6 ⑧：28、T6⑪：7、T8 ⑧：29 拼合而成，夹砂红褐陶。侈口，卷沿，沿面较大，方唇，唇面有一道凹槽，颈部内收，鼓腹。颈、腹交接明显，腹部饰交错绳纹，沿下绳纹被抹，颈部内侧有一道凹槽。口径35.0、残高8厘米（图 8-27，6）。

4. 豆

1件。

T6 ⑦：2，夹砂黑陶。敛口，厚圆唇，弧腹内收，下腹部残。素面。口径24、残高2.4厘米（图 8-28，1）。

5. 盘

1件。

T6 ⑦：18，泥质黑皮红胎。侈口，口沿残，直腹内收，平底，圈足微向外撇。腹部饰多道弦纹。圈足径13.7、圈足高1.7、残高5.4厘米（图 8-28，2；彩版七七，3）。

6. 盆口沿

1件。

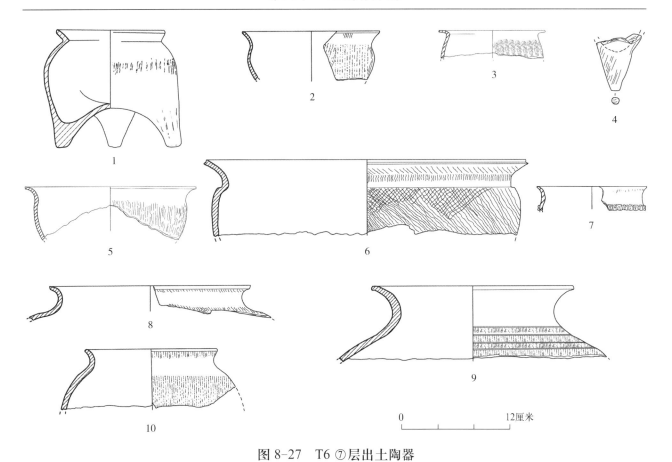

图 8-27　T6 ⑦层出土陶器

1～3.鬲 T6⑦:1、8、9　4.鬲足 T6⑦:12　5、6.甗 T6⑦:5、6　7.盆口沿 T6⑦:7　8～10.罐 T6⑦:3、4、16

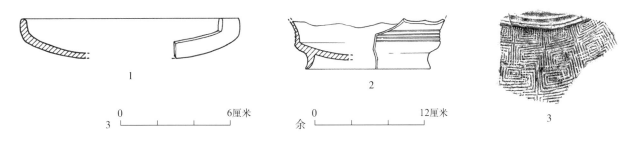

图 8-28　T6 ⑦层出土陶器

1.豆 T6⑦:2　2.盘 T6⑦:18　3.印纹硬陶腹片 T6⑦:17

　　T6⑦:7，泥质红褐陶。卷沿，方唇，高领。颈部的绳纹被抹去，颈部以下饰纵向细绳纹，肩部饰一道附加堆纹，附加堆纹饰绳纹压印的按窝。口径 12、残高 5 厘米（图 8-27，7）。

　　7. 罐

　　3 件。

　　T6⑦:3，泥质陶红皮灰胎。侈口，卷沿，斜方唇，束颈，斜直肩，肩部以下残。颈部以下饰竖向细绳纹，颈部及沿下绳纹被抹去。口径 22、残高 3.6 厘米（图 8-27，8）。

　　T6⑦:4，泥质红陶。侈口，卷沿，圆唇，束颈，斜直肩，肩部以下残。颈部以下饰弦断绳纹，颈部及沿下绳纹被抹去。口径 22、残高 7.8 厘米（图 8-27，9）。

T6⑦：16，泥质陶黑皮红胎。直口，微卷沿，圆唇，束颈，斜直肩，肩部以下残。口沿下至肩、腹部饰有竖行细绳纹，颈部绳纹被抹去。口径14.4、残高6厘米（图8-27，10；彩版七七，4）。

8.印纹硬陶腹片

1件。

T6⑦：17，泥质黑皮灰胎铁灰芯，致密，内壁有轮制痕迹，重回纹（图8-28，3；彩版七七，5）。

（二）铜器及相关遗物

残铜块

1件。

T6⑦：19（彩版七七，6）。

七　T6⑥层

（一）陶瓷器

该层共出土陶片428片，陶器质地、颜色、纹饰统计如下表（表8-25、26）。标本分述如下：

表8-25　T6⑥层出土陶瓷器质地、颜色统计表

陶质	夹砂				泥质				印纹		原始瓷	合计
陶色	红	红褐	灰	黑	红	红褐	灰	黑	灰褐	红		
陶片数	11	211	33	55	5	2	20	36	42	5	8	428
百分比（%）	2.57	49.30	7.71	12.85	1.17	0.47	4.67	8.41	9.81	1.17	1.87	100

表8-26　T6⑥层出土陶瓷器纹饰统计表

纹饰	软陶												
	素面	细绳纹	粗绳纹	弦断绳纹	凹弦与粗绳	凸棱纹	凹弦纹	压印纹	凹弦与圆圈	按窝与细绳	凹弦与粗绳	附加堆纹	凸棱与粗绳
陶片数	175	103	70	3	1	3	10	2	1	1	4	3	1
百分比（%）	40.89	24.07	16.36	0.70	0.23	0.70	2.34	0.47	0.23	0.23	0.93	0.70	0.23

纹饰	印纹											原始瓷				合计
	素面	雷纹	凸方格纹	凸方格与雷纹	席纹	凸方格与折线	凹弦与刻划	折线纹	菱形纹	方格纹	回纹	其他	素面	折线纹	凹弦纹	细弦纹	
陶片数	1	10	13	1	3	2	1	1	1	3	1	13	5	1	1	1	428
百分比（%）	0.23	2.34	3.04	0.23	0.70	0.47	0.23	0.23	0.23	0.70	0.23	3.04	1.17	0.23	0.23	0.23	100

1.鬲

4件。

T6⑥：3，夹砂灰陶。窄折沿，尖圆唇。肩部有一道凸棱，肩部以下饰纵向细绳纹。口径18、

残高4厘米（图8-29，1）。

T6⑥：4，夹砂红褐陶，器表及部分内壁被灼黑。小卷沿近平，圆角方唇，唇面较宽，颈部为内凹。颈、腹交界处明显，上腹部饰弦断中绳纹，沿下绳纹被抹，内壁有按压痕迹。口径18、残高6厘米（图8-29，2）。

T6⑥：14，夹砂灰黑陶。侈口，卷沿，沿下角较大，尖圆唇，颈部内壁可见一道凹槽，弧腹。腹部饰斜行中绳纹，上腹部有三周抹痕。口径18、最大腹径17.4、残高10.2厘米（图8-29，3）。

T6⑥：25，夹砂红褐陶，表面有灼黑痕迹，夹云母。羊角形。口径18.8、残高5厘米（图8-29，4）。

2.鬲足

3件。

T6⑥：27，夹砂红褐陶。尖锥状足，矮，足窝较深。素面。残高4厘米（图8-29，5；彩版七八，1左下）。

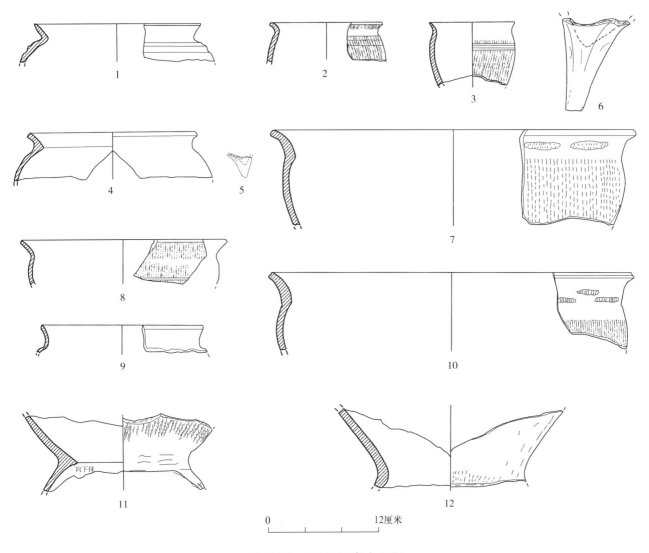

图 8-29　T6 ⑥层出土陶器

1～4.鬲 T6⑥：3、4、14、25　5、6.鬲足 T6⑥：27、30　7～10.甗 T6⑥：7、9、11、37　11、12.甗腰 T6⑥：20、21

T6⑥：28，夹砂红陶，上部和足窝内部有烟炱痕迹。尖锥状实足跟矮，足窝较浅。通体饰有中绳纹。残高4厘米（彩版七八，1左上）。

T6⑥：29，夹砂红陶，器表有烟炱痕迹。通体饰有细绳纹。残高6厘米（彩版七八，1右）。

T6⑥：30，夹砂红褐陶。截锥状实足跟，足窝较深。表面有刮削痕迹。残高9.7厘米（图8-29，6；彩版七八，2中）。

T6⑥：31，夹砂黑褐陶。柱状实足跟，足窝较深，足跟残。通体有刮削痕迹。残高11厘米（彩版七八，2右）。

T6⑥：36，夹砂红褐陶。截锥状实足跟，足窝较深，足跟为斜面。表面有刮削痕迹。残高7厘米（彩版七八，2左）。

3.甗

4件。

T6⑥：7，夹砂红褐陶，器表有烟炱痕迹，夹云母。侈口，斜折沿，沿下角较大，方唇，唇面有一道凹槽，微鼓腹。颈部压印有绳纹，口沿外及腹部饰竖行细绳纹。口径40、最大腹径37.2、残高10厘米（图8-29，7）。

T6⑥：9，夹细砂褐陶，夹云母。宽折沿，方唇。口沿外侧的绳纹被抹去，颈部以下饰斜向细绳纹。口径17、残高6.4厘米（图8-29，8）。

T6⑥：11，夹细砂灰褐陶，夹云母，外壁被灼黑。卷沿，方唇，耸肩。颈部的绳纹被抹去，肩部以下饰纵向细绳纹。口径26、残高4.4厘米（图8-29，9）。

T6⑥：37，夹砂红褐陶，器表有烟炱痕迹，夹云母。侈口，斜折沿，沿下角较大，方唇，唇面有一道凹槽，微鼓腹。颈部压印有绳纹，口沿外及腹部饰竖行细绳纹。口径40、残高8厘米（图8-29，10）。

4.甗腰

2件。

T6⑥：20，夹砂黑褐陶，略夹云母，内侧有一层黑皮。甗腰外抹光，隔部折。器身饰斜行中绳纹。甗腰径14、残高8厘米（图8-29，11）。

T6⑥：21，夹砂灰陶。甗腰较厚，有抹痕，甗腰及腹部饰竖行中绳纹，纹饰较模糊。甗腰径16.6、残高8厘米（图8-29，12）。

5.甗耳

1件。

T6⑥：19，甗的附耳，夹砂红褐陶。附耳很窄，两侧向内挤压并贴敷两个泥饼，边缘为方唇，与器腹高度平行，唇面、口沿面、器身均饰绳纹，耳洞较小。残长6.4、残高5.6厘米（图8-30，1；彩版七八，3～5）。

6.盉柄

1件。

T6⑥：23，夹粗砂黑皮红褐陶。器柄，直柄，两端均残，截面为椭圆形。残长7.8厘米（图8-30，2；彩版七八，6）。

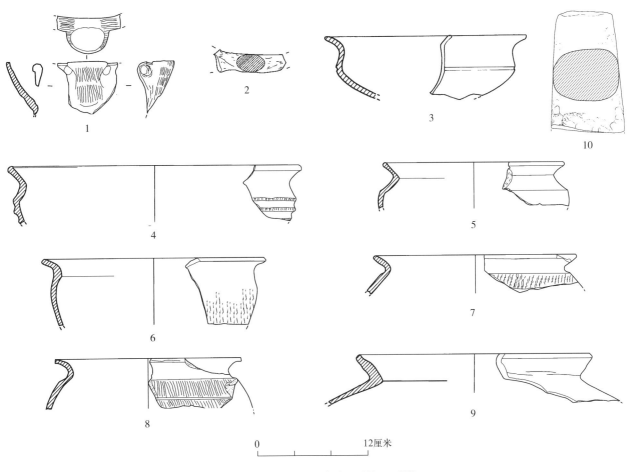

图 8-30　T6 ⑥层出土陶器、石器

1.甑耳 T6⑥:19　2.盉柄 T6⑥:23　3.簋 T6⑥:15　4.盆 T6⑥:5　5.小盆 T6⑥:6　6～9.罐 T6⑥:8、10、12、13　10.石斧 T6⑥:1

7. 簋

1 件。

T6⑥:15，泥质黑陶。斜折沿，尖圆唇，腹部微束，弧盘内收。腹部最鼓处饰一周弦纹，素面。口径 32、腹径 29.6、残高 6.8 厘米（图 8-30，3）。

8. 盆

1 件。

T6⑥:5，泥质陶黑皮灰胎。侈口，折沿较宽，厚方唇，折肩，肩部斜直较短，肩部以下残。肩部上可见两道凹槽，在凹槽直接有纵向中绳纹，其余部分为素面。口径 32、最大腹径 31.8、残高 6 厘米（图 8-30，4）。

9. 小盆

1 件。

T6⑥:6，夹砂陶黑皮红胎，表面有磨光痕迹。侈口，折沿，圆唇，斜直腹，下腹部残。素面。口径 20、腹径 21.2、残高 4.6 厘米（图 8-30，5）。

10. 罐

4 件。

T6⑥：8，夹砂红褐陶。折沿，沿下角较小，方唇，微鼓腹。腹部饰竖行中绳纹。口径26.4、最大腹径24.4、残高7厘米（图8-30，6）。

T6⑥：10，夹砂陶黑皮灰胎。侈口，折沿，方唇，短颈内凹，斜直肩，肩部以下残。肩部饰有麦粒状绳纹。口径22.4、残高4厘米（图8-30，7）。

T6⑥：12，泥质红陶略夹砂。侈口，卷沿，方唇，短颈内凹，斜直肩，肩部以下残。肩部饰有弦断绳纹，沿下绳纹被抹去。口径20.4、残高6厘米（图8-30，8）。

T6⑥：13，夹砂红褐陶，器壁内侧为灰白色，夹云母。斜直口，方唇，折沿，沿面内侧有一道凹槽，肩部略低平。抹光。口径26、残高5厘米（图8-30，9）。

11. 腹片

1件。

T6⑥：26，泥质黑皮灰白胎。腹部饰一周圆圈纹，并有一道旋纹（图8-31，1；彩版七九，1）。

12. 印纹硬陶片

5件。

T6⑥：17，（圆肩）罐，泥质硬陶，胎色内灰外红。小卷沿，圆唇，唇外缘略下勾，唇面有一周极浅的凹痕，矮领内凹，圆鼓肩。肩部拍印较规整的重回纹。口径14、残高5厘米（图8-31，2）。

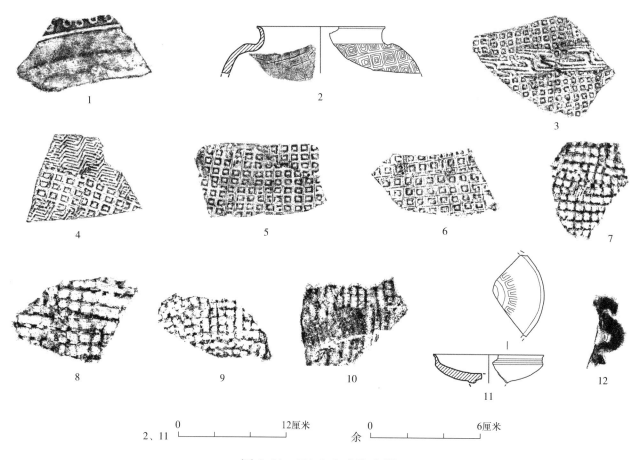

图 8-31　T6⑥出土陶瓷器

1.腹片 T6⑥：26　2～6.印纹硬陶片 T6⑥：17、32、34、38、39　7～10.印纹软陶片 T6⑥：33、40-1、40-2、42　11.原始瓷豆 T6⑥：18　12.原始瓷盖纽 T6⑥：24

T6⑥：32，泥质紫色外皮，铁灰色内皮，灰白＋黑＋紫芯，致密。回字纹和变形云雷纹复合（图8-31，3；彩版七九，2、3）。

T6⑥：34，泥质铁灰皮紫胎陶，致密。回字纹和折线纹复合（图8-31，4；彩版七九，4）。

T6⑥：38，泥质深灰皮灰胎紫红芯陶，较致密。回字纹（图8-31，5）。

T6⑥：39，泥质铁灰皮紫红胎陶，较致密。回字纹（图8-31，6）。

13. 印纹软陶片

4 件。

T6⑥：33，夹砂黑皮灰褐陶，疏松，有气泡。方格纹（图8-31，7；彩版七九，5）。

T6⑥：40-1，夹砂黑皮红褐胎，疏松，有气泡。方格纹（图8-31，8）。

T6⑥：40-2，夹砂红褐陶，疏松。方格纹（图8-31，9；彩版七九，6）。

T6⑥：42，夹砂外壁红褐、内壁黑褐，疏松有气泡。方格纹（图8-31，10）。

14. 原始瓷豆

1 件。

T6⑥：18，残留少量青色釉。尖唇。口沿外饰旋纹一道，器腹外侧饰回字形印纹。口径12、残高3厘米（图8-31，11）。

15. 原始瓷盖纽

1 件。

T6⑥：24，灰白胎，青色釉较薄。仅见少部分，纽呈半环状，其一端呈现龙尾上卷状，纽全身素面，在纽下器壁上可见数道短弦纹（图8-31，12）。

（二）石器

石斧

1 件。

T6⑥：1，器体很厚重。顶部稍平，有多处打制疤痕，刃部残。通体磨制十分粗糙。残长12.8、宽8、厚约5.4厘米（图8-30，10）。

八　T6 ⑤层

该层出土遗物极为丰富，陶器种类繁多，有鬲、甗、簋、豆、盆、罐、盉、盂、敛口钵、器盖、纺轮，还有印纹硬陶、印纹软陶、原始瓷豆，以及少量铜器及相关遗物。

（一）陶瓷器

该层共出土陶片1613片，陶器质地、颜色、纹饰统计如下表（表8-27、28）。标本分述如下：

1. 鬲

6 件。

T6⑤：27，夹砂黑皮红褐胎。侈口，卷沿，沿下角较大，沿面较宽，沿外缘起棱，方唇，颈部外展，折肩。腹部饰竖行细绳纹，纹饰模糊，沿下绳纹被抹。口径18.4、腹径21.2、残高7.4厘米

表 8-27　T6⑤层出土陶瓷器质地、颜色统计表

陶质	夹砂					夹细砂				
陶色	红	红褐	灰	黑	黑皮红胎	红	红褐	灰	黑	黑皮红胎
陶片数	7	166	22	32	45	4	309	80	124	115
百分比（%）	0.43	10.29	1.36	1.98	2.79	0.25	19.16	4.96	7.69	7.13

陶质	泥质					印纹硬陶			原始瓷	合计
陶色	红	红褐	灰	黑	黑皮红胎	红	灰	褐		
陶片数	32	28	97	169	134	22	37	168	22	1613
百分比（%）	1.98	1.74	6.01	10.48	8.31	1.36	2.29	10.42	1.36	100

表 8-28　T6⑤层出土陶瓷器纹饰统计表

纹饰	软陶											
	素面	细绳纹	粗绳纹	弦断绳纹	间断绳纹	凹弦纹	凸棱纹	附加堆纹	戳印纹	刻划与凹弦	交错绳纹	刻划纹
陶片数	446	303	426	47	113	19	1	17	2	6	8	1
百分比（%）	27.65	18.78	26.41	2.91	7.01	1.18	0.06	1.05	0.12	0.37	0.50	0.06

纹饰	印纹陶																	原始瓷		合计
	素面	凹弦纹	凸棱纹	重回纹	回纹	棱形纹	麦穗纹	水波纹	曲折纹	回纹与折线	席纹	方格纹	回纹与棱形纹	回纹与曲折纹	折线纹	棱形与凸棱	绳纹与凸棱	带釉	不带釉	
陶片数	26	2	1	63	53	61	3	2	2	12	12	2	4	2	15	1	1	16	6	1613
百分比（%）	1.61	0.12	0.06	3.9	3.29	3.78	0.19	0.12	0.12	0.74	0.74	0.12	0.25	0.12	0.93	0.06	0.06	0.99	0.37	100

（图 8-32，1）。

T6⑤：33，夹砂红褐陶。侈口，卷沿，沿下角较大，方唇，弧腹较深。腹部饰斜行粗绳纹，颈部有明显抹痕。口径 24.4、残高 8.8 厘米（图 8-32，2）。

T6⑤：54，夹砂红褐陶，表面有灼黑痕迹，夹云母。柄为羊角形，足为截锥状短足（图 8-32，3；彩版八〇，1）。

T6⑤：91，夹砂黑陶。侈口，斜折沿，圆唇，折肩微鼓，微瘪裆，足跟残。肩部有一扁平状鋬残，肩部饰一周旋纹，肩部腹部饰纵向细绳纹。口径 13.8、腹径 15.5、残高 7 厘米（图 8-32，4；彩版八〇，2）。

T6⑤：94，夹砂红褐陶，器表及器腹内壁被灼黑。斜直口，折沿，沿下角很大，圆唇，束颈，微鼓腹，器表抹光，内壁有按窝。口径 12、腹径 12.8、残高 7.8 厘米（图 8-32，5）。

T6⑤：95，夹砂红褐陶，内壁及部分外壁被灼黑，夹云母。斜直口，折沿，沿下角很大，方唇，裆部所对腹部微鼓。腹部略饰绳纹，有刮抹痕迹。口径 20、腹径 22、残高 7.8 厘米（图 8-32，6）。

2. 鬲足

4 件。

T6⑤：56，夹砂红陶，裆部有烟炱痕迹。尖锥状实足跟较矮，足窝较深。通体饰有纵向中绳纹。

残高 6.6 厘米（图 8-32，7）。

T6⑤：58，夹砂红褐陶，上部和足窝内侧有烟炱痕迹。尖锥状实足跟，足窝较浅。表面有刮削痕迹。残高 7 厘米（图 8-32，8）。

T6⑤：62，夹砂红褐陶，灰白胎。截锥状实足跟较矮，足窝较浅，足跟处稍粗。外侧表面和足跟底面饰有细绳纹，裆部以下为素面。残高 7.2 厘米（图 8-32，9）。

T6⑤：68，夹砂红褐陶，上部有烟炱痕迹。截锥状实足跟高，足窝较浅。表面有刮削痕迹。残高 10.8 厘米（图 8-32，10）。

3. 甗

2 件。

T6⑤：7，夹砂红褐陶，略夹云母，器表有灼黑痕迹。折沿，沿面近平，圆唇，唇面有一道凹槽，口沿与腹部交界处略贴泥抹过，腹部微鼓，腹部饰竖行细绳纹。口径 38、残高 5 厘米（图 8-33，1）。

T6⑤：96，夹砂红褐陶，略夹云母，器表有灼黑痕迹。折沿，沿面近平，圆唇，口沿与腹部交界处略贴泥抹过，腹部较直。腹部饰竖行细绳纹。口径 38、残高 6 厘米（图 8-33，2）。

4. 甗口沿

4 件。

T6⑤：12，夹砂红褐陶，夹云母。侈口，斜折沿，沿下角较大，方唇，微鼓腹。腹部饰竖行中绳纹。

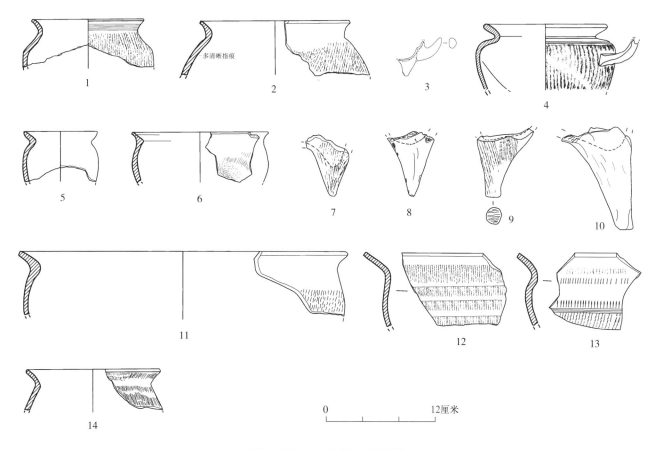

图 8-32　T6 ⑤层出土陶器

1～6. 鬲 T6⑤：27、33、54、91、94、95　7～10. 鬲足 T6⑤：56、58、62、68　11～14. 甗口沿 T6⑤：12、14、16、17

口径36、残高6.6厘米（图8-32，11）。

T6⑤：14，夹砂黑皮灰白陶。侈口，卷沿，沿下角较大，沿面较大，方唇，微鼓腹，腹部饰间断细绳纹，部分绳纹被抹。残长11.4、残高7.7厘米（图8-32，12）。

T6⑤：16，夹砂黑皮红褐陶。侈口，卷沿，沿下角较大，沿面较大，方唇，微鼓腹。腹部饰弦断细绳纹，部分绳纹被抹。残长10、残高8厘米（图8-32，13）。

T6⑤：17，夹细砂红陶，夹云母。宽折沿，圆唇。口沿外侧和外壁饰纵向细绳纹，颈部被抹光。口径20、残高6.3厘米（图8-32，14）。

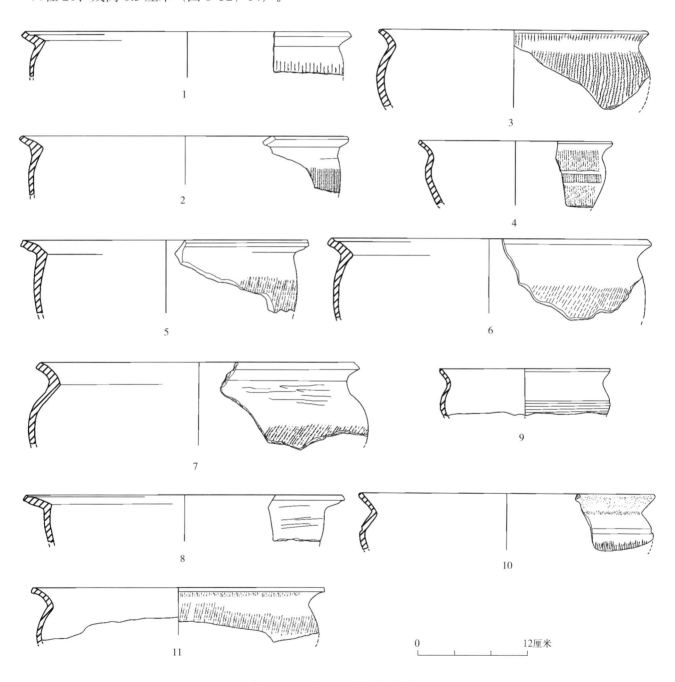

图 8-33　T6⑤层出土陶器

1、2. 甗 T6⑤：7、96　3～11. 盆 T6⑤：11、15、18～21、34、36、100

5. 鬲腰

4 件。

T6⑤：40，夹砂黑褐皮红褐胎，略夹云母。鬲腰外饰指甲纹一周，呈椭圆形，隔部卷，器身下部饰斜行中绳纹，上部可见明显刮痕。鬲腰径 21.6、残高 8.2 厘米（图 8-34，1）。

T6⑤：42，夹砂红褐陶。鬲腰外抹光，隔部折，器身饰斜行粗绳纹，器腹下部有抹痕。鬲腰径 18、残高 9 厘米（图 8-34，2）。

T6⑤：44，夹砂黑皮红褐胎。鬲腰外侧饰按窝一周，呈椭圆形，鬲部饰斜行中绳纹，并有多下指甲纹。鬲腰径 13.6、残高 6.8 厘米（图 8-34，3；彩版八〇，3）。

T6⑤：45，夹砂黑皮红褐胎。鬲腰外侧饰按窝一周，呈椭圆形，器身饰竖行中绳纹。鬲腰径 18.2、残高 4.2 厘米（图 8-34，4）。

6. 豆

1 件。

T6⑤：41，泥质黑皮红胎。直口，薄方唇，弧腹内收，下腹部残。口沿外侧饰旋纹两周。口径 16、残高 3.6 厘米（图 8-34，5）。

7. 敛口钵

1 件。

T6⑤：104，泥质黑陶略夹砂。口沿内敛，斜方唇，肩部外鼓，下腹部残。素面。口径 14、残高 4.4 厘米（图 8-35，1）。

8. 盂

1 件。

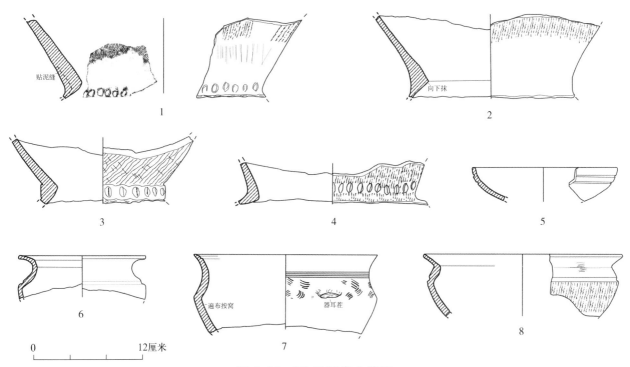

图 8-34　T6 ⑤层出土陶器

1～4. 鬲腰 T6⑤：40、42、44、45　　5. 豆 T6⑤：41　　6～8. 小盆 T6⑤：9、30、35

T6⑤：22，泥质灰陶，表层黑色脱落严重。侈口，卷沿，沿下角较大，沿面很窄，圆唇，颈部微内收，斜直肩，折肩，下腹斜直微鼓，底部残。肩部饰单向划纹，划纹疏松，较深，较规整。口径20、腹径23.4、残高6.2厘米（图8-36，1；彩版八〇，4、5）。

9. 盆

9件。

T6⑤：11，夹砂红褐陶。侈口，卷沿较窄，沿下角较大，薄方唇，鼓腹，腹部以下残。沿下和腹部饰纵向细绳纹，颈部绳纹被抹去。口径30、腹径30.4、残高8.4厘米（图8-33，3）。

T6⑤：15，泥质红褐胎黑皮陶。卷沿，方唇。外壁饰纵向细绳纹，肩部饰两道粗旋纹。口径32.4、腹径30、残高10.4厘米（图8-33，4）。

T6⑤：18，夹砂红褐陶。折平沿，沿面较窄，方唇，唇面有一道凹槽，直腹。腹部饰竖行中绳纹，纹饰较模糊。口径32、腹径29.2、残高7.8厘米（图8-33，5）。

T6⑤：19，夹砂红褐陶，口沿及器表有烟炱痕迹。折沿，沿下角较小，厚圆唇。沿面内侧有一道凹槽，微鼓腹，器表较斑驳。口径36、腹径34.4、残高8.6厘米（图8-33，6）。

T6⑤：20，夹砂红褐陶，内壁有黑色烟炱痕迹。折沿，沿下角较大，方唇，沿面与器身交界处有一道凸棱，鼓腹。腹部饰斜向绳纹。口径36、腹径37.6、残高9.4厘米（图8-33，7）。

T6⑤：21，夹砂红褐陶，口沿及外壁均为黑色。折平沿，沿面较宽，厚方唇，唇面有一道凹槽，直腹。器腹外壁有横向划痕。口径36、残高4.8厘米（图8-33，8）。

T6⑤：34，泥质红褐陶。卷沿，方唇。颈部的绳纹被抹去，肩部饰三道旋纹。口径24、腹径24、残高7厘米（图8-33，9）。

T6⑤：36，泥质陶略夹砂，棕褐色皮黑胎。侈口，圆唇，折沿较宽，折肩，肩部斜直较短。肩部饰有一道凹槽，凹槽下饰有纵向中绳纹。口径34、腹径34、残高6.2厘米（图8-33，10）。

T6⑤：100，泥质陶，红皮灰胎。侈口，卷沿较宽，沿下角略小，厚方唇，鼓腹，腹下部残。沿下至腹部饰斜向中绳纹，其中沿下绳纹有被抹痕迹。口径34、腹径32.4、残高6.2厘米（图8-33，11）。

10. 小盆

3件。

T6⑤：9，夹砂陶，黑胎红胎。侈口，折沿，圆唇，折肩，斜直腹内收，下腹部残。肩部饰一道凹弦纹，腹部饰纵向中绳纹。口径14、腹径14、残高4.6厘米（图8-34，6）。

T6⑤：30，泥质灰白陶。侈口，卷沿，沿面内侧有一道凹槽，沿下角较大，方唇，颈部微内弧，圆折肩，下腹部内收，残。肩部饰对向划纹，划纹上侧饰多道旋纹，器壁内侧肩部有多处手指按压痕迹。口径20、腹径20、残高8.4厘米（图8-34，7；彩版八〇，6）。

T6⑤：35，夹砂陶，黑皮红胎。侈口，折沿，方唇，束颈，折肩，斜直腹内收，下腹部残。肩部饰一道凹弦纹，腹部饰纵向中绳纹。口径22、腹径21.2、残高6.6厘米（图8-34，8）。

11. 罐

4件。

T6⑤：23，泥质红褐陶。侈口，窄折沿，斜方唇，圆肩，肩部以下残。素面。口径14、残高5.7厘米（图8-35，2）。

T6⑤：25，泥质灰陶，厚胎。卷沿，方唇，束颈，广肩。颈部的绳纹被抹去，肩部饰纵向细绳纹。口径15.2、残高6厘米（图8-35，3）。

T6⑤：28，夹砂红陶。侈口，卷沿，圆唇，颈部以下残。颈部以下饰有竖行细绳纹。口径18、残高3.4厘米（图8-35，4）。

T6⑤：29，泥质陶，黑皮红胎。直口，微卷沿，唇部残，斜直肩，肩部以下残。沿以下至肩饰竖行细绳纹。口径16、残高3.8厘米（图8-35，5）。

12. 小罐

2件。

T6⑤：24，泥质陶，灰皮黑胎。侈口，卷沿，尖唇，鼓腹微折，腹部以下残。素面。残长7.2、残高5.8厘米（图8-35，6）。

T6⑤：26，泥质陶，黑皮灰胎。方唇，折沿，束颈，折肩，腹部斜向内收，腹部以下残。素面。口径16.2、腹径18.2、残高4.8厘米（图8-35，7）。

13. 罐底

3件。

T6⑤：50，底径较小，泥质青灰胎，胎体内外两侧都有一层很薄的红褐陶，表皮为灰白陶。上腹部残，下腹部微鼓，偏下侧略鼓起一道棱，平底，器身与器底交界处硬折。外壁素面，内壁可见轮制痕迹。底径16、腹径22、残高5.4厘米（图8-35，8）。

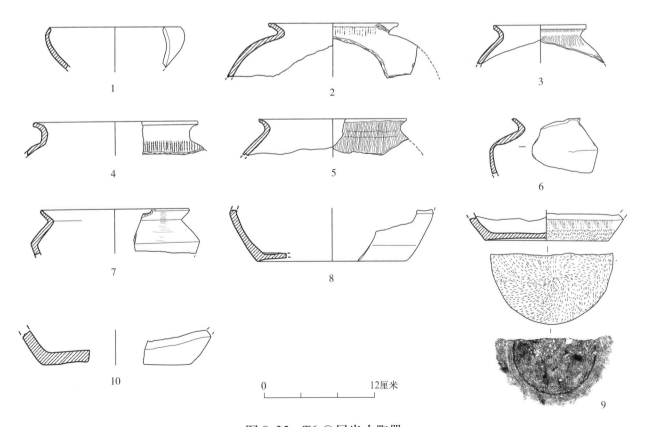

图8-35　T6⑤层出土陶器

1.敛口钵 T6⑤：104　2～5.罐 T6⑤：23、25、28、29　6、7.小罐 T6⑤：24、26　8～10.罐底 T6⑤：50、71、99

T6⑤：71，底径较大，泥质灰黑胎，外壁有一层黑皮，内侧为灰色。上腹部残，下腹部斜直，平底微内凹。器腹与器底交界处硬折，下腹部饰斜行细绳纹，外底饰紊乱的细绳纹。底径13.6、残高2.8厘米（图8-35，9）。

T6⑤：99，底径较大，泥质灰黑陶，表层黑皮脱落明显。腹部残，仅存器底，腹部与器底交界处硬折，器壁及器底较厚。素面。底径16、残高4.6厘米（图8-35，10）。

14. 盘口盆？

1件。

T6⑤：32，泥质灰黑陶，表层黑皮脱落明显。平折沿，方唇向上起隼，直腹，下腹部残。腹部饰间断竖行细绳纹。口径28、残高6.2厘米（图8-36，2）。

15. 器盖

1件。

T6⑤：10，夹砂灰褐陶。微鼓，边缘较厚，捉手呈V字形的两片状。素面。直径8.5、高4厘米（图8-36，3；彩版八一，1）。

16. 陶纺轮

2件。

T6⑤：1，泥质黑陶。两面平。最大直径4.2、最厚3.2厘米（图8-36，4；彩版八一，2）。

T6⑤：5，泥质黑陶。两面平。最大直径3.8、最厚2.6厘米（图8-36，5；彩版八一，3）。

17. 印纹硬陶片

9件。

T6⑤：72，（圆肩）罐，泥质紫胎，表层内黑外灰黑，外壁肩部及沿面表面另有一层灰白色和灰褐色的薄层，尤以领肩交界处的凹陷区域灰白色表层最为密集。小卷沿，方唇，矮直领微外撇，圆鼓肩。肩部拍印纹饰相互叠压的波折纹。口径16、残高7厘米（图8-36，6）。

T6⑤：73，（圆肩）罐，泥质，胎色由内而外，紫色、黑色、灰白色，外壁、沿面及领内壁上端有紫色表皮，内壁口沿以下为灰色表皮。平卷沿，沿面略凹，方唇，唇面微内凹，矮领内凹，圆鼓肩。领外壁刮出数周细凹槽，肩部上端拍印规整的重菱纹与三角填线纹组合纹饰，其下拍印凸方格纹。口径18、残高4.2厘米（图8-36，7；彩版八一，4）。

T6⑤：80，泥质黑褐皮橙色胎陶，致密。弦纹和勾连雷纹复合（图8-37，1；彩版八一，5）。

T6⑤：82，泥质灰陶、外壁呈黑色，较致密。内壁有轮制痕迹，回字纹（图8-37，2；彩版八一，6）。

T6⑤：83，泥质外壁黑色、紫胎，内壁深灰色，致密。变形云雷纹（图8-37，3；彩版八二，1、2）。

T6⑤：84，紫黑皮紫芯，致密。回字纹和变形云雷纹复合（图8-37，4；彩版八二，3、4）。

T6⑤：85，泥质灰皮紫胎陶，致密。重回纹和回字纹复合（图8-37，5）。

T6⑤：86，泥质橙色陶，较疏松。变形云雷纹（图8-37，6；彩版八二，5）。

T6⑤：87，泥质铁灰皮紫胎陶，致密。回字纹和折线纹复合（图8-37，7）。

18. 印纹软陶片

4件。

T6⑤：31，灰陶。条格纹。口径16、腹径17.2、残高7厘米（图8-36，8）。

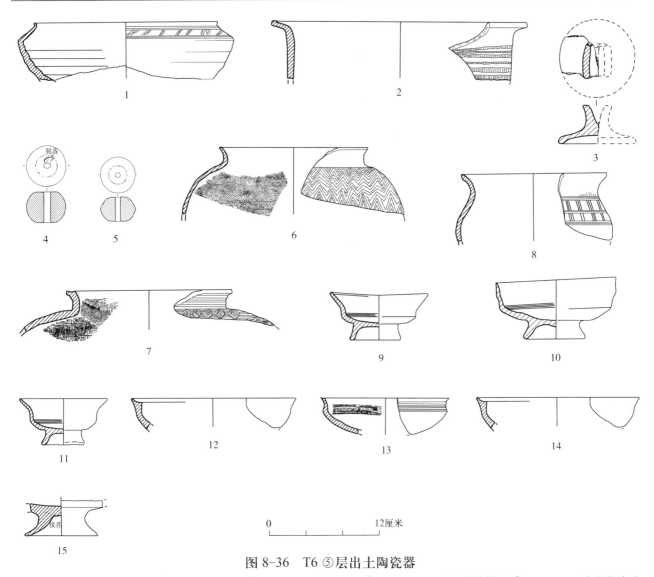

图 8-36　T6 ⑤层出土陶瓷器

1. 盉 T6⑤：22　2. 盘口盆 T6⑤：32　3. 器盖 T6⑤：10　4、5. 陶纺轮 T6⑤：1、5　6、7. 印纹硬陶罐 T6⑤：72、73　8. 印纹软陶片
T6⑤：31　9～15. 原始瓷豆 T6⑤：2～4、74～77

T6⑤：81，泥质红陶，疏松，有气泡。回字纹（图 8-37，8；彩版八二，6）。

T6⑤：88，泥质橙色皮灰胎陶，疏松。重回纹（图 8-37，9）。

T6⑤：90，夹砂红褐陶，疏松，有气泡。方格纹（图 8-37，10）。

19. 原始瓷豆

7 件。

T6⑤：2，泥质灰白胎，釉基本已脱落。侈口，尖圆唇，唇内侧有凹槽一周，硬折腹内收，器腹较浅，圈足微外撇。腹内饰多道旋纹，器表可见明显轮制痕迹，豆盘底部与豆座有明显接痕。口径10.9、圈足径 4.8、底径 5.6、高 4.8 厘米（图 8-36，9；彩版八三，1）。

T6⑤：3，泥质灰白胎，无釉。微侈口，尖唇，腹部向外鼓起，折腹内收，圈足外撇，较厚。口径 13.2、圈足径 5.6、底径 6.8、高 6.3 厘米（图 8-36，10；彩版八三，2）。

T6⑤：4，泥质灰白胎，无釉。侈口，尖唇，硬折腹内收，圈足微外撇。豆盘内侧饰多道旋纹，

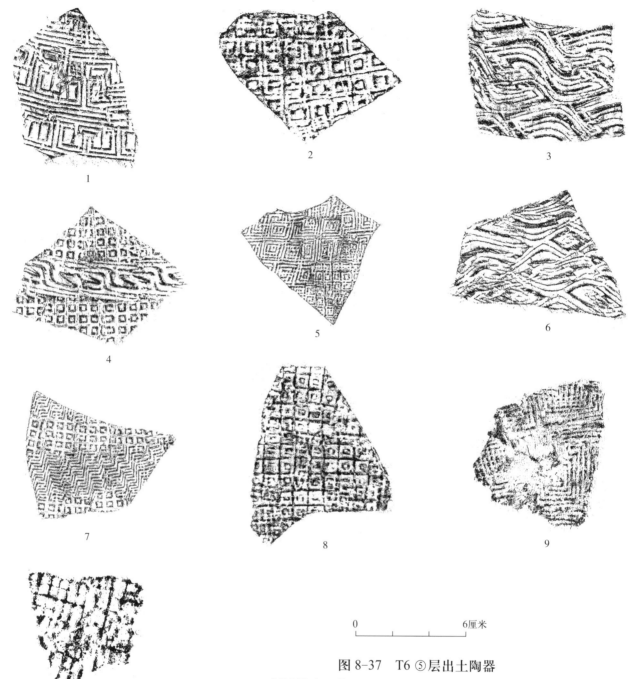

0　　　　　　　6厘米

图 8-37　T6 ⑤层出土陶器

1～7.印纹硬陶片 T6 ⑤：80、82～87　8～10.印纹软陶片 T6 ⑤：81、88、90

器表可见明显轮制痕迹。口径 9.6、圈足径 3.8、底径 4.6、高 4.9 厘米（图 8-36，11；彩版八三，3）。

　　T6 ⑤：74，泥质灰白胎，青色釉较厚。侈口，尖唇，颈内弧，折腹内收，底部残。口沿内侧饰凹旋纹两周，口沿外饰旋纹数道。口径 14、残高 3.8 厘米（图 8-36，12）。

　　T6 ⑤：75，泥质灰白胎，青色釉保存较好。侈口，尖唇，硬折腹内收。口沿外侧及腹部内侧均饰多道旋纹。口径 14、残高 2.2 厘米（图 8-36，13）。

　　T6 ⑤：76，泥质灰白胎，厚青色釉。侈口，方唇，唇面微内凹，腹部折后又折。口径 18、残高 3.2 厘米（图 8-36，14）。

T6⑤：77，泥质红胎，青色釉仅见于豆盘内壁。豆柄较矮，圈足外撇，呈喇叭状。豆柄素面。圈足径8、残高3.8厘米（图8-36，15）。

（二）铜器及相关遗物

炉壁

1件。

T6⑤：103，残长7、残宽5、厚0.8厘米（彩版八三，4～7）。

九　T6④层

该层出土陶器种类丰富，有鬲、甗、鼎、簋、豆、盆、罐、盂、敛口钵、侈口瓮、器盖，还有印纹硬陶、印纹软陶、原始瓷豆，以及个别石刀、砺石等。

（一）陶器

该层共出土陶片2259片，陶器质地、颜色、纹饰统计如下表（表8-29、30）。标本分述如下：

1.鬲

3件。

表8-29　T6④层出土陶瓷器质地、颜色统计表

陶质	夹粗砂				夹细砂				
陶色	红	红褐	灰	黑	红	红褐	灰	黑	黑皮红胎
陶片数	15	154	11	3	19	468	87	151	244
百分比（％）	0.66	6.82	0.49	0.13	0.84	20.72	3.85	6.68	10.80

陶质	泥质					印纹陶			原始瓷	合计
陶色	红	红褐	黑皮红胎	灰	黑	红	灰	褐		
陶片数	15	90	277	116	158	80	114	225	32	2259
百分比（％）	0.66	3.98	12.26	5.14	6.99	3.54	5.05	9.96	1.42	100

表8-30　T6④层出土陶瓷器纹饰统计表

纹饰	软陶										
	素面	细绳纹	粗绳纹	弦断绳纹	间断绳纹	交错绳纹	附加堆纹	凹弦纹	细绳与凹弦	凸棱纹	戳印纹
陶片数	522	486	527	67	113	18	21	38	1	5	1
百分比（％）	23.11	21.51	23.33	2.97	5.00	0.80	0.93	1.68	0.04	0.22	0.04

纹饰	印纹陶													原始瓷		合计
	素面	交错绳纹	重回纹	凹弦纹	凸棱纹	席纹	雷纹	水波纹	棱形纹	曲折纹	折线纹	方格纹	回纹	弯曲纹	带釉	不带釉	
陶片数	55	4	211	6	10	28	14	4	35	6	14	2	38	1	17	15	2259
百分比（％）	2.43	0.18	9.34	0.27	0.44	1.24	0.62	0.18	1.55	0.27	0.62	0.09	1.68	0.04	0.75	0.66	100

T6④：3，夹砂红褐陶，器表其器腹内壁有黑色烟炱痕迹。斜直口，卷沿，沿下角较大，尖圆唇，微鼓腹，联裆，锥足。腹部饰绳纹，部分被抹。口径10.2、腹径10.6、残高9厘米（图8-38，1；彩版八四，1）。

T6④：10，夹砂黑皮红褐胎。侈口，折沿，沿下角较大，斜方唇，颈部内凹，折肩。腹部饰弦断绳纹。口径18、腹径18.8、残高5厘米（图8-38，2）。

T6④：55，夹砂灰黑陶。侈口，折沿，沿下角较小，圆唇，颈部微内凹，折肩较圆转。腹部纹饰很模糊，沿下绳纹被抹。口径22、腹径23.2、残高7.8厘米（图8-38，3）。

2. 鬲口沿

2件。

T6④：58，夹细砂褐陶，薄胎。窄折沿，沿下角较小，圆唇，唇部上翻，鼓肩。肩部以下饰纵向细绳纹。口径12、腹径13.2、残高4.2厘米（图8-38，4）。

T6④：59，夹细砂红胎黑皮陶，夹云母。窄折沿，方唇，唇缘内凹。颈部和沿面下部的绳纹被抹去，耸肩，肩部素面。口径18、残高4厘米（图8-38，5）。

3. 鬲足

4件。

T6④：27，夹砂红褐陶，上部有烟炱痕迹。截锥状实足跟高，足窝较深。表面有刮削痕迹。残高5.8厘米（图8-38，6）。

T6④：32，夹砂灰陶。弧裆，尖锥状实足跟较高，足窝较深。表面饰有细绳纹。残高8.4厘米（图8-38，7）。

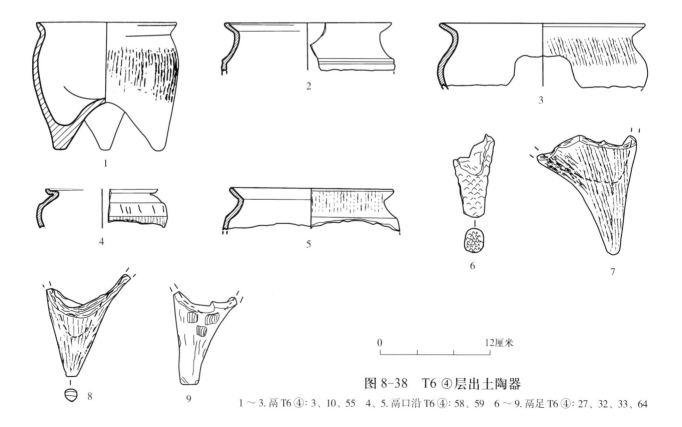

图8-38　T6④层出土陶器

1～3. 鬲 T6④：3、10、55　4、5. 鬲口沿 T6④：58、59　6～9. 鬲足 T6④：27、32、33、64

T6④：33，夹砂灰陶。锥状实足跟，足窝较深，底部足跟处稍粗。通体和足跟底面均饰有粗绳纹。残高 9.2 厘米（图 8-38，8）。

T6④：64，夹砂红褐陶，上部有烟炱痕迹。锥状实足跟，足窝较浅。通体饰有纵向中绳纹。残高 9 厘米（图 8-38，9）。

4. 鼎

1 件。

T6④：60，夹砂红褐陶。斜折沿，方唇，直腹，下腹部残。腹部饰绳纹，沿下绳纹被抹。口径 20、残高 8.2 厘米（图 8-39，1）。

5. 甗

1 件。

T6④：14，夹砂红褐陶。侈口，沿下角较大，圆唇，斜直腹内收。腹部饰细绳纹，部分纹饰被抹。残长 10.6、残高 6 厘米（图 8-39，2）。

6. 甗腰

3 件。

T6④：19，夹砂黑皮灰黑胎，甗腰较厚，有抹痕两圈。卷隔，器身饰间断竖行中绳纹。甗腰径 18.4、残高 8 厘米（图 8-39，3）。

T6④：20，夹砂红褐陶，略夹云母，外表有一层黑皮。甗腰外抹光，隔部折，器身饰斜行细绳纹，并有抹痕。甗腰径 18、残高 10 厘米（图 8-39，4）。

T6④：21，夹砂红褐陶，略夹云母，甗腰外抹光，隔部折，器身饰斜行细绳纹，器表凹凸不平。甗腰径 17.4、残高 6.2 厘米（图 8-39，5）。

7. 簋圈足

1 件。

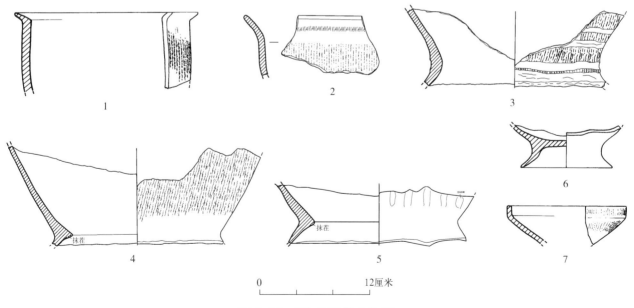

0　　　　　　12厘米

图 8-39　T6 ④层出土陶器

1. 鼎 T6④：60　2. 甗 T6④：14　3～5. 甗腰 T6④：19～21　6. 簋圈足 T6④：22　7. 豆 T6④：17

T6④：22，泥质灰白陶。圈足直径较小，较矮，外撇明显，边缘为尖圆形。素面。底径10.1、残高4.7厘米（图8-39，6）。

8. 豆

1件。

T6④：17，泥质黑陶。直口，方唇，折腹内收，下腹部残，口沿外侧及腹部饰绳纹，被抹。口径13.1、残高4.1厘米（图8-39，7）。

9. 敛口钵

1件。

T6④：16，泥质黑皮红胎。口沿微内敛，斜方唇，折肩，斜直腹内收，下腹部残。腹部饰纵向粗绳纹，绳纹被抹。口径10、腹径11.6、残高3.6厘米（图8-41，1）。

10. 盆

1件。

T6④：13，泥质陶，黑皮红胎。侈口，卷沿较宽，圆唇，直腹微弧，腹部以下残。沿下至颈部饰绳纹，有被抹痕迹，部分被抹去，腹部饰五道较深凹弦纹，之下为纵向细绳纹。口径38、腹径36.8、残高8.4厘米（图8-40，1）。

11. 小盆

3件。

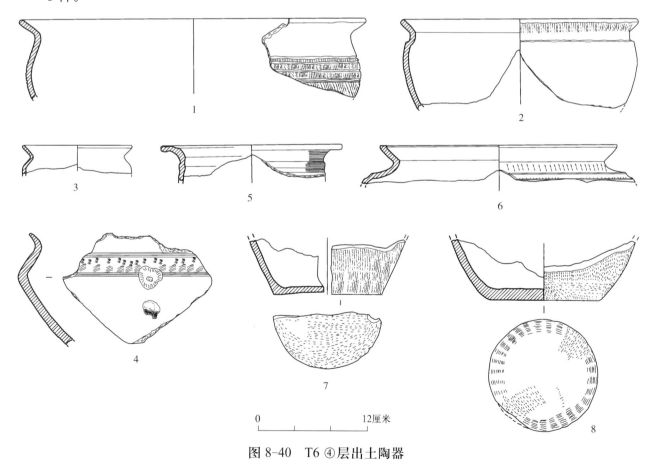

图8-40　T6④层出土陶器

1. 盆 T6④：13　2～4. 小盆 T6④：12、15、62　5. 罐 T6④：18　6. 罐口沿 T6④：61　7、8. 罐底 T6④：25、26

T6④：12，夹砂红褐陶。侈口，窄折沿，方唇，短颈，鼓腹，下腹部残。沿下饰纵向中绳纹，其余部分为素面。口径 26、腹径 23.6、残高 9.4 厘米（图 8-40，2）。

T6④：15，夹砂陶，黑皮灰胎。侈口，折沿，圆唇，束颈，颈部下残。素面。口径 12、腹径 12、残高 3 厘米（图 8-40，3）。

T6④：62，泥质黑皮红褐陶。侈口，卷沿，沿下角较大，尖圆唇，折肩，下腹斜直内收，底残。肩部饰对向划纹，划纹上下饰多道旋纹，带桥形錾，錾残，錾与器腹交界处饰绳纹。残长 16.4、残高 11.7 厘米（图 8-40，4；彩版八四，2）。

12. 罐

1 件。

T6④：18，泥质陶，黑皮红胎。侈口，卷沿，圆唇，高领，领以下残。领部饰两道凸弦纹，口沿内侧饰一道凹弦纹，并可见轮制痕迹。口径 20、残高 3.6 厘米（图 8-40，5）。

13. 罐口沿

1 件。

T6④：61，泥质灰陶。宽折沿，圆唇，唇部上翻，沿面靠近唇部有一道凹槽，束颈，鼓肩。颈部的绳纹被抹去，肩部有一道粗旋纹。口径 26、残高 4 厘米（图 8-40，6）。

14. 罐底

2 件。

T6④：25，底径较大，泥质红褐陶，表层有黑色的烟炱痕迹。上腹部残，下腹部斜直，平底微内凹，器身与器底交界处硬折。器腹饰竖行细绳纹，外底饰紊乱的细绳纹，内壁可见明显的周圈状抹痕。底径 12、残高 6 厘米（图 8-40，7）。

T6④：26，夹砂灰陶。底径较大，上腹部残，下腹部略鼓，平底，器身与器腹交界处折。器身饰细绳纹，外底饰朝向中心按压的细绳纹，纹饰很模糊。底径 12、残高 6.4 厘米（图 8-40，8）。

15. 侈口瓮

1 件。

T6④：8，泥质陶，黑皮红胎，表面有磨光现象。斜直口，窄沿，圆角方唇，斜鼓肩，肩部以下残。素面。口径 16、残高 4.8 厘米（图 8-41，2）。

16. 器盖

2 件。

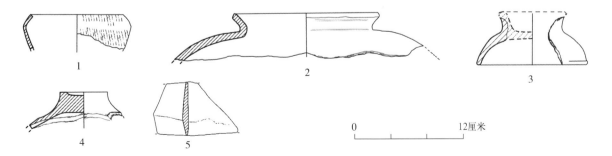

图 8-41　T6 ④层出土陶器、石器

1. 敛口钵 T6 ④：16　2. 侈口瓮 T6 ④：8　3、4. 器盖 T6 ④：5、23　5. 石刀 T6 ④：6

T6④：5，泥质黑陶。覆碗状，圆形捉手残，器盖边缘为圆角方形。素面。直径12、高5.6厘米（图8-41，3；彩版八四，3）。

T6④：23，质黑皮红胎黑芯。覆碗状，圆形捉手，捉手中间略内凹，器盖边缘残。素面。着手直径5.2、残高3.9厘米（图8-41，4）。

17. 印纹硬陶罐

1件。

T6④：42，（圆肩）罐，泥质硬陶，较致密，紫胎，外壁及沿面表层有黑色釉层，部分剥落，内壁口沿以下灰色表皮。方唇，沿面顶端刮出一周细凹槽，唇面微内凹，矮领，领肩交界出下凹明显，圆鼓肩。肩部拍印较规整的夔纹。口径28、残高4.2厘米（图8-42，1）。

18. 印纹硬陶罐耳

1件。

T6④：45，泥质红褐胎硬陶，胎为红褐色，内壁分两层，近胎的一层为灰色，外面一层为红褐色，外表面灰色。桥形耳。器外表饰 V 字形纹和重回纹的复合纹饰，耳部下端附近纹饰被抹去，器内壁出现大小不等的按窝状痕迹。耳长4、宽2.2、高约2.6厘米，腹片残长10、残宽约6厘米（图8-42，2）。

19. 印纹硬陶片

5件。

T6④：47，泥质橙色陶，较疏松。变形云雷纹（图8-43，1；彩版八四，4、5）。

T6④：49，泥质橙色陶，较致密。弦纹和复线三角纹复合（图8-43，2；彩版八五，1、2）。

T6④：50，泥质铁灰皮紫胎陶，致密。变形云雷纹和菱形重回纹复合（图8-43，3；彩版八五，3、4）。

T6④：53，泥质灰陶，较致密。弦纹和指甲纹复合（图8-43，4）。

T6④：71，泥质橙色皮灰胎陶，较致密。菱形重回纹（图8-43，5）。

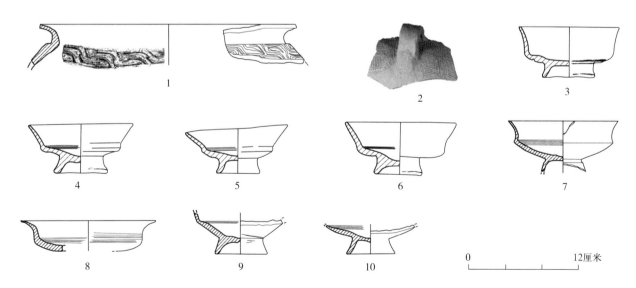

图 8-42　T6 ④层出土陶瓷器

1. 印纹硬陶罐 T6 ④：42　2. 印纹硬陶罐耳 T6 ④：45　3 ～ 10. 原始瓷豆 T6 ④：1、2、4、9、40、41、43、44

20. 印纹软陶片

2件。

T6④：54，泥质橙色陶，疏松。席纹（图8-43，6；彩版八四，6）。

T6④：7，泥质橙色陶，疏松，有气泡。重回纹。

21. 原始瓷豆

8件。

T6④：1，泥质灰褐胎，无釉。尖唇微侈，深盘，折腹内收，圈足微外撇，豆盘底部近平，与豆座接痕明显，口沿及豆盘内侧饰多道细旋纹，器表有明显的轮制痕迹。口径11、圈足径4.3、底径5.8、高5.3厘米（图8-42，3；彩版八六，1）。

T6④：2，泥质灰白胎，青色釉，基本已脱落。侈口，尖唇，豆盘较深，折腹内收，圈足微外撇，边缘较厚。豆盘底部与豆座接痕明显，豆盘内侧饰多道细旋纹，器表有明显的轮制痕迹。口径11.4、圈足径4.8、底径5.9、高5.2厘米（图8-42，4；彩版八六，2）。

T6④：4，泥质灰白胎，青色釉，大部分已脱落。侈口，尖唇，豆盘较深，折腹内收，圈足微外撇，边缘较厚。豆盘底部与豆座接痕明显，豆盘内侧饰多道细旋纹，器表有明显的轮制痕迹。口径11.4、圈足径4.3、底径4.8、高4.8厘米（图8-42，5；彩版八六，3）。

T6④：9，泥质灰白胎，釉基本已脱落。侈口，尖圆唇，沿面较宽，硬折腹内收，器腹较浅，圈足较直。豆盘内侧饰数周旋纹，器表可见明显轮制痕迹，豆盘底部与豆座有明显接痕。口径12.1、圈足径4.6、底径5.9、高5.5厘米（图8-42，6；彩版八六，4）。

T6④：40，泥质灰白胎，釉已基本脱落。侈口，尖唇，唇内侧有一道凹痕，硬折腹内收，器腹较浅，圈足外撇。豆盘内侧饰多道旋纹。口径12、高5.4厘米（图8-42，7）。

T6④：41，泥质灰白胎，青色釉较厚。敞口，尖唇，直腹，硬折腹弧平内收。外壁及豆盘内侧均饰多道旋纹，器表可见明显轮制痕迹。口径14.8、腹径12、残高3.2厘米（图8-42，8；彩版

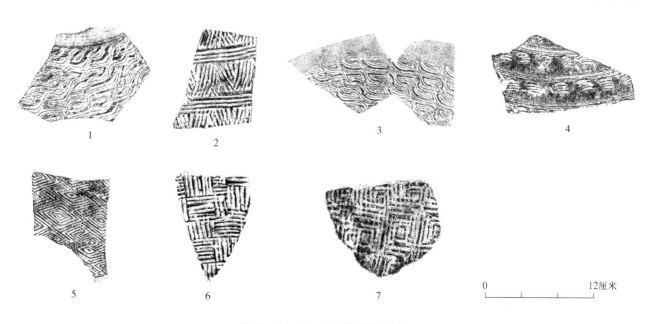

图8-43　T6④层出土陶瓷器

1～5.印纹硬陶片 T6④：47、49、50、53、71　6.印纹软陶片 T6④：54　7.原始瓷腹片 T6④：51

八六，5）。

T6④：43，泥质黄褐胎，釉不可见。盘底内壁饰四道旋纹，盘底外壁饰多道细旋纹，豆柄较矮，圈足微外撇，豆柄素面。底径5.6、残高4.4厘米（图8-42，9；彩版八五，5）。

T6④：44，泥质灰白胎，豆盘内外壁见青色釉。豆柄较矮，圈足微外撇。盘底内外壁饰多道旋纹，器表明显可见轮制痕迹。底径5.2、残高3.2厘米（图8-42，10；彩版八五，6）。

22. 原始瓷腹片

1件。

T6④：51，泥质灰白胎，青色釉较厚。器表饰曲折纹，腹片内壁呈褐色且可见少量的青色釉（图8-43，7；彩版八六，6）。

（二）石器

石刀

1件。

T6④：6，灰白色。器体扁平，残，单面刃，刃口钝。通体磨制较细。残长8.8、残高5.5、厚约0.6厘米（图8-41，5）。

一〇　T6 ③层

该层出土遗物较多，种类丰富。陶器有鬲、甗、鼎、簋、豆、盆、罐、盉等，另有印纹硬陶瓮、印纹软陶盂和罐；原始瓷的数量大增，有豆、盘、碗、罐等，此外还有个别石钺。

（一）陶瓷器

该层共出土陶片479片，陶器质地、颜色、纹饰统计如下表（表8-31、32）。标本分述如下：

1. 鬲

1件。

T6③：6，夹砂红褐陶，有黑色烟炱痕迹。口沿残，近直腹，微瘪裆，锥状足跟。腹部及裆部饰绳纹，部分被抹。腹径10.8、残高9.7厘米（图8-44，1；彩版八七，1）。

2. 鬲口沿

1件。

T6③：42，夹细砂灰陶，夹云母，薄胎。宽折沿，圆唇，耸肩。口沿外侧及颈部的绳纹被抹去，肩部饰两道旋纹，其间填以纵向细绳纹。口径20、腹径21.4、残高5.8厘米（图8-44，2）。

3. 鬲足

3件。

T6③：25，夹砂灰陶。尖锥状实足跟较高，足窝较深。表面饰有戳印纹。残高8.6厘米（图8-44，3）。

T6③：26，夹砂红陶，上部有烟炱痕迹。尖锥状实足跟较高，足窝较深。表面饰有中绳纹。残高8.4

表 8-31　T6 ③层出土陶瓷器质地、颜色统计表

陶质	夹砂					泥质					印纹陶		原始瓷	合计
陶色	红	红褐	灰	灰褐	黑	红	红褐	灰	灰褐	黑	红	灰褐		
陶片数	18	94	39	52	53	5	17	9	7	44	38	83	20	479
百分比（%）	3.76	19.62	8.14	10.86	11.06	1.04	3.55	1.88	1.46	9.19	7.93	17.33	4.18	100

表 8-32　T6 ③层出土陶瓷器纹饰统计表

纹饰	软陶													
	素面	细绳纹	粗绳纹	弦断绳纹	间断绳纹	附加堆纹	方格纹	凸棱纹	凹弦与压印	附加与粗绳	压印纹	凹弦纹	凹弦与刻划	凹弦与细绳
陶片数	142	57	73	32	1	2	7	3	2	10	1	1	4	3
百分比（%）	29.65	11.90	15.24	6.68	0.21	0.42	1.46	0.63	0.42	2.09	0.21	0.21	0.84	0.63

纹饰	印纹陶															原始瓷			合计
	素面	雷纹	席纹	菱形	席纹与重回	窗格纹	折线与凹弦	折线凹弦方格	回纹	折线	凸方格	方格圈点	重回纹	其他	素面	折线纹	凹弦纹与雷纹	凹弦纹	
陶片数	20	37	17	15	1	3	4	3	7	2	1	1	6	3	14	4	1	1	479
百分比（%）	4.18	7.72	3.55	3.13	0.21	0.63	0.84	0.63	1.46	0.42	0.21	0.21	1.25	0.63	2.92	0.84	0.21	0.21	100

厘米（图 8-44，4）。

T6③：29，夹砂红褐陶，上部有烟炱痕迹。柱状实足跟高，足窝较浅。表面饰有中绳纹，底部部分绳纹被抹去。残高 8.8 厘米（图 8-44，5）。

4. 鼎

1 件。

T6③：8，夹粗砂红褐陶。平折沿，圆唇，微鼓腹，下腹部残。素面。口径 18、残高 3.7 厘米（图 8-44，6）。

5. 鼎足

1 件。

T6③：23，夹砂红褐陶。横装鼎足，整体呈倒三角形，横截面为长方形，足跟处稍外撇。素面。宽 6.2、残高 12.2 厘米（图 8-44，7）。

T6③：24，夹砂红褐陶。横装鼎足，整体呈倒三角形，横截面为长方形。素面。

6. 甗腰

1 件。

T6③：13，夹砂红褐皮黑胎。甗腰较薄，卷隔。甗腰饰竖行中绳纹，器身饰弦断交错中绳纹。甗腰径 19.8、残高 8 厘米（图 8-44，8）。

7. 盉腰

1 件。

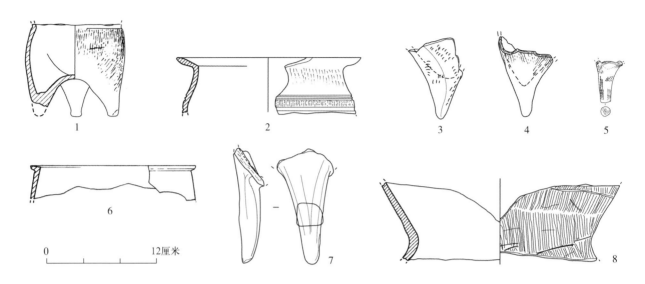

图 8-44　T6 ③层出土陶器

1. 鬲 T6 ③: 6　2. 鬲口沿 T6 ③: 42　3～5. 鬲足 T6 ③: 25、26、29　6. 鼎 T6 ③: 8　7. 鼎足 T6 ③: 23　8. 甗腰 T6 ③: 13

T6 ③: 15，夹砂红褐陶。甑部上端残，下端弧收，盉腰直径较大，弧隔，外侧未贴制泥条，鬲部微鼓腹，下腹部残。通体饰细绳纹。腰径 15.8、残高 5.8 厘米（图 8-45，1）。

8. 簋圈足

1 件。

T6 ③: 3，泥质灰陶。圈足直径较小，较矮，外撇明显，边缘为方形。簋盘内侧及簋座外侧饰绳纹，部分绳纹被抹，圈足径 6.8、底径 12.2、残高 5 厘米（图 8-45，2；彩版八七，2）。

9. 豆

1 件。

T6 ③: 9，泥质灰白陶略夹砂。侈口，圆唇，弧腹内收，下腹部残。素面。口径 20.1、残高 3 厘米（图 8-45，3）。

10. 豆柄

1 件。

T6 ③: 19，泥质红褐陶，胎芯为灰白色，略夹砂。直柄，细长，下端残。素面。

11. 盆口沿

3 件。

T6 ③: 12，泥质红褐陶。折沿，圆唇，口沿外侧和颈部的绳纹被抹去，肩部饰压印有细绳纹按窝的附加堆纹。口径 18、残高 4.8 厘米（图 8-45，4）。

T6 ③: 45，泥质灰陶。窄折沿，圆唇。口沿下和肩部的细绳纹被抹去。口径 26、腹径 26、残高 4.8 厘米（图 8-45，5）。

T6 ③: 51，泥质黑陶。侈口，卷沿，沿下角较大，唇残，颈部内弧，圆折肩，下腹内收，残。肩部饰单向划纹，划纹很短，纹饰较浅，较随意，划纹上下饰多道旋纹，内侧可见轮制痕迹。残长 12、残高 8.3 厘米（图 8-45，6）。

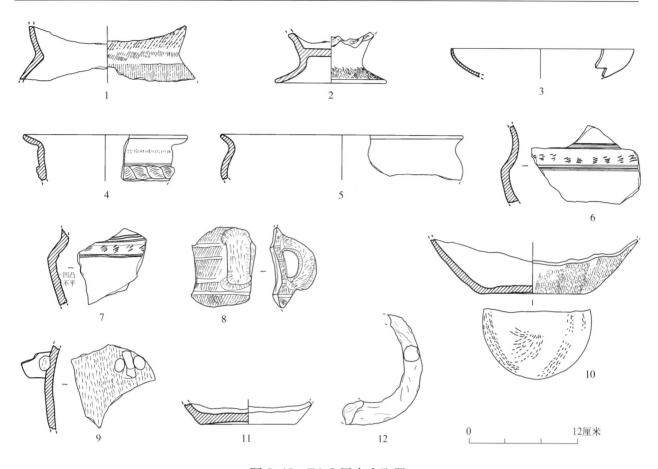

图 8-45　T6 ③层出土陶器

1. 盉腰 T6③：15　2. 篦圈足 T6③：3　3. 豆 T6③：9　4～6. 盆口沿 T6③：12、45、51　7. 小盆 T6③：52　8、9. 罐耳 T6③：17、18　10、11. 罐底 T6③：22、47　12. 器把 T6③：56

12. 小盆

1 件。

T6③：52，泥质黑胎，胎体内外侧各有一层很薄的灰白层，内外均为黑皮。口沿残，圆折肩，下腹部内收，残。肩部饰单向划纹，划纹较浅，较随意，划纹上下均有多道旋纹。残长 7.4、残高 8.2 厘米（图 8-45，7）。

13. 罐耳

2 件。

T6③：17，泥质黑皮红胎，略夹砂。桥形，截面为圆角长方形，器耳饰绳纹，器身饰间断斜向细绳纹。残长 7、残高 8.4 厘米（图 8-45，8）。

T6③：18，夹砂红褐陶。残留部分器腹，器表贴置一个凸起的三角形泥片，两侧各贴泥饼 1 个，呈鸟面部造型。器身饰竖行细绳纹。残长 9、残高 8.8 厘米（图 8-45，9；彩版八七，3）。

14. 罐底

2 件。

T6③：22，夹砂灰陶。上腹部残，下腹部斜直，圜底，微内凹，器腹与器底交界处圆转。器身饰紊乱的细绳纹，外底饰朝向中心按压的细绳纹，器表很斑驳。底径 16、残高 5.8 厘米（图 8-

45，10）。

　　T6③：47，底径较大，夹砂红褐陶，略夹云母，器壁及器底略见炭黑痕迹。腹部残，仅存器底，平底，器腹与器底交界处硬折。素面，器表较粗糙。底径10、残高2.4厘米（图8-45，11）。

　　15. 器把

　　1件。

　　T6③：56，泥质黑皮红褐胎。实心，两端均残，表面有明显手捏抹过的痕迹（图8-45，12）。

　　16. 印纹硬陶瓮

　　1件。

　　T6③：34，泥质硬陶，紫胎，外壁肩部、唇面及沿面为黑色和灰白色斑点交织的表层，口沿外壁及口沿以下内壁为灰色表层。小卷沿，方唇，矮直领，圆斜肩。肩部拍印较规整的凸方格纹。口径20、残高5.6厘米（图8-46，1）。

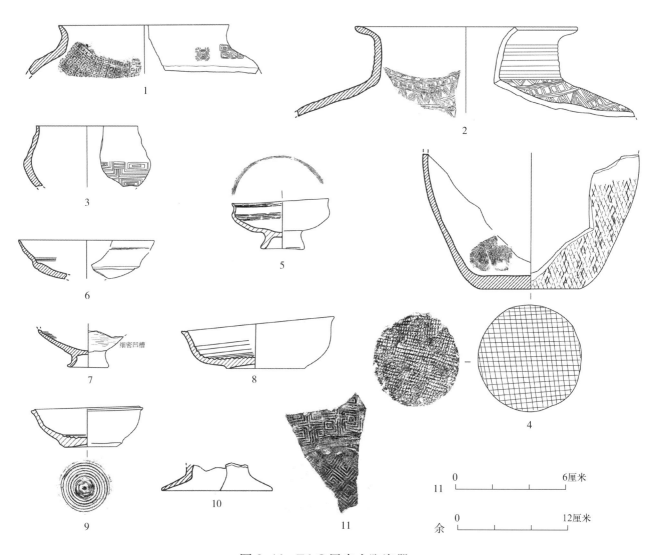

图 8-46　T6 ③层出土陶瓷器

1. 印纹硬陶瓮 T6③：34　2. 印纹硬陶罐 T6③：33　3. 印纹软陶盉口沿 T6③：44　4. 印纹软陶罐底 T6③：39　5、6. 原始瓷豆 T6③：4、30　7. 原始瓷豆圈足 T6③：31　8. 原始瓷盘 T6③：1　9. 原始瓷碗 T6③：5　10、11. 原始瓷器底 T6③：53

17. 印纹硬陶罐

1件。

T6③：33，泥质紫胎灰皮。卷沿近平，沿面顶端刮出一周略宽的浅凹槽，圆唇，高直颈，领部刮出多周宽窄各异的凹槽，上端凹槽宽而浅，下端凹槽窄而深，斜直肩。肩部拍印凸方格纹、弦纹、三角折线纹组合纹饰。口径26、残长20.4、残高10.2厘米（图8-46，2）。

18. 印纹硬陶腹片

1件。

T6③：38，泥质深灰皮紫红胎，较致密。米筛纹（图8-47，1）。

19. 印纹软陶盂口沿

1件。

T6③：44，陶色斑驳，灰黑色陶，部分陶色呈灰褐色。短直口，方唇，溜肩，肩、腹交界处略圆鼓，腹部弧曲渐内收；腹部拍印较规整的大重回纹。口径12、最大腹径约16、残高6厘米（图8-46，3）。

20. 印纹软陶罐底

1件。

T6③：39，泥质红褐陶，胎心紫褐色。器表拍印规整的方格纹。底径12、残高12厘米（图8-46，4；彩版八七，4、5）。

21. 印纹软陶片

3件。

T6③：35，腹片，泥质橙色皮灰胎陶，较疏松。重回交叉纹（图8-47，2）。

T6③：36，腹片，泥质橙色皮灰胎陶，疏松。菱形重回纹（图8-47，3）。

T6③：49，腹片，泥质橙色陶，疏松。重回纹和席纹复合（图8-47，4）。

22. 原始瓷豆

2件。

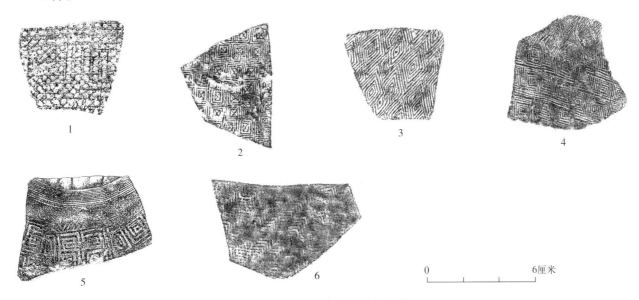

图8-47　T6③层出土陶瓷器

1.印纹硬陶腹片 T6③：38　2～4.印纹软陶片 T6③：35、36、49　5.原始瓷罐（瓿）口沿 T6③：32　6.原始瓷腹片 T6③：37

T6③：4，泥质灰胎，无釉。侈口，尖唇，颈部内弧，弧腹内收，圈足微外展。唇面内侧、外壁及器腹内壁饰多道旋纹。口径 11.4、圈足径 4.2、底径 5.2、高 5.4 厘米（图 8-46，5；彩版八七，6）。

T6③：30，豆，泥质灰胎，无釉。侈口，沿面较宽，尖唇，硬折腹内收，器腹较浅。内侧饰多道细旋纹，器表可见明显轮制痕迹，器底可见一圈明显凹槽。口径 16、残高 4.4 厘米（图 8-46，6；彩版八八，1、2）。

23. 原始瓷豆圈足

1 件。

T6③：31，泥质灰白胎，釉不可见。豆柄较矮，圈足微外撇。盘底内外壁饰多道旋纹，豆柄素面。圈足径 2.4、残高 4.4 厘米（图 8-46，7）。

24. 原始瓷盘

1 件。

T6③：1，灰白胎，青色釉，器身平滑，釉较厚，器底较粗糙，釉较斑驳。微侈口，方唇，唇面饰两道旋纹，弧腹内收，平底微内凹，无圈足。器腹内部饰螺旋纹，器底明显可见轮制痕迹，偏心。口径 18.2、底径 9.4、高 6 厘米（图 8-46，8；彩版八八，3～5）。

25. 原始瓷碗

1 件。

T6③：5，器身灰褐胎，器底红褐胎，似上部为还原反应，下部为氧化反应，无釉。敞口，斜方唇，唇外缘略向外延伸，唇面有一道凹槽，直腹内收，平底微内凹。器腹内部可见多道弦纹，器底口径 13.8、底径 6、高 4.4 厘米（图 8-46，9；彩版八九，1、2）。

26. 原始瓷罐（瓿）口沿

T6③：32，泥质灰胎，青色釉较薄，仅见少部分，器身施黄绿色釉层，沿外一块区域受火较重，釉色呈墨绿色，器内壁肩部以下未见釉层，仅可见流釉而成的釉块。侈口，卷沿，尖圆唇，直颈，沿面前端抹出一周小平台，肩部不明显，上腹部圆鼓。肩部饰密集的旋纹，上腹部拍印方边的重回纹，口沿外壁明显可见轮制痕迹。口径 10、残高 5.8 厘米（图 8-47，5；彩版八八，6）。

27. 原始瓷器底

2 件。

T6③：53，泥质灰白胎，酱色釉较厚。平底。腹部和器底饰复线回字纹，腹部和器底结合处饰多道旋纹。底径 13.3、残高 3.3 厘米（图 8-46，10、11）。

T6③：58，夹砂灰黑胎，器身可见少量青色釉。器身及器底饰重回纹（彩版八九，3～5）。

28. 原始瓷腹片

1 件。

T6③：37，泥质灰白胎，青色釉较厚。器表饰曲折纹，腹片内壁有明显的按窝痕（图 8-47，6；彩版八九，6）。

（二）石器

石钺

1 件。

T6③：2，灰黑色。器体扁薄，平面呈梯形。其中间偏顶部钻有一孔，两面管钻，刃口向外弧凸并较锋利，上有几处崩口。通体磨制较细。长15.2、宽11.4、最厚0.6厘米（图8-48；彩版八九，7、8）。

一一 T6 ②层

该层出土遗物急剧减少，种类也不丰富。陶器有鬲、鼎、豆、盆、罐、盉，另有少量印纹软陶、原始瓷豆。

陶瓷器

该层共出土陶片26片，陶器质地、颜色、纹饰、统计如下表（表8-33、34）。标本分述如下：

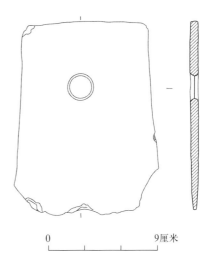

图8-48 T6出土石钺 T6③：2

表8-33 T6②层出土陶瓷器质地、颜色统计表

陶质	夹砂			泥质	印纹陶	原始瓷	合计
陶色	红褐	灰	灰褐	灰	红		
陶片数	15	3	5	1	1	1	26
百分比（%）	57.69	11.54	19.23	3.85	3.85	3.85	100

表8-34 T6②层出土陶瓷器纹饰统计表

纹饰	软陶			印纹陶	原始瓷	合计
	素面	粗绳纹	凸棱纹	席纹	凹弦纹	
陶片数	19	2	3	1	1	26
百分比（%）	73.08	7.69	11.54	3.85	3.85	100

1.鬲口沿

1件。

T6②：3，夹粗砂褐陶，夹云母，厚胎。窄折沿，圆唇，肩部饰三道粗旋纹。口径20、残高5.5厘米（图8-49，1）。

2.鼎足

2件。

T6②：9，夹砂红陶。横装鼎足，体型较小，整体呈扁平三角形，横截面为椭圆形。素面（图8-49，2）。

T6②：10，夹砂红陶。横装鼎足，体型较大，整体呈扁平三角形，横截面为梯形，足跟处稍外撇。表面不甚规整，有手捏痕迹。素面。残高16厘米（图8-49，3）。

3.盉足

1件。

T6②：8，夹砂红褐陶。截锥状足，较高，器表脱落严重，略饰绳纹（图8-49，4）。

4. 豆

1件。

T6②：6，泥质灰陶。敛口，子母口，薄方唇，折腹内收，下腹部残。素面。口径14.2、腹径17、残高6.1厘米（图8-49，5）。

5. 豆柄

1件。

T6②：1，泥质灰陶略夹砂。直柄，细长，喇叭形圈足，圈足缘圆钝，底部有弦纹一周。柄径4.2、底径13、残高13.4厘米（图8-49，6；彩版九〇，1）。

6. 盆口沿

1件。

T6②：2，泥质红褐陶。宽折沿，尖圆唇。颈部和肩部饰数周不等距的深浅不一的旋纹。口径22、残高4.2厘米（图8-49，7）。

7. 罐

1件。

T6②：11，夹砂灰陶。侈口，微折沿，斜方唇，圆肩，肩部以下残。颈部饰有竖行中绳纹，肩部饰有数道凸弦纹。口径30、腹径32.4、残高7厘米（图8-49，8）。

8. 原始瓷豆

1件。

T6②：7，泥质灰胎，青色釉较厚。敞口，尖唇，直腹，硬折弧腹平内收。外壁及豆盘内侧均饰

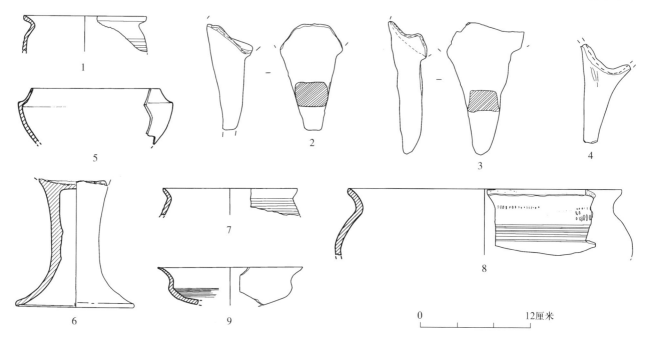

图8-49　T6②层出土陶瓷器

1.鬲口沿 T6②：3　2、3.鼎足 T6②：9、10　4.盉足 T6②：8　5.豆 T6②：6　6.豆柄 T6②：1　7.盆口沿 T6②：2　8.罐 T6②：11　9.原始瓷豆 T6②：7

多道旋纹，器表可见明显轮制痕迹。口径16、残高4厘米（图8-49，9；彩版九〇，2）。

一二　宋明清堆积中出土先秦遗物

（一）陶瓷器

1.陶钵

1件。

T6G1：6，夹砂灰陶。口沿内敛明显，圆唇，肩部外鼓，斜弧腹内收，平底，器腹较宽扁。素面（图8-50，1；彩版九〇，3）。

2.印纹硬陶瓮

1件。

T6G1：7，泥质，胎色由内而外不同，中心紫胎较厚，其外黑胎、灰白胎略薄，灰色表层。卷沿近平，沿面有多周宽窄不一的浅凹槽，尖圆唇，广斜肩微鼓。肩部饰米筛纹。宽6.2、残高9.7、厚2厘米（图8-50，2）。

3.原始瓷碗

1件。

T6G1③：2，灰白胎，青灰色釉。敞口，斜方唇，唇外缘略向外延伸，唇面饰两道旋纹，直腹内收，平底微内凹。器腹内部饰螺旋纹，器底明显可见纵向制作痕迹。口径14.6、底径8、高5厘米（图8-50，3；彩版九〇，4～6）。

（二）石器

1.石斧

1件。

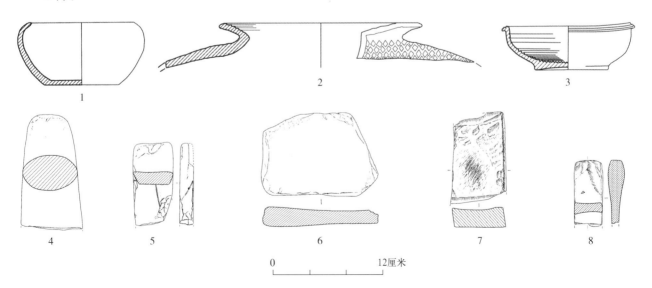

图 8-50　T6 宋明清地层出土先秦遗物

1.陶钵 T6G1：6　2.印纹硬陶瓮 T6G1：7　3.原始瓷碗 T6G1③：2　4.石斧 M1：1　5.石锛 T6①：2　6.磨石 T6①：3　7、8.石料 T6G1③：1、3

M1：1，灰褐色。器体很厚重，顶部稍平，刃部残。通体磨制较细，器表有多处打制疤痕。宽6.7、残高12.2厘米（图8-50，4；彩版九一，1、2）。

2. 石锛

1件。

T6①：2，灰黑色。上端有段，上下均残。器表一面磨制精细，另三面磨制粗糙。残长8.8、宽4.4、最厚1.4厘米（图8-50，5；彩版九一，3）。

3. 磨石

1件。

T6①：3，灰黑色。器体呈长方形，横截面不太规则，下半部残。通体精磨顶部稍平，器表有多处打制疤痕。残长6.9、宽3、最厚1.8厘米（图8-50，6；彩版九一，4、5）。

4. 石料

2件。

T6G1③：1，灰黑色。器体扁平，平面近似长方形。器表一面磨制粗糙，另一面及两侧面磨制精细，上有多处打制疤痕。长8.7、宽5.7、最厚2.1厘米（图8-50，7）。

T6G1③：3，青灰色。器体扁平，两平面磨制较细，四周粗糙并有多处打制疤痕。残长12.7、残高8.8、最厚约2.1厘米（图8-50，8；彩版九一，6）。

第九章　T7 遗存分述

T7 位于遗址的南部中间，各个地层的堆积都相对较平，但从中部的②以下开始有从东南向西北略倾斜的趋势，倾角 4°～10°，⑪层至底部较平，最深超过 3.1 米。地层从⑩层以上以多层黄土间隔灰色土为特点，以下则以黄土为主，最下层青灰色淤土应为先民活动之前的原始堆积。

本探方内遗迹较多而复杂，其中第⑩层下柱洞、小坑密集，应属建筑类遗迹，之上几层各有一定的遗迹分布，反映出自⑩层下开始先民的活动较为频繁。

第一节　地层堆积

T7 根据土质、土色及其包含物状况可分为 16 层堆积，现逐层介绍各堆积层情况（图 9-1；彩版九二、九三）：

第①层：厚 0.07～0.25 米。灰色土，含少量沙粒，土质疏松。堆积北端较厚，南端略薄，遍布全方。包含物有明清瓷片、陶片等。开口于①层下的遗迹单位有 G1、G2、H1。

第②层：距地表深 0.07～0.25、厚 0～0.65 米。浅黄色黏土，土质纯净，且较硬。堆积由北向南倾斜，分布于探方大部，仅南部少部分区域不见。包含物有较多的陶片。

第③层：距地表深 0.30～0.75、厚 0～0.25 米。黄褐色黏土，夹少量草木灰、红烧土颗粒等，土质较致密。堆积整体呈坡状，分布于探方大部，仅南部部分区域不见。包含物有大量的陶片和少量铜器相关遗物。

第④层：距地表深 0.07～1.00、厚 0～0.50 米。灰色土，夹少量细砂粒和烧土粒，较多的草木灰、木炭，土质疏松。堆积呈坡状，分布于探方大部分，仅东北部少部分未见。包含物丰富，有大量陶片和少量的石器、铜器相关遗物。

第⑤层：距地表深 0.35～1.25、厚 0～0.30 米。黄色黏土，夹较多水锈斑和少量的红烧土颗粒，土质纯净、致密。堆积呈斜坡状，分布于探方北部及西南部。包含物有较少的陶片。开口于该层下的遗迹单位有 K4、K5、K9。

第⑥层：距地表深 0.45～1.60、厚 0～0.45 米。灰色土，夹杂黄色的细砂薄层，夹烧土颗粒、草木灰以及少量炭层，土质疏松。堆积整体呈斜坡状，分布于探方大部。包含物有数量丰富的陶片。开口于该层下的遗迹单位有 K7。

第⑦层：距地表深 0.65～1.60、厚 0～0.35 米。黄色黏土，夹杂料姜石颗粒、铁锈斑及少量红烧土颗粒，土质致密。堆积整体呈斜坡状，厚薄不均。包含物有数量丰富的陶片和少量石器。开口于该层下的遗迹单位有 K6。

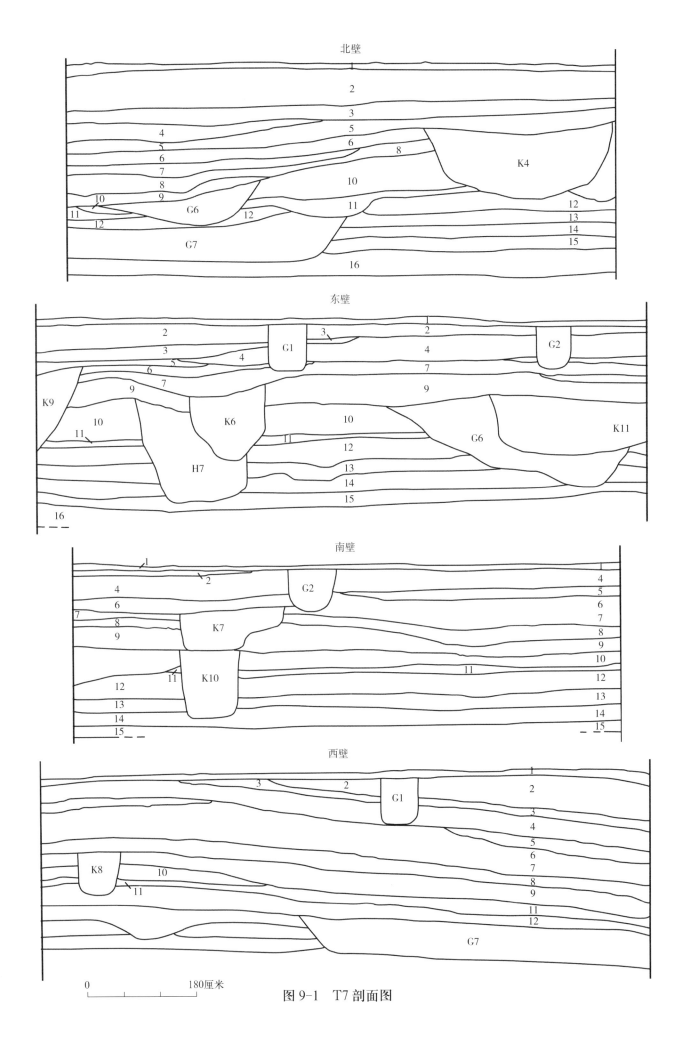

图 9-1 T7 剖面图

第⑧层：距地表深 0.75 ～ 1.75、厚 0 ～ 0.45 米。灰色粉砂土，夹黄色小薄层，堆积中夹较多烧土颗粒和草木灰，土质较疏松。堆积整体呈坡状，分布于探方大部分，仅东北部未见。包含物有较多的陶片和少量石器。开口于该层下的遗迹单位有 K8、H6。

第⑨层：距地表深 0.80 ～ 2.10、厚 0 ～ 0.53 米。灰黄色黏土，土质较致密，夹杂少许灰土小薄层，堆积中夹大量红烧土颗粒和少量草木灰。堆积整体呈坡状由东向西倾斜，遍布全方。包含物有较多的陶片和数件石器。开口于该层下的遗迹单位有 H7、G6、K10、K11。

第⑩层：距地表深 1.30 ～ 2.40、厚 0 ～ 0.60 米。灰色黏土，夹大量的锈斑，土质致密、坚硬。整体呈斜坡状堆积，东北较厚，向周边延伸变薄，分布于探方大部，仅西北部少部分未见。包含物有较多的陶片和少量石器。开口于该层下的遗迹单位有 D1 ～ D10、K12（K12-1、K12-2、K12-3、K12-4）。

第⑪层：距地表深 1.65 ～ 2.25、厚 0.07 ～ 0.25 米。黄灰色沙土，土质疏松，夹大量烧土颗粒。堆积整体呈缓坡状，遍布全方。包含物有少量的陶片和石器。

第⑫层：距地表深 1.65 ～ 2.45、厚 0.10 ～ 0.40 米。黄色黏土，夹烧土颗粒和锈斑。堆积水平状，厚薄不均，遍布全方。包含物有较多的陶片和少量石器。开口于该层下的遗迹单位有 G7、H8。

第⑬层：距地表深 2.00 ～ 2.30、厚 0.20 ～ 0.50 米。褐色土，夹杂较多沙粒，土质致密。堆积水平状，遍布全方。包含物有少量的陶片和石器。

第⑭层：距地表深 2.35 ～ 2.60、厚 0.25 米。灰白色黏土，土质较松软。堆积水平状，遍布全方。未见包含物。

第⑮层：距地表深 2.60 ～ 2.80、厚 0.20 ～ 0.30 米。黄灰色黏土，夹较多锈斑，土质较致密。堆积水平状，遍布全方。未见包含物。

第⑯层：距地表深 2.75 ～ 3.10、厚 0.25 ～ 0.50 米。青灰色淤土，土质纯净，分布遍及全方。未见包含物。

第⑯层以下为青灰色淤土，未见包含物。

第二节　遗迹

一　建筑类遗存

（一）柱洞类遗迹

探方内第⑩层下发现 10 个柱洞类遗存，编号为 T7D1 ～ D10（图 9-2；彩版九四，1），填土均为较松软的灰土，且未见包含物。具体数据如表（表 9-1）。

（二）疑似房址沟槽类遗迹

T7K12

为四个相对独立又密切关联的坑状堆积，田野工作中曾推测为房址沟槽，证据不足。位于探方西北角，开口于第⑩层下，编号 K12-1、K12-2、K12-3、K12-4。除 K12-4 坑口形状不规整，呈靴形外，其余皆为较规整的圆角长方形，四坑皆斜直壁，底近平，四个小坑下部分离，但近坑口处又

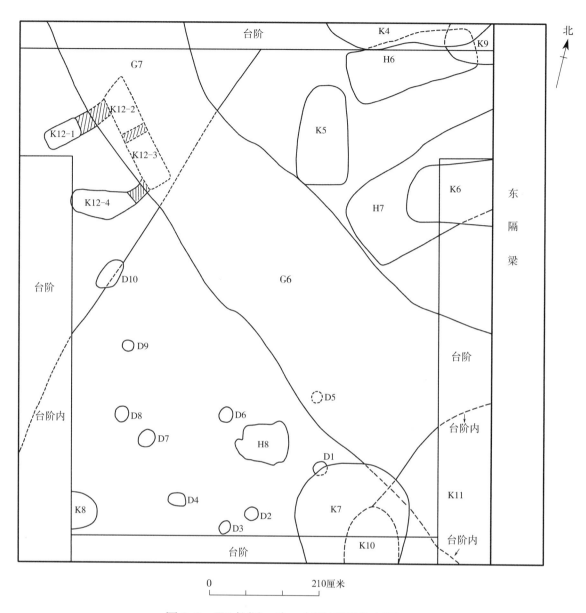

图 9-2　T7 柱洞、坑、灰坑平面分布图

有浅沟相贯通，使之成为一体（图 9-3；彩版九四，2）。

　　T7K12 开口据地表约 1.30 米，K12-1 长 0.65、宽 0.40、深 0.45 米；K12-2 长 0.75 ～ 0.95、宽 0.50、深 0.45 米；K12-3 长 1.00、宽 0.50、深 0.50 米；K12-4 最大长 1.20、宽 0.25 ～ 0.45、深 0.50 米。坑内填土皆灰土，含草木灰较多，陶片极少，以红陶片为主。

二　灰坑及其他坑状堆积

　　1.H8

　　位于 T7 北侧中部，开口于 ⑫ 层下。坑口呈不规则圆形，弧壁，壁面粗糙，南侧较直，东、西两侧壁较缓，平底。开口距地表约 1.70、东西长 1.025、南北宽 0.90、深 0.36 米（图 9-4；彩版

表 9-1　T7D1 ～ D10 形制与包含物数据表

编号	推测性质	形状与结构	尺寸（米）（长 × 宽 - 深）	备注
D1	柱洞	近圆形洞口，直壁，平底	0.20×0.15	
D2	柱洞	圆形洞口，直壁，平底	0.26	口径
D3	柱洞	圆形洞口，直壁，平底	0.22	口径
D4	柱洞	椭圆形洞口，直壁，平底	0.35×0.23	
D5	柱洞	圆形洞口，直壁，平底	0.25	口径
D6	柱洞	圆形洞口，直壁，平底	0.30	口径
D7	柱洞	圆形洞口，直壁，平底	0.32	口径
D8	柱洞	圆形洞口，直壁，平底	0.30	口径
D9	柱洞	近圆形洞口，直壁，平底	0.23×0.18	
D10	柱洞	椭圆形洞口，直壁，平底	0.65×0.35	

注：T7⑩层下发现的10个柱洞，其测量深度的数据缺失，仅在《田野工作日记》中记录到"10个柱洞……深约18～32厘米"。

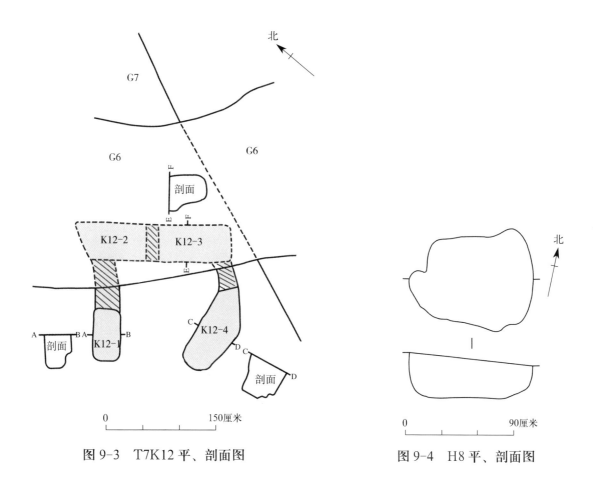

图 9-3　T7K12 平、剖面图　　　　图 9-4　H8 平、剖面图

九五，1）。黑褐色填土，土质较致密，土层内包含物较少，其中陶片共 45 片，质地、颜色、纹饰统计如下表（表 9-2、3）。标本分述如下：

表 9-2　H8 出土陶瓷器质地、颜色统计表

陶质	夹粗砂	夹细砂		泥质				合计
陶色	灰	红褐	灰	黑皮红胎	红褐	黑	灰	黑皮红胎	
陶片数	7	3	8	2	3	9	10	3	45
百分比（%）	15.56	6.67	17.78	4.44	6.67	20.00	22.22	6.67	100

表 9-3　H8 出土陶瓷器纹饰统计表

纹饰	软陶				印纹陶		合计
	素面	细绳纹	粗绳纹	凹弦纹	方格纹	菱形纹	
陶片数	20	11	11	1	1	1	45
百分比（%）	44.44	24.44	24.44	2.22	2.22	2.22	100

鼎

1 件。

H8：7，夹砂黑灰陶，陶色略泛白。侈口，内折沿，圆唇，甑部腹部略鼓，最大腹径略小于口径。腹部顶端一周抹成素面，其下饰印痕较深的粗绳纹。口径 17.2、残高 9 厘米（图 9-5，1）。

泥质罐

3 件。

H8：2，灰白胎，灰黑色表皮磨损殆尽，底部胎体起气泡破裂。侈口，圆唇，唇外缘略鼓出，沿下形成一周细凹槽，高斜领，底端较直，扁圆球腹鼓出明显，微凹圜底。肩以下饰不甚规整的细弦纹以及以横向为主的篮纹。口径 12.5、最大腹径 21.4、高 14.6 厘米（图 9-5，2；彩版九五，2）。

H8：3，褐胎，灰黑色表皮脱落殆尽。卷沿，圆唇，高直领。素面。残长 5.8、残高 5.4 厘米（图9-5，3）。

H8：9，胎色内黑外灰白，黑色表皮脱落殆尽。窄平卷沿，圆唇，领部不明显，上腹部圆鼓。素面磨光。口径 13、最大腹径 14.6、残高 4.8 厘米（图 9-5，4）。

夹砂罐

2 件。

H8：1，细砂，胎体表层灰白色，灰黑色表皮磨损殆尽。卷沿，圆唇近方，唇外缘略鼓出，高直领微内凹，领、腹交接处略折，腹部略圆鼓，微凹圜底。腹部饰弦断细绳纹已模糊，底面亦饰有略粗糙的绳纹。口径 14.4、底径 9.4、高 18 厘米（图 9-5，5；彩版九五，3）。

H8：11，细砂，灰白胎灰黑皮陶。卷沿，圆唇，唇面中央较平，高领略内凹，上腹部略鼓。领、腹交接处略起一道折棱，上腹部饰绳纹已模糊。口径 13.2、腹径 13.6、残高 8 厘米（图 9-5，6）。

瓿

3 件。

H8：4，泥质灰黑色胎，胎体表面有一层很薄的灰白层，灰黑色表皮。喇叭口状长卷沿，口部前端近平，圆唇，唇面下缘略凸出。器口与器身交接微抹出一周凸棱，圆柱状器身，其上端一段圆鼓凸出较甚，呈算珠状。素面磨光。圈足最大径 6、柱身最大径 4.4、残高 7.4 厘米（图 9-5，7；彩版

九六，1）。

H8：5，泥质灰黑胎，胎体表面有一层较薄的灰白色层，黑灰色表皮。圆柱形器身底端外撇，底座撇出，截面呈鸟喙状，圆平底面。底径 7.6、残高 4.5 厘米（图 9-5，8）。

H8：10，泥质灰黑胎，胎表面有一层较薄的灰白层，灰黑色表皮。圆柱状器身底端略向外撇，底座撇出，截面呈鸟喙状，圆底略内凹。素面磨光。

厚唇缸

1 件。

H8：8，夹细砂灰褐陶。直圆口，厚叠唇，叠外侧面较圆鼓，上腹部直腹，腹部顶端素面，其下饰细密的竖行绳纹。残长 6、残宽 5.6、唇厚 1.6 厘米（图 9-5，9）。

花边缸底

1 件。

H8：6，夹细砂灰褐陶，陶色略斑驳。腹内底面内凹，略粗糙，实心圆形底座。边缘以手指斜压出起伏的花边，腹壁底端与座底中心部分饰模糊的绳纹。底径 10、残高 5 厘米（图 9-5，10；彩版九六，2）。

2.H7

位于 T7 东侧偏北（图 9-6；彩版九七，1），部分坑体进入探方东壁，开口于⑨层下，被 K6 打

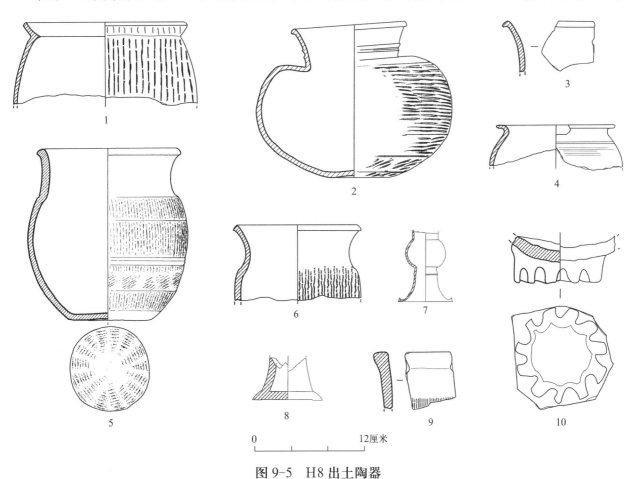

图 9-5　H8 出土陶器

1. 鼎 H8：7　2～4. 泥质罐 H8：2、3、9　5～6. 夹砂罐 H8：1、11　7、8. 甗 H8：4、5　9. 厚唇缸 H8：8　10. 花边缸底 H8：6

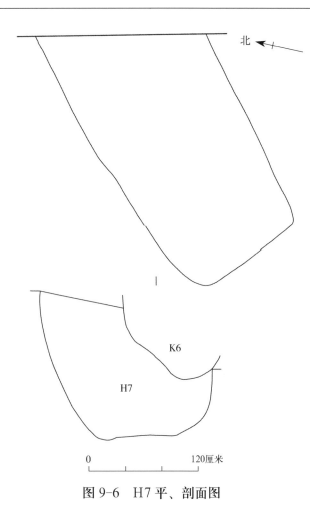

图 9-6　H7 平、剖面图

破。暴露坑口呈圆角长方形，弧壁不甚规整，然壁面较光滑，底部略有起伏，近平，开口距地表约 1.20、最大长 3.35、最大宽 1.55、深约 1.50 米。灰色填土，夹杂黄褐色、青灰色土块以及铁锈斑，土质较致密，坑内含少量陶片、石器、烧土颗粒以及料姜石。其中出土陶片共 14 片，质地、颜色、纹饰统计如下表（表 9-4、5）。

出土的标本仅有 1 件鼎足可辨器形，应属早期的遗物。

鼎足

1 件。

H7：1，夹砂黄褐胎，灰黑色表皮磨损严重。侧装扁足，似刀形，横截面呈扁椭圆形。足外侧缘可见五对圆捏窝。素面。残长 7.2、残高 17.4、厚 4.2 厘米（图 9-7，1；彩版九六，3）。

3.H6

位于 T7 东北角（图 9-8），开口于⑧层下，打破⑪、⑫层。坑口为长方形，直壁，平底，开口距地表约 2.00、东西长 2.46、南北宽 0.98、

表 9-4　H7 出土陶瓷器质地、颜色统计表

陶质	夹粗砂		夹细砂		泥质			合计
陶色	红褐	灰	红	红褐	红褐	黑	黑皮红胎	
陶片数	4	2	1	2	2	2	1	14
百分比（%）	28.57	14.29	7.14	14.29	14.29	14.29	7.14	100

表 9-5　H7 出土陶瓷器纹饰统计表

纹饰	软陶					合计
	素面	细绳纹	粗绳纹	按窝纹	凸棱	
陶片数	5	4	3	1	1	14
百分比（%）	35.71	28.57	21.43	7.14	7.14	100

深约 2.04 米。填土为黄色，土质致密。坑内出土陶片 28 片，质地、颜色、纹饰统计如下表（表 9-6、7）。标本分述如下：

鬲足

1 件。

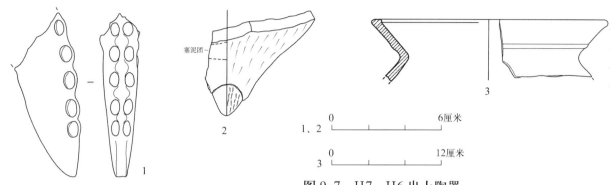

图 9-7　H7、H6 出土陶器

1. 鼎足 H7：1　2. 鬲足 H6：3　3. 尊口沿 H6：1

H6：3，夹砂红褐陶，内部有明显烟炱痕迹。包足部分，内足部分可见绳纹，外侧足部未见纹饰。残长 6、残高 5.6 厘米（图 9-7，2；彩版九六，4）。

钵

1 件。

H6：4，泥质灰胎印纹硬陶。窄平折沿，上腹部斜直微内收，下腹部圆鼓内转至底，腹部底端可见一个器耳脱落处的痕迹，凹圜底。腹部至底部拍印横向为主的叶脉纹（彩版九六，5、6）。

尊口沿

H6：1，泥质黑皮红褐胎。卷沿，斜直口，厚唇外圆内方，肩部近平，口沿内外侧及肩部可见明显轮制痕迹。口径 13、颈径 9.8、残高 6.6 厘米（图9-7，3）。

4.T7K10

开口于第⑨层下，位于探方东南角，坑体部

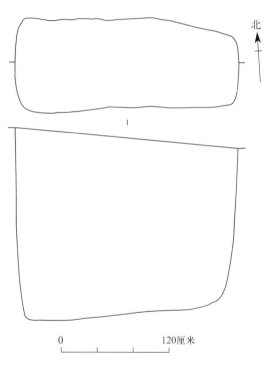

图 9-8　H6 平、剖面图

表 9-6　H6 出土陶瓷器质地、颜色统计表

陶质	夹粗砂	夹细砂				泥质				印纹陶	合计
陶色	红褐	红褐	灰	黑	黑皮红胎	红褐	灰	黑	黑皮红胎	灰	
陶片数	2	4	3	2	4	3	4	1	4	1	28
百分比（%）	7.14	14.29	10.71	7.14	14.29	10.71	14.29	3.57	14.29	3.57	100

表 9-7　H6 出土陶瓷器纹饰统计表

纹饰	软陶					印纹陶	合计
	素面	细绳纹	粗绳纹	附加堆纹	戳印纹	叶脉纹	
陶片数	11	9	1	5	1	1	28
百分比（%）	39.29	32.14	3.57	17.86	3.57	3.57	100

分进入探方南壁，顶端部分被 T7K7 打破。暴露坑口呈半椭圆形，直壁微斜，底近平，开口距地表约 1.40、南北长 1.05、东西宽 0.95、深约 1.10 米。灰色填土，较松软，坑内包含大量草木灰、碳屑，也出土少量陶片，以及 1 件残铜片。其中陶片共 28 片，质地、颜色、纹饰、可辨器形统计如下表（表 9-8、9）。

表 9-8　T7K10 出土陶瓷器质地、颜色统计表

陶质	夹细砂			泥质				合计
陶色	红褐	黑	黑皮红胎	红	红褐	黑皮红胎	黑	
陶片数	6	4	3	6	5	2	2	28
百分比（%）	21.43	14.29	10.71	21.43	17.86	7.14	7.14	100

表 9-9　T7K10 出土陶瓷器纹饰统计表

纹饰	软陶					合计
	素面	细绳纹	粗绳纹	弦断绳纹	凹弦	
陶片数	12	1	12	2	1	28
百分比（%）	42.86	3.57	42.86	7.14	3.57	100

铜器及与铸铜相关遗物

残铜片

1 件。

T7K10：1（彩版九七，2）。

5.T7K6

开口于第⑦层下，位于探方东端偏北，部分坑体进入探方东壁，打破 H7。暴露坑口呈不规则的半椭圆形，斜直壁，底端壁面不规整，圜底，开口距地表约 1.25、东西长 1.65、南北最大宽 1.20、深约 1.05 米。填土灰色，夹杂一些黄色淤土小薄层，土质疏松。坑内含较多草木灰和少许细小陶片。

6.T7K7

开口于第⑥层下，位于探方南端偏东，部分坑体进入探方南壁。暴露坑口基本呈现圆形结构，斜壁，底部西侧有一段二层台，壁、底皆未见加工痕迹，开口距地表约 0.80、东西长 2.20、南北宽 1.85、深 0.65 米。填土呈灰褐色，可见少许黄土薄层，填土内包含物有较多的草木灰和少量的陶片、小石块等。其中陶片共 31 片，质地、颜色、纹饰统计如下表（表 9-10、11）。标本分述如下：

鬲

1 件。

T7K7：1，夹砂红褐陶，夹云母。折沿近平，沿下角较小，圆唇，沿面内侧有一道凹槽，外侧略向外鼓，沿面较宽，鼓腹明显。腹部饰竖行绳纹。口径 28.8、残高 6.6 厘米。

甗腰

1 件。

T7K7：5，夹砂黑皮红褐胎。甗腰较厚，有抹痕。卷隔，腹部饰竖行细绳纹。宽 14.8、残高 6.8 厘米。

表 9-10　T7K7 出土陶瓷器质地、颜色统计表

陶质	夹细砂				泥质			合计
陶色	红	红褐	灰	黑皮红胎	红褐	黑	黑皮红胎	
陶片数	3	4	5	7	1	1	10	31
百分比（%）	9.68	12.90	16.13	22.58	3.23	3.23	32.26	100

表 9-11　T7K7 出土陶瓷器纹饰统计表

纹饰	软陶			合计
	素面	细绳纹	弦断绳纹	
陶片数	8	21	2	31
百分比（%）	25.81	67.74	6.45	100

盆口沿

1 件。

T7K7：3，盆口沿，泥质灰胎黑皮陶。卷沿，圆唇。口沿外侧的绳纹被抹去，颈部以下饰纵向细绳纹，肩部饰一道弦纹。口径 20、残高 6.8 厘米。

觚

1 件。

T7K7：7，泥质，胎色内侧灰外侧红褐，黑色表皮。细圆柱状器身底端渐外撇，底座凸出，座面略宽，座缘呈鸟喙状。器身与底座交接处刮出一周凹槽，形成三角形细凸棱状，圆底面微内凹。素面磨光。

尊

1 件。

T7K7：4，泥质黑陶。卷沿，沿下角较大，方唇，鼓腹。自口沿外至肩部饰细绳纹，颈部及肩部有两道抹痕。残长 9、残宽 8.6 厘米。

7. T7K8

开口于第⑧层下，位于探方西南角，坑体部分进入西侧台阶内，暴露坑口呈半圆形，斜直壁，平底，开口距地表约 1.20、南北长 0.75、东西宽 0.45、深约 0.60 米。填土灰色，土质疏松，坑内含较多草木灰和少许细小陶片。

8. T7K9

开口于第⑤层下，位于探方东北角，部分坑体进入探方北壁、东壁，被 T7K4 打破。暴露坑口呈半椭圆形，弧壁，圜底，开口距地表约 1.10、东西长 0.90、南北宽 0.75、深约 1.25 米。填土灰色，略致密，未见包含物。

9. T7K4

开口于第⑤层下，位于探方东北角，部分坑体进入探方北壁，打破 T7K9。暴露坑口呈中部微内凹的半椭圆形，斜壁圜底，开口距地表约 1.10、东西长 3.05、南北宽 0.35～0.50、深约 1.00 米。填土灰色，较疏松，含较多的草木灰和较少的陶片。其中陶片共 91 片，质地、颜色、纹饰统计如下表（表 9-12、13）。标本分述如下：

表 9-12　T7K4 出土陶瓷器质地、颜色统计表

陶质	夹粗砂		夹细砂				泥质					印纹陶	原始瓷	合计
陶色	红褐	灰	红褐	灰	黑	黑皮红胎	红	红褐	灰	黑	黑皮红胎	红褐		
陶片数	13	2	17	8	6	3	1	7	8	4	13	8	1	91
百分比（%）	14.29	2.20	18.68	8.79	6.59	3.30	1.10	7.69	8.79	4.40	14.29	8.79	1.10	100

表 9-13　T7K4 出土陶瓷器纹饰统计表

纹饰	软陶					印纹陶			原始瓷	合计
	素面	细绳纹	粗绳纹	弦断绳纹	凸棱	方格纹	斜线回纹	重回纹	带釉	
陶片数	24	46	4	4	2	1	9	4	1	91
百分比（%）	26.37	50.55	4.40	4.40	2.20	1.10	9.89	4.40	1.10	100

鬲

2 件。

T7K4：1，夹砂黑陶。侈口，平折沿，方唇，硬折肩。颈部内凹明显，下腹部残，腹部饰弦断绳纹，沿下绳纹被抹。口径 28、残高 5.6 厘米（图 9-9，1）。

T7K4：2，夹砂黑皮红褐胎。侈口，折沿，沿下角较大，方唇，颈部内凹，折肩。上腹部饰弦纹。口径 20、残高 6 厘米（彩版九七，3）。

鬲足

2 件。均夹砂红褐陶，足窝内侧有烟炱痕迹。截锥状实足跟。

T7K4：7，夹砂红褐陶，足窝内侧有烟炱痕迹。截锥状实足跟较矮，足窝较浅。通体饰有细绳纹。残长 5、残高 6.4 厘米（彩版九七，4）。

印纹硬陶瓮口沿

1 件。

T7K4：8，泥质灰硬陶。短口微侈，斜方唇，唇面刮出三周弦纹，溜肩，肩壁略鼓。肩部拍印杂乱的席纹，肩部顶端一周纹饰被抹（彩版九七，5）。

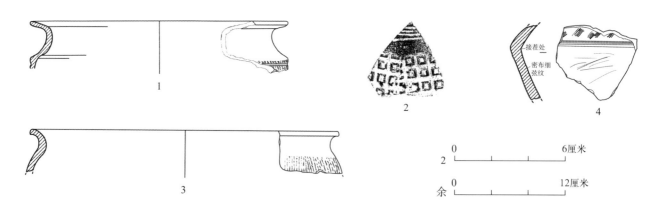

图 9-9　G6、T7K4 出土陶器

1. 鬲 T7K4：1　2. 印纹硬陶腹片 T7K4：9　3. 盆 G6：2　4. 小盆 G6：10

印纹硬陶腹片

1 件。

T7K4：9，泥质灰皮紫红胎陶，致密。回字纹和弦纹复合（图 9-9，2）。

印纹软陶片

1 件。

T7K4：10，夹砂外壁黑褐、内壁灰白，疏松，有气泡。方格纹（彩版九八，1）。

原始瓷豆

1 件。

T7K4：4，泥质灰白胎，青色釉。侈口，尖圆唇，豆盘较深，硬折腹弧收，下腹部残。豆盘内侧饰多道细弦纹，器腹底部可见环状凹痕。口径 12、残高 3.2 厘米（彩版九八，2、3）。

10.T7K5

开口于第⑤层下，位于探方北侧偏东，坑口呈弧边梯形，直壁，平底，开口距地表约 1.12、南北长 1.80、东西最大宽 0.95、深约 0.91 米。填土灰色黏土，较疏松，含少量烧土粒、碳屑、小石块等。其中陶片共 28 片，质地、颜色、纹饰统计如下表（表 9-14、15）。标本分述如下：

表 9-14　T7K5 出土陶瓷器质地、颜色统计表

陶质	夹粗砂	夹细砂		泥质				印纹陶		合计
陶色	红褐	红褐	黑皮红胎	红褐	灰	黑	黑皮红胎	红褐	灰	
陶片数	6	2	1	4	2	4	7	1	1	28
百分比（%）	21.43	7.14	3.57	14.29	7.14	14.29	25.00	3.57	3.57	100

表 9-15　T7K5 出土陶瓷器纹饰统计表

纹饰	软陶				印纹陶	合计
	素面	细绳纹	弦断绳纹	附加堆纹	斜线回纹	
陶片数	10	14	1	1	2	28
百分比（%）	35.71	50.00	3.57	3.57	7.14	100

鬲

1 件。

T7K5：1，夹砂黑皮灰白胎。侈口，卷沿，沿下角较大，沿面较大，方唇，微鼓腹，腹部饰间断细绳纹。口径 28、残高 6.8 厘米（彩版九八，4）。

敛口钵

1 件。

T7K5：7，泥质黑皮灰胎。口沿内敛，斜方唇，肩部外鼓，斜弧腹内收，平底，器腹较浅。素面。口径 12、腹径 13、底径 11.2、高 6.6 厘米（彩版九八，5）。

11.T7K11

开口于第⑨层下，位于探方东南角，坑体部分进入探方南壁、东壁，西侧被 T7K10 打破。暴露

坑口呈扇形，弧壁，圜底，北侧较深，开口距地表约1.30、南北最大长2.55、东西最大宽2.00、深约0.90米。填土灰褐色，夹杂铁锈斑，坑内含草木灰和少许细小陶片。

12.G6

开口于第⑨层下，由西北向东南贯穿整个T7探方（图9-10），并向两端延伸，沟边缘不甚规整，弧壁，圜底，探方内灰沟部分北侧略浅，南侧渐深，开口距地表约2.10、可见长约10.75、宽2.00～3.50、深0.50～1.40米。沟内填土深灰色，土质松软，填土内包含一些草木灰，很少量的碳屑、红烧土颗粒、陶片、石块等。其中陶片共60片，质地、颜色、纹饰统计如下表（表9-16、17）。标本分述如下：

鬲足

1件。

G6∶6，夹砂灰陶。截锥状实足跟较矮，足窝较浅，足跟处稍粗。通体和足跟底面均饰有细绳纹。

盆

1件。

G6∶2，泥质红褐陶。侈口，卷沿较窄，沿下角略小，厚方唇，微鼓腹，腹部以下残。腹部饰纵向细绳纹，沿下和颈部绳纹被抹。口径34、残高4.4厘米（图9-9，3）。

小盆

1件。

G6∶10，泥质红褐陶。口沿残，仅存肩部，折肩，下腹部内收。肩部饰单向划纹，划纹疏松、规整。残长8.8、残宽8厘米（图9-9，4；彩版九八，6）。

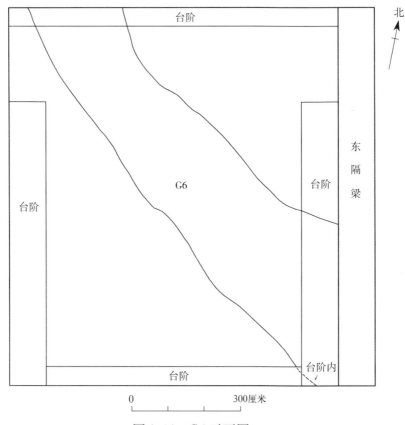

图9-10　G6平面图

表 9-16　G6 出土陶瓷器质地、颜色统计表

陶质	夹细砂			泥质				合计
陶色	红	红褐	灰	红	灰	黑	黑皮红胎	
陶片数	4	28	2	7	6	6	7	60
百分比（%）	6.67	46.67	3.33	11.67	10.00	10.00	11.67	100

表 9-17　G6 出土陶瓷器纹饰统计表

纹饰	软陶							合计
	素面	细绳纹	粗绳纹	弦断绳纹	附加堆纹	按窝纹	刻划纹	
陶片数	15	8	30	2	3	1	1	60
百分比（%）	25.00	13.33	50.00	3.33	5.00	1.67	1.67	100

第三节　地层遗物

探方内各层出土遗物较多，自下而上呈现出总体上升的趋势，特别是⑬、⑭层出土陶片各达 1000 余片，是本次发掘出土遗物数量最多的探方之一。

一　T7⑬层

（一）陶瓷器

该层共出土陶片 91 片，陶器质地、颜色、纹饰统计如下表（表 9-18、19）。标本分述如下：

表 9-18　T7⑬层出土陶瓷器质地、颜色统计表

陶质	夹粗砂		夹细砂					泥质			印纹陶	合计
陶色	灰	红褐	红	红褐	灰	黑	黑皮红胎	红褐	灰	黑皮红胎	红褐	
陶片数	1	1	3	16	16	2	2	2	21	26	1	91
百分比（%）	1.10	1.10	3.30	17.58	17.58	2.20	2.20	2.20	23.08	28.57	1.10	100

表 9-19　T7⑬层出土陶瓷器纹饰统计表

纹饰	软陶							印纹陶		合计
	素面	细绳纹	粗绳纹	弦断绳纹	凹弦纹	按窝纹	凸棱	方格纹	重回纹	
陶片数	49	29	1	2	2	2	3	2	1	91
百分比（%）	53.85	31.87	1.10	2.20	2.20	2.20	3.30	2.20	1.10	100

1.鼎

1件。

T7⑬：9，夹砂黑陶。侈口，折沿，沿面微凹，方唇，唇面中央有一周浅凹槽，颈部不明显，腹

部较圆鼓。腹部饰较模糊的弦断粗绳纹。口径17.8、残高4.8厘米（图9-11，1；彩版九九，1）。

2. 鼎足

3件。

T7⑬：7，夹砂红褐陶，胎心较厚处呈黑色。侧装扁足，较粗短，横截面呈椭圆形。足部外缘可见三对上下并列的圆形捏窝。素面。残长3.2、残高7.6、最厚3.4厘米（图9-11，2；彩版九九，2中）。

T7⑬：8，夹砂黄褐陶。扁三角圆锥状足，残存部分较短，难以断定是否已经到足部顶端。素面。残长5.6、残高10.4、最厚3.8厘米（图9-11，3；彩版九九，2右）。

T7⑬：11，夹砂黄褐陶，胎心部分呈灰色。侧装扁足，横截面呈椭圆形。足部外侧缘有两对上下并列的圆形捏窝。素面。残长4、残高6、最厚3.8厘米（图9-11，4；彩版九九，2左）。

3. 豆

1件。

T7⑬：5，泥质，胎体内黑灰外灰白，表皮灰黑色。圆唇，微敛口，腹部顶端圆鼓，向下内收，且腹壁略内凹，腹部应较深，未见底部接痕。素面磨光。口径20、残高4.6厘米（图9-11，5；彩版九九，3右）。

4. 豆盘

2件。

T7⑬：10，泥质灰白色胎，胎体较厚处胎心呈灰色，黑灰色表皮。侈口外翻，腹部较深，中部折腹略呈圆凸棱状，其下腹壁圆弧内收。素面磨光。盘径约15.6、残高4.8厘米（图9-11，6；彩版

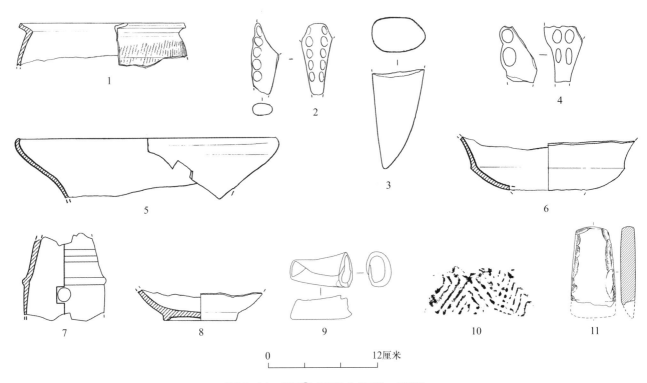

0　　　　　　　　12厘米

图9-11　T7⑬层出土陶器、石器

1. 鼎 T7⑬：9　2～4. 鼎足 T7⑬：7、8、11　5. 豆 T7⑬：5　6. 豆盘 T7⑬：10　7. 豆柄 T7⑬：3　8. 罐底 T7⑬：4　9. 流 T7⑬：6　10. 印纹硬陶腹片 T7⑬：12　11. 石锛 T7⑬：2

九九，3 中）。

T7⑬：13，泥质，胎色内灰外灰白，黑色表皮磨损殆尽。侈口略卷，唇部残损，口、腹交接处硬折，略呈三角状凸出，腹部弧壁内收，豆盘较深。素面磨光。盘径约 8、残高 2.8 厘米（彩版九九，4 左）。

5. 豆柄

2 件。

T7⑬：3，泥质褐胎灰黑色皮陶。豆柄顶部向上内收较细，中部呈直筒状，二者交界处略圆鼓凸起，其下可见一由外向内戳穿的圆形穿孔，豆柄内壁拉坯成型的凹痕明显，素面磨光。豆柄残存最大径 9.2、残高 9.4 厘米（图 9-11，7；彩版九九，5、6）。

T7⑬：20，泥质红褐色胎，胎体较厚处胎心呈灰色，黑灰色表皮。圆柱形豆柄细长，向下略外撇。素面磨光。残存最大径约 3、残高约 4 厘米（彩版九九，4 右）。

6. 罐底

1 件。

T7⑬：4，泥质灰白色胎，胎心呈黑灰色，黑灰色表皮。腹壁底端内收较大，圈足极短，纵截面呈梯形，底面微外凸。素面磨光。圈足直径 8、残高 3.2 厘米（图 9-11，8；彩版九九，3 左）。

7. 流

1 件。

T7⑬：6，可能为鬶的流，卷叶形，夹细砂红褐胎，胎体较厚处呈灰白色，器表呈较斑驳的黄褐色。较长的扁状流，横截面呈一侧面微内凹的椭圆形，纵截面呈梯形，圆唇。素面。流残长 6.7、最大外径 3.7、最大孔经 2.8 厘米（图 9-11，9；彩版一〇〇，1）。

8. 印纹硬陶腹片

1 件。

T7⑬：12，泥质灰褐陶，陶色泛紫，胎壁较厚。外壁饰印痕深的菱形重回纹（图 9-11，10；彩版一〇〇，2）。

（二）石器

数量极少，仅见石锛 1 件。

石锛

1 件。

T7⑬：2，灰白色。器体扁平，平面呈长梯形，刃部残。通体磨制粗糙，器表有多处打制疤痕。残长 8.3、宽 4.8、最厚 1.6 厘米（图 9-11，11；彩版一〇〇，3）。

二　T7⑫层

（一）陶瓷器

该层共出土陶片 360 片，陶器质地、颜色、纹饰统计如下表（表 9-20、21）。标本分述如下：

1. 鬲

1 件。

表 9-20　T7⑫ 层出土陶瓷器质地、颜色统计表

陶质	夹细砂					泥质				印纹陶		合计
陶色	红	红褐	灰	黑	黑皮红胎	红	灰	黑	黑皮红胎	灰	褐	
陶片数	39	41	115	12	19	16	55	52	3	7	1	360
百分比（%）	10.83	11.39	31.94	3.33	5.28	4.44	15.28	14.44	0.83	1.94	0.28	100

表 9-21　T7⑫ 层出土陶瓷器纹饰统计表

纹饰	软陶									印纹陶				合计
	素面	细绳纹	粗绳纹	弦断绳纹	交错绳纹	凹弦纹	附加堆纹	凸棱	乳丁纹	素面	方格纹	回纹	叶脉纹	
陶片数	186	10	98	1	18	13	15	6	1	1	9	1	1	360
百分比（%）	51.67	2.78	27.22	0.28	5.00	3.61	4.17	1.67	0.28	0.28	2.5	0.28	0.28	100

T7⑫：52，夹砂灰白陶。长卷沿，圆唇，沿下角较大，上腹部圆鼓。腹部顶端素面，其下饰的绳纹已模糊。残长 7.2、残高 5.4 厘米（图 9-12，1）。

2. 鼎

3 件。

T7⑫：12，细砂灰白陶，胎心部分呈灰色。侈口，内卷沿，方唇，唇内缘凸起，略高于沿面，上腹部微鼓。素面。残长 6.8、残高 4.4 厘米（图 9-12，2）。

T7⑫：50，夹砂灰黑陶。侈口，内卷沿，圆唇，上腹部较直。素面。残长 3.6、残高 4 厘米（图 9-12，3）。

T7⑫：51，夹细砂黄褐陶。侈口，内折沿，圆唇，上腹部斜直微内收。上腹部素面。残长 4、残高 3.4 厘米（图 9-12，4）。

3. 鼎足

1 件。

T7⑫：20，夹砂红褐陶。三角形长扁足，横截面呈椭圆形，小圆足尖横向外撇。足部顶端有一道斜向的划痕。素面。残长 6.5、残高 10.8、最厚 1.4 厘米（图 9-12，5；彩版一〇〇，4）。

4. 豆

2 件。

T7⑫：1，泥质灰胎灰黑色表皮陶，大部分表皮已脱落。侈口微卷，圆唇，折腹，折腹处略起棱，其下腹部较浅，豆柄上端粗直，且有两组不对称的钻孔，每组两孔并列，其下内收，再下已损。素面较光滑。口径 14.8、豆盘深 4、残高 10.6 厘米（图 9-12，6；彩版一〇〇，5）。

T7⑫：25，豆盘，泥质灰黑陶。卷沿，方唇，折腹，折腹处略起棱，其下圆弧内收，豆柄脱落，从连接痕迹看，豆柄顶端较粗。素面较光滑。口径 16、残高 3 厘米（图 9-12，7）。

5. 豆柄

1 件。

T7⑫：23，泥质黑陶。柄较粗，斜直，内部有明显轮制痕迹。最大外径 9.6、最大内径 8.4、最小外径 6、最小内径 4.8 厘米（图 9-12，8；彩版一〇〇，6）。

6. 盆

2 件。

T7⑫：3，或为簋，夹少量砂，灰胎，胎体表层呈灰白色，表皮灰黑色。尖圆唇呈三角状凸出明显，卷沿，上腹部略鼓，上腹部顶端至扣眼素面较光滑。其下饰印痕较深的绳纹。残长 7、残宽 5 厘米（图 9-13，1）。

T7⑫：43，或为簋，泥质褐胎灰黑皮陶。侈口，方唇，高直领，腹部上端外撇。素面磨光。残长 7、残高 5 厘米（图 9-13，2）。

7. 泥质罐

4 件。

T7⑫：14，胎体内黑灰外灰白，表皮黑灰。小卷沿，圆唇，高直领微内凹，圆鼓腹。素面磨光。口径 12、残高 7.4 厘米（图 9-12，9；彩版一〇一，1）。

T7⑫：15，胎体内灰外灰黄，表皮黑灰。侈口略卷，斜方唇，唇面略宽，高领。素面较光滑。

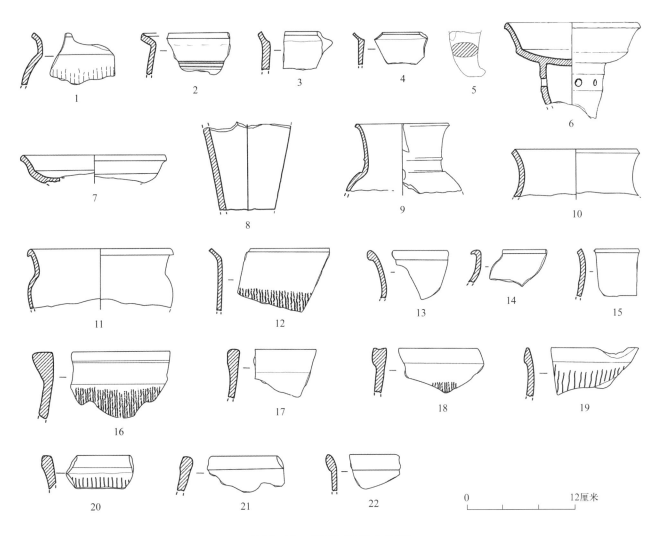

图 9-12　T7⑫ 层出土陶器

1. 鬲 T7⑫：52　2～4. 鼎 T7⑫：12、50、51　5. 鼎足 T7⑫：20　6、7. 豆 T7⑫：1、25　8. 豆柄 T7⑫：23　9～11. 泥质罐 T7⑫：14～16　12～15. 夹砂罐 T7⑫：11、13、44、49　16～22. 厚唇缸 T7⑫：4～10

口径约 13.2、残高 5 厘米（图 9-12，10）。

T7⑫：16，黑灰皮，褐胎，胎体较厚处胎心呈灰色。圆叠唇部分下端呈三角圆状鼓出，斜领微内凹，腹部上端圆鼓。素面磨光。口径 15.2、腹径 16、残高 6.4 厘米（图 9-12，11）。

T7⑫：56，灰胎，胎体表面有一层极薄的灰白层，灰黑色表皮。圆鼓腹，底腹一体捏成，腹壁内部可见大量手指按压、捏戳、抹整修理的痕迹，腹壁中部饰模糊的竖行绳纹（彩版一〇一，2）。

8. 夹砂罐

4 件。

T7⑫：11，夹细砂，灰胎灰白表皮陶，亦可能原有深色表皮已完全脱落。侈口近平，圆唇，唇内缘略起棱凸起，上腹部较直，上腹部顶部一周素面，其下饰模糊的细绳纹。残长 9、残高 6.8 厘米（图 9-12，12）。

T7⑫：13，灰黑陶。侈口，叠唇圆鼓，高斜领。素面。残长 6.4、残高 5 厘米（图 9-12，13）。

T7⑫：44，夹细砂，灰白陶，胎心呈灰色。短平沿，沿面鼓起，尖圆唇，溜肩。肩部素面。残长 5、残高 3.8 厘米（图 9-12，14）。

T7⑫：49，灰陶。侈口略卷，斜方唇，高直领。素面。残长 4.8、残高 5 厘米（图 9-12，15）。

9. 觚

5 件。

T7⑫：24，胎体内灰黑外灰褐，灰褐色表皮。口部不详，细圆柱器身，器座外侈，座面微鼓，平底微内凹。器身可见三周较密集并排的弦纹，器身与底座交接处亦有一周弦纹，其余素面磨光。底径 6、残高 12.6 厘米（图 9-13，3；彩版一〇一，3）。

T7⑫：31，灰黑色胎，胎体表层有一层灰白色薄层，灰黑色表皮。细圆柱状器身，末端微外撇，底座撇出，截面呈鸟喙状，圆底内凹较明显。素面磨光。底径约 7、残高 5.6 厘米（彩版一〇一，4 中）。

T7⑫：32，灰黑色胎，胎体表层有一层极薄的灰白层，灰黑色表皮脱落殆尽。圆柱状器身底端外撇，底座外侈，座面圆鼓，底面内凹较明显，器身内侧可见拉坯成型痕迹，素面。底径 6、残高 4.2 厘米（彩版一〇一，4 左）。

T7⑫：33，胎体内灰黑外灰黄，灰黑色表皮。细圆柱状长器身，其上可见三周密集并排的细弦纹，内壁拉坯成型痕迹明显，素面磨光。杯身直径 2.6、残高 10.2 厘米（彩版一〇一，4 右）。

T7⑫：35，灰胎灰黑色表皮，表皮下有一周极薄的灰白层。细圆柱状器身，底座外撇，圆底面微内凹。残高 4.4 厘米（彩版一〇一，5）。

10. 尊形器

1 件。

T7⑫：19，泥质灰胎红褐皮陶。小敛口，宽沿面延伸出腹部形成一周凸棱，沿面上刮出三周浅凹槽，尖圆唇，上腹部较直，且饰模糊的绳纹。残长 5.8、残高 5.8 厘米（图 9-13，4）。

11. 厚唇缸

7 件。

T7⑫：4，夹细砂灰白陶，加入少量粗砂颗粒。直平口，平口面较宽，厚叠唇，叠唇外侧面呈三角状凸出，上腹部微鼓。叠唇外侧中央有一周浅凹槽，上腹部饰模糊的粗绳纹。残长 10.8、残高 7 厘米（图 9-12，16）。

T7⑫：5，夹细砂灰黄陶。直方口，叠唇，叠唇外侧面上宽下窄，腹部顶端微外撇，上腹部饰模糊的粗绳纹。残长 6.6、残高 5 厘米（图 9-12，17）。

T7⑫：6，夹细砂红褐陶。直方口，叠唇，宽唇面微内凹，叠唇外侧面较厚，底端内收。腹部顶端微外撇，上腹部饰模糊的绳纹。残长 8.6、残高 4.8 厘米（图 9-12，18）。

T7⑫：7，夹细砂红褐陶，表皮陶色泛白。直圆口，叠唇，叠唇外侧面较薄，微鼓，腹部顶端微外撇。上腹部饰模糊的绳纹。残长 9.6、残高 5 厘米（图 9-12，19）。

T7⑫：8，夹砂灰褐陶，粗砂含量较大。直方口，叠唇，叠唇外侧面极薄，仅底端略鼓出，腹部顶端较直。上腹部饰绳纹。残长 7.4、残高 3.6 厘米（图 9-12，20）。

T7⑫：9，夹粗砂灰白陶。直圆口，叠唇，叠唇外侧面较宽平，腹部顶端微外撇。纹饰不详。残长 8.4、残高 3.8 厘米（图 9-12，21）。

T7⑫：10，夹细砂红褐陶，含少量粗砂粒。直圆口，叠唇，叠唇外侧面微鼓，腹部顶端微外撇。上腹部饰模糊的绳纹。残长 5.6、残高 3.8 厘米（图 9-12，22）。

12. 器耳

2 件。

T7⑫：26，泥质灰黑色胎心，胎体表层呈灰白色，灰黑色表皮。宽扁桥形耳，一端已损。耳顶端横向粘贴一片泥条，泥条下器耳一侧边缘紧贴一个小圆扁泥球，器耳表面用手纵向抹出几条不甚明显的凹槽。素面磨光。残长 5.4、残宽 5、厚 1.2 厘米（图 9-13，5）。

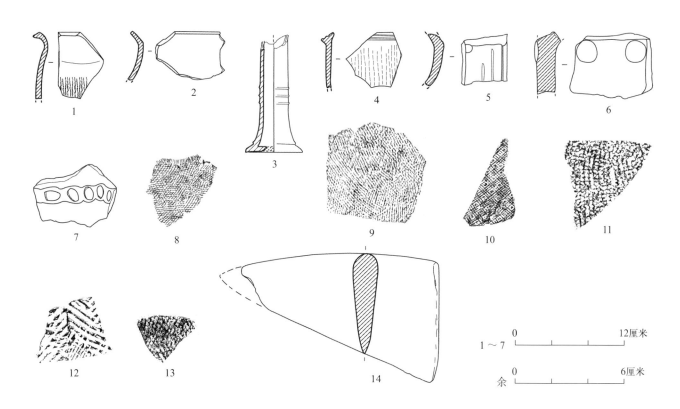

图 9-13　T7⑫ 层出土陶器、石器

1、2.盆 T7⑫：3、43　3.甗 T7⑫：24　4.尊形器 T7⑫：19　5、6.器耳 T7⑫：26、55　7.陶鬶 T7⑫：30　8～13.印纹硬陶腹片 T7⑫：27、54、56～59　14.石镰 T7⑫：2

T7⑫：55，夹细砂灰白陶。宽扁器耳，顶端表面的两侧边缘黏接两个对称的小扁圆泥球。素面。残长9、残宽7、厚2.2厘米（图9-13，6）。

13. 陶鋬

1件。

T7⑫：30，应属陶缸类的鋬，夹砂红褐陶。黏接于缸腹部上，鸡冠状，扁圆泥条边缘用手指压出起伏痕迹，缸腹饰略粗的绳纹。残长9、残宽6.6厘米（图9-13，7）。

14. 印纹硬陶腹片

6件。

未见完整器，所见多为腹壁，皆泥质，器型较大者胎壁多厚薄不均，多见气泡空洞的现象，内壁可见大量密集按压的坑窝，坑窝面积较小且形态多不规整，根据胎质陶色可分为两类，A类，紫色胎，胎心较厚处部分呈灰色，灰色表皮；B类，灰胎皮同色的陶或深灰色陶。纹饰以单元面积较小的小方格纹、小菱格纹、小填点网格纹等为主，也有印痕较深的叶脉纹。

T7⑫：27，铁灰皮紫胎，致密。菱格纹（图9-13，8）。

T7⑫：54，铁灰皮紫胎，致密。紊乱的菱格纹（图9-13，9；彩版一〇一，6）。

T7⑫：56，青灰陶，较致密。重回纹（图9-13，10）。

T7⑫：57，铁灰陶，较致密。重回纹（图9-13，11）。

T7⑫：58，铁灰皮紫胎，致密。叶脉纹（图9-13，12）。

T7⑫：59，铁灰皮紫胎，致密。方格纹（图9-13，13）。

（二）石器

石镰

1件。

T7⑫：2，灰黑色。头端稍残。通体磨光。长9.7、宽6.4、最厚1.2厘米（图9-13，14）。

三　T7⑪层

陶瓷器

T7⑪层新出现了具有特点的红褐陶。

该层共出土陶片84片，其中素面64、绳纹20件，陶器质地、颜色统计如下表（表9-22）。标本分述如下：

表9-22　T7⑪层出土陶瓷器质地、颜色统计表

陶质	夹砂			泥质			合计
陶色	红褐	灰	灰褐	红褐	灰	灰褐	
陶片数	29	32	11	4	5	3	84
百分比（%）	34.52	38.10	13.10	4.76	5.95	3.57	100

1. 鼎口沿

1 件。

T7⑪：7，夹砂灰褐陶，部分厚胎的地方夹有黑芯。侈口，卷沿，沿面较宽，沿下角较大，薄方唇，束颈明显，微鼓腹。腹部饰菱格纹，纹饰模糊。口径 18、残高 17.6 厘米（图 9-14，1）。

2. 口沿

1 件。

T7⑪：2，甗或盆口沿，夹砂红褐皮黑褐芯。卷近平，沿面内弧，有两道凹槽，厚方唇，直腹。腹部饰交错绳纹，沿下绳纹被抹。口径 26、残高 6.4 厘米（图 9-14，2；彩版一〇二，1 左）。

该层中还出现了少量时代略早的遗物。

3. 鼎足

1 件。

T7⑪：6，夹砂，足部为红褐陶，近腹部为黑陶。足跟残，截面为椭圆形。足上端饰至少一对纵向排列的目状捏窝。残长 5.8、残高 3.6、厚 2.8 厘米（图 9-14，3）。

4. 夹砂罐

2 件。

T7⑪：4，夹砂灰黑皮红褐胎。侈口，斜折沿，沿面内弧，方唇，高直颈，腹部残。素面。残长 5.8、残高 3.6 厘米（图 9-14，4；彩版一〇二，1 右上）。

T7⑪：5，夹砂灰白皮黑胎。侈口，平折沿，沿面上有一道凹槽，方唇，斜直颈，腹部残。素面。残长 3.2、残高 3.6 厘米（图 9-14，5；彩版一〇二，1 右下）。

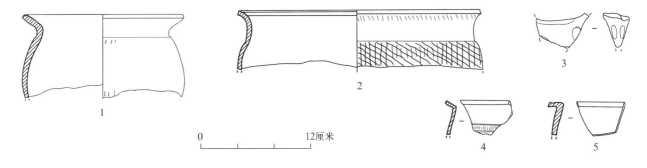

0   12厘米

图 9-14　T7⑪层出土陶器

1. 鼎口沿 T7⑪：7　2. 口沿 T7⑪：2　3. 鼎足 T7⑪：6　4、5. 夹砂罐 T7⑪：4、5

四　T7⑩层

（一）陶瓷器

该层共出土陶片 230 片，但年代略早的陶片较多，而属于本层年代相符的陶片较少。陶器质地、颜色、纹饰统计如下表（表 9-23、24）。标本分述如下：

1. 盉

1 件。

表 9-23　T7 ⑩层出土陶瓷器质地、颜色统计表

陶质	夹粗砂				夹细砂				泥质					印纹陶		合计
陶色	红	红褐	灰	黑皮红胎	红	红褐	灰	黑	红	红褐	灰	黑	黑皮红胎	红褐	灰	
陶片数	12	38	4	2	6	24	16	5	62	48	12	8	10	2	9	230
百分比（%）	5.22	16.52	1.74	0.87	2.61	10.43	6.96	2.17	26.96	20.87	5.22	3.48	4.35	0.87	3.91	100

表 9-24　T7 ⑩层出土陶瓷器纹饰统计表

纹饰	软陶								印纹陶						合计
	素面	细绳纹	粗绳纹	弦断绳纹	凹弦纹	附加堆纹	凸棱	其他	素面	弦断绳纹	凹弦纹	方格纹	重回纹	回纹	
陶片数	45	137	17	7	4	6	1	1	1	3	1	2	3	2	230
百分比（%）	22.17	67.49	8.37	3.45	1.97	2.96	0.49	0.49	0.49	1.48	0.49	0.87	1.48	0.99	100

　　T7 ⑩:1，泥质红褐陶，略夹砂。盉腰直径较小，鼓腹，微瘪裆，尖锥状足，管状流残，鋬残。通体素面。腹径 12.3、残高 12 厘米（图 9-15，1；彩版一〇二，2、3）。

　　2. 甗形盉

　　1 件。

　　T7 ⑩:10，夹砂橙黄陶，质地坚硬。现仅残存甗腰及上下各小部分。甗腰饰纵行中绳纹；最下部附一直径约 0.6 厘米泥饼，其上亦饰绳纹，泥饼下侧可见残存部分流口。甗箅空心圆轮状，残存一箅孔，由下往上穿孔而成，直径约 0.3 厘米。残长 4.7、残高 9 厘米（彩版一〇二，4）。

　　该层出土的时代略早的遗物中相当于二里头文化晚期的有：

　　3. 鬲足

　　3 件。

　　T7 ⑩:4，夹砂黑褐陶，表面和足窝内侧有烟炱痕迹。尖锥状足，矮，足窝较深。通体饰有中绳纹。残长 5、残高 5 厘米。

　　T7 ⑩:6，红皮黑胎泥质陶。柱状实足跟矮，足跟底部稍粗，足窝较浅。足跟底部饰有细绳纹，其余部分为素面。残长 4.8、残高 5.7 厘米。

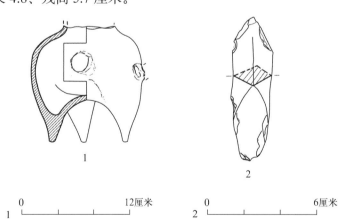

图 9-15　T7 ⑩层出土陶器、石器

1. 盉 T7 ⑩:1　2. 石镞 T7 ⑩:2

T7⑩：7，夹砂红褐陶。柱状实足跟矮，足跟底部稍粗，呈蹄形，足窝较浅。表面和足跟底面饰有中绳纹。残长 5.2、残高 6 厘米。

4. 鼎足

2 件。

T7⑩：8，夹砂，足部为红褐陶，近腹部为黑陶。扁足，足跟残，截面为椭圆形。足上端可见三对纵向排列的目状捏窝。素面（彩版一〇二，5 右）。

T7⑩：14，夹砂，含较多大石粒，足部为红褐陶。三角形长扁足，近腹部残，横截面呈细长椭圆形。足上端残存两对纵向排列的目状捏窝。素面。残长 7.2、残高 5.4 厘米（彩版一〇二，5 左）。

5. 卷云纹陶片

1 件。

T7⑩：9，泥质，胎色内灰外灰白，黑色表皮。罐类肩部，残存一周卷云纹。残长 6.4、残宽 5.4 厘米（彩版一〇二，6）。

（二）石器

石镞

1 件。

T7⑩：2，灰黑色。前锋及铤部均残，镞身细长扁平，两面有脊。通体磨制较细。残长 7.6、宽 2.2、厚 0.8 厘米（图 9-15，2；彩版一〇三，1、2）。

五　T7⑨层

（一）陶瓷器

该层共出土陶片 302 片，陶器质地、颜色、纹饰统计如下表（表 9-25、26）。标本分述如下：

表 9-25　T7⑨层出土陶器质地、颜色统计表

陶质	夹粗砂		夹细砂				泥质				印纹陶			原始瓷	合计
陶色	红褐	灰	红	灰	红褐	黑皮红胎	红	灰	黑	黑皮红胎	红	灰	红褐		
陶片数	15	4	19	28	93	21	38	15	28	6	9	5	16	5	302
百分比（%）	4.97	1.32	6.29	9.27	30.79	6.95	12.58	4.97	9.27	1.99	2.98	1.66	5.30	1.66	100

表 9-26　T7⑨层出土陶瓷器纹饰统计表

纹饰	软陶								
	素面	细绳纹	粗绳纹	弦断绳纹	交错绳纹	凹弦纹	附加堆纹	按窝纹	刻划纹
陶片数	86	33	109	17	6	2	7	4	2
百分比（%）	28.48	10.93	36.09	5.63	1.99	0.66	2.32	1.32	0.66

纹饰	印纹陶							原始瓷	合计
	素面	重回纹	席纹	回纹	折线纹	菱形纹	方格纹	素面	
陶片数	3	12	4	6	3	2	1	5	302
百分比（%）	0.99	3.97	1.32	1.99	0.99	0.66	0.33	1.66	100

1. 鬲

2 件。

T7⑨：32，夹砂黑陶。侈口，折沿，沿下角较大，斜方唇，颈部微内凹，折肩。腹部饰弦断绳纹，沿下绳纹被抹。口径 21、残高 6 厘米（彩版一〇三，3）。

T7⑨：38，夹砂黑皮红褐胎。侈口，折沿，沿下角较大，圆唇，颈部微内凹，折肩。腹部饰弦断绳纹，沿下绳纹被抹。口径 18、残高 4 厘米（彩版一〇三，4 左下）。

2. 鬲口沿

1 件。

T7⑨：4，鬲口沿，夹细砂红褐陶，夹云母。卷沿，方唇。颈部的绳纹被抹去，肩部饰纵向细绳纹和两道弦纹。口径 18、残高 5 厘米（彩版一〇三，4 右下）。

3. 鬲足

4 件。

T7⑨：13，夹砂红褐陶，足窝内侧有烟炱痕迹。柱状实足，足窝较深，足跟为斜面。素面。残长 6.7、残高 9 厘米。

T7⑨：14，夹砂灰陶。截锥状实足跟较矮，足窝较浅，足跟为斜面。通体饰有细绳纹。

T7⑨：16，夹砂陶，黑皮红胎。圆锥状实足跟较矮，足窝较浅。通体和足跟底面均饰有细绳纹。

T7⑨：17，夹砂红陶。柱状足跟，足窝较深，足跟为斜面。足部有刮削痕迹，足跟底面饰有绳纹（彩版一〇三，5）。

4. 甗口沿

1 件。

T7⑨：6，夹砂红胎黑皮陶，宽折沿，圆唇外凸，上翻，颈部以下饰纵向细绳纹。口径 36、残高 6 厘米（彩版一〇三，4 左上）。

5. 甗腰

4 件。

T7⑨：11，夹砂红褐陶。甗腰外附加泥条较厚较宽，卷隔，器身及甗腰均饰竖行细绳纹。宽 15.6、残高 8 厘米（彩版一〇三，6）。

T7⑨：23，夹砂黑皮红胎。甗腰外抹一周，腹部饰中绳纹。宽 16、残高 9.6 厘米（彩版一〇四，1）。

T7⑨：25，夹砂红褐陶，略夹云母。甗腰外饰指甲纹一周，呈月牙形，部分纹饰模糊，隔部折，器身可见明显刮痕。宽 17.6、残高 9.2 厘米（彩版一〇四，2）。

T7⑨：26，夹砂红褐陶，略夹云母。甗腰外饰指甲纹一周，呈椭圆形，隔部卷，器身饰斜行细绳纹。宽 19.2、残高 5.4 厘米（图 9-16，1）。

6. 盆口沿

1 件。

T7⑨：18，泥质红褐陶。窄卷沿，口沿外侧和颈部的绳纹被抹光，方唇。颈部以下饰纵向和斜向交错的细绳纹。口径 30、残高 9.4 厘米（彩版一〇四，3）。

7. 小盆

1 件。

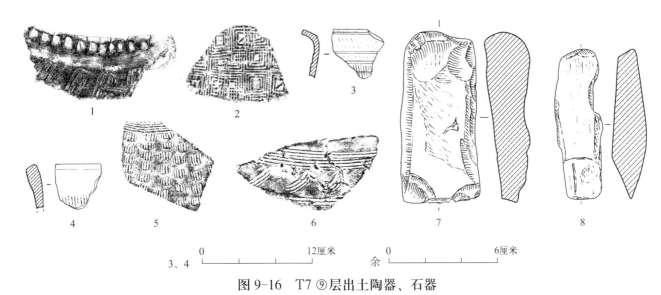

图 9-16　T7 ⑨层出土陶器、石器

1. 甗腰 T7 ⑨：26　2. 印纹软陶腹片 T7 ⑨：33　3. 鬲 T7 ⑨：21　4. 厚唇缸 T7 ⑨：8　5、6. 腹片 T7 ⑨：29、30　7. 石锛 T7 ⑨：2　8. 石凿
T7 ⑨：1

T7 ⑨：5，泥质灰陶。侈口，折沿，圆唇，折肩，斜弧腹内收，下腹部残。沿下饰纵向浅绳纹，肩部饰一道深凹弦纹。口径 24、腹径 23.2、残高 5 厘米（彩版一〇四，4）。

8. 罐

2 件。

T7 ⑨：7，泥质陶，黑皮灰胎。直口，卷沿，厚方唇，斜直肩，肩部以下残。素面。口径 16.4、最细颈径 15.6、残高 6 厘米（彩版一〇四，5）。

T7 ⑨：31，夹砂红褐陶。斜直口，折沿，厚方唇，颈部外侧附加泥条，鼓腹。腹部饰竖行中绳纹。口径 23.2、最细颈径 20.8、残高 9.3 厘米（彩版一〇三，4 右上）。

9. 印纹软陶腹片

1 件。

T7 ⑨：33，泥质橙色陶，疏松。重回纹（图 9-16，2；彩版一〇四，6）。

该层中也出土少量时代略早的遗物如下：

10. 鬲

1 件。

T7 ⑨：21，夹少量砂，胎色内灰外红褐，灰色表皮。侈口近平，内折沿，方唇，唇面微内凹，领部较直，上腹部微外撇。领中部及领、腹交接处各刮出一周弦纹，上腹部饰弦断绳纹。残长 5.6、残高 5.4 厘米（图 9-16，3）。

11. 厚唇缸

1 件。

T7 ⑨：8，夹细砂红褐胎，黄褐色表皮。直口，圆叠唇，唇面略平，上腹部微外撇。腹部饰麦粒状细绳纹。残长 5.6、残高 5 厘米（图 9-16，4）。

12. 腹片

2 件。

T7⑨：29，泥质黑皮红褐胎。颈部饰多道弦纹，腹部饰多圈成组篦划纹（图9-16，5；彩版一〇五，1上）。

T7⑨：30，泥质黑皮红褐胎。腹部饰斜向篦划纹，上下饰弦纹（图9-16，6；彩版一〇五，1下）。

（二）石器

2件，有锛、凿。

1.石锛

1件。

T7⑨：2，青色。器体呈长方形，横截面近似长方形，刃部残。通体磨制十分粗糙，器表有大量打制疤痕。残长9、宽3.3、最厚2.4厘米（图9-16，7；彩版一〇五，2、3）。

2.石凿

1件。

T7⑨：1，灰白色。器体稍厚，平面不规则，背部弧形隆起，顶部不平，单面刃，刃口钝，上有大小不一的崩口。通体粗磨，器表有多处打制疤痕。长7.8、宽2、最厚1.9厘米（图9-16，8；彩版一〇五，4）。

六　T7⑧层

（一）陶瓷器

该层共出土陶片221片，陶器质地、颜色、纹饰统计如下表（表9-27、28）。标本分述如下：

表9-27　T7⑧层出土陶瓷器质地、颜色统计表

陶质	夹粗砂			夹细砂			泥质					印纹陶		合计
陶色	红褐	灰	黑	红褐	灰	黑皮红胎	红	红褐	灰	黑	黑皮红胎	灰	红褐	
陶片数	38	12	3	32	23	4	14	37	11	20	9	9	9	221
百分比（%）	17.19	5.43	1.36	14.48	10.41	1.81	6.33	16.74	4.98	9.05	4.07	4.07	4.07	100

表9-28　T7⑧层出土陶瓷器纹饰统计表

纹饰	软陶								印纹陶					合计
	素面	细绳纹	粗绳纹	弦断绳纹	凹弦纹	附加堆纹	按窝纹	刻划纹	素面	细绳纹	重回纹	目纹	压印纹	
陶片数	76	102	3	18	1	1	1	1	6	3	5	3	1	221
百分比（%）	34.39	46.15	1.36	8.14	0.45	0.45	0.45	0.45	2.71	1.36	2.26	1.36	0.45	100

1.鬲

1件。

T7⑧：21，夹砂红褐陶，口沿及腹部有烟炱痕迹，夹云母。折沿，沿下角较大，沿面较宽，斜方唇，鼓腹。腹部饰斜行绳纹，有横向刮痕。口径21.2、残高8厘米（彩版一〇五，5）。

2. 鬲足

3 件。

T7⑧：15，夹砂红褐陶，足窝内侧有烟炱痕迹。尖锥状实足跟较矮，足窝较深。通体饰有中绳纹。残长 4.6、残高 5.9 厘米。

T7⑧：20，夹砂黑褐陶。尖锥状实足跟矮，足窝较浅。表面饰有中绳纹。残长 4.2、残高 4 厘米。

T7⑧：24，夹砂红褐陶，足窝内侧有烟炱痕迹。截锥状实足跟矮，足窝较深，足跟为斜面。表面有刮削痕迹。残长 6.6、残高 9.4 厘米。

3. 甗腰

1 件。

T7⑧：12，夹砂黑褐皮青灰胎。甗腰外饰指甲纹一周，呈月牙形，卷隔，器身饰竖行细绳纹。宽 16、残高 5.8 厘米（彩版一〇五，6）。

4. 豆

1 件。

T7⑧：19，泥质黑皮红胎。敛口，沿面较宽，圆唇，折腹内收。口沿外侧饰弦纹数道。口径 10.2、宽 13.2、残高 4.4 厘米（图 9-17，1）。

5. 罐

1 件。

T7⑧：6，泥质红陶略夹砂。侈口，卷沿，圆唇，斜直肩，肩部以下残。颈部以下饰竖行中绳纹，较深，颈部及沿下绳纹被抹去。口径 22、残高 4.6 厘米（彩版一〇六，1）。

6. 印纹硬陶罐

1 件。

T7⑧：16，泥质，陶胎由内而外，灰白、灰、紫色三层，灰色表皮。侈口，唇面有一周浅凹槽，领部不明显，圆鼓肩。肩部拍印杂乱且单元纹饰不规整的重菱纹。口径 18、残高 6.6 厘米（彩版一〇六，2、3）。

7. 原始瓷豆

1 件。

T7⑧：2，灰褐胎，青色釉，基本已脱落。侈口，尖唇，唇面有一道凹槽，圈足微外撇，边缘较厚，豆盘底部与豆座接痕明显。豆盘内侧饰多道细弦纹，器表有明显的轮制痕迹。口径 11.4、圈足径 4.6、底径 5.2、高 4.8 厘米（图 9-17，2；彩版一〇六，4、5）。

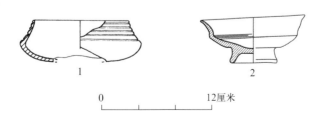

0　　　　　　　12厘米

图 9-17　T7 ⑧层出土陶瓷器

1. 豆 T7⑧：19 2. 原始瓷豆 T7⑧：2

（二）石器

石斧

1件。

T7⑧：1，青灰色，器体呈长方形，顶部稍平，刃端残。通体磨制较粗。残长7、宽5.4、厚2.5厘米（彩版一〇六，6）。

七　T7⑦层

（一）陶瓷器

该层共出土陶片493片，陶器质地、颜色、纹饰统计如下表（表9-29、30）。标本分述如下：

表9-29　T7⑦层出土陶瓷器质地、颜色统计表

陶质	夹砂					泥质				印纹陶		原始瓷	合计
陶色	红	红褐	灰	灰褐	黑皮红胎	红	灰	灰褐	黑皮红胎	红	灰褐		
陶片数	24	131	14	65	104	8	30	10	16	10	79	2	493
百分比（%）	4.87	26.57	2.84	13.18	21.10	1.62	6.09	2.03	3.25	2.03	16.02	0.41	.100

表9-30　T7⑦层出土陶瓷器纹饰统计表

纹饰	软陶					
	素面	绳纹	弦断绳纹	凹弦纹	凸棱与弦纹	附加堆纹
陶片数	207	168	13	6	3	2
百分比（%）	41.99	34.08	2.64	1.22	0.61	0.41

纹饰	印纹陶												原始瓷	合计
	素面	斜回纹	回纹	方格纹	菱形纹	叶脉纹	凹弦纹	按窝纹	凸弦纹	网纹	弦断席纹	其他	素面	
陶片数	18	34	8	4	5	4	3	1	2	1	1	11	2	493
百分比（%）	3.65	6.90	1.62	0.81	1.01	0.81	0.61	0.20	0.41	0.20	0.20	2.23	0.41	100

1.鬲足

2件。

T7⑦：4，夹砂红褐陶，内含少量云母颗粒，裆部有烟炱痕迹。弧裆，截锥状实足跟高，足窝深。腹部至足跟和裆部至足跟均有纵向刮削痕迹。残长10.6、残高13厘米（彩版一〇七，1右）。

T7⑦：9，夹砂红褐陶，上部和足窝内侧有烟炱痕迹。截锥状实足跟较高，足窝较深，足跟为斜面。表面和足跟底面饰有细绳纹。残长7.2、残高9厘米（彩版一〇七，1左）。

2.甂附耳

1件。

T7⑦：6，泥质黑陶。附耳很窄，边沿随意捏制，外壁凹凸不平，器身素面，耳洞较大。残长4.8、残高5.2、厚8厘米（彩版一〇七，2、3）。

3. 盘圈足

1 件。

T7 ⑦: 7，泥质灰陶略夹砂。盘残，盘底较平，圈足外展呈喇叭状，边缘较圆钝。素面。最大径 13.8、最小径 11.2、残高 4.8 厘米（图 9-18，1；彩版一〇七，4）。

4. 腹片

1 件。

T7 ⑦: 13，泥质黑皮红褐胎。腹部饰斜向篦划纹，上下饰弦纹（图 9-18，2）。

5. 印纹硬陶罐口沿

2 件。

T7 ⑦: 10，泥质，胎色由内而外，紫色、灰黑色、灰白色，外壁及口沿表面呈紫褐色，内壁口沿以下表面灰黑色。卷沿近平，沿面前端抹出一周较宽的浅凹槽，方唇，唇面抹出两周浅凹痕，矮领略内凹，斜肩近平。口沿外壁至领部刮出多周细凹槽，肩部拍印规整的凸方格纹（图 9-18，3）。

T7 ⑦: 11，泥质紫胎，灰色表层，外壁及沿面另多一层紫黑色表层，且领部、肩部可见少量的片状黑色釉层。卷沿，斜方唇，唇面略内凹，直领较高。领下半部刮出多周宽窄各异的不规则凹槽，斜圆肩，肩部拍印杂乱且单元纹饰相互叠压的重菱纹（图 9-18，4）。

6. 印纹硬陶罐底

1 件。

T7 ⑦: 12，泥质，胎色内紫外灰白，外壁及底面灰黑色表层，底面可见片状的黑色釉层，内壁及内底面黑褐色表层，剥落较明显。下腹部斜直内收，腹底交界处折转，且内外壁皆抹少量泥加固，圆平底。下腹部拍印杂乱的重回纹，底端纹饰被抹泥覆盖（图 9-18，5）。

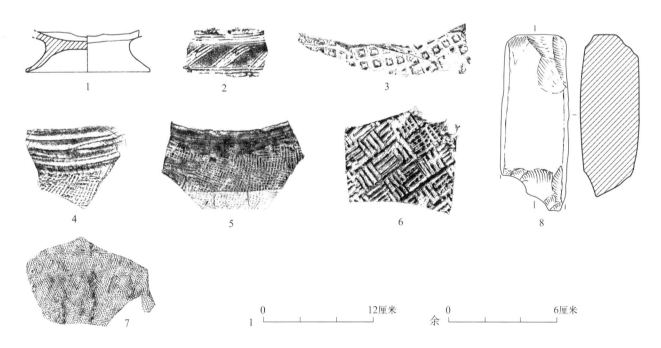

0 —————— 12厘米
1
0 —————— 6厘米
余

图 9-18 T7 ⑦层出土陶器、石器

1. 盘圈足 T7 ⑦: 7　2. 腹片 T7 ⑦: 13　3、4. 印纹硬陶罐口沿 T7 ⑦: 10、11　5. 印纹硬陶罐底 T7 ⑦: 12　6、7. 印纹硬陶腹片 T7 ⑦: 14、15　8. 石锛 T7 ⑦: 1

7. 印纹硬陶腹片

2件。

T7⑦：14，泥质铁灰皮紫胎陶，致密，内壁有轮制痕迹。席纹（图9-18，6；彩版一〇七，5、6）。

T7⑦：15，泥质外壁铁灰色、紫胎、内壁深灰色，致密。内壁有手按痕迹，菱形重回纹（图9-18，7；彩版一〇八，1、2）。

（二）石器

石锛

1件。

T7⑦：1，灰色。器体稍厚重，横截面呈正方形，器表有多处打制疤痕，刃部残。通体磨制较粗。残长9.3、宽3.1、最厚3.2厘米（图9-18，8；彩版一〇八，3）。

八　T7⑥层

陶瓷器

该层共出土陶片868片，陶器质地、颜色、纹饰统计如下表（表9-31、32）。标本分述如下：

表9-31　T7⑥层出土陶瓷器质地、颜色统计表

陶质	夹砂					泥质				印纹陶			原始瓷	合计
陶色	红	红褐	灰	黑	黑皮红胎	红	灰	黑	黑皮红胎	红	灰	褐		
陶片数	30	270	105	177	82	17	50	49	25	7	16	32	8	868
百分比（%）	3.46	31.11	12.10	20.39	9.45	1.96	5.76	5.65	2.88	0.81	1.84	3.69	0.92	100

表9-32　T7⑥层出土陶瓷器纹饰统计表

纹饰	软陶									
	素面	细绳纹	粗绳纹	弦断绳纹	交错绳纹	凹弦纹	凸棱	附加堆纹	按窝纹	戳印纹
陶片数	425	66	256	15	2	16	1	4	4	2
百分比（%）	48.96	7.60	29.49	1.73	0.23	1.84	0.12	0.46	0.46	0.23

纹饰	印纹陶								原始瓷	合计
	素面	凹弦纹	回纹	重回纹	席纹	折线纹	方格纹	菱形纹	素面	
陶片数	9	1	8	26	5	9	3	8	8	868
百分比（%）	1.04	0.12	0.92	3.0	0.58	1.04	0.35	0.92	0.92	100

1. 鬲足

3件。

T7⑥：41，夹砂红陶。圆锥状实足跟较矮，足窝较浅。通体饰有细绳纹。残长4.8、残高8.3厘米（彩版一〇八，4）。

T7⑥：44，夹砂黑皮红陶。截锥状实足跟高，足窝较深，足跟为斜面，呈蹄形。表面有刮削痕迹。残长5.4、残高10.6厘米（彩版一〇八，5）。

T7⑥: 48, 夹砂灰陶。为包制鬲足, 截锥状实足跟较矮, 足窝较浅, 足跟处稍粗, 足跟面为斜面。通体和足跟底面均饰有中绳纹。残长 6.2、残高 6.8 厘米（彩版一〇八, 6）。

2. 豆

1 件。

T7⑥: 29, 质黑皮红胎。敛口, 子母口, 薄方唇, 折腹内收, 下腹部残。素面。口径 18、深 2.6、残高 3.6 厘米（图 9-19, 1）。

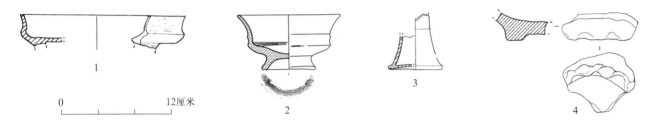

0　　　　　　　12厘米

图 9-19　T7 ⑥层出土陶瓷器

1. 豆 T7 ⑥: 29　2. 原始瓷豆 T7 ⑥: 1　3. 瓶 T7 ⑥: 8　4. 罐底 T7 ⑥: 37

3. 印纹硬陶罐口沿

5 件。

T7⑥: 51, 泥质紫胎灰皮。卷沿, 沿面顶端抹出一周浅凹槽, 圆唇, 高领略内凹。领壁至领肩交界处抹出数周凹槽, 肩部上端较斜直; 肩部拍印较规整的小席纹（图 9-20, 1）。

T7⑥: 52, 泥质, 胎色由内而外, 紫色、黑色、灰色, 灰色表皮, 外壁及沿面另多一层黑色表层, 领内壁表皮陶色略泛黄褐色。卷沿, 尖圆唇, 领部较高, 圆鼓肩。肩部拍印较规整的重回纹。残高 9 厘米（图 9-20, 2; 彩版一〇八, 7）。

T7⑥: 53, 泥质, 胎色内黑外灰白, 厚胎处胎心呈紫色, 外壁与沿面表皮内灰外紫, 且部分区

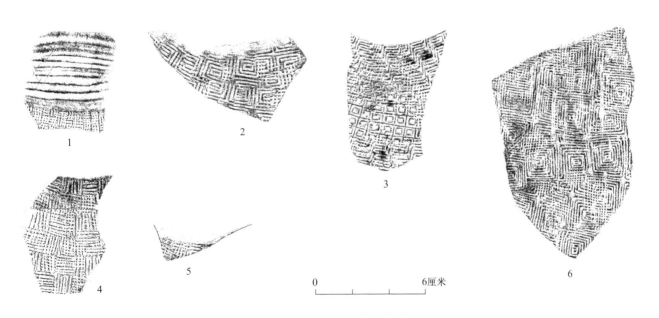

0　　　　　　　6厘米

图 9-20　T7 ⑥层出土陶器

1 ～ 5. 印纹硬陶罐口沿 T7 ⑥: 51 ～ 55　6. 印纹软陶片 T7 ⑥: 56

域明显可见釉层光泽，尤以沿面中段、颈部外壁为甚，口沿以下领内壁黑灰色，肩、腹内壁灰色。小卷沿近平，斜方唇，矮领略内凹，领肩交界处下凹明显，圆鼓肩。领外壁至领肩交界处刮出多周粗细不均的凹槽，肩部上端拍印纹饰略有叠压的凸波折纹，肩部下端至腹部上端拍印规整的凸方格纹，再下腹部拍印较规整的凸波折纹，纹饰应自上而下拍印（图9-20，3；彩版一〇八，8）。

T7⑥：54，泥质，胎色内黑外紫，灰色表层。卷沿，方唇，高领略内收，圆鼓肩。肩部拍印较杂乱的席纹。（图9-20，4）。

T7⑥：55，泥质灰色。卷沿，斜方唇，领部内凹，圆鼓肩。肩部拍印杂乱的重回纹（图9-20，5）。

4. 印纹软陶片

1件。

T7⑥：56，泥质橙色陶，较疏松。内壁有手按痕迹。重回纹（图9-20，6；彩版一〇九，1、2）。

5. 原始瓷豆

2件。

T7⑥：1，灰白胎，残留少许青色釉。侈口，尖唇，硬折腹内收，圈足微外撇。口沿外侧与豆盘内侧均饰多道弦纹，器表可见明显轮制痕迹。口径11.2、圈足径4.8、底径5.8、高5.8厘米（图9-19，2；彩版一〇九，3）。

T7⑥：7，灰白胎，釉不可见。侈口，尖圆唇，豆盘较深，硬折腹弧收，下腹部残。豆盘内侧饰多道细弦纹，器腹底部可见环状凹痕。口径14、残高4厘米（彩版一〇九，4、5）。

夏代遗存

6. 觚

1件。

T7⑥：8，泥质黑胎，胎体表面有一层极薄的浅棕色层，黑色表皮。细圆柱形器身，底端八字形外撇，底座座面圆鼓凸出，座缘圆转，圆底面微内凹。素面磨光。底径6、残高6厘米（图9-19，3）。

7. 罐底

1件。

T7⑥：37，花边罐底，夹砂黄褐陶，胎体较厚处胎心呈灰色，灰黑色表皮磨损严重。环形圈足黏接于腹底，圈足底面按压出花边，素面。底径16、残高2.7厘米（图9-19，4）。

8. 缸

1件。

T7⑥：21，夹砂灰黑陶。直口，厚圆唇，为口部外卷加厚，直腹，腹部饰斜向方格纹。附加堆纹为斜向划纹，似扭索状，并出现一喙状突起，器身为网格纹。口径51.6、残高13.2厘米（彩版一〇九，6）。

九　T7⑤层

陶瓷器

该层共出土陶片101片，陶器质地、颜色、纹饰统计如下表（表9-33、34）。标本分述如下：

表 9-33　T7 ⑤层出土陶瓷器质地、颜色统计表

陶质	夹细砂				泥质		印纹硬陶		原始瓷	合计
陶色	红	红褐	灰	黑皮红胎	红	灰	红褐	灰		
陶片数	3	26	7	15	8	20	4	14	4	101
百分比（%）	2.97	25.74	6.93	14.85	7.92	19.80	3.96	13.86	3.96	100

表 9-34　T7 ⑤层出土陶瓷器纹饰统计表

纹饰	软陶							印纹陶							原始瓷	合计
	素面	细绳纹	粗绳纹	弦断绳纹	交错绳纹	凹弦纹	附加堆纹	素面	凹弦纹	重回纹	雷纹	席纹	折线纹	折线加凹弦	素面	
陶片数	43	11	13	6	1	3	2	2	8	2	1	3	1	1	4	101
百分比(%)	42.57	10.89	12.87	5.94	0.99	2.97	1.98	1.98	7.92	1.98	0.99	2.97	0.99	0.99	3.96	100

1. 盉柄

1 件。

T7 ⑤：12，夹砂红褐陶，表层有烟炱痕迹。把很小，上端内卷曲，用手直接捏制，腹部较小，似鸟喙形。器身饰交错绳纹及中绳纹。残长 10.8、残宽 5.4 厘米（图 9-21，1；彩版一一〇，1）。

2. 盂

1 件。

T7 ⑤：11，泥质灰陶略夹砂。侈口，卷沿，沿下角较大，圆唇，颈部微内凹，圆鼓腹，下腹部残。肩部饰单向篦划纹，划纹疏而深，较规整（图 9-21，2；彩版一一〇，2）。

3. 罐

1 件。

T7 ⑤：2，泥质黑皮红胎。侈口，卷沿，沿下角较小，斜直肩，鼓腹内收，圈底，腹部饰绳纹，下腹部有一周被抹。口径 12.2、腹径 14.7、底径 8.2、高 13.5 厘米（图 9-21，3；彩版一一〇，3）。

4. 印纹硬陶罐

1 件。

T7 ⑤：10，泥质，胎色内黑外紫，灰色表层，外壁及沿面另多一层黑色表层，且领部、肩部可见少量的片状黑色釉层。卷沿，沿下角较大，圆唇，唇面微内凹，直领略内凹，斜圆肩。肩部拍印

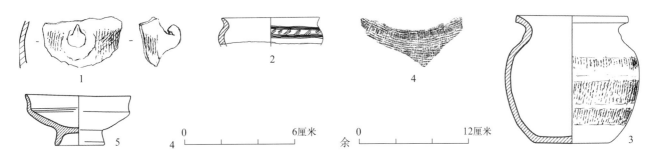

图 9-21　T7 ⑤层出土陶瓷器

1. 盉柄 T7 ⑤：12　2. 盂 T7 ⑤：11　3. 罐 T7 ⑤：2　4. 印纹硬陶罐 T7 ⑤：10　5. 原始瓷豆 T7 ⑤：1

较杂乱且单元纹饰相互叠压的重回纹。残长9、残高4厘米（图9-21，4）。

5. 原始瓷豆

1件。

T7⑤：1，残留少量青色釉。唇面内侧有凹槽一周，尖唇，圈足微外展。口径11.6、圈足径5、底径4.4、高5.2厘米（图9-21，5；彩版一一○，4）。

一○　T7 ④层

（一）陶瓷器

该层共出土陶片3522片，陶器质地、颜色、纹饰统计如下表（表9-35、36）。标本分述如下：

表9-35　T7 ④层出土陶瓷器质地、颜色统计表

陶质	夹粗砂			夹细砂						泥质					印纹陶					原始瓷	合计
陶色	红	红褐	灰	红	红褐	灰	黑	黄	黑皮红胎	红	红褐	灰	黑	黑皮红胎	红	褐	黄	灰（带釉）	灰（不带釉）		
陶片数	48	260	96	93	521	454	235	9	237	111	131	319	323	51	111	237	3	4	263	16	3522
百分比（%）	1.36	7.38	2.73	2.64	14.79	12.89	6.67	0.26	6.73	3.15	3.72	9.06	9.17	1.45	3.15	6.73	0.09	0.11	7.47	0.45	100

表9-36　T7 ④层出土陶瓷器纹饰统计表

纹饰	软陶											印纹陶	
	素面	细绳纹	粗绳纹	弦断绳纹	间断绳纹	交错绳纹	凹弦纹	凸棱纹	附加堆纹	戳印纹	刻划纹	凹弦与水波纹	压印纹
陶片数	1305	499	507	364	1	2	70	5	45	2	10	2	4
百分比（%）	37.05	14.17	14.40	10.34	0.03	0.06	1.99	0.14	1.28	0.06	0.28	0.06	0.11

纹饰	印纹陶															原始瓷		合计
	素面	间断绳纹	斜线加方格	回纹	方格纹	凹弦纹	席纹	重回纹	折线纹	雷纹	斜回纹	筛纹	菱形纹	叶脉纹	斜线编织纹	其他	带釉	不带釉	
陶片数	104	1	3	14	36	5	122	273	21	80	9	6	5	2	1	8	4	12	3522
百分比（%）	2.95	0.03	0.084	0.39	1.01	0.14	3.43	7.69	0.60	2.27	0.26	0.17	0.14	0.06	0.03	0.23	0.11	0.34	100

1. 鬲

5件。

T7④：11，夹砂，腹部为黑陶，足部为红褐陶。侈口，斜折沿，尖圆唇，折肩微鼓，微瘪裆，足略残。肩部饰多道旋纹，腹部饰纵向细绳纹（彩版一一○，5）。

T7④：35，夹砂红褐陶。侈口，卷沿，沿下角较大，方唇，唇面有两周凹槽，深弧腹。腹部饰中绳纹，上腹部饰附加堆纹，沿下绳纹被抹。口径24、腹径22.8、残高7.6厘米（图9-22，1）。

T7④：123，夹砂灰黑陶。侈口，卷沿，沿下角较大，薄圆唇，微鼓腹，腹部饰竖行细绳纹，纹饰很模糊。口径16、腹径17.2、残高11.4厘米（图9-22，2）。

T7④：124，夹砂黑褐陶。侈口，折沿，沿下角较大，薄方唇，深弧腹。腹部饰斜行细绳纹。口

径 20、腹径 24、残高 11.6 厘米（图 9-22，3）。

T7④：133，夹砂红褐皮灰黑芯，器表有烟熏痕迹。斜直口，折沿，沿下角很大，尖圆唇，足部所对裆部微鼓。器腹至足部饰竖行细绳纹，纹饰较斑驳，内壁颈部下侧有手压痕迹。口径 16、腹径 16、残高 9.6 厘米（图 9-22，4）。

2.鬲足

18 件。

T7④：59，泥质黑皮红胎，略夹砂。锥状足，有小平面，略夹砂，有明显刮痕。残长 6、残高 9 厘米（图 9-22，5）。

T7④：93，夹砂红褐陶，足窝内侧为黑褐色。锥状实足跟较高，足窝较浅。通体饰有中绳纹。

T7④：95，夹砂黑褐陶。锥状实足跟，足窝浅，足跟为斜面。通体和足跟底面均饰有中绳纹。

T7④：97，夹砂红陶。锥状实足跟，足窝较浅。表面和足跟底面饰有中绳纹，足跟底部有刮削痕迹。

T7④：98，夹砂红褐陶，尖锥状足，很矮。素面。残长 5、残高 5.6 厘米。

T7④：102，夹砂红陶，足窝内侧有烟炱痕迹。截锥状实足跟高，足窝较浅，足跟为斜面，足跟底部稍粗。表面有刮削痕迹（彩版一一〇，6）。

T7④：104，夹砂红褐陶。柱状实足跟高，足窝极浅，足跟处稍粗，呈蹄形。表面有刮削痕迹（彩版一一一，1）。

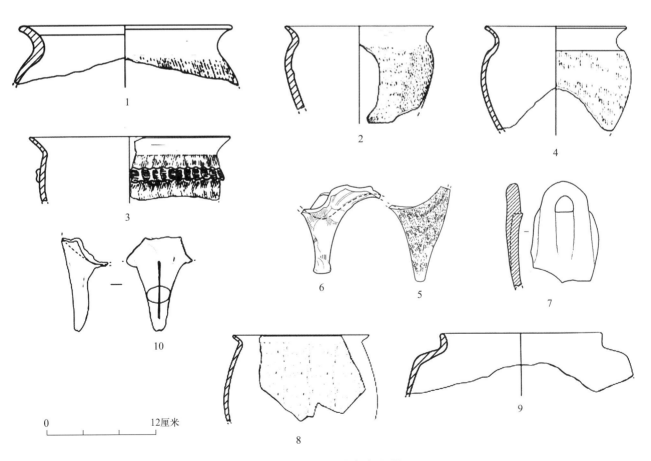

图 9-22　T7 ④层出土陶器

1～4.鬲 T7④：35、133、124、123　5、6.鬲足 T7④：59、107　7.甗耳 T7④：18　8、9.罐 T7④：15、203　10.甑足 T7④：24

T7④：105，夹砂红褐陶。柱状实足跟高，足窝较浅。通体有纵向刮削痕迹（彩版一一一，2）。

T7④：107，夹砂灰陶。弧裆微瘪，柱状实足跟较高，足窝较浅，足跟底部稍粗。表面饰有间断的斜向和纵向绳纹。残长8.7、残高9.4厘米（图9-22，6；彩版一一一，3）。

3. 鬲耳

1件。

T7④：18，夹粗砂红褐陶。直口，方唇，直腹，下腹部残，上腹部外侧贴伏环状器耳，似立耳。素面。残宽7.6、残高7.8厘米（图9-22，7；彩版一一一，4）。

4. 鬲腰

2件。

T7④：19，夹砂黑陶。鬲腰较厚。外侧有抹痕，卷隔，腹部饰竖行粗绳纹。宽18、残高7.2厘米（彩版一一一，5）。

T7④：143，夹砂灰褐陶。鬲腰外饰深深的按窝一周，呈圆形，卷隔，腹部饰弦断中绳纹。宽18、残高5.2厘米（彩版一一一，6）。

5. 鬲足

2件。

T7④：23，夹砂红褐陶。横装鼎足，体型较大，整体呈扁平三角形，横截面为长方形，足跟处稍外撇。内侧中间有一道不明显的突脊，其余部分为素面。残长8、高14、厚5.4厘米（彩版一一一，7）。

T7④：24，夹砂红褐陶，上部有烟炱痕迹。横装鼎足，整体呈倒三角形，较细，横截面为方形，足跟处稍外撇。素面。残长8.4、高12、厚6厘米（图9-22、10；彩版一一一，8）。

6. 盉箅

1件。

T7④：149，泥质红褐陶略夹砂。箅部较小较薄，箅孔为条形，呈放射状，盉腰外侧贴泥条一周，腹部饰细绳纹。外径8、高3.3厘米（图9-23，1）。

7. 豆

5件。

T7④：2，泥质灰陶略夹砂。侈口，薄方唇，弧腹内收，器腹较浅，柄较矮，圈足外撇，底部近平，内侧起棱。通体素面。最大腹径16.4、圈足径7.1、底径10.2、残高6.6厘米（图9-23，2；彩版一一二，1，2）。

T7④：68，泥质红褐陶，器表黑色表皮脱落。敛口，子母口，薄方唇，折腹，斜弧腹，至豆盘与豆柄交界处残。素面。口径16、最大盘径18、残高7.8厘米（图9-23，3）。

T7④：70，泥质灰陶。侈口，圆唇，弧腹内收，下腹部残。素面。口径20、残高2.8厘米（图9-23，4）。

T7④：71，泥质黑皮灰陶，胎芯红褐。微敛口，圆唇，弧腹内收，下腹部残。素面。口径20、残高3厘米（图9-23，5）。

T7④：110，泥质黑陶。微敛口，圆唇，弧腹内收，下腹部残。素面。口径25.6、残高3厘米（图9-23，6）。

8. 豆柄

3 件。

T7 ④：65，泥质灰陶略夹砂。直柄，细长，下端残，中部饰弦纹两周。最大外径 8、最大内径 5.2、最小外径 5.6、最小内径 3.8、残高 11.4 厘米（彩版一一二，3）。

T7 ④：67，泥质黑皮红胎。圈足较高，较直，外撇明显，边缘较薄但残破，豆盘底部较平。素面。残高 7.4 厘米（彩版一一二，4）。

T7 ④：151，泥质黑皮红胎，圈足较高，底座外展近平，边缘较长。器柄及器底内侧均饰绳纹。底径 13.2、最小外径 6.8、残高 7.8 厘米（图 9-23，7；彩版一一二，5）。

9. 盘圈足（疑似为盘）

1 件。

T7 ④：129，夹粗砂灰陶。器壁残，器底较平，圈足很扁，似玉璧的形状。素面。足径 10、残高 2.8 厘米（图 9-23，8）。

10. 盆

3 件。

T7 ④：131，夹砂红褐陶。侈口，宽卷沿，厚方唇，斜直腹内收，腹部以下残。腹部饰纵向中绳

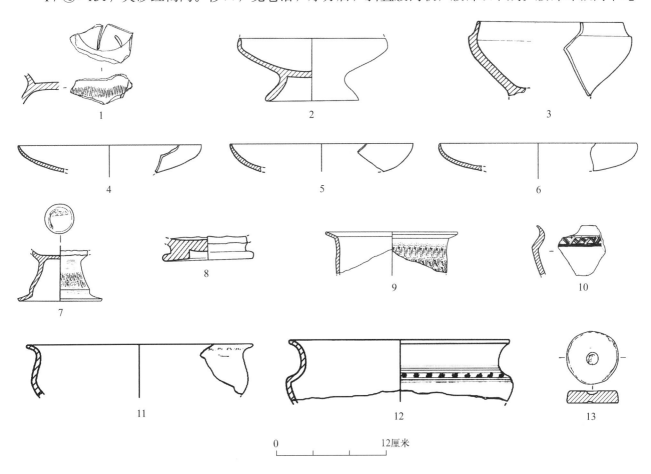

图 9-23　T7 ④层出土陶器

1. 盉箅 T7 ④：149　2 ~ 6. 豆 T7 ④：2、68、70、71、110　7. 豆柄 T7 ④：151　8. 盘圈足 T7 ④：129　9. 盆 T7 ④：131　10、11. 小盆 T7 ④：16、122　12. 尊 T7 ④：202　13. 纺轮 T7 ④：5

纹，沿下绳纹被抹去。口径 26、残高 8.2 厘米（图 9-23，9）。

T7④：138，泥质灰皮红褐胎略夹砂。侈口，卷沿，沿下角很大，圆唇，颈部内弧，圆折肩，下腹部内收，残，肩部饰单向划纹，划纹很短，纹饰较浅，较随意，划纹上下饰多道弦纹。口径 32、肩径 31.6、残高 9.4 厘米（彩版一一二，6）。

T7④：199，夹砂灰陶。侈口，折沿较窄，厚方唇，折肩较矮，斜直腹内收，下腹部残。腹部饰方格纹，肩部及以上为素面。口径 26、残高 5.2 厘米（彩版一一二，7）。

11. 小盆

2 件。

T7④：16，泥质黑陶。侈口，卷沿，沿下角较大，尖圆唇，颈部内弧，折肩，下腹斜直，底残。肩部饰折线形划纹，划纹上下饰多道弦纹。残长 10.2、残宽 9.2、厚 2.6 厘米（图 9-23，10）。

T7④：122，夹砂陶，灰皮红胎。侈口，卷沿较窄，圆唇较薄，斜弧腹，下腹部残。沿下饰有纵向绳纹，其余部分为素面。口径 30、腹径 28.6、残高 6.6 厘米（图 9-23，11）。

12. 罐

3 件。

T7④：15，夹砂红陶。直口，微卷沿，圆唇，圆肩，斜直腹，腹部以下残。素面。口径 22、肩径 28.8、残高 8.6 厘米（图 9-22，8；彩版一一二，8）。

T7④：114，泥质陶，黑皮灰胎。侈口，折沿，圆唇，圆肩，肩部以下残。沿下至肩部饰数道凹弦纹，肩部以下饰竖行细绳纹（彩版一一三，1）。

T7④：203，夹砂陶，黑皮灰胎。侈口，卷沿，圆唇，束颈，斜直肩，肩部以下残。沿下至肩部饰竖行间断中绳纹，颈部绳纹被抹去，口沿内侧可见轮制痕迹。口径 21.6、残高 5.6 厘米（图 9-22，9）。

13. 小罐

1 件。

T7④：136，夹砂红褐陶。直口，尖唇，鼓肩，肩部以下残。素面。口径 8.8、腹径 11.4、残高 5 厘米（彩版一一三，2）。

14. 罐底

3 件。

T7④：52，泥质红褐胎，表层有一层很薄的灰白层，黑皮。下腹部斜直，器身与器底交界处圆转，器底内凹。器腹饰压印的菱形方格纹，器腹近底处饰细绳纹，器底饰刻划纹。器内壁可见轮制痕迹。外底径 14、残高 8.6 厘米（图 9-24，1；彩版一一三，3）。

T7④：185，底径较小，夹砂红褐陶。腹部残，仅存器底，平底，腹部与器身交界处硬折，器壁及外底很厚。器表及外底饰细绳纹，外底绳纹之上饰叶脉形刻划纹。外底径 8、残高 2.8 厘米（图 9-24，2；彩版一一三，4）。

T7④：187，泥质红褐胎，部分为灰胎，表皮有一层黑皮。腹部残，仅存器底，平底微内凹。腹部与器底交界处硬折，下腹部饰斜行中绳纹，外底面饰有模糊的中绳纹及叶脉形刻划纹，内底部饰数道错乱中绳纹。外底径 11.2、残高 3.8 厘米（图 9-24，3；彩版一一三，5）。

图 9-24　T7 ④层出土陶器

1～3.罐底 T7 ④：52、185、187　4.印纹硬陶坛 T7 ④：175　5～11.印纹硬陶罐口沿 T7 ④：75、77～79、171、174、177　12.印纹硬陶罐底 T7 ④：82　13～18.印纹硬陶片 T7 ④：80、81、83、84、86、87

15. 尊

1 件。

T7 ④: 202，泥质灰皮红褐陶。侈口，沿下角较大，方唇，颈部内弧，肩部外鼓明显，折肩，下腹部内收，残。肩部饰单向划纹，划纹很短，纹饰较浅，较随意，划纹上下饰多道弦纹。口径 36、肩径 36.8、残高 8.8 厘米（图 9-23，12）。

16. 缸口沿

1 件。

T7 ④: 196，泥质红胎灰陶。厚胎，折沿，圆方唇。颈部的绳纹被抹去，颈部以下饰斜向细绳纹，肩部饰一道弦纹和压印有细绳纹的附加堆纹。口径 34、最大腹径 37.21、残高 7.8 厘米（彩版一一三，6）。

17. 陶纺轮

1 件。

T7 ④: 5，泥质黑陶。中间穿孔未穿透，壁斜直。最大直径 2.8、最厚 0.6、最大孔径 1.2、最小孔径 0.8 厘米（图 9-23，13；彩版一一三，7、8）。

18. 印纹硬陶坛

1 件。

T7 ④: 175，颈饰弦纹。口径 16、残高 4.6 厘米（图 9-24，4）。

19. 硬陶豆

1 件。

T7 ④: 162，夹砂灰黑陶。方唇，唇面较宽，内凹明显，有凹槽两周，圈足较直。腹部外侧内收处饰凹弦纹一周。口径 13、底径 6、高 6 厘米（彩版一一四，1、2）。

20. 印纹硬陶罐

1 件。

T7 ④: 76，红褐。侈口，尖唇，唇面内侧有一道凹槽。双耳，颈部饰重回纹被抹，腹部饰重回纹。口径 10、残高 5.4 厘米（图 9-25，1；彩版一一四，3）。

21. 印纹硬陶罐口沿

7 件。

T7 ④: 75，泥质灰胎，暗红褐色表层，外壁、沿面及领内壁上端另多一层灰色表层。短侈口，内卷沿，沿面有三周浅凹槽，圆唇，直领较高，中部内凹，领外壁抹出多周宽窄各异的浅凹槽，斜圆肩。肩部拍印杂乱且单元纹饰相互叠压的重回交叉纹。口径 16、残高 9.6 厘米（图 9-24、5，9-25，2；彩版一一四，4）。

T7 ④: 77，泥质紫胎，灰白色表层，外壁、沿面另多一层黑色表层。斜直侈口，内卷沿，沿面有两周较宽的浅凹槽，圆唇，直领较高，向下略外撇，领肩交界处刮出四周略宽的浅凹痕，圆鼓肩。肩部拍印较杂乱的重回纹。口径 20、残高 9.4 厘米（图 9-24，6；彩版一一四，5）。

T7 ④: 78，泥质，胎色由内而外，紫色、黑色、灰白色，紫黑色表层，沿面、领下半部及肩部表层剥落严重。卷沿，沿下角较大，圆唇，沿面后端刮出四周浅凹槽，领部较高，向下略外撇。领下半部修整出数周宽窄各异的细凹槽，肩部顶端溜肩，肩部顶端残存少量模糊的席纹。口径 16、残高 5.6 厘米（图 9-24、7，9-25，3）。

T7④:79，泥质红褐色胎，厚胎处胎心呈灰黑色，深灰色表层。侈口，内卷沿，沿面抹出四周略宽的浅凹槽，尖唇，领部略外撇，圆鼓肩。领中部至肩部上端修整出数周宽窄各异的浅凹槽，其下拍印规整的三角斜线纹带。口径14、肩径23.6、残高10.8厘米（图9-24，8；彩版一一五，1、2）。

T7④:171，泥质紫胎，外壁及沿面表皮内侧灰白色，外侈灰黑色，内壁口沿以下灰皮。卷沿，圆唇，唇面有一细弦纹，矮直领，斜肩面较圆鼓。肩部拍印杂乱、纹饰相互叠压的重回纹。口径18、残高6.3厘米（图9-24，9）。

T7④:174，泥质紫胎，厚胎处胎心呈黑色，灰色表层，外壁及沿面表层陶色较深。卷沿，直领较高，领下半部修整出数周极浅的凹痕，肩部上端斜直。肩部上端自上而下拍印大重回纹、三角斜线纹组合纹饰（图9-24，10；彩版一一四，6）。

T7④:177，泥质，胎色内紫外灰黑，灰色表层。卷沿，方唇，唇面微内凹，直领，领外壁至肩部顶端刮出数周略宽的浅凹槽，圆鼓肩。肩部拍印较杂乱的重回纹。口径18、残高6.4厘米（图9-24，11）。

22.印纹硬陶罐底

1件。

T7④:82，泥质紫胎，外壁下腹部紫黑色表层，底面红褐表层，内壁及内底面灰白色表层。下腹部弧曲略内收，腹底交界处折转，圆平底。下腹部拍印较杂乱的重回纹，底端纹饰被抹净。外底径18、残高12厘米（图9-24，12；彩版一一五，3、4）。

23.硬陶器盖

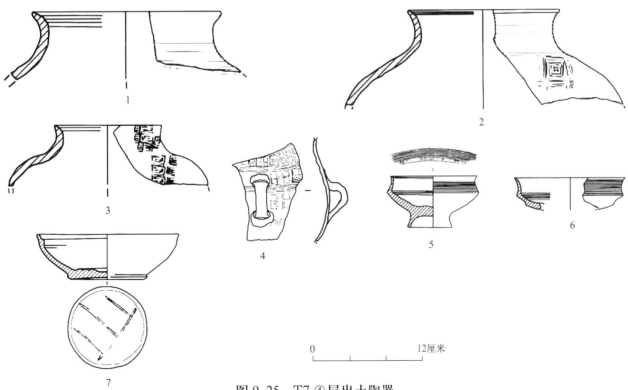

0 _____ 12厘米

图9-25　T7④层出土陶器

1.印纹硬陶罐 T7④:76　2、3.印纹硬陶罐口沿 T7④:75、78　4.印纹硬陶片 T7④:178　5、6.原始瓷豆 T7④:7、32　7.原始瓷碗 T7④:10

1 件。

T7④：31+161，硬陶器盖，泥质黑陶。覆碗状，圆形捉手，捉手内侧略凹，边缘为方唇。素面。口径 11.4、圈足径 6.8、高 4.8 厘米（彩版一一五，5）。

此外还有较多的印纹硬陶腹片、罐耳等。

24. 印纹硬陶片

15 件。

T7④：80，泥质紫胎灰皮，器表部分区域陶色斑驳，或泛黑色、或泛红褐色。斜圆肩，肩、腹交界圆鼓凸出，肩部下端尚存一个半环状扁耳，耳面略内凹，腹部内收较甚，腹壁微鼓。肩部至腹部拍印较规整的重回纹，腹部底端抹泥加固，纹饰被覆盖。最大腹径约 20、耳宽 1.5～2、耳高约 2.5 厘米（图 9-24，13）。

T7④：81，罐耳，泥质灰褐胎，器内外壁为青灰色；外壁饰方格填线纹，内壁有白色条带痕迹，有气泡；耳为桥形耳，耳部正中有一深凹槽将耳主体分为平行的两股，耳部一端捏成尖状突起。耳长 4.5、宽 1.7、高约 2 厘米，腹片残长 12、残宽约 9 厘米（图 9-24，14；彩版一一五，6、7）。

T7④：83，泥质深灰色，较致密，内壁有泥条拼接痕迹。菱形重回纹（图 9-24，15；彩版一一五，8）。

T7④：84，折肩罐，夹细砂浅红褐色。斜肩微鼓，肩、腹交界处折转，腹部弧曲渐内收。肩部拍印较规整的梯格纹与网格纹的组合纹饰，腹部拍印较杂乱的重菱纹（图 9-24，16；彩版一一六，1）。

T7④：86，泥质灰褐皮紫红胎陶，致密。复线三角纹和复线方格纹复合（图 9-24，17；彩版一一六，2）。

T7④：87，泥质外壁深灰色、紫胎、内壁灰色，较致密，有气泡。米筛纹（图 9-24，18；彩版一一六，3、4）。

T7④：91，罐，灰白胎，黄褐色表皮，内壁表皮脱落明显，肩、腹交界处圆转，且残存一个桥型扁耳痕迹，腹部内收明显。肩部至腹部拍印较规整的重回纹（图 9-26，1）。

T7④：163，泥质深灰皮紫胎陶，较致密，有气泡。回字纹（图 9-26，2；彩版一一六，5）。

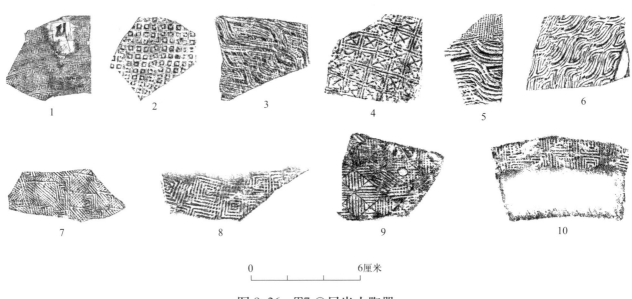

图 9-26　T7④层出土陶器

1～7. 印纹硬陶片 T7④：91、163、168、170、172、173、179　8～10. 印纹软陶片 T7④：53、88、167

T7④：168，泥质灰白皮橙色胎灰芯陶，较致密。多种复合纹饰（图 9-26，3；彩版一一六，6）。

T7④：170，泥质外壁黑色、紫红胎、内壁深灰色，较致密。变形云雷纹（图 9-26，4；彩版一一六，7）。

T7④：172，泥质灰皮紫红胎陶，较致密。内壁有手按捺窝痕迹，回字交叉纹（图 9-26，5；彩版一一六，8）。

T7④：173，泥质铁灰皮紫红胎，致密。变形云雷纹（图 9-26，6；彩版一一七，1）。

T7④：178，罐耳，泥质灰胎红皮，外壁肩部及以下拍印回字纹和弦纹的复合纹饰。器内壁有明显的按窝痕迹；宽扁形桥型耳，耳部上端出现刮抹痕迹。耳部长 3、宽 1.6、高约 2 厘米，腹片残长 8、残宽约 7.6 厘米（图 9-25，4）。

T7④：179，泥质铁灰皮紫胎陶，致密。变形云雷纹和菱形重回纹复合（图 9-26，7）。

T7④：180，罐耳，泥质紫胎，内壁为灰色，外壁为灰黑色；外壁饰弦纹，内壁与耳部对应的位置有按窝；耳为桥形耳，耳部正中刻划深凹槽，饰耳整体分为平行的两股，耳部一端左右两侧各饰一乳丁状突起。耳长 5、宽 2.5、高约 3.5 厘米（彩版一一七，2）。

还有少量的印纹软陶片。

25.印纹软陶片

3 件。

T7④：53，罐底，泥质红褐陶。腹部残，仅存器底，平底微内凹，器腹与器底交界处硬折。腹部拍印重回纹，下腹部与底交界处纹饰被抹，内壁可见轮制痕迹。底径 16、残高 8 厘米（图 9-26，8）。

T7④：88，泥质灰陶，疏松。方形填线纹（图 9-26，9）。

T7④：167，罐底，泥质红褐陶，胎心为灰色。腹部残，仅存器底，器腹与器底交界处硬折。腹部拍印重回纹，下腹部与底交界处纹饰被抹，内壁可见轮制痕迹。底径 20、残高 4.5 厘米（图 9-26，10；彩版一一七，3）。

26.原始瓷豆

5 件。

T7④：7，泥质灰白胎，残留少量青色釉。侈口，尖唇，颈内折，折腹内收，圈足微外撇。口沿内饰三道弦纹，腹外壁及腹内饰多道弦纹。口径 11.2、最大腹径 12.4、高 6.7 厘米（图 9-25，5；彩版一一七，4）。

T7④：9，泥质褐胎，釉不可见。敞口，圆唇，盘较深，弧腹内收，圈足微外撇。豆盘底部饰多道弦纹，腹壁饰有凹槽及细弦纹。口径 8.8、圈足径 4.1、高 4.2 厘米（彩版一一七，5）。

T7④：12，无釉。侈口，尖唇，唇面内侧有凹槽一周，腹部微内凹，弧腹内收，圈足微外撇，较厚。口沿外饰弦纹数道。口径 11、圈足径 5.4、底径 5.8、高 5 厘米（彩版一一七，6）。

T7④：32，残留少量青色釉。侈口，尖唇，折腹，腹下又鼓一道。口沿外侧及器腹内侧均饰附加堆纹数道。口径 12、残高 3.4 厘米（图 9-25，6）。

T7④：74，泥质灰白胎，厚青色釉。侈口，方唇，唇面微内凹，腹部折后又折。口沿上饰 S 形纹饰。口径 18、残高 5 厘米（图 9-27，1；彩版一一八，1）。

27.原始瓷豆柄

1 件。

T7④：127，泥质青灰胎，釉不可见，外表泛黄。豆柄较矮，其表有数道弦纹，圈足外撇。圈足径 10、残高 7.6 厘米。

28. 原始瓷豆座

1 件。

T7④：21，泥质灰白胎，青色釉较厚，在盘底及豆柄上都可见。豆柄较高，圈足外撇，呈喇叭状。豆柄内外壁饰数道弦纹，器表明显可见轮制痕迹。圈足径 8、残高 6 厘米（彩版一一八，2）。

29. 原始瓷碗

3 件。

T7④：3，灰白胎，外表面有黄褐色胎。敞口，方唇，唇面有一道凹槽，直腹内收，平底微内凹。器腹内部饰多道弦纹。口径 10.4、残高 3.2 厘米（彩版一一八，3）。

T7④：6，灰色胎，青色釉。敞口，尖唇，唇内侧与器腹内壁起一道凸棱，弧腹内收，平底。器腹内侧饰多道弦纹，器底有刮痕，器外壁有轮制痕迹。口径 14、底径 8、高 4.8 厘米（图 9-27，2；彩版一一八，4）。

T7④：10，灰白胎，残留少量青色釉。敞口，尖唇，唇内侧与器腹内壁起一道凸棱，弧腹内收，平底，器腹内侧饰多道弦纹，器底外侧刻划有山字形符号，器底与器腹接痕明显。口径 15.2、底径 7.8、高 4.7 厘米（图 9-25，7、9-27，3；彩版一一八，5、6）。

30. 原始瓷罐口沿

1 件。

T7④：169，泥质灰白胎，青色釉较厚。侈口，唇残，直颈，腹残，器腹因烧制有鼓起现象，器表饰曲折纹。残长 5、残高 5 厘米（图 9-27，4；彩版一一九，1、2）。

31. 原始瓷腹片

2 件。

T7④：89，泥质灰白胎，青色釉较薄，仅见少部分。器表饰曲折纹，腹片内壁有少量的青色釉（图 9-27，5；彩版一一九，3、4）。

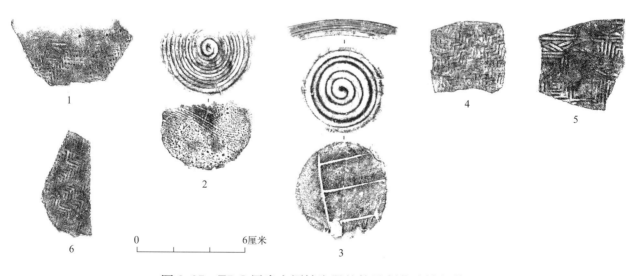

图 9-27　T7④层出土原始瓷器纹饰及制作痕迹拓片

1. 原始瓷豆 T7④：74　2、3. 原始瓷碗 T7④：6、10　4. 原始瓷罐口沿 T7④：169　5、6. 原始瓷腹片 T7④：89、165

T7④：165，泥质灰白胎，青色釉较厚。器表饰曲折纹，腹片釉开裂鼓起现象，器内壁起伏不平（图 9-27，6）。

（二）石器

石凿

2 件。

T7④：8，青灰色。器体稍厚，平面呈长方形，顶部平整，背部弧形隆起，单面刃，刃口锋利，上有多处崩口。通体精磨器表有较多打制疤痕。长 7.8、宽 2.7、最厚 2.3 厘米（图 9-28，1；彩版一一九，5、6）。

T7④：1，灰黑色。器体稍扁，平面呈长方形，顶部与刃部均残。通体精磨（图 9-28，2）。

（三）铜器及相关遗物

铜矛

1 件。

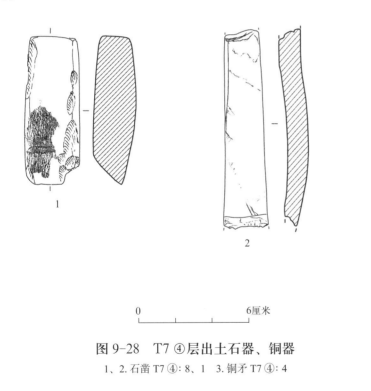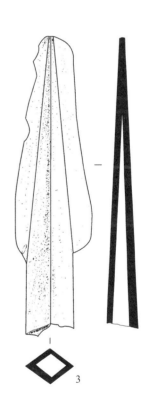

0　　　　　　6厘米

图 9-28　T7 ④层出土石器、铜器

1、2. 石凿 T7 ④：8、1　3. 铜矛 T7 ④：4

T7④：4，长叶，隆脊，骹端稍残。矛体最宽处在翼后端。骹銎截面呈菱形，直通叶前锋，脊两侧形成不甚明显的血槽。残长 15.8、宽 4.2、最厚 1.8 厘米（图 9-28，3；彩版一一九，7、8）。

一一　T7 ③层

（一）陶瓷器

表 9-37　T7 ③层出土陶瓷器质地、颜色统计表

陶质	泥质					夹砂				印纹硬陶		原始瓷	合计
陶色	黑	灰	红	红褐	白	黑	灰	红	红褐	红	灰褐		
陶片数	45	144	19	77	1	107	296	21	314	56	132	2	1214
百分比（%）	3.71	11.86	1.57	6.34	0.08	8.81	24.38	1.73	25.86	4.61	10.87	0.16	100

表 9-38　T7 ③层出土陶瓷器纹饰统计表

纹饰	软陶									印纹硬陶				原始瓷	合计
	素面	绳纹	细绳纹	粗绳纹	凹弦纹	弦断绳纹	凹弦与刻划	弦断绳纹与附堆	附堆与粗绳纹	素面	雷纹	菱形纹	水波纹		
陶片数	169	16	44	4	1	15	1	1	1	17	7	1	1	2	280
百分比（%）	60.35	5.71	15.71	1.43	0.36	5.36	0.36	0.36	0.36	6.07	2.5	0.36	0.36	0.71	100

该层共出土陶片 1214 片，陶器质地、颜色、纹饰统计如下表（表 9-37、38）。标本分述如下：

1. 鬲

1 件。

T7 ③:15，夹砂红褐陶，口沿及足部有烟熏痕迹。斜直口，卷沿，沿下角较大，圆唇，鬲部所对腹部为直腹。器表略饰细绳纹，纹饰很模糊。口径 12、腹径 11.6、残高 5.2 厘米（图 9-29，1）。

2. 鬲口沿

2 件。

T7 ③:13，夹砂黄褐陶。窄卷沿，圆唇。肩部饰一道弦纹，肩部以下饰纵向细绳纹。口径 18、残高 4.4 厘米（图 9-29，2）。

T7 ③:17，夹砂红褐陶，折沿，沿面上鼓，圆唇，鼓肩。肩部饰两道弦纹，器表素面，有刮痕。口径 16、腹径 15.6、残高 7.4 厘米（图 9-29，3）。

3. 鼎

1 件。

T7 ③:16，夹粗砂红褐陶。斜折沿，沿下角较大，圆唇，微鼓腹内收，通过接痕判断为柱足，裆部及足部残。素面。口径 19.8、残高 8.4 厘米（图 9-29，4）。

4. 鼎足

3 件。

T7 ③:10，夹砂红陶。横装鼎足，体型大，整体呈扁平三角形，横截面为椭圆形，足跟处稍外撇。外侧下部有指抹痕迹，素面。残长 8.8、高 19、厚 4.4 厘米（图 9-29，5；彩版一二〇，1）。

T7 ③:11，夹砂红褐陶。横装鼎足，整体呈倒梯形，横截面为方角圆形，足跟处稍外撇。素面。残长 3.8、高 7.8、厚 3.2 厘米（图 9-29，6）。

T7 ③:12，夹砂红褐陶。横装鼎足，整体呈锥形，内侧中部稍内凸，足跟处稍外撇，稍呈弯曲状，横截面为椭圆形，足跟底部稍残。素面。残长 4、高 9.2、厚 3 厘米（图 9-29，7）。

5. 甗口沿

1 件。

T7③：18，夹砂灰陶。窄折沿，圆唇下鼓，口沿外侧的绳纹被抹去，颈部以下饰等距弦纹，其间填以纵向细绳纹，肩部饰一道压印有细绳纹按窝的附加堆纹。口径24、腹径24、残高6.8厘米（图9-29，8）。

6. 豆

1 件。

T7③：2，泥质灰白陶，表皮为黄灰色。直口，薄方唇，弧腹内收，矮圈足，圈足略外撇，圈足底部边缘较宽。素面（彩版一二〇，2、3）。

7. 豆柄

1 件。

T7③：46，泥质红褐陶略夹砂。直柄，细长，下端残。素面。残高12.1、最小柄径5.2厘米（彩版一二〇，4）。

8. 盆

1 件。

T7③：19，夹砂红褐陶。侈口，宽卷沿，厚方唇，斜直腹内收，腹部以下残。沿下饰纵向中绳纹，颈部绳纹被抹去，腹部饰弦断绳纹。口径38、残高6.6厘米（图9-29，9）。

9. 小盆

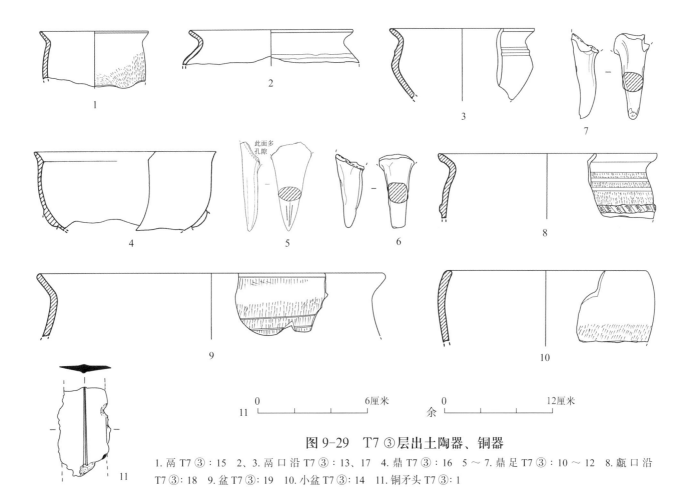

图 9-29　T7 ③层出土陶器、铜器

1. 鬲 T7③：15　2、3. 鬲口沿 T7③：13、17　4. 鼎 T7③：16　5～7. 鼎足 T7③：10～12　8. 甗口沿 T7③：18　9. 盆 T7③：19　10. 小盆 T7③：14　11. 铜矛头 T7③：1

2件。

T7③:5,泥质灰白陶,略夹砂。侈口,卷沿,方唇,颈部内弧,折肩,下腹内收,残。肩部饰单向划纹,划纹较浅,较随意,划纹上下均有多道弦纹。口径22、肩径22.8、残高7.2厘米(彩版一二〇,5)。

T7③:14,敛口小盆,泥质略夹砂红褐陶,内外侧黑皮脱落严重。敛口,尖圆唇,弧腹内收,下腹部残,外表有模糊的竖行细绳纹。口径22、最大腹径24、残高7.5厘米(图9-29,10)。

10. 硬陶折肩盆

1件。

T7③:34,泥质灰陶。侈口,卷沿,沿下角较大,沿面内侧饰多道凹槽,尖圆唇,颈部微内弧,微鼓腹,斜腹内收,下腹部残。肩部饰对向划纹,划纹上下各饰多道弦纹,沿下可见明显轮制痕迹。口径32、最大腹径31.2、残高7.8厘米(彩版一二〇,6)。

11. 印纹硬陶罐

2件。

T7③:33,泥质硬陶,红褐色胎,厚胎处胎心呈灰黑色,深灰色表层。侈口,内卷沿,沿面抹出四周略宽的浅凹槽,尖唇,领部略外撇,圆鼓肩。领中部至肩部上端修整出数周宽窄各异的浅凹槽,其下拍印规整的三角斜线纹带。口径7、最大腹径22.4、残高9厘米(彩版一二一,1、2)。

T7③:35,泥质硬陶,灰胎,表层内红褐外灰,外壁灰色表层磨损严重。肩、腹交界圆转,腹部弧曲内收,腹底交界处折转,转角略圆,且外壁抹少量泥加固,圆平底。下腹部拍印较规整的方边填线纹,底端纹饰被抹泥覆盖。外底径16、最大腹径22.4、残高8.8厘米(彩版一二一,3)。

12. 印纹软陶腹片

2件。

T7③:36,泥质橙色皮紫红胎,较疏松,有气泡。叶脉纹(彩版一二一,4)。

T7③:37,泥质橙色陶,疏松,内壁有手按痕迹。变形回字纹(彩版一二一,5、6)。

13. 原始瓷豆

2件。

T7③:3,残留少量青色釉。尖唇,唇面内侧饰凹旋纹,圈足外展明显,边缘较厚。圈足径8、口径14.6厘米(彩版一二二,1)。

T7③:43,泥质褐胎,釉不可见。豆柄较高,圈足外撇,呈喇叭状。盘底内外壁及豆柄饰多道细弦纹,器表明显可见轮制痕迹。圈足最大径8、圈足最小径5、残高5.6厘米。

14. 原始瓷碗

1件。

T7③:4,灰色胎,青色釉。敞口,尖唇,唇内侧与器腹内壁起一道凸棱,弧腹内收,平底。器腹内侧饰多道弦纹,器底有拉坯痕迹,器外壁有轮制痕迹。口径13.2、高6.2、圈足径8.8厘米(彩版一二二,2、3)。

(二)铜器及相关遗物

铜矛头

1 件。

T7 ③：1，仅剩叶部后半段。隆脊，脊两侧为血槽。素面。残长 4.7、宽 2.8、脊厚 0.4 厘米（图 9-29，11）。

一二 T7 ②层

陶器

该层共出土陶片 325 片，陶器质地、颜色、纹饰统计如下表（表 9-39、40）。标本分述如下：

表 9-39 T7 ②层出土陶瓷器质地、颜色统计表

陶质	夹细砂				泥质			印纹硬陶			原始瓷	合计
陶色	红	红褐	灰	黑皮红胎	红	灰	黑皮红胎	红	灰	褐	带釉	
陶片数	30	84	58	12	13	34	17	9	58	5	5	325
百分比（%）	9.23	25.85	17.85	3.69	4.00	10.46	5.23	2.77	17.85	1.54	1.54	

表 9-40 T7 ②层出土陶瓷器纹饰统计表

纹饰	软陶				印纹硬陶			原始瓷	合计
	素面	粗绳纹	弦断绳纹	凹弦纹	素面	重回纹	凹弦纹		
陶片数	44	22	1	1	5	2	1	2	78
百分比（%）	56.41	28.21	1.28	1.28	6.41	2.56	1.28	2.56	100

1. 鼎

1 件。

T7 ②：3，夹砂红褐皮青灰芯。侈口，卷沿近平，圆唇，器腹内壁颈、腹交界处有一道凸棱，直腹，器表斑驳。残长 7.6、残高 4 厘米（图 9-30，1）。

2. 鼎足

2 件。

T7 ②：6，夹砂红褐陶。横装鼎足，体型较小，整体呈扁平三角形，横截面为椭圆形，足跟底部稍外撇。素面。残长 6.8、高 10.2、厚 3.6 厘米（图 9-30，2）。

T7 ②：9，残长 2.6、残高 6、最厚 1.5 厘米（图 9-30，3）。

3. 甑腰

1 件。

T7 ②：12，夹砂灰褐、黑陶。甑腰较薄，有几下抹痕，卷隔，腹部饰竖行中绳纹。宽 18.6、残高 8 厘米（图 9-30，4）。

4. 盉把

1 件。

T7 ②：8，泥质红褐陶，略夹砂。器腹微鼓内收，上下端均残，把较细，上端残，器腹饰纵向绳纹，把有明显刮痕（图 9-30，5；彩版一二二，4）。

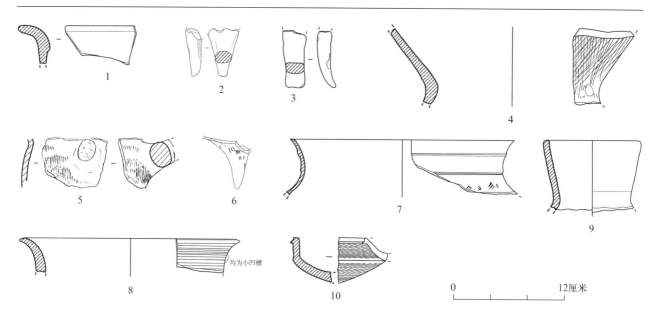

图 9-30　T7 ②层出土陶瓷器

1. 鼎 T7 ②：3　2、3. 鼎足 T7 ②：6、9　4. 甒腰 T7 ②：12　5. 盉把 T7 ②：8　6. 盉足 T7 ②：7　7. 罐 T7 ②：1　8. 高直领罐口沿 T7 ②：5　9. 斜直口瓮 T7 ②：2　10. 原始瓷碗 T7 ②：14

5. 盉足

1件。

T7 ②：7，泥质灰陶略夹砂。锥状足，较高。素面（图 9-30，6）。

6. 罐

1件。

T7 ②：1，泥质灰陶，薄胎。侈口，卷沿，尖唇。颈部饰数周密集的细弦纹。口径 24、残高 5.8 厘米（图 9-30，7）。

7. 高直领罐口沿

1件。

T7 ②：5，泥质红陶，略夹砂。侈口，方唇，唇面有一道凹槽，唇外缘略向外突出，高直颈，下端残。颈部外侧饰多道突棱。口径 22.8、残高 3.6 厘米（图 9-30，8）。

8. 斜直口瓮

1件。

T7 ②：2，泥质灰皮红褐胎。厚圆唇，斜直颈，腹部残。素面。口径 10、残高 7.6 厘米（图 9-30，9）。

9. 印纹硬陶腹片

1件。

T7 ②：13，泥质红陶，致密。米筛纹（彩版一二二，5）。

10. 原始瓷碗

1件。

T7 ②：14，厚青色釉。侈口，口沿外折形成一道凸棱，方唇，折腹。沿面饰凹弦纹数道，口沿外侧饰水波纹。残长 5.2、残宽 4.8 厘米（图 9-30，10；彩版一二二，6）。

第一〇章　T8 遗存分述

第一节　地层堆积

T8 根据土质、土色及其包含物状况可分为 14 层堆积，现逐层介绍各堆积层情况（图 10-1、2；彩版一二三、一二四）。

第①层：厚 0.08 ～ 0.20 米。灰色土，夹细砂颗粒，较疏松。堆积呈坡状由西北至东南倾斜，遍布全方。包含物有多个时代的瓷片、陶片等。开口于①层下的遗迹单位有 G1、G2、K1、K2。

第②层：距地表深 0.08 ～ 0.20、厚 0 ～ 0.65 米。浅黄色土，较致密纯净。分布于探方西北部。包含物有大量石块、极少量的陶片和石器。

第③层：距地表深 0.10 ～ 0.75、厚 0 ～ 0.85 米。灰褐色土，土质较致密。堆积呈坡状由东向西倾斜。分布于探方西北部。包含物有大量的陶片和数件石器。开口于③层下的遗迹单位有 K3。

第④层：距地表深 0.35 ～ 0.95、厚 0 ～ 0.40 米。深灰色土，土质较疏松。除探方西部小片区域外，遍布全方。包含物有大量陶片、石块以及少量石器和铜器相关遗物。开口于④层下的遗迹单位有 K4。

第⑤层：距地表深 0.45 ～ 1.20、厚 0.08 ～ 0.30 米。浅黄色土夹杂绿色锈斑，土质较致密。堆积整体厚薄均匀，由东北部向南部倾斜，遍布全方。包含物有大量的陶片和少量石器。开口于⑤层下的遗迹单位有 K5、K8。

第⑥层：距地表深 0.55 ～ 1.35、厚 0 ～ 0.40 米。灰褐色土，夹少许黄色夹层，土质较疏松。分布于探方东部。包含物有大量的陶片和少量的石器。开口于⑥层下的遗迹单位有 K6、K7、D3、STK1（石头坑）。

第⑦层：距地表深 0.85 ～ 1.50、厚 0.05 ～ 0.35 米。黄色黏土，土质较疏松，部分可见 4 ～ 5 厘米厚的灰色小夹层，夹层内遗物较为丰富。包含物有数量丰富的陶片以及较多的石器和铜器相关遗物，尤以炉壁数量较大，炉壁堆积由西南向东北倾斜，遍布全方。

第⑧层：距地表深 1.10 ～ 1.68、厚 0.15 ～ 0.55 米。黄褐色土，土质较疏松，在东北角可见较薄的黄土小夹层。堆积由西南向东北角倾斜，遍布全方。包含物有较多的陶片和少量的石器以及铜器相关遗物。开口于⑧层下的遗迹单位有 GC1、GC2、GC3、D1、D9 ～ D14。

第⑨层：距地表深 1.40 ～ 2.15、厚 0.10 ～ 0.55 米。灰黄色土，土质较软。遍布全方。东部有一道坎状红烧土分布。包含物有数量丰富的陶片以及少量的石器、铜器相关遗物。开口于⑨层下的遗迹单位有 K9 ～ K24、D2、D4 ～ D8、D15 ～ D34。

第⑩层：距地表深 1.70 ～ 2.15、厚 0 ～ 0.50 米。黄色粉砂土，夹大量红色铁锈斑，土质致密。堆积呈斜坡状，遍布全方。包含物有较多的陶片和少量的铜器相关遗物。

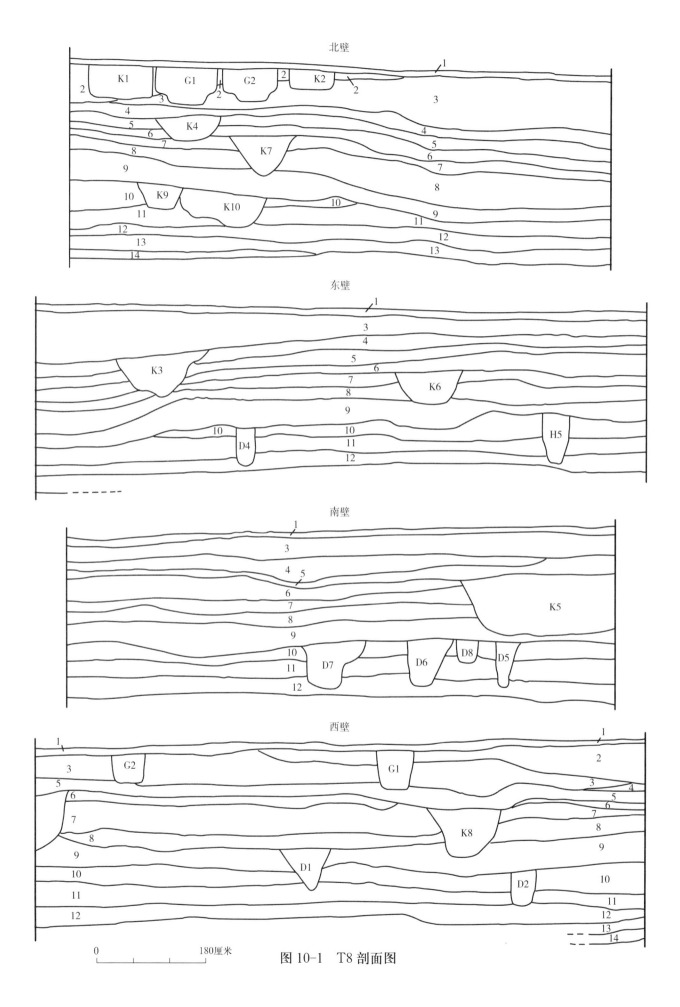

图 10-1 T8 剖面图

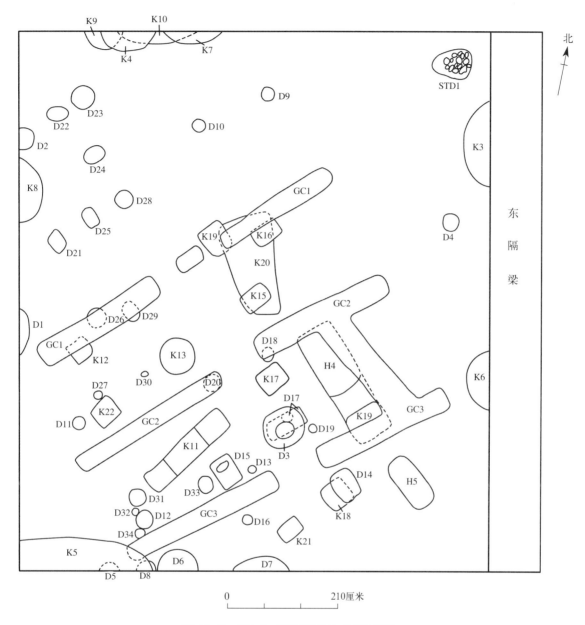

图 10-2 T8 先秦时期遗迹总平面图

第⑪层：距地表深 1.90～2.45、厚 0.15～0.40 米。黄褐色黏土，夹少量铁锈斑，土质致密、纯净。堆积呈水平状，遍布全方。未见包含物。

第⑫层：距地表深 2.20～2.70、厚 0.10～0.35 米。灰白色黏土，土质致密。堆积水平状，遍布全方。包含物仅见石锛 1 件。

第⑬层：距地表深 2.40～3.00、厚 0.13～0.30 米。红褐色黏土，土质致密。堆积水平状，遍布全方。未见包含物。

第⑭层：距地表深 2.90～3.25、厚 0～0.17 米。似为生土，呈青灰色，土质致密，内含较多铁锰结核。分布于探方西北。未见包含物。

第二节　遗迹及包含物

一　建筑类遗存

（一）柱洞与坑状堆积类遗迹

T8⑨层下发现 26 个坑状堆积（图 10-3），编号 K9 ～ K24，其中除 K9、K10、K20 三个坑无明显关联性外，其他 23 个坑状堆积排列规整，另外，第⑨层下亦发现 26 个柱洞遗迹，编号 D2、D4 ～ D8、D15 ～ D34。

发掘者在探方记录中写到"K14 与 K12，K13、K15 与 K22，K11 与 K17，K18 与 K21 之间相连，它们的连线基本平行，分布在 7 米 ×4 米的长方形区域内，且 K11、K17 的连线到 K14、K12 的连线和到 K18、K21 之间的连线距离（基本）相等，都是 3 米"，"K23、K24 开口都在第⑨层下，与该层下的其他坑、柱洞连线成直角，且 K23、K24 的长边连线在一条直线上（实际还有 K19、K16），可能与房屋建筑有关"。考虑到坑状堆积之间，以及与柱洞之间的联系，除 K9、K10 距离较远，其

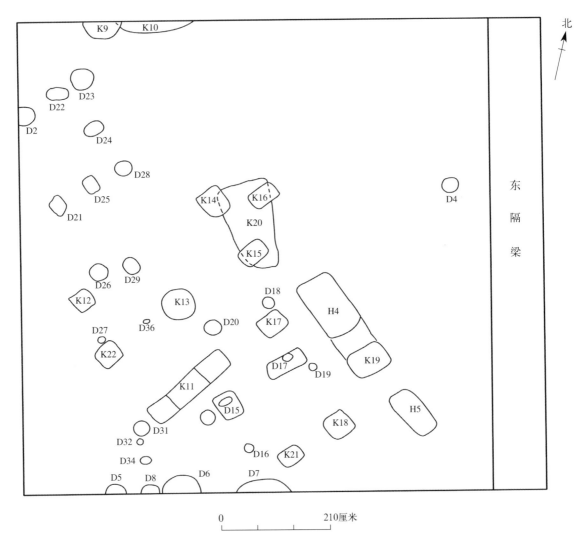

图 10-3　T8 ⑨层下坑状堆积与柱洞类遗迹分布图

他第⑨层下发现的坑状堆积与柱洞统一介绍（彩版一二五，1、2）。

1.T8K11

位于探方南侧偏西，开口于⑨层下（图10-4）。平面形状呈长方形，直壁，平底，长约1.80、宽约0.52米。两端为两个较深的小坑，皆长0.50、深0.74米，中间部分较浅，深约0.10米。灰褐色土，土质较疏松，未见包含物。

2.T8K12

位于探方西部偏中，开口于⑨层下。平面呈近方形，直壁，平底，长约0.40、宽约0.37米。灰褐色土，土质较疏松，未见包含物。

3.T8K13

位于探方偏西南部，开口于⑨层下。平面呈圆形，直壁，平底，直径0.40米。灰褐色土，土质较疏松，未见包含物。

4.T8K14

位于探方中部，开口于⑨层下。平面呈近长方形，直壁，平底，长约0.60、宽约0.50米。灰褐色土，土质较疏松，未见包含物。

5.T8K15

位于探方中部，开口于⑨层下。平面呈近长方形，直壁，平底，长约0.60、宽约0.35米。灰褐色土，土质较疏松，未见包含物。

6.T8K16

位于探方中部偏北，开口于⑨层下。平面呈近长方形，直壁，平底，长约0.53、宽约0.37米。坑内填土为灰褐色，土质较疏松，未见包含物。

7.T8K17

位于探方中部偏南，开口于⑨层下（图10-5）。平面呈近长方形，直壁，平底，长约0.65、宽约0.45米。灰褐色土，土质较疏松，未见包含物。

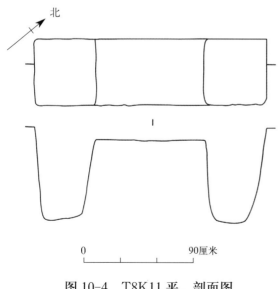

图10-4　T8K11平、剖面图

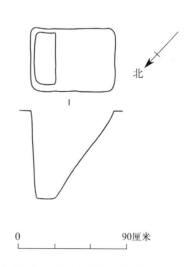

图10-5　T8K17平、剖面图

8.T8K18

位于探方南部偏东，开口于⑨层下。平面呈方形，直壁，平底，长约0.55、宽约0.50米。灰褐色土，土质较疏松，未见包含物。

9.T8K19

为于探方东部偏南，开口于⑨层下（K19与K23可能原本为连接的一个坑，形制近似于K11，在发掘中，两坑基本平行对称，且发掘过程中二者之间似残存极浅的连接部分，推测它们可能是与某一组建筑遗迹有关，遂改为"K"而不再编灰坑号）。平面呈长方形，直壁，平底，长约0.75、宽约0.55米。未见包含物。

10.T8K20

位于探方中部，开口于⑨层下。平面呈近长方形，直壁，平底，长约1.85、宽0.55～1.00米。灰褐色土，土质较疏松，未见包含物。

11.T8K21

位于探方南侧，开口于⑨层下。平面呈近方形，直壁，平底，长约0.48、宽约0.37米。灰褐色土，土质较疏松，未见包含物。

12.T8K22

位于探方西南。开口于⑨层下。平面呈近方形，直壁，平底，长约0.55、宽约0.50米。坑内填土为灰褐色，土质较疏松，未见包含物。

13.T8K23

位于探方T8东南部（图10-6），开口于⑨层下（原号为H4，后因为坑内未出包含物，且与同一地层下的K19有关，故统改为K23）。平面呈长方形，斜壁，坑底呈台阶状，长约1.00、宽0.80、深0.54～0.70米。灰褐色黏土，夹杂黄色土块，土质较疏松，内含少量红烧土颗粒、较多炭粒，以及极少陶片碎片。

14.T8K24

位于探方T8东南部（图10-7），开口于⑨层下（原号为H5，与H4一样原因改为K24）。平

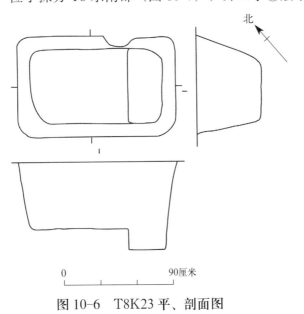

图10-6 T8K23平、剖面图

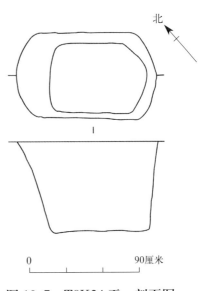

图10-7 T8K24平、剖面图

面形状呈长方形，斜壁，平底，长约 1.15、宽约 0.68、深约 0.72 米。灰褐色黏土，夹杂黄色土块，土质疏松，内含较少红烧土颗粒、较多炭粒，另有 2 片陶片（表 10-1）。

表 10-1　T8 ⑨层下柱洞形制与包含物数据表

编号	推测性质	形状与结构	尺寸（米） （长 × 宽 – 深）	填土	包含物	备注
D2	柱洞	圆形洞口，直壁，平底	0.40×0.30-0.57	黄褐色	无	
D4	柱洞	圆形洞口，直壁，平底	0.37		无	
D5	柱洞	暴露洞口半圆形，直壁，平底	0.40×0.18-0.73	灰褐色	无	
D6	柱洞	暴露洞口半圆形，斜壁，平底	0.75×0.40-0.78	黄褐色	无	
D7	柱洞	暴露洞口半圆形，斜壁，平底	1.05×0.35-0.75	灰褐色	无	
D8	柱洞	暴露洞口半圆形，直壁，平底	0.37×0.18-0.38	灰褐色	无	
D15	柱洞	圆角长方形坑口，椭圆形洞口，直壁，平底	柱坑：0.60×0.45-0.30 柱洞：0.35×0.18-0.80	灰褐色	出土陶片 9 片，其中夹砂红褐陶 4、夹砂灰褐陶 1、泥质黑陶 4 片，素面 5、粗绳纹 4 片，可辨器型罐口沿 1、器耳 1 件	
D16	柱洞	圆形洞口，直壁，平底	0.20	灰黑色	无	
D17	柱坑	圆角长方形坑口，圆形洞口，直壁，平底	柱坑：0.85×0.35 柱洞：0.20	灰黑色	无	
D18	柱洞	圆形洞口，直壁，平底	0.25	灰黑色	无	
D19	柱洞	圆形洞口，直壁，平底	0.18	灰黑色	无	
D20	柱洞	圆形洞口，直壁，平底	0.30	灰黑色	无	
D21	柱洞	近似长方形洞口，直壁，平底	0.33×0.30	灰黑色	无	
D22	柱洞	椭圆形洞口，直壁，平底	0.40×0.26-0.30	灰褐色	无	
D23	柱洞	圆形洞口，直壁，平底	0.40	灰黑色	无	
D24	柱洞	椭圆形洞口，直壁，平底	0.33×0.28	灰黑色	无	
D25	柱洞	圆角长方形洞口，直壁，平底	0.35×0.27	灰褐色	无	
D26	柱洞	圆形洞口，直壁，平底	0.35	灰黑色	无	
D27	柱洞	圆形洞口，直壁，平底	0.17	灰黑色	无	
D28	柱洞	圆形洞口，直壁，平底	0.33	灰黑色	无	
D29	柱洞	圆形洞口，直壁，平底	0.30	灰黑色	无	
D30	柱洞	圆形洞口，直壁，平底	0.15	灰黑色	无	
D31	柱洞	圆形洞口，直壁，平底	0.25	灰褐色	无	
D32	柱洞	圆形洞口，直壁，平底	0.13	灰褐色	无	
D33	柱洞	椭圆形洞口，直壁，平底	0.28×0.25	灰黑色	无	
D34	柱洞	圆形洞口，直壁，平底	0.16	灰褐色	无	

注：部分柱洞和柱坑深度数据缺失。

T8 ⑨下 D15 包含物有盆 1 件（图 10-8）。

盆口沿

1 件。

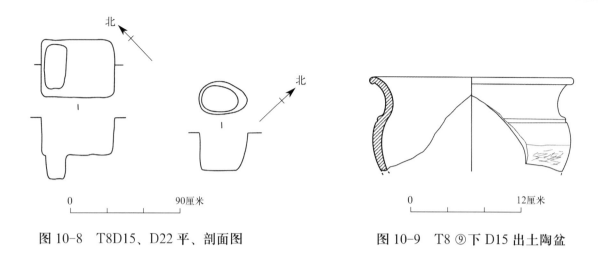

图 10-8　T8D15、D22 平、剖面图　　　　　图 10-9　T8 ⑨下 D15 出土陶盆

T8 ⑨下 D15：1，泥质灰陶，厚胎，胎深灰色。卷沿，圆唇，唇下卷，高领，鼓肩。肩部起一凸棱，腹部饰横向细绳纹，较散乱。口径 22、最大腹径 21.2、残高 10 厘米（图 10-9）。

（二）柱洞与沟槽类遗迹

T8 ⑧层下发现三条 GC（沟槽）和 7 个柱洞，编号 GC1、GC2、GC3、D1、D9 ～ D14（图 10-10）。其中三条沟槽基本平行分布，两两构成一组长方形区块，推测为房址墙槽，但由于缺少更多

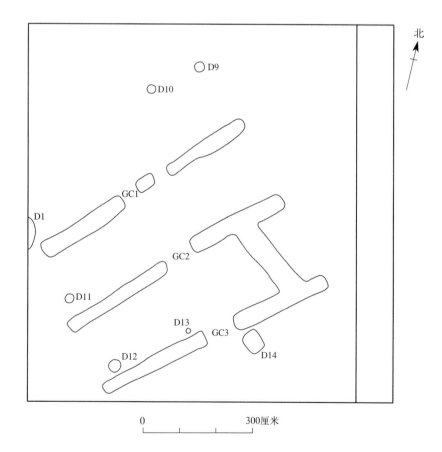

图 10-10　T8 ⑧层下柱洞与沟槽类遗迹平面分布图

证据清晰房屋结构，故未按照 F 进行归纳编号。而柱洞与沟槽从平面分布图上看，似乎有着一定的联系，故该节统一介绍如下（彩版一二六，1）。

1.GC1

东北—西南走向分布于探方中部偏北，开口于⑧层下（图 10-11，1）。坑口呈长条状，直壁，平底，中间有两段间断，将沟槽分为三部分，两头部分长，中间部分短，总长约 6.50、宽 0.25～0.48、深 0.17～0.25 米，南段长 2.60、宽 0.45～0.48、深 0.17～0.25 米，中段长 0.55、宽 0.30、深 0.23 米，北段长 2.45、宽 0.25～0.45、深 0.20 米。灰黄色土，土质较疏松，未见包含物。

2.GC2

东北—西南走向分布于探方中部，位于 GC1 东南，开口于⑧层下（图 10-11，2）。坑口呈长条状，直壁，平底，中间有间断，将沟槽分为二段。总长约 6.75、宽 0.32～0.53、深 0.32～0.75 米，南段长 3.12、宽 0.33、深 0.33～0.40 米，北段长 2.80、宽 0.45～0.55 米，北段底部呈三级台阶状，深度分别为 35、67、75 厘米。灰黄色土，土质较疏松，未见包含物。

3.GC3

东北—西南走向分布于探方中部偏南，位于 GC2 东南，开口于⑧层下（图 10-11，3）。坑口呈长条状，直壁，平底，中间有间断，将沟槽分为二段。总长约 6.75、宽 0.35～0.50、深 0.22～0.35米，南段长 3.12、宽 0.35～0.40、深 0.22～0.33 米，北段长 2.73、宽 0.40～0.50、深 0.32～0.35 米。北段与 GC2 北段之间有一竖向沟槽相连，此沟槽长 1.97、宽 0.60 米。灰黄色土，土质较疏松，未见包含物（表 10-2）。

D1 包含物有鬲、鬲足和罐底。

鬲口沿

1 件。

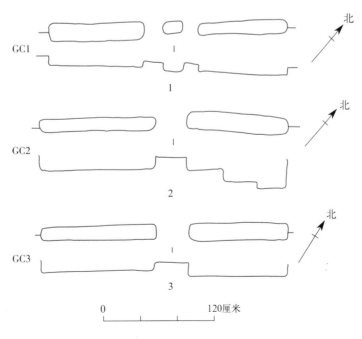

图 10-11 T8GC1、GC2、GC3 平、剖面图

1.GC1 2.GC2 3.GC3

表 10-2　T8 ⑧层下柱洞形制与包含物数据表

编号	推测性质	形状与结构	尺寸（米）（长 × 宽 - 深）	填土	包含物	备注
D1	柱洞	暴露坑口呈半椭圆形，斜壁，圜底	0.85×0.23-0.70		出土陶片 16 片，皆夹细砂红褐陶，其中素面 10、粗绳纹 6 片，可辨器型鬲口沿 1、鬲足 2、甗腰 1、罐口沿 1 件	
D9	柱洞	圆形洞口，直壁，平底	0.27		无	
D10	柱洞	圆形洞口，直壁，平底	0.30		无	
D11	柱洞	圆形洞口，直壁，平底	0.27		无	
D12	柱洞	圆形洞口，直壁，平底	0.32		无	
D13	柱洞	圆形洞口，直壁，平底	0.19		无	
D14	柱洞	圆角长方形洞口，直壁，平底	0.56×0.45-0.45		无	

D1：1，夹砂褐陶。折沿，方唇，颈部饰两道旋纹，颈部以下饰斜向细绳纹。口径 22、最大腹径 23.6、残高 11 厘米（图 10-12，1）。

鬲足

1 件。

D1：2，锥形足，夹砂红褐陶，厚胎。足内填泥，器表饰斜向细绳纹，绳纹直至足尖。残宽 6、残高 8.4 厘米（图 10-12，2）。

罐底

1 件。

D1：3，泥质红褐陶，器表被灼黑，厚胎。素面。底径 10、残高 5 厘米（图 10-12，3）。

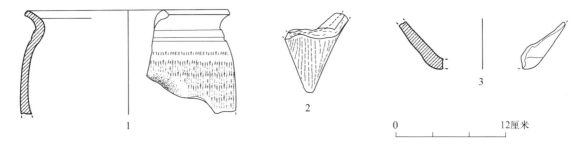

图 10-12　T8D1 出土陶器
1. 鬲口沿 T8D1：1　2. 鬲足 T8D1：2　3. 罐底 T8D1：3

（三）柱洞类遗迹

D3

位于探方中部偏南位置，开口于⑥层下（图 10-13）。坑口平面呈椭圆形，直壁，平底，长径约 0.80、短径约 0.70、深约 0.55 米。柱坑中央有一圆形柱洞，斜壁，平底，底面可见一块柱础石，柱洞口部直径约 0.70、底部直径约 0.20、深 0.55 米。性质推测为一圆形柱坑。

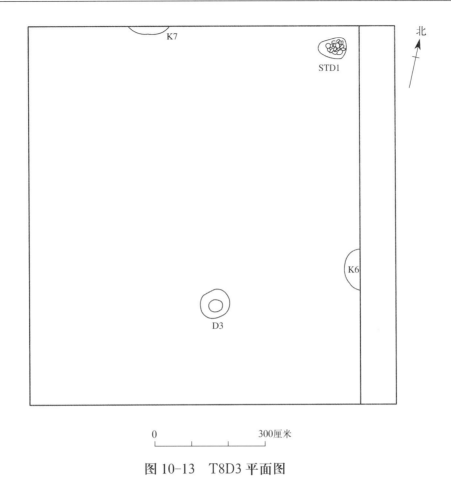

图 10-13 T8D3 平面图

二 灰坑及其他坑状堆积

1.T8K9

位于探方北部偏西，部分坑体进入北壁，开口于⑨层下，打破K10。暴露坑口平面呈近半圆形，斜壁，平底，南北宽约0.35、东西长约0.75、深约0.42米。灰褐色土，土质较疏松，未见包含物。

2.T8K10

位于探方北部偏西，部分坑体进入北壁，开口于⑨层下，坑西部被K9打破。暴露坑口平面呈近半圆形，斜壁，平底，南北宽约0.29、东西长约1.45、深约0.60米。坑内填土为青灰色，土质较疏松，未见包含物。

3.T8K6

位于探方东侧偏南位置，部分坑体进入探方东壁内，开口于⑥层下。坑口暴露面呈半圆形，斜壁，平底，南北长约1.10、东西宽约0.55、深约0.55米。坑内填土呈黄色，土质较软，未见包含物。

4.T8K7

位于探方北端，部分坑体进入探方北壁内。开口于⑥层下。坑口暴露面呈半椭圆形，斜壁，圜底，东西长约1.10、南北宽约0.25、深约0.70米。灰色土，土质较软，未见包含物。

5.T8K5

位于探方西南角，部分坑体进入探方南壁、西壁，开口于⑤层下。坑口暴露部分呈圆角长条形，斜壁，平底，东西长约 2.55、南北宽约 0.60、深约 0.95 米。灰色土，夹杂大量黄色颗粒，土质较软。坑内出土陶片 19 片，其中素面 17、戳印纹 2 片，可辨器形仅豆圈足 1 件，质地、颜色统计如下表（表 10-3）。

表 10-3　T8K5 出土陶瓷器质地、颜色统计表

编号	推测性质	形状与结构	尺寸（米） （长 × 宽 - 深）	填土	包含物	备注
D1	柱洞	暴露坑口呈半椭圆形，斜壁，圜底	0.85×0.23-0.70		出土陶片 16 片，皆夹细砂红褐陶，其中素面 10、粗绳纹 6 片，可辨器型鬲口沿 1、鬲足 2、甗腰 1、罐口沿 1 件	
D9	柱洞	圆形洞口，直壁，平底	0.27		无	
D10	柱洞	圆形洞口，直壁，平底	0.30		无	
D11	柱洞	圆形洞口，直壁，平底	0.27		无	
D12	柱洞	圆形洞口，直壁，平底	0.32		无	
D13	柱洞	圆形洞口，直壁，平底	0.19		无	
D14	柱洞	圆角长方形洞口，直壁，平底	0.56×0.45-0.45		无	

T8 ⑤层下 K5 包含物有甗腰、盆底、壶、觚底和腹片。

甗腰

1 件。

K5：1+K5：2，夹砂红褐陶，夹云母，厚胎。外壁有灼痕，甑部与鬲部相连处饰一周指甲戳印纹，其余为素面。最小直径 12.8、残高 4 厘米（图 10-14，1）。

盆底

1 件。

K5：3，泥质红褐陶，厚胎。盆底略内凸。下腹饰纵向细绳纹，盆底饰细绳纹。底径 9.2、残高 2.4 厘米（图 10-14，2）。

壶口

1 件。

K5：4，泥质灰陶。折沿近平，沿面靠内侧起榫，圆唇，直腹，外壁和内壁为黄褐色。素面。口径 12、腹径 10、残高 3.6 厘米（图 10-14，3）。

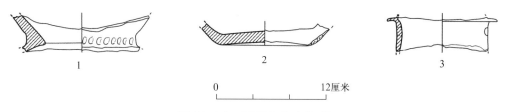

图 10-14　T8K5 出土陶器

1.甗腰 K5：1+K5：2　2.盆底 K5：3　3.壶口 K5：4

6.T8K8

位于探方西部偏北位置，部分坑体进入探方西壁，开口于⑤层下。坑口暴露部分呈半椭圆形，斜壁，底部不甚平，南北长约1.15、东西宽约0.35、深约0.75米。灰黄色土，土质较软，未见包含物。

7.T8K4

位于探方北部偏西位置，北部坑体进入北隔梁内，开口于④层下。坑口暴露部分呈半椭圆形，斜弧壁，平底，东西长约1.00、南北宽约0.355、深约0.40米。灰色土，土质较软，内含较多碳屑。坑内出土陶片8片，其中夹砂红褐陶1、夹砂黑陶7片，素面4、细绳纹4片，可辨器形仅罐口沿1件。

8.T8K3

位于探方东部偏北位置，东部坑体进入东隔梁内，开口于③层下。坑口暴露部分呈半椭圆形，斜壁不甚规整，圜底，南北长约1.50、东西宽约0.50、深约0.70米。灰色土，夹一定黄色土块，土质较硬，未见包含物。

9.T8STK1

石头坑，位于探方东北角，开口于⑥层下。整体范围略呈椭圆形，似有浅坑，东西长约0.80、南北宽约0.35米。灰黑色土，土质松软，坑内含大量杂乱堆积的石块。包含物有极少量陶片。该石头坑性质不明（彩版一二六，2）。

第三节　地层出土遗物

一　T8⑫层

石器1件。

石锛

1件。

T8⑫：1，白色。器体扁平，平面近似长方形，单面刃，刃口锋利。通体磨制粗糙，器表有大量打制疤痕。长10.6、宽5.8、最厚2.1厘米，长10.8、宽5.8、厚3.8厘米（图10-15；彩版一二七，1、2）。

二　T8⑩层

陶瓷器

该层共出土陶片330片，陶器质地、颜色、纹饰统计如下表（表10-4、5）。标本分述如下：

1.鼎

5件。

T8⑩：2，夹砂，灰白胎黑色表层，鼎足红褐色。侈

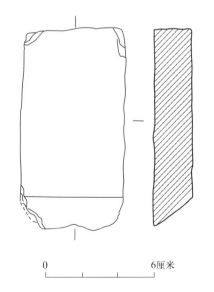

图10-15　T8出土石锛 T8⑫：1

表 10-4　T8 ⑩层出土陶瓷器质地、颜色统计表

陶质	夹砂				泥质				合计
陶色	红	红褐	灰	黑	红	红褐	灰	黑	
陶片数	8	53	68	22	10	43	69	57	330
百分比（%）	2.42	16.06	20.61	6.67	3.03	13.03	20.91	17.27	100

表 10-5　T8 ⑩层出土陶瓷器纹饰统计表

纹饰	软陶									印纹陶	合计
	素面	细绳纹	粗绳纹	凹弦纹与绳纹	粗绳纹与附加堆纹	凹弦纹	凸棱	篮纹	按窝纹	方格纹	
陶片数	226	7	71	2	5	7	5	4	1	2	330
百分比(%)	68.48	2.12	21.52	0.61	1.52	2.12	1.52	1.21	0.30	0.61	100

口近平，内折沿，沿面内凹，方唇，腹部圆鼓呈扁球形，圜底，侧装扁足，截面呈圆角长方形，足外缘上部有两对对称的圆捏窝，足尖残。腹部顶端素面，其下至底饰不甚规整的旋断绳纹，鼎足素面。口径 14.8、残高 4.9 厘米（图 10-16，1；彩版一二七，3）。

T8 ⑩:8，夹细砂，胎色复杂，由内向外为灰色、红褐色、棕褐色、黄褐色，黑色表皮。侈口前端略上翘，内卷沿，沿下角近 90°，沿面略内凹，圆唇，上腹部微鼓，向下即内收。腹部顶端素面，其下饰较杂乱的横绳纹。口径约 14、残宽 3、残高 3.6 厘米（图 10-16，2）。

T8 ⑩:23，夹砂黄褐陶。侈口，内卷沿，圆唇，上腹部较直。腹壁饰模糊的小方格纹。口径约 28、残长 7.4、残高 4.2 厘米（图 10-16，3）。

T8 ⑩:24，夹细砂灰黑陶。侈口，内卷沿，沿下角近 90°，圆唇，上腹部较圆鼓。腹部饰竖行绳纹。口径 16、残长 7.8、残高 5.2 厘米（图 10-16，4）。

T8 ⑩:60，夹细砂黄褐陶。侈口，内卷沿，沿下角近 90°，圆唇，上腹部略圆鼓。纹饰不详。口径 26、残长 5.8、残高 4 厘米（图 10-16，5）。

2. 鼎足

6 件。

T8 ⑩:21，夹细砂，黑胎，胎体表层有一层极薄的灰白层，黑色表皮。长条形扁足，向下渐变窄，内侧缘略有弧度向外撇，横截面呈圆角长方形。素面。残长 5.4、残高 7.5 厘米（图 10-16，6；彩版一二七，4 左）。

T8 ⑩:22，夹细砂，红褐胎，灰黑色表层，仅存足尖部分，刀形细长扁足，横截面呈不规整的椭圆形，外侧脊棱由于捏出不规整的三对捏窝，横截面较尖锐，足尖圆转。素面。残长 4.8、残高 12 厘米（图 10-16，7；彩版一二七，4 中）。

T8 ⑩:27，夹细砂黄褐陶，深色表层脱落殆尽。侧装长扁足，横截面呈圆角长方形，足顶端略呈弧线外撇，向下竖直，足外侧缘顶端捏出两对不甚规整的捏窝。素面。残长 5.2、残高 8.6 厘米（图 10-16，8；彩版一二七，5 左）。

T8 ⑩:28，夹砂红褐陶。侧装长扁足，横截面呈椭圆形，足外侧顶端可见两对对称的圆捏窝，其间外脊棱上再按压两个窝纹。素面。残长 4.2、残高 10.8 厘米（图 10-16，9；彩版一二七，4 右）。

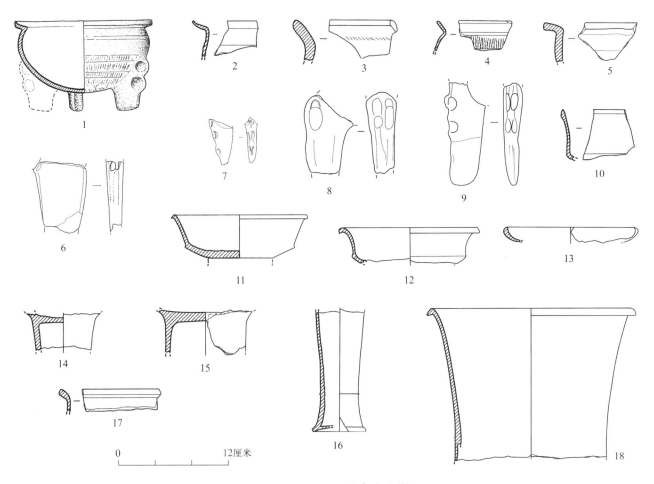

图 10-16　T8 ⑩层出土陶器

1～5.鼎 T8 ⑩：2、8、23、24、60　6～9.鼎足 T8 ⑩：21、22、27、28　10～13.豆 T8 ⑩：4、5、33、50　14、15.豆柄 T8 ⑩：35、42　16.觚 T8 ⑩：20　17、18.尊 T8 ⑩：15、30

　　T8 ⑩：59，夹细砂，胎体内部大部分呈灰色，而表面陶色斑驳，足内侧胎体表面呈红褐色，向外侧延伸红褐色渐变淡，呈现出灰白色，应与烧制或使用中受火面不同有关。侧装扁足，仅存足顶部，横截面呈细长椭圆形，足外缘顶端可见一对残存的对称小圆捏窝。素面。残长 7、残高 4.6 厘米（彩版一二七，5 右下）。

　　T8 ⑩：66，夹砂红褐陶，表面陶色较斑驳。仅残存足部顶端，侧装扁足，横截面呈细长的水滴状，足部黏接于腹壁的痕迹较清晰，足外侧可见两对对称的圆捏窝。素面。残长 5.5、残高 5 厘米（彩版一二七，5 右上）。

　　3.豆

　　4 件。

　　T8 ⑩：4，泥质灰胎，胎体表面有一层极薄的灰白层，深色表皮脱落殆尽。长侈口微外卷，圆唇外鼓，口、腹交接处圆转，且刮出一周很浅的细凹槽，腹部弧壁内收。素面。口径 18、残宽 5.2、残高 5.4 厘米（图 10-16，10）。

　　T8 ⑩：5，泥质，胎色内黑外灰白，黑色表皮。长侈口，圆唇，唇外缘呈三角状凸出，口、腹交接处圆转明显，且刮出一周较浅的细凹槽，腹部急收至圈足，圈足顶端胎壁应较厚。素面磨光。口径 14.4、最大腹径 12、圈足顶部直径 7、残高 4.6 厘米（图 10-16，11）。

T8⑩：33，泥质黑胎，胎体表面有一层极薄的灰白层，黑色表皮脱落殆尽。长侈口，圆唇外缘下卷，口、腹交接处圆转明显，且刮出一周很浅的细凹槽，腹部弧壁内收。素面磨光。口径 14.8、最大腹径 12.4、残高 3.6 厘米（图 10-16，12）。

T8⑩：50，泥质红褐胎黑皮陶。小敛口，尖圆唇，豆盘腹部顶端圆鼓，向下弧壁急收，腹壁处顶端外，极薄，可能豆盘较浅。素面磨光。口径 14、残长 7、残高 1.4 厘米（图 10-16，13）。

4. 豆柄

2 件。

T8⑩：35，泥质灰胎，胎体表面有一层极薄的灰白层，黑色表皮。圈足黏接于腹底，腹底面较平坦，微凹，粗圆柱形圈足，其顶端胎体较厚，向下胎体迅速变薄，豆盘底面与圈足内壁隐约可见拉坯成型的痕迹。素面磨光。圈足顶端直径 8、残高 2.8 厘米（图 10-16，14）。

T8⑩：42，泥质灰胎，胎体表面有一层极薄的灰白层，黑色表皮。圈足黏接于腹底，腹底面较平坦，微凹，粗圆柱形圈足，其顶端胎体较厚，向下胎体迅速变薄，残断处可见半个残存的圆形钻孔，由外至内贯穿，豆盘底面与圈足内壁隐约可见拉坯成型的痕迹。素面磨光。圈足顶端直径 10、残高 4.6 厘米（图 10-16，15）。

5. 钵

2 件。

T8⑩：3，泥质，胎体表层呈黄褐色，黑色表皮。小敛口，尖圆唇，腹部顶端圆鼓，向下弧壁内收，圆底面微内凹。素面磨光。口径 11.2、腹径 12.2、底径 5.4、高 6 厘米（图 10-17，1；彩版一二七，6）。

T8⑩：11，夹少量砂，胎色内灰外黄褐，红褐色表皮脱落殆尽。敛口，圆唇，上腹部略鼓，腹部靠近顶端位置捏出一周细圆凸棱，使口部形成子母口的形态。素面。口径 16、残长 5.2、残高 4.4 厘米（图 10-17，2）。

6. 盆

1 件。

T8⑩：10，泥质黑色胎，胎体表面有一层灰白薄层，深色表皮尽脱落。微侈口，圆唇外缘鼓出，领部弧壁内收，领中部有一周细圆凸棱，领、腹交接处略外折，上腹部微鼓，向下渐内收。素面。口径 22、残长 5.6、残高 4.4 厘米（图 10-17，3）。

7. 泥质罐

6 件。

T8⑩：9，胎色内灰黑外灰白，深色表皮脱落殆尽。敛口，宽叠唇面较平整，下缘内折明显，上腹部略鼓出。素面。口径 22、残长 7.6、残高 4.8 厘米（图 10-17，4）。

T8⑩：12，黑色胎，胎体表面有一层极薄的灰白层，黑色表皮。侈口，圆唇外缘下卷明显，领部弧壁内收，中部微内凹。素面磨光。口径 13.6、残长 6.4、残高 4.6 厘米（图 10-17，5；彩版一二八，1，2）。

T8⑩：16，黑色胎，胎体表面有一层极薄的红褐层，黑色表皮。侈口，厚圆唇外缘下卷明显，领部斜弧壁内收，鼓腹。素面磨光，颈部有一道凸棱。口径 20、残长 8、残高 4.6 厘米（图 10-17，6）。

T8⑩：31，灰白胎黑色表皮。侈口，小卷沿，圆唇，唇下沿微内折，直领，领中部靠下有一周

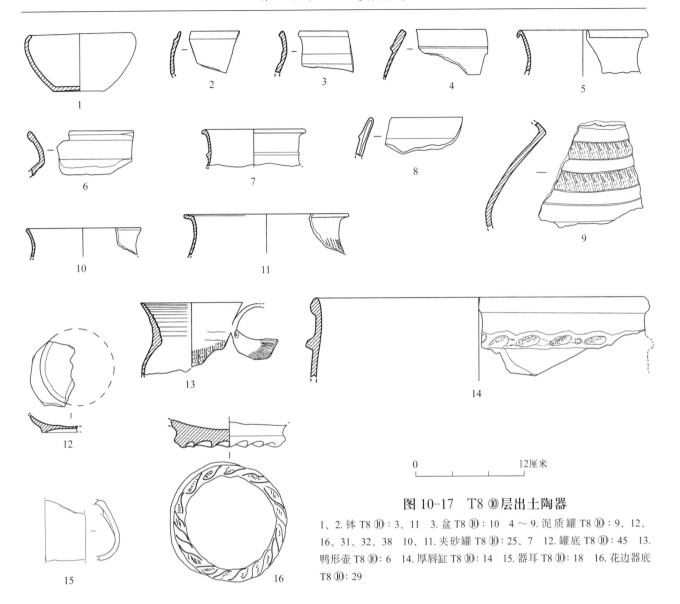

图 10-17　T8 ⑩层出土陶器

1、2.钵 T8 ⑩：3、11　3.盆 T8 ⑩：10　4～9.泥质罐 T8 ⑩：9、12、16、31、32、38　10、11.夹砂罐 T8 ⑩：25、7　12.罐底 T8 ⑩：45　13.鸭形壶 T8 ⑩：6　14.厚唇缸 T8 ⑩：14　15.器耳 T8 ⑩：18　16.花边器底 T8 ⑩：29

三角状凸棱。素面磨光。口径 11.4、残长 5、残高 3.8 厘米（图 10-17，7）。

T8 ⑩：32，胎色内黑外灰白，深色表皮脱落殆尽。圆唇，微敛口，上腹部略鼓，腹部靠近顶端处捏出一周圆凸棱，似子母口状。素面。口径 28、残长 7.8、残高 4 厘米（图 10-17，8）。

T8 ⑩：38，灰陶。侈口，内折沿，广斜肩微鼓，肩、腹交接处圆转，腹部上端微鼓出。肩部饰两周旋断绳纹，肩、腹交接处饰一周旋纹。颈、腹交接处直径 34、肩、腹交接处直径 36、残长 11.2、残高 11.4 厘米（图 10-17，9；彩版一二八，3）。

8.夹砂罐

2 件。

T8 ⑩：25，红褐陶，夹少量砂。侈口，沿下角大，圆唇，高直领。素面。口径 12.4、残长 2.8、残高 2.8 厘米（图 10-17，10）。

T8 ⑩：7，胎色内灰黑外灰白，外层胎色部分泛暗红色，黑色表层。窄侈口近平，内卷沿，沿面微内凹，圆唇，领、腹交接不明显，上腹部略外撇出。领部素面磨光，上腹部饰印痕较深的竖行绳纹。

口径 18、残长 4.4、残高 4.2 厘米（图 10-17，11）。

9. 罐底

1 件。

T8⑩：45，泥质灰白陶，表皮可能已脱落。腹底黏接于底座上表面，圆底座边缘捏出极矮的圈足，再在底座边缘与腹底部抹泥加固。素面。底径 16、残长 6.8、残高 1.8 厘米（图 10-17，12）。

10. 鸭形壶

1 件。

T8⑩：6，泥质，胎心灰黑色，红褐色表面。侈口，圆唇，高领弧壁内收，领内壁可见多周密集的旋纹，且领、腹交接处内壁另贴泥片加固，上腹部一侧圆鼓，一侧呈鸭腹状横向鼓出，且鸭腹部分的腹部顶端黏接一个宽扁的桥型耳，器耳亦贴于相接的领壁根部上，器耳顶端的腹壁上还黏接一对对称的小圆泥饼，领部素面，腹部饰较细密的绳纹。口径 11、耳宽 2、残长 11.4、残高 7.6 厘米（图 10-17，13；彩版一二八，4、5）。

11. 觚

4 件。

T8⑩：19，泥质黑陶。圆柱形杯身较粗，向下微外撇，底座边缘圆鼓凸出，近似小平台，圆底面略内凹。腹内底面及内壁隐约可见拉坯成型的痕迹，器身下端有两周并列的细弦纹，素面磨光。杯身直径约 6.4、底径 7、残高 4.6 厘米（彩版一二九，2～4）。

T8⑩：20，泥质，胎色内侧黑外侧灰白，黑色表皮。细长圆柱状器身，顶端微外侈，底端八字形渐外撇，座缘略圆鼓出，圆底面内凹，内壁可见清晰的拉坯成型圈纹，素面磨光。底径 7.6、残高 13 厘米（图 10-16，16；彩版一二八，6）。

T8⑩：36，泥质灰白色胎，胎体较厚处胎心呈黑色，黑色表皮。细圆柱形器身，底端八字形外撇直至底座边缘，座缘圆转微鼓，圆底面内凹。素面磨光。底径 5.8、残高 6 厘米（彩版一二九，1 右）。

T8⑩：37，泥质红褐色胎，胎体较厚处胎心呈黑色，黑色表皮。细圆柱形器身，底端八字形外撇直至底座边缘，座缘圆转微鼓，圆底面内凹。素面磨光。底径 5.4、残高 5.5 厘米（彩版一二九，1 左）。

12. 尊

2 件。

T8⑩：15，泥质黑胎，胎体表面有一层灰白色薄层。侈口，宽圆唇，高颈弧壁向下微内收。素面磨光。口径 26、残高 4.4 厘米（图 10-16，17）。

T8⑩：30，泥质黑胎，胎体表面有一层灰白色薄层，黑色表皮。侈口，宽圆唇，唇外缘下卷，高颈弧壁向下微内收。素面磨光。口径 22、残高 16 厘米（图 10-16，18；彩版一二九，5）。

13. 厚唇缸

1 件。

T8⑩：14，夹细砂，棕色胎黑色表层。直口，圆叠唇，上腹部较直。腹部顶端素面，其下黏接一周扭索状附加堆纹，再下饰纹理清晰的粗绳纹。口径 36、残长 18.6、残高 8.4 厘米（图 10-17，14；彩版一二九，6）。

14. 器耳

1件。

T8⑩:18，泥质黑胎，胎体表面有一层极薄的灰白层，黑色表皮。桥型宽扁耳，侧缘圆转微鼓。素面磨光。厚约0.6、残长6.4、残高6厘米（图10-17，15）。

15.陶鍪

2件。

T8⑩:64，夹砂黄褐色胎，深色表层脱落殆尽。鸡冠状鋬。鋬长5.4、厚约4.2厘米（彩版一二九，8左）。

T8⑩:67，夹砂灰皮红褐胎，表层斑驳。鸡冠状鋬，腹部饰粗绳纹，纹饰模糊。鋬长7、厚约5.5厘米（彩版一二九，8右）。

16.花边器底

1件。

T8⑩:29，夹砂灰白胎，深色表层脱落殆尽。罐底腹部黏接于底座上表面，底座周边捏出扭索状花边矮圈足，腹壁及花边圈足饰绳纹。底径12、残高3厘米（图10-17，16；彩版一三〇，1、2）。

17.印纹硬陶腹片

6件。

T8⑩:34，铁灰皮紫胎，致密。方格纹。残长8.5、残宽4厘米（彩版一三〇，3右下）。

T8⑩:54，铁灰皮紫胎，致密。篮纹。残长12、残宽10厘米。

T8⑩:55，铁灰皮紫胎，致密。菱格纹。残长6、残宽3厘米。

T8⑩:56，铁灰皮紫胎，致密。菱格纹。残长9.5、残宽4厘米（彩版一三〇，3右上）。

T8⑩:58，铁灰皮紫胎，致密。篮纹。残长15、残宽14厘米（彩版一三〇，3左）。

T8⑩:68，颈部残片，铁灰皮灰白胎紫芯，致密。多道弦纹。残长8、残宽3.6厘米（彩版一二九，7）。

时代存疑：

18.鬲

1件。

T8⑩:49，夹细砂，陶色斑驳，上腹部及口部呈红褐色，其下呈灰褐色。卷沿，短直领，上腹部凸出，最大腹径靠上，其下渐斜直内收，最大腹径以上素面，其下饰抹断绳纹。残长7.6、颈径14.8、残高4.6厘米。

三　T8⑨层

（一）陶瓷器

该层共出土陶片438片，陶器质地、颜色、纹饰统计如下表（表10-6、7）。标本分述如下：

1.鬲

3件。

T8⑨:7，夹砂黑褐陶，夹云母。侈口，沿面较窄，薄方唇，鼓腹明显。上腹部有横向刮痕，下腹部有纵向刮痕。口径14、残长7、残高9厘米（图10-18，1）。

表 10-6　T8 ⑨层出土陶瓷器质地、颜色统计表

陶质	夹粗砂			夹细砂				泥质				印纹陶		合计
陶色	红	红褐	灰	红	红褐	灰	黑	红	灰	黑	黑皮红胎	灰	褐	
陶片数	5	37	11	47	196	26	10	32	24	34	9	2	5	438
百分比（%）	1.14	8.45	2.51	10.73	44.75	5.94	2.28	7.31	5.48	7.76	2.05	0.46	1.14	100

表 10-7　T8 ⑨层出土陶瓷器纹饰统计表

纹饰	软陶										印纹陶						合计
	素面	细绳纹	粗绳纹	弦断绳纹	交错绳纹	凹弦纹	按窝纹	戳印纹	附加堆纹	凸棱	方格纹	重回纹	叶脉纹	折线纹	菱形纹	席纹	
陶片数	145	30	184	10	21	13	6	1	17	2	2	1	2	2	1	1	438
百分比（%）	33.11	6.85	42.01	2.28	4.79	2.97	1.37	0.23	3.88	0.46	0.46	0.23	0.46	0.46	0.23	0.23	100

　　T8 ⑨: 8，夹砂红褐陶，口沿内侧及表层有明显的烟炱痕迹。侈口，卷沿近平，圆唇，鼓腹。腹部饰弦断斜行中绳纹，沿下一周有按压痕迹。口径 16、残长 4、残高 3.6 厘米（图 10-18，2）。

　　T8 ⑨: 41，夹砂红褐陶。斜直口，厚方唇，唇外侧略突出，沿面内侧略内凹，外侧略外鼓，鼓腹。沿下绳纹被抹，腹部饰弦断竖行中绳纹。口径 15.6、颈径 13.6、残高 6.6 厘米（图 10-18，3；彩版一三〇，4）。

　　2. 鬲足

　　2件。

　　T8 ⑨: 17，柱状足，夹砂红褐陶。裆部及足窝有烟熏痕迹，足外侧有一组竖行中绳纹。残长 4.2、残高 6.6 厘米（图 10-19，1）。

　　T8 ⑨: 30，截锥足，夹砂红褐陶。足窝有明显烟熏痕迹，足内侧起脊，外侧有压印绳纹。残长 4.6、残高 6 厘米（图 10-19，2）。

　　3. 甗口沿

　　1件。

　　T8 ⑨: 23，夹砂红褐陶。侈口，尖圆唇，颈部微内凹，斜弧腹。腹部饰斜行细绳纹，颈部被抹。口径 14、残高 6、残长 6 厘米（图 10-18，4）。

　　4. 甗腰

　　1件。

　　T8 ⑨: 13，夹砂黑褐陶，夹云母。仅残留甗腰部分，折隔。外侧饰一周密集的指甲纹，纹饰不详。残长 5.4、残高 4 厘米（图 10-18，5）。

　　5. 豆

　　3件。

　　T8 ⑨: 11，泥质黑皮红褐陶。敞口，圆唇，折腹，平底，直柄。沿外侧及下腹部至豆柄都可见多圈旋纹，内底可见明显轮制痕迹。口径 13.2、最大腹径 11.2、底径 6.8、残高 6.4 厘米（图 10-18，6；彩版一三〇，5）。

　　T8 ⑨: 28，泥质黑皮红褐陶。平底，直柄。沿外侧及下腹部至豆柄都可见多圈旋纹，内底可见

明显轮制痕迹。底径 6.8、豆柄直径 6、残高 5 厘米（图 10-18，7）。

T8⑨：12，豆盘，泥质黑皮灰白胎黑芯。敛口，方唇，鼓腹内收。素面。口径 14.8、残长 6.2、残高 3 厘米（图 10-18，8）。

6. 盘

1 件。

T8⑨：39，泥质黑皮红褐胎灰白芯。折腹内收，平底，圈足外撇。素面。残高 4、残长 7 厘米（图 10-18，9）。

T8⑨：10，泥质黑陶。敞口，尖唇，浅盘，直筒形圈足，器身与圈足分界不明显。通体饰多道

图 10-18　T8⑨层出土陶瓷器

1～3. 鬲 T8⑨：7、8、41　4. 甗口沿 T8⑨：23　5. 甗腰 T8⑨：13　6～8. 豆 T8⑨：11、28、12　9、24. 盘 T8⑨：39、10　10～12. 盆 T8⑨：24、32、37　13、14. 罐 T8⑨：31、21　15. 原始瓷豆 T8⑨：9　16. 鼎足 T8⑨：29　17. 簋 T8⑨：22　18. 豆 T8⑨：34　19. 瓿 T8⑨：15　20. 泥质罐 T8⑨：5　21. 夹砂罐 T8⑨：36　22. 缸 T8⑨：4　23. 器耳 T8⑨：14

弦纹。口径 15.4、高 7.3 厘米（图 10-18，24）。

　　7. 盆

　　3 件。

　　T8⑨：24，泥质红陶。侈口，卷沿，沿面较宽，圆唇，腹部内收。素面。口径 34、残高 2.8、残长 6 厘米（图 10-18，10）。

　　T8⑨：32，泥质红褐陶。侈口，卷沿，沿面较宽，方唇，腹部内收。沿下绳纹被抹，腹部饰斜行细绳纹。口径 32、残高 6、残长 11 厘米（图 10-18，11）。

　　T8⑨：37，泥质黑皮红褐陶。侈口，圆角方唇，颈部内弧。素面，内侧有一道划痕。口径 20、残高 3.4、残长 9.6 厘米（图 10-18，12）。

　　8. 罐

　　2 件。

　　T8⑨：31，夹砂红褐陶。侈口，卷沿，薄方唇，唇面有一道凹槽，鼓腹。腹部饰弦断斜行细绳纹，沿下绳纹被抹。口径 14、残高 5.4、残长 10 厘米（图 10-18，13）。

　　T8⑨：21，罐，夹砂红褐陶，口沿内侧及表层有明显的烟炱痕迹。侈口，卷沿，厚方唇，唇面内侧有一道凹槽，束颈，鼓腹。沿下绳纹被抹，颈部有一道划痕。口径 20、残长 6、残高 2.6 厘米（图 10-18，14）。

　　9. 印纹硬陶腹片

　　2 件。

　　T8⑨：26，泥质外壁铁灰色、紫胎，致密。折线纹。残长 9、残宽 5 厘米（彩版一三一，1 右、2）。

　　T8⑨：27，灰黑皮灰白胎，较致密。复线菱形回字纹。残长 8.2、残宽 5.8 厘米（彩版一三一，1 左）。

　　10. 原始瓷豆

　　1 件。

　　T8⑨：9，泥质灰白胎，釉不可见。侈口，薄方唇，唇外缘外凸尖锐，颈部内凹，折肩，弧腹内收。豆盘内壁与外壁都可见圈状制作痕迹。口径 13.6、残高 4.8、残长 6.8 厘米（图 10-18，15；彩版一三〇，6）。

　　此外，该层内还出土一些早期遗物：

　　11. 鬲足

　　1 件。

　　T8⑨：18，夹砂红褐陶。尖锥状长足跟，足跟后接于鬲身，脱落处可见模糊的反绳纹痕迹。素面。残长 4.8、残高 10.6 厘米（图 10-19，3）。

　　12. 鼎足

　　4 件。

　　T8⑨：16，夹砂红褐陶，表层陶色泛黄褐色。侧装长扁足，横截面呈椭圆形，足外侧顶端可见两对圆形捏窝，其上可能还有一对，足尖残。素面。残长 4.2、残高 9 厘米（图 10-19，4；彩版一三一，3 左下）。

　　T8⑨：19，夹细砂红褐陶，表层陶色泛黄褐。刀形长扁足，横截面呈椭圆形，顶端残，足尖外撇。素面。残长 4.8、残高 10.8 厘米（图 10-19，5；彩版一三一，3 右上）。

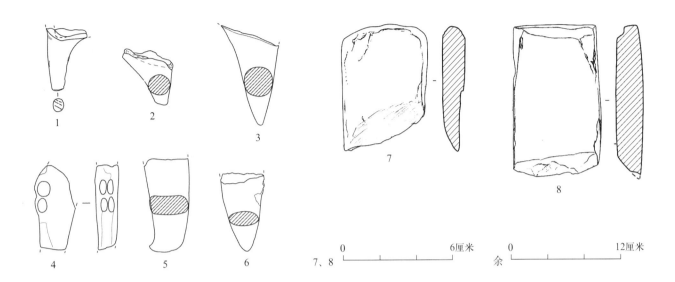

图 10-19　T8 ⑨层出土陶器、石器
1～3. 鬲足 T8 ⑨：17、30、18　4～6. 鼎足 T8 ⑨：16、19、33　7、8. 石铲 T8 ⑨：1、3

T8 ⑨：29，夹细砂，下腹部呈灰褐色，足部呈红褐色。侧装扁足，横截面呈橄榄状的椭圆形，足外侧顶端可见三对残存的圆形捏窝。素面。残长 6、残高 7.4 厘米（图 10-18，16；彩版一三一，3左上）。

T8 ⑨：33，夹细砂，胎色由内到外分别为灰色、灰白、黄褐色，深色表皮脱落殆尽。三角形长扁足，横截面呈椭圆形，顶端残。素面。残长 4.6、残高 8 厘米（图 10-19，6；彩版一三一，3右下）。

13. 簋

1件。

T8 ⑨：22，泥质灰胎，胎体表面有一层灰白层，黑色表皮脱落殆尽。斜直侈口，内卷沿，圆唇鼓出，唇上沿平整，微束颈，上腹部圆鼓凸出。素面磨光。残长 6.2、残高 4.8 厘米（图 10-18，17）。

14. 豆

1件。

T8 ⑨：34，残豆盘，泥质黑胎灰白皮。豆盘卷折，底部有一周明显的凸棱，豆柄与豆盘相接处较直，下部残。素面。底径 10.8、圈足径 6.4、高 3 厘米（图 10-18，18）。

15. 觚

1件。

T8 ⑨：15，泥质，灰黑色胎表面有一层灰白色薄层，黑色表皮。器身底端外撇，至底座边缘圆鼓凸出，形成小平台，底面边缘一周凹槽，中央平整略高于四周。素面磨光。底径 6、残高 3.2 厘米（图 10-18，19）。

16. 泥质罐

1件。

T8 ⑨：5，胎色内灰外灰白，黑色表皮。小卷沿，圆唇略宽，唇下沿略内折，高领弧壁内收，向下竖直。领部下端有三周并列的旋纹，素面磨光。口径 16、残长 7.4、残高 6 厘米（图 10-18，

20）。

17. 夹砂罐

1件。

T8⑨：36，夹细砂，浅红褐色胎，深色表层磨损殆尽。微侈口，小圆叠唇鼓出，上腹部顶端较直。素面。口径约22、残长4.8、残高4.4厘米（图10-18，21）。

18. 缸

1件。

T8⑨：4，缸口沿，夹砂铁灰陶。侈口，厚圆唇，直腹微鼓。腹部饰纵横交错的粗绳纹，纹饰模糊。口径28、残长10.4、残高8厘米（图10-18，22）。

19. 器耳

1件。

T8⑨：14，泥质黑胎，胎体表面有一层灰白色薄层，黑色表皮。器壁很薄，其上纵向黏接一个残断的宽扁耳。素面磨光。耳宽约6.4、耳高8.8厘米（图10-18，23）。

（二）石器

石器2件。

石锛

2件。

T8⑨：1，灰黑色。整器仅剩顶部残片。器表磨制稍粗。残长6.6、宽4.7厘米（图10-19，7；彩版一三一，4）。

T8⑨：3，灰黑色。器体扁平，平面呈长方形，刃部残。通体磨制较细，器表有多处打制疤，残长8.1、宽4.8厘米（图10-19，8；彩版一三一，5、6）。

四　T8 ⑧层

（一）陶瓷器

表10-8　T8 ⑧层出土陶瓷器质地、颜色统计表

陶质	夹粗砂			夹细砂			泥质				印纹陶		合计
陶色	红褐	灰	黑	红褐	灰	黑皮红胎	红褐	灰	黑	黑皮红胎	红褐	灰	
陶片数	24	3	6	37	3	5	45	3	37	16	2	1	182
百分比（%）	13.19	1.65	3.30	20.33	1.65	2.75	24.73	1.65	20.33	8.79	1.10	0.55	100

表10-9　T8 ⑧层出土陶瓷器纹饰统计表

纹饰	陶纹饰							印纹陶		合计
	素面	细绳纹	粗绳纹	弦断绳纹	弦纹加绳纹	附加堆纹	刻划纹	篮纹	曲波加方格	
陶片数	60	47	65	2	1	3	1	1	2	182
百分比（%）	32.97	25.82	35.71	1.10	0.55	1.65	0.55	0.55	1.10	100

该层共出土陶片 182 片，陶器质地、颜色、纹饰统计如下表（表 10-8、9）。标本分述如下：

1. 鬲

2 件。

T8 ⑧：6，夹砂黑褐陶，夹云母，器壁外侧及部分内壁被灼黑。侈口，斜折沿，沿下角较小，圆角方唇，裆部所对腹部略鼓。器表抹光，裆部有横向刮痕，内壁颈、腹交界处有手压痕迹。口径 20、残高 10.2、残长 11.4 厘米（图 10-20，1；彩版一三二，1）。

T8 ⑧：8，夹砂红褐陶，器壁被灼黑。侈口，卷沿，方唇，束颈，鼓腹明显。腹部饰麦粒状绳纹，

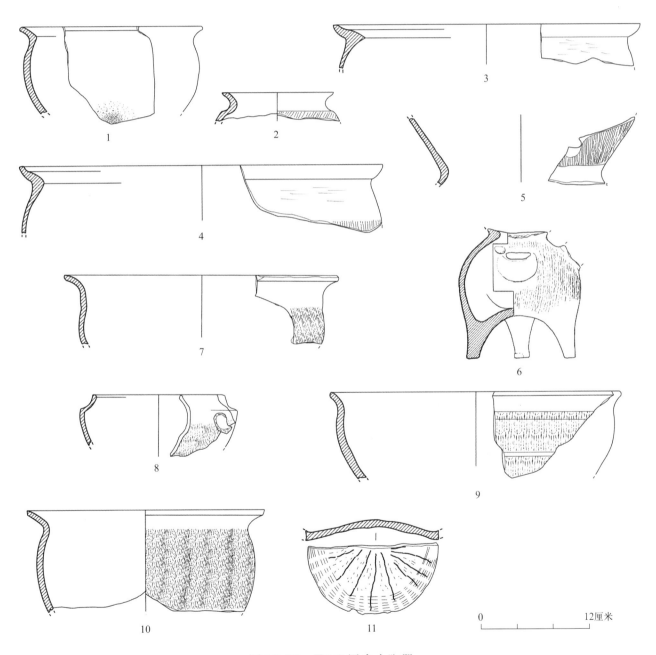

图 10-20　T8 ⑧层出土陶器

1、2. 鬲 T8 ⑧：6、8　3、4. 甗 T8 ⑧：5、7　5. 甗腰 T8 ⑧：16　6. 盉 T8 ⑧：1　7、8. 盆 T8 ⑧：9、19　9、10. 盆口沿 T8 ⑧：10、11　11. 罐底 T8 ⑧：20

沿下绳纹被抹。口径 12、残长 6、残高 2.8 厘米（图 10-20，2）。

2. 甗

2 件。

T8⑧：5，夹砂黑褐陶，器腹内壁有明显的烟炱痕迹，夹云母。折沿，沿下角较小，斜方唇。唇面内侧有一道凹槽，颈、腹分界线明显，上腹部可见划痕，内壁可见口沿与器身黏结痕迹。口径 33.6、颈径 30.8、残高 4.4 厘米（图 10-20，3）。

T8⑧：7，夹砂黑褐陶，器腹外壁及口沿有明显的烟炱痕迹，夹云母。折沿，沿下角较小，斜方唇。唇面内侧有一道凹槽，颈、腹分界线明显，上腹部饰竖行绳纹，沿下可见横向划痕，内壁可见口沿与器身黏结痕迹。口径 37.6、颈径 34.8、残高 7 厘米（图 10-20，4）。

3. 甗腰

1 件。

T8⑧：16，夹砂红褐陶。甗腰外抹光。腹部饰竖行中绳纹。腰底径 17.6、残高 7 厘米（图 10-20，5）。

4. 盉

1 件。

T8⑧：1，盉，夹砂红褐陶。盉腰直径较小，鼓腹，联裆，柱状足，槽形流，流口上方两侧分别贴泥片，鋬残。腹部饰粗绳纹，被抹。腹径 13.4、残高 13.2 厘米（图 10-20，6；彩版一三二，2～4）。

5. 盆

2 件。

T8⑧：9，夹砂红陶。侈口，方唇，卷沿，直腹，腹部以下残。腹部及以下饰纵向中绳纹。口径 30、最大腹径 26.8、残高 7.8 厘米（图 10-20，7）。

T8⑧：19，泥质黑皮红胎，胎芯为灰白色。敛口，子母口，口沿及颈部分界明显，方唇，鼓肩，弧腹内收，下腹部残，肩部有一鋬，残。腹部饰纵向弦断绳纹。口径 14、最大腹径 16.8、残高 5.6 厘米（图 10-20，8）。

6. 盆口沿

2 件。

T8⑧：10，泥质黄褐陶，厚胎。窄折沿，圆唇。口沿外侧和颈部的绳纹被抹去，颈部以下饰斜向细绳纹，肩部饰两道附加堆纹。口径 32、最大腹径 30.4、残高 9 厘米（图 10-20，9）。

T8⑧：11，泥质红褐陶。宽折沿，方唇，鼓肩。口沿外侧的绳纹被抹去，腹部饰纵向细绳纹。口径 26、最大腹径 24、残高 10.6 厘米（图 10-20，10）。

7. 罐

1 件。

T8⑧：17，泥质陶，红褐皮，青灰胎，表面有黑色斑驳痕迹，脱落严重。直口，斜直肩，肩部以下残，唇部残。肩部饰麦粒状中绳纹，部分绳纹被抹去。口径 19.6、残高 11 厘米（图 10-21，1）。

8. 罐底

1 件。

T8⑧：20，底径较大，泥质灰胎，内外表面都有一层黑皮。器腹残，仅存器底，器底内凹。外底饰紊乱的中绳纹及放射状绳纹。底径 14、厚 0.6 厘米（图 10-20，11；彩版一三二，5）。

9. 印纹硬陶圆肩罐口沿

1件。

T8⑧：18，泥质硬陶，紫胎，外壁及唇面紫色表层，且肩部外壁可见少量片状的乳白色釉层，沿面及内壁灰黑色。方唇，小卷沿近平，矮领内凹，圆鼓肩。领外壁刮出多周细凹槽，肩部上端拍印规整的凸波折纹，其下拍规整的凸方格纹。口径22、颈径20.8、残高6.4厘米（图10-21，2）。

（二）石器

石器1件。

石锛

1件。

T8⑧：2，灰白色。器体扁平，顶部平整，刃部残。通体磨制较细，器表有打制疤痕。残长11、残宽8.8、厚3.6厘米（图10-21，3；彩版一三二，6）。

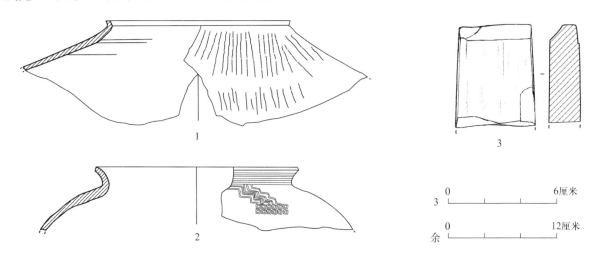

图 10-21　T8 ⑧层出土陶器、石器

1.罐 T8 ⑧：17　2.印纹硬陶圆肩罐口沿 T8 ⑧：18　3.石锛 T8 ⑧：2

五　T8 ⑦层

（一）陶瓷器

该层共出土陶片454片，陶器质地、颜色、纹饰、可辨器形统计如下表（表10-10、11）。标本分述如下：

1. 鬲

1件。

T8⑦：22，夹砂黑褐陶。侈口，卷沿，沿下角较小，方唇，唇面有一道凹槽，鼓腹明显。腹部饰弦断中绳纹，沿下绳纹被抹。口径16、最大腹径22、残高9.6厘米（图10-22，1）。

2. 鬲口沿

1件。

表 10-10　T8 ⑦层出土陶瓷器质地、颜色统计表

陶质	夹砂					泥质					印纹陶		原始瓷	合计
陶色	红	红褐	灰	黑	黑皮红胎	红	红褐	灰	黑	黑皮红胎	灰	红褐		
陶片数	59	160	9	36	26	26	51	16	26	32	8	1	4	454
百分比（%）	13.00	35.24	1.98	7.93	5.73	5.73	11.23	3.52	5.73	7.05	1.76	0.22	0.88	100

表 10-11　T8 ⑦层出土陶瓷器纹饰统计表

纹饰	软陶									印纹陶			原始瓷		合计
	素面	细绳纹	粗绳纹	间断绳纹	粗绳纹与附加堆纹	凹弦与细绳纹	细绳纹与附加堆纹	弦纹	按窝纹	素面	云雷纹	方格纹	凸方格网格纹	菱形纹	
陶片数	212	83	125	7	5	2	1	3	3	3	5	1	2	2	454
百分比（%）	46.70	18.28	27.53	1.54	1.10	0.44	0.22	0.66	0.66	0.66	1.10	0.22	0.44	0.44	100

　　T8 ⑦：21，夹砂红褐陶。宽折沿，圆唇，唇部上翻形成一道凹槽，束颈，鼓肩。肩部以下饰纵向细绳纹。口径 22、颈径 20、残高 7 厘米（图 10-22，2）。

　　3. 鬲足

　　2 件。

　　T8 ⑦：30，夹砂红褐陶。截锥状实足跟矮，足窝较浅。表面有刮削痕迹。残长 6、残高 10.8 厘米（图 10-23，1）。

　　T8 ⑦：39，夹砂红陶，上部有烟炱痕迹。弧裆，锥状实足跟较高，足窝较浅，足跟为斜面。表面有刮削痕迹。残长 8、残高 10 厘米（图 10-23，2）。

　　4. 甗

　　3 件。

　　T8 ⑦：16，夹砂黑褐陶，器体表面有烟炱痕迹，夹云母。折沿，沿面近平，薄方唇，唇外缘略圆鼓，微鼓腹。器外壁可见明显刮痕。口径 35.2、颈径 22、残高 5 厘米（图 10-22，3）。

　　T8 ⑦：17+23，夹砂黑褐陶，器体表面有烟炱痕迹，夹云母。折沿，沿面近平，薄方唇，微鼓腹。器外壁可见明显刮痕。口径 35.2、颈径 22、残高 5 厘米（图 10-22，4）。

　　T8 ⑦：12，夹砂黑褐陶。侈口，卷沿，圆唇，唇部外侧贴敷泥条，颈部内凹，鼓肩明显，弧腹内收。腹部饰斜行中绳纹，器腹内壁有按窝。口径 16、最大腹径 15.6、残高 10.6 厘米（图 10-22，5）。

　　5. 甗腰

　　2 件。

　　T8 ⑦：25，夹砂红褐陶，略夹云母。甗腰外饰指甲纹一周，呈月牙形，隔部折，器身侵蚀严重，无纹饰。腰底径 14.4、残高 6.6 厘米（彩版一三三，1）。

　　T8 ⑦：28，夹砂红褐陶。甗腰外附加泥条较厚较宽，卷隔。器身及甗腰均饰竖行中绳纹。腰底径 16、残高 9.4 厘米（图 10-22，6）。

　　6. 甗附耳

　　1 件。

　　T8 ⑦：33，附耳甗的附耳，夹砂红褐陶。附耳较宽，边缘为方唇，高于口沿，外壁饰交错绳纹。

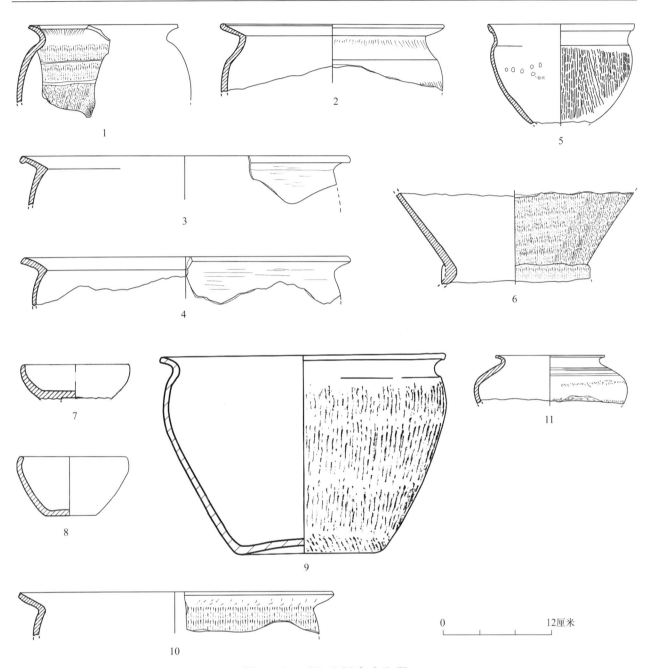

图 10-22　T8 ⑦层出土陶器

1. 鬲 T8 ⑦：22　2. 鬲口沿 T8 ⑦：21　3～5. 甗 T8 ⑦：16、17+23、12　6. 甗腰 T8 ⑦：28　7. 豆 T8 ⑦：31　8. 敛口钵 T8 ⑦：8　9. 盆
T8 ⑦：1　10. 盆口沿 T8 ⑦：15　11. 小罐 T8 ⑦：19

耳洞较大。残长 10、残高 10.2 厘米（图 10-23，3；彩版一三三，2）。

　　7. 盉把

　　2 件。

　　T8 ⑦：34，夹砂红褐陶。把粗大，微弯曲，下端贴近器身部分较平，有手按痕迹，上端微残，
器表有明显刮痕。残长 5、残高 10 厘米（图 10-23，4；彩版一三三，3）。

　　T8 ⑦：36，夹砂红褐陶。把很小，上端向内卷曲，两侧有对捏痕迹。器腹饰绳纹，不明显。残

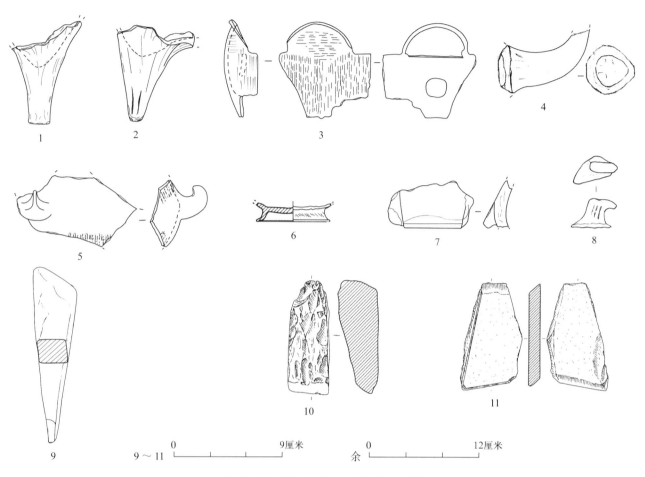

图 10-23　T8 ⑦层出土陶器、石器

1、2. 鬲足 T8 ⑦: 30、39　　3. 甗附耳 T8 ⑦: 33　　4、5. 盉把 T8 ⑦: 34、36　　6. 豆柄 T8 ⑦: 32　　7. 罐耳 T8 ⑦: 37　　8. 器盖纽 T8 ⑦: 35
9、10. 石锛 T8 ⑦: 2、3　　11. 石料 T8 ⑦: 11

长 13、残高 7 厘米（图 10-23，5）。

8. 豆

1 件。

T8 ⑦: 31，泥质黑陶略夹砂。敛口，厚圆唇，弧腹内收，器腹较深，柄部残。素面。口径 11.6、最大腹径 12、残高 3.8 厘米（图 10-22，7；彩版一三三，4）。

9. 豆柄

1 件。

T8 ⑦: 32，泥质黑皮红胎。豆盘残，矮圈足，圈足外撇明显，边缘圆钝。素面。底径 8、残高 2 厘米（图 10-23，6）。

10. 敛口钵

1 件。

T8 ⑦: 8，敛口钵，泥质黑褐陶。口沿微内敛，圆唇，肩部外鼓，斜弧腹内收，平底，器腹较深。素面。口径 11.8、腹径 12.5、底径 5.4、高 6.2 厘米（图 10-22，8；彩版一三三，5）。

11. 盆

1件。

T8⑦：1，夹砂红褐陶。侈口，卷沿，方唇，束颈，鼓腹内收，平底微凹，腹部饰纵向细绳纹。口径30.8、腹径30.8、底径15.8、高20.8厘米（图10-22，9；彩版一三三，6）。

12. 盆口沿

1件。

T8⑦：15，泥质红褐胎。宽折沿，方唇，唇缘内凹。口沿下的绳纹被抹去，肩部饰纵向细绳纹。口径34、残高4.4厘米（图10-22，10）。

13. 小罐

1件。

T8⑦：19，夹砂灰皮黑胎。侈口，折沿，尖唇，鼓腹微折，腹部以下残。肩部及以上饰数道凹弦纹，肩部以下饰间断绳纹。口径12、最大腹径16.8、残高5.2厘米（图10-22，11）。

14. 罐耳

1件。

T8⑦：37，泥质红褐陶，表面有黑色痕迹。扁片形罐耳，器耳较窄，外伸较短。器耳素面。残长9.2、残高5厘米（图10-23，7）。

15. 器盖纽

1件。

T8⑦：35，夹砂黄白陶。器盖纽，表面饰几道绳纹。残长4、残高2厘米（图10-23，8）。

16. 原始瓷腹片

2件。

T8⑦：13，泥质灰白胎，青色釉较厚。器表饰菱形重回纹（彩版一三四，1）。

T8⑦：14，泥质灰白胎，青色釉较厚。回字纹、凸方格纹（彩版一三四，2）。

（二）石器

石器3件。

1. 石锛

2件。

T8⑦：2，灰色。平面呈三角形，横截面呈梯形，单面刃，刃口钝。通体磨制稍粗。长14、宽3.6、最厚2厘米（图10-23，9；彩版一三四，3）。

T8⑦：3，青灰色。器体近似长方形，顶部残，单面刃，刃口稍钝，上有大小不一的崩口。通体磨制粗糙，器表有大量打制疤痕。残长9、宽3.3、最厚3.2厘米（图10-23，10；彩版一三四，4）。

2. 石料

1件。

T8⑦：11，灰黑色。扁薄片。两平面磨制粗糙，四周有多处打制疤痕。长8.3、宽4.5、最厚1厘米（图10-23，11；彩版一三四，5）。

（三）铜器及相关遗物

1. 铜镞

1件。

T8⑦:7（彩版一三四,6）。

2. 残铜器

1件。

T8⑦:4（彩版一三五,1~7）。

3. 残铜器锈块

1件。

T8⑦:6（彩版一三五,8）。

4. 铅块

1件。

T8⑦:9（彩版一三六,1~9）。

5. 炉渣

1件。

T8⑦:5（彩版一三七,1~9）。

6. 炉壁

1件。

T8⑦:10（彩版一三八,1~9）。

六　T8⑥层

（一）陶瓷器

该层共出土陶片790片,陶器质地、颜色、纹饰统计如下表（表10-12、13）。标本分述如下：

表 10-12　T8⑥层出土陶瓷器质地、颜色统计表

陶质	夹粗砂					夹细砂					泥质				印纹陶			原始瓷		合计
陶色	红	红褐	灰	黑	黑皮红胎	红	红褐	灰	黑	黑皮红胎	红褐	灰	黑	黑皮红胎	红	红褐	灰	带釉	不带釉	
陶片数	5	86	19	24	20	1	84	42	32	94	54	40	56	135	16	9	67	4	2	790
百分比（%）	0.63	10.89	2.41	3.04	2.53	0.13	10.63	5.32	4.05	11.90	6.84	5.06	7.09	17.09	2.03	1.14	8.48	0.51	0.25	100

表 10-13　T8⑥层出土陶瓷器纹饰统计表

纹饰	软陶									印纹陶						原始瓷		合计
	素面	细绳纹	粗绳纹	弦断绳纹	间断绳纹	交错绳纹	凹弦纹	附加堆纹	凸棱	素面	重回纹	菱形纹	水波纹	雷纹	回纹	素面	回纹	
陶片数	248	333	85	19	18	5	2	3	3	19	29	34	2	3	6	5	1	790
百分比（%）	31.39	42.15	10.76	2.41	2.28	0.63	0.25	0.38	0.38	2.41	3.67	4.30	0.25	0.38	0.76	0.63	0.13	100

1.鬲

3件。

T8⑥：3，夹砂，外黑、内灰白陶。侈口，折沿，沿下角较小，圆唇，鼓腹。腹部间断中绳纹，沿下绳纹被抹。口径10、最大腹径9.2、残高8.6厘米（图10-24，1）。

T8⑥：4，夹砂红褐陶，器表部分被灼黑，夹云母。卷沿近平，沿下角很小，圆唇，鼓腹明显。腹部部分饰绳纹。口径22、最大腹径23.6、残高8.4厘米（图10-24，2）。

T8⑥：6，夹砂黑陶。侈口，卷沿，沿下角较大，束颈较明显，鼓腹，联裆。腹部饰竖行细绳纹，颈部被抹，内壁上腹部可见明显轮制痕迹，裆部有被捏痕迹。口径12、最大腹径12.6、残高6厘米（图10-24，3）。

2.鬲足

6件。

T8⑥：9，夹砂红褐陶。为包制鬲足，截锥状实足跟较矮，足窝较深。通体饰有纵向细绳纹（彩版一三九，1左上）。

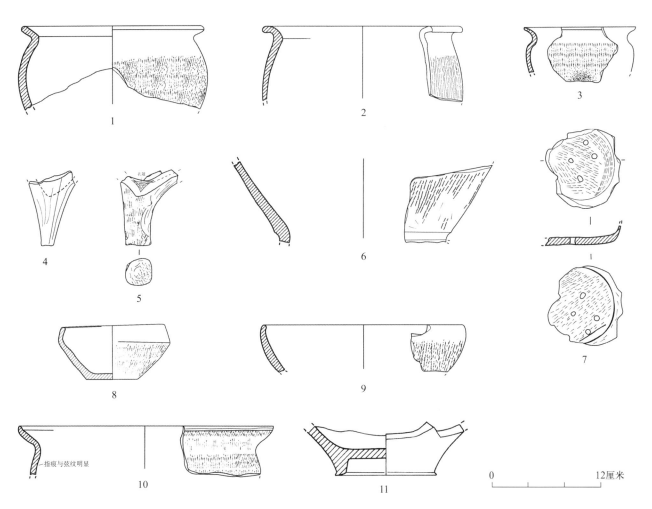

图10-24　T8⑥层出土陶器

1～3.鬲 T8⑥：3、4、6　4、5.鬲足 T8⑥：11、13　6.甗腰 T8⑥：7　7.甑 T8⑥：8　8.敛口钵 T8⑥：2　9.小盆 T8⑥：18　10.盆口沿 T8⑥：5　11.缸（瓮）圈足 T8⑥：21

T8⑥：10，夹砂灰陶。圆锥状实足跟较矮，足窝较浅。通体饰有细绳纹（彩版一三九，1右上）。

T8⑥：11，夹砂红陶，内含少量云母颗粒，足窝内侧有烟炱痕迹。柱状实足跟较高，足窝较深，足跟为斜面。表面有刮削痕迹。残长5、残高8厘米（图10-24，4）。

T8⑥：13，夹砂红褐陶。柱状实足跟较高，足窝较浅。通体和足跟底面均饰有细绳纹。残长6、残高8厘米（图10-24，5）。

T8⑥：14，夹砂红褐陶，上部有烟炱痕迹。为包制鬲足，锥状足跟较矮，足窝浅，足跟为斜面。表面饰有中绳纹（彩版一三九，1右下）。

T8⑥：15，夹砂黑褐陶。锥状足跟矮，足窝深。足外侧饰有纵向细绳纹（彩版一三九，1左下）。

3. 甗腰

1件。

T8⑥：7，夹砂红褐陶。甗腰外抹光，隔部卷。器身饰斜行中绳纹，并有抹痕。腰底径18、残高8.2厘米（图10-24，6）。

4. 甑

1件。

T8⑥：8，仅剩底部，泥质红褐陶，内壁有黑色烟炱痕迹。器壁与器身交界处圆转，有一道凹槽，平底，器身内外壁遍饰细绳纹。残长8、残高1.6厘米（图10-24，7；彩版一三九，2、3）。

5. 敛口钵

1件。

T8⑥：2，泥质黑皮红胎。口沿微内敛，斜方唇，折肩，斜直腹内收，平底，器腹较深。腹部及底部饰细绳纹。口径11.4、腹径12.2、底径5.6、高5.4厘米（图10-24，8；彩版一三九，4）。

6. 小盆

1件。

T8⑥：18，夹粗砂，略夹云母，红褐陶。敛口，圆唇，直腹内弧，下腹部残。素面。口径22、残高5厘米（图10-24，9）。

7. 盆口沿

1件。

T8⑥：5，泥质灰胎黑皮陶。卷沿，圆尖唇。口沿外侧和肩部饰纵向细绳纹，肩部饰一道旋纹。口径28、最大腹径25.2、残高5厘米（图10-24，10）。

8. 缸（瓮）圈足

1件。

T8⑥：21，泥质青灰陶。器壁及器底很厚，斜直腹到底，边缘为方唇，器底较厚，较平。素面。底径11、残高6厘米（图10-24，11）。

9. 印纹硬陶罐

1件。

T8⑥：26，泥质红褐陶。腹部残，仅存器底，平底微内凹，器腹与器底交界处硬折。腹部拍印紊乱的绳纹，腹部与底交界处纹饰被抹，器内壁可见轮制痕迹。底径18、残高7厘米（图10-25，1；彩版一三九，5、6）。

10. 印纹硬陶腹片

4件。

T8 ⑥：22，泥质橙色皮灰胎陶，较疏松。重回纹。

T8 ⑥：23，泥质紫红陶，致密。内壁有手按痕迹，菱形重回纹。

T8 ⑥：24，夹砂红陶，较致密。重回纹。

T8 ⑥：25，泥质橙色陶，较致密。菱形重回纹。

11. 原始瓷豆

3件。

T8 ⑥：17，泥质灰褐胎，无釉。侈口，尖唇，直壁，硬折腹弧平内收。唇内侧及外壁及豆盘内侧均饰多道旋纹，器表可见明显轮制痕迹。口径 16、最大腹径 14.8、残高 3 厘米（图 10-25，2）。

T8 ⑥：19，泥质灰白胎，青色釉保存较好。侈口，尖唇，硬折腹内收。器腹较浅，内侧饰两道旋纹。口径 12、底径 9.6、残高 3.4 厘米（图 10-25，3）。

T8 ⑥：20，泥质灰白胎，青色釉。侈口，圆唇，硬折腹内收，下腹部残。器腹内侧饰多道旋纹，器表可见明显轮制痕迹。口径 12、底径 8.4、残高 3.6 厘米（图 10-25，4）。

12. 原始瓷腹片

1件。

T8 ⑥：16，泥质灰胎，青色釉较厚。回字纹、凸方格纹（彩版一四〇，1、2）。

（二）石器

石锛

1件。

T8 ⑥：1，青色。器体稍厚，横截面近似正方形，顶部残。单面刃，刃口锋利，上有多处崩口。通体磨制稍粗。残长 7.9、残宽 3.9、最厚 3.3 厘米（图 10-25，5）。

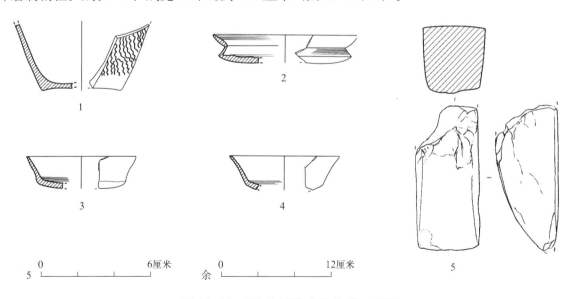

图 10-25　T8 ⑥层出土陶瓷器、石器

1. 印纹硬陶罐 T8 ⑥：26　2 ～ 4. 原始瓷豆 T8 ⑥：17、19、20　5. 石锛 T8 ⑥：1

七　T8 ⑤层

（一）陶瓷器

该层共出土陶片 1051 片，陶器质地、颜色、纹饰统计如下表（表 10-14、15）。标本分述如下：

表 10-14　T8 ⑤层出土陶瓷器质地、颜色统计表

陶质	夹粗砂		夹细砂					泥质				印纹陶			原始瓷	合计
陶色	红	红褐	红	红褐	灰	黑	黑皮红胎	红	灰	黑	黑皮红胎	红褐	灰	红		
陶片数	3	120	33	184	11	126	199	30	35	39	75	48	98	37	13	1051
百分比（%）	0.29	11.42	3.14	17.51	1.05	11.99	18.93	2.85	3.33	3.71	7.14	4.57	9.32	3.52	1.24	100

表 10-15　T8 ⑤层出土陶瓷器纹饰统计表

纹饰	软陶												
	素面	细绳纹	粗绳纹	弦断绳纹	间断绳纹	交错绳纹	凹弦纹	凹弦与刻划组合	凹弦与绳纹组合	附加堆纹	按窝纹	戳印纹	
陶片数	277	129	336	57	1	5	17	5	4	12	1	8	
百分比（%）	26.36	12.27	31.97	5.42	0.10	0.48	1.62	0.48	0.38	1.14	0.10	0.76	

纹饰	印纹陶										原始瓷		合计
	方格纹	回纹	重回纹	菱形纹	圆圈纹	拍印纹	雷纹	席纹	凸方格纹	其他	带釉	不带釉	
陶片数	3	18	1	37	3	1	57	1	2	63	3	10	1051
百分比（%）	0.29	1.71	0.10	3.52	0.29	0.10	5.42	0.10	0.19	5.99	0.29	0.95	100

1.鬲

4 件。

T8 ⑤：6，夹砂红褐陶，内壁及部分外壁被灼黑，夹云母。斜直口，折沿，沿下角较大，尖圆唇，裆部所对腹部微鼓。上腹部略饰绳纹，纹饰模糊。残长 5.7、残高 6.5 厘米（图 10-26，1）。

T8 ⑤：10，夹砂灰黑皮红褐胎。侈口，折沿，沿下角较大，方唇，颈部微内凹，折肩较圆转。腹部纹饰间断细绳纹，纹饰很模糊，沿下绳纹被抹。口径 22、最大腹径 24、残高 6 厘米（图 10-26，2）。

T8 ⑤：11，夹砂灰黑陶。侈口，折沿，沿下角较小，圆唇。腹部饰弦断细绳纹，纹饰很模糊，沿下绳纹被抹。口径 18、残高 4.2 厘米（图 10-26，3）。

T8 ⑤：12，夹砂黑陶。侈口，折沿，沿下角较大，斜方唇，颈部内凹，折肩。腹部饰弦断绳纹。口径 22、最大腹径 24、残高 6 厘米（图 10-26，4）。

2.鬲足

8 件。

T8 ⑤：43，夹砂黑皮红胎陶。弧裆，尖锥状实足跟矮，足窝较浅。表面饰有绳纹。

T8 ⑤：44，夹砂红褐陶，上部有烟炱痕迹。圆锥状实足跟，足窝深，足跟处小平台为斜面。表面饰有细绳纹。残长 8、长 10 厘米（图 10-28，1）。

T8⑤：48，夹砂陶，黑皮红胎。圆锥状实足跟，足窝较深，足跟底部稍粗。通体饰有中绳纹。

T8⑤：49，夹砂陶，陶色不均，为黑褐色和红褐色。锥状实足跟，足窝较浅。表面饰有中绳纹。

T8⑤：50，夹砂红褐陶，上部有烟炱痕迹。柱状实足跟较高，足窝较深，足底部稍向内折。上部饰有斜向绳纹，下部绳纹被刮掉，在刮削面上有戳印纹。残长 5.8、残高 9 厘米（图 10-28，2）。

T8⑤：51，夹砂红陶，足窝内侧有烟炱痕迹。尖锥状足较高，足窝较浅。通体饰纵向和斜向细绳纹。

T8⑤：52，夹砂红褐陶，外侧有烟炱痕迹。柱状实足跟矮，足窝较深。表面有刮削痕迹。残长 5、残高 10.6 厘米（图 10-28，3）。

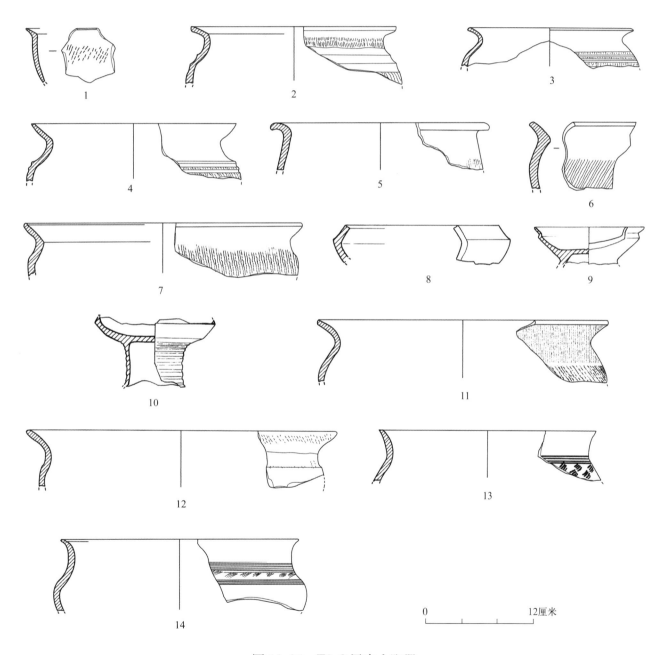

图 10-26　T8 ⑤层出土陶器

1～4.鬲 T8⑤：6、10～12　5.鼎 T8⑤：23　6、7.甗口沿 T8⑤：14、17　8、9.豆 T8⑤：24、38　10.豆柄 T8⑤：36　11～14.盆 T8⑤：21、22、27、28

T8⑤: 54 夹砂红褐陶。柱状实足跟矮，足窝较浅，足跟为斜面。自腹部至足跟处有刮削痕迹。

3. 鼎

1 件。

T8⑤: 23，夹砂红褐陶。侈口，卷沿近平，圆唇，直腹，器表略饰绳纹。口径 22.8、残高 5 厘米（图 10-26，5）。

4. 甗口沿

2 件。

T8⑤: 14，夹砂红褐陶，夹云母。侈口，斜折沿，沿下角较大，方唇，微鼓腹。器腹饰斜行细绳纹，器表较斑驳。残长 8、残高 7 厘米（图 10-26，6）。

T8⑤: 17，夹细砂红褐胎灰陶。宽折沿，方唇。口沿外侧的绳纹被抹去，鼓肩，颈部以下饰纵向细绳纹。口径 30、最大腹径 29.2、残高 5.6 厘米（图 10-26，7）。

5. 甗腰

3 件。

T8⑤: 31，夹砂黑皮红胎。甗腰外侧饰指尖纹一周，呈月牙形，卷隔。腹部饰竖行细绳纹。最小直径 16、残高 7.8 厘米（图 10-27，1）。

T8⑤: 32+33，夹砂红褐陶，略夹云母，鬲部有烟炱痕迹。甗腰外抹光，隔部折。器身饰竖行细

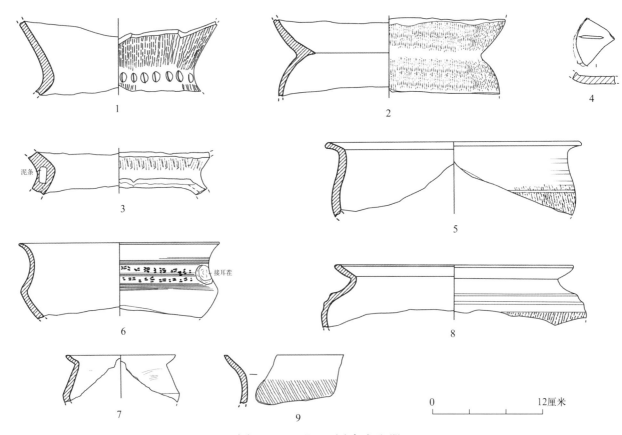

图 10-27　T8 ⑤层出土陶器

1～3. 甗腰 T8⑤: 31、32+33、34　4. 盉箅 T8⑤: 35　5. 盆 T8⑤: 16　6. 小盆 T8⑤: 26　7. 小罐 T8⑤: 8　8. 罐口沿 T8⑤: 13　9. 尊 T8⑤: 29

绳纹，纹饰较模糊。最小直径 20、残高 8 厘米（图 10-27，2）。

T8⑤：34，夹砂黑皮红褐胎。甗腰较厚，有抹痕，卷隔。腹部饰竖行细绳纹。最小直径 16、残高 4.2 厘米（图 10-27，3）。

6. 盉箅

1 件。

T8⑤：35，泥质红褐陶。箅部较小较薄，箅孔为条形，呈放射状。残长 5.2、厚 0.8 厘米（图 10-27，4；彩版一四〇，3）。

7. 豆

2 件。

T8⑤：24，泥质黑皮红胎。敛口，子母口，厚方唇，折腹，下腹部残。素面。口径 17、最大腹径 19.6、残高 4.4 厘米（图 10-26，8）。

T8⑤：38，泥质黑皮红胎。侈口，尖圆唇，颈部内凹，折腹内收，豆柄残。素面。口径 12、残高 4 厘米（图 10-26，9）。

8. 豆柄

1 件。

T8⑤：36，泥质黑皮红胎。口沿残，折腹内收，直柄，细长，自豆柄与豆盘接合处至残断部分通体饰弦纹。圈足径 6.4、残高 7.6 厘米（图 10-26，10；彩版一四〇，4）。

9. 盆

5 件。

T8⑤：16，盆口沿，泥质红胎黑皮陶。宽折沿，圆唇。颈部有制作时留下的抹痕，肩部饰数周粗旋纹，肩部以下饰纵向细绳纹。口径 28、最大腹径 27.6、残高 8.2 厘米（图 10-27，5）。

T8⑤：21，盆口沿，泥质红褐陶。方唇，外壁饰纵向细绳纹。口径 32、最大腹径 32、残高 6.4 厘米（图 10-26，11）。

T8⑤：22，泥质红褐陶。侈口，宽卷沿，薄圆唇，微折肩，肩部以下残。口沿至肩部饰有绳纹，被抹。口径 34、最大腹径 33.2、残高 6 厘米（图 10-26，12）。

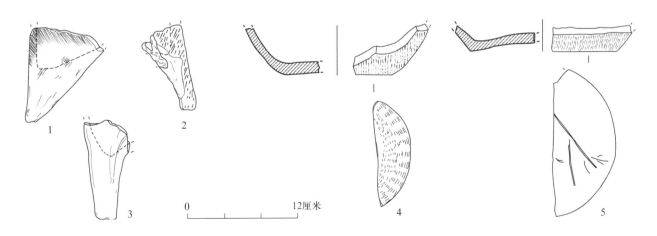

图 10-28　T8 ⑤层出土陶器

1～3. 鬲足 T8 ⑤：44、50、52　4、5. 罐底 T8 ⑤：40、55

T8⑤：27，泥质黑皮红褐胎。侈口，卷沿，沿下角较大，尖圆唇，颈部微内弧，肩部以下残。肩部饰双层单向划纹，划纹上下饰多道旋纹。口径 24、残高 5.4 厘米（图 10-26，13）。

T8⑤：28，泥质灰黑皮红褐胎，略夹砂。侈口，卷沿，沿下角较大，尖圆唇，唇面有一道凹槽，颈部内弧，鼓肩，下腹部内收，残。肩部饰单向划纹，划纹很短，纹饰较浅，较随意，划纹上下饰多道旋纹。口径 26、最大腹径 27.6、残高 7.6 厘米（图 10-26，14）。

10. 小盆

1 件。

T8⑤：26，泥质黑皮红褐陶。侈口，卷沿，沿下角较大，尖圆唇，颈部内弧，折肩，下腹部斜直，底残。肩部饰双层单向划纹，划纹上下均有多道旋纹。口径 22、最大腹径 21.6、残高 8 厘米（图 10-27，6）。

11. 小罐

2 件。

T8⑤：8，泥质陶黑皮红褐胎。圆唇，凹折沿，束颈，折肩，肩部以下残。素面。口径 12、最大腹径 12.8、残高 5 厘米（图 10-27，7）。

T8⑤：25，黑陶。侈口，折沿，厚圆唇，折肩较低，底部残。下腹部饰绳纹（彩版一四〇，5）。

12. 罐口沿

1 件。

T8⑤：13，泥质灰陶，质地细密。折沿近平，沿下角较小，圆唇，束颈。肩部的绳纹被抹去，肩部饰两道较粗的凹槽，肩部以下饰纵向细绳纹。口径 26、最大腹径 28.8、残高 6.6 厘米（图 10-27，8）。

13. 罐底

2 件。

T8⑤：40，底径较大，夹砂灰黑胎，胎体表层有一层很薄的红褐陶，内外表皮均为黑陶。上腹部残，下腹部微鼓，平底，器身与器腹交界处硬折，器壁及器底较厚。器腹饰竖行细绳纹，外底饰朝向中心按压的细绳纹。底径 12、残高 5 厘米（图 10-28，4）。

T8⑤：55，泥质灰陶，略夹砂。腹部残，仅存器底，平底略内凹，器身与器腹交界处硬折。器腹饰竖行细绳纹，外底饰绳纹及叶脉形刻划纹。底径 8、残高 2.8 厘米（图 10-28，5；彩版一四〇，6）。

14. 尊

1 件。

T8⑤：29，泥质黑皮红褐陶。卷沿，沿下角较大，方唇，鼓腹。腹部饰细绳纹。残长 9.4、残高 5.2 厘米（图 10-27，9）。

15. 印纹硬陶侈口罐

1 件。

T8⑤：20，侈口，方唇，短颈，颈部有凹弦纹，颈部以下残。口径 20、残高 4.6 厘米（图 10-29，1）。

16. 印纹硬陶腹片

3 件。

T8⑤：41，泥质灰褐陶，较疏松。重回纹（彩版一四一，1）。

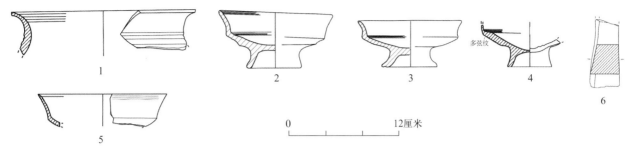

图10-29　T8 ⑤层出土陶瓷器、石器

1.印纹硬陶侈口罐 T8 ⑤: 20　2 ～ 5.原始瓷豆 T8 ⑤: 1、3、56、57　6.石锛 T8 ⑤: 2

T8 ⑤: 42，夹砂灰褐陶，疏松，有气泡。方格纹（彩版一四一，2）。

T8 ⑤: 59，泥质外壁紫色、紫红胎、内壁铁灰色，致密。重环纹（彩版一四一，3、4）。

17. 原始瓷豆

4件。

T8 ⑤: 1，泥质灰白胎，釉不可见。敞口，尖圆唇，折腹内收，器腹较浅，圈足微外撇。腹内饰多道旋纹，器表可见明显轮制痕迹。口径12.4、圈足径5.2、底径6、高5.9厘米（图10-29，2；彩版一四一，5）。

T8 ⑤: 3，泥质灰褐色胎，釉不可见。侈口，尖唇，腹部微内凹，弧腹内收，圈足外撇，呈喇叭状。口沿外及腹内饰多道旋纹。口径11、圈足径5.4、底径5.8、高5厘米（图10-29，3；彩版一四一，6）。

T8 ⑤: 56，泥质灰白胎，青色釉较薄，仅在盘底见少量。豆柄较矮，圈足微外撇。盘底内外壁饰多道旋纹，豆柄素面纹饰，圈足径4.8、残高4.4厘米（图10-29，4；彩版一四二，1）。

T8 ⑤: 57，泥质灰白胎，釉不可见。敞口，口沿较宽，圆唇，折腹内收。口沿内、外侧及盘底内、外侧均饰多道旋纹。口径14、残高3.4厘米（图10-29，5）。

18. 原始瓷腹片

1件。

T8 ⑤: 58，泥质灰白胎，青色釉较薄，仅存少部分。口沿残，弧颈，微鼓腹。颈部贴塑一条间隔压印的泥条，腹部饰复线回字纹。残宽14、残高7厘米（彩版一四二，2、3）。

（二）石器

石锛

1件。

T8 ⑤: 2，灰黑色。器体稍厚，横截面近似直角梯形。通体精磨。上下均残。残长7、宽3.2、最厚3厘米（图10-29，6；彩版一四二，4、5）。

八　T8 ④层

（一）陶瓷器

该层共出土陶片1239片，陶器质地、颜色、纹饰统计如下表（表10-16、17）。标本分述如下：

表 10-16　T8 ④层出土陶瓷器质地、颜色统计表

陶质	夹砂					泥质					印纹陶		原始瓷	合计
陶色	红	红褐	灰	黑	黑皮红胎	红	黑	红褐	灰	黑皮红胎	红	灰		
陶片数	12	210	96	152	160	40	70	71	38	92	98	179	21	1239
百分比（%）	0.97	16.95	7.75	12.27	12.91	3.23	5.65	5.73	3.07	7.43	7.91	14.45	1.69	100

表 10-17　T8 ④层出土陶瓷器纹饰统计表

纹饰	软陶															
	素面	绳纹	细绳纹	粗绳纹	弦断绳纹	间断绳纹	附加堆纹与细绳纹	凹弦纹与细绳纹	附加堆纹与粗绳纹	弦纹	凹弦纹与刻划纹	凸棱弦纹	附加堆纹	钻孔陶片	按窝纹	戳印纹
陶片数	471	98	205	73	30	18	3	6	1	15	1	3	13	1	1	1
百分比（%）	38.01	7.91	16.55	5.89	2.42	1.45	0.24	0.48	0.08	1.21	0.08	0.24	1.05	0.08	0.08	0.08

纹饰	印纹陶																		原始瓷		合计
	素面	弦纹	凹弦纹与刻划纹	席纹	重回纹	菱形纹	方格纹	雷纹	窗格纹	回纹	凸方格纹	叶脉纹	曲折纹	重回纹与圆圈纹	弦断与压印	凹弦纹与折线纹	水波纹	凹弦、戳印与折线	素面	弦纹	
陶片数	81	2	3	17	31	42	4	75	4	3	2	2	7	1	1	1	1	1	17	4	1239
百分比（%）	6.54	0.16	0.24	1.37	2.50	3.39	0.32	6.05	0.32	0.24	0.16	0.16	0.56	0.08	0.08	0.08	0.08	0.08	1.37	0.32	100

1. 鬲

4 件。

T8④：11，夹砂灰褐陶。侈口，斜折沿，沿面较窄，薄方唇，微鼓腹。腹部饰细绳纹，纹饰很模糊，沿下绳纹被抹。口径 24、残高 5.8 厘米（图 10-30，1）。

T8④：12，夹粗砂红褐陶，夹云母，厚胎。窄折沿，圆方唇，颈部的绳纹被抹去。口径 24、残高 7 厘米（图 10-30，2）。

T8④：15，夹砂黑陶。侈口，折沿，沿下角较大，方唇，颈部内凹，折肩。腹部饰弦断绳纹，沿下绳纹被抹。口径 22、最大腹径 22.8、残高 7 厘米（图 10-30，3）。

T8④：16，夹砂黑皮红褐胎。侈口，折沿，沿下角较大，沿面内弧，斜方唇，颈部内凹，硬折肩。腹部饰弦断绳纹，沿下绳纹被抹。口径 18、最大腹径 20.5、残高 5.6 厘米（图 10-30，4）。

2. 鬲足

6 件。

T8④：36，夹砂红陶。尖锥状足，较矮，足窝较深。通体饰有斜向和纵向中绳纹。

T8④：39，夹砂灰褐陶。截锥状实足跟较矮，足窝较浅。通体饰有中绳纹。

T8④：40，夹砂灰褐陶，陶色不均，部分为红褐色。柱状实足跟较高，足窝较浅。素面。残宽 5、残高 9.6 厘米（图 10-31，1）。

T8④：41，夹砂红褐陶，足窝内侧为黑褐色。尖锥状实足跟较高，足窝较浅，足跟处稍残。通

体饰有纵向中绳纹。

T8④：44，夹粗砂灰黑陶。柱状实足跟较高，足窝较深，足跟底部为斜面。素面。残宽 7、残高 9.8 厘米（图 10-31，2）。

T8④：47，夹砂陶，陶色不均，上部为黑褐色，下部为红褐色。锥状实足跟，足窝较深，足跟底部略有椭圆形小平台。表面饰有中绳纹。残宽 7.2、残高 8.6 厘米（图 10-31，3）。

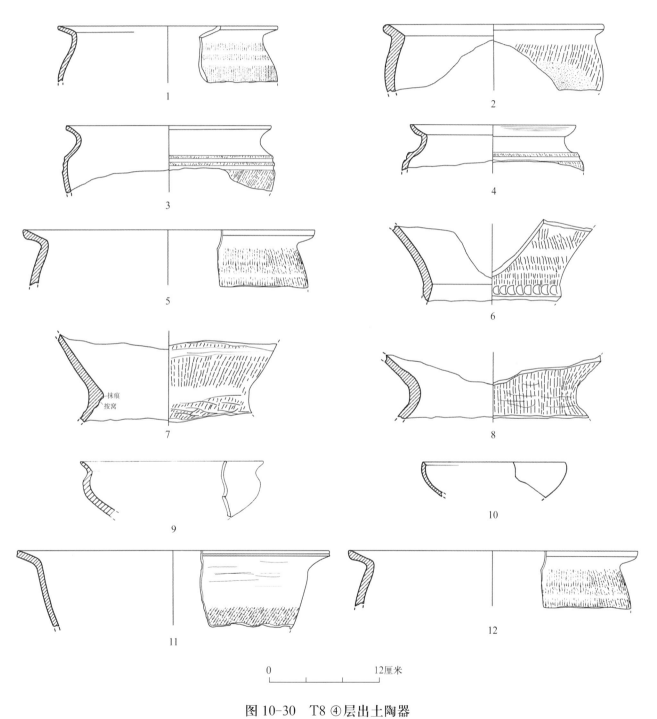

0　　　　　　　　12厘米

图 10-30　T8 ④层出土陶器

1～4.鬲 T8④：11、12、15、16　5.甗口沿 T8④：13　6～8.甗腰 T8④：20～22　9.簋 T8④：18　10.豆 T8④：17　11、12.盆 T8④：9、26

3. 鼎足

2 件。

T8④：48，夹砂陶，红皮灰胎。横装鼎足，体型较大，整体呈扁平三角形，横截面为梯形，足跟处稍外撇。内侧中间有一道不明显的凹槽，其余部分为素面。残宽 9、残高 13.6 厘米（图 10-31，4；彩版一四三，1 右）。

T8④：49，夹砂红褐陶。横装鼎足，体型较大，整体呈扁平三角形，横截面为椭圆形，足跟处稍外撇，外侧下部有指抹痕迹。素面。残宽 6、残高 12.6 厘米（图 10-31，5；彩版一四三，1 左）。

4. 甗口沿

2 件。

T8④：13，夹细砂红褐陶。宽折沿，方唇。口沿外侧的绳纹被抹去，颈部以下饰纵向细绳纹，肩部饰一道旋纹。口径 32、最大腹径 30、残高 6 厘米（图 10-30，5）。

T8④：23，夹细砂红褐陶。宽折沿，方唇，外壁饰纵向细绳纹，鼓肩。肩部饰一道旋纹。口径 32、最大腹径 32、残高 8 厘米（图 10-31，6）。

5. 甗腰

3 件。

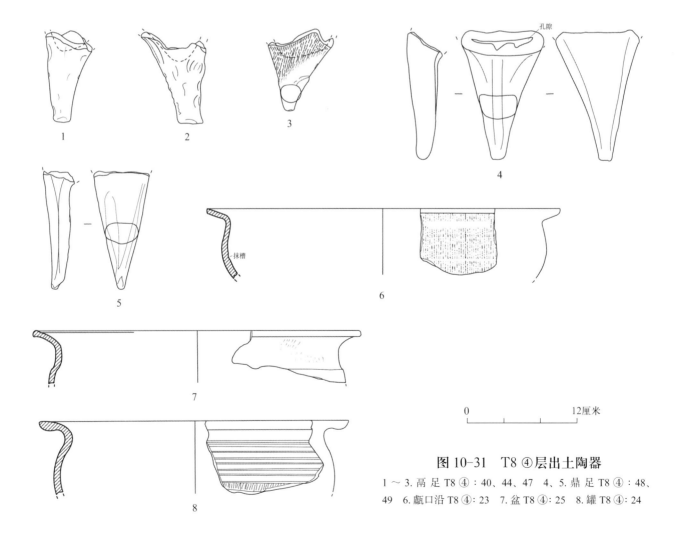

图 10-31 　T8 ④层出土陶器

1～3. 鬲足 T8 ④：40、44、47 　4、5. 鼎足 T8 ④：48、49 　6. 甗口沿 T8 ④：23 　7. 盆 T8 ④：25 　8. 罐 T8 ④：24

T8④：20，夹砂黑皮红褐胎。甗腰外侧饰按窝一周，呈椭圆形。器身饰间断竖行细绳纹。最小直径 15.2、残高 8.4 厘米（图 10-30，6；彩版一四三，2）。

T8④：21，夹砂黑皮红褐胎。甗腰较厚，有抹痕，卷隔。腹部饰间断竖行中绳纹。最小直径 18、残高 9 厘米（图 10-30，7）。

T8④：22，夹砂黑皮灰白胎。甗腰较薄，卷隔。甗腰及腹部饰竖行中绳纹。最小直径 20.8、残高 6.8 厘米（图 10-30，8）。

6. 盉把

1 件。

T8④：19，夹砂红褐陶。把细长，微弯曲，上下端均残。残长 10、残宽 2.4 厘米（图 10-32，1）。

7. 簋

1 件。

T8④：18，泥质灰黑陶。斜折沿，圆唇，腹部微束，弧盘内收。素面。口径 20、最大腹径 19.2、残高 6 厘米（图 10-30，9）。

8. 豆

1 件。

T8④：17，泥质黑皮灰白胎。直口，斜方唇，弧腹内收，下腹部残。素面。口径 15.6、残高 3.8 厘米（图 10-30，10）。

9. 盆

3 件。

T8④：9，夹砂红褐陶，器表为黑色外皮。侈口，折沿，方唇，唇面有一道凹槽，斜直腹。腹部饰斜向绳纹。口径 36、残高 8 厘米（图 10-30，11）。

T8④：25，泥质红褐陶。侈口，卷沿较宽，厚方唇，微折肩，肩部斜直较短，肩部以下残。沿下和颈部饰有中绳纹，有被抹痕迹。口径 36、残高 5.6 厘米（图 10-31，7）。

T8④：26，泥质红褐陶，黑胎。侈口，宽卷沿，薄方唇，微折肩，肩部以下残。肩部饰有弦断绳纹，其余部分为素面。口径 32、残高 5 厘米（图 10-30，12）。

10. 罐

7 件。

T8④：7，夹砂黑皮红褐陶，略夹云母。斜直口，方唇略圆，折沿，略鼓腹。沿面有一道凹槽，器腹饰绳纹（图 10-32，2）。

T8④：14，夹砂陶，灰皮红胎。侈口，微折沿，圆唇，圆肩，肩部以下残。沿下饰绳纹，有被抹痕迹，颈部饰两道较粗凸弦纹，肩部饰竖行中绳纹（彩版一四三，3）。

T8④：27，夹砂红褐陶，器壁内侧有烟熏痕迹，夹云母。斜直口，沿面略外撇，折沿，方唇，肩部略低平。肩部有横向刮痕。口径 25.2、残高 4.4 厘米（图 10-32，3）。

T8④：29，夹砂红褐陶，器壁有烟炱痕迹，夹云母。斜侈口，折沿，方唇，鼓肩内收。沿面内侧有一道凹槽。口径 21.2、残高 16 厘米（图 10-32，4）。

T8④：31，泥质陶，黑皮红胎。侈口，折沿，圆唇，短颈，束颈，广肩，肩部以下残。肩部饰竖向间断中绳纹。口径 18、残高 4.2 厘米（图 10-32，5）。

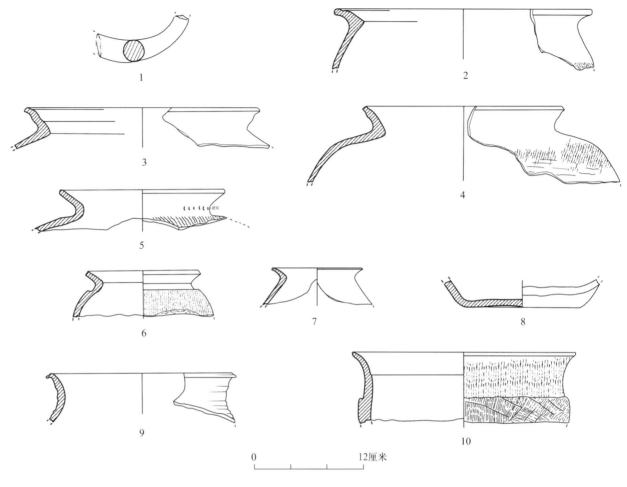

图 10-32　T8 ④层出土陶器

1. 盉把 T8 ④: 19　2 ～ 6. 罐 T8 ④: 7、27、29、31、33　7. 小罐 T8 ④: 30+32　8. 罐底 T8 ④: 34　9. 高直领罐口沿 T8 ④: 28　10. 缸口
沿 T8 ④: 8

　　T8 ④: 33，夹砂陶，黑皮灰胎。侈口，微折沿，方唇，短颈内凹，斜直肩，肩部以下残。肩部
饰有竖行细绳纹。口径 12、残高 4.8 厘米（图 10-32，6）。

　　T8 ④: 24，罐口沿，泥质褐胎黑皮陶。尖圆唇，唇部下鼓，束颈。肩部饰数周旋纹，腹部饰纵
向细绳纹。口径 34、最大腹径 31.8、残高 7 厘米（图 10-31，8）。

　　11. 小罐

　　1 件。

　　T8 ④: 30+T8 ④: 32，泥质红褐陶。侈口，卷沿，方唇，肩部以下残。素面。口径 10、残高 3.8
厘米（图 10-32，7）。

　　12. 罐底

　　1 件。

　　T8 ④: 34，夹砂红褐陶。腹部残，仅存器底，平底，器身与器腹交界处硬折。素面。底径 12、
残高 3 厘米（图 10-32，8）。

　　13. 高直领罐口沿

　　1 件。

T8 ④：28，泥质红陶。侈口，斜方唇，颈部内弧，较高，下端残。颈部外侧起多道凸棱，素面。口径 20、残高 5 厘米（图 10-32，9）。

14. 缸口沿

1 件。

T8 ④：8，泥质红陶。卷沿，圆唇。口沿处的绳纹被抹去，外壁饰纵向细绳纹，肩部饰压印细绳纹的附加堆纹。口径 24、残高 7.6 厘米（图 10-32，10；彩版一四三，4、5）。

15. 不明器

1 件。

T8 ④：35，泥质黑皮灰陶。器壁上有一穿孔，双面钻，不甚规整。残长 8.4、残宽 6.8、厚 1.4 厘米（图 10-33，1；彩版一四三，6）。

16. 硬陶豆

1 件。

T8 ④：56，泥质灰夹紫胎，釉不可见。侈口，薄方唇，折腹内收。口沿内饰多道宽弦纹，器表明显可见轮制痕迹。口径 14、残高 4.8 厘米（图 10-33，2）。

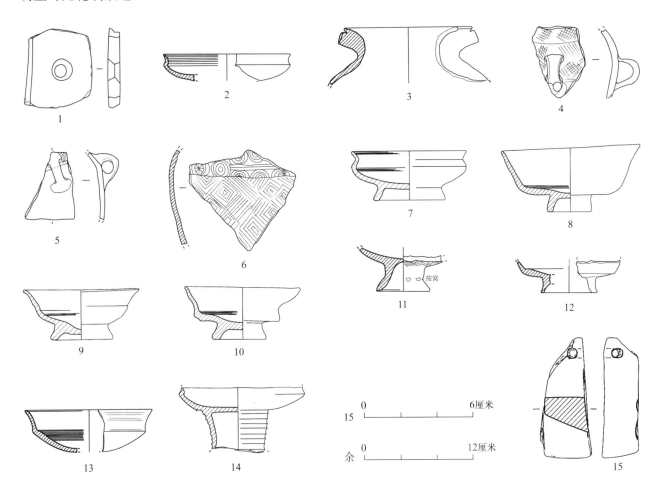

图 10-33　T8 ④层出土陶瓷器、石器

1. 不明器 T8 ④：35　2. 硬陶豆 T8 ④：56　3. 印纹硬陶圆肩罐口沿 T8 ④：67　4、5. 印纹硬陶罐耳 T8 ④：50、66　6. 印纹硬陶圆肩罐肩腹残片 T8 ④：63　7～13. 原始瓷豆 T8 ④：1、3～5、51、55、68　14. 原始瓷豆柄 T8 ④：6　15. 石锛 T8 ④：2

17. 印纹硬陶圆肩罐口沿

1 件。

T8④：67，夹细砂硬陶，胎色内灰外灰黑，灰白色表层，外壁及沿面另多一层浅黑灰色表层，肩部残存一小块黑色釉层。卷沿，圆唇，直领，耸肩近平。肩部印纹模糊不清。口径 14、残高 6 厘米（图 10-33，3；彩版一四四，1）。

18. 印纹硬陶罐耳

2 件。

T8④：50，泥质红褐软陶，内外表皮为红褐色。中间夹一薄层的灰胎器外表饰填线纹，内壁有按窝痕迹。耳部长 2.5、宽 1.5、高约 2 厘米（图 10-33，4）。

T8④：66，泥质灰胎灰陶，内外壁与胎色一致。耳为桥形耳，截面为圆形。器外表近耳部有弦纹，其他部位未发现纹饰。耳长 3.4、宽 1.6、高约 2 厘米（图 10-33，5）。

19. 印纹硬陶圆肩罐肩腹残片

1 件。

T8④：63，夹细砂灰硬陶。圆鼓肩，肩、腹交界圆转，腹部弧曲渐内收。肩部拍印较杂乱的重圈纹与旋纹带组合纹饰，腹部拍印较杂乱的重回纹。残宽 8、残高 9 厘米（图 10-33，6；彩版一四四，4、5）。

20. 印纹硬陶腹片

4 件。

T8④：52，泥质外壁灰色、紫红胎、内壁铁灰色，致密。内壁有泥条盘筑痕迹，变形云雷纹（彩版一四四，2、3）。

T8④：53，泥质铁灰皮紫红胎，致密，有气泡。内壁有泥条拼接痕迹，重回纹。

T8④：54，泥质灰褐皮橙色胎陶，较致密。复线方格纹。

T8④：62，泥质紫红陶，致密。菱形重回纹。

21. 印纹软陶腹片

1 件。

T8④：59，泥质黄陶，疏松。席纹（彩版一四四，6）。

22. 原始瓷豆

7 件。

T8④：1，泥质红褐胎，釉不可见。侈口，尖唇，颈内折，折腹内收，圈足微外撇。口沿内、外壁及腹内饰有多道旋纹，器表可见轮制痕迹。口径 12.6、圈足径 7、底径 7.9、高 7.2 厘米（图 10-33，7；彩版一四五，1）。

T8④：3，泥质红胎，釉不可见。侈口，尖唇，折腹内收，圈足微外撇。口沿及豆盘内侧饰多道细旋纹，器表可见明显轮制痕迹。口径 15.2、圈足径 4.6、底径 5、高 6.8 厘米（图 10-33，8；彩版一四五，2）。

T8④：4，泥质灰白胎，釉不可见。敞口，尖圆唇，折腹内收，圈足微外撇。腹内饰多道旋纹，口沿外侧饰有多道弦纹，圈足外侧呈紫红色，器表可见明显轮制痕迹。口径 12.8、圈足径 5.8、底径 6.8、高 5.2 厘米（图 10-33，9；彩版一四五，3、4）。

T8④: 5，泥质灰白胎，器表有褐色不明涂料。敞口，有些变形，尖圆唇，直腹较浅，折内收，圈足微外撇。腹内饰多道旋纹，器表可见明显轮制痕迹，豆盘底部与豆座有明显接痕。口径12.6、圈足径5、底径5.8、高5.5厘米（图10-33，10；彩版一四五，5）。

T8④: 51，泥质灰白胎，釉不可见。豆柄较矮，圈足外撇。圈足口沿内侧有一周凹槽。底径6、残高4.8厘米（图10-33，11；彩版一四六，1、2）。

T8④: 55，泥质灰白胎，釉不可见。盘底内饰多道旋纹，豆柄较矮，器底与豆座接痕明显，圈足残。底径6、残高2.4厘米（图10-33，12）。

T8④: 68，泥质灰白胎，釉基本已脱落。侈口，卷圆唇，深盘，硬折腹弧收，下腹部残。豆盘内侧饰多道细旋纹，器表有明显的轮制痕迹。口径14、残高4.4厘米（图10-33，13）。

23. 原始瓷豆柄

1件。

T8④: 6，泥质灰白胎，釉不可见，可能为素烧。口沿残，折腹内收，直柄，细长。自豆柄与豆盘接合处至残断部分通体饰弦纹。口径13.2、柄径5.8、残高6.9厘米（图10-33，14；彩版一四五，6）。

24. 原始瓷罐口沿

1件。

T8④: 60，泥质灰白胎，青色釉较厚。侈口，尖圆唇，唇内侧有一道旋纹。器颈、腹饰多道旋纹，口沿可见轮制痕迹（彩版一四六，3）。

（二）石器

石锛

1件。

T8④: 2，灰黑色。器体呈长条形，横截面呈直角梯形，上部侧面对钻一孔，为管钻。通体精磨，上下均残。残长6.3、宽2.6、最厚1.9厘米（图10-33，15；彩版一四六，4、5）。

九　第③层

（一）陶瓷器

该层共出土陶片2018片，陶器质地、颜色、纹饰统计如下表（表10-18、19）。标本分述如下：

1. 鬲

2件。

T8③: 19，夹砂黑陶。侈口，折沿，沿下角较大，沿面较窄，厚方唇，颈部略长，微鼓腹。腹部饰细绳纹，纹饰略模糊。口径9、残高4.6厘米（图10-34，1）。

T8③: 24，夹砂红褐陶，下腹部有明显烟炱痕迹。侈口，卷沿，沿下角较大，方唇，深弧腹。腹部饰细绳纹，纹饰较模糊，上腹部饰附加堆纹，沿下绳纹被抹。口径24、最大腹径29.2、残高15厘米（图10-34，2）。

2. 鬲足

3件。

表 10-18　T8 ③层出土陶瓷器质地、颜色统计表

陶质	夹粗砂					夹细砂					泥质					原始瓷	合计
陶色	红	红褐	灰	黑	黑皮红胎	红	红褐	灰	黑	黑皮红胎	红	红褐	灰	黑	黑皮红胎		
陶片数	20	252	101	5	40	5	430	141	62	236	96	165	127	84	218	36	2018
百分比（%）	0.99	12.49	5.00	0.25	1.98	0.25	21.31	6.99	3.07	11.69	4.76	8.18	6.29	4.16	10.80	1.78	100

表 10-19　T8 ③层出土陶瓷器纹饰统计表

纹饰	软陶												
	素面	细绳纹	粗绳纹	弦断绳纹	间断绳纹	交错绳纹	凹弦纹	弦纹与刻划纹组合	弦纹与绳纹组合	附加堆纹	凸棱	戳印纹	篮纹
陶片数	669	601	232	239	87	4	33	10	2	36	8	2	1
百分比（%）	33.15	29.78	11.50	11.84	4.31	0.20	1.64	0.50	0.10	1.78	0.40	0.10	0.05

纹饰	印纹陶								原始瓷		合计
	重回纹	菱形纹	拍印纹	网格纹	刻划纹	叶脉纹	方格纹	席纹	带釉	不带釉	
陶片数	34	1	1	6	5	3	2	6	3	33	2018
百分比（%）	1.68	0.05	0.05	0.30	0.25	0.15	0.10	0.30	0.15	1.64	100

　　T8 ③：59，夹砂灰陶。锥状实足跟较矮，足窝较浅。通体饰有细绳纹。残宽 7、残高 7 厘米（图 10-35，1）。

　　T8 ③：60，夹砂红褐陶。锥状足跟矮，足窝深，足跟为斜面。通体和足跟底面饰有细绳纹。残宽 2.6、残高 4.6 厘米（图 10-35，2）。

　　T8 ③：63，夹砂红陶，上部和足窝内侧有烟炱痕迹。柱状实足跟，足窝较深，足跟为斜面。通体饰有纵向中绳纹。残宽 7.2、残高 11.8 厘米（图 10-35，3）。

　　3. 鼎

　　1 件。

　　T8 ③：14，夹砂红褐陶。斜折沿，圆唇，束颈，直腹，下腹部残。素面，器壁斑驳。口径 24.8、残高 8 厘米（图 10-34，3）。

　　4. 鼎足

　　3 件。

　　T8 ③：64，夹砂红陶。凿形鼎足，体型较小，上部为圆柱状，足跟部为铲形。素面。为新石器时代遗物。残宽 2.4、残高 5.6 厘米（图 10-34，4）。

　　T8 ③：65，夹砂红陶。横装鼎足，整体呈扁平三角形，横截面为梯形。素面（图 10-35，4）。

　　T8 ③：67，夹砂红褐陶。横装鼎足，体型较小，整体呈扁平三角形，横截面为椭圆形。内侧中间有一道纵向的突脊，其余部分均素面。残宽 6.2、残高 10.4 厘米（图 10-35，5）。

　　5. 甗腰

　　1 件。

　　T8 ③：25，夹砂黑皮红褐胎。甗腰较厚，外侧有抹痕，卷隔。器腹饰竖行细绳纹，最小直径

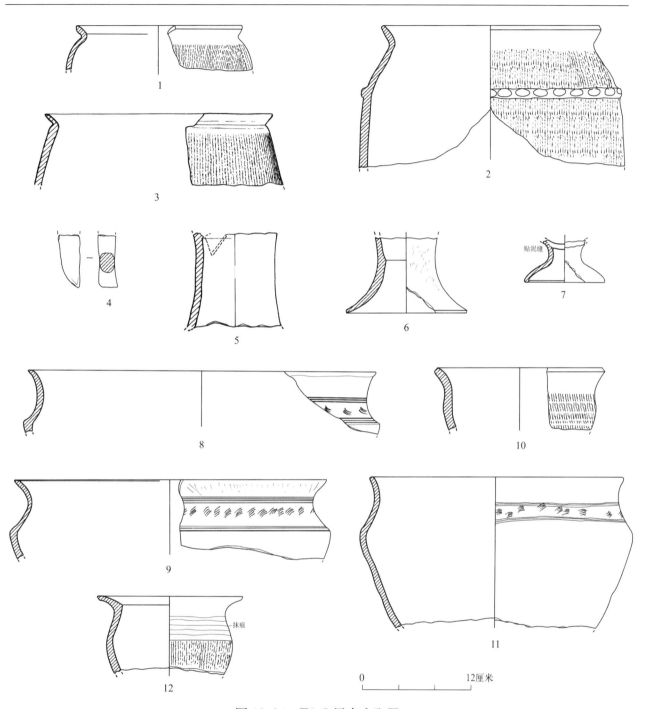

图 10-34　T8 ③层出土陶器

1、2. 鬲 T8 ③：19、24　3. 鼎 T8 ③：14　4. 鼎足 T8 ③：64　5. 簋圈足 T8 ③：35　6、7. 豆柄 T8 ③：36、40　8 ～ 11. 盆 T8 ③：21、23、
75、100　12. 盆口沿 T8 ③：15

20.8、残高 7 厘米（图 10-36，1）。

6. 盉足

2 件。

T8 ③：57，夹砂红褐陶。截锥状足，较高，器表脱落严重，略饰绳纹及刮痕（图 10-35，6）。

T8 ③：58，夹砂红褐陶。截锥状足，较高。足部及足底饰绳纹（图 10-35，7）

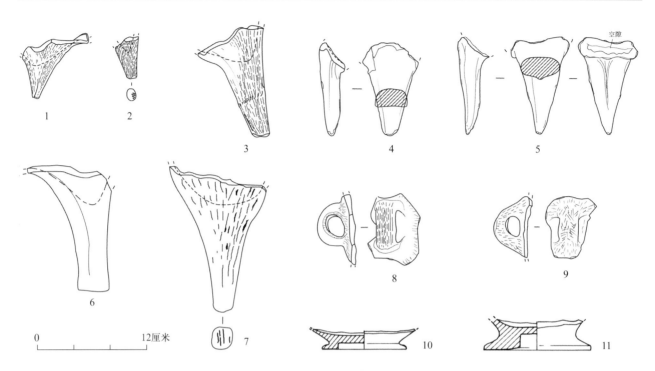

图 10-35　T8 ③层出土陶器

1~3. 鬲足 T8 ③：59、60、63　4、5. 鼎足 T8 ③：65、67　6、7. 盉足 T8 ③：57、58　8、9. 罐耳 T8 ③：43、44　10、11. 盘圈足 T8 ③：38、41

7. 簋圈足

1 件。

T8 ③：35，泥质黑皮红胎。直柄，下端略外展，较粗。素面。最大圈足径 10.2、残高 10 厘米（图 10-34，5）。

8. 豆

2 件。

T8 ③：27，泥质灰胎略夹砂。微敛口，圆唇，弧腹内收，下腹部残。素面。口径 21.2、残高 3.2 厘米（图 10-36，2）。

T8 ③：28，泥质黑皮红胎。侈口，圆唇，弧腹内收，下腹部残。素面。口径 20、残高 4 厘米（图 10-36，3）。

9. 豆柄

2 件。

T8 ③：36，泥质红褐陶略夹砂。上端残，直柄，细长，喇叭形圈足，圈足缘方正。素面。圈足底径 13.2、残高 8 厘米（图 10-34，6）。

T8 ③：40，泥质灰陶略夹砂。豆盘残，矮直柄，圈足微鼓外撇，边缘方正。素面。圈足底径 8.8、残高 4.6 厘米（图 10-34，7）。

10. 敛口钵

2 件。

T8 ③：32，泥质黑皮红胎。口沿内敛，斜方唇，肩部外鼓，下腹部残。素面。口径 16、残高 5.6

厘米（图10-37，1）。

T8③：34，泥质黑皮红胎。口沿内敛明显，尖圆唇，肩部外鼓，斜弧腹内收，下腹部残。素面。口径12、残高5厘米（图10-37，2）。

11. 盆

9件。

T8③：9，泥质陶，黑皮灰胎。敛口，子母口，方唇，弧腹内收，弧度较小，腹部以下残。素面。口径20、残高4.4厘米（图10-36，4）。

T8③：10，泥质陶，黑皮灰胎。敛口，子母口，方唇，弧腹内收，弧度较小，腹部以下残。素面。口径20、残高4.4厘米（图10-36，5）。

T8③：13，侈口，宽卷沿，厚方唇，斜直腹内收，腹部以下残。腹部饰弦断绳纹。残宽8.8、残高9.2厘米（图10-36，6）。

T8③：18，泥质灰白皮青灰胎陶，略夹砂。侈口，卷沿，沿下角较大，尖圆唇，唇面有一道凹槽，颈部内弧，折肩，下腹部内收，残。肩部饰单向划纹，划纹很短，纹饰较浅较随意，划纹上下饰多道旋纹。口径22、最大腹径22.8、残高8.8厘米（图10-36，7）。

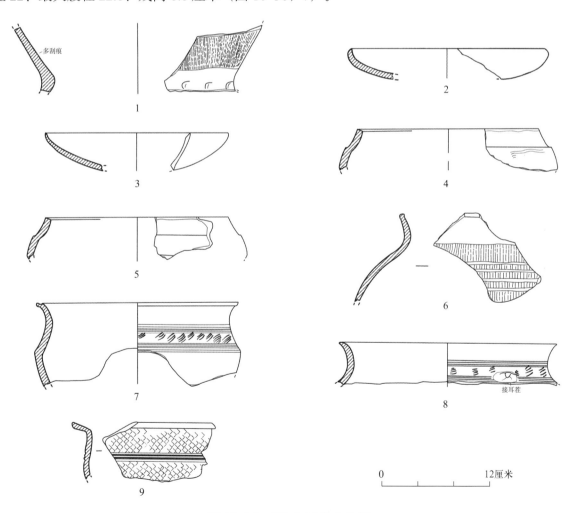

图10-36　T8③层出土陶器

1. 甑腰 T8③：25　2、3. 豆 T8③：27、28　4～8. 盆 T8③：9、10、13、18、20　9. 盆口沿 T8③：12

T8③：20，泥质红褐陶略夹砂，表层黑皮脱落明显。侈口，卷沿，沿下角很大，圆唇，颈部内弧，肩部残，肩部饰单向划纹，划纹很短，纹饰较浅，较随意，划纹上下饰多道旋纹，肩部残留一桥形錾的下端。口径24、残高4厘米（图10-36，8）。

T8③：21，泥质灰皮红褐胎，略夹砂。侈口，卷沿，沿下角很大，方唇，颈部内弧，圆折肩，下腹部残。肩部饰单向划纹，划纹很短，纹饰较浅较随意，划纹上下饰多道旋纹。口径38、残高6.4厘米（图10-34，8）。

T8③：23，泥质黑皮红褐胎，略夹砂。侈口，卷沿，沿下角很大，圆唇，唇面有一道凹槽，颈部内弧，圆折肩，下腹部残。肩部饰单向划纹，划纹较长，纹饰疏松较规整，划纹上下饰多道旋纹。口径34、最大腹径34.8、残高8.2厘米（图10-34，9）。

T8③：75，泥质灰陶，硬陶。侈口，沿下角较大，方唇，上腹部微鼓。上腹部顶端素面，其下饰旋断绳纹，纹饰表面应经过抹平修整。口径16、残高9厘米（图10-34，10）。

T8③：100，泥质灰白陶略夹砂，表层黑皮脱落明显。侈口，卷沿，方唇，沿下角很大，颈部内弧，圆折肩，下腹斜直，底残。肩部饰单向划纹，划纹很短，纹饰较浅较随意，划纹上下饰多道旋纹。口径28、最大腹径30、残高16厘米（图10-34，11）。

12. 盆口沿

2件。

T8③：12，泥质红褐陶。窄折沿，圆唇，颈部压印方格纹。肩部饰三道旋纹。口径15.6、残高6.2厘米（图10-36，9）。

T8③：15，泥质灰陶。宽折沿，圆唇，肩部饰数周粗旋纹。肩部以下饰纵向细绳纹。口径16、最大腹径16.8、残高9厘米（图10-34，12）。

13. 小盆

2件。

T8③：16，泥质陶，黑皮红胎。侈口，折沿，尖唇，束颈，斜直腹，下腹部残。素面。口径22、残高5.4厘米（图10-37，3）。

T8③：33，泥质陶，黑皮灰胎。敛口，子母口，方唇，弧腹内收，弧度较大，腹部以下残。素面。口径18、最大腹径20、残高6厘米（图10-37，4）。

14. 罐耳

2件。

T8③：43，夹砂红褐陶。桥形罐耳，截面为圆角长方形，器耳饰细绳纹，器身饰竖行细绳纹。残宽5.6、残高7.6厘米（图10-35，8）。

T8③：44，泥质黑皮红胎，略夹砂。桥形罐耳，截面为半圆形。器耳饰细绳纹。残宽5.6、残高6.6厘米（图10-35，9）。

15. 罐底

2件。

T8③：49，泥质红褐陶。腹部残，仅存器底，平底微内凹。器腹饰斜行细绳纹，外底饰细绳纹及叶脉形刻划纹。口径14、残高2.4厘米（图10-37，5）。

T8③：50，底径较大，泥质黑皮红胎。器腹残，仅存器底，平底，器底中部略外鼓，器身与器腹交接处硬折。器腹饰细绳纹，外底饰向中心按压的细绳纹及叶脉形刻划纹。口径10.8、残高2.6厘米（图10-37，6）。

16. **盘圈足（疑似为盘）**

2件。

T8③：38，泥质灰白陶，略夹砂。器壁残，器底较平，圈足很扁，似玉璧的形状。素面。圈足直径9.2、残高2.4厘米（图10-35，10）。

T8③：41，加粗砂灰白陶。器壁残，器底较平，圈足很扁，似玉璧的形状。素面。圈足直径11.6、残高3.6厘米（图10-35，11）。

17. **硬陶折肩盆**

1件。

T8③：92，泥质陶，灰皮红胎。侈口，卷沿，圆唇，折肩，下腹部残。素面。口径16、最大腹径17.2、残高4厘米（图10-37，7）。

18. **硬陶盂**

2件。

T8③：17，泥质灰黑陶。侈口，卷沿，沿下角较大，尖圆唇，唇面有两道凹槽，鼓肩微折，斜直腹内收，下腹部残。肩部饰篦划纹，划纹较短，纹饰较浅，较随意。口径16、最大腹径16、残高

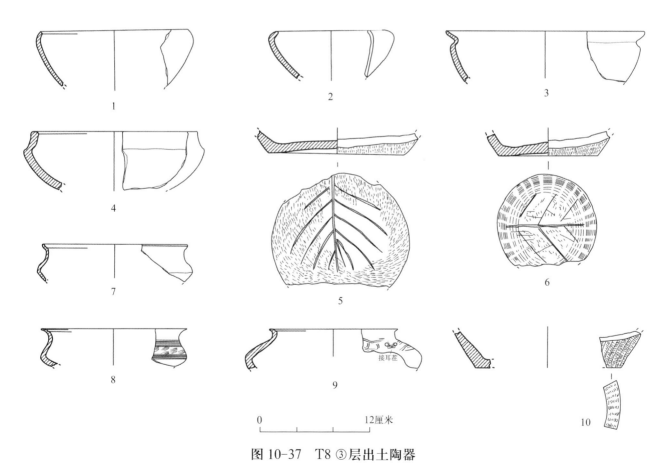

图10-37　T8③层出土陶器

1、2.敛口钵 T8③：32、34　3、4.小盆 T8③：16、33　5、6.罐底 T8③：49、50　7.硬陶折肩盆 T8③：92　8、9.硬陶盂 T8③：17、87　10.印纹硬陶罐下腹部及底部 T8③：47

4 厘米（图 10-37，8）。

T8③：87，泥质灰黑陶。侈口，卷沿近平，尖圆唇，唇面内侧有凹槽两周，鼓肩微折，斜直腹内收，下腹部残。肩部饰错乱的划纹较随意，残留一桥型器耳底部，上部两侧各贴附泥饼一个。口径 14、最大腹径 19.2、残高 4.2 厘米（图 10-37，9）。

19. 印纹硬陶圆肩罐口沿

5 件。

T8③：76，泥质灰胎灰黑色表皮硬陶。侈口，方唇，唇面微内凹，斜肩微鼓。肩部拍印较规整的重回纹，胎内可见一些气泡，器壁凹凸不平。口径 12、残高 5.6 厘米（图 10-38，1）。

T8③：77，泥质褐色硬陶，外壁及口沿应另有磨损殆尽的灰色表层。卷沿，圆唇，领部略内凹，肩上部斜直。领外壁至肩部拍印略杂乱的席纹，领部及肩部顶端纹饰被抹净。口径 18、残高 7.8 厘米（图 10-38，2）。

T8③：78，泥质硬陶，胎体内部紫胎较厚，外侈黑胎较薄，内外壁表皮底面灰白色，表面灰黑色。卷沿，圆唇，唇内侧沿面上抹出两周浅凹槽，矮领内凹，圆鼓肩。肩部拍印杂乱且单元纹饰各异的重菱纹，其顶端一周纹饰被抹平为素面。口径 10、残高 3.6 厘米（图 10-38，3）。

T8③：79，泥质硬陶，灰胎，外壁及沿面表皮内红褐色外紫褐色，内壁口沿以下表皮红褐色。小卷沿，方唇，唇面微内凹，矮领略内凹，圆鼓肩。沿外至领部刮出多周细凹槽，肩部上端拍印较规整的凸波折纹。口径 18、残高 4.2 厘米（图 10-38，4）。

T8③：81，夹细砂硬陶，灰胎灰白色表层，外壁及沿面另多一层浅灰黑色表层。圆唇，卷沿近平，领部内凹，斜圆肩。肩部拍印印痕较浅的疏散席纹。口径 16、残高 8.4 厘米（图 10-38，5）。

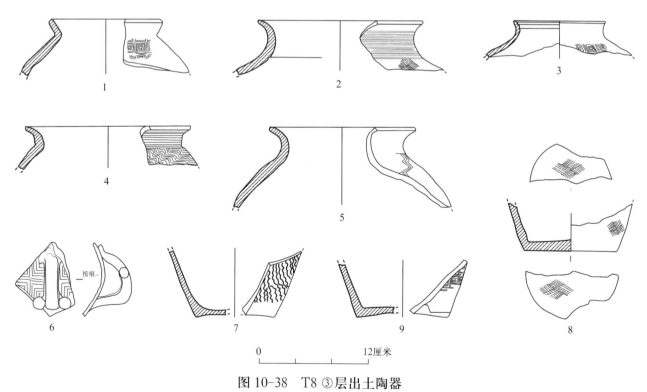

0　　　　　　　　12厘米

图 10-38　T8 ③层出土陶器

1～5. 印纹硬陶圆肩罐口沿 T8③：76～79、81　6. 印纹硬陶圆肩罐耳 T8③：90　7、8. 印纹硬陶罐下腹部及底部 T8③：74、80　9. 印纹软陶罐罐底 T8③：73

20. 印纹硬陶圆肩罐耳

1 件。

T8③：90，泥质灰胎硬陶内外壁颜色与胎色一致。耳为桥形耳，耳部一端左右两侧各饰一乳丁状突起，耳下端捏成一突起。器外表饰弦纹和填线纹的复合纹饰内壁有按窝。耳长 5、宽 2、高约 3.4 厘米（图 10-38，6）。

21. 印纹硬陶罐下腹部及底部

3 件。

T8③：47，胎色内黑外红褐，红褐色表层较斑驳。腹部底端内收较甚，腹底交界处折转，平底。腹部底端至底面拍印较连贯的梯格纹。底径 16、残高 3.8 厘米（图 10-37，10）。

T8③：74，泥质硬陶，胎色内灰外红褐，红褐色表层。下腹部略内收，腹底交界处折转，圆平底。下腹部拍印较杂乱的重回纹，腹部底端纹饰被抹净。底径 8.4、残高 7 厘米（图 10-38，7）。

T8③：80，泥质浅灰色硬陶，内底面可见少量片状的绿色釉层。下腹部略内收，腹底交界处折转，圆平底。下腹部、底部内外面皆拍印席纹，下腹部纹饰较规整，腹部底端纹饰被抹净，底部内外面纹饰杂乱。底径 10、残高 5 厘米（图 10-38，8）。

22. 印纹软陶腹片

5 件。

T8③：68，泥质黑褐陶，疏松。菱格纹。

T8③：69，夹砂黑皮红褐胎，疏松。菱格纹。

T8③：70，夹砂红褐陶，疏松。重回交叉纹。

T8③：71，泥质灰白陶，疏松，有气泡。云雷纹、席纹和断弦纹复合。

T8③：72，泥质黑皮灰胎，疏松。菱格纹。

23. 印纹硬陶腹片

4 件。

T8③：83，泥质铁灰皮紫胎陶，致密。内壁有泥条拼接和手按痕迹，方形填线纹。

T8③：84，泥质灰白陶，较致密，有气泡。席纹。

T8③：88，泥质灰白皮紫红胎，较致密。弦纹和复线三角纹复合。

T8③：89，泥质橙色陶，较疏松。弦纹和复线三角纹复合。

24. 印纹软陶罐罐底

1 件。

T8③：73，泥质红褐陶。腹部残，仅存器底，平底微内凹，器腹与器底交界处硬折。腹部拍印梯格纹，下腹部与底交界处纹饰被抹，内壁可见轮制痕迹。底径 18、残高 6 厘米（图 10-38，9）。

25. 原始瓷豆

6 件。

T8③：4，泥质灰白胎，釉不可见。敞口，尖圆唇，厚薄不均，折腹内收，圈足微外撇。腹内饰多道旋纹，盘底外侧饰有一道明显圈状凹槽，器表可见明显轮制痕迹。口径 11.4、圈足径 4.6、底径 5.2、高 5 厘米（图 10-39，1）。

T8③：6，泥质红胎，釉不可见。侈口，尖唇，折腹内收，圈足微外撇。口沿外侧与豆盘内侧均

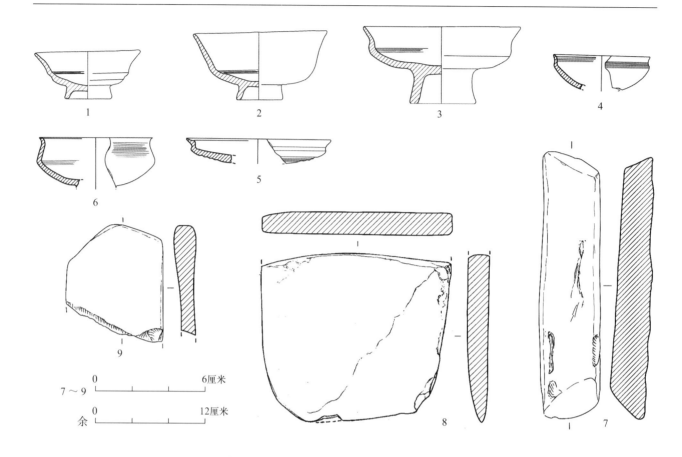

图 10-39　T8 ③层出土原始瓷器、石器
1～6.原始瓷豆 T8 ③:4、6、7、93、95、98　7.石锛 T8 ③:1　8.石刀 T8 ③:5　9.砺石 T8 ③:8

饰多道旋纹，器表可见明显轮制痕迹。口径15.2、圈足径4.6、底径5、高6.8厘米（图10-39，2）。

T8 ③:7，泥质灰白胎，釉不可见。侈口，薄方唇，折腹内收，圈足微外撇，较厚。腹内饰多道旋纹，口沿内外侧有多道旋纹。豆盘与豆座接痕明显，器表有明显的轮制痕迹。口径17、圈足径6.4、底径7.2、高8厘米（图10-39，3）。

T8 ③:93，泥质暗灰色，釉不可见。侈口，尖唇，颈部内凹，弧腹内收。唇面内侧及外壁及器腹内壁饰凹旋纹。口径5.4、残高3.4厘米（图10-39，4）。

T8 ③:95，泥质灰白胎，青色釉。侈口，沿面较宽，尖唇，硬折腹内收，器腹较浅。豆盘底部与豆座接痕明显，豆盘内侧饰多道细旋纹，器表有明显的轮制痕迹，烧制过程中产生气泡导致豆盘变形。口径16、残高2.6厘米（图10-39，5）。

T8 ③:98，泥质暗灰色，青色釉较厚。侈口，尖唇，颈内弧，折腹内收，底部残。口沿内侧、腹内及外壁饰多道旋纹。口径12.4、残高5.2厘米（图10-39，6）。

（二）石器

石器3件。

1.石锛

1件。

T8③：1，灰褐色。器体呈长条形，横截面呈长方形。顶部斜平，单面刃，刃口钝。两侧面磨制较细，正面磨制较粗，背面十分粗糙，器表有打制疤痕。长 14、宽 2.8、最厚 2 厘米（图 10-39，7；彩版一四六，6）。

2. 石刀

1件。

T8③：5，红色，器体扁平，底部残。通体磨制粗糙。残长 10.4、残高 9、厚 1.1 厘米（图 10-39，8；彩版一四七，1、2）。

3. 砺石

1件。

T8③：8，灰黑色。器体稍扁平，器残，仅剩上半部。残长 5.5、宽 5.1、最厚 1.2 厘米（图 10-39，9；彩版一四七，3、4）。

一〇 T8 ②层

（一）陶瓷器

该层共出土陶片 11 片，陶器质地、颜色、纹饰统计如下表（表 10-20、21）。标本分述如下：

表 10-20 T8 ②层出土陶瓷器质地、颜色统计表

陶质	夹粗砂	夹细砂	泥质	印纹硬陶	合计
陶色	红褐	红褐	黑皮红胎	红	
陶片数	3	3	2	3	11
百分比（%）	27.27	27.27	66.67	27.27	100

表 10-21 T8 ②层出土陶瓷器纹饰统计表

纹饰	软陶				印纹陶		合计
	素面	粗绳纹	弦断绳纹	刻划纹	席纹	重回纹	
陶片数	5	1	1	1	2	1	11
百分比（%）	45.45	9.09	9.09	9.09	18.18	9.09	100

1. 鬲足

1件。

T8②：2，夹粗砂红褐陶，夹云母，柱形足，厚胎。足中填泥。素面，外壁有自上而下的抹痕。残宽 8、残高 9.6 厘米（图 10-40，1）。

2. 鼎足

1件。

T8②：3，夹细砂红褐陶。三角形片状。素面。残宽 3.8、残高 6.2 厘米（图 10-40，2）。

3. 鼓风管？

1件。

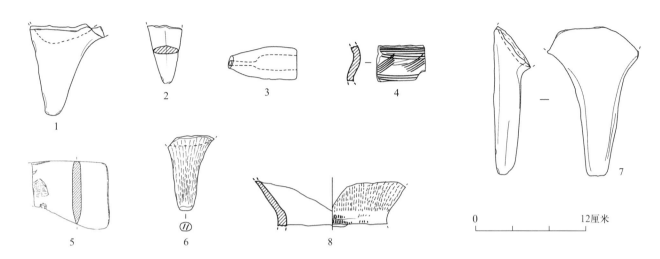

图 10-40　T8 ②、①层下 K2 出土陶器、石器

1. 鬲足 T8 ②：2　2. 鼎足 T8 ②：3　3. 鼓风管 T8 ②：4　4. 腹片 T8 ②：5　5. 石镰 T8 ②：1　6. 鬲足 K2：2　7. 鼎足 K2：1　8. 甗腰 K2：3

T8 ②：4，夹砂褐陶。外壁和内壁被灼黑。一端为小口，鼓腹，另一端为大口。素面。残长 7.6、残宽 3.4 厘米（图 10-40，3；彩版一四七，5、6）。

4. 腹片

1件。

T8 ②：5，泥质黑皮红褐胎。腹部饰斜向篦划纹，上下饰旋纹。残宽 5.4、残高 3.8 厘米（图 10-40，4；彩版一四八，1）。

5. 印纹硬陶腹片

1件。

T8 ②：7，泥质橙色皮青灰胎，较疏松。重回交叉纹（彩版一四八，2）。

6. 印纹软陶腹片

1件。

T8 ②：6，泥质橙色陶，较疏松。席纹（彩版一四八，3）。

（二）石器

石镰

1件。

T8 ②：1，青灰色。头端残，尾端较宽，通体磨光。残长 8.1、宽 5.9、厚 1 厘米（图 10-40，5；彩版一四八，4、5）。

第四节　宋以后堆积中出土先秦遗物

T8 ①下 K2 包含物有鬲足、鼎足和甗腰。

1. 鬲足

1件。

K2：2，柱形足，夹砂红褐陶，薄胎。足中填泥，器壁饰斜向和纵向中绳纹，足底饰细绳纹。残宽 5、残高 8 厘米（图 10-40，6）。

2. 鼎足

1 件。

K2：1，夹细砂红褐陶。截面呈梯形，鼎足微外撇，体型较大。两侧有制作时形成的上下抹痕，素面。残宽 10、残高 15.8 厘米（图 10-40，7；彩版一四八，6）。

3. 甑腰

1 件。

K2：3，夹砂红褐陶。外壁和内壁有灼痕，饰纵向细绳纹，甑部与鬲部相接处有一道抹痕。最小直径 12、残高 4.8 厘米（图 10-40，8）。

第一一章　T9 遗存分述

第一节　地层堆积

T9 根据土质、土色及其包含物状况可分为 14 层堆积，现逐层介绍各堆积层情况（图 11-1、2；彩版一四九、一五○）。

第①层：厚 0.04 ~ 0.25 米。灰色土，土质疏松。堆积水平状，遍布全方。包含物有瓷片、现代遗物等。开口于该层下的遗迹单位有 K8。

第②层：距地表深 0.10 ~ 0.15、厚 0 ~ 0.40 米。灰褐色黏土，土质较疏松。堆积整体向西倾斜，分布于探方西部。包含物有较多的陶片以及少量铜器等相关遗物。

第③层：距地表深 0.10 ~ 0.60、厚 0 ~ 0.25 米。深灰褐色黏土，土质较疏松，夹红烧土颗粒、草木灰。堆积呈坡状，分布于探方西部、北部。包含物有大量的陶片和少量的铜器相关遗物。

第④层：距地表深 0.30 ~ 0.75、厚 0 ~ 0.35 米。灰黄色黏土，略泛褐色，土质较密，内含红烧土颗粒、草木灰。堆积整体呈坡状，中部隆起，向西、北、南三面倾斜，分布于探方西部、北部、南部大部分。包含物有较多石块、大量的陶片、少量的石器和铜器相关遗物。

第⑤层：距地表深 0.20 ~ 1.05、厚 0 ~ 0.35 米。浅灰黄色土，土质较密。整体向西部倾斜，中部略鼓起，分布于探方中西部。包含物有大量的陶片和少量的石器。开口于该层下的遗迹单位有 K1、K2。

第⑥层：距地表深 0.15 ~ 1.50、厚 0.05 ~ 0.70 米。灰黄色黏土，土质较疏松，夹红烧土颗粒、碳屑和木炭。堆积整体呈坡状，由东北向西南倾斜，坡度较大，遍及全方。包含物有大量的陶片、较多的石器以及少量铜器及相关遗物。开口于该层下的遗迹单位有 K9、K10、K11、K16、K17、D1 ~ D9。

第⑦层：距地表深 0.25 ~ 1.50、厚 0.05 ~ 0.55 米。黄灰色黏土，夹黄色土，土质较疏松，内含较多木炭、竹炭、草木灰和烧土颗粒。该土层包含多个小薄层，面积有限，难以逐一区分。堆积整体呈坡状向西南倾斜，遍布全方。包含物有数量丰富的陶片、少量的石器和铜器及相关遗物。开口于该层下的遗迹单位有 K12、D10。

第⑧层：距地表深 0.65 ~ 1.75、厚 0.05 ~ 0.55 米。灰褐色黏土，土质较疏松，夹大量红烧土块。堆积呈坡状向西南倾斜，遍布全方。包含物有数量丰富的陶片、少量石器和铜器相关遗物。开口于该层下的遗迹单位有 H2、H3、K13、D11 ~ D48。

第⑨层：距地表深 1.00 ~ 1.80、厚 0 ~ 0.40 米。灰黄褐色土，土质较密，夹黄色土块且含较多水锈斑，南部和东北部有大量红烧土块。堆积呈坡状向西部倾斜，遍布全方。包含物有较少的陶片、石器和铜器相关遗物。开口于该层下的遗迹单位有 H10、K14、K15。

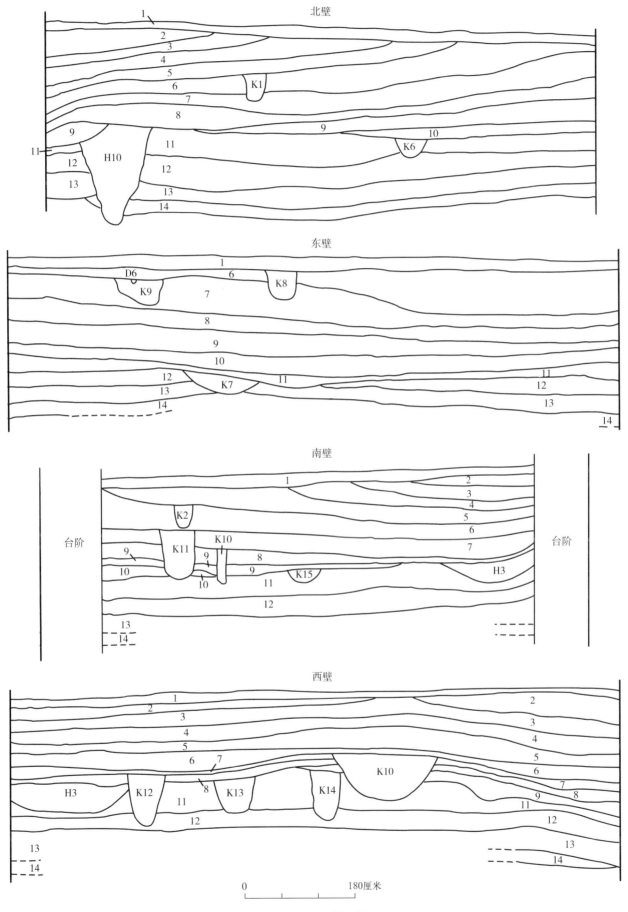

图 11-1　T9 剖面图

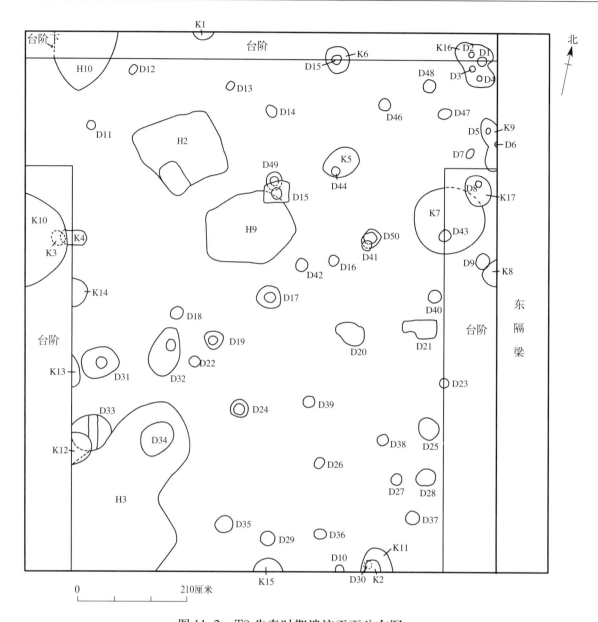

图 11-2　T9 先秦时期遗迹平面分布图

第⑩层：距地表深 1.35 ～ 1.60、厚 0 ～ 0.32 米。黑灰色土，土质疏松，夹炭屑、草木灰等。堆积呈较平缓的坡状，底部凹凸不平，分布于探方东部。包含物有数量丰富的陶片、少量兽骨、石器及铜器相关遗物。开口于该层下的遗迹单位有 H9、K3、K4、K5、K6、D49、D50。

第⑪层：距地表深 1.70 ～ 2.00、厚 0 ～ 0.50 米。黄色黏土，土质较致密，夹大量铁锈斑，局部夹极少量的红烧土颗粒。堆积呈缓坡状，遍布全方。包含物有较少的陶片、少量石器和铜器相关遗物。开口于该层下的遗迹单位有 K7。

第⑫层：距地表深 1.80 ～ 2.25、厚 0 ～ 0.50 米。棕褐色黏土，土质致密，夹少量铁锈斑。堆积呈水平状，遍布全方。包含物仅有少量石块和石器。

第⑬层：距地表深 2.05 ～ 2.45、厚 0 ～ 0.30 米。灰白色黏土，土质较致密。堆积呈水平状，遍布全方。未见包含物。

第⑭层：距地表深 2.55～2.85、厚 0～0.30 米。黄色黏土，较致密，夹较多铁锰结核。遍布全方。未见包含物。

第二节　遗迹及包含物

一　建筑类遗存

柱洞类遗迹

T9 柱洞遗迹见图（图 11-3）。

1. 开口于第⑩层下柱洞类遗迹

开口于第⑩层下柱洞类遗迹见下图、表（图 11-4；表 11-1）。

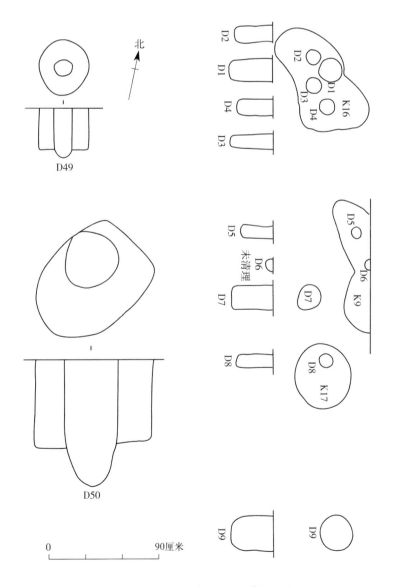

图 11-3　T9 柱洞平、剖面图

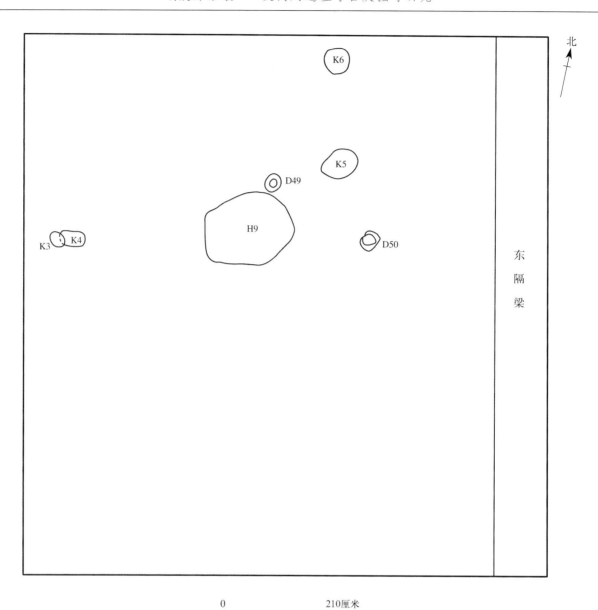

图 11-4　T9 ⑩层下建筑单元

表 11-1　T9 ⑩层下柱洞形制与包含物数据表

编号	推测性质	形状与结构	尺寸（米） （长×宽-深）	填土	包含物	备注
T9D49	柱坑	椭圆形坑口，圆形洞口， 直壁，平底	柱坑：0.40×0.44-0.32 柱洞：0.15×0.40	含少量红烧土颗 粒的浅灰色土	出土夹细砂灰陶 方格纹陶片 1 片	
T9D50	柱坑	椭圆形坑口，圆形洞口， 直壁，平底	柱坑：0.96×0.74-0.70 柱洞：0.44×1.00	含少量红烧土颗 粒的浅灰色土	出土夹细砂灰陶粗 绳纹陶片 1 片	

2. 开口于第⑧层下柱洞类遗迹

第⑧层下共发现 38 个柱洞或柱坑，皆未见遗物出土，具体数据如下图、表（图 11-5；表 11-2；彩版一五一，1）。

3. 开口于第⑦层下柱洞类遗迹

T9D10

位于探方南侧偏东，开口于⑦层下。暴露柱洞口呈半圆形，直壁，平底，直径约 0.15、深约 0.60 米。填土为黄花土，未见包含物。

4. 开口于第⑥层下柱洞类遗迹

第⑥层下共发现 9 个柱洞，以及 3 个疑似柱坑，柱洞具体数据如下图、表（图 11-6；表 11-3）。

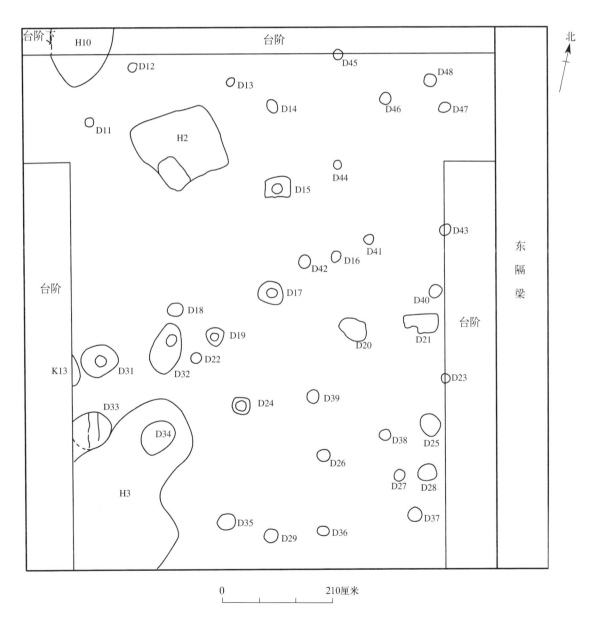

图 11-5　T9 ⑧层下建筑单元

表 11-2　T9 ⑧层下柱洞形制与包含物数据表

编号	推测性质	形状与结构	尺寸（米） （长 × 宽 - 深）	备注
T9D11	柱洞	圆形洞口，直壁，平底	0.17 × 0.22	
T9D12	柱洞	椭圆形洞口，直壁，平底	0.24 × 0.20-0.25	
T9D13	柱洞	椭圆形洞口，直壁，平底	0.16 × 0.15-0.26	
T9D14	柱洞	椭圆形洞口，直壁，平底	0.25 × 0.20-0.27	
T9D15	柱坑	长方形坑口，圆形洞口，直壁，平底	柱坑：0.47 × 0.36-? 柱洞：0.21 × 0.45	
T9D16	柱洞	椭圆形洞口，直壁，平底	0.20 × 0.16-0.28	
T9D17	柱坑	椭圆形坑口，圆形洞口，直壁，平底	柱坑：0.50 × 0.42-0.30 柱洞：0.20 × 0.28	
T9D18	柱洞	椭圆形洞口，直壁，平底	0.30 × 0.25-0.29	
T9D19	柱坑	圆形坑口，圆形洞口，直壁，平底	柱坑：0.35 × 0.34 柱洞：0.16 × 0.26	
T9D20	柱洞	不规则椭圆形洞口，直壁，平底	0.56 × 0.41-0.37	
T9D21	柱洞	不规则形洞口，直壁，平底	0.63 ×（0.20~0.35）-0.43	
T9D22	柱洞	圆形洞口，直壁，平底	0.20 × 0.30	
T9D23	柱洞	圆形洞口，直壁，平底	0.19 × 0.40	
T9D24	柱坑	圆形坑口，圆形洞口，直壁，平底	柱坑：0.35 × 0.32 柱洞：0.29 × 0.35	
T9D25	柱洞	圆形洞口，直壁，平底	0.40 × 0.38	
T9D26	柱洞	圆形洞口，直壁，平底	0.23 × 0.32	
T9D27	柱洞	圆形洞口，直壁，平底	0.28 × 0.28	
T9D28	柱洞	椭圆形洞口，直壁，平底	0.35 × 0.30-0.29	
T9D29	柱洞	圆形洞口，直壁，平底	0.27 × 0.37	
T9D30	柱洞	圆形洞口，直壁，平底	0.16 × 0.26	被 K11 打破东部部分
T9D31	柱坑	椭圆形坑口，圆形洞口，直壁，圜底	柱坑：0.70 × 0.60-0.44 柱洞：0.22 × 0.30	
T9D32	柱坑	椭圆形坑口，圆形洞口，直壁，平底	柱坑：0.82 × 0.54-0.30 柱洞：0.22 × 0.55	
T9D33	柱洞	椭圆形洞口，直壁，平底，柱洞底部有一条南北向沟槽	0.70 × 0.60-0.40 底沟：0.60 × 0.21-0.12	西南部被 T9K12 打破
T9D34	柱洞	近椭圆形洞口，直壁，平底	0.56 × 0.48-0.35	打破 H3
T9D35	柱洞	圆形洞口，直壁，平底	0.38 × 0.43	
T9D36	柱洞	椭圆形洞口，直壁，平底	0.22 × 0.20-0.32	
T9D37	柱洞	圆形洞口，直壁，平底	0.28 × 0.32	
T9D38	柱洞	圆形洞口，直壁，平底	0.22 × 0.34	
T9D39	柱洞	圆形洞口，直壁，平底	0.25 × 0.37	
T9D40	柱洞	圆形洞口，直壁，平底	0.26 × 38	
T9D41	柱洞	圆形洞口，直壁，平底	0.18 × 0.30	
T9D42	柱洞	圆形洞口，直壁，平底	0.26 × 0.55	
T9D43	柱洞	圆形洞口，直壁，平底	0.20 × 0.41	
T9D44	柱洞	圆形洞口，直壁，平底	0.17 × 0.37	
T9D45	柱洞	圆形洞口，直壁，平底	0.20 × 0.43	
T9D46	柱洞	圆形洞口，直壁，平底	0.22 × 0.38	
T9D47	柱洞	椭圆形洞口，直壁，平底	0.23 × 0.20-0.32	
T9D48	柱洞	圆形洞口，直壁，平底	0.23 × 0.32	

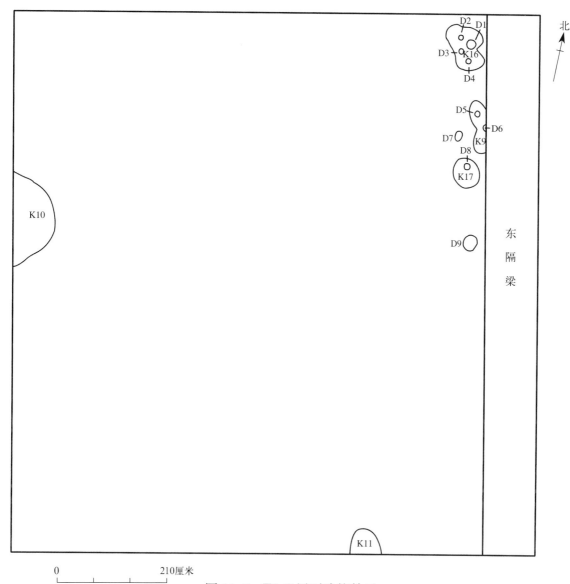

图 11-6　T9 ⑥层下建筑单元

表 11-3　T9 ⑥层下柱洞形制与包含物数据表

编号	推测性质	形状与结构	尺寸（米） （长 × 宽 - 深）	填土	包含物	备注
T9D1	柱洞	圆形洞口，直壁，平底	0.20×0.30	黄灰色土	无	打破 K16
T9D2	柱洞	圆形洞口，直壁，平底	0.13×0.37	黄灰色土	无	打破 K16
T9D3	柱洞	圆形洞口，直壁，平底	0.12×0.30	黄灰色土	无	打破 K16
T9D4	柱洞	圆形洞口，直壁，平底	0.13×0.37	黄灰色土	无	打破 K16
T9D5	柱洞	圆形洞口，直壁，平底	0.10×0.27	黑灰色土	无	打破 K9
T9D6	柱洞	暴露洞口呈半圆形，直壁，平底	0.15×0.05-0.15	黑灰色土	无	打破 K9
T9D7	柱洞	圆形洞口，直壁，平底	0.20×0.33	黄灰色土	无	
T9D8	柱洞	圆形洞口，直壁，平底	0.11×0.29	黄灰色土	无	打破 K17
T9D9	柱洞	圆形洞口，直壁，平底	0.28×0.33	黄黑色土	无	

T9K9

疑似柱坑。位于探方东侧偏北，部分坑体进入探方东壁，开口于⑥层下，被 D5、D6 打破。暴露坑口形状不甚规整，近似椭圆形，斜壁，圜底，南北长 1.05、东西宽 0.30、深约 0.40 米。坑内填土为黑灰色，较致密，未见包含物。

T9K16

疑似柱坑。位于探方东北角，开口于⑥层下，被 D1～D4 打破。暴露坑口形状不规整，壁面不明显、平底，南北长 0.80、东西宽 0.60、深约 0.32 米。坑内填土为黑灰色，较致密，未见包含物。

T9K17

疑似柱坑。位于探方东侧偏北，开口于⑥层下，被 D8 打破。暴露坑口呈圆形，壁及底情况不详，直径 0.55、深约 0.40 米。坑内填土为黄黑色，较致密，未见包含物。

二　灰坑及其他坑状堆积

（一）灰坑

1.H9

位于探方 T9 中部偏北，开口于⑩层下，打破⑪、⑫层（图 11-7；彩一五一，2）。坑口呈不规则椭圆形，弧壁，圜底，开口距地表约 1.63、最大长 1.60、最大宽 1.24、深约 0.56 米。坑内堆积分为上下两层，上层为黄色黏土，土质较致密，最厚处约 0.15 米，包含物仅有少量烧土颗粒；下层为灰色土，土质较疏松，最厚处约 0.56 米，包含物有较多的陶片、烧土颗粒、木炭和少量石器、铜渣、骨角等。陶片质地、颜色、纹饰统计如下表（表 11-4、5）。标本分述如下：

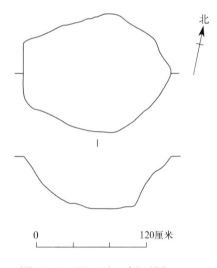

北

0　　　　　　　　120厘米

图 11-7　H9 平、剖面图

鼎足

3 件。

H9：19，夹砂红褐陶，胎体表面及与腹壁相连处有黑衣。侧装刀形长扁足，横截面呈细长椭圆形，足外侧缘顶端有三对圆捏窝。素面。残高 11 厘米（图 11-8，1）。

H9：20，夹砂红褐陶，胎体表面及与腹壁相连处有黑衣。侧装刀形长扁足，横截面呈细长椭圆形，足外侧缘顶端有三对圆捏窝。素面。残高 11 厘米（图 11-8，2）。

H9：21，夹砂红褐陶。扁三角形，足跟向外侧撇。素面。残高 6 厘米（图 11-8，3）。

足

1 件。

H9：22，疑似为鬶足。泥质黑陶。圆锥状，锥尖残，内腹部略内凹。素面。残高 4 厘米（图 11-8，4）。

豆盘

1 件。

H9：18，泥质黑陶，胎体表面有一层极薄的灰白皮，外有黑衣。薄方唇微敛，豆盘微鼓，内收明显，

表 11-4　H9 出土陶瓷器质地、颜色统计表

陶质	夹粗砂		夹细砂			泥质			印纹陶	合计
陶色	灰	红褐	黑皮红胎	灰	红褐	红褐	灰	黑	褐	
陶片数	5	23	15	15	64	5	9	28	6	170
百分比（%）	2.94	13.53	8.82	8.82	37.65	2.94	5.29	16.47	3.53	100

表 11-5　H9 出土陶瓷器纹饰统计表

纹饰	软陶							印纹陶						合计
	素面	细绳纹	粗绳纹	凸棱纹	菱形纹	附加堆纹	按窝	席纹	方格纹	素面	菱形纹	曲折纹	重回纹	
陶片数	56	9	71	6	1	6	1	1	13	2	2	1	1	170
百分比（%）	32.94	5.29	41.76	3.53	0.59	3.53	0.59	0.59	7.65	1.18	1.18	0.59	0.59	100

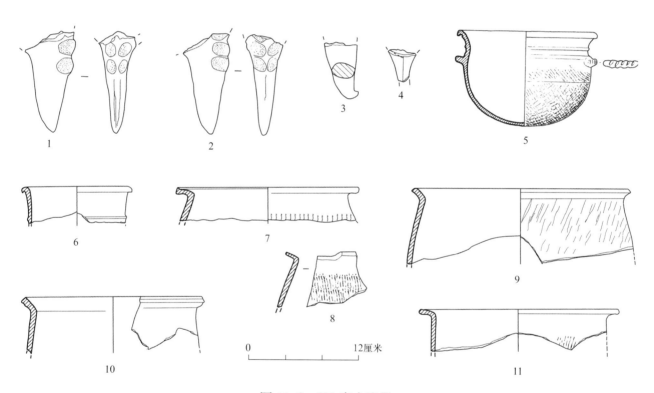

图 11-8　H9 出土陶器

1～3. 鼎足 H9：19～21　4. 足 H9：22　5. 盆 H9：3　6. 泥质罐 H9：16　7～11. 夹砂罐 H9：10、14、7、12、13

以下残。素面磨光。口径 7、残高 2 厘米（图 11-9，1）。

豆柄

1 件。

H9：17，泥质灰白衣灰黑陶。残存豆柄甚粗，圆柱状，胎体向下渐收渐薄，底部外撇。上部饰两周旋纹。豆柄直径约 9、残高 12 厘米（图 11-9，2）。

钵

1 件。

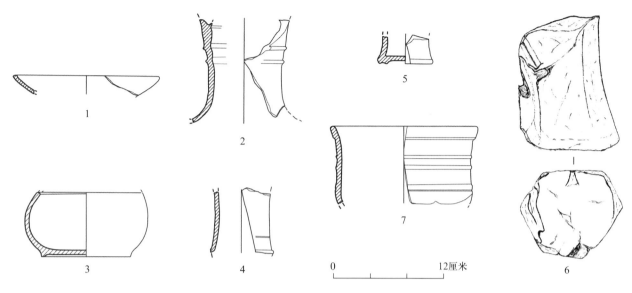

图 11-9　H9 出土陶器

1. 豆盘 H9：18　2. 豆柄 H9：17　3. 钵 H9：2　4、5. 瓠 H9：26、28　6. 陶支脚 H9：1　7. 泥质不明器 H9：8

H9：2，泥质红陶，外壁陶色较浅。敛口，方唇，扁腹圆鼓凸出，底部有一周很矮的圆鼓圈足，宽平底。素面。口径 12、底径 10、高 7 厘米（图 11-9，3）。

盆

1 件。

H9：3，夹细砂灰白陶，灰黑外衣磨损殆尽。卷沿，尖圆唇，唇下沿内折，领部较明显，上端内收，下端较直，扁球腹圆鼓，器底中心脱落。领中部起一周圆凸棱，领、腹交接处亦刮出一周粗圆凸棱，其下腹部顶端可见两个对称的鸡冠状鋬。口径 32、高 23 厘米（图 11-8，5；彩一五二，1）。

泥质罐

1 件。

H9：16，泥质灰白衣灰黑陶。侈口，沿下形成一周细凹槽，圆唇，唇外缘略鼓出，高斜领，领部以下残。领部下端有一周凸棱。口径 12、残高 4 厘米（图 11-8，6）。

夹砂罐

5 件。

H9：7，夹砂灰陶，部分烧至红褐陶。斜直口，卷沿，圆角方唇，鼓腹，腹部以下残。腹部饰极粗绳纹。口径 25、残高 8 厘米（图 11-8，9）。

H9：10，夹砂灰白胎，表面有黑衣或红褐衣。卷沿，圆角方唇，唇内侧有一道凹槽，以下残。腹部饰粗绳纹。口径 20、残高 4 厘米（图 11-8，7）。

H9：12，夹砂灰白陶，表皮有烟熏痕迹。卷沿，方唇，唇面有一道凹槽，微鼓腹，腹部以下残。口沿外侧有一周凸棱，上腹部未见纹饰。口径 20、残高 6 厘米（图 11-8，10）。

H9：13，夹砂红褐陶，表皮有烟熏痕迹。卷平沿，方唇，直腹，腹部以下残。腹部饰斜行纹饰，纹饰较模糊。口径 23、残高 5 厘米（图 11-8，11）。

H9：14，夹砂灰白衣灰黑陶。卷沿，圆角方唇，以下残。腹部饰斜行中绳纹。残高 6 厘米（图

11-8，8）。

　　瓬

　　2 件。

　　H9：26，泥质灰黑衣灰白陶。圆柱状器身，底端渐外撇，底座外侈，底残，器底中心较薄，略向内凹，与周围形成一周明显界限。素面磨光。底径 7、残高 8 厘米（图 11-9，4）。

　　H9：28，泥质黑陶，胎体表面有一层极薄的灰白皮，外有灰黑色外衣。圆柱状器身底端渐外撇，底座外侈，座缘圆转，圆平底，器底中心较薄，略向内凹，与周围形成一周明显界限。素面磨光。底径 6、残高 3 厘米（图 11-9，5）。

　　厚唇缸

　　3 件。

　　H9：5，夹砂红陶。斜直口，圆叠唇外侧面较平整且略宽，直腹，腹部以下残。其腹部靠上位置有一周花边状附加堆纹带，腹部饰极粗的竖行绳纹。口径约 47、残高 16 厘米（图 11-10，1）。

　　H9：11，夹砂黑衣红褐陶。斜直口，圆叠唇外侧面较平整且略宽，直腹，腹部以下残。其腹部靠上位置有一周花边状附加堆纹带，并形成鸟喙状，腹部饰极粗的斜行绳纹。残高 9 厘米（图 11-10，2）。

　　H9：15，夹砂黑衣红褐陶。直口，圆叠唇，直腹，以下残。腹饰方格纹。残高 8 厘米（图 11-10，3）。

　　花边器座

　　2 件。

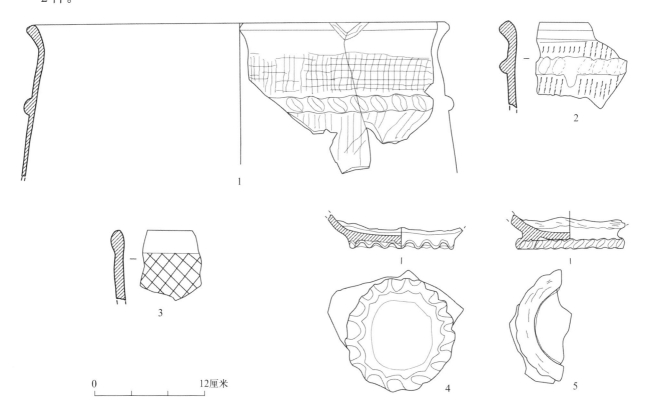

0　　　　　　　　12厘米

图 11-10　H9 出土陶器

1～3. 厚唇缸 H9：5、11、15　4、5. 花边器座 H9：23、24

H9：23，疑似罐类器底。夹细砂灰陶。底座独立制成，再黏接于腹底，中央圆形泥片，周边附加一周泥条形成矮圈足。圈足底边以手指按压出连续的花边，器腹饰纵向粗绳纹。底径12、残高4厘米（图11-10，4）。

H9：24，疑似罐类器底。夹细砂灰黑陶，花边器底有红褐色外衣。底座独立制成，再黏接于腹底，中央圆形泥片，周边附加一周泥条形成矮圈足。圈足底边按压出连续的花边。底径12、残高4厘米（图11-10，5）。

陶支脚

1件。

H9：1，夹细砂红陶。呈柱形，近六边体，底平，上端呈斜面形。素面。底径10、高14厘米（图11-9，6；彩版一五二，2～4）。

泥质不明器

1件。

H9：8，疑似圜底盆。泥质黑胎，胎体表层有一薄层灰白皮，外有黑衣。微敞口，圆角方唇，唇部较厚，直腹，圜底。腹部有多道凸棱。口径16、残高9厘米（图11-9，7）。

印纹硬陶腹片

5件。

H9：41，灰黑皮紫胎，致密。菱格纹和折线纹。

H9：42，灰黑皮灰白胎，较致密。复线回字纹。

H9：43，灰黑皮灰白胎，致密。菱形重回纹。

H9：44，罐口沿。灰白陶，较致密。侈口，方唇，内侧有一道凹槽，直颈，以下残。内侧饰多道旋纹，外侧有明显轮制痕迹。

H9：45，灰黑皮紫胎，致密。重回纹。

2.H10

位于探方T9西北角（图11-11；彩版一五一，3），部分坑体进入探方北壁，开口于⑨层下，打破⑪、⑫、⑬、⑭层。暴露坑口呈近似圆角方形，斜壁，尖圜底，开口距地表约1.70、东西长约1.42、南北宽1.10、深1.45～1.55米。坑内上部填土为黄褐色黏土，下部填土土色泛青，土质较疏松，故划分为两层堆积。包含物仅有少量陶片，质地、颜色、纹饰统计如下表（表11-6、7）。标本分述如下：

鼎

2件。

H10①：2，夹砂灰黑陶。斜直侈口，卷折沿，圆唇，上腹部较直，腹部以下残。饰方格纹。残高4厘米（图11-12，1）。

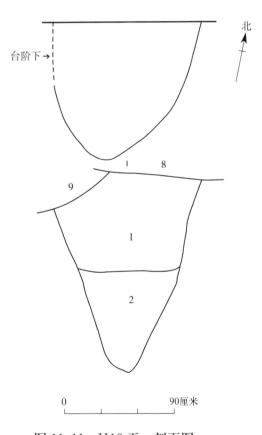

图 11-11　H10 平、剖面图

表 11-6　H10 出土陶瓷器质地、颜色统计表

H10 ①层			H10 ②层					
陶质	夹细砂		合计	陶质	夹细砂	泥质		合计
陶色	褐	灰		陶色	黑	灰	黑	黑皮红胎	
陶片数	17	13	30	陶片数	1	3	1	1	6
百分比（%）	56.67	43.33	100	百分比（%）	16.67	50.00	16.67	16.67	100

表 11-7　H10 出土陶瓷器纹饰统计表

H10 ①层							H10 ②层				
纹饰	软陶				印纹陶	合计	纹饰	软陶			合计
	素面	粗绳纹	附加堆纹	按窝	方格纹			素面	粗绳纹	弦断绳纹	
陶片数	14	6	4	1	5	30	陶片数	2	3	1	6
百分比(%)	46.67	20.00	13.33	3.33	16.67	100	百分比（%）	33.33	50.00	16.67	100

H10 ②：2，夹砂黑陶。侈口，卷折沿，圆唇，上腹部较直，腹部以下残。饰方格纹。残高 4 厘米（图 11-12，2）。

鼎足

1 件。

H10 ①：1，夹砂红褐陶，胎体表面及腹壁内侧有黑色外衣。侧装刀形长扁足，横截面呈细长椭圆形，足尖外撇，足外侧缘顶端有两对圆捏窝。素面。残高 9.5 厘米（图 11-12，3；彩版一五三，1）。

夹砂罐口沿

1 件。

H10 ①：3，夹砂灰黑陶。斜直口，卷沿，方唇，直腹，腹部以下残。器表较斑驳，纹饰不详。残高 6 厘米（图 11-12，4）。

缸口沿

1 件。

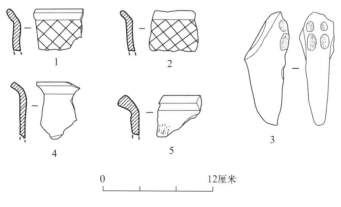

0　　　　　　　　12厘米

图 11-12　H10 出土陶器

1、2.鼎 H10 ①：2、H10 ②：2　3.鼎足 H10 ①：1　4.夹砂罐口沿 H10 ①：3　5.缸口沿 H10 ①：4

H10①：4，夹砂红褐陶。略侈口，厚方唇，截面为三角形，直腹。腹部饰较大的麦粒状绳纹。残高4厘米（图11-12，5）。

印纹硬陶腹片

1件。

H10①：7，铁灰皮紫胎，致密。方格纹。

3.H2

位于探方T9西北部（图11-13；彩版一五二，5），开口于⑧层下，打破⑪层。坑口形状不规则，近似圆角方形，近直壁，平底，开口距地表约1.30、东西最大长1.75、南北最大宽1.40、深约0.32米。坑内堆积为灰色土，土质较疏松，内含红烧土颗粒和炭粒，包含物有陶片和石块。其中陶片共14片，质地、颜色、纹饰统计如下表（表11-8、9）。

鬲足

1件。

H2：1，夹细砂红褐陶。锥状足，足末梢有小平底，厚胎，将泥填入足中。饰斜向细绳纹。残高7.4厘米（彩版一五三，2）。

4.H3

位于探方T9西南角（图11-14；彩版一五二，6），部分坑体进入探方西壁、南壁，开口于⑧层下，被K12及D34打破，打破⑪层。暴露坑口形状不规整，东侧坑边中部内凹，坑内东北角地面较高且平坦，似为台阶面，开口距地表约1.50、南北最长3.15、东西最宽2.275米，东北角平面深约0.25、可见坑底最深约0.58米。坑内填土为灰黑色，夹杂黄色土块、红烧土颗粒和炭粒，包含物有少量石块、陶片、另有铜渣和坩埚残片。其中陶片共56片，质地、颜色、纹饰统计如下表（表11-10、11）。标本分述如下：

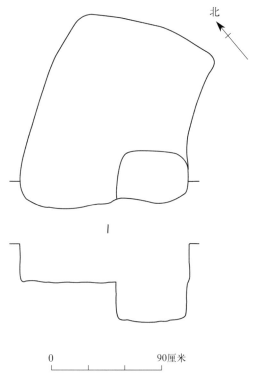

北

0　　　　　　90厘米

图 11-13　H2 平、剖面图

表 11-8　H2 出土陶瓷器质地、颜色统计表

陶质	夹细砂	泥质			合计
陶色	红褐	红	红褐	黑	
陶片数	5	3	5	1	14
百分比（%）	35.71	21.43	35.71	7.14	100

表 11-9　H2 出土陶瓷器纹饰统计表

纹饰	软陶			合计
	素面	细绳纹	粗绳纹	
陶片数	1	4	9	14
百分比（%）	7.14	28.57	64.29	100

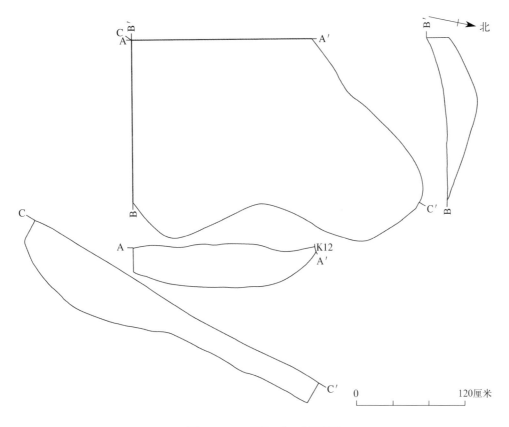

图 11-14　H3平、剖面图

表 11-10　H3出土陶瓷器质地、颜色统计表

陶质	夹粗砂			夹细砂		泥质				印纹陶		合计
陶色	红褐	黑	灰	红褐	黑皮红胎	红	红褐	黑皮红胎	黑	灰	褐	
陶片数	10	2	1	15	4	8	5	5	4	1	1	56
百分比（%）	17.86	3.57	1.79	26.79	7.14	14.29	8.93	8.93	7.14	1.79	1.79	100

表 11-11　H3出土陶瓷器纹饰统计表

纹饰	软陶						印纹陶	合计
	素面	细绳纹	粗绳纹	弦断绳纹	间断绳纹	附加堆纹	重回纹	
陶片数	25	10	15	1	1	2	2	56
百分比（%）	44.64	17.86	26.79	1.79	1.79	3.57	3.57	100

鬲

2件。

H3：3，夹砂褐陶。侈口，折沿，方唇，弧腹，腹部以下残。肩部饰弦断绳纹。口径24、残高9厘米（图11-15，1）。

H3：4，夹细砂褐陶。侈口，圆唇，束颈，弧腹，腹部以下残。颈部以下饰竖向绳纹。口径

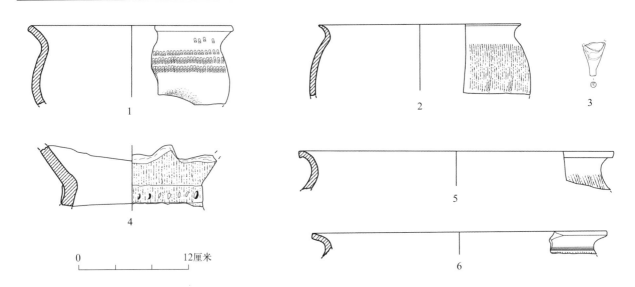

图 11-15　H3 出土陶器

1、2. 鬲 H3∶3、4　3. 鬲足 H3∶7　4. 甗腰 H3∶2　5、6. 器口沿 H3∶5、6

23.5、残高 9 厘米（图 11-15，2）。

鬲足

1 件。

H3∶7，夹细砂褐陶。柱状足。足面有绳纹。高 8 厘米（图 11-15，3）。

甗腰

1 件。

H3∶2，夹砂褐陶。甗腰处有附加堆纹，上有指甲纹，器表饰竖向细绳纹。直径 16、残高 6 厘米（图 11-15，4）。

器口沿

2 件。

H3∶5，夹细砂褐陶。侈口，方唇，束颈。颈部以下饰竖向细绳纹。口径 36、残高 4 厘米（图 11-15，5）。

H3∶6，夹细砂褐陶。侈口，方唇，束颈。颈部以下饰弦纹和竖向细绳纹。口径 33、残高 3 厘米（图 11-15，6）。

（二）其他坑状堆积

1.K7

位于探方东侧偏北，开口于第⑪层下。坑口呈近似椭圆形，弧壁不甚规整，圜底，东西长 1.35、南北宽 1.20、深约 0.30 米。坑内填土为黑灰色，未见包含物。

2.K3

位于探方西侧偏北，开口于⑩层下，打破 K4。坑口为椭圆形，斜直壁，圜底，长约 0.25、宽约 0.20、深约 0.40 米。坑内填土为灰色，夹少量烧土颗粒和炭粒，未见包含物。性质也可能为 1 个柱洞。

3.K4

位于探方西侧偏北，开口于⑩层下，被 K3 打破。坑口椭圆形，直壁，底近平，东西长 0.50、南北宽 0.25、深约 0.45 米。坑内填土为灰色，夹少量的黄斑以及大量的红烧土，未见包含物。性质亦可能为 1 个柱洞。

4.K5

位于探方北部，开口于⑩层下。坑口呈不规则椭圆形，弧壁，圜底，开口距地表约 1.50、东西长 0.75、南北宽 0.55、深约 0.60 米。坑内填土为浅灰色，土质较密，含极少量的红烧土颗粒，未见包含物。

5.K6

位于探方北端偏东，开口于⑩层下。坑口呈圆形，弧壁，圜底，直径约 0.45、深约 0.75 米。坑内填土为灰褐色，未见包含物。性质亦可能为 1 个柱洞。

6.K14

位于探方西侧中部，部分坑体进入西侧台阶内，开口于⑨层下。暴露坑口呈半圆形，斜壁，尖圜底，直径约 0.26、深约 0.80 米。坑内填土为黑灰色，较致密，未见包含物。

7.K15

位于探方南侧中部，部分坑体进入南壁，开口于⑨层下。暴露坑口呈半圆形，弧壁，圜底，东西长 0.25、南北宽 0.225、深约 0.225 米。坑内填土为黑褐色，未见包含物。

8.K13

位于探方西侧中部，坑体部分进入西侧台阶内，开口于⑧层下。暴露坑口呈半椭圆形，斜壁，底近平，南北长 0.60、东西宽 0.15、深约 0.50 米。坑内填土为灰褐色，未见包含物。

9.K12

位于探方西侧偏南，坑体部分进入西侧台阶内，开口于⑦层下。暴露坑口呈半圆形，斜弧壁，圜底，南北长 0.55、东西宽 0.35、深约 0.80 米。坑内填土为灰色，较致密，未见包含物。

10.K10

位于探方西侧中部，部分坑体进入探方西壁，开口于⑥层下。暴露坑口呈半圆形，斜壁，圜底，南北长 1.75、东西宽 0.80、深约 0.70 米。坑内填土为灰褐色，较疏松，夹较多红烧土颗粒和炭粒，未见包含物。

11.K11

位于探方南侧偏东，部分坑体进入探方南壁，开口于⑥层下，打破 D30 东部少量区域。暴露坑口呈半椭圆形，斜直壁，底近平，南北长 0.45、东西宽 0.60、深约 0.80 米。坑内填土为黑褐色，且坑内靠下部分填土颜色更黑，有可能分为上下两层堆积，未见包含物。

12.K1

位于探方北侧中部，坑体部分进入探方北壁，开口于⑤层下。暴露坑口呈半圆形，壁较直，底近平，东西长 0.4、南北宽 0.15、深约 0.35 米。坑内填土为黑灰色，未见包含物。

13.K2

位于探方南侧偏东，坑体部分进入探方南壁，开口于⑤层下。暴露坑口呈半圆形，直壁，圜底，东西长 0.30、南北宽约 0.20、深约 0.40 米。坑内填土为黄褐色，未见包含物。

第三节　地层出土遗物

一　T9⑫层

该层仅发现石锛1件。

石锛

1件。

T9⑫：1，灰色。长条形，器表风化严重。

二　T9⑪层

（一）陶瓷器

该层共出土陶片198片，陶器质地、颜色、纹饰统计如下表（表11-12、13）。标本分述如下：

表11-12　T9⑪层出土陶瓷器质地、颜色统计表

陶质	夹砂				泥质				印纹陶	合计
陶色	红褐	灰	黑	黑皮红胎	红褐	灰	黑	黑皮红胎	灰褐	
陶片数	49	61	8	21	4	28	16	4	7	198
百分比（%）	24.75	30.81	4.04	10.61	2.02	14.14	8.08	2.02	3.54	100

表11-13　T9⑪层出土陶瓷器纹饰统计表

纹饰	软陶										印纹陶						合计
	素面	细绳纹	粗绳纹	弦断绳纹	交错绳纹	附加与细绳	凹弦与粗绳	附加与粗绳	篮纹	按窝	方格纹	素面	方格纹	网格纹	雷纹	网格与曲折	
陶片数	95	11	51	1	1	1	2	2	15	5	7	2	1	1	2	1	198
百分比（%）	47.98	5.56	25.76	0.51	0.51	0.51	1.01	1.01	7.58	2.53	3.54	1.01	0.51	0.51	1.01	0.51	100

1. 鼎

5件。

T9⑪：5，夹细砂黑衣灰白陶。窄平卷沿，圆唇，束颈，上腹部略外撇，腹部以下残。纹饰不详。口径27、残高4厘米（图11-16，1）。

T9⑪：22，夹砂黑陶，胎色内灰黑外黄褐，黑色表皮。侈口近平，内卷沿，圆唇，束颈，上腹部外撇，腹部以下残。腹部顶端素面，其下饰一周较窄的绳纹，再下拍印重菱纹。口径20、残高7厘米（图11-16，2）。

T9⑪：25，夹细砂黑衣红褐陶。侈口，内卷沿近折，沿面微凹，沿下角大，圆唇，上腹部较直，腹部以下残。素面。残高4厘米（图11-16，3）。

T9⑪：26，夹细砂淡红褐色陶，灰黑色表皮较斑驳。小卷沿，圆唇，腹部似钵形，腹壁微鼓内收，

腹部以下残。腹部隐约可见残存的小方格纹。残高 6 厘米（图 11-16，4）。

　　T9⑪：27，夹细砂红褐色陶，器表陶色泛黄。短侈口，沿下角近直角，内卷沿，圆唇，上腹部外撇，腹部以下残。上腹部素面。残高 4 厘米（图 11-16，5）。

　　2. 鼎足

　　8 件。

　　T9⑪：14，夹细砂红褐陶，一侧胎色泛黄褐色，足尖外侧有一块近圆形的黑色斑块，可能鼎足原有黑色表层。侧装刀形长扁足，横截面呈圆角长方形，厚度较均匀，足尖略外撇，足外侧缘顶端可见两对残存的圆形捏窝。素面。残高 17 厘米（图 11-16，6）。

　　T9⑪：15，夹细砂红褐陶。侧装牛角状足，横截面呈近似方形，足尖外撇，足外侧缘可见两对残存的捏窝纹。素面。残高 9 厘米（图 11-16，7）。

　　T9⑪：16，夹细砂黑灰色红褐陶。侧装刀形长扁足，横截面呈椭圆形，足尖略外撇，足外侧缘顶端可见四对圆形捏窝。素面。残高 12 厘米（图 11-16，8）。

　　T9⑪：17，夹细砂灰黑色黄褐陶，灰黑色表层脱落殆尽。侧装长条状扁足，横截面呈圆角长方形，内侧缘较圆弧，外侧缘可见残存的五对捏窝纹，并在捏窝纹间的脊棱上按压窝纹，足下端残损。素面。残高 16 厘米（图 11-16，9）。

　　T9⑪：35，夹细砂红褐陶。刀形扁足，横截面呈椭圆形，上端残，足尖略外撇。素面。残高 8 厘米（图 11-16，10）。

　　T9⑪：36，夹细砂红褐陶，表层陶色较浅，可能原有深色表皮。刀形扁足，横截面呈圆角长方形。素面。残高 7 厘米（图 11-16，11）。

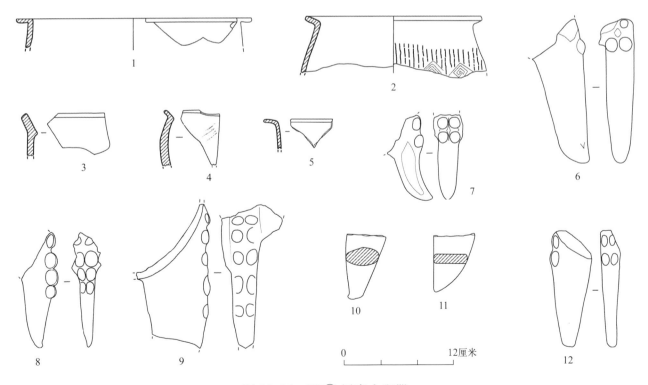

0　　　　　　　　　12厘米

图 11-16　T9⑪ 层出土陶器

1～5. 鼎 T9⑪：5、22、25～27　6～12. 鼎足 T9⑪：14～17、35、36、46

T9⑪：45，夹细砂黑陶，胎色内灰外红褐，黑色表皮。刀形长扁足，上端残损，横截面呈外侧窄内侧略宽的圆角长方形，足尖圆转。素面磨光。残高 10 厘米。

T9⑪：46，夹细砂黑陶，胎色内灰外红褐，黑色表皮磨损严重。侧装三角形长扁足，横截面呈圆角长方形，厚度较均匀，足外侧顶端可见两对残存的圆捏窝，其间足侧脊棱上再按压一个圆窝。素面磨光。残高 14 厘米（图 11-16，12）。

3. 泥质罐

3 件。

T9⑪：7，泥质灰白衣灰黑陶，胎体表面有一层极薄的灰白层，表皮脱落殆尽。小侈口，内沿略折，方唇，高直领，底端略外撇，以下残。领部靠下位置尚可见一周旋纹。口径 11、残高 7 厘米（图 11-17，1）。

T9⑪：23，泥质灰白衣灰陶，胎体表面有一层极薄的灰白层，深色表皮脱落殆尽。侈口，圆唇近方，唇外缘略鼓出，高领弧壁内收，领部以下残。素面。残高 8 厘米（图 11-17，2）。

T9⑪：38，泥质黑色胎，胎体表面有一层灰白色薄层，黑色表皮。微侈口，圆唇外缘呈三角状凸出，高直领底端微外撇，斜肩近平，肩部以下残。素面磨光。口径 9、残高 6 厘米（图 11-17，3）。

4. 罐底

2 件。

T9⑪：13，泥质灰胎陶，腹部黄褐胎，底座灰胎，灰黑色表皮。腹底黏接于平底座上，座底边缘黏接一周不甚规整的矮圈足。底面中心有一些杂乱的划纹。底径 11、残高 4 厘米（图 11-18，1）。

T9⑪：49，泥质灰胎陶，胎体表面有一层极薄的灰白层，深色表皮脱落殆尽。腹壁底端内收较大，腹壁黏接于底座上平面上，底座边缘圆鼓略凸出，形成极矮的圈足，底面近外缘处有一周浅凹槽。素面。底径 11、残高 4 厘米（图 11-18，2）。

5. 厚唇缸

1 件。

T9⑪：4，夹砂灰黑胎，胎体表面有一层极薄的灰白层，黑色表皮脱落殆尽。直口，圆叠唇，上腹部较直，腹部以下残。纹饰不详。残高 4 厘米（图 11-17，4）。

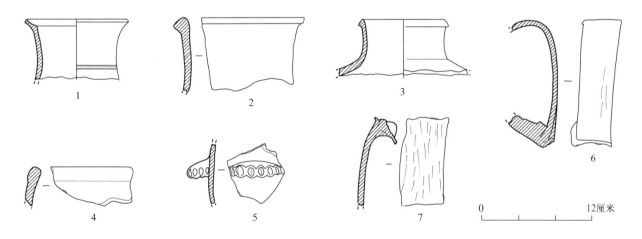

图 11-17　T9⑪层出土陶器

1～3. 泥质罐 T9⑪：7、23、38　4. 厚唇缸 T9⑪：4　5. 陶鬶 T9⑪：12　6、7. 器耳 T9⑪：8、50

6. 陶铃

1 件。

T9⑪：3，夹砂，胎色较斑驳，主体呈浅红褐色，部分呈灰白色，灰黑色表皮。馒头形铜铃，横截面呈椭圆形，纵截面呈弧边等腰梯形，铃顶部近平微鼓，有两个由内向外穿通的对称圆孔，铃身侧边捏出一个不甚规整的长条形扉棱，平口，圆唇，内壁有大量如铁锈般的残留物。口部长 10、宽 9、顶部长约 6、宽约 4、高 7、厚 1 厘米（图 11-18，3；彩版一五三，4～6）。

7. 陶錾

2 件。

T9⑪：12，泥质黑陶，胎色内黑外灰白，黑色表皮。陶錾呈半圆形鸡冠状，且一侧面略鼓，一侧内凹。残高 6 厘米（图 11-17，5）。

T9⑪：20，夹细砂黑衣红褐陶。鸡冠状陶錾，一侧面略鼓，一侧内凹。残宽 7 厘米。

8. 器耳

2 件。

T9⑪：8，泥质，胎色内灰外灰白，深色表皮脱落殆尽。桥型宽扁耳。素面。残长 14、宽 4 厘米（图 11-17，6；彩版一五三，3 左）。

T9⑪：50，泥质黑陶，胎色内黑外灰白，黑色表皮。桥型宽扁耳。素面。残长 10、宽 4 厘米（图

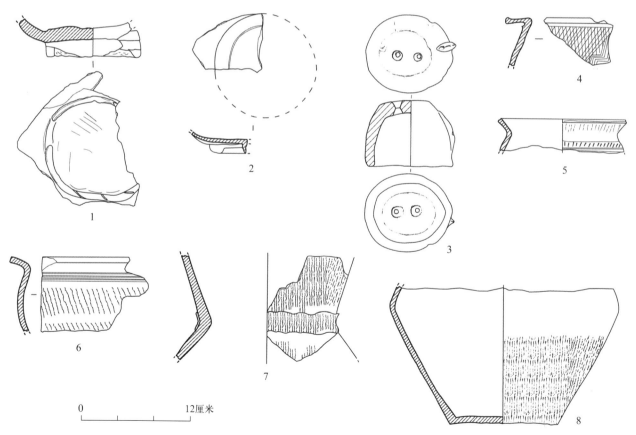

0　　　　　　　12厘米

图 11-18　T9⑪层出土陶器

1、2. 罐底 T9⑪：13、49　3. 陶铃 T9⑪：3　4. 印纹硬陶腹片 T9⑪：11　5. 鬲口沿 T9⑪：6　6. 甒口沿 T9⑪：21　7. 甒腰 T9⑪：10　8. 罐 T9⑪：18

11-17，7；彩版一五三，3右）。

9. 花边器底

1件。

T9⑪：31，夹细砂黄褐胎陶，灰黑色表皮脱落殆尽。平底座，腹底黏接在底座上，底座周边捏出一周纽索状花边圈足。

10. 印纹硬陶罐口沿

1件。

T9⑪：33，铁灰衣灰白陶，致密。截面为三角形方唇，直颈。颈部素面。残宽5、残高4厘米。

11. 印纹硬陶腹片

5件。

T9⑪：11，铁灰衣紫陶，致密。腹部饰菱格纹和折线纹。残高6厘米（图11-18，4）。

T9⑪：56，青灰陶，疏松。复线回字纹。残宽5厘米（彩版一五四，1、2）。

T9⑪：58，铁灰衣紫陶，致密。重回纹。残宽8厘米。

T9⑪：59，铁灰衣紫陶，致密。菱格纹。残宽6厘米。

T9⑪：60，铁灰衣紫陶，致密。重回纹。残宽5厘米。

此外，该层还出土一些商周时期遗物。

12. 鬲口沿

1件。

T9⑪：6，夹砂黑衣灰白陶。侈口，卷沿，方唇，唇面有一道凹槽，鼓腹，腹部以下残。沿下饰竖行中绳纹被抹，腹部饰弦断斜行中绳纹，纹饰清晰。口径14、残高4厘米（图11-18，5）。

13. 甗口沿

2件。

T9⑪：21，泥质夹少量砂红褐衣灰白陶。侈口，卷沿近平，方唇，唇面有一道凹槽，颈部微束，直腹内弧。沿下饰斜行中绳纹被抹，颈部饰多道弦纹，腹部饰间断斜行中绳纹。残高8厘米（图11-18，6）。

14. 甗腰

1件。

T9⑪：10，泥质夹少量砂红褐陶。甑下腹部斜直，弧隔，甗腰外侧贴敷泥条，鬲部上腹部外鼓明显。腹部饰斜行细绳纹，近甗腰处及甗腰饰竖行细绳纹，鬲部饰斜行细绳纹，纹饰较模糊。残高12厘米（图11-18，7）。

15. 罐

1件。

T9⑪：18，泥质黑衣褐陶。仅剩罐的下腹部及罐底，鼓肩，斜直腹，平底。肩部素面，下腹部饰竖行细绳纹，底部素面。底径12、残高14厘米（图11-18，8；彩版一五四，3）。

16. 刻纹器底

1件。

T9⑪：19，刻纹罐（盆）器底。泥质黑陶，胎色内灰外红褐，黑色外皮。圆形器底微内凹。

腹部底端至器底外围饰很细密的麦粒状绳纹，器底中央大部分区域刻划一个精致的枝叶图案（彩版一五四，4、5）。

（二）石器

1. 石斧

1件。

T9⑪：1，青灰色，一端残。残高9、厚4厘米（图11-19，1；彩版一五四，6）。

2. 石钺

1件。

T9⑪：2，灰白色有绿色花斑。宽扁长方形，顶部有疤痕，双面刃，中上部有一双面钻孔。长9、宽7.5、厚1.5厘米，孔径1.5厘米（图11-19，2；彩版一五五，1、2）。

（三）铜器及相关遗物

炉渣

1件。

T9⑪：62（彩版一五五，3～8）。

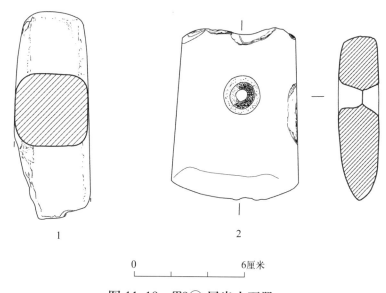

图 11-19　T9⑪ 层出土石器
1. 石斧 T9⑪：1　2. 石钺 T9⑪：2

三　T9 ⑩层

（一）陶瓷器

该层共出土陶片464片，陶器质地、颜色、纹饰统计如下表（表11-14、15）。

1. 敞口沿

1件。

表 11-14　T9 ⑩ 层出土陶瓷器质地、颜色统计表

陶质	夹砂				泥质				印纹陶		合计
陶色	红	红褐	灰	黑	红	红褐	灰	黑	灰褐	红	
陶片数	8	186	102	80	14	24	21	17	11	1	464
百分比（%）	1.72	40.09	21.98	17.24	3.02	5.17	4.53	3.66	2.37	0.22	100

表 11-15　T9 ⑩ 层出土陶瓷器纹饰统计表

纹饰	软陶														
	素面	细绳纹	粗绳纹	弦断绳纹	间断绳纹	附加与粗绳	凹弦纹	凹弦与细绳	凹弦与刻划	凹弦与圈点	按窝	篮纹	凸棱纹	附加堆纹	附加与按窝
陶片数	182	17	183	32	8	10	1	1	1	1	2	2	2	4	1
百分比（%）	39.22	3.66	39.44	6.90	1.72	2.16	0.22	0.22	0.22	0.22	0.43	0.43	0.43	0.86	0.22

纹饰	印纹陶							合计
	素面	网格纹	凹弦与方格	曲折纹	菱形纹	方格纹	雷纹	
陶片数	5	1	1	1	1	4	4	464
百分比（%）	1.08	0.22	0.22	0.22	0.22	0.86	0.86	100

T9 ⑩：9，夹砂黑陶。斜直口，卷沿，方唇，唇面有一道凹槽，圆鼓腹，下腹部残。腹部饰弦断斜行粗绳纹，沿下绳纹被抹。口径 14、残高 6 厘米（图 11-20，1）。

2. 瓢腰

2 件。

T9 ⑩：23，夹细砂红褐陶。卷隔。瓢腰外侧贴敷附加堆纹，甗部饰竖行麦粒状绳纹，附加堆纹上饰斜行麦粒状绳纹。残高 8 厘米（图 11-20，2）。

T9 ⑩：24，夹细砂红褐陶。卷隔。瓢腰外侧贴敷附加堆纹，甗部及附加堆纹上饰竖行麦粒状绳纹，鬲部饰斜行麦粒状绳纹，内侧可见明显鬲部与甗部的贴敷痕迹。残高 9 厘米（图 11-20，3；彩版一五六，1）。

3. 直腹盆

1 件。

T9 ⑩：20，夹细砂红褐陶。卷沿近平，沿面较大，方唇，矮颈，直腹，腹部以下残。腹部饰斜行麦粒状绳纹，沿下及颈部绳纹被抹，颈、腹交界明显。口径 41、残高 7 厘米（图 11-20，4）。

4. 斜直腹盆

1 件。

T9 ⑩：21，泥质红褐陶。卷沿近平，沿面较大，方唇，唇面有一道凹槽，矮颈，直腹，腹部以下残。腹部饰斜行麦粒状绳纹，沿下及颈部绳纹被抹，颈、腹交界不明显，内壁有明显轮制和手制痕迹。口径 22、残高 9 厘米（图 11-20，5）。

5. 敛口罐

1 件。

T9 ⑩：41，泥质灰褐衣灰白陶。敛口，宽体斜方唇，唇面有两道凹槽，微鼓腹内收，腹部以下残。腹部饰竖行麦粒状绳纹，纹饰较模糊，内壁不太平整。口径 12、残高 7 厘米（图 11-20，6）。

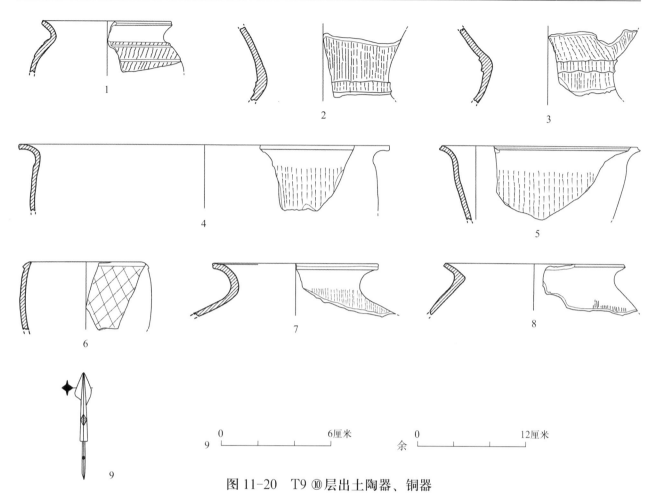

图 11-20　T9 ⑩层出土陶器、铜器

1.鬲口沿 T9 ⑩：9　2、3.甗腰 T9 ⑩：23、24　4.直腹盆 T9 ⑩：20　5.斜直腹盆 T9 ⑩：21　6.敛口罐 T9 ⑩：41　7.小口广肩罐 T9 ⑩：27　8.罐口沿 T9 ⑩：7　9.铜镞 T9 ⑩：1

6.小口广肩罐

1件。

T9 ⑩：27，泥质红褐陶。卷沿近平，沿面较大，有一道很浅的凹槽，方唇，唇面有一道凹槽，高直颈，肩部近平，肩部以下残。肩部饰竖行细绳纹。口径 18、残高 6 厘米（图 11-20，7）。

7.罐口沿

1件。

T9 ⑩：7，夹粗砂红褐陶，器表有明显灼黑痕迹。斜直口，折沿，薄方唇，斜直腹，腹部以下残。腹部饰竖行细绳纹，纹饰模糊，颈部，上腹部，腹部内侧均有横向的刮痕。口径 20、残高 5 厘米（图 11-20，8）。

此外，该层还出土一些早期遗物：

8.鼎足

1件。

T9 ⑩：4，夹砂陶，足部为红褐陶，表层泛黄褐色，近腹部为黑陶。侧装长扁足，截面呈椭圆形，足跟残，截面为椭圆形，足上端饰两对纵向排列的目状捏窝，其间外侧脊棱上再按压三个不规则的窝纹。残高9厘米（图11-21，1）。

9. 鬶足

1件。

T9⑩：2-1，夹砂灰黑衣灰白陶。长袋足，截面呈圆形，足尖捏出小乳锥。素面，表面有明显捏制痕迹。残高8厘米（图11-21，2；彩版一五六，2、3）。

T9⑩：2-2，夹砂灰黑衣红褐陶。外壁较圆。素面，表面有较多锈斑。残高6厘米（彩版一五六，4、5）。

10. 豆

1件。

T9⑩：31，泥质黑衣灰白陶，黑芯，皮略脱落。豆盘上表面微内凹，下表面较平，柄较粗，器壁略厚。素面。残高3厘米（图11-21，3）。

11. 粗豆柄

3件。

T9⑩：32，夹细砂红褐陶。残存豆柄呈腰鼓型，顶端和圈足部分撇出较对称，中部圆柱形，圈足边缘圆唇，内壁可见大量贴泥加固的痕迹。素面磨光。中部直径6、残高8厘米（图11-21，4；彩版一五七，1、2）。

T9⑩：33，泥质陶，胎色内黑外灰白，黑色表皮。残存豆柄上部，圆柱形，中部呈算珠状鼓起。其上下皆饰多周细旋纹，素面磨光（图11-21，5；彩版一五六，6）。

T9⑩：48，泥质陶，黑色胎，胎体表面有一层极薄的灰白层，深色表皮脱落殆尽。残存豆柄直径较大，上部呈粗圆柱形，可见两周明显的三角状凸棱。素面。直径9、残高8厘米（图11-21，6）。

12. 大口尊口沿

1件。

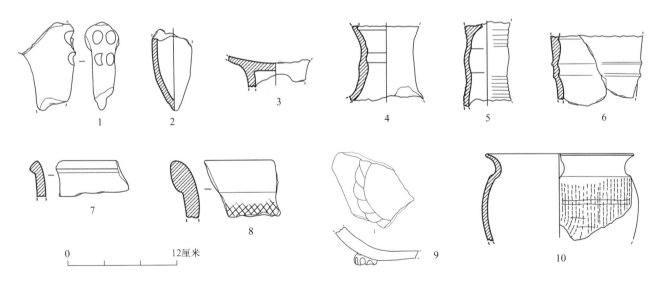

0　　　　　　12厘米

图 11-21　T9 ⑩层出土早期遗物和受二里冈影响本地因素遗物

1. 鼎足 T9 ⑩：4　2. 鬶足 T9 ⑩：2-1　3. 豆 T9 ⑩：31　4～6. 粗豆柄 T9 ⑩：32、33、48　7. 大口尊口沿 T9 ⑩：38　8. 缸口沿
T9 ⑩：37　9. 花边缸底 T9 ⑩：39　10. 鬲口沿 T9 ⑩：8

T9⑩：38，夹细砂灰黑衣黄褐陶。微侈口，斜方唇较宽，外缘呈三角状凸出，上腹部顶端较直，腹部以下残。表面脱落较严重，纹饰不详。残高4厘米（图11-21，7）。

13. 缸口沿

1件。

T9⑩：37，夹砂灰黑陶。直口，圆唇，口部外卷加厚，直腹，腹部以下残。腹部饰斜向方格纹。残高6厘米（图11-21，8）。

14. 花边缸底

1件。

T9⑩：39，夹细砂红褐陶。下腹部弧壁内收，黏接于平底座表面，座底面一周呈纽索形花边状矮圈足。下腹壁素面，器表较斑。底径11、残高4厘米（图11-21，9）。

受二里冈影响的本地因素

15. 鬲口沿

1件。

T9⑩：8，夹砂黑陶。卷平沿，沿面有一道凸棱，圆唇，束颈，略鼓肩，颈、肩分界处略折，直腹，下部残。腹部饰弦断竖行粗绳纹，沿下绳纹被抹。口径16、残高9厘米（图11-21，10）。

（二）铜器及相关遗物

铜镞

1件。

T9⑩：1，长6厘米（图11-20，9；彩版一五七，3）。

四　T9⑨层

（一）陶瓷器

该层共出土陶片128片，陶器质地、颜色、纹饰统计如下表（表11-16、17）。标本分述如下：

表 11-16　T9⑨层出土陶瓷器质地、颜色统计表

陶质	夹细砂			泥质				印纹陶	合计
陶色	红	灰	黑	红	黑	灰	黑皮红胎	褐	
陶片数	74	6	16	11	11	5	4	1	128
百分比（%）	57.81	4.69	12.50	8.59	8.59	3.91	3.13	0.78	100

表 11-17　T9⑨层出土陶瓷器纹饰统计表

纹饰	软陶							印纹陶	合计
	素面	细绳纹	粗绳纹	间断绳纹	交错绳纹	凹弦纹	附加堆纹	凹弦纹	
陶片数	29	2	73	6	3	7	7	1	128
百分比（%）	22.66	1.56	57.03	4.69	2.34	5.47	5.47	0.78	100

黑陶

1. 鬲口沿

1 件。

T9⑨：10，夹砂黑衣黑褐陶。卷平沿，沿面有一道凸棱，圆唇，束颈，略鼓肩，颈、肩分界处略折，直腹，下部残。腹部饰弦断竖行粗绳纹，沿下绳纹被抹。残高 3 厘米（图 11-22，1）。

2. 豆柄

1 件。

T9⑨：36，泥质黑衣灰白陶。残存豆柄呈上端微窄的圆柱状，圈足部分残损。从顶端至残损处，等距分布着三组旋纹带，各有两三根旋纹组成，与豆盘交界处可见明显的凸棱，素面磨光，内壁可见明显轮制痕迹。直径 6、残高 7 厘米（图 11-22，2；彩版一五七，4）。

灰黑陶

3. 鬲口沿

1 件。

T9⑨：22，夹砂黑陶。斜直口，卷沿，方唇，圆鼓腹，下腹部残。腹部饰间断竖行粗绳纹，沿下绳纹被抹。口径 16、残高 6 厘米（图 11-22，3）。

4. 广肩罐口沿

2 件。

T9⑨：9，泥质黑衣灰白陶，胎较薄。斜直口，斜厚圆角方唇，肩部近平，肩部以下残。素面。残高 5 厘米（图 11-22，4）。

T9⑨：7，泥质黑衣灰白陶。卷沿近平，方唇，高直颈，肩部近平，肩部以下残。素面。残高 4 厘米（图 11-22，5）。

红褐陶

5. 鬲口沿

1 件。

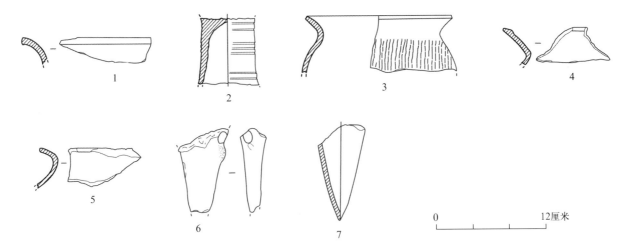

图 11-22　T9 ⑨层出土早期遗物

1. 鬲口沿 T9⑨：10　2. 豆柄 T9⑨：36　3. 鬲口沿 T9⑨：22　4、5. 广肩罐口沿 T9⑨：9、7　6. 鼎足 T9⑨：32　7. 鬲足 T9⑨：5

T9 ⑨：20，夹砂红褐陶，口沿处有明显烟炱痕迹。卷沿近平，圆唇，颈部较高，耸肩明显，肩部以下残。肩部饰竖行细绳纹。口径 18、残高 6 厘米（图 11-23，1）。

6. 甗腰

1 件。

T9 ⑨：25，夹细砂红褐陶。卷隔。甗腰外侧贴敷附加堆纹，器身及附加堆纹上饰麦粒状绳纹，纹饰较凌乱，器身纹饰较模糊。残高 9 厘米（图 11-23，2）。

7. 盉流

1 件。

T9 ⑨：37，夹细砂红褐陶。圆腹，裆部较平，管状流，口端残。下腹部饰竖行麦粒状粗绳纹，流与腹交界处可见明显手捏及刮削痕迹。残宽 9 厘米（图 11-23，3；彩版一五七，5）。

8. 盆口沿

2 件。

T9 ⑨：10，泥质灰黑陶。卷沿近平，厚方唇，以下残。素面。残高 3 厘米（图 11-23，4）。

T9 ⑨：21，泥质红褐陶。卷沿近平，厚方唇，直腹，腹部以下残。腹部饰竖行粗绳纹，沿下绳纹被抹，颈、腹分界处有一道弦纹。口径 21、残高 4 厘米（图 11-23，5）。

9. 罐口沿

1 件。

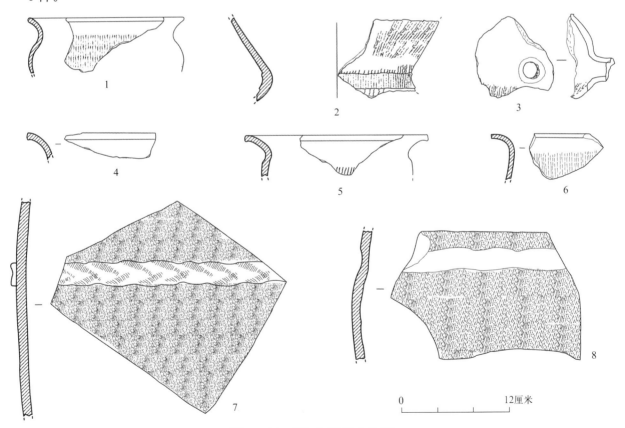

图 11-23　T9 ⑨层出土陶器

1. 鬲口沿 T9 ⑨：20　2. 甗腰 T9 ⑨：25　3. 盉流 T9 ⑨：37　4、5. 盆口沿 T9 ⑨：10、21　6. 罐口沿 T9 ⑨：8　7、8. 直口缸腹片 T9 ⑨：29、30

T9⑨：8，泥质红褐陶，口沿处有明显烟炱痕迹。卷沿，方唇，斜鼓腹，腹部以下残。腹部饰竖行中绳纹，沿面有明显轮制痕迹。残高5厘米（图11-23，6）。

10. 直口缸腹片

2件。

T9⑨：29，夹细砂红褐衣灰陶。器表饰竖行麦粒状极粗绳纹，腹部饰附加堆纹，为对向压制的粗绳纹，内壁可见制作痕迹。残高23厘米（图11-23，7）。

T9⑨：30，夹细砂红褐陶。器表饰竖行麦粒状极粗绳纹，腹部有一道较宽的凹槽，内侧可见明显轮制痕迹。残高14厘米（图11-23，8；彩版一五七，6）。

11. 原始瓷钵底

1件。

T9⑨：6，泥质灰白陶，似高岭土，疑似脱釉。腹部弧壁内收，下端圆鼓，腹底与底面交接处刮出一周凹槽形成假圈足，圆底面规整微内凹，腹内底有一周细圆凸棱，其内腹底中心内凹明显。素面磨光。底径约8、残高4厘米（图11-24，1；彩版一五八，1、2）。

此外，T9⑨层也出土一些早期遗物：

12. 鼎足

1件。

T9⑨：32，夹砂黑衣红褐陶。侧装长条形扁足，横截面呈圆角长方形，足跟残，足上端饰两对纵向排列的目状捏窝，其下外侧脊棱上再按压一个窝纹。残高9厘米（图11-22，6；彩版一五八，3右）。

13. 鬲足

1件。

T9⑨：5，夹砂灰白衣红褐陶，有表皮脱落的痕迹。三角圆锥状袋足，截面呈椭圆形，足尖略尖。素面，表面较斑驳。残高10厘米（图11-22，7；彩版一五八，4、5）。

（二）石器

石器2件。

1. 石锛

1件。

T9⑨：2，青色。器残，仅剩刃部，单面刃，刃口锋利。器表磨制较细。残长4.1、宽4、最厚2.1厘米（图11-24，2；彩版一五八，6）。

2. 石铲

1件。

T9⑨：39，青灰色。器体扁平，仅剩一小部分。通体磨制粗糙。残长10.4、残宽6.2、最厚约1.7厘米（图11-24，3；彩版一五八，7）。

（三）铜器及相关遗物

铜镞

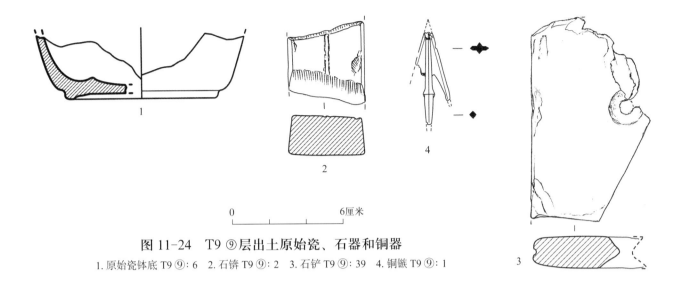

图 11-24　T9 ⑨层出土原始瓷、石器和铜器

1.原始瓷钵底 T9 ⑨: 6　2.石锛 T9 ⑨: 2　3.石铲 T9 ⑨: 39　4.铜镞 T9 ⑨: 1

1件。

T9 ⑨: 1，前锋及铤部均残。隆脊，脊两侧有血槽。两侧边斜直刃，双翼下垂形成后锋，一锋残，另一锋微残。铤部横截面呈菱形，有一凸棱。残长 4.9 厘米（图 11-24，4；彩版一五九，1～9）。

五　T9 ⑧层

（一）陶瓷器

该层共出土陶片 431 片，陶瓷器质地、颜色、纹饰统计如下表（表 11-18、19）。标本分述如下：

表 11-18　T9 ⑧层出土陶瓷器质地、颜色统计表

陶质	夹粗砂		夹细砂					泥质				印纹陶			原始瓷	合计
陶色	红褐	灰	红	红褐	黑	灰	黑皮红胎	红	灰	黑	黑皮红胎	红	灰	褐		
陶片数	4	3	31	150	56	14	34	31	10	24	28	6	12	27	1	431
百分比（%）	0.93	0.70	7.19	34.80	12.99	3.25	7.89	7.19	2.32	5.57	6.50	1.39	2.78	6.26	0.23	100

表 11-19　T9 ⑧层出土陶瓷器纹饰统计表

纹饰	软陶											
	素面	细绳纹	粗绳纹	弦断绳纹	间断绳纹	交错绳纹	绳纹与凹弦	凹弦纹	凸棱纹	按窝	附加堆纹	戳印纹
陶片数	125	35	139	21	21	20	5	5	3	1	8	1
百分比（%）	29.00	8.12	32.25	4.87	4.87	4.64	1.16	1.16	0.70	0.23	1.86	0.23

纹饰	印纹陶										原始瓷	合计
	素面	凹弦纹	棱形纹	方格纹	雷纹	重回纹	网格纹	回纹	重回与雷纹	曲折与回纹	水波纹	带釉
陶片数	4	1	17	1	11	4	1	3	2	1	1	1	431
百分比（%）	0.93	0.23	3.94	0.23	2.55	0.93	0.23	0.70	0.46	0.23	0.23	0.23	100

1. 鬲

3 件。

T9⑧：10，夹砂夹云母红褐陶。折沿近平，沿下角较小，沿面较宽，沿面内侧有一道凹槽，方唇，外侧略向外鼓，鼓腹明显，腹部以下残。腹部饰竖行绳纹。残长 24、最大腹径 22.4、残高 5.4 厘米（图 11-25，1）。

T9⑧：25，夹砂夹云母黑褐陶，器壁外侧及部分内壁被灼黑。侈口，斜折沿，沿下角较小，圆角方唇，微鼓腹，腹部以下残。素面，内壁颈、腹交界处有手捏痕迹。口径 12、最大腹径 11、残高 8 厘米（图 11-25，2）。

T9⑧：13，鬲口沿。夹砂夹云母灰陶，厚胎。窄折沿，圆角方唇。口沿外侧的绳纹被抹去，肩部饰旋纹。口径 16、残高 4 厘米（图 11-25，3）。

2. 鬲足

2 件。

T9⑧：19，夹砂红褐陶。为包制鬲足，截锥状实足跟较矮，足窝较浅。通体饰有细绳纹。残高 7 厘米（彩版一六〇，1 右）。

T9⑧：20，夹砂红陶。尖锥状实足跟较矮，足窝较浅。通体饰有纵向中绳纹。残高 6 厘米（彩

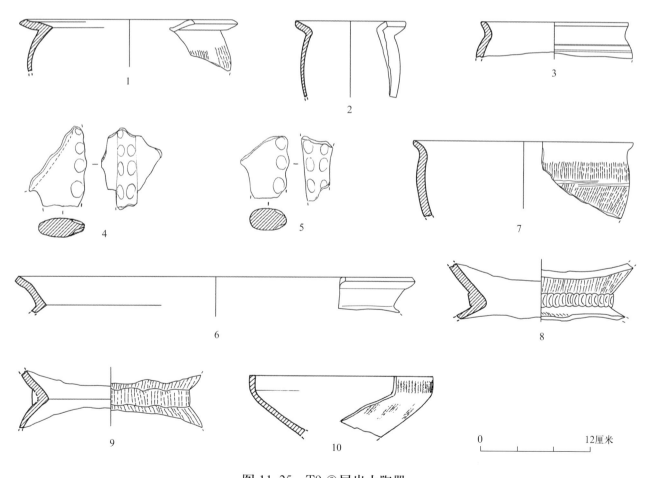

图 11-25　T9 ⑧层出土陶器

1 ～ 3. 鬲 T9⑧：10、25、13　4、5. 鼎足 T9⑧：16、31　6、7. 甗 T9⑧：17、26　8、9. 甗腰 T9⑧：29、30　10. 豆 T9⑧：15

版一六〇，1左）。

3. 鼎足

2件。

T9⑧：16，夹细砂灰白陶，腹壁表面有黑色表皮。侧装扁足，横截面呈椭圆形，足外侧缘顶端有三对圆捏窝。素面。残高9厘米（图11-25，4；彩版一六〇，2中）。

T9⑧：31，夹砂陶，腹壁灰胎，鼎足灰白胎。侧装扁足，横截面呈椭圆形，足外侧缘顶端有两对圆捏窝，与腹壁交接面上有一个椭圆形压窝。素面。压窝长约2.2、宽约1.5、鼎足残高7厘米（图11-25，5；彩版一六〇，2左）。

4. 甗

2件。

T9⑧：17，夹砂夹云母红褐陶，器表外壁及口沿有明显烟炱痕迹，表层黑衣脱落严重，器壁内侧灰白皮同样脱落严重。折沿，沿下角较小，沿面外展又向下折，方唇，沿面外侧外鼓，起一道凸棱，颈、腹分界线明显，腹部以下残。素面磨光。口径44、残宽8.4、残高3.6厘米（图11-25，6）。

T9⑧：26，夹细砂红褐陶，厚胎。窄卷沿，尖圆唇。口沿外侧和颈部的绳纹被抹去，颈部以下饰斜向细绳纹，肩部饰一道旋纹。口径24、残宽10.1、残高7厘米（图11-25，7）。

5. 甗腰

2件。

T9⑧：29，夹砂青灰陶，烧制温度略高，较坚硬。卷隔，甗腰外饰指甲纹一周，呈月牙形，甑部饰竖行细绳纹，鬲部饰斜行竖绳纹。残宽10、残高6厘米（图11-25，8）。

T9⑧：30，夹砂红褐陶。折隔，甗腰外附加泥条较厚较宽。器身及甗腰均饰竖行麦粒状绳纹。残宽10、残高5.6厘米（图11-25，9）。

6 盉把

3件。

T9⑧：32，泥质黑陶。把细长，微卷曲，上下端均残。残长5、残宽4厘米（图11-26，1；彩版一六〇，3左下）。

T9⑧：33，泥质红褐陶。把很小，上端向内卷曲。两侧分别贴附泥饼，上端有明显烟炱痕迹。残长4、残宽3.8厘米（图11-26，2；彩版一六〇，3右下）。

T9⑧：34，泥质夹少量砂黑衣红陶。把细长，下端残，上端向内卷曲。器表有明显刮痕。残长6、残宽5厘米（图11-26，3；彩版一六〇，3上）。

7. 豆

1件。

T9⑧：15，泥质黑衣红褐陶、胎芯为黑色。直口，方唇，折腹内收，下腹部残。口沿外侧及腹部饰绳纹被抹去。口径20.2、残高6.4厘米（图11-25，10）。

8. 盘

1件。

T9⑧：11，泥质黑衣红陶，灰白芯。口沿残，腹残，平底，圈足外展。圈足径16、残高2.8厘米（图11-26，4）。

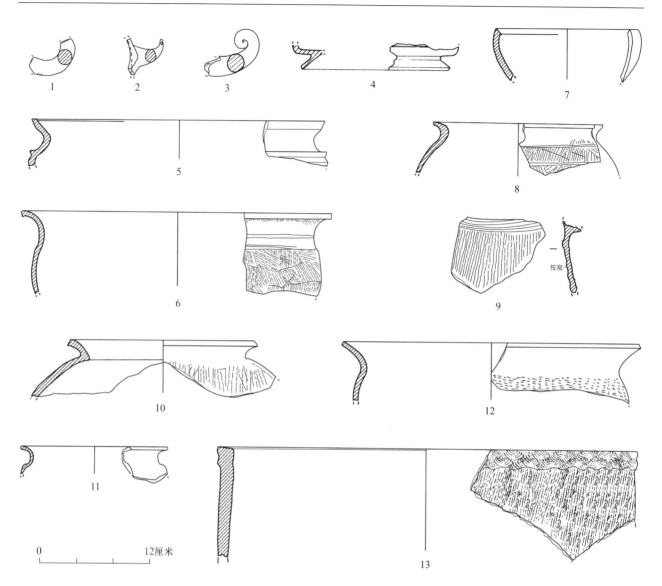

图 11-26　T9 ⑧层出土陶器

1～3.盉把 T9 ⑧：32～34　4.盘 T9 ⑧：11　5、6.盆 T9 ⑧：14、27　7.敛口钵 T9 ⑧：6　8～11.罐 T9 ⑧：22～24、12　12.尊 T9 ⑧：9　13.缸 T9 ⑧：35

9.盆

2件。

T9 ⑧：14，泥质黑衣红陶。侈口，卷沿较宽，方唇较厚，折肩，肩部斜直较短，肩部以下残。肩部有两周凹槽，余为素面。口径 32、残高 4.8 厘米（图 11-26，5）。

T9 ⑧：27，夹砂红陶。侈口，卷沿，方唇，直腹，腹部以下残。沿下及颈部饰绳纹，有被抹痕迹，腹部饰交错中绳纹。口径 34、最大腹径 31.6、残高 8.8 厘米（图 11-26，6）。

10.敛口钵

1件。

T9 ⑧：6，泥质黑衣红陶。口沿微内敛，斜方唇，唇部内缘突起，肩部外鼓，斜弧腹内收，下腹部残。素面。最大腹径 16、残高 5.6 厘米（图 11-26，7）。

11. 罐

4件。

T9⑧: 12，泥质红陶。卷沿，方唇，高领，鼓肩。素面，局部有灼痕。口径16、残宽5、残高3.8厘米（图11-26，11）。

T9⑧: 22，夹砂红衣灰陶，口沿处有烟炱痕迹。侈口，卷沿，圆唇，斜直肩，肩部以下残。肩部饰间断交错粗绳纹。口径18.4、残宽9、残高5.4厘米（图11-26，8）。

T9⑧: 23，泥质红陶。敛口，斜折沿，方唇，直腹，腹下部残。沿上饰四周凹弦纹，腹部饰有竖行中绳纹。残宽10.1、残高8厘米（图11-26，9；彩版一六〇，4、5）。

T9⑧: 24，泥质夹少量砂黑衣灰陶。侈口，折沿，方唇，斜直肩，肩部以下残。颈部以下饰竖行中绳纹，颈部及沿下绳纹被抹去。口径20.8、残高6厘米（图11-26，10）。

12. 尊

1件。

T9⑧: 9，泥质黑衣灰陶。卷沿，沿下角较大，方唇，鼓腹，腹部以下残。腹部饰横向细绳纹，口沿外侧可见轮制痕迹。口径32、残宽16.2、残高6.2厘米（图11-26，12）。

13. 缸

1件。

T9⑧: 35，夹细砂红褐衣灰陶。厚方唇，器壁较厚较直，以下残。从沿面至腹部均饰竖行麦粒状绳纹，口沿外附加堆纹饰对向压印绳纹。残宽18.2、残高11.6厘米（图11-26，13）。

14. 印纹硬陶罐口沿

1件。

T9⑧: 37，泥质红褐硬陶。卷沿，沿下角较大，唇面微凹，矮直领，圆鼓肩，肩部以下残。肩部拍印杂乱且单元纹饰各异的重回纹。口径16、残高5.2厘米（图11-27，1；彩版一六〇，6）。

15. 印纹硬陶腹片

3件。

T9⑧: 36，泥质灰白陶，较致密。菱格纹。残长5.1、残宽4.3厘米（彩版一六一，1）。

T9⑧: 38，泥质橙陶，较致密。重回纹。残长11.6、残宽7厘米（彩版一六一，2、3）。

T9⑧: 39，夹砂灰白陶，较致密。重回纹。残长9.6、残宽8厘米（彩版一六一，4）。

16. 原始瓷豆

1件。

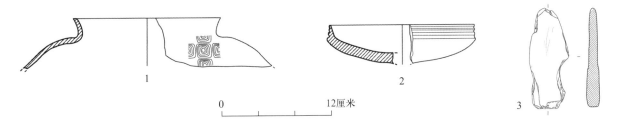

0   12厘米

图11-27 T9⑧层出土陶瓷器、石器

1. 印纹硬陶罐口沿 T9⑧: 37   2. 原始瓷豆 T9⑧: 40   3. 石矛 T9⑧: 1

T9⑧：40，泥质灰白胎，青色釉。侈口，薄方唇，唇面有一道凹槽，口径较大，折腹内收，下腹较厚，豆盘较浅，以下残。口沿外侧饰三道旋纹。口径 16、残高 4 厘米（图 11-27，2）。

（二）石器

1. 石矛

1 件。

T9⑧：1，灰黑色。器型稍残，狭长三角形，前锋稍残，后部内收为细长方形骹。通体磨制光滑，器表有多处打制疤痕。残长 10.6、宽 4.3、厚 1.4 厘米（图 11-27，3；彩版一六一，5、6）。

2. 砺石

1 件。

T9⑧：2，青灰色。器体厚重，呈四方柱体，横截面近似正方形。器表三面磨制较细，一面较粗，两端十分粗糙（彩版一六二，1、2）。

（三）铜器及相关遗物

残铜块

1 件。

T9⑧：3，扁平状。残宽 2、残长 2、厚 0.3 厘米（彩版一六二，3）。

六　T9⑦层

（一）陶瓷器

该层共出土陶片 500 片，陶瓷器质地、颜色、纹饰统计如下表（表 11-20、21）。标本分述如下：

表 11-20　T9⑦层出土陶瓷器质地、颜色统计表

陶质	夹细砂					泥质				印纹陶			原始瓷	合计
陶色	红	红褐	灰	黑	黑皮红胎	红	灰	黑	黑皮红胎	红	灰	褐		
陶片数	85	203	20	41	3	44	12	21	44	1	16	7	3	500
百分比（%）	17.00	40.60	4.00	8.20	0.60	8.80	2.40	4.20	8.80	0.20	3.20	1.40	0.60	100

表 11-21　T9⑦层出土陶瓷器纹饰统计表

纹饰	软陶										
	素面	细绳纹	粗绳纹	弦断绳纹	间断绳纹	交错绳纹	绳纹与凹弦	凹弦纹	附加堆纹	按窝	戳印纹
陶片数	132	62	184	29	17	24	1	6	5	3	8
百分比（%）	26.40	12.40	36.80	5.80	3.40	4.80	0.20	1.20	1.00	0.60	1.60

纹饰	印纹陶									原始瓷		合计
	素面	弦断绳纹	凹弦纹	方格纹	网格纹	曲折纹	雷纹	叶脉纹	重回纹	带釉	不带釉	
陶片数	1	1	1	3	1	1	6	2	10	2	1	500
百分比（%）	0.20	0.20	0.20	0.60	0.20	0.20	1.20	0.40	2.00	0.40	0.20	100

1. 鬲

2 件。

T9 ⑦: 16，夹砂夹云母黑褐陶，器壁外侧及部分内壁被灼黑。侈口，斜折沿，沿下角较小，方唇，鼓腹，腹部以下残。上腹部部分饰绳纹，下部饰纵向刮痕，器腹内壁腹部有手捏痕迹。口径 16、残宽 9.3、残高 7.8 厘米（图 11-28，1）。

T9 ⑦: 17，夹砂黑褐陶。侈口，卷沿，沿下角较大，沿面较宽，厚方唇，微鼓腹，腹部以下残。腹部饰麦粒状绳纹，纹饰略模糊，沿下绳纹被抹。口径 16、残宽 7.2、残高 4.8 厘米（图 11-28，2）。

2. 鬲口沿

2 件。

T9 ⑦: 18，夹细砂褐陶。卷沿，方唇。口沿外侧和颈部的绳纹被抹去，颈部以下饰纵向细绳纹，腹部有一道细旋纹。口径 18、残宽 7、残高 6.4 厘米（图 11-28，3）。

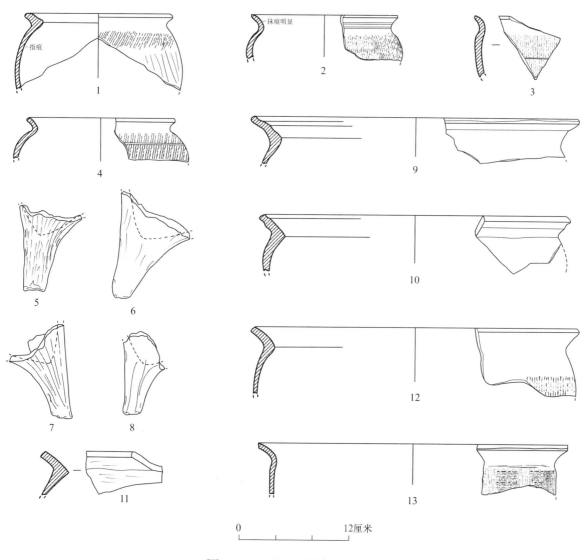

0　　　　　　　　　12厘米

图 11-28　T9 ⑦层出土陶器

1、2. 鬲 T9 ⑦: 16、17　3、4. 鬲口沿 T9 ⑦: 18、21　5～8. 鬲足 T9 ⑦: 10、7～9　9～13. 甗 T9 ⑦: 11、13、14、12、28

T9⑦：21，夹细砂褐陶，薄胎。窄折沿，圆方唇。口沿下的绳纹被抹去，颈部以下饰纵向附加堆纹，肩部饰一道旋纹。口径 16.4、残宽 6.6、残高 4.4 厘米（图 11-28，4）。

3. 鬲足

4 件。

T9⑦：7，夹砂红褐陶，上部和足窝内侧有烟炱痕迹。截锥状实足跟略矮，足窝较浅，足跟残。表面有刮削痕迹。残宽 8.4、残高 11.2 厘米（图 11-28，6；彩版一六二，4 右）。

T9⑦：8，夹砂红褐陶，足窝内侧有烟炱痕迹。截锥状实足跟略矮，足窝较浅，足跟为斜面。表面有刮削痕迹。残宽 7、残高 9.7 厘米（图 11-28，7；彩版一六二，4 中）。

T9⑦：9，夹砂红褐陶，表面呈灰白色，足窝内侧有烟炱痕迹。截锥状实足跟，足跟为斜面，足窝较浅。表面有刮削痕迹。残宽 4.5、残高 8.8 厘米（图 11-28，8；彩版一六二，4 左）。

T9⑦：10，夹砂红褐陶。截锥状实足跟略矮，足窝较浅。表面有刮削痕迹。残宽 6.8、残高 9 厘米（图 11-28，5）。

4. 甑

5 件。

T9⑦：11，夹砂红褐陶略夹砂，口沿外侧有烟炱痕迹。折沿，沿面有一道凹槽，沿下角较大，圆唇，鼓腹，腹部以下残。口径 37、残高 5 厘米（图 11-28，9）。

T9⑦：13，夹砂夹云母红褐陶，器表外壁及口沿有明显烟炱痕迹，表层黑衣脱落严重。折沿，沿下角较小，方唇，唇面内侧有一道凹槽，沿面外侧起一道凸棱，颈、腹分界线明显，鼓腹，腹部以下残。内壁可见口沿与器身黏结痕迹，素面磨光。口径 34、残宽 10.4、残高 6 厘米（图 11-28，10）。

T9⑦：14，夹砂夹云母红褐陶，器表外壁有明显烟炱痕迹。折沿，沿下角较小，方唇，颈、腹分界线明显，鼓腹，腹部以下残。内壁可见按窝痕迹，素面磨光。残宽 8.2、残高 4.6 厘米（图 11-28，11）。

T9⑦：12，夹砂夹云母红褐陶，器表有烟炱痕迹。侈口，斜折沿，沿下角较大，方唇，鼓腹，腹部以下残。腹部饰竖行中绳纹。口径 36、残宽 11.4、残高 7 厘米（图 11-28，12）。

T9⑦：28，夹砂红褐陶。卷沿近平，沿面有一道凹槽，方唇，直腹，腹部以下残。腹部饰交错中绳纹，沿下绳纹被抹。口径 34、残宽 10、残高 5.2 厘米（图 11-28，13；彩版一六二，5）。

5. 甑腰

3 件。

T9⑦：24，夹砂红褐陶，略夹云母。折隔。甑腰外饰指甲纹一周，呈月牙形，器身可见明显刮痕。残长 21.6、残高 8 厘米（图 11-29，1；彩版一六二，6、7）。

T9⑦：25，夹砂红褐陶，略夹云母，外表有一层黑皮。折隔。甑腰外饰指甲纹一周，呈月牙形，器身饰斜行细绳纹。残宽 9.6、残高 5.2 厘米（图 11-29，2）。

T9⑦：27，夹砂灰褐陶，器表略黑。卷隔。甑腰外抹光，器身饰交错粗绳纹。残宽 14.6、残高 12 厘米（图 11-29，3）。

6. 盂

1 件。

T9⑦：30，盉甑部。夹砂红褐陶。微敛口，斜方唇，鼓腹内收，下部残。中腹部饰纵向绳纹，下腹部绳纹被抹，表面有烟炱的痕迹。口径12、最大腹径12.8、残高5.6厘米（图11-30，1；彩版一六二，8）。

7. 盉鬲部

1件。

T9⑦：31，泥质陶，器腹为黑皮红胎，器底及足部为黑陶。硬折腹，平底，近圆柱状足，外侧较平，内侧较圆。腹部饰交错绳纹，器底绳纹被抹，足部有明显刮痕。残宽6.8、残高6.4厘米（图11-30，2）。

8. 盘

1件。

T9⑦：6，泥质黑衣红陶，胎芯为灰黑色。口沿残，直腹内收，平底，圈足微外展。圈足径12.8、残高4.6厘米（图11-30，3）。

9. 盆

2件。

T9⑦：15，夹砂红褐陶。折平沿，沿面较宽，厚方唇，直腹，腹部以下残。器腹外壁有横向划痕。残宽6.8、残高6厘米（图11-29，4）。

T9⑦：29，泥质红陶。侈口，卷沿，圆角方唇，直腹，腹部以下残。沿下及颈部饰数道凸弦纹，腹部饰交错绳纹。口径30、残宽8.6、残高5.6厘米（图11-29，5）。

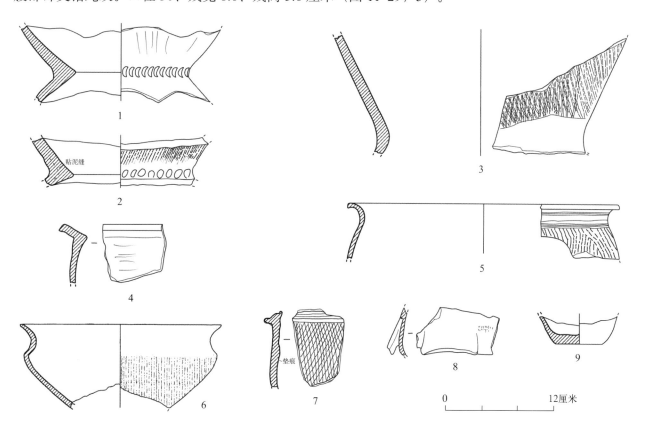

图 11-29　T9 ⑦层出土陶器

1～3. 甑腰 T9⑦：24、25、27　4、5. 盆 T9⑦：15、29　6. 小盆 T9⑦：23　7. 罐 T9⑦：32　8. 罐耳 T9⑦：37　9. 罐底 T9⑦：19

10. 小盆

1件。

T9 ⑦: 23，夹砂红褐陶。直口，圆唇，鼓肩，斜直腹，腹下部残。腹部饰有麦粒状绳纹。口径 22、残宽 11、残高 8.8 厘米（图 11-29，6）。

11. 罐

1件。

T9 ⑦: 32，泥质红褐陶。敛口，斜折沿，圆唇，直腹，腹下部残。沿上饰三周凹弦纹，腹部饰有交错绳纹。残宽 5.6、残高 8 厘米（图 11-29，7；彩版一六三，1）。

12. 罐耳

1件。

T9 ⑦: 37，扁片形罐耳。泥质黑衣红褐陶。器耳较窄，外伸较短。器耳素面，器身饰竖行绳纹。残宽 9.1、残高 5.1 厘米（图 11-29，8）。

13. 罐底

1件。

T9 ⑦: 19，夹砂红褐陶，略夹云母。上腹部残，下腹部斜直，器腹与器底交界处硬折，小平底。素面，器表和器底略见炭黑痕迹。底径 5.2、残高 3 厘米（图 11-29，9）。

14. 缸（瓮）圈足

1件。

T9 ⑦: 20，泥质红褐陶。器壁及器底较厚，斜直腹到底，边缘为尖圆形，器底较厚较平。素面。底径 9、残高 3.4 厘米（图 11-30，4）。

15. 原始瓷豆

1件。

T9 ⑦: 35，泥质灰白胎，青色釉保存较好，少部分略呈青紫色。侈口，口径较大，尖唇，弧腹内收，豆盘较深，以下残。口沿外侧饰三道旋纹。口径 16、残高 3.6 厘米（图 11-31，1）。

16. 印纹硬陶腹片

1件。

T9 ⑦: 34，泥质灰胎，青色釉较薄，仅见少部分。器表饰回字纹（凸方格纹），器表还沾有许多黑色砂粒。残长 10.4、残宽 9 厘米（彩版一六三，2、3）。

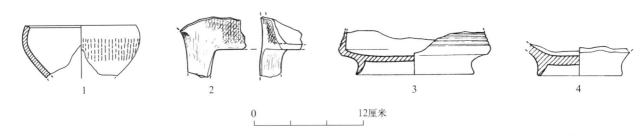

1　　　　2　　　　3　　　　4

0　　　　　　　　12厘米

图 11-30　T9 ⑦ 层出土陶器

1. 盉 T9 ⑦: 30　2. 盉鬲部 T9 ⑦: 31　3. 盘 T9 ⑦: 6　4. 缸（瓮）圈足 T9 ⑦: 20

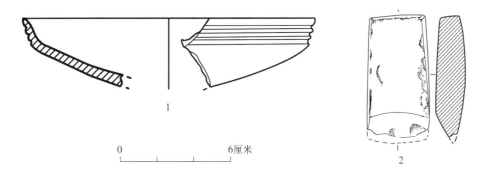

0　　　　　　6厘米

图 11-31　T9 ⑦层出土原始瓷器、石器
1. 原始瓷豆 T9 ⑦：35　2. 石凿 T9 ⑦：4

（二）石器

1. 石凿

1 件。

T9 ⑦：4，青色。器体扁平，平面呈长方形，横截面也呈长方形，顶部较平，背部弧形隆起，刃部残。通体粗磨，器表有多处打制疤痕。长 6.3、宽 3.2、最厚 1.6 厘米（图 11-31，2；彩版一六三，4、5）。

2. 砺石

1 件。

T9 ⑦：2，灰色。一面磨至下凹（彩版一六三，6）。

（三）铜器及相关遗物

铜镞

2 件。

T9 ⑦：3，残长 2.5 厘米（彩版一六三，7）。

T9 ⑦：5，残长 3 厘米（彩版一六三，8）。

七　T9 ⑥层

（一）陶瓷器

该层共出土陶片 1313 片，陶瓷器质地、颜色、纹饰统计如下表（表 11-22、23）。标本分述如下：

1. 鬲

9 件。

T9 ⑥：46，夹砂黑衣红褐陶。侈口，卷沿，沿下角较大，方唇，耸肩较明显，肩部以下残。腹部饰竖行弦断中绳纹，沿下绳纹被抹。口径 18、最大腹径 18.8、残高 7.8 厘米（图 11-32，1）。

T9 ⑥：47，夹砂夹云母红褐陶，器表及部分内壁被灼黑。斜折沿，沿下角较大，方唇，足部所对器腹鼓腹，腹部以下残。器腹自上腹部至足部有纵向刮痕，沿下有横向刮痕，器腹内侧有制作痕迹。残高 10 厘米（彩版一六四，1）。

表 11-22　T9 ⑥层出土陶瓷器质地、颜色统计表

陶质	夹砂					泥质					印纹陶	原始瓷	合计
陶色	红	红褐	灰	黑	黑皮红胎	红	红褐	灰	黑	黑皮红胎	灰褐		
陶片数	59	497	357	114	15	17	15	48	45	23	119	4	1313
百分比（%）	4.49	37.85	27.19	8.68	1.14	1.29	1.14	3.66	3.43	1.75	9.06	0.30	100

表 11-23　T9 ⑥层出土陶瓷器纹饰统计表

纹饰	软陶											
	素面	细绳纹	粗绳纹	弦断绳纹	间断绳纹	附加与细绳	附加与粗绳	凹弦与粗绳	凸棱纹	凸棱与粗绳	凹弦纹	按窝
陶片数	584	221	309	56	27	1	9	2	4	1	5	4
百分比（%）	44.48	16.83	23.53	4.27	2.06	0.08	0.69	0.15	0.30	0.08	0.38	0.30

纹饰	印纹陶								原始瓷		合计
	素面	方格纹	雷纹	网格纹	重回纹	折线与方格	菱形纹	席纹	素面	凹弦纹	
陶片数	29	33	6	2	18	5	13	13	1	3	1313
百分比（%）	2.21	2.51	0.46	0.15	1.37	0.38	0.99	0.99	0.08	0.23	100

T9 ⑥：48，夹砂夹云母黑褐陶，器壁外侧及部分内壁被灼黑。侈口，斜折沿，沿下角较小，圆唇，鼓腹，腹部以下残。素面，器腹内壁腹部有手捏痕迹。口径 12、最大腹径 14.4、残高 6.2 厘米（图 11-32，2）。

T9 ⑥：49，夹砂红褐陶。侈口，卷沿，沿面近平，圆唇，微鼓腹，腹部以下残。腹部饰间断中绳纹，沿下绳纹被抹。残高 8 厘米（彩版一六四，2）。

T9 ⑥：50，夹砂夹云母红褐陶。侈口，斜折沿，沿下角较大，方唇，鼓腹，腹部以下残。素面，器腹内壁腹部有手捏痕迹。口径 12.4、最大腹径 12.8、残高 5.8 厘米（图 11-32，3）。

T9 ⑥：52，夹砂夹云母红褐陶，器壁外侧及部分内壁被灼黑。侈口，斜折沿，沿下角较小，尖唇，鼓腹，腹部以下残。素面，器腹内壁腹部有手捏痕迹。残长 14.2、残高 12.6 厘米（图 11-32，4）。

T9 ⑥：53，夹砂夹云母红褐陶，表面有灼黑痕迹。侈口，折沿，沿下角较大，尖圆唇，微鼓腹，接柄处残。口径 12、最大腹径 11.6、残高 4 厘米（图 11-32，5）。

T9 ⑥：55，夹砂红褐陶，器表被灼黑。侈口，小卷沿，沿面很窄，方唇，微鼓腹，腹部以下残。自沿下至足部饰弦断中绳纹。口径 10.8、最大腹径 12、残高 7.6 厘米（图 11-32，6）。

T9 ⑥：56，夹砂夹云母红褐陶，器壁外侧及部分内壁被灼黑。侈口，斜折沿，沿下角较小，方唇，鼓腹，腹部以下残。上腹部部分饰绳纹，下部饰纵向刮痕，器腹内壁腹部有手捏痕迹。口径 14、最大腹径 16、残高 7.8 厘米（图 11-32，7）。

2. 敞口沿

1 件。

T9 ⑥：34，泥质红褐陶。卷沿，沿下角较小，方唇，以下残。口沿外侧的绳纹被抹去，肩部饰纵向细绳纹。口径 14、残高 3.4 厘米（图 11-32，8）。

3. 鬲足

4 件。

T9⑥：58，夹砂红褐陶，足窝内侧有烟炱痕迹。截锥状实足跟较矮，足窝较深，足跟为斜面。表面有刮削痕迹。残高 8.5 厘米（图 11-32，9）。

T9⑥：61，夹砂红衣灰陶，上部有烟炱痕迹。弧裆微瘪，柱状实足跟较矮，足窝较深。足上部饰有中绳纹，下部有刮削痕迹。残高 9.2 厘米（图 11-32，10）。

T9⑥：66，夹砂黑褐陶。截锥状实足跟较矮，足窝较浅。素面。残高 6.6 厘米（图 11-32，11）。

T9⑥：67，夹砂红褐陶，足窝内侧有烟炱痕迹。截锥状实足跟，足跟处突细，足窝较浅。表面饰有粗绳纹。残高 7 厘米（图 11-32，12）。

4. 甗口沿

1 件。

T9⑥：83，夹细砂夹云母红褐陶。窄折沿，方唇。口沿外侧的绳纹被抹去，颈部以下饰斜向细绳纹，肩部饰压印有细绳纹按窝的附加堆纹。口径 32.4、最大腹径 31.6、残高 6.4 厘米（图 11-32，13）。

5. 甗腰

3 件。

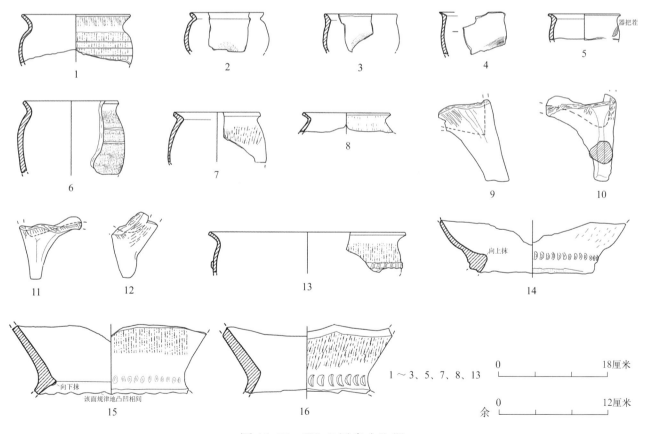

图 11-32　T9 ⑥层出土陶器

1～7. 鬲 T9⑥：46、48、50、52、53、55、56　8. 鬲口沿 T9⑥：34　9～12. 鬲足 T9⑥：58、61、66、67　13. 甗口沿 T9⑥：83　14～16. 甗腰 T9⑥：76、78、77

T9⑥：76，夹砂黑褐陶，略夹云母，内壁有明显烟熏痕迹。折隔。甗腰外饰指甲纹一周，呈月牙形，器身饰斜行细绳纹，内壁有明显刮抹修整痕迹。残高 5.6 厘米（图 11-32，14）。

T9⑥：78，夹砂红褐陶，略夹云母，内部有明显烟炱痕迹。折隔。甗腰外饰指甲纹一周，呈椭圆形，隔下部内侧有明显手指按压痕迹，似为上下合捏时留下的指纹，器身饰竖行细绳纹。甗腰径 16、残高 7.2 厘米（图 11-32，15）。

T9⑥：77，夹砂灰褐陶。卷隔。甗腰外饰指甲纹一周，呈月牙形，甑部饰竖行细绳纹。甗腰径 13、残高 7 厘米（图 11-32，16）。

6. 盉甑部

1 件。

T9⑥：85，泥质红褐陶。直口，方唇，折腹内收，下端残。腹部饰纵向绳纹。口径 10.8、最大腹径 11、残高 5.4 厘米（图 11-33，1；彩版一六四，3）。

7. 盉把

3 件。

T9⑥：96，泥质灰白陶。把很小，上端向内卷曲。两侧分别贴附泥饼，饰绳纹，下端近腹部处贴制痕迹明显，器腹部饰纵向粗绳纹（图 11-33，2；彩版一六四，4）。

T9⑥：97，夹砂红褐陶。把细长，微弯曲，下端残。上端似捏制一定造型，微残。盉柄直径约 1.9 厘米（图 11-33，3）。

T9⑥：116，夹砂红褐陶。把扁长，上下端均残。残长 7.2 厘米（图 11-33，4）。

8. 豆

3 件。

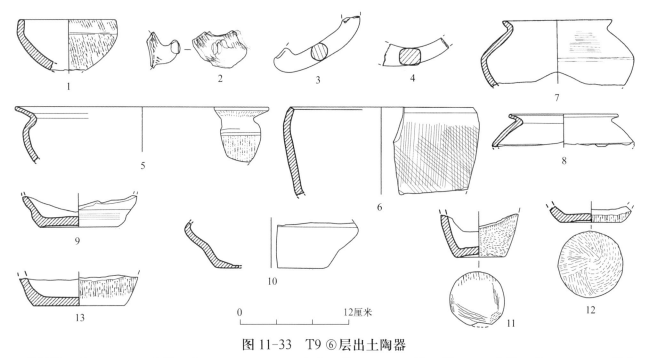

图 11-33　T9⑥层出土陶器

1. 盉甑部 T9⑥：85　2～4. 盉把 T9⑥：96、97、116　5、6. 小盆 T9⑥：74、31　7. 罐 T9⑥：44　8. 小罐 T9⑥：35　9～13. 罐底 T9⑥：22、38、39、42、43

T9⑥：2，泥质黑陶。敛口，沿面很窄，薄方唇，颈、腹交界处有一道凹槽，弧腹平收，豆盘底部较平，豆柄细致，略矮，圈足底部外撇，边缘较尖锐。素面。口径 13.6、最大腹径 13、高 7、圈足径 7.2 厘米（图 11-34，1；彩版一六四，5）。

T9⑥：86，泥质黑陶。侈口，方唇较厚，弧腹内收，器腹浅，豆柄残。素面。口径 15.2、残高 3.6 厘米（图 11-34，2）。

T9⑥：90，泥质红褐陶，略夹砂。侈口，方唇，颈部内凹，折腹内收，下腹部残。下腹部饰中绳纹。口径 16、最大腹径 16.8、残高 5.6 厘米（图 11-34，3）。

9.豆柄

3 件。

T9⑥：70，泥质黑衣红陶。豆盘残，矮圈足，圈足微外撇，边缘圆钝。素面。圈足径 6.6、残高 3.8 厘米（图 11-34，4）。

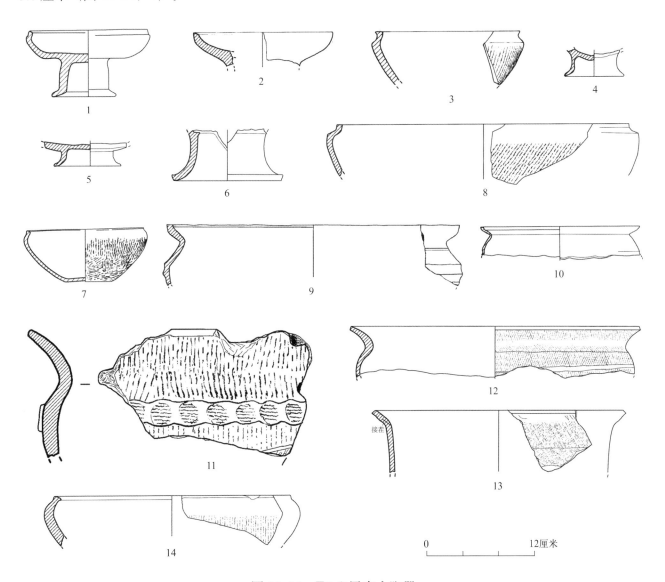

图 11-34　T9 ⑥层出土陶器

1～3.豆 T9⑥：2、86、90　4～6.豆柄 T9⑥：70、71、93　7～14.盆 T9⑥：14、30、32、33、37、45、51、75

T9⑥：71，泥质黑陶。豆盘残，矮圈足，圈足外撇明显，边缘圆钝。素面。圈足径 7.4、残高 2.6 厘米（图 11-34，5）。

T9⑥：93，泥质红褐衣灰白陶，灰黑芯。圈足较矮，微外撇，边缘较方正较厚。内壁可见泥片黏接痕迹，素面。圈足径 12、残高 5.4 厘米（图 11-34，6）。

10. 盘

2 件。

T9⑥：20，泥质黑陶。侈口，方唇，微束颈，斜直腹，平底，圈足微外撇，边缘为方形。腹部饰连珠纹及旋纹。口径 20.2、最大腹径 22、底径 18.8、高 5.8 厘米（图 11-35，1；彩版一六四，6）。

T9⑥：21，泥质黑衣红陶，灰白芯。口沿残，直腹内收，平底，圈足微外展。最大腹径 17、圈足径 14、残高 7.3 厘米（图 11-35，2）。

11. 盘圈足

1 件。

T9⑥：41，夹砂灰白陶。盘残，盘底较平，圈足较矮，竖直外展，边缘为方唇。底面可见盘与圈足对接痕迹，素面。圈足径 13.6、残高 5 厘米（图 11-35，3）。

12. 敛口钵

2 件。

T9⑥：89，泥质红褐陶。口沿内敛明显，斜方唇，直腹微内收，平底。下腹部饰细绳纹。口径 10.8、底径 9.2、最大腹径 12、残高 4.2 厘米（图 11-35，4；彩版一六五，1）。

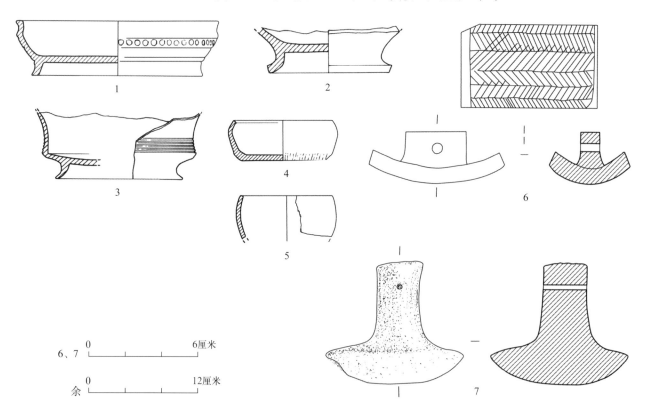

图 11-35　T9 ⑥层出土陶器

1、2. 盘 T9⑥：20、21　3. 盘圈足 T9⑥：41　4、5. 敛口钵 T9⑥：89、91　6. 陶拍 T9⑥：4　7. 陶垫 T9⑥：17

T9⑥：91，夹砂夹云母红褐陶。口沿微内敛，圆唇，弧腹，下腹部残。素面。口径 12、最大腹径 11、残高 4.6 厘米（图 11-35，5）。

13. 盆

8 件。

T9⑥：14，泥质黑衣红陶。敛口，子母口，口沿及颈部分界不明显，方唇，鼓肩，弧腹内收，平底微内凹。腹部饰纵向细绳纹。口径 25.6、最大腹径 27.2、底径 10、高 10.8 厘米（图 11-34，7；彩版一六五，2）。

T9⑥：30，泥质灰黑陶。敛口，子母口，口沿及颈部分界明显，方唇，鼓肩，弧腹内收，下腹部残。腹部饰弦断绳纹。口径 32、最大腹径 34.4、残高 6.4 厘米（图 11-34，8）。

T9⑥：32，泥质黑衣灰陶，表面有磨光痕迹。侈口，折沿较宽，沿下角较小，厚方唇，折肩，肩部斜直较短，肩部以下残。肩部上可见两道凹槽，余为素面。口径 32、最大腹径 32.8、残高 6.4 厘米（图 11-34，9）。

T9⑥：33，泥质黑衣灰陶。侈口，折沿，圆唇，斜直腹，下腹部残。素面，口沿内侧有轮制痕迹。口径 35.2、残高 3.4 厘米（图 11-34，10）。

T9⑥：37，泥质黑衣红陶。侈口，卷沿较宽，尖唇，束颈，折肩，肩部以下残。沿下至肩部饰纵向绳纹，肩部饰一周附加堆纹，附加堆纹之上压印绳纹，颈部绳纹有被抹痕迹。残长 23.2、残高 14 厘米（图 11-34，11）。

T9⑥：45，夹砂黑衣灰陶。侈口，卷沿较宽，沿下角略小，方唇较薄，鼓腹，腹下部残。腹部饰弦断绳纹，沿下至颈部饰斜向细绳纹，有被抹痕迹。口径 32、最大腹径 30.8、残高 5.4 厘米（图 11-34，12）。

T9⑥：51，夹砂黑褐陶。侈口，宽卷沿，薄方唇，斜直腹内收，腹部以下残。腹部自上而下分别饰有纵向，斜向和横向细绳纹。口径 28、残高 6.6 厘米（图 11-34，13）。

T9⑥：75，泥质黑衣红陶，胎芯为灰黑色。敛口，子母口，口沿及颈部分界不明显，方唇，鼓肩，弧腹内收，下腹部残。腹部饰纵向细绳纹。口径 26、最大腹径 28、残高 5.2 厘米（图 11-34，14）。

14. 小盆

2 件。

T9⑥：74，泥质黑衣红陶，黑芯。侈口，折沿较宽，圆唇，束颈，斜直腹，下腹部残。沿下至腹部饰有纵向粗绳纹，肩部绳纹被抹。口径 28、最大腹径 26、残高 5.8 厘米（图 11-33，5）。

T9⑥：31，夹粗砂红褐陶，内壁下端及外壁有黑色烟炱痕迹。敛口，方唇，弧腹内收，下腹部残。器表饰印痕较深的竖行中绳纹。口径 20、最大腹径 21.4、残高 9.3 厘米（图 11-33，6；彩版一六五，3）。

15. 罐

1 件。

T9⑥：44，泥质灰衣红陶。侈口，卷沿，圆唇，折肩，斜腹内收，腹部以下残。素面。口径 12、最大腹径 17.2、残高 7 厘米（图 11-33，7；彩版一六五，4）。

16. 小罐

1 件。

T9⑥：35，泥质黑衣灰陶。侈口，折沿，圆唇，折肩，肩部以下残。素面。口径 12、残高 3.6 厘米（图 11-33，8）。

17. 罐底

5 件。

T9⑥：22，泥质黑衣灰陶。上腹部残，下腹部略圆鼓，近底处起一道凸棱，小平底微内凹，器腹与器底交接处硬折。器表有明显轮制痕迹，素面。口径 8.4、残高 5.4 厘米（图 11-33，9）。

T9⑥：38，泥质黑衣红褐陶。上腹部残，肩部圆折，肩部有一道凹槽，下腹部略向内弧，圜底，器身与器底交界处圆转，底残。素面。底径 12、最大腹径 19.2、残高 4.8 厘米（图 11-33，10）。

T9⑥：39，泥质黑衣红褐陶。上腹部残，下腹部斜直，小平底微内凹，器腹与器底交界处硬折，器壁及器底较厚。器腹及外底饰紊乱的细绳纹。底径 5.4、残高 4.5 厘米（图 11-33，11；彩版一六五，5、6）。

T9⑥：42，泥质黑衣红褐陶。腹部残，仅存器底，小平底，器腹与器底交界处硬折。器腹及外底饰紊乱细绳纹。底径 7.2、残高 3.6 厘米（图 11-33，12）。

T9⑥：43，夹砂红褐陶。上腹部残，下腹部斜直，大平底。器腹饰竖行细绳纹，外底素面。口径 10、残高 3.2 厘米（图 11-33，13）。

18. 腹片

1 件。

T9⑥：100，泥质黑衣灰白陶。肩部饰多道旋纹及两道圆圈纹，残宽 7 厘米（彩版一六六，1）。

19. 陶拍

1 件。

T9⑥：4，泥质灰陶，质地坚硬。平面长方形。器表饰叶脉纹。纽正中穿有一孔。长 7.4、最厚 2.7 厘米（图 11-35，6；彩版一六六，2、3）。

20. 陶垫

1 件。

T9⑥：17，夹砂红陶。圆柱状柄，垫面隆起，呈圆弧状。柄部上端穿有一孔，垫面微残。长 6.4、宽 7.5 厘米（图 11-35，7；彩版一六六，4、5）。

21. 印纹硬陶罐

1 件。

T9⑥：107，泥质紫胎硬陶，外壁、唇面及沿面表皮内黑外紫，且部分区域明显可见釉层光泽，尤以沿面中段、颈部外壁为甚，口沿以下内壁表皮为黑色。小卷沿近平，方唇，唇面略内凹，唇下缘呈细凸棱状，矮领略内凹，圆鼓肩，肩部以下残。领外刮出多周细凹槽，肩部上端拍印纹饰略有叠压的凸波折纹，其下拍印规整的凸方格纹。口径 16、残高 5 厘米（图 11-36，1）。

22. 印纹硬陶罐耳

1 件。

T9⑥：106，泥质紫胎硬陶，内外壁皆为灰褐色。耳为扁形桥型耳。外壁饰方格填线纹，内壁有按窝。耳长 3.5、高约 2.5 厘米，腹片残长 7.5、残宽约 5.8 厘米（图 11-36，2；彩版一六六，6）。

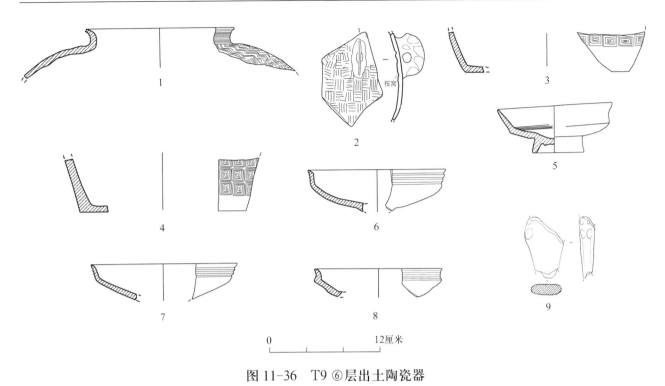

图 11-36　T9 ⑥层出土陶瓷器

1. 印纹硬陶罐 T9⑥：107　2. 印纹硬陶罐耳 T9⑥：106　3、4. 印纹硬陶罐底 T9⑥：104、108　5～8. 原始瓷豆 T9⑥：13、110、112、113　9. 鼎足 T9⑥：84

23. 印纹硬陶罐底

4 件。

T9⑥：101，泥质硬陶，胎色内灰外紫，外壁腹底端及底面灰黑色表层，内壁腹底端及内底面灰白色表层。腹底交界处折转，圆平底。内底面可见轮修残留的圆圈状指纹痕迹，素面。残长约 13.2、厚约 0.5 厘米。

T9⑥：102，泥质灰硬陶，底面陶色泛黄褐。圆平底。内底面拍印杂乱且单元纹饰相互叠压的重菱纹，底面拍印较规整的重回纹。残长约 10.5、厚约 0.6 厘米。

T9⑥：104，泥质灰硬陶，底面及抹泥加固处灰胎外另有一层红色薄胎。下腹部略内收，腹底交界处折转，且内外壁皆抹泥加固，圆平底。下腹部拍印较规整的凸方格纹，腹部底端纹饰被抹泥覆盖。底径 18、残高 4.2 厘米（图 11-36，3）。

T9⑥：108，夹细砂灰陶，陶色泛白，腹内外壁及内底面可见绿色釉层。下腹壁较斜直，略内收，腹底交界处折转，圆平底。腹外壁及底面皆拍印重回纹，腹部底端至底面外围一周纹饰被抹净，底面中心纹饰模糊不清。底径 18、残高 5.6 厘米（图 11-36，4）。

24. 原始瓷豆

5 件。

T9⑥：13，泥质灰白胎，盘内釉较厚。敞口，尖唇，折腹内收，器腹较浅，圈足微外撇。腹内饰多道旋纹，器表可见明显轮制痕迹。口径 12.6、圈足径 5.2、底径 5.6、高 5.2 厘米（图 11-36，5；彩版一六七，1）。

T9⑥：24，泥质灰胎，青色釉较厚。敛口，尖圆唇，折腹内收，圈足微外撇。口沿外侧饰多道旋纹。

口径 9.8、圈足径 3.4、底径 4.4、高 5 厘米（彩版一六七，2）。

T9⑥：110，泥质灰白胎，青色釉。侈口，口径较大，尖唇，弧腹内收，豆盘较深，以下残。口沿外侧饰三道旋纹。口径 15、残高 4.4 厘米（图 11-36，6）。

T9⑥：112，泥质灰白胎，青色釉保存较好，少部分略呈青紫色。侈口，口径较大，尖唇，弧腹内收，豆盘较深，以下残。口沿外侧饰三道旋纹。口径 16、残高 3.8 厘米（图 11-36，7）。

T9⑥：113，泥质灰白胎，青色釉较厚。侈口，沿面较小，尖圆唇，束腹内折，盘面较浅，下腹残。口沿外饰多道旋纹。口径 14、最大腹径 14、残高 4 厘米（图 11-36，8）。

25. 原始瓷罐口沿

1 件。

T9⑥：92，泥质灰白胎，釉不可见。直口，圆唇，唇内侧有一道凹槽，直腹，平底。器表饰旋纹和回字纹组合。

中期遗物

26. 鼎足

1 件。

T9⑥：84，夹细砂红褐陶。侧装三角形长扁足，横截面呈细长椭圆形，厚度较均匀，足外侧缘顶端有两对较浅圆捏窝。素面。厚约 1.6、残高 6.4 厘米（图 11-36，9）。

（二）石器

1. 石锛

2 件。

T9⑥：6，青灰色。器体呈长条形，上下均残，上端有段。通体精磨。残长 6.4、宽 2.7、最厚 1.9 厘米（图 11-37，1；彩版一六七，3）。

T9⑥：16，灰黑色。器体稍扁平，平面近似长梯形，顶部微残，单面刃，刃口锋利。通体磨制粗糙，器表有大量打制疤痕。长 13、宽 6.6、最厚 1.5 厘米（图 11-37，2；彩版一六七，4、5）。

2. 石凿

4 件。

T9⑥：1，灰黑色。器体稍厚，平面呈长方形，横截面呈正方形，顶部与刃部均残。通体磨制较细，器表有多处打制疤痕。宽 2.5、残高 10、厚约 1.7 厘米（图 11-37，3；彩版一六七，6）。

T9⑥：5，青灰色。器体细长，平面近似长梯形，单面刃。通体磨制粗糙。长 7.6、宽 2.7、最厚 1.5 厘米（图 11-37，4；彩版一六八，1）。

T9⑥：7，灰黑色。器体稍扁薄，平面呈长条形，刃部残。两平面及顶部磨制较细，两侧面仅略磨。长 10.7、宽 2、最厚 1 厘米（图 11-37，5；彩版一六八，2）。

T9⑥：26，灰白色。器体扁平，平面呈长梯形，单面刃，刃口稍锋利，上有几处小崩口。两平面精磨，两侧面及顶部粗磨，器表有较多打制疤痕。长 8.4、宽 3.6、最厚 2 厘米（彩版一六八，3、4）。

3. 石钺

2 件。

T9⑥：18，灰黑色。器体扁薄，仅剩顶部中间部分，穿孔残，单面钻。通体精磨。残长 5.3、残

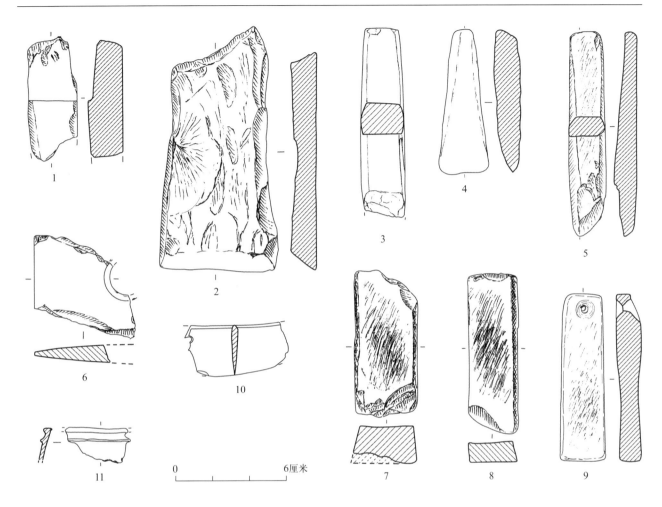

图 11-37 T9 ⑥层出土石器和铜器

1、2.石锛 T9⑥：6、16 3～5.石凿 T9⑥：1、5、7 6.石钺 T9⑥：18 7～9.砺石 T9⑥：8、10、15 10.残铜削 T9⑥：12 11.残铜器口沿 T9⑥：19

宽 4.1、残厚 0.9 厘米（图 11-37，6；彩版一六八，5）。

T9⑥：27，青灰色。器体扁薄，整器似从顶部向下劈开，仅剩一半。通体磨制较细。长11、残宽5.7、残厚1厘米（彩版一六八，6）。

4.石镰

1件。

T9⑥：28，灰色。头端窄长，尾端残。通体粗磨。残长6.2、宽4.2、厚0.9厘米（彩版一六九，1）。

砺石

5件。

T9⑥：8，灰黑色。器体呈长条形，横截面呈长方形，整器上下均残。通体磨制粗糙。残长7.6、残宽3.3、残厚2厘米（图11-37，7；彩版一六九，2）。

T9⑥：10，灰黑色。器体呈长条形，刃部残，顶部较平。通体磨制较细，有多处打制疤痕。残长8.5、宽2.5、最厚1.1厘米（图11-37，8；彩版一六九，3、4）。

T9⑥：15，灰黑色。器体呈长条形，顶部稍平，刃部残，上部两面对钻一孔，为管钻。通体精磨。

残长 8.8、宽 2.2、最厚 1.4 厘米（图 11-37，9；彩版一六九，5、6）。

T9⑥：23，灰色。器体呈长方形，刃部残，通体磨制较细，顶部有多处打制疤痕。器宽 5、残高 9.5、厚 2.4 厘米（彩版一七〇，1）。

T9⑥：25，灰黑色。器体扁平，上下均残。通体精磨，器表有多处打制疤痕。残长 14、宽 5.5、最厚 1.4 厘米（彩版一七〇，2、3）。

（三）铜器及相关遗物

1. 铜镞

1 件。

T9⑥：3，残长 3 厘米（彩版一七〇，4）。

2. 残铜削

2 件。

T9⑥：11，残长 2 厘米（彩版一七一，1～9）。

T9⑥：12，横截面近似三角形。两端均残，仅剩中间部分。残长 5.3、宽 3、最厚 0.3 厘米（图 11-37，10；彩版一七〇，5、6）。

3. 残铜器口沿

1 件。

T9⑥：19，器形未知。一边向外凸起，有一条凸棱。残长 3.5 厘米（图 11-37，11；彩版一七二，1～9）。

八 T9⑤层

陶瓷器

该层共出土陶片 907 片，陶瓷器质地、颜色、纹饰、可辨器形统计如下表（表 11-24、25）。标本分述如下：

1. 鬲

9 件。

T9⑤：9，夹砂黑衣灰白陶，紫芯。侈口，折沿，沿下角较大，圆唇，颈部内凹，硬折肩，肩部以下残。肩部有两道凹槽。口径 14、最大腹径 14.6、残高 4.2 厘米（图 11-38，1）。

T9⑤：16，夹砂黑衣红陶。侈口，卷沿，沿下角较大，沿面较宽，厚方唇，微鼓腹，腹部以下残。腹部饰间断细绳纹，纹饰很模糊，沿下绳纹被抹。口径 16、最大腹径 17.2、残高 7.4 厘米（图 11-38，2）。

T9⑤：18，夹砂红褐陶，器壁内侧被灼黑。斜折沿，沿下角较大，方唇，鼓腹，腹部以下残。上腹部有横向刮抹痕迹，器壁内侧有制作痕迹。口径 20.4、残高 7.6 厘米（图 11-38，3；彩版一七三，1）。

T9⑤：19，夹砂红褐陶，器壁内外侧被灼黑。斜折沿，沿下角较大，圆唇，鼓腹，腹部以下残。上腹部分位置饰绳纹，足部有纵向刮抹痕迹，器壁内侧有按压痕迹。口径 14.4、残高 7.8 厘米（彩版一七三，2）。

表 11-24　T9 ⑤层出土陶瓷器质地、颜色统计表

陶质	夹砂					泥质					印纹		原始瓷	合计
陶色	红	红褐	灰	黑	黑皮红胎	红	红褐	灰	黑	黑皮红胎	红	灰褐		
陶片数	23	210	221	203	26	6	15	48	51	15	8	73	8	907
百分比（%）	2.54	23.15	24.37	22.38	2.87	0.66	1.65	5.29	5.62	1.65	0.88	8.05	0.88	100

表 11-25　　T9 ⑤层出土陶瓷器纹饰统计表

纹饰	软陶											
	素面	细绳纹	粗绳纹	弦断绳纹	间断绳纹	附加与粗绳	凹弦与粗绳	附加与细绳	凹弦纹	凹弦与刻划	凸棱纹	附加与按窝
陶片数	416	95	218	39	21	6	3	2	1	1	11	1
百分比（%）	45.87	10.47	24.04	4.30	2.32	0.66	0.33	0.22	0.11	0.11	1.21	0.11

纹饰	印纹陶									原始瓷	合计
	素面	方格纹	雷纹	回纹	菱形纹	席纹	水波纹	重回纹	圆圈纹		
陶片数	14	14	29	7	7	10	1	2	1	8	907
百分比(%)	1.54	1.54	3.20	0.77	0.77	1.10	0.11	0.22	0.11	0.88	100

　　T9⑤: 21，夹砂红褐陶，器壁内侧被灼黑。斜折沿，沿下角较大，方唇，唇面有一道凹槽，鼓腹，腹部以下残。上腹部抹光，下腹部饰斜行细绳纹，器壁内侧有按窝。口径 18、最大腹径 17.6、残高 6 厘米（图 11-38，4）。

　　T9⑤: 24，夹砂红褐陶，器壁外侧被灼黑。斜折沿，沿下角较大，方唇，裆部所对腹部略鼓，腹部以下残。腹部饰竖行细绳纹，沿下被抹，器壁内侧有划痕。口径 16、最大腹径 15.6、残高 8.6

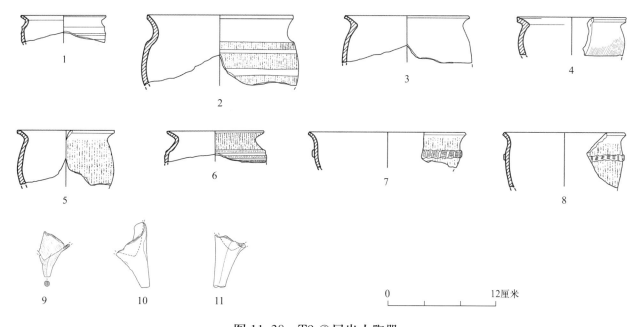

图 11-38　T9 ⑤层出土陶器

1～8.鬲 T9⑤: 9、16、18、21、24、69、41、42　9～11.鬲足 T9⑤: 25、27、34

厘米（图 11-38，5）。

T9⑤：41，夹砂夹云母红褐陶。窄折沿，方唇。口沿外侧的绳纹被抹去，肩部以下饰纵向细绳纹，肩部饰压印有细绳纹按窝的附加堆纹。口径 26、残高 5.6 厘米（图 11-38，7）。

T9⑤：42，夹砂红褐陶。窄折沿，方唇。口沿外侧的绳纹被抹去，颈部以下饰斜向细绳纹，肩部饰压印有细绳纹按窝的附加堆纹。口径 20、最大腹径 19.6、残高 8.6 厘米（图 11-38，8）。

T9⑤：69，夹砂黑陶。侈口，折沿，沿下角较大，圆唇，颈部内凹，硬折肩，肩部以下残。腹部饰弦断绳纹，沿下绳纹被抹。口径 16、残高 4.6 厘米（图 11-38，6）。

2. 鬲足

7 件。

T9⑤：25，夹砂灰陶。截锥状实足跟较矮，足窝深。表面饰有斜向和纵向细绳纹。残高 9.6 厘米（图 11-38，9）。

T9⑤：27，夹砂红褐陶。截锥状实足跟高，足窝较深，足跟为斜面，稍粗。自腹部至足跟处有刮削痕迹。残高 13.8 厘米（图 11-38，10；彩版一七三，3 右）。

T9⑤：29，夹砂红褐陶。尖锥状实足跟较矮，足窝较深。通体饰有细绳纹。残高 5 厘米（彩版一七三，4 左 2）。

T9⑤：32，夹砂灰褐陶。柱状实足跟矮，足窝极浅。表面有刮削痕迹。残高 6 厘米（彩版一七三，3 左）。

T9⑤：34，夹砂红褐陶，外侧有烟炱痕迹。截锥状实足跟高，足窝较浅。表面有刮削痕迹。残高 11.2 厘米（图 11-38，11；彩版一七三，3 中）。

T9⑤：35，夹砂黑褐陶。弧裆微瘪，尖锥状实足跟，足窝深。足外侧饰有纵向中绳纹，裆部以下和足内侧为素面。残高 8 厘米（彩版一七三，4 右 1）。

T9⑤：36，夹砂红褐陶。截锥状实足跟较矮，足窝较浅。素面。残高 4 厘米（彩版一七三，4 右 2）。

3. 甗

2 件。

T9⑤：12，夹砂黑衣红褐陶。侈口，卷沿，沿下角较大，沿面较大，方唇，微鼓腹，腹部以下残。自口沿至腹部饰弦断中绳纹，部分绳纹被抹。口径 40.2、最大腹径 38、残高 7.8 厘米（图 11-39，1）。

T9⑤：17，夹砂黑衣红褐陶。侈口，卷沿，沿下角较大，沿面较大，方唇，微鼓腹，腹部以下残。自口沿至腹部饰细绳纹，部分绳纹被抹。残长 8.4、残高 6 厘米（图 11-39，2）。

4. 甗腰

3 件。

T9⑤：46，夹砂红褐陶，略夹云母，外表有一层黑衣。折隔。甗腰外饰指甲纹一周，呈椭圆形，器身饰竖行细绳纹，纹饰较模糊。甗腰径 15.2、残高 5.8 厘米（图 11-39，3）。

T9⑤：47，夹砂红褐陶，略夹云母。折隔。甗腰外饰指甲纹一周，呈椭圆形，器身饰竖行细绳纹，纹饰较模糊。甗腰径 19、残高 8 厘米（图 11-39，4）。

T9⑤：43，夹砂黑衣红褐陶。卷隔。甗腰外附加泥条较厚较窄，有按压痕迹，甑部饰斜行细绳纹，鬲部饰竖行细绳纹，纹饰较模糊。甗腰径 14.4、残高 5 厘米（图 11-39，5）。

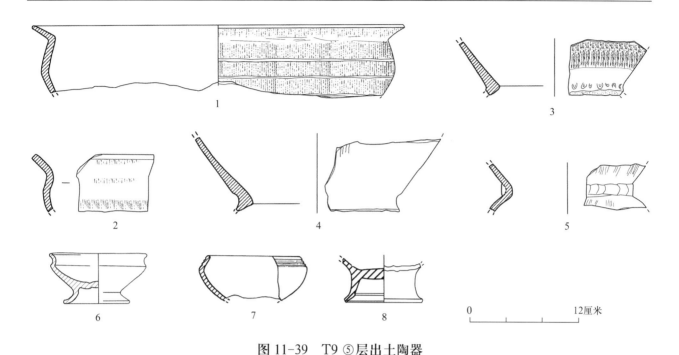

图 11-39　T9 ⑤层出土陶器

1、2.甗 T9 ⑤:12、17　3~5.甗腰 T9 ⑤:46、47、43　6、7.豆 T9 ⑤:1、72　8.豆柄 T9 ⑤:39

5.盉把

1件。

T9 ⑤:40,泥质红褐陶。把很小,上端向内卷曲,两侧分别贴附泥饼。柄直径约 1 厘米(图 11-40,1;彩版一七三,5)。

6.豆

2件。

T9 ⑤:1,泥质灰白陶,表层黑衣脱落严重。侈口,尖圆唇,颈部内凹,折腹内收,斜直腹,圈足较矮,外撇明显,边缘较薄。素面。口径 10.6、圈足径 5.2、底径 7.2、高 5.1 厘米(图 11-39,6;彩版一七三,6)。

T9 ⑤:72,泥质黑衣红陶。敛口,沿面较窄,薄方唇,折腹内收,下腹部残。口沿外侧饰旋纹三周。口径 10、最大腹径 11.8、残高 4.7 厘米(图 11-39,7)。

7.豆柄

1件。

T9 ⑤:39,泥质黑陶。豆盘残,短直柄,圈足微外折,边缘方正,内侧硬折。素面。圈足径 8.4、残高 4.6 厘米(图 11-39,8)。

8.敛口钵

4件。

T9 ⑤:3,泥质黑褐陶,略夹砂。口沿微内敛,圆唇,肩部微折,斜弧腹内收,器腹较深,平底。素面。口径 11.4、最大腹径 12.2、底径 6.2、残高 6.3 厘米(图 11-41,1;彩版一七四,1)。

T9 ⑤:4,夹砂黑褐陶。侈口,方唇,斜直腹,平底。素面。口径 8.4、底径 3.4、高 5.4 厘米(图 11-41,2;彩版一七四,2)。

T9⑤: 73，夹砂夹云母灰黑胎，内侧为黑衣，外侧为红褐衣。口沿微内敛，圆唇，弧腹，下腹部残。素面。口径 12、最大腹径 14、残高 6 厘米（图 11-41，3）。

T9⑤: 75，夹砂夹云母黑衣红陶。口沿微内敛，圆唇，弧腹，下腹部残。素面。口径 20、最大腹径 22、残高 4.4 厘米（图 11-41，4）。

9. 盆

2 件。

T9⑤: 10，盆口沿。泥质灰陶。圆折沿，方唇。口沿外侧的绳纹被抹去，颈部以下饰纵向细绳纹，肩部饰三道旋纹。口径 36、残高 6 厘米（图 11-40，2）。

T9⑤: 14，盆口沿。红褐胎灰陶。卷沿，圆唇，鼓腹。外壁饰纵向细绳纹，腹部饰两道旋纹。口径 30、最大腹径 28、残高 10 厘米（图 11-40，3）。

10. 小盆

3 件。

T9⑤: 15，夹砂黑衣红陶。侈口，方唇，束颈，斜直腹，下腹部残。肩部饰两道凹弦纹，腹部饰弦断绳纹。口径 32、最大腹径 32、残高 10.6 厘米（图 11-40，4）。

T9⑤: 71，泥质黑衣红褐陶。侈口，卷沿，沿下角较大，尖圆唇，颈部内弧，圆折肩，下腹内收，腹部以下残。肩部饰交叉形划纹，划纹上下饰多道旋纹。口径 20、最大腹径 18.8、残高 4.8 厘米（图

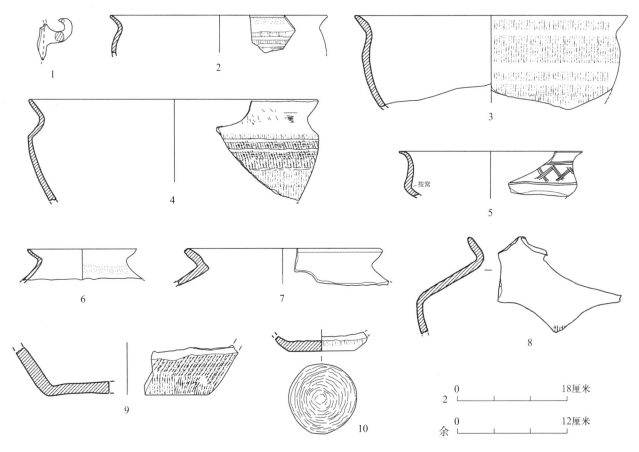

图 11-40　T9⑤层出土陶器

1. 盉把 T9⑤: 40　2、3. 盆 T9⑤: 10、14　4、5. 小盆 T9⑤: 15、71　6～8. 罐 T9⑤: 8、20、68　9、10. 罐底 T9⑤: 50、62

11-40，5）。

T9⑤：74，夹粗砂红褐陶，略夹云母。敛口，圆角方唇，唇的厚度高于腹壁，内外各形成一个小棱，微鼓肩内弧，下腹部残。素面。口径22、最大腹径24、残高9厘米（图11-41，5）。

11. 罐

3件。

T9⑤：8，泥质灰褐陶。宽折沿，尖圆唇，以下残。唇部上鼓形成一道凹槽，口沿外侧的绳纹被抹去，颈部以下饰斜向细绳纹。口径12、残高4.8厘米（图11-40，6）。

T9⑤：20，夹砂夹云母红褐陶。斜侈口，折沿，圆角方唇，沿面内侧有一道凹槽，肩部近平，肩部以下残。素面，抹光。口径22、残高4厘米（图11-40，7）。

T9⑤：68，泥质黑衣灰陶。侈口，宽折沿，方唇，宽折肩，腹部斜直内收，腹部以下残。腹部可见少量绳纹，余素面。残长13.4、残高10厘米（图11-40，8）。

12. 敛口罐

1件。

T9⑤：70，泥质黑衣红褐陶。侈口，折沿，沿下角较大，唇残，斜直肩，肩部以下残。肩部饰多道旋纹。残长8.5、残高4.2厘米（图11-41，6；彩版一七四，3）。

13. 罐底

2件。

T9⑤：50，泥质红褐陶。上腹部残，下腹部斜直，大平底，器身与器底交界处折，器壁及器底较厚。器腹及外底饰紊乱的麦粒状绳纹。底径18、残高5厘米（图11-40，9）。

T9⑤：62，泥质灰陶。腹部残，仅存器底，小平底，器身与器腹交界处硬折。器腹饰细绳纹，外底压印呈环状的细绳纹。底径7、残高2厘米（图11-40，10）。

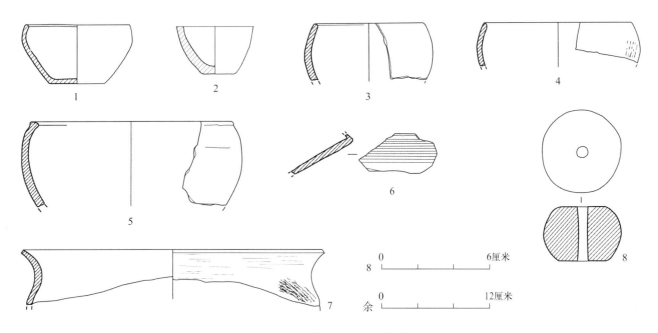

图 11-41　T9 ⑤层出土陶器

1～4. 敛口钵 T9⑤：3、4、73、75　5. 小盆 T9⑤：74　6. 敛口罐 T9⑤：70　7. 尊 T9⑤：11　8. 纺轮 T9⑤：2

14. 尊

1件。

T9⑤：11，泥质黑衣灰陶。卷沿，沿下角较大，方唇，鼓腹，腹部以下残。腹部饰横向细绳纹，口沿外侧可见轮制痕迹。口径33.2、残高6厘米（图11-41，7）。

15. 陶纺轮

1件。

T9⑤：2，泥质红陶。两面平。直径约4.2、厚约4.8厘米（图11-41，8；彩版一七四，4）。

16. 印纹硬陶罐

5件。

T9⑤：54，泥质灰硬陶。斜直侈口，尖唇，矮领略外撇，圆弇肩，肩部以下残。肩部拍印单元纹饰不规整的重菱纹。口径24、残高4厘米（图11-42，1）。

T9⑤：55，泥质灰褐硬陶，有一扁状桥型耳。腹部饰弦纹及席纹。口径12、最大腹径16、残高7.8厘米（图11-42，2；彩版一七四，5、6）。

T9⑤：58，泥质灰黑硬陶。腹部饰划纹、弦纹及重回纹。口径10、残高7厘米（图11-42，3）。

T9⑤：60，泥质紫胎灰衣硬陶。斜方唇，唇面微内凹，领部不明显，圆鼓肩，肩部以下残。肩部顶端素面，其下抹出两周略宽凹槽，再下拍印纹饰相互叠压的席纹。口径14.8、残高4厘米（图11-42，4；彩版一七五，1）。

T9⑤：61，泥质紫褐硬陶，器表肩部外壁、唇部、沿面陶色泛白，似另有涂层。斜直侈口，内卷沿，方唇，唇面内凹，两侧唇缘起细棱，矮直领，圆弇肩，肩部以下残。肩部拍印不规整的重菱纹。口径20.8、残3.2厘米（图11-42，5）。

17. 印纹硬陶腹片

2件。

T9⑤：56，泥质铁灰衣紫陶，致密。内壁有手按痕迹，席纹（彩版一七五，2、3）。

T9⑤：57，泥质黑衣紫陶，致密，有气泡。回字纹。

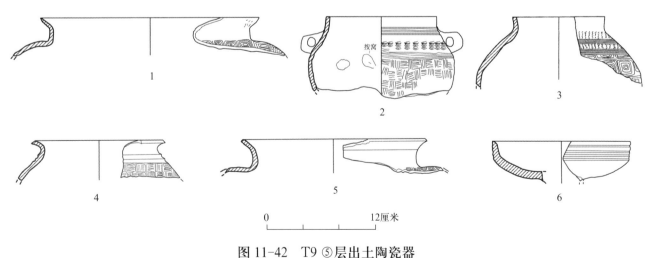

0　　　　　　　12厘米

图11-42　T9⑤层出土陶瓷器

1～5.印纹硬陶罐 T9⑤：54、55、58、60、61　6.原始瓷豆 T9⑤：76

18.印纹软陶腹片

1件。

T9 ⑤：59，泥质灰陶，较疏松。复线回字纹（彩版一七五，4、5）。

19.原始瓷豆

1件。

T9 ⑤：76，泥质灰白胎，青色釉保存较好。口微侈，尖唇，折腹微弧，下腹较厚，豆盘较浅，腹部以下残。口沿外侧饰多道旋纹。口径 15、残高 4 厘米（图 11-42，6；彩版一七五，6）。

九　T9 ④层

（一）陶瓷器

该层共出土陶片 2947 片，陶瓷器质地、颜色、纹饰统计如下表（表 11-26、27）。标本分述如下：

表 11-26　T9 ④层出土陶瓷器质地、颜色统计表

陶质	夹粗砂				夹细砂					泥质					印纹陶			原始瓷	合计
陶色	红	红褐	灰	黑	红	红褐	灰	黑	黑皮红胎	红	红褐	灰	黑	黑皮红胎	红	灰	褐		
陶片数	40	195	5	12	62	489	129	328	334	8	139	123	175	507	94	112	174	21	2947
百分比(%)	1.36	6.62	0.17	0.41	2.10	16.59	4.38	11.13	11.33	0.27	4.72	4.17	5.94	17.20	3.19	3.80	5.90	0.71	100

表 11-27　T9 ④层出土陶瓷器纹饰统计表

纹饰	软陶										
	素面	细绳纹	粗绳纹	弦断绳纹	间断绳纹	交错绳纹	凹弦纹	附加堆纹	凸棱纹	刻划纹	戳印纹
陶片数	871	620	721	86	180	45	24	24	6	11	1
百分比(%)	29.56	21.04	24.47	2.92	6.11	1.53	0.81	0.81	0.20	0.37	0.03

纹饰	印纹陶														原始瓷		合计
	素面	凹弦纹	棱形纹	重回纹	席纹	曲折纹	水波纹	圆圈纹	回纹	叶脉纹	雷纹	席纹与折线	折线纹	席纹与连珠	带釉	不带釉	
陶片数	43	3	50	205	20	8	9	1	24	1	16	1	1	1	3	18	2947
百分比(%)	1.46	0.10	1.70	6.96	0.68	0.27	0.31	0.03	0.81	0.03	0.54	0.03	0.03	0.03	0.10	0.61	100

1.鬲

11件。

T9 ④：9，夹砂黑褐陶。斜直口，卷沿，沿下角较大，微鼓腹，腹部以下残。器壁饰弦断绳纹，纹饰很模糊，裆部有刮痕。口径 16、最大腹径 17.2、残高 8.2 厘米（图 11-43，1）。

T9 ④：10，夹砂夹云母黑褐陶，外壁及部分内壁被灼黑。斜直口，折沿，沿下角较大，圆角方唇，微束颈，足部所对腹部微鼓，腹部以下残。素面，抹光。口径 12、最大腹径 11.6、残高 4.4 厘米（图 11-43，2）。

T9 ④：11，夹砂夹云母黑褐陶，外壁及部分内壁被灼黑。斜直口，折沿，沿下角较大，方唇，

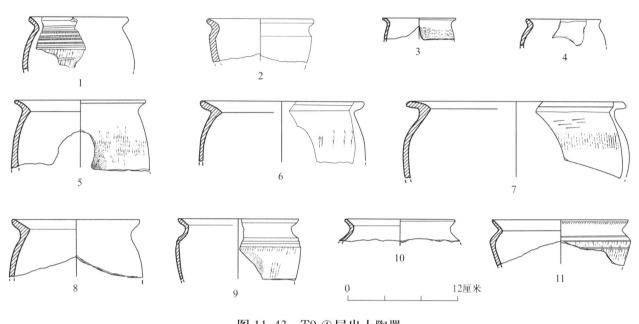

图 11-43　T9 ④层出土陶器

1～11. 鬲 T9 ④：9～12、14～17、19～21

足部所对腹部微鼓，腹部以下残。上腹部略饰绳纹，纹饰模糊。口径 12、最大腹径 11、残高 3.4 厘米（图 11-43，3）。

　　T9 ④：12，夹砂夹云母红褐陶，部分外壁被灼黑。斜直口，折沿，沿下角较大，圆角方唇，足部所对腹部微鼓，腹部以下残。外壁及内壁都有捏制痕迹。口径 12、最大腹径 14、残高 4.2 厘米（图 11-43，4）。

　　T9 ④：14，夹砂夹云母红褐陶，部分外壁被灼黑。斜直口，折沿，沿下角较大，方唇，足部所对腹部微鼓，腹部以下残。上腹部略饰绳纹，纹饰模糊。口径 14.2、最大腹径 15、残高 7.2 厘米（图 11-43，5）。

　　T9 ④：15，夹砂夹云母红褐陶，器表有烟炱痕迹。折沿近平，沿下角较小，圆唇，沿面较窄，鼓腹，腹部以下残。腹部饰绳纹，纹饰较模糊。口径 18、最大腹径 18.4、残高 6.4 厘米（图 11-43，6）。

　　T9 ④：16，夹砂夹云母红褐陶，器表有烟炱痕迹。折沿近平，沿下角较小，圆唇，沿面较窄，鼓腹，腹部以下残。腹部饰绳纹，纹饰较模糊。口径 24、最大腹径 24.6、残高 8 厘米（图 11-43，7）。

　　T9 ④：17，夹砂夹云母红褐陶，部分外壁被灼黑。斜直口，折沿，沿下角较大，方唇，足部所对腹部微鼓，腹部以下残。素面，抹光。口径 14、最大腹径 14.4、残高 6.4 厘米（图 11-43，8）。

　　T9 ④：19，夹砂黑陶。侈口，折沿，沿下角较大，斜方唇，颈部内凹，硬折肩，肩部以下残。腹部饰弦断绳纹，沿下绳纹被抹。口径 20、最大腹径 21.2、残高 9.4 厘米（图 11-43，9）。

　　T9 ④：20，夹砂黑陶。侈口，折沿，沿下角较大，方唇，颈部内凹，颈部以下残。口径 18、残高 3.6 厘米（图 11-43，10）。

　　T9 ④：21，夹砂灰黑衣红褐陶。侈口，卷沿，沿下角较大，沿面较宽，方唇，颈部微外展，折肩，肩部以下残。颈部饰旋纹，腹部饰间断细绳纹，纹饰模糊，沿下绳纹被抹。口径 22、最大腹径 23.2、残高 7.4 厘米（图 11-43，11）。

2. 鬲口沿

2 件。

T9 ④：24，夹细砂红褐陶。卷沿，方唇，鼓肩。颈部的绳纹被抹去。口径 20.4、最大腹径 18.4、残高 5.4 厘米（图 11-44，1）。

T9 ④：30，夹细砂红褐陶。卷沿，方唇。外壁饰纵向细绳纹，外壁有数道斜向粗旋纹。口径 26、残高 6.2 厘米（图 11-44，2）。

3. 鬲足

13 件。

T9 ④：34，夹砂红褐陶，足窝内侧有烟炱痕迹。足窝较浅，足跟处外侧较粗，呈兽蹄形。表面和足跟底部饰有中绳纹。残高 5.4 厘米（图 11-44，3）。

T9 ④：39，夹砂红褐陶，表面有烟炱痕迹。柱状实足跟高，足窝较深，足跟稍粗，呈蹄形。腹部饰有细绳纹，足跟处有刮削痕迹。残高 14.8 厘米（图 11-44，4；彩版一七六，1 右）。

T9 ④：40，夹砂红褐陶，上部和足窝内侧有烟炱痕迹。联裆，截锥状实足跟高，足窝较浅。自腹部至足跟处有刮削痕迹。残高 15 厘米（彩版一七六，1 左）。

T9 ④：41，夹砂灰陶。弧裆微瘪，尖锥状实足跟，足跟略残，足窝深。裆部以下饰间断细绳纹，足通体饰纵向细绳纹。残高 9 厘米（图 11-44，5）。

T9④：42，夹砂黑褐陶。锥状实足跟，足窝较深。通体饰有中绳纹。残高 7.5 厘米（彩版一七六，2 右）。

T9 ④：44，夹砂红陶，足窝内侧为黑色。圆锥状实足跟较高，足窝较浅。表面饰有细绳纹。残高 7.8 厘米（图 11-44，6）。

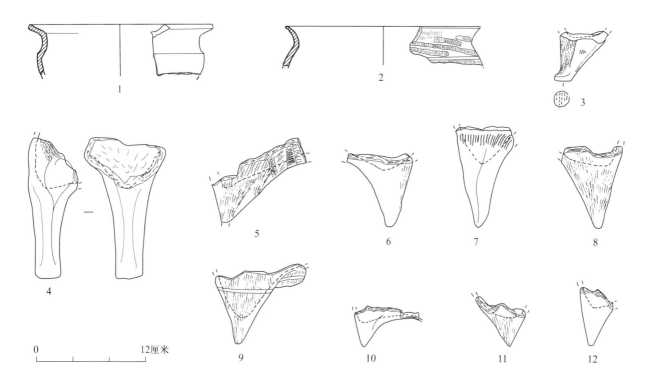

图 11-44　T9 ④层出土陶器

1、2. 鬲口沿 T9 ④：24、30　3 ～ 12. 鬲足 T9 ④：34、39、41、44、45、48、50、52 ～ 54

T9④：45，夹砂灰白陶。尖锥状实足跟，足窝较深。足部素面，裆部饰绳纹。残高 10.6 厘米（图 11-44，7）。

T9④：47，夹砂红褐陶。锥状实足跟较高，足窝较浅。表面饰有中绳纹。残高 8 厘米（彩版 一七六，2 中）。

T9④：48，夹砂红衣黑陶。圆锥状实足跟，足窝较浅。通体饰有细绳纹。残高 8.6 厘米（图 11- 44，8；彩版一七六，2 左）。

T9④：50，夹砂黑衣红陶。弧裆微瘪，尖锥状足，足窝深。足通体饰有细绳纹，裆部以下为素面。 残高 8.6 厘米（图 11-44，9）。

T9④：52，夹砂红褐陶，裆部有烟炱痕迹。弧裆，尖锥状实足跟，足窝较浅。表面有刮削痕迹。 残高 4.5 厘米（图 11-44，10）。

T9④：53，夹砂黑衣红陶。尖锥状足较矮，足窝较深，足外侧饰有纵向细绳纹，内侧为素面。残高 5.2 厘米（图 11-44，11）。

T9④：54，夹砂红褐陶，足窝内侧有烟炱痕迹。圆锥状实足跟较矮，足窝较深。表面有刮削痕迹。 残高 6.2 厘米（图 11-44，12）。

4. 甗

3 件。

T9④：25，夹砂夹云母灰黑陶，器表为黑色。侈口，斜折沿，沿下角较大，方唇，略耸肩，鼓腹， 腹部以下残。腹部饰竖行细绳纹，颈部有横向刮痕。残长 6、残高 7 厘米（图 11-45，1）。

T9④：28，夹砂黑衣红褐陶。侈口，卷沿，沿下角较大，沿面较大，方唇，微鼓腹，腹部以下残。

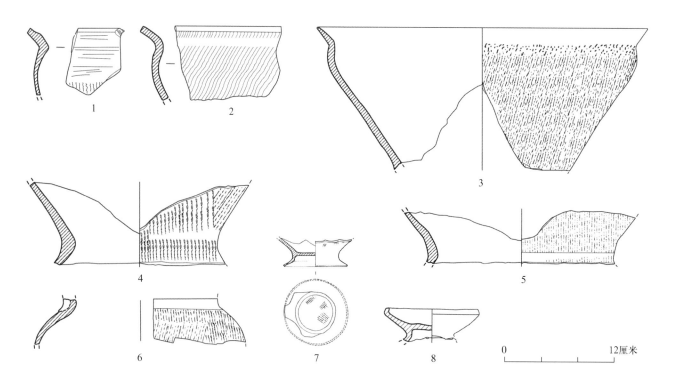

图 11-45　T9 ④层出土陶器

1～3. 甗 T9 ④：25、28、64　4～6. 甗腰 T9 ④：60、61、63　7. 簋圈足 T9 ④：96　8. 豆 T9 ④：1

腹部饰细绳纹，部分绳纹被抹。残长 11.6、残高 7.8 厘米（图 11-45，2）。

T9④：64，夹砂红褐陶。侈口，卷沿，沿下角较大，沿面较大，尖圆唇，微鼓腹，斜腹内收，腹部以下残。腹部饰竖行麦粒状绳纹。口径 36、残高 15 厘米（图 11-45，3）。

5. 甗腰

3 件。

T9④：60，夹砂红褐陶，甗腰较薄。卷隔。甗腰及器身饰竖行间断中绳纹。甗腰径 17、残高 8.6 厘米（图 11-45，4）。

T9④：61，夹砂黑衣红褐陶，甗腰较薄。卷隔。器身饰竖行细绳纹，有抹痕。甗腰径 20、残高 5.6 厘米（图 11-45，5）。

T9④：63，夹砂红褐陶，甗腰较厚。卷隔。腹部饰弦断竖行细绳纹，有抹痕。甗腰径 17、残高 4.8 厘米（图 11-45，6）。

6. 盉甑部

1 件。

T9④：6，泥质黑衣红陶。甑部为敛口，斜方唇，鼓腹，下腹斜直内收，盉腰直径较大，外侧未贴制泥条，箅孔为椭圆形，仅可见外周残存 4 个；鬲部鼓腹，下部残。通体饰细绳纹，甗腰处有明显刮痕。甑部口径 13.2、底径 9.2、残高 6.6 厘米（图 11-46，1；彩版一七六，3、4）。

7. 盉把

2 件。

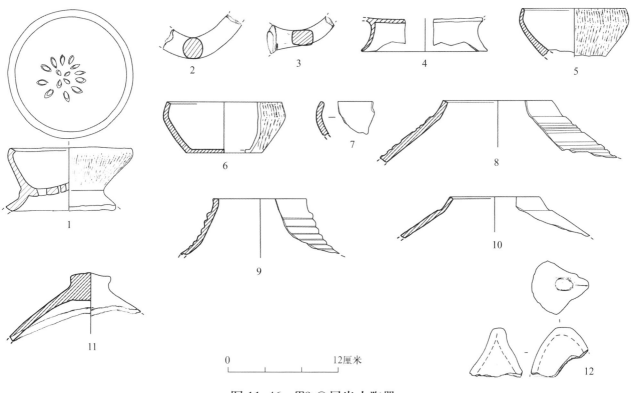

图 11-46　T9 ④层出土陶器

1. 盉甑部 T9④：6　2、3. 盉把 T9④：56、57　4. 盘 T9④：97　5～7. 敛口钵 T9④：92、93、95　8、9. 壶 T9④：78、79　10. 敛口瓮 T9④：80　11、12. 器盖 T9④：101、102

T9④：56，夹砂红褐陶。把细长，微弯曲，上下端均残。柄残长8.5、直径约2.2厘米（图11-46，2）。

T9④：57，夹砂黑衣红陶。把扁长，下端贴近器身部分较平，上端残。柄部有明显手制痕迹。柄残长7.3厘米（图11-46，3）。

8. 簋圈足

1件。

T9④：96，泥质灰陶。簋盘底部较平，圈足较矮，略外撇，边缘为方形。腹部部分饰绳纹，器底饰绳纹。圈足径14、残高6厘米（图11-45，7）。

9. 豆

1件。

T9④：1，泥质黑陶。口沿残，折腹内收，豆柄残。素面。口径10、圈足径5.2、残高3.5厘米（图11-45，8；彩版一七六，5、6）。

10. 盘

1件。

T9④：97，泥质灰黑陶。器壁很薄。口沿残，腹残，平底，圈足微外展。圈足径14、残高3.6厘米（图11-46，4）。

11. 敛口钵

3件。

T9④：92，泥质黑衣红陶。口沿微内敛，斜方唇，折肩，斜直腹内收，底部残。腹部饰纵向细绳纹。口径11.2、最大腹径12、残高5厘米（图11-46，5）。

T9④：93，泥质黑衣红陶。口沿微内敛，斜方唇，折肩，斜直腹内收，器腹较宽扁，平底。腹部饰纵向细绳纹。口径12.4、最大腹径13.2、底径8、残高5.5厘米（图11-46，6）。

T9④：95，夹砂夹云母灰白胎，内侧为黑皮，外侧为红褐皮。口沿微内敛，圆唇，弧腹，下腹部残。素面。残长4、残高3.4厘米（图11-46，7）。

12. 盆

10件。

T9④：23，夹砂黑陶。折沿，沿下角较大，厚圆唇，沿面内侧有一道凹槽，鼓腹，腹部以下残。器表有横向刮痕。口径36、残高6.2厘米（图11-47，1）。

T9④：26，盆口沿。泥质红褐陶。窄折沿，方唇。颈部的绳纹被抹去，肩部有一道凸棱，肩部以下饰纵向细绳纹。口径20、最大腹径19.4、残高5厘米（图11-48，1）。

T9④：32，泥质黑衣红陶。侈口，卷沿较宽，薄方唇，直腹微弧，腹部以下残。沿下至颈部饰绳纹，被抹去，腹部饰弦断绳纹。口径19、最大腹径16.6、残高8.6厘米（图11-47，2）。

T9④：67，盆口沿。泥质灰陶，薄胎。宽折沿，圆唇，唇上翻形成一道凹槽，束颈，鼓肩，肩部以下残。沿面下和颈部的绳纹被抹去，肩部下饰附加堆纹，附加堆纹上压印交错的绳纹。口径30、最大腹径27.6、残高7厘米（图11-47，3）。

T9④：74，夹砂黑衣红陶。口沿残，折沿，折肩，斜直腹内收，下腹部残。沿下至腹部饰纵向绳纹，肩部饰附加堆纹，附加堆纹上压印绳纹，附加堆纹下饰一道凹弦纹。残长12、残高11.6厘米（图11-48，2）。

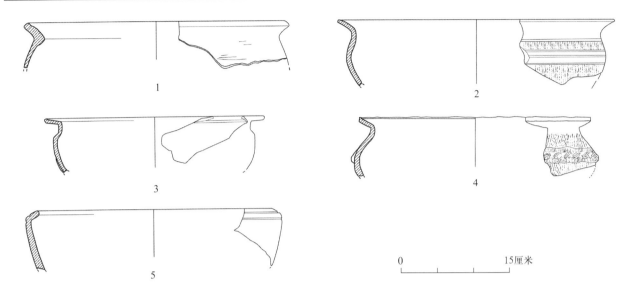

图 11-47　T9 ④层出土陶器

1～5. 盆 T9 ④：23、32、67、77、98

　　T9 ④：77，泥质黑衣灰陶。侈口，折沿较宽，方唇，折肩，肩部斜直较高，斜直腹内收，下腹部残。沿下至腹部饰纵向细绳纹，颈部绳纹被抹，肩部饰一周附加堆纹，附加堆纹之上压印绳纹。口径 32、最大腹径 34、残高 7.8 厘米（图 11-47，4）。

　　T9 ④：98，泥质灰褐陶。敛口，方唇，弧腹内收，腹部以下残。口沿外侧饰两道凹弦纹。口径 30、残高 8 厘米（图 11-47，5）。

　　T9 ④：105，泥质灰白胎，略夹砂。胎体两侧有一层较薄的红褐陶，内外表皮为黑色。侈口，卷沿，沿下角很大，方唇，折肩，下腹部斜直，底残。肩部饰单向划纹，划纹较长，纹饰疏松较规整，划纹上下饰多道旋纹。口径 24、最大腹径 25.6、残高 8.8 厘米（图 11-48，3）。

　　T9 ④：106，泥质灰白陶。侈口，卷沿，沿面斜直，沿下角较大，方唇，唇面有一道凹槽，鼓腹，肩部以下残。肩部饰单向划纹，纹饰疏松很深规整，划纹上下饰多道旋纹。口径 26、残高 5.2 厘米（图 11-48，4）。

　　T9 ④：107，泥质灰白陶。侈口，卷沿，沿下角较大，方唇，唇面有一道凹槽，颈部内弧，鼓腹，肩部以下残。肩部饰单向划纹，纹饰疏松很深规整，划纹上下饰多道旋纹。口径 24、残高 5.2 厘米（图 11-48，5）。

　　13. 小盆

　　7 件。

　　T9 ④：22，泥质黑衣红陶。侈口，微折沿，方唇，斜直腹，下腹部残。沿下至腹部饰有纵向中绳纹。口径 26、最大腹径 26、残高 5.8 厘米（图 11-48，6）。

　　T9 ④：66，泥质红褐陶。敛口，子母口，方唇，弧腹内收，弧度较大，腹部以下残。素面。口径 18、最大腹径 20、残高 4 厘米（图 11-48，7）。

　　T9 ④：71，泥质黑衣灰陶。侈口，窄卷沿，方唇，折肩，斜直腹内收，腹部以下残。素面，表面有磨光痕迹。口径 22、最大腹径 21、残高 6.2 厘米（图 11-48，8）。

　　T9 ④：69，泥质灰陶。厚方唇，唇外缘外凸形成一个台，直颈，弧腹内收，腹部以下残。颈、

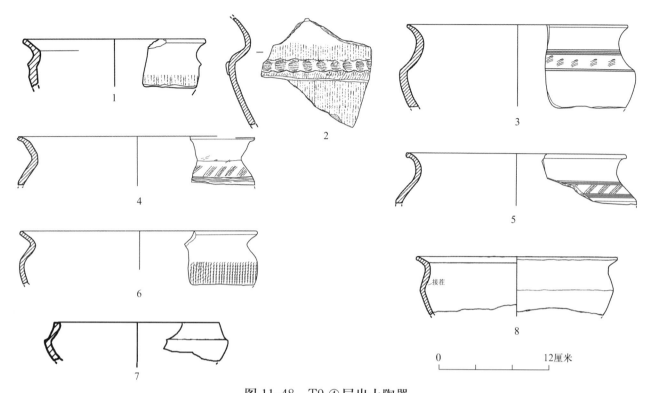

图 11-48　T9 ④层出土陶器

1～5.盆 T9 ④:26、74、105～107　6～8.小盆 T9 ④:22、66、71

肩有一道明显的棱,下腹部饰竖行细绳纹。口径 18、最大腹径 17.6、残高 5 厘米（图 11-49,1）。

　　T9 ④:70,夹粗砂红褐陶,略夹云母。敞口,圆唇,斜弧腹内收,下腹部残。素面。口径 16、最大腹径 16.4、残高 6 厘米（图 11-49,2）。

　　T9 ④:90,泥质黑衣红褐陶,灰白芯。敛口,方唇,鼓肩,弧腹内收,下腹部残。素面。口径 22、最大腹径 22.8、残高 5.4 厘米（图 11-49,3）。

　　T9 ④:91,夹粗砂红褐陶,略夹云母。敛口,厚圆唇,唇内侧有一道接茬,直腹内弧,下腹部残。素面。口径 14、最大腹径 14.4、残高 6 厘米（图 11-49,4）。

　　14.罐

　　5 件。

　　T9 ④:68,罐口沿（陶质）黑衣红褐陶。折沿,方唇。外壁饰斜向细绳纹,颈部和肩部各饰一道旋纹。口径 34、残高 7 厘米（图 11-50,1）。

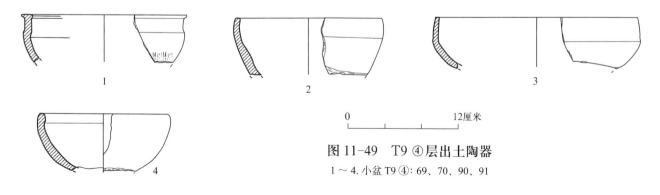

图 11-49　T9 ④层出土陶器

1～4.小盆 T9 ④:69、70、90、91

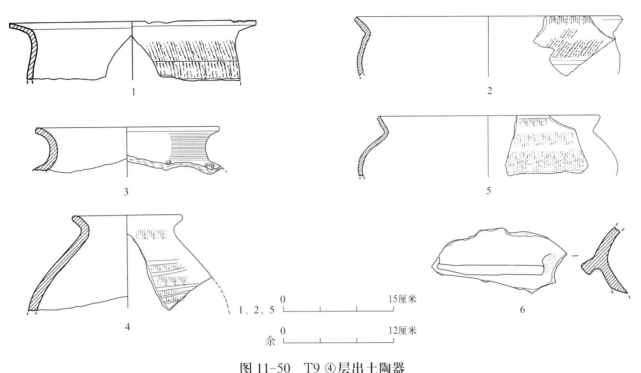

图 11-50　T9 ④层出土陶器

1～5.罐 T9 ④: 68、29、72、73、75　6.罐耳 T9 ④: 103

T9 ④: 29，泥质黑衣灰陶，略夹砂。直口，方唇，圆肩，肩部以下残。沿下至肩、腹部饰斜向间断细绳纹，其中沿下及颈部绳纹有被抹痕迹，肩部绳纹被抹去一道。口径 36.4、最大腹径 36、残高 8 厘米（图 11-50，2）。

T9 ④: 72，泥质黑衣灰陶。侈口，卷沿，方唇，束颈，颈部以下残。颈部下可见极少横向绳纹，其余部分为素面。口径 20、残高 5 厘米（图 11-50，3）。

T9 ④: 73，夹砂灰陶。侈口，窄卷沿，圆唇，束颈，宽折肩，肩部以下残。颈部饰竖行中绳纹，肩部饰弦断绳纹。口经 12、残高 10 厘米（图 11-50，4）。

T9 ④: 75，泥质灰褐衣灰白陶，略夹砂。侈口，卷沿，方唇，束颈，鼓肩，斜直腹，腹部以下残。沿下至腹部饰有间断细绳纹，其中颈部有指抹痕迹，但未将绳纹抹去。口径 30.4、最大腹径 35.6、残高 7.8 厘米（图 11-50，5；彩版一七七，1、2）。

15. 罐耳

1 件。

T9 ④: 103，泥质红褐衣灰白陶。扁片形罐耳，器耳较宽，外伸较长。器耳素面。残长 14、残高 7 厘米（图 11-50，6）。

16. 罐底

2 件。

T9 ④: 87，泥质灰陶，略夹砂。上腹部残，下腹部斜直，平底微内凹，腹部与器底交界处硬折。下腹部及外底面遍饰麦粒状绳纹。底径 14、残高 4.5 厘米（图 11-51，1）。

T9 ④: 88，夹砂红褐陶，略夹云母。上腹部残，下腹部斜直，平底，器腹与器底交界处硬折。器腹及器底饰刮面，素面。底径 12、残高 7 厘米（图 11-51，2）。

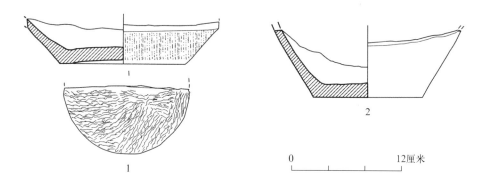

图 11-51　T9 ④层出土陶器
1、2. 罐底 T9 ④: 87、88

17. 壶

2 件。

T9 ④: 78，泥质红褐衣青灰陶。敛口，方唇，口沿略向内凹，以下残。上腹部饰多道旋纹。口径 12、残高 6 厘米（图 11-46，8）。

T9 ④: 79，泥质黑衣红褐陶。敛口，方唇，颈部有多道凸棱，肩部外展，肩部以下残。口径 10、残高 6 厘米（图 11-46，9）。

18. 敛口瓮

1 件。

T9 ④: 80，泥质黑衣红褐陶。敛口，子母口，圆唇，口部以下残。素面。口径 10、残高 4.4 厘米（图 11-46，10）。

19. 器盖

2 件。

T9 ④: 101，泥质红褐陶。覆碗状，圆形捉手，捉手顶面较平，与器盖相接处略内凹，器盖边缘残。素面。盖纽直径 4.5、残高 7.2 厘米（图 11-46，11；彩版一七七，3）。

T9 ④: 102，夹砂红褐陶。捉手上端较平，整个盖体由泥片对捏而成，于一侧起脊，尤其在捉手内侧可见明显黏结痕迹。素面。残长 6.2、残高 5.3 厘米（图 11-46，12）。

20. 印纹硬陶罐

3 件。

T9 ④: 33，泥质黑陶。侈口，尖唇，短颈，颈部以下残，颈部有凹弦纹，肩部有叶脉纹。口径 18、残高 4.8 厘米（图 11-52，1）。

T9 ④: 114，泥质硬陶，胎色内紫外红褐，外表面灰褐色。短卷沿近平，圆唇，矮领中部略内凹，圆鼓肩，肩部以下残。肩部拍印杂乱且单元纹饰各异的重菱纹。口径 22、残高 4.6 厘米（图 11-52，2）。

T9 ④: 119，泥质硬陶，胎色内黑外灰白，外壁及沿面有紫灰色表层，内壁口沿以下为灰色表层。卷沿，方唇，领部不明显，圆鼓肩，肩部以下残。肩部拍印规整的凸波折纹，腹部上端拍印凸方格纹。口径 16、最大腹径 24、残高 6 厘米（图 11-52，3；彩版一七七，4）。

21. 印纹硬陶罐底

2 件。

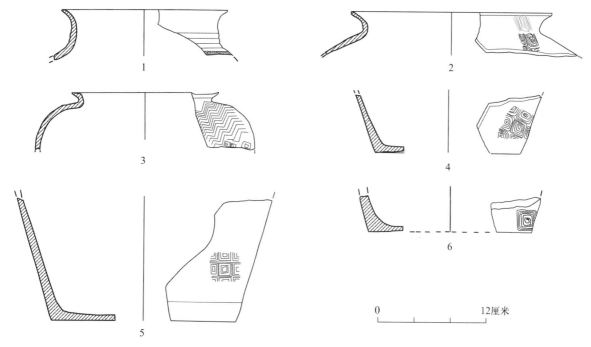

图 11-52　T9 ④层出土陶器

1～3. 印纹硬陶罐 T9 ④: 33、114、119　4、5. 印纹硬陶罐底 T9 ④: 109、110　6. 印纹软陶罐 T9 ④: 84

T9 ④: 109，泥质红褐硬陶，胎色略泛紫。下腹部略内收，腹底交界处折转，且内外壁皆抹泥加固，圆平底。下腹部拍印较规整的重回纹，腹部底端纹饰被抹泥覆盖。底径约 14、残高 8 厘米（图 11-52，4）。

T9 ④: 110，泥质硬陶，红褐胎，厚胎处胎心呈灰色，表层内灰黑外红褐。下腹部斜直略内收，腹底交界处折转，圆平底。下腹部拍印较规整的凸方格纹，底端纹饰被抹净。底径 20、残高 13 厘米（图 11-52，5；彩版一七七，5、6）。

22. 印纹硬陶腹片

6 件。

T9 ④: 111，泥质灰白衣橙陶，较致密，内壁有手按痕迹。重回纹（彩版一七八，1）。

T9 ④: 112，泥质铁灰衣紫红陶，致密。重环纹。

T9 ④: 117，泥质灰白衣橙陶，较致密。三角纹。

T9 ④: 118，泥质紫红陶，致密。条带席纹和复线三角纹复合。残宽 10 厘米（彩版一七八，2）。

T9 ④: 120，泥质橙陶，较致密。多种纹饰复合。

T9 ④: 121，夹砂灰白陶，较致密，有气泡。折线纹。残宽 5 厘米（彩版一七八，3）。

23. 印纹软陶罐

2 件。

T9 ④: 84，夹砂红褐陶，内壁为黑色。腹部残，仅存器底，平底微内凹，器腹与器底交界处硬折。腹部拍印 V 字形纹，器底拍印 V 字形纹。底径 18、残高 4 厘米（图 11-52，6；彩版一七八，4、5）。

T9 ④: 86，泥质灰陶，器内外皆为黑衣。腹部残，仅存器底，平底微内凹，器腹与器底交界处硬折。腹部拍印重回纹，下腹部近底处无纹饰，器内壁有明显的轮制痕迹。底径 20、残高 4.5 厘米（彩版一七八，6）。

24. 原始瓷豆

5件。

T9④：3，泥质灰陶，釉不可见。侈口，尖圆唇，颈微内弧，折腹内收，圈足微外撇。口沿内侧及腹内饰多道旋纹，器表可见轮制的痕迹。口径11.6、圈足径4、底径4.6、高5厘米（图11-53，1；彩版一七九，1）。

T9④：4，泥质灰白陶，器表有较薄的青色釉。敞口，尖圆唇，直腹较浅，硬折腹内收，圈足微外撇。豆盘内侧饰多道旋纹。口径11.6、圈足径4.5、底径5、高5.2厘米（图11-53，2；彩版一七九，2）。

T9④：116，泥质灰白陶，釉不可见。敞口，尖唇，唇内侧有一道凹痕，直腹，硬折腹弧平内收，腹部以下残。外壁及豆盘内侧均饰多道旋纹，器表可见明显轮制痕迹。口径14、残高3.8厘米（图11-53，3）。

T9④：122，泥质灰白陶，青色釉较厚。侈口，尖圆唇，颈内弧，折腹内收，底部残。口沿内、外壁及腹内饰有多道旋纹，器表可见轮制痕迹。口径10、最大腹径10.8、残高4.2厘米（图11-53，4）。

T9④：124，泥质灰白陶，青色釉基本已脱离。侈口，宽沿，尖唇，硬折腹内收，器腹较浅，腹部以下残。豆盘内侧可见数道细旋纹，器表可见明显轮制痕迹，器底可见环状凹痕。口径14、残高5.4厘米（图11-53，5）。

中期遗物

25. 鬲足

1件。

T9④：55，夹砂。锥状鬲足，足跟为红褐陶，足上侧及足窝为黑陶。足窝较浅，外侧有明显自上而下的刮痕。残高6.4厘米（图11-53，6）。

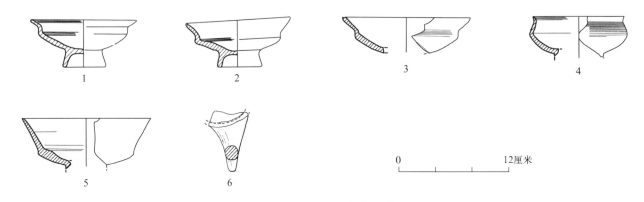

图11-53　T9④层出土陶瓷器

1～5. 原始瓷豆 T9④：3、4、116、122、124　6. 鬲足 T9④：55

（二）石器

1. 石锛

2件。

T9④：5，灰色。器体呈长条形，横截面呈正方形，上部有段，刃部残。通体磨制稍粗，器表有多处打击疤痕。残宽3.1、残高8.7、厚约2.7厘米（图11-54，1；彩版一七九，3）。

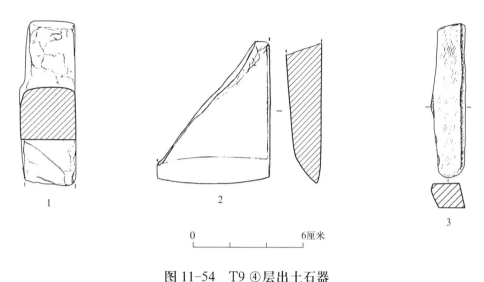

图 11-54　T9 ④层出土石器

1、2. 石锛 T9 ④∶ 5、8　3. 石凿 T9 ④∶ 2

T9 ④∶ 8，灰白色。器体扁平，顶部残，单面刃，刃口锋利。通体磨制较粗。残宽 6.1、残高 7.5、厚约 2 厘米（图 11-54，2；彩版一七九，4）。

2. 石凿

1 件。

T9 ④∶ 2，灰黑色。器体细长，平面近似长方形，横截面近方形，刃部残。器表三面磨制较细，另一面因石材破裂残留大片石片疤，仅下部磨制较好，顶部凹凸不平，留有较多砸击痕迹。长 8、宽 1.5、最厚 2 厘米（图 11-54，3；彩版一七九，5）。

（三）铜器及相关遗物

炉壁

1 件。

T9 ④∶ 126，残长 9、残宽 6、厚 1 厘米（彩版一八〇，1 ～ 9）。

一〇　T9 ③层

（一）陶瓷器

该层共出土陶片 923 片，陶瓷器质地、颜色、纹饰统计如下表（表 11-28、29）。标本分述如下：

1. 鬲

4 件。

T9 ③∶ 3，夹砂夹云母红褐陶，器表有烟熏痕迹。斜直口，卷沿，沿下角较大，尖圆唇，微鼓腹，腹部以下残。素面。口径 10、残高 4.4 厘米（图 11-55，1）。

T9 ③∶ 6，夹砂黑衣红褐陶。侈口，折沿，沿下角较大，斜方唇，颈部微内凹，折肩较圆转，腹部以下残。腹部纹饰间断中绳纹，纹饰很模糊，沿下绳纹被抹。口径 18、最大腹径 19.2、残高 6 厘米（图 11-55，2）。

表 11-28　T9 ③层出土陶瓷器质地、颜色统计表

陶质	夹粗砂					夹细砂					泥质					印纹陶			原始瓷	合计
陶色	红	红褐	灰	黑	黑皮红胎	红	红褐	灰	黑	黑皮红胎	红	红褐	灰	黑	黑皮红胎	红	灰	褐		
陶片数	3	22	4	2	3	26	192	69	86	65	10	30	73	76	125	29	51	49	8	923
百分比(%)	0.33	2.38	0.43	0.22	0.33	2.82	20.80	7.48	9.32	7.04	1.08	3.25	7.91	8.23	13.54	3.14	5.53	5.31	0.87	100

表 11-29　T9 ③层出土陶瓷器纹饰统计表

纹饰	软陶									
	素面	细绳纹	粗绳纹	弦断绳纹	间断绳纹	交错绳纹	凹弦纹	附加堆纹	凸棱纹	刻划纹
陶片数	251	107	273	75	27	17	12	10	5	1
百分比(%)	27.19	11.59	29.58	8.13	2.93	1.84	1.30	1.08	0.54	0.11

纹饰	印纹陶										原始瓷		合计
	素面	交错绳纹	凹弦纹	棱形纹	圆圈纹	曲折纹	回纹	方格纹	席纹	重回纹	上釉	不上釉	
陶片数	21	1	2	6	1	3	18	1	17	67	5	3	923
百分比(%)	2.28	0.11	0.22	0.65	0.11	0.33	1.95	0.11	1.84	7.26	0.54	0.33	100

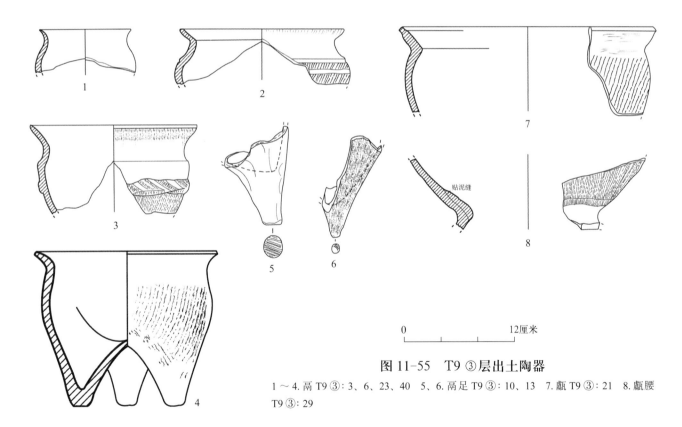

0　　　　　　　12厘米

图 11-55　T9 ③层出土陶器

1～4.鬲 T9 ③：3、6、23、40　5、6.鬲足 T9 ③：10、13　7.瓿 T9 ③：21　8.瓿腰 T9 ③：29

　　T9 ③：23，泥质黑胎，胎体表层有很薄的白胎，外有黑衣。斜直口，折沿，方唇，高直颈，腹内弧，腹部以下残。腹部饰对向按压的附加堆纹，沿下绳纹被抹，颈部素面，腹部饰斜行细绳纹，内壁可见轮修痕迹。口径 28、残高 10 厘米（图 11-55，3）。

　　T9 ③：40，夹砂红褐陶，器表部分被灼黑。小卷沿，沿面近平，尖圆唇，微鼓腹，略呈袋足，

短截锥状实足跟。器腹至足跟饰绳纹，纹饰较模糊。口径20.4、最大腹径18.8、残高16厘米（图11-55，4；彩版一八一，1）。

2. 鬲足

7件。

T9③：8，夹砂红褐陶，足窝内侧有烟炱痕迹。截锥状实足跟高，足窝较浅。表面有刮削痕迹。残高8厘米。

T9③：9，夹砂红褐陶，上部和足窝内侧有烟炱痕迹。柱状实足跟较高，足窝较深，足跟为斜面。下部有刮削痕迹。残高9厘米。

T9③：10，夹砂红褐陶，上部有烟炱痕迹。柱状实足跟较矮，足窝较深。足跟底部和底面饰有细绳纹。残高10.3厘米（图11-55，5）。

T9③：13，夹砂黑褐陶，足窝内侧有烟炱痕迹。圆锥状实足跟较高，足窝深，足跟处小平台为斜面。通体饰有中绳纹。残高10.8厘米（图11-55，6）。

T9③：15，夹砂红陶。截锥状实足跟，足窝浅，足跟为斜面。表面有刮削痕迹。残高4厘米。

T9③：16，夹砂红褐陶，裆部有烟炱痕迹。尖锥状实足跟，足窝较浅。自裆部至足跟处有纵向刮削痕迹。残高5厘米。

T9③：18，夹砂红陶。为包制鬲足，截锥状实足跟较矮，足窝浅，足跟处稍残。表面饰有细绳纹。残高6厘米。

3. 甗

1件。

T9③：21，夹砂夹云母灰褐陶。侈口，斜折沿，沿下角较大，方唇，略耸肩，鼓腹，腹部以下残。腹部饰竖行中绳纹，沿下及颈部有横向刮痕。口径28、最大腹径26.8、残高9.4厘米（图11-55，7）。

4. 甗腰

1件。

T9③：29，夹砂黑皮红褐陶。甗腰较厚，卷隔。腹部饰竖行细绳纹，纹饰较模糊，有抹痕。甗腰径15.6、残高8.4厘米（图11-55，8）。

5. 敛口钵

1件。

T9③：31、32，泥质灰陶。口沿微内敛，圆唇，肩部外鼓，斜直腹内收，下腹部残。素面。最大腹径18.4、底径16、残高3.6厘米（图11-56，1）。

6. 盂

1件。

T9③：34，泥质黑陶。侈口，卷沿，沿下角较大，唇残，圆折肩，下腹部内收，底残。肩部饰单线划纹，划纹较短，纹饰较浅较随意。口径12、残高3.4厘米（图11-56，2）。

7. 盆

5件。

T9③：22，泥质红褐陶。侈口，卷沿较宽，沿下角较大，厚方唇，束颈，折肩较高，肩部以下残。肩部饰纵向细绳纹，并在上下饰两道凸弦纹，腹部饰纵向细绳纹，沿下及颈部绳纹被抹。口径30、

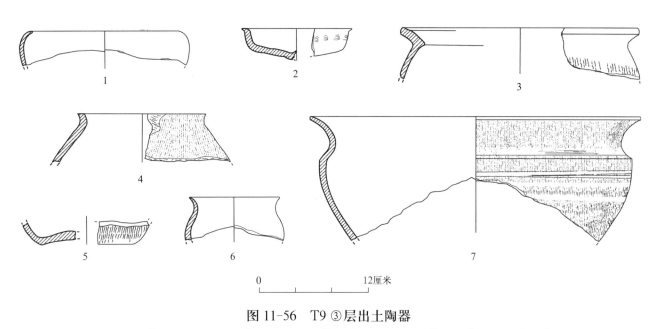

图 11-56 T9 ③层出土陶器

1. 敛口钵 T9 ③：31、32 2. 盂 T9 ③：34 3、4、6. 罐 T9 ③：4、28、3 5. 罐底 T9 ③：30 7. 尊 T9 ③：25

最大腹径 30、残高 7 厘米（图 11-57，1）。

T9 ③：24，泥质黑衣灰陶，略夹砂。侈口，卷沿较宽，厚方唇，折肩，肩部斜直较短，斜直腹内收，下腹部残。肩部饰两周凹槽，腹部饰斜向绳纹，沿下至颈部绳纹被抹去。口径 30、最大腹径 29.6、残高 7.8 厘米（图 11-57，2；彩版一八一，2）。

T9 ③：19，泥质红褐陶。宽卷沿，方唇。口沿外侧的绳纹被抹去，肩部素面。口径 32、最大腹径 28.8、残高 4.6 厘米（图 11-57，3）。

T9 ③：20，泥质黑衣褐陶，厚胎。卷沿，方唇，鼓肩。外壁饰斜向细绳纹。口径 18、最大腹径 16.8、残高 5.4 厘米（图 11-57，4）。

T9 ③：27，泥质红褐陶。折沿，方唇。口沿外侧和颈部的绳纹被抹去，肩部饰纵向细绳纹。口径 32、残高 6.4 厘米（图 11-57，5）。

8. 小盆

1 件。

T9 ③：33，泥质黑衣红陶。敛口，子母口，方唇，弧腹内收，弧度较大，腹部以下残。素面。口径 12、最大腹径 13.6、残高 5.8 厘米（图 11-57，6）。

9. 罐

3 件。

T9 ③：4，夹砂红褐陶。斜直口，折沿，厚圆角方唇，微鼓腹，腹部以下残。器表较斑驳。口径 26、残高 5.4 厘米（图 11-56，3）。

T9 ③：28，泥质黑衣灰陶。直口，方唇，斜直肩，肩部以下残。沿下至肩部饰竖行细绳纹。口径 14、残高 5 厘米（图 11-56，4）。

T9 ③：3，泥质灰陶，薄胎。折沿，圆唇，高领，鼓肩，肩部以下残。口沿外侧饰纵向细绳纹，

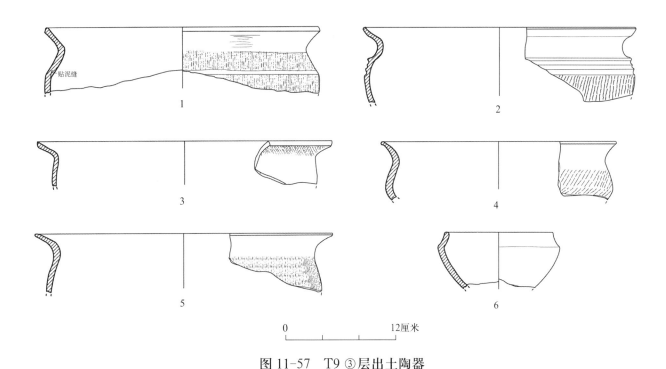

图 11-57　T9 ③层出土陶器

1～5. 盆 T9 ③: 22、24、19、20、27　6. 小盆 T9 ③: 33

肩部下饰斜向细绳纹，肩部饰有细绳纹按窝的附加堆纹。口径 10、残高 7 厘米（图 11-56，6）。

10. 罐底

1 件。

T9 ③: 30，泥质黑陶。腹部残，仅存器底，小平底微内凹，器腹与器底交界处硬折。器腹饰绳纹，外底素面。底径 10、残高 2.4 厘米（图 11-56，5）。

11. 尊

1 件。

T9 ③: 25，泥质黑陶。卷沿外翻，方唇，颈部内凹，肩部外鼓起棱，斜弧腹内收，腹部以下残。腹部饰间断细绳纹，沿下绳纹被抹。口径 36、最大腹径 34、残高 13 厘米（图 11-56，7）。

12. 印纹硬陶罐

1 件。

T9 ③: 37，鼓腹罐。泥质灰硬陶。卷沿，领部较高，肩部不明显，鼓腹，腹部上端尚存一个半环形耳，腹部以下残。耳面呈两条并列圆泥条状，下端捏出三角凸棱装饰，耳部周围附加一周薄泥条于腹面上，加固器耳。腹部顶端刮出一周浅凹槽，其下拍印杂乱的复合纹饰。最大腹径约 18、耳宽约 1.2、耳高约 4.5、残高 11 厘米（图 11-58，2；彩版一八一，3、4）。

13. 原始瓷豆座

1 件。

T9 ③: 38，泥质灰白胎，青色釉较薄，仅见少部分。豆柄较矮，圈足残，微外撇。圈足径 3.6、残高 3.8 厘米（图 11-58，1）。

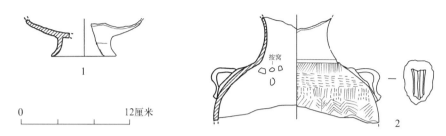

图 11-58　T9 ③层出土陶瓷器

1. 原始瓷豆座 T9 ③：38　2. 印纹硬陶罐 T9 ③：37

（二）铜器及相关遗物

残铜器

1 件。

T9 ③：1，残块，不规则形，器形不明。残宽 3、厚 0.5 厘米（彩版一八二，1 ～ 8）。

一一　T9 ②层

陶瓷器

该层共出土陶片 366 片，陶瓷器质地、颜色、纹饰统计如下表（表 11-30、31）。标本分述如下：

表 11-30　T9 ②层出土陶瓷器质地、颜色统计表

陶质	夹砂					泥质			印纹陶		原始瓷	合计
陶色	红	红褐	灰	黑	黑皮红胎	灰	黑	黑皮红胎	红	灰褐		
陶片数	5	72	67	87	14	13	17	33	14	41	3	366
百分比（%）	1.37	19.67	18.31	23.77	3.83	3.55	4.64	9.02	3.83	11.20	0.82	100

表 11-31　T9 ②层出土陶瓷器纹饰统计表

纹饰	软陶									
	素面	细绳纹	粗绳纹	弦断绳纹	间断绳纹	交错绳纹	凹弦与粗绳	附加与粗绳	凹弦与刻划	凸棱纹
陶片数	133	41	95	18	10	2	2	1	5	1
百分比（%）	36.34	11.20	25.96	4.92	2.73	0.55	0.55	0.27	1.37	0.27

纹饰	印纹陶									原始瓷	合计
	素面	雷纹	菱形纹	重回纹	折线纹	曲折纹	席纹	窗格纹	方格纹		
陶片数	6	28	8	6	1	1	2	2	1	3	366
百分比（%）	1.64	7.65	2.19	1.64	0.27	0.27	0.55	0.55	0.27	0.82	100

1. 鬲

4 件。

T9 ②：1，夹砂黑褐陶。斜折沿，沿下角较大，方唇，近直腹，联裆，足部略残。通体被刮。口径 13.4、最大腹径 13、残高 9.5 厘米（图 11-59，1；彩版一八一，5）。

T9②：4，夹砂灰黑陶。侈口，折沿，沿下角较小，圆唇，口沿边缘起棱，颈部微内凹，折肩较圆转，肩部以下残。腹部饰弦断细绳纹，纹饰很模糊，沿下绳纹被抹。口径22、残高5.6厘米（图11-59，2）。

T9②：5，夹砂灰黑陶。侈口，折沿，沿下角较大，圆唇，颈部内凹，硬折肩，腹部以下残。腹部饰弦断绳纹。口径20、最大腹径22.8、残高6.4厘米（图11-59，3）。

T9②：6，夹砂灰黑陶。侈口，折沿，沿下角较小，方唇，颈部微内凹，折肩较圆转，腹部以下残。腹部纹饰很模糊。口径16、最大腹径17.2、残高4.2厘米（图11-59，4）。

2.鬲足

2件。

T9②：9，夹砂红褐陶。锥状实足跟，足窝较浅，足跟处小平台明显。通体和足跟底面均饰有细绳纹。残高9.4厘米（图11-59，5）。

T9②：11，夹砂红褐陶，上部和足窝内侧有烟炱痕迹。柱状实足跟矮，足窝较浅，足跟处稍粗呈蹄形。表面有刮削痕迹。残高9.6厘米（图11-59，6）。

3.鼎足

1件。

T9②：18，夹砂红褐陶，正装扁方足。残高9.4厘米（图11-59，7）。

4.甑口沿

2件。

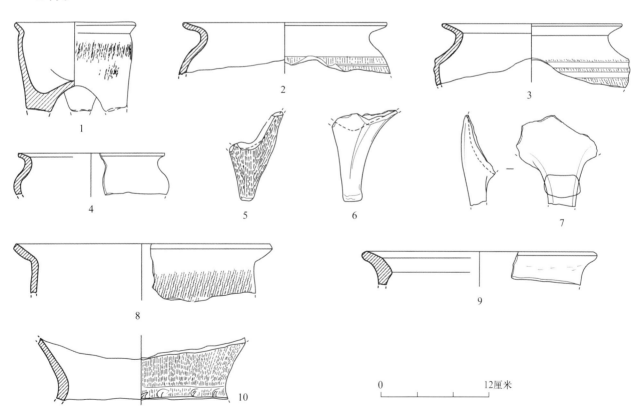

图11-59　T9②层出土陶器

1～4.鬲 T9②：1、4～6　5、6.鬲足 T9②：9、11　7.鼎足 T9②：18　8、9.甑口沿 T9②：3、7　10.甑腰 T9②：19

T9②：3，夹砂红褐陶，外壁局部被灼黑，厚胎。宽折沿，方唇。口沿外侧的绳纹被抹去，颈部以下饰斜向细绳纹。口径 28、残高 6 厘米（图 11-59，8）。

T9②：7，夹砂红褐陶，含少量云母。疑似甗口沿，折沿，沿下角较大，方唇，腹残。口径 26、残高 3.4 厘米（图 11-59，9）。

5. 甗腰

1 件。

T9②：19，夹砂灰褐陶。甗腰较薄，卷隔。有指甲痕，甗腰及器身饰竖行细绳纹。甗腰径 18、残高 8 厘米（图 11-59，10）。

6. 盉把

1 件。

T9②：23，夹砂黑衣红陶。把粗大，微弯曲，上下端均残。柄残长 11.2、直径 4 厘米（图 11-60，1）。

7. 盆

3 件。

T9②：17，泥质黑衣红陶。侈口，卷沿，圆唇，斜直腹内收，腹部以下残。沿下及颈部饰斜向细绳纹，颈部绳纹有被抹痕迹，腹部饰弦断绳纹。口径 38、最大腹径 33.6、残高 7.6 厘米（图 11-60，2）。

T9②：29，泥质灰陶。侈口，卷沿，沿下角很大，唇部残，颈部内弧，圆折肩，下腹部斜直，底残。肩部饰单向划纹，划纹很短，纹饰较浅较随意，划纹上下饰多道旋纹。残长 10.2、残高 10 厘米（图 11-60，3；彩版一八一，6）。

T9②：24，泥质黑衣红褐陶。侈口，卷沿，沿下角较大，方唇，颈部内弧，肩部以下残。肩部饰单向划纹，划纹很短，纹饰较浅较随意，划纹上下饰多道旋纹。口径 30、残高 6 厘米（图 11-60，4）。

8. 盆口沿

2 件。

T9②：16，黑衣红褐陶。卷沿，圆唇。颈部与肩部结合处有一道错痕，腹部饰纵向细绳纹。口径 20、最大腹径 16.4、残高 7.6 厘米（图 11-60，5）。

T9②：33，泥质黑衣红褐陶。卷沿，圆唇，唇部下鼓，鼓肩，肩部以下残。素面，颈部磨光。口径 20、最大腹径 18、残高 5 厘米（图 11-60，6）。

9. 小盆

1 件。

T9②：25，泥质黑陶。仅存肩部，折肩。肩部饰单向划纹，划纹较随意，划纹上下饰多道旋纹。残长 7、残高 6 厘米（图 11-60，7）。

10. 罐

1 件。

T9②：15，夹砂红陶。斜直口，微卷沿，方唇，鼓腹，腹部以下残。沿以下至腹部饰竖行绳纹，部分绳纹被抹去。口径 30、最大腹径 32、残高 6.6 厘米（图 11-60，8）。

11. 罐底

3 件。

T9②：30，夹砂灰陶。器腹饰菱形重回纹。底径 14、残高 3.8 厘米（图 11-60，9）。

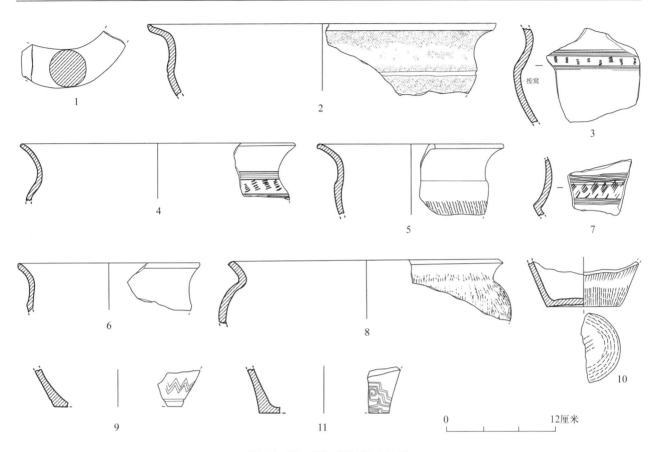

图 11-60 T9 ②层出土陶器

1.盉把 T9②：23 2～4.盆 T9②：17、29、24 5、6.盆口沿 T9②：16、33 7.小盆 T9②：25 8.罐 T9②：15 9～11.罐底 T9②：30、31、39

T9②：31，泥质黑衣红陶。上腹部残，下腹部斜直，平底微内凹，器身与器腹交界处硬折。器腹饰细绳纹，外底饰朝向中心的细绳纹，大部分被抹。底径 8、残高 4.8 厘米（图 11-60，10）。

T9②：39，夹砂灰陶。器腹饰折线纹。底径 14、残高 5.8 厘米（图 11-60，11）。

12. 陶纺轮

1 件。

T9②：2，泥质黑陶。中间一直壁穿孔，壁向外鼓凸。最大直径 4.6、最厚 1.4 厘米（图 11-61，1；彩版一八三，1）。

13. 腹片

1 件。

T9②：26，泥质灰白衣黑陶。腹部饰对向篦划纹，上下饰旋纹（彩版一八三，2）。

14. 硬陶豆座

1 件。

T9②：21，泥质红褐陶，釉不可见。豆柄较矮，圈足微外撇。豆盘内饰多道旋纹。圈足径 5.6、残高 3.4 厘米（图 11-61，2；彩版一八三，3）。

15. 印纹硬陶腹片

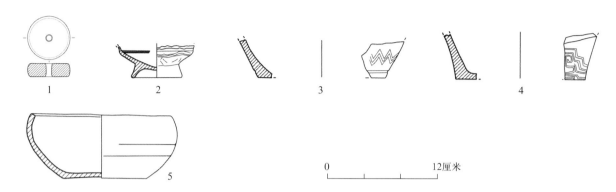

图 11-61　T9 ②、①层出土陶器

1. 纺轮 T9 ②: 2　2. 硬陶豆座 T9 ②: 21　3、4. 印纹软陶罐 T9 ②: 30、39　5. 敛口钵 T9 ①: 1

5 件。

T9 ②: 34，泥质深灰衣紫红陶，致密。回字纹（彩版一八三，4 左下）。

T9 ②: 35，泥质橙陶，较疏松。菱形重回纹（彩版一八三，4 右上）。

T9 ②: 36，泥质橙陶，较致密。多种纹饰复合（彩版一八三，4 左上）。

T9 ②: 37，泥质外壁灰白、紫红胎、内壁深灰色，致密。重回纹（彩版一八三，4 下中）。

T9 ②: 38，泥质深灰衣紫红陶，致密。回字交叉纹（彩版一八三，4 右下）。

16. 印纹软陶罐下腹部及底部

2 件。

T9 ②: 30，泥质灰白陶。腹部残，仅存器底，平底微内凹，器腹与器底交界处硬折。腹部拍印 V 字形纹，器底拍印 V 字形纹，下腹部近底处纹饰又一圈涂抹痕迹，内壁可见轮制痕迹。底径 14、残高 4 厘米（图 11-61，3）。

T9 ②: 39，夹砂灰褐陶，胎内可见较大颗粒的石英。腹部残，仅存器底，器腹与器底交界处硬折。腹部拍印曲折纹。底径 18、残高 5 厘米（图 11-61，4）。

第四节　宋以后堆积中出土先秦遗物

陶器

敛口钵

1 件。

T9 ①: 1，泥质黑衣灰陶。口沿内敛，斜方唇，肩部外鼓，斜弧腹内收，器腹较浅，平底。口径 15.2、最大腹径 16.5、残高 6.8 厘米（图 11-61，5；彩版一八三，5）。

第一二章　T10 遗存分述

第一节　地层堆积

T10 根据土质、土色及其包含物状况可分为 6 层堆积，现逐层介绍各堆积层情况（图 12-1、2）。

第①层：厚 0.15 ～ 0.25 米。灰褐色土，土质疏松。水平状堆积，遍布全方。包含物有较多的明

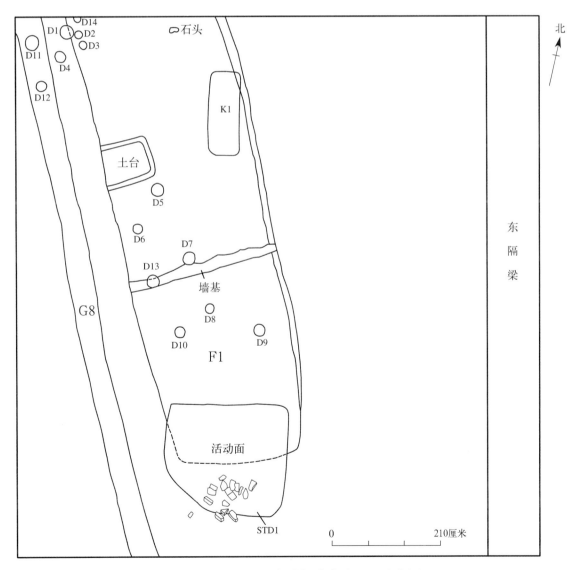

图 12-1　T10 先秦时期遗迹总平面分布图

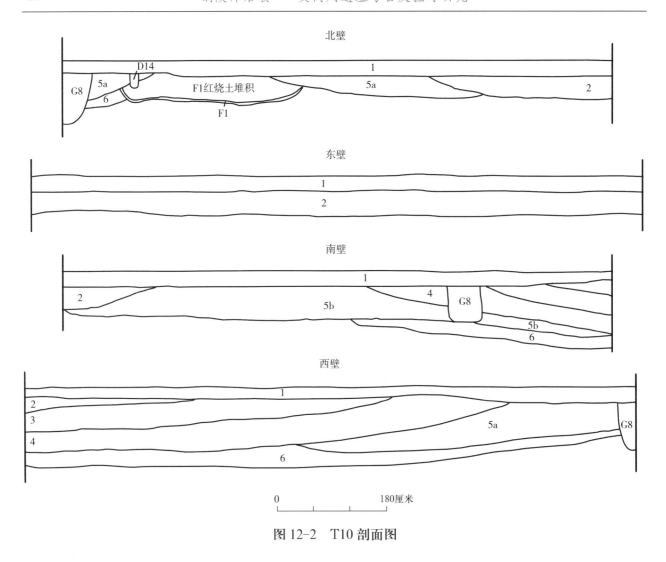

图 12-2　T10 剖面图

清瓷片、石头等。开口于①层下的遗迹单位有 K1、G8、HDM1、STD1、D1 ～ D14。

第②层：距地表深 0.20、厚 0 ～ 0.40 米。黄色土，土质较致密。堆积整体呈缓坡状向东倾斜，分布于探方东部。包含物较少，主要为极少的陶片、石头等。

第③层：距地表深 0.20 ～ 0.40、厚 0 ～ 0.40 米。黄褐色黏土，土质较致密，夹炭灰。分布于探方西南部。包含物较少，主要有极少的印纹硬陶、石头和石器等。

第④层：距地表深 0.15 ～ 0.70、厚 0 ～ 0.50 米。灰褐色黏土，土质较疏松，夹少量碳粒。堆积整体呈坡状向西倾斜，分布于探方西南部。该层内出土包含物极少。

第⑤ a 层：距地表深 0.25 ～ 0.90、厚 0 ～ 0.60 米。黄褐色黏土，土质较为致密，夹炭灰。堆积整体堆积呈坡状向西倾斜，分布于探方西北部。包含物有少量陶片。可能与第⑤ b 层为同一层。该土层为 G8、D8 ～ D14 打破，开口于⑤ a 层下的遗迹单位有 F1。

第⑤ b 层：距地表深 0.25 ～ 1.00、厚 0 ～ 0.55 米。黄褐色黏土，土质较为致密。堆积整体呈坡状向东西两侧倾斜，分布于探方南部。包含物极少。开口于⑤ b 层下的遗迹单位有 F1。

第⑥层：距地表深 0.45 ～ 1.05、厚 0 ～ 0.35 米。红褐色土，土质较坚硬，夹大量红烧土颗粒。由于保留 F1 而未挖至底部，分布于探方西部、南部。发掘部分未见包含物。

第二节 遗迹及包含物

一 建筑类遗存

（一）房址

F1

位于探方 T10 中部（图 12-3），贯穿南北，部分延伸至北壁外，开口于第⑤ a、⑤ b 层下，打破第⑥层。其中 F1 红烧土堆积在第①层下已经大量暴露，并且 T10 内地层及遗迹单位第②、③、④层、T10HDM1 等皆与之有直接的叠压关系，同时被 K1、D1、D2、D3、D5、D6、D7、D8、D9、

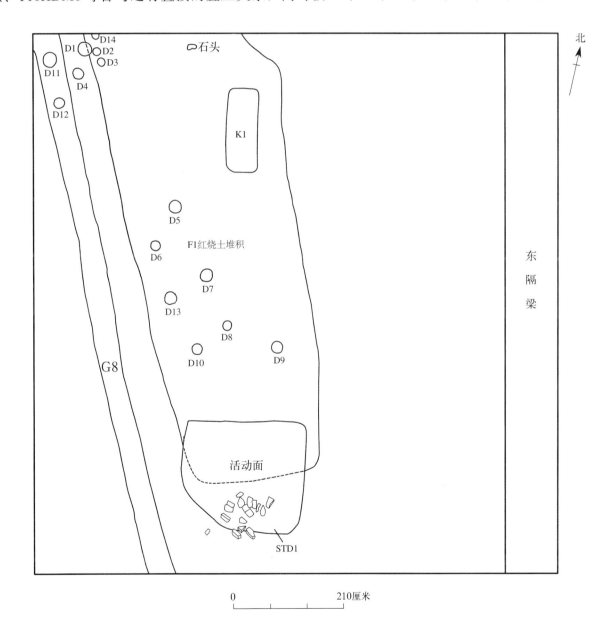

图 12-3　T10 ⑤ a、⑤ b 层下遗迹平面分布图

D10、D13 打破。F1 表面红烧土堆积开口距地表约 0.25、厚约 0.60 米。红烧土堆积土质极硬（彩版一八四～一八六）。

F1 平面呈圆角方形（图 12-4；彩版一八七，1），西部边界较直，东部较崎岖，整体呈西北—东南走向，长约 8.50、宽约 3.00 米。在 F1 北部偏西处发现一方台遗迹，西部被晚期堆积破坏，残存边长约 0.74、厚约 0.15 米，该台面有人工加工痕迹，性质不明。在 F1 中部发现一东西走向的隔墙，长 3.00、宽 0.20～0.30、残高 0.05～0.50 米，墙体北侧保存相对完好，壁面清晰，南部破坏严重，可能为墙体整体向北倒塌所致，但红烧土堆积中未见完整墙体。打破墙基的柱洞共有两个，D7 和 D13，其中 D7 基本与墙基同底，壁较光滑，可能与房子建造同时，D13 斜向打破墙基，壁粗糙不平，应为后期柱洞。

F1 表层红烧土堆积内包含物较丰富，其中陶片共 117 片，质地、颜色、纹饰如下表（表 12-1、2）；F1 西北部采集骨样一份，坐标为 50×646-60 厘米。标本分述如下：

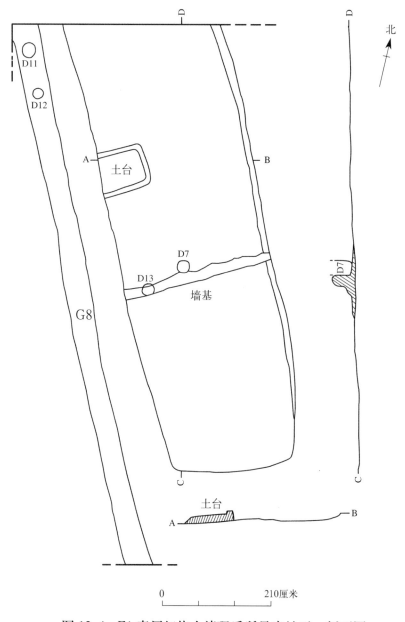

图 12-4　F1 表层红烧土清理后所见房址平、剖面图

表 12-1　F1 出土陶瓷器质地、颜色统计表

陶质	夹粗砂		夹细砂		泥质			印纹陶	合计
陶色	红褐	灰褐	红褐	灰褐	红褐	灰褐	灰白	灰	
陶片数	1	1	36	12	56	5	3	3	117
百分比（%）	0.85	0.85	30.77	10.26	47.86	4.27	2.56	2.56	100

表 12-2　F1 出土陶瓷器纹饰统计表

纹饰	软陶						印纹陶			合计
	素面	粗绳纹	细绳纹	弦断绳纹	旋纹与细绳纹	篮纹	方格纹	重回纹	细绳纹	
陶片数	39	1	64	5	1	1	2	1	3	117
百分比(%)	33.33	0.85	54.70	4.27	0.85	0.85	1.71	0.85	2.56	100

鬲足

1 件。

F1：6，夹细砂红褐陶。圆锥形鬲足，鬲足由泥片卷合而成，内部填充泥球并压实，足尖略外撇，圆形小平底。足面饰麦粒状中绳纹。残高 6、底径约 0.8 厘米（图 12-5，1）。

甗

1 件。

F1：2，夹细砂红褐陶。甑部下腹部内收较甚，至腰部腹壁略竖直圆转，甑部末端应嵌入鬲部口内，内外壁黏接痕迹残存，甑部底面亦可见。下腹部饰较杂乱的旋断中绳纹、甑部底面可见模糊的中绳纹。残高 11.5 厘米（图 12-5，2）。

甗口沿

1 件。

F1：3（4、5），夹细砂红褐陶。侈口，内卷沿，沿下角较大，方唇，上腹部内收较甚，腹壁略鼓。沿外绳纹被抹殆尽，沿腹交界处隐约可见三周旋纹，上腹部饰旋断中绳纹。口径 38.8、残长 4、残高 11.4 厘米（图 12-5，3）。

敛口钵

1 件。

F1：1，泥质红褐陶，略夹砂。口沿内敛明显，斜方唇，直腹微内收，平底。素面。口径 8.8、最大腹径 9.8、底径 7.2、高 4.4 厘米（图 12-5，4；彩版一八七，2）。

罐

2 件。

F1：9，泥质橙黄陶，胎心部分呈黑色。短沿面下卷，尖圆唇，直颈下端残损，颈部以下残。素面。口径约 12.8、残长 4、残高 3 厘米（图 12-5，5）。

F1：10，泥质红陶。微侈口，叠唇圆鼓，直颈下端残损，颈部以下残。素面。残高 4 厘米（图 12-5，6）。

绳纹罐底（可能包括盆底）

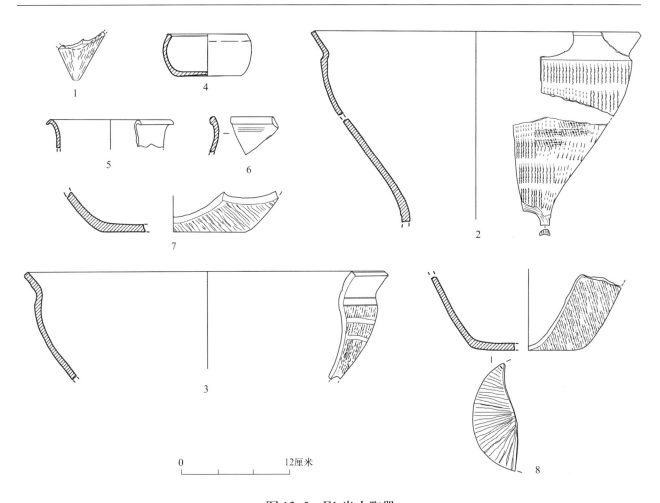

0   12厘米

图 12-5 F1 出土陶器

1.鬲足 F1：6 2.甂 F1：2 3.甂口沿 F1：3（4、5） 4.敛口钵 F1：1 5、6.罐 F1：9、10 7、8.绳纹罐底 F1：8、14

2 件。

F1：8，夹细砂红褐陶。下腹部内收，腹底交界圆转，平底。下腹部与底面皆饰杂乱的麦粒状中绳纹，器底绳纹似为向心形。残高 4.4、底径约 16 厘米（图 12-5，7）。

F1：14，泥质红褐陶。下腹部内收，腹壁略鼓，腹底交界圆转。腹底皆饰麦粒状细绳纹。残高 8、底径约 10 厘米（图 12-5，8）。

（二）柱洞类遗迹

T10①层下柱洞形制等见下表（表 12-3）。

二 活动面与石头堆

T10①层下，在探方南部发现两个直接叠压的遗迹单位，编号 T10HDM1、T10STD1，从打破关系以及与坑内红烧土堆积的关系看，二者可能是同一建筑遗存的部分。需要注意两个遗迹单位皆开口于第①层下，且直接叠压在F1表层红烧土之上，与探方内的其他地层之间没有直接的叠压打破关系，

表 12-3　T10 ①层下柱洞形制与包含物统计表

编号	推测性质	形状与结构	尺寸（米） （长 × 宽 - 深）	填土	包含物	备注
D1	柱洞	圆形洞口，直壁，圜底	0.26×0.18	灰黑	无	打破 F1 上红烧土堆积
D2	柱洞	圆形洞口，直壁，平底	0.16×0.16	黄褐	无	打破 F1 上红烧土堆积
D3	柱洞	圆形洞口，直壁，平底	0.16×0.18	黄褐	无	打破 F1 上红烧土堆积
D4	柱洞	圆形洞口，直壁，平底	0.21×0.12	黄褐	无	
D5	柱洞	圆形洞口，直壁，平底	2.42×0.16	黄褐	无	打破 F1 上红烧土堆积
D6	柱洞	圆形洞口，直壁，平底	0.18×0.06	黄褐	无	打破 F1 上红烧土堆积
D7	柱洞	圆形洞口，斜壁，平底	0.23×0.28	黄褐	无	打破 F1 中部墙体
D8	柱洞	圆形洞口，直壁，圜底	0.18×0.06	黄	无	打破 F1 上红烧土堆积
D9	柱洞	圆形洞口，直壁，平底	0.23×0.05	黄	无	打破 F1 上红烧土堆积
D10	柱洞	圆形洞口，斜弧壁，尖圜底	0.20×0.18	黄	无	打破 F1 上红烧土堆积
D11	柱洞	圆形洞口，直壁，平底	0.26×0.23	灰褐	无	打破 G8
D12	柱洞	圆形洞口，直壁，平底	0.20×0.18	灰褐	无	打破 G8
D13	柱洞	圆形洞口，斜直壁，圜底	0.25×0.21	黄褐	无	打破 F1 中部墙体
D14	柱洞	暴露洞口呈半圆形，直壁，圜底	0.15×0.10-0.23	黄褐	无	打破 F1 上红烧土堆积

从遗迹保存现象看，二者似乎与红烧土堆积有着更为密切的关系。本段统一介绍如下。

T10HDM1

位于探方 T10 南侧中央，开口于①层下，叠压在 F1 南部红烧土上。该活动面表面呈近似方形，中部偏北微凹，东西长约 2.30、南北宽 1.20 ～ 2.30 米。活动面距离地表 0.20 米。表面呈灰黑色，其上可见约 5 厘米厚的薄黄土，黄土上有十几块集中堆放的石头，包含物仅见陶器腹片 2 片，皆饰较细的绳纹，夹砂、泥质陶各 1 片，质地、颜色、纹饰与红烧土堆积内出土陶片相近（彩版一八七，3）。T10HDM1 标本分述如下：

盉流

1 件。

T10HDM1：4，红褐胎黑皮陶。疑似为盉流，管状流，一端粗，另一端细。残宽 3.2、残高 4.5 厘米（图 12-6，1）。

盆口沿

1 件。

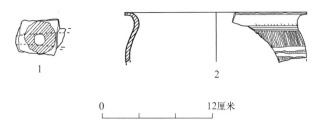

图 12-6　T10HDM1 出土陶器
1. 盉流 T10HDM1：4　2. 盆口沿 T10HDM1：1

T10HDM1：1，夹砂红陶。卷沿，方唇。颈部饰两道旋纹，颈部以下饰纵向细绳纹。口径 30、残高 8 厘米（图 12-6，2）。

罐底

2 件。

T10HDM1：2，夹砂陶，胎体分两层，外黑内红。器腹与器底交界处硬折，器底微内凹。器腹底端饰细绳纹，器外底饰有向心的细绳纹，内底饰细绳纹。底径 12、残高 1.4 厘米（彩版一八七，4 左）。

T10HDM1：3，夹砂陶，胎体分两层，外黑内红。器腹与器底交界处硬折，器底微内凹。器腹底端饰细绳纹，器外底饰有向心的细绳纹，内底饰细绳纹。底径 12、残高 1.2 厘米（彩版一八七，4 右）。

T10STD1

位于探方南部中央，开口于①层下，大部分叠压于活动面 T10HDM1 之上。石头多嵌入活动面上厚约 5 厘米的薄黄土中，范围约集中在 2 米 ×2 米的方块状区域内。性质不明（彩版一八七，5）。

三　灰沟

G8

位于探方 T10 西侧（见图 12-4），贯穿南北，开口于①层下，被 D11、D12 打破，打破④、⑤a、⑤b、⑥层。平面为长条形，直壁，平底，开口距地表约 0.20、长 10.25、宽 0.40～0.50、深 0.50～0.80 米。土色为灰黑色，含较多红烧土颗粒和炭粒，土质较致密。在 G8 北段，D11、D12 附近发现有一块疑似漆板的痕迹，范围模糊。沟内未见包含物。

四　灰坑及其他坑状堆积

K1

位于探方北侧中央，开口于①层下，打破 F1 表层红烧土堆积。坑口呈圆角长方形，斜壁内收，南北长 1.55、东西宽约 0.55、深约 0.40 米。填土为黄褐色，较为纯净，坑内仅出土一块石头。K1 可能非先秦时期遗迹。

第三节　地层出土遗物

一　T10 ⑤ a 层

陶瓷器

该层共出土陶片 12 片，无可辨器类。其中 1 片中绳纹印纹灰硬陶，另 11 片软陶中细绳纹 1、中绳纹 2 片，其余均为素面。夹细砂灰褐陶（部分胎色发黑）6 片，皆素面，且胎内含较多细云母颗粒，另有夹细砂黑褐陶 1、夹细砂红陶 1、泥质褐陶 2、泥质黑陶 1 片。值得注意的是，第⑤a 层内出土陶片的整理面貌与 F1 红烧土堆积内出土陶片整体面貌差异较为明显。标本分述如下：

1.鬲足

2件。

T10⑤a：1，夹砂红褐陶，上部有烟炱痕迹。截锥状实足跟，足跟底部稍粗，足窝较浅。表面有刮削痕迹。残宽6、残高8厘米（图12-7，1）。

T10⑤a：2，夹砂红褐陶。截锥状实足跟，足跟底部稍粗，足窝较浅。表面有刮削痕迹。残宽4.6、残高6.4厘米（图12-7，2）。

2.甑口沿

2件。

T10⑤a：3，夹砂夹云母红褐陶，厚胎。宽折沿，沿面上鼓，圆唇。素面。口径38、残高5.2厘米（图12-7，3）。

T10⑤a：6，夹砂夹云母红褐陶，厚胎。宽折沿，沿面上鼓，圆唇。素面。口径28、残高4厘米（图12-7，4）。

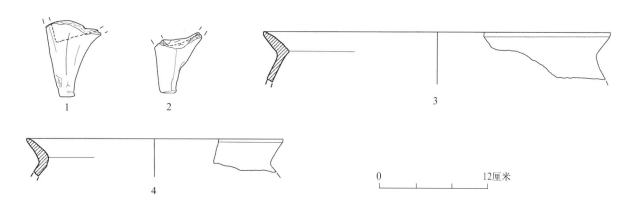

图12-7　T10⑤a层出土陶器

1、2.鬲足 T10⑤a：1、2　3、4.甑口沿 T10⑤a：3、6

3.原始瓷腹片

1件。

T10⑤a：5，泥质灰白陶，厚胎，胎质细密。器表饰叶脉纹（彩版一八八，1）。

二　T10其他先秦时期地层中出土遗物

（一）陶瓷器

第⑤b层仅见细绳纹夹细砂黑褐陶1片。第③层仅见回纹印纹灰硬陶1片。标本分述如下：

1.鬲足

3件。

T10②：3，夹砂红陶，足窝内侧有烟炱痕迹。截锥状实足跟较矮，足窝浅，足跟为斜面。表面有刮削痕迹。残宽4、残高4.6厘米（图12-8，1）。

T10②：4，夹砂红陶。截锥状实足跟高，足窝较浅，足跟为斜面。素面。残宽3.4、残高9厘米

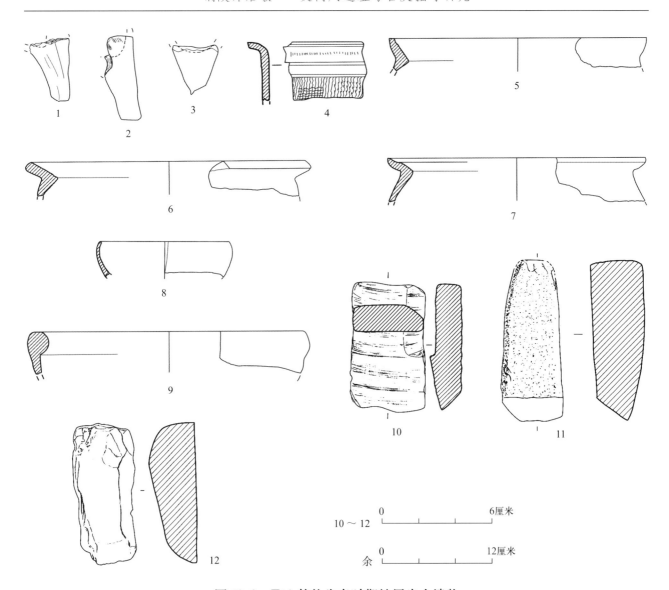

图 12-8　T10 其他先秦时期地层出土遗物

1～3.鬲足 T10②:3～5　4～7.甗口沿 T10②:7、T10⑤b:1、T10②:8、9　8.敛口钵 T10②:6　9.缸口沿 T10②:16　10.石锛 T10②:1　11、12.石凿 T10③:1、T10②:2

（图 12-8，2）。

T10②:5，夹砂红褐陶。截锥状实足跟，足窝较浅，足跟残。素面。残宽5、残高5.2厘米（图 12-8，3）。

2.甗口沿

4件。

T10②:7，夹砂红褐陶。卷沿近平，方唇，沿面有一道凹槽，直腹，腹部以下残。腹部饰竖行中绳纹，沿下绳纹被抹，内壁可见轮制痕迹。残宽5、残高5厘米（图 12-8，4）。

T10⑤b:1，夹细砂夹云母褐陶，厚胎。宽折沿，方唇。素面。口径28、残高2.4厘米（图 12-8，5）。

T10②:8，夹细砂夹云母褐陶，厚胎。宽折沿，方唇。素面。口径30、残高3.8厘米（图 12-8，6）。

T10②：9，夹细砂夹云母褐陶，厚胎。方唇。素面。口径 28、残高 4.6 厘米（图 12-8，7）。

3. 敛口钵

1 件。

T10②：6，泥质红褐陶，夹少量粗砂。口沿微内敛，圆唇，肩部外鼓，斜直腹内收，下腹部残。素面。口径 14、残高 3.6 厘米（图 12-8，8）。

4. 罐底

1 件。

T10②：10，夹砂红褐陶。腹部残，仅存器底，平底微内凹，器腹与起身交界处硬折。器身饰竖行细绳纹，外底饰朝向中心按压的中绳纹，内底饰方向较为混乱的细绳纹。底径 15、残高 5 厘米（彩版一八八，2）。

5. 缸口沿

1 件。

T10②：16，夹粗砂褐陶，厚胎。圆唇，唇面内鼓。口径 29.2、残高 4.4 厘米（图 12-9，9）。

6. 印纹软陶罐底

1 件。

T10②：12，泥质红陶，胎心青灰色。腹部残，仅存器底，器腹与器底交界处硬折。腹部饰回字纹，下腹部近罐底处无纹饰，内壁有轮制痕迹。底径 18、残高 7 厘米（彩版一八八，3）。

7. 印纹硬陶腹片

3 件。

T10②：11，泥质深灰衣紫红陶，致密。重环纹（彩版一八八，4）。

T10②：13，泥质红褐衣青灰陶深褐芯，较疏松。回字纹（彩版一八八，5）。

T10③：2，泥质青灰衣紫陶，表面有烟熏痕迹，较致密。回字纹（彩版一八八，6）。

（二）石器

石器 3 件。

1. 石锛

1 件。

T10②：1，青色。器体扁平，平面呈长方形，顶部稍平，上端有段，单面刃，刃口稍钝，上有崩口。通体磨制粗糙，器表有横条形凹槽数周。长 6.7、宽 4、最厚 1.7 厘米（图 12-8，10；彩版一八九，1、2）。

2. 石凿

2 件。

T10③：1，青灰色。器体稍厚，平面近长方形，横截面也近长方形，顶部较平，单面刃，刃口锋利，右下部有崩口。通体粗磨。长 8.3、宽 2.6、最厚 3 厘米（图 12-8，11；彩版一八九，3、4）。

T10②：2，土黄色。器体稍厚，平面呈长方形，横截面近似正方形，顶部稍平，单面刃，刃口钝，左下残。通体磨制粗糙。残长 7.4、残宽 3.6、厚 2.6 厘米（图 12-8，12；彩版一八九，5、6）。

三　宋以后堆积中出土先秦遗物

（一）陶瓷器

1.甗口沿

1件。

T10①：2，夹细砂夹云母红褐陶。宽折沿，方唇，唇面上翻。素面。口径28、残高6厘米（图12-9，1）。

2.鼎足

1件。

T10①：3，锥形足。夹粗砂红褐陶。截面呈椭圆形。素面，器表较粗糙。残高5厘米。

（二）石器

石凿

1件。

T10①：1，灰色。顶部平整，单面刃，刃口稍钝，右半部残。通体磨制粗糙，器表有多处打制疤痕。长7.2、宽3.2、最厚2.4厘米（图12-9，2）。

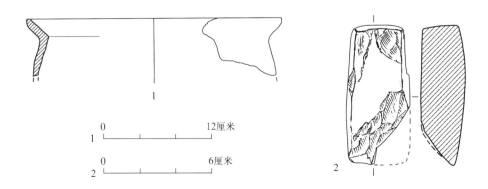

图 12-9　T10宋以后堆积中出土先秦遗物

1.甗口沿 T10①：2　2.石凿 T10①：1

第一三章　T11 遗存分述

第一节　地层堆积

T11 根据土质、土色及其包含物状况可分为 16 层堆积[1]，现逐层介绍各堆积层情况（图 13-1、2）。

第①a 层：厚 0 ～ 0.25 米。深灰色土，土质疏松，夹炭灰。堆积水平状，分布于探方东部。包含物有塑料、瓷片、陶片等。

第①b 层：厚 0 ～ 0.50 米。灰黄色土，土质较疏松。堆积从西向东倾斜，分布于探方西部。包含物有陶片，瓷片等。开口于①b 层下的遗迹有 G3（图 13-3）。

第②层：距地表深 0.10 ～ 0.50、厚 0 ～ 0.75 米。浅黄色土、土质较硬。分布于探方西部。包含物有瓦片、瓷片、陶片等。

第③a 层：距地表深 0.30 ～ 0.75、厚 0 ～ 0.35 米。浅青黄色土，土质硬。分布于探方西部。包含物有砖块、瓦片、瓷、陶片等。

第③b 层：距地表深 0.05 ～ 0.25、厚 0 ～ 0.60 米。偏灰黄色土，土质硬。分布于探方东部。包含物有极少的陶片。

第④层：距地表深 0.15 ～ 0.80、厚 0 ～ 0.20 米。青黄色土，土质较软。堆积水平状，分布于探方东部及西部。包含物有极少的瓷片、陶片等。

第⑤层：距地表深 0.60 ～ 0.80、厚 0 ～ 0.25 米。深灰色土，土质硬。分布于探方西北部。包含物仅见 1 件瓷碗。开口于⑤层下的遗迹有 K1。

第⑥层：距地表深 0.25 ～ 0.90、厚 0.05 ～ 0.15 米。黄色土，土质硬。堆积水平状，分布于探方中部及东部。包含有少量瓷片，另出土铜币 1 枚。

第⑦a 层：距地表深 0.35 ～ 1.00、厚 0.05 ～ 0.40 米。棕黄色土，土质硬。堆积水平状，分于探方东部。包含有少量瓦片，石块，陶片等，小件有陶钵 1 件，坐标 1005×750-296 厘米。

第⑦b 层：距地表深 0.65 ～ 0.85、厚 0.10 ～ 0.30 米。浅灰黄色土，土质硬。分布于探方西北部。包含物有少量陶片。

第⑧a 层：距地表深 0.75 ～ 1.30、厚 0 ～ 0.25 米。灰黑色土，土质硬。堆积水平状，分布于探方东部。包含有少量陶片。

第⑧b 层：距地表深 0.65 ～ 1.00、厚 0.06 ～ 0.25 米。深灰色土，土质硬。分布于探方西南部，由于台阶叠压，部分未发掘。未见包含物。开口于⑧b 层下的单位有 G4。

第⑨层：距地表深 0.70 ～ 1.00、厚 0.15 ～ 0.50 米。红褐色土，土质硬，夹大量黄褐铁锰结核。

---

[1]　T11⑪层及以下为先秦时期地层，其上为晚期的扰土层。且从土质土色观察看，T11⑪层应相当于T10⑤层。

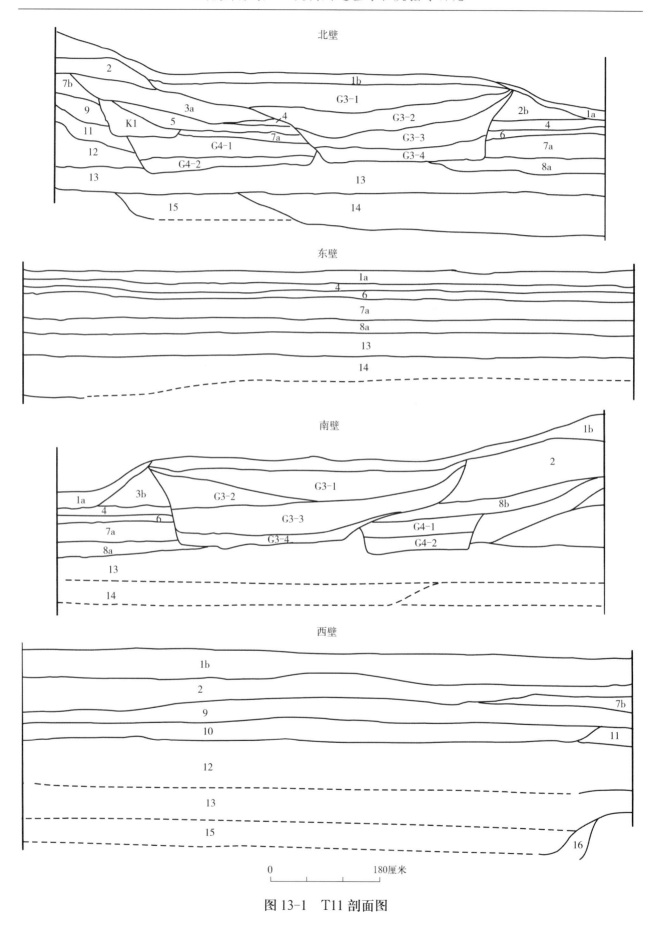

图 13-1　T11 剖面图

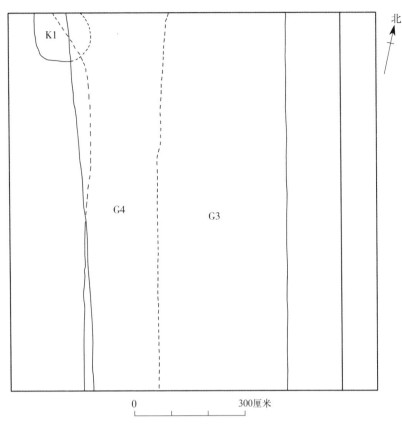

图 13-2 T11 遗迹平面分布图

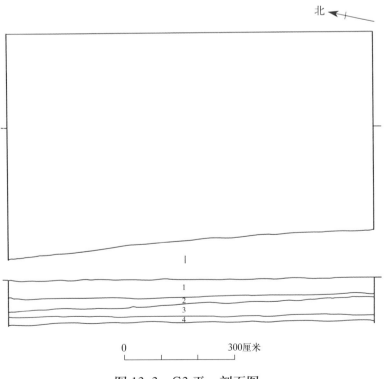

图 13-3 G3 平、剖面图

堆积水平状，分布于探方西部，由于台阶叠压，部分未发掘。包含物有少量近代砖块、陶片等。

第⑩层：距地表深度 1.00 ～ 1.35、厚 0 ～ 0.35 米。浅黄色土，土质硬。堆积水平状，分布于探方西部。包含物有明清瓷片、陶片等。

第⑪层：距地表深 1.10 ～ 1.30、厚 0 ～ 0.35 米。浅灰色土、土质硬，夹大量红烧土颗粒。堆积水平状，分布于探方西北部。包含物有极少的陶片。

第⑫层：距地表深 1.30 ～ 1.50、厚 0 ～ 0.80 米。灰褐色土，土质硬。堆积水平状，分布于探方西部，由于台阶叠压，部分未发掘。包含物有极少的陶片、石块等。

第⑬层：距地表深 1.00 ～ 2.30、厚 0.30 ～ 0.65 米。灰绿色土，土质松软，夹大量炭灰、绿色矿物质和少量红烧土颗粒。堆积水平状，分布于探方大部分，西部由于台阶叠压，部分未发掘。包含物有较多的陶片和少量石器，小件 1 件石范。

第⑭层：距地表深 1.90 ～ 2.40、厚 0 ～ 0.70 米。浅灰色土，土质松软，夹少量红烧土颗粒、炭灰。仅发掘探方北部。包含物有少量石块、兽骨、树木、陶片等（图 13-4）。

第⑮层：距地表深 1.90 ～ 2.65、厚 0 ～ 0.40 米。深灰色土，土质松软，夹少量红烧土颗粒、炭灰。仅发掘探方北部。包含物有少量石块、树木、陶片等（图 13-5）。

第⑯层：距地表深 2.55 ～ 3.10、厚 0 ～ 0.50 米。浅青灰色土，土质软。仅发掘探方北部。包含物仅见兽角 1 只。

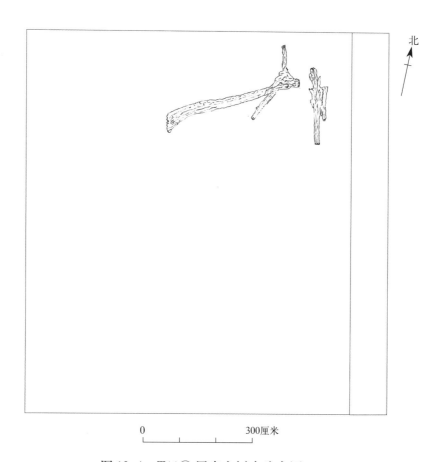

0　　　　　　　　300厘米

图 13-4　T11⑭层出土树木分布图

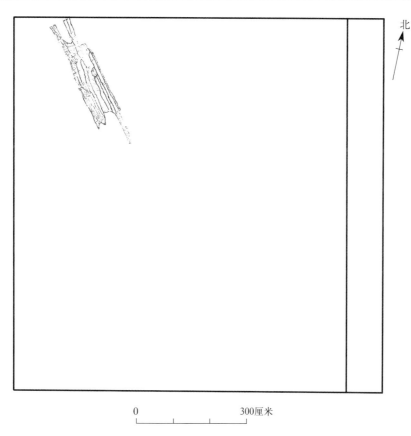

图 13-5 T11⑮层出土树木分布图

第二节 地层出土遗物

一 T11⑯层

陶器

1. 鼎足

1件。

T11⑯：2，夹砂红陶。三角形片状，下部残。外侧有数道捏窝。素面。残高7厘米（彩版一九〇，1）。

2. 器座

1件。

T11⑯：3，泥质灰陶。较粗，较矮，平底。器表有三道弦纹。器座直径16、宽12.4、残高4.8厘米（彩版一九〇，2～4）。

二 T11⑮层

陶器

该层共出土陶片30片，陶器质地、颜色、纹饰统计如下表（表13-1、2）。标本分述如下：

表 13-1　T11⑮层出土陶瓷器质地、颜色统计表

陶质	夹砂				泥质		合计
陶色	红	红褐	黑	灰	黑	灰	
陶片数	11	11	1	1	3	3	30
百分比（%）	36.67	36.67	3.33	3.33	10.00	10.00	100

表 13-2　T11⑮层出土陶瓷器纹饰统计表

纹饰	软陶				合计
	素面	绳纹	按窝纹	附加堆	
陶片数	6	22	1	1	30
百分比（%）	20.00	73.33	3.33	3.33	100

1. 鬲足

1件。

T11⑮：4，夹砂灰褐陶。锥状足，空心。外壁饰不甚清楚的细绳纹。残长 9.8、宽 5.8、底长 0.4 厘米（图 13-6，1；彩版一九〇，5、6）。

2. 鼎足

1件。

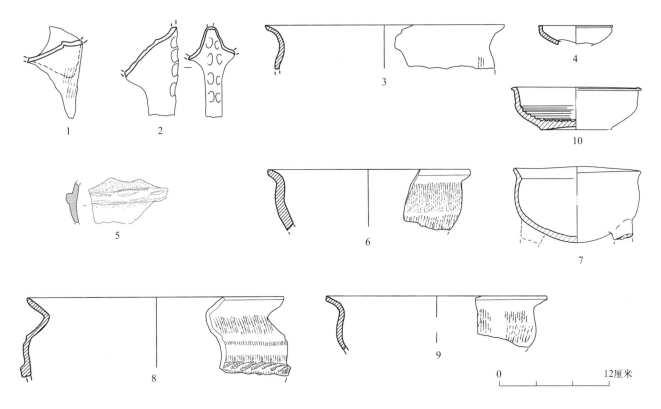

图 13-6　T11⑮、⑫、⑪层出土陶瓷器

1. 鬲足 T11⑮：4　2. 鼎足 T11⑮：3　3. 甗口沿 T11⑮：1　4. 豆盘 T11⑮：2　5. 腹片 T11⑮：5　6. 甗口沿 T11⑫：1　7. 鼎 T11⑪：2　8、9. 盆口沿 T11⑪：4、5　10. 原始瓷碗 T11⑪：1

T11⑮：3，夹砂红陶。三角形片状，截面呈椭圆形，外侧有三对捏窝，下部残。素面。残长 9.2、宽 5.8、底残长 2.8 厘米（图 13-6，2；彩版一九一，1）。

3. 甑口沿

1 件。

T11⑮：1，夹粗砂红褐陶。宽卷沿，圆唇。颈部有横向抹痕，颈部以下饰纵向细绳纹。口径 26、最小腹径 22.2、残高 4.6 厘米（图 13-6，3）。

4. 豆盘

1 件。

T11⑮：2，泥质褐胎黑陶。直口，方唇，斜腹内收，细柄。素面。口径 12、残高 3 厘米（图 13-6，4）。

5. 腹片

1 件。

T11⑮：5，泥质灰陶。饰斜向细绳纹和横向的绳状附加堆纹。残长 8.6、残高 5、厚 2.4 厘米（图 13-6，5）。

三　T11⑭ 层

（一）陶瓷器

该层共出土陶片 39 片，陶器质地、颜色、纹饰统计如下表（表 13-3、4）。标本分述如下：

表 13-3　T11⑭ 层出土陶瓷器质地、颜色统计表

陶质	夹砂				泥质	印纹陶	合计
陶色	红	红褐	黑褐	灰	灰	灰	
陶片数	3	10	12	8	3	3	39
百分比（%）	7.69	25.64	30.77	20.51	7.69	7.69	100

表 13-4　T11⑭ 层出土陶瓷器纹饰统计表

纹饰	软陶				印纹陶		合计
	素面	绳纹	按窝	附加堆	折线纹	方格纹	
陶片数	10	18	2	3	2	4	39
百分比（%）	25.64	46.15	5.13	7.69	5.13	10.26	100

1. 鬲足

2 件。

T11⑭：4，夹细砂红褐陶。柱状足，外壁被灼黑。下腹饰纵向细绳纹，柱足处抹光。残长 9.2、宽 4.2 厘米（图 13-7，1）。

T11⑭：3，夹细砂红褐陶。柱状足，下腹部被灼黑。素面。残长 10.2、宽 4.8 厘米（图 13-7，2；彩版一九一，2）。

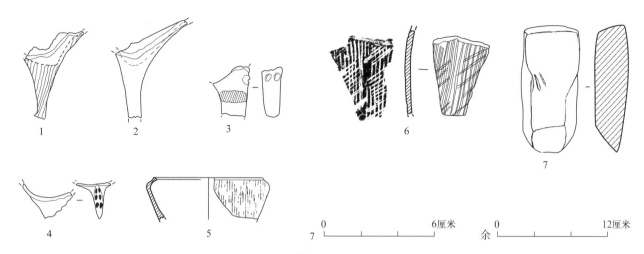

图 13-7　T11⑭层出土陶器、石器

1、2.高足 T11⑭：4、3　3、4.鼎足 T11⑭：2、5　5.钵口沿 T11⑭：7　6.腹片 T11⑭：6　7.石锛 T11⑭：1

2. 鼎足

2 件。

T11⑭：2，夹粗砂红褐陶。三角形片状，截面呈椭圆形，外侧有按窝，下残。残长 8.6、宽 5.4、足底残长 3.6 厘米（图 13-7，3；彩版一九一，3）。

T11⑭：5，夹粗砂红褐陶。三角形片状，外侧有按窝，下残。残长 3.8、宽 2.5 厘米（图 13-7，4；彩版一九一，4）。

3. 钵口沿

1 件。

T11⑭：7，泥质红陶。敛口，圆唇，斜腹，腹部以下残。肩部以下饰纵向细绳纹。口径 12、最大腹径 13.8、残高 4.8 厘米（图 13-7，5）。

4. 腹片

1 件。

T11⑭：6，夹粗砂红褐陶。外壁饰交叉的细绳纹。残高 8.8、厚 0.6 厘米（图 13-7，6）。

（二）石器

石锛

1 件。

T11⑭：1，灰黑色。器体呈长方形，横截面呈长方形，顶部平整。单面刃，刃口锋利。通体磨制稍粗糙。长 6.8、宽 3.2、厚 3.8 厘米（图 13-7，7；彩版一九一，5、6）。

四　T11⑬层

（一）陶瓷器

该层共出土陶片 487 片，陶器质地、颜色、纹饰统计如下表（表 13-5、6）。标本分述如下：

表 13-5　T11⑬层出土陶瓷器质地、颜色统计表

陶质	夹粗砂					夹细砂					泥质					印纹陶		合计
陶色	红	红褐	灰	黑	黑皮红胎	红	红褐	灰	黑	黑皮红胎	红	红褐	灰	黑	黑皮红胎	红褐	灰	
陶片数	4	56	30	6	5	6	35	93	5	35	1	33	48	10	40	19	61	487
百分比（%）	0.82	11.50	6.16	1.23	1.03	1.23	7.19	19.10	1.03	7.19	0.21	6.78	9.86	2.05	8.21	3.90	12.53	100

表 13-6　T11⑬层出土陶瓷器纹饰统计表

纹饰	软陶								印纹陶						合计
	素面	细绳纹	粗绳纹	弦断绳纹	凹弦纹	附加堆纹	刻划纹	按窝纹	素面	回纹	凹弦纹	重回纹	方格纹	席纹	
陶片数	235	98	2	49	2	7	1	2	26	8	3	29	12	13	487
百分比（%）	48.25	20.12	0.41	10.06	0.41	1.44	0.21	0.41	5.34	1.64	0.62	5.95	2.46	2.67	100

1. 鬲口沿

4 件。

T11⑬：36，夹砂灰陶。卷沿，圆唇。口沿外侧的绳纹被抹去，器表饰纵向细绳纹。口径 20、最大腹径 19.2、残高 4.4 厘米（图 13-8，1）。

T11⑬：37，夹砂夹云母红褐陶。折沿，方唇。颈部以下饰纵向细绳纹。口径 16、最大腹径 15、残高 7 厘米（图 13-8，2）。

T11⑬：39，夹砂灰陶。卷沿，圆唇。颈部的绳纹被抹去，颈部下饰纵向绳纹。口径 22、最大腹径 21.8、残高 7.4 厘米（图 13-8，3）。

T11⑬：50，夹砂灰陶。窄折沿，圆唇，高领。颈部的绳纹被抹去，腹部饰斜向细绳纹。口径 18、最大腹径 19.2、残高 8.2 厘米（图 13-8，4）。

2. 鬲足

5 件。

T11⑬：17，夹细砂红褐陶。锥状足，较小。素面，捏制而成。残长 3.4、宽 4、底径 0.4 厘米（图 13-9，1）。

T11⑬：18，夹细砂红褐陶。柱状足。饰纵向细绳纹，细绳纹饰至足跟。残长 9.4、宽 7.4、底径 1.6 厘米（图 13-9，2）。

T11⑬：19，夹粗砂夹云母红褐陶，外壁和袋足内被灼黑。柱状足。素面。残长 9、宽 5.2、足底径 1.8 厘米（图 13-9，3；彩版一九二，1 中）。

T11⑬：20，夹粗砂红褐陶。柱状足。器表有制作时留下的纵向抹痕，素面。残长 10、宽 5.4、足底径 1.6 厘米（图 13-9，4；彩版一九二，1 左）。

T11⑬：45，夹细砂红褐陶。柱状足，细短。素面。残长 6、宽 6.6、足底 1 厘米（图 13-9，5；彩版一九二，1 右）。

3. 鼎足

3 件。

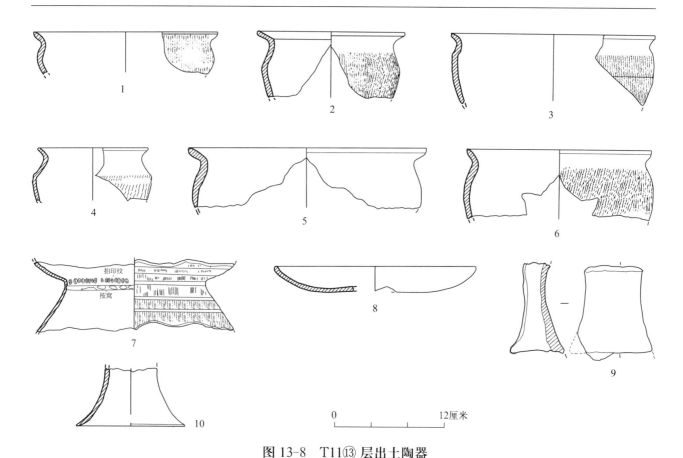

图 13-8　T11⑬ 层出土陶器

1～4. 鬲口沿 T11⑬：36、37、39、50　5、6. 甗口沿 T11⑬：14、49　7. 甗腰 T11⑬：16　8. 豆盘 T11⑬：11　9、10. 豆柄 T11⑬：21、23

　　T11⑬：42，夹粗砂红褐陶。锥状足，截面呈椭圆形。素面，器表有制作时留下的抹痕。残长15、宽9厘米（图 13-9，6）。

　　T11⑬：43，夹粗砂红褐陶。锥状足，足跟外撇，截面呈椭圆形。素面。残长15、宽7.6厘米（图13-9，7）。

　　T11⑬：44，夹粗砂红褐陶。锥状足，截面呈椭圆形，足跟外侧起棱。素面。残长12.2、宽5.2厘米（图13-9，8）。

　　4. 甗口沿

　　2件。

　　T11⑬：14，泥质夹云母红陶。宽折沿，圆唇，鼓腹，腹部以下残。内壁有制作时留下的横向刮痕，素面。口沿26、最大腹径25、残高6.4厘米（图13-8，5）。

　　T11⑬：49，夹砂灰陶。卷沿，圆唇。口沿外侧的绳纹被抹去，腹部饰斜向细绳纹。口沿20、最大腹径20.8、残高7.4厘米（图13-8，6）。

　　5. 甗腰

　　1件。

　　T11⑬：16，甑上部残，下腹部斜直，隔部圆折，鬲部外鼓明显，下部残。通体饰旋断竖行细绳纹。内侧隔部斜向按压多个绳纹。外直径14、残高7.6厘米（图13-8，7；彩版一九二，2）。

6. 豆盘

1件。

T11⑬：11，泥质灰陶。敛口，圆唇，浅腹。器表有制作时留下的刮痕，素面。口沿22、残高2.6厘米（图13-8，8）。

7. 豆柄

2件。

T11⑬：21，泥质黑衣红褐陶。下端为喇叭形，柄较粗，上部残。素面。底径12、残高6厘米（图13-8，9）。

T11⑬：23，泥质黄褐陶，厚胎。素面。底径12、残高9.4厘米（图13-8，10；彩版一九二，3）。

8. 敛口钵

1件。

T11⑬：9，泥质黑衣灰陶。口沿内敛明显，尖圆唇，肩部外鼓，斜弧腹内收，平底微内凹，器

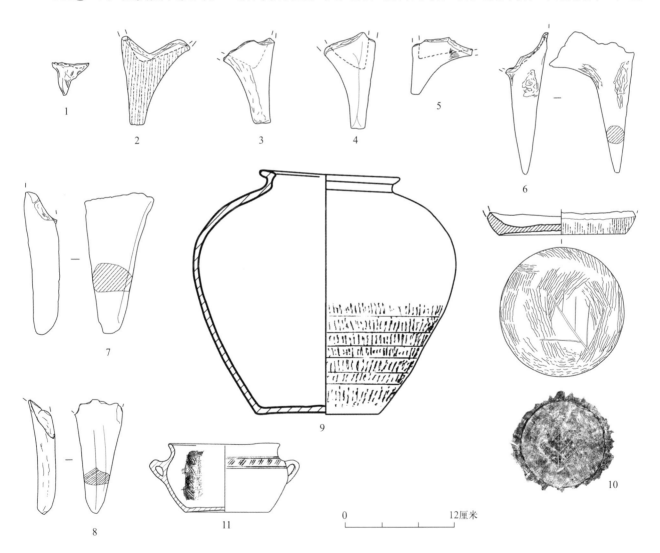

图13-9　T11⑬层出土陶器

1～5.鬲足 T11⑬：17～20、45　6～8.鼎足 T11⑬：42～44　9.罐 T11⑬：3　10.罐底 T11⑬：27　11.硬陶盉 T11⑬：4

腹较宽扁。腹部饰旋纹三周。口径 12.2、最大腹径 15.2、底径 8、高 6.4 厘米（图 13-10，1；彩版一九二，4）。

9. 盆口沿

3 件。

T11⑬：10，夹砂灰陶。折沿，圆唇。颈部以下饰纵向细绳纹，细绳纹之上饰数周横向旋纹。口径 18、最大腹径 16.8、残高 10.4 厘米（图 13-10，2；彩版一九二，5）。

T11⑬：13，泥质灰褐陶，厚胎。折沿，方唇。肩部饰斜向绳纹。口径 32、残高 7.8 厘米（图 13-10，3）。

T11⑬：28+48，夹砂红陶。窄折沿，圆唇，鼓腹。肩部饰一周附加堆纹，肩部以下饰斜向细绳纹。口径 30、最大腹径 23.6、残高 11 厘米（图 13-10，4）。

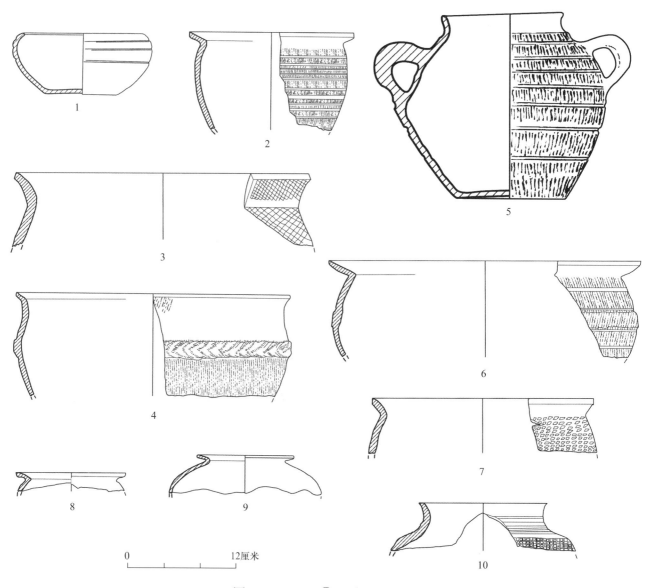

0   12厘米

图 13-10　T11⑬层出土陶器

1. 敛口钵 T11⑬：9 　2～4. 盆口沿 T11⑬：10、13、28+48 　5. 罐 T11⑬：2 　6～10. 罐口沿 T11⑬：12、38、40、46、47

10. 罐

2 件。

T11⑬：2，泥质黑衣褐陶。方唇，平底微内凹，双耳。腹部饰间断绳纹，底部饰绳纹。口径 13.2、最大腹径 22.8、底径 11.6、高 19.6 厘米（图 13-10，5；彩版一九三，1、2）。

T11⑬：3，夹砂灰陶。直口，方唇，鼓腹，腹部斜向内收，平底，腹上部装对称双环耳。自颈部以下，通体饰弦断绳纹。口径 15.2、最大腹径 28.6、底径 17.2、高 25.6 厘米（图 13-9，9；彩版一九二，6）。

11. 罐口沿

5 件。

T11⑬：12，泥质灰陶。折沿，方唇，鼓腹。肩部饰附加堆纹，颈部和腹部饰数周旋纹，其间填以纵向细绳纹。口径 34、最大腹径 33.4、残高 10.2 厘米（图 13-10，6）。

T11⑬：38，泥质褐陶。窄折沿，圆唇。颈部的绳纹被抹去，肩部饰压印有细绳纹的附加堆纹，下腹部饰纵向细绳纹。口径 24、最大腹径 24.8、残高 5.8 厘米（图 13-10，7；彩版一九三，3）。

T11⑬：40，泥质红褐陶。窄卷沿，沿下角较小，尖圆唇。素面。口径 12、最大腹径 11.2、残高 1 厘米（图 13-10，8）。

T11⑬：46，泥质红褐陶。窄折沿，沿下角较小，圆唇，广肩。素面。口径 16、最大腹径 25.2、残高 6.2 厘米（图 13-10，9）。

T11⑬：47，泥质红褐陶。卷沿，尖唇。颈部饰数周旋纹，颈部以下饰小方格纹。口径 14、最大腹径 20、残高 5 厘米（图 13-10，10）。

12. 罐底

1 件。

T11⑬：27，泥质红陶，厚胎。下腹和器底饰细绳纹，器底饰有叶脉纹。底径 13.8、残高 2.4 厘米（图 13-9，10；彩版一九三，4）。

13. 陶拍

1 件。

T11⑬：6，夹砂黑衣红陶。器残。拍面饰网格纹。残长 8.5、宽 6 厘米（彩版一九三，5、6）。

14. 腹片

1 件。

T11⑬：34，泥质灰黑衣红陶。表面饰间断细绳纹和细绳纹附加堆纹。残宽 12、残高 12.2 厘米（图 13-11，1）。

15. 硬陶盉

1 件。

T11⑬：4，泥质灰黑陶，表面残留有红褐色涂料。侈口，卷沿，尖圆唇，唇面内侧有凹槽一周，颈部微内弧，鼓肩微折，斜直腹内收，平底，肩、腹部贴附两桥型耳，截面为圆角长方形。肩部饰单向划纹，划纹较短，纹饰较浅，较随意，划纹上下各饰多道旋纹。口径 12、最大腹径 13.6、底径 9.2、高 7.1 厘米（图 13-9，11；彩版一九四，1、2）。

16. 印纹硬陶腹片

2 件。

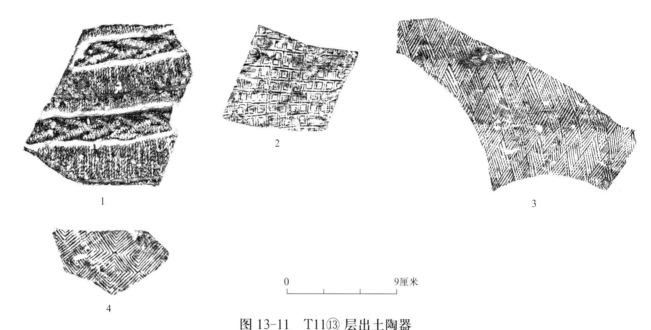

0   9厘米

图 13-11　T11⑬ 层出土陶器

1. 腹片 T11⑬：34　2. 印纹硬陶腹片 T11⑬：31　3、4. 印纹软陶腹片 T11⑬：30、32

T11⑬：25，泥质灰白陶。腹片表面上部饰弦纹，下部饰菱形重纹，中间以一圈圆圈纹连接。残宽9、残高13厘米（彩版一九四，3）。

图 T11⑬：31，泥质灰衣红褐陶。表面饰突方格纹。残长8.5、残宽8厘米（图13-11，2；彩版一九四，4、5）。

17. 印纹软陶腹片

2件。

T11⑬：30，泥质红陶。泥条盘筑，表面饰菱形重回纹，有人为抹去痕迹。残长19、残高10厘米（图13-11，3）。

T11⑬：32，泥质灰胎红陶。表面饰重回纹。最大残长10、最大残宽5厘米（图13-11，4）。

18. 原始瓷豆

1件。

T11⑬：26，泥质灰陶。口沿外侈，方折，圈足。盘腹内侧近折处有数道密集的细线状旋纹。底径5、残高5厘米（图13-12，1；彩版一九四，6）。

19. 原始瓷盂

1件。

T11⑬：5，灰白胎，残留少量青色釉。侈口，卷沿，尖唇，扁鼓腹，似算珠形，矮圈足。上腹部饰戳印纹，以四个为一组，环绕一周，一侧残留有S形纹饰，器底有"工"字形符号。口径6.2、最大腹径8.4、底径4.6、高4.2厘米（图13-12，2；彩版一九五，1）。

（二）石器

石刀

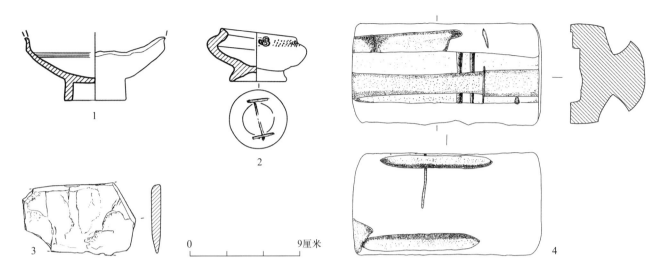

图 13-12　T11⑬ 层出土原始瓷器、石器

1. 原始瓷豆 T11⑬：26　2. 原始瓷盉 T11⑬：5　3. 石刀 T11⑬：8　4. 石范 T11⑬：1

1 件。

T11⑬：8，灰黑色。器体扁平，残，单面刃，刃口锋利。器表一面磨制粗糙，另一面磨制较细，器表有多处打制疤痕。长 9.3、宽 6.8、厚 0.8 厘米（图 13-12，3；彩版一九五，2、3）。

（三）铜器及相关遗物

石范

1 件。

T11⑬：1，黄褐色砂岩。体呈长方形，横截面呈半圆形。外侧两侧各有一道凹槽，内侧有一道宽槽，且一端留有浇口。长 15.6、宽 8.1、厚 6.2 厘米（图 13-12，4；彩版一九五，4～8）。

五　T11⑫ 层

陶器

该层共出土陶片仅 8 片，陶器质地、颜色、纹饰统计如下表（表 13-7、8）。标本分述如下：

甗口沿

1 件。

T11⑫：1，夹砂红陶。窄折沿，方唇，鼓腹。颈部以下饰纵向细绳纹。口径 22、残高 6.4 厘米（图 13-6，6）。

表 13-7　T11⑫ 层出土陶瓷器质地、颜色统计表

陶质	夹砂		泥质	印纹陶	合计
陶色	红	红褐	灰	灰	
陶片数	2	3	2	1	8
百分比（%）	25.00	37.50	25.00	12.50	100

表 13-8　T11⑫层出土陶瓷器纹饰统计表

纹饰	软陶		印纹陶	合计
	素面	绳纹	菱形纹	
陶片数	5	2	1	8
百分比（%）	62.50	25.00	12.50	100

六　T11⑪层

陶器

该层共出土陶片 15 片，陶器质地、颜色、纹饰统计如下表（表 13-9、10）。标本分述如下：

表 13-9　T11⑪层出土陶瓷器质地、颜色统计表

陶质	夹砂		泥质	印纹陶	合计
陶色	红	黑皮陶	灰	灰	
陶片数	11	1	2	1	15
百分比（%）	73.33	6.67	13.33	6.67	100

表 13-10　T11⑪层出土陶瓷器纹饰统计表

纹饰	软陶			印纹陶	合计
	素面	绳纹	附加堆	折线纹	
陶片数	11	2	1	1	15
百分比（%）	73.33	13.33	6.67	6.67	100

1. 鼎

1 件。

T11⑪：2，夹粗砂红褐陶。侈口，斜折沿，尖唇，微鼓腹，圜底近平，柱足残。口径 13.8、最大腹径 13.6、残高 8 厘米（图 13-6，7；彩版一九六，1）。

2. 盆口沿

2 件。

T11⑪：4，泥质灰陶。折沿，圆唇，高领，鼓肩。饰纵向细绳纹，上腹部饰较粗的绳状附加堆纹。口径 28、残高 8.4 厘米（图 13-6，8；彩版一九六，2）。

T11⑪：5，夹粗砂红褐陶。宽折沿，方唇。口沿外侧的绳纹被抹去，肩部饰纵向细绳纹。口径 24、残高 5.6 厘米（图 13-6，9）。

3. 原始瓷碗

1 件。

T11⑪：1，灰白胎，无釉。敞口，斜方唇，唇外缘略向外延伸，直腹内收，平底微凹。唇面饰

两道旋纹，器腹内部饰多道弦纹，器底明显可见纵向制作痕迹。口径 14.2、底径 7.8、高 4.6 厘米（图 13-6，10；彩版一九六，3）。

第三节　宋以后堆积中出土先秦遗物

一　T11 ⑩层

陶器

盉

1 件。

T11 ⑩：2，夹砂红褐陶。盉腰直径较小，鼓腹，联裆，柱状足，槽形流，流口上方两侧分别贴泥片，錾残。腹部饰粗绳纹，被抹不明显。最大腹径 13.4、残高 14 厘米（图 13-13，1；彩版一九七，1 ～ 3）。

二　T11 ⑨层

陶器

原始瓷豆

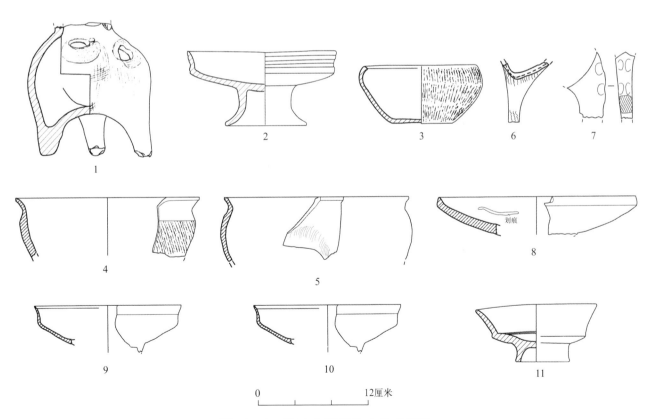

图 13-13　T11 宋以后出土先秦遗物

1.盉 T11 ⑩：2　2、11.原始瓷豆 T11 ⑨：2、T11G4：1　3.敛口钵 T11 ⑦：1　4、5.鬲口沿 T11G4：8、9　6.鬲足 T11G4：3　7.鼎足
T11G4：4　8 ～ 10.豆盘 T11G4：14、2、15

1 件。

T11 ⑨：2，泥质灰白胎，釉不可见。侈口，口径较大，薄方唇，折腹内收，豆盘较深。口沿外侧饰四道旋纹。口径 16.2、圈足径 5.6、底径 8.8、高 8 厘米（图 13-13，2；彩版一九八，1）。

三　T11 ⑦层

陶器

敛口钵

1 件。

T11 ⑦：1，泥质灰黑陶。口沿微内敛，斜方唇，折肩，斜直腹内收，平底，器腹较宽扁。腹部饰纵向粗绳纹。口径 12、最大腹径 13.6、底径 6.6、高 6.1 厘米（图 13-13，3；彩版一九八，2）。

四　T11 ③层

陶器

原始瓷豆

1 件。

T11 ③ b：1，泥质褐胎，釉不可见。唇残，微侈口，折腹内收，圈足微外撇。口沿外侧有一道凹槽，腹内饰多道旋纹。残口径 12、底径 5、高 5 厘米（彩版一九八，3）。

五　T11G4

位于探方 T11 中部（图 13-14），南北向外延伸至隔梁外，开口于⑧ b 层下，打破⑨、⑩、⑪、⑫、⑬层。G4 开口呈长条形，长 10.00、宽 2.00～3.35 米，壁斜直，底近平，开口距地表 1.00、深约 1.00 米。堆积共分为 2 层，第①层黑褐色土，土质硬，最厚 0.35 米，包含物有陶片、砖块、石块等，小件有原始瓷豆 1 件。第②层黄色土，土质较硬，最厚 0.15 米，无包含物。

陶器

1. 鬲口沿

2 件。

T11G4：8，夹砂灰陶。卷沿，圆唇，鼓腹。颈部以下饰纵向细绳纹。口径 20、残高 6.4 厘米（图 13-13，4）。

T11G4：9，夹细砂灰陶。窄卷沿，圆唇。素面，器表有抹痕，裆部被灼黑。口径 20、残高 6.8 厘米（图 13-13，5）。

2. 鬲足

1 件。

T11G4：3，夹细砂灰陶。柱状足，器壁局部被灼黑。素面。残长 6.2、最大残宽 5 厘米（图 13-

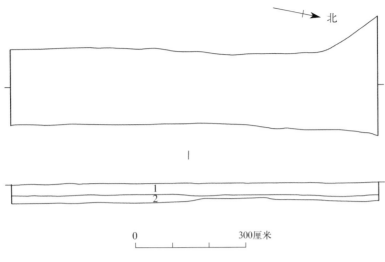

图 13-14　T11G4 平、剖面图

13，6）。

3. 鼎足

2 件。

T11G4：4，夹粗砂红褐陶。三角形片状，截面呈椭圆形，外侧有按窝，下残。素面。残长 7、厚 1 厘米（图 13-13，7）。

T11G4：12，夹粗砂红褐陶。三角形片状，截面呈椭圆形，外侧有按窝，下残。素面。残高 6 厘米（彩版一九八，4）。

4. 簋圈足

1 件。

T11G4：7，泥质灰陶，厚胎。素面。圈足径 9、残高 3 厘米（彩版一九八，5）。

5. 豆盘

3 件。

T11G4：14，泥质红褐陶。敛口，尖唇，腹斜收，浅腹，腹部以下残。素面。口径 22、残高 4 厘米（图 13-13，8）。

T11G4：2，夹细砂，外红内灰。敞口，尖唇，腹斜收，浅腹，腹部以下残。素面。口径 16、底径 7.6、高 5 厘米（图 13-13，9）。

T11G4：15，泥质红褐软陶（仿原始瓷）。卷沿，尖唇，方折，下腹微鼓，小圈足。素面。口径 16、底径 7.2、残高 3 厘米（图 13-13，10；彩版一九八，6）。

6. 原始瓷豆

1 件。

T11G4：1，泥质灰白胎，釉不可见。侈口，尖圆唇，折腹内收，器腹较浅，圈足较直。腹内饰多道旋纹，器表可见明显轮制痕迹。口径 13.4、圈足径 5.6、底径 5.8、高 6 厘米（图 13-13，11）。

第一四章　T12 遗存分述

第一节　地层堆积

T12 根据土质、土色及其包含物状况可分为 10 层堆积，现逐层介绍各堆积层情况（图 14-1）。

第①层：厚 0.15～0.27 米。深青灰色土，土质较致密，夹较多水稻根茎。堆积水平状，遍布全方。包含物有陶片、明清瓷片、砖瓦等。

第②层：距地表深 0.15～0.30、厚 0.05～0.20 米。青黄色土，土质致密。堆积水平状，遍布全方。包含物有极少的陶片、明清瓷片、砖块等。

第③层：距地表深 0.25～0.40、厚 0.05～0.20 米。姜黄色土，土质致密。堆积水平状，遍布全方。包含物有极少的明清瓷片等。

第④层：距地表深 0.35～0.60、厚 0.05～0.40 米。棕灰色土，土质疏松。堆积从南部向北略倾斜，遍布全方。包含物有极少的陶片和明清瓷片。

第⑤层：距地表深 0.45～0.80、厚 0.05～0.30 米。灰黑色土，土质疏松，夹少量炭灰。堆积从南部向北略倾斜，遍布全方。包含物有极少的陶片、明清瓷片及瓦片等。

第⑥层：距地表深 0.80～1.10、厚 0～0.45 米。灰绿色土，土质疏松，夹少量"叶状"植物遗存。堆积由东向西倾斜，分布于探方西部。未见包含物。

第⑦层：距地表深 0.50～0.95、厚 0～0.43 米。黄色土、土质疏松。堆积水平状，分布于探方东部。包含物有少量木头和先秦时期的陶片等。

第⑧层：距地表深 1.00～1.35、厚 0～0.50 米。深灰色土，土质疏松。堆积由东向西倾斜，分布于探方西部。未见包含物。

第⑨层：距地表深 0.85～1.35、厚 0～0.40 米。棕青色土，土质疏松，夹少量炭灰。堆积水平状，分布于探方东部。未见包含物。

第⑩层：距地表深 1.20～1.70、厚 0～0.45 米。浅灰色土，土质疏松。堆积水平状，分布于探方东部。未见包含物。

第二节　地层出土遗物

T12 位于遗址周边平坦耕地范围的区域，从地层出土遗物看，第⑤层及以上地层应属于非先秦时期的地层，第⑥层及以下可能为先秦时候或者更早时期的地层，地层中出土遗物较少，本段集中介绍先秦时期遗物情况。

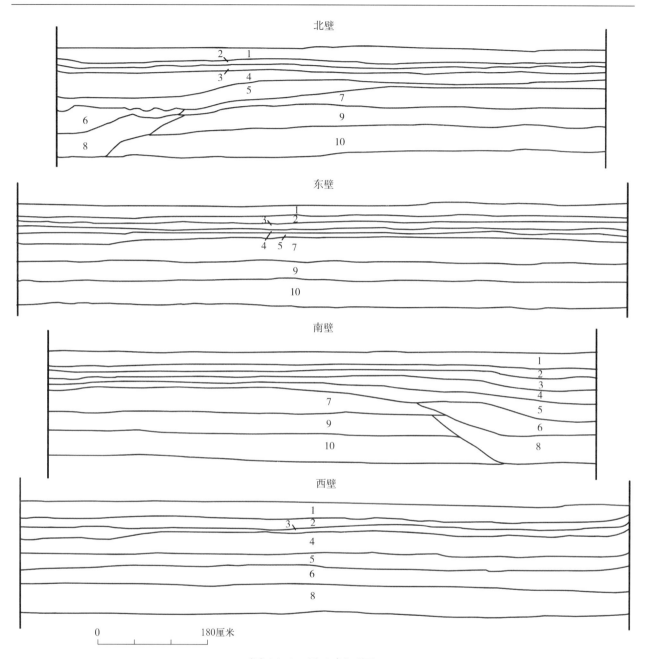

图 14-1　T12 剖面图

T12 ⑦层

陶器

印纹硬陶罐

1件。

T12⑦: 1，（圆肩）罐。泥质硬陶，紫胎，器表红褐色表层，外壁及沿面表面另多一层灰色表层。小卷沿，圆唇，前端窄平，直领，圆鼓肩，肩部以下残。肩部拍印杂乱的变体重回纹。口径 18、最大腹径 27.6、残高 6.4 厘米（图 14-2，1；彩版一九九，1）。

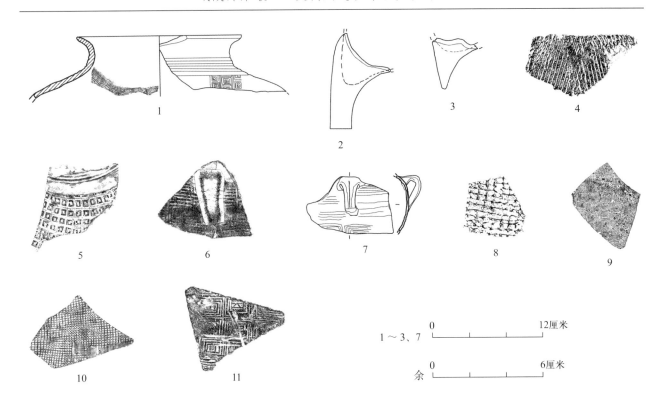

图 14-2　T12 ⑦、⑤层出土陶器

1.印纹硬陶罐 T12 ⑦：1　2、3.鬲足 T12 ⑤：1、7　4.腹片 T12 ⑤：5　5.印纹硬陶罐口沿 T12 ⑤：2　6、7.印纹硬陶器耳 T12 ⑤：8、9　8～10.印纹硬陶腹片 T12 ⑤：3、12、13　11.印纹软陶腹片 T12 ⑤：4

第三节　宋以后堆积中出土先秦遗物

一　T12 ⑤层

陶器

1.鬲足

2 件。

T12 ⑤：1，夹细砂红褐陶。柱形足，下腹饰纵向细绳纹，足跟处抹光。残宽 6.3、残高 10.1 厘米（图 14-2，2）。

T12 ⑤：7，夹细砂红褐陶，厚胎。锥形足。素面。残宽 4.9、残高 5.4 厘米（图 14-2，3）。

2.腹片

1 件。

T12 ⑤：5，夹细砂灰衣红褐陶。内壁划出交错条纹。素面。残长 5.7、残宽 3.2 厘米（图 14-2，4）。

3.印纹硬陶罐口沿

1 件。

T12 ⑤：2，灰黑衣灰白陶，致密。侈口。口沿下部饰三道凹弦纹，腹部饰凸方格网格纹。残长 8.3、残宽 7.6 厘米（图 14-2，5；彩版一九九，2）。

4. 印纹硬陶器耳

2件。

T12⑤：8，泥质红褐胎陶，器内壁为黄白色，似有人为涂抹痕迹，外壁为红褐色带有青灰色。器外表饰弦纹和回字形纹的复合纹饰，内壁有按窝。耳为桥型耳，耳部正中为宽凹槽。耳长约3、宽1.8、高约1.6厘米（图14-2，6）。

T12⑤：9，泥质红褐陶，外壁为红褐色，内壁涂抹有一层细泥，使内壁呈乳白色。器外表饰重回纹，内壁有按窝痕迹。耳为桥型耳，耳部正中为宽凹槽。耳长2.6、宽1.5、高约1.2厘米，腹片残长9、残宽约5厘米（图14-2，7）。

5. 印纹硬陶腹片

3件。

T12⑤：3，胎色内灰白外黄褐色，较致密。方格纹。残长3.2、残宽3.1厘米（图14-2，8；彩版一九九，3）。

T12⑤：12，灰黑衣灰白陶，较致密。重回纹。残长10.3、残宽8.4厘米（图14-2，9；彩版一九九，4）。

T12⑤：13，灰黑衣灰白陶，较致密。方格纹。残长11.6、残宽8.2厘米（图14-2，10；彩版一九九，5）。

6. 印纹软陶腹片

1件。

T12⑤：4，红褐衣红褐陶，较疏松。重回纹（部分含八字形、日字形纹饰）。残长7.9、残宽6.4厘米（图14-2，11）。

二　T12 ④层

陶器

1. 印纹硬陶腹片

2件。

T12④：1，灰黑衣灰黑陶，内壁部分有红褐色。菱形纹。残长6.7、残宽6.1厘米（图14-3，1）。

T12④：6，灰黑衣灰黑陶，较致密。重回纹。残长7.1、残宽6.3厘米（图14-3，2）。

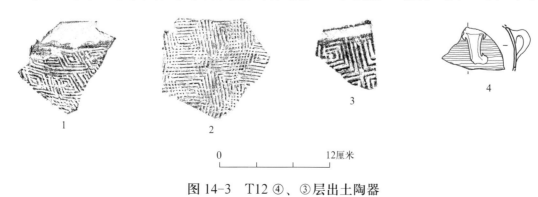

0　　　　　　　　　　12厘米

图 14-3　T12 ④、③层出土陶器

1、2. 印纹硬陶腹片 T12④：1、6　3. 印纹软陶腹片 T12④：7　4. 印纹硬陶器耳 T12③：8

2. 印纹软陶腹片

1件。

T12④：7，红褐衣红褐陶，较疏松。重回纹。残长3.6、残宽3.2厘米（图14-3，3）。

三　T12③层

（一）陶器

印纹硬陶器耳

1件。

T12③：8，桥形罐耳。腹部饰弦纹。残宽6.7、残高4.2厘米，器耳残宽2.6、残高3.2厘米（图14-3，4）。

（二）石器

石料

1件。

T12③：1，灰黑色。器体扁平。两侧面磨制较细，其余面粗糙并有大量打制疤痕。残长5、残宽5、厚1.5厘米（彩版一九九，6）。

第一五章　T15 遗存分述

第一节　地层堆积

T15 根据土质、土色及其包含物状况可分为 9 层堆积，现逐层介绍各堆积层情况（图 15-1）。

第①层：厚 0.16～0.27 米。黄色黏土，土质疏松。堆积呈水平状分布全方。包含物有少量陶片、明清瓷片等。

第②层：距地表深 0.16～0.27、厚 0.12～0.21 米。灰色黏土夹杂白点，土质疏松。堆积水平状分布全方。包含物有少量的陶片、明清瓷片和瓦片等。

第③层：距地表深 0.35～0.45、厚 0.13～0.26 米。深灰色沙土，夹杂小块红烧土，褐色锈斑分布较为均匀，土质疏松。堆积水平状分布全方。包含物有较多的瓦片和少量的砖块、明清瓷片、陶片等。

第④层：距地表深 0.60～0.70、厚 0.25～0.45 米。灰褐色土，夹杂大量铁锈斑，土质疏松。

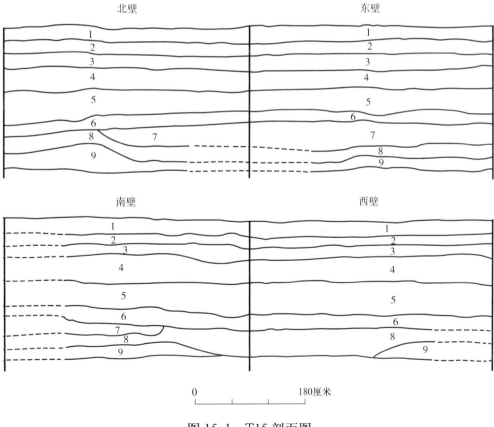

图 15-1　T15 剖面图

堆积水平状遍布全方。包含物有少量的砖块、明清瓷片、铁钉、石器等。

第⑤层：距地表深 0.97～1.07、厚 0.30～0.55 米。黄色粉砂土，底部稍偏黑，含大量粉色锈斑，土质较致密。堆积水平状遍布全方。包含物有少量的砺石、陶片、铁钩等。

第⑥层：距地表 1.35～1.50、厚 0.08～0.30 米。深灰色黏土，土质较致密。堆积水平状遍布全方。包含物有较多的陶片和少量砺石等。

第⑦层：距地表深 1.35～1.65、厚 0～0.45 米。黄色黏土，夹杂青灰色斑，土质较致密。堆积分布于探方东部。包含物有极少的陶片。

第⑧层：距地表深 1.65～1.95、厚 0.15～0.35 米。青灰色黏土，土质较致密。堆积大致呈水平状遍布全方，西南部稍厚。包含物有极少的陶片。

第⑨层距地表深 1.85～2.15、厚 0～0.45 米。黄色黏土，夹褐色斑，土质疏松。堆积分布于探方大部分，仅西南部不见。未见包含物。

第二节　地层出土遗物

一　T15 ⑧层

陶器

该层仅出土 1 片陶片。

印纹软陶腹片

1 件。

T15 ⑧：1，泥质橙陶，疏松。斜线回字纹。残长 10、残宽 8.2 厘米（图 15-2，1；彩版二〇〇，1）。

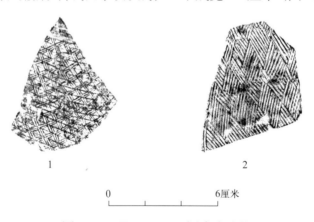

0　　　　　　　　6厘米

图 15-2　T15 ⑧、⑦层出土陶器
1.印纹软陶腹片 T15 ⑧：1　2.印纹硬陶腹片 T15 ⑦：5

二　T15 ⑦层

陶器

该层共出土陶片 5 片，陶瓷器质地、颜色、纹饰统计如下表（表 15-1）。标本分述如下：

表 15-1 T15 ⑦层出土陶瓷器质地、颜色、纹饰统计表

陶质	夹细砂		印纹陶	合计	纹饰	软陶		印纹陶
陶色	红褐	灰				素面	交错绳纹	席纹
陶片数	2	2	1	5	陶片数	3	1	1
百分比（%）	40.00	40.00	20.00	100	百分比（%）	60.00	20.00	20.00

1.鬲口沿

1件。

T15⑦：2，夹砂灰芯红褐陶。卷沿，方唇。颈部的绳纹被抹去，肩部饰密集的旋纹（彩版二〇〇，2）。

2.印纹硬陶腹片

1件。

T15⑦：5，夹砂灰衣紫陶，较致密，有气泡。内壁有泥条盘筑痕迹。席纹。残长9、残宽7.1厘米（图15-2，2）。

三 T15 ⑥层

陶 器

该层共出土陶片16片（T15⑥层采集陶片数量有缺失，统计表格仅供参考），陶瓷器质地、颜色、纹饰统计如下表（表15-2、3）。标本分述如下：

表 15-2 T15 ⑥层出土陶瓷器质地、颜色统计表

陶质	夹粗砂		夹细砂		泥质	印纹陶		原始瓷	合计
陶色	红褐	灰	红褐	灰	红	硬陶	软陶		
陶片数	1	1	5	1	2	3	1	2	16
百分比（%）	6.25	6.25	31.25	6.25	12.50	18.75	6.25	12.50	100

表 15-3 T15 ⑥层出土陶瓷器纹饰统计表

纹饰	软陶				印纹陶				原始瓷		合计
	素面	粗绳纹	弦断绳纹	凸棱	素面	重回纹	席纹	菱形纹	素面	凸棱纹	
陶片数	7	1	1	1	1	1	1	1	1	1	16
百分比（%）	43.75	6.25	6.25	6.25	6.25	6.25	6.25	6.25	6.25	6.25	100

1.鬲足

1件。

T15⑥：9，夹砂灰陶，足外侧和足窝内侧有烟炱痕迹。柱状实足跟较高，足窝较深，足跟底面为斜面。表面有刮削痕迹，素面。残宽5.8、残高10厘米（图15-3，1）。

2.鼎

1件。

T15⑥：7，夹砂红褐陶。斜直口，沿下角较大，尖圆唇，垂腹，下腹部残。素面。口径 18.8、最大腹径 18、残高 10 厘米（图 15-3，2）。

3. 鼎足

1 件。

T15⑥：10，夹粗砂红褐陶。正装鼎足，整体呈扁平三角形，截面为椭圆形，足跟残，腹内壁光滑，且腹壁较薄。素面，表面粗糙（彩版二〇〇，3）。

4. 甗腰

2 件。

T15⑥：2，夹粗砂红褐陶。甗腰较薄，卷隔。甗腰及器身饰竖行间断中绳纹。腰腹部直径 18.6、残高 7 厘米（图 15-3，3）。

T15⑥：3，夹砂红褐陶。甗腰较薄，卷隔。甗腰及器身饰竖行间断细绳纹。腰腹部直径 17.2、残高 6.4 厘米（图 15-3，4；彩版二〇〇，4）。

5. 敛口钵

1 件。

T15⑥：8，夹砂青灰陶，薄胎。口沿微内敛，薄圆唇，肩部外鼓，斜直腹内收，下腹部残。素面。最大腹径 20、底径 16、残高 3.6 厘米（图 15-3，5）。

6. 陶碗

1 件。

T15⑥：1，泥质灰陶，残存少量黑衣。敛口，圆唇，浅盘，矮圈足。口径 18、底径 9、高 7 厘米（图 15-3，6；彩版二〇〇，5）。

7. 罐

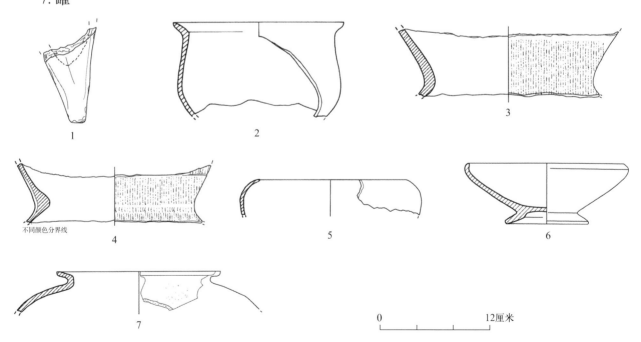

不同颜色分界线

0　　　　　　12厘米

图 15-3　T15 ⑥层出土陶器

1. 鬲足 T15⑥：9　2. 鼎 T15⑥：7　3、4. 甗腰 T15⑥：2、3　5. 敛口钵 T15⑥：8　6. 陶碗 T15⑥：1　7. 罐 T15⑥：15

1件。

T15⑥：15，夹砂灰陶。小口，平折沿，圆唇，短颈，束颈，广肩，肩部以下残。素面。口径18、最大腹径26.4、残高4.2厘米（图15-3，7）。

8.印纹硬陶圆肩罐口沿

1件。

T15⑥：13，泥质硬陶，紫胎灰皮，外壁及沿面可见剥落殆尽的黑色釉层。卷沿，圆唇，领部略内凹，领下半部刮出数周较浅的细凹槽，斜圆肩，肩部以下残。唇面刮出一周旋纹，肩部拍印较规整的席纹。口径18、最大腹径30.8、残高7.6厘米（图15-4，1；彩版二〇〇，6）。

9.印纹硬陶腹片

1件。

T15⑥：14，泥质灰皮紫胎，较致密。内壁有泥条盘筑痕迹。席纹。残长17.2、残宽10.3厘米（图15-4，2）。

10.印纹软陶腹片

1件。

T15⑥：6，泥质橙衣灰胎陶，疏松。重回交叉纹。残长6.1、残宽5.8厘米（图15-4，3）。

11.原始瓷豆座

3件。

T15⑥：5，泥质红胎，釉不可见。豆柄较高，圈足外撇，呈喇叭状，边缘较薄。豆柄有一周凸弦纹。圈足底径8、圈足直径5.2、残高6厘米（图15-4，4；彩版二〇一，1）。

T15⑥：11，泥质白胎，青色釉较厚，在盘底及豆柄上都可见。豆柄较高，圈足外撇，呈喇叭状。豆柄外壁饰数道旋纹，器表明显可见轮制痕迹。圈足底径10、圈足直径4.8、残高6.2厘米（图15-4，5；彩版二〇一，2）。

T15⑥：12，泥质白胎，青色釉仅见于盘底。豆柄较高，圈足外撇，呈喇叭状。豆柄内外壁饰数

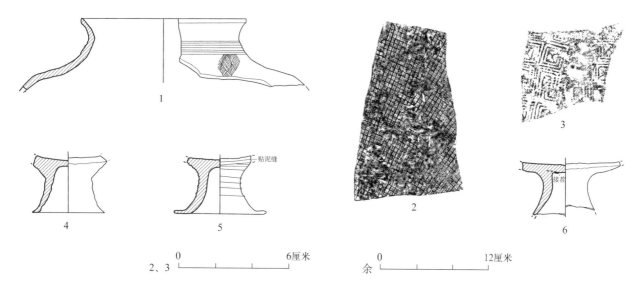

图15-4　T15⑥层出土陶瓷器

1.印纹硬陶圆肩罐口沿 T15⑥：13　2.印纹硬陶腹片 T15⑥：14　3.印纹软陶腹片 T15⑥：6　4～6.原始瓷豆座 T15⑥：5、11、12

道细旋纹，器表明显可见轮制痕迹。圈足直径 5.2、残高 5.6 厘米（图 15-4，6；彩版二〇一，3）。

第三节　宋以后堆积中出土先秦遗物

（一）陶瓷器

1. 鼎足

1 件。

T15⑤：12，夹砂红褐陶。正装鼎足，整体呈扁平三角形，截面为椭圆形，足跟残。器腹内壁素面，较薄，表皮脱落明显。残高 5 厘米（彩版二〇一，4）。

2. 甗口沿

1 件。

T15⑤：5，夹细砂红褐陶。折沿，方唇，高领，鼓肩，肩部以下残。肩部饰纵向细绳纹。口径 32、最大腹径 29.6、残高 13.6 厘米（图 15-5，1）。

3. 盉柄

1 件。

T15⑤：16，泥质黑衣红褐陶。把细长，微弯曲，下端贴近器身部分残，上端较尖，上翘。残长 7、残宽 6.2 厘米（图 15-5，2）。

4. 罐

1 件。

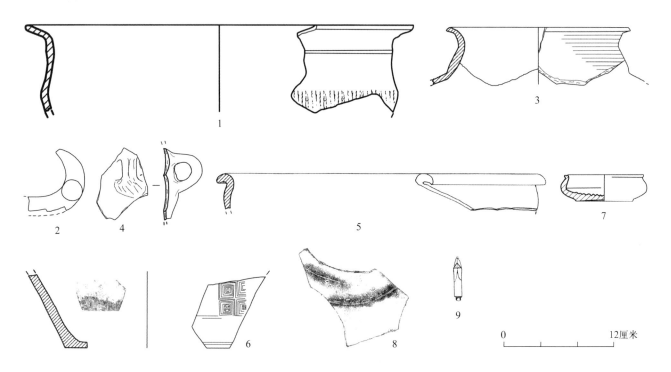

图 15-5　T15④、⑤层出土陶瓷器

1. 甗口沿 T15⑤：5　2. 盉柄 T15⑤：16　3. 罐 T15⑤：2　4. 罐耳 T15⑤：7+15　5. 大口尊口沿 T15⑤：4　6. 印纹硬陶罐底 T15⑤：9　7. 原始瓷盉 T15⑤：1　8. 原始瓷器底 T15⑤：8　9. 石镞 T15④：1

T15⑤：2，泥质红衣灰陶。侈口，卷沿，尖唇，高领，领以下残。领部饰十数道凸弦纹。口径20、残高 6 厘米（图 15-5，3）。

5. 罐耳

1 件。

T15⑤：7+15，桥形罐耳。夹砂青灰陶。截面为椭圆形。器耳素面，器身饰竖行细绳纹，纹饰很模糊。罐身残长 7.6、残宽 5.6、器耳厚 1.2 厘米（图 15-5，4；彩版二〇一，5）。

6. 大口尊口沿

1 件。

T15⑤：4，泥质灰黑胎，表层有一层极薄的灰白层，外皮为黑陶，脱落严重。卷沿，沿面外卷至与颈部平行，直腹，内壁颈、腹交接处有一道明显的分界，腹部以下残。素面。口径 36、残高 4 厘米（图 15-5，5）。

7. 印纹硬陶罐口沿

1 件。

T15③：1，（圆肩）罐。泥质硬陶，紫胎灰皮，外壁另多一层黑色釉层，剥落严重。领部下端外撇，圆鼓肩肩部以下残。领肩交界处抹出三周略宽的浅凹槽，肩部拍印规整的重回纹。残宽 7、残高 4 厘米（彩版二〇一，6）。

8. 印纹硬陶罐底

1 件。

T15⑤：9，泥质硬陶，红褐胎，除腹部底端及底面红褐色表皮外，皆灰白色表皮。下腹部斜直内收，腹底交界处折转，且外壁抹少量泥加固，圆平底。下腹部拍印较杂乱的重回纹，底端纹饰被抹净，腹底端抹泥处再刮出两周并列的细旋纹。底径 18、残高 7.4 厘米（图 15-5，6）。

9. 原始瓷盂

1 件。

T15⑤：1，青灰胎，残留少量青色釉。直口，方唇，扁鼓腹，似算珠形，平底。唇面饰旋纹两周，器腹内部饰螺旋纹，器底有明显的轮制痕迹，偏心。口径 9.6、最大腹径 9.4、底径 6.4、高 2.8 厘米（图 15-5，7；彩版二〇一，7、8）。

10. 原始瓷器底

1 件。

T15⑤：8，泥质灰胎，釉不可见。鼓腹，圈足。腹内、外壁饰多道旋纹，明显可见轮制痕迹。残长 12.4、残宽 10.8 厘米（图 15-5，8）。

（二）石器

石镞

1 件。

T15④：1，灰黑色。镞身平面呈圆锥体器小巧，镞身后部为短圆柱体，前磨制呈三棱锥体，锋锐尖，铤部残，残存部横截面为圆形。通体磨制光滑。残高 4 厘米（图 15-5，9；彩版二〇一，9）。

第一六章　T16 遗存分述

第一节　地层堆积

T16 根据土质、土色及其包含物状况可分为 9 层堆积，现逐层介绍各堆积层情况（图 16-1；彩版二〇二，1）。

第①层：厚 0.22～0.25 米。灰色粉砂土，土质疏松。堆积水平状分布全方。包含物有少量陶片、明清瓷片、瓦片、砖块等。

第②层：距地表深 0.22～0.25、厚 0.13～0.20 米。灰色沙土夹杂白点，土质疏松。堆积水平状分布全方。包含物有少量陶片、明清瓷片、瓦片和砖块等。

第③层：距地表深 0.40～0.45、厚 0.20～0.28 米。深灰色黏土，土质疏松。堆积水平状分布全方。

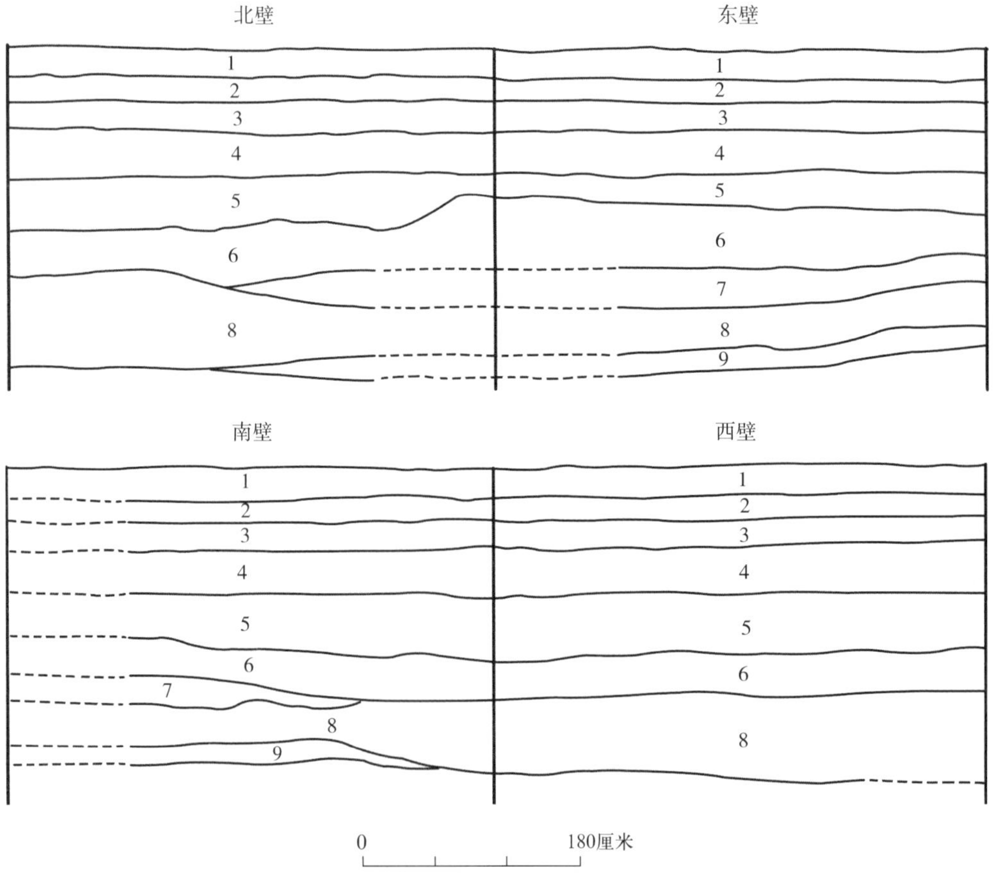

图 16-1　T16 剖面图

包含物有少量瓦片、砖块、明清瓷片、陶片等。

第④层：距地表深 0.63～0.67、厚 0.30～0.42 米。灰色土，夹杂大量铁锈斑和砂粒，土质疏松。堆积水平状遍布全方。包含物有少量陶片、瓦片、砖块、明清瓷片等。

第⑤层：距地表深 1.00～1.10、厚 0.20～0.45 米。堆积大致呈水平状分布全方，仅东部稍薄。包含物有极少量陶片。

第⑥层：距地表深 1.20～1.55、厚 0.25～0.55 米。堆积大致呈水平状分布全方，仅东北部稍厚。包含物有极少量的陶片。

第⑦层：距地表深 1.65～1.85、厚 0～0.30 米。堆积大致呈坡状分布在探方东部。未见包含物。

第⑧层：距地表深 1.77～2.05、厚 0.35～0.75 米。堆积遍布全方，厚薄不均，东南部稍薄，西北部较厚。包含物仅见陶片 2 片，其中重回纹印纹硬陶 1、素面原始瓷 1 片。

第⑨层：距地表深 2.20～2.52、厚 0～0.20 米。堆积大致呈坡状分布在探方东部。未见包含物。

第二节　地层出土遗物

一　T16 ⑧层

陶器

该层仅出土陶片 1 片。

印纹软陶腹片

1 件。

T16⑧：2，泥质黄褐陶。器表饰回纹。残宽 7、残高 6 厘米（图 16-2，1）。

二　T16 ⑥层

陶器

该层共出土陶片 12 片，陶器质地、颜色、纹饰统计如下表（表 16-1、2）。标本分述如下：

1. 甗足

1 件。

  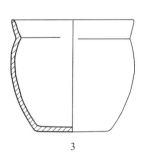 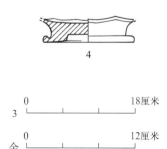

图 16-2　T16 ⑧、⑥层出土陶瓷器

1.印纹软陶腹片 T16⑧：2　2.甗足 T16⑥：7　3.罐 T16⑥：1　4.罐底 T16⑥：8

表 16-1　T16 ⑥ 层出土陶瓷器质地、颜色统计表

陶质	夹粗砂	夹细砂		泥质		原始瓷	合计
陶色	红褐	红褐	灰	红	黑皮红胎		
陶片数	1	3	3	2	2	1	12
百分比（%）	8.33	25.00	25.00	16.67	16.67	8.33	100

表 16-2　T16 ⑥ 层出土陶瓷器纹饰统计表

纹饰	软陶		印纹陶		原始瓷	合计
	粗绳纹	弦断绳纹	席纹	菱形纹	重回纹	
陶片数	6	3	1	1	1	12
百分比（%）	50.00	25.00	8.33	8.33	8.33	100

T16 ⑥：7，夹砂褐陶。扁柱形，足尖微外撇。残高 14 厘米（图 16-2，2；彩版二〇二，2）。

2. 罐

1 件。

T16 ⑥：1，夹砂褐陶。侈口，折沿，尖唇，浅腹，大平底。口径 30、底径 17、高 27 厘米（图 16-2，3；彩版二〇二，3）。

3. 罐底

1 件。

T16 ⑥：8，泥质黑衣褐陶。矮圈足底。底径 10、残高 2.2 厘米（图 16-2，4；彩版二〇二，4）。

第一七章　T17遗存分述

第一节　地层堆积

T17根据土质、土色及其包含物状况可分为9层堆积，现逐层介绍各堆积层情况（图17-1；彩版二〇三，1）。

第①层：厚0.22～0.35米。灰色粉砂土，土质疏松。堆积大致呈水平状分布全方。包含物有少量的陶片、明清瓷片、瓦片、砖块等。

第②层：距地表深0.22～0.35、厚0.07～0.20米。灰色沙土夹杂白点，土质疏松。堆积水平状分布全方。包含物有少量陶片、明清瓷片、瓦片和砖块等。

第③层：距地表深0.40～0.50、厚0.21～0.25米。深灰色黏土，土质疏松。堆积水平状分布全方。包含物有少量陶片、明清瓷片、瓦片等。

第④层：距地表深0.60～0.65、厚0.37～0.42米。灰色土，夹杂大量铁锈斑和砂粒，土质疏松。

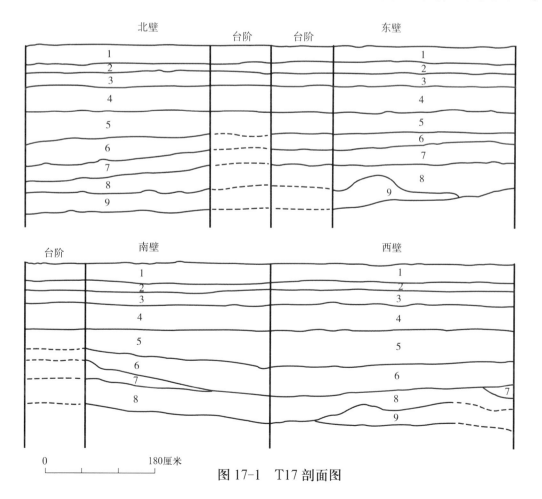

图17-1　T17剖面图

堆积水平状遍布全方。包含物有少量陶片、瓦片、砖块、明清瓷片和铁钉等。

第⑤层：距地表深 0.95 ~ 1.00、厚 0.35 ~ 0.58 米。堆积大致呈水平状分布全方，仅西部稍厚。包含物有极少量陶片、明清瓷片等。

第⑥层：距地表深 1.30 ~ 1.65、厚 0.12 ~ 0.45 米。堆积遍布全方，厚薄不均，东部稍薄，西南部稍厚。包含物有少量陶片、明清瓷片、砖块等。

第⑦层：距地表深 1.50 ~ 2.05、厚 0 ~ 0.35 米。堆积大致呈坡状分布在探方东部。未见包含物。

第⑧层：距地表深 1.80 ~ 2.10、厚 0.15 ~ 0.55 米。堆积遍布全方，厚薄不均，东南部稍厚，西北部较薄。包含物有少量的陶片。

第⑨层：距地表深 2.00 ~ 2.32、厚 0 ~ 0.43 米。堆积大致呈坡状分布在探方东北部。未见包含物。

第二节　地层出土遗物

T17 ⑧层

陶器

该层共出土陶片 8 片（T17 ⑧层陶片数量统计有一定的缺失），陶瓷器质地、颜色、纹饰统计如下表（表 17-1、2）。标本分述如下：

表 17-1　T17 ⑧层出土陶瓷器质地、颜色统计表

陶质	夹细砂	泥质	印纹陶	合计
陶色	红褐	红		
陶片数	3	2	3	8
百分比（%）	37.50	25.00	37.50	100

表 17-2　T17 ⑧层出土陶瓷器纹饰统计表

纹饰	软陶			印纹陶		合计
	素面	粗绳纹	弦断绳纹	重回纹	填线方格纹	
陶片数	3	1	1	1	2	8
百分比（%）	37.50	12.50	12.50	12.50	25.00	100

1. 扁口沿

1 件。

T17 ⑧：3，夹砂夹云母红褐陶，口沿处被灼黑。卷沿，圆唇。素面。口径 18、残高 4 厘米（图 17-2，1）。

2. 甗

1 件。

T17 ⑧：2，夹砂夹云母黑褐陶，器表内外壁有明显烟炱痕迹，表层黑皮脱落严重。折沿，沿下角较小，方唇，沿面内侧有一道凹槽，颈、腹分界线明显，鼓腹。抹光，内壁可见轮制痕迹。口径

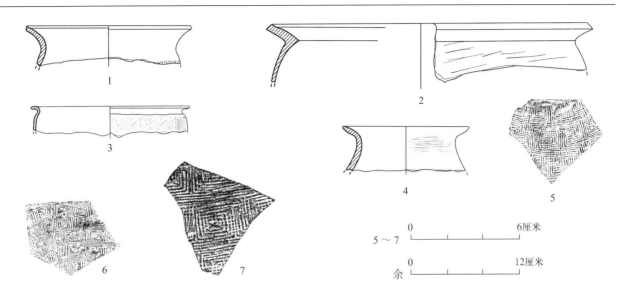

图 17-2　T17 ⑧层出土陶器

1.鬲口沿 T17 ⑧:3　2.甗 T17 ⑧:2　3.盆 T17 ⑧:1　4.罐 T17 ⑧:4　5～7.印纹硬陶腹片 T17 ⑧:5～7

35.6、残高 6.2 厘米（图 17-2，2）。

3.盆

1 件。

T17 ⑧:1，夹砂红陶。侈口，卷沿较宽，方唇，直腹，下腹部残。腹部饰有纵向中绳纹。口径 17.2、残高 3.4 厘米（图 17-2，3；彩版二〇三，2）。

4.罐

1 件。

T17 ⑧:4，泥质红褐陶。卷沿，尖唇。颈部有明显的横向抹痕。口径 14、残高 4.2 厘米（图 17-2，4）。

5.印纹硬陶腹片

3 片。

T17 ⑧:5，泥质灰衣紫红陶，较致密。内壁有泥条盘筑痕迹，重回纹。残长 12.8、残宽 11.9 厘米（图 17-2，5）。

T17 ⑧:6，夹砂灰衣紫红陶，较致密，有气泡。重回纹。残长 10.6、残宽 8 厘米（图 17-2，6）。

T17 ⑧:7，泥质灰白衣紫红陶，较致密。重回交叉纹。残长 6.1、残宽 6 厘米（图 17-2，7）。

第三节　T17 宋以后堆积中出土先秦遗物

一　T17 ⑥层

陶器

1.甗腰

1 件。

T17 ⑥:7，夹砂灰白陶。卷隔。甗腰外侧饰指尖纹一周，呈月牙形，器身无纹饰。残宽 24、残高 5.4

厘米（图17-3，1）。

2. 盆口沿

1件。

T17⑥：3，泥质灰陶。宽折沿，方唇。颈部的绳纹被抹去，颈部以下饰斜向细绳纹，肩部饰两道旋纹。口径20、残高5厘米（图17-3，2）。

3. 罐

1件。

T17⑥：8，夹砂灰陶。直口，方唇，斜直肩，肩部以下残。器表脱落严重，不见纹饰。口径10.4、最大腹径12.8、残高5.5厘米（图17-3，3）。

4. 罐口沿

1件。

T17⑥：4，泥质红褐衣青灰陶。侈口，斜方唇，唇面有多道凹槽，唇外缘略向外突出，高直颈，下端残。颈部外侧中间有一道较宽的凹槽，颈部绳纹被抹。口径20、残高5厘米（图17-3，4）。

5. 罐底

1件。

T17⑥：14，夹砂红褐陶，外表为黑皮，内侧为灰白色。上腹部残，下腹部斜直，小平底微内凹，器身与器腹交界处硬折。腹部饰有纵向细绳纹，外底部饰向中心方向按压的中绳纹，中部略残。底径9.2、残高5.4厘米（图17-3，5）。

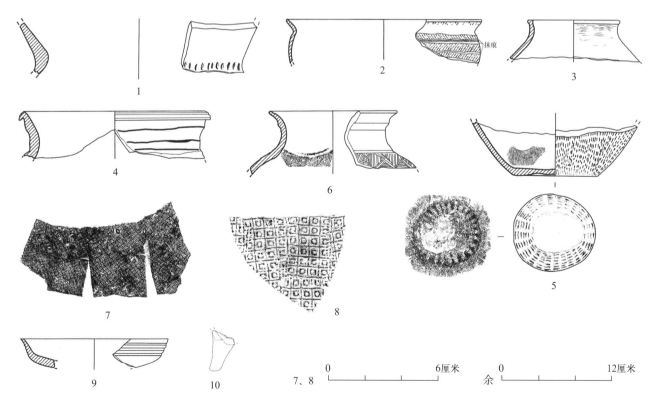

图17-3　T17⑥～③层出土陶瓷器

1.甗腰 T17⑥：7　2.盆口沿 T17⑥：3　3.罐 T17⑥：8　4.罐口沿 T17⑥：4　5.罐底 T17⑥：14　6.印纹硬陶罐 T17⑥：2　7.原始瓷罐口沿 T17⑥：1　8.印纹硬陶腹片 T17⑤：3　9.原始瓷豆 T17④：1　10.鬲足 T17③：1

6. 印纹硬陶罐

1 件。

T17⑥：2，（圆肩）罐。泥质硬陶，紫胎，表层陶色内灰白外灰黑，灰黑表层磨损殆尽。卷沿，圆唇，领部较高，略内凹，肩上部圆鼓，肩部以下残。肩部拍印较杂乱的方边填线纹。口径 14、残高 6.6 厘米（图 17-3，6；彩版二〇三，3）。

7. 原始瓷罐口沿

1 件。

T17⑥：1，泥质灰胎，胎内也含有极少的不规则砂砾。小卷沿，唇面微内凹，唇外缘略呈细凸棱状鼓出，短斜肩，肩、腹交界处折痕不甚清晰，其下腹部较圆鼓，腹部以下残。肩、腹部饰纹理清晰的小席纹，纹饰排列规整，基本不见相互叠压的情况；器身施墨绿色釉，但口沿外壁和腹部内壁皆不见明显的施釉痕迹，这些区域仅见零散的釉点，釉层厚薄不均，尤其是肩部和腹部靠上部位的一片区域釉层明显厚于周围，且口沿外壁也有较多釉点，可能是处于受火面的原因。口径 17.8、最大腹径约 20、残高 10.8 厘米（图 17-3，7；彩版二〇三，4、5）。

二　T17⑤层

陶　器

印纹硬陶腹片

1 件。

T17⑤：3，泥质灰衣紫红陶，致密。内壁有轮制痕迹，回字纹。残长 8.7、残宽 6.8 厘米（图 17-3，8）。

三　T17④层

陶　器

原始瓷豆

1 件。

T17④：1，泥质灰白胎，青色釉，大部分已脱落。折腹内收，下腹残，豆盘较深。口沿外侧饰三道旋纹。口径 16、残高 3 厘米（图 17-3，9）。

四　T17③层

陶　器

鬲足

1 件。

T17③：1，夹粗砂夹云母红褐陶，厚胎，内壁被灼黑。柱形足。素面，器表较粗糙。残宽 5.6、残高 8.6 厘米（图 17-3，10）。

第一八章　T20 遗存分述

第一节　地层堆积

T20 根据土质、土色及其包含物状况可分为 7 层堆积，现逐层介绍各堆积层情况（图 18-1）。

第①层：厚 0.22～0.45 米。灰色土，夹少量砂粒，土质疏松。堆积由东向西倾斜，遍布全方。包含物有少量的陶片、明清瓷片、瓦片等。

第②层：距地表深 0.22～0.45、厚 0～0.22 米。灰色粉砂土，含砂粒，土质疏松。堆积西部较平缓，东部向下倾斜，东部部分不见。包含物有少量的陶片、明清瓷片等。

第③层：距地表深 0.40～0.60、厚 0～0.25 米。深灰色黏土，土质疏松，分布于中西部。包含物有少量的陶片、明清瓷片、瓦片、砖块、铁钉等。

第④层：距地表深 0.60～0.80、厚 0～0.47 米。灰色土，夹杂大量铁锈斑和砂粒，土质疏松。堆积东部较陡，西部平缓，分布于中部和西部。包含物有少量的陶片、瓦片、砖块、明清瓷片等。

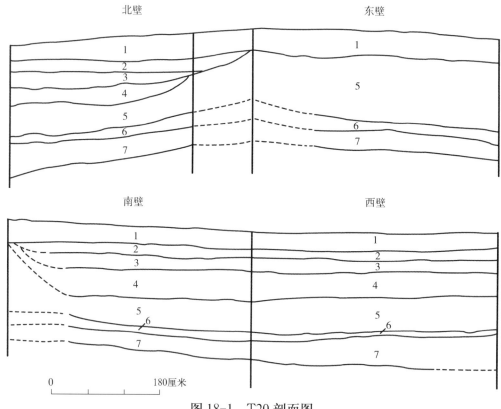

图 18-1　T20 剖面图

第⑤层：距地表深 0.35～1.12、厚 0.40～1.10 米。灰色沙土，土质较疏松，堆积遍布全方，东部较厚，西部平缓。包含物有极少量陶片和石器等。

第⑥层：距地表深 1.15～1.65、厚 0.10～0.30 米。黄色黏土，土质较致密，堆积大致自东北部向西南部倾斜，东北部稍厚，西南部较平缓。未见包含物。

第⑦层：距地表深 1.60～1.75、厚 0.25～0.55 米。青灰色黏土，土质较疏松，堆积大致自东北部向西南部倾斜，东北部稍厚，西南部较平缓。包含物仅见陶片 2 片，其中素面印纹硬陶 1 件，原始瓷 1 件。

第二节　地层出土遗物

一　T20 ⑦层

陶器

原始瓷豆座

1 件。

T20 ⑦：1，泥质褐红胎，釉不可见。豆柄较高，圈足外撇，呈喇叭状。圈足口沿内侧有一周凹槽，喇叭口内呈紫红色，器表明显可见轮制痕迹。圈足底径 9.2、圈足直径 5.2、残高 5 厘米（图 18-2，1；彩版二○四，1）。

二　T20 ⑤层

（一）陶器

该层共出土陶片 12 片，陶瓷器质地、颜色、纹饰统计如下表（表 18-1、2）。标本分述如下：

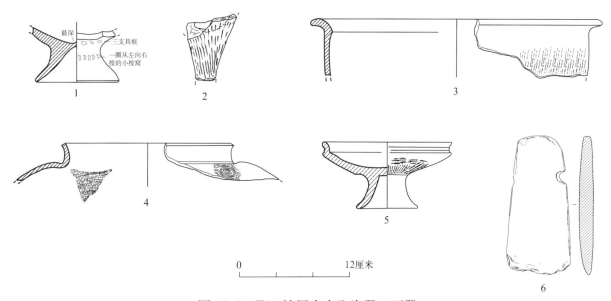

图 18-2　T20 地层出土陶瓷器、石器

1. 原始瓷豆座 T20 ⑦：1　2. 鬲足 T20 ⑤：7　3. 盆 T20 ⑤：4　4. 印纹硬陶罐 T20 ⑤：3　5. 原始瓷豆 T20 ⑤：2　6. 石斧 T20 ⑤：1

表 18-1　T20 ⑤层出土陶瓷器质地、颜色统计表

陶质	夹细砂		泥质	印纹陶	合计
陶色	红褐	灰	红		
陶片数	7	2	1	2	12
百分比（%）	58.33	16.67	8.33	16.67	100

表 18-2　T20 ⑤层出土陶瓷器纹饰统计表

纹饰	软陶			印纹陶		合计
	素面	粗绳纹	弦纹	菱形纹	斜方格纹	
陶片数	1	8	1	1	1	12
百分比（%）	8.33	66.67	8.33	8.33	8.33	100

1. 鬲足

1 件。

T20⑤：7，夹砂灰陶。下部残，足窝较浅。表面饰中绳纹。残宽 5.4、残高 6.9 厘米（图 18-2，2）。

2. 盆

1 件。

T20⑤：4，夹砂红褐陶，口沿及其外壁均为黑色。卷折沿，沿面较窄，圆唇，直腹，腹部以下残。腹部饰竖行中绳纹，纹饰较模糊。口径 32、残高 6 厘米（图 18-2，3）。

3. 印纹硬陶罐

1 件。

T20⑤：3，（圆肩）罐。泥质硬陶，胎色内紫外灰白，黑色表皮，内壁表皮磨损明显。微卷沿，方唇，唇面微内凹，矮领略内凹，圆鼓肩，肩部以下残。肩部拍印单元纹饰各异的重菱纹。口径 18.8、最大腹径 28.8、残高 3.8 厘米（图 18-2，4）。

4. 原始瓷豆

1 件。

T20⑤：2，泥质灰白胎，釉不可见。侈口，尖圆唇，折腹内收，豆盘较深，圈足微外撇，呈喇叭形口，豆盘底部与豆座接痕明显。口沿外侧饰两道旋纹，豆盘底部饰回字纹，豆盘底部与豆座结合处周边饰一道旋纹。口径 14.2、圈足径 4.1、底径 6.4、高 7 厘米（图 18-2，5；彩版二〇四，2、3）。

（二）石器

石斧

1 件。

T20⑤：1，灰黑色。器体扁长，平面呈长梯形。双面刃弧凸，刃部稍残，一侧有一半圆形凹孔。一面磨制精细，一面磨制粗糙。残长 14.7、宽 7、最厚 1.6 厘米（图 18-2，6；彩版二〇四，4、5）。

第一九章　T21 遗存分述

第一节　地层堆积

T21 根据土质、土色及其包含物状况可分为 7 层堆积，现逐层介绍各堆积层情况（图 19-1）。

第①层：厚 0.20～0.46 米。灰色土，夹细砂，土质较疏松。堆积东部陡、西部平缓，分布全方。包含物有少量的陶片、明清瓷片、瓦片等。

第②层：距地表深 0.20～0.46、厚 0～0.22 米。黄色土夹褐斑，土质较致密。堆积西部平缓，东部向下倾斜，探方内仅少部分不见。包含有少量的陶片和明清瓷片等。

第③层：距地表深 0.35～0.50、厚 0～0.30 米。深灰色黏土，土质较疏松。堆积主要分布于探方西部。包含物有陶片、瓷片、瓦片、砖块和铁钉。

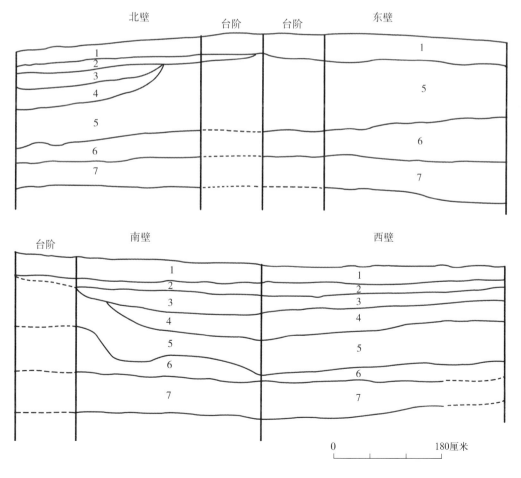

图 19-1　T21 剖面图

第④层：距地表深 0.40～0.80、厚 0～0.40 米。灰色土，夹大量褐斑和砂粒，土质较疏松。堆积分布于探方的中、西大部分。包含物有少量的陶片、明清瓷片、瓦片、砖块。

第⑤层：距地表深 0.30～1.20、厚 0.35～1.25 米。黄色黏土，夹大量锈斑，土质较致密。堆积由东向西倾斜分布于探方中、西部。包含物有极少的陶片。

第⑥层：距地表深 1.07～1.75、厚 0.10～0.75 米。黄色黏土，夹大量锈斑，土质较疏松。堆积分布于探方西部。未见包含物。

第⑦层：距地表深 1.75～1.95、厚 0.40～0.65 米。青灰色黏土，夹大量炭屑和木屑，土质较致密。堆积由东向西倾斜分布全方。包含物有极少的陶片和石器等。

第二节　地层出土遗物

一　T21 ⑦层

（一）陶瓷器

该层共出土陶片 25 片，陶瓷器质地、颜色、纹饰统计如下表（表 19-1、2）。标本分述如下：

表 19-1　T21 ⑦层出土陶瓷器质地、颜色统计表

陶质	夹细砂			泥质				印纹陶	合计
陶色	红褐	黑	黑灰	红	灰	黑红	黑灰		
陶片数	9	2	3	1	2	2	1	5	25
百分比（%）	36.00	8.00	12.00	4.00	8.00	8.00	4.00	20.00	100

表 19-2　T21 ⑦层出土陶瓷器纹饰统计表

纹饰	软陶						印纹陶			合计
	素面	细绳纹	粗绳纹	弦断绳纹	附加堆纹	弦纹	菱形回纹	回纹	席纹	
陶片数	9	2	6	1	1	1	1	2	2	25
百分比（%）	36.00	8.00	24.00	4.00	4.00	4.00	4.00	8.00	8.00	100

1. 甗

1 件。

T21 ⑦：3，夹砂夹云母黑衣灰白陶，器表有烟炱痕迹。侈口，斜折沿，沿下角较大，方唇，鼓腹，腹部以下残。沿外侧及腹部有明显横向刮痕。口径 36、最大腹径 36.6、残高 9 厘米（图 19-2，1；彩版二〇五，1、2）。

2. 罐底

1 件。

T21 ⑦：10，泥质黑陶，胎的表层有一层灰白层，表皮为黑色，略脱落。器腹部残，仅剩罐底，小平底微内凹。外底部饰同一方向按压的中绳纹。底径 8.6 厘米（图 19-2，2）。

3. 印纹硬陶罐

2 件。

T21 ⑦: 4，（圆肩）罐。泥质灰衣紫硬陶，沿面、领外壁下端及肩部另多一层剥落严重的黑色表层。卷沿，圆唇，沿面顶端抹出一周略宽的浅凹槽，高领略内凹，领外壁下半部刮出数周宽窄各异的凹槽，斜肩，肩壁微鼓，肩部以下残。肩部拍印较规整的席纹。口径 16、最大腹径 22、残高 7.4 厘米（图19-2，3）。

T21 ⑦: 5，（圆肩）罐。泥质硬陶，灰胎，表层内红褐外灰，内壁灰色表层脱落较明显。小卷沿近平，圆唇，矮领略内凹，圆鼓肩，肩部以下残。唇内侧有一周较浅的细旋纹，肩部拍印纹饰清晰、规整的席纹，肩部顶端一周纹饰被抹。口径 20、最大腹径 29.2、残高 4.8 厘米（图 19-2，4；彩版二〇五，3）。

4. 印纹硬陶腹片

1 件。

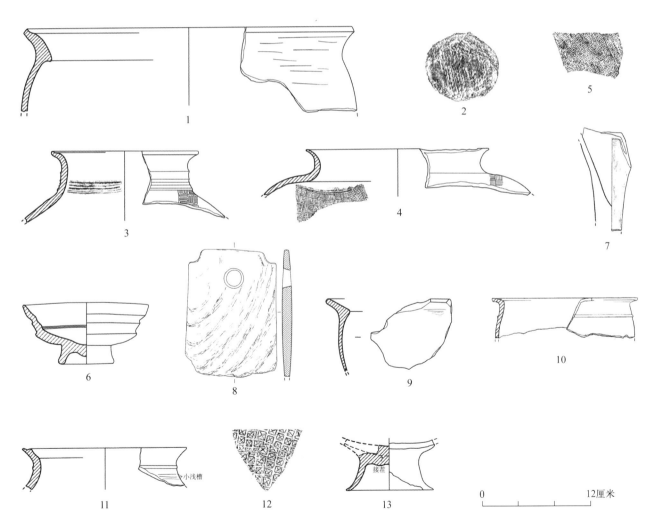

图 19-2 T21 ⑦、⑤层出土陶瓷器

1. 瓿 T21 ⑦: 3 2. 罐底 T21 ⑦: 10 3、4. 印纹硬陶罐 T21 ⑦: 4、5 5. 印纹硬陶腹片 T21 ⑦: 11 6. 原始瓷豆 T21 ⑦: 2 7. 器形不详 T21 ⑦: 9 8. 石钺 T21 ⑦: 1 9. 鬲 T21 ⑤: 3 10. 小盆 T21 ⑤: 2 11. 高直领罐口沿 T21 ⑤: 1 12. 印纹硬陶腹片 T21 ⑤: 8 13. 原始瓷豆座 T21 ⑤: 6

T21⑦：11，夹砂深灰陶，致密，有气泡。回字纹。残长 10.5、残宽 6.8 厘米（图 19-2，5）。

5. 原始瓷豆

1 件。

T21⑦：2，泥质灰白胎，釉不可见。敞口，尖唇，折腹内收，豆盘较深，圈足微外撇。沿面内侧及外壁及腹壁均饰多道旋纹，器表可见明显的轮制痕迹，但豆口不太规整。口径 13.8、圈足径 4.4、底径 6.2、高 6.5 厘米（图 19-2，6；彩版二〇五，4～6）。

6. 器形不详

1 件。

T21⑦：9，泥质灰黑胎，表层有一层极薄的灰白层，外皮为黑陶。似鬲足状，足跟端残，足窝呈较细长的圆锥状。上部有明显的轮制痕迹，下部有纵向的刮抹痕迹。残宽 5.6、残高 10.6 厘米（图 19-2，7）。

（二）石器

石钺

1 件。

T21⑦：1，青色。器体扁薄，平面呈长方形，中间略厚，四周稍薄，顶部两端各削去一块，呈凸字形，刃部稍残，中间偏顶部单面钻一孔。通体磨制稍粗。长 13.5、宽 9.9、最厚 1 厘米（图 19-2，8；彩版二〇六，1、2）。

二　T21⑤层

陶瓷器

该层共出土陶片 17 片，陶瓷器质地、颜色、纹饰统计如下表（表 19-3、4）。标本分述如下：

表 19-3　T21⑤层出土陶瓷器质地、颜色统计表

陶质	夹粗砂	夹细砂	泥质			印纹陶	原始瓷	合计
陶色	红褐	灰	红	灰	黑皮灰胎			
陶片数	6	2	2	2	1	2	2	17
百分比（%）	35.29	11.76	11.76	11.76	5.88	11.76	11.76	100

表 19-4　T21⑤层出土陶瓷器纹饰统计表

纹饰	软陶				印纹陶		原始瓷		合计
	素面	细绳纹	粗绳纹	弦纹	席纹	填线方格纹	素面	圆圈纹	
陶片数	7	4	1	1	1	1	1	1	17
百分比（%）	41.18	23.53	5.88	5.88	5.88	5.88	5.88	5.88	100

1. 鬲

1 件。

　　T21⑤：3，夹粗砂夹云母红褐陶，厚胎，腹部被灼黑。宽折沿，圆唇，鼓腹，腹部以下残。素面。口径 26、最大腹径 22、残高 7.4 厘米（图 19-2，9）。

2. 小盆

1件。

　　T21⑤：2，泥质灰陶略夹砂，表层黑皮部分脱落。平折沿，薄方唇，直腹微鼓，腹部以下残。上腹部饰一周凸棱，素面。口径 16、残高 4.1 厘米（图 19-2，10）。

3. 高直领罐口沿

1件。

　　T21⑤：1，泥质红褐陶略夹砂。侈口，沿面内侧有一道凹槽，尖圆唇，颈部内弧，较高，下端残。颈部外侧有多道较浅的旋纹，素面。口径 18、残高 4 厘米（图 19-2，11）。

4. 印纹硬陶腹片

1件。

　　T21⑤：8，泥质外壁深灰色，浅红胎，内壁灰色，致密。回字交叉。残长 6.8、残宽 6.1 厘米（图 19-2，12）。

5. 原始瓷豆座

1件。

　　T21⑤：6，泥质白胎，釉不可见。豆柄较高，圈足外撇，呈喇叭状。豆柄素面。圈足底径 9.6、圈足直径 6.4、残高 5.4 厘米（图 19-2，13；彩版二〇六，3、4）。

6. 原始瓷罐口沿

1件。

　　T21⑤：7，泥质灰白胎，器身施黄绿色釉，沿外壁及腹内壁不见釉层。侈口，卷沿，尖圆唇，唇内侧一道凹槽，斜肩，肩、腹交界不明显，上腹部圆鼓，腹部顶端可见一个脱落的陶錾痕迹，腹部以下残。肩部鼓出多周不规整的旋纹，上腹部戳印排列较规整的圈点纹。残长 7、残高 4.6 厘米（彩版二〇六，5）。

第三节　宋以后堆积中出土先秦遗物

陶器

1. 鬲口沿

2件。

　　T21④：2，夹细砂灰衣褐陶，胎心灰色。长折沿，方唇。口沿外侧的绳纹被抹光，折沿处有一道抹痕，肩部饰纵向细绳纹，另有一道横向粗旋纹。口径 40.4、残高 6.6 厘米（图 19-3，1）。

　　T21④：5，夹细砂灰陶。窄折沿，圆唇，高领，斜肩，肩部以下残。器表有横向刮痕。口径 18、残高 3.8 厘米（图 19-3，2）。

2. 鬲足

1件。

　　T21④：7，夹粗砂夹云母红褐陶，厚胎，内壁被灼黑。柱形足。素面，有刮痕。残宽 8、残高 8.2

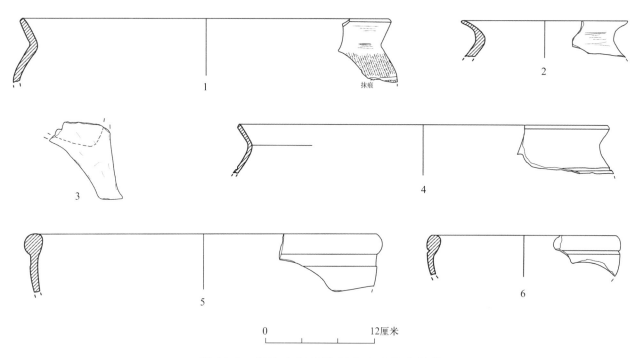

图 19-3　T21 宋以后堆积中出土先秦遗物

1、2. 鬲口沿 T21 ④: 2、5　3. 鬲足 T21 ④: 7　4. 盆口沿 T21 ④: 3　5、6. 缸口沿 T21 ④: 1、T21 ③: 1

厘米（图 19-3，3）。

　　3. 盆口沿

　　1 件。

　　T21 ④: 3，泥质红褐陶。折沿，方唇，肩部外鼓，肩部以下残。有一道旋纹，器表有横向刮痕。口径 40.4、残高 5 厘米（图 19-3，4）。

　　4. 缸口沿

　　2 件。

　　T21 ④: 1，夹粗砂红褐陶，外壁呈灰黑色。圆唇，唇下有一道凹槽。素面。口径 39.2、残高 6 厘米（图 19-3，5）。

　　T21 ③: 1，泥质红陶。直口，圆唇，唇下有一道凹槽。器表拉坯痕迹明显。口径 20、残高 4 厘米（图 19-3，6）。

铜 陵 师 姑 墩

——夏商周遗址考古发掘与研究

（下）

安徽省文物考古研究所
安　徽　大　学　编著
铜　陵　博　物　馆
铜陵市义安区文物局

文物出版社

Excavation and Archaeological Research at Shigudun Site of Xia, Shang and Zhou Period in Tongling

(II)

by

Anhui Provincial Institute of Cultural Relics and Archaeology

Anhui University

Tongling Museum

Cultural Heritage Administration of Yi'an District, Tongling City

Cultural Relics Press

第二○章　T24 遗存分述

第一节　地层堆积

T24 根据土质、土色及其包含物状况可分为 11 层堆积，现逐层介绍个堆积层情况（图 20-1）。

第①层：厚 0.10 ～ 0.15 米。灰色土，夹细砂，土质较疏松。堆积分布全方。包含物有少量的陶片。

第②层：距地表深 0.10 ～ 0.15、厚 0.27 ～ 1.35 米。黄色土夹褐斑，土质较致密。堆积分布全方。包含物有少量的陶片。

第③层：距地表深 0.70 ～ 1.20、厚 0 ～ 0.12 米。灰褐色土，夹细砂，土质较疏松。堆积分布于探方北部。未见包含物。

第④层：距地表深 0.45 ～ 1.40、厚 0 ～ 1.00 米。黄色土，夹褐斑，土质较致密。堆积分布于探方的大部分，仅西北部不见。未见包含物。

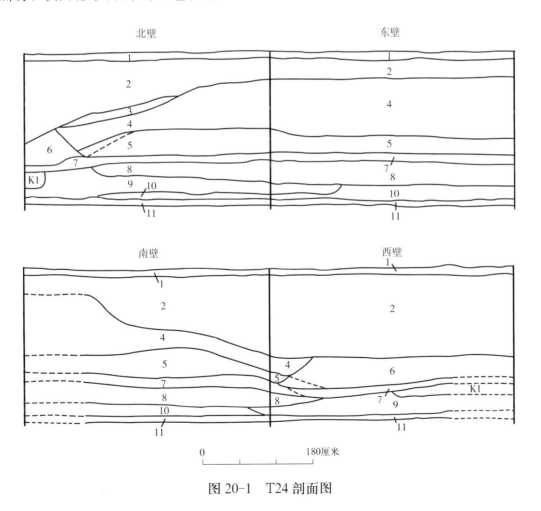

图 20-1　T24 剖面图

第⑤层：距地表深 1.25 ～ 1.65、厚 0 ～ 0.45 米。黑色土，土质较疏松。堆积分布于探方东部。包含物有极少的陶片。

第⑥层：距地表深 1.20 ～ 1.65、厚 0 ～ 0.58 米。浅灰色土，夹细砂颗粒、红烧土颗粒等，土质较疏松。堆积分布于探方西部。未见包含物。

第⑦层：距地表深 1.60 ～ 2.00、厚 0.10 ～ 0.20 米。灰褐色土，夹细砂颗粒，土质较致密。堆积分布全方。包含物有极少的陶片。

第⑧层：距地表深 1.75 ～ 2.05、厚 0 ～ 0.35 米。黄褐色土，夹红烧土颗粒，土质较致密。堆积分布于探方大部，于西部消失。未见包含物。

第⑨层：距地表深 1.80 ～ 2.10、厚 0 ～ 0.45 米。黄色黏土，土质较致密。堆积分布于探方大部分区域，于探方南部消失。未见包含物。

第⑩层：距地表深 2.10 ～ 2.30、厚 0 ～ 0.25 米。灰色黏土，土质较致密。堆积分布于探方东部。未见包含物。

第⑪层：距地表深 2.30 ～ 2.48、厚 0.10 ～ 0.15 米。褐色黏土，土质较致密。堆积分布全方。未见包含物。

第二节　地层出土遗物

一　T24 ⑦层

陶器

该层共出土陶片 3 片，其中夹粗砂红褐陶 1、泥质红陶 2 片，纹饰上，素面 1、粗绳纹 2 片。标本分述如下：

罐口沿

1 件。

T24 ⑦：2，泥质褐陶。侈口，尖唇，束颈。肩、腹部饰竖向粗绳纹。

二　T24 ⑤层

陶器

该层共出土陶片 3 片，皆为夹细砂陶，其中红陶 1、灰陶 1、黑皮红胎 1 片，纹饰皆粗绳纹。标本分述如下：

鬲

1 件。

T24 ⑤：1，夹细砂灰黑陶，足尖红褐色。残存一尖锥足，分档。袋足饰粗绳纹。腹径 12、残高 7 厘米（图 20-2，1；彩版二〇六，6）。

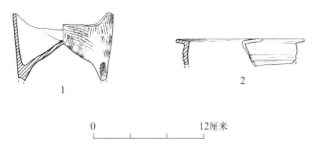

图 20-2　T24 地层出土陶器
1. 鬲 T24⑤:1　2. 盆口沿 T24②:2

第三节　宋以后堆积中出土先秦遗物

陶器

盆口沿

1件。

T24②:2，泥质灰陶。宽平沿，方唇，弧肩，肩部以下残。沿面有两周细凹弦纹，肩部有两周凹弦纹。口径13、残高4厘米（图20-2，2）。

第二一章　T25 遗存分述

第一节　地层堆积

T25 根据土质、土色及其包含物状况可分为 11 层堆积，现逐层介绍各堆积层情况（图 21-1、2）。

第①层：厚 0.05～0.15 米。灰色土，夹细砂，土质较疏松。堆积分布全方。包含物有少量的明清瓷片。

第②层：距地表深 0.05～0.15、厚 0.25～1.25 米。黄色土夹褐斑，土质较致密。堆积由西向东倾斜分布全方。包含物有少量的陶片和铜器相关遗物。

第③层：距地表深 0.80～1.55、厚 0～0.30 米。灰褐色土，土质较疏松。堆积由东向西倾斜，

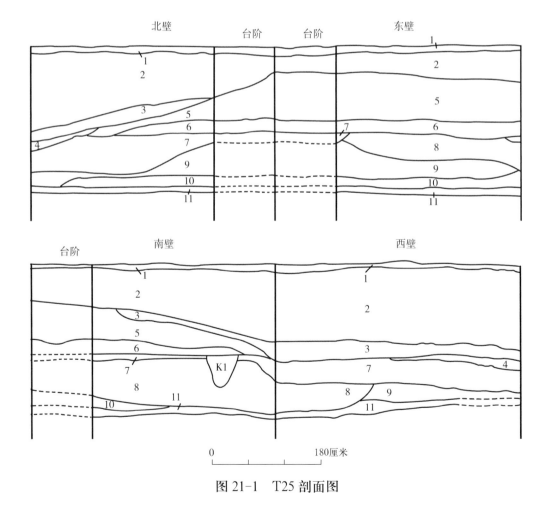

图 21-1　T25 剖面图

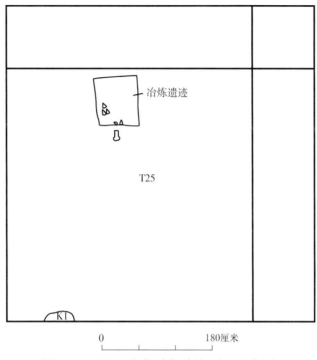

图 21-2 T25 先秦时期遗迹平面分布图

分布于探方西部。包含物有少量的陶片、石器、石块和兽骨等。开口于该层下的遗迹单位有一冶炼遗迹。

第④层：距地表深 1.30～1.50、厚 0～0.15 米。深灰色土，夹细砂颗粒，土质较疏松。堆积由东向西倾斜，分布于探方东部。未见包含物。

第⑤层：距地表深 0.40～1.50、厚 0～0.75 米。黄褐色土夹褐斑，土质较致密。堆积由东向西倾斜，分布于探方东部。未见包含物。

第⑥层：距地表深 1.20～1.50、厚 0～0.30 米。黑色土，夹细砂较多，土质较疏松。堆积分布于探方西北部。包含物仅夹细砂细绳纹红陶片 1 片。开口于该层下的遗迹单位有 K1。

第⑦层：距地表深 1.30～2.00、厚 0～0.60 米。浅灰色土，夹细砂颗粒和部分红烧土颗粒，土质较疏松。堆积分布全方。包含物有极少的陶片和石料。

第⑧层：距地表深 1.40～2.40、厚 0～0.80 米。灰褐色土，土质较致密。堆积分布于探方东部、南部，于西北部消失。包含物仅见陶片 1 片。

第⑨层：距地表深 1.50～2.25、厚 0～0.60 米。黄色黏土，土质较致密。堆积分布于探方大部分区域，于探方南部消失。未见包含物。

第⑩层：距地表深 2.00～2.25、厚 0～0.25 米。灰色黏土，土质较致密。堆积分布于探方东部。未见包含物。

第⑪层：距地表深 2.20～2.45、厚 0.10～0.20 米。褐色黏土，土质较致密。堆积分布全方。未见包含物。

第二节　遗迹及包含物

一　冶炼遗迹

冶炼遗迹

性质不明，推测和冶炼有关，开口于第③层下，位于探方北侧中部。平面形状呈近方形，距地1.25、南北长0.80、东西宽0.70米。遗迹整体泛灰绿色，未见活动面，然堆积中包含有大量铜锈斑，以及少量石块和陶片。陶片共2片，可辨器形有罐口沿1件（彩版二〇七、二〇八）。

二　灰坑及其他坑状堆积

T25K1

开口于第⑥层下，位于探方南侧偏西，部分坑体进入探方南壁。暴露坑口呈扁半圆形，斜壁，圜底，开口距地表1.15、东西长0.50、南北宽0.15、深0.50米。未见包含物。

第三节　地层出土遗物

一　T25 ⑧层

陶器

该层仅见1片陶片。

陶片

1件。

T25⑧：5，（圆肩）罐，泥质硬陶，灰黑色胎灰色表皮。小卷沿下卷，沿面有四周宽窄各异的凹槽，尖圆唇，领部略内凹，溜肩，肩壁较鼓；领外壁至肩部拍印杂乱的小席纹，领部纹饰被抹殆尽。

二　T25 ⑦层

陶器

该层共出土陶片11片，质地、颜色、纹饰统计如下表（表21-1、2）。标本分述如下：

1. 鬲口沿

1件。

T25⑦：3，夹砂青灰陶。侈口，斜折沿，方唇，颈部较直微内凹，鼓腹，颈部中间饰一道凹槽。口径16.2、残高4.6厘米（图21-3，1）。

2. 豆柄

表 21-1 T25 ⑦层出土陶瓷器质地、颜色统计表

陶质	夹粗砂		夹细砂				泥质	合计
陶色	红褐	灰	红	红褐	灰	黑皮红胎	红褐	
陶片数	1	1	3	2	2	1	1	11
百分比（%）	9.09	9.09	27.27	18.18	18.18	9.09	9.09	100

表 21-2 T25 ⑦层出土陶瓷器纹饰统计表

纹饰	软陶					合计
	素面	细绳纹	粗绳纹	弦断绳纹	凹弦纹	
陶片数	2	2	2	4	1	11
百分比（%）	18.18	18.18	18.18	36.36	9.09	100

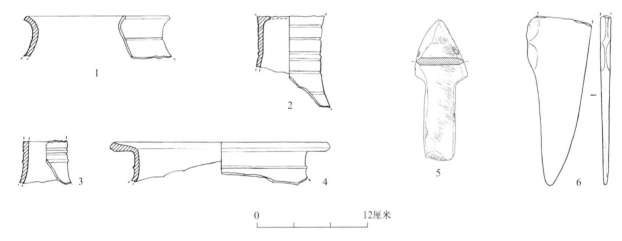

0 _____ 12厘米

图 21-3 T25 ⑦、③、②层出土陶器、石器

1.高口沿 T25 ⑦：3　2、3.豆柄 T25 ⑦：1、T25 ③：6　4.高领罐 T25 ③：2　5.石矛 T25 ③：1　6.鼎足 T25 ②：7

1 件。

T25 ⑦：1，泥质略夹砂，红褐胎灰白芯，表层有一层黑皮。直径较大，下端微向外撇。腹部饰多道凹槽。残宽 8、残高 9.8 厘米（图 21-3，2；彩版二〇九，1）。

三 T25 ③层

（一）陶瓷器

该层共出土陶片 34 片，质地、颜色、纹饰统计如下表（表 21-3、4）。标本分述如下：

表 21-3 T25 ③层出土陶瓷器质地、颜色统计表

陶质	夹细砂			泥质		印纹陶	合计
陶色	红褐	灰	黑	红	灰		
陶片数	17	3	5	2	6	1	34
百分比（%）	50.00	8.82	14.71	5.88	17.65	2.94	100

表 21-4　T25 ③层出土陶瓷器纹饰统计表

纹饰	软陶				印纹陶	合计
	素面	粗绳纹	弦断绳纹	弦纹	回纹	
陶片数	15	14	2	2	1	34
百分比（%）	44.12	41.18	5.88	5.88	2.94	100

夏时期遗物

1. 鼎足

1 件。

T25 ③：7，泥质黑胎，表层有一层极薄的灰白层，黑色表皮。侧装三角形长扁足，横截面呈细长椭圆形，极扁，足外侧缘顶端有两对较浅圆捏窝。素面。

2. 豆柄

1 件。

T25 ③：6，泥质灰白陶。直筒形，底部略向外撇。下部饰两道凹槽和一道凸棱。残长 5.6、残高 4.6 厘米（图 21-3，3）。

商时期遗物

3. 高领罐

1 件。

T25 ③：2，泥质黑胎，胎体表面灰白色薄层，黑色表皮。平折沿，厚方唇。沿面外侧近口沿处起一道凹棱，高领弧壁内收，领部中间有一周明显的凸棱。素面磨光。口径 23.8、残高 4.6 厘米（图 21-3，4）。

（二）石器

石矛

1 件。

T25 ③：1，灰黑色。器型完整，阔叶形，叶较宽短，两侧磨刃，斜收聚成尖锋，锋刃锋利，细长方形骹。通体磨制光滑。长 14.9、宽 5.7、最厚 0.8 厘米（图 21-3，5；彩版二〇九，2、3）。

四　T25 ②层

陶器

该层共出土陶片 15 片，质地、颜色、纹饰统计如下表（表 21-5、6）。标本分述如下：

夏时期遗物

1. 鼎足

1 件。

T25 ②：7，泥质黑胎，表层有一层极薄的灰白层，黑色表皮。侧装三角形长扁足，横截面呈细长椭圆形，极扁，足外侧缘顶端有两对较浅圆捏窝。素面。残宽 7.2、残高 18、最厚 1.4 厘米（图 21-3，6）。

表 21-5　　T25 ②层出土陶瓷器质地、颜色统计表

陶质	夹粗砂	夹细砂		泥质		合计
陶色	红褐	红	红褐	红褐	灰	
陶片数	1	1	11	1	1	15
百分比（%）	6.67	6.67	73.33	6.67	6.67	100

表 21-6　T25 ②层出土陶瓷器纹饰统计表

纹饰	陶纹饰			合计
	素面	细绳纹	粗绳纹	
陶片数	9	1	5	15
百分比（%）	60.00	6.67	33.33	100

第二二章　T28 遗存分述

第一节　地层堆积

T28 根据土质、土色及其包含物状况可分为 11 层堆积，现逐层介绍各堆积层情况（图 22-1、2；彩版二〇九，4）。

第①层：厚度 0.10～0.15 米。黄灰色粉沙土，土质较疏松。堆积水平状分布全方。包含物有少量的明清瓷片、陶片等。

第②层：距地表深 0.10～0.55、厚度 0.25～0.45 米。黄褐色黏土，夹褐色斑，土质较致密。堆积水平状分布全方。包含物有极少的陶片。开口于该层下的遗迹单位有 K2、K3。

第③层：距地表深 0.35～0.75、厚度 0～0.30 米。灰色土，土质较疏松。堆积大致呈水平状分

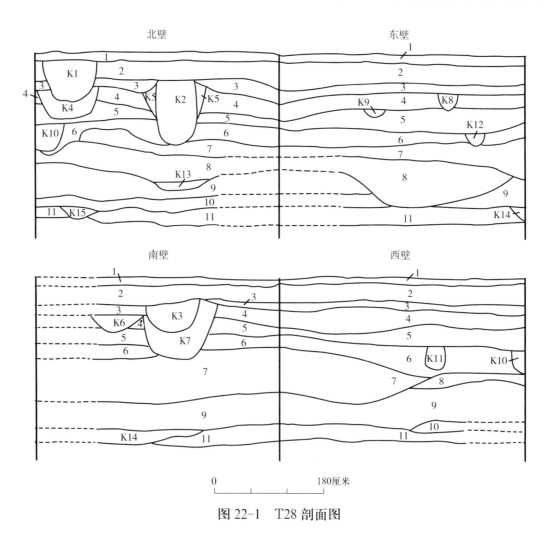

图 22-1　T28 剖面图

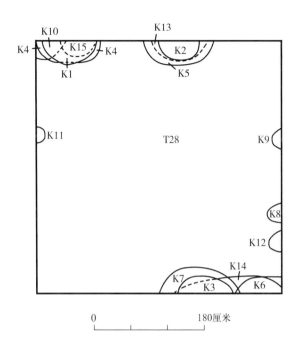

图 22-2　T28 先秦时期遗迹平面分布图

布全方，仅在靠近南壁中部处不见。包含物有极少的陶片和铜器相关遗物。开口于该层下的遗迹单位有 K4、K5、K6、K7、K8。

第④层：距地表深 0.40～1.05、厚度 0.25～0.45 米。黄色土，夹杂大量铁锈斑，褐斑较上层大，土质较致密。堆积大致呈水平状分布全方。包含物有极少的陶片。开口于该层下的遗迹单位有 K9。

第⑤层：距地表深 0.70～1.25、厚度 0.10～0.40 米。灰色土，土质较疏松。堆积大致呈西南部向东北部倾斜分布全方。包含物有极少的陶片和铜器相关遗物。开口于该层下的遗迹单位有 K10、K11、K12。

第⑥层：距地表深 0.90～1.65、厚度 0.10～0.50 米。黄色土，夹褐斑，斑块较大，土质较致密。堆积大致呈水平状分布全方，西北部稍厚。包含物仅见 2 片陶片。

第⑦层：距地表深 1.10～2.00、厚度 0～0.75 米。灰土，土质较疏松。南部堆积较厚，北部较平缓。包含物仅见 7 片陶片和炉壁 1 块。

第⑧层：距地表深 1.40～2.40、厚度 0～0.75 米。黑土，含大量草木灰，土质疏松。堆积主要分布在东部和北部。包含物仅见陶片 1 片、兽骨 1 块。开口于该层下的遗迹单位有 K13。

第⑨层：距地表深 1.60～2.40、厚度 0～0.65 米。灰褐色砂土，土质致密。堆积大致呈西南部向东北部倾斜，东部部分不见。包含物有少量的陶片和兽骨。开口于该层下的遗迹单位有 K14。

第⑩层：距地表深 2.20～2.55、厚度 0～0.25 米。黄色黏土，夹杂有褐斑，土质较致密。堆积主要分布在探方北部。开口于该层下的遗迹单位有 K15。未见包含物。

第⑪层：距地表深 2.30～2.75、厚度 0.15～0.30 米，褐色黏土，土质致密。堆积大致呈水平状分布全方，仅靠近南壁附近不见。未见包含物。

第二节　遗迹及包含物

灰坑及其他坑状堆积

1.T28K15

开口于第⑩层下，位于探方北部，接近探方西北角，部分坑体进入探方北壁。暴露坑口为半圆形，斜壁，圜底，半径约 0.60、深约 0.15 米。未见包含物。

2.T28K14

开口于第⑨层下，位于探方南部，探方东南角处，部分坑体进入探方东壁和南壁。暴露坑口为1/4 椭圆形，斜壁，平底，东西长约 1.50、深约 0.15 米。出土遗物有兽骨 2 块和残豆盘 1 件。

3.T28K13

开口于第⑧层下，位于探方北部，部分坑体进入探方北壁。暴露坑口为 1/2 椭圆形，斜壁，平底，东西长约 0.90、南北最宽约 0.25、深约 0.15 米。未见包含物。

4.T28K12

开口于第⑤层下，位于探方东南部，部分坑体进入探方东壁。暴露坑口为半圆形，斜壁，圜底，半径约 0.30、深约 0.40 米。包含物有少量的铜渣。

5.T28K11

开口于第⑤层下，位于探方西部，部分坑体进入探方西壁。暴露坑口为半圆形，近直壁，圜底，半径约 0.35、深约 0.20 米。包含物有少量的铜渣。

6.T28K10

开口于第⑤层下，位于探方西北角，部分坑体进入探方西壁和北壁。暴露坑口为 1/4 不规则圆形，斜壁，平底，东西长约 0.50、南北最宽约 0.25、深约 0.40 米。未见包含物。

7.T28K9

开口于第④层下，位于探方东部，部分坑体进入探方东壁。暴露坑口为半圆形，斜壁，圜底，半径约 0.30、深约 0.10 米。未见包含物。

8.T28K4

开口于第③层下，位于探方北部偏西，打破 K10，部分坑体进入探方北壁。暴露坑口为半椭圆形，斜壁，平底，东西长约 1.05、南北最宽约 0.35、深约 0.45 米。未见包含物。

9.T28K5

开口于第③层下，位于探方中北部，部分坑体进入探方北壁，由于被 K2 打破，底形状不明。暴露坑口为半椭圆形，坑壁为斜壁，东西长约 1.15、南北最宽约 0.35 米，深度不明。未见包含物。

10.T28K6

开口于第③层下，位于探方东南角，部分坑体进入东壁和南壁。暴露坑口为不规则的半圆形，斜壁，圜底，东西长约 0.75、南北最宽约 0.25、深约 0.25 米。未见包含物。

11.T28K7

开口于第③层下，位于探方东南部，K7 东部打破 K6，部分坑体进入南壁。暴露坑口为半圆形，斜壁，平底，半径约 1.30、深约 0.90 米。未见包含物。

12.T28K8

开口于第③层下，位于探方东部，部分坑体进入探方东壁。暴露坑口为不规则的半圆形，斜壁，圜底，半径约 0.35、深约 0.25 米。未见包含物。

13.T28K2

开口于第②层下，位于探方中北部，部分坑体进入探方北壁，打破 K5。暴露坑口为半圆形，半径约 0.65、深约 1.00 米，直壁，圜底。未见包含物。

14.T28K3

开口于第②层下，位于探方东南部，K3 打破 K7，部分坑体进入探方东壁。暴露坑口为半圆形，斜壁，圜底，半径约为 0.90、深约 0.40 米。填土为夹褐斑的黄土，颜色较暗，包含物有原始瓷豆 1 件和铜渣 3 块。

第三节　地层出土遗物

一　T28 ⑨层

陶器

该层共出土陶片 44 片，质地、颜色、纹饰统计如下表（表 22-1、2）。标本分述如下：

表 22-1　T28 ⑨层出土陶瓷器质地、颜色统计表

陶质	夹粗砂		夹细砂				泥质			合计
陶色	红褐	灰	红褐	灰	黑红	黑皮灰胎	灰	黑皮红胎	黑皮灰胎	
陶片数	5	1	14	8	1	1	1	7	6	44
百分比（%）	11.36	2.27	31.82	18.18	2.27	2.27	2.27	15.91	13.64	100

表 22-2　T28 ⑨层出土陶瓷器纹饰统计表

纹饰	软陶			合计
	素面	粗绳纹	附加堆纹	
陶片数	11	29	4	44
百分比（%）	25.00	65.91	9.09	100

1.鬲口沿

2 件。

T28⑨：5，泥质黑陶。侈口，方唇，上腹近直。肩部饰两周凹弦纹，腹部饰斜向粗绳纹。口径 15、残高 6 厘米（图 22-3，1）。

T28⑨：6，夹细砂黑衣褐陶。侈口，方唇，短颈。颈部饰浅凹弦纹，肩部饰细绳纹。口径 20、残高 7 厘米（图 22-3，2）。

2.鬲足

4 件。

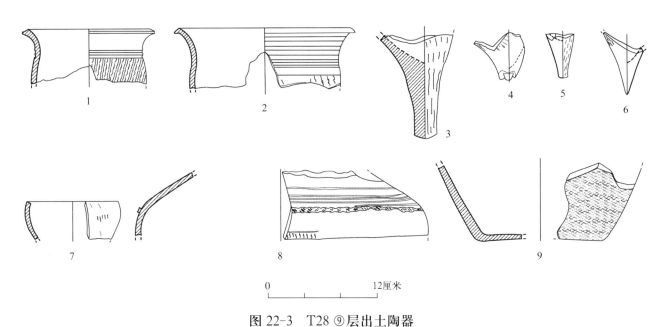

图 22-3　T28 ⑨层出土陶器

1、2. 鬲口沿 T28 ⑨: 5、6　3～6. 鬲足 T28 ⑨: 11、12、14、16　7. 钵口沿 T28 ⑨: 17　8、9. 罐 T28 ⑨: 7、10

T28 ⑨: 11，夹细砂褐陶。高柱足，平底。足跟有刮抹痕。残高 12 厘米（图 22-3，3；彩版二一〇，1）。

T28 ⑨: 12，夹细砂褐陶。锥状足，足尖残。残高 5.5 厘米（图 22-3，4）。

T28 ⑨: 14，夹细砂黄褐陶。短柱足，小平底。残高 4.5 厘米（图 22-3，5）。

T28 ⑨: 16，夹细砂红褐陶，内壁黑色。尖锥足。残高 7 厘米（图 22-3，6）。

3. 钵口沿

1 件。

T28 ⑨: 17，夹砂褐陶。敛口，方唇，弧腹内收。肩、腹部饰浅绳纹。口径 11、残高 5 厘米（图 22-3，7）。

4. 罐

2 件。

T28 ⑨: 7，泥质黑衣褐陶。圆肩罐肩部腹片。肩、腹交接处饰一周附加堆纹，上有绳纹，肩部有数周不规则凸弦纹。最大腹径 33、残高 7 厘米（图 22-3，8）。

T28 ⑨: 10，夹粗砂褐陶。残存罐下腹部及底。斜腹内收，大平底。器表饰交错绳纹。底径 14、残高 9 厘米（图 22-3，9；彩版二一〇，2、3）。

二　T28 ⑧层

陶器

该层仅出土遗物 2 件，分述如下：

豆盘

1 件。

T28⑧：1，泥质黑衣褐陶。杯形豆盘。侈口，短平沿，圆唇，圈足残。肩部一周凸棱，下腹部微鼓。口径 12、残高 7 厘米（图 22-4，1；彩版二一〇，4）。

三　T28⑦层

陶器

该层共出土陶片 7 片，其中素面 1、粗绳纹 6 片，质地、颜色统计如下表（表 22-3、4）。

表 22-3　T28⑦层出土陶瓷器质地、颜色统计表

陶质	夹粗砂	夹细砂		泥质	合计
陶色	红褐	红褐	黑灰	红褐	
陶片数	1	3	2	1	7
百分比（%）	14.29	42.86	28.57	14.29	100

表 22-4　T28⑦层出土陶瓷器纹饰统计表

纹饰	软陶		合计
	素面	粗绳纹	
陶片数	1	6	7
百分比（%）	14.29	85.71	100

四　T28⑥层

陶器

该层共出土陶片 8 片，其中夹细砂红褐陶 6、夹细砂黑红陶 1、泥质黑红陶 1 片，纹饰上，素面 3、粗绳纹 1、细绳纹 4 片。标本分述如下：

鬲

1 件。

T28⑥：1，夹细砂褐陶。侈口，折沿，方唇。器表有刮抹痕，素面。残高 9 厘米（图 22-4，2；彩版二一〇，5）。

五　T28⑤层

陶瓷器

该层共出土陶片 11 片，质地、颜色、纹饰统计如下表（表 22-5、6）。标本分述如下：

1. 盆口沿

1 件。

T28⑤：2，泥质黑衣褐陶。侈口，折沿，方唇，弧腹内收。颈部以下饰竖向细绳纹，肩部有三

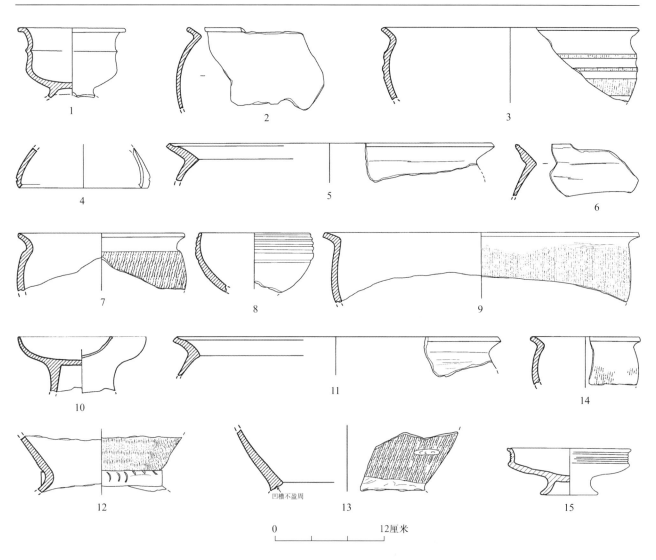

图 22-4　T28 ⑧、⑥～②层出土陶瓷器

1. 豆盘 T28 ⑧: 1　2. 鬲 T28 ⑥: 1　3. 盆口沿 T28 ⑤: 2　4. 器盖 T28 ⑤: 1　5、6. 陶器口沿 T28 ④: 1、2　7. 鬲口沿 T28 ③: 5　8. 钵口沿 T28 ③: 8　9. 盆口沿 T28 ③: 7　10. 豆 T28 ③: 10　11. 陶器口沿 T28 ③: 4　12、13. 甗腰 T28 ②: 6、7　14. 陶器口沿 T28 ②: 2　15. 原始瓷豆 T28 ②: 1

表 22-5　T28 ⑤层出土陶瓷器质地、颜色统计表

陶质	夹细砂	泥质		合计
陶色	红褐	红褐	黑灰	
陶片数	6	1	4	11
百分比（%）	54.55	9.09	36.36	100

表 22-6　T28 ⑤层出土陶瓷器纹饰统计表

纹饰	陶纹饰					合计
	素面	细绳纹	粗绳纹	弦断绳纹	弦纹	
陶片数	1	1	6	2	1	11
百分比（%）	9.09	9.09	54.55	18.18	9.09	100

周凹弦纹。口径 29、残高 8 厘米（图 22-4，3）。

2. **器盖**

1 件。

T28 ⑤：1，覆钵形，方唇，盖面斜弧，顶残。口沿外有一周凹弦纹。口径 15、残高 5 厘米（图 22-4，4）。

六　T28 ④层

陶器

该层共出土陶片 5 片，其中，夹粗砂红褐陶 3、夹细砂灰陶 1、原始瓷 1 片，纹饰上，软陶素面 3、粗绳纹 1 片，原始瓷素面 1 片。质地、颜色、纹饰统计如下表（表 22-7、8）。标本分述如下：

表 22-7　T28 ④层出土陶瓷器质地、颜色统计表

陶质	夹粗砂	夹细砂	原始瓷	合计
陶色	红褐	红褐		
陶片数	3	1	1	5
百分比（%）	60	20	20	100

表 22-8　T28 ④层出土陶瓷器纹饰统计表

纹饰	软陶		原始瓷	合计
	素面	粗绳纹	素面	
陶片数	3	1	1	5
百分比（%）	60	20	20	100

陶器口沿

2 件。

T28 ④：1，夹细砂红褐陶。侈口，折沿，方唇。口径 38、残高 4 厘米（图 22-4，5）。

T28 ④：2，夹细砂红褐陶。侈口，折沿，方唇。残高 5 厘米（图 22-4，6）。

七　T28 ③层

陶器

该层共出土陶片 27 片，纹饰上，素面 14、粗绳纹 12、弦纹 1 片，质地、颜色统计如下表（表 22-9、10）。标本分述如下：

1. **扁口沿**

1 件。

T28 ③：5，夹细砂灰黑陶。侈口，圆唇，束颈，上腹近直。肩、腹部饰竖向绳纹。口径 19、残

表 22-9　T28 ③层出土陶瓷器质地、颜色统计表

陶质	夹细砂		泥质		合计
陶色	红褐	灰	红褐	黑红	
陶片数	21	3	1	2	27
百分比（%）	77.78	11.11	3.70	7.41	100

表 22-10　T28 ③层出土陶瓷器纹饰统计表

纹饰	陶纹饰			合计
	素面	粗绳纹	弦纹	
陶片数	14	12	1	27
百分比（%）	51.85	44.44	3.71	100

高 6 厘米（图 22-4，7）。

2. 钵口沿

1 件。

T28 ③：8，泥质褐陶。敛口，深腹。肩部有数周细凹弦纹。口径 12、残高 6 厘米（图 22-4，8）。

3. 盆口沿

1 件。

T28 ③：7，泥质褐陶。侈口，短折沿，方唇，弧腹。肩、腹部饰竖向绳纹。口径 36、残高 7 厘米（图 22-4，9；彩版二一一，1）。

4. 豆

1 件。

T28 ③：10，泥质褐陶，残存少量黑衣。直口，尖唇，浅盘，圈足残。口径 14、残高 6 厘米（图 22-4，10；彩版二一一，2）。

5. 陶器口沿

1 件。

T28 ③：4，夹细砂褐陶。侈口，折沿，方唇。口径 38、残高 4 厘米（图 22-4，11）。

八　T28 ②层

（一）陶器

该层共出土陶片 17 片，质地、颜色、纹饰统计如下表（表 22-11、12）。标本分述如下：

1. 甗腰

2 件。

T28 ②：6，夹细砂褐陶。甗腰处有附加堆纹，上有指甲纹，甑部饰细绳纹。残高 6 厘米（图 22-4，12；彩版二一一，3）。

T28 ②：7，夹细砂褐陶。甗腰处有附加堆纹，甑部饰细绳纹。残高 6 厘米（图 22-4，13）。

表 22-11　T28 ②层出土陶瓷器质地、颜色统计表

陶质	夹粗砂		夹细砂		原始瓷	合计
陶色	红褐	灰	红褐	灰		
陶片数	4	1	8	3	1	17
百分比（%）	23.53	5.88	47.06	17.65	5.88	100

表 22-12　T28 ②层出土陶瓷器纹饰统计表

纹饰	软陶			原始瓷	合计
	素面	粗绳纹	附加堆纹与粗绳纹	素面	
陶片数	10	4	2	1	17
百分比（%）	58.82	23.53	11.76	5.88	100

2. 陶器口沿

1 件。

T28 ②：2，夹细砂褐陶。侈口，折沿，圆唇，弧腹。腹部饰细绳纹。口径 12、残高 5 厘米（图 22-4，14）。

3. 原始瓷豆

1 件。

T28 ②：1，灰白胎。直口，圆唇，浅盘，折腹，矮圈足。上腹部有五周细凹弦纹。口径 14、底径 6、高 5 厘米（图 22-4，15；彩版二一一，4、5）。

（二）铜器及相关遗物

炉壁

1 块。

T28 ②：9，不规则形。长 6、厚 1 厘米（彩版二一二，1～9）。

第二三章　T29 遗存分述

第一节　地层堆积

T29 根据土质、土色及其包含物状况可分为 10 层堆积，现逐层介绍各堆积层情况（图 23-1、2；彩版二一三、二一四）。

第①层：厚 0.05～0.20 米。灰色土，土质疏松。堆积大致呈水平状分布全方。包含物有少量的明清瓷片、陶片。开口于本层下的遗迹单位有 K1。

第②层：距地表深 0.05～0.20、厚 0.10～0.55 米。黄色土夹褐斑，土质较致密。堆积分布全方，东北部稍厚。包含物有较少的陶片和少量石器、铜器相关遗物。开口于本层下的遗迹单位有 K2、HDM1。

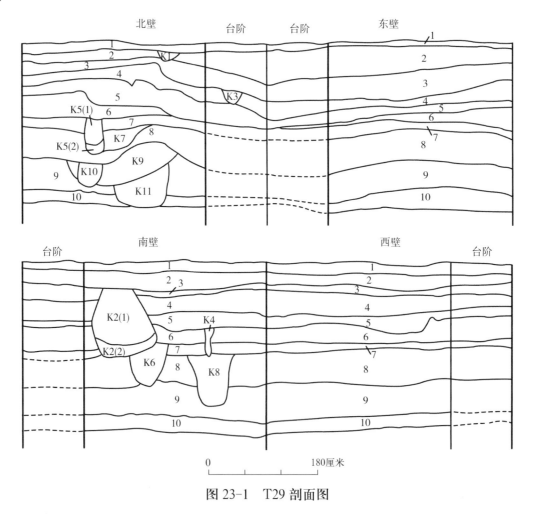

图 23-1　T29 剖面图

第③层：距地表深 0.25 ～ 0.75、厚 0.05 ～ 0.45 米。灰色土，土质较疏松。堆积分布全方，大致从西南部向北部倾斜。包含物有少量的陶片和石器。开口于本层下的遗迹单位有 K3。

第④层：距地表深 0.27 ～ 0.90、厚 0.10 ～ 0.40 米。黄色土夹褐斑，褐斑较②层褐斑颗粒大，土质致密。堆积分布全方，东北部较薄，大致从西南部向北部倾斜。包含物为少量的陶片。

第⑤层：距地表深 0.60 ～ 1.20、厚 0.07 ～ 0.42 米。灰色土，土质疏松。堆积分布全方，厚薄不均，东南部较薄。包含物少量的陶片、石器和铜器相关遗物。开口于本层下的遗迹单位有 K4。

第⑥层：距地表深 0.80 ～ 1.30、厚 0 ～ 0.40 米。黄色土夹褐斑，土质较致密。堆积除东北部外，探方其他区域均有分布。包含物有少量的陶片。开口于本层下的遗迹单位有 K5、K6。

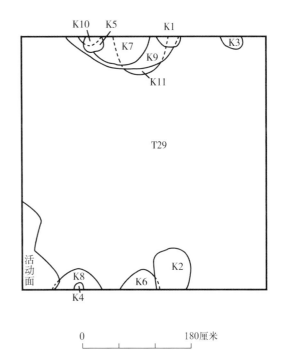

图 23-2　T29 先秦时期遗迹平面分布图

第⑦层：距地表深 1.15 ～ 1.45、厚 0.10 ～ 0.25 米。灰土，土质疏松。堆积分布全方，厚薄不甚均匀，东北部稍厚。包含物主要有少量的陶片和铜器相关遗物。开口于本层下的遗迹单位有 K7、K8。

第⑧层：距地表深 1.30 ～ 1.60、厚 0.30 ～ 0.60 米。黑土，夹大量草木灰，土质极疏松。堆积大致呈水平状分布全方。包含物有少量的陶片。开口于本层下的遗迹有 K9、K10、K11。

第⑨层：距地表深 1.55 ～ 2.10、厚 0.35 ～ 0.60 米。黄土，土质致密。堆积大致呈水平状分布全方，仅东北部稍薄。包含物有少量陶片。

第⑩层：距地表深 2.10 ～ 2.55、厚 0.15 ～ 0.35 米。褐色黏土，土质致密。堆积分布全方，仅东部稍厚。未见包含物。

第二节　遗迹及包含物

一　灰坑及其他坑状堆积

1.T29K11

开口于第⑧层下，位于探方北侧中部，部分坑体进入探方北壁，坑上部被 K9 打破。暴露坑口平面呈半圆形，直壁，平底，东西长约 0.90、南北宽约 0.60、最深约 0.65 米。坑内填土灰褐色，土质较疏松。未见包含物。

2. T29K10

开口于第⑧层下，位于探方北侧偏西，部分坑体进入探方北壁。暴露坑口平面呈近圆形，直壁，圜底，南北长约 0.25、东西宽约 0.25、深约 0.40 米。坑内填土灰黑色，土质较疏松。未见包含物。

3. T29K9

开口于第⑧层下，位于探方北侧中部，部分坑体进入探方北壁，坑西部被 K10 打破。暴露坑口平面呈半圆形，斜壁，圜底，东西长约 1.80、南北宽约 0.50、深约 0.65 米。坑内填土灰褐色，土质较疏松。未见包含物。

4. T29K8

开口于第⑦层下，位于探方南侧偏西，部分坑体进入探方南壁。暴露坑口平面呈近半圆形，斜壁，平底，东西长约 0.80、南北宽约 0.32、深约 0.85 米。坑内填土灰黄色，土质较疏松。未见包含物。

5. T29K7

开口于第⑦层下，位于探方北侧中部，部分坑体进入探方北壁，坑西部被 K5 打破。暴露坑口平面呈半圆形，斜壁，近平底，东西长约 0.90、南北宽约 0.45、深约 0.45 米。坑内填土灰色，土质较疏松。未见包含物。

6. T29K6

开口于第⑥层下，位于探方南侧中部，部分坑体进入探方南壁，坑西部被 K2 打破。暴露坑口平面呈近半圆形，斜壁，圜底，东西长约 0.65、南北宽约 0.30、深约 0.70 米。坑内填土为灰黑色，土质疏松。未见包含物。

7. T29K5

开口于第⑥层下，位于探方北部偏西，部分坑体进入探方北壁。暴露坑口平面呈近圆形，近直壁，圜底，直径约 0.25、深约 0.60 米。坑内堆积分上下两层，上层为黄土，夹少量黑色土，土质较致密，厚约 0.45 米；下层为灰黄土，土质较致密，厚约 0.15 米。未见包含物。

8. T29K4

开口于第⑤层下，位于探方西南，部分坑体进入探方南壁。暴露坑口平面呈半圆形，近直壁，圜底，东西长约 0.15、南北宽约 0.10、深约 0.45 米。坑内填土为灰色，土质较疏松。未见包含物。

9. T29K3

开口于第③层下，位于探方东北角，部分坑体进入探方北壁。暴露坑口平面呈近半圆形，斜壁，圜底，东西长约 0.35、南北宽约 0.20、深约 0.25 米。坑内填土为灰色，土质较疏松。未见包含物。

10. T29K2

开口于第②层下，位于探方南侧中部，部分坑体进入探方南壁。暴露坑口平面呈近椭圆形，斜壁，圜底，南北长约 0.65、东西宽约 0.50、深约 1.05 米。坑内堆积分为上下两层，上层为黄褐色，土质较疏松，厚约 0.85 米；下层为灰褐色，土质较疏松，厚约 0.20 米。未见包含物。

11. T29K1

开口于第①层下，位于探方北侧偏东，部分坑体进入探方北壁。暴露坑口平面呈扁半圆形，斜壁，圜底，南北宽约 0.15、东西长约 0.40、深约 0.17 米。坑内填土为灰色，土质较疏松。未见包含物。该坑可能非先秦遗迹。

二　活动面

T29HDM1

开口于第②层下，位于探方西南角。分布范围呈不规则形状，开口距地表约 0.40、南北长约 1.40、东西最宽处约 0.60 米。活动面为红褐色，夹杂小颗粒烧土，土质较硬。未见包含物（彩版二一五，1）。

第三节　地层出土遗物

一　T29 ⑨层

陶瓷器

该层共出土陶片 12 片，陶瓷器质地、颜色、纹饰统计如下表（表 23-1、2）。标本分述如下：

表 23-1　T29 ⑨层出土陶瓷器质地、颜色统计表

陶质	夹细砂		泥质		原始瓷	合计
陶色	红褐	灰	红	红褐		
陶片数	1	4	5	1	1	12
百分比（%）	8.33	33.33	41.68	8.33	8.33	100

表 23-2　T29 ⑨层出土陶瓷器纹饰统计表

纹饰	软陶		原始瓷	合计
	素面	粗绳纹	素面	
陶片数	4	7	1	12
百分比（%）	33.33	58.34	8.33	100

原始瓷豆座

1 件。

T29⑨：1，灰胎，施绿釉。残存底部，矮圈足。底径 7、残高 4 厘米（彩版二一五，2、3）。

二　T29 ⑧层

陶瓷器

该层共出土陶片 13 片，陶器质地、颜色、纹饰统计如下表（表 23-3、4）。标本分述如下：

1. 鬲足

3 件。

T29⑧：4，夹砂红褐陶，足上部和足窝内侧有烟炱痕。锥状实足跟较矮，足窝较深。表面有刮削痕迹，素面。残高 6.6 厘米（图 23-3，1）。

表 23-3　　T29 ⑧层出土陶瓷器质地、颜色统计表

陶质	夹细砂			泥质	合计
陶色	红褐	灰	黑	灰	
陶片数	9	1	2	1	13
百分比（%）	69.24	7.69	15.38	7.69	100

表 23-4　　T29 ⑧层出土陶瓷器纹饰统计表

纹饰	陶器纹饰			合计
	素面	粗绳纹	旋纹绳纹	
陶片数	5	6	2	13
百分比（%）	38.46	46.15	15.39	100

T29 ⑧：5，夹砂红褐陶，足上部和足窝内侧有烟炱痕迹。截锥状实足跟较矮，足窝较浅，足跟底面为斜面。通体饰竖行细绳纹，足跟底面饰有细绳纹。残高 6.4 厘米（图 23-3，2）。

T29 ⑧：6，夹砂红褐陶，足上部和足窝内侧有烟炱痕迹。截锥状实足跟较矮，足窝较浅，足跟底面为斜面。通体饰斜向细绳纹，足跟底面饰有细绳纹。残高 7 厘米（图 23-3，3）。

2. 甗口沿

1 件。

T29 ⑧：1，夹细砂红褐陶。卷沿，方唇。口沿外侧和颈部的绳纹被抹去，颈部以下饰斜向细绳纹。口径 28、残高 7.6 厘米（图 23-3，4）。

3. 罐底

1 件。

T29 ⑧：3，夹砂青灰陶。底径较大，上腹部残，下腹部斜直，圜底，器身与器腹交接处圆转。器身至外底饰间断斜行细绳纹。底径 6、残高 5.6 厘米（图 23-3，5）。

三　T29 ⑦层

陶瓷器

该层共出土陶片 31 片，陶瓷器质地、颜色、纹饰统计如下表（表 23-5、6）。标本分述如下：

1. 甗腰

1 件。

T29 ⑦：3，夹砂红褐陶，略夹云母，甗腰外饰指甲纹一周。呈月牙形，隔部卷折，器身可见明显刮痕。最小直径 12.8、残高 4 厘米（图 23-3，6）。

2. 盆口沿

2 件。

T29 ⑦：2，泥质灰陶。窄折沿，方唇，肩部有两道凸棱。肩部以下饰纵向细绳纹。口径 18、最大腹径 16.4、残高 6.6 厘米（图 23-3，7）。

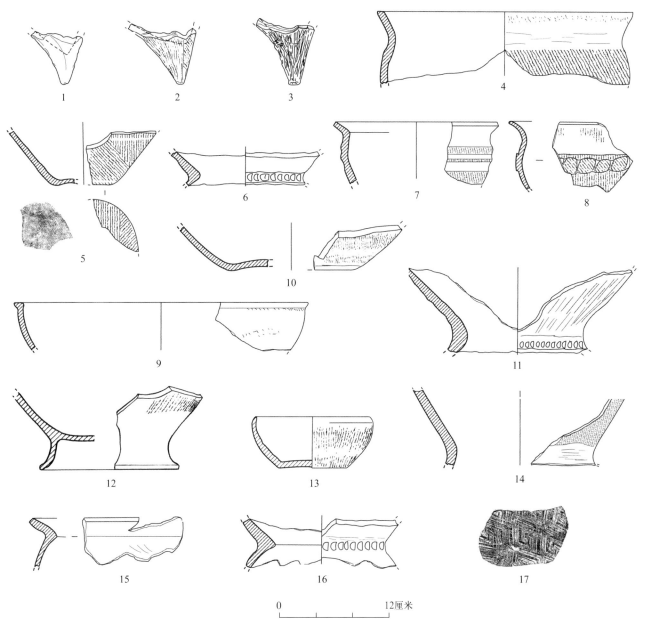

图 23-3 T29 ⑧~④层出土陶瓷器

1~3. 鬲足 T29 ⑧:4、5、6 4. 甑口沿 T29 ⑧:1 5、10. 罐底 T29 ⑧:3、T29 ⑦:8 6、11、14、16. 甑腰 T29 ⑦:3、T29 ⑥:2、T29 ⑤:4、T29 ④:4 7、8. 盆口沿 T29 ⑦:2、4 9. 小盆 T29 ⑦:5 12. 篦圈足 T29 ⑥:3 13. 敛口钵 T29 ⑥:1 15. 甑 T29 ④:2 17. 原始瓷腹片 T29 ④:5

　　T29 ⑦:4，泥质黄褐陶。侈口，卷沿，圆唇。颈部的绳纹被抹去，颈部以下饰纵向细绳纹，肩部饰牙龈有细绳纹按窝的附加堆纹。残宽8、高7.2厘米（图 23-3，8；彩版二一五，4）。

　　3. 小盆

　　1件。

　　T29 ⑦:5，泥质黑皮红褐陶。直口，厚方唇，唇的厚度高于腹壁，内外各形成一个小棱，弧腹内收，下腹部残。素面。口径32、残高5厘米（图 23-3，9）。

表 23-5　T29 ⑦层出土陶瓷器质地、颜色统计表

陶质	夹细砂				泥质				合计
陶色	红褐	灰	黑	黑皮红胎	红褐	黄	灰	黑皮红胎	
陶片数	13	1	4	5	1	2	2	3	31
百分比（%）	41.94	3.23	12.90	16.13	3.23	6.45	6.45	9.68	100

表 23-6　T29 ⑦层出土陶瓷器纹饰统计表

纹饰	软陶							合计
	素面	细绳纹	粗绳纹	弦断绳纹	附加堆纹	凸棱纹	指窝纹	
陶片数	7	4	15	2	1	1	1	31
百分比（%）	22.58	12.90	48.38	6.45	3.23	3.23	3.23	100

4. 罐底

1 件。

T29⑦:8，泥质青灰陶。底径较大，上腹部残，下腹部斜直，圜底，微内凹，器身与器腹交接处圆转。下腹部饰间断中绳纹，外底纹饰不详。底径 14、残高 4.6 厘米（图 23-3，10）。

四　T29 ⑥层

陶 瓷 器

该层共出土陶片 9 片，陶器质地、颜色、纹饰统计如下表（表 23-7、8）。标本分述如下：

表 23-7　T29 ⑥层出土陶瓷器质地、颜色统计表

陶质	夹细砂			泥质	印纹陶	合计
陶色	红褐	灰	黑	黄		
陶片数	5	1	1	1	1	9
百分比（%）	55.56	11.11	11.11	11.11	11.11	100

表 23-8　T29 ⑥层出土陶瓷器纹饰统计表

纹饰	软陶				印纹陶	合计
	素面	细绳纹	弦纹	指窝纹	素面	
陶片数	4	2	1	1	1	9
百分比（%）	44.44	22.22	11.11	11.11	11.11	100

1. 甗腰

1 件。

T29⑥:2，夹砂红褐陶，略夹云母。甗腰外饰指甲纹一周，呈月牙形，隔部卷折，器身可见明显刮痕。最小直径 15.4、残高 9 厘米（图 23-3，11）。

2. 篮圈足

1 件。

T29⑥：3，篮盘底部内弧，圈足较高，微外撇，边缘为圆角方形。下腹部饰较混乱的绳纹。圈足径 15.2、残高 9 厘米（图 23-3，12；彩版二一六，1、2）。

3. 敛口钵

1 件。

T29⑥：1，夹砂红褐陶。口沿内敛，斜方唇，肩部外鼓，斜直腹内收，平底，器腹较深。腹部及器底饰细绳纹。口径 12.6、底径 6.2、高 5.4 厘米（图 23-3，13；彩版二一五，5）。

五　T29 ⑤层

（一）陶瓷器

该层共出土陶片 6 片，陶瓷器质地、颜色、纹饰统计如下表（表 23-9、10）。标本分述如下：

表 23-9　T29 ⑤层出土陶瓷器质地、颜色统计表

陶质	夹细砂		泥质		合计
陶色	红褐	灰	灰	黑	
陶片数	3	1	1	1	6
百分比（%）	50.00	16.67	16.67	16.67	100

表 23-10　T29 ⑤层出土陶瓷器纹饰统计表

纹饰	软陶				印纹陶	合计
	素面	细绳纹	粗绳纹	弦断绳纹	斜方格纹	
陶片数	1	1	2	1	1	6
百分比（%）	16.67	16.67	33.33	16.67	16.67	100

甗腰

1 件。

T29⑤：4，夹砂灰褐陶。器表略黑，甗腰外抹光，隔部卷。器身饰交错粗绳纹。最小直径 16.4、残高 8 厘米（图 23-3，14）。

（二）石器

砺石

1 件。

T29⑤：1，残长 15、宽 9、厚 2 厘米（彩版二一六，3、4）。

（三）铜器及相关遗物

1. 炉壁

2 块。

T29 ⑤：2，近圆形。长 4、厚 1 厘米（彩版二一七，1～8）。

T29 ⑤：6，近椭圆形。长 10、宽 8、厚 1 厘米（彩版二一八，1～7）。

2. 炉渣

1 块。

T29 ⑤：5，不规则形。长 5 厘米（彩版二一九，1～8）。

六　T29 ④层

陶瓷器

该层共出土陶片 10 片，其中夹细砂红褐陶 9、印纹硬陶 1 片，陶器纹饰统计如下表（表 23-11）。标本分述如下：

表 23-11　T29 ④层出土陶瓷器纹饰统计表

纹饰	软陶					印纹陶	合计
	素面	细绳纹	粗绳纹	弦断绳纹	指窝纹	云雷纹	
陶片数	5	1	1	1	1	1	10
百分比（%）	50.00	10.00	10.00	10.00	10.00	10.00	100

1. 甗

1 件。

T29 ④：2，夹砂黑褐陶，口沿内侧有明显烟炱痕迹，表层黑皮脱落严重，夹云母。折沿，沿下角较小，方唇，沿面内侧有一道凹槽，外侧略鼓，颈、腹分界线明显，鼓腹，器表较斑驳。残宽 10.8、残高 5 厘米（图 23-3，15）。

2. 甗腰

1 件。

T29 ④：4，夹砂红褐陶，略夹云母。甗腰外饰指甲纹一周，呈月牙形，隔部折，器身可见明显刮痕。最小直径 14、残高 5 厘米（图 23-3，16）。

3. 原始瓷腹片

1 件。

T29 ④：5，泥质灰白胎，表面不见釉层，可能为素烧。器表饰云雷纹。残长 7、残宽 5 厘米（图 23-3，17；彩版二一六，5）。

七　T29 ③层

（一）陶瓷器

该层共出土陶片 16 片，陶瓷器质地、颜色、纹饰统计如下表（表 23-12、13）。标本分述如下：

表 23-12　T29 ③层出土陶瓷器质地、颜色统计表

陶质	夹细砂	泥质		原始瓷	合计
陶色	红褐	红	灰		
陶片数	11	1	1	3	16
百分比（%）	68.75	6.25	6.25	18.75	100

表 23-13　T29 ③层出土陶瓷器纹饰统计表

纹饰	软陶				原始瓷	合计
	素面	细绳纹	粗绳纹	弦断绳纹	弦纹	
陶片数	5	5	2	1	3	16
百分比（%）	31.25	31.25	12.50	6.25	18.75	100

1. 甂

1 件。

T29③: 4，夹砂红褐陶，口沿内外侧有明显烟炱痕迹，表层黑皮脱落严重，夹云母。折沿，沿下角较小，圆唇，颈、腹分界线明显，鼓腹。器壁较斑驳。残宽 8、残高 5 厘米（图 23-4，1）。

2. 豆

1 件。

T29③: 2，泥质黑陶。敛口，薄方唇，沿面较窄，折腹内收，柄较短，底部外撇近平。口沿外侧饰旋纹三周。口径 11、圈足径 5.7、底径 7.8、高 5.9 厘米（图 23-4，2；彩版二一六，6）。

3. 罐

1 件。

T29③: 5，夹砂红褐陶。斜侈口，折沿，沿面内侧有一道凹槽，方唇，肩部近平。抹光。残宽 8.4、残高 4 厘米（图 23-4，3）。

4. 原始瓷豆

1 件。

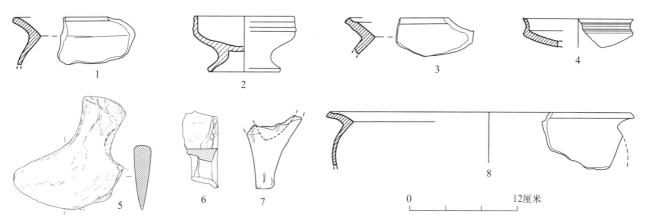

图 23-4　T29 ③、①层出土陶瓷器、石器

1、8. 甂 T29③: 4、T29①: 3　2. 豆 T29③: 2　3. 罐 T29③: 5　4. 原始瓷豆 T29③: 6　5. 石刀 T29③: 1　6. 石料 T29③: 3　7. 高足 T29①: 2

T29③：6，泥质灰白胎，青色釉基本已脱落。侈口，薄方唇，唇面上有一道凹槽，束腹内折，盘面较浅，下腹残。口沿外饰多道旋纹。口径12、最大腹径12、残高3厘米（图23-4，4）。

（二）石器

1. 石刀

1件。

T29③：1，灰黑色。器体近似靴形，残，双面刃，刃口钝。通体磨制粗糙。残宽12、残长12、厚2厘米（图23-4，5；彩版二二〇，1、2）。

2. 石料

1件。

T29③：3，青灰色。器体呈不规则形，器表粗糙，有大量打制疤痕。长8.2、宽3.9厘米（图23-4，6；彩版二二〇，3）。

八　T29②层

（一）陶瓷器

该层共出土陶片118片，陶瓷器质地、颜色、纹饰统计如下表（表23-14、15）。标本分述如下：

表23-14　T29②层出土陶瓷器质地、颜色统计表

陶质	夹粗砂	夹细砂			泥质			印纹陶	原始瓷	合计
陶色	红褐	红褐	灰	黑	红	黄	灰			
陶片数	33	64	5	1	1	5	6	1	2	118
百分比（%）	27.97	54.24	4.24	0.85	0.85	4.24	5.08	0.85	1.69	100

表23-15　T29②层出土陶瓷器纹饰统计表

纹饰	软陶							印纹陶	原始瓷	合计
	素面	细绳纹	粗绳纹	弦断绳纹	交错绳纹	弦纹	刻划纹	重回纹	弦纹	
陶片数	62	6	42	2	1	1	1	1	2	118
百分比（%）	52.54	5.08	35.59	1.69	0.85	0.85	0.85	0.85	1.69	100

1. 鬲

4件。

T29②：14，夹砂黑褐陶，表面及内壁被烟熏黑，夹云母。侈口，斜折沿，沿下角较小，圆唇，鼓腹。腹部饰绳纹。口径18、最大腹径17.6、残高4.4厘米（图23-5，1）。

T29②：15，夹砂黑褐陶，表面及内壁被烟熏黑，夹云母。侈口，斜折沿，沿下角较小，方唇，鼓腹。腹部略饰绳纹。口径17、残高4厘米（图23-5，2）。

T29②：16，夹细砂红陶。卷沿，圆唇，鼓腹。口沿外侧和颈部的绳纹被抹去，颈部以下饰纵向细绳纹，肩部饰两道旋纹。口径24、残高3.6厘（图23-5，3）。

T29②：26，夹细砂红褐陶。窄卷沿，圆唇，沿下角较小。肩部饰斜向细绳纹和两道旋纹。口径16、残高 6 厘米（图 23-5，4）。

2. 鬲足

3 件。

T29②：27，夹砂红褐陶，足窝内侧有烟炱痕迹。截锥状实足跟较矮，足窝较浅。表面有刮削痕迹，素面。残高 6.6 厘米（图 23-5，5）。

T29②：28，夹砂灰陶。截锥状实足跟较矮，足窝较深，足跟底面为斜面。有刮削痕迹，素面。残高 4.8 厘米（图 23-5，6）。

T29②：31，夹砂红褐陶，足上部和足窝内侧有烟炱痕迹。截锥状实足跟较矮，足窝较浅。表面有刮削痕迹，素面。残高 7.6 厘米（图 23-5，7）。

3. 鼎

1 件。

T29②：18，夹砂红褐陶，器表有烟炱痕迹，夹云母。斜直口，折沿，方唇，鼓腹。器表较斑驳。口径20、最大腹径 22、残高 7.4 厘米（图 23-5，8）。

4. 甗口沿

6 件。

T29②：6，夹砂红褐陶，器表及口沿有烟炱痕迹，脱落较明显，夹云母。折沿，沿面近平，薄方唇，微鼓腹。器外壁可见竖行中绳纹。口径33.2、最大腹径 32、残高 12 厘米（图 23-5，9）。

T29②：10，夹砂黑褐陶，表层黑皮脱落严重，夹云母。折沿，沿下角较小，沿面内侧有一道凹槽，圆唇，颈、腹分界线明显，鼓腹。素面。口径35.2、残高 5 厘米（图 23-5，10）。

T29②：11，夹砂红褐陶，表层有烟熏痕迹，夹云母。折沿，沿下角较小，沿面内侧有一道凹槽，方唇，鼓腹。器表抹光，内壁可见口沿与器身相接痕迹。残宽 9.2、残高 6 厘米（图 23-5，11）。

T29②：12，夹粗砂褐陶。厚胎，宽折沿，方唇。口沿外侧和颈部的绳纹被抹去，颈部以下饰斜向细绳纹。口径32、最大腹径 32、残高 5.6 厘米（图 23-5，12）。

T29②：13，夹砂红褐陶，口沿有烟炱痕迹，脱落较明显，夹云母。折沿，沿面近平，薄方唇，沿面内侧微内凹，外侧略外鼓，微鼓腹。器表较斑驳。残宽 8、残高 5 厘米（图 23-5，13）。

T29②：19，夹砂红褐陶，器表有烟炱痕迹，夹云母。侈口，斜折沿，沿下角较大，方唇，鼓腹。腹部饰竖行中绳纹。口径35.2、最大腹径 34、残高 7.4 厘米（图 23-5，14）。

5. 甗腰

2 件。

T29②：23，夹砂黑皮红褐胎。甗腰较厚，外侧有抹痕，卷隔。器身饰竖行细绳纹。最小腰径16、残高 7 厘米（图 23-5，15）。

T29②：24，夹砂红褐陶，甗腰外抹光。隔部折，器身侵蚀严重。纹饰不详。最小腰径16、残高 6.4 厘米（图 23-5，16）。

6. 盆口沿

4 件。

T29②：4，夹砂红褐陶，口沿外侧有烟熏痕迹。折沿，沿下角较小，厚圆唇，沿面内侧有一道凹槽，

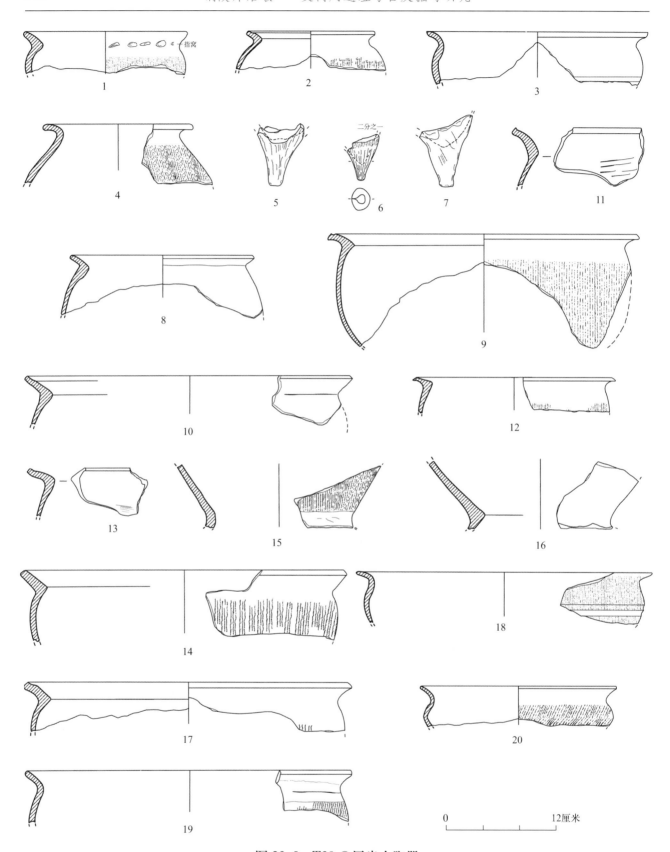

指窝

二分之一

图 23-5　T29 ②层出土陶器

1～4.鬲 T29 ②：14～16、26　5～7.鬲足 T29 ②：27、28、31　8.鼎 T29 ②：18　9～14.甗口沿 T29 ②：6、10、11～13、19　15、16.甗腰 T29 ②：23、24　17～20.盆口沿 T29 ②：4、17、20、21

微鼓腹。器表较斑驳。口径 36、最大腹径 33.6、残高 5.2 厘米（图 23-5，17）。

T29②：17，泥质红褐胎灰陶。侈口，卷沿，圆唇，鼓肩。外壁饰压印较轻的纵向细绳纹，肩部饰两道横向旋纹。口径 32、最大腹径 30、残高 5.4 厘米（图 23-5，18）。

T29②：20，夹砂红陶。侈口，卷沿，方唇，直腹，腹部以下残。沿下饰绳纹，有被抹痕迹，颈部绳纹被抹去，腹部饰纵向中绳纹。口径 36、最大腹径 35.2、残高 5.4 厘米（图 23-5，19）。

T29②：21，泥质红褐陶。卷沿，圆方唇，鼓肩。颈部的绳纹被抹去，肩部饰斜向细绳纹。口径 32、最大腹径 30.4、残高 6 厘米（图 23-5，20）。

7. 罐口沿

3 件。

T29②：25，夹粗砂灰芯红陶，薄胎。卷沿，圆唇。肩部以下饰斜向细绳纹。口径 18、残高 4.8 厘米（图 23-6，1）。

T29②：33，夹砂红褐陶，略夹云母。疑似罐口沿，折沿，方唇，沿下角较大，腹残。口径 16、残高 3 厘米（图 23-6，2）。

T29②：42，夹砂红褐陶，略夹云母。疑似罐口沿，折沿，方唇，沿下角较大，鼓腹。腹部有横向刮痕。口径 22、残高 4 厘米（图 23-6，3）。

8. 印纹硬陶腹片

1 件。

T29②：36，泥质深灰色皮紫胎陶，致密，有气泡（图 23-6，4）。

9. 原始瓷豆

2 件。

T29②：34，泥质灰白胎，青色釉已脱落。折腹内收，下腹残，豆盘较深。口沿外侧饰多道旋纹。口径 18、最大腹径 17.2、残高 3.2 厘米（图 23-6，5）。

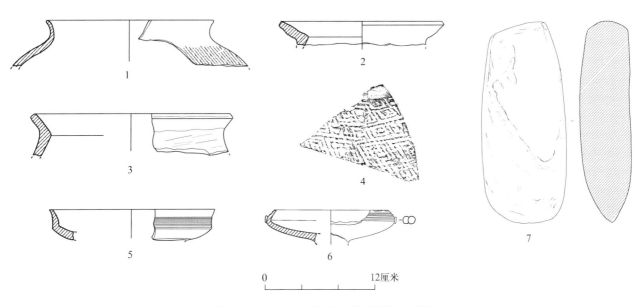

图 23-6　T29 ②层出土陶瓷器、石器

1～3. 罐口沿 T29②：25、33、42　4. 印纹硬陶腹片 T29②：36　5、6. 原始瓷豆 T29②：34、35　7. 石斧 T29②：2

T29②：35，泥质灰白胎，青色釉较薄，仅见少量。口残，敛口，折腹内收。口沿外侧饰多道旋纹，折腹处有两个堆塑小圆饼。口径 12、最大腹径 14、残高 3.4 厘米（图 23-6，6；彩版二二〇，4）。

（二）石器

石斧

1 件。

T29②：2，青灰色。器体很厚重，顶部稍平，双面刃弧凸。通体磨制粗糙，器表有大量打制疤痕。长 21.6、宽 9.2、厚 5.2 厘米（图 23-6，7；彩版二二〇，5）。

（三）铜器及相关遗物

铜锈块

1 块。

T29②：3，残长 3.5、厚 0.6 厘米（彩版二二〇，6）。

第四节　宋以后堆积中出土先秦遗物

陶器

1. 鬲足

1 件。

T29①：2，夹石英红褐陶。柱状实足跟较高，足窝较深，足跟底面为斜面。素面。残宽 6、残高 7.8 厘米（图 23-4，7）。

2. 甗

1 件。

T29①：3，夹砂红褐陶，夹云母。折沿，沿面近平，薄方唇，唇面有一道凹槽，沿面内侧有一道凹槽，微鼓腹。器表纹饰较斑驳。口径 32、最大腹径 30、残高 5 厘米（图 23-4，8）。

第二四章　T32 遗存分述

第一节　地层堆积

T32 根据土质、土色及其包含物状况可分为 9 层堆积，现逐层介绍各堆积层情况（图 24-1）。

第①层：厚 0.06 ～ 0.12 米。灰色黏土，土质疏松。堆积大致呈水平状分布全方。包含物有少量明清瓷片、陶片等。开口于该层下的遗迹单位为 G1。

第②层：距地表深 0.06 ～ 0.12、厚 0 ～ 0.25 米。灰褐色黏土，结构较疏松，堆积主要分布在探方东部和东南部。包含物有较少的陶片。

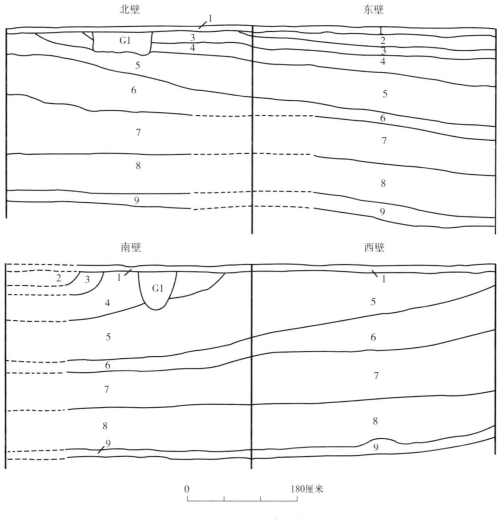

图 24-1　T32 剖面图

第③层：距地表深 0.06～0.35、厚 0～0.35 米。黄褐色黏土，含大量铁锈斑、黑炭及少量红烧土颗粒，土质较致密。堆积主要分布在探方东部。包含物有少量的陶片和铜器相关遗物。

第④层：距地表深 0.10～0.50、厚 0～0.65 米。灰褐色黏土，夹杂大量炭粒，土质较致密。堆积主要分布在探方东部，东南部稍厚。包含物有少量的陶片。

第⑤层：距地表深 0.06～0.90、厚 0.25～1.15 米。灰褐色黏土，有黄褐色土夹层，土质较致密。堆积遍布全方，厚薄不均，大致呈西北部向东南部倾斜。包含物有较多的陶片。

第⑥层：距地表深 0.35～1.55、厚 0.18～0.70 米。黄褐色黏土，夹褐斑，土质较致密。堆积遍布全方，厚薄不均，大致呈西北部向东南部倾斜。包含物有少量陶片和铜器相关遗物。

第⑦层：距地表深 1.05～1.75、厚 0.60～0.95 米。灰褐色黏土，夹若干黄褐色夹层，土质较致密。堆积大致呈水平状分布全方。包含物有较少的陶片。

第⑧层：距地表深 2.00～2.35、厚 0.55～0.70 米。黑土，土质较疏松。堆积大致呈水平状分布全方。包含有少量陶片、木头、兽骨、石块、石器、核桃和炭化竹节等。

第⑨层：距地表深 2.55～3.50、厚 0.25～0.55 米。青灰色淤泥层。堆积大致呈水平状分布全方，仅东北部稍厚。包含物仅见陶器 1 片、石器 1 件（彩版二二一、二二二）。

第二节　地层出土遗物

一　T32 ⑧层

（一）陶瓷器

该层共出土陶片 18 片，陶瓷器质地、颜色、纹饰统计如下表（表 24-1、2）。标本分述如下：

表 24-1　T32 ⑧层出土陶瓷器质地、颜色统计表

陶质	夹细砂			泥质		印纹陶	原始瓷	合计
陶色	黄褐	灰	黑	黄褐	黑			
陶片数	4	1	3	4	2	1	3	18
百分比（%）	22.22	5.56	16.67	22.22	11.11	5.56	16.67	100

表 24-2　T32 ⑧层出土陶瓷器纹饰统计表

纹饰	软陶				印纹陶	原始瓷		合计
	素面	细绳纹	粗绳纹	弦断绳纹	素面	素面	回纹	
陶片数	2	2	9	1	1	1	2	18
百分比（%）	11.11	11.11	50.00	5.56	5.56	5.56	11.11	100

1.鬲

1 件。

T32⑧：9，夹细砂黄褐陶。卷沿，圆尖唇。口沿和颈部的绳纹被抹去，肩部和腹部饰纵向细绳纹。口径 24、最大腹径 24、残高 8.4 厘米（图 24-2，1）。

2.鬲口沿

1件。

T32⑧：3，鬲口沿，夹细砂褐陶，夹云母。窄卷沿，圆唇。颈部的细绳纹被抹去，颈部以下饰纵向细绳纹，肩部饰两道横向旋纹（彩版二二三，1）。

3.盘

1件。

T32⑧：1，泥质黑陶。侈口，尖圆唇，折腹内收，平底，圈足外撇明显。腹部饰多道弦纹。口径18.4、腹径15.4、底径11.6、高7.1厘米（图24-2，2；彩版二二三，2、3）。

4.盆

1件。

T32⑧：10，夹砂红陶。侈口，卷沿，方唇，直腹，腹部以下残。沿下至腹部饰弦断绳纹，其中沿下和颈部绳纹有被抹痕迹。口径30、残高12厘米（图24-2，3；彩版二二三，4）。

5.罐底

1件。

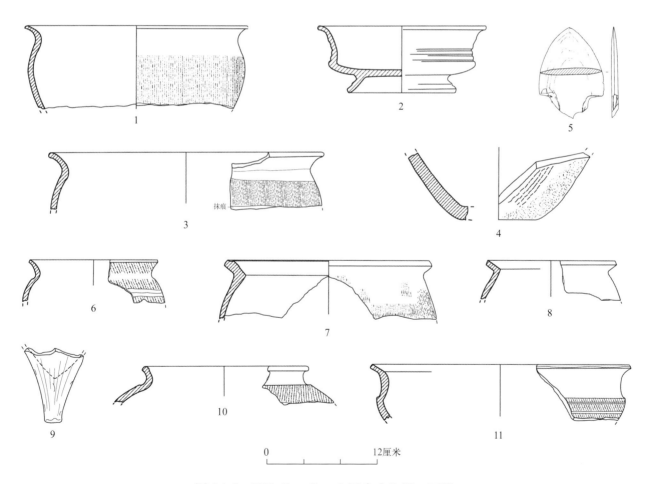

抹痕

0　　　　　　　12厘米

图24-2　T32⑧、⑥、④层出土陶器、石器

1、6～8.鬲 T32⑧：9、T32⑥：2～4　2.盘 T32⑧：1　3.盆 T32⑧：10　4.罐底 T32⑧：4　5.石矛 T32⑧：2　9.鬲足 T32⑥：9　10.罐 T32⑥：1　11.盆口沿 T32④：2

T32⑧：4，夹砂青灰陶。上腹部残，下腹部微鼓，底残。器身与器腹交界处圆转，可见细绳纹，表面有很多气泡。底径 8、残高 7 厘米（图 24-2，4；彩版二二三，5、6）。

6.印纹硬陶罐底

1件。

T32⑧：6，夹细砂灰黑陶。圆底面，微内凹。内底面拍印较规整的凸方格纹，外底面拍印的凸方格纹被抹殆尽。残长 9.6、厚约 0.6 厘米（图 24-3，1；彩版二二四，1）。

7.原始瓷器底

1件。

T32⑧：7，泥质灰白胎，青色釉较薄，腹内壁可见少量青色釉。仅见少部分。鼓腹，平底。腹部饰凸方格纹和方格纹。残宽 7.5、残高 5 厘米（图 24-3，2；彩版二二四，2）。

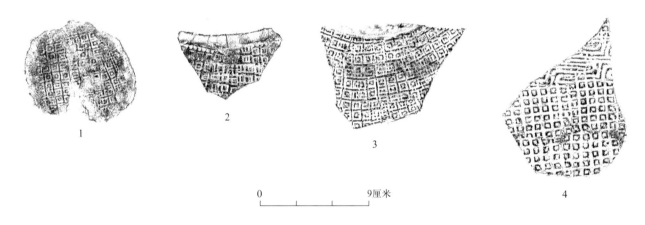

0　　　　　　9厘米

图 24-3　T32⑧、④层出土陶瓷器

1.印纹硬陶罐底 T32⑧：6　2.原始瓷器底 T32⑧：7　3.印纹硬陶瓮 T32④：17　4.印纹硬陶腹片 T32④：11

（二）石器

石矛

1件。

T32⑧：2，灰黑色。器残，仅剩叶部，通体磨制光滑，阔叶形，叶较宽短，两侧磨刃，斜收聚成尖锋，锋刃锋利。残长 9.8、残宽 7.2、厚 0.8 厘米（图 24-2，5；彩版二二四，3、4）。

二　T32⑦层

陶瓷器

该层共出土陶片 106 片，陶瓷器质地、颜色、纹饰统计如下表（表 24-3、4）。标本分述如下：

1.鬲足

3件。

T32⑦：21，夹砂红褐陶，足上部和足窝内侧有烟炱痕迹。截锥状实足跟较矮，足窝较浅，足跟底面为斜面。通体饰斜向细绳纹，足跟底面饰有细绳纹。残宽 6、残高 6.3 厘米（图 24-4，1）。

表 24-3　T32 ⑦层出土陶瓷器质地、颜色统计表

陶质	夹粗砂		夹细砂			泥质				印纹陶	合计
陶色	灰	黑	红褐	灰	黑	红	红褐	灰	黑		
陶片数	5	7	36	9	11	29	4	2	1	2	106
百分比（%）	4.72	6.60	33.96	8.49	10.38	27.36	3.77	1.89	0.94	1.89	100

表 24-4　T32 ⑦层出土陶瓷器纹饰统计表

纹饰	软陶						印纹陶		合计
	素面	细绳纹	粗绳纹	弦断绳纹	附加堆纹	按窝纹	弦纹	回纹	
陶片数	27	9	57	6	4	1	1	1	106
百分比（%）	25.47	8.49	53.77	5.66	3.77	0.94	0.94	0.94	100

T32 ⑦：22，夹砂灰陶，足上部和足窝内侧有烟炱痕迹。柱状实足跟较高，足窝较深，足跟底面为斜面。素面，表面有刮削痕迹。残宽 6、残高 8.4 厘米（图 24-4，2）。

T32 ⑦：24，夹砂红褐陶，足上部和足窝内侧有烟炱痕迹。柱状实足跟较高，足窝较深，足跟底面为斜面。素面，表面有刮削痕迹。残宽 7、残高 10.2 厘米（图 24-4，3）。

2. 甗

2 件。

T32 ⑦：4，夹砂黑褐陶，器表内壁及外壁可见烟炱痕迹，夹云母。折沿，沿下角较小，斜方唇，沿面内侧有一道凹槽，外侧略鼓，沿面略呈盘口，颈、腹分界线明显，鼓腹。腹部饰竖行绳纹，沿下可见刮痕。口径 38、残高 4.4 厘米（图 24-4，4）。

T32 ⑦：5，夹砂黑褐陶，器表内壁及外壁可见烟炱痕迹，夹云母。折沿，沿下角较小，斜方唇，沿面内侧有一道凹槽，外侧略鼓，颈、腹分界线明显，鼓腹。沿下可见刮痕。口径 44、残高 4 厘米（图 24-4，5）。

3. 豆口沿

1 件。

T32 ⑦：14，厚胎。敛口，方唇，鼓腹。素面。口径 13.2、最大腹径 15.2、残高 4.6 厘米（图 24-4，6）。

4. 盆

4 件。

T32 ⑦：10，夹砂陶，黑皮灰胎。侈口，卷沿较窄，沿下角较大，薄方唇，鼓腹，腹部以下残。腹部饰纵向细绳纹，沿下和颈部绳纹被抹去。口径 34、最大腹径 33.6、残高 7 厘米（图 24-4，7）。

T32 ⑦：11，泥质红陶。侈口，卷沿，方唇，直腹，腹部以下残。颈下部饰两道浅凹弦纹，腹部饰纵向中绳纹。口径 23.6、残高 3.6 厘米（图 24-5，1）。

T32 ⑦：12，夹砂灰陶，口沿外侧涂染一层黑色。侈口，卷沿，方唇内凹，直腹，腹部以下残。沿下至腹部饰弦断绳纹。口径 35.8、残高 4.6 厘米（图 24-4，8）。

T32 ⑦：20，泥质红陶，表面有烟炱痕迹。侈口，卷沿，方唇内凹，直腹内收，腹部以下残。沿下饰有纵向细绳纹，有被抹痕迹，颈下部饰凹弦纹一道，腹部饰有纵向细绳纹。口径 38、残高 7.4

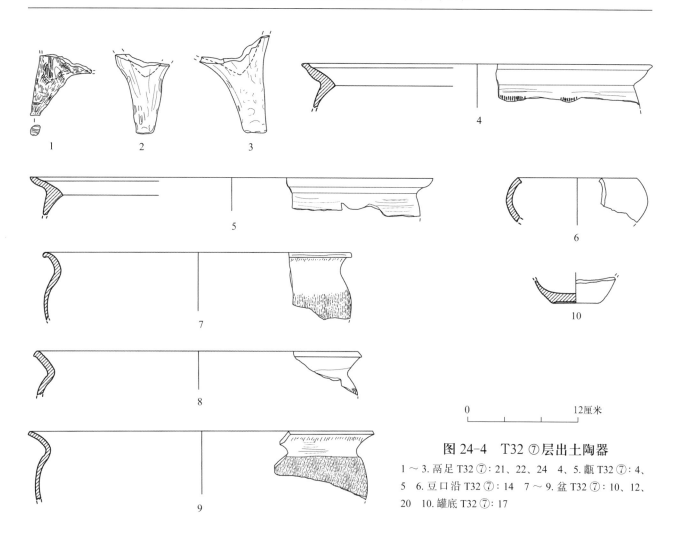

图 24-4　T32 ⑦层出土陶器

1～3.鬲足 T32 ⑦：21、22、24　4、5.甗 T32 ⑦：4、5　6.豆口沿 T32 ⑦：14　7～9.盆 T32 ⑦：10、12、20　10.罐底 T32 ⑦：17

厘米（图 24-4，9）。

　　5. 罐

　　3 件。

　　T32 ⑦：19，夹砂陶，红皮灰胎，口沿部分有烟炱痕迹。侈口，卷沿，圆唇，斜直肩，肩部以下残。颈部以下饰竖行间断中绳纹，颈部及沿下绳纹有被抹痕迹。口径 17.6、残高 5 厘米（图 24-5，2）。

　　T32 ⑦：8，泥质灰陶。卷沿，方唇。沿面靠近唇部有一道旋纹，颈部的绳纹被抹去，颈部以下饰纵向细绳纹。口径 24、残高 4.8 厘米（图 24-5，3）。

　　T32 ⑦：9，泥质灰陶。卷沿，方唇。唇部起榫，颈部的绳纹被抹去，颈部饰一道旋纹，其下饰纵向细绳纹。口径 19.6、残高 4.4 厘米（图 24-5，4）。

　　6. 罐底

　　2 件。

　　T32 ⑦：17，泥质黄褐陶。上腹部残，下腹部斜直，平底，底径较小，器身与器腹交接处硬折。内底修整较为粗糙，素面。底径 4.8、残高 2.8 厘米（图 24-4，10）。

　　T32 ⑦：18，泥质红褐陶。上腹部残，下腹部斜直腹，平底，底径较大，器身与器腹交接处硬折。器身饰斜行麦粒状绳纹，纹饰较紊乱，外底素面，内壁与器底交界处可见抹痕。口径 13.6、残高 20

厘米（图 24-5，5；彩版二二四，5）。

7. 壶

1 件。

T32 ⑦：2，泥质灰褐陶，略夹砂。敛口，斜方唇，器身似筒形，底部直径大于口部直径，斜直腹微内收，下腹部残，上腹部残留有一个片状桥型錾。下腹部饰细绳纹，上腹部仅在錾两侧饰压印绳纹。口径 6.8、最大腹径 11.4、残高 12 厘米（图 24-5，6；彩版二二五，1、2）。

8. 器盖

1 件。

T32 ⑦：16，泥质红褐陶，内壁为灰白色，外壁有明显烟熏痕迹。整个盖体由泥片对捏而成，于一侧起脊，尤其在捉手内侧可见明显黏结痕迹，捉手上端残。器盖饰竖行细绳纹。残长 6、残宽 6 厘米（图 24-5，7）。

9. 陶纺轮

1 件。

T32 ⑦：1，泥质红陶。中间一直壁穿孔，壁稍向外鼓凸。直径 4.3、厚 2.4 厘米（图 24-5，8；彩版二二五，3）。

10. 原始瓷腹片

1 件。

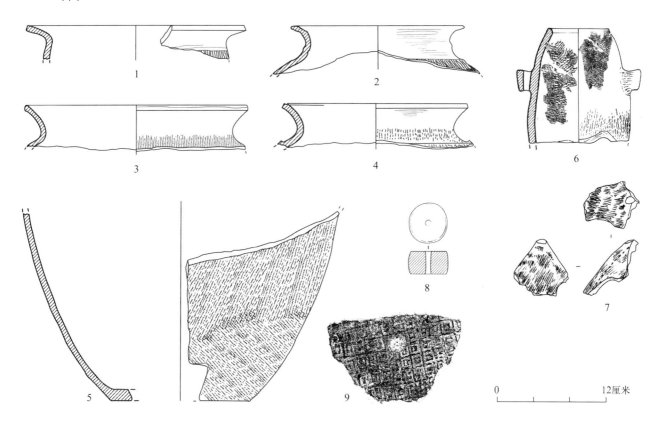

图 24-5　T32 ⑦层出土陶瓷器

1. 盆 T32 ⑦：11　2 ～ 4. 罐 T32 ⑦：19、8、9　5. 罐底 T32 ⑦：18　6. 壶 T32 ⑦：2　7. 器盖 T32 ⑦：16　8. 纺轮 T32 ⑦：1　9. 原始瓷腹片 T32 ⑦：25

T32 ⑦：25，夹砂灰胎，釉不可见。器表饰回字纹（图 24-5，9；彩版二二五，4）。

三　T32 ⑥层

陶瓷器

该层共出土陶片 36 片，陶瓷器质地、颜色、纹饰统计如下表（表 24-5、6）。标本分述如下：

表 24-5　T32 ⑥层出土陶瓷器质地、颜色统计表

陶质	夹细砂				泥质		原始瓷	合计
陶色	红褐	红	灰	黑	灰	黑红		
陶片数	22	4	3	1	1	3	2	36
百分比（%）	61.11	11.11	8.33	2.78	2.78	8.33	5.56	100

表 24-6　T32 ⑥层出土陶瓷器纹饰统计表

纹饰	软陶				原始瓷		合计
	素面	细绳纹	粗绳纹	按窝	素面	弦纹	
陶片数	20	3	11	1		1	36
百分比（%）	55.56	8.33	30.56	2.78	0.00	2.78	100

1. 鬲

4 件。

T32 ⑥：2，夹砂黑陶。侈口，卷沿，沿下角较大，薄方唇，鼓腹。沿下及腹部饰间断细绳纹。口径 14、残高 4.4 厘米（图 24-2，6）。

T32 ⑥：3，夹砂红褐陶，器表及口沿被灼烧黑，夹云母。侈口，斜折沿，沿下角较小，方唇，沿面内侧有一道凹槽，鼓腹。腹部饰麦粒状绳纹，纹饰较模糊。口径 22、残高 6.2 厘米（图 24-2，7）。

T32 ⑥：4，夹砂红褐陶，夹云母。侈口，斜折沿，沿下角较小，方唇。腹部饰绳纹，纹饰较模糊。口径 14、残高 4.2 厘米（图 24-2，8）。

T32 ⑥：5，夹砂黑褐陶，夹云母。侈口，斜折沿，沿下角较小，方唇，唇面有一道凹槽，鼓腹。腹部饰细绳纹，纹饰较模糊。口径 18、残高 6.6 厘米（图 24-6，1）。

2. 鬲足

1 件。

T32 ⑥：9，夹砂红褐陶，足上部和足窝内侧有烟炱痕迹。柱状实足跟较矮，足窝较深。表面有刮削痕迹，素面。残宽 6.4、残高 7.8 厘米（图 24-2，9）。

3. 盉柄

1 件。

T32 ⑥：11，夹砂青灰陶。呈羊角状，上下端均残。残宽 3.6、残高 7.6、厚 2 厘米（彩版二二六，1）。

4. 罐

1 件。

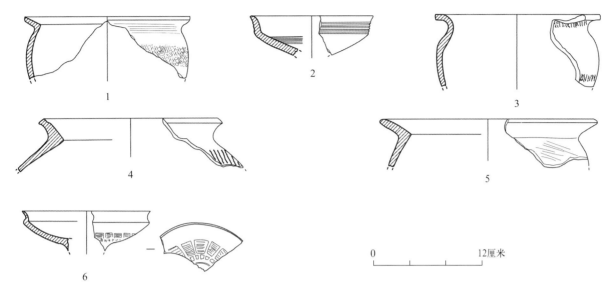

图 24-6 T32 ⑥、④层出土陶瓷器

1. 鬲 T32⑥：5 2. 原始瓷豆 T32⑥：10 3. 鬲口沿 T32④：1 4、5. 罐 T32④：3、4 6. 原始瓷豆 T32④：9

T32⑥：1，泥质红陶，略夹砂。侈口，卷沿，圆唇，短颈内凹，斜直肩，肩部以下残。肩部饰有麦粒状绳纹，沿下绳纹有被抹痕迹。口径18、残高3.6厘米（图24-2，10）。

5. 原始瓷豆

1件。

T32⑥：10，泥质灰白胎，青色釉保存较差。微侈口，口径较大，薄方唇，唇面内侧起棱，折腹内收，下腹残，豆盘较深。口沿外侧饰多道旋纹。口径13.2、残高4厘米（图24-6，2）。

四 T32 ⑤层

陶瓷器

该层共出土陶片204片，陶器质地、颜色、纹饰统计如下表（表24-7、8）。标本分述如下：

表 24-7 T32 ⑤层出土陶瓷器质地、颜色统计表

陶质	夹粗砂	夹细砂			泥质			印纹硬陶	合计
陶色	红褐	红褐	灰	黑	黑红	灰	黑	黑红		
陶片数	53	43	9	9	3	8	17	35	27	204
百分比（%）	25.98	21.08	4.41	4.41	1.47	3.92	8.33	17.16	13.24	100

表 24-8 T32 ⑤层出土陶瓷器纹饰统计表

纹饰	软陶						印纹硬陶						合计
	素面	细绳纹	粗绳纹	弦断绳纹	弦纹	按窝	素面	方格纹	折线纹	回纹	席纹	菱形回纹	
陶片数	51	35	79	8	2	1	7	1	1	9	1	9	204
百分比（%）	25.00	17.16	38.73	3.92	0.98	0.49	3.43	0.49	0.49	4.41	0.49	4.41	100

1. 鬲

2 件。

T32 ⑤: 9，夹砂红褐陶，夹云母。斜直口，折沿，沿下角较大，方唇，裆部所对腹部微鼓。上腹部略饰绳纹，纹饰模糊。口径 18、最大腹径 17.2、残高 6.6 厘米（图 24-7，1）。

T32 ⑤: 6，夹细砂红褐陶，厚胎，局部被灼黑。窄折沿，圆唇。素面有抹痕。口径 14、最大腹径 16、残高 5.8 厘米（图 24-7，2）。

2. 鬲足

2 件。

T32 ⑤: 20，夹砂红褐陶。柱状实足跟较矮，足窝浅，足跟底部稍粗。表面和足跟底面饰有中绳

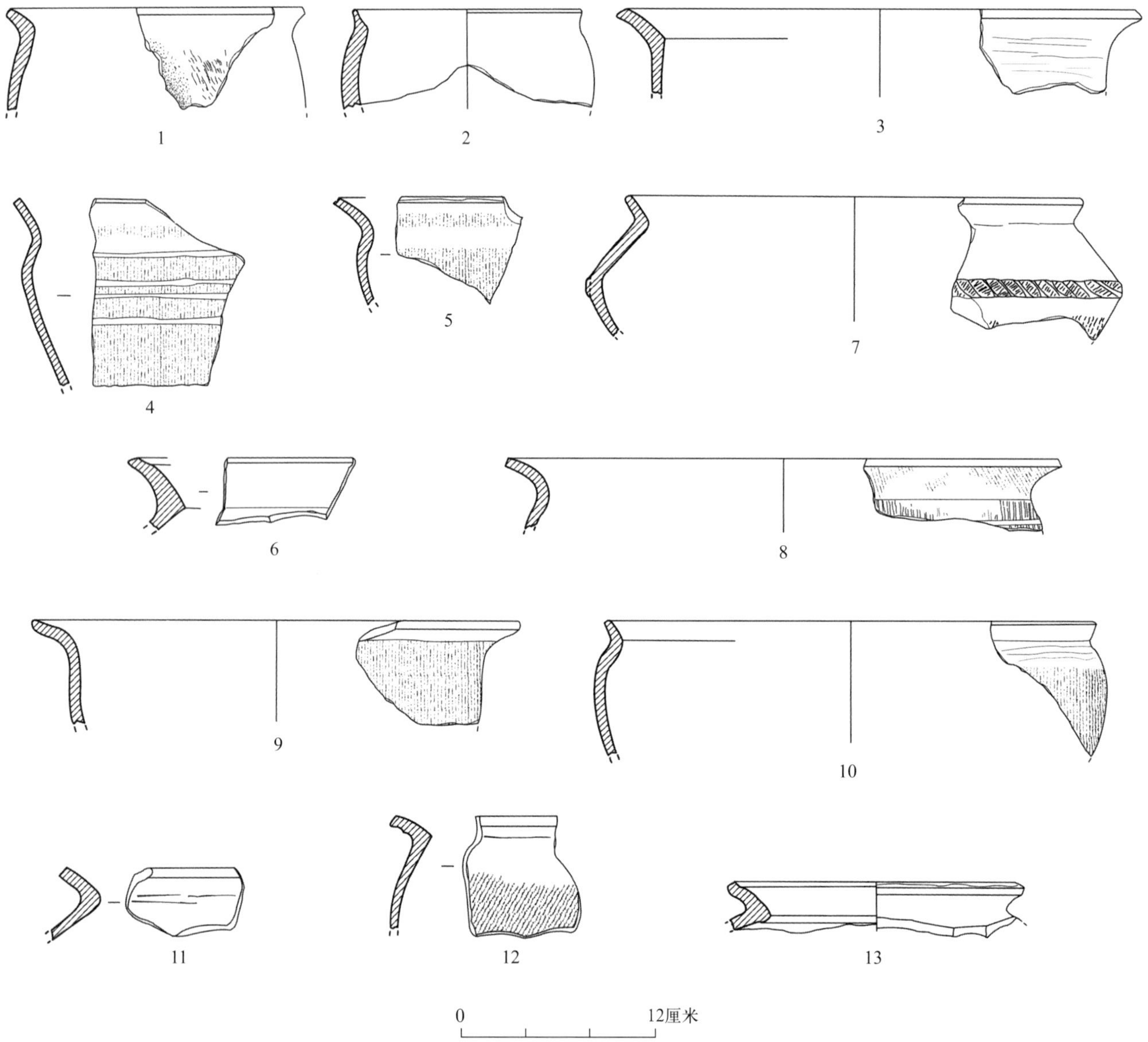

图 24-7　T32 ⑤层出土陶瓷器

1、2. 鬲 T32 ⑤: 9、6　3～6. 甗 T32 ⑤: 5、7、12、16　7～9. 盆 T32 ⑤: 2、11、8　10. 小盆 T32 ⑤: 3　11～13. 罐 T32 ⑤: 13、18、27

纹。残宽 5.8、残高 7.6 厘米（图 24-8，1）。

T32⑤：21，夹砂灰褐陶。锥状足较矮，足窝较深，足跟稍残。通体饰中绳纹。残宽 6.4、残高 5.6 厘米（图 24-8，2）。

3. 甗

4 件。

T32⑤：5，夹砂红褐陶，器表有烟炱痕迹，脱落明显，夹云母。侈口，斜折沿，沿下角较大，方唇，微鼓腹。抹光。口径 30.8、残高 5 厘米（图 24-7，3）。

T32⑤：7，夹砂红褐陶。侈口，卷沿，沿下角较大，沿面较大，方唇，微鼓腹。腹部饰间断细绳纹。残宽 9、残高 11 厘米（图 24-7，4）。

T32⑤：12，夹砂黑陶。侈口，卷沿，沿下角较大，沿面较大，方唇，微鼓腹。腹部饰细绳纹，部分绳纹被抹。残宽 7.6、残高 6.2 厘米（图 24-7，5）。

T32⑤：16，夹砂红褐陶，表层黑皮脱落明显，夹云母。折沿，沿下角较小，斜方唇，沿面内侧有一道凹槽，颈、腹分界线明显，鼓腹。残宽 7.8、残高 4 厘米（图 24-7，6）。

4. 盉柄

1 件。

T32⑤：23，夹砂红褐陶，器身内侧为黑色。把尖圆锥形，微上翘，贴近器身处平整，整体为手捏制。残长 5 厘米（图 24-8，3）。

5. 盆

3 件。

T32⑤：2，泥质灰陶。侈口，折沿较窄，圆唇，高领，折肩，斜直腹内收明显，下腹部残。肩部饰一周附加堆纹，附加堆纹之上压印绳纹，腹部饰有弦断绳纹。口径 27.6、最大腹径 32.8、残高 8.4 厘米（图 24-7，7；彩版二二六，2）。

T32⑤：11，泥质灰陶。侈口，卷沿，方唇，直腹，腹部以下残。腹部饰弦断绳纹，沿下和颈部绳纹有被抹痕迹，部分被抹去。口径 33.6、残高 4 厘米（图 24-7，8）。

T32⑤：8，泥质灰褐陶。宽卷沿，方唇。口沿外侧的绳纹被抹光，肩部饰纵向细绳纹。口径

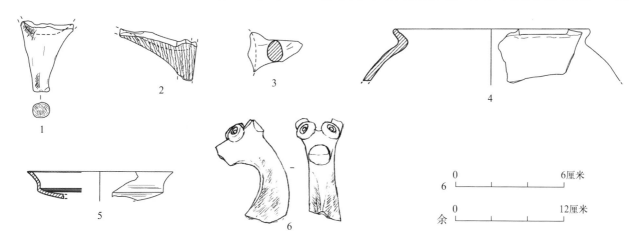

图 24-8　T32 ⑤层出土陶瓷器

1、2. 鬲足 T32⑤：20、21　3. 盉柄 T32⑤：23　4. 侈口瓮 T32⑤：4　5. 原始瓷豆 T32⑤：25　6. 兽形原始瓷鋬 T32⑤：1

30、残高6厘米（图24-7，9）。

6. 小盆

1件。

T32⑤：3，泥质灰褐陶。侈口，窄折沿，方唇，束颈，鼓腹，下腹部残。腹部饰纵向粗绳纹。口径30、最大腹径31.2、残高8厘米（图24-7，10）。

7. 罐

3件。

T32⑤：13，夹砂红褐陶，器表有黑色烟炱痕迹。斜侈口，折沿，唇残，肩部近平。器表较斑驳。残宽7、残高4厘米（图24-7，11）。

T32⑤：18，夹砂灰黑陶。斜直口，折沿，方唇，鼓腹。器腹饰斜行中绳纹，器腹内壁可见纵向划痕。残宽7.6、残高7厘米（图24-7，12）。

T32⑤：27，夹砂陶，红皮灰胎。侈口，折沿，方唇微上卷，束颈，颈部以下残。素面。口径17.2、残高3.2厘米（图24-7，13）。

8. 侈口瓮

1件。

T32⑤：4，夹砂红褐陶。侈口，折沿，圆唇，束颈，斜直肩，肩部以下残。素面。口径21.2、残高5.6厘米（图24-8，4）。

9. 印纹硬陶腹片

1件。

T32⑤：26，泥质铁灰皮紫胎陶，致密。V字纹和弦纹复合。残长6厘米（图24-9，1）。

10. 原始瓷豆

1件。

T32⑤：25，泥质灰胎，釉不可见。侈口，尖唇，唇内侧有一道凹痕，硬折腹内收，器腹较浅，圈足残。豆盘内侧饰多道旋纹，器表明显可见轮制痕迹。口径16、残高3厘米（图24-8，5）。

11. 原始瓷罐口沿

1件。

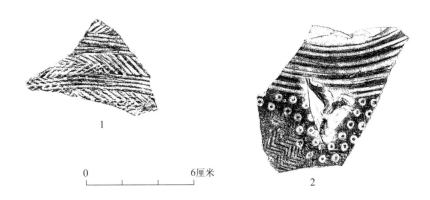

图 24-9　T32 ⑤层出土陶瓷器

1.印纹硬陶腹片 T32 ⑤: 26　2.原始瓷罐口沿 T32 ⑤: 24

T32⑤：24，泥质灰白陶，器身施黄绿色的釉层，内壁除口沿面皆不见釉层，仅偶见少量釉点。卷沿，唇面微内凹，溜肩，肩、腹交界不明显，腹部较圆鼓。肩、腹交界处黏接一个简化的兽首陶鋬，首耳残，肩部刮出不规整的凹槽。腹部靠上部位戳印圈点纹，其下饰波折纹。残长8厘米（图24-9，2；彩版二二六，3、4）。

12. 兽形原始瓷鋬

1件。

T32⑤：1，兽首形器耳，原始瓷，施青釉。形似河马，兽首耳部残，双目突出，为两个贴制的泥饼，瞳孔为空心管戳制而成。嘴部残。颈部两侧有对向划纹，似鬃毛，下端残。脖径1.5、残高5.4厘米（图24-8，6；彩版二二六，5、6）。

五　T32④层

陶瓷器

该层共出土陶片63片，陶器质地、颜色、纹饰统计如下表（表24-9、10）。标本分述如下：

表24-9　T32④层出土陶瓷器质地、颜色统计表

陶质	夹细砂			泥质				印纹陶	原始瓷	合计
陶色	红褐	黑	黑红	红褐	灰	黑	黑红			
陶片数	30	1	2	2	3	3	7	13	2	63
百分比（%）	47.62	1.59	3.17	3.17	4.76	4.76	11.11	20.63	3.17	100

表24-10　T32④层出土陶瓷器纹饰统计表

纹饰	软陶				印纹陶					原始瓷	合计
	素面	细绳纹	粗绳纹	弦断绳纹	素面	回纹	重回纹	席纹	菱形纹	素面	
陶片数	27	23	1	2	3	1	5	1	3	2	63
百分比（%）	42.86	36.51	1.59	3.17	4.76	1.59	7.94	1.59	4.76	3.17	100

1. 鬲口沿

1件。

T32④：1，夹砂红褐陶，内壁和外部局部被灼黑。窄卷沿，沿下角较小，圆唇，鼓肩。颈部的绳纹被抹去，肩部饰斜向细绳纹。口径18、最大腹径18、残高7.6厘米（图24-6，3）。

2. 盆口沿

1件。

T32④：2，泥质黄褐色陶，薄胎。卷沿，方唇，唇缘内凹，高领，耸肩。口沿外侧和颈部的绳纹被抹去，肩部饰纵向细绳纹和三道等距旋纹。口径28、最大腹径27.6、残高5.6厘米（图24-2，11）。

3. 罐

2件。

T32④：3，夹砂红褐陶，夹云母。斜直口，折沿，方唇，沿面内侧有一道凹槽，肩部略低平。肩部饰绳纹。器壁内侧可见口沿与器身黏结痕迹。口径20、残高5.5厘米（图24-6，4）。

T32④：4，夹砂红褐陶，略夹云母，器表有烟炱痕迹。折沿，沿下角较大，圆唇，略鼓腹。口沿外侧有横向刮抹痕迹。口径21.6、残高5.6厘米（图24-6，5）。

4.印纹硬陶瓮

1件。

T32④：17，灰黑皮紫胎。卷沿微外翻，唇面残，圆肩。腹部饰回字纹（图24-3，3）

5.印纹硬陶腹片

1件。

T32④：11，泥质铁灰皮紫红胎陶。致密。回字纹和折线纹复合（图24-3，4）。

6.原始瓷豆

1件。

T32④：9，夹砂青灰陶，不见釉。侈口，沿面较小，尖圆唇，束腹内弧，折腹内收。下腹部饰一周印纹。口径14、残高4.2厘米（图24-6，6；彩版二二七，1）。

六　T32 ③层

（一）陶瓷器

该层共出土陶片53片，陶器质地、颜色、纹饰统计如下表（表24-11、12）。标本分述如下：

表 24-11　T32 ③层出土陶瓷器质地、颜色统计表

陶质	夹细砂				泥质			印纹陶	原始瓷	合计
陶色	红褐	灰	黑	黑红	红褐	黑	黑红			
陶片数	16	3	5	5	7	1	7	8	1	53
百分比（%）	30.19	5.66	9.43	9.43	13.21	1.89	13.21	15.09	1.89	100

表 24-12　T32 ③层出土陶瓷器纹饰统计表

纹饰	软陶					印纹陶		原始瓷	合计
	素面	细绳纹	粗绳纹	附加堆纹	弦纹	素面	重回纹	水波纹	
陶片数	19	16	13	1	1	6	2	1	53
百分比（%）	35.85	30.19	24.53	1.89	1.89	11.32	3.77	1.89	100

1.鬲口沿

1件。

T32③：3，夹细砂红褐陶，局部被灼黑。窄折沿，方唇。外壁饰纵向细绳纹。口径18、最大腹径20、残高6.6厘米（图24-10，1）。

2.敛口钵

1件。

T32 ③: 2, 泥质黑陶。口沿微内敛, 斜方唇, 折肩, 斜直腹内收, 平底, 器腹较宽扁。素面。口径6.6、腹径9.1、底径5.6、高5.1厘米（图 24-10, 2；彩版二二七, 2）。

3. 盂

1件。

T32 ③: 13, 泥质灰黑皮红褐胎。仅存肩部, 折肩。肩部饰单线划纹, 划纹较短, 纹饰较浅较随意, 划纹上下各饰多道旋纹。残宽7.2、残高5厘米（图 24-10, 3）。

4. 原始瓷罐口沿

1件。

T32 ③: 11, 泥质灰白胎, 釉不可见。侈口, 卷沿, 圆唇。口沿外侧饰有凹弦纹, 颈部饰有旋纹和水波纹的组合纹饰。残高14厘米（图 24-11, 1；彩版二二七, 3）。

（二）铜器及相关遗物

铜镞

1件。

T32 ③: 1, 残长2厘米（彩版二二七, 4）。

七　T32 ②层

陶瓷器

该层共出土陶片148片, 陶瓷器质地、颜色、纹饰统计如下表（表 24-13、14）。标本分述如下：

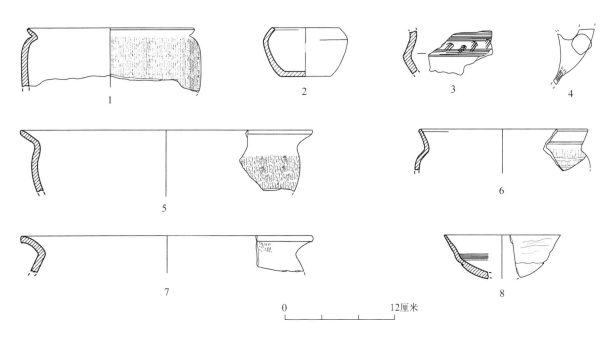

图 24-10　T32 ③、②层出土陶瓷器

1. 鬲口沿 T32 ③: 3　2. 敛口钵 T32 ③: 2　3. 盂 T32 ③: 13　4. 鬲足 T32 ②: 7　5. 甂口沿 T32 ②: 2　6、7. 盆口沿 T32 ②: 1、4　8. 原始瓷豆 T32 ②: 12

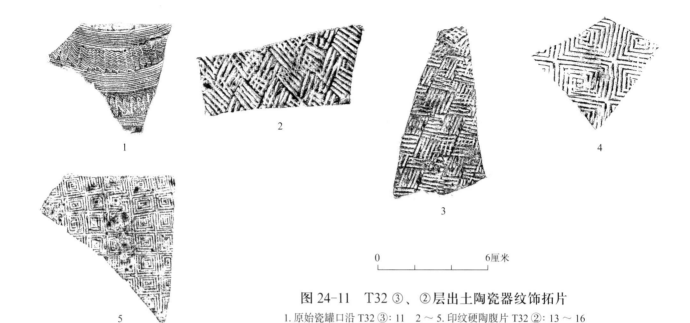

图 24-11　T32 ③、②层出土陶瓷器纹饰拓片
1. 原始瓷罐口沿 T32 ③: 11　　2 ～ 5. 印纹硬陶腹片 T32 ②: 13 ～ 16

表 24-13　T32 ②层出土陶瓷器质地、颜色统计表

陶质	夹粗砂	夹细砂				泥质			印纹陶	合计
陶色	红褐	红褐	灰	黑	黑红	红褐	黑	黑红		
陶片数	11	36	16	3	13	4	1	22	42	148
百分比（%）	7.43	24.32	10.81	2.03	8.78	2.70	0.68	14.86	28.38	100

表 24-14　T32 ②层出土陶瓷器纹饰统计表

纹饰	软陶						印纹陶				合计
	素面	细绳纹	粗绳纹	弦断绳纹	附加堆纹	弦纹	席纹	重回纹	菱形重回纹	弦纹	
陶片数	43	37	27	8	3	2	9	14	2	3	148
百分比（%）	29.05	25.00	18.24	5.41	2.03	1.35	6.08	9.46	1.35	2.03	100

1. 鬲足

1 件。

T32 ②: 7，泥质红褐陶，略夹砂。截锥状足，较矮，足窝较深，足跟处残。表面有刮削痕迹。残宽 3、残高 6 厘米（图 24-10，4）。

2. 甗口沿

1 件。

T32 ②: 2，夹粗砂红褐陶，腹部被灼黑，夹云母。宽折沿，方唇，束颈。外壁饰纵向细绳纹。口径 32、残高 6.4 厘米（图 24-10，5）。

3. 盆口沿

2 件。

T32 ②: 1，泥质红陶。宽折沿，方唇，唇部内凹形成一凹槽。沿面外侧饰两道旋纹，颈部以下饰纵向细绳纹，肩部饰两道粗旋纹。口径 28、残高 6.4 厘米（图 24-10，6）。

T32 ②：4，泥质灰芯红褐陶。卷沿，方唇。口沿外侧的绳纹被抹去，肩部素面。口径 32、残高 3.6 厘米（图 24-10，7）。

4. 印纹硬陶腹片

4 件。

T32 ②：13，泥质灰白陶。较致密。内壁有手按痕迹，席纹。残长 9、残宽 4 厘米（图 24-11，2）。

T32 ②：14，泥质灰胎，釉不可见。器表饰席纹，器内壁可见按窝痕。残长 9、残宽 4 厘米（图 24-11，3；彩版二二七，5、6）。

T32 ②：15，泥质深灰皮紫红胎。致密。重回纹。残长 6、残宽 5 厘米（图 24-11，4）。

T32 ②：16，泥质铁灰皮紫红胎。致密。重回纹。残长 7、残宽 5 厘米（图 24-11，5）。

5. 原始瓷豆

1 件。

T32 ②：12，泥质灰白胎，釉不可见。侈口，沿面较宽，尖唇，折腹内收，器腹较浅。内侧饰多道旋纹，器表可见明显轮制痕迹，器底可见一圈明显凹槽和多道旋纹。口径 12.8、残高 4.4 厘米（图 24-10，8）。

第二五章　T33 遗存分述

第一节　地层堆积

T33 根据土质、土色及其包含物状况可分为 11 层堆积，现逐层介绍各堆积层情况（图 25-1；彩版二二八、二二九）。

第①层：厚 0.07 ～ 0.15 米。黄色土，土质疏松。堆积大致呈水平状分布全方。包含物有大量近、现代遗物。开口于该层下的遗迹单位为 G1、K1、K2。

第②层：距地表深 0.07 ～ 0.15、厚 0 ～ 0.28 米。灰褐色黏土，结构较疏松。堆积主要分布在探方东部。包含物有较少陶片。

第③层：距地表深 0.07 ～ 0.40、厚 0 ～ 0.55 米。黄褐色黏土，含大量铁锈斑、黑炭及少量红烧土颗粒，土质较致密。堆积主要分布在探方东部。包含物有较多的陶片和少量石器。

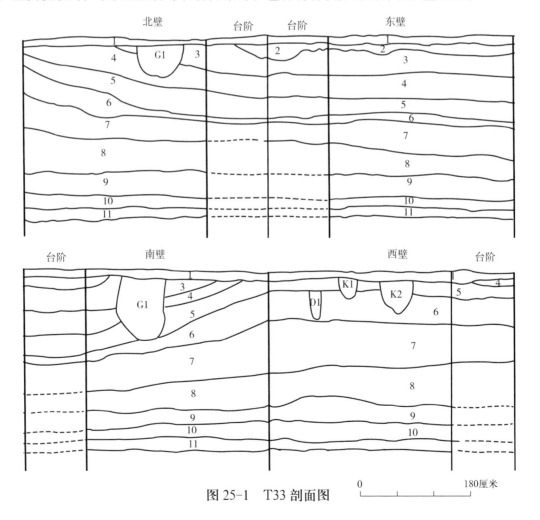

图 25-1　T33 剖面图

第④层：距地表深 0.15 ~ 0.65、厚 0 ~ 0.40 米。灰褐色黏土，夹杂少量炭粒，土质较致密。堆积大致自西北部向东南部倾斜，西南部不见。包含物有较多的陶片和少量石器。

第⑤层：距地表深 0.10 ~ 1.05、厚 0.15 ~ 0.48 米。灰褐色黏土，有黄褐色土夹层，加少量铁锈斑，土质较疏松。堆积遍布全方，厚薄不均，大致自西北部向东南部倾斜，西部堆积平缓。包含物有极少的陶片。开口于该层下的遗迹单位有柱洞 1 个，编号 D1。

第⑥层：距地表深 0.30 ~ 1.40、厚 0.05 ~ 0.50 米。黄褐色黏土，夹褐斑，土质较致密。堆积遍布全方，厚薄不均，大致自西北部向东南部倾斜，东部堆积平缓。包含物有极少的陶片。

第⑦层：距地表深 0.75 ~ 1.50、厚 0.25 ~ 0.80 米。灰褐色黏土，土质较致密。堆积遍布全方，西部稍厚。包含物有较多的陶片和少量铜器相关遗物。

第⑧层：距地表深 1.40 ~ 2.00、厚 0.25 ~ 0.70 米。黑土，夹大量草木灰，土质较疏松。堆积遍布全方，西部稍厚。未见包含物。

第⑨层：距地表深 1.85 ~ 2.30、厚 0.20 ~ 0.42 米。黄色黏土，土质较致密。堆积大致呈水平状分布全方。未见包含物。

第⑩层：距地表深 2.35 ~ 2.60、厚 0.15 ~ 0.30 米。灰色黏土，土质较致密。堆积大致呈水平状分布全方。未见包含物。第⑩层以下为青灰色淤泥，遍及全方范围，应非生土。

第二节　遗迹及包含物

建筑类遗存

柱洞类遗迹

1. T33D1

开口于第⑤层下，位于探方西南角，部分进入探方西壁。暴露洞口呈半圆形，柱洞壁较直，向下略内收，圜底，暴露洞口长约 0.14、柱洞深约 0.48 米。灰色填土，未见包含物。

2. T33K1

开口于第①层下，位于探方西部，部分坑体进入探方西壁。暴露坑口为不规则半圆形，斜壁，圜底，半径约 0.30、深约 0.25 米。填土灰褐色，未见包含物。该遗迹可能非先秦遗迹。

3. T33K2

开口于第①层下，位于探方西部，K1 北部，部分坑体进入探方西壁。暴露坑口为不规则半圆形，斜壁，圜底，半径约 0.55、深约 0.40 米。填土灰褐色，未见包含物。该遗迹可能非先秦遗迹。

第三节　地层出土遗物

一　T33 ⑦层

（一）陶瓷器

该层共出土陶片 140 片，陶瓷器质地、颜色、纹饰统计如下表（表 25-1、2）。标本分述如下：

表 25-1　T33 ⑦层出土陶瓷器质地、颜色统计表

陶质	夹粗砂	夹细砂					泥质				印纹陶	原始瓷	合计
陶色	红褐	红褐	黄	灰	黑	黑皮红胎	红褐	黄	灰	黑皮红胎			
陶片数	1	65	1	10	28	8	2	4	4	2	14	1	140
百分比（%）	0.71	46.43	0.71	7.14	20.00	5.71	1.43	2.86	2.86	1.43	10.0	0.71	100

表 25-2　T33 ⑦层出土陶瓷器纹饰统计表

纹饰	陶纹饰								印纹陶					原始瓷	合计
	素面	细绳纹	粗绳纹	弦断绳纹	弦纹加粗绳纹	附加堆纹	弦纹	指窝纹	素面	粗绳纹	雷纹	回纹	曲折纹	素面	
陶片数	42	24	51	3	1	1	3	3	1	1	1	1	10	1	140
百分比（%）	30.00	17.14	36.43	2.14	0.71	0.71	2.14	2.14	0.71	0.71	0.71	0.71	7.14	0.71	100

1. 鬲

1 件。

T33 ⑦：11，夹砂黑褐陶，器表及内壁被灼烧黑。卷沿近平，圆唇，微鼓腹。素面。口径 12、最大腹径 12.8、残高 7 厘米（图 25-2，1）。

2. 鬲口沿

1 件。

T33 ⑦：8，夹细砂红褐陶。窄卷沿，方唇，颈部磨光。肩部饰纵向细绳纹。口径 14、残高 3.2 厘米（图 25-2，2）。

3. 鬲足

2 件。

T33 ⑦：20，夹砂红褐陶，足窝内侧有烟炱痕迹。截锥状实足跟较矮，足窝较浅。通体饰斜向细绳纹，纹饰模糊。残宽 4.4、残高 7 厘米（图 25-3，1）。

T33 ⑦：23，夹砂红褐陶，足上部和足窝内侧有烟炱痕迹。柱状实足跟较高，下部稍束，足窝较深。通体饰斜向细绳纹，足跟底面饰有细绳纹，纹饰模糊。残宽 4、残高 7 厘米（图 25-3，2）。

4. 甗

2 件。

T33 ⑦：2，夹砂红褐陶，夹云母。折沿，沿下角较小，方唇，沿面内侧有一道凹槽，外侧略鼓，颈、腹分界线明显，鼓腹。腹部可见明显刮痕。口径 36.8、残高 4 厘米（图 25-2，3）。

T33 ⑦：5，夹砂黑褐陶，夹云母，器表有烟炱痕迹。折沿，沿下角较小，方唇，颈、腹分界线明显，鼓腹。表面抹光。口径 36.8、残高 3 厘米（图 25-2，4）。

5. 甗腰

1 件。

T33 ⑦：16，夹砂黑褐陶，略夹云母。隔部折。器身可见明显刮痕，甗腰外饰指甲纹一周，呈月牙形。最小腰径 16、残高 5.6 厘米（图 25-2，5）。

6. 盘

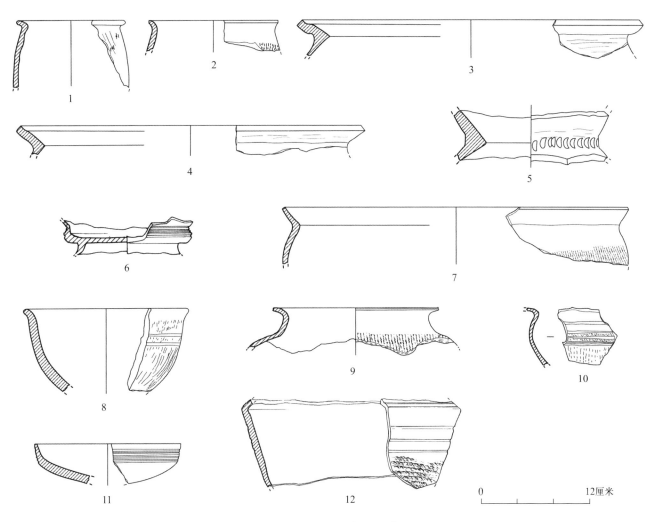

图 25-2 T33 ⑦层出土陶瓷器

1. 鬲 T33 ⑦：11 2. 鬲 口 沿 T33 ⑦：8 3、4. 甗 T33 ⑦：2、5 5. 甗 腰 T33 ⑦：16 6. 盘 T33 ⑦：15 7. 盆 T33 ⑦：12 8. 小 盆 T33 ⑦：18 9. 罐 T33 ⑦：13 10. 小罐 T33 ⑦：9 11. 原始瓷豆 T33 ⑦：30 12. 罐 T33 ⑦：27

1 件。

T33 ⑦：15，泥质灰黑皮红褐胎。口沿残，直腹内收，平底，圈足微外展，边缘残。腹径 14、残高 4.4 厘米（图 25-2，6）。

7. 盆

1 件。

T33 ⑦：12，夹砂红褐陶，略夹云母，器表有灼黑痕迹。器壁很薄，卷折沿，方唇，沿下角较大，腹部微鼓。口沿外有明显修整痕迹，腹部饰细绳纹，纹饰很模糊。口径 36、残高 7 厘米（图 25-2，7）。

8. 小盆

1 件。

T33 ⑦：18，夹粗砂红褐陶，略夹云母，外壁有烟炱痕迹。口沿微外侈，方唇，直腹内弧，器壁逐渐加厚，下腹部残，上腹部饰两道很浅的凹槽。腹部饰非常模糊的细绳纹。口径 17.2、残高 8.6 厘米（图 25-2，8）。

9. 罐

2件。

T33⑦：7，夹砂红褐陶。侈口，方唇，唇面有一道凹槽，斜直肩，肩部以下残，肩部饰交错绳纹（彩版二三〇，1）。

T33⑦：13，泥质陶，红皮灰胎。侈口，卷沿，方唇微内凹，斜直肩，肩部以下残。颈部以下饰斜向中绳纹，颈部及沿下绳纹被抹去。口径18、残高5厘米（图25-2，9）。

10. 小罐

1件。

T33⑦：9，夹砂陶，黑皮红胎。侈口，卷沿，唇残，折肩，腹部斜向内收，腹部以下残。肩部及以上是数道凹弦纹，腹部饰竖行中绳纹。残宽5.6、残高6厘米（图25-2，10）。

11. 腹片

1件。

T33⑦：29，夹砂红褐陶。间断粗绳纹。残宽14、残高6厘米（图25-4，1）。

12. 印纹软陶腹片

1件。

T33⑦：28，夹砂红褐陶，疏松。多种复合纹。残宽6、残高5厘米（图25-4，2；彩版二三〇，2）。

13. 原始瓷豆

1件。

T33⑦：30，泥质灰白胎，青色釉较厚。侈口，口径较大，方唇，折腹内收，下腹残，豆盘较深。口沿外侧饰多道旋纹。口径16、残高4.2厘米（图25-2，11）。

早期遗物

14. 鼎足

2件。

T33⑦：25，捏窝状鼎足。泥质黑胎，表层有一层极薄的灰白层，黑色表皮。侧装椭圆形长扁足，横截面呈偏圆的椭圆形，足跟明显外撇，跟部残，足外侧缘顶端有两对较浅圆捏窝。素面。残长4、残高9.6、厚约4.4厘米（图25-3，3；彩版二三〇，3中）。

T33⑦：26，扁三角形足。夹砂红褐胎，灰白皮。侧装扁三角形足，四条棱角分明，截面为长方形，足跟略外撇，跟部残。素面。残长4.6、残高7.6、厚约1.2厘米（图25-3，4；彩版二三〇，3左）。

15. 罐

1件。

T33⑦：27，大型折肩罐腹片。泥质灰白皮灰黑胎。肩部饰多道旋纹，上腹部饰三道旋纹，下部饰横向麦粒状绳纹。最大腹径24、残高9.6厘米（图25-2，12；彩版二三〇，3右）。

（二）铜器及相关遗物

1. 炉壁

1件。

T33⑦：32，近方形。长4、厚1厘米（彩版二三〇，4、5）。

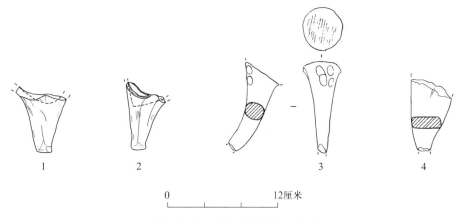

图 25-3　T33 ⑦层出土陶器
1、2. 鬲足 T33 ⑦：20、23　3、4. 鼎足 T33 ⑦：25、26

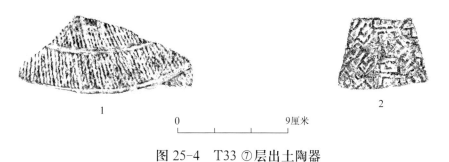

图 25-4　T33 ⑦层出土陶器
1. 腹片 T33 ⑦：29　2. 印纹软陶腹片 T33 ⑦：28

2. 铜锈块

1 件。

T33 ⑦：33，近方形。长 3、厚 1 厘米（彩版二三〇，6 ～ 8）。

二　T33 ⑥层

陶瓷器

该层共出土陶片 7 片，其中夹细砂红褐陶 2、夹细砂灰陶 3、夹细砂黑皮红胎陶 1、原始瓷 1 片，陶瓷器纹饰统计如下表（表 25-3）。标本分述如下：

表 25-3　T33 ⑥层出土陶瓷器纹饰统计表

纹饰	软陶				原始瓷	合计
	素面	细绳纹	粗绳纹	弦断绳纹	弦纹	
陶片数	2	1	2	1	1	7
百分比（%）	28.57	14.29	28.57	14.29	14.29	100

原始瓷豆

1 件。

T33⑥：1，泥质灰白胎，青色釉较厚，少部分略呈酱色。侈口，口径较大，尖唇，弧腹内收，豆盘较深。口沿外侧饰三道旋纹。口径12、残高3.4厘米（图25-5，1）。

三　T33⑤层

陶瓷器

该层共出土陶片17片，陶瓷器质地、颜色、纹饰统计如下表（表25-4、5）。标本分述如下：

1. 鬲

2件。

T33⑤：1，夹砂红褐陶，器壁及内侧部分灼烧黑。侈口，斜折沿，沿下角较小，方唇，沿面内侧有一道凹槽，鼓腹。腹部饰斜行细绳纹，纹饰较模糊。口径24、最大腹径24、残高7厘米（图25-5，2）。

T33⑤：3，夹砂黑褐陶。侈口，斜折沿，沿下角较小，尖圆唇，微鼓腹。抹光。口径14、最大腹径13.6、残高3.8厘米（图25-5，3）。

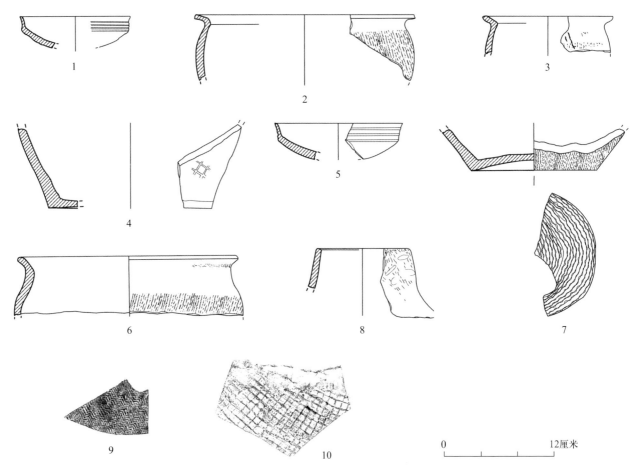

图25-5　T33⑥、⑤、②层出土陶瓷器

1、5.原始瓷豆 T33⑥：1、T33⑤：5　2、3.鬲 T33⑤：1、3　4、10.印纹硬陶罐底 T33⑤：4、T33⑤：4　6.鬲 T33②：4　7.罐底 T33②：10　8.不明器 T33②：7　9.原始瓷腹片 T33⑤：6

表 25-4　T33 ⑤层出土陶瓷器质地、颜色统计表

陶质	夹细砂		泥质		印纹陶	原始瓷	合计
陶色	红褐	黑	红褐	灰			
陶片数	9	2	1	1	3	1	17
百分比（%）	52.94	11.76	5.88	5.88	17.65	5.88	100

表 25-5　T33 ⑤层出土陶瓷器纹饰统计表

纹饰	软陶		印纹陶		原始瓷	合计
	素面	粗绳纹	回纹	折线纹	素面	
陶片数	12	1	2	1	1	17
百分比（%）	70.59	5.88	11.76	5.88	5.88	100

2. 印纹硬陶罐底

1 件。

T33 ⑤：4，泥质硬陶，紫胎灰黑色表层。下腹部略内收，腹壁微鼓，腹底交界处折转，圆平底外围不甚规整。下腹部拍印较规整的凸方格纹，底端纹饰部分被抹。残宽 14.6、残高 9 厘米（图 25-5，4、10）。

3. 原始瓷豆

1 件。

T33 ⑤：5，泥质灰白胎，青色釉，大部分已脱落。侈口，口径较大，方唇，折腹内收，下腹残，豆盘较深。口沿外侧饰三道旋纹。口径 14、残高 3.8 厘米（图 25-5，5）。

4. 原始瓷腹片

1 件。

T33 ⑤：6，泥质灰白胎，釉不可见。器表饰曲折纹，器内壁呈褐色。残宽 9、残高 7 厘米（图 25-5，9）。

四　T33 ④层

（一）陶瓷器

该层共出土陶片 186 片，陶瓷器质地、颜色、纹饰统计如下表（表 25-6、7）。标本分述如下：

1. 鬲

1 件。

T33 ④：16，夹砂红褐陶，器壁外侧及内侧部分被灼黑。斜折沿，沿下角较大，尖圆唇，鼓腹。腹部饰细绳纹，纹饰模糊。口径 14、最大腹径 14.4、残高 5 厘米（图 25-6，1）。

2. 鬲足

4 件。

T33 ④：18，夹砂红褐陶。柱状实足跟较高，足窝较深，足跟底面为斜面。表面有刮削痕迹，素面。残宽 6、残高 9.4 厘米（图 25-7，1）。

表 25-6　T33 ④层出土陶瓷器质地、颜色统计表

陶质	夹细砂				泥质				印纹陶	原始瓷	合计
陶色	红褐	灰	黑	黑皮红胎	红褐	灰	黑	黑皮红胎			
陶片数	91	3	18	41	2	8	1	5	14	3	186
百分比（%）	48.92	1.61	9.68	22.04	1.08	4.30	0.54	2.69	7.53	1.61	100

表 25-7　T33 ④层出土陶瓷器纹饰统计表

纹饰	软陶					印纹陶					原始瓷		合计
	素面	细绳纹	粗绳纹	弦断绳纹	指窝纹	重回纹	雷纹	回纹	菱形纹	弦纹加戳印	弦纹加刻划	弦纹	
陶片数	66	39	48	15	1	1	8	3	1	1	1	2	186
百分比（%）	35.48	20.97	25.81	8.06	0.54	0.54	4.30	1.61	0.54	0.54	0.54	1.08	100

T33 ④：22，夹砂红褐陶，足上部和足窝内侧有烟炱痕迹。柱状实足跟较高，下部稍束，足窝较深，足跟底面为斜面。通体饰斜向细绳纹，纹饰模糊。残宽 6、残高 9.8 厘米（图 25-7，2）。

T33 ④：23，夹砂红褐陶，足上部和足窝内侧有烟炱痕迹。锥状实足跟较矮，足窝较浅。素面。残宽 5、残高 6.2 厘米（图 25-7，3）。

T33 ④：24，夹砂红褐陶，足上部和足窝内侧有烟炱痕迹。柱状实足跟较高，足窝较浅。通体饰斜向细绳纹，足跟底面饰细绳纹，纹饰模糊。残宽 5.2、残高 8.4 厘米（图 25-7，4）。

3. 甗

4 件。

T33 ④：8，夹砂灰黑陶。侈口，卷沿，沿下角较大，沿面较大，方唇，微鼓腹。腹部饰细绳纹，颈部被斜向按压。残宽 8、残高 7.6 厘米（图 25-6，2）。

T33 ④：10，夹砂红褐陶，口沿处略见烟炱痕迹，夹云母。折沿，沿下角较小，方唇，沿面外侧有一道凸棱，颈、腹分界线明显，鼓腹。腹部饰绳纹，纹饰较斑驳。口径 36、残高 3.6 厘米（图 25-6，3）。

T33 ④：11，夹砂红褐陶，黑色陶衣剥落严重，夹云母。折沿，沿下角较小，方唇，沿面外侧有一道凸棱，颈、腹分界线明显，鼓腹。纹饰较斑驳。残宽 7.4、残高 4 厘米（图 25-6，4）。

T33 ④：12，夹砂红褐陶，夹云母。侈口，斜折沿，沿下角较大，尖圆唇，微鼓腹。口沿外可见刮痕。残宽 7.6、残高 5.4 厘米（图 25-6，5）。

4. 甗腰

1 件。

T33 ④：14，夹砂红褐陶。隔部折。甗腰外抹光，器身饰竖行细绳纹，纹饰较模糊。最小腰径 18、残高 6 厘米（图 25-6，6）。

5. 敛口钵

1 件。

T33 ④：1，泥质黑皮红胎。口沿微内敛，斜方唇，折肩，斜直腹内收，平底，器腹较宽扁。素面。口径 10.2、腹径 11.9、底径 7.9、高 5 厘米（图 25-6，7；彩版二三一，1）。

6. 盆口沿

2 件。

T33 ④：6，泥质陶，黑皮灰胎，表面有磨光。侈口，折沿较宽，薄圆唇，折肩，肩部斜直较短，肩部以下残。沿下和颈部饰有纵向绳纹，有被抹痕迹。口径 30、最大腹径 29.2、残高 4.6 厘米（图25-6，8）。

T33 ④：9，泥质灰芯红褐陶。方唇。外壁饰纵向细绳纹，肩部饰一道旋纹。口径 30、最大腹径 28、残高 7 厘米（图 25-6，9）。

7. 小盆

1 件。

T33 ④：7，泥质陶，黑皮红胎。侈口，微折沿，方唇，斜直腹，下腹部残。沿下及腹部饰有纵向中绳纹。口径 28、最大腹径 27.6、残高 6 厘米（图 25-6，10）。

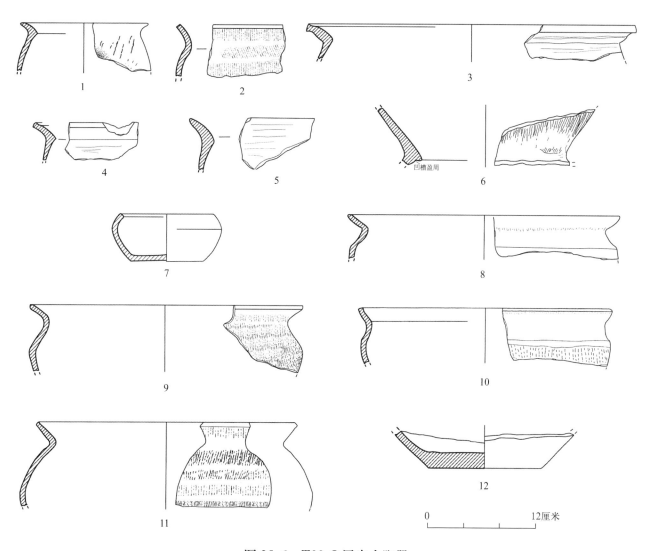

图 25-6　T33 ④层出土陶器

1. 鬲 T33 ④：16　2～5. 甗 T33 ④：8、10～12　6. 甗腰 T33 ④：14　7. 敛口钵 T33 ④：1　8、9. 盆口沿 T33 ④：6、9　10. 小盆 T33 ④：7　11. 罐 T33 ④：4　12. 罐底 T33 ④：25

8. 罐

1件。

T33④：4，泥质黑皮红胎陶。直口，方唇，斜直肩，肩部以下残。沿下至肩部饰有竖行间断细绳纹，颈部绳纹被抹去。口径 28、最大腹径 32、残高 9 厘米（图 25-6，11；彩版二三一，2、3）。

9. 罐底

1件。

T33④：25，夹砂红褐陶，略夹云母，器壁及器底略见炭黑痕迹。上腹部残，下腹部斜直，平底，底径较大，器腹与器底交界处硬折。素面，器表较粗糙。底径 12、残高 3.8 厘米（图 25-6，12）。

10. 印纹硬陶罐

1件。

T33④：17，（圆肩）罐。泥质硬陶，胎色内紫外灰白，灰色表层，内壁可见大量黑色斑点。卷沿，矮领内凹，圆鼓肩。肩部拍印较规整的凸方格纹，肩部顶端纹饰被抹净（彩版二三一，4）。

11. 原始瓷豆

1件。

T33④：30，夹砂灰白陶，不见釉。侈口，沿面较小，尖圆唇，束腹内弧，折腹内收。下腹部饰一周印纹。口径 14、最大腹径 13.6、残高 3.2 厘米（图 25-7，5）。

12. 原始瓷腹片

1件。

T33④：31，泥质白胎，釉不可见。器表饰旋纹、蹄印纹、复线菱形纹组合纹饰。残宽 5、残高 10 厘米（图 25-7，6；彩版二三一，5、6）。

（二）石器

石铲

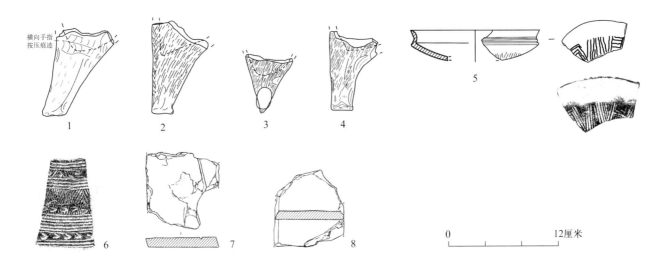

图 25-7　T33 ④层出土陶瓷器、石器

1～4. 鬲足 T33④：18、22～24　5. 原始瓷豆 T33④：30　6. 原始瓷腹片 T33④：31　7、8. 石铲 T33④：2、3

2 件。

T33④：2，土黄色。器体扁平，仅剩一小部分。通体磨制较粗。残长 8.4、残宽 8、厚 1 厘米（图 25-7，7；彩版二三二，1）。

T33④：3，土黄色。器体扁平，仅剩一小部分。通体磨制较粗。残长 8.3、残宽 7.8、厚 1 厘米（图 25-7，8；彩版二三二，2）。

五　T33 ③层

（一）陶瓷器

该层共出土陶片 170 片，陶瓷器质地、颜色、纹饰统计如下表（表 25-8、9）。标本分述如下：

1. 鬲足

5 件。

T33③：16，夹砂灰陶，足窝内侧有烟炱痕迹。柱状实足跟较高，足窝较浅，足跟底面为斜面。表面有刮削痕迹，素面。残宽 6、残高 10.8 厘米（图 25-8，1）。

T33③：18，夹砂红褐陶，足窝内侧有烟炱痕迹。锥状实足跟较高，足窝较浅，足跟处有小平台。通体饰斜向细绳纹，足跟底面饰有细绳纹，纹饰模糊。残宽 3.6、残高 8.4 厘米（图 25-8，2）。

T33③：19，夹砂红褐陶，足上部有烟炱痕迹。柱状实足跟较高，足窝较浅，足跟底面为斜面。表面有刮削痕迹，素面。残宽 5、残高 10.4 厘米（图 25-8，3）。

T33③：20，夹砂灰陶，足上部有烟炱痕迹。锥状实足跟较高，足窝较浅，足跟处有小平台。通体饰斜向细绳纹，足跟底面饰有细绳纹，纹饰模糊。残宽 6、残高 8 厘米（图 25-8，4）。

T33③：21，夹砂灰陶，足窝内侧有烟炱痕迹。截锥状实足跟矮，足窝浅。足外侧饰斜向细绳纹，纹饰模糊。残宽 4.6、残高 6.2 厘米（图 25-8，5）。

2. 豆

1 件。

T33③：14，泥质红褐胎黑皮。直口，薄方唇，弧腹内收，豆柄上部较直。豆盘与豆柄交界处有

表 25-8　T33 ③层出土陶瓷器质地、颜色统计表

陶质	夹细砂				泥质			印纹陶	原始瓷	合计
陶色	红褐	灰	黑	黑皮红胎	红	灰	黑皮红胎			
陶片数	71	14	13	21	6	1	3	37	4	170
百分比（%）	41.76	8.24	7.65	12.35	3.53	0.59	1.76	2.94	2.35	100

表 25-9　T33 ③层出土陶瓷器纹饰统计表

纹饰	软陶							印纹陶					原始瓷		合计
	素面	细绳纹	粗绳纹	弦断绳纹	附加堆纹	弦纹	弦纹加绳纹	素面	重回纹	席纹	回纹	重回纹加弦纹	素面	弦纹	
陶片数	77	25	31	4	1	4	2	11	19	4	2	1	1	3	170
百分比（%）	45.29	14.71	18.24	2.35	0.59	2.35	1.18	6.47	11.18	2.35	1.18	0.59	0.59	1.76	100

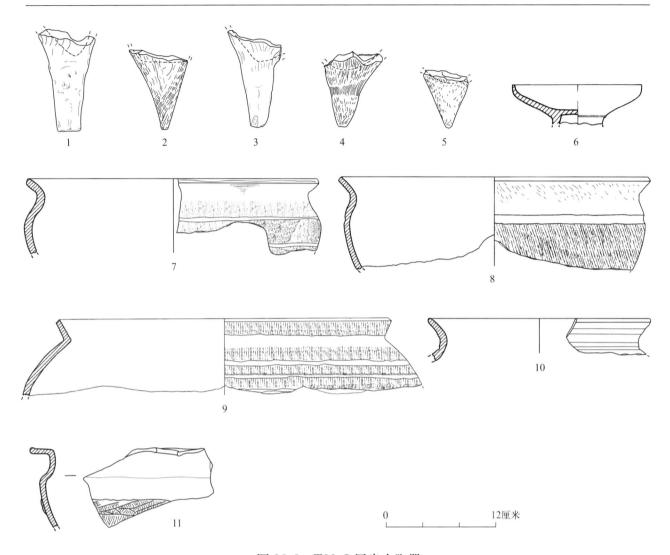

图 25-8　T33 ③层出土陶器

1～5.鬲足 T33 ③：16、18～21　6.豆 T33 ③：14　7、8.盆 T33 ③：2、6　9～11.罐 T33 ③：4+T33 ④：5、11、13

多道划痕。素面。口径 14、圈足径 5.6、残高 4.4 厘米（图 25-8，6；彩版二三二，3）。

3.盆

2 件。

T33 ③：2，泥质黑褐陶，略夹砂。侈口，卷沿较窄，沿下角较大，折肩较高，厚方唇，斜直腹内收，下腹部残。肩部及腹部饰间断细绳纹，沿下及颈部为素面。口径 32、最大腹径 32.4、残高 8 厘米（图 25-8，7）。

T33 ③：6，泥质灰陶，略夹砂。侈口，折沿较窄，沿下角较大，方唇较厚，折肩较矮，斜直腹内收，下腹部残。肩部饰有一道凹槽，腹部饰有斜向绳纹。口径 33.6、最大腹径 32.8、残高 9.8 厘米（图 25-8，8）。

4.罐

3 件。

T33 ③：4+T33 ④：5，泥质陶略夹砂，黑皮红胎。斜直口，微卷沿，方唇，斜直肩，肩部以下残。

沿下至肩部饰有间断竖行细绳纹。口径 36、残高 8 厘米（图 25-8，9）。

　　T33③：11，泥质灰陶。卷沿，圆唇，耸肩。颈部有制作时留下的抹痕。口径 22、残高 5 厘米（图 25-8，10）。

　　T33③：13，泥质灰陶。宽折沿，折沿近平，方圆唇，唇部上翻，鼓肩。沿面靠近唇部有一道凹槽，肩部饰附加堆纹，附加堆纹之上为斜向细绳纹按窝，附加堆纹之下饰纵向细绳纹。残宽 14、残高 8.4 厘米（图 25-8，11）。

　　5. 印纹硬陶圆肩罐口沿

　　2 件。

　　T33③：8，泥质硬陶，灰黑色胎，红褐色表层，外壁、沿面、领内壁另多一层灰色表层。窄平卷沿，尖圆唇，直领，斜肩微鼓。肩部拍印杂乱且单元纹饰相互叠压的重回纹。口径 16、残高 9 厘米（图 25-9，1）。

　　T33③：9，泥质紫胎灰皮硬陶。卷沿，圆唇，圆鼓肩。唇内侧刮出一周细旋纹，领部不明显，肩部拍印杂乱且单元纹饰各异的重菱纹。口径 16、残高 6.6 厘米（图 25-9，2）。

　　6. 印纹硬陶腹片

　　2 件。

　　T33③：25，泥质外壁黑色、紫红胎、内壁紫褐色。致密。回字纹、倒 V 字纹和弦纹复合（图 25-9，3）。

　　T33③：26，泥质深灰色皮紫胎灰芯，致密。变形菱形重回纹（图 25-9，4）。

　　7. 原始瓷豆

　　2 件。

　　T33③：15，泥质红褐胎，釉不可见。敞口，尖圆唇，硬折腹内收，器腹较浅，圈足残。口沿内、外侧及豆盘内侧饰多道旋纹。口径 14、残高 3.4 厘米（图 25-9，5）。

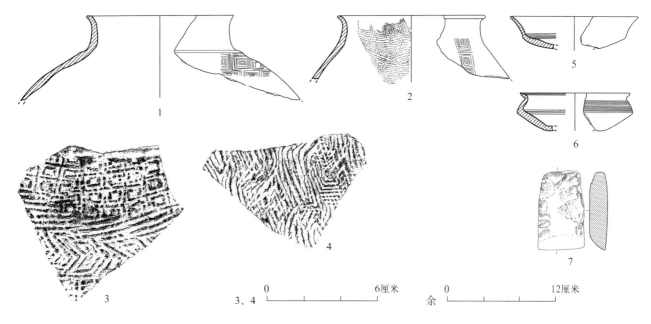

图 25-9　T33③出土陶瓷器、石器

1、2. 印纹硬陶圆肩罐口沿 T33③：8、9　3、4. 印纹硬陶腹片 T33③：25、26　5、6. 原始瓷豆 T33③：15、24　7. 石锛 T33③：1

T33③：24，泥质黄胎，釉不可见。侈口，尖唇，硬折腹内收，器腹较浅，圈足残。口沿内、外侧、外壁及腹内部饰多道旋纹，器表明显可见轮制痕迹。口径12、残高4厘米（图25-9，6）。

（二）石器

石锛

1件。

T33③：1，褐色。器体扁平，平面近似长梯形，单面刃，刃口锋利。通体精磨，器表有大量打制疤痕。长8.3、宽5、最厚1.9厘米（图25-9，7；彩版二三二，4、5）。

六　T33②层

陶瓷器

该层共出土陶片59片，陶瓷器质地、颜色、纹饰统计如下表（表25-10、11）。标本分述如下：

表 25-10　T33②层出土陶瓷器质地、颜色统计表

陶质	夹细砂			泥质	印纹陶	原始瓷	合计
陶色	红褐	灰	黑皮红胎	黑皮红胎			
陶片数	19	6	4	3	24	3	59
百分比（%）	32.20	10.17	6.78	5.08	3.39	5.08	100

表 25-11　T33②层出土陶瓷器纹饰统计表

纹饰	软陶			印纹陶					原始瓷	合计
	素面	细绳纹	粗绳纹	素面	重回纹	席纹	回纹	折线纹	弦纹	
陶片数	18	8	6	1	7	14	1	1	3	59
百分比（%）	30.51	13.56	10.17	1.69	11.86	23.73	1.69	1.69	5.08	100

1. 鬲

1件。

T33②：4，鬲直腹，夹砂红褐皮黑胎。侈口，斜折沿，沿面较窄，厚方唇，微鼓腹。腹部饰细绳纹，纹饰很模糊，沿下绳纹被抹。口径24、最大腹径25.6、残高6.2厘米（图25-5，6）。

2. 罐底

1件。

T33②：10，泥质灰白陶，略夹砂。器腹残，仅存器底，底径较大，平底微内凹，器腹与器底交界处硬折，器壁及器底很厚。器腹饰竖行细绳纹，外底饰压印呈环形的细绳纹。底径13.6、残高4.4厘米（图25-5，7）。

3. 不明器

1件。

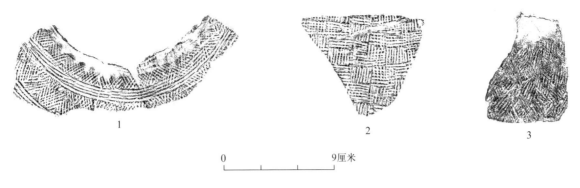

0　　　　　　　　9厘米

图 25-10　T33 ②层出土陶瓷器

1. 印纹软陶罐肩部 T33 ②: 1　　2. 印纹软陶腹片 T33 ②: 3　　3. 原始瓷腹片 T33 ②: 12

T33 ②: 7，疑似为甗腰。泥质红褐陶，内外侧均有烟炱痕迹。上部较陡直，下部由平内转，可能为三足器。器表饰竖行绳纹，内转处饰垂直方向的细绳纹。口径 10、残高 7.4 厘米（图 25-5，8）。

4. 印纹软陶罐肩部

1 件。

T33 ②: 1，泥质红褐陶。口沿残，卷沿，鼓肩。肩部饰 "V" 字形纹和弦纹。口径 12、残高 2.6 厘米（图 25-10，1）。

5. 印纹软陶腹片

1 件。

T33 ②: 3，泥质红褐陶。内壁有按窝。表面饰菱形填线纹。残宽 10、残高 8 厘米（图 25-10，2）。

6. 原始瓷腹片

1 件。

T33 ②: 12，夹砂灰白胎，釉不可见。器表饰席纹，器内壁可见按窝痕。残高 9 厘米（图 25-10，3；彩版二三二，6）。

第二六章　T36 遗存分述

第一节　地层堆积

T36 根据土质、土色及其包含物状况可分为 11 层堆积，现逐层介绍各堆积层情况（图 26-1；彩版二三三、二三四）。

第①层：厚 0.07～0.20 米。黄色黏土，土质疏松。堆积呈水平状分布全方。包含物有大量近、

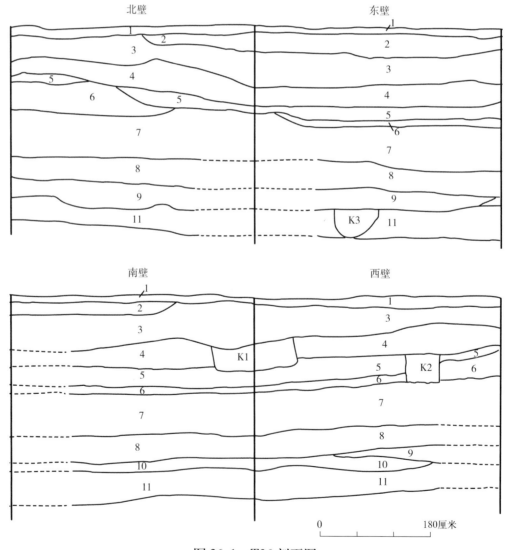

北壁　　　　　　　　　　　　　东壁

南壁　　　　　　　　　　　　　西壁

0　　　　　　　　180厘米

图 26-1　T36 剖面图

现代遗物。

第②层：距地表深 0.07～0.20、厚 0～0.38 米。灰褐色黏土，土质较疏松。堆积由西向东呈坡状分布在探方东半部。包含物为大量的陶片。

第③层：距地表深 0.07～0.50、厚 0.22～0.75 米。灰褐色黏土，土质疏松。堆积由西向东呈坡状遍布全方。本层包含较多陶片、石块。开口于该层下的遗迹单位有 K1。

第④层：距地表深 0.45～1.00、厚 0.25～0.50 米。黄色黏土，夹杂大量铁锈斑，土质较致密。堆积由西北向东南倾斜，遍布全方。包含物有较多的陶片和少量的石器、铜器相关遗物。开口于④层下的遗迹单位有 K2。

第⑤层：深 0.75～1.25、厚 0～0.35 米。灰褐色黏土，下部夹杂少量草木灰，土质较疏松。堆积由西北向东南呈坡状分布全方，仅靠近北壁中部不见。包含物有较多陶片。

第⑥层：深 0.85～1.45、厚 0～0.50 米。黄色黏土，其中西北土色泛白，土质较致密。堆积由西北向东南倾斜，西北部较厚，南部平缓，东北部不见。包含物有较少的陶片。

第⑦层：深 1.25～1.75、厚 0.55～0.75 米。灰褐色黏土，夹杂少量草木灰、碳粒及黄斑，土质较疏松。堆积呈水平状分布全方。包含物有较少的陶片。

第⑧层：深 2.00～2.25、厚 0.30～0.40 米。灰绿色黏土，夹杂大量绿锈斑，土质较致密。堆积呈水平状分布全方。包含物有极少的陶片和 1 件石器。

第⑨层：深 2.30～2.60、厚 0～0.40 米。青灰色黏土，土质较致密。堆积呈水平状分布在探方北部，西部未见。未见包含物。开口于该层下的遗迹单位有 K3。

第⑩层：深 2.50～2.68、厚 0～0.20 米。褐色黏土，土质较致密，堆积大致呈水平状分布在探方西南部。未见包含物。

第⑪层：深 2.68～2.95、厚 0.30～0.55 米，灰白色黏土，土质致密，堆积大致呈水平状遍布全方。未见包含物。

第二节　遗迹及包含物

灰坑及其他坑状堆积

1.T36K3

开口于⑨层下，位于探方东部，部分坑体进入探方东壁。暴露坑口为半圆形，斜壁，圜底，直径约 0.70、深约 0.55 米。填土深灰色，未见包含物。

2.T36K2

开口于④层下，位于探方西部，部分坑体进入探方西壁。暴露坑口为不规则的半圆形，直壁，平底，东西最长 0.70、南北最宽 0.55、深 0.40 米。填土灰褐色，未见包含物。

3.T36K1

开口于③层下，位于探方西南角，部分坑体进入探方西壁和南壁。暴露坑口呈 1/4 圆形，斜壁，平底，半径约 0.70、深约 0.50 米。填土为灰黄色，未见包含物。

第三节　地层出土遗物

一　T36 ⑧层

（一）陶瓷器

该层共出土陶片 4 片，皆为夹粗砂红褐陶，纹饰上，素面 3、细绳纹 1 片，可辨器形仅鬲足 1 件。标本分述如下：

鬲足

1 件。

T36 ⑧：4，夹粗砂红褐陶，夹云母，器壁外侧及部分内壁被灼黑。柱形足，鼓腹，瘪裆。腹部饰纵向细绳纹，足跟及靠近足跟处被抹光。残高 19.4 厘米。

（二）石器

砺石

1 件。

T36 ⑧：1，灰白色，长方体，两端残，正面磨平。残长 8、宽 4、厚 4 厘米（彩版二三五，1、2）。

二　T36 ⑦层

陶瓷器

该层共出土陶片 92 片，陶瓷器质地、颜色、纹饰统计如下表（表 26-1、2）。标本分述如下：

表 26-1　T36 ⑦层出土陶瓷器质地、颜色统计表

陶质	夹粗砂	夹细砂				泥质		印纹陶	合计
陶色	红褐	红褐	灰	黑	黑红	黑	黑红		
陶片数	19	21	3	6	22	3	9	9	92
百分比（%）	20.65	22.83	3.26	6.52	23.91	3.26	9.78	9.78	100

表 26-2　T36 ⑦层出土陶瓷器纹饰统计表

纹饰	软陶						印纹陶					合计
	素面	细绳纹	粗绳纹	弦断绳纹	附加堆纹	弦纹	粗绳纹	回纹	菱形纹	折线纹与回纹	雷纹与回纹	
陶片数	25	15	25	15	2	1	1	5	1	1	1	92
百分比（%）	27.17	16.30	27.17	16.30	2.17	1.09	1.09	5.43	1.09	1.09	1.09	100

1.鬲

4 件。

T36 ⑦：6，夹砂红褐陶，器表有烟炱痕迹，夹云母。折沿，沿下角较大，沿面较宽，圆角方唇，

裆部对应的腹部微鼓。腹部饰斜行绳纹，有横向刮痕。口径26、残高8.5厘米（图26-2，1）。

T36⑦：8，夹砂红褐陶。侈口，卷沿，沿面近平，圆唇，微鼓腹。腹部饰间断中绳纹，沿下绳纹被抹。残宽13、残高7厘米（彩版二三五，3）。

T36⑦：10，夹砂红褐陶。侈口，折沿，沿下角较小，方唇，鼓腹。腹部斜行中绳纹。残宽11、残高8厘米（彩版二三五，4）。

T36⑦：13，夹砂黑褐陶，器表及内壁被灼黑。器体呈蜂窝状，疏松。卷沿近平，圆唇，微鼓腹。素面。口径14.4、腹径17.6、残高9.8厘米（图26-3，1）。

2. 甗

3件。

T36⑦：2，夹砂红褐陶，器体表面有烟炱痕迹，表面黑皮脱落明显，夹云母。折沿，沿下角较小，斜方唇，沿面内侧有一道凹槽，颈、腹分界线明显，鼓腹。腹部饰绳纹，绳纹之上有刮抹痕迹，从口沿断口可见，口沿为后期贴敷而成，器身部分口沿之下饰绳纹。口径36、残高6.7厘米（图26-2，2）。

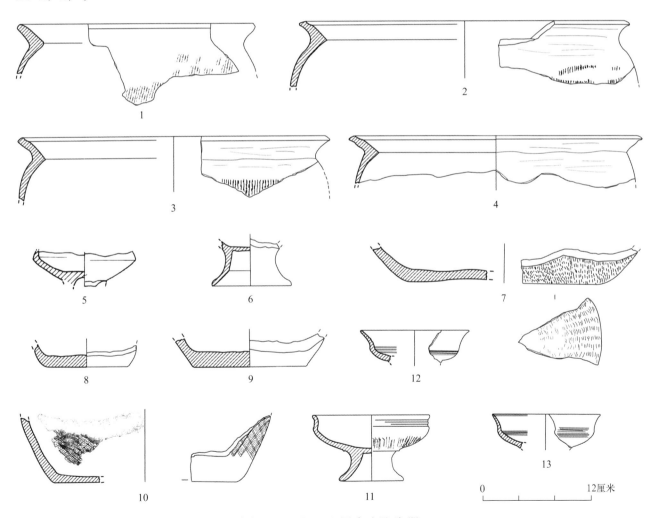

图26-2　T36⑦层出土陶瓷器

1. 鬲 T36⑦：6　2～4. 甗 T36⑦：2、4、5　5. 豆 T36⑦：24　6. 豆柄 T36⑦：25　7～9. 罐底 T36⑦：26、28、29　10. 印纹硬陶罐底 T36⑦：38　11～13. 原始瓷豆 T36⑦：1、36、37

T36⑦：4，夹砂红褐陶，器体表面有烟炱痕迹，表面黑皮脱落明显，夹云母。折沿，沿下角较小，斜方唇，沿面内侧有一道凹槽，颈、腹分界线明显，鼓腹。腹部饰绳纹。口径34、残高6.4厘米（图26-2，3）。

T36⑦：5，夹砂红褐陶，器体表面有烟炱痕迹，其中内壁脱落较严重，夹云母。折沿，沿下角较小，斜方唇，沿面内侧有一道凹槽，颈、腹分界线明显，鼓腹，腹部有横向刮痕。口径32、残高5.8厘米（图26-2，4）。

3. 甗腰

1件。

T36⑦：27，夹砂黑皮黑褐胎。甗腰较厚，有抹痕，卷隔。腹部饰竖行细绳纹。甗腰径7.2、残高9.4厘米（图26-3，2）。

4. 豆

1件。

T36⑦：24，泥质红褐黑皮陶。口沿残，颈部内凹，折腹内收，豆柄残。素面。腹径11.3、残高3.8厘米（图26-2，5）。

5. 豆柄

1件。

T36⑦：25，泥质黑皮红褐胎。短直柄，圈足微外撇，边缘方正。素面。圈足径8.6、残高5厘米（图

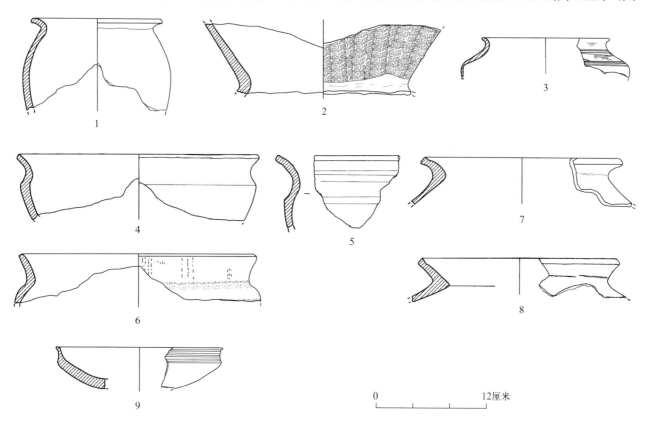

0　　　　　　12厘米

图 26-3　T36 ⑦层出土陶瓷器

1. 鬲 T36 ⑦：13　2. 甗腰 T36 ⑦：27　3. 盂 T36 ⑦：34　4. 小盆 T36 ⑦：31　5、6. 尊 T36 ⑦：30、33　7、8. 罐 T36 ⑦：3、7　9. 原始瓷豆 T36 ⑦：35

26-2，6；彩版二三五，5）。

6. 盂

1 件。

T36⑦：34，泥质黑皮灰白胎。侈口，卷沿，沿下角较大，尖圆唇，颈部内弧，斜直肩，圆肩，下腹部残。肩部饰紊乱的划纹，划纹上下饰多道旋纹。口径 14、腹径 18.4、残高 4 厘米（图 26-3，3）。

7. 小盆

1 件。

T36⑦：31，泥质陶，灰皮红胎。侈口，窄卷沿，方唇，斜直腹，下腹部残。素面。口径 26.6、腹径 26、残高 7 厘米（图 26-3，4）。

8. 尊

2 件。

T36⑦：30，泥质黑皮红褐胎。卷沿，沿下角较大，方唇，鼓腹内收。沿下绳纹被抹，肩部多道旋纹。残长 9.2、残高 7.6 厘米（图 26-3，5）。

T36⑦：33，泥质灰皮青灰色胎。卷沿，沿下角较大，方唇，鼓腹。颈部压印有绳纹，腹部绳纹较模糊。口径 26、残高 5 厘米（图 26-3，6）。

9. 罐

2 件。

T36⑦：3，夹砂红褐陶，夹云母。斜侈口，折沿，沿面内侧有一道凹槽，方唇，肩部近平。抹光。口径 22、残高 4 厘米（图 26-3，7）。

T36⑦：7，夹砂红褐陶。斜直口，沿面略外撇，折沿，方唇，肩部略低平。抹光。口径 22、残高 5 厘米（图 26-3，8）。

10. 罐底

3 件。

T36⑦：26，夹砂红褐陶，器表有烟炱痕迹。上腹部残，下腹部斜直，平底，底径较大，器腹与器底交界处折，器壁及器底较厚。器身饰麦粒状绳纹，外底饰朝向中心按压的细绳纹。底径 20.8、残高 4 厘米（图 26-2，7）。

T36⑦：28，夹砂红褐陶，略夹云母，器底略见炭黑痕迹。腹部残，仅存罐底，平底，底径较小，器腹与器底交界处硬折。素面，器表有明显抹痕。底径 9、残高 2.4 厘米（图 26-2，8）。

T36⑦：29，夹粗砂黑陶，略夹云母，器壁略见炭黑痕迹。腹部残，仅存器底，平底，底径较大，器腹与器底交界处硬折，器壁及器底很厚。器表有明显抹痕，素面。底径 12.4、残高 3.4 厘米（图 26-2，9）。

11. 印纹硬陶腹片

2 件。

T36⑦：39，泥质红皮黑胎陶，较致密。回字纹和云雷纹复合（图 26-4，1）。

T36⑦：44，泥质铁灰皮紫胎陶，致密。回字纹和折线纹复合（图 26-4，2）。

12. 印纹硬陶罐底

1 件。

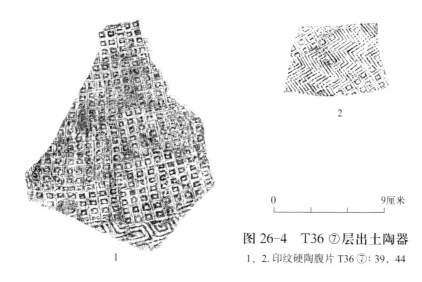

图 26-4　T36 ⑦ 层出土陶器
1、2.印纹硬陶腹片 T36 ⑦: 39、44

　　T36 ⑦: 38，泥质硬陶，灰胎，下腹外壁有黑褐色表皮，外壁抹泥处至器底呈灰色，下腹内壁成灰黄色，内壁抹泥处至器底呈深灰色。下腹部略内收，腹底交界圆转，且内外壁皆抹泥加固，圆平底。下腹部拍印叫规整的凸方格纹。底径 20、残高 6.8 厘米（图 26-2，10）。

　　13. 原始瓷豆

　　4 件。

　　T36 ⑦: 1，泥质灰黄胎，釉不可见。侈口，尖圆唇，直腹内折，豆盘较深，喇叭形圈足，圈足内部呈褐红色，豆盘底部与豆座接痕明显。口沿外侧饰多道旋纹，豆盘底饰多道弦纹，豆盘底部与豆座结合处外沿饰一道凸弦纹。口径 12.8、圈足径 4.4、底径 7.2、高 9 厘米（图 26-2，11；彩版二三六，1～3）。

　　T36 ⑦: 35，泥质灰白胎，青色釉较厚。侈口，口径较大，方唇，唇面有一道凹槽，折腹内收，下腹残，豆盘较深。口沿外侧饰多道旋纹。口径 18.4、腹径 18、残高 4.4 厘米（图 26-3，9）。

　　T36 ⑦: 36，泥质灰白胎，釉不可见。敞口，尖圆唇，折腹内收，腹较浅，下腹残。盘底内、外壁均饰有数道旋纹，器表明显可见轮制痕迹。口径 12、腹径 10.8、残高 3.4 厘米（图 26-2，12）。

　　T36 ⑦: 37，泥质灰白胎，釉不可见。侈口，尖唇，唇内侧有一道凹痕，直腹，硬折腹弧平内收。唇内侧及外壁及豆盘内侧均饰多道旋纹，器表可见明显轮制痕迹。口径 12、腹径 11、残高 4 厘米（图 26-2，13）。

三　T36 ⑥层

　　陶瓷器

　　该层共出土陶片 94 片，陶瓷器质地、颜色、纹饰统计如下表（表 26-3、4）。标本分述如下：

　　1. 鬲

　　3 件。

　　T36 ⑥: 5，夹砂红褐陶，器表及器体内壁被灼烧黑色，夹云母。卷沿近平，沿下角很小，圆唇，鼓腹明显。腹部饰斜行细绳纹。口径 18、残高 5.6 厘米（图 26-5，1）。

表 26-3　T36 ⑥层出土陶瓷器质地、颜色统计表

陶质	夹粗砂		夹细砂				泥质				印纹陶	原始瓷	合计
陶色	红褐	黑	红褐	灰	黑	黑红	红褐	灰	黑	黑红			
陶片数	4	3	35	3	8	13	1	3	5	10	5	4	94
百分比（%）	4.26	3.19	37.23	3.19	8.51	13.83	1.06	3.19	5.32	10.64	5.32	4.26	100

表 26-4　T36 ⑥层出土陶瓷器纹饰统计表

纹饰	软陶					印纹陶			原始瓷		合计
	素面	细绳纹	粗绳纹	弦断绳纹	弦纹	菱形纹	席纹	回纹	素面	弦纹	
陶片数	20	13	39	12	1	1	1	3	1	3	94
百分比（%）	21.28	13.83	41.49	12.77	1.06	1.06	1.06	3.19	1.06	3.19	100

T36⑥：4，夹砂黑皮红褐陶。侈口，卷沿，沿下角较大，厚方唇，束颈，微鼓腹，肩部有两道凹槽。下腹部饰绳纹，纹饰较模糊。口径 12、腹径 14、残高 4.2 厘米（图 26-5，2）。

T36⑥：6，夹砂黑皮红褐陶。侈口，卷沿，沿下角较大，厚方唇，唇面有一道凹槽，束颈，颈、肩分界处有一道凸棱，微鼓腹，略瘪裆。下腹部饰弦断绳纹，纹饰较模糊。残长 7.5、残高 8.5 厘米（图 26-5，3；彩版二三五，6）。

2. 鬲足

2 件。

T36⑥：9，夹砂红褐陶，足上部和足窝内侧有烟炱痕迹。柱状实足跟较矮，足窝较浅，足跟为斜面。通体饰斜向细绳纹，足跟底面饰细绳纹。残高 7.4 厘米（图 26-5，4）。

T36⑥：11，夹砂灰陶。截锥状实足跟较矮，足窝较浅，足跟为斜面。通体饰斜向细绳纹，足跟底面饰细绳纹。残高 7.2 厘米（图 26-5，5）。

3. 甗

1 件。

T36⑥：1，夹砂红褐陶，器表有烟炱痕迹，脱落较明显，夹云母。折沿，沿面近平，圆唇，唇面有一道凹槽，微鼓腹。器外壁可见竖行中绳纹，纹饰较斑驳。口径 34、腹径 32、残高 7 厘米（图 26-5，6）。

4. 豆盘

1 件。

T36⑥：16，泥质黑皮红褐胎灰白芯。豆盘很浅，近豆柄处残，外壁饰有多道凹槽。口径 14、残高 3.6 厘米（图 26-5，7）。

5. 豆柄

1 件。

T36⑥：17，泥质黑皮红胎。圈足略矮，底座外展近平，边缘较短。素面。圈足径 12、残高 5.2 厘米（图 26-5，8）。

6. 盆口沿

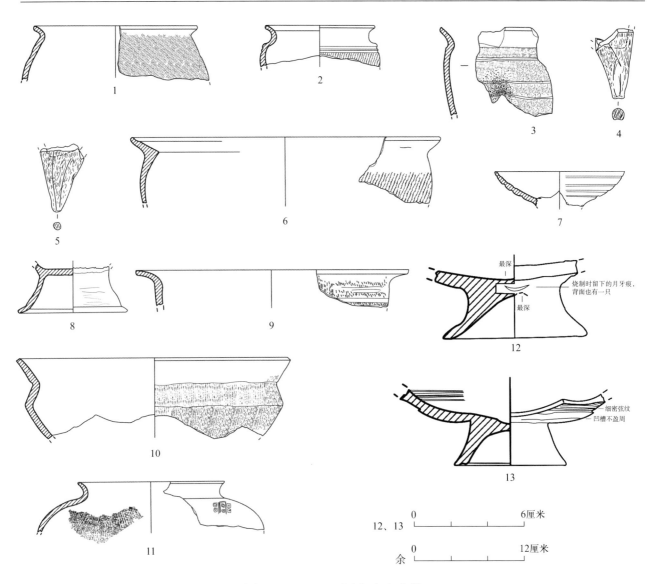

图 26-5　T36 ⑥层出土陶瓷器

1～3. 鬲 T36 ⑥: 5、4、6　4、5. 鬲足 T36 ⑥: 9、11　6. 甗 T36 ⑥: 1　7. 豆盘 T36 ⑥: 16　8. 豆柄 T36 ⑥: 17　9. 盆口沿 T36 ⑥: 2　10. 尊 T36 ⑥: 14　11. 印纹硬陶罐 T36 ⑥: 18　12、13. 原始瓷豆座 T36 ⑥: 13、12

1 件。

T36 ⑥: 2，泥质灰陶。宽卷沿。方唇口沿外侧的绳纹被抹去，颈部以下饰纵向细绳纹，肩部饰一道旋纹。口径 30、腹径 26.4、残高 3.8 厘米（图 26-5，9）。

7. 尊

1 件。

T36 ⑥: 14，泥质灰陶。卷沿，沿下角较大，方唇，鼓腹外折。器腹饰竖行细绳纹，颈部被压印，腹部绳纹较模糊。口径 30、腹径 28、残高 8.4 厘米（图 26-5，10）。

8. 印纹硬陶罐

1 件。

T36 ⑥: 18，泥质硬陶，胎色内紫外黑，表皮内灰外紫，肩部及口沿沿面部分区域可见少量釉层光泽。卷沿，圆唇，矮领略内凹，圆鼓肩。肩部拍印较规整的凸方格纹，肩部顶端一周抹为素面。口径 14、残高 5.2 厘米（图 26-5，11）。

9. 原始瓷豆座

2 件。

T36⑥：13，泥质灰白胎，青色釉较厚。豆柄较矮，圈足外撇，呈喇叭状。器表明显可见轮制痕迹。圈足径 8、残高 4.2 厘米（图 26-5，12；彩版二三六，4）。

T36⑥：12，泥质灰白胎，青色釉仅见于豆盘内壁。豆柄较矮，圈足外撇，圈足口沿内侧有一周凹槽，器底与豆座接痕明显。盘底内外壁饰多道旋纹。圈足径 6、残高 4 厘米（图 26-5，13）。

四　T36 ⑤层

陶瓷器

该层共出土陶片 246 片，陶瓷器质地、颜色、纹饰统计如下表（表 26-5、6）。标本分述如下：

表 26-5　T36 ⑤层出土陶瓷器质地、颜色统计表

陶质	夹粗砂	夹细砂				泥质				印纹陶	原始瓷	合计
陶色	红褐	红褐	灰	黑	黑红	红褐	灰	黑	黑红			
陶片数	8	92	14	10	65	13	9	3	6	21	5	246
百分比（%）	3.25	37.40	5.69	4.07	26.42	5.28	3.66	1.22	2.44	8.54	2.03	100

表 26-6　T36 ⑤层出土陶瓷器纹饰统计表

纹饰	软陶							印纹陶						原始瓷		合计
	素面	细绳纹	粗绳纹	交错绳纹	附加堆纹	弦断绳纹	刻划纹	菱形纹	回纹	重回纹	叶脉纹	水波纹与菱形纹	弦纹加刻划纹	素面	弦纹	
陶片数	74	44	85	1	3	12	1	12	2	3	1	2	1	2	3	246
百分比(%)	30.08	17.89	34.55	0.41	1.22	4.88	0.41	4.88	0.81	1.22	0.41	0.81	0.41	0.81	1.22	100

1. 鬲

3 件。

T36⑤：8，夹砂黑皮红褐胎。侈口，卷沿，沿下角较大，方唇，耸肩较明显。腹部纹饰较模糊，沿下绳纹被抹。口径 20、残高 4.6 厘米（图 26-6，1）。

T36⑤：9，夹砂黑陶。侈口，折沿，沿下角较大，圆唇，颈部微内凹，折肩。腹部饰弦断绳纹，沿下有明显抹痕。口径 20、腹径 19.6、残高 4 厘米（图 26-6，2）。

T36⑤：19，夹砂灰褐皮黑芯。斜折沿，沿下角较大，方唇，微鼓腹。腹部饰绳纹，纹饰模糊。口径 12、腹径 11、残高 6.6 厘米（图 26-7，1）。

2. 鬲足

5 件。

T36⑤：23，夹砂红褐陶，上部和足窝内侧有烟炱痕迹。截锥状足跟较高，足窝较深。足跟为斜

面。表面有刮削痕迹。残高 8.8 厘米（图 26-6，3）。

T36⑤：24，夹砂红褐陶，上部和足窝内侧有烟炱痕迹。柱状实足跟较高，足窝较浅，足跟为斜面。通体饰斜向细绳纹，纹饰模糊。残高 9 厘米（图 26-6，4）。

T36⑤：25，夹砂红褐陶，上部有烟炱痕迹。柱状实足跟较高，足窝较深，足跟为斜面。表面有刮削痕迹。残高 10.2 厘米（图 26-6，5）。

T36⑤：26，夹砂灰陶。截锥状实足跟较高，下部稍束，足窝较浅。通体饰斜向细绳纹，纹饰模糊。残高 9.2 厘米（图 26-6，6）。

T36⑤：29，夹砂红褐陶，上部和足窝内侧有烟炱痕迹。截锥状足跟较矮，足窝较浅，足跟为斜面。通体饰竖行细绳纹，足跟底面饰细绳纹。残高 6 厘米（图 26-6，7）。

3. 甗口沿

3 件。

T36⑤：14，夹砂红褐陶。侈口，卷沿，沿下角较大，沿面较大，方唇，微鼓腹。腹部饰间断细绳纹，部分绳纹被抹。残长 10.5、残高 5.7 厘米（图 26-7，2）。

T36⑤：16，夹砂红褐陶，器表有烟炱痕迹，夹云母。侈口，斜折沿，沿下角较大，方唇，微鼓腹。腹部饰绳纹，绳纹之上有刮痕。口径 30、腹径 28.4、残高 7 厘米（图 26-6，8）。

T36⑤：17，泥质红褐陶，厚胎，方唇。口沿外侧的绳纹被抹去，颈部以下饰纵向细绳纹。口径 36、腹径 33.6、残高 6 厘米（图 26-7，3）。

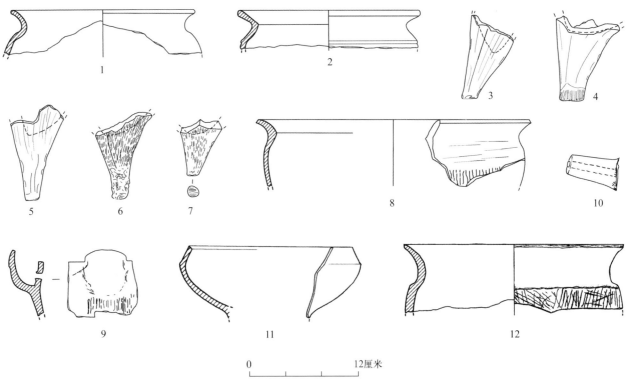

图 26-6　T36 ⑤层出土陶器

1、2. 鬲 T36⑤：8、9　3～7. 鬲足 T36⑤：23～26、29　8. 甗口沿 T36⑤：16　9. 甗附耳 T36⑤：21　10. 盉流 T36⑤：20　11. 豆 T36⑤：32　12. 小盆 T36⑤：5

4. 甗附耳

1 件。

T36⑤：21，附耳甗的附耳。泥质黑皮红褐陶。附耳较窄，边缘圆唇，略高于器腹高度，外壁器表凹凸不平。器身饰细绳纹，耳洞较小。残长 7.4、残高 7 厘米（图 26-6，9；彩版二三六，5）。

5. 盉流

1 件。

T36⑤：20，泥质红褐陶，略夹砂。管状流，流较长较粗，流与器身交界处略饰绳纹。流长 5.8 厘米（图 26-6，10；彩版二三六，6）。

6. 豆

1 件。

T36⑤：32，泥质黑皮灰黑胎黑芯。敛口，子母口，薄方唇，折腹，下腹部残。素面。口径 18、腹径 20、残高 7.6 厘米（图 26-6，11）。

7. 敛口钵

1 件。

T36⑤：1，泥质黑皮红胎。口沿内敛，斜方唇，肩部外鼓，斜弧腹内收，平底，器腹较浅。口沿外饰旋纹两周。口径 12.6、腹径 14、底径 7.9、高 6.6 厘米（图 26-7，4；彩版二三七，1）。

8. 盆口沿

2 件。

T36⑤：2，泥质红褐胎灰陶。折沿，方唇，唇缘内凹，鼓腹。口沿外侧的绳纹被抹去，肩部和腹部饰纵向细绳纹，腹部饰一道旋纹。口径 44、腹径 43.2、残高 10 厘米（图 26-7，5）。

T36⑤：4，泥质略夹砂，黑皮红胎。侈口，卷沿，厚方唇，直腹，腹部以下残。沿下至腹部饰纵向细绳纹，其中颈部绳纹有被抹痕迹，部分被抹去。口径 38、腹径 34.4、残高 8.6 厘米（图 26-7，6）。

9. 小盆

1 件。

T36⑤：5，夹砂红陶。侈口，卷沿较宽，尖唇，直腹，下腹部残。腹部饰有交错粗绳纹。口径 24、腹径 23.6、残高 7.2 厘米（图 26-6，12）。

10. 罐

2 件。

T36⑤：6+T36⑥：3，泥质红陶，略夹砂。直口，厚方唇，斜直肩，肩部以下残。肩部饰有交错绳纹，颈部和沿下绳纹被抹去。口径 14、残高 5.4 厘米（彩版二三七，8）。

T36⑤：10，泥质略夹砂，黑皮，红胎夹黑褐胎。侈口，方唇，卷沿，斜直肩，肩部以下残。沿下及颈部以下饰竖行细绳纹，颈部绳纹被抹去。口径 24、残高 7 厘米（图 26-7，7）。

11. 尊

1 件。

T36⑤：3，泥质灰陶。卷沿，沿下角较大，方唇，鼓腹外折。器腹饰竖行细绳纹，颈部被压印，腹部绳纹较模糊。口径 32、腹径 33、残高 8.4 厘米（图 26-7，8）。

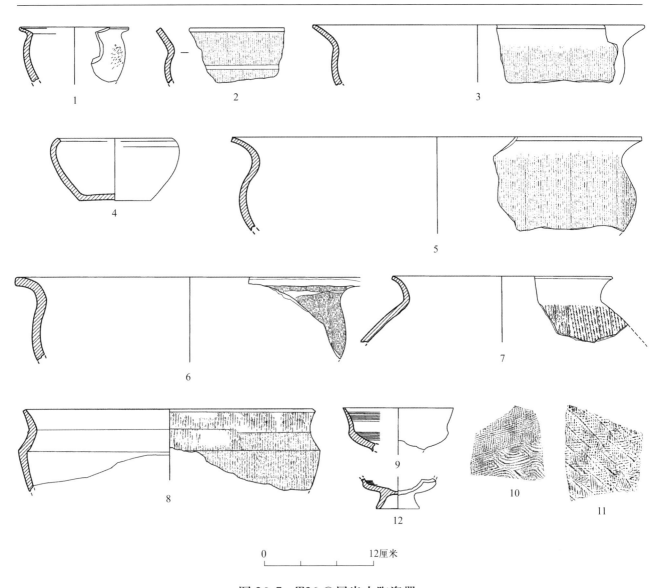

图 26-7　T36 ⑤层出土陶瓷器

1. 鬲 T36 ⑤：19　2、3. 甗口沿 T36 ⑤：14、17　4. 敛口钵 T36 ⑤：1　5、6. 盆口沿 T36 ⑤：2、4　7. 罐 T36 ⑤：10　8. 尊 T36 ⑤：3　9、12. 原始瓷豆 T36 ⑤：33、31　10、11. 印纹硬陶腹片 T36 ⑤：35、37

12. 印纹硬陶腹片

2 件。

T36 ⑤：35，泥质深灰色陶，致密。变形云雷纹和菱形重回纹复合。长 8、宽 8 厘米（图 26-7，10）。

T36 ⑤：37，泥质红皮紫胎，较致密。内壁有轮制痕迹，叶脉纹。长 11、宽 10 厘米（图 26-7，11）。

13. 原始瓷豆

2 件。

T36 ⑤：33，泥质灰白胎，釉不可见。敞口，尖圆唇，直腹，硬折腹弧平内收。豆盘内侧饰多道旋纹，器表可见明显轮制痕迹。口径 12、腹径 10.8、残高 4.6 厘米（图 26-7，9）。

T36 ⑤：31，泥质灰白胎，釉不可见。豆柄较矮，圈足外撇。盘底内壁饰多道旋纹。圈足径 4.8、残高 3.2 厘米（图 26-7，12）。

五　T36 ④层

（一）陶瓷器

该层共出土陶片 399 片，陶瓷器质地、颜色、纹饰统计如下表（表 26-7、8）。标本分述如下：

表 26-7　T36 ④层出土陶瓷器质地、颜色统计表

陶质	夹粗砂	夹细砂					泥质				印纹陶	原始瓷	合计
陶色	红褐	红	红褐	灰	黑	黑皮红胎	红褐	红	黑	黑皮红胎			
陶片数	6	16	86	28	18	33	3	5	8	31	156	9	399
百分比（%）	1.50	4.01	21.55	7.02	4.51	8.27	0.75	1.25	2.01	7.77	39.1	2.26	100

表 26-8　T36 ④层出土陶瓷器纹饰统计表

纹饰	软陶									印纹陶								原始瓷		合计
	素面	细绳纹	粗绳纹	弦断绳纹	附加堆纹	弦纹	刻划纹	按窝纹	弦纹加刻划纹	素面	弦纹	菱形纹	席纹	回纹	雷纹	吕字纹	折线纹	素面	弦纹	
陶片数	99	37	67	9	6	9	1	1	4	68	3	19	6	7	43	1	10	7	2	399
百分比（%）	24.81	9.27	16.79	2.26	1.50	2.26	0.25	0.25	1.00	17.04	0.75	4.76	1.50	1.75	10.78	0.25	2.51	1.75	0.50	100

1. 鬲

3 件。

T36 ④：4，夹砂红褐陶，器表被灼烧黑色。斜折沿，沿下角较大，方唇，微鼓腹。素面。口径 18、残高 3.8 厘米（图 26-8，1）。

T36 ④：7，夹砂灰陶。侈口，斜折沿，沿下角较大，斜方唇，鼓腹。腹部饰弦断细绳纹，沿下绳纹被抹。残长 10、残高 5.2 厘米（图 26-8，2）。

T36 ④：9，夹细砂红褐陶。侈口，平折沿，尖圆唇，鼓肩。沿下及颈部饰斜向细绳纹，纹饰模糊，肩部饰多道旋纹及一圈纵向细绳纹。口径 20、残高 5.6 厘米（图 26-8，3）。

2. 鬲足

2 件。

T36 ④：13，夹砂红褐陶，上部和足窝内侧有烟炱痕迹。柱状实足跟较高，足窝较深。通体饰斜向细绳纹，足跟底面饰细绳纹。残高 9.2 厘米（图 26-8，4）。

T36 ④：14，夹砂红褐陶，上部和足窝内侧有烟炱痕迹。柱状实足跟较高，足窝较深。表面有刮削痕迹。残高 8 厘米（图 26-8，5）。

3. 甗腰

1 件。

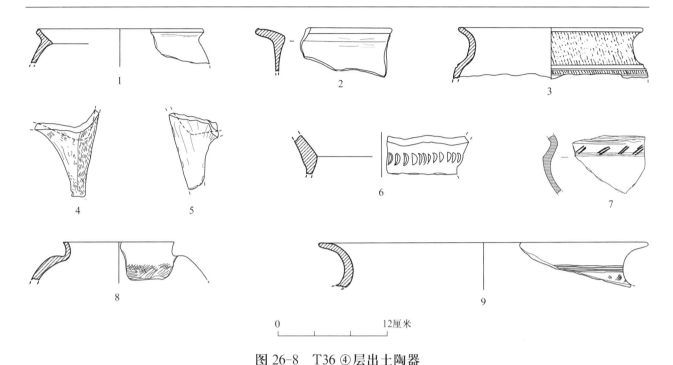

0　　　　　　　　　12厘米

图 26-8　T36 ④层出土陶器

1～3.鬲 T36 ④：4、7、9　4、5.鬲足 T36 ④：13、14　6.甗腰 T36 ④：6　7.小盆 T36 ④：5　8.罐 T36 ④：8　9.尊 T36 ④：15

T36 ④：6，夹砂灰褐陶。甗腰外饰指甲纹一周，呈月牙形，卷隔。器身饰竖行细绳纹，纹饰被抹明显。甗腰径 16.4、残高 4 厘米（图 26-8，6）。

4. 小盆

1 件。

T36 ④：5，泥质灰陶。口沿残，折肩部，下腹内收，残。肩部饰单向划纹，划纹较随意，划纹上下饰多道旋纹。残长 8、残高 6.2 厘米（图 26-8，7）。

5. 罐

1 件。

T36 ④：8，夹砂红陶。直口，方唇，斜直肩，肩部以下残。肩部饰有交错绳纹，颈部和沿下绳纹被抹去。口径 12、残高 4 厘米（图 26-8，8）。

6. 尊

1 件。

T36 ④：15，泥质灰白胎，胎体两侧有很薄的红褐层，表层灰黑皮脱落明显。侈口，卷沿，沿下角较大，方唇，颈部内弧，肩部外鼓明显，肩部残。肩部饰单向划纹，划纹较长，纹饰疏松，较规整，划纹上下饰多道旋纹。口径 36、残高 4.8 厘米（图 26-8，9）。

7. 印纹硬陶罐

2 件。

T36 ④：18，泥质硬陶，紫胎，表皮内灰外黑，肩部、沿面黑色表层剥落严重。卷沿，沿下角较大，斜方唇，直领，沿外壁至领外壁刮出 5 周略宽的凹槽，领肩交界处略下凹，圆鼓肩。肩部拍印杂乱的重回纹。口径 20.4、残高 5.4 厘米（图 26-9，1）。

T36 ④：23，泥质紫胎灰皮硬陶。卷沿，方唇，唇面微内凹，直领略外撇，圆鼓肩。肩部拍印变体重回纹。口径 12.4、残高 7 厘米（图 26-9，2）。

8. 原始瓷豆

1 件。

T36 ④：26，夹砂灰白胎，表面残留少量釉的痕迹。侈口，尖圆唇，唇面内侧有一道凹槽，直腹，下腹部残。外壁有轮制痕迹。口径 13、残高 4 厘米（图 26-9，3）。

9. 原始瓷罐口沿

1 件。

T36 ④：22，泥质灰陶。器身施深绿色釉层，内壁口沿以下未见釉层。卷沿，尖圆唇，颈部明显，微内收，溜肩，肩、腹圆转，上腹部圆鼓。肩部上端刮出数周密集的浅凹槽，其下至上腹部拍印波折纹。残宽 5、残高 12 厘米（图 26-9，4）。

10. 原始瓷器底

1 件。

T36 ④：27，泥质灰白胎，含少量砂粒。釉不可见。平底。腹部下端有按窝痕，腹饰席纹。残宽 9、残高 11 厘米（图 26-9，5；彩版二三七，2、3）。

11. 兽形原始瓷鋬

1 件。

T36 ④：2，泥质灰陶，施青釉。形似河马，兽首耳部残，双目突出，为两个贴制的泥饼，瞳孔

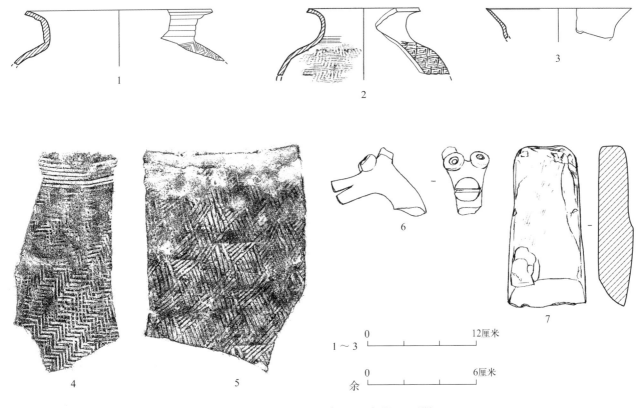

图 26-9　T36 ④层出土陶瓷器、石器

1、2.印纹硬陶罐 T36 ④：18、23　3.原始瓷豆 T36 ④：26　4.原始瓷罐口沿 T36 ④：22　5.原始瓷器底 T36 ④：27　6.兽形原始瓷鋬 T36 ④：2　7.石锛 T36 ④：1

为空心管戳制而成。嘴部横向切制，微张。颈部两侧有对向划纹，似鬃毛，下端残。脖径 1.5、嘴长 2、残高 4.5 厘米（图 26-9，6；彩版二三七，4～6）。

（二）石器

石锛

1 件。

T36④：1，灰白色。平面呈长梯形，横截面呈长方形，单面刃，刃口锋利，上有大小不一的崩口。通体磨制稍粗，器表有多处打制疤痕。宽 4.2、残高 8.6、厚约 2 厘米（图 26-9，7；彩版二三七，7）。

（三）铜器及相关遗物

残铜器

1 件。

T36④：28，残块，器形不明。残长 3、宽 2、厚 0.5 厘米（彩版二三八，1～7）。

六　T36 ③层

陶瓷器

该层共出土陶片 241 片，陶瓷器质地、颜色、纹饰统计如下表（表 26-9、10）。标本分述如下：

表 26-9　T36 ③层出土陶瓷器质地、颜色统计表

陶质	夹粗砂		夹细砂				泥质					印纹陶	原始瓷	合计
陶色	红褐	灰	红	红褐	灰	黑	红	红褐	灰	黑	黑皮红胎			
陶片数	29	9	6	75	6	7	2	5	16	10	31	42	3	241
百分比（%）	12.03	3.73	2.49	31.12	2.49	2.90	0.83	2.07	6.64	4.15	12.86	17.43	1.24	100

表 26-10　　T36 ③层出土陶瓷器纹饰统计表

纹饰	软陶					印纹陶								原始瓷		合计
	素面	细绳纹	粗绳纹	弦断绳纹	附加堆纹	方格纹	素面	重回纹	席纹	菱形纹	雷纹	水波纹	菱形填线纹	素面	弦纹	
陶片数	74	18	91	10	2	1	10	22	4	3	1	1	1	1	2	241
百分比（%）	30.71	7.47	37.76	4.15	0.83	0.41	4.15	9.13	1.66	1.24	0.41	0.41	0.41	0.41	0.83	100

1.鬲

1 件。

T36③：7，夹砂灰褐皮黑胎。侈口，窄沿，沿下角较大，圆唇，直腹微鼓。腹部饰竖行细绳纹，纹饰很模糊，沿下有抹痕。口径 16、腹径 15.4、残高 7.8 厘米（图 26-10，1）。

2.鬲口沿

2 件。

T36③：3，夹细砂红褐陶。窄折沿，方唇，鼓腹。颈部以下饰纵向细绳纹。口径 12、残高 6.2 厘米（图 26-10，2）。

T36③：6，夹细砂灰陶。折沿，小方唇。颈部绳纹被抹去，颈部以下饰纵向细绳纹，肩部饰一道旋纹。口径 24、腹径 23.6、残高 7.6 厘米（图 26-10，3）。

3. 鬲足

7 件。

T36③：11，夹砂灰陶。柱状实足跟较高，足窝较深，足跟底面十分平整。从上至下饰有竖向中绳纹，足跟底部绳纹被刮去。

T36③：12，夹砂红陶，足窝内侧有烟炱痕迹。蹄形足跟，足窝较浅，足跟为斜面。通体饰斜向和竖向中绳纹。

T36③：13，泥质红陶，略夹砂。柱状实足跟较矮，足窝浅。通体饰竖向中绳纹。

T36③：14，夹砂红陶。蹄形足跟，足窝较浅，足跟为斜面。通体和足跟底面均饰有中绳纹。

T36③：15，泥质红陶。包制鬲足，截锥状足跟，足窝较浅，足跟底面较平整。表面饰压印纹。

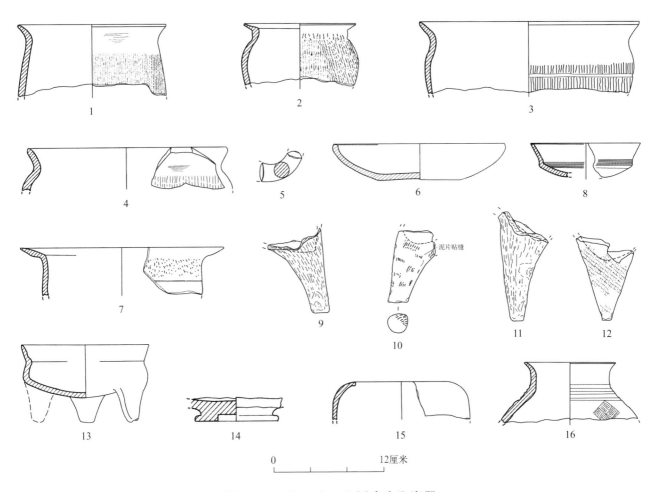

图 26-10　T36 ③、②层出土陶瓷器

1. 鬲 T36③：7　2、3. 鬲口沿 T36③：3、6　4. 甗口沿 T36③：2　5. 盉柄 T36③：10　6. 盘 T36③：1　7. 盆口沿 T36③：17　8. 原始瓷豆 T36③：21　9～12. 鬲足 T36②：8、9、11、13　13. 鼎 T36②：1　14. 盘圈足 T36②：21　15. 敛口钵 T36②：5　16. 印纹硬陶罐 T36②：22

T36③:16，夹砂红褐陶，上部有烟炱痕迹。尖锥状实足跟，足窝较浅。通体饰竖向细绳纹。

T36③:29，泥质红褐陶略夹砂，表面有红陶衣。柱状实足跟，足窝较浅，足跟残。表面有刮削痕迹。

4.甗口沿

1件。

T36③:2，夹粗砂褐陶，厚胎。宽折沿，圆唇。口沿外侧的绳纹被抹去，颈部以下饰纵向细绳纹。口径22、腹径19.2、残高4.4厘米（图26-10，4）。

5.盉柄

1件。

T36③:10，夹砂红褐陶。把细残，微卷曲，上下端均残。残长4.6、残高3.2厘米（图26-10，5）。

6.盘

1件。

T36③:1，泥质黑皮红胎。微敛口，薄方唇，弧腹内收，平底，无圈足，器腹较浅。通体素面。口径18.8、底径9、高3.8厘米（图26-10，6；彩版二三九，1）。

7.盆口沿

1件。

T36③:17，泥质灰陶，宽折沿，尖唇。口沿外侧和肩部的纵向细绳纹被抹去，肩部饰一道旋纹。口径22、残高5厘米（图26-10，7）。

8.印纹硬陶腹片

4件。

T36③:28，泥质红陶、内壁灰白。致密。水波纹（图26-11，1）。

T36③:22，泥质外壁黑色、紫红胎、内壁深灰色。较致密。变形云雷纹（图26-11，2）。

T36③:25，泥质灰褐陶。致密。乱席纹（图26-11，3）。

T36③:27，泥质灰褐皮橙色胎陶。较致密。多种复合纹（图26-11，4）。

9.原始瓷豆

1件。

T36③:21，泥质灰白胎，釉不可见。侈口，宽沿，圆唇，折腹内收，口沿内侧有一道凹槽。折腹处及腹内均有多道旋纹。口径12、腹径10.4、残高3.6厘米（图26-10，8）。

七　T36②层

陶瓷器

该层共出土陶片422片，陶瓷器质地、颜色、纹饰统计如下表（表26-11、12）。标本分述如下：

1.鬲足

4件。

T36②:8，夹砂灰陶。柱状实足跟较高，足窝较浅，足跟底面为斜面。表面饰竖向粗绳纹。残高9厘米（图26-10，9）。

表 26-11　T36 ②层出土陶瓷器质地、颜色统计表

陶质	夹粗砂		夹细砂				泥质			印纹陶			原始瓷	合计
陶色	红褐	黑皮红胎	红	红褐	灰	黑皮红胎	红褐	灰	黑皮红胎	红	红褐	灰		
陶片数	15	6	5	152	40	34	22	29	61	3	9	43	3	422
百分比（%）	3.55	1.42	1.18	36.02	9.48	8.06	5.21	6.87	14.45	0.71	2.13	10.19	0.71	100

表 26-12　T36 ②层出土陶瓷器纹饰统计表

纹饰	软陶						印纹陶										原始瓷	合计
	素面	细绳纹	粗绳纹	弦断绳纹	附加堆纹	弦纹	素面	弦纹	斜格纹	方格纹	重回纹	席纹	回纹	水波纹席纹	弦纹席纹	叶脉纹	素面	
陶片数	156	7	91	69	8	9	5	1	6	22	31	13	1	1	1	1	3	422
百分比（%）	36.97	1.66	21.56	16.35	1.90	2.13	1.18	0.24	1.42	5.21	7.35	3.08	0.24	0.24	0.24	0.24	0.71	100

T36 ②：9，夹砂灰陶。包制鬲足，柱状实足跟较矮，足窝较浅，足跟底面为斜面。表面有刮削痕迹，在刮痕之上，饰有竖向中绳纹，足跟底面饰有中绳纹。残高 7.6 厘米（图 26-10，10）。

T36 ②：11，夹砂红陶。截锥状实足跟较高，足窝较浅。通体饰竖行中绳纹，足跟底面饰交错中绳纹。残高 11.6 厘米（图 26-10，11）。

T36 ②：13，泥质陶略夹砂，红皮灰胎。截锥状实足跟较高，足窝较浅。通体饰麦粒状绳纹。残高 9 厘米（图 26-10，12）。

2. 鼎

1 件。

T36 ②：1，夹粗砂红褐陶。侈口，折沿，斜尖唇，微鼓腹，平底，扁平三角形足，足尖微残。素面。口径 14、腹径 13.8、残高 8.2 厘米（图 26-10，13；彩版二三九，2）。

3. 鼎足

2 件。

T36 ②：16，夹粗砂红褐陶。正装鼎足，整体呈扁平三角形，截面为椭圆形，足跟残，足上端残。素面，表皮脱落明显（彩版二三九，3）。

4. 盉柄

1 件。

T36 ②：18，夹砂灰陶。把粗大，微弯曲，上下端均残。柄直径 2.9 厘米（彩版二三九，4）。

5. 豆盘

1 件。

T36 ②：20，泥质黑皮红褐胎。残存豆盘豆柄交接处。直径 5、残高 2 厘米（彩版二三九，5）。

6. 盘圈足（疑似为盘）

1 件。

T36 ②：21，泥质黑皮红褐陶。器壁残，器底较平，圈足很扁，似玉璧的形状。素面。圈足颈 9.2、残高 2.6 厘米（图 26-10，14）。

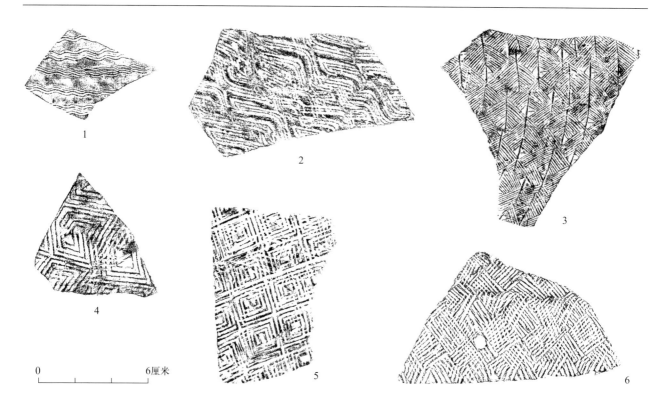

0　　　　　　6厘米

图 26-11　T36 ③、②层出土陶器

1～6.印纹硬陶腹片 T36 ③：28、22、25、27、T36 ②：24、25

7. 敛口钵

1件。

T36 ②：5，泥质黑皮灰白胎。口沿内敛明显，圆唇，唇部内侧与器腹内壁有一道明显的界限，肩部外鼓，斜弧腹内收，下腹部残。素面，腹部可见一道划痕。腹径 14.8、残高 4 厘米（图 26-10，15）。

8. 罐耳

1件。

T36 ②：19，桥形罐耳。截面为半圆形，泥质红褐陶。器耳素面（彩版二三九，6）。

9. 印纹硬陶罐

1件。

T36 ②：22，亦可能为瓶。泥质红褐色硬陶。卷沿，沿面前端近平，尖圆唇，领部略外撇，领外刮出多周宽窄各异的不规则凹槽，短溜肩，肩、腹交界圆鼓。肩部拍印较杂乱的席纹。口径 10、残高 6 厘米（图 26-10，16）。

10. 印纹硬陶腹片

2件。

T36 ②：24，泥质橙色陶。较致密。重回纹（图 26-11，5）。

T36 ②：25，泥质陶，外壁呈黑色、紫胎、内壁橙色。较致密。内壁有轮制和手抹痕迹，叶脉纹（图 26-11，6）。

第二七章　T37 遗存分述

第一节　地层堆积

T37 根据土质、土色及其包含物状况可分为 12 层堆积,现逐层介绍各堆积层情况(图 27-1;彩版二四〇、二四一)。

第①层:厚 0.07～0.20 米。黄色黏土,土质疏松。堆积大致呈水平状分布全方。包含物有大量近、现代遗物。

第②层:距地表深 0.07～0.20、厚 0～0.25 米。灰褐色黏土,土质较疏松。堆积仅分布在探方东部。包含物有大量的陶片和少量石器。

第③层:距地表深 0.07～0.40、厚 0.30～0.75 米。灰褐色黏土,土质较疏松。堆积由西北部向东南部倾斜,遍布全方。包含物有较多的陶片和石块。

第④层:距地表深 0.35～1.00、厚 0.07～0.30 米。黄色黏土,夹杂大量铁锈斑,土质较致密。堆积由西北部向东南部倾斜,遍布全方。包含物有较少的陶片。

第⑤层:距地表深 0.55～1.20、厚 0～0.25 米。灰褐色黏土,含较多草木灰,且主要分布在本层下半层,土质较疏松。堆积由西北部向东南部倾斜,遍布全方,仅西部靠近北壁处不见。包含物仅数片陶片。开口于该层下的遗迹单位有 K1。

第⑥层:距地表深 60～140、厚 7～50 厘米。黄色黏土,北、西、南部土色泛白,土质较致密。堆积遍布全方,东部较薄,西部稍厚。未见包含物。

第⑦层:距地表深 0.92～1.60、厚 0.35～0.65 米。灰褐色黏土,夹杂少量黄斑、少量草木灰和炭粒,土质较疏松。堆积大致呈水平状分布全方。包含物有大量的陶片。

第⑧层:距地表深 1.45～2.15、厚 0.45～0.75 米。灰绿色黏土,夹杂大量绿锈斑,土质较致密。堆积大致呈水平状分布全方。包含有极少的陶片。

第⑨层:距地表深 2.07～2.75、厚 0.15～0.55 米。灰黑色黏土,夹草木灰、炭粒,土质疏松。堆积大致呈水平状分布全方。包含物有较多的陶片和鹿角 1 件。

第⑩层:距地表深 2.35～2.97、厚 0～0.80 米。灰色黏土,土质较上层略致密。堆积分布于探方北部。包含极少的碎陶片。

第⑪层:距地表深 2.35～2.85、厚 0～0.45 米。褐色黏土,土质致密。堆积仅分布在探方西南部,呈缓坡状。未见包含物。

第⑫层:距地表深 2.80～3.25、厚 0～0.50 米。灰白色黏土,土质致密。堆积呈缓坡分布在探方大部,西北、东北部不见。未见包含物。

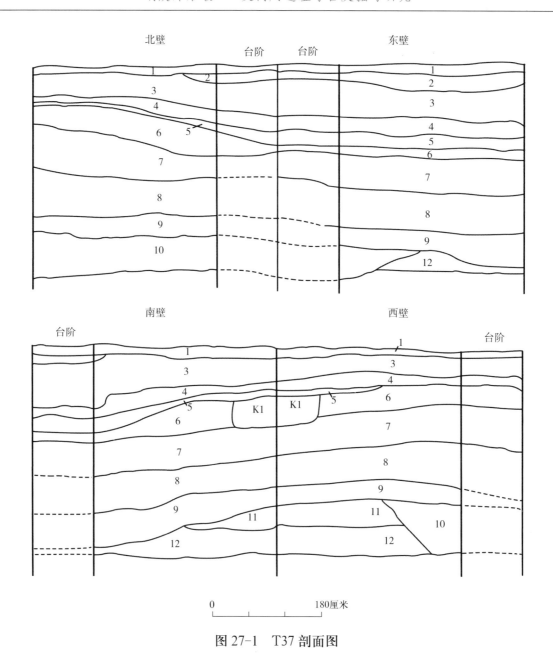

图 27-1　T37 剖面图

第二节　遗迹及包含物

灰坑及其他坑状堆积

T37K1

开口于第⑤层下，位于探方西南角，部分坑体进入探方西壁、南壁。暴露坑口平面呈 1/4 圆形，近直壁，斜平底，南北长 0.70、东西宽 0.70、深 0.45 米。坑内填土灰黄色。未出土遗物。

第三节　地层出土遗物

一　T37 ⑨层

（一）陶瓷器

该层共出土陶片 70 片，陶瓷器质地、颜色、纹饰统计如下表（表 27-1、2）。标本分述如下：

表 27-1　T37 ⑨层出土陶瓷器质地、颜色统计表

陶质	夹粗砂		夹细砂			泥质			合计
陶色	灰	黑	红褐	灰	黑	红褐	灰	黑	
陶片数	5	1	27	8	16	4	5	4	70
百分比（%）	7.14	1.43	38.57	11.43	22.86	5.71	7.14	5.71	100

表 27-2　T37 ⑨层出土陶瓷器纹饰统计表

纹饰	软陶								合计
	素面	细绳纹	粗绳纹	弦断绳纹	附加堆纹	凸棱纹	指窝纹	蓝纹	
陶片数	17	7	28	6	2	3	2	5	70
百分比（%）	24.29	10.00	40.00	8.57	2.86	4.29	2.86	7.14	100

1. 鬲

11 件。

T37⑨:5，夹砂灰白胎，黑灰色表层磨损严重。卷沿，沿面前端起小平台，圆唇，领部弧壁内收，领、腹交接处略折，上腹部微鼓，裆部较高，圆锥状高实足跟脱落。领、腹交接处饰两周紧密排列的旋纹，其下饰较粗的麦粒状绳纹，足跟部分素面。口径 13.6、腹径 13.2、残高 12.5 厘米（图 27-2，1；彩版二四二，1、2）。

T37⑨:10，夹砂，胎体内灰黑外红褐，灰黑色表层，实足跟呈浅灰色。侈口近平，内卷沿，方唇，唇下缘略凸出，呈细凸棱状，高直领微内凹，领部中央及领、腹交接处各抹出一周细圆凸棱，高裆可延伸至领、腹交接处，腿部近似袋足状，有口向腹内观察，腿部连接处呈三棱汇聚状，圆锥状高实足跟后接于腿部，已脱落，该鬲应是分为领、腹、腿部、实足跟三部分黏接而成。腹部饰较粗的麦粒状绳纹，足跟素面。口径 13.2、腹径 12.8、残高 10.2 厘米（图 27-2，2；彩版二四二，3、4）。

T37⑨:13，夹砂灰白胎，灰黑色表层磨损殆尽。侈口，尖唇凸出，其下唇面平直，上唇面斜直上扬，与沿面形成凸棱状的三角夹角，高直领，领、腹交接处折棱较明显，腹部以下大部分残损，由底往上观察，该鬲应是腹部微鼓，裆部较高的形制。口径 18.8、残高 9.9 厘米（图 27-2，3）。

T37⑨:14，夹砂灰白胎，灰黑色表层磨损殆尽。侈口近平，圆唇，沿面前端近口处抹出一周浅凹痕，内卷沿，高领，领部上半部直领，中部凸起一周明显的三角状凸棱，其下领部斜直略外撇，领、腹交接处略起折棱，上腹部较直。且饰较粗的麦粒状绳纹。口径 17、残高 9 厘米（图 27-2，4）。

T37⑨:20，夹砂红褐胎，黑褐色表层较斑驳，足跟红褐色。高领下半部较直，领、腹交接处略

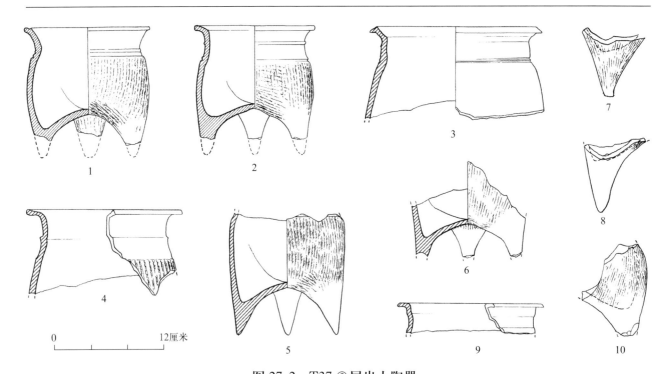

图 27-2　T37 ⑨ 层出土陶器

1～10. 鬲 T37 ⑨: 5、10、13、14、20～22、24、28、31

折，腹部微鼓，裆部延伸至腹中部，腿部近似袋足状，略肥大，圆锥状实足跟后接。腹部、裆部饰略粗的麦粒状绳纹，足跟素面。腹径 12.8、残高 12.8 厘米（图 27-2，5；彩版二四三，1）。

T37 ⑨: 21，夹砂紫黑色胎，灰黑色表层，实足跟红褐色。三腿部相连，裆部可延至腹中部，裆底面积较小且较平，实足跟大部分残损，但可见接足跟后抹泥浆于腿、足之上以加固的痕迹。腹部、裆部饰麦粒状绳纹，足跟素面。残高 10.3 厘米（图 27-2，6；彩版二四三，2～4）。

T37 ⑨: 22，夹砂黑褐陶，陶色较斑驳。圆锥状腿部，裆部较高，腿部底端捏出短小的圆柱状足跟，腿部底端塞入泥球，压平整。腿部至足跟饰麦粒状绳纹。残高 7.4 厘米（图 27-2，7）。

T37 ⑨: 23，夹砂，腿部黑褐色，足跟浅红褐色。足跟另接于腿部底端，其内壁抹泥加固，圆锥状长实足跟。腿部饰麦粒状绳纹，足跟素面，腿部及足跟抹泥加固（彩版二四三，5 左）。

T37 ⑨: 24，夹砂，足跟红褐色。圆锥状长实足跟另接于腿部底端，连接处腿内壁塞泥加固。足跟素面，其由上至下修整的指纹痕迹较清晰。残高 7.9 厘米（图 27-2，8；彩版二四三，5 右）。

T37 ⑨: 28，夹砂灰白胎黑皮陶。平折沿，沿面微凹，圆唇，领部上端领壁鼓出，向下内收，下端竖直，领、腹交接处略鼓出。领部素面。口径 16、残高 3.3 厘米（图 27-2，9）。

T37 ⑨: 31，夹砂红褐胎，灰黑色表面较斑驳。腹部略圆鼓，足跟脱落，裆部应较高，圆锥状腿部，足跟与腿部外壁抹泥加固。腹部至腿部饰连贯的竖行细绳纹，腹中部有一周旋纹，足跟素面。残高 9.8 厘米（图 27-2，10）。

2. 鬶

1 件。

T37 ⑨: 11，夹细砂，胎体内灰黑外灰白。灰黑色表层磨损较大，口部残，圆柱状直腹，中部可见一周扁圆凸棱，腹下接三个截面为扁圆状的袋足，由上向腹内观察，三袋足交接部分呈三线对称汇聚状，汇于中点，一足外壁与腹部交接处可见一个残损的宽扁器耳，器耳末端两侧装饰有两个对称的扁圆泥饼。素面。腹径 5.2、残高 11.2 厘米（图 27-3，1；彩版二四四，1～3）。

3. 豆

4 件。

T37⑨：3，夹细砂红陶，圈足部分陶色略深。敞口，平沿，腹部弧壁内收，腹内平底，豆柄不明显，圈足较粗，斜直外撇，足缘尖圆唇。腹壁下半部分饰较细的竖行绳纹。口径 12.4、腹深 3.2、高 7.1 厘米（图 27-3，2；彩版二四四，4）。

T37⑨：6，假腹豆。泥质，胎体内灰黑外灰白，灰黑色表皮。尖圆唇向外凸出，下唇面平直，上唇面斜直上扬与内腹壁形成凸起的内折沿，浅腹，腹底面较宽，外腹壁斜直向下内收与豆柄自然相接，豆柄上半部斜直内收，下半部较直，末端随圈足撇出。外腹壁可见三周不甚规整的旋纹，豆柄从顶部至底端可见四组间距较规整的粗旋纹带，每组各两根旋纹，素面磨光。口径 14.8、腹深 1.6、残高 13 厘米（图 27-3，3；彩版二四四，5、6）。

T37⑨：7，罐形豆/小形簋。泥质黑色胎，表面有一层极薄的灰白层，黑色表皮。豆盘部分呈罐形，小侈口近平，内卷沿，圆唇，短直领，鼓肩较平，折肩，腹部弧壁内收，腹底与豆柄交接处略内折，豆柄脱落。素面磨光。口径 7.4、最大肩径 11.6、残高 8.7 厘米（图 27-3，4；彩版二四五，1、2）。

T37⑨：8，泥质灰白胎，灰黑色陶皮。侈口斜直，其靠上位置有一周圆凸棱，平折沿，圆唇，折腹斜直内收，腹内圜底，豆柄上端外撇，其下断损，腹底与豆柄相接处刮出一周圆凸棱，豆柄断裂处亦刮出一周略粗的圆凸棱。素面磨光。口径 13.2、腹深 4、残高 6.8 厘米（图 27-3，5；彩版二四五，3）。

4. 豆柄

1 件。

T37⑨：37，泥质灰胎，胎体表面有一层灰白薄层，黑色表皮脱落殆尽。圆柱状豆柄向下渐斜

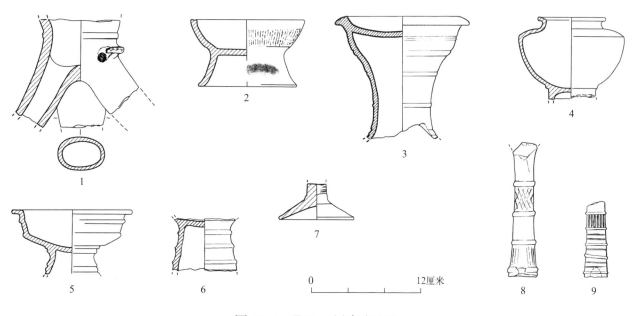

图 27-3 T37 ⑨层出土陶器

1. 鬶 T37 ⑨：11   2～5. 豆 T37 ⑨：3、6～8   6. 豆柄 T37 ⑨：37   7. 杯类圈足 T37 ⑨：12   8、9. 竹节形杯柄 T37 ⑨：2、9

直外撇，从豆柄顶端向下残存三周间距相若的圆凸棱。素面磨光。残高 5.6 厘米（图 27-3，6；彩版二四五，4）。

5. 杯类圈足

1 件。

T37⑨：12，泥质黑胎黑皮陶，胎体表面有一层极薄的灰白层。柱形捉手残，盖面斜直外撇呈伞状，盖缘方唇。盖面顶端饰旋纹一周，盖内外壁皆可见较多周的轮修痕迹，素面。底径 8.2、直径 2.1、残高 3.8 厘米（图 27-3，7；彩版二四五，5）。

6. 竹节形杯柄

2 件。

T37⑨：2，泥质灰白胎，较厚处胎心呈灰色，灰色表皮磨损殆尽。柄部呈竹节状，由细变粗，粗端渐变为空心，表面可见四道圆凸棱。柄粗端圆凸棱之间饰三道或四道凹槽组成的窗棂纹，间隔一段的圆凸棱之间饰网状菱格纹，其余素面。残长 14.3、柄直径 2.3 厘米（图 27-3，8；彩版二四六，1、2）。

T37⑨：9，泥质灰白胎，较厚处胎心呈灰色，黑色表皮。残存部分，一端实心，一端空心，竹节形柱状，可见五周间距相若的圆凸棱。其中两周凸棱之间刮出竖行的窗棂纹，其他凸棱之间可见不甚规整的旋纹，素面磨光。直径约 2.3、残高 8.1 厘米（图 27-3，9；彩版二四六，3）。

7. 罐

4 件。

T37⑨：15，高领罐。泥质，领部胎色内黑外灰白，肩部胎色棕褐色，胎体表面灰白色薄层，黑色表皮。斜方唇略宽，唇下沿内折，唇面微凹，高领弧壁内收，领部黏接于肩部上端，领中部至领、腹交接处有三周明显的圆凸棱，耸肩。素面磨光。口径 19.5、残高 7.4 厘米（图 27-4，1；彩版二四六，4）。

T37⑨：30，卷沿罐。泥质红褐胎，黄褐色表皮。口部不甚规整，卷沿，圆唇，溜肩。肩部饰细密的麦粒状绳纹。口径约 26.2、残高 3.8 厘米（图 27-4，2）。

T37⑨：35，圆肩罐。夹少量砂，胎色内灰外灰白，黑色表面。圆鼓肩较宽，腹部顶端略直。肩中部及底端各黏接一周花边状附加堆纹，粗细有别，肩部、腹部及附加堆纹上皆饰略杂乱的麦粒状绳纹。最大肩颈 40、残高 9.8 厘米（图 27-4，3；彩版二四六，5 下）。

T37⑨：36，圆肩罐。泥质，陶色内灰外黄褐。圆鼓肩较宽，腹部弧壁内收。肩部底端黏接一周花边状附加堆纹，肩部、腹部饰抹断绳纹，附加堆纹上饰横向绳纹。最大肩径 43.6、残高 9.8 厘米（图 27-4，4；彩版二四六，5 上）。

以下是周代遗物：

8. 鬲

3 件。

T37⑨：16，夹砂黑陶，夹云母，器表有很厚的烟熏痕迹。侈口，卷沿，沿面较宽，沿面外侧略呈灰褐色，方唇，微鼓腹。沿下有横向轮制痕迹，腹部有斜向刮抹痕迹。口径 18.8、残高 9.2 厘米（图 27-5，1；彩版二四七，1 中）。

T37⑨：17，夹砂黑陶，夹云母，器表有很厚的烟熏痕迹，器表略呈灰褐色。侈口，卷沿，沿面

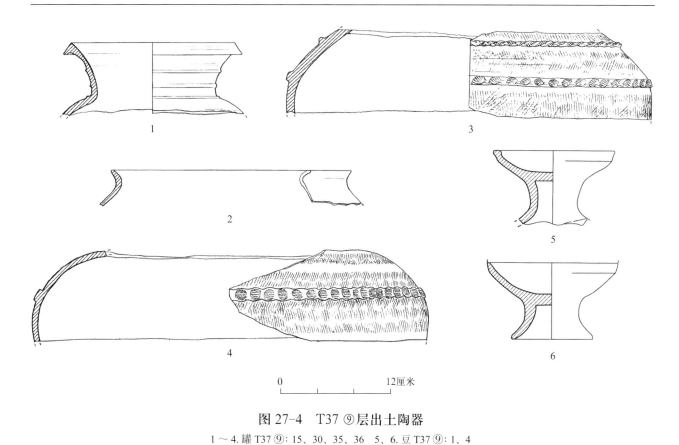

图 27-4　T37 ⑨层出土陶器

1～4.罐 T37 ⑨: 15、30、35、36　5、6.豆 T37 ⑨: 1、4

较宽，厚圆唇，鼓腹不明显。沿下有横向轮制痕迹，腹部有刮抹按压痕迹。口径 18、残高 10.5 厘米（图 27-5，2；彩版二四七，1 左）。

T37 ⑨: 19，夹砂灰白胎，夹云母，器表有很厚的烟熏痕迹。侈口，折沿，沿面较窄，薄方唇，鼓腹。器表有刮痕，素面。口径 15、残高 8 厘米（图 27-5，3；彩版二四七，1 右）。

9. 甗

1 件。

T37 ⑨: 40，夹粗砂黑褐陶，夹云母，器表有很厚的烟熏痕迹。侈口，折沿，沿面较宽，厚方唇，沿面内侧有一周凹槽。沿下及上腹部有横向刮痕。口径 23.6、残高 6 厘米（图 27-5，4）。

10. 甗腰

2 件。

T37 ⑨: 25，夹砂黑褐陶，夹云母，器表有很厚的烟熏痕迹。甑部下侧斜直，折隔，甗腰外侧贴敷泥条。并饰一周指甲纹，甑部下侧偏上饰纵向刮痕，偏下饰横向刮痕。甗腰径 11.6、残高 5.4 厘米（图 27-5，5）。

T37 ⑨: 26，夹砂黑褐陶，夹云母，器表有很厚的烟熏痕迹。甑部下侧斜直，折隔，甗腰外侧贴敷泥条。并饰一周指甲纹，甑部下侧偏上饰斜行细绳纹，偏下饰横向刮痕。甗腰径 14、残高 5 厘米（图 27-5，6）。

11. 豆

2 件。

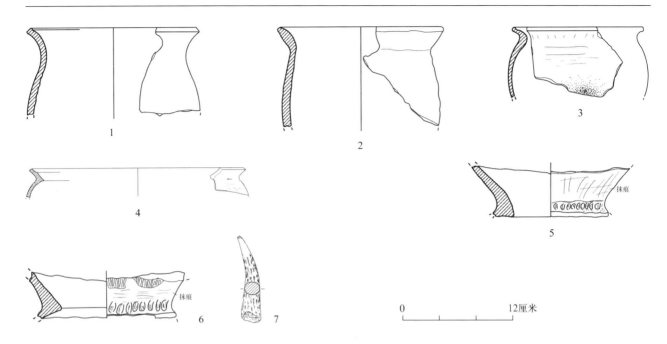

图 27-5　T37 ⑨层出土陶器、鹿角

1～3. 鬲 T37 ⑨：16、17、19　4. 甗 T37 ⑨：40　5、6. 甗腰 T37 ⑨：25、26　7. 兽骨 T37 ⑨：42

T37 ⑨：1，泥质红褐胎灰黑皮陶。敞口，平沿面略宽，腹部弧壁内收，腹内圜底，圆柱状豆柄较短，两端自然外撇与腹底及圈足相连，圈足残损。素面磨光。口径 13.4、腹深 2.3、残高 7.9 厘米（图 27-4，5；彩版二四七，2）。

T37 ⑨：4，泥质灰胎灰黑皮陶。敞口，方唇，腹部弧壁内收，腹内圜底，圆柱状豆柄较短，两端自然外撇与腹底及圈足自然相连，圈足八字状外撇，足缘尖圆唇。素面磨光。口径 14.4、腹深 3.5、高 8.1 厘米（图 27-4，6；彩版二四七，3）。

（二）兽骨

兽骨

1 件。

T37 ⑨：42，鹿角。尖端锋利，尾端残，横截面呈椭圆形。残长 9.1、厚 1.4 厘米（图 27-5，7；彩版二四七，4）。

二　T37 ⑧层

陶瓷器

该层共出土陶片 10 片，陶瓷器质地、颜色、纹饰统计如下表（表 27-3、4）。标本分述如下：

1. 鬲口沿

2 件。

T37 ⑧：2，夹砂红褐陶，口沿外侧有烟炱痕迹，夹云母。折沿，沿下角较小，方唇，沿面内

表 27-3　T37 ⑧层出土陶瓷器质地、颜色统计表

陶质	夹粗砂	夹细砂		泥质	印纹陶	合计
陶色	黑	红褐	黑	黄褐		
陶片数	1	6	1	1	1	10
百分比（%）	10.00	60.00	10.00	10.00	10.00	100

表 27-4　T37 ⑧层出土陶瓷器纹饰统计表

纹饰	软陶			印纹陶	合计
	素面	绳纹	弦断绳纹	席纹	
陶片数	2	4	3	1	10
百分比（%）	20.00	40.00	30.00	10.00	100

侧有一道凹槽，外侧略圆鼓，颈、腹分界线明显，鼓腹。外壁抹光。口径 36、残高 3.8 厘米（图 27-6，1）。

T37 ⑧：6，夹细砂褐陶，夹云母。窄卷沿，圆唇。颈部的细绳纹被抹去，颈部以下饰纵向细绳纹，肩部饰两道横向旋纹。残宽 9、残高 5 厘米（彩版二四七，5）。

2. 罐底

1 件。

T37 ⑧：1，泥质红褐皮灰白胎。上腹部残，下腹部斜直，外底平，底径较大，内底中部略鼓，腹部与器底交界处圆折。腹部饰有斜行细绳纹，腹部与器底交界处略压印绳纹，外底素面，内底饰紊乱的中绳纹。底径 15、残高 9 厘米（图 27-6，2；彩版二四七，6）。

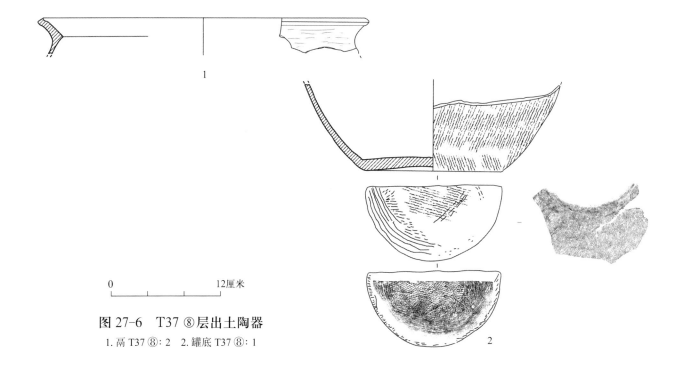

0　　　　　12厘米

图 27-6　T37 ⑧层出土陶器

1. 鬲 T37 ⑧：2　2. 罐底 T37 ⑧：1

三　T37 ⑦层

陶瓷器

该层共出土陶片 264 片，陶瓷器质地、颜色、纹饰统计如下表（表 27-5、6）。标本分述如下：

表 27-5　T37 ⑦层出土陶瓷器质地、颜色统计表

陶质	夹粗砂	夹细砂			泥质				印纹陶			原始瓷	合计
陶色	红褐	红褐	灰	黑皮红胎	红褐	灰	黑	黑皮红胎	红	红褐	灰		
陶片数	31	82	9	15	8	7	30	46	7	4	23	2	264
百分比（%）	12.20	32.28	3.54	5.91	3.15	2.76	11.81	18.11	2.76	1.57	9.06	0.79	100

表 27-6　T37 ⑦层出土陶瓷器纹饰统计表

纹饰	软陶									印纹陶						原始瓷		合计
	素面	细绳纹	粗绳纹	弦断绳纹	附加堆纹	弦纹	凸棱纹	指窝纹	刻划纹	素面	席纹	叶脉纹	雷纹	回纹	组合纹	弦纹	席纹	
陶片数	90	35	76	20	1	2	1	2	1	9	6	2	5	5	7	1	1	264
百分比(%)	34.09	13.26	28.79	7.58	0.38	0.76	0.38	0.76	0.38	3.41	2.27	0.76	1.89	1.89	2.65	0.38	0.38	100

1. 鬲

1 件。

T37 ⑦：1，泥质黑衣褐陶。口沿残，折肩，锥状足。素面。腹径 19.1、残高 12.3 厘米（图 27-7，1；彩版二四八，1）。

2. 鬲足

3 件。

T37 ⑦：22，夹砂红褐陶。截锥状实足跟较矮，足窝较浅，足跟底面为斜面。表面有刮削痕迹。残高 7.2 厘米（图 27-7，2）。

T37 ⑦：23，夹砂红褐陶。截锥状实足跟较矮，足窝较浅，足跟底面为斜面。表面有刮削痕迹。残高 7.5 厘米（图 27-7，3）。

T37 ⑦：24，夹砂红陶。扁截锥状实足跟，足窝浅，足跟底面为斜面。通体饰竖向细绳纹。残高 8 厘米（图 27-7，4）。

3. 甗

2 件。

T37 ⑦：2，夹砂黑皮红褐陶，红褐陶之上有较薄的灰白皮。侈口，卷沿，沿下角较大，沿面较大，方唇，微鼓腹。自口沿至腹部饰竖行细绳纹，颈部一周被按压。口径 36、腹径 34、残高 7.4 厘米（图 27-7，5）。

T37 ⑦：9，夹砂红褐陶，器体表面有烟炱痕迹，表面黑皮脱落明显，夹云母。折沿，沿下角较小，方唇，沿面内侧有一道凹槽，颈、腹分界线明显，鼓腹。腹部饰麦粒状绳纹。口径 36、腹径 35.6、残高 7 厘米（图 27-7，6）。

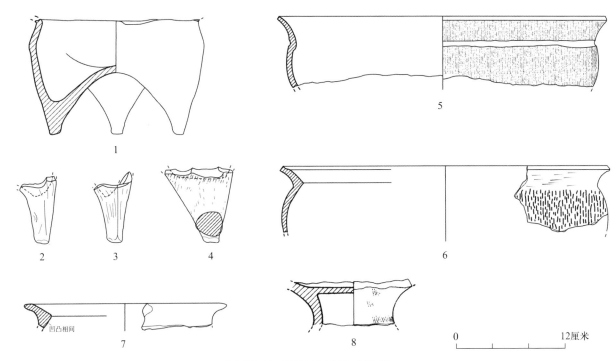

图 27-7　T37 ⑦层出土陶器

1. 鬲 T37 ⑦: 1　2 ~ 4. 鬲足 T37 ⑦: 22 ~ 24　5、6. 甗 T37 ⑦: 2、9　7. 甗口沿 T37 ⑦: 11　8. 簋圈足 T37 ⑦: 15

4. 甗口沿

1 件。

T37 ⑦: 11，夹砂红褐陶，含少量云母。疑似甗口沿，折沿，方唇，沿下角较大，腹残。口径 22、残高 4 厘米（图 27-7，7）。

5. 甗腰

1 件。

T37 ⑦: 20，夹砂红褐陶，含少量云母。呈椭圆形，隔部折。甗腰外饰指甲纹一周，器身饰竖行中绳纹。

6. 簋圈足

1 件。

T37 ⑦: 15，泥质黑皮红胎。簋盘底部较平，圈足中间略内束，柄较粗。外壁部分饰绳纹。残高 5 厘米（图 27-7，8）。

7. 盆

3 件。

T37 ⑦: 3，夹砂红褐陶，含少量云母，器表有灼黑痕迹。卷折沿，沿下角较大，方唇，腹部微鼓。口沿外有明显修整痕迹，腹部饰竖行细绳纹。口径 30、残高 6 厘米（图 27-8，1）。

T37 ⑦: 4，泥质红褐胎灰陶。窄折沿，圆唇，鼓肩。口沿外侧和颈部斜饰的细绳纹被抹去，肩部以下饰斜向细绳纹。口径 30、腹径 29.6、残高 7 厘米（图 27-8，2）。

T37 ⑦: 14，泥质红褐胎黑皮陶。卷沿，圆唇，鼓肩，唇部上鼓形成一道凹槽。颈部的绳纹被抹去，肩部饰两道旋纹，肩部以下饰纵向细绳纹。口径 24、腹径 24、残高 4.8 厘米（图 27-8，3）。

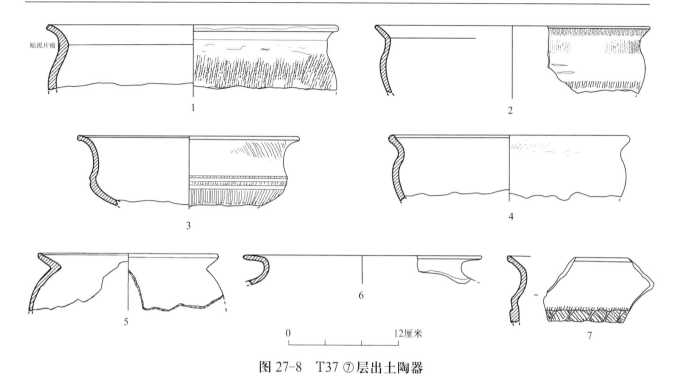

贴泥片痕

图 27-8　T37 ⑦层出土陶器

1～3. 盆 T37 ⑦: 3、4、14　4. 小盆 T37 ⑦: 13　5～7. 罐 T37 ⑦: 6、17、33

8. 小盆

1 件。

T37 ⑦: 13，泥质陶，黑皮灰胎，表面有磨光痕迹。侈口，卷沿较窄，厚圆唇，斜直腹，下腹部残。素面。口径 26.4、腹径 25.6、残高 7 厘米（图 27-8，4）。

9. 罐

3 件。

T37 ⑦: 6，夹砂红褐陶，器表呈黑、灰颜色不均。斜直口，折沿，圆唇，鼓腹。素面。口径 19.6、残高 6 厘米（图 27-8，5）。

T37 ⑦: 17，夹砂陶，黑皮红胎。侈口，折沿，圆唇，束颈，颈部以下残。沿下饰有竖向中绳纹，有被抹痕迹。口径 26、残高 3 厘米（图 27-8，6）。

T37 ⑦: 33，泥质红褐胎灰陶。宽折沿，圆唇，束颈，鼓肩。颈部留有制作时留下的抹痕，肩部饰斜向绳纹和附加堆纹，附加堆纹之上为斜向的绳纹按窝。残长 12、残高 6.8 厘米（图 27-8，7）。

10. 印纹硬陶坛

1 件。

T37 ⑦: 16，泥质灰陶。侈口，方唇，长颈，颈下部有细凹弦纹。口径 18、残高 5.4 厘米（图 27-9，1）。

11. 印纹硬陶罐

2 件。

T37 ⑦: 26，泥质硬陶，胎色内黑外紫，外壁与口沿前端表皮底灰白表黑色，内壁口沿前端以下紫黑色表皮。小卷沿，唇部残损，唇内侧沿面抹出一周浅凹槽，矮直领，圆鼓肩。肩部拍印杂乱且

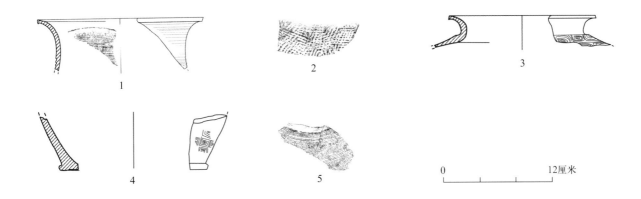

图 27-9　T37 ⑦层出土陶器

1. 印纹硬陶坛 T37 ⑦：16　　2、3. 印纹硬陶罐 T37 ⑦：26、27　　4. 印纹硬陶罐底 T37 ⑦：30　　5. 印纹硬陶腹片 T37 ⑦：31

不规整的重回纹，胎内气泡较多，胎体凹凸不平（图 27-9，2）。

T37 ⑦：27，泥质硬陶，胎色内灰黑外紫，灰黑色表层，内壁陶色较浅。卷沿，前端近平，斜方唇，唇面微内凹，唇下缘呈细凸棱状，矮直领，圆鼓肩。肩部拍印较杂乱的夔纹。口径 16、残高 3.2 厘米（图 27-9，3）。

12. 印纹硬陶罐底

1 件。

T37 ⑦：30，泥质硬陶，胎色内灰黑外灰白，灰黑色表层，内壁及内地面灰黑色表层磨损较多。下腹部斜直内收，腹壁微鼓，腹底交界处折转，且内外壁皆抹少量泥加固，圆平底。下腹部拍印较规整的凸方格纹，底端纹饰被抹泥覆盖。底径 16.4、残高 5.4 厘米（图 27-9，4）。

13. 印纹硬陶腹片

1 件。

T37 ⑦：31，泥质灰褐色陶，致密，有气泡。弦纹和折线纹复合（图 27-9，5）。

四　T37 ⑤层

陶瓷器

1. 器盖

1 件。

T37 ⑤：2，夹砂红褐陶。覆碗状，桥型捉手，器盖边缘为圆角方形。素面。口径 11.2、高 5.6 厘米（图 27-10，1；彩版二四八，2）。

2. 原始瓷豆

2 件。

T37 ⑤：1，泥质灰白胎，釉不可见。敞口，尖圆唇，直腹，硬内折，圈足微外撇，较厚。腹内壁饰多道旋纹，器表可见明显轮制痕迹。口径 11.4、圈足径 3.6、底径 4.6、高 5.5 厘米（图 27-10，2；彩版二四八，3 ～ 5）。

T37 ⑤：3，泥质灰白胎，釉不可见。敞口，尖圆唇，折腹内收，器腹较浅，圈足微外撇。腹内

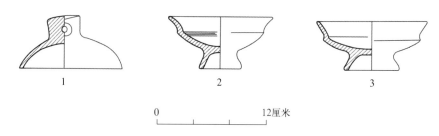

图 27-10　T37 ⑤层出土陶瓷器

1. 器盖 T37 ⑤: 2　　2、3. 原始瓷豆 T37 ⑤: 1、3

饰多道旋纹，器表可见明显轮制痕迹。口径 11.2、圈足径 4.8、底径 6、高 5.2 厘米（图 27-10，3；彩版二四八，6）。

五　T37 ④层

陶瓷器

该层共出土陶片 99 片，陶瓷器质地、颜色、纹饰统计如下表（表 27-7、8）。标本分述如下：

表 27-7　T37 ④层出土陶瓷器质地、颜色统计表

陶质	夹粗砂		夹细砂				泥质				印纹陶			合计
陶色	红褐	灰	红	红褐	灰	黑皮红胎	红	红褐	灰	黑皮红胎	灰	灰褐	黑	
陶片数	9	1	6	28	1	14	5	4	5	3	9	12	2	99
百分比（%）	9.09	1.01	6.06	28.28	1.01	14.14	5.05	4.04	5.05	3.03	9.09	12.12	2.02	100

表 27-8　T37 ④层出土陶瓷器纹饰统计表

纹饰	软陶					印纹陶					合计
	素面	细绳纹	粗绳纹	弦断绳纹	附加堆纹	叶脉纹	弦纹	席纹	回纹	折纹	
陶片数	25	22	28	1	1	1	2	6	10	3	99
百分比（%）	25.25	22.22	28.28	1.01	1.01	1.01	2.02	6.06	10.10	3.03	100

1. 鬲

1 件。

T37 ④: 5，夹砂灰陶。侈口，斜折沿，沿下角较大，沿面宽度不详，唇残，鼓腹。腹部饰间断细绳纹，沿下绳纹被抹。残长 9.1、残高 5.8 厘米（图 27-11，1）。

2. 鬲足

1 件。

T37 ④: 8，夹砂红陶，足窝内侧为黑褐色。截锥状足，较高，足窝较浅，足跟为斜面。通体饰竖向中绳纹。残高 9.2 厘米（图 27-11，2）。

3. 鼎口沿

1 件。

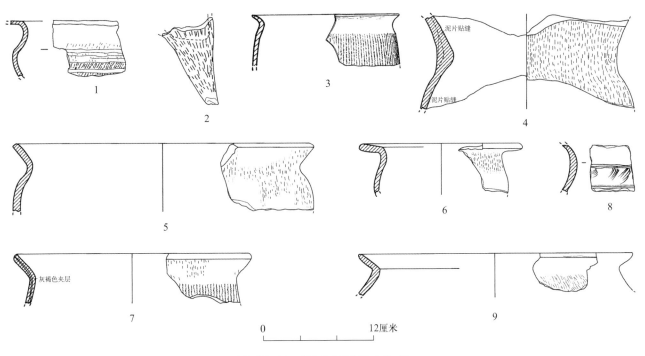

图 27-11　T37 ④层出土陶器

1. 鬲 T37 ④：5　2. 鬲足 T37 ④：8　3. 鼎口沿 T37 ④：1　4. 甗腰 T37 ④：9　5 ~ 8. 盆口沿 T37 ④：2 ~ 4、10　9. 罐口沿 T37 ④：6

　　T37 ④：1，夹砂红褐陶。卷沿，圆唇，束颈，直腹，下腹部残。器表饰竖行细绳纹。口径 16、残高 5.6 厘米（图 27-11，3）。

　　4. 甗腰

　　1 件。

　　T37 ④：9，夹砂黑皮红褐胎黑芯。甗腰较厚，卷隔。甗腰饰竖行粗绳纹，腹部饰竖行间断粗绳纹呢，纹饰较模糊。甗腰径 19.6、残高 9.8 厘米（图 27-11，4）。

　　5. 盆口沿

　　4 件。

　　T37 ④：2，泥质红胎，厚胎。宽折沿，方唇，鼓腹。口沿外侧的绳纹被抹去，肩部饰纵向细绳纹。口径 32.8、腹径 32、残高 7 厘米（图 27-11，5）。

　　T37 ④：3，泥质灰陶。宽折沿，圆唇，鼓腹。口沿外侧和颈部的绳纹被抹去，腹部素面。口径 18、腹径 17.2、残高 5.6 厘米（图 27-11，6）。

　　T37 ④：4，泥质灰芯红褐陶。卷沿，方唇。口沿外侧的绳纹被抹光，颈部以下饰纵向细绳纹。口径 26、残高 5.2 厘米（图 27-11，7）。

　　T37 ④：10，泥质黑皮红褐胎。侈口，卷沿，唇部残，颈部内弧，肩部以下残。肩部饰单向划纹，划纹较长，纹饰疏松，较规整，划纹上下饰多道旋纹。残长 5、残高 5 厘米（图 27-11，8）。

　　6. 罐口沿

　　1 件。

　　T37 ④：6，泥质红褐陶。宽折沿，圆唇。口沿下和肩部的细绳纹被抹去。口径 30、残高 3.5 厘米（图 27-11，9）。

六　T37 ③层

陶瓷器

该层共出土陶片 193 片，陶瓷器质地、颜色、纹饰统计如下表（表27-9、10）。标本分述如下：

表 27-9　T37 ③层出土陶瓷器质地、颜色统计表

陶质	夹粗砂	夹细砂				泥质				印纹陶		原始瓷	合计
陶色	红褐	红褐	灰	黑	黑红	红褐	灰	黑	黑红	红	灰		
陶片数	19	79	17	5	12	8	3	5	13	8	15	9	193
百分比（%）	9.84	40.93	8.81	2.59	6.22	4.15	1.55	2.59	6.74	4.15	7.77	4.66	100

表 27-10　T37 ③层出土陶瓷器纹饰统计表

纹饰	软陶						印纹陶						原始瓷		合计
	素面	细绳纹	粗绳纹	弦断绳纹	弦纹	附加堆纹	素面	方格纹	菱形纹	回纹	几何纹	弦纹	几何纹	弦纹	
陶片数	51	43	49	15	2	1	2	3	10	2	5	1	8	1	193
百分比（%）	26.42	22.28	25.39	7.77	1.04	0.52	1.04	1.55	5.18	1.04	2.59	0.52	4.15	0.52	100

1.鬲

1件。

T37③：1，夹砂黑褐陶。侈口，卷沿，沿下角较大，方唇，深弧腹。颈部饰旋纹，腹部饰间断细绳纹，纹饰较模糊。口径 26、腹径 30、残高 8 厘米（图 27-12，1）。

2.鬲足

1件。

T37③：8，夹砂红褐陶。柱状实足跟较高，足窝较浅，足跟底面为斜面。表面有刮削痕迹。残高 11.4 厘米（图 27-12，2）。

3.鼎足

1件。

T37③：7，夹砂红褐陶。下部残，横截面呈正方形，与器身接面较大。素面。残高 11.4 厘米（图 27-12，3）。

4.甗口沿

1件。

T37③：5，夹细砂红褐陶。宽折沿，方唇。口沿外侧的绳纹被抹去，颈部以下饰纵向细绳纹。口径 18、腹径 14、残高 7 厘米（图 27-12，4）。

5.盆口沿

3件。

T37③：2，泥质灰芯红褐陶，薄胎。卷沿，尖圆唇外凸。口沿外侧和颈部的绳纹被抹光，颈部

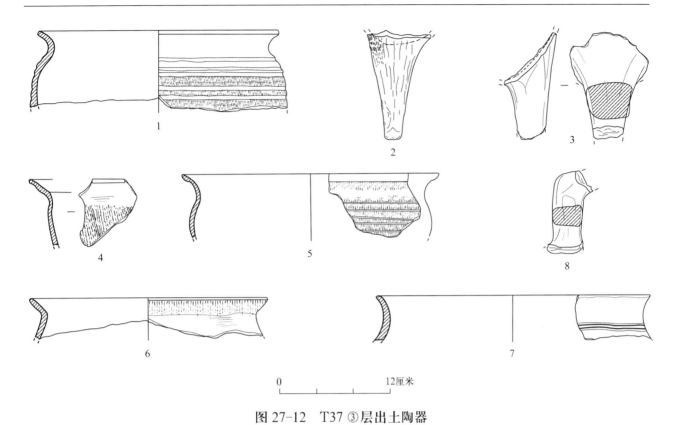

图 27-12　T37 ③层出土陶器

1. 鬲 T37③：1　2. 鬲足 T37③：8　3. 鼎足 T37③：7　4. 甗口沿 T37③：5　5～7. 盆口沿 T37③：2、6、4　8. 器柄 T37③：10

以下饰纵向细绳纹和等距的横向旋纹。口径 28、腹径 25.6、残高 6.6 厘米（图 27-12，5）。

T37③：6，泥质灰芯褐胎黑皮陶。宽折沿，圆唇。口沿下的纵向细绳纹被抹去，肩部磨光。口径 26、残高 4.2 厘米（图 27-12，6）。

T37③：4，泥质黑皮红褐陶。侈口，卷沿，沿下角较大，方唇，颈部内弧，肩部及肩部以下残。肩部划纹不可见，仅有多道旋纹。口径 30、残高 4.8 厘米（图 27-12，7）。

6. 器柄

1 件。

T37③：10，夹粗砂黑皮红褐陶。呈 Z 字形，上下两侧均残，截面为正方形。残高 8.8 厘米（图 27-12，8；彩版二四九，1、2）。

七　T37 ②层

（一）陶瓷器

该层共出土陶片 423 片，陶瓷器质地、颜色、纹饰统计如下表（表 27-11、12）。标本分述如下：

1. 鬲口沿

1 件。

T37②：13，夹砂褐陶，厚胎。卷沿，方唇。口沿外侧及颈部的绳纹被抹去，颈部以下饰纵向细绳纹。口径 16、残高 5 厘米（图 27-13，1）。

表 27-11　T37 ②层出土陶瓷器质地、颜色统计表

陶质	夹粗砂		夹细砂					泥质					印纹陶	原始瓷	合计
陶色	红褐	黑皮红胎	红	红褐	灰	黑	黑皮红胎	红	红褐	灰	黑	黑皮红胎			
陶片数	9	3	21	82	56	5	86	7	39	2	13	13	85	2	423
百分比（%）	2.13	0.71	4.96	19.39	13.24	1.18	20.33	1.65	9.22	0.47	3.07	3.07	4.49	0.47	100

表 27-12　T37 ②层出土陶瓷器纹饰统计表

纹饰	软陶						印纹陶												原始瓷	合计
	素面	细绳纹	粗绳纹	弦断绳纹	附加堆纹	弦纹	素面	方格纹	附加堆纹	菱形回纹	重回纹	席纹	雷纹	回纹	圆圈纹	折线纹	填线菱形纹	填线方格纹	素面	
陶片数	160	63	61	36	4	10	11	2	1	15	37	12	1	3	1	2	1	1	2	423
百分比（%）	37.83	14.89	14.42	8.51	0.95	2.36	2.60	0.47	0.24	3.55	8.75	2.84	0.24	0.71	0.24	0.47	0.24	0.24	0.47	100

2. 鬲足

5 件。

T37 ②：28，泥质红褐陶略夹砂，表面有烟炱痕迹。锥状足，较矮，足跟处有小平台，足窝较深。表面有刮削痕迹。残高 6.2 厘米（图 27-13，2）。

T37 ②：29，夹砂红褐陶，足窝内侧为黑褐色。尖锥状足，较矮，足窝较深。通体饰有竖向细绳纹。残高 6.6 厘米（图 27-13，3）。

T37 ②：34，夹砂红褐陶，足窝内侧有烟炱痕迹。截锥状实足跟较矮，足窝较深，足跟底面为斜面。表面有刮削痕迹。残高 7.6 厘米（图 27-13，4）。

T37 ②：35，夹砂红褐陶。柱状实足跟较矮，足窝较浅。通体饰竖向中绳纹，足跟底面饰有绳纹。残高 8.8 厘米（图 27-13，5）。

T37 ②：37，夹砂红褐陶。大型鬲足，下部残，足窝较浅。素面。残高 13.2 厘米（图 27-13，6）。

3. 鼎

1 件。

T37 ②：22，夹砂红褐陶。卷沿，圆唇，束颈，直腹，下腹部残。器表饰竖行细绳纹，器表较斑驳。口径 18、腹径 17.4、残高 5.6 厘米（图 27-13，7）。

4. 鼎足

1 件。

T37 ②：39，较矮，整体呈倒梯形状，横截面为方形，足跟处呈铲形。素面。残高 9.2 厘米（图 27-13，8）。

5. 敛口钵

1 件。

T37 ②：18，泥质红褐陶。口沿内敛，尖圆唇，肩部外鼓，斜直腹内收，下腹部残。素面。口径 12、残高 4.6 厘米（图 27-14，1）。

6. 盆口沿

4 件。

T37②：12，泥质黄褐色陶，薄胎。卷沿，圆唇，高领。口沿外侧和颈部的绳纹被抹去，颈部以下饰纵向细绳纹，肩部被灼黑。口径28、残高6.2厘米（图27-13，9）。

T37②：15，泥质红褐陶。窄折沿，方唇。肩部饰两道旋纹。口径24、残高3.4厘米（图27-13，10）。

T37②：16，泥质红褐陶。折沿，沿面上鼓，圆唇。口沿外侧和颈部有刮痕。口径23、残高6厘米（图27-13，11）。

T37②：23，泥质灰陶。宽折沿，方唇。口沿外侧的绳纹被抹去，肩部素面。口径14、残高4.4厘米（图27-13，12）。

7. 罐口沿

3件。

T37②：5，泥质红胎黑皮陶。窄折沿，圆唇，束颈。器表轮制痕迹明显，磨光。口径16、残高10厘米（图27-14，2）。

T37②：7，泥质红陶。侈口，卷沿，圆角方唇，斜直肩，肩部以下残。沿下至肩、腹部饰有竖行间断细绳纹。口径20.8、残高5.2厘米（图27-14，3）。

T37②：19，夹砂红陶，胎部分呈灰色。侈口，卷沿，方唇，斜直肩，肩部以下残。颈部以下饰竖行间断细绳纹，颈部及沿下绳纹被抹去。口径16.4、残高8.4厘米（图27-14，4）。

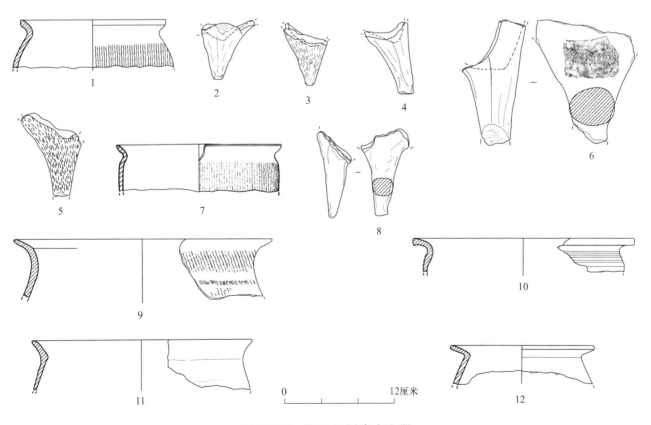

图 27-13　T37 ②层出土陶器

1. 鬲口沿 T37②：13　2～6. 鬲足 T37②：28、29、34、35、37　7. 鼎 T37②：22　8. 鼎足 T37②：39　9～12. 盆口沿 T37②：12、15、16、23

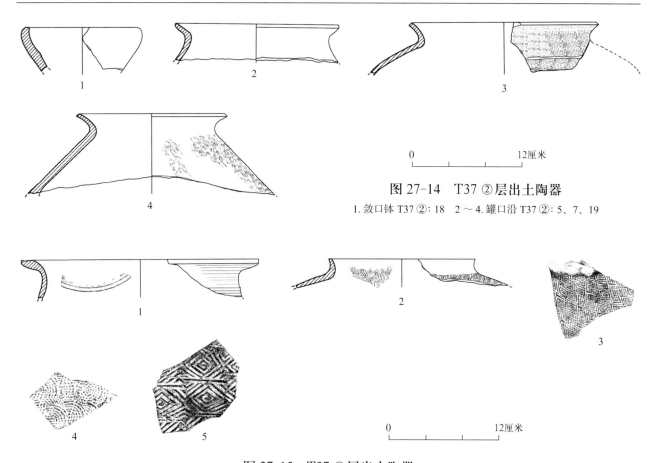

图 27-14　T37 ②层出土陶器

1. 敛口钵 T37 ②: 18　2～4. 罐口沿 T37 ②: 5、7、19

图 27-15　T37 ②层出土陶器

1、2. 印纹硬陶罐 T37 ②: 9、52　3、4. 印纹硬陶腹片 T37 ②: 11、47　5. 印纹软陶腹片 T37 ②: 42

8. 陶拍

1 件。

T37 ②: 1，泥质灰陶，质地坚硬。器残，器表饰叶脉纹。残长 6.5、宽 6.2、最厚约 0.8 厘米（彩版二四九，3、4）。

9. 印纹硬陶罐

2 件。

T37 ②: 9，泥质硬陶，紫胎，外壁及沿面有紫黑色表层，且沿面表层略厚，领内壁为黑色表层。方唇，平卷沿略宽，沿面顶端刮出两周略宽的浅凹槽，直领。领中部以下外壁修整出数周浅凹痕，素面。口径 26、残高 4 厘米（图 27-15，1）。

T37 ②: 52，泥质硬陶，紫色胎，部分胎心呈黑色，外壁与内壁肩部以上表皮底灰色表紫黑色，内壁肩部表皮底灰色表灰褐色。小卷沿，唇部残损，唇内侧沿面抹出一周浅凹槽，矮直领，斜肩近平。肩部拍印杂乱、纹饰相互叠压的重菱纹。胎内有一定气泡，胎体凹凸不平。口径 16、残高 2.8 厘米（图 27-15，2）。

10. 印纹硬陶腹片

2 件。

T37 ②: 11，泥质铁灰皮紫胎。致密。有气泡，菱形重回纹（图 27-15，3）。

T37②: 47, 泥质外壁灰白、紫红胎黑芯、内壁紫色, 致密。重环纹（图 27-15, 4）。

11. 印纹软陶腹片

1 件。

T37②: 42, 泥质橙色陶, 疏松。菱形重回纹和断弦纹复合（图 27-15, 5）。

（二）石器

石器 3 件。

1. 石斧

1 件。

T37②: 2, 青灰色。器体呈长方形, 顶部稍平整, 刃部残。通体磨制较粗, 器表有多处打制疤痕。残宽 5、残高 10.2、最厚 3.4 厘米（图 27-16, 1; 彩版二四九, 5）。

2. 石锛

1 件。

T37②: 4, 灰黑色。器体呈长条形, 刃部残。通体磨制稍粗, 器表有多处打制疤痕。残宽 4.2、残高 7.8、最厚 2.3 厘米（图 27-16, 2）。

3. 石凿

1 件。

T37②: 3, 灰黑色。器体稍厚, 平面近长方形, 横截面近正方形, 单面刃, 刃口较锋利, 右部残, 顶部呈尖状。通体磨制粗糙, 有多处打制疤痕。残宽 3.1、残高 8.2、最厚 2 厘米（图 27-16, 3; 彩版二四九, 6）。

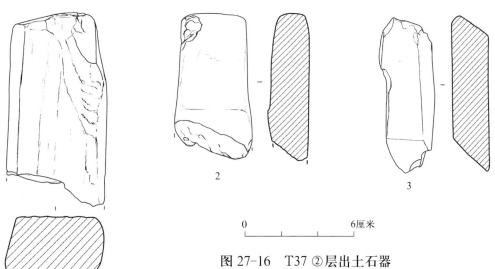

0　　　　　　　　　　6厘米

图 27-16　T37②层出土石器

1. 石斧 T37②: 2　2. 石锛 T37②: 4　3. 石凿 T37②: 3

第二八章 T40 遗存分述

第一节 地层堆积

T40 根据土质、土色及其包含物状况可分为 8 层堆积，现逐层介绍各堆积层情况（图 28-1；彩版二五〇、二五一）。

第①层：厚 0.05～0.17 米。土色黄褐，土质疏松。堆积呈水平状遍布全方。包含物有陶片、明清瓷片等。

第②层：距地表深 0.05～0.17、厚 0.25～0.45 米。土色黄褐，夹锈斑，土质致密。堆积呈水平状遍布全方。包含物有少量的陶片。

第③层：距地表深 0.40～0.50、厚 0.60～0.85 米。土色黄灰，土质致密。堆积呈水平状遍布全方。包含物有较多的陶片和少量铜器相关遗物。开口于本层下的遗迹有 K1。

第④层：距地表深 1.00～1.25、厚 0.20～0.35 米。黄色土，夹大量锈斑和少量木炭颗粒，土质致密。堆积呈水平状遍布全方。包含物有极少的陶片。

第⑤层：距地表深 1.30～1.55、厚 0.75～1.00 米。灰色土，夹有少量黑和黄色土带，土质较致密。堆积呈水平状遍布全方。包含物有少量的陶片。

第⑥层：距地表深 2.20～2.45、厚 0.25～0.60 米。灰褐色黏土，夹绿色颗粒，底部有一层较硬的黄色薄土层，土质疏松。堆积大致呈水平状遍布全方。包含物有较少的陶片。

第⑦层：距地表深 2.70～3.00、厚 0.10～0.65 米。灰黑色黏土，细腻纯净。堆积遍布全方，东南部稍薄。未见包含物。

第⑧层：距地表深 3.15～3.30、厚 0.10～0.40 米。灰色黏土，细腻纯净。堆积大致呈水平状遍布全方。包含物仅见陶片 1 片。

第二节 遗迹及包含物

灰坑及其他坑状堆积

T40K1

开口于第③层下，位于探方中北部，坑北部进入探方北壁。坑口暴露形状为半圆形，坑壁为斜坡状，东壁坡度小，较缓，西壁坡度大，较东壁陡，东西长约 1.00、南北最宽约 0.45、坑深约 0.25 米。坑中填土为灰色，未出土遗物。

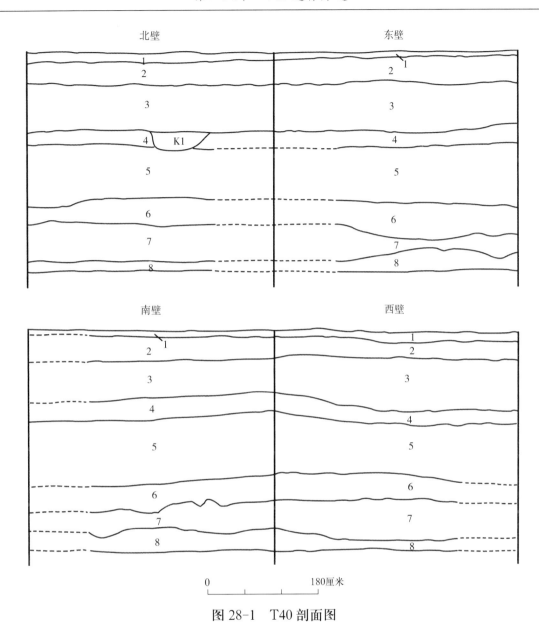

图 28-1　T40 剖面图

第三节　地层出土遗物

一　T40 ⑧层

陶器

该层仅见陶片 1 片。

甗口沿

1 件。

T40 ⑧：1，夹粗砂灰芯黄褐陶。卷沿，圆方唇。颈部的绳纹被抹去，颈部以下饰纵向细绳纹。口径 36、腹径 36、残高 6 厘米（彩版二五二，1）。

二　T40⑥层

陶瓷器

该层共出土陶片 90 片，陶瓷器质地、颜色、纹饰统计如下表（表 28-1、2）。标本分述如下：

表 28-1　T40⑥层出土陶瓷器质地、颜色统计表

陶质	夹细砂				泥质				印纹陶	原始瓷	合计
陶色	红褐	灰	黑	黑皮红胎	红褐	灰	黑	黑皮红胎			
陶片数	39	5	7	9	1	2	7	4	14	2	90
百分比（%）	43.33	5.56	7.78	10.00	1.11	2.22	7.78	4.44	15.56	2.22	100

表 28-2　T40⑥层出土陶瓷器纹饰统计表

纹饰	软陶						印纹陶				原始瓷	合计
	素面	细绳纹	粗绳纹	弦断绳纹	附加堆纹	弦纹	素面	回纹	菱形纹	雷纹	弦纹	
陶片数	49	10	10	2	1	1	1	4	5	4	3	90
百分比（%）	54.44	11.11	11.11	2.22	1.11	1.11	1.11	4.44	5.56	4.44	3.33	100

1. 鬲

2 件。

T40⑥：2，夹砂灰黑陶。侈口，斜折沿，沿下角较大，圆角方唇，颈部内凹，肩部略折。肩部饰弦纹，下腹部饰竖行绳纹。口径 14、腹径 15、残高 7 厘米（彩版二五二，2）。

T40⑥：3，夹砂灰黑胎，胎体表层有红褐陶，表皮为黑色，部分脱落。侈口，斜折沿，沿下角较大，厚方唇，颈部内凹，肩部略折，起一道凸棱。下腹部饰弦断竖行绳纹。口径 14.4、腹径 15.2、残高 8 厘米（彩版二五二，3、4）。

2. 甗腰

1 件。

T40⑥：4，夹砂红褐陶，甗腰外抹光。隔部卷。器身侵蚀严重，纹饰不详。甗腰径 17.8、残高 8 厘米。

3. 豆柄

3 件。

T40⑥：1，泥质黑皮红褐胎黑芯。圈足较矮，微外撇，边缘较厚，上部可见圈足与豆盘黏结的茬口。素面。圈足径 12.2、残高 4.6 厘米（图 28-2，1）。

T40⑥：10，泥质黑皮红褐陶黑芯。豆盘底部较平，其他地方残，豆柄上端略粗，中间略细，下端略外撇，边缘残。豆柄与豆盘交界处外边周围饰几圈旋纹。素面。残高 5.2 厘米（图 28-2，2；彩版二五二，5）。

T40⑥：11，泥质黑皮红褐胎。豆盘残，较长直柄，圈足外撇明显，内外边缘各起一道棱。素面。圈足径 9.4、残高 7 厘米（彩版二五二，6）。

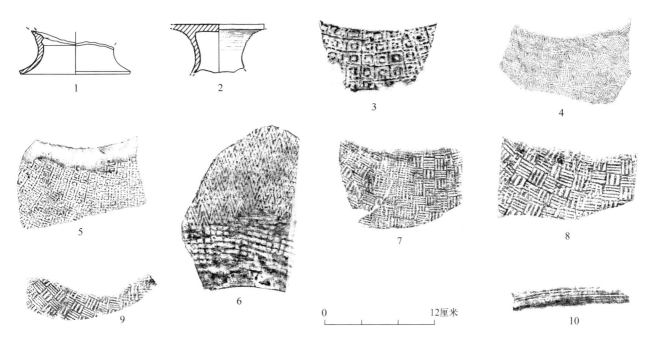

图 28-2　T40 ⑥层出土陶瓷器

1、2. 豆柄 T40⑥: 1、10　3、4. 印纹硬陶罐 T40⑥: 18、19　5、6. 印纹硬陶罐底 T40⑥: 21、22　7. 印纹软陶罐口沿 T40⑥: 20　8. 原始瓷豆 T40⑥: 17

4. 罐底

1件。

T40⑥: 9，夹砂红褐陶，略夹云母。上腹部残，下腹部微鼓，平底，底径较小，器腹与器底交界处硬折。素面，器表较斑驳。底径 8、残高 6.2 厘米。

5. 印纹硬陶罐

2件。

T40⑥: 18，泥质硬陶，紫胎灰皮，外壁、沿面及领部内壁另多一层黑色表层，且领部、肩部可见少量的片状黑色釉层。卷沿，方唇，矮直领，领肩交界处略下凹，圆鼓肩。肩部拍印较规整的凸方格纹（图 28-2，3）。

T40⑥: 19，泥质硬陶，胎色内紫外灰黑，紫褐色表皮，外壁领部以下表层多泛灰白色，尤以领肩交界处的凹陷区域灰白色表层最为密集，口沿前端器表有少量釉层光泽。圆唇，斜直侈口，矮领内收，圆鼓肩。肩部拍印较规整的重菱纹。口径 22、残高 8.4 厘米（图 28-2，4）。

6. 印纹硬陶罐底

2件。

T40⑥: 21，紫胎灰黑色表层，外壁腹底端、底面及内壁陶色较深。下腹部弧曲内收，腹底交界处折转，且内外壁皆抹少量泥加固，圆平底。下腹部拍印较规整的凸方格纹，底端纹饰被抹泥覆盖。底径 20、残高 8.5 厘米（图 28-2，5）。

T40⑥: 22，红褐胎，厚胎处胎心呈灰黑色，下腹部内外壁灰褐表层，腹底端及底部内外红褐表层。下腹部弧曲内收，腹底交界处折转，圆平底。下腹部上端拍印规整的波折纹，下端拍印较规整的方格纹，底端纹饰被抹净。底径 16、腹径 24.4、残高 13.2 厘米（图 28-2，6；彩版二五三，1）。

7. 印纹软陶罐口沿

1件。

T40⑥:20,圆肩罐。泥质灰胎红皮陶。小卷沿,尖圆唇略下卷,束颈,圆鼓肩。肩部至上腹部拍印较杂乱的席纹,内壁宽泥条盘筑痕迹明显。口径14.4、腹径20.4、残高7.2厘米(图28-2,7;彩版二五三,2)。

8. 原始瓷豆

1件。

T40⑥:17,泥质灰白胎,青色釉较厚。侈口,尖圆唇,颈内弧,折腹内收,底部残。口沿外饰数道旋纹。口径12、腹径11.4、残高3.4厘米(图28-2,8)。

三 T40⑤层

陶瓷器

该层共出土陶片56片,陶瓷器质地、颜色、纹饰统计如下表(表28-3、4)。标本分述如下:

表28-3 T40⑤层出土陶瓷器质地、颜色统计表

陶质	夹细砂			泥质			印纹陶	原始瓷	合计
陶色	红褐	灰	黑皮红胎	灰	黑	黑皮红胎			
陶片数	22	1	2	5	1	4	16	5	56
百分比(%)	39.29	1.79	3.57	8.93	1.79	7.14	28.57	8.93	100

表28-4 T40⑤层出土陶瓷器纹饰统计表

纹饰	软陶					印纹陶						原始瓷	合计
	素面	细绳纹	粗绳纹	弦断绳纹	弦纹	素面	回纹	重回纹	席纹	雷纹	折弦纹	素面	
陶片数	26	9	7	1	2	5	1	5	3	1	1	5	56
百分比(%)	46.43	16.07	12.50	1.79	3.57	8.93	1.79	8.93	5.36	1.79	1.79	8.93	100

1. 鬲

1件。

T40⑤:1,夹砂黑褐陶。折沿近平,沿下角较小,方唇,鼓腹,联裆,柱足残。通体刮光。口径18.4、腹径18.2、残高15.2厘米(图28-3,1;彩版二五三,3)。

2. 盉柄

1件。

T40⑤:2,夹砂红褐陶。呈羊角形,下端贴近器身部分可见隼卯结构,上端上翘。残高2.1、残长2.5厘米(图28-3,2)。

3. 盆

2件。

T40⑤:3,夹砂红褐陶。侈口,卷沿较宽,尖唇,折肩,斜直肩较矮,肩部以下残。沿下至肩

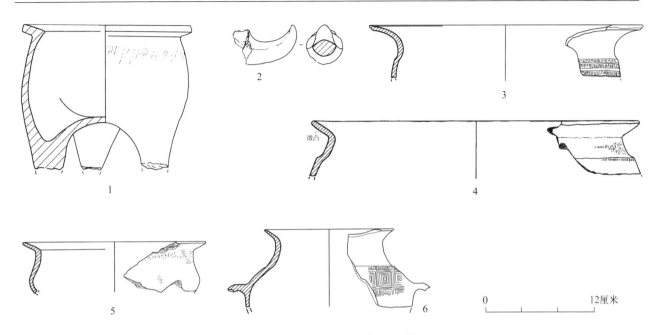

图 28-3　T40 ⑤层出土陶器

1.鬲 T40 ⑤：1　2.盉柄 T40 ⑤：2　3、4.盆 T40 ⑤：3、5　5.小罐 T40 ⑤：9　6.印纹硬陶圆肩罐口沿 T40 ⑤：12

部饰极浅细绳纹，部分被抹去，肩下部饰弦断绳纹。口径 30、残高 5.6 厘米（图 28-3，3）。

T40 ⑤：5，泥质陶，黑皮红胎。侈口，折沿较宽，圆角方唇，折肩，斜直肩较矮，肩部以下残。肩部饰有较浅纵向绳纹。口径 36、残高 5.8 厘米（图 28-3，4）。

4. 小罐

1 件。

T40 ⑤：9，泥质白陶。侈口，宽折沿，圆唇，折肩，腹部斜向内收，腹部以下残。素面。口径 20、腹径 18.8、残高 5.4 厘米（图 28-3，5）。

5. 印纹硬陶圆肩罐口沿

1 件。

T40 ⑤：12，泥质硬陶，紫胎灰色表皮，外壁及口沿另多一层黑色表层，且领部、肩部可见少量的片状黑色釉层。圆唇，唇内侧抹出一周浅凹痕，直领较高，略内凹，斜圆肩，肩部残存半个扁耳，耳面内凹。肩部拍印较规整的重回纹。口径 14、残高 8.2、耳长 1.9 厘米（图 28-3，6；彩版二五三，4）。

6. 印纹硬陶腹片

1 件。

T40 ⑤：14，印纹硬陶，泥质外壁呈橙色、紫红胎、内壁灰色。致密。内壁有泥条拼接痕迹，回字纹（图 28-4，1、2）。

7. 原始瓷罐口沿

1 件。

T40 ⑤：10，泥质灰陶，器身施酱绿色釉层，釉色浓淡不均，颜色较深处近于墨绿色，内壁口沿以下未见釉层。卷沿，唇残，直颈，弧肩，腹残，肩部不明显，上腹部较圆鼓，上腹部可见一个脱落的器耳痕迹。腹部拍印单元纹饰大小不一的席纹（图 28-4，3）。

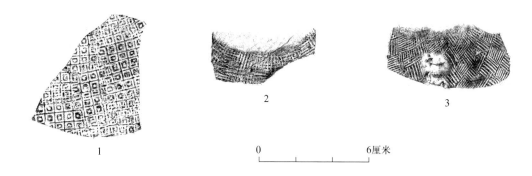

图 28-4　T40 ⑤层出土陶瓷器

1、2.印纹硬陶腹片 T40 ⑤: 14　3.原始瓷罐口沿 T40 ⑤: 10

四　T40 ④层

陶瓷器

该层共出土陶片 16 片，陶瓷器质地、颜色、纹饰统计如下表（表 28-5、6）。标本分述如下：

表 28-5　T40 ④层出土陶瓷器质地、颜色统计表

陶质	夹粗砂	夹细砂		泥质		印纹陶	合计
陶色	红褐	红褐	黑	黑	黑皮红胎		
陶片数	1	6	1	1	3	4	16
百分比（%）	6.25	37.50	6.25	6.25	18.75	25.00	100

表 28-6　T40 ④层出土陶瓷器纹饰统计表

纹饰	软陶				印纹陶				合计
	素面	细绳纹	粗绳纹	弦纹	素面	重回纹	吕字纹	折线纹	
陶片数	4	5	2	1	1	1	1	1	16
百分比（%）	25.00	31.25	12.50	6.25	6.25	6.25	6.25	6.25	100

1. 鼎

1 件。

T40 ④: 1，夹砂红褐陶，器表有烟炱痕迹。侈口，斜折沿，唇残，直腹。器腹饰竖行中绳纹，纹饰较凌乱。残长 9、残高 7 厘米（图 28-5，1）。

2. 甗腰

1 件。

T40 ④: 2，夹砂黑皮灰黑胎。甗腰较厚，卷隔，腹部及甗腰饰竖行中绳纹。甗腰径 18.8、残高 6.8 厘米（图 28-5，2）。

3. 豆柄

1 件。

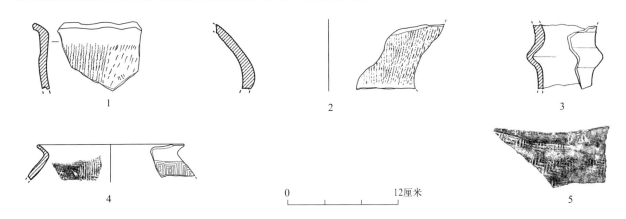

图 28-5　T40 ④层出土陶瓷器

1.鼎 T40 ④:1　2.甗腰 T40 ④:2　3.豆柄 T40 ④:3　4.印纹软陶罐 T40 ④:5　5.原始瓷器底 T40 ④:6

T40 ④:3，算珠形豆柄。泥质黑胎，表层有一层极薄的灰白层，黑色表皮脱落较严重。柱形，中间向外凸起一周，似算珠，算珠上下各有一道极细的凸棱，下部也有一道凸棱，上侧器壁较薄，向下逐渐增厚。素面。宽8.4、残高6.9厘米（图28-5，3）。

4.印纹软陶罐

1件。

T40 ④:5，圆肩罐。泥质灰胎红褐色表皮陶。卷沿，方唇，唇面微内凹，矮领内凹，圆鼓肩。肩部拍印较规整的重回纹。口径16、残高3.6厘米（图28-5，4）。

5.原始瓷器底

1件。

T40 ④:6，泥质灰白胎，青色釉较薄，仅见少部分。平底。腹部饰曲折纹，器底呈紫红色（图28-4，5）。

五　T40 ③层

（一）陶瓷器

该层共出土陶片291片，陶瓷器质地、颜色、纹饰统计如下表（表28-7、8）。标本分述如下：

1.鼎

2件。

T40 ③:14，夹砂红褐皮灰白胎，器表有烟炱痕迹，脱落严重。侈口，斜折沿，圆唇，直腹。器腹较斑驳。口径22、残高4厘米（图28-6，1）。

T40 ③:17，夹砂红褐陶。侈口，卷沿近平，圆唇，直腹。器表斑驳。残长8、残高7厘米（图28-6，2）。

2.甗口沿

4件。

T40 ③:10，夹砂红褐陶，略夹云母，器表有烟炱痕迹。疑似甗口沿，卷沿，沿下角较大，圆唇，鼓腹。腹部有横向刮痕。口径38、残高4厘米（图28-6，3）。

表 28-7　T40 ③层出土陶瓷器质地、颜色统计表

陶质	夹粗砂	夹细砂					泥质					印纹陶	原始瓷	合计
陶色	红褐	红褐	黄褐	灰	黑	黑皮红胎	红	黄褐	灰	黑	黑皮红胎			
陶片数	1	79	9	57	11	26	2	4	3	4	15	79	1	291
百分比（%）	0.34	27.15	3.09	19.59	3.78	8.93	0.69	1.37	1.03	1.37	5.15	0.69	0.34	100

表 28-8　T40 ③层出土陶瓷器纹饰统计表

纹饰	软陶						印纹陶											原始瓷	合计
	素面	细绳纹	粗绳纹	附加堆纹	弦断绳纹	弦纹	斜方格纹	弦纹	小方格纹	重回纹	席纹	菱形纹	雷纹	回纹	弦纹加菱形纹	吕字纹	短线纹	素面	
陶片数	98	31	30	1	39	6	6	6	3	34	3	19	9	1	1	1	2	1	291
百分比（%）	33.68	10.65	10.31	0.34	13.40	2.06	2.06	2.06	1.03	11.68	1.03	6.53	3.09	0.34	0.34	0.34	0.69	0.34	100

　　T40③：11，夹砂红褐陶。侈口，沿下角较大，圆唇，斜直腹内收。腹部饰弦断粗绳纹，部分纹饰被抹。残长 9、残高 7.4 厘米（图 28-6，4）。

　　T40③：12，夹砂红褐陶，夹云母，器表有烟炱痕迹，脱落明显。侈口，斜折沿，沿下角较大，方唇，微鼓腹。器表较斑驳。口径 32、残高 5.8 厘米（图 28-6，5）。

　　T40③：23，夹细砂灰陶，夹云母。宽折沿，圆唇，唇部下鼓。口沿外侧的绳纹被抹去，肩部饰数周密集的旋纹。口径 32、残高 4 厘米（图 28-6，6）。

　　3. 豆

　　3 件。

　　T40③：1，泥质红褐陶，略夹砂。微敛口，尖圆唇，弧腹内收，下腹部残。素面。口径 21、残高 3.8 厘米（图 28-6，7）。

　　T40③：2，泥质黑皮红褐陶黑芯。微敛口，圆唇，弧腹内收，下腹部残。素面。口径 20、残高 3.4 厘米（图 28-6，8）。

　　T40③：3，泥质灰黑陶，器表黑色表皮脱落严重。侈口，圆唇，弧腹内收，器腹很浅，素面。口径 22、残高 4 厘米（图 28-6，9）。

　　4. 盆口沿

　　1 件。

　　T40③：8，泥质灰陶。窄折沿，尖圆唇。口沿外侧的绳纹被抹去，颈部以下饰纵向细绳纹。口径 24、腹径 22、残高 5.8 厘米（图 28-6，10）。

　　5. 罐底

　　1 件。

　　T40③：35，泥质灰黑皮红褐胎。上腹部残，下腹部斜直，平底，底径较大，器身与器底交界处硬折。器身饰旋断竖行细绳纹，外底边缘略饰几条细绳纹，大部分素面，内侧有按压痕迹及刮抹痕迹。底径 12、残高 5.4 厘米（图 28-6，11）。

　　6. 瓮

　　1 件。

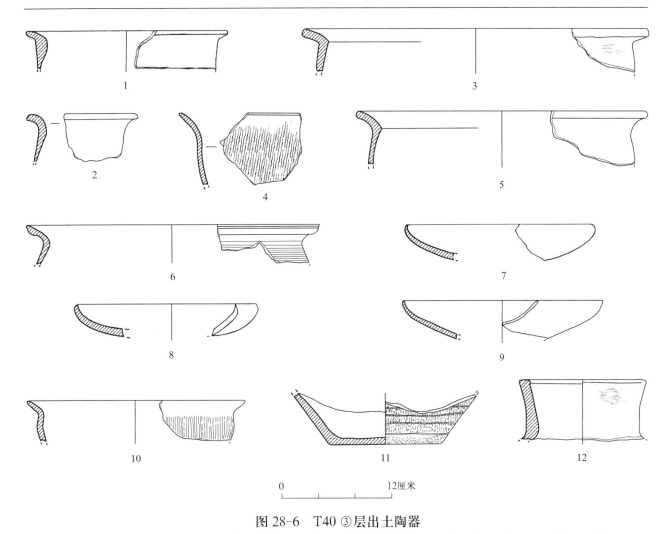

图 28-6　T40 ③层出土陶器

1、2.鼎 T40③：14、17　3～6.甗口沿 T40③：10～12、23　7～9.豆 T40③：1～3　10.盆口沿 T40③：8　11.罐底 T40③：35　12.
瓮 T40③：6

　　T40③：6，泥质红褐陶，黑色表皮脱落严重。斜直口瓮，厚方唇，唇与内壁形成一道较浅的凹槽，斜直颈，腹部残。素面。口径 14、残高 6.4 厘米（图 28-6，12）。

　　7.印纹硬陶罐口沿

　　3 件。

　　T40③：31，胎色内紫外灰白，肩部外壁、沿面至领内壁表层有黑色釉层，剥落严重，领外壁为紫色表层，肩部内壁暗灰色表层。斜方唇，小卷沿，矮直领，领肩交界处下凹明显，圆鼓肩。领外壁至领肩交界处刮出多周浅凹槽，肩部上端拍印较规整的凸波折纹，其下拍印凸方格纹，纹饰似自下而上拍印。口径 20、残高 5 厘米（图 28-7，1）。

　　T40③：32，灰白胎，外壁、沿面及领内壁有紫灰色表层，肩部表层剥落严重，肩部内壁黄灰色表层。方唇，矮领内凹，斜圆肩。肩部上端刮出多周细密的旋纹，其下至腹部上端拍印较规整的重菱纹。胎内多见气泡，胎壁凹凸不平。口径 12、残高 6.8 厘米（图 28-7，2；彩版二五三，5、6）。

　　T40③：33，胎色内紫外灰白。侈口，尖唇，束颈，圆肩，下腹残。肩部饰云纹。口径 14、腹径 17.4、残高 7.4 厘米（图 28-7，3）。

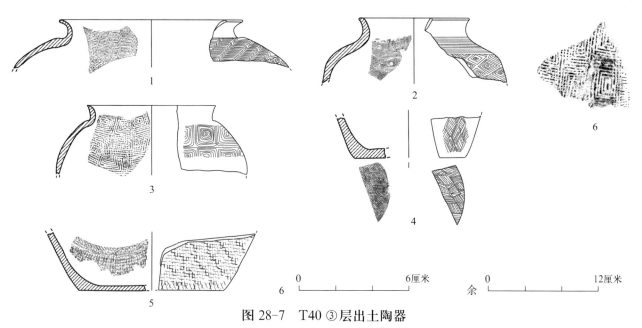

图 28-7　T40 ③层出土陶器

1～3.印纹硬陶罐口沿 T40③:31～33　4.印纹硬陶罐底 T40③:34　5.印纹软陶罐底 T40③:38　6.印纹软陶腹片 T40③:36

8.印纹硬陶罐底

1件。

T40③:34，泥质浅灰色硬陶。下腹部斜直略内收，腹底交界处折转，圆平底。下腹部及底面拍印较规整的席纹，腹部底端及底面外围一周纹饰被抹。底径12、残高4.2厘米（图28-7，4）。

9.印纹软陶罐底

1件。

T40③:38，夹砂灰白陶，内外皮为灰黑色。腹部残，仅存器底，器腹与器底交界处硬折，内壁可见较大按窝。腹部饰纵向菱格纹饰，下腹部近罐底处饰拍印横向菱格纹，器底有轮制痕迹。底径16、残高6厘米（图28-7，5）。

10.印纹软陶腹片

1件。

T40③:36，泥质橙色陶，疏松。重回纹（图28-7，6）。

（二）铜器及相关遗物

铜锈块

1件。

T40③:39，器形不明。残宽1.5厘米（彩版二五四，1～9）。

六　T40 ②层

陶瓷器

该层共出土陶片291片，陶瓷器质地、颜色、纹饰统计如下表（表28-9、10）。标本分述如下：

表 28-9　T40 ②层出土陶瓷器质地、颜色统计表

陶质	夹粗砂	夹细砂			泥质			印纹陶	原始瓷	合计
陶色	红褐	红褐	灰	黑皮红胎	红褐	灰	黑皮红胎			
陶片数	2	27	26	4	8	19	2	28	1	117
百分比（%）	1.71	23.08	22.22	3.42	6.84	16.24	1.71	23.93	0.85	100

表 28-10　T40 ②层出土陶瓷器纹饰统计表

纹饰	软陶						印纹陶								原始瓷	合计
	素面	细绳纹	粗绳纹	弦断绳纹	附加堆纹	弦纹	素面	网纹	重回纹	席纹	菱形纹	雷纹	斜线纹	涡纹加菱形	重环纹	
陶片数	49	16	17	4	1	1	2	1	12	2	6	3	1	1	1	117
百分比（%）	41.53	13.56	14.41	3.39	0.85	0.85	1.69	0.85	10.17	1.69	5.08	2.54	0.85	0.85	0.85	100

1. 鬲足

1 件。

T40 ②：14，夹砂红褐陶。截锥状实足跟，足窝较浅，足跟底面为斜面。通体饰竖向中绳纹。残高 8.6 厘米（图 28-8，1）。

2. 鼎

1 件。

T40 ②：6，夹砂红褐陶。侈口，卷沿近平，圆唇，器腹内壁颈、腹交界处有一道凸棱，直腹。素面。残长 6.6、残高 5.2 厘米（图 28-8，2）。

3. 鼎足

1 件。

T40 ②：12，夹砂红褐陶，足上部有烟炱痕迹。柱状实足跟较高，足窝较浅。通体饰竖行细绳纹，足跟底面饰细绳纹。

4. 盆口沿

2 件。

T40 ②：4，泥质红褐陶。窄折沿近平，方唇，唇缘下钩。口沿外侧和颈部的绳纹被抹去。口径 32、残高 3 厘米（图 28-8，3）。

T40 ②：8，泥质黄褐胎黑皮陶。宽折沿，方唇。口沿外侧的绳纹被抹光。口径 28、残高 4 厘米（图 28-8，4）。

5. 罐耳

1 件。

T40 ②：2，泥质黑皮红褐陶。桥形罐耳，截面为圆角长方形。器耳饰细绳纹，器腹内壁可见横向的轮制痕迹。残长 5.8、残高 5.6 厘米（图 28-8，5）。

6. 印纹硬陶罐底

1 件。

T40 ②：17，泥质硬陶，紫胎，外壁下腹部灰黑色表层、腹底端及底面灰褐色表层，内壁及内底

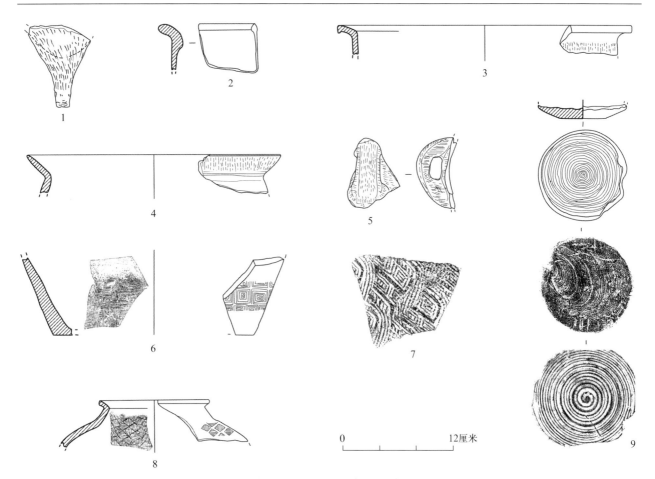

图 28-8　T40 ②层出土陶瓷器

1. 鬲足 T40 ②：14　2. 鼎 T40 ②：6　3、4. 盆口沿 T40 ②：4、8　5. 罐耳 T40 ②：2　6. 印纹硬陶罐底 T40 ②：17　7. 印纹硬陶腹片 T40 ②：18　8. 印纹软陶罐口沿 T40 ②：16　9. 原始瓷碗底 T40 ②：1

面灰白色表层。下腹部斜直内收，腹壁微鼓，腹底交界处折转，圆平底。下腹部拍印较杂乱的重回纹，底端纹饰被抹净。残高 9 厘米（图 28-8，6）。

7. 印纹硬陶腹片

1 件。

T40 ②：18，泥质灰陶，较致密。变形菱形重回纹（图 28-8，7）。

8. 印纹软陶罐口沿

1 件。

T40 ②：16，泥质灰胎红褐色表皮陶。侈口，内折沿，方唇，圆鼓肩。肩部拍印较规整的方边填线纹，肩部顶端纹饰被抹净。口径 12、残高 4.8 厘米（图 28-8，8）。

9. 原始瓷碗底

1 件。

T40 ②：1，灰白胎，青色釉。器底内侧饰多道弦纹，外侧较粗糙，可见明显偏心拉坯痕迹。底径 5、残高 1.5 厘米（图 28-8，9）。

第二九章　T41 遗存分述

第一节　地层堆积

T41 根据土质、土色及其包含物状况可分为 7 层堆积，现逐层介绍各堆积层情况（图 29-1）。

第①层：厚 0.05～0.20 米。土色灰褐，土质疏松。堆积呈水平状分布全方。包含物有少量陶片、明清瓷片。

第②层：距地表深 0.05～0.20、厚 0.15～0.40 米。土色灰褐，含黄色土斑，土质致密。堆积呈水平状分布全方。包含物有较多的陶片和铜器相关遗物。开口于本层下的遗迹单位有 K1。

第③层：距地表深 0.22～0.50、厚 0.40～0.75 米。土色灰褐，土质致密。堆积大致呈水平状分布全方。包含物有大量陶片。开口于本层下的遗迹单位有 K2。

第④层：距地表深 0.70～1.25、厚 0.17～0.40 米。黄色锈斑土，土质致密。堆积大致自西北部向东南部倾斜，遍布全方。包含物有少量陶片和铜器相关遗物。

第⑤层：距地表深 1.00～1.55、厚 0.55～0.80 米。灰黑色黏土，土质疏松。堆积大致呈水平状分布全方。在本层底部探方西北部发现有一片石头堆积。包含有较少的陶片和少量石器、铜器相关遗物。开口于该层下的遗迹单位有 K3。

第⑥层：距地表深 1.77～2.15、厚 0.50～0.90 米。黑色土，中间有黄色条带土层，底部有黄色较硬土层，土中夹绿色颗粒和草木灰，土质疏松。堆积大致呈水平状分布全方，东北部稍厚。包含物有少量的陶片。

第⑦层：距地表深 2.52～2.90、厚 0.13～1.18 米。灰黑色黏土，较纯净。堆积遍布全方，厚薄不均，东部较薄，西南部较厚。包含物有少量的陶片。本层下部在探方中北部发现一大片木头堆积（彩版二五五、二五六）。

第二节　遗迹及包含物

灰坑及其他坑状堆积

1.T41K3

开口于第⑤层下，位于探方东南部，接近探方东南角，坑东部进入探方东壁。坑口暴露形状为半椭圆形，坑壁为斜坡状，较陡，南北长约 0.90、东西宽约 0.45、坑深约 0.55 米。坑中填土与 T41 ⑤层相似，为灰褐色黏土，土质疏松，未见包含物。

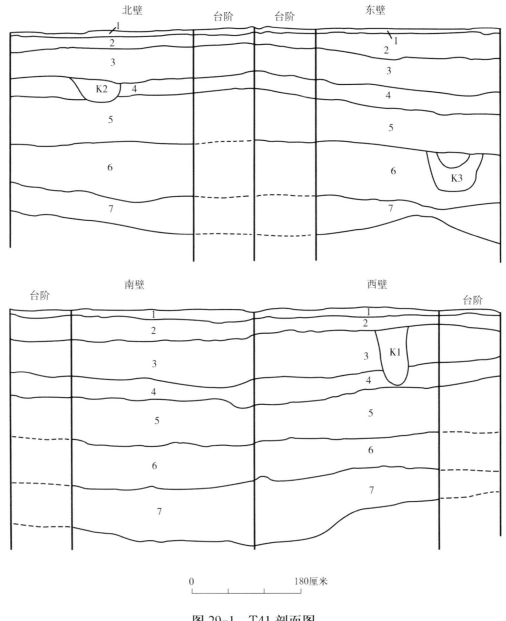

图 29-1　T41 剖面图

2.T41K2

开口于第③层下，位于探方中北部，坑北部进入探方北壁。坑口暴露形状为不规则半圆形，坑壁为斜坡状，东壁坡度大，较陡，西壁坡度小，较东壁缓，东西长约 0.85、南北宽约 0.35、坑深约 0.30米。坑中填土为灰褐色、土质致密，未见包含物。

3.T41K1

开口于第②层下，位于探方西北部，坑西部进入探方西壁，坑口暴露形状为圆形长条形，坑壁为斜坡状，东西壁坡度大，较陡，东西长约 0.85、南北宽约 0.50、坑深约 0.85 米。坑中填土为灰褐色、土质致密，未见包含物。

第三节　地层出土遗物

一　T41 ⑦层

陶瓷器

该层共出土陶片 18 片，陶瓷器质地、颜色、纹饰统计如下表（表 29-1、2）。标本分述如下：

表 29-1　T41 ⑦层出土陶瓷器质地、颜色统计表

陶质	夹粗砂			夹细砂				泥质		合计
陶色	红褐	灰	黑	红	红褐	灰	黑	红	黑	
陶片数	2	3	1	1	2	3	4	1	1	18
百分比（%）	11.11	16.67	5.56	5.56	11.11	16.67	22.22	5.56	5.56	100

表 29-2　T41 ⑦层出土陶瓷器纹饰统计表

纹饰	软陶				合计
	素面	细绳纹	粗绳纹	弦断绳纹	
陶片数	4	1	8	4	18
百分比（%）	22.22	5.56	44.44	22.22	100

1.鬲

3 件。

T41 ⑦：1，夹细砂，灰胎，深色表皮磨损殆尽，仅在口沿内外侧可见。侈口，内折沿，方唇，唇面微凹，高直领微鼓，领、腹交接处不明显。领部绳纹被抹，腹部饰印痕清晰的斜行中绳纹。口径 28、残高 10 厘米（图 29-2，1）。

T41 ⑦：2，夹细砂，灰胎，内侧有光亮的黑色烟炱痕迹，但剥落严重。卷沿近平，薄斜方唇，唇外缘略凸出，高直领微内凹，沿下一周被抹。自颈部以下饰竖行麦粒状绳纹。口径 18、残高 6 厘米（图 29-2，2）。

T41 ⑦：4，夹细砂，灰胎，灰黑色皮。侈口，内卷折沿，三角形方唇，高直领微鼓，领、腹交接处略折。领部绳纹被抹，并饰一周凹槽，腹部纹饰不详。口径 24、残高 4.6 厘米（图 29-2，3）。

2.鬲足

2 件。

T41 ⑦：6，下腹部及柱状鬲足，夹粗砂红褐陶，夹云母。下腹部有很厚的烟熏痕迹，足窝凹陷较深，柱足较矮，足跟斜平，三足似向外撇，外侧自下腹部有明显纵向刮痕。残高 14.4 厘米（图 29-2，4；彩版二五七，1）。

T41 ⑦：7，夹粗砂灰褐陶，夹云母。足窝凹陷处有很厚的烟炱痕迹，柱足较矮，足跟斜平，三足似向外撇，表面有明显纵向刮痕。残高 7.6 厘米（图 29-2，5）。

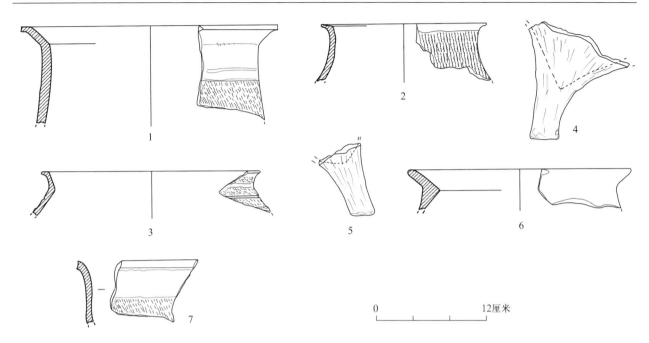

图 29-2　T41 ⑦层出土陶器

1～3. 鬲 T41 ⑦：1、2、4　4、5. 鬲足 T41 ⑦：6、7　6. 甗 T41 ⑦：5　7. 盆 T41 ⑦：3

3. 甗

1 件。

T41 ⑦：5，夹粗砂灰黑陶，夹云母，器表有很厚的烟熏痕迹。侈口，折沿，沿面较宽，厚圆唇。沿下有横向刮痕，腹部纹饰不详。口径 24.4、残高 4.2 厘米（图 29-2，6）。

4. 盆

1 件。

T41 ⑦：3，泥质红褐陶，略夹云母。侈口，厚方唇，斜直腹，上腹部略鼓起。所饰绳纹被抹，下腹部饰斜行中绳纹，口沿外侧及器内壁有横向轮制痕迹。残长 9.8、残高 6.5 厘米（图 29-2，7）。

二　T41 ⑥层

陶瓷器

该层共出土陶片 49 片，陶瓷器质地、颜色、纹饰统计如下表（表 29-3、4）。标本分述如下：

1. 鬲口沿

3 件。

T41 ⑥：6，夹粗砂红褐陶，夹云母。折沿，沿下角较大，斜方唇，唇面内侧有一道凹槽，外侧略突出，沿面较宽，鼓腹。口径 26、残高 4 厘米（图 29-3，1）。

T41 ⑥：2，泥质灰陶。卷沿，圆唇，高领。颈部的绳纹被抹去，颈部以下饰斜向细绳纹。口径 22、残高 3.8 厘米（图 29-3，2）。

T41 ⑥：3，泥质黄褐陶。卷沿，圆方唇，高领。素面。口径 16、残高 4.4 厘米（图 29-3，3）。

2. 甗腰

表 29-3　T41 ⑥层出土陶瓷器质地、颜色统计表

陶质	夹粗砂	夹细砂				泥质			印纹陶	原始瓷	合计
陶色	红褐	红褐	黄褐	灰	黑	红褐	灰	黑红			
陶片数	5	14	3	3	2	2	3	8	8	1	49
百分比（%）	10.20	28.57	6.12	6.12	4.08	4.08	6.12	16.33	16.33	2.04	100

表 29-4　T41 ⑥层出土陶瓷器纹饰统计表

纹饰	软陶						印纹陶		原始瓷	合计
	素面	细绳纹	粗绳纹	交错绳纹	附加堆纹	弦纹	重回纹	席纹	素面	
陶片数	19	8	8	1	2	2	2	6	1	49
百分比（%）	38.78	16.33	16.33	2.04	4.08	4.08	4.08	12.24	2.04	100

1 件。

T41 ⑥：18，夹砂红褐陶。甑腰外附加泥条较厚较宽，卷隔。器身及甑腰均饰竖行细绳纹。甑腰径 16、残高 7 厘米（图 29-3，4）。

3. 豆柄

1 件。

T41 ⑥：17，泥质灰白皮红褐胎，表皮黑色脱落明显。豆盘残，矮圈足，圈足外撇明显，边缘圆

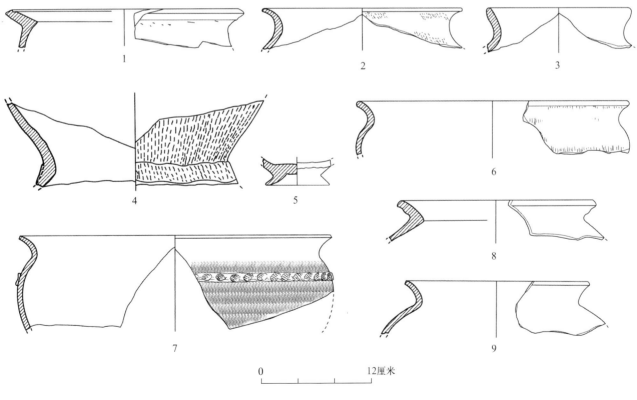

图 29-3　T41 ⑥层出土陶器

1～3. 鬲口沿 T41 ⑥：6、2、3　4. 甑腰 T41 ⑥：18　5. 豆柄 T41 ⑥：17　6、7. 盆口沿 T41 ⑥：1、12　8、9. 罐 T41 ⑥：5+T33 ③：12、T41 ⑥：11

钝。素面。圈足底径 7、圈足高约 1.3、残高 2.6 厘米（图 29-3，5）。

4. 盆口沿

2 件。

T41⑥：1，泥质红褐陶。侈口，卷沿较窄，沿下角较大，圆角方唇较厚，鼓腹，腹部以下残。沿下至腹部饰纵向细绳纹，颈部部分绳纹被抹。口径 30、腹径 30、残高 5.6 厘米（图 29-3，6）。

T41⑥：12，泥质陶，红皮灰胎。侈口，卷沿较窄近平，沿下角略小，薄方唇内凹，鼓腹明显，腹下部残。腹部饰斜向细绳纹，在腹上部饰一周附加堆纹，附加堆纹上有压印的细绳纹，沿下和颈部绳纹被抹去。口径 34、腹径 34.4、残高 10 厘米（图 29-3，7；彩版二五七，2）。

5. 罐

2 件。

T41⑥：5+T33③：12，夹砂黑褐陶。斜直口，折沿，方唇，沿面外侧有一道凸棱，肩部略低平。器表较斑驳。口径 22、残高 4.2 厘米（图 29-3，8）。

T41⑥：11，泥质陶略夹砂，黑皮红胎，表面黑皮较多脱落。侈口，卷沿，方唇，斜直肩，肩部以下残。素面。口径 20.4、残高 5.8 厘米（图 29-3，9）。

三　T41⑤层

（一）陶瓷器

该层共出土陶片 108 片，陶瓷器质地、颜色、纹饰、可辨器形统计如下表（表 29-5、6）。标本分述如下：

表 29-5　T41⑤层出土陶瓷器质地、颜色统计表

陶质	夹粗砂	夹细砂				泥质			印纹陶	原始瓷	合计
陶色	红褐	红褐	灰	黑	黑皮红胎	灰	黑	黑红			
陶片数	10	38	3	3	1	3	4	11	26	8	108
百分比（%）	9.26	35.19	2.78	2.78	0.93	2.78	3.70	10.19	24.07	7.41	100

表 29-6　T41⑤层出土陶瓷器纹饰统计表

纹饰	软陶					印纹陶						原始瓷				合计
	素面	细绳纹	粗绳纹	弦断绳纹	弦纹	素面	弦纹	重回纹	席纹	菱形纹	雷纹	素面	弦纹	席纹	回纹	
陶片数	27	10	29	4	3	5	1	11	7	1	2	1	4	1	2	108
百分比（%）	25.00	9.26	26.85	3.70	2.78	4.63	0.93	10.19	6.48	0.93	1.85	0.93	3.70	0.93	1.85	100

1. 鬲

3 件。

T41⑤：6，夹砂红褐陶，夹云母。折沿近平，沿下角较小，圆唇，唇面偏外侧有凹槽一周，沿面较宽，鼓腹，联裆，柱足。腹部所饰绳纹被抹，足部被刮明显。口径 22.2、腹径 22.2、高 18.4 厘米（图 29-4，1；彩版二五七，3）。

T41⑤:10,夹砂红褐陶,器壁外侧被灼黑。折沿近平,沿下角较小,方唇,鼓腹。腹部饰绳纹,纹饰很模糊。口径16.4、腹径15.8、残高5厘米(图29-4,2)。

T41⑤:12,夹砂红褐皮黑胎,器壁外侧及口沿被灼黑。折沿近平,沿下角较小,尖圆唇,鼓腹。腹部饰模糊绳纹,内壁有按压痕迹。口径14、腹径14.4、残高6厘米(图29-4,3)。

2.鬲口沿

1件。

T41⑤:19,夹细砂灰陶。卷沿,方唇,束颈,耸肩。颈部的细绳纹被抹去。口径20、残高2.9厘米(图29-4,4)。

3.鬲足

5件。

T41⑤:21,夹砂红褐陶,足上部和足窝内侧有烟炱痕迹。柱状实足跟较高,足窝较浅。通体略饰斜向细绳纹,足跟底面饰细绳纹,纹饰模糊。残高10.6厘米(图29-4,5)。

T41⑤:25,夹砂灰陶。截锥状实足跟较高,足窝较浅,足跟为斜面。通体略饰斜向细绳纹,足跟底面饰细绳纹,纹饰模糊。残高7.2厘米(图29-4,6)。

T41⑤:26,夹砂红褐陶。锥状实足跟,有小平台,较矮,足窝较浅。通体饰竖行细绳纹。残高

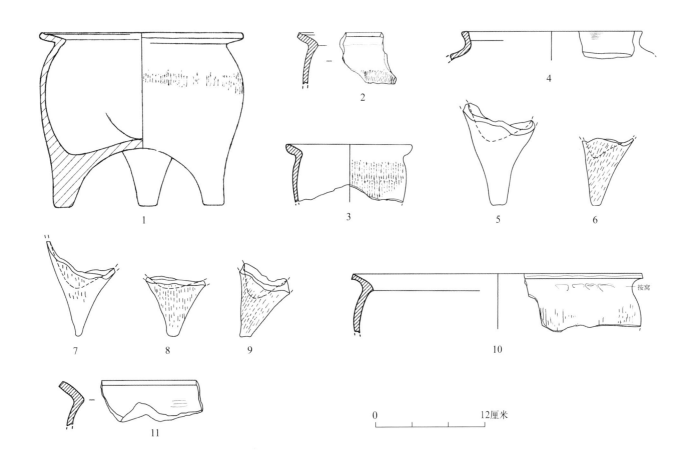

图 29-4　T41 ⑤层出土陶器

1～3.鬲 T41 ⑤: 6、10、12　4.鬲口沿 T41 ⑤: 19　5～9.鬲足 T41 ⑤: 21、25～28　10、11.瓶 T41 ⑤: 9、11

12 厘米（图 29-4，7）。

　　T41 ⑤：27，夹砂灰陶，足上部和足窝内侧有烟炱痕迹。截锥状实足跟较矮，足窝较浅，足跟为斜面。通体略饰斜向细绳纹，足跟底面饰细绳纹。残高 6.4 厘米（图 29-4，8）。

　　T41 ⑤：28，夹砂灰陶，足上部和足窝内侧有烟炱痕迹。截锥状实足跟较矮，足窝较深，足跟为斜面。通体略饰竖行细绳纹。残高 7.7 厘米（图 29-4，9）。

　　4. 甗

　　3 件。

　　T41 ⑤：9，夹砂红褐陶，略夹云母，器表有灼黑痕迹。器壁很薄，折沿，沿面近平，方唇，口沿与腹部交界处有手制痕迹，腹部微鼓。腹部饰竖行细绳纹。口径 28、残高 7 厘米（图 29-4，10）。

　　T41 ⑤：11，夹砂红褐陶，器体表面有烟炱痕迹，表面黑皮脱落明显，夹云母。折沿，沿下角较小，方唇，鼓腹，腹部较斑驳。残长 11、残高 4.4 厘米（图 29-4，11）。

　　T41 ⑤：34，夹砂黑皮灰白陶。侈口，卷沿，沿下角较大，沿面较大，方唇，微鼓腹。腹部饰细绳纹，沿下绳纹被抹。残长 8、残高 5 厘米（图 29-5，1）。

　　5. 盆

　　4 件。

　　T41 ⑤：7，夹砂红褐陶。侈口，卷沿较窄，沿下角较大，厚方唇，鼓腹，腹部以下残。腹部饰交错绳纹。口径 32、腹径 33.2、残高 5.4 厘米（图 29-5，2）。

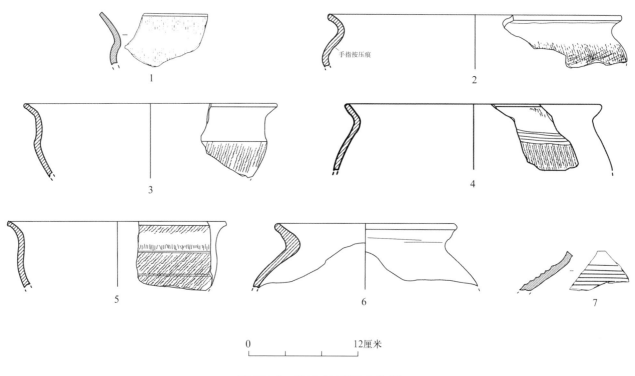

手指按压痕

0 ⎯⎯⎯⎯⎯ 12厘米

图 29-5　T41 ⑤层出土陶器

1. 甗 T41 ⑤：34　2 ~ 5. 盆 T41 ⑤：7、15、35、36　6. 罐 T41 ⑤：13　7. 敛口瓮 T41 ⑤：37

T41⑤：15，泥质灰陶。窄折沿，圆唇，高领，鼓肩。颈部的绳纹被抹去，肩部以下饰纵向细绳纹。口径28、腹径26.4、残高8厘米（图29-5，3）。

T41⑤：35，夹砂陶，黑皮红胎。侈口，宽卷沿，薄方唇，斜直腹内收，腹部以下残。沿下饰斜向细绳纹，腹上部饰数道弦纹，腹下部饰斜向细绳纹。口径28、残高7厘米（图29-5，4）。

T41⑤：36，红褐胎黑皮陶。卷沿，方唇，唇部上翻。颈部的绳纹被抹去，颈部以下饰纵向和斜向交错的细绳纹，肩部饰两道旋纹。口径24、腹径22、残高7.2厘米（图29-5，5）。

6. 罐

1件。

T41⑤：13，夹砂红褐陶，夹云母。斜直口，折沿，方唇，沿面内侧有一道凹槽，肩部略低平。抹光。口径20、残高6.8厘米（图29-5，6）。

7. 敛口瓮

1件。

T41⑤：37，泥质黑皮红褐胎黑芯。敛口，方唇，唇部略翘起，斜直肩，肩部以下残，肩部饰多道凸棱。残长6.2、残高4厘米（图29-5，7）。

8. 器耳

1件。

T41⑤：18，泥质黑胎，黑胎内外两侧各有一层很薄的灰白层，内外表皮均为黑色。可能为鬶的

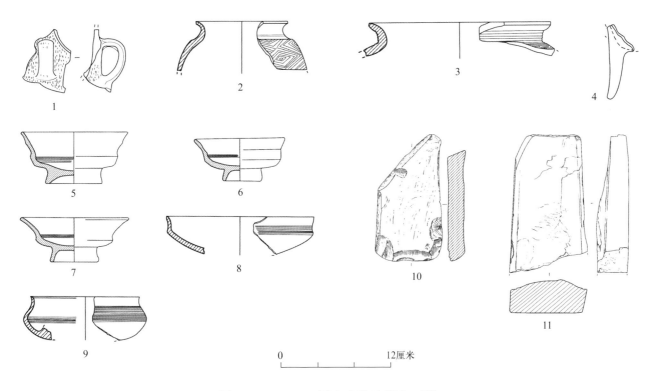

图 29-6　T41 ⑤层出土陶瓷器与石器

1. 器耳 T41 ⑤：18　2、3. 印纹硬陶罐 T41 ⑤：16、17　4. 印纹硬陶器耳 T41 ⑤：33　5～9. 原始瓷豆 T41 ⑤：1～3、30、31　10、11. 石铲 T41 ⑤：4、5

器耳，器表斑驳。素面。残长 5.4、残高 6.7 厘米（图 29-6，1）。

9. 印纹硬陶罐

2 件。

T41 ⑤：16，泥质硬陶，胎色内紫外黑。侈口，方唇，短颈，斜肩，颈肩交界处有折棱，肩部拍印菱形纹。口径 10、残高 5.1 厘米（图 29-6，2）。

T41 ⑤：17，泥质硬陶，胎色内紫外黑，紫色表皮，部分区域有少量釉层光泽。小卷沿近平，方唇，矮领略内凹，斜肩近平，领外壁至肩部顶端抹出多周细凹槽。其下肩部拍印凸方格纹。口径 20、残高 3.6 厘米（图 29-6，3）。

10. 印纹硬陶器耳

1 件。

T41 ⑤：33，泥质紫胎硬陶，内外壁皆为灰黑色。耳为桥型耳，耳部正中为宽凹槽。外表饰重回纹和填线纹的复合纹饰，内壁有轮制的痕迹。耳长 3、宽 1.5、高约 1.5 厘米，腹片残长 8、残宽约 5 厘米（图 29-6，4）。

11. 原始瓷豆

5 件。

T41 ⑤：1，泥质灰白胎，釉不可见。侈口，尖圆唇，直腹较深，折内收，圈足微外撇。豆盘内侧饰多道旋纹，器表可见明显轮制痕迹。口径 11.6、圈足径 5.8、底径 6.2、高 5.4 厘米（图 29-6，5；彩版二五七，4）。

T41 ⑤：2，泥质灰白胎，釉不可见。侈口，圆唇，直腹较深，折内收，圈足微外撇。唇上有旋纹，豆盘内侧饰多道旋纹，器表可见明显轮制痕迹。口径 9.9、圈足径 4、底径 4.4、高 4.5 厘米（图 29-6，6；彩版二五七，5）。

T41 ⑤：3，泥质灰白胎，釉较薄，仅少量可见。敞口，尖圆唇，直腹较浅，硬折内收，圈足微外撇。豆盘内侧饰多道旋纹，器表可见明显轮制痕迹。口径 11.9、圈足径 4.8、底径 5.4、高 4.7 厘米（图 29-6，7；彩版二五七，6）。

T41 ⑤：30，泥质灰白胎，青色釉较厚，少部分略呈酱色。侈口，口径较大，尖唇，折腹内收，豆盘较深。口沿外侧饰四道旋纹。口径 16、腹径 16、残高 4 厘米（图 29-6，8）。

T41 ⑤：31，泥质灰白胎，釉不可见。侈口，尖唇，颈内弧，折腹内收，底部残。口沿内、外壁及腹内饰有多道旋纹，器表可见轮制痕迹。口径 12、腹径 13.2、残高 4.5 厘米（图 29-6，9）。

（二）石器

石铲

2 件。

T41 ⑤：4（半成品？），青灰色。器体稍扁平，底部残。通体磨制较细。残长 13.3、宽 6.7、最厚 1.9 厘米（图 29-6，10；彩版二五八，1、2）。

T41 ⑤：5，黑色。器体扁平，稍厚，底部残。通体磨制较细。残长 14.6、宽 8.5、最厚 3.6 厘米（图 29-6，11；彩版二五八，3、4）。

（三）铜器及相关遗物

铜锈块

1 块。

T41 ⑤：40，器形不明。残长 5、残宽 3、厚 1 厘米（彩版二五九，1～8）。

四 T41 ④层

陶瓷器

该层共出土陶片 47 片，陶瓷器质地、颜色、纹饰统计如下表（表 29-7、8）。标本分述如下：

表 29-7 T41 ④层出土陶瓷器质地、颜色统计表

陶质	夹细砂				泥质		印纹陶	合计
陶色	红褐	黄褐	灰	黑红	黑红	灰		
陶片数	17	4	1	3	5	2	15	47
百分比（%）	36.17	8.51	2.13	6.38	10.64	4.26	31.91	100

表 29-8 T41 ④层出土陶瓷器纹饰统计表

纹饰	软陶				印纹陶				合计
	素面	粗绳纹	附加堆纹	弦断绳纹	素面	弦纹	重回纹	席纹	
陶片数	11	12	1	8	2	2	1	10	47
百分比（%）	23.40	25.53	2.13	17.02	4.26	4.26	2.13	21.28	100

1. 甗口沿

1 件。

T41 ④：2，夹细砂红褐陶，夹云母。宽折沿，圆唇，束颈。口沿外侧的纵向细绳纹未被抹去，颈部的细绳纹被抹去，肩部饰三道粗旋纹。口径 38、残高 5 厘米（图 29-7，1）。

2. 印纹硬陶罐

1 件。

T41 ④：4，泥质硬陶，紫胎，外壁及沿面有灰黑色表层，剥落明显，内壁口沿以下灰白色表层。圆唇，卷沿近平，沿面顶端刮出一周宽浅的凹槽，领部略内凹，领外壁修整出数周宽窄各异的细凹槽，肩部顶端斜直。肩部顶端一周素面，其下纹饰不详。口径 16、残高 5 厘米（图 29-7，2）。

3. 印纹硬陶器耳

1 件。

T41 ④：5，泥质青灰胎硬陶，内外壁颜色与胎色一致。内壁耳部对应位置有按窝，耳为桥形耳，耳部一端左右两侧各饰一乳丁状突起。外壁饰折线纹和填线纹的复合型纹饰。耳长 5.5、宽 2.2、高约 3.6 厘米（图 29-7，3）。

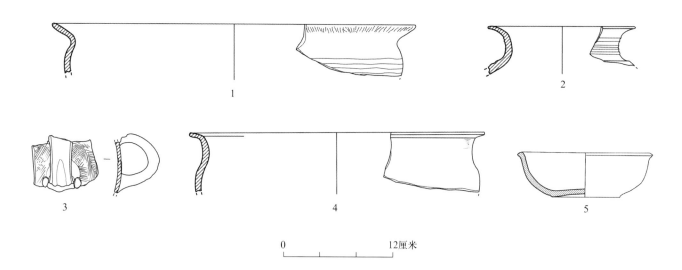

图 29-7　T41 ④、②层出土陶瓷器

1. 甗口沿 T41 ④:2　2. 印纹硬陶罐 T41 ④:4　3. 印纹硬陶器耳 T41 ④:5　4. 鬲 T41 ②:2　5. 原始瓷碗 T41 ②:1

五　T41 ③层

陶瓷器

该层共出土陶片 393 片，陶瓷器质地、颜色、纹饰统计如下表（表 29-9、10）。标本分述如下：

表 29-9　T41 ③层出土陶瓷器质地、颜色统计表

陶质	夹粗砂		夹细砂			泥质				印纹陶	原始瓷	合计
陶色	红褐	灰	红褐	灰	黑	红褐	黑	黑红	灰			
陶片数	44	16	93	41	14	29	10	92	4	48	2	393
百分比（%）	11.20	4.07	23.66	10.43	3.56	7.38	2.54	23.41	1.02	12.21	0.51	100

表 29-10　T41 ③层出土陶瓷器纹饰统计表

纹饰	软陶						印纹陶												原始瓷	合计
	素面	细绳纹	粗绳纹	弦断绳纹	弦纹	附加堆纹	素面	方格纹	树叶状	重回纹	席纹	雷纹	回纹	斜格纹	折线纹	填线菱格纹	填线方格纹		弦纹	
陶片数	156	75	52	39	4	5	11	10	2	17	8	3	2	1	2	1	3		2	393
百分比（%）	39.69	19.08	13.23	9.92	1.02	1.27	2.80	2.54	0.51	4.33	2.04	0.76	0.51	0.25	0.51	0.25	0.76		0.51	100

1.鬲口沿

1 件。

T41 ③：15，夹细砂，夹云母。宽折沿，沿下角较小圆唇，唇面上翻形成一道凹槽。口沿外侧的绳纹被抹去，肩部饰纵向细绳纹。口径 20、残高 3 厘米（图 29-8，1）。

2.鼎

2 件。

T41 ③：5，夹砂红褐陶。侈口，卷沿近平，圆唇，直腹。器表较斑驳。残长 8.6、残高 3.2 厘米（图 29-8，2）。

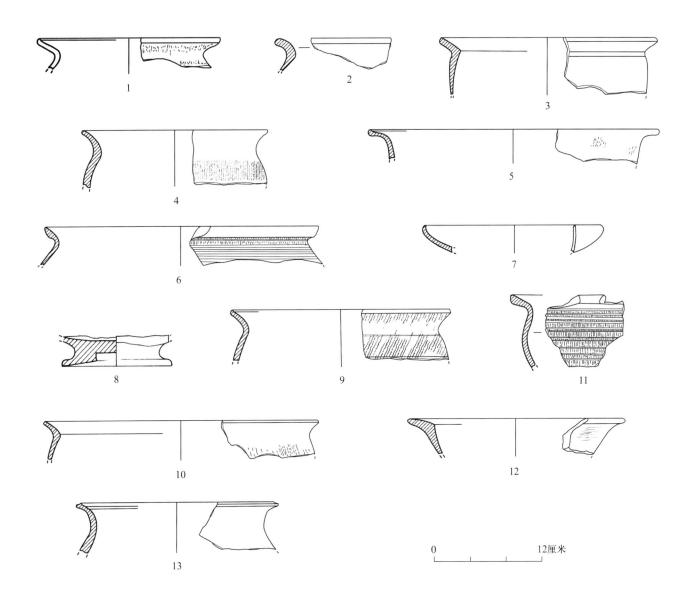

图 29-8　T41 ③层出土陶器

1.鬲口沿 T41 ③：15　2、3.鼎 T41 ③：5、6　4～6.瓶口沿 T41 ③：10、14、40　7.豆 T41 ③：2　8.盘圈足 T41 ③：3　9～12.盆口沿 T41 ③：1、11、13、17　13.印纹硬陶罐 T41 ③：12

T41③：6，夹砂红褐皮灰黑胎，器表有烟炱痕迹，脱落严重。侈口，斜折沿，圆唇，直腹。器腹较斑驳。口径 24、腹径 21.6、残高 6 厘米（图 29-8，3）。

3. 鼎足

4 件。

T41③：19，夹粗砂红褐陶。正装鼎足，整体呈锥形，截面为圆形，足跟圆钝，足上端残。素面，表皮脱落明显。

T41③：30，夹粗砂红褐陶。正装鼎足，整体呈扁平三角形，截面为圆角正方形，足跟呈凿状，足上端。素面，表面粗糙。

T41③：31，夹粗砂红褐陶。正装鼎足，整体呈扁平三角形，截面为长方形，足跟呈尖锥状，微微外撇，足上端残。素面，表面抹光。

T41③：32，夹粗砂红褐陶，足上部有烟炱痕迹。正装鼎足，整体呈扁平三角形，截面为椭圆形。素面，表面抹光。

4. 甑口沿

3 件。

T41③：10，夹砂黄褐色陶，厚胎。卷沿，圆唇，高领。口沿外侧和颈部的绳纹被抹去，颈部以下饰纵向细绳纹，外壁被灼黑。口径 20、残高 5.6 厘米（图 29-8，4）。

T41③：14，夹砂灰陶，夹云母。圆方唇，沿下角较大。口沿外侧和颈部的绳纹被抹去。口径 34、残高 3.2 厘米（图 29-8，5）。

T41③：40，夹细砂红褐陶，夹云母。卷沿，圆唇，唇部下鼓，束颈。肩部饰密集的旋纹。口径 30、残高 4 厘米（图 29-8，6）。

5. 豆

1 件。

T41③：2，泥质黑皮红褐灰白芯。微敛口，尖圆唇，弧腹内收，下腹部残。素面。口径 20、残高 2.8 厘米（图 29-8，7）。

6. 盘圈足

1 件。

T41③：3，泥质黑皮红褐陶。器壁残，器底较平，圈足很扁，似玉璧的形状。素面。底径 12.1、残高 3.4 厘米（图 29-8，8）。

7. 盆口沿

4 件。

T41③：1，泥质灰陶，薄胎。宽卷沿，方唇，唇缘上翻形成一道凹槽。口沿外侧和颈部的绳纹被抹去，肩部饰一道旋纹，旋纹以下饰斜向细绳纹。口径 24、残高 5.2 厘米（图 29-8，9）。

T41③：11，夹砂红褐陶，略夹云母，器表有灼黑痕迹，器壁很薄。卷折沿，方唇，沿下角较大，腹部微鼓，口沿外有明显修整痕迹。腹部饰细绳纹，纹饰很模糊（图 29-8，10）。

T41③：13，泥质灰芯黄褐陶。卷沿，方圆唇，鼓肩。肩部饰密集的旋纹，旋纹之间填以纵向细绳纹。残长 8.5、残高 6.5 厘米（图 29-8，11）。

T41③：17，夹砂红褐陶。侈口，折沿，斜直腹。器腹外壁饰横向轮制痕迹。口径 24、残高 3.8

厘米（图 29-8，12）。

8. 印纹硬陶罐

3 件。

T41③：12，泥质硬陶，胎以紫胎为主，表面灰白薄胎，外壁及沿面为黑色表层，易剥落，尤以领下半部为甚，内壁沿面以下灰黑色表层。圆唇，平卷沿，沿面抹出三周略宽的凹槽，领部较高，微内凹。素面。口径 11、残高 5 厘米（图 29-8，13）。

T41③：34，泥质硬陶，胎色内灰黑外灰白，厚胎处胎心呈紫色，内壁口沿以下灰黑色表皮，外壁及沿面表层剥落严重，暴露出灰白胎。卷沿，矮直领，圆鼓肩。肩部拍印较规整的重菱纹，肩部顶端一周纹饰被抹净。残宽 8、残高 7 厘米（彩版二五八，5）。

T41③：35，泥质硬陶，胎心黑色，外侧灰黑色胎、灰黑色表层，内侧灰白色胎、灰白色表层。直领，溜肩，腹部圆鼓。肩部至腹部拍印较杂乱的三角斜线纹。

六　T41②层

（一）陶瓷器

该层共出土陶片 173 片，陶瓷器质地、颜色、纹饰统计如下表（表 29-11、12）。标本分述如下：

表 29-11　T41②层出土陶瓷器质地、颜色统计表

陶质	夹粗砂		夹细砂			泥质				印纹陶	合计
陶色	灰	黑	红褐	灰	黑	红褐	灰	黑	黑红		
陶片数	16	5	39	36	9	11	2	2	33	20	173
百分比（%）	9.25	2.89	22.54	20.81	5.20	6.36	1.16	1.16	19.08	11.56	100

表 29-12　T41②层出土陶瓷器纹饰统计表

纹饰	软陶						印纹陶									合计
	素面	细绳纹	粗绳纹	弦断绳纹	弦纹	附加堆纹	素面	弦纹	方格纹	重回纹	席纹	填线方格纹	弦纹与折线	回纹与折线	其他	
陶片数	58	5	45	39	1	3	1	1	2	7	4	3	2	1	1	173
百分比（%）	33.53	2.89	26.01	22.54	0.58	1.73	0.58	0.58	1.16	4.05	2.31	1.73	1.16	0.58	0.58	100

1. 鬲

1 件。

T41②：2，夹砂红褐皮黑胎。侈口，斜折沿，沿面较窄，薄方唇，微鼓腹。腹部饰细绳纹，纹饰很模糊，沿下绳纹被抹。口径 32、腹径 31.4、残高 6.2 厘米（图 29-7，4）。

2. 原始瓷碗

1 件。

T41②：1，灰白胎，青色釉，釉较厚，釉较斑驳。敞口，斜方唇，唇外缘略向外延伸，直腹内收，平底微内凹，偏心。唇面饰两道旋纹，器腹内部饰多道弦纹，器底明显可见轮制痕迹。口径 14.8、底径 7.2、高 4.7 厘米（图 29-7，5；彩版二五八，6）。

（二）铜器及相关遗物

炉渣

1块。

T41②：8，不规则形。残长9、残宽5、厚1厘米（彩版二六〇，1～9）。

第三〇章　分期与年代

第一节　夏时期分期与年代

夏时期陶器群的特点是夹砂陶与泥质陶比例相若，夹细砂陶数量较多，泥质陶胎色多内外不同，胎体表层常见浅色薄层，器表多因渗碳工艺形成深色表皮；纹饰方面，素面占 50% 左右，其次绳纹，尤以粗绳纹多见，篮纹和方格纹。含少量印纹硬陶，未见完整器，所见多为腹壁，皆泥质，器形较大者胎壁多厚薄不均，且多见气泡空洞的现象，根据胎质陶色分为两类，A 类，紫色胎，胎心较厚处部分呈灰色，表皮灰色或红色；B 类，胎色与表皮同色的灰陶或深灰色陶；纹饰以单元面积较小的小方格纹、小菱格纹、小填点网格纹等为主，也有印痕较深的叶脉纹；内壁可见大量密集按压的坑窝，坑窝面积较小且形态不规整，似为手指戳压而成。主要器形有：鼎（A 型卷平沿，B 型斜直口）、扁三角足盆形鼎、觚（圈外撇较大，圈外撇较小）、豆盘（豆盘较直较深，豆盘较浅较斜）、豆柄（直柄，粗窄）、泥质直口罐、泥质鼓腹罐、泥质敛口罐、夹砂直口罐、斜腹盆、鼓腹盆、鸡冠耳盆、厚唇缸（直口，斜直口）、泥质直领尊、花边形缸底、鸭形壶。

本次发掘的夏时期地层叠压情况较为简单，且各器类之间式别变化较小，A 型鼎、A 型觚、Ab、B 型豆盘、A、B 型豆柄、Aa 型泥质罐、Aa、C 型夹砂罐、A、B 型厚唇缸等器形相同的陶器分布于所见的各典型地层中，可见夏时期遗存在发展中并未出现文化面貌的较大改变，或是延续时间相对集中的表现。根据遗物相对丰富且地层叠压关系明确的典型单位，仔细考察夏时期遗存的发展规律，仍可发现其存在着早晚的发展关系。

第一段以 T6⑫ 层为代表，从土质土色对应观察，可能也包括 T7⑬ 层，其 Aa 型豆盘、Ab 型夹砂罐、C 型盆仅出现于该段中。

第二段以 H8、G7、T9⑪、T8⑩、T7⑫ 以及 T6⑪ 中的夏时期遗物为代表，T5⑯、H9 出土遗物较少，也可能属于该时段，上述地层中还新出现了花边器底、B 型鼎、B 型觚、C 型豆柄、B、C、D 型泥质罐、B、D 型夹砂罐以及 A、B 型盆等器类。值得注意的是，H8 从地层叠压情况看，间于一、二段之间，其陶器群组合与 T6⑫ 颇为相近，但 H8 中出土有花边器底，这在第一段地层中未有发现，故 H8 可能是第一、二段发展过程中的一个过渡阶段，考虑到新器类的出现，仍将其视为第二阶段的遗存。

捏窝扁足的盆形鼎、鸡冠状錾圜底盆、泥质黑皮陶觚、夹砂深腹罐、单扉棱陶铃等皆为二里头文化中的常见器形，与二里头三、四期器物形制较为相似，但是部分可早到二里头二期，可能是文化传播时地域间的延时性。而在遗址北部的江淮西部，存在着与二里头文化关系密切的斗鸡台文化，师姑墩这一时期的遗存应与之有关。参考王迅的研究，师姑墩的厚唇缸皆为宽叠唇、腹部附加花边状堆纹带，与斗鸡台文化三期常见的短沿粗陶缸特征一致，而 T6⑪、H8 内出土的花边器底在斗鸡台文化四期中也有出现[1]，故师姑墩遗址夏时期遗存年代应相当于斗鸡台文化三、四期之间。但考察二者器物群的器类特征也可以看到不少差异，师姑墩夏时期的陶鼎多是盆形鼓腹，陶豆以折腹豆盘居多，少见敞口弧腹的细柄豆，以夹砂灰黑陶、灰陶等为主的陶质陶色，与斗鸡台文化三期以来以夹砂红褐陶为主的特征有别，同时遗址中还发现少量与马桥文化相关的遗物，而岳石文化的因素则极少。总体而言，师姑墩遗址夏时期遗存与斗鸡台文化同时段遗存基本一致，似应有密切关系。另一点值得关注的是，在夏时期地层 T8 ⑩、T9⑪ 和 H9 中发现了少量与铸铜业有关的炉壁和炼渣，虽然数量极少，且准确年代还有待更多新发现佐证，但对于研究这一时期南方地区青铜冶铸业的发展具有十分重要的意义。

此外，碳 -14 测年（经数轮校正 1δ（68.2%））的年代数据显示：H8 内采集的大块木炭的年代为 1870B.C.（3.3%）1850B.C.、1780B.C.（64.9%）1680B.C.；T8 ⑩ 采集的木炭的年代为 1740 B.C.（62.5%）1660B.C.、1650B.C.（5.7%）1640B.C.（表 30-1）。年代相当于二里头晚期。

第二节　商时期分期与年代

商时期陶器群特征颇为明显，与早晚期形成鲜明差异，该期陶器整体而言，陶质火候较高，器形规整，制作较为精美，夹砂陶占据主要的地位，且以夹细砂陶为主，泥质陶多见黑皮陶，且黑皮保存较好，有别于夏时期；纹饰方面，绳纹占据首位，以粗绳纹多见，然此粗绳纹相较于夏时期，线条多更为规范且略细，麦粒状绳纹比例较高，素面比例较夏时期明显下降；印纹硬陶少见，特征与夏时期基本一致。可辨器类较少，以直领高实足跟的陶鬲、形制多样的陶豆、高领罐等为主要的陶器群。

师姑墩遗址所见陶鬲以及假腹豆是商代鄱阳湖流域常见的器物群，应与南方的吴城文化有着非常密切的关系。吴城二期主要的直领分裆鬲、直领联裆鬲[2] 在师姑墩遗址商时期遗存中数量丰富；师姑墩遗址 T37 ⑨：6 假腹豆与吴城遗址 1993ZW(H)T7M1：1Ba Ⅶ式型假腹豆[3] 器形颇为相似，李伯谦在《试论吴城文化》中指出假腹豆出现在吴城文化一、二期，第三期演变为真腹浅盘豆[4]，可见 T37 ⑨：6 的年代也应在吴城文化二期或更早，由此，可推测师姑墩遗址商时期遗存的绝对年代应相当于吴城文化二期。但师姑墩遗址所见器类较少，未见吴城文化中常见的小口折肩罐、甗形器、大口尊等主要器形；另外直领高实足跟陶鬲在湖州地区的高祭台类型中也有发现[5]，且师姑墩遗址中发现有少量马桥遗址 B 组的陶器，这也预示着其与东部沿海地区商时期的考古学文化存在着一定的联系；同时江淮地区商文化中假腹豆、高实足跟陶鬲等主要器形[6] 也与师姑墩遗址同时期遗物形态接近。

---

[1]　王迅：《东夷文化与淮夷文化研究》，北京大学出版社，1994年，第53、54页。

[2]　江西省文物考古研究所、樟树市博物馆：《吴城——1973～2002年考古发掘报告》，科学出版社，2005年，第392页。

[3]　江西省文物考古研究所、樟树市博物馆：《吴城——1973～2002年考古发掘报告》，科学出版社，2005年，第290页，图一七七A·8。

[4]　李伯谦：《试论吴城文化》，江西省文物考古研究所、樟树市博物馆：《吴城——1973～2002年考古发掘报告》，科学出版社，2005年，第494页。

[5]　浙江省文物考古研究所、湖州市博物馆：《毗山》，文物出版社，2009年，第403、404页。

[6]　王迅：《东夷文化与淮夷文化研究》，北京大学出版社，1994年，第58～60页。

表 30-1 师姑墩遗址出土标本碳-14 测试表

Lab 编号	样品	样品原编号	堆积单位	坐标（厘米）			碳-14年代（B.P.）	树轮校正后年代（B.C.）	
				北	东	深		1δ（68.2%）	2δ（95.4%）
BA10984	木炭	T037	T7⑮	240	695	265	3485±30	1880B.C.（26.6%）1840B.C. 1830B.C.（41.6%）1750B.C.	1890B.C.（93.8%）1730B.C. 1710B.C.（1.6%）1690B.C.
BA10985	木炭屑	T036	T7⑭	250	680	230	3400±30	1745B.C.（68.2%）1665B.C.	1770B.C.（95.4%）1610B.C.
BA10986	木炭	T033	T7⑬	510	620	230	3035±35	1380B.C.（68.2%）1260B.C.	1410B.C.（95.4%）1190B.C.
BA10987	木炭	T032	T7⑬	750	450	220	2885±40	1130B.C.（68.2%）1000B.C.	1220B.C.（95.4%）930B.C.
BA10988	木炭	T024	T11⑬	870	665	115	2480±30	760B.C.（21.5%）680B.C. 670B.C.（46.7%）530B.C.	770B.C.（90.9%）480B.C. 470B.C.（4.5%）410B.C.
BA10989	木炭	T035	T7⑫下 H8				3425±35	1870B.C.（3.3%）1850B.C. 1780B.C.（64.9%）1680B.C.	1880B.C.（10.3%）1840B.C. 1830B.C.（85.1%）1620B.C.
BA10990B	木炭	T039	T7⑫下 G7	843	310	292	2995±35	1310B.C.（62.5%）1190B.C. 1180B.C.（1.3%）1160B.C. 1150B.C.（4.4%）1130B.C.	1380B.C.（95.4%）1120B.C.
BA10991	木炭	T034	T8⑩	480	180	205	3395±30	1740B.C.（62.5%）1660B.C. 1650B.C.（5.7%）1640B.C.	1770B.C.（95.4%）1610B.C.
BA10992	木炭	T023	T8⑧	530	540	165	2695±30	895B.C.（19.4%）870B.C. 850B.C.（48.8%）805B.C.	905B.C.（95.4%）800B.C.
BA10995	竹炭	T012	T10①下F1 南半部	518	263	90	2805±30	1000B.C.（68.2%）920B.C.	1050B.C.（93.7%）890B.C. 870B.C.（1.7%）850B.C.
BA10996	木炭	T001	T9③	90	680	46	2485±30	760B.C.（12.8%）720B.C. 700B.C.（3.7%）680B.C. 670B.C.（51.7%）540B.C.	780B.C.（92.1%）490B.C. 470B.C.（3.3%）410B.C.
BA10997	木条	T060	T37⑨偏下部	260	160	330	2875±30	1120B.C.（68.2%）1000B.C.	1190B.C.（1.4%）1170B.C. 1160B.C.（1.7%）1140B.C. 1130B.C.（88.1%）970B.C. 960B.C.（4.2%）930B.C.
BA10998	木炭	T054	T37⑨偏下部	260	280	335	3050±30	1390B.C.（63.1%）1290B.C. 1280B.C.（5.1%）1260B.C.	1410B.C.（92.6%）1250B.C. 1240B.C.（2.8%）1210B.C.
BA10999	木炭	T055	T37⑨偏上部	190	0	220	2780±35	1000B.C.（65.5%）890B.C. 870B.C.（2.7%）850B.C.	1010B.C.（95.4%）830B.C.
BA10100	木炭	T056	T37⑧偏下部	260	165	240	2805±25	1000B.C.（68.2%）920B.C.	1030B.C.（95.4%）890B.C.
BA1001B	木炭	T057	T37⑧偏上部	260	195	220	2665±45	895B.C.（11.0%）875B.C. 850B.C.（57.2%）795B.C.	910B.C.（95.4%）780B.C.
BA1002	木炭	T059	T41⑤偏下部	400	120	180	3170±35	1495B.C.（16.7%）1475B.C. 1460B.C.（51.1%）1410B.C.	1520B.C.（95.4%）1390B.C.
BA1003	木炭	T058	T41③下 K2	400	140	110	2530±25	790B.C.（28.1%）750B.C. 690B.C.（16.8%）660B.C. 640B.C.（23.3%）590B.C.	800B.C.（33.1%）730B.C. 690B.C.（19.0%）660B.C. 650B.C.（43.3%）540B.C.

注：所用碳-14 半衰期为 5568 年，B.P. 为距今 1950 年代。树轮校正所用曲线为 IntCal04(1)，所用程序为 OxCalv3.10(2)。

此外，碳-14 测年（经数轮校正 1δ（68.2%））的年代数据显示：T37⑨层偏下部内采集的小块木炭的年代为 1390B.C.（63.1%）1290B.C.、1280B.C.（5.1%）1260B.C.，年代相当于二里冈至殷墟一期。

第三节　周时期分期与年代

周时期陶器特点是，陶质以夹砂为大宗，泥质数量相对较少，主要集中于豆、盆等几类器物。陶色以红褐色为主，灰色、黑色次之，此外还有少量黑皮红胎、红色、白色陶等。纹饰以绳纹、弦纹、素面为主，另有附加堆纹、凸棱纹、划纹等。此外还有一定数量的印纹，如重回纹、方格纹、叶脉纹等。

周时期文化基本延续，可大体分为具有发展演变关系的四段。各阶段代表性器形有绳纹鬲、刮面鬲、曲柄盉等。

第一段典型单位有：T5 ⑩、F2、F1 等，出土器物较少，以陶器为主，另有少量印纹硬陶及石器。陶质夹砂、泥质各参其半，陶色以红、红褐陶占绝大多数，器表以素面、各类绳纹为主，另有少量弦纹等。主要器类有绳纹鬲、甗、盉、豆、钵等。其中乙类鬲 Da 型 Ⅰ 式 T5⑫：2 与霍邱堰台 T0607 ⑨：1，周原遗址 Ⅰ A1M55：3 形制较为相似；豆 Aa 型 Ⅰ 式 F2：4 与霍邱堰台 T0413⑮：5、周原遗址 Ⅰ A1M43：2 形制较为相似。年代约为西周早期。

此外，碳 -14 测年（经数轮校正 1δ（68.2%））的年代数据显示：T10F1 南部采集的竹炭年代为 1000B.C.（68.2%）920B.C.。年代相当于西周早期。

第二段典型单位有：T5 ⑦、T5 ④、T6 ⑧、T9 ⑧、T36 ⑦、T37 ⑦、T40 ⑤、T41 ⑤等，出土器物数量较多，以陶器为主，原始瓷数量仍较少。陶质以夹砂陶为主，泥质陶数量较少，陶色以红，红褐陶为主，器表以素面，各类绳纹为主，另有少量弦纹、方格纹等。主要器类有绳纹鬲、刮面鬲、泥质素面鬲、甗、盉、豆、盆、罐、盂、钵、纺轮等。其中乙类鬲 B 型 Ⅱ 式 T4 ⑧：21，斜直颈、折肩、高瘪裆的特点与江淮之间西周中期的鬲形制较为接近。年代约为西周中期。

第三段典型单位有：T5 ②、T6 ⑥、T8 ④、T8 ④、T36 ⑤、T37 ⑤等，出土器物数量明显增多，原始瓷及印纹硬陶比例增加。陶质以夹砂陶为主，泥质陶及印纹硬陶次之，陶色以红褐陶为主，黑陶次之，器表以素面、各类绳纹为主，另有少量重回纹、席纹、折线纹等。主要器类延续了第二段，有刮面鬲，绳纹鬲，其中折肩鬲较多并延续到第四段，另有豆、罐、盘、钵、纺轮、拍、垫等，还普遍出现原始瓷豆。其中素面鬲、素面甗与宁镇地区吴文化出土器物十分相似，如城头山 H1：3、H1：8。年代约为西周晚期至两周之际。

第四段典型单位有：T6 ④、T7 ④、T9 ②、T36 ③、T37 ③、T40 ③、T41 ③等，出土器物数量进一步增多，原始瓷及印纹硬陶比例进一步增加。陶质以夹砂陶为主，泥质陶数量较少，陶色以红褐为主，黑陶次之。主要器类有刮面鬲、豆、罐、盘、钵、纺轮、拍等，新增加了夹粗砂平底鼎、碗等。原始瓷种类也开始丰富，除了豆、罐外，还大量出现碗、盘、盂等。印纹硬陶纹饰也愈加复杂，大量出现有蕉叶纹、叶脉纹、米筛纹以及各类复合纹饰等。其中素面鼎与宁镇地区吴文化出土器物十分相似，如团山 T605 ②：6；双耳罐 T11⑬：2 与堰台遗址 T0813 ③：5 的形制相似。年代约为春秋早中期。

此外，碳 -14 测年（经数轮校正 1δ（68.2%））的年代数据显示：T41 ③下 K2 内采集的木炭屑年代为：790B.C.（28.1%）750B.C.、690B.C.（16.8%）660B.C.、640B.C.（23.3%）590B.C.；T11⑬内采集的草木灰年代为 760B.C.（21.5%）680B.C.、670B.C.（46.7%）530B.C.。年代相当于春秋早中期。

第三一章　陶器文化因素分析

通过型式划分及分期与年代的分析（详见第四章、三〇章），可见师姑墩遗址出土遗物种类丰富、时代跨度大，包含的文化因素十分复杂。由于不同时期的考古学文化面貌差异较大，因此首先按照年代划分为三期（早期、中期、晚期），继而分别讨论各期文化因素的构成。

第一节　早期文化因素分析

师姑墩遗址早期陶器种类丰富，构成复杂，从遗物反映的文化特征可以看出，整体面貌较为一致，主要与中原二里头文化、江淮斗鸡台文化较为相似，但是也包含有其他文化的因素，按照其特征和可能的来源大致分为以下四组：

（一）第一组：河南龙山文化因素及中原地区二里头文化因素

师姑墩遗址早期遗物中，有一些来自河南龙山文化的因素。例如：纹饰以素面和磨光为主，另有一定数量的方格纹、篮纹、旋纹等。师姑墩遗址发现的方格纹、篮纹罐，经复原腹部呈扁圆鼓形，与洛阳王湾三期的高领鼓腹罐上腹部较为相似，但是前者为灰白陶方格纹，后者多为灰陶篮纹，而王湾三期的方格纹主要饰于夹砂罐、小口夹砂罐上[1]。这说明师姑墩遗址可能与河南龙山文化虽有着一定的渊源关系，但是区别也很明显。

此外，在皖江流域上游新石器晚期的薛家岗文化中也可见到类似于师姑墩遗址出土的泥质高直领罐扁腹罐。如怀宁孙家城遗址，两者均为泥质灰白陶，高直领，扁圆鼓腹，凹圜底，颈部饰多道弦纹，腹部饰篮纹。但是皖江上游与中游之间仍有一定距离，时代差距也较大，尚未发现其他相似文化因素。因此，师姑墩遗址与皖江上游地区本地的新石器时代文化之间的关系还不清晰（图31-1）。

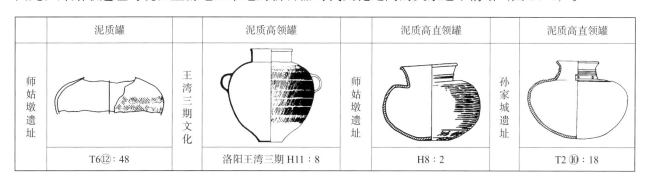

泥质罐		泥质高领罐		泥质高直领罐		泥质高直领罐	
师姑墩遗址		王湾三期文化		师姑墩遗址		孙家城遗址	
	T6⑫：48		洛阳王湾三期 H11：8		H8：2		T2⑩：18

图31-1　师姑墩遗址与王湾三期、孙家城遗址出土器物比较图

[1] 北京大学考古实习队：《洛阳王湾遗址发掘简报》，《考古》1961年第4期。北京大学考古文博学院：《洛阳王湾考古发掘报告》，北京大学出版社，2002年。

　　师姑墩遗址中还出现了大量来自中原二里头文化的因素，如捏窝扁足的罐形鼎、高领深腹夹砂罐、鸡冠状錾圜底盆、斜直腹盆、泥质黑皮瓠、折腹豆、陶铃，这都是二里头文化中常见的陶器[1]。具体分析如下（表31-1）。

表 31-1　师姑墩遗址与王湾三期陶器纹饰比较表[2]

	素面	磨光	篮纹	方格纹	绳纹	其他
师姑墩 T9⑪	48.99%		7.58%	6.06%	34.85%	2.52%
王湾 H172	49.8%	21.9%	17.3%	1.5%	3.9%	3.2%
王湾 H166	33.5%	16.4%	24.2%	12%	9.6%	3.6%
王湾 H178	23%	15.7%	15.2%	38.7%	2%	1.45%

1. 侧扁足盆形鼎

　　鼎足数量较多，与二里头文化三期扁三角形捏窝状鼎足相似，但二里头遗址鼎足截面多呈棱角分明的长方形，部分自上至下、甚至内侧均饰捏窝，师姑墩遗址多呈椭圆形，仅在上部近腹侧饰几对捏窝；器身与二里头折沿罐形鼎Ⅲ式相似，均夹砂、束颈、浅鼓腹，所不同的是，二里头鼎足部分接于肩部或上腹部，师姑墩遗址多接于下腹部。

2. 高领深腹夹砂罐

　　数量较多，与二里头文化四期夹砂灰陶圆腹罐形制十分相似，均厚圆唇，长颈内弧，溜肩，圆腹，平底，腹部饰竖行绳纹。夹砂圆腹罐是二里头文化的典型器物，部分器口饰花边形口沿，但是师姑墩遗址未见一例有花边口沿者。

3. 鸡冠状錾圜底盆

　　鸡冠状錾的作风普遍见于二里头文化的盆、甑腹部，部分鼎、罐也可见这类作风，师姑墩遗址部分盆、缸腹部可见錾，应是受二里头影响。

4. 斜直腹盆

　　仅出土 1 件，底部情况不详，上腹部与二里头四期斜直腹平底盆十分相似，均为泥质，窄平沿，斜直腹，与二里头文化不同的是，二里头为素面，此件饰绳纹。

5. 折腹豆

　　数量较少，与二里头文化一期深盘豆相似，均泥质，灰陶，敞口，折腹，圈足上端饰圆孔，下端残，二里头二期以后，豆盘逐渐变为弧盘，器腹逐渐变浅。

6. 泥质黑皮瓠

　　多残破，底座数量很多，与二里头文化平底瓠底座相似，均泥质，黑陶，但二里头一期至四期，瓠的变化主要体现在器身长宽比例上，一、二期器较细长、敞口较小，三、四期，器身较宽、敞口较大，师姑墩遗址瓠身普遍细长，年代应较早，但是二里头文化的瓠可能来自于太湖流域的马桥文化，故下面将着重论述。

　　[1]　中国社会科学院考古研究所：《偃师二里头1959年～1978年考古发掘报告》，中国大百科全书出版社，1999年。河南省文物研究所、长江流域规划办公室考古队河南分队：《淅川下王岗》，文物出版社，1989年。

　　[2]　北京大学考古文博学院：《洛阳王湾考古发掘报告》，北京大学出版社，2002年，第79页。由于两个遗址纹饰统计不尽相同，故将其他纹饰合为一体，包括旋纹、弦纹、刺纹、附加堆纹、捏窝纹等。

7. 长颈壶

仅出土1件，与二里头文化二期长颈壶腹部形态、大小均相似，均体型很小，泥质，敞口，圆鼓腹，但是师姑墩遗址的长颈壶敞口更为明显，器身更为纤细，根据二里头瓠的变化规律，师姑墩遗址的年代可能稍晚。

8. 陶铃

仅出土1件，与二里头文化二期墓葬出土铜铃有相似之处，均为平舞、平于，上窄、下宽，略接近椭圆形，侧面有一扉棱，二里头为桥型纽，师姑墩为两个穿孔。此外，在肥西大墩孜也出土一件二里头晚期的单扉铜铃，形制与二里头遗址铜铃基本一致。因此，安徽境内出土的陶铃、铜铃应受二里头文化影响，或直接来源自中原二里头。

师姑墩遗址虽然与二里头文化有着一定的相似性，但是二者也存在着很大的差异，不仅体现在个别器形上的差异，器类组合上的不同更为关键。

师姑墩遗址虽然出土斜直腹加花边状附加堆纹的厚唇缸，但多为灰白、红褐陶两类，口沿外翻180度后与器身捏合，上腹部多仅饰一周附加堆纹，与二里头深灰陶的侈口、斜直腹、腹部饰多周附加堆纹的作风不同。此外，师姑墩遗址不见二里头文化中占主体部分的器类，如：夹砂深腹罐、花边口沿罐、捏口罐、甑、研磨盆、大口尊等，也不见二里头文化中的典型器物，如：爵、斝、盉、瓦足盘、器盖等（图31-2）。

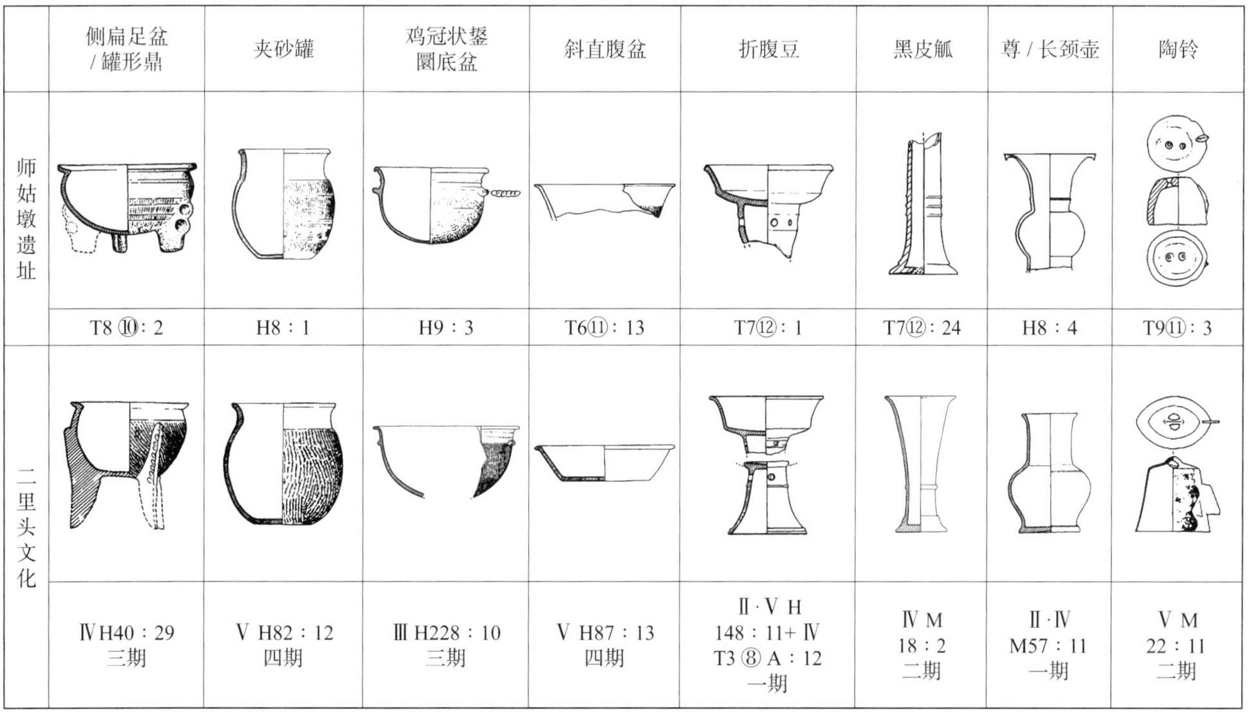

	侧扁足盆/罐形鼎	夹砂罐	鸡冠状錾圜底盆	斜直腹盆	折腹豆	黑皮瓠	尊/长颈壶	陶铃
师姑墩遗址								
	T8⑩：2	H8：1	H9：3	T6⑪：13	T7⑫：1	T7⑫：24	H8：4	T9⑪：3
二里头文化								
	ⅣH40：29 三期	ⅤH82：12 四期	ⅢH228：10 三期	ⅤH87：13 四期	Ⅱ·ⅤH 148：11+Ⅳ T3⑧A：12 一期	ⅣM 18：2 二期	Ⅱ·Ⅳ M57：11 一期	ⅤM 22：11 二期

图 31-2　师姑墩遗址与二里头文化出土器物比较图

（二）第二组：江淮地区斗鸡台文化因素（仅当地文化因素）

师姑墩遗址还可见大量斗鸡台文化因素。斗鸡台文化是分布于江淮地区的二里头时期的考古学文化，典型单位有：斗鸡台 T1、T2 的④、⑤、⑥层，H2，青莲寺 T2 ⑥、⑦层，大城墩 T1、T2 的

⑥层、T5 ⑧、T17 ⑨，吴大墩 T2 ⑧等。王迅的《东夷与淮夷文化》[1]中将斗鸡台文化分为四期，认为来源自三种考古学文化，一是来源于中原龙山文化与二里头文化，如花边罐、鸡冠耳盆／甑、觚形杯、短领尊、宽肩瓮、锥状足绳纹鬲、箍状堆纹鼎、箍状堆纹缸／瓮、铜铃等，这些器物在当地并无渊源，却与二里头文化因素相近，应是来源于二里头文化南下的影响；二是本地文化因素，主要指独具特色，不见或少见于其他文化的因素，如扁锥足盆形／罐形鼎、单把鼎、细柄豆、平沿罐、粗陶缸等，下面将从这个部分着重比较师姑墩遗址与斗鸡台文化的关系；三是岳石文化因素，既包括陶器，也包括石器，如尊形器、子母口鼓腹罐、舌状足三足罐、内壁饰凸棱的盘形豆，以及半月形双孔石刀等，但师姑墩遗址基本不见岳石文化的影响。

　　师姑墩遗址中有许多器类与江淮地区斗鸡台文化的本地因素器类中有着相似之处。如：侧扁足盆形鼎、细柄豆、平沿罐、花边状缸底等。具体分析如下：

1. 侧扁足盆形鼎

　　数量较多，与斗鸡台文化盆形鼎Ⅱ式相比，均为夹砂陶，腹部饰绳纹，但是器形差异较大，斗鸡台文化的沿下角较大，微束颈，器腹较浅，而师姑墩遗址平折沿、束颈更为明显、器腹略深，不过二者足部相似度很高，截面均多为橄榄形。此外，未见斗鸡台文化侧扁足罐形鼎。

2. 细豆柄

　　数量较多，但浅弧豆盘数量极少，与斗鸡台文化细柄豆Ⅲ式柄部饰多道旋纹，并有多个穿孔的形态非常相似，为其他文化所少见。

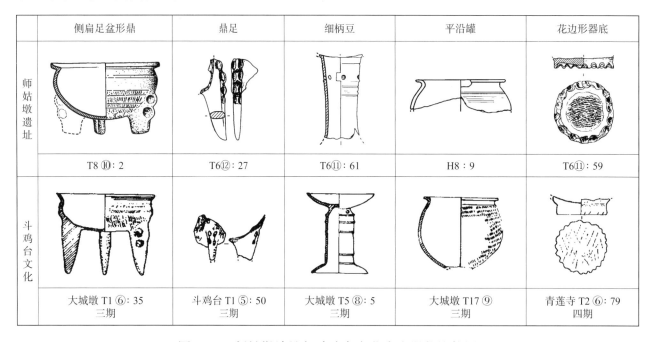

图 31-3　师姑墩遗址与斗鸡台文化出土器物比较图

3. 平沿罐

　　数量较多，均平沿、鼓腹，与斗鸡台文化的平沿罐形制十分相似，但师姑墩遗址多为卷沿，斗

[1]　王迅：《东夷与淮夷文化研究》，北京大学出版社，1994年。该文关于淮夷文化的讨论仅论及江淮地区的遗址，没有论及长江以南地区以及霍山、大别山以南皖江上游的遗址。

鸡台文化多为折沿。

4. 花边形器底

数量较多，大小不等，斗鸡台文化四期可见花底器，但湖北盘龙城遗址在二里头时期也多见花边形器底，师姑墩遗址具体是受哪个地区的影响还有待考证（图31-3）。

（三）第三组：江汉平原盘龙城类型、荆南寺遗址文化因素及峡江地区诸考古学文化因素

师姑墩遗址中偶见江汉平原荆南寺[1]、盘龙城[2]等考古学文化的因素，典型器物如：直口厚唇缸、花边形器底、管状柄/鸟头形器柄等。具体分析如下：

1. 缸/花边形器底

为江汉地区文化中普遍出现的器物，早在屈家岭、石家河文化出现，到二里头时期增多，商代前期较为盛行，以盘龙城、荆南寺为中心，向周边传播，但形态及纹饰略有变化。江汉地区的缸普遍质地较为疏松，陶色以黄褐陶为主，多饰方格，唇部外折两层贴覆到一起，饰花边形器底；中原二里头遗址的缸普遍质地较为密集，陶色多为红褐、灰褐陶，很少饰方格，唇部少见贴覆，器底不饰花边。师姑墩遗址出土的缸多为红褐陶，但是也有灰白陶，形制与盘龙城、荆南寺更为接近，应是受到来自长江中游的考古学文化影响。

2. 管状柄/鸟头形器柄

仅出土1件，为泥质黑陶，形制十分特别，呈管状，顶端封口，一端略残，有对向的孔两个，外壁饰多道旋纹，器壁内侧可见轮制痕迹，具体用途不详，似与江汉平原的鸟首形器柄有一定关联（图31-4）。

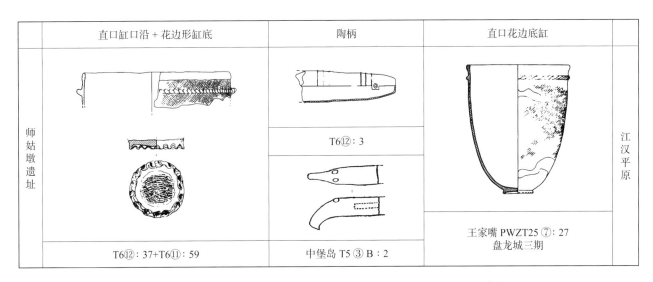

图31-4　师姑墩遗址与盘龙城类型、江汉平原出土器物比较图

（四）第四组：长江下游马桥文化因素

师姑墩遗址中偶见环太湖地区的马桥文化因素，典型器物如：鸭形壶、厚唇高领圜底盆等。具

---

[1]　荆州博物馆：《荆州荆南寺》，文物出版社，2009年。

[2]　湖北省文物考古研究所：《盘龙城——1963～1994年考古发掘报告》，文物出版社，2001年。

体分析如下：

1. 鸭形壶

仅出土 2 件，与马桥文化的鸭形壶形状极为相似，敞口，高粗颈，"尾部"圆鼓，宽扁形鋬，鋬两侧饰小圆丁，仅鋬的高度不同，师姑墩遗址与口沿齐平，马桥文化略低，仅及颈部一半；在陶质陶色及纹饰上，均为泥质褐陶，马桥文化还有少量黑陶，师姑墩遗址腹部饰绳纹，马桥文化饰条纹或印纹；在制作工艺上，颈部均采用轮制或轮修，有明显的轮旋痕迹，腹颈交界处有明显的连接痕迹。此外，二里头文化也出土 1 件鸭形鼎，形态上有偶合之处，但十分罕见，也不是典型器。《马桥 1993～1997 年发掘报告》[1] 指出：马桥文化的鸭形壶数量多，变化序列明显，延续时间较长（马桥一、二、三期，相当于二里头、早商、殷墟早期），虽不见与二里头相似的鼎形，但显而易见这类器物应是来源自南方地区。因此，师姑墩遗址也应是直接受到马桥文化的影响。

2. 鸡冠状鋬高颈圜底盆

马桥文化虽未见鸡冠状鋬的作风，除此之外，本遗址出土的高颈圜底盆基本与马桥文化的附加堆纹高颈圜底盆形制相似，大小相若（口径 30 厘米左右），均为灰陶，卷沿，外翻，唇下缘内折，高颈微内弧，中部起一周圆凸棱，圆鼓腹，圜底，腹部饰方格纹。因此，师姑墩的这类器物应是两种文化因素融合的结果，而马桥文化因素占主体。

此外，以下两种因素，也不排除与马桥文化有一定的渊源。

3. 盉

马桥文化与二里头文化均有，且器座形制大体相似，器身马桥文化普遍较细，二里头文化略粗。但是马桥文化的酒器主要是斝，盉的数量较少，形态较为单一；二里头文化中盉与爵是同等重要的酒器，数量多，延续时间较长，一直是夏商时期典型的器类。因此，《马桥 1993～1997 年发掘报告》指出：马桥文化的盉只是酒器发展中的一个支流，可能受到中原文化的影响[2]。而师姑墩遗址的盉柄均很细，与马桥文化中的细柄盉形制更为接近，因此不排除具有一定的关联。

4. 尊

仅出土 1 件，与马桥文化中的尊有一定相似之处，均为泥质灰黑陶，体型较小，敞口，高颈，圆鼓腹，但是师姑墩遗址的尊口沿外敞更为夸张，胎体更薄。此外，与二里头遗址的长颈壶也有一定相似之处。但是两种文化出土的该类器数量十分稀少，不能判定有直接的来源关系（图 31-5）。

此外，与师姑墩遗址有一定关联的还有分布于宁镇地区的点将台文化，点将台文化[3]是宁镇地区二里头时期的考古学文化，目前的考古发现过于零星，面貌尚不清楚，所以暂不做比较。典型的单位有：点将台遗址下文化层，城头山遗址第⑥层，团山遗址第⑪层，北阴阳营遗址第③层下灰坑 H10，朝墩头遗址第④、③层。尤为值得关注的是在城头山遗址和朝墩头遗址中发现过青铜炼渣，表明这一地区可能存在冶铸铜情况。

[1]　上海市文物管理委员会：《马桥1993～1997年发掘报告》，上海书画出版社，2002年。

[2]　上海市文物管理委员会：《马桥1993～1997年发掘报告》，上海书画出版社，2002年。

[3]　张敏：《宁镇地区青铜文化研究》，高崇文、安田喜宪主编《长江流域青铜文化研究》，科学出版社，2002年，第248～297页。

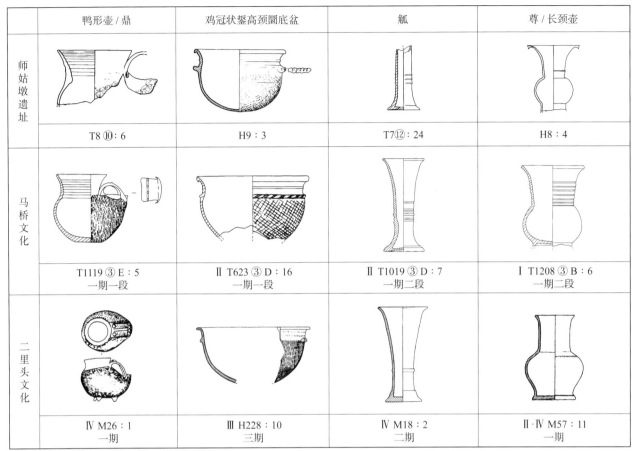

	鸭形壶／鼎	鸡冠状錾高颈圜底盆	觚	尊／长颈壶
师姑墩遗址	T8⑩：6	H9：3	T7⑫：24	H8：4
马桥文化	T1119③E：5 一期一段	Ⅱ T623③D：16 一期一段	Ⅱ T1019③D：7 一期二段	Ⅰ T1208③B：6 一期二段
二里头文化	Ⅳ M26：1 一期	Ⅲ H228：10 三期	Ⅳ M18：2 二期	Ⅱ·Ⅳ M57：11 一期

图 31-5　师姑墩遗址与马桥文化、二里头文化出土器物比较图

第二节　中期文化因素分析

师姑墩遗址出土中期器物较少，种类不甚丰富，从遗物反映的文化特征可以看出，整体面貌与中原地区商文化基本一致，但也具有少量其他地方文化的特点，按照其特征和可能的来源大致分为以下六组：

（一）第一组：中原地区二里冈文化因素

师姑墩遗址中期遗物主要受中原二里冈文化的影响，器形主要有：直领高实足跟的陶鬲、假腹豆、尊／罍、敛口罋、杯等，这都是二里冈上层常见的器形[1]。具体分析如下：

1. 高直领实足跟鬲

出土数量较大，口领变化较为丰富，但多具方唇，高领的特点，肩部以下形态较为一致，腹部微鼓，锥状实足跟较高，腹部饰纹理较为清晰的绳纹，颈部及足跟磨光，这与二里冈上一期鬲的整体形态较为一致，但是仔细区别，二里冈基本不见高直颈，腹部外鼓程度较大，锥状足跟与鬲足相接处内收明显。

[1]　河南省文物考古研究所：《郑州商城——1953～1985年考古发掘报告》，文物出版社，2001年。

2. 假腹豆

二里冈上层的典型器物,师姑墩遗址仅出土1件,但特征明显,与二里冈十分相似,泥质灰黑陶,沿面外卷,浅盘,豆柄上部较宽接于豆盘上腹部,下部内弧,豆柄较高,腹部饰多道旋纹。但是仔细区别,二里冈普遍豆柄较矮粗,豆盘较深。

3. 尊/罍

仅出土1件,沿面外卷作风与部分豆、罐、盆相似,颈部斜直内收,宽肩,颈部饰多道旋纹,这与二里冈上层罍的形制较为接近,但二里冈此件器物口部残。

敛口罐也是二里冈上层的典型器物,师姑墩仅出土一件敛口器口沿,疑似敛口罐,夹砂褐陶,折壁,上部饰横向绳纹,下部饰纵向绳纹,二里冈敛口罐颈部多饰旋纹。

4. 杯

仅见腹片1件,通过大小及弧度推断为杯,这类器物为二里冈文化所常见,但是器身饰满三角填线纹的作风,应有其他来源(图31-6)。

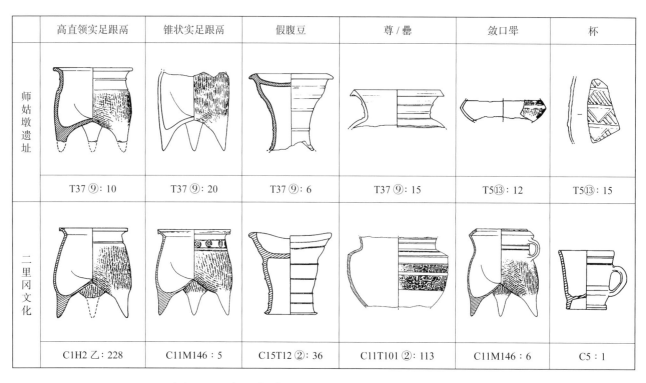

	高直领实足跟鬲	锥状实足跟鬲	假腹豆	尊/罍	敛口罐	杯
师姑墩遗址						
	T37⑨:10	T37⑨:20	T37⑨:6	T37⑨:15	T5⑬:12	T5⑬:15
二里冈文化						
	C1H2乙:228	C11M146:5	C15T12②:36	C11T101②:113	C11M146:6	C5:1

图31-6　师姑墩遗址与二里冈文化出土器物比较图

(二)第二组:江淮地区商时期文化因素

江淮地区商文化是继斗鸡台文化之后发展的考古学文化,有承继关系,典型单位有:斗鸡台T1、T2的③,六安众德寺T1⑧~⑪,含山大城墩T3、T4、T7的⑤、T17⑥、⑥b、⑦、⑧,霍邱绣鞋墩T1⑥,红墩寺T2③,肥东吴大墩T1、T2的⑦层。王迅在《东夷与淮夷文化研究》[1]中将江淮地区的商文化分为四期,年代相当于二里冈下层、二里冈上层、中商至殷墟一期、殷墟晚期。其

---

[1]　王迅:《东夷与淮夷文化研究》,北京大学出版社,1994年。

文化因素主要有三个来源，一是中原地区的商文化，如卷沿方唇鬲、平沿直壁簋、假腹豆等，师姑墩遗址与该地区一样来自于中原商文化的影响；二是斗鸡台文化的延续和本地新出现的因素，如平沿罐、短沿粗陶缸、花边形器底，以及筒形罐、曲壁坩埚等，但是师姑墩遗址商时期遗物数量较少，与江淮地区商文化相似的器物也很有限，能否有更进一步的比较还需要今后的进一步发掘工作；三是岳石文化因素，如中口夹砂罐、盘形豆和碗形豆等，师姑墩遗址基本不见这一文化因素。

（三）第三组：赣江、鄱阳湖流域吴城文化因素

师姑墩遗址出土遗物除包含典型的二里冈文化的因素外，还可见吴城文化的影响，如：吴城文化二期直领高实足跟的陶鬲、假腹豆等。

李伯谦先生《试论吴城文化》[1]中认为吴城文化主要分为两种文化因素，甲组器物是吴城文化的主要因素，包含较多的硬陶、釉陶和原始瓷，纹饰以几何印纹为主，器类普遍流行折肩和圜底作风，最富代表性的器物有瓿形器、鸟喙状捉手器盖等；乙组器类具有典型的商文化作风，但却不尽相同，有的是形制上的些许变化，有的是质地、纹饰上的区别。而师姑墩遗址中与吴城相似的主要见于乙组器物，它们有着比中原商文化更为接近的特征。具体分析如下（图31-7）。

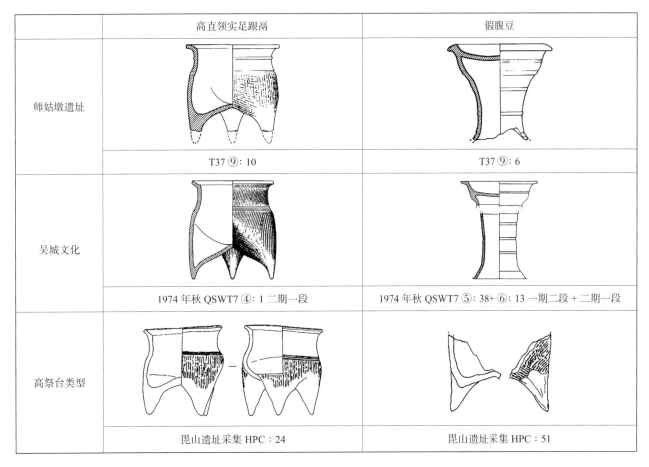

	高直领实足跟鬲	假腹豆
师姑墩遗址	T37⑨：10	T37⑨：6
吴城文化	1974年秋 QSWT7④：1 二期一段	1974年秋 QSWT7⑤：38+⑥：13 一期二段＋二期一段
高祭台类型	毘山遗址采集 HPC：24	毘山遗址采集 HPC：51

图31-7　师姑墩遗址与吴城文化、高祭台类型出土器物比较图

---

[1]　李伯谦：《试论吴城文化》，《文物集刊·3》，文物出版社，1981年，第133～143页。

1. 高直领实足跟鬲

师姑墩遗址与吴城文化出土陶鬲，均为夹砂灰陶、平折沿、高直颈、口径与肩颈大小相若、微弧裆、锥状实足跟，仅存在吴城文化部分颈部及足跟饰绳纹。

2. 假腹豆

师姑墩遗址与吴城文化出土假腹豆，均为泥质黑陶、宽沿、浅盘、豆柄弧折、较细高，直上直下饰多道旋纹。

由此可见，师姑墩遗址所见这两类器物更多的是与吴城文化相似（图31-7）。

（四）第四组：太湖流域高祭台类型文化因素

在太湖流域的昆山[1]遗址也采集到高祭台类型的陶片，其中也包含有直领高实足跟的陶鬲，特征与师姑墩遗址十分相似，且颈部及足跟均抹光。其年代相当于二里冈至殷墟时期，由于与师姑墩遗址相似器物较少，关系不甚清晰（图31-7）。

（五）第五组：宁镇地区湖熟文化因素

湖熟文化是分布于宁镇地区商时期的考古学文化，典型单位有北阴阳营遗址第③、②，城头山遗址 T1②a、②b 层，点将台遗址中文化层、上文化层，团山遗址第⑩、⑩下灰坑 H9、H13、⑨、⑧，甘草山遗址 H2。此外，安怀村、锁金村、马迹山、癞鼋墩、文昌阁等遗址出土的部分遗物也可以归入本阶段[2]。

张敏先生在《宁镇地区青铜文化研究》[3]中将湖熟文化分为三期，分别对应夏商之际、二里冈至殷墟一期、殷墟二期至西周初。湖熟文化第二期陶器风格与二里冈相同或相近，其中簋、罐、缸基本相同，鬲、甗、鼎、盆、带流刻槽盆等多经过一定程度的改造。与之不同的是，湖熟文化陶系以夹砂红褐陶为主，素面鬲与素面甗的出现与大量增加，原始瓷的出现，印纹陶纹饰的普遍增多等。湖熟文化出土有铜器工具等小件、铜渣等，从第二期起还发现有铜容器罍、斝、爵等。

师姑墩遗址仅可见少量湖熟文化的因素。其中高直领夹砂鬲虽与湖熟文化城头山遗址第②层、团山 H13 有一定相似，但是二者都是受中原二里冈文化的影响，且湖熟文化为夹砂红褐陶，更是其独特的特点。而且师姑墩遗址不见湖熟文化常见的刻竖向细槽纹的刻槽盆、角状把手、梯格纹装饰等。最为重要的是湖熟文化最富特色的素面鬲和素面甗，甗腰饰附加堆纹并有指窝纹的作风，在师姑墩遗址中仅有少量发现（且不排除有西周时期混入的可能性），而且师姑墩遗址多为宽折沿联裆柱足，湖熟文化多为卷/折沿分裆袋足。此外，师姑墩商文化地层中印纹硬陶的比例还很低，且拍印的纹饰比较单一，未见原始瓷器，二者的差异较为显著。

此外，张敏先生在论述素面鬲的来源时提到，素面陶鬲最早发现于山东龙山文化，但是二者之间无直接的联系，更有可能是对借鉴于中原商文化的湖熟文化绳纹陶鬲的改造（图31-8）。

---

[1] 浙江省文物考古研究所、湖州市博物馆：《昆山》，文物出版社，2006年。

[2] 张敏：《宁镇地区青铜文化研究》，高崇文、安田喜宪主编《长江流域青铜文化研究》，科学出版社，2002年，第248～297页。

[3] 张敏：《宁镇地区青铜文化研究》，高崇文、安田喜宪主编《长江流域青铜文化研究》，科学出版社，2002年，第248～297页。

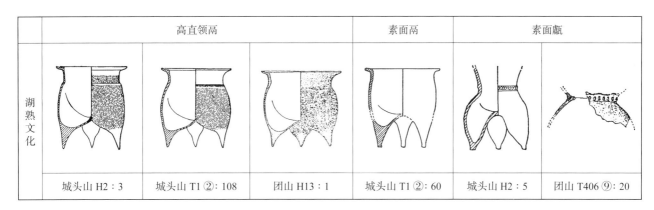

	高直领鬲			素面鬲	素面甗	
湖熟文化						
	城头山 H2：3	城头山 T1 ②：108	团山 H13：1	城头山 T1 ②：60	城头山 H2：5	团山 T406 ⑨：20

图 31-8　湖熟文化出土陶器图

（六）第六组：江汉平原荆南寺、盘龙城类型文化因素及峡江地区诸考古学文化因素

师姑墩遗址中可见江汉平原地区荆南寺[1]、盘龙城[2] 等遗址的文化因素。

江汉平原的盘龙城类型被认为是商文化的一个地方类型，主体面貌与中原商文化相似。其四至七期相当于早商时期，《盘龙城》报告通过陶器分析其文化因素主要来自四种考古学文化，分别为甲组（郑州商城）、乙组（土著文化）、丙组（湖熟文化）和丁组（江南印纹硬陶文化），其中郑州商城的影响占绝对的优势。甲组：师姑墩遗址所出陶鬲、斝、豆等均与郑州商城及盘龙城类型具有一定的相似性；乙组：师姑墩遗址商时期的花边形罐底也继续存在，但数量较少，制作略显粗糙，与盘龙城的花边形罐底略有别，可能是两地各自发展的结果；丙、丁组：师姑墩遗址也略见到少量湖熟文化的素面器，并出土少量印纹硬陶的腹片，虽然不能直接证明文化因素的传播，但是至少说明长江下游与中游间的来往是持续而贯通的（图 31-9）。

	联裆鬲	平裆鬲	敞口缸	敛口斝
盘龙城遗址				
	PWZT86 ⑥：8 盘龙城四期	PWZT86 ⑤：12 盘龙城五期	PWZT65 ⑥：8 盘龙城四期	PWZT33 ⑤：1 盘龙城五期

图 31-9　盘龙城遗址出土陶器图

荆南寺遗址的情况与盘龙城相似，其三至七期相当于早中商时期，陶器的文化因素来源除郑州商城、土著文化、江南印纹硬陶文化外，还受到来自于渝东、鄂西长江干流沿岸及成都平原早期巴蜀文化的影响，典型器物有釜、釜形鼎、凸肩罐、凸肩杯、灯形器座、灯形器座的豆等。师姑墩遗

---

[1]　荆州博物馆：《荆州荆南寺》，文物出版社，2009年。

[2]　湖北省文物考古研究所：《盘龙城——1963～1994年考古发掘报告》，文物出版社，2001年。

址也可见部分这类型的器物，如：折腹豆、深弧腹豆、多道凸棱豆柄等（图31-10）。

1. 折腹豆

数量较少，仅1件，形制与荆南寺十分相近，平折沿，折腹，腹部及圈足均饰多道旋纹的作风相当一致。

2. 深弧腹豆

数量较少，仅1件，深直腹的豆盘形制与荆南寺比较相似，但是后者宽沿、不饰旋纹，二者还有一定的区别。

3. 多道凸棱豆柄

数量较少，荆南寺、峡江地区的器物普遍有饰多道凸棱的作风，尤其是豆柄，往往自上至下饰多组凸棱。

此外，峡江地区商时期的考古学文化中比较具有代表性的器物，如灯形器、竹节形豆柄等在师姑墩遗址中也可见到，但是数量十分稀少。

4. 豆/灯形器

此类器物在石家河文化中便可见其雏形，且在峡江地区普遍流行，但是与师姑墩遗址所出这件形制相似的很少，多为敞口、高直柄。

竹节形豆柄/豆座为峡江地区最为普遍的一类器物，豆柄细长、饰多道凸棱，呈竹节状，但是似师姑墩遗址这般饰多道凸棱并间隔一段刻划图案的甚少，实心状豆柄的也较空心的少。

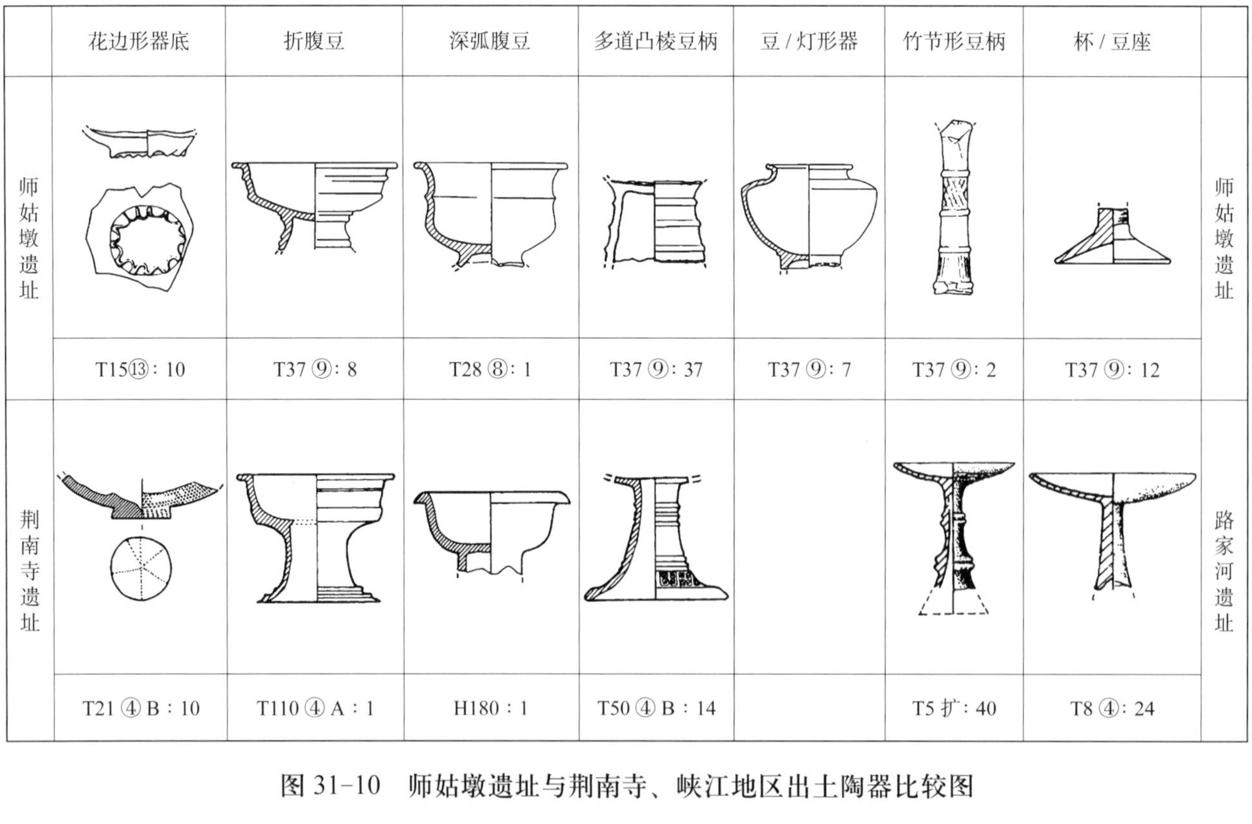

	花边形器底	折腹豆	深弧腹豆	多道凸棱豆柄	豆/灯形器	竹节形豆柄	杯/豆座	
师姑墩遗址								师姑墩遗址
	T15⑬：10	T37⑨：8	T28⑧：1	T37⑨：37	T37⑨：7	T37⑨：2	T37⑨：12	
荆南寺遗址								路家河遗址
	T21④B：10	T110④A：1	H180：1	T50④B：14		T5扩：40	T8④：24	

图31-10 师姑墩遗址与荆南寺、峡江地区出土陶器比较图

第三节 晚期文化因素分析

师姑墩遗址晚期遗物数量众多，种类丰富，文化因素复杂，来源广泛，汇集多种考古学文化因素，主要可见江淮地区淮夷文化、长江下游吴文化及江南土墩墓遗存，按照其特征和可能的来源大致分为以下四组：

（一）第一组：中原地区晚商及周文化因素

皖江流域出土明确为晚商至西周早期的器物很少，但是在部分遗址中略见其踪迹，如含山大城墩遗址商末周初地层出土的具有晚商风格的鬲、簋，而师姑墩遗址的西周地层中可见少量具有晚商特征的器物，如：分裆袋足实足跟鬲。具体分析如下：

1. 分裆矮实足跟鬲足

仅出土 1 件此类型的鬲足，略分裆、袋足、小实足跟，与洪墩寺遗址出土的基本相似，具有商末周初的特点，但是师姑墩此件器物为素面（图 31-11）。

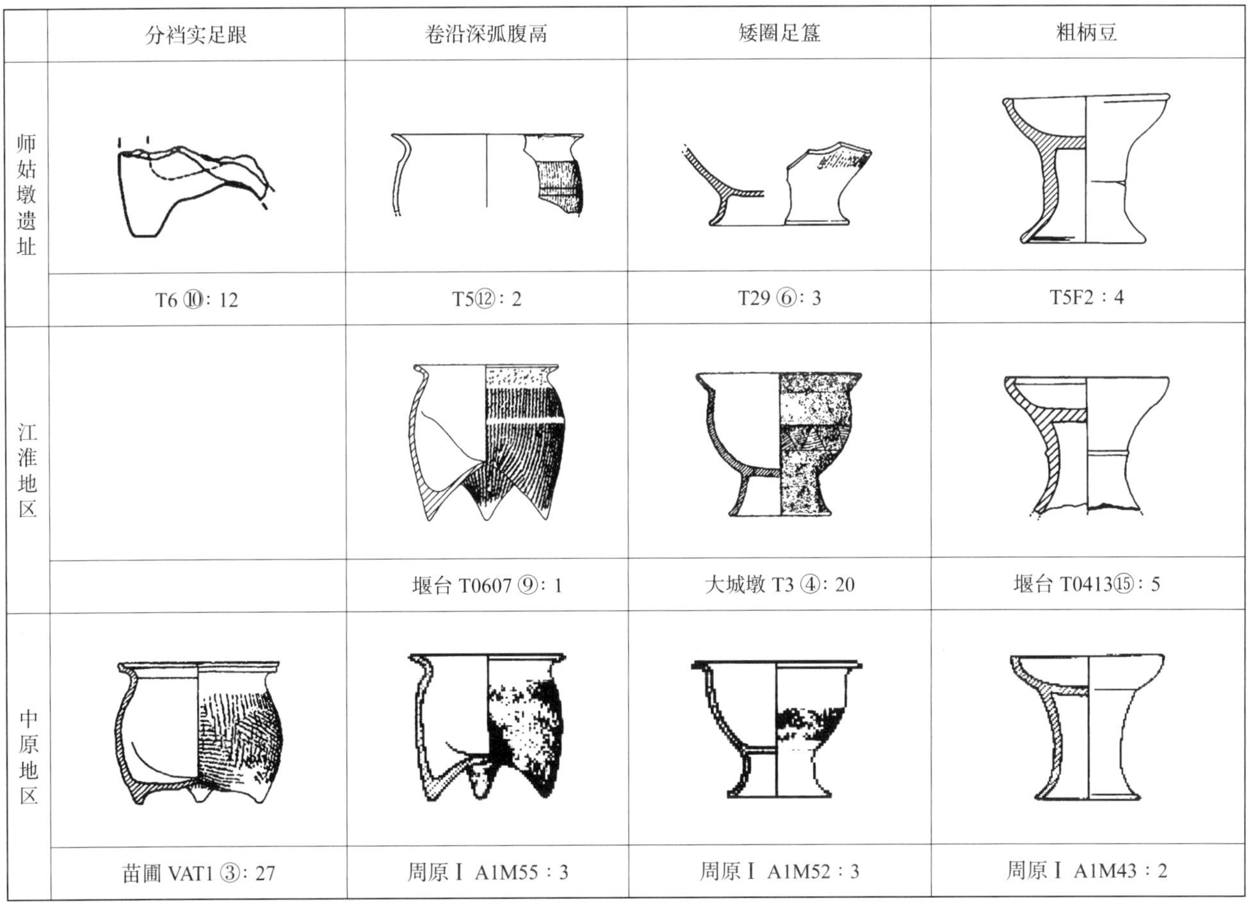

	分裆实足跟	卷沿深弧腹鬲	矮圈足簋	粗柄豆
师姑墩遗址	T6⑩：12	T5⑫：2	T29⑥：3	T5F2：4
江淮地区		堰台 T0607⑨：1	大城墩 T3④：20	堰台 T0413⑮：5
中原地区	苗圃 VAT1③：27	周原Ⅰ A1M55：3	周原Ⅰ A1M52：3	周原Ⅰ A1M43：2

图 31-11　师姑墩遗址与中原地区晚商及周文化陶器比较图

此外，典型周文化器物种类及数量均较少，如：卷沿深弧腹鬲、折沿联裆柱足鬲、矮圈足簋、粗柄豆等，且不见周文化常见的素面旋纹或绳纹罐等。具体分析如下：

2. 卷沿深弧腹鬲

夹砂灰黑陶，侈口，深弧腹，联裆，锥状足跟，此类器物普遍见于江淮地区，跟关中地区的鬲形态十分相似。

3. 矮圈足簋

敞口，盆形腹部，矮圈足、腹部饰刻划三角形是典型的商式簋特征，西周时期也普遍流行腹部饰旋纹或绳纹的此类鬲。师姑墩遗址出土器物腹部均饰绳纹，与周原遗址西周早期的绳纹簋相似，但是圈足更矮，年代可能更早，而在大城墩遗址的西周地层中出土的典型饰刻划三角形的商式簋，说明在江淮地区西周时期还存在商文化因素的遗留。

4. 高直柄豆

敞口、弧盘、粗柄的这类豆在江淮地区同样十分流行，与关中地区的这类豆十分相近，但是师姑墩遗址的此件鬲出土于房址地面，陶色为红陶，而江淮地区及关中地区的多为灰陶。

（二）第二组：中原地区周文化因素基础上进行改造

师姑墩遗址还出土了既带有周文化因素又结合了本地文化因素的陶器，这一特点在江淮地区周时期的遗址中普遍存在。典型有斜直领折肩高瘪裆柱足鬲、高瘪裆鼓腹锥足鬲、卷沿联裆鬲等，略折腹粗柄豆等，尤其是折肩高瘪裆鬲，为江淮地区普遍发现。具体分析如下：

1. 斜直领折肩高瘪裆柱足鬲

斜直领、折肩、高瘪裆、柱足，肩部多饰旋断绳纹的此类鬲，在师姑墩遗址发现数量较多，而此类鬲为江淮地区典型陶鬲，是中原陶鬲的变体（图31-12）。

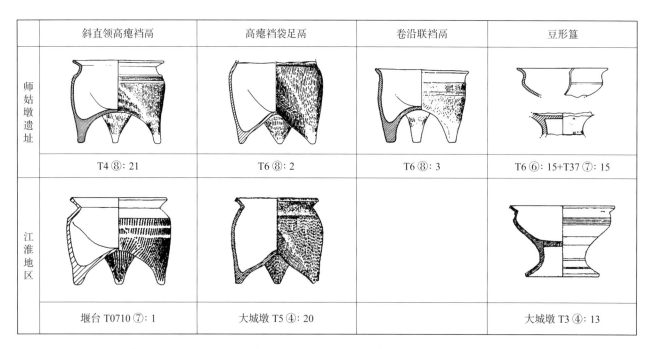

	斜直领高瘪裆鬲	高瘪裆袋足鬲	卷沿联裆鬲	豆形簋
师姑墩遗址	T4⑧：21	T6⑧：2	T6⑧：3	T6⑥：15+T37⑦：15
江淮地区	堰台 T0710⑦：1	大城墩 T5④：20		大城墩 T3④：13

图31-12　师姑墩遗址出土中原地区周文化与本地文化结合的陶器

2. 斜直领高瘪裆鬲

高瘪裆，略分裆袋足，形制与大城墩遗址第四、五期的鬲基本相似，具有商末周初的特点，不同的是，师姑墩的形制很大，口径约 32 厘米，而大城墩的只有 15.4 厘米。

3. 卷沿联裆鬲

联裆、柱足，肩部以下饰旋断细绳纹，鬲的下部分与周原遗址有相似之处，但是口沿变化较大，是否有联系还有待进一步考证。

4. 豆形簋

敞口、鼓腹、斜壁内弧，喇叭形圈足，腹部饰一道或多道旋纹，是周式簋的主要形制。此类器物还发现于江淮地区的大城墩等遗址。

（三）第三组：江淮地区的淮夷文化（堰台遗址的本地因素）

江淮流域在西周时期是淮夷之域，西周到春秋时期这里分布了一系列淮夷偃姓小国，如英、六、蓼、舒庸、舒鸠、舒龙、舒蓼、舒鲍、舒龚、宗、巢、桐等国。他们的考古学文化面貌基本一致，典型单位有：绣鞋墩 T1 ④ b、④ a，大城墩 T4 ④、T3 ③，吴大墩 T1 ⑥、⑤、T3 ④，众德寺 T1 ②～⑥，青莲寺 T2 ④ b 等，以及霍邱堰台遗址的多个地层[1]。典型器物如：带把鬲、大型折肩 / 鼓肩罐、双耳罐、带把盉、数量较多的钵、三纽器盖等。具体分析如下：

1. 带把鬲

带把鬲、带把甗形盉是群舒文化的典型器物，师姑墩遗址出土大量带把器物（图 31-13）。

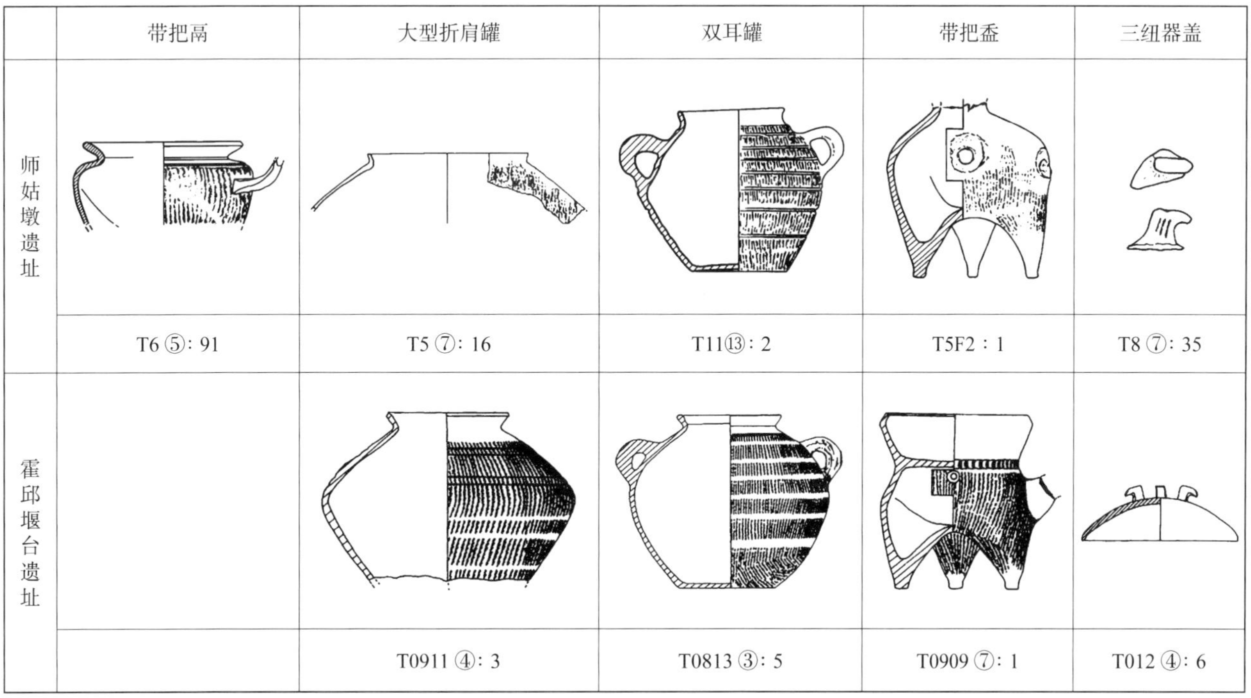

	带把鬲	大型折肩罐	双耳罐	带把盉	三纽器盖
师姑墩遗址					
	T6 ⑤: 91	T5 ⑦: 16	T11⑬: 2	T5F2 : 1	T8 ⑦: 35
霍邱堰台遗址					
		T0911 ④: 3	T0813 ③: 5	T0909 ⑦: 1	T012 ④: 6

图 31-13　师姑墩遗址与江淮地区淮夷文化出土陶器比较图

---

[1]　安徽省文物考古研究所：《霍邱堰台淮河流域周代聚落发掘报告》，科学出版社，2010年。

2. 大型折肩 / 鼓肩罐

多为夹砂陶，口径较大，肩部极宽，此类器物在堰台遗址十分流行，不见于丰镐地区，应是江淮地区的特色器物，师姑墩遗址也普遍出土。

3. 双耳罐

多夹砂灰黑陶，侈口，鼓腹，平底，两桥型耳，腹部饰弦断或间断绳纹，此类器物也是江淮地区的特色器物，尤其是纹饰特点十分明显，师姑墩遗址也出土此类器物。

4. 带把盉

多夹砂陶，形似鬹状，有箅、有流，侧面装曲柄，这类器物普遍见于江淮地区，是该区域的典型器物，唯一不同的是，江淮地区盉的甗部普遍直径较大，而师姑墩除与之相似的以外，还有部分甗部极小，这类器物仅在皖南出现过少数几例，罕见。

5. 三组器盖

仅出土一例，但此类器盖在堰台遗址发现数量较多，是该区域的典型器物，尚未见于其他地区。

（四）第四组：宁镇地区的吴文化因素

包括与湖熟文化一脉相承的 A 类文化因素及土墩墓遗存相关新出现的 B 类文化因素。

典型的遗址单位有：城头山 T1 ①，白莽台遗址下、中、上文化层，断山墩遗址第一、二、三期，团山遗址第⑥、④、②层，甘草山遗址第⑤、④层，凤凰山遗址第一至四期，锁金村遗址下文化层。此外，还有大量的土墩墓遗存，与遗址交错分布，且文化内涵较为相似[1]，如：句容浮山、溧水乌山柘塘、溧水洪蓝和凤、丹徒大港谏壁、丹阳导墅皇塘蒋墅、丹徒荣炳、高淳顾陇永宁、金坛薛埠、南陵千峰山等[2]。

张敏先生在《宁镇地区青铜文化研究》中将吴文化分为四期，分别对应西周早期、西周中期、西周晚期至春秋早期、春秋中晚期。第一期文化中带流刻槽盆、簋基本不见，新出现有圈足盘、尊、大圈足豆等，而鬲、鬹、鼎、盆、豆、罐等主要器形沿袭湖熟三期，并出现周文化的陶鬲、陶豆，此外，更是出现了大量硬陶及原始瓷器，可能来自太湖、钱塘江流域。第二期几乎不见周文化因素，基本沿袭上一期。第三期，原始瓷数量激增，陶釜和浅盆形鼎取代陶鬹成为主要器形，新出现三足盘，其他器物变化不大。第四期陶盘、陶尊不见，原始瓷豆取代陶豆成为主流。

师姑墩遗址中可见大量与吴文化相同或相似的因素，变化趋势基本相同。师姑墩遗址位于长江以南，是皖南与江淮之间的重要通道，该遗址出土大量皖南土墩墓遗存常见的器类也很有可能，如红褐陶的盉、鬹数量较多，印纹陶及原始瓷比例较高，常见器物有：平底器（鬹、盉），印纹硬陶瓮、坛、罐，原始瓷豆、碗、盘、盉等。且晚期第一阶段仅有少量硬陶，基本不见原始瓷，从第二阶段开始硬陶数量增加，原始瓷出现，第三阶段二者数量均逐渐增多，印纹陶纹饰增多，第四阶段，印纹陶纹饰更加丰富，新出现米筛纹等，原始瓷种类更加丰富，出现有盘、碗等。

根据是否与湖熟文化有继承关系以及是否与土墩墓密切相关可分 A、B 两类。

---

[1]　需要注意的是，吴文化的分布范围与土墩墓的分布范围并不是完全重合的，两者还存在一定的差异。

[2]　张敏：《宁镇地区青铜文化研究》，高崇文、安田喜宪主编《长江流域青铜文化研究》，科学出版社，2002年，第248～297页。

1.A 类因素

此类器物是与湖熟文化一脉相承，以红褐陶为主体，素面占很大比例，少量有篦刮纹，如：素面／刮面鬲、素面／刮面带柄鬲、素面／刮面甗（甗腰饰按窝纹）、素面／刮面鼎外，还有圈足盘、侈口弧腹凹底罐，广口弧腹平底盆，高领广肩小底瓮，豆、钵等。

（1）素面鬲

自湖熟文化起，便已经出现，但是两文化之间一直存在差异。师姑墩遗址的鬲一直为宽折沿鼓腹联裆截锥状足或柱足，而吴文化既有分裆又有联裆，既有卷沿又有折沿，足部多为空锥足或半空足。

（2）素面带柄鬲

为湖熟文化典型器，吴文化继承，师姑墩遗址也出现多例。

（3）素面甗

与素面鬲出现和流行时间相同，变化趋势也比较一致，师姑墩遗址甗的鬲部出土或识别出来的较少，推测应与鬲相似，主要为裆和足的区别，两者甗腰均有饰附加堆纹和按窝纹的作风。

（4）素面鼎

为湖熟文化—吴文化普遍流行的一类器物，但是师姑墩遗址多在晚期四段出土此类器物，且大量出土扁三角形锥状足，这种造型的足也有可能是平底盉或甗的足。此外，这类器物也是土墩墓遗存中普遍出土的一类器物（图 31-14）。

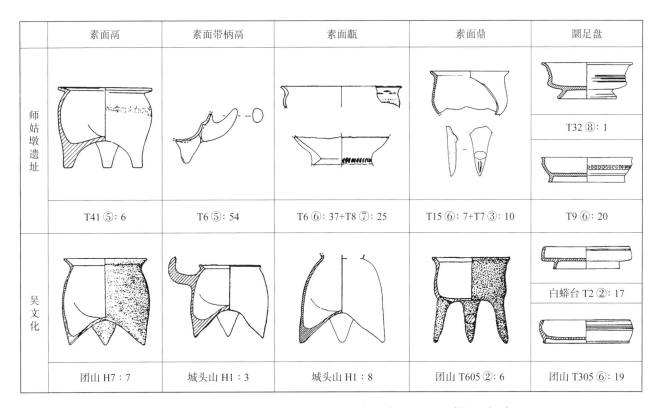

	素面鬲	素面带柄鬲	素面甗	素面鼎	圈足盘
师姑墩遗址	T41 ⑤: 6	T6 ⑤: 54	T6 ⑥: 37+T8 ⑦: 25	T15 ⑥: 7+T7 ③: 10	T32 ⑧: 1 T9 ⑥: 20
吴文化	团山 H7: 7	城头山 H1: 3	城头山 H1: 8	团山 T605 ②: 6	白蟒台 T2 ②: 17 团山 T305 ⑥: 19

图 31-14　师姑墩遗址与宁镇地区吴文化出土陶器比较图（一）

（5）圈足盘

吴文化新出现的一类器物，多为泥质灰黑或黑陶，师姑墩遗址也多见此类器物，两者总体造型一致，但是师姑墩遗址的多位敞口，而吴文化的多为敛口，师姑墩遗址装饰纹饰除旋纹外，还可见连珠纹等。但是师姑墩遗址不见湖熟文化中的三足盘。

2.B 类因素

本类器物是与土墩墓相关，少见或不见于湖熟文化因素的器物，以原始瓷和硬陶为主体，如：平底瓺／盉、附耳瓺、印纹硬陶瓮、印纹硬陶坛、印纹硬陶罐、印纹硬陶壶、原始瓷豆、原始瓷碗、原始瓷盘、原始瓷盉等。

（1）平底瓺／盉

仅发现一件器底，此类器物仅见于皖南地区的土墩遗存，是独有的器物，而师姑墩遗址也见。

（2）附耳瓺

也是土墩遗存中普遍见到的一种器物，此外也多见于湖北地区。

（3）印纹硬陶

印纹硬陶的普遍和大量出现是与土墩墓的发展密切相关的，其中印纹硬陶种类丰富，包括有瓮、坛、罐、瓺、壶等。师姑墩遗址也出土有数量较多的印纹硬陶器，两者相比，无论是在形制上还是在纹饰上都有一定的相似性。

（4）硬陶瓮、坛

普遍体型较大，土墩墓遗址中可见大量完整器形，但器形变化较小，纹饰变化较为迅速。师姑墩遗址发现硬陶数量十分丰富，且比例较高（图31-15）。

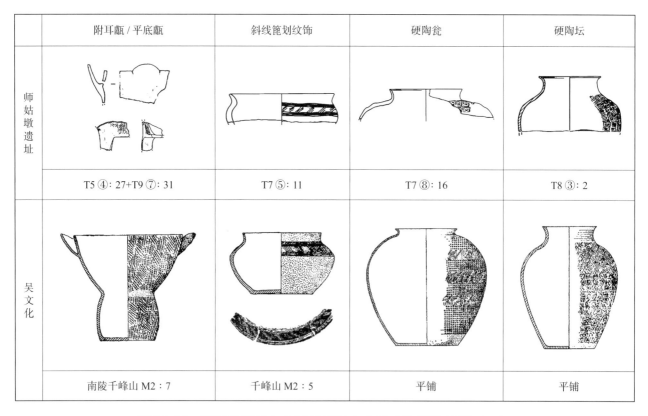

	附耳瓺／平底瓺	斜线篦划纹饰	硬陶瓮	硬陶坛
师姑墩遗址				
	T5④：27+T9⑦：31	T7⑤：11	T7⑧：16	T8③：2
吴文化				
	南陵千峰山 M2：7	千峰山 M2：5	平铺	平铺

图31-15　师姑墩遗址与宁镇地区吴文化出土陶器比较图（二）

（5）硬陶罐、盂

普遍器形较小，纹饰变化与坛、瓮相似。

（6）原始瓷豆

原始瓷器与土墩墓同样密切相关，最常见的器类有豆、盂，此外还有碗、盘、尊、鼎等器类，师姑墩遗址也出土有数量较多的原始瓷器，且比例较高，但器形比较单一。

（7）斜线篦划纹

自湖熟文化便已出现，吴文化中在陶器与硬陶器中也普遍流行，土墩墓中多见，而师姑墩遗址中也发现数量较多的这类纹饰，应是多种因素影响的结果（图 31-16）。

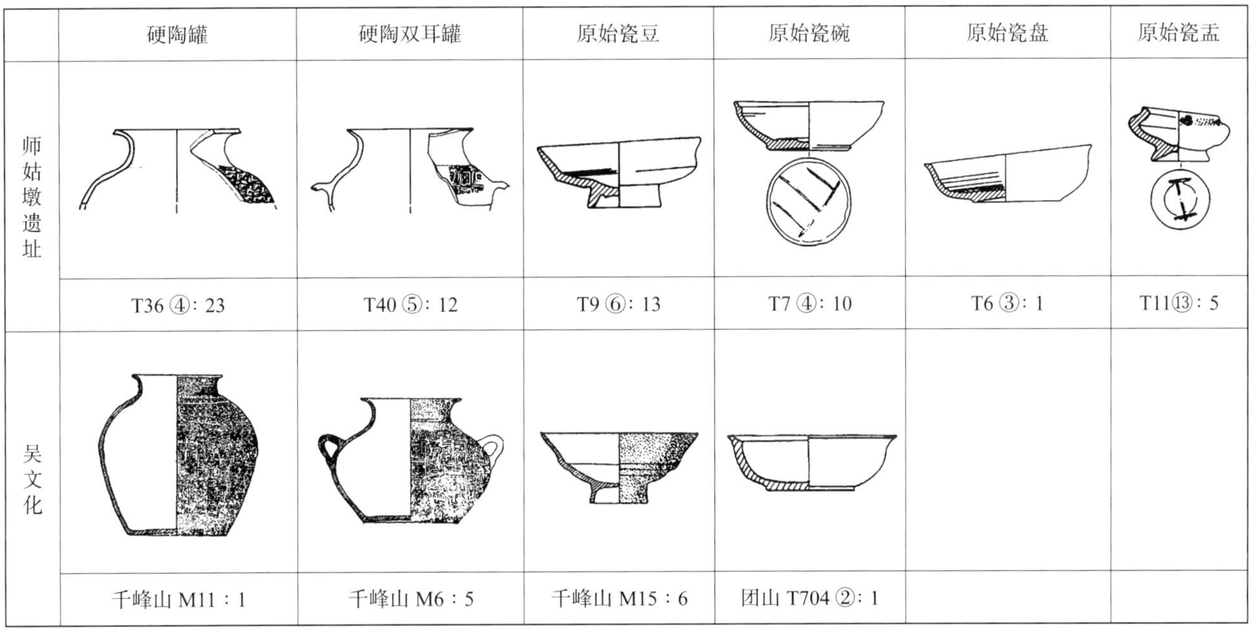

	硬陶罐	硬陶双耳罐	原始瓷豆	原始瓷碗	原始瓷盘	原始瓷盂
师姑墩遗址						
	T36 ④ : 23	T40 ⑤ : 12	T9 ⑥ : 13	T7 ④ : 10	T6 ③ : 1	T11 ⑬ : 5
吴文化						
	千峰山 M11 : 1	千峰山 M6 : 5	千峰山 M15 : 6	团山 T704 ② : 1		

图 31-16　师姑墩遗址与宁镇地区吴文化出土陶器比较图（三）

此外，师姑墩遗址还可见少量鄂东北地区的楚文化因素，如附耳甗、附耳盆，高柱足（表面有刮削）等特征，但是由于对比因素较少，故不详加对比。

第三二章　皖江流域考古学文化属性及互动关系

以上通过分组的方式对师姑墩遗址的文化因素进行了解析，但是何种文化占据主导地位？何种文化的传播路线最为清晰？各类文化因素在师姑墩遗址中所占比例如何？这都是对考古学文化属性判定的重要依据。此外，师姑墩遗址中还发现有铜器及与铸铜相关的遗物，进一步通过对江淮地区出土铜器情况进行分析，将有助于分析文化因素的传播以及考古学文化互动等问题。

第一节　夏时期

一　遗址

夏时期皖江流域中段的遗址数量较少，而江淮之间则普遍分布，以斗鸡台类型和巢湖类型为代表的斗鸡台文化在这一区域比较繁荣，斗鸡台文化主要受到中原二里头文化的影响，同时也受到岳石文化的渗透，但是相对而言东部的巢湖类型比西部的斗鸡台类型更多的受到岳石文化的影响。位于长江南岸的师姑墩遗址也受到中原二里头文化的深入影响，与斗鸡台文化有着一定的相似性，但是却缺少岳石文化的因素，可见在二里头三四期之际，岳石文化的影响可能还未波及至长江南岸，而以二里头文化和当地土著文化占据主导地位。二里头文化主要通过江淮中部地区向南传播。

皖江上游的薛家岗遗址在二里头时期，与江淮地区的斗鸡台文化差异较大，却明显受到长江中游的盘龙城、荆南寺文化的影响，这与霍山、大别山、桐柏山在地形上的阻隔密切相关。二里头文化从南阳盆地，通过随枣走廊、汉水沿岸，影响到长江中游的盘龙城、荆南寺，汉水上游的法龙王树岗遗址填补了这一路线上的空白。师姑墩遗址位于皖江中段，是荆南寺、盘龙城、薛家岗的下游地区，在师姑墩遗址中发现少量荆南寺、盘龙城文化的因素，很可能与长江水道有一定的关联。

师姑墩遗址还发现少量太湖流域的马桥文化因素，二者沟通的路线尚不清晰。此外，宁镇地区点将台文化中的乙组陶器和丙组陶器分别来源于王油坊类型龙山文化和岳石文化，而在其间起过渡作用的遗址为南荡遗存和周邺墩遗存，它们的发现也为二里头文化南下的路线提供了一点启示，关于师姑墩遗址与点将台文化的关系目前还不甚清晰。

二　铜器

皖南地区在二里头时期，未发现有青铜器，也没有发现确切的采、冶、铸铜遗址。但是在师姑墩遗址的二里头地层中发现了3件炉壁，如果田野发掘无误的话，说明至少二里头时期当地具有冶炼的技术，但是进一步的探讨还缺乏更多的资料。江淮地区发现二里头时期铜器的地点为肥西馆驿大墩孜遗址，出土单扉铜铃 1 件、旋纹斝 2 件[1]，这是在非二里头文化区内发现的非常重要的一处遗址，说明了二里头文化对该地的影响与交流。

三 小结

在文化属性上，师姑墩遗址早期文化受到二里头文化的强烈影响，但是，其是归属于斗鸡台文化还是单独作为一个类型还有待进一步考虑。区别主要有：

1. 从整体陶质上看，斗鸡台文化三期以来，夹砂红褐陶逐渐成为主要的陶质特征，但师姑墩遗址仍以夹砂灰陶为主。

2. 从器形和比例上看，斗鸡台文化中盆形鼎多见敞口、腹部略折或敞口浅腹的特征，且有一定量的罐形鼎，师姑墩遗址所见皆为盆形鼎，且腹部较圆鼓，与二里头遗址同时期陶鼎更为相似；师姑墩陶豆以折腹豆盘居多，少见敞口弧腹的细柄豆。

3. 从器类组合上看，师姑墩遗址不见大口折壁盆，锥足盆形鼎，带把鬲，短沿粗陶缸等斗鸡台文化普遍见到的器形。

4. 从外来因素方面看，师姑墩遗址出土 T8 ⑩：6 泥质红褐陶的鸭形壶是太湖以南地区马桥文化早期的典型遗物，斗鸡台文化中虽有少量宁镇地区的文化因素，但太湖地区的文化因素尚未发现。另一方面，斗鸡台文化中可见的岳石文化因素（子母口鼓腹罐，尊形器），在师姑墩遗址中也基本不见其相似的器类。

故地域差异的相隔可能是二者文化面貌差异的一个主要原因，但由于本次发掘的早期遗物数量有限，师姑墩早期遗物是否能视为斗鸡台文化的另一地方类型，尚需更充分的遗存加以考证。

在互动关系上，二里头文化因素通过江淮中部地区向南传播的路线较为清晰，长江上下游之间的联系也不甚清晰。此外，铜器发现数量太少，对于传播路线的判断不能起到帮助（图 32-1）。

第二节 早商时期

一 遗址

商时期皖江流域发掘的遗址仍不甚丰富，而江淮地区商时期的文化分布范围与夏时期基本一致，以皖西类型和大城墩类型为代表江淮地区商文化在这一区域比较繁荣，该文化主要受到中原商文化的影响，但是相对而言西部的皖西类型比东部的大城墩类型多一些典型商式器物，少一些当地传统因素。师姑墩遗址主体是受到商文化的影响，但是是来自郑州商城商文化，还是来自商文化的盘龙城类型或受到商文化强烈影响的吴城，还需结合今后更多的相关发现再做更仔细的分析。此外，师姑墩遗址商时期考古学文化还受到了来自宁镇地区湖熟文化和峡江地区文化的影响。

含山大城墩遗址出土的深袋足鬲和分裆鬲、三角划纹簋显然有晚商的遗风，但是主体器物组合上，没有带把甗形盉、大型折肩或鼓腹罐、器盖等江淮地区商文化的常见器物，而又受到宁镇文化的影响，

---

[1] 安徽省文物局：《安徽馆藏珍宝》，中华书局，2008年。

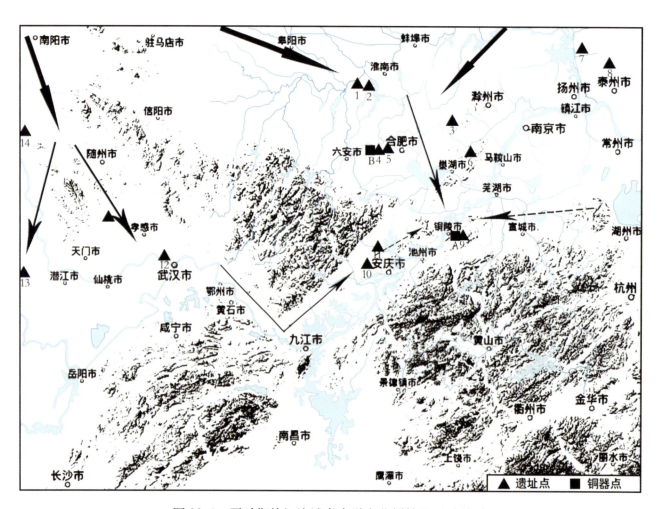

图 32-1　夏时期皖江流域考古学文化属性及互动关系

遗址点：1.寿县斗鸡台　2.寿县青莲寺　3.肥东吴大墩　4.肥西大墩孜　5.肥西塘岗　6.含山大城墩　7.高邮周邶墩　8.兴化南荡　9.铜陵师姑墩　10.潜山薛家岗　11.怀宁孙家城　12.黄陂盘龙城　13.荆州荆南寺　14.法龙王树岗

铜器点：A.铜陵师姑墩　B.肥西大墩孜

原始瓷、印纹陶数量较多。

　　吴城文化与商文化的关系，由乙组因素可知，在商代早期偏晚，两者已经发生关系，前者受到后者的强烈影响，不仅体现在铜器、陶器、工具、兵器上，还体现在建筑、墓葬、文字上。但是在吸收先进文化的同时，吴城文化也给商文化一定的影响，如郑州出土的原始瓷及硬陶等器物、以及圆圈纹等。之所以出现这种现象，由盘龙城的发现可见，商早期，商文化已经抵达长江中游，而盘龙城与吴城距离很近，通过盘龙城进行交流是可能的。

　　虽然长江中游与下游之间的交流始自何时还不甚清楚，但至少在商代早期，印纹硬陶技术在南方地区普遍流行，存在着鄱赣地区与宁镇、太湖地区的互动，那么中原商文化的因素是否也通过这条道路进行扩散呢？皖江流域处于长江中游与下游的节点处，是沟通二者的重要通道，但是目前发现的晚商遗址十分匮乏，要解决这一问题，还需要更多的考古证据。

二 铜器

皖南地区在早商时期，矿脉是否被开采、矿冶遗址是否开始被使用，尚不能确定。但是值得注意的是，皖南地区及皖江流域发现大量相当于中原二里冈及殷墟时期的器物。

早中商时期铜器发现情况：皖南及皖江流域，铜陵市铜陵县西湖镇童墩村出土铜爵 1、铜斝 1[1]；宣城市郎溪县宣郎茶厂出土绳耳云纹铜鼎 1[2]；含山孙家岗出土铜爵 1[3]；含山孙戚村铜觚 1、铜戈 1[4] 等。淮河流域，肥西馆驿糖坊商代铜器群（爵 2、斝 2、觚 1）[5]；六安的土产公司废品仓库也拣选过饕餮纹铜觚 1、旋纹铜斝 1[6]；蚌埠征集青铜爵 1[7]；阜南朱寨月牙河出土兽面纹觚 2、饕餮纹鬲 2[8]；嘉山泊岗商代铜器（斝、爵、觚、罍）[9] 等（图 32-2）。

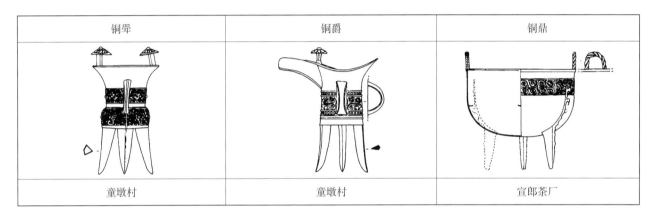

铜斝	铜爵	铜鼎
童墩村	童墩村	宣郎茶厂

图 32-2 皖南地区出土商代早期青铜器

三 小结

在文化属性上，师姑墩遗址中期文化受到二里冈文化的强烈影响，但是，其是归属于吴城文化或江淮地区商文化，还是单独作为一个类型还有待进一步考虑。区别主要有：

1.除直领高实足跟的陶鬲、假腹豆较为相似外，吴城文化中常见的小口折肩罐、甗、大口尊等主要器形在师姑墩遗址中并未发现任何迹象。器形相似的高领实足跟陶鬲在湖州地区的高祭台类型中也有发现。

[1] 张国茂：《安徽铜陵地区先秦青铜文化简论》，《东南文化》1991年第2期。

[2] 宋永祥：《安徽郎溪县发现的西周铜鼎》，《文物》1987年第10期。原简讯推断其年代为西周晚期，但《皖南出土商周青铜器》中将此件器物的年代定为商时期。

[3] 杨德标：《安徽含山县出土的商周青铜器》，《文物》1992年第5期。

[4] 杨德标：《安徽含山县出土的商周青铜器》，《文物》1992年第5期。

[5] 安徽省地方志编纂委员会：《安徽省志文物志》，方志出版社，1998年。

[6] 孟宪珉、赵力华：《全国拣选文物展览巡礼》，《文物》1985年第1期。

[7] 安徽省博物馆：《安徽省博物馆藏青铜器》，上海人民美术出版社，1987年。

[8] 葛介屏：《安徽阜南发现殷商时代的青铜器》，《文物》1959年第1期。

[9] 葛治功：《安徽嘉山县泊岗引河出土的四件商代铜器》，《文物》1965年第7期。

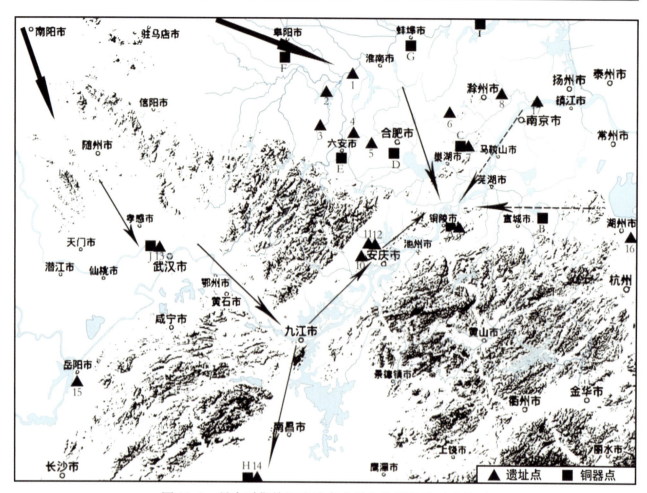

图 32-3　早商时期皖江流域考古学文化属性及互动关系

遗址点：1.寿县斗鸡台　2.霍邱绣鞋墩　3.霍邱洪墩寺　4.六安众德寺　5.肥西大墩孜　6.肥东吴大墩　7.含山大城墩　8.滁州卜家墩　9.铜陵师姑墩　10.潜山薛家岗　11.怀宁百林山　12.怀宁张四墩　13.黄陂盘龙城　14.樟树吴城　15.岳阳铜鼓山　16.昆山　17.湖熟

铜器点：A.铜陵童墩村　B.郎溪宣郎茶厂　C.含山孙家岗、孙戚村　D.肥西馆驿糖坊　E.六安拣选　F.阜南朱寨　G.蚌埠征集　H.吴城　I.嘉山泊岗　J.盘龙城

2. 考虑到江淮地区广泛分布有大量同时期的商文化[1]，且鬲、豆的形制也多为相近，故师姑墩中期遗存的文化属性尚需更多资料予以考证。

3. 盘龙城遗址对于师姑墩的影响也是持续不断，尤其是直口缸、花边形器底的作风，从二里头时期一直延续到二里冈时期。

4. 除与商文化或商文化的地方类型相似外，师姑墩遗址中期遗存中还发现一些峡江地区或宁镇地区的文化因素。

5. 通过以上发现的铜器可以说明，皖南的铜器冶铸至少在早商晚期出现，且在中原文化的影响下发生。

因此师姑墩遗址中期属于哪种文化的势力范围，目前证据尚不足。

在互动关系上，可以肯定的是，师姑墩遗址在商时期已经是一个起着沟通上下游，连接南北岸的重要地点。但是江淮之间的早商铜器发现的还比较少，判定传播路线主要是从长江中游顺流而下，还是通过江淮中部向南传播还不能确定（图 32-3）。

---

[1]　王迅：《东夷文化与淮夷文化研究》，北京大学出版社，1994年，第58～60页。

第三节　晚商时期

一　遗址

师姑墩遗址未发现相当于晚商时期的遗物，而江淮地区相当于晚商时期的遗址也相对较少，主要有枞阳汤家墩、含山大城墩、潜山薛家岗、怀宁跑马墩等。

二　铜器

晚商时期青铜器发现情况为，皖南及皖江流域：铜陵县顺安镇出土兽面纹甗 1[1]；繁昌汤家山兽面纹甗 1[2]；枞阳七井村饕餮纹方彝 1[3]；池州市东至县征集涡纹罍 1[4]；池州市青阳县新河镇大撩湾出土云纹铜铙 1[5]；歙县博物馆清理出一件出土于歙县浦口村的兽面纹甗[6]；宣城市宣州区养贤乡石山村出土云纹铜铙 1[7]；马鞍山市郊区出土勾连云纹铜铙 1[8] 等。属皖江流域望江县赛口镇南畈村出土"酉"字爵 1、扁足鼎 1[9]；太湖县出土爵 1[10] 等。淮河流域，发现有大量商代晚期的铜器、铜器群，如：六安商代铜尊 1[11]；舒城古城乡金墩村出土爵 1、甗 1[12]；寿县博物馆从废品仓库征得铜斝 1[13]；肥西上派镇颜湾倪小河南岸窖藏出土"父丁"甗 1、"戈"爵 1[14]；颍上王岗郑小庄商代墓[15]、郑家湾铜器群[16]；阜南润河商代铜器群（龙虎尊 1、饕餮纹尊 1、铜爵 2、铜甗 2、铜斝 2）[17]。

含山大城墩遗址发现熔铜坩埚，此外，肥西大墩孜、含山大城墩、孙家岗等遗址还发现了铜渣和木炭屑等，说明与铸铜相关的遗址在皖江流域普遍发现。水涛[18] 曾指出，商周之际宁镇地区长江

[1] 张国茂：《安徽铜陵地区先秦青铜文化简论》，《东南文化》1991年第2期。

[2] 安徽省文物工作队、繁昌县文化馆：《安徽繁昌出土一批春秋青铜器》，《文物》1982年第12期。

[3] 方国祥：《安徽枞阳出土一件青铜方彝》，《文物》1991年第6期。

[4] 张北进：《安徽省东至县发现一件青铜罍》，《文物》1990年第11期。

[5] 安徽省文物局：《安徽馆藏珍宝》，中华书局，2008年，第67页。

[6] 安徽大学、安徽省文物考古研究所：《皖南商周青铜器》，文物出版社，2006年。

[7] 安徽大学、安徽省文物考古研究所：《皖南商周青铜器》，文物出版社，2006年。

[8] 王俊：《试论马鞍山青铜大铙的年代及其性质》，《东南文化》2006年第3期。

[9] 张爱冰、陆勤毅：《皖南出土商代青铜容器的年代与性质》，《青铜文化研究（第六辑）》，黄山书社，2009年，第28页注57，未见著录，望江县文物管理所提供。

[10] 安徽省地方志编纂委员会：《安徽省志·文物志》，方志出版社，1998年。

[11] 安徽省皖西博物馆：《安徽六安出土一件大型商代铜尊》，《文物》2000年第12期。

[12] 张爱冰、陆勤毅：《皖南出土商代青铜容器的年代与性质》，《青铜文化研究（第六辑）》，黄山书社，2009年，第28页注54，未见著录，望江县文物管理所提供。

[13] 安徽省文物志编辑室：《安徽省文物志稿》，1987年。

[14] 安徽省文物志编辑室：《安徽省文物志稿》，1987年。

[15] 阜阳地区博物馆：《安徽颍上王岗、赵集发现商代文物》，《文物》1985年第10期。

[16] 颍上县文化局文物工作组：《安徽颍上县出土一批商周青铜器》，《考古》1984年第12期。

[17] 葛介屏：《安徽阜南发现殷商时代的青铜器》，《文物》1959年第1期。

[18] 水涛：《试论商末周初宁镇地区长江两岸文化发展的异同》，高崇文、安田喜宪主编《长江流域青铜文化研究》，科学出版社，2002年。

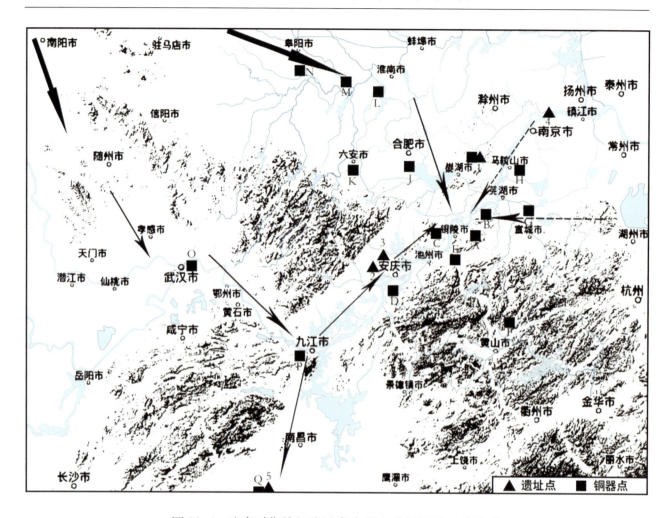

图 32-4　晚商时期皖江流域考古学文化属性及互动关系

遗址点：1.含山大城墩　2.潜山薛家岗　3.怀宁跑马墩　4.湖熟　5.吴城

铜器点：A.铜陵顺安镇　B.繁昌汤家山　C.枞阳七井村　D.池州市东至县　E.青阳大撩湾　F.歙县浦口村　G.宣州石山村　H.马鞍山郊区　J.肥西颜湾　K.六安征集　L.寿县征集　M.颍上王岗　N.阜南润河　O.大冶铜绿山遗址　P.瑞昌铜岭遗址　Q.新干大洋洲

两岸的文化发展差异较大，不应是南北文化传播的通道，而典型商文化遗存在长江中游地区最为繁盛。

三　小结

晚商时期，安徽地区发现的青铜器数量较多，分布范围自皖江上游的东至县至皖江下游的马鞍山市，从皖南山区的青阳到皖北阜南、颍上。可以发现，沿皖江两岸和淮河中游两岸铜器发现数量较为密集，与铸铜相关的遗迹与遗物也均发现于夹江两岸地区，说明水路交通起着重要的作用。但是需要注意的一点是：晚商时期发现的青铜器数量增多，但是与之相称的遗址的数量较少，铜器的繁荣与遗址的匮乏呈现逆向的过程（图 32-4）。

第四节　西周—春秋时期

一　遗址

西周至春秋时期皖南地区的遗址发现较多，铜器及与铸铜相关的遗迹也多有发现。西部的安庆张四墩、薛家岗，东部的含山大城墩，北部的枞阳汤家墩（大型肩部饰附加堆纹的鬲、折肩鬲等与堰台遗址相似，大型折肩或鼓腹罐、带把甗形盉、钵、瓮等土著因素也同堰台相似。不过其印纹陶及原始瓷的数量远大于堰台）。更北面的庐江大神墩，霍邱堰台，六安堰墩（略束颈的疙瘩足鬲、素面罐、折盘粗柄豆、烟斗形陶垫同周原相似。折肩鬲、折腹簋是周文化的变体。大型鼓腹罐、折肩罐、双耳罐、带把甗形盉、钵、器盖、叶脉纹陶拍等与堰台遗址基本相似，少见印纹陶及原始瓷）。寿县庙台遗址，更东部的滁州何郢遗址（夹砂素面、刮面红陶数量较大），马鞍山五担岗。

二　铜器

皖南地区以大工山、凤凰山为中心已发现周代采矿、冶炼遗址数十处，出土大量青铜容器、乐器、兵器等，尤为重要的是，师姑墩遗址发现有炉壁、铜渣、铜器、铜块以及陶/石范等与铸铜相关的遗物，进一步说明该地区为一处重要的铸铜遗址（图32-5）。此外，长江北岸的汤家墩遗址也发现有陶范等，也应是一处重要铸铜遗址。潜山漳法山也发现了陶范。因此在皖南地区，乃至皖江流域本地冶铸技术至少在西周时期已经成形。出土铜器数量较多，如：在孙村镇、黄浒镇、芦南乡、高安乡几地发现有西周至春秋晚期的铜鼎、甬钟等[1]；青阳、含山县[2]、宣城[3]、舒城[4]、宿县[5]、蚌埠[6]、潜山、无为等地出土西周铜器，皖江流域作为铜料或铜器交流的重要走廊显得相当重要。

西周早期	西周中期		两周之际		春秋早中期
铜镞	铜锛	铜刀	铜削	铜鼎足	铜矛
T9⑩：1	T5⑦：3	T5④：1	T9⑥：12	T4⑦：2	T7④：4

[1]　陈衍麟：《安徽繁昌征集的青铜器》，《东南文化》1988年第6期。
[2]　杨德标：《安徽省含山县出土的商周青铜器》，《文物》1992年第5期。
[3]　王爱武：《安徽宣城出土的青铜器》，《文物》2007年第2期。
[4]　安徽省文化局文物工作队：《安徽舒城出土的铜器》，《考古》1964年第10期。
[5]　李国梁：《安徽宿县谢芦村出土周代青铜器》，《文物》1991年第11期。
[6]　董亚巍、阚绪杭、周群、钱仁发、王元宏：《蚌埠双墩1号墓青铜器群范铸工艺的研究》，《文物研究（第17辑）》，科学出版社，2010年，第240页。

铜镞	铜削	陶范	铜容器口沿	石范	铜矛头
T9⑨:1	T5⑦:8	T5④:4	T9⑥:19	T11⑬:1	T7③:1

图 32-5　师姑墩遗址出土铜器及及陶、石范

三　小结

师姑墩遗址晚期文化受东南地区文化的影响更为显著，受周、淮夷的影响相对较小。主要表现有：

1. 原始瓷及印纹陶数量比重较大。

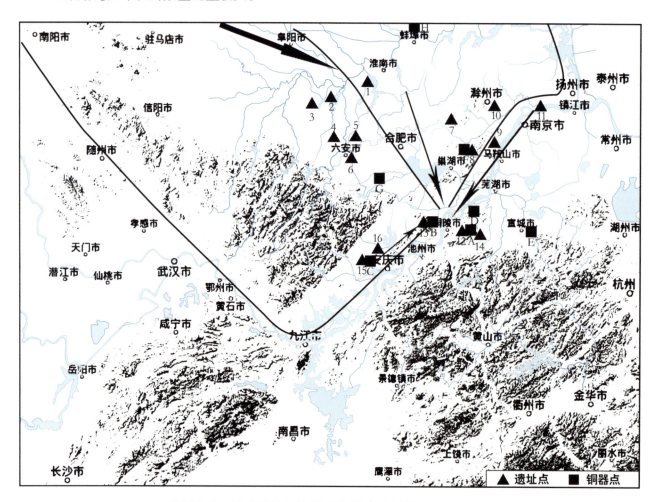

图 32-6　周时期皖江流域考古学文化属性及互动关系

遗址点：1.寿县青莲寺　2.霍邱绣鞋墩　3.霍邱堰台　4.六安西古城　5.六安众德寺　6.六安堰墩　7.肥东吴大墩　8.含山大城墩　9.马鞍山五担岗　10.滁州何郢　11.吴文化　12.铜陵师姑墩　13.枞阳汤家墩　14.南陵千峰山　15.潜山薛家岗　16.怀宁张四墩

铜器点：A.铜陵师姑墩　B.枞阳汤家墩　C.潜山漳法山　D.繁昌征集　E.宣城孙埠镇　F.含山孙家岗　G.舒城凤凰嘴　H.蚌埠双墩

2. 素面鬲和素面甗的数量较大。

3. 鬲的数量较多。

但是师姑墩遗址晚期文化是否归属于群舒文化还难以确认，因其还具有很强的其他地方特征，应是各类文化交融的一处场所：师姑墩晚期所出绳纹鬲、豆、罐、盆、钵等器物与霍邱堰台、绣鞋墩、六安堰墩等遗址所出有很大的联系，应与江淮流域的考古学文化有很大的相似性。但其中的差异也显而易见，师姑墩遗址原始瓷及印纹硬陶也明显多于其他遗址。而师姑墩所出原始瓷豆、罐、碗、盘、盂等与南陵土墩墓内所出原始瓷大体相似，似与南方及东南方原始瓷生产体系有关。而泥质折肩素面鬲的风格与滁州何郢遗址相似。夹粗砂平底鼎似受到吴文化的重要影响。此外，尤为重要的是，师姑墩遗址所出夹砂（含云母）红褐陶折沿的鬲、甗、罐等一类器物群，自始至终占有一定比例，似代表这一区域的本地因素，而带把盂、鬲、肩部饰划纹的盆、罐等器物，也是该地区有特点的一类文化因素，值得进一步讨论。

从原始瓷豆可见，中原流行的演变规律在这里不一定行得通，尤其是该地区经常出现多种类型的器物形态同时并存，并缓慢发展。似文化到达时间基本一致（图32-6）。

第三三章　青铜冶铸遗物研究

第一节　师姑墩遗址出土冶铸遗物的考古学意义

一　皖南地区矿冶遗址与先秦时期青铜器的发现

皖南地区，通常指安徽境内长江以南地区，包括芜湖、马鞍山、铜陵、宣城、池州、黄山六市，本项工作中的皖南地区与上述范围基本相同，在讨论中还包括江北的枞阳—庐江—无为一线。皖江流域（长江在安徽境内的部分）拥有长江中下游最重要的铜矿带之一，铜矿资源集中（图33-1），具有矿体小、发育好、含铜品位高、距地表近等优势[1]。"国之大事，在祀与戎"，俞伟超先生曾指出"青铜武器攻击力强于木石器，是对当时的社会群体产生最大影响的器类"[2]，因此对铜矿资源的开采和掠夺成为各个时期重要的活动之一。

从商周时期至今，皖南地区铜矿开采冶炼活动持续不断，古代文献中多次提及：《诗经·鲁颂·泮水》载"憬彼淮夷，来献其琛。元龟象齿，大赂南金"；《周礼·夏官·职方氏》和《汲冢周书·职方解》载"东南曰扬州，……其利金锡竹箭"；《周礼考工记》记载"吴越之金锡，此材之美者也"；《尚书·禹贡》中"淮海惟扬州，……厥贡惟金三品"。扬州即指今苏皖淮河以南[3]，皖南地区亦在其中。青铜器铭文上也有相似的记录：《伯偁父鼎》铭"征淮夷，……俘吉金"，《曾伯霏》铭"克狄淮夷，印（抑）燮繁汤，金道锡行"。在皖南地区越来越多的矿冶遗址被发现时，其铜矿开采的悠久历史也得到了印证。

（一）皖南地区矿冶遗址主要发现

安徽古代采矿和冶炼遗址主要分布在安庆到马鞍山的沿江山地和丘陵地区，可分为三大古矿区——枞庐（枞阳—庐江）、滁马（滁州—马鞍山）和皖南，枞庐和滁马地区与皖南地区相比规模相对较小，遗址数量较少、年代普遍偏晚，这里仅作简略介绍。

枞庐地区位于长江北岸，铜矿遗址集中发现在枞阳、庐江、无为三县交界的山区[4]。1989年10月，

---

[1] 杨立新：《皖南古代铜矿初步考察与研究》，《文物研究（第三期）》，黄山书社，第181～190页。

[2] 俞伟超：《长江流域青铜文化发展背景的新思考》，《长江流域青铜文化研究》，科学出版社，2002年，第2～7页。

[3] 裘士京：《江南铜研究——中国古代青铜铜源的探索》，黄山书社，2004年，第42、43页。唐杰平：《安徽古代铜矿考古的回顾与思考》，《文物研究（第十四辑）》，黄山书社，2005年，第123～133页。

[4] 宫希成：《枞阳县井边东周采铜矿井调查》，《东南文化》，1992年第5期，第89、90页。杨立新：《安徽沿江地区的古代铜矿》，《文物研究（第八辑）》，黄山书社，1993年，第194～203页。汪景辉：《安徽古代铜矿考古调查综述》，《文物研究（第八辑）》，黄山书社，1993年，第204～210页。

安徽省文物考古研究所调查位于枞阳县将军乡的东周时期井边古矿井，发现竖井、横巷、斜巷三种矿井，在井口及洞内采集到先秦时期的红陶片和木铲等，是长江北岸首次发现的先秦铜矿采矿遗址。井边村内另有古代矿井7处，周边还有柿树、大凹岗、石门庵、金鸡岩、苏家凹等多处古矿井，分布比较集中，应该是古代规模较大的采冶中心之一。1989年9～10月，枞阳汤家墩遗址发掘出土了6件铜器和7件陶范残片，年代上限为殷墟Ⅰ期，下限不晚于商代末期[1]，初步推测当地可能曾有铸铜作坊。

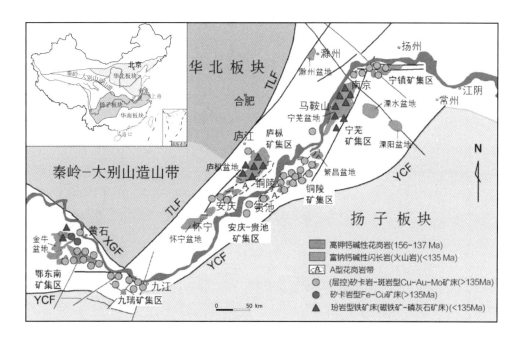

图 33-1　长江中下游地区主要矿集区及矿床分布略图[2]

滁马地区位于安徽铜矿的北段，与长江下游宁镇铜铁矿区相连。这一区域发现的铜矿开采年代主要为汉至唐宋时期，未发现先秦时期矿冶遗址[3]。

皖南地区古代采冶活动规模最大，目前已在繁昌、南陵、铜陵、贵池、青阳、泾县等多个市县发现了近百处古代采矿和冶炼遗址，可以分为狮子山、凤凰山、大工山、铜官山和铜山等几大古矿区。其中铜官山与铜山矿区年代较晚，为汉代至宋代，其余三矿区可早至先秦时期[4]。

1. 狮子山古矿区

狮子山古矿区以狮子山铜矿为中心，包括铜陵朱村乡新民村、南宏村、西湖乡操山村、狮子山矿区和狮子山镇。采矿遗址主要分布在操山、狮子山、冬瓜山、老鸦岭一带；冶炼遗址大多在低洼区和西边河古河道旁，在狮子山镇、木鱼山、胡村、冬瓜山等地均发现有古代炉渣。

木鱼山冶铜遗址是该区具有代表性的遗址之一，1974年兴修水利时曾发现重200多斤的铜锭，

[1]　安徽省文物考古研究所：《安徽枞阳县汤家墩遗址发掘简报》，《中原文物》2004年第4期，第4～14页。

[2]　毛景文、段超、刘佳林、张成：《陆相火山-侵入岩有关的铁多金属矿成矿作用及矿床模型——以长江中下游为例》，《岩石学报》2012年第1期，第1～14页。

[3]　杨立新：《安徽沿江地区的古代铜矿》，《文物研究（第八辑）》，黄山书社，1993年，第194～203页。

[4]　杨立新：《皖南古代铜矿初步考察与研究》，《文物研究（第三期）》，黄山书社，1988年，第181～190页。杨立新：《安徽沿江地区的古代铜矿》，《文物研究（第八辑）》，黄山书社，1993年，第194～203页。

与春秋时期的铜鼎和陶器共存[1]；1987年经试掘发现先秦炼铜炉残迹，出土铜、铁类生产工具等[2]。其中T1第⑦层的木炭样品经碳–14测定，年代为2885±55年，相当于西周早期[3]。

2. 凤凰山古矿区

凤凰山古矿区以凤凰山为中心，包括铜陵县新桥乡凤凰、牡丹两村和南陵丫山乡铁山。采矿遗址主要分布在万迎山、虎形山、药园、南羊山、大元岭、马蹄山、铁山、朱家山等低山丘陵的山坡上；冶炼遗址多位于山间盆地之间，年代从西周晚期至唐宋时期[4]。

万迎山春秋铜矿冶炼遗址于1980年爆破时发现，残存大量炼渣、红烧土和炉壁，1984年在遗址南部约300米处的凤凰山西坡春秋铜器窖藏中出土铁锈色菱形铜锭一块，1987年在遗址附近征集到一件舟形石范。有学者认为"凤凰行政村一带在古代可能是一处综合性的采矿冶炼和铸造场所"[5]，但具体性质不详。

3. 大工山古矿区

大工山古矿区可分为东、西两个区域（图33-2），西区与凤凰山古矿区相连，以南陵小破头山

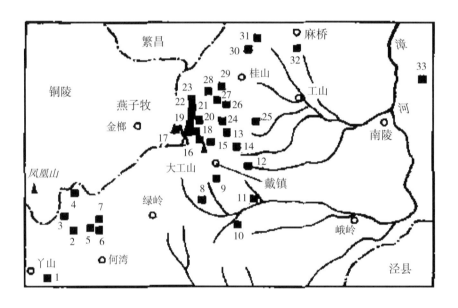

图33-2　南陵县大工山区古铜矿遗址分布示意图[6]

1.冷水冲　2.寨山　3.铁山　4.大元岭　5.半边冲　6.刘家井　7.水龙湖　8.江木冲　9.铁丝岭　10.炉塘冲　11.冲口　12.乔村　13.龙池奄　14.井坽　15.寺冲岭　16.畚箕塆　17.沙滩脚　18.上牧冲　19.老虎山　20.破头山　21.塌里木　22.金塘岭　23.燕窝岭　24.金子扦　25.碗冲　26.崔家涝　27.马腰山　28.夏家坝　29.来龙山　30.古塘冲　31.下分炉　32.老鸦冲　33.钱村

[1] 汪景辉、杨立新：《安徽铜陵市古代铜矿遗址调查》，《考古》1993年第6期，第507～517页。杨立新：《皖南古代铜矿的发现及其历史价值》，《东南文化》1991年第2期，第131～137页。

[2] 杨立新：《安徽沿江地区的古代铜矿》，《文物研究（第八辑）》，黄山书社，1993年，第194～203页。

[3] 中国社会科学院考古研究所实验室：《放射性碳素测定年代报告（一七）》，《考古》1990年第7期，第665页。

[4] 杨立新：《安徽沿江地区的古代铜矿》，《文物研究（第八辑）》，黄山书社，1993年，第194～203页。

[5] 叶波：《铜陵凤凰山发现春秋铜器》，《文物研究（第三期）》，黄山书社，1988年，第84～86页。汪景辉、杨立新：《安徽铜陵市古代铜矿遗址调查》，《考古》1993年第6期，第507～517页。

[6] 安徽省文物考古研究所、南陵县文物管理所：《安徽南陵县古铜矿采冶遗址调查与试掘》，《考古》2002年第2期，第45～54页。

和铜陵金山为中心，包括南陵工山镇和铜陵县金榔乡。采矿遗址主要分布在戴腰山、小破头山、马鞍山、尖山、样山、团山、金山、桂山等山坡上；冶炼遗址大多位于山坳或平畈中，包括塌里木、金塘岭、燕窝口、冲口、冲口王、上牧冲、沙滩角、院子牧、岗巴垅、金山盛、金山北、徐冲林场、碗冲、夏家柏、崔家涝共 15 处，遗址内有大量炼渣、炉壁、煤渣、石灰石等，年代主要为六朝至宋代，以采冶硫化铜矿为主；其中夏家柏、崔家涝、岗巴垅等属于东周时期[1]。

1988 ~ 1991 年，安徽省文物考古研究所对南陵大工山西区的塌里牧、沙滩角[2]等遗址进行试掘，发现几处炼铜竖炉、硫化矿焙烧窑和采矿井[3]；沙滩角古矿井出土了冰铜锭[4]，对其 1 号矿井中层和斜井底部的两件木炭样品进行碳 –14 测年，结果分别为 2775±115 和 2560±75 年[5]。另外，对戴腰山[6]、包山[7]等遗址也进行过清理，出土了采矿工具和铜工具等。

大工山古矿区东区以大工山东南部江木冲为中心，包括南陵工山、戴镇、绿岭、何湾四乡。采矿遗址有井坍、暮云山、龙池奄、西边冲、寨山、狮子山、马鞍山等；冶炼遗址主要分布在平畈或丘陵地带，包括刘家井、江木冲、乔冲、涧滩西、洪家冲、水龙湖、深冲、寨脚等[8]，年代在西周至西汉之间。

1984 ~ 1988 年，南陵江木冲先秦冶铜遗址调查采集到小件铜工具、铜锭、炼渣、矿石等样品，铜锭呈铁锈色，近菱形[9]，碳 –14 树轮校正年代为距今 2815±15 年[10]。1988 ~ 1989 年，江木冲遗址先后经两次发掘，发现西周晚期至东周时期的炼铜炉，研究者称该遗址是目前中国最早使用硫化矿炼铜的地区[11]。

贵池、繁昌、青阳、泾县等地也均有矿冶遗址发现。1988 年贵池朱村征集到一件陶范，出土于九房朱商周遗址附近，一模可铸三件器物，但未经发掘，具体年代不详[12]。

总体来说，皖南地区采矿、冶炼遗址根据地形地貌可以分为两种类型：一是在海拔较高的山区，采矿场多在山腰以上，冶炼场在山坡或山脚下；二是在海拔较低的丘陵地带，或山坳及古河道冲积

[1]　杨立新：《安徽沿江地区的古代铜矿》，《文物研究（第八辑）》，黄山书社，1993年，第194~203页。杨立新：《皖南古代铜矿初步考察与研究》，《文物研究（第三期）》，黄山书社，1988年，第181~190页。刘平生：《南陵大工山古矿冶遗址群江木冲冶炼场调查》，《文物研究（第三期）》，黄山书社，1988年，第191~201页。

[2]　卢本珊等：《南陵沙滩脚古采场清理简报》，待刊。转引自汪景辉：《安徽古代铜矿考古调查综述》，《文物研究（第八辑）》，1993年，第204~210页。

[3]　刘平生：《安徽南陵西周硫化矿冶铜技术的研究》，《安徽师大学报（自然科学版）》1994年3月，第96~100页。

[4]　刘平生：《安徽南陵县古铜矿考古取得重要收获》，《东南文化》1988年第8期，第152页。刘平生：《安徽南陵西周硫化矿冶铜技术的研究》，《安徽师大学报（自然科学版）》，1994年3月，第96~100页。

[5]　中国社会科学院考古研究所实验室：《放射性碳素测定年代报告（一七）》，《考古》1990年第7期，第665页。

[6]　宫希成：《南陵戴腰山古采场清理简报》，待刊。转引自汪景辉：《安徽古代铜矿考古调查综述》，《文物研究（第八辑）》，1993年，第204~210页。

[7]　汪景辉等：《铜陵包山古采场清理简报》，待刊。转引自汪景辉：《安徽古代铜矿考古调查综述》，《文物研究（第八辑）》，1993年，第204~210页。

[8]　杨立新：《安徽沿江地区的古代铜矿》，《文物研究（第八辑）》，黄山书社，1993年，第194~203页。

[9]　刘平生：《南陵大工山古矿冶遗址群江木冲冶炼场调查》，《文物研究（第三期）》，黄山书社，第191~201页。

[10]　中国社会科学院考古研究所实验室：《放射性碳素测定年代报告（一七）》，《考古》1990年第7期，第665页。

[11]　穆荣平：《皖南古铜矿遗址及其冶炼技术的初步研究》，中国科技大学自然科学史硕士论文，1987年。转引自秦颖、王昌燧、冯敏、刘平生：《安徽省南陵县江木冲古铜矿冶炼遗物自然科学研究及意义》，《东南文化》2002年第1期，第87~89页。

[12]　赵建明：《安徽贵池市发现一件古代陶范》，《考古》1996年第12期，第77页。

的平畈，冶炼遗址在洼地或平畈上，采矿遗址则在地势略高的地方[1]，前者占大部分。一方面可能与当地矿产资源的分布情况有关，品位高的铜矿一般分布在山区；而对于冶炼场所来说，在距离采矿点较近的同时，充足的水源和便利的交通运输都是需要考虑的内容，可能因此形成了当地采矿、冶炼遗址的这种分布格局。

另外，南陵牯牛山发现商周时期城址，位于南陵县石铺乡先进村，南面 2 千米为千峰山土墩墓群，西边约 20 千米可到达大工山古铜矿遗址群。遗址由东西两个台地组成，周围环水，1996 年经遥感探测，确定为城址，但未发现城墙遗迹。遗址北端有一处烧制印纹陶的窑址，西部南端有一铸铜遗址，有铜炼渣、红烧土、木炭堆积层等。采集到的遗物有石斧、小铜锭、青铜镢等[2]。这一城址可能与周围采矿、冶炼遗址具有密切关系。

（二）皖南地区先秦时期青铜器的发现

皖南地区大面积发现的采矿、冶炼遗址反映出当地矿冶活动的繁荣，枞阳汤家墩等冶铸遗址的存在表明该地区先秦时期可能曾有生产青铜器产品的传统。从当地出土材料来看，至今没有发现二里头时期的青铜器，商周时期青铜器数量众多，初步统计已超过 500 件，大多成组出土于墓葬和窖藏。

根据典型墓葬和窖藏、器物组合和类型学排比，本地区的青铜器可以大致分为南、北两个区域：南区以屯溪西周墓为代表；北区以沿江地区的铜陵、繁昌和南陵等为代表[3]。以下按照时间早晚将重要发现列出：

铜陵县西湖乡童墩村出土商代前期青铜器 2 件，分别为兽面纹斝和兽面纹爵（图 33-3、4）[4]。

图 33-3　兽面纹斝　　　　　　　　　　　　　图 33-4　兽面纹爵
铜陵县西湖乡童墩村出土　　　　　　　　　　铜陵县西湖乡童墩村出土

[1] 杨立新：《皖南古代铜矿初步考察与研究》，《文物研究（第三期）》，黄山书社，1988年，第181～190页。

[2] 《南陵县牯牛山周代城址》，《中国考古学年鉴·1999》，文物出版社，2001年，第182、183页。

[3] 陆勤毅、杨立新：《皖南商周青铜器》前言，《皖南商周青铜器》，文物出版社，2006年，第11～13页。

[4] 张国茂：《安徽铜陵地区先秦青铜文化简论》，《东南文化》1991年第2期。安徽大学、安徽省文物考古研究所：《皖南商周青铜器》，文物出版社，2006年，第11、12页图1-2。

　　郎溪县发现 1 件铜鼎，简报认为年代为西周晚期[1]，张爱冰等分析其纹饰和形制认为年代应为二里冈后期至殷墟早期[2]。

　　枞阳县汤家墩商代晚期遗址出土铜器 5 件，包括凿、锥、镰、镞等，铸造铜容器的陶范残片 7 块[3]。

　　铜陵县顺安镇出土 1 件兽面纹连体甗，年代为西周早期[4]。

　　黄山市鸟石乡杨村出土 1 件甬钟，年代在西周晚期[5]。

　　宣城市孙埠镇正兴村出土青铜器 4 件，包括 1 件夔纹青铜铙、2 件铜鼎和 1 件铜鬲[6]，所属年代为西周晚期至春秋时期[7]。

　　屯溪奕棋发掘了 8 座土墩墓，出土铜器 107 件，器类有铜鼎、簋、尊、盂、卣、盘、盉、五柱器、勺、缶、剑、戈、矛、刀、斧、镞、匕等二十余种，年代从西周至春秋时期[8]；形制上可大致分为三类：典型的中原样式，数量极少；纯粹的地方风格，不多；与中原形制有相同或相近成分，同时具有鲜明的地区风格，占绝大多数[9]。奕棋公社出土 1 件变形兽纹簋，年代为春秋早期[10]。

　　繁昌县孙村镇窑上墓葬出土青铜器 7 件，包括铜鼎、匜、戈、矛、凿等，《中国青铜器全集》将匜年代定为春秋中期[11]。城关汤家山墓葬出土青铜器 13 件，包括铜方鼎、圆鼎、盉、盘、钟、鸟兽形饰件等；简报称年代为春秋早期[12]。

　　南陵团结村出土 1 件铜罍，《中国青铜器全集》称年代为春秋中期[13]。

　　铜陵市金口岭两座春秋墓，M1 出土铜戈、剑共 2 件，M1 东北 15 米处发现 1 件铜鼎，鼎内有 1 件铜镞，西面发现 2 件残铜鼎；M2 出土青铜器 6 件，包括铜鼎、剑、矛、甬钟和车马器残片，年代均为春秋晚期[14]。铜陵市车站出土 2 件铜鼎，《中国青铜器全集》称年代为春秋中期[15]。北郊谢垅窖藏中出土青铜器 5 件，包括 2 件鼎、1 件甗、1 件盉和 1 件匜[16]，发掘报告拟定为春秋晚期，肖梦龙

[1]　宋永祥：《安徽郎溪县发现的西周铜鼎》，《文物》1987年第10期，第33页。

[2]　张爱冰、陆勤毅：《皖南出土商代青铜容器的年代与性质》，《考古》2010年第6期，第83～92页，

[3]　安徽省文物考古研究所：《安徽枞阳县汤家墩遗址发掘简报》，《中原文物》2004年第4期，第4～14页。

[4]　安徽大学、安徽省文物考古研究所：《皖南商周青铜器》，文物出版社，2006年，图31。

[5]　程先通：《黄山鸟石乡出土一件西周甬钟》，《考古》1988年第5期，第465页。

[6]　王爱武：《浅析宣州市孙埠出土的青铜乐器》，《文物研究（第十二辑）》，黄山书社，1999年。

[7]　王爱武：《安徽宣城出土的青铜器》，《文物》2007年第2期，第39、40页。

[8]　殷涤非：《安徽屯溪奕棋西周墓葬发掘报告》，《考古学报》1959年第4期，第59～90页。朱凤瀚：《古代中国青铜器》，南开大学出版社，1995年，第806～808页。胡文：《屯溪奕棋又出土大批西周珍贵文物》，《文物》1965年第6期，第52页。殷涤非：《安徽屯溪周墓第二次发掘》，《考古》1990年第3期，第210～213页。李国梁：《皖南出土的青铜器》，《文物研究（第四期）》，黄山书社，1988年，第161～185页。李国梁：《从青铜兵器看屯溪八墓的年代》，《吴越地区青铜器研究论文集》，两木出版社，1997年，第25～30页。

[9]　宫希成：《皖南商周青铜器发现与研究》，《皖南商周青铜器》，文物出版社，2006年，第1～4页。

[10]　安徽省博物馆：《安徽省博物馆藏青铜器》，上海人民美术出版社，1987年，图36。

[11]　安徽省博物馆：《安徽省博物馆藏青铜器》，上海人民美术出版社，1987年，图60、61。

[12]　安徽省文物工作队等：《安徽繁昌出土一批春秋青铜器》，《文物》1982年第12期，第47～49页。

[13]　中国青铜器全集编辑委员会：《中国青铜器全集Ⅱ》，文物出版社，1997年，图20。

[14]　张国茂：《安徽铜陵市金口岭春秋墓》，《文物研究（第七辑）》，黄山书社，1991年，第286～289页。

[15]　安徽省博物馆：《安徽省博物馆藏青铜器》，上海人民美术出版社，1987年，图58、59。中国青铜器全集编辑委员会：《中国青铜器全集Ⅱ》，文物出版社，1997年，图4。

[16]　张国茂：《安徽铜陵谢垅春秋铜器窖藏清理简报》，《东南文化》1990年第4期，第210～212页。安徽大学、安徽省文物考古研究所：《皖南商周青铜器》，文物出版社，2006年，图55、63、66、93、102。

将其作为春秋中晚期的典型器物群[1]，杜廼松亦认为谢垇出土曲柄盉为春秋晚期器[2]；张爱冰则认为这批青铜器"反映了皖南与宁镇、江北以及中原地区青铜文化的互动与交流"，年代应不晚于春秋早期[3]。

凤凰山古铜矿区发现春秋时期青铜器窖藏，出土鉴、鼎、三足盘、斧、铜锭等[4]。

青阳县庙前镇汪村窖藏出土青铜器12件[5]，刘兴[6]、肖梦龙[7]、李国梁[8]、刘建国[9]、杜廼松[10]、张爱冰[11]等多位学者撰文讨论这组青铜器的年代，大致范围在西周晚期至春秋中期。庙前镇十字村窑厂土墩墓出土青铜器93件，其中箭镞87件。庙前镇龙岗春秋墓，M1出土青铜器11件，包括鼎、铎、剑、戈、矛、镞、矢、锛、削等器类；M2出土1件铜鼎，简报认为年代为春秋晚期至战国早期[12]。

贵池市里山乡徽家冲窖藏出土青铜器57件，包括铜鼎、方盘、戈、剑、矛、斧、铲、彝、刻刀、锯、筷、鱼钩和菱形铜锭。原报告认为其年代为春秋晚期至战国早期[13]。

综合分析皖南青铜器的纹饰和形制，王爱武指出皖南地区的青铜文化始于商代，西周时期青铜器受中原青铜文化影响并结合地方传统，春秋时期地方特色更加明显[14]。张国茂将铜陵地区出土的先秦时期青铜器在年代上分为商至西周、春秋前期、春秋后期至战国三个阶段；纹饰形制特征来看：商代爵、斝与中原风格基本一致，"皖南青铜文化成熟期与中原是接近的"；西周和春秋的部分青铜器与淮夷文化一致；而更多的先秦青铜器表现出吴越特色；春秋中晚期，出现与楚器相似的铜器[15]。但正如俞伟超先生所说的，长江下游至今未发现有代表性的铜器群，淮河流域和宁镇地区出土铜器的源头和后裔都是谜，三代时期这里的青铜文化面貌如何一直不清楚[16]。

尽管出土了大量的青铜器，皖南地区的青铜冶铸技术何时出现、与当地出土的青铜器有什么关系还比较模糊。此前有学者根据冶铸遗址的年代和青铜器的形制等撰文讨论过这一问题，杨立新认为皖南青铜冶铸业是在商代中期受中原文化的影响而产生[17]；李学勤则认为商代前期中原文化已经影响到皖南，周公东征将周朝的势力进一步深入安徽南部地区[18]。张爱冰结合肥西大墩孜、含山大城墩、孙家岗等遗址中发现的铜渣和木炭屑、含山大城墩发现的完整商代熔铜坩埚和潜山彰法山发现的陶

[1]　肖梦龙、林留根：《皖南吴国青铜器分期研究》，《青铜文化研究（第一辑）》，黄山书社，1999年。
[2]　杜廼松：《在皖鉴定所见铜器考》，《青铜文化研究（第一辑）》，黄山书社，1999年。
[3]　张爱冰：《铜陵谢垇出土青铜器的年代及其相关问题》，《东南文化》2009年第6期，第68～74页。
[4]　陆勤毅、杨立新：《皖南商周青铜器》前言，《皖南商周青铜器》，文物出版社，2006年，第11～13页。
[5]　石谷风：《青阳出土的西周晚期铜器》，《安徽文博》1983年第3期。
[6]　刘兴：《东南地区青铜器分期》，《考古与文物》1985年第5期。
[7]　肖梦龙、林留根：《皖南吴国青铜器分期研究》，《青铜文化研究（第一辑）》，黄山书社，1999年。
[8]　李国梁：《皖南出土的青铜器》，《文物研究（第四期）》，黄山书社，1988年。
[9]　刘建国：《论江南周代青铜文化》，《东南文化》1994年第3期，第20～40页。
[10]　杜廼松：《在皖鉴定所见铜器考》，《青铜文化研究（第一辑）》，黄山书社，1999年。
[11]　张爱冰：《安徽青阳汪村出土青铜器的年代及其相关问题》，《东南文化》2011年第4期，第53～57页。
[12]　朱献雄、王博华：《安徽青阳县龙岗春秋墓的发掘》，《考古》1998年第2期，第20～22页。
[13]　卢茂村：《安徽贵池发现东周青铜器》，《文物》1980年第8期，第21～25页。
[14]　王爱武：《安徽宣城出土的青铜器》，《文物》2007年第2期，第39、40页。
[15]　张国茂：《安徽铜陵地区先秦青铜文化简论》，《东南文化》1991年第2期，第138～144页。
[16]　俞伟超：《长江流域青铜文化发展背景的新思考》，《长江流域青铜文化研究》，科学出版社，2002年，第2～7页。
[17]　杨立新：《皖南先秦青铜文化初析》，《宣州文物》1988年第6辑。
[18]　李学勤：《安徽南部存在着颇具特色的青铜文化》，《学术界》1991年第1期，第37～40页。

范，指出夏商时期江淮地区的青铜冶铸是普遍存在的[1]。但缺少了对冶铸遗物的技术分析，使得这些讨论的证据略显薄弱。与江淮地区仅一江之隔的皖南铜矿资源重地是否早在二里头时期也开始了青铜冶铸活动，是值得关注的问题。

二　皖南地区矿冶遗址与先秦时期青铜器的研究现状

（一）皖南地区矿冶遗址出土物的研究现状

皖南地区先秦时期遗址出土过铜锭的遗址包括铜陵木鱼山、万迎山、南陵江木冲、贵池徽家冲（1977年徽家冲青铜窖藏出土7件东周时期菱形铜锭）[2]和繁昌县孙村镇犁山（1985年犁山古铜矿遗址出土3件春秋时期的金属锭，经破碎后确认为铜锭）[3]；其他样品如炉渣、炉壁等在各个遗址上更加丰富，部分遗址还出土少量陶范，目前对这些样品开展的科技分析工作比较有限。

20世纪80年代初，张敬国等对安徽贵池出土的7件铜锭进行了分析，年代约为春秋晚期到战国初期，化学定量分析平均值为：Cu62.88%，Fe34.35%，S2.08%，Pb0.066%，P0.02%，电子探针结果显示铜锭基体为铜铁固溶体，含有铜铁硫夹杂物，初步判定为冰铜锭[4]。

随后不久，铜陵有色金属设计研究院对南陵江木冲遗址出土的7件铜锭进行了元素质量分析，具体检测方法不详，数据见表33-1[5]。根据发表结果分析：三件炼渣无法判断属于哪一环节；性质判定为"锡锭"的样品中锡含量不足1%，铅则达到32.96%，刘平生的文章中称其为"银铅锭"[6]，该样品性质应该为铅锭。

表33-1　江木冲遗址采集标本的检测结果[7]

编号	名称	描述	成分（wt%）
8611262	冰铜锭	长11、宽7、厚1.5厘米，表面有铁锈	Sn0.41、Fe35.77、Cu38.58、Pb0.015、Zn0.02
8611263	冰铜锭	长26、宽12、厚3厘米	Sn0.17、Fe18.66（平均）、Cu28、Pb0.03、Zn0.101
8611264	炼渣	不规则块状，黑色	FeO8.92、Fe₂O₃37.39、Cu0.341
8611265	炼渣	不规则块状，黑褐色	FeO42.16、Fe₂O₃22.36、Cu1.3
8611266	锡锭	长8、宽6、厚5厘米	Sn0.28、Ag1619.78(g/t)、Pb32.96、Zn0.006
8611267	孔雀石	绿色	Fe₂O₃28.37、SiO₂24.15、Cu23.97
8611268	炼渣	不规则块状，黑色	Sn0.21、Ag5.63(g/t)、Pb6.96、Zn0.07

[1]　张爱冰、陆勤毅：《皖南出土商代青铜容器的年代与性质》，《考古》2010年第6期，第83～92页。

[2]　卢茂村：《安徽贵池发现东周青铜器》，《文物》1980年第8期，第21～25页。

[3]　沈舟：《繁昌县出土春秋晚期的铜锭》，《安徽文物工作》1987年第3期。

[4]　张敬国、李仲达、华觉明：《贵池东周铜锭的分析研究——中国始用硫化矿炼铜的一个线索》，《自然科学史研究》1985年第2期，第168～171页。

[5]　安徽省文物考古研究所、南陵县文物管理所：《安徽南陵县古铜矿采冶遗址调查与试掘》，《考古》2002年第2期，第45～54页。

[6]　刘平生：《南陵大工山古矿冶遗址群江木冲冶炼场调查》，《文物研究（第三期）》，黄山书社，第191～201页。

[7]　安徽省文物考古研究所、南陵县文物管理所：《安徽南陵县古铜矿采冶遗址调查与试掘》，《考古》2002年第2期，第45～54页。刘平生：《南陵大工山古矿冶遗址群江木冲冶炼场调查》，《文物研究（第三期）》，黄山书社，第191～201页。

中国科技大学结构中心实验室分析了铜陵木鱼山出土的菱形铜锭，定性半定量结果显示铜锭成分以铜铁为主，含少量硫、硅、铝、铅等，性质为冰铜锭[1]。

1991年，穆荣平对江木冲遗址、木鱼山遗址各文化层采集的11件古炼渣进行了化学成分、扫描电镜和X射线衍射比较研究，发现其中3件样品含铜很低，铜硫比在0.989～0.415之间，均小于4大于0.258，应该是硫化矿—冰铜—铜冶炼过程中产生的冰铜渣[2]。

秦颖等于2002年[3]、2004年[4]、2006年[5]先后用全谱直读等离子光谱和ICP微量元素分析对南陵和铜陵多个遗址的古炼渣、铜锭和铜块进行了成分测定，炉渣数据如表33-2所示。样品中钙含量普遍偏高，基本没有检测出铜、铁以外的金属，可能为冶炼渣，需要进一步结合扫描电镜分析。

表33-2　南陵和铜陵铜矿古炼渣主要化学组成ICP分析结果（wt%）

遗址	Fe_2O_3	SiO_2	MgO	CaO	K_2O	Na_2O	TiO	MnO	Al_2O_3	P_2O_5	Cu	S
江木冲	61.25	18.00	0.48	10.46	0.14	0.09	0.24	0.24	2.55	0.21	2.47	0.11
江木冲	47.52	35.52	0.50	12.50	0.83	0.09	0.23	0.31	2.65	0.22	0.30	0.13
西边冲	61.47	27.65	0.55	5.95	0.48	0.06	0.15	0.89	2.73	0.20	0.55	0.27
沙滩角	30.00	40.00	0.60	21.50	0.80	0.10		0.30	4.90		1.00	0.04
木鱼山	45.12	33.38	0.85	12.99	0.89	0.13	0.31	0.40	5.10	0.30	0.42	0.11
燕子牧	54.20	28.37	0.39	9.52	0.67	0.07	0.41	1.05	4.24	0.26	0.27	0.23
万迎山	55.60	24.73	1.15	8.55	2.44	0.14	0.28	0.39	6.25	0.35	0.88	0.84
金山盛	52.80	23.80	0.30	6.50	0.60	0.06		17.30	3.60		0.80	0.55

从上述研究成果来看，皖南地区出土的铜锭以冰铜锭为主，至迟在西周晚期已经普遍采用硫化矿—冰铜—铜的冶炼工艺；经检测的炉渣多为冶炼渣，遗址中出土的铅锭反映出当时可能已经使用合金配制技术。对于当地铅铜是否同源、铅锭是否为本地冶炼等问题还需要进一步工作。

（二）皖南地区先秦时期青铜器的技术研究

皖南地区青铜器的技术研究工作相对来说非常少，主要对部分遗址出土青铜器成分进行了检测，没有大面积的系统研究。

张国茂等利用扫描电镜能谱分析了铜陵地区出土的8件青铜器，其中7件铅锡青铜，1件锡青铜，均含有不到1%的砷。春秋早期含铅量较高，春秋中晚期含锡量明显提高；普遍含铁较高，与当地矿

[1]　中国科技大学结构中心实验室X射线荧光光谱分析仪和X衍射仪定性、定量的结果，引自杨立新：《皖南古代铜矿初步考察与研究》，《文物研究（第三期）》，黄山书社，1988年，第181～190页。

[2]　穆荣平：《皖南古铜矿遗址及其冶炼技术的初步研究》，中国科技大学硕士论文，1987年。

[3]　秦颖、王昌燧、冯敏、刘平生：《安徽省南陵县江木冲古铜矿冶炼遗物自然科学研究及意义》，《东南文化》2002年第1期，第87～89页。

[4]　秦颖、王昌燧、杨立新、汪景辉、张国茂：《皖南沿江地区部分出土青铜器的铜矿料来源初步研究》，《文物保护与考古科学》2004年第1期，第9～12页。

[5]　秦颖、魏国锋、罗武干、杨立新、张国茂、龚长根、曲艺、王昌燧：《长江中下游古铜矿及冶炼产物输出方向判别标志初步研究》，《江汉考古》2006年第1期，第65～69页。

产资源情况吻合（当地古矿石平均含铜 3.5%，含铁 50.6%）[1]。

秦颖等用 ICP 分析了南陵、铜陵、繁昌等地出土的 12 件青铜器，包括兵器、工具、容器和乐器，其中 7 件兵器和乐器为锡青铜，5 件容器为铅锡青铜（含量达到 2% 以上的认为是合金元素），砷含量均低于 0.01%[2]。对淮北和皖南沿江地区出土青铜器进行微量元素示踪分析，结果显示淮北地区出土青铜器的铜矿料部分来自于铜陵地区，部分可能来自铜绿山和其他地区[3]；而皖南沿江地区青铜器的铜矿料来源比较复杂，小件兵器、生活用具应为本地矿料生产，容器等复杂器物可能为外地铸造运输过来，采用的铜料来源不确定，有混料的可能[4]。

贾莹等分析了南陵地区土墩墓出土的 11 件青铜器，包括容器 3 件，兵器 6 件和工具 1 件，车马饰 1 件，年代范围从西周至春秋战国。结果显示兵器普遍为铜锡合金，且含锡量较高，容器分别为铜锡、铜锡铅和铜铅合金；金相组织反映了高锡青铜淬火工艺[5]。

该地区青铜器分析结果较少，有限的数据表明西周至春秋时期当地青铜器的合金类型与器类具有明显对应关系，出现较多高锡青铜兵器；各遗址出土青铜器的来源可能与器类有关，已有部分样品矿料可以确认来自铜陵，说明已经就地取材；而淮北地区与铜绿山相关的样品说明长江中下游地区的铜矿资源可能存在运输和交流等活动。

三　存在的问题及需进一步的工作

1. 田野调查和发掘

皖南地区各区县的文物普查工作做的非常仔细，目前发现大量采矿、冶炼遗址和极少量铸造遗址，出土了炉渣、炉壁、陶范、石范、铜器等多种遗物。当地采矿遗址清理发掘的较多，对各时期的采矿技术等已有多篇文章做过总结。冶炼和铸造遗址大部分仅有地表调查，虽然也采集了一些陶片和炉渣，但没有明确的出土地层和共存关系，对冶铸遗物的年代判定影响很大；同时地表调查限制了早期遗物的发现，目前发现的先秦冶铸遗址年代集中在西周至春秋时期，商代及更早时期仅有部分发现，还需要更多细致的田野工作。

2. 冶铸技术和青铜器研究方面

冶铸遗址出土冶铸遗物资料缺乏科学的科技分析工作，前期虽有一定的工作基础，但分析结果较为零散，学术目的更多关注于硫化铜冶炼技术的年代上限，对不同遗址出土的炉渣、炉壁等遗物仅有部分成分数据和扫描电镜分析，全面揭示遗址冶铸技术特征、持续时间及其变化，和区域间的互动问题的研究工作开展不足。

另外，该地区出土青铜器年代可早至商代，反映的文化面貌复杂，与中原地区及吴楚文化的青

[1]　张国茂：《安徽铜陵地区先秦青铜文化简论》，《东南文化》1991年第2期，第138～144页。

[2]　秦颖、王昌燧、杨立新、汪景辉、张国茂：《皖南沿江地区部分出土青铜器的铜矿料来源初步研究》，《文物保护与考古科学》2004年第16卷第1期，第9～12页。

[3]　秦颖、王昌燧、冯敏、杨立新、汪景辉：《安徽淮北部分地区出土青铜器的铜矿来源分析》，《文物保护》2004年第1期，第86～88页。

[4]　秦颖、王昌燧、杨立新、汪景辉、张国茂：《皖南沿江地区部分出土青铜器的铜矿料来源初步研究》，《文物保护与考古科学》2004年第16卷第1期，第9～12页。

[5]　贾莹、刘平生、黄允兰：《安徽南陵出土部分青铜器研究》，《文物保护与考古科学》2012年第1期，第16～25页。

铜器均有密切联系。类型学方面有多位学者进行过讨论，但缺乏其他方面的证据支持，不同器物的年代目前仍存在争议。科技分析方面仅从微量元素溯源方面做过少量研究，铜器的成分检测和铸造工艺分析等工作在这一地区基本属于空白。

综上所述，尽管皖南地区具有丰富的铜矿资源和复杂的冶炼活动遗迹，但当地先秦时期冶铸技术的发展脉络以及与周边地区的技术传播路线等至今仍然是未解之谜。先秦时期中原地区的青铜器铸造活动非常发达，许多学者都认为皖南地区是中原铜料重要的来源地之一，却一直缺乏证据。如果对皖南地区的冶炼、铸造遗址能够进行科学完整的发掘，并对出土的冶铸遗物做科学合理的分析，相信会为解决这一问题提供更为有利的证据。

通过对皖南地区先秦时期遗址出土金属冶铸遗物的综合研究，要深入探讨皖江流域青铜冶铸生产的组织管理方式，以及青铜冶铸技术与中原地区的交流与传播问题，主要需要从以下几个方面开展工作：

（1）对皖南地区先秦遗址出土及博物馆收藏的青铜器做系统的成分检测和工艺研究，通过金相观察、扫描电镜能谱成分分析、便携式 X 荧光成分检测等方法，研究皖南地区青铜器的合金类型、制作工艺和技术发展等内容。

（2）对皖南地区先秦遗址出土的铜块进行分析。冶铸作坊中发现的残铜器、铜块可能为冶炼和熔炼过程中的原材料或制成品的残片，可推断当时使用的原材料或成品的合金种类。

（3）对皖南地区先秦遗址出土的炉渣和炉壁等遗物进行系统的检测。从冶金过程分析，可将炉渣简单分为金属冶炼渣和合金熔炼渣，冶炼渣和熔炼渣具有不同的组织和元素组成特征。通过炉壁本身、附着于炉壁的炉渣以及弥散其中的金属颗粒的分析，可推断金属冶炼和合金熔炼技术特征。这一研究可了解遗址曾进行过哪些冶金活动，确定遗址冶金活动的性质。

（4）对皖南地区先秦遗址零星发现的陶范进行研究。先秦时期的陶范材料在北方地区曾有大量发现，但南方地区相对很少，纹饰范更加难得。由于中国南北方的黏土类型不同，两地制范所用材料以及制范工艺当存在差异。对皖南地区出土陶范的深入研究工作能够与现有的北方各遗址陶范分析数据进行对比，进而讨论两地在陶范生产以及纹饰制作工艺上的差别与联系。

四　师姑墩遗址出土冶铸遗物的研究意义

师姑墩遗址堆积涵盖了夏、商、西周—春秋三个大的时期，出土了大量冶铸遗物、陶器、印纹陶和原始瓷。遗址年代早、持续时间久、紧邻金属资源集中地，冶铸遗物年代序列完整，地层关系清晰，为深入研究皖南地区冶铸技术发展脉络提供了难得的机会。

1. 年代早

师姑墩遗址年代最早的冶铸遗物是分别出自本遗址 T8⑩层、T9⑪层和灰坑 H9 的三件炉壁，根据陶器的初步整理结果，这三个遗迹单位的年代相当于二里头文化三至四期；同时，T8⑩层中出土的木炭样品经碳-14 年代测定和树轮校正，年代为公元前 1770 年到公元前 1610 年（2δ），与陶器分期结果吻合。综合多方面证据，可以推断师姑墩遗址的冶铸活动应当始于二里头三至四期，是目前皖南地区发现年代最早的冶铸遗址，意义重大，值得高度重视。

2. 持续时间长

师姑墩遗址从二里头三、四期持续到春秋早中期，除商代地层外，其他各期均发现数量不等的与青铜冶铸各个环节相关的遗物，包括炉渣、炉壁、铜器、铜块、铅锭、陶范和石范等，说明该遗址曾存在长时期的冶炼铸造活动，是研究三代青铜冶铸工艺难得的材料。

3.冶铸遗物类型丰富，冶炼与铸造遗物共存

师姑墩遗址出土的冶铸遗物包括矿石（铁矿石）、炉渣、炉壁、陶范、铜块、铜器和铅锭等多种类型，是皖南地区首次发现的冶炼与铸造活动共存的遗址。通过对这些年代清楚的炉渣、炉壁、铜块和铜器的分析，能够对遗址各个时期的冶炼、铸造细节有所突破，为详细研究遗址的技术特征提供了非常好的材料。

4.遗址位置特殊

中原地区先秦时期铸铜遗址，如偃师二里头[1]、商代郑州商城[2]、安阳殷墟[3]，西周洛阳北窑[4]、陕西周原[5]、东周新郑郑韩故城[6]、山西侯马晋国都城新田[7]等，都分布在政治中心及周边地区，距离铜矿资源较远，功能明确，性质普遍为官营作坊。相比之下，师姑墩遗址紧邻大型铜矿带，具有丰富的铜矿资源和便利的开采条件，对该遗址出土遗物的详细分析，为从当时的基层社会这一角度来探讨青铜产业的生产、流通等环节提供了新的线索。

总体来说，师姑墩遗址作为长江中下游地区科学发掘、年代早、持续时间长、集冶铸为一体的遗址，对其冶铸遗物所反映的技术及所属时代的综合研究，将为深入认识中国早期冶金技术的发展及其生产组织状况提供比较系统的科学资料。

第二节　师姑墩遗址出土冶铸遗物及分析检测方法

一　师姑墩遗址出土冶铸遗物的取样情况

（一）取样原则

师姑墩遗址出土与冶铸相关的遗物80余件，均具有明确的出土地层和共存关系，同地层遗物反映的考古学文化背景基本清楚，除少数样品残损严重较难检测外，本项工作对大部分遗物进行了系统分析。确定的年代序列和全面的技术分析是了解该遗址冶铸技术发展脉络和技术特征的基础；同时，能够在具体的考古学背景下将该遗址与同时期其他地区进行比较，为进一步探讨技术与文化交流等问题提供线索。

本项工作分析的68件样品，包括25件铜器、14件铜块、8件炉渣、18件炉壁、1件铅锭和2件陶范，详细情况见表33-3。需要指出的是，由于发掘的商时期材料较少，目前尚未发现这一时期的冶铸遗物，所以通过本批样品对该遗址商时期冶铸状况无从了解，有待将来田野考古工作的开展。

[1]　中国社会科学院考古研究所：《偃师二里头1959年～1978年考古发掘报告》，中国大百科全书出版社，1999年。

[2]　河南省文物研究所：《郑州商代二里冈期铸铜基址》，《考古学集刊·6》，中国社会科学出版社，1989年，第100～127页。

[3]　中国社会科学院考古研究所：《殷墟发掘报告1958～1961》，文物出版社，1987年，第28～58页。

[4]　洛阳市文物工作队：《1975～1979年洛阳北窑西周铸铜遗址的发掘》，《考古》1983年第5期，第430～442页。

[5]　周原考古队：《陕西周原遗址发现西周墓葬与铸铜遗址》，《考古》2004年第1期，第3～6页。

[6]　河南省博物馆新郑工作站：《河南新郑郑韩故城的钻探和试掘简报》，《文物资料丛刊·3》，文物出版社，1980年，第60、61页。

[7]　山西省考古研究所：《侯马铸铜遗址》，文物出版社，1993年，第62～77页。

表 33-3　师姑墩遗址出土冶铸遗物及分析情况一览表

| 年代 | 早期 | 晚期 | | | | 合计 |
	二里头三至四期	Ⅰ段（西周早中期之际）	Ⅱ段（西周中期）	Ⅲ段（西周晚期至两周之际）	Ⅳ段（春秋早中期）	
类型	二里头三至四期	Ⅰ段（西周早中期之际）	Ⅱ段（西周中期）	Ⅲ段（西周晚期至两周之际）	Ⅳ段（春秋早中期）	合计
铜器		5（5）	13（12）	5（5）	3（3）	26（25）
铜块		2（2）	13（9）	4（2）	3（1）	22（14）
炉渣	1（1）	2（2）	3（3）	1（1）	1（1）	8（8）
炉壁	2（2）	2（2）	15（12）	3（2）		21（18）
范（陶、石）			2（2）	1	1	4（2）
铅锭				1（1）		1（1）
合计	3（3）	11（11）	46（38）	15（11）	8（5）	83（68）

注：括号内的数字为已检测的样品数量（包括取样和无损分析）。

（二）小件铜器、铜块和铅锭的取样情况

师姑墩遗址出土的铜器以小件工具和兵器为主：比较完整的铜器样品没有取样，仅从少量完整器表面刮取铜锈做铅同位素分析，并用便携式 X 荧光光谱分析仪（XRF）于取样处做成分测试；残缺较严重的铜器直接在缺口处取小块样品制样。

铜块大部分锈蚀严重，随机在各层中选择锈蚀程度相对较小的样品取样分析；对部分完全锈蚀的铜块在切开的新鲜断面上用 PXRF 进行了成分测定。

铅锭仅一件，在残缺处取小块样品制样。

详细取样情况及检测方法见表 33-4、5，图 33-5 ～ 12。

表 33-4　小件铜器取样情况及成分检测方法

样品名称	实验编号	样品编号	取样部位	检测方法	分期
铜镞	24039	T9⑨：1	翼部	SEM-EDS	晚期Ⅰ段
铜器	24016	T5⑩：1	无	XRF	晚期Ⅰ段
铜矛	24017	T6⑪：1	无	XRF	晚期Ⅰ段
铜镞	24018	T6⑪：2	无	XRF	晚期Ⅰ段
铜镞	24040	T9⑩：1	无	XRF	晚期Ⅰ段
铜器	24008	T4⑦：2	残断处	SEM-EDS	晚期Ⅱ段
残铜削	24031	T9⑥：11	刃部残断处	SEM-EDS	晚期Ⅱ段
残铜器口沿	24033	T9⑥：19	残断处	SEM-EDS	晚期Ⅱ段
铜削	24009	T5④：1	无	XRF	晚期Ⅱ段
铜削	24010	T5④：3	无	XRF	晚期Ⅱ段
铜锛	24011	T5⑦：3	无	XRF	晚期Ⅱ段
铜镞	24012	T5⑦：6	尾部残断处		晚期Ⅱ段

样品名称	实验编号	样品编号	取样部位	检测方法	分期
铜削	24013	T5⑦：8	残断处	XRF	晚期Ⅱ段
铜镞	24034	T9⑥：3	无		
铜削	24032	T9⑥：12	残断处		
铜镞	24035	T9⑦：3	尾部残断处		
铜镞	24036	T9⑦：5	无		
铜器	24024	T8⑦：4	残断处	SEM-EDS	晚期Ⅲ段
残铜器	24029	T9③：1	残断处		
铜器	24007	T36④：28	边缘		
铜镞	24026	T8⑦：7	无	XRF	
铜镞	24030	T9③：2	无		
铜矛残块	24021	T7③：1	边缘	SEM-EDS	晚期Ⅳ段
铜矛	24022	T7④：4	无	XRF	
铜镞	24004	T32③：1	无		

表 33-5　铜块和铅锭取样情况及检测方法

样品名称	实验编号	样品编号	取样部位	检测方法	分期
铜块	24014	T5⑧：2	横截面	SEM-EDS	晚期Ⅰ段
铜块	24015	T5⑧：22	无	XRF	
铜块	24027	T8⑨：2	无		
铜块	24020	T6⑧：47	横截面	SEM-EDS	晚期Ⅱ段
铜块	24003	T28⑤：5	横截面		
铜块	24061	T41⑤：40	横截面		
残铜片	24023	T7⑨下 K10：1	横截面	XRF	
铜块	24078	T9⑥：114	无		
残铜片	24037	T9⑧：3	横截面		
铜块	24038	T9⑧：41	无		
铜块	24056	T33⑦：34	横截面		
铅锭	24081	T8⑦：9	边缘	SEM-EDS	晚期Ⅲ段
铜块	24019	T6⑦：19	横截面	XRF	
铜块	24025	T8⑦：6	横截面		
铜块	24058	T40③：39	边缘	SEM-EDS	晚期Ⅳ段

1cm

图 33-5　师姑墩铜器样品

1.残铜器T8⑦:4　2.铜镞T9⑨:1
3.铜镞T4⑦:2　4.铜矛残块T7③:1

1cm

图 33-6　师姑墩铅锭和铜块样品

1.铅锭 T8⑦:9　2.铜块 T6⑧:47　3.铜块 T41⑤:40

（三）炉渣、炉壁和陶范的取样情况

炉渣样品仅有8件，全部取样进行了显微观察和化学成分测定。

炉壁样品可分为两类：一类整体为基本未玻璃化（土状光泽，基本无玻璃光泽）的黏土质材料，表面坑洞较多，呈现铁锈色，内部夹杂金属颗粒数量很少；另一类分层明显，最外侧为红色的草拌泥炉壁基体，无烧流迹象，表明炉壁是暴露在氧化气氛中的，炼炉并未在外部加热；向内依次为玻璃化的黏土、炉渣以及铜锈层，部分炉壁内壁上发现残留的木炭，冶炼和熔炼活动是靠炉内木炭燃烧所发出的热量维持的[1]；少数炉壁内侧有多层炉渣。前一类样品数量相对较少，全部进行取样；第二类样品随机选择大部分取样观察。

陶范样品包括1件容器纹饰范，1件素面范和1件功能不详的范，对功能不详的样品性质判定还存在疑问，因此仅对其他两件样品取样分析。纹饰范在背面缺口处取小块样品，没有包括纹饰层；素面范在断面处取样，包括内侧浅砖红色层与外侧浅灰色层。石范样品未做检测。

具体取样情况及检测方法见表33-6～8、图33-7～12。

表 33-6　炉渣取样情况及检测方法

样品名称	实验编号	样品编号	取样部位	检测方法	分期
炉渣	24079	T9⑪: 62	横截面	SEM-EDS	早期
	24066	T5⑧: 21	横截面		晚期Ⅰ段
	24070	T6⑪: 112	横截面		
	24069	T6⑨: 10	横截面		晚期Ⅱ段
	24071	T6J1①: 24	横截面		
	24046	T29②: 39	横截面		
	24074	T8⑦: 5	横截面		晚期Ⅲ段
	24059	T41②: 8	横截面		晚期Ⅳ段

[1]　李延祥、韩汝玢：《辽宁省凌源县牛河梁出土的炉壁研究》，《有色金属》2000年第3期，第81、82页。

表 33-7　炉壁取样情况及检测方法

样品名称	实验编号	样品编号	取样部位	检测方法	分期
炉壁	24076	T8⑩：1	横截面	SEM-EDS	早期
	24082	H9：4	横截面		
	24075	T8⑧：3	横截面	SEM-EDS	晚期Ⅰ段
	24080	T9H3：1	横截面		
	24064	T5④：69	横截面	SEM-EDS	晚期Ⅱ段
	24065	T5⑥：1	横截面		
	24068	T6⑧：48	横截面		
	24041	T28②：9	横截面		
	24042	T28⑤：3	横截面		
	24043	T28⑤：4	横截面		
	24050	T29⑤：2	横截面		
	24051	T29⑤：5	横截面		
	24052	T29⑤：6	横截面		
	24054	T33⑦：32	横截面		
	24045※	T29②：38	横截面	XRF	
	24047※	T29②：40	横截面		
	24067	T6⑤：103	横截面	SEM-EDS	晚期Ⅲ段
	24077	T9④：126	横截面		

表 33-8　陶范取样情况及检测方法

样品名称	实验编号	样品编号	取样部位	检测方法	分期
纹饰范	24062	T5④：4	背面残断处	SEM-EDS	晚期Ⅱ段
素面范	24053	T29⑦：1	横截面		

图 33-7　师姑墩炉渣样品

1.T5⑧：21　2.T41②：8　3.T8⑦：5　4.T6⑨：10

图 33-8　早期炉壁

T8⑩：1泡沫状

图 33-10　炉壁 T9H3：1

图 33-9　炉壁 T29 ⑤：6
炉壁内侧可见大块木炭残留

图 33-11　炉壁 T9 ④：126

图 33-12　师姑墩纹饰范 T5 ④：4

二　分析方法及目的

本项工作中运用的检测手段主要包括金相显微观察、扫描电镜能谱分析、便携式 X 射线荧光光谱分析和铅同位素比值测定四种。

金相观察和扫描电镜能谱分析能够帮助了解样品的冶金过程：炉渣可简单分为金属冶炼渣和合金熔炼渣，冶炼渣和熔炼渣具有不同的组织和元素组成特征；通过炉壁本身、附着于炉壁的炉渣以及弥散其中的金属颗粒的分析，可推断金属冶炼和合金熔炼技术特征；冶铸作坊中发现的残铜器、铜块可能为冶炼和熔炼过程中的原材料或制成品的残片，对其进行分析检测可推断当时使用的原材料或成品的合金种类。

便携式 X 射线荧光仪虽然检测精度有限，但对于不易于破坏性取样的样品来说，进行无损检测分析非常方便，既能够保留样品的原貌，同时可以提供样品的成分信息，从而对样品进行定性判断。

铅同位素比值测定是目前比较常用的矿料产地溯源方法之一。自然界中的铅包括 ^{204}Pb、^{206}Pb、^{207}Pb 和 ^{208}Pb 四种稳定同位素，其中 ^{206}Pb、^{207}Pb 和 ^{208}Pb 均为放射性成因，分别由 ^{238}U、^{235}U 和 ^{232}Th 衰变形成。在矿石形成初期，铅与铀、钍分离，放射性成因铅的积累相应停止，因此成矿年龄不同的矿床积累的放射性成因铅同位素组成也就不同，这种铅同位素组成即可以用来指征该矿床[1]。由于铜器中铅含量的不同对于铅同位素比值指示的矿料有所差别，一般认为含铅量 2% 以下时样品中的铅来自铜矿，含铅量 4% 以上时来自铅矿，而含铅量 2% ～ 3% 不能确定，要通过铜器的铅同位素比值

[1]　崔剑锋、吴小红：《铅同位素考古研究——以中国云南和越南出土青铜器为例》，文物出版社，2008年，第3、4页。

来判断其指征的铜矿存在一定问题[1]。为减轻这一因素的影响，本实验在样品选择中尽量覆盖到所有类型，包括炉壁、炉渣、铜块、铜器和铅锭，含铅量从 0% ～ 95% 均有，这样检测得到的铅同位素比值数据应该能够较好的反映遗址的铜矿来源。

（一）金相显微观察与扫描电镜能谱分析

本项工作对师姑墩遗址出土的 39 件样品（包括 8 件铜器、5 件铜块、6 件炉渣、17 件炉壁、1 件铅锭和 2 件陶范）进行取样，分别采用酚醛树脂和环氧树脂两种方法对取下的样片进行镶嵌，经 300 目到 2000 目的砂纸依次打磨后，用 0.5μm 的金刚砂抛光至显微镜下样品基本无划痕。在 LEICADM4000M 型金相显微镜下进行显微组织观察：对铜器和铜块样品，用三氯化铁盐酸酒精溶液浸蚀后再观察金相组织、夹杂物形态和铅的分布状况，并拍摄金相照片；炉渣、炉壁和陶范样品直接观察拍照。

为进一步确定各相成分，使用清华大学摩擦学国家重点实验室 Quanta200F 场发射环境扫描电子显微镜及能谱分析仪（SEM-EDS），在加速电压 15 千伏条件下，对陶范的平均成分采用面扫描方式。对铜器和铜块的合金成分，一般选择锈蚀较少的部位进行 1 ～ 3 次面扫描，取平均值代表样品的合金成分；样品中的夹杂物和特殊相采用点测方式。炉渣和炉壁样品成分分布不均匀，需利用 SEM-EDS 对样品中的多个相以及金属颗粒进行分析。

（二）便携式 X 射线荧光光谱分析

本项工作对 29 件不易取样的样品用热电 NITON-301 型便携式 X 荧光光谱分析仪（PXRF）测定了成分。鉴于 PXRF 设备本身的检测误差，同时部分铜器和铜块锈蚀严重，因此其结果在这里中只用于定性判断样品的合金类型，采取 2% 为标准，样品中含量小于 2% 的锡、铅、砷等元素以括号标注。

（三）铅同位素比值测定

本项工作对师姑墩出土的冶铸遗物按照年代早晚选取了 15 件样品进行铅同位素检测（表 33-9），包括早期 1 件，晚期 I 段 6 件、晚期 II 段 3 件、晚期 III 段 3 件和晚期 IV 段 2 件。

表 33-9　师姑墩 15 件铅同位素样品的基本信息

实验室编号	样品号	器物名称	合金类型	时期
24079	T9⑪: 62	炉壁	CuAs	早期
24017	T6⑪: 1	铜矛	CuSn（Pb）	晚期 I 段
24018	T6⑪: 2	铜镞	CuSnAs（Pb）	
24070	T6⑪: 112	炉壁	Cu	
24066	T5⑧: 21	炉渣	CuPb	
24015	T5⑧: 22	铜块	Cu（PbAs）	
24040	T9⑩: 1	铜镞	CuSnPb	

---

[1]　陈铁梅：《科技考古学》，北京大学出版社，2008年，第131页。

实验室编号	样品号	器物名称	合金类型	时期
24010	T5 ④: 3	铜削	CuSnAs（Pb）	晚期Ⅱ段
24011	T5 ⑦: 3	铜锛	CuSn（Pb）	
24078	T9 ⑥: 114	铜块	CuAs（Pb）	
24067	T6 ⑤: 103	炉壁	CuSnPb（As）	晚期Ⅲ段
24029	T9 ③: 2	残铜器	CuSnAs（Pb）	
24081	T8 ⑦: 9	铅锭	Pb	
24021	T7 ③: 1	铜矛残块	CuSnPb（As）	晚期Ⅳ段
24022	T7 ④: 4	铜矛	CuSnPbAs	

根据魏国锋等对 6 件古代青铜器及锈蚀产物的分析，初步认为铅同位素分馏效应或环境铅的扩散对青铜器锈蚀产物的铅同位素影响非常小，可以用锈蚀产物的铅同位素代表青铜基体的矿料来源[1]。因此在这批样品的取样过程中，对较为完整的铜器从样品表面刮取了锈蚀产物，铜块、铅锭、炉渣和炉壁则直接在新鲜断面处截取小块样品，用玛瑙研钵研成粉末。

实验采用的铅同位素分析方法为多接收电感耦合等离子质谱（MC-ICP-MS），所使用的仪器是北京大学地球与空间学院造山带与地壳演化教育部重点实验室的 VG Axiom 型多接收高分辨等离子质谱仪，分析精确度在 2σ 误差范围内，该仪器测量时铅含量的最低检测限为 100ppb，即样品中含铅量为 0.2% 时，仪器精确度降低一个数量级，$^{207}Pb/^{206}Pb$ 和 $^{208}Pb/^{206}Pb$ 小于 0.1%，$^{206}Pb/^{204}Pb$ 小于 1%[2]。根据仪器特点，本项工作采用的样品前处理方法为使用强酸将样品完全溶解，直接上机进行测试。具体实验步骤如下：

使用北京大学考古文博学院的 QuanX 型 X 荧光光谱（XRF）测定 15 件样品的主量元素（铜、锡、铅、砷）含量。取单个样品 5mg 左右放入聚四氟乙烯溶样杯中，加入 1ml 超纯硝酸和 2ml 超纯盐酸，在 80℃ 加热盘上密闭加热溶解。待样品完全溶解（加热 24 小时左右），加入超纯水定容至 100ml，铅含量在 0.5% ～ 2% 的样品可以直接上机测试；铅含量大于 2% 的样品根据含量再次稀释并定容，达到铅浓度 250ppb ～ 1000ppb 的要求。

三　师姑墩遗址小件铜器和铜块的制作技术

对小件铜器和铜块制作技术的分析，一般采用金相观察和扫描电镜能谱分析结合的方法，通过成分和金相组织来确定铜器铜块的合金类型和铸造工艺。师姑墩遗址共出土小件铜器和铜块 48 件，经 PXRF 检测和扫描电镜能谱分析的共 39 件，具体数据见表 33-10、11。

---

[1] 魏国锋、秦颖、王昌燧、李清临、张爱兵、宫希成：《古代青铜器基体与其锈蚀产物铅同位素对比研究》，《中国科学技术大学学报》2006年7月，第774～791页。

[2] 崔剑锋、吴小红：《铅同位素考古研究——以中国云南和越南出土青铜器为例》，文物出版社，2008年，第53、54页。

表 33-10　师姑墩 29 件铜器和铜块样品的 PXRF 检测结果（只显示是否有该元素）

序号	样品编号	类型	Cu	Sn	Pb	As	Fe	Al	S	P	Si	合金类型	年代
1	T5⑧：22	铜块	✓		✓	✓	✓	✓			✓	Cu（PbAs）	晚期Ⅰ段
2	T5⑩：1	铜器	✓	✓	✓		✓	✓		✓	✓	CuSnPb	
3	T6⑪：1	铜矛	✓	✓	✓		✓				✓	CuSn（Pb）	
4	T6⑪：2	铜镞	✓	✓	✓	✓	✓	✓		✓	✓	CuSnAs（Pb）	
5	T8⑨：2	铜块	✓	✓	✓	✓	✓					Cu（SnPbAs）	
6	T9⑩：1	铜镞	✓	✓	✓		✓	✓		✓	✓	CuSnPb	
7	T33⑦：34	铜块	✓	✓	✓	✓					✓	CuSnPbAs	晚期Ⅱ段
8	T5④：1	铜削	✓	✓	✓	✓	✓			✓	✓	CuSnPbAs	
9	T5④：3	铜削	✓	✓	✓	✓				✓	✓	CuSnAs（Pb）	
10	T5⑦：3	铜锛	✓	✓	✓		✓	✓		✓	✓	CuSn（Pb）	
11	T5⑦：6	铜镞	✓	✓	✓	✓				✓	✓	CuSnPbAs	
12	T5⑦：8	铜削	✓	✓	✓	✓				✓	✓	CuSnAs（Pb）	
13	T7⑨下K10：1	铜块	✓	✓	✓	✓				✓	✓	CuAs（SnPb）	
14	T9⑥：114	铜块	✓		✓	✓	✓	✓				CuAs（Pb）	
15	T9⑥：12	铜削	✓	✓	✓	✓	✓			✓	✓	CuSnAs（Pb）	
16	T9⑥：3	铜镞	✓	✓	✓	✓						CuSnPbAs	
17	T9⑦：3	铜镞	✓		✓					✓	✓	CuPb	
18	T9⑦：5	铜镞	✓	✓	✓	✓						CuSnPbAs	
19	T9⑧：3	铜片	✓	✓	✓							CuSn（Pb）	
20	T9⑧：41	铜块	✓		✓	✓	✓	✓				CuAs（Pb）	
21	T6⑦：19	铜块	✓			✓				✓	✓	Cu	晚期Ⅲ段
22	T8⑦：6	铜块	✓	✓	✓				✓		✓	CuSnPb	
23	T8⑦：7	铜镞	✓	✓		✓				✓	✓	CuSnAs	
24	T9③：2	铜镞	✓	✓	✓	✓		✓		✓	✓	CuSnAs（Pb）	
25	T32③：1	铜镞	✓	✓	✓	✓		✓		✓	✓	CuSnAs（Pb）	晚期Ⅳ段
26	T7④：4	铜矛	✓	✓	✓	✓				✓	✓	CuSnPbAs	

表 33-11　师姑墩 14 件铜器、铜块和铅锭的 SEM-EDS 成分分析结果（wt%）

序号	样品号	类型	Cu	Sn	Pb	As	Fe	S	O	其他	合金类型	年代
1	T5 ⑧：2	铜块	87.37			3.81	3.17	1.70	3.95		CuAs	晚期Ⅰ段
2	T9 ⑨：1	铜镞	75.24	13.49	8.56				1.71		CuSnPb	
3	T28 ⑤：5	铜块	95.76		3.04	1.21					CuPb（As）	晚期Ⅱ段
4	T4 ⑦：2	残铜器	62.21		32.88			2.28	2.63		CuPb	
5	T6 ⑧：47*	铜块	32.36	1.45		2.77	18.60		41.94	P 2.88	CuAs（Sn）	
6	T9 ⑥：11*	残铜刀	69.58	7.04	12.61				10.78		CuSnPb	
7	T9 ⑥：19	残口沿	83.52	7.80		5.08		1.18	2.43		CuSnAs	
8	T41 ⑤：40*	铜块	41.05	1.88			31.18	0.40	17.86	Ca 0.82；Mg 0.76；Al 2.32 Si 2.83；P 0.89	Cu（Sn）	
9	T36 ④：28*	残铜器	62.83		16.88		4.01		15.80	P 0.28；Si 0.41	CuPb	晚期Ⅲ段
10	T8 ⑦：4	残铜器	86.97	3.91		5.54		1.38	2.21		CuSnAs	
11	T8 ⑦：9	铅块			93.29				6.71		Pb	
12	T9 ③：1	残铜器	67.61		29.83					Cl 2.57	CuPb	
13	T40 ③：39	铜块	79.11	18.14					2.76		CuSn	晚期Ⅳ段
14	T7 ③：1*	铜矛残块	53.80	28.01	2.79	0.87			14.54		CuSnPb（As）	

注：表33-11中标注※的样品由于锈蚀比较严重，因此成分数据只适于定性判断合金类型。

（一）小件铜器的制作技术

1. 合金成分

师姑墩遗址共出土小件铜器 26 件，经 SEM-EDS 和 PXRF 分析的共 25 件。其中可以判断器形的样品有 20 件（图 33-13～16），包括工具、兵器和容器，合金类型见表 33-12；5 件器形不明样品的合金类型见表 33-13。由于师姑墩出土的小件铜器普遍锈蚀严重，因此 SEM-EDS 和 PXRF 的成分结果在此仅用于定性判断合金类型，不做定量讨论。

图 33-13　铜削 T5 ④：1

图 33-14　铜锛 T5 ⑦：3

图 33-15　铜削 T5 ⑦：8

图 33-16　铜矛 T7 ④：4

表 33-12　器形明确小件铜器的合金类型

器类	器物名称	编号	合金类型	年代
兵器	铜镞	T9 ⑨：1	CuSnPb	晚期 I 段
		T9 ⑩：1		
		T6⑪：2	CuSnAs	
		T9 ⑦：3	CuPb	晚期 II 段
		T5 ⑦：6	CuSnPbAs	
		T9 ⑥：3		
		T9 ⑦：5		
		T8 ⑦：7	CuSnAs	晚期 III 段
		T9 ③：2		
		T32 ③：1		晚期 IV 段
	铜矛	T6⑪：1	CuSn	晚期 I 段
		T7 ③：1	CuSnPb	晚期 IV 段
		T7 ④：4	CuSnPbAs	
	铜刀	T9 ⑥：11	CuSnPb	晚期 II 段
工具	铜削	T5 ④：3	CuSnAs	晚期 II 段
		T5 ⑦：8		
		T9 ⑥：12		
		T5 ④：1	CuSnPbAs	
	铜锛	T5 ⑦：3	CuSn	晚期 II 段
容器	残铜器口沿	T9 ⑥：19	CuSnAs	晚期 II 段

表 33-13　器形不明小件铜器的合金类型

器物名称	编号	合金类型	年代
残铜器	T4⑦：2	CuPb	晚期Ⅱ段
	T9③：1		晚期Ⅲ段
	T36④：28		
	T5⑩：1	CuSnPb	晚期Ⅰ段
	T8⑦：4	CuSnAs	晚期Ⅲ段

　　比较表33-10、11可以发现，器形明确的小件铜器除晚期Ⅱ段T9⑦：3铜镞为铅青铜外，无论兵器、工具和容器，都以铜、锡为主要合金元素；而器形不明的残铜器中铅青铜有3件，占60%，这三件器物在功能上可能有所区别。

　　在14件兵器中，铜镞共有10件，从晚期Ⅰ段到Ⅳ段，晚期Ⅰ段为三元合金，包括CuSnPb和CuSnAs两种；晚期Ⅱ段以CuSnPbAs四元合金为主，有1件CuPb二元合金；晚期Ⅲ段和Ⅳ段均为CuSnAs三元合金。

　　铜矛共3件，出现于晚期Ⅰ段和Ⅳ段，合金类型均不相同，包括CuSn、CuSnPb、CuSnPbAs等。

　　从各时期铜矛与铜镞的出土数量与合金类型来分析：时间上铜镞在晚期Ⅰ段至Ⅳ段均有出现，铜矛仅出现于晚期Ⅰ段和Ⅳ段；数量上铜镞占绝对优势；合金类型上，铜镞每一时期统一性都较好，铜矛则较为离散，没有固定的合金组成。通过这几个方面的比较，初步推测师姑墩遗址在晚期Ⅰ段至Ⅳ段以铜镞为主要铸造器物，要求相对严格；铜矛仅作为副产品，产出很少。有学者曾提出，铜镞是一种消耗性的远射青铜兵器，射出后不易回收，只有冶铜业发展到一定阶段才会出现，这样来说，师姑墩遗址在西周早中期时的冶铸活动已经具有一定的规模，虽然该遗址没有发现商时期冶铸遗物，但初步推测其冶铸技术在二里头与西周早中期之间并没有停滞，应该处于发展过程中，这一点有待考古发掘来进一步证实。

　　在5件工具中，铜削有4件，分布在晚期Ⅱ段，合金类型比较一致，以CuSnAs三元合金为主，有1件CuSnPbAs四元合金。铜锛有1件，为晚期Ⅱ段的铅锡青铜。

　　容器类样品仅有1件，为晚期Ⅱ段的CuSnAs合金。

　　工具和容器仅出现在晚期Ⅱ段，对比该时期各类器物的合金类型，兵器以铅锡砷四元合金为主，另有部分铅青铜和铅锡青铜；大部分工具和容器均为砷锡青铜，少量工具为锡青铜和铅锡砷铜制品。从这种现象来看，这一时期工匠对兵器合金类型的选择与工具、容器有一定差别，但由于容器类和工具类样品整体数量较少，因此在统计学意义上无法确定合金类型与器类之间是否存在对应关系。

　　2. 金相组织

　　25件铜器样品中，取样分析了12件，其中8件锈蚀严重，仅有4件金相组织较为完整，金相观察结果见表33-14。

表 33-14　小件铜器的金相组织观察结果

序号	器类	样品编号	取样部位	金相组织	制作工艺	图	年代
1	铜镞	T9⑨:1	翼部	α固溶体树枝晶上分布细小的（α+δ）共析体，夹杂硫化亚铜和黑色铅颗粒。	铸造	33-17	晚期Ⅰ段
2	铜刀	T9⑥:11	横截面	基体基本锈蚀，夹杂黑色铅颗粒。		33-18	晚期Ⅱ段
3	口沿	T9⑥:19	横截面	夹杂硫化亚铜和黑色铅颗粒。		33-19	
4	残铜器	T4⑦:2	横截面	α固溶体大晶粒，晶界清晰，晶内偏析程度不高。铅在晶界呈粗大多角和条状、块状分布，锈蚀严重。	铸造	33-20、21	
5	残铜器	T8⑦:4	横截面	α固溶体树枝晶偏析，灰色岛屿状为富铅砷相。	铸造	33-22、23	晚期Ⅲ段
6	残铜器	T9③:1	横截面	α固溶体大晶粒，晶界锈蚀严重，夹杂浅灰色硫化亚铜颗粒，少量白色银、铅、铜合金颗粒，大量多角状高铅相分布在α固溶体中，样品边缘处铅以氧化物形态分布。	铸造	33-24	
7	残铜器	T36④:28	横截面	基体为铜的氧化物，上面分布有团块状红铜颗粒，外侧局部未氧化，夹杂不定形高铅相。		33-25	
8	铜矛	T7③:1	横截面	基本完全锈蚀的α固溶体树枝晶，细小的（α+δ）共析体。	铸造	33-26	晚期Ⅳ段

从金相组织观察结果来看，铜器呈现典型的铸造组织，夹杂物包括硫化亚铜和铜铁硫化物两种，无后期冷热加工痕迹。

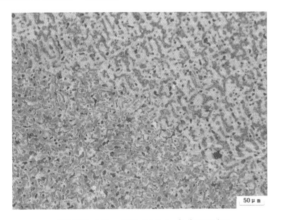

图 33-17　T9⑨:1 金相组织

α树枝晶偏析，浅灰色共析体，夹杂铜铁硫化物和铅颗粒

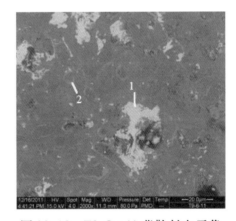

图 33-18　T9⑥:11 背散射电子像

1为高铅相，2细小环状为含少量砷的Cu-Sn-Pb相

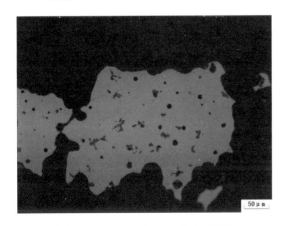

图 33-19　T9⑥:19 金相组织

（未侵蚀），夹杂硫化亚铜和铅颗粒

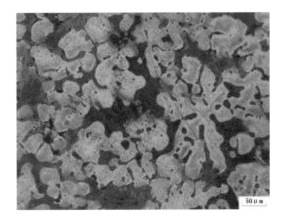

图 33-20　T4⑦:2 金相组织

铜α固溶体大晶粒，晶界清晰，晶内偏析程度不高，夹杂黑色铅颗粒

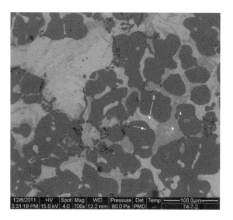

图 33-21　T4 ⑦：2 背散射电子像

2、3为高铅相，4为铅砷青铜相，深色为铅青铜基体

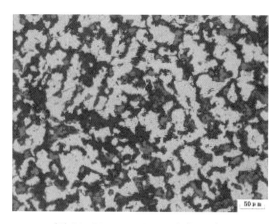

图 33-22　T8 ⑦：4 金相组织

α固溶体树枝晶偏析，灰色岛屿状相为 γ 相

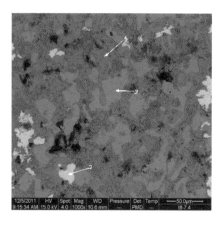

图 33-23　T8 ⑦：4 背散射电子相

2为富铅砷相（Cu3.47，Sn3.48，Pb51.08，As35.02），3为含有少量As的铜（Cu97.53，As2.47），4为含有少量Sn的Cu3As（Cu55.68，Sn2.53，As41.14）

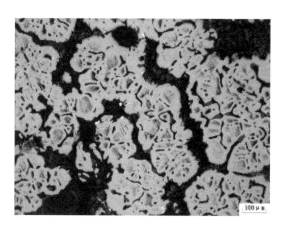

图 33-24　T9 ③：1 金相组织

α固溶体大晶粒，晶界清晰，夹杂浅灰色硫化亚铜颗粒，少量白色颗粒含银较高（Cu21.97，Ag58.96，Pb16.87，S2.21）

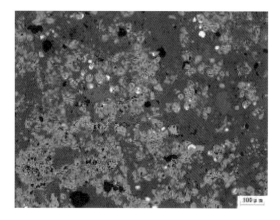

图 33-25　T36 ④：28 金相组织

灰色基体为铜氧化物，浅灰色Cu2O，亮白色红铜颗粒

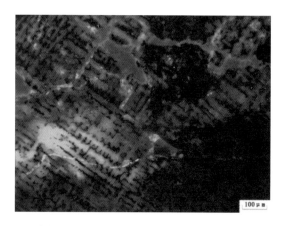

图 33-26　T7 ③：1 暗场下金相组织

基本锈蚀的α树枝晶，锈蚀的（α+δ）共析体

3. 小结

师姑墩出土的小件铜器包括工具、兵器和容器，如锛、镞、矛、削、刀和容器口沿等。工具和兵器在使用过程中要受到使用对象的冲击和磨损，含锡量在10%～17%的锡青铜具有高的抗拉强度、较高的硬度和一定的延伸率，符合工具和兵器的性能要求。铅在铜锡合金中一般单独存在，铸造青铜器中加入铅能够提高铜液的流动性和充型性；铅含量较高时，特别是较大铅颗粒的存在会对合金产生割裂作用，降低合金的抗拉强度、硬度等性能。

师姑墩出土的铜镞、铜矛、铜削和铜刀以含锡的多元合金为主，仅有两件锡含量在13%～18%之间，其余均低于8%；同时，器物中铅含量普遍较高，一件残铜器铅含量接近30%，铅多以细小的铅颗粒形式弥散分布在基体中；砷含量一般为2%～5%，对整体的机械性能影响不大。从各种合金元素的大致比例来看，在需要流动性好一些的容器中没有加入铅，而需要耐磨损的工具和兵器里铅含量普遍偏高。

铜器中硫化物夹杂有硫化亚铜和铜铁硫化物两种。合金配比随意性较强，合金类型与器物功能无明显对应关系。工具和兵器均为铸造组织，未经过冷热加工处理来改善其机械性能。该遗址工匠对于铅、锡、砷等元素含量以及后期加工对器物性能的影响似乎并不重视。

（二）铜块的制作技术

师姑墩遗址出土了22件铜器边角料、铜锭残块等铸铜遗物，统称为铜块。本项工作对其中14件铜块的成分和显微组织进行了分析，以补充铜器铸造技术和熔炼的相关信息。

1. 合金成分

表33-15列出了14件铜块的合金类型，包括4件红铜、5件砷铜、2件锡青铜、1件铅青铜、1件铅锡青铜和1件铅锡砷铜。红铜样品中铅、锡、砷含量很低，都含有较高的铁，性质为粗铜锭，晚期Ⅰ段至Ⅲ段均有出现。

合金类型和数量以晚期Ⅱ段最为丰富，晚期Ⅰ至Ⅱ段粗铜锭和砷铜占主要位置，Ⅲ段以后没有发现砷铜块，整体来看，砷铜的比例在铜块中远大于铜器。遗址上的铜锭原料可能包括红铜和砷铜两种，含铁较高的粗铜应该是未精炼完全的半成品。

表33-15　铜块的合金类型

样品编号	合金类型	年代
T5 ⑧: 22	Cu	晚期Ⅰ段
T8 ⑨: 2		
T5 ⑧: 2	CuAs	
T41 ⑤: 40	Cu	晚期Ⅱ段
T6 ⑧: 47	CuAs	
T7 ⑨下 K10: 1		
T9 ⑥: 114		

样品编号	合金类型	年代
T9⑧: 41	CuAs	晚期Ⅱ段
T9⑧: 3	CuSn	
T28⑤: 5	CuPb	
T33⑦: 34	CuSnPbAs	
T6⑦: 19	Cu	晚期Ⅲ段
T8⑦: 6	CuSnPb	
T40③: 39	CuSn	晚期Ⅳ段

2. 金相组织

14件样品中，取样分析了11件，其中金相组织可分辨的样品有3件，锈蚀完全的样品仅选1件进行了分析，金相观察结果见表33-16。

表33-16　师姑墩铜块的金相组织观察结果

序号	样品编号	取样部位	金相组织	制作工艺	图	年代
1	T5⑧: 2	横截面	α固溶体呈晶粒状，内部锈蚀严重，（α+δ）共析体形成网状，晶界间夹杂铜铁硫化物。	铸造	33-27	晚期Ⅰ段
2	T28⑤: 5	横截面	微量砷溶入铜中形成α固溶体树枝状偏析，大量硫化亚铜夹杂物和铅颗粒。	铸造	33-28	晚期Ⅱ段
3	T6⑧: 47	横截面	锈蚀严重，仅有少量金属未氧化，氧化的金属呈晶粒状。		33-29	
4	T40③: 39	边缘	α固溶体呈晶粒状，（α+δ）共析体形成网状，并和硫化物夹杂一起分布于晶界，晶界和晶内存在少量滑移线，可能为使用中造成。	铸造	33-30	晚期Ⅳ段

从金相组织观察结果看，4件样品包括2件砷铜铸造组织、1件含少量砷的铅青铜铸造组织和1件锡青铜铸造组织，夹杂物包括硫化亚铜和铜铁硫化物两种。其中锡青铜样品边缘处存在少量滑移线，应该在使用中造成，可以判断属于实用器的残留。

3. 小结

对师姑墩遗址出土铜块的合金组成和显微组织分析，在一定程度上揭示出遗址配制合金的金属料、合金配比和铜器制作工艺等情况。

从发现的1件红铜和3件含铁较高的粗铜来看，铸铜所用的铜料应为红铜；砷容易挥发，遗址出土的砷铜块却数量众多，推测砷铜应为配制合金的原料之一，可能来自重熔废料或砷铜锭。

师姑墩铜块的合金类型多样，包括锡青铜、铅青铜、砷铜、铅锡青铜和铅锡砷青铜。显微组织观察结果表明，铜块多为铸造而成，1件铜块的金相组织显示其经过使用。

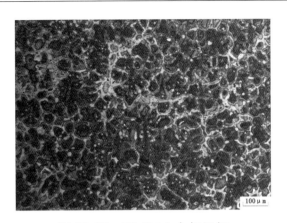

图 33-27 T5 ⑧：2 金相组织

α 固溶体呈晶粒状，内部锈蚀严重，（α+δ）共析体
形成网状，晶界间夹杂铜铁硫化物

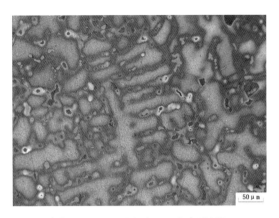

图 33-28 T28 ⑤：5 金相组织

微量砷溶入铜中形成 α 固溶体树枝状偏析，夹杂硫化亚
铜和铅颗粒

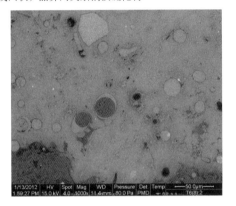

图 33-29 T6 ⑧：47 背散射电子像

浅色圆形球状颗粒为硫化亚铜，深灰色颗粒为氧化亚
铜，外面包裹一层硫化亚铜

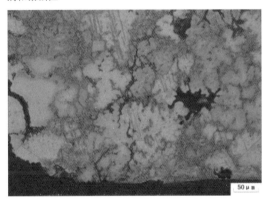

图 33-30 T40 ③：39 金相组织

α 固溶体呈晶粒状，（α+δ）共析体形成网状，并和硫化物夹
杂一起分布于晶界，晶界和晶内存在少量滑移线

四 师姑墩遗址冶铸技术的发展脉络

前面对师姑墩遗址出土的小件铜器和铜块的制作技术进行了系统分析，为了解该遗址冶铸技术
的发展脉络，同时期出土炉渣和炉壁提供的信息非常重要。现在前面分析的基础上，结合该遗址炉
渣和炉壁反映的技术特征，对其冶铸遗物分时期进行讨论，以期梳理出师姑墩遗址冶铸技术的发展
脉络。另外，师姑墩遗址出土的两件陶范样品分析结果也在本节中做简要介绍。炉渣和炉壁的 PXRF
和 SEM-EDS 检测结果见表 33-17 ～ 19。

表 33-17 师姑墩 3 件炉壁样品的 PXRF 检测结果（只显示是否有该元素）

	样品编号	类型	Cu	Sn	Pb	As	Fe	Al	S	P	Si	合金类型	年代
1	T29 ②：38	炉壁	✓	✓	✓	✓	✓	✓			✓	CuPbAs(Sn)	
2	T29 ②：40	炉壁	✓		✓		✓			✓	✓	Cu(Pb)	晚期Ⅱ段
3	T29 ⑤：6	炉壁	✓	✓	✓	✓					✓	CuSnAs(Pb)	

表 33-18　师姑墩 8 件炉渣样品元素组成的 SEM-EDS 分析结果（wt%）

	样品号	分析方式	CuO	PbO	As_2O_3	MgO	Al_2O_3
1	T9⑪：62	面扫	2.48			1.96	9.26
2	T5⑧：21	面扫	3.11			1.51	5.46
3	T6⑪：112	面扫	6.11			1.27	3.94
4	T6⑨：10	面扫平均	0.62			0.81	6.14
5	T6J1①：24	面扫平均	2.87			1.16	5.52
6	T29②：39	面扫		4.98	2.87		7.56
7	T8⑦：5	面扫					8.58
8	T41②：8	面扫平均				1.48	8.50

表 33-19　师姑墩 16 件炉壁样品元素组成的 SEM-EDS 分析结果（wt%）

	样品号	分析方式	CuO	SnO_2	PbO	As_2O_3	Na_2O
1	T8⑩：1	面扫平均（无附着渣）					1.10
2	H9：4	锈面扫平均（无附着渣）	28.68	20.48	18.98		
3	T9H3：1	炉壁基体面扫平均					
		附着渣面扫平均	3.52				
4	T8⑧：3	面扫平均					
5	T29⑤：2	附着渣面扫平均	34.58				
6	T29⑤：5	炉渣 A 面扫平均					
7	T28②：9	面扫平均	5.46		7.50		
8	T5④：69	附着渣面扫平均	0.86		43.73		
9	T33⑦：32	炉壁基体面扫平均					
		附着炉渣 A 面扫					
		附着炉渣 B 面扫	2.64				
10	T6⑧：48	炉壁基体面扫平均	8.26				1.47
		附着渣面扫	12.40	40.70	10.98		
11	T5⑥：1	炉壁基体面扫平均					0.45
		附着渣面扫	36.19	4.77		2.78	
12	T28⑤：3	炉壁基体面扫平均					
		附着渣面扫平均	7.98	25.91	10.09	3.82	1.81
13	T28⑤：4	附着渣面扫	19.10	26.02	6.64	1.67	
14	T29⑤：6	炉壁基体面扫平均	1.50				0.58
		附着渣面扫	17.57	51.27	10.77	4.47	
15	T6⑤：103	附着渣面扫平均	11.51	19.89	5.64	1.03	
16	T9④：126	附着渣面扫平均	5.91				

SiO₂	K₂O	CaO	FeO	P₂O₅	炉渣类型	年代
41.35	0.88	18.58	25.48		熔炼砷铜	早期
58.56	3.04	11.15	16.17		熔炼铅青铜渣	晚期Ⅰ段
9.18		2.96	76.54		冶炼渣	
25.63	1.20	6.40	59.21		冶炼渣	晚期Ⅱ段
23.88	1.02	5.36	60.20		冶炼渣	
36.81	2.19	16.62	26.59	2.36	熔炼铅砷青铜渣	
36.18	1.10	4.85	46.53		冰铜冶炼渣	晚期Ⅲ段
53.74	1.52	11.22	23.54		冰铜冶炼渣	晚期Ⅳ段

MgO	Al₂O₃	SiO₂	P₂O₅	K₂O	CaO	FeO	炉渣类型	年代
1.01	16.14	73.30		2.73		4.98	与铅相关	早期
2.23	2.51	13.85	1.19		9.86	2.21	熔炼铅锡青铜	
	14.76	73.73		4.09		7.41	黏土质	晚期Ⅰ段
1.22	5.09	50.24	3.84		3.60	32.49	熔炼铅锡青铜	
2.89	11.24	38.53	2.92		19.16	25.26	熔炼铅青铜	
2.02	6.58	34.23		1.65	5.93	10.24	熔炼红铜	
	7.56	36.81	0.77	2.19	16.62	26.59	冶炼冰铜	
	15.19	63.37	5.41			5.08	熔炼铅青铜	
	5.02	43.56		1.19	1.82	3.81	熔炼铅青铜	
	15.50	69.92		3.56	2.49	7.15	黏土质	
0.72	11.67	60.78		3.92	6.43	16.48	冶炼冰铜	
1.30	7.11	33.90	2.33	2.31	9.64	40.75	冶炼砷铜	
1.06	13.48	63.95		6.25	5.33		黏土质	晚期Ⅱ段
0.92	3.55	15.42	0.43		5.24	10.37	熔炼铅锡青铜	
0.52	12.56	80.78		4.36	1.32		黏土质	
3.56	4.19	18.98	3.27	1.38	10.78	5.04	熔炼铅锡砷铜	
	15.47	74.41		3.32	2.27	4.52	黏土质	
	4.98	20.95	0.98		13.42	10.04	熔炼铅锡砷铜	
	3.18	20.76	0.90		14.12	5.86	熔炼铅锡砷铜	
1.33	12.97	69.53	1.78	2.49	1.66	8.15	黏土质	
	1.73	9.03				5.15	熔炼铅锡砷铜	
1.74	7.24	15.62	6.14		14.16	17.04	熔炼铅锡青铜	晚期Ⅲ段
	2.27	8.74	1.98		1.93	79.18	熔炼铅锡砷铜	

（一）师姑墩早期的炉壁

师姑墩早期地层中出土与冶铸相关的遗物共 3 件，均为炉壁，分析结果见表 33-20。

表 33-20　早期（二里头三、四期）样品的合金类型

合金类型	Pb	CuAs	CuSnPb	合计
炉渣		T9⑪：62		1
炉壁	T8⑩：1		H9：4	2

炉渣 T9⑪：62 内表面有较多铁褐色凹坑，黏附少量炉渣和铜锈。炉渣中有较多红铜、砷铜和少量冰铜（CuFeS）颗粒，锈蚀红铜颗粒边缘包裹 CuFeAs 相（图 33-31，成分见表 33-21）。T9⑪：62 反映了配制砷铜合金的过程。

炉壁 T8⑩：1 横截面上有明显的添加有机物留下的长条形孔洞，基体中有较多铁颗粒弥散分布，边缘处有少量高铅相（图 33-32），未发现其他金属，应与金属铅相关的合金熔炼活动有关。

炉壁 H9：4 分层明显，外侧为黏土质耐火材料，内侧黏附有锈蚀金属和炉渣。黏附炉渣中有大量板条状二氧化锡晶体，周围分布有富含锡和钙的氧化物（图 33-33、34，成分见表 33-21），推测反应过程应该为金属锡先被氧化成板条状的氧化物，再与富含钙的炉渣基体反应形成这一相。炉壁（附着炉渣）中的铜颗粒均为纯铜，没有铜锡合金颗粒，少量的铅以氧化态形式存在。综合判断 H9：4 为熔炼铅锡青铜的炉壁。

这一时期虽然没有发现铜器和铜块样品，但 1 件炉渣和 2 件炉壁分别反映了熔炼铅、配制砷铜合金和熔炼铅锡青铜的过程，说明该遗址在二里头三四期可能已出现了合金熔炼和铸造活动，铅、锡为有意加入，砷的来源将结合晚期各段样品综合讨论。

表 33-21　早期炉壁样品中特殊相的 SEM-EDS 成分（wt%）

序号	样品编号	检测相	O	As	Mg	Al	Si	Pb	Sn	Ca	Fe	Cu
1	T9⑪：62	含砷相	31.81	2.40		4.77	7.49			1.87	27.20	19.33
2	H9：4	二氧化锡	21.14		0.71	0.72	4.45		63.21	3.97	1.44	4.36
3		高锡相	25.48		0.95	1.18	13.12	2.52	34.37	14.03		8.34

（二）师姑墩晚期 Ⅰ 段（西周早中期之际）

晚期 Ⅰ 段样品数量增加，共出土 11 件样品，包括 5 件铜器、2 件铜块、1 件炉渣和 3 件炉壁。需要指出的是，出土于 T6⑪层的 2 件铜器和 1 件炉壁，虽然根据地层判定其属于早期，但经核对它们出于⑪层表层，为谨慎起见仍将这 3 件样品的年代归入晚期 Ⅰ 段。分析结果见表 33-22。

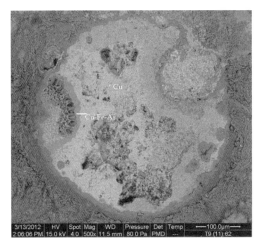

图 33-31　T9⑪：62 背散射电子像

图 33-32　T8 ⑩：1 背散射电子像

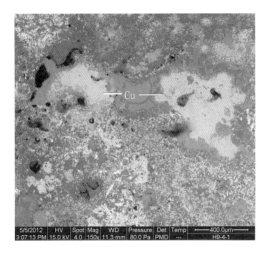

图 33-33　H9：4 背散射电子像锈

蚀程度不同的纯铜颗粒

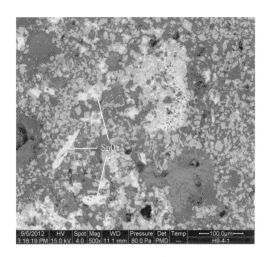

图 33-34　H9：4 背散射电子像

亮白色针状相为二氧化锡晶体，这种形态表示样品曾经过高温熔融过程。二氧化锡晶体周围的浅灰色相富含锡和钙。基体中含有少量铅

表 33-22　晚期 I 段（西周早中期之际）样品的合金类型

合金类型	Cu	CuSn	CuPb	CuAs	CuSnAs	CuSnPb	合计
铜器		矛 T6⑪：1			镞 T6⑪：2	残 T5 ⑩：1 镞 T9 ⑨：1 镞 T9 ⑩：1	5
铜块	T5 ⑧：22			T5 ⑧：2			2
炉渣	T6⑪：112		T5 ⑧：21				2
炉壁			T8 ⑧：3			T9H3：1	2
合计	2	1	2	1	1	4	11

5 件铜器包括锡青铜、砷锡青铜和铅锡青铜 3 种合金类型；2 件铜块分别为含较高铁的粗铜和含微量铅的砷铜。

炉渣 T5 ⑧：21 中包裹着较大的铜铁氧化物和冰铜（CuFeS）颗粒，铜铁氧化物可能是后期埋藏过程中原有的冰铜颗粒部分被氧化而形成的；另外发现氧化铜、红铜和铅青铜颗粒，推测反应过程为冰铜锭熔融脱硫得到红铜，再加入金属铅配制铅青铜合金，成分见表 33-23 中 1～4、图 33-35、36。综合判断 T5 ⑧：21 为配制铅青铜合金时产生的熔炼渣。

炉渣 T6⑪：112 表面较多铁褐色凹坑，中间夹杂直径约为 0.7cm 的金属颗粒。显微组织观察发现样品中的金属颗粒均为红铜，周围分布大量四氧化三铁，成分见表 33-23 中 5、6，图 33-37、38。四氧化三铁反映炉内还原性气氛较强，一般在冶炼渣中常见。该样品应为冶炼渣。

炉壁 T9H3：1 具有明显分层现象，内壁上黏附有少量铜锈和炉渣。铜锈经检测为铅锡青铜，由于锈蚀严重，铜含量很低；附着的炉渣中分布有大量鱼骨状铁硅酸盐骸晶，成分见表 33-23 中 7～9、图 33-39、40。性质为熔炼铅锡青铜的炉壁。

炉壁 T8 ⑧：3 与早期样品 T8 ⑩：1 相似，基体中有少量高铅颗粒弥散分布，未发现其他金属，应与铅的合金熔炼活动有关。

西周早中期之际地层中出土的 1 件炉渣和 3 件炉壁，反映了红铜冶炼、铅青铜合金配制、铅锡青铜熔炼等过程，与同时期的铜器和铜块成分相比，未发现与砷相关的炉渣炉壁，该时期的冶炼和铸造活动与早期相近。

表 33-23　晚期 I 段炉渣炉壁中特殊相的 SEM-EDS 成分（wt%）

序号	样品编号	检测相	O	Mg	Al	Si	P	Pb	Sn	Ca	Fe	Cu	其他
1	T5 ⑧：21	铜铁氧化物	28.67		0.91	6.51				1.29	3.59	58.25	K0.79
2		冰铜	10.60		0.87	4.37				1.38	3.26	58.25	S21.28
3		铅青铜	15.38			6.29		62.32			6.31	7.78	
4		铅青铜	14.88					64.83			2.89	14.82	Hg2.59
5	T6⑪：112	四氧化三铁	25.06	0.68	2.56	2.60	1.33			1.84	65.93		
6		四氧化三铁	24.28	0.57	3.06	4.31	1.02			2.23	64.54		
7	T9H3：1	铜锈面扫	25.97	0.43	2.87	8.07	2.31	6.82	23.28	8.33	14.78	3.81	
8		高铅锡相	15.04		1.04	2.39	6.25	59.87	7.29	2.75	5.37		
9		鱼骨状骸晶	27.85	1.26	1.76	20.34	0.96			1.65	44.48		Mn1.71

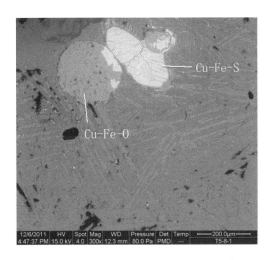

图 33-35 T5 ⑧：21 背散射电子像

冰铜颗粒部分被氧化

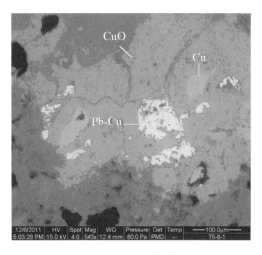

图 33-36 T5 ⑧：21 背散射电子像

锈蚀的铜颗粒，中间夹杂红铜和铅青铜

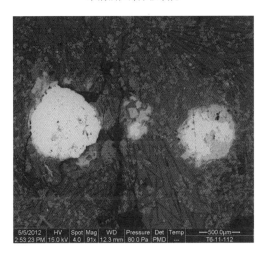

图 33-37 T6⑪：112 背散射电子像

三个金属颗粒均为红铜，边缘部分氧化

图 33-38 T6⑪：112 背散射电子像

大量四氧化三铁

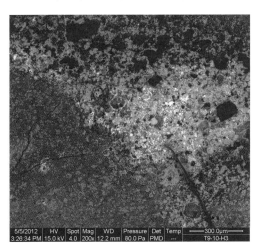

图 33-39 T9H3：1 背散射电子像

右侧部分为黏附的铜锈，亮白色为高铅锡相

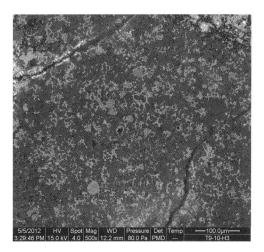

图 33-40 T9H3：1 背散射电子像

暗色玻璃基体上分布有大量鱼骨状铁硅酸盐骸晶

（三）师姑墩晚期 II 段（西周中期）

西周中期是师姑墩遗址冶铸活动最为活跃的时期，出土了 47 件冶铸遗物，分析了 38 件，结果见表 33-24，2 件陶范样品未列入其中。

表 33-24　晚期 II 段（西周中期）样品的合金类型

合金类型	Cu	CuSn	CuPb	CuAs	CuPbAs	CuSnPb	CuSnAs	CuSnPbAs	合计
铜器		锛 T5⑦：3	镞 T9⑦：3 残 T4⑦：2			刀 T9⑥：11	削 T5④：3 削 T5⑦：8 削 T9⑥：12 容器口沿 T9⑥：19	削 T5④：1 镞 T5⑦：6 镞 T9⑥：3 镞 T9⑦：5	12
铜块	T8⑨：2 T41⑤：40	T9⑧：3	T28⑤：5	T6⑧：47 T7⑨K10：1 T9⑥：114 T9⑧：41				T33⑦：34	9
炉渣	T6⑨：10 T6J1①：24				T29②：39				3
炉壁	T29②：40 T29⑤：2	T29⑤：5	T28②：9 T5④：69	T33⑦：32	T29②：38	T6⑧：48	T5⑥：1	T28⑤：3 T28⑤：4 T29⑤：6	12
合计	6	3	5	5	2	2	5	8	36

12 件铜器样品中含砷合金有 8 件，砷含量最高可达 5%，三元和四元合金数量最多。9 件铜块样品主要为二元合金，包括红铜 1 件，含铁较多的粗铜、锡青铜、铅青铜和砷铅锡青铜各 1 件，砷铜 4 件。说明这一时期铜合金种类繁多，合金配比不稳定。

3 件炉渣，包括冶炼渣和熔炼渣：

炉渣 T6⑨：10 和 T6J1①：24 相似，基体中分布条状铁橄榄石、成串的浮氏体和锈蚀的红铜颗粒，钙含量相对较低，在 5%～7%，均为典型的冶炼渣，见图 33-41、42。

炉渣 T29②：39 弥散分布大量砷铜颗粒和非常细小的冰铜颗粒，基体中铅以氧化物形式存在，炉内为高温氧化气氛，未发现铅青铜颗粒，可能是铅砷青铜熔炼产生的炉渣，见图 33-43。

12 件炉壁中反映的合金类型有红铜、锡青铜、铅青铜、砷铜、铅砷青铜、铅锡青铜和砷锡铅青铜 7 种，经扫描电镜分析的有以下 10 件：

T29⑤：2 内壁黏附炉渣中分布大量针状铜铁矿（Delafossite），夹杂红铜颗粒，如图 33-44，成分见表 33-25 中 1。根据自由能平衡图，铜铁矿（化学式为 $CuFeO_2$）通常指示氧化气氛，是熔铜炉渣中的典型物相，判断为纯铜熔融的炉壁。

T29⑤：5 附着炉渣包括两部分，中间的炉渣呈脉状侵入到内壁中，黑色玻璃化较好，这里称炉渣 A，另一部分在内壁中少量分布，称炉渣 B，两部分性质不同。炉渣 A 中分布铁橄榄石和冰铜颗粒，为冰铜冶炼产生的炉渣，如图 33-45；炉渣 B 中分布铁橄榄石和少量二氧化锡晶体，未发现锡青铜颗粒，如图 33-46，可能为加入金属锡产生的熔炼渣。根据炉壁内侧黏附的两种反映不同过程的炉渣，推测该炉壁的使用过程为：先进行了金属锡的熔炼，简单修补后又进行了冰铜的冶炼。

T28 ②：9 整体为均匀的黏土质材料，与早期 T8 ⑩：1 和晚期Ⅰ段 T8 ⑧：3 相同，基体中夹杂许多铅青铜颗粒，应与铅的合金熔炼活动有关，如图 33-47。

T5 ④：69 内壁附有炉渣和部分锈蚀的铅青铜大颗粒，炉渣中主要为高铅相，如图 33-48，性质为熔炼铅青铜的炉壁。

T33 ⑦：32 内壁附着有两层炉渣，中间夹有玻璃态炉壁，分别称为炉渣 A 和 B。炉渣 A 中分布有大量铁橄榄石和冰铜颗粒，是冰铜冶炼产生的炉渣，如图 33-49；炉渣 B 中夹杂的金属颗粒内部为砷铜，外侧为冰铜或含少量砷的冰铜，周围存在的铁橄榄石和浮氏体指示炉渣 B 形成的气氛还原性较强，应是用含有脉石的矿石炼铜过程的冶炼渣，如图 33-50，成分见表 33-25。推测其为将铜与砷伴生的硫化物作为原料冶炼获得砷铜过程中产生的炉渣。

T6 ⑧：48 内壁附着炉渣夹杂较大的红铜颗粒、许多细小的铅锡青铜和锡青铜颗粒，周围分布二氧化锡晶体，基体中含有少量砷、锡、铅，如图 33-51、52，成分见表 33-25。反映了铅锡青铜合金配制的过程。

T5 ⑥：1 分三层，从外向里依次为黏土、炉渣和铜锈，炉渣中有红铜、锡青铜和二氧化锡晶体，平均成分中含有少量砷，是配制砷锡青铜合金过程中产生的炉渣；最外侧的铜锈成分为铅青铜，应该是经过二次使用，进行过铅青铜的熔炼。如图 33-53、54，成分见表 33-25。

T28 ⑤：3 内壁附有炉渣，分布有铅锡砷铜颗粒、二氧化锡晶体和高铅砷相，图 33-55、56，成分见表 33-25。T28 ⑤：4 内壁附有炉渣，炉渣中有一颗粒径 500 μm 的红铜颗粒，红铜颗粒内部包含零星分布的铅砷相，另有细小的铅锡砷青铜颗粒（约 20 μm）和锡青铜颗粒，图 33-57、58，成分见表 33-25。这两件样品均为熔炼铅锡砷青铜的炉壁。

T29 ⑤：6 内壁附有炉渣，包裹了砷铜、铅砷青铜、冰铜和含少量砷的冰铜颗粒，另外炉渣中有较多二氧化锡骸晶，但没有发现高锡青铜颗粒，如图 33-59、60，成分见表 33-25。样品反映的可能是熔炼铅锡砷铜的过程，炉内气氛将锡氧化出来，但铅和砷都部分保留在铜颗粒中。

对比样品 T29 ⑤：6 与 T33 ⑦：32 附着渣，含砷渣部分均夹杂含砷冰铜颗粒，推测这一时期工匠应该已经有意冶炼纯铜和砷铜，将硫化铜矿与砷矿一起放入炉内熔炼脱硫得到砷铜锭，然后以砷铜为原料加入铅或锡进一步配制多元合金，部分脱硫不完全的砷铜在配制合金的过程中形成了含砷的冰铜颗粒。

总体来看，西周中期样品数量最多，合金类型最丰富。与西周早期相比，铜器中出现大量三元合金与四元合金，大部分合金类型在炉壁中均有体现；铜块的合金类型有所增加，主要为砷铜。炉渣与早期相似，反映了红铜冶炼和铅砷青铜熔炼过程，冶炼渣钙含量相对低一些，熔炼渣钙含量较高。炉壁上的附着渣反映出冰铜冶炼、红铜熔炼、多种合金配制和熔炼的过程，还有部分炉壁样品有多次使用的证据，此时硫化矿—冰铜—铜冶炼技术已经成熟。据此可见西周中期合金冶炼、熔炼和铸造活动规模有所扩大。

表 33-25　晚期 Ⅱ 段炉渣炉壁样品中特殊相的 SEM-EDS 成分（wt%）

样品编号	检测相	O	As	Pb	Sn	Al	Si	S	Ca	Fe	Cu
T29⑤：2	铜铁矿	19.52				2.33	11.25		2.67	24.52	38.86
T33⑦：32	A 冰铜	11.17				1.70	7.14	14.26	2.39	8.98	54.36
	A 冰铜	9.43				1.67	7.23	15.57	2.57	10.46	53.08
	B 砷铜	7.13	6.40			1.53	8.23		2.08	7.45	67.18
	B 砷铜	8.52	5.63			1.69	9.15		2.39	11.64	60.97
	B 砷铜	8.60	7.25			1.64	8.49		2.19	11.58	60.26
	B 含砷冰铜	8.23	1.57			1.81	7.66	13.78	1.33	10.18	55.44
	B 冰铜	11.24				1.75	8.08	13.72	2.04	11.69	51.49
T6⑧：48	铅锡青铜	19.76		2.02	60.66	0.60	3.31		1.80	2.51	8.67
	基体	24.30	1.04	10.46	12.20	2.11	10.66		5.15	26.99	6.55
T5⑥：1	锡青铜	18.78			8.21	0.89	4.57		2.15	17.33	47.31
	铅青铜（亮）	27.35		32.77		3.15	3.07		4.89	4.06	14.42
T28⑤：3	富锡相	24.17	2.17	2.84	31.70	0.96	13.07		13.63	8.33	2.58
	富铅砷相	16.98	10.06	51.78	3.66	1.06	3.98		2.40	5.82	2.47
T28⑤：4	铅砷相	9.89	14.89	24.99							40.01
	铅锡砷铜	14.59	7.46	54.07	4.08	0.96	2.52		2.02	4.64	7.00
	锡青铜	17.17			10.32	1.08	2.38		1.47	27.50	38.78
T29⑤：6	砷铜	27.63	6.56			3.00	12.51			8.76	39.38
	含砷冰铜	9.43	1.94				2.48	17.63		6.07	62.45
	含砷冰铜	9.21	1.46				2.76	21.03		7.97	57.58
	冰铜	11.90				1.73	8.95	16.56		4.70	54.26
	冰铜	9.91					3.07	22.94		7.99	56.10
	铅砷青铜	28.53	14.18	4.40		3.70	12.99			17.28	13.12
	铅砷青铜	20.15	3.15	41.93		0.77	2.15	7.34		5.96	18.56

图 33-41 T6 ⑨：10 金相照片

灰色条块状铁橄榄石和白色圆形成串分布的浮氏体

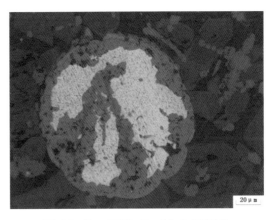

图 33-42 T6J1 ①：24 金相照片

灰色铁橄榄石和浅灰色浮氏体，中间部分为锈蚀的红铜颗粒

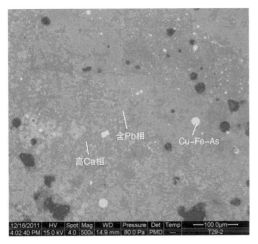

图 33-43 T29 ②：39 背散射电子像

亮白色相为砷铜颗粒，铅以氧化态形式存在于基体中

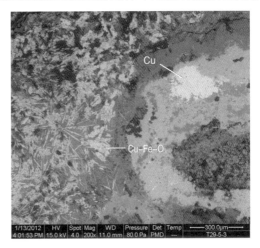

图 33-44 T29 ⑤：2 背散射电子像

红铜颗粒外层氧化，周围分布大量针状和块状铜铁矿

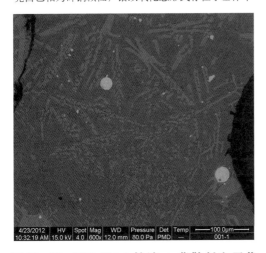

图 33-45 T29 ⑤：5 炉渣 A 背散射电子像

亮白色圆球为冰铜颗粒，浅灰色针状铁橄榄石

图 33-46 T29 ⑤：5 炉渣 B 背散射电子像

二氧化锡晶体和铁橄榄石交错分布

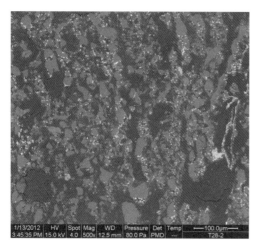

图 33-47　T28 ②：9 背散射电子像

亮白色小颗粒为高铅相

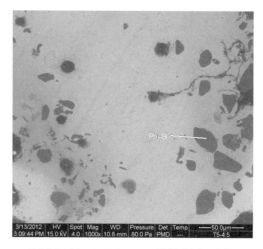

图 33-48　T5 ④：69 背散射电子像

亮白色相含大量铅和微量铜，暗色相为含铅的硅酸盐

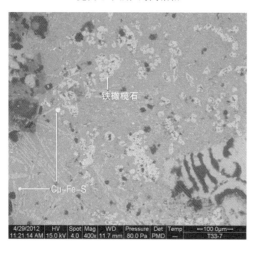

图 33-49　T33 ⑦：32 炉渣 A 背散射电子像

亮白色颗粒为冰铜，周围分布铁橄榄石

图 33-50　T33 ⑦：32 炉渣 B 背散射电子像

亮白色颗粒均为砷铜，外侧包裹着冰铜或含有砷的冰铜，
周围分布有大量铁橄榄石和浮氏体

图 33-51　T6 ⑧：48 背散射电子像

二氧化锡晶体和锡青铜颗粒

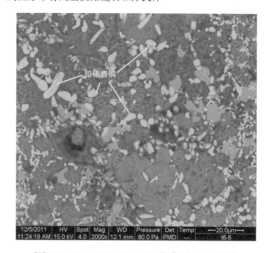

图 33-52　T6 ⑧：48 背散射电子像

铅锡青铜颗粒

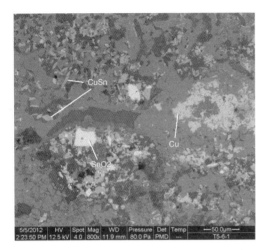

图 33-53　T5 ⑥：1 炉渣背散射电子像

红铜颗粒周围分布了二氧化锡晶体和锡青铜颗粒

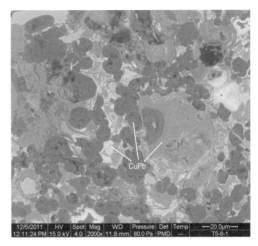

图 33-54　T5 ⑥：1 铜锈背散射电子像

三种相均为铅青铜，铅含量有所差别，最亮的一相
成分列于表33-25

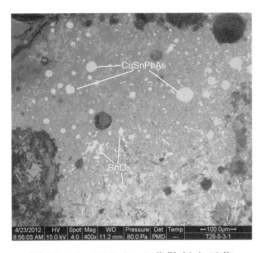

图 33-55　T28 ⑤：3 背散射电子像

圆球状颗粒为铅锡砷铜合金，亮白色针状和块状相
为二氧化锡晶体

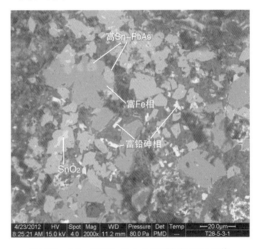

图 33-56　T28 ⑤：3 背散射电子像

图 33-57　T28 ⑤：4 背散射电子像

大颗为红铜颗粒，内部零星分布铅砷相，周围弥散
小的铅锡砷铜颗粒

图 33-58　T28 ⑤：4 背散射电子像

细小的铅锡砷铜和锡青铜颗粒

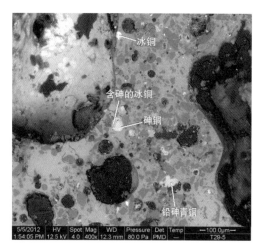

图 33-59　T29 ⑤：6 背散射电子像

砷铜、含砷的冰铜、冰铜和铅砷青铜共同分布在炉渣相中

图 33-60　T29 ⑤：6 背散射电子像

亮白色针状相为二氧化锡晶体

（四）师姑墩晚期Ⅲ段（西周晚期至两周之际）

西周晚期至两周之际样品急剧减少，出土各类样品共 15 件，分析了其中 10 件，结果见表 33-26。

表 33-26　晚期Ⅲ段（西周晚期至两周之际）样品的合金类型

合金类型	Cu	CuPb	CuSnPb	CuSnAs	CuSnPbAs	合计
铜器		残 T9 ③：1 残 T36 ④：28		镞 T8 ⑦：7 镞 T9 ③：2	残 T8 ⑦：4	5
铜块	T6 ⑦：19		T8 ⑦：6			2
炉渣	T8 ⑦：5					1
炉壁			T6 ⑤：103		T9 ④：126	2
合计	2	2	2	2	2	10

铜器的合金类型在本期减少至三种，分别为铅青铜 T9 ③：1、T36 ④：28，砷锡青铜 T8 ⑦：7、T9 ③：2 和砷铅锡青铜 T8 ⑦：4。铜块中未见到砷铜，2 件样品分别为含铁较多的粗铜和铅锡青铜。

炉渣样品仅有 1 件 T8 ⑦：5，基体中含钙 5% 左右，大量铁橄榄石和浮氏体的存在指示炉内还原气氛较强，夹杂较多的冰铜颗粒，反映了冰铜冶炼的过程，如图 33-61。

炉壁样品有两件：T6 ⑤：103 样品分两层，外层为黏土质材料，内侧黏附一层炉渣，炉渣中分布有含少量砷的冰铜颗粒和二氧化锡晶体，平均成分含少量铅，但未发现锡青铜颗粒，应该为熔炼铅锡青铜的炉壁。如图 33-62，成分见表 33-27。

T9 ④：126 外层黏土质材料残留较少，内壁黏附炉渣，炉渣中夹杂大量纯铜、少量细小的铅青铜、铅砷青铜和铅锡砷青铜颗粒，并分布较多富铁相，推测为铜铁矿，如图 33-63、64，成分见表 33-27。铜铁矿的存在指示炉内为高温氧化气氛，可能由于锡含量较低，所以没有二氧化锡晶体，反映了熔炼铅锡砷铜的过程。

表 33-27　晚期Ⅲ段炉渣炉壁样品中特殊相的 SEM-EDS 成分（wt%）

样品编号	检测相	O	As	Pb	Sn	Al	Si	P	S	Ca	Fe	Cu
T6⑤：103	含砷冰铜	8.38	1.36			0.39	2.88		28.52		27.45	31.01
T9④：126	铅砷青铜	24.12	10.18	24.34		4.50	8.47	2.39		2.71	15.68	7.61
	铅砷青铜	23.86	9.64	24.11		4.27	8.74	2.22		2.53	13.85	10.78
	铅锡砷铜	10.34	10.76	41.84	6.69			1.37				29.00

这一时期铜器中铅青铜和砷锡青铜占主要位置，出土的铅锭当与合金熔炼有关，铜块中的红铜和铅锡青铜，在冶炼渣和熔炼铅锡青铜、铅锡砷青铜的炉壁中均有对应。与晚期Ⅱ段炉壁相似，炉壁中的冰铜颗粒含少量砷，可能此时砷铜的配制继续沿用上一时期的方法，但由于砷容易挥发，因此相应的证据较少。

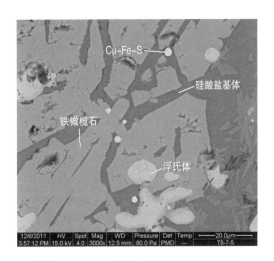

图 33-61　T8⑦：5 背散射电子像

铁橄榄石和浮氏体，夹杂大量冰铜颗粒

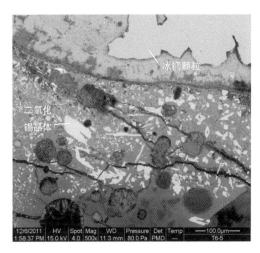

图 33-62　T6⑤：103 背散射电子像

冰铜颗粒周围分布有二氧化锡晶体

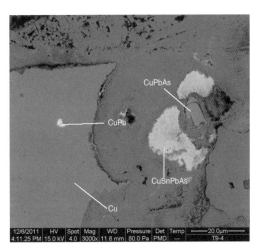

图 33-63　T9④：126 背散射电子像

纯铜、铅青铜、铅砷青铜和铅锡砷铜颗粒

图 33-64　T9④：126 背散射电子像

中下部亮白色相为铅砷青铜，浅灰色四边形相为富铁相

（五）师姑墩晚期Ⅳ段（春秋早中期）

春秋早中期地层共出土 8 件样品，没有发现炉壁，分析了其中 5 件，结果见表 33-28。

表 33-28　晚期Ⅳ段（春秋早中期）样品的合金类型

合金类型	Cu	CuSn	CuSnPb	CuSnAs	CuSnPbAs	合计
铜器			矛 T7 ③：1	镞 T32 ③：1	矛 T7 ④：4	3
铜块		T40 ③：39				1
炉渣	T41 ②：8					1
合计	1	1	1	1	1	5

经 PXRF 检测，铜矛 T7 ④：4 为铅锡砷青铜，铜镞 T32 ③：1 为砷锡青铜；经 SEM-EDX 分析，铜矛 T7 ③：1 为铅锡青铜，铜块 T40 ③：39 为锡青铜。

炉渣 T41 ②：8 基体为铁、钙含量较高的硅酸盐，钙含量可达 11%，分布大量条状铁橄榄石和冰铜颗粒，属于典型的冰铜冶炼渣，如图 33-65、66。

总体来看，锡、铅在这一时期取代砷铜合金，占据主要位置。

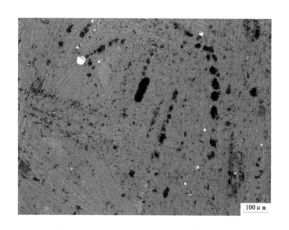

图 33-65　T41 ②：8 金相照片

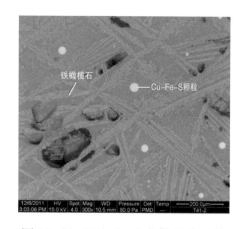

图 33-66　T41 ②：8 背散射电子像
大量冰铜颗粒和铁橄榄石

（六）师姑墩炉渣炉壁反映的技术特征

1. 锡、铅、砷的加入方式

对于合金成分中锡、铅、砷的加入，通过炉渣和炉壁附着渣中大量存在的二氧化锡晶体可以判断在合金配制过程中加入了金属锡。

铅锭的出现，炉渣和炉壁附着渣中铅以氧化物和硅酸盐等形式存在，证明了金属铅的加入。

砷的加入比较复杂，从目前的证据来看，砷与冰铜和纯铜均有共存，推测含砷的冰铜可能为将铜、砷共生的硫化矿放入炉内熔炼获得砷铜合金的过程中，脱硫不完全的中间产物，这一点需要更多证据来证实。

2. 炉壁与炉渣反映的技术

炉渣和炉壁的检测结果概括来说包括以下几点：

（1）炉渣及炉壁附着渣包括冶炼渣和熔炼渣，冶炼渣分为红铜冶炼和冰铜冶炼两种，熔炼渣部分样品中有大量金属氧化物或硅酸盐存在，表明这部分炉渣凝固前曾暴露在氧化气氛下[1]。

（2）炉壁曾经多次修补使用

炉壁的肉眼观察和扫描电镜检测发现：同一样品附着渣有分层现象，不同层的炉渣之间夹杂有炉壁材料，且熔炼的合金类型有所差别，应为每次使用后对炉壁进行简单修补，进行新的熔炼活动。

另外某些样品，炉渣仅有一层，但炉渣内黏附的铜锈层与渣中合金种类和成分差别很大，可能在炉壁破损不严重的情况下未经修补直接进行新的熔炼活动。

（3）炉壁基体与附着渣的成分

炉壁附着渣的成分一般会受到矿石、脉石、炉壁基体、燃料和助熔剂成分的共同影响，为了解遗址冶铸活动所用的原料特征、是否使用助熔剂等，我们对炉壁附着渣及炉壁基体成分中的三组比值进行对比，分别是 SiO_2/Al_2O_3，CaO/Al_2O_3，FeO/Al_2O_3。由于 Al 的氧化物一般只来自于炉壁基体，其他三种氧化物则可能来自于炉壁基体、原料或燃料，因此这里以 Al 的氧化物作为一般参照。而熔铜时加入硅、钙、铁等会人为加大炉渣量，在操作和经济上都是不可取的[2]，所以如果炉渣中这三组比值大于炉壁基体，那么它们只能来自于原料。本实验中检测炉壁基体和附着渣的 SiO_2/Al_2O_3、CaO/Al_2O_3 和 FeO/Al_2O_3 三组比值见表 33-29，图 33-67 ～ 78。

表 33-29　炉壁基体与炉渣成分对应表（各组分单位：wt%）

样品	类型	Al_2O_3	SiO_2	CaO	FeO	SiO_2/Al_2O_3	CaO/Al_2O_3	FeO/Al_2O_3
T9H3：1	炉壁平均	14.76	73.73		7.41	5.00	0.00	0.50
	炉渣平均	5.09	50.24	3.60	32.49	9.87	0.71	6.38
T33⑦：32	炉壁平均	15.50	69.92	2.49	7.15	4.51	0.16	0.46
	炉渣 A	11.67	60.78	6.43	16.48	5.21	0.55	1.41
	炉渣 B	7.11	33.90	9.64	40.75	4.77	1.36	5.73
T6⑧：48	炉壁平均	13.48	63.95	5.33		4.74	0.40	0.00
	炉渣平均	3.55	15.42	5.24	10.37	4.34	1.48	2.92
T5⑥：1	炉壁平均	12.56	80.78	1.32		6.43	0.11	0.00
	炉渣平均	4.19	18.98	10.78	5.04	4.53	2.57	1.20
T28⑤：3	炉壁平均	15.47	74.41	2.27	4.52	4.81	0.15	0.29
	炉渣平均	4.98	20.95	13.42	10.04	4.21	2.69	2.02
T29⑤：6	炉壁平均	12.97	69.53	1.66	8.15	5.36	0.13	0.63
	炉渣平均	1.73	0.93		5.15	0.54	0.00	2.98

[1] 李延祥、许宏：《二里头遗址出土冶铸遗物初步研究》，《科技考古》第二辑，科学出版社，2007年，第59～82页。

[2] 李延祥、韩汝玢：《辽宁省凌源县牛河梁出土的炉壁研究》，《有色金属》2000年第3期，第81、82页。

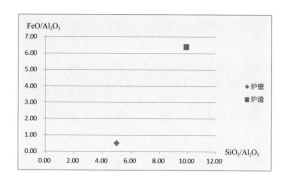

图 33-67　T9H3：1

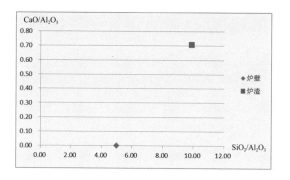

图 33-68　T9H3：1

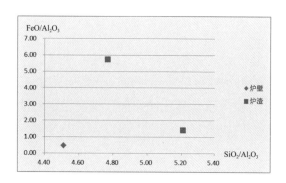

图 33-69　T33 ⑦：32

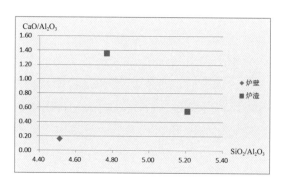

图 33-70　T33 ⑦：32

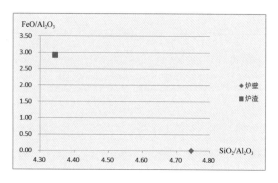

图 33-71　T6 ⑧：48

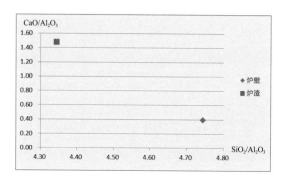

图 33-72　T6 ⑧：48

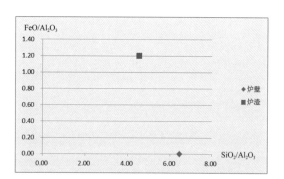

图 33-73　T5 ⑥：1

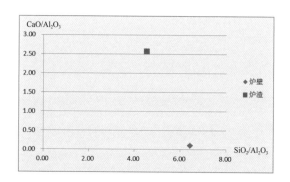

图 33-74　T5 ⑥：1

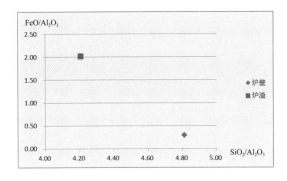

图 33-75　T28 ⑤：3

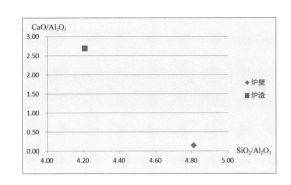

图 33-76　T28 ⑤：3

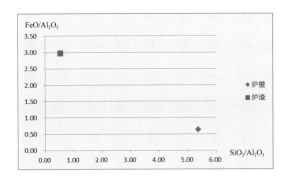

图 33-77　T29 ⑤：6

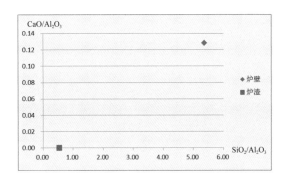

图 33-78　T29 ⑤：6

从图 33-67～78 中可以发现，6 件炉壁样品中：T9H3：1、T33 ⑦：32 附着渣中的硅、钙、铁比例均高于炉壁基体，原料对附着渣成分的贡献非常大。T6 ⑧：48、T5 ⑥：1 和 T28 ⑤：3 附着渣中钙、铁比例高于炉壁基体，大部分铁氧化物和钙氧化物来自于原料和燃料，炉壁基体含有的硅更多，也比较正常。T29 ⑤：6 附着渣的铁比例高于炉壁基体，应来自原料。

总体来说，该遗址在冶铸活动中选择的矿石、脉石和助熔剂等原料中含有较多的铁和钙，而当地铜矿资源伴生有大量铁矿，围岩中方解石也非常发育，工匠在获得当地铜矿资源的同时引入铁、钙等成分也比较常见。

（七）陶范样品的检测结果

师姑墩遗址出土的陶范样品包括 2 件，1 件有容器纹饰，1 件素面。扫描电镜能谱分析成分数据见表 33-30，图 33-79、80。

表 33-30　师姑墩 2 件陶范的 SEM-EDS 成分分析结果（wt%）

	样品号	类型	分析方式	Na_2O	MgO	Al_2O_3	SiO_2	P_2O_5	K_2O	CaO	FeO	年代
1	T5 ④：4	纹饰范	面扫平均	0.46	0.79	13.76	65.06	6.00	3.16	4.11	6.66	晚期Ⅱ段
2	T29 ⑦：1	素面范	面扫平均	1.34	0.40	13.62	79.18	1.05	3.85	0.56		

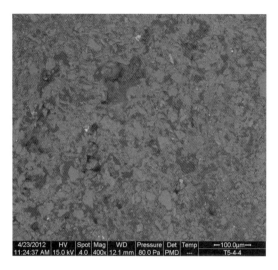

图 33-79　纹饰范 T5 ④：4 背散射电子像

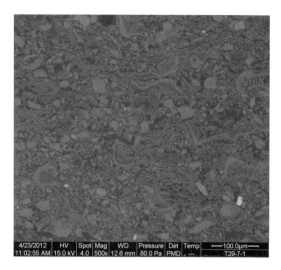

图 33-80　素面范 T29 ⑦：1 背散射电子像

师姑墩的纹饰范与素面范之间，硅、钙含量相差较大，有可能在制范时添加了不同的原料；显微结构上看师姑墩遗址的陶范黏土含量相对更多，要定量分析黏土、颗粒和孔隙在样品中所占比例，进行薄片制样可能效果会更好，仅从目前的扫描电镜结果很难做深入探讨。

（八）小结——师姑墩遗址冶铸技术的发展脉络

根据以上分析结果，可初步了解师姑墩遗址冶铸遗物所反映的技术特征，并有如下发展轨迹：

早期（二里头三至四期）已经出现冶铸活动，规模小，产品少，但合金种类丰富，包括铅、砷铜和铅锡青铜。

中期（商时期）未发现冶铸相关遗物。

晚期Ⅰ、Ⅱ段（西周早中期之际到西周中期）冶铸活动逐渐增多，样品近六十件，出现红铜原料，硫化矿—冰铜—铜冶炼工艺基本成熟；随着铅、锡的加入，此时的合金类型发展到六种，西周早中期之际以铅锡合金为主要类型，西周中期含砷铜合金占主要地位，出现了砷铅锡铜四元合金；铜器、铜块、炉渣和炉壁反映的冶铸工艺相互呼应，系统完整。

晚期Ⅲ、Ⅳ段（西周晚期至两周之际到春秋早中期）出土相关样品仅为晚期Ⅰ、Ⅱ段的三分之一左右，西周晚期至两周之际砷铜与锡青铜、铅青铜继续共存，春秋早中期砷铜样品数量更少，此时冰铜冶炼技术十分成熟。

五　师姑墩遗址冶铸遗物的矿料来源

皖南地区拥有长江中下游地区最重要的铜矿带之一，发现了众多采矿、冶炼遗址，也出土了大量青铜器。要探讨当地青铜器与采矿、冶炼遗址之间的关系，一方面需要对遗址出土的冶铸遗物进行金相观察和成分分析，与青铜器的合金类型等做比较；另一方面，对青铜器和冶铸遗物做产地分析，确定两者是否同源，从而进一步讨论两者之间的关系。皖南地区相关的产地研究工作开展了一部分，秦颖、魏国锋等根据微量元素组合进行过分析，认为皖南沿江地区青铜器的铜矿料来源比较复杂，不同器类使用的青铜矿料来源地有差别，有混料的可能[1]，但微量元素组合的结论是否可靠，还需要更多证据。因此，本项工作选择铅同位素比值分析的方法对师姑墩遗址所用的矿料来源进行探讨，以期为探讨皖南当地青铜器与采冶遗址的关系提供一定的证据。

（一）铅同位素比值检测结果

铅同位素比值分析结果见表 33-31，实验数据表明 15 件样品的 $^{207}Pb/^{206}Pb$、$^{208}Pb/^{206}Pb$ 和 $^{206}Pb/^{204}Pb$ 精确度基本可以达到分析要求。

表 33-31　师姑墩出土 15 件样品的铅同位素比值

样品号	$^{207}Pb/^{206}Pb$	$^{208}Pb/^{206}Pb$	$^{206}Pb/^{204}Pb$	$^{207}Pb/^{204}Pb$	$^{208}Pb/^{204}Pb$
T9⑪：62	0.8514	2.0985	18.367	15.638	38.543
T6⑪：1	0.8476	2.0914	18.472	15.658	38.632
T6⑪：2	0.8529	2.1039	18.410	15.702	38.732
T6⑪：112	0.8608	2.1103	18.157	15.629	38.317
T5⑧：21	0.8470	2.0910	18.466	15.640	38.612
T5⑧：22	0.8500	2.0958	18.382	15.624	38.523
T9⑩：1	0.8522	2.1009	18.306	15.600	38.458
T5④：3	0.8467	2.0862	18.444	15.616	38.478
T5⑦：3	0.8504	2.0944	18.341	15.598	38.415
T9⑥：114	0.8466	2.0888	18.443	15.614	38.524
T6⑤：103	0.8482	2.0905	18.395	15.603	38.455
T9③：2	0.8519	2.0994	18.324	15.610	38.469
T8⑦：9	0.8461	2.0866	18.440	15.602	38.477
T7③：1	0.8530	2.1029	18.312	15.620	38.510
T7④：4	0.8496	2.0951	18.386	15.620	38.520

注：表中 $^{207}Pb/^{206}Pb$、$^{208}Pb/^{206}Pb$ 和 $^{206}Pb/^{204}Pb$ 为测量值，$^{207}Pb/^{204}Pb$、$^{208}Pb/^{204}Pb$ 为计算值。

15 件样品的 $^{207}Pb/^{206}Pb$ 变化范围从 0.8461 到 0.8608，平均值 0.8503，变差系数（标准差／平均值）0.4%；$^{207}Pb/^{204}Pb$ 变化范围从 15.598 到 15.702，平均值 15.625，变差系数 0.2%；$^{208}Pb/^{204}Pb$ 从 38.317 到 38.732，平均值 38.511，变差系数 0.3%。铅同位素比值分布见图 33-81、82。

---

[1]　秦颖、王昌燧、杨立新、汪景辉、张国茂：《皖南沿江地区部分出土青铜器的铜矿料来源初步研究》，《文物保护与考古科学》2004年第16卷第1期，第9～12页。

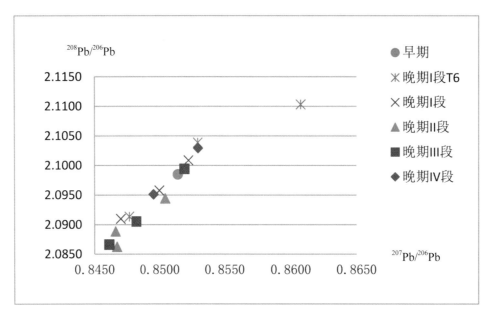

图 33-81　15 件样品 $^{207}Pb/^{206}Pb$ 与 $^{208}Pb/^{206}Pb$ 比值分布图

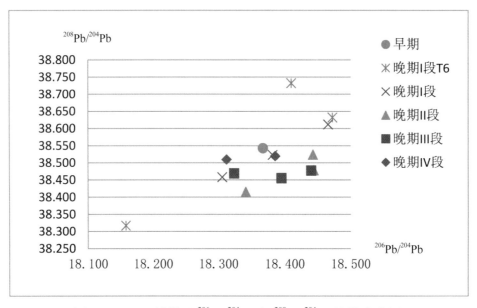

图 33-82　15 件样品 $^{206}Pb/^{204}Pb$ 与 $^{208}Pb/^{204}Pb$ 比值分布图

从表 33-31、图 33-81、82 可以看出：

（1）师姑墩样品的铅同位素组成（$^{207}Pb/^{206}Pb$、$^{208}Pb/^{206}Pb$ 和 $^{206}Pb/^{204}Pb$）变化范围很小，都属于正常铅，无高放射性成因铅。

（2）除 T6⑪：112 晚期 Ⅰ 段炉渣样品外，其他样品的铅同位素比值基本聚合在一起，与铅锭的铅同位素比值吻合很好，可初步判断这些产品采用的铜矿来源地应该是一致的，并且与铅矿来源地非常接近。

（二）师姑墩遗址的矿料来源

在师姑墩遗址南边不远处便是长江中下游著名的铜铁金属矿床，这批样品选用的原料是否来自于当地是重要的问题之一。

由于长江中下游铜铁多金属矿床中，铜、铁、铅、砷等金属的主要赋存方式为硫化金属矿，而大量地质证据和铅同位素实验结果表明，黄铁矿等硫化物中所包含的金、铜、铅等金属元素具有相同的地球化学行为，通过研究铅同位素来探明与之共生（或伴生）的成矿金属元素的踪迹是可靠的 [1]，因此本项工作选择了该区域矿石硫化物的铅同位素数据进行对比讨论。

根据王文斌等学者对长江中下游铜铁多金属矿床中多种岩石铅同位素的统计分析，该区域可划分为东区（宁芜以东、宁镇和苏锡地区）和西区（宁芜及其以西到鄂东南地区），两区矿石硫化物的铅同位素比值具有明显差异，可以作为产地区分的特征。表 33-32 列出了该区域 110 个矿石硫化物的铅同位素比值范围和平均值 [2]，尽管不同地区铅同位素比值变化范围有所差异，少数地区还有高放射性成因铅出现，但各区铅同位素的平均值基本可以代表本区特征，因此这里取平均值与师姑墩样品进行比较。

表 33-32　长江中下游铜铁多金属矿床硫化物铅同位素组成 [3]

区域	矿体类型		样品数变化范围	$^{206}Pb/^{204}Pb$		$^{207}Pb/^{204}Pb$		$^{208}Pb/^{204}Pb$	
				平均值	变化范围	平均值	变化范围	平均值	变化范围
东区	栖霞山银铅锌矿		13	17.351～18.590	17.710	15.403～16.530	15.787	37.540～40.270	38.232
	接触交代矿体		20	16.058～17.999	17.239	14.480～15.730	15.400	36.226～38.890	37.095
西区	鄂东南	接触交代型	7	17.736～18.177	17.984	15.295～16.183	15.573	36.638～38.491	37.858
	九瑞	层状矿	17	17.862～18.400	18.07	15.477～15.745	15.571	37.761～39.130	38.273
		接触交代型	8	17.075～20.800	18.282	15.450～15.735	15.537	36.798～38.386	37.838
	铜陵	层状矿	32	17.910～18.782	18.355	15.513～15.828	15.602	37.892～38.689	38.399
		接触交代型	5	17.986～18.200	18.096	15.417～15.657	15.547	37.981～38.534	38.272
	安庆-贵池	层状矿	4	17.961～18.374	18.202	15.531～15.627	15.594	38.076～38.281	38.212
		接触交代型	4	18.104～18.506	18.346	15.558～15.880	15.713	38.294～38.863	38.552

---

[1]　黄斌：《安徽铜陵地区块状硫-铁-金矿床的铅同位素特征》，《地质学报》1991年第4期，第347～359页。

[2]　王文斌、李文达、谢华光、周华平：《长江中下游铜铁多金属矿床铅同位素特征》，《火山地质与矿产》1995年第2期，第67～77页。

[3]　王文斌、李文达、谢华光、周华平：《长江中下游铜铁多金属矿床铅同位素特征》，《火山地质与矿产》1995年第2期，第67～77页。

　　图 33-83、84 是根据铜陵师姑墩样品的铅同位素比值与长江中下游各区域矿石硫化物铅同位素平均值得到的三组铅同位素比值分布图。

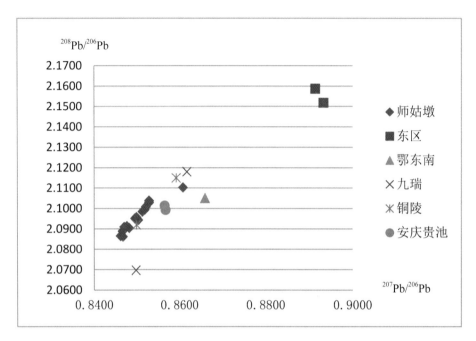

图 33-83　师姑墩样品与长江中下游矿石硫化物铅同位素比值分布图

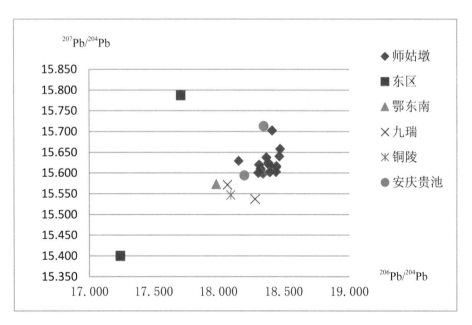

图 33-84　师姑墩样品与长江中下游矿石硫化物铅同位素比值分布图

　　从图 33-83、84 中不难看出，长江中下游东区与西区矿石硫化物的铅同位素比值明显各自聚合在一起，而师姑墩样品的铅同位素落在西区铅同位素平均值的范围中。为进一步判断师姑墩样品与西区各区域之间的关系，将东区数据去掉后对三组铅同位素再次比较，样品分布情况见图 33-85、86。

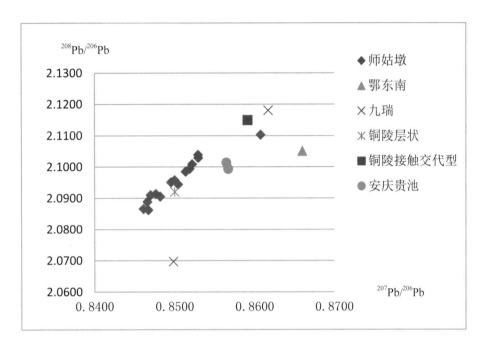

图 33-85　师姑墩样品与长江中下游矿石硫化物铅同位素比值分布图

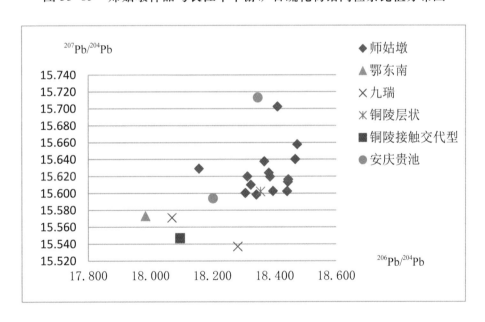

图 33-86　师姑墩样品与长江中下游矿石硫化物铅同位素比值分布图

从图 33-85、86 可以看出：

师姑墩样品的铅同位素比值与鄂东南、九江瑞昌等地区有明显差别，而与铜陵本地层状矿体矿石硫化物的铅同位素平均值吻合较好。

因接触交代型矿石铅为幔壳混合源，以上地幔为主；层状矿体矿石铅主要来自上地壳[1]，二者矿

　　[1]　王文斌、李文达、谢华光、周华平：《长江中下游铜铁多金属矿床铅同位素特征》，《火山地质与矿产》1995年第2期，第67～77页。

石铅来源的不同使其铅同位素比值有所区分，因此基本可以确定师姑墩大部分样品矿料应来自铜陵当地的层状铜铁金属矿带。

样品 T6⑪∶112 的铅同位素比值与铜陵接触交代型矿床中矿石硫化物的铅同位素结果似乎有相似之处，是否当时开采过不同地区或不同类型的金属矿床，需要更多数据加以证明。

（三）小结

对师姑墩 15 件样品的铅同位素分析基本有以下结论：

1. 铅同位素结果均为普通铅。

2. 各时期多种类型样品的铅同位素比值聚合度良好，表明该遗址从早期到晚期选用的铜矿来源地保持稳定，且与铅矿很可能同源。

3. 通过与长江中下游铜矿带铅同位素平均值的对比，该遗址铅同位素结果与铜陵当地层状矿床最为吻合，基本推断其铜矿来源为铜陵本地。

六　师姑墩遗址冶铸遗物反映的技术与文化交流

（一）二里头时期师姑墩与中原诸冶铸遗址的冶铸技术比较

1. 二里头时期冶铸遗址出土遗物的检测结果对比

二里头文化时期（公元前 18～前 16 世纪），中原、西北、北方等地早期铜器开始大量出现，但冶铸遗物和遗址发现相对较少，其中河南偃师二里头遗址、山西夏县东下冯遗址和垣曲盆地南关遗址经发掘发现性质比较明确的冶铸遗迹。

南关遗址位于垣曲盆地南部、黄河北岸的台地上，遗址南部发现了二里头三四期的铜渣、石范等铸铜遗迹 [1]，但对这部分铜渣样品目前没有做过相应的分析检测。

二里头遗址至今三次发掘，铸铜作坊遗址面积约 1 万平方米（如图 33-87），出土与青铜冶铸有关的遗迹和陶范、石范、铜渣、铜矿石、熔炉残片和小件铜器等遗物，另外在遗址其他地点也曾发现与青铜冶铸有关的熔炉残片等遗物 [2]。曲长芝 [3]、金正耀 [4]、李延祥 [5]、赵春燕 [6]、刘煜 [7] 等先后对该遗址出土的铜器、炉渣、坩埚等 98 件材料运用 X 荧光、ICP、SEM-EDS 等多种仪器进行检测分析，结果见表 33-33（分期不明确的样品未收录，铜器部分数据包括铜锭、铜块、铜条和铜片）。

二里头遗址三至四期检测 63 件铜器的合金类型包括红铜、锡青铜、砷铜、铅青铜、铅锡青铜和

[1]　中国社会科学院考古研究所：《二里头：1999～2006》，文物出版社，2014年，第1500～1543页。

[2]　中国社会科学院考古研究所：《偃师二里头：1959年～1978年考古发掘报告》，中国大百科全书出版社，1999年。

[3]　曲长芝、张日清：《二里头遗址出土铜器X射线荧光分析》，《偃师二里头：1959年～1978年考古发掘报告》，中国大百科全书出版社，1999年，第399页。

[4]　金正耀：《二里头青铜器的自然科学研究与夏文明探索》，《中国铅同位素考古》，中国科学技术大学出版社，2008年，第3～17页。

[5]　李延祥、许宏：《二里头遗址出土冶铸遗物初步研究》，《科技考古》第二辑，科学出版社，2007年，第59～82页。

[6]　赵春燕、杜金鹏、许宏、陈国梁、孙淑云、梁宏刚：《偃师二里头出土铜器的化学组成分析》，科技部社会发展科技司、国家文物局博物馆与社会文物司：《中华文明探源工程文集——技术与经济卷（1）》，科学出版社，2009年，第372～380页。

[7]　中国社会科学院考古研究所：《二里头：1999～2006》，文物出版社，2014年，第1500～1543页。

砷锡青铜六种，以铅锡青铜为主；另有铅片一件。炉渣和坩埚反映的合金类型包括红铜、锡青铜、铅锡青铜、铅砷青铜、砷锡青铜和铅锡砷青铜六种。

经金相观察和 SEM-EDS 分析，二里头遗址出土的炉渣均为熔炼渣，曾暴露在氧化气氛下，少量炉渣中存在 SnO_2 骸晶，并有部分高铅相，表明当时锡和铅已经能够有意识加入，个别样品含有高铁相和银颗粒，可能与矿料的来源和合金配制的方式有关[1]；样品中有部分含砷渣和高锡合金，坩埚经多次修补使用[2]。

表 33-33　偃师二里头遗址出土铜器、炉渣和坩埚的检测结果

年代	类型	Cu	Pb	CuSn	CuAs	CuPb	CuSnPb	CuPbAs	CuSnAs	CuSnPbAs	合计
一期	铜器			1							1
	炉渣	1		1							2
二期	铜器	3		2	2		1				8
	炉渣			2						2	4
一、二期合计		4		6	2		1			2	15
三期	铜器	4	1	4		4	7				20
	炉渣	2					1				3
	坩埚			2			3				5
四期	铜器	5		9	1	5	23		1		44
	炉渣			4			2	1	1		8
	坩埚						1			1	3
三、四期合计		11	1	19	1	9	37	2	2	1	83

山西夏县东下冯遗址是山西南部二里头文化的一个中心聚落，出土了 23 件铜器、30 多块铜渣和多件铸造斧、凿的石范，主要分布于遗址东部第 4 地点和南部第 5 地点[3]，如图 33-88 所示。李延祥选择了铜渣中 17 件样品进行 SEM-EDS 分析，结果显示其中 11 件铜或铜的氧化物，4 件铅青铜，1 件砷铜，1 件冰铜[4]。

师姑墩遗址早期地层年代相当于二里头三至四期，出土 3 件炉壁（本文中坩埚与炉壁的定义以加热方式为依据，坩埚为外部加热，炉壁为内部加热），分别反映了熔炼金属铅、配制砷铜和熔炼铅锡青铜的活动。其中配制砷铜的炉壁样品中夹杂有红铜颗粒和冰铜颗粒。另外在该遗址晚期Ⅲ段的铜器中也发现有银颗粒。

[1] 刘煜、陈建立、赵海涛、陈国梁、许宏：《二里头遗址出土铜器和炉渣的金相组织和成分分析报告》，待刊。

[2] 李延祥、许宏：《二里头遗址出土冶铸遗物初步研究》，《科技考古》第二辑，科学出版社，2007年，第59～82页。

[3] 中国社会科学与考古研究所、中国历史博物馆、山西省考古研究所：《夏县东下冯》，文物出版社，1988年。

[4] 北京科技大学冶金与材料史研究所、中国社会科学院考古研究所、北京大学考古文博学院：《中国早期冶金术研究的新进展》，《科技考古》第三辑，科学出版社，2011年，第135～154页。

从合金类型来看，上述三个遗址二里头时期铜器、炉渣和炉壁反映的合金类型具有一定的重合性：二里头遗址三四期以铅锡青铜为主，锡青铜、红铜和铅青铜次之，含砷样品达6件；东下冯遗址以红铜为主，铅青铜次之，也有1件含砷样品；师姑墩遗址早期地层虽然仅出土三件炉壁，但反映的合金类型在这一时期冶铸遗址中非常具有代表性。

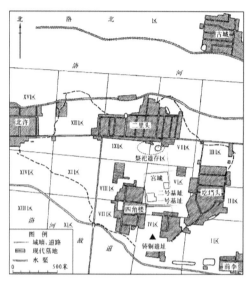

图33-87　二里头遗址铸铜作坊位置

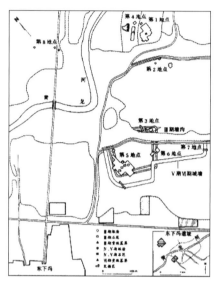

图33-88　东下冯遗址铸铜遗物出土地点

2. 二里头时期的"金道锡行"

二里头遗址、东下冯遗址和师姑墩遗址早期地层出土冶铸遗物合金类型的部分重合具有不同的意义：

二里头遗址、东下冯遗址和南关遗址均为当时的政治中心，有所不同的是二里头遗址位于中原核心地区，遗址中没有发现冶炼矿石留下的冶炼渣，可能直接从其他地区获取铜锭，遗址内仅进行熔炼铸造等活动。东下冯遗址和南关遗址处于资源非常丰富的环境中，距之不远处便是中条山铜矿。曾有学者指出二里头时期聚落向西北扩张，东下冯和南关可能是夏王朝为控制和运输中条山铜矿资源而建立的战略据点[1]。

根据中条山地区矿床的地质调查资料，该地区具有铜矿和铅矿两种资源，铜矿床具有规模大、品位低、伴生元素种类较少等特点[2]。罗武干等对中条山与皖南地区古铜矿冶炼产物微量元素进行对比，指出中条山地区古铜矿的Pb、Sn、As等元素含量较皖南地区明显贫化[3]。这样来看，东下冯遗址出土丰富的红铜和铅青铜样品很可能是就地取材的结果。对二里头遗址来说，李延祥曾提出二里头遗址含砷样品中的砷可能伴随铅、锡而来[4]，而中条山地区铜矿伴生元素品位很低。那么以二里头遗址为代表的二里头文化在从中条山获取铜矿的同时，是否还有其他的金属矿料来源地，皖南地区是否在二里头时期已经向中原地区输送金属资源是值得探讨的一个问题。

[1]　刘莉、陈星灿：《城：夏商时期对自然资源的控制问题》，《东南文化》2000年第3期，第45～60页。

[2]　郭双龙：《中条山后山铜矿区地质特征及找矿方向》，《有色金属》2011年第4期，第21～24页。

[3]　罗武干、秦颖、王昌燧、魏国锋、席增仁：《中条山与皖南地区古铜矿冶炼产物的比较分析》，《岩矿测试》2007年第3期，第209～212页。

[4]　李延祥、许宏：《二里头遗址出土冶铸遗物初步研究》，《科技考古》第二辑，科学出版社，2007年，第59～82页。

　　从以往发掘情况来看，二里头时期青铜器和冶铸遗物发现的最南端是安徽中部肥西县馆驿大墩孜，出土二里头晚期的单扉铜铃（图33-89）[1] 和弦纹斝 [2]，但一直没有发现同时期的铸造遗址。此次师姑墩遗址出土年代相当于二里头三四期的冶铸遗物，同地层发现单扉棱陶铃（图33-90），与大墩孜出土的铜铃形制基本一致，由此将该时期冶铸遗址的边界向南推移至长江南岸，紧邻长江中下游丰富的铜矿带。

图 33-89　单扉铜铃（2070B.C.～1600B.C.）

1972 年肥西馆驿大墩孜出土

图 33-90　陶铃

2010 年师姑墩遗址出土

　　师姑墩遗址 15 件样品的铅同位素比值检测结果显示，早期二里头三四期样品的铅同位素与晚期Ⅰ～Ⅳ段大部分相似，且多种样品的铅同位素结果聚合在一处，能够很好的反映该遗址的铜矿来源。为了解二里头遗址是否曾从皖江流域获取金属，这里将两个遗址的铅同位素比值进行对比，如图33-91、92。

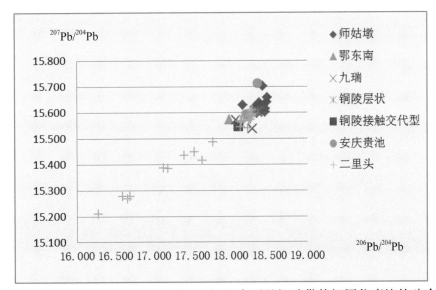

图 33-91　师姑墩遗址、二里头遗址及长江中下游铜矿带的铅同位素比值分布图 1

[1]　安徽省文物事业管理局：《安徽馆藏珍宝》上册，中华书局，2008年，图1。

[2]　杨德彪、杨立新：《安徽江淮地区的商周文化》，《中国考古学会第四次年会论文集》，文物出版社，1985年，第65～71页。

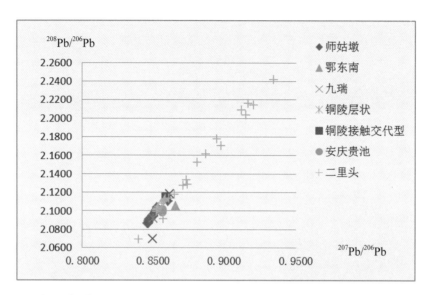

图 33-92　师姑墩遗址、二里头遗址及长江中下游铜矿带的铅同位素比值分布图 2

　　这里列出的 32 件二里头遗址样品反映的矿料来源已经较为复杂，除与铜陵层状和接触交代型矿床有部分相似之处外，与江西九江瑞昌和安庆贵池的铅同位素同样有重合部分。这种结果比较符合对二里头遗址矿料来源的判断，即作为早期城市的偃师二里头遗址可能从长江中下游多处铜矿带获取过金属资源。另外，根据金正耀等学者的研究，二里头二期至三期器物的铅同位素比值成一个团组，$^{207}Pb/^{206}Pb$ 在 0.850～0.882 之间，而四期器物 $^{207}Pb/^{206}Pb$ 大部分在 0.910～0.930 之间，并提出在二里头三四期之间夏文化获取铜矿资源的产地可能发生了变化[1]。对比此次分析师姑墩遗址冶铸遗物，其 $^{207}Pb/^{206}Pb$ 比值与二里头二期至三期团组非常接近，而与四期相差甚远。

　　据此推测，夏文化在二里头二三期时可能有部分矿料来自长江中下游地区；到三四期夏文化对这一地域的资源控制力减弱，师姑墩遗址早期即存在合金熔炼等活动，尽管冶铸规模相对很小，但也可能是遗址自由度相对增强的结果。二者之间的关系究竟是人的流动迁徙、资源的进贡或两地的贸易往来，还需要对遗址早期地层出土的陶器等生活用具做更多的分析与比较。

（二）西周时期师姑墩遗址与周边地区的关系

1. 西周时期铸铜遗址的分布

　　目前经过发掘的西周时期铸铜遗址主要分布于河南洛阳、陕西周原、安徽铜陵等地区。

　　洛阳北窑西周前期铸铜遗址出土了大量陶范、炉壁等材料[2]。

　　陕西周原地区周原、孔头沟和周公庙三处遗址均发现铸铜作坊：

　　周原遗址铸铜作坊包括扶风县法门寺镇李家村、齐家村和齐镇村三处，李家村铸铜作坊出土大量西周中晚期铸铜遗物，包括陶模、陶范、炉壁、铜块、铜渣、红烧土等，以小块陶模和陶范居

　　[1]　金正耀：《二里头青铜器的自然科学研究与夏文明探索》，《中国铅同位素考古》，中国科技大学出版社，2008年，第3～17页。

　　[2]　洛阳博物馆：《洛阳北窑村西周遗址1974年发掘简报》，《文物》1981年第7期。洛阳市文物工作队：《1975～1979洛阳北窑西周铸铜遗址的发掘》，《考古》1983年第5期，第430～441页。

多[1]；齐家村铸铜作坊发现西周时期陶范碎块和 1 件西周中期的石范残块[2]；齐镇村铸铜作坊发现炼渣、铜渣和西周炼炉等[3]。

孔头沟遗址 2006 年在画图寺发掘区发现西周中晚期铸铜作坊，出土大量陶范、熔铜炉炉壁、陶管及生产工具，另有 3 座烘范窑[4]。

周公庙遗址铸铜作坊位于岐山县凤鸣镇祝家巷村，先后出土了坩埚、炼渣、铜器、铜块和数百块陶范，工具有陶管、砺石等。该处作坊的年代为西周初年，其上限或可早到先周晚期[5]。

安徽铜陵师姑墩遗址是一处冶炼与铸造活动并存的作坊遗迹，出土冶铸遗物集中在西周早中期至两周之际（晚期 I 段至 III 段），包括炉渣、炉壁、陶范、石范、铅锭、铜块、铜器等多种类型。

此外，在西周王畿以及诸侯国所在地也有铸铜遗物发现。如陕西丰镐遗址发现少量铸铜遗物[6]，长安张家坡西周早期居址中出土了陶范、芯和浇口等[7]，长安马王村西周早期灰坑 H10 中出土了若干陶范残块[8]。北京琉璃河燕国遗址 F10 区和 F11 区西周早期居址发现青铜容器范[9]。河南三门峡虢国墓地附近的李家窑遗址发现炼铜渣、牛角形陶质鼓风管和陶范碎块，铲范居多，容器范仅 1 块碎片，2000 年虢都上阳城的城垣东北角内发现铸铜作坊[10]。

2. 西周时期周原地区铸铜作坊与师姑墩遗址合金类型的对比

在上述遗址发现的冶铸遗物中，周原地区三处铸铜作坊和铜陵师姑墩遗址各类样品均经过系统的科技分析，洛阳北窑仅陶范做过部分研究。周原地区三处作坊的年代从先周晚期到西周早、中、晚期，师姑墩遗址冶铸遗物年代大部分从西周早中期至两周之际，两片区域年代相近，但地域相差甚远，本文将这几处遗址冶铸遗物的研究结果进行对比[11]，具体见表 33-34 ～ 36，以期了解两个区域在冶铸技术、合金类型、矿料来源等方面有何异同。

表 33-34　周原、师姑墩遗址铜器合金类型

样品来源	Cu	Cu(Fe)	CuSn	CuPb	CuAs	CuSnAs	CuSnPb	CuSnPbAs	年代
李家			10				3		西周中晚
师姑墩			2	4		7	4	5	西周早—晚

[1]　周原考古队：《陕西周原遗址发现西周墓葬与铸铜遗址》，《考古》2004年第1期，第3～6页。

[2]　周文丽：《周原地区西周时期铸铜遗物初步研究》，北京大学硕士论文，2008年。

[3]　魏兴兴、李亚龙：《陕西扶风齐镇发现西周炼炉》，《考古与文物》2007年第1期，第22、23页。

[4]　种建荣、张敏、雷兴山：《岐山孔头沟遗址商周时期聚落性质初探》，《文博》2007年第5期，第38～43页。

[5]　种建荣、雷兴山：《先周文化铸铜遗存的确认及其意义》，《中国文物报》2007年11月30日。

[6]　胡谦盈：《周文化及相关遗存的发掘与研究》，科学出版社，2010年。

[7]　中国社会科学院考古研究所：《沣西发掘报告》，文物出版社，1963年。

[8]　中国社会科学院考古研究所沣西发掘队：《陕西长安鄠县调查与试掘简报》，《考古》1962年第6期，第305～311页。

[9]　北京大学考古学系、北京市文物研究所：《1995年琉璃河周代居址发掘简报》，《文物》1996年第6期，第4～15页。山东省文物考古研究所等：《曲阜鲁国故城》，齐鲁书社，1982年，第50页。

[10]　宁景通：《三门峡发现周代窖仓和铸铜作坊》，《中国文物报》1991年5月19日。李家窑遗址考古发掘队：《三门峡发现虢都上阳城》，《中国文物报》2001年1月10日。

[11]　周原地区各铸铜遗址出土冶铸遗物的原始数据均来自周文丽的硕士论文《周原地区西周时期铸铜遗物初步研究》，下面不再一一标注。

表 33-35　李家、齐镇、周公庙、孔头沟、师姑墩遗址铜块合金类型

样品来源	Cu	Cu（Fe）	CuSn	CuPb	CuAs	CuSnAs	CuSnPb	CuSnPbAs	年代
周公庙	1		7	1			5		西周早期
李家			11				3		西周中晚
云塘－齐镇			17						西周中晚
孔头沟	2	1	7						西周中晚
师姑墩	1	3	1	1	5		1	1	西周早—晚

　　从铜器和铜块的合金类型来看：周原地区西周早期以锡青铜和铅锡青铜为主，有少量铅青铜，西周中晚期以锡青铜为主，含铅量较少，锡含量集中在 10%～16% 之间，铅含量普遍低于 6%。师姑墩遗址铜器和铜块中，锡元素虽然占主要地位，但合金类型以砷锡青铜为主，砷铜、铅青铜、铅锡青铜和铅锡砷铜次之，且样品中的锡含量从 2%～19% 不等，铅含量可高达 30%，砷含量为 2%～5%。金相组织上，周原地区铜器铜块以铸造为主，部分经过热加工处理；师姑墩遗址铜器铜块基本未见后期冷热加工的痕迹。

　　表 33-36 是两个地区铸铜遗址炉渣和炉壁反映的合金类型，与铜器和铜块的结果相似，西周早期师姑墩与周原地区均为铅青铜和铅锡青铜；到了西周中期周原地区依然以锡青铜为主，少量铅锡青铜，而师姑墩遗址此时的冶炼、熔炼和铸造活动规模明显增大，合金类型从二元到四元合金均有，并且炉具有多次使用痕迹；西周晚期周原地区合金类型为锡青铜和铅锡青铜，但高铁渣数量增多，师姑墩遗址遗物迅速减少，但与周原地区差别仍然很大。

表 33-36　周原、师姑墩遗址炉渣、炉壁反映的合金类型

地区	Cu（Fe）	CuSn	CuPb	CuAs	CuSnAs	CuSnPb	CuPbAs	CuSnPbAs	年代
周原地区			1			1			西周早期
	1	7				2			西周中期
	3	1				2			西周晚期
师姑墩			1	2		1			西周早中
	4	1	2	1	1	1	1	3	西周中期
	1					1		1	西周晚—两周之际

　　由上述结果可见两个区域具有明显差异：周原地区的铸铜作坊出土铜器的合金类型及合金配比比较规范，工匠对于各类铜器合金配比和后期加工可能产生的不同性能都比较熟悉；而师姑墩遗址在合金类型和合金配比上均没有特别明确的标准，铜器也几乎未经过后期加工处理，反映了二者在制作工艺上的不同，但是否暗含了生产组织管理及控制程度的不同是需要深入讨论的问题之一。

　　3. 西周时期周原地区铸铜作坊与师姑墩遗址矿料来源的比较

　　周原地区曾有一批样品做过铅同位素测试，数据见表 33-37，将其与师姑墩样品的铅同位素比值进行对比，结果如图 33-93、94。

表 33-37 周原地区相关样品铅同位素比值

出土地点	年代	$^{206}Pb/^{204}Pb$	$^{207}Pb/^{206}Pb$	$^{208}Pb/^{206}Pb$	$^{207}Pb/^{204}Pb$	$^{208}Pb/^{204}Pb$
建筑基础	西周晚期	18.282	0.853	2.105	15.601	38.478
甬钟	西周晚期	18.096	0.864	2.123	15.635	38.409
建筑基础	西周晚期	18.274	0.854	2.106	15.601	38.479
建筑基础	西周晚期	18.263	0.854	2.105	15.593	38.451
建筑基础	西周晚期	18.358	0.850	2.096	15.599	38.476
建筑基础	西周晚期	18.286	0.853	2.104	15.595	38.466
建筑基础	西周晚期	18.282	0.853	2.105	15.602	38.485
建筑基础	西周晚期	18.207	0.854	2.105	15.540	38.319
不详	西周中期	17.460	0.889	2.167	15.529	37.835
不详	西周	17.746	0.877	2.148	15.562	38.113
不详	西周	18.267	0.854	2.107	15.609	38.490

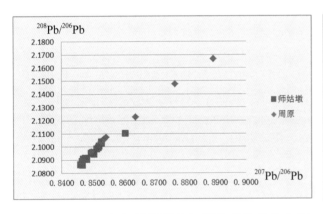

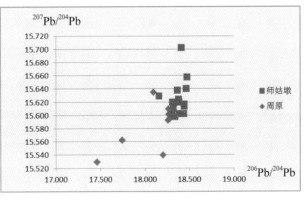

图 33-93 周原与师姑墩样品铅同位素比值分布图　　图 33-94 周原与师姑墩样品铅同位素比值分布图

周原地区西周晚期大部分样品与师姑墩冶铸遗物的铅同位素比值聚在一起，少数样品具有明显差别，似乎周原地区在西周晚期的矿料来源与师姑墩也有某些重合。根据安徽寿县出土的鄂君启节上战国中期楚国水陆运输交通线路图，当时的长江航运已经非常发达，皖南地区可以溯江而上，可以渡江直接到达淮夷，也可以沿江而下出海以达淮泗。鄂君启节上的车节规定"車五十乘。母（毋）载金革黽箭"，即陆路不得运输铜锡、箭镞、皮革等军用物资，但舟节对这些没有明确限制[1]，因此通过水陆来运送铜锡铅等资源到达中原地区的可能性依然存在[2]。

（三）师姑墩遗址出土的砷铜制品

师姑墩遗址经检测分析的 68 件样品中，砷含量超过 2% 的有 28 件，从早期到晚期一直存在：

[1] 于省吾：《"鄂君启节"考释》，《考古》1963年第8期，第442～447页。
[2] 裘士京：《江南铜研究》，黄山书社，2004年，第92、93页。

早期有 1 件，占 33%；晚期 I 段 2 件，占 20%；晚期 II 段 19 件，占 53%；晚期 III 段 4 件，占 40%；晚期IV段 2 件，占 40%。具体类型分布见表 33-38。

表 33-38　师姑墩遗址砷铜样品的合金类型分布

合金类型	CuAs	CuPbAs	CuSnAs	CuSnPbAs	合计
早期	1				1
晚期 I 段	1		1		2
晚期 II 段	5	2	5	8	19
晚期 III 段			2	2	4
晚期 IV 段			1	1	2
合计	7	2	9	11	28

关于砷的来源，根据铜陵当地铜矿资源的调查，铜陵地区铜矿带中含有多种铜铁硫化物、含铅矿物（方铅矿）和砷化物（如毒砂、雄黄、雌黄等），砷有可能是由当地的铜矿或铅矿引入的。但从师姑墩样品的分析结果来看，早期到晚期的 4 件冶炼渣中均没有出现砷，这在一定程度上说明砷不是随铜矿无意中带入的；同时，在含有砷的样品中，铅并不一定存在，遗址出土的铅锭中也没有发现金属砷，由此可见砷也不是从铅矿中引入的；另外，大部分含有砷的炉渣中均有冰铜颗粒，初步推测当地工匠在合金熔炼过程中应该有意添加砷硫化物生产砷铜制品。

师姑墩早期炉壁附着的炉渣内发现含砷的铜颗粒，可能为熔炼配制砷铜的产品，但仅根据 1 件样品来判定早期砷铜是有意冶炼而成还缺乏说服力。晚期 II 段（西周中期）及之后众多含砷铜器、铜块、炉渣和炉壁的出土，有力地说明了这段时期师姑墩遗址的砷铜合金熔炼已有一定规模。

张敬国[1]、穆荣平[2]、张国茂[3]、陈荣[4]、秦颖[5] 等学者曾对皖南贵池、铜陵、繁昌、南陵等地出土的铜锭、铜器、炼渣、氧化矿石等冶铸遗物做过多方面分析，发现当地出土的铜锭均为冰铜锭，铜器的成分数据显示合金类型主要为锡青铜和铅锡青铜，仅少量铜器中含有不到 1% 的砷。这点与本文的分析结果稍有出入，所以在将来的工作中，应对皖南地区冶铸遗物进行更加系统和细致的工作，以更好的判定遗址的性质。

目前中国发现砷铜的冶炼和铸造遗址较少，主要有偃师二里头[6]、垣曲盆地[7] 和周原铸铜遗址[8]

[1]　张敬国、李仲达、华觉明：《贵池东周铜锭的分析研究——中国始用硫化矿炼铜的一个线索》，《自然科学史研究》1985 年第 4 卷第 2 期，第 168～171 页。

[2]　穆荣平：《皖南古铜矿遗址及其冶炼技术的初步研究》，中国科技大学硕士论文，1987 年。

[3]　张国茂：《安徽铜陵地区先秦青铜文化简论》，《东南文化》1991 年第 5 期，第 138～144 页。

[4]　陈荣、赵匡华：《先秦时期铜陵地区的硫铜矿冶炼研究》，《自然科学史研究》1994 年第 13 卷第 2 期，第 139～144 页。

[5]　秦颖、王昌燧、冯敏、刘平生：《安徽省南陵县江木冲古铜矿冶炼遗物自然科学研究及意义》，《东南文化》2002 年第 1 期，第 87～89 页。

[6]　梁宏刚、孙淑云：《二里头遗址出土铜器研究综述》，《中原文物》2004 年第 1 期，第 29～56 页。

[7]　梁宏刚、李延祥、孙淑云、佟伟华：《垣曲商城出土含砷渣块研究》，《有色金属》2005 年第 4 期，第 127～130 页。

[8]　周文丽：《周原地区西周时期铸铜遗物初步研究》，北京大学硕士论文，2008 年。

等，西北和中原地区出土的早期铜器中有不少砷铜制品。师姑墩遗址地处皖南铜矿资源重地，发现如此多的砷铜制品，其砷铜技术从何而来、如何传播是值得进一步探讨的问题。

（四）师姑墩遗址性质的判定

以往在安徽南部地区发现的众多古代铜矿遗址，主要分布在沿江的贵池、青阳、铜陵、南陵、泾县、繁昌等地[1]，在铜陵附近的金山、曹山南侧、凤凰山一带，发现朱村乡木鱼山、西湖乡大冲、小冲，凤凰山的万迎山，金榔乡金山盛、金山北坡、岗巴坡等多处先秦时期炼铜遗址[2]；在南陵地区发现江木冲、西边冲、刘家井、荷花荡、小乔冲等多处西周至汉代的采矿冶炼遗址[3]。其中万迎山遗址附近有青铜器和铜锭出土，推测可能为综合性的采、冶、铸场所。另外在江北的枞阳汤家墩遗址发现商末至西周的炉渣和陶范[4]，当地可能曾有铸铜作坊。其他遗址性质大多比较单一，几乎未见冶炼与铸造活动并存。从师姑墩遗址出土的冶铸遗物看，包括冶炼矿石的冶炼渣、粗铜锭、铅锭、合金配制过程中产生的熔炼渣，以及铸造中需要的陶范、石范和最终的青铜器产品。早期缺乏铸造的相关产品，但炉渣和炉壁分析结果来看冶炼、熔炼和铸造活动可能均已存在；晚期Ⅰ段至Ⅳ段，冶炼、熔炼和铸造活动长时期共存，充分说明本遗址是一处综合性的冶炼、铸造作坊遗址。

中原地区先秦时期铸铜遗址，如偃师二里头[5]、商代郑州商城[6]、安阳殷墟[7]、西周洛阳北窑[8]、陕西周原[9]、东周新郑郑韩故城[10]、山西侯马晋国都城新田[11]等，都分布在政治中心及周边地区，距离铜矿资源较远，功能明确，性质普遍为官营作坊。相比之下，师姑墩遗址特征为出土冶铸遗物数量较少，成品均为小件铜器，合金类型繁杂，冶炼、铸造活动并存且延续时间长。同时，在盆地内部与师姑墩遗址相距不远的其他三个同时期遗址也采集到炉渣和陶片，功能应与师姑墩相似。据此，初步推测师姑墩遗址为三代时期铜陵地区民营冶铸作坊群中的一处小型作坊遗址，或在该遗址活动的群体可能与官方存在特殊关系。

七　结论

通过对师姑墩遗址冶铸遗物的实验研究，初步揭示出师姑墩冶铸遗址的技术特征和发展脉络，简单讨论了师姑墩冶铸遗址的矿料来源，并与二里头时期和西周时期铸铜遗址出土遗物进行对比，

[1]　杨立新：《皖南古代铜矿的发现及其历史价值》，《东南文化》1991年第2期，第131～137页。

[2]　汪景辉、杨立新：《安徽铜陵市古代铜矿遗址调查》，《考古》1993年第6期，第507～517页。

[3]　刘平生：《安徽南陵大工山古代铜矿遗址发现和研究》，《东南文化》1988年第12期，第45～57页。

[4]　杨德标：《枞阳汤家墩遗址》，《中国考古学年鉴（1990）》，文物出版社，1991年，第222页。

[5]　中国社会科学院考古研究所：《偃师二里头：1959年～1978年考古发掘报告》，中国大百科全书出版社，1999年。

[6]　河南省文物研究所：《郑州商代二里冈期铸铜基址》，《考古学集刊·6》，中国社会科学出版社，1989年，第100～127页。

[7]　中国社会科学院考古研究所：《殷墟发掘报告1958～1961》，文物出版社，1987年，第28～58页。

[8]　洛阳市文物工作队：《1975～1979年洛阳北窑西周铸铜遗址的发掘》，《考古》1983年第5期，第430～442页。

[9]　周原考古队：《陕西周原遗址发现西周墓葬与铸铜遗址》，《考古》2004年第1期，第3～6页。

[10]　河南省博物馆新郑工作站：《河南新郑郑韩故城的钻探和试掘简报》，《文物资料丛刊·3》，文物出版社，1980年，第60、61页。

[11]　山西省考古研究所：《侯马铸铜遗址》，文物出版社，1993年，第62～77页。

初步形成以下几点认识：

1. 师姑墩遗址的技术特征

通过对师姑墩遗址出土铜器、铜块、炉渣、炉壁和铅锭的金相组织观察、扫描电镜分析和PXRF成分测定，炉渣包括冶炼渣和熔炼渣，炉壁曾经多次修补使用，可以确定师姑墩遗址冶炼和铸造活动从早期到晚期Ⅳ段一直共存。其发展脉络基本为：早期出现冶铸活动，规模小，产品少，合金种类具有代表性；中期（商时期）未发现冶铸相关遗物；晚期Ⅰ、Ⅱ段冶铸活动规模最盛，铜器铜块的合金类型达到六种，以铅锡合金和含砷多元合金为主，开始使用硫化矿—冰铜—铜冶炼工艺；晚期Ⅲ、Ⅳ段冶铸活动有所衰落，砷铜逐渐被锡青铜取代，冰铜冶炼技术成熟。

2. 矿料来源

师姑墩遗址多种类型样品的铅同位素分析结果显示，该遗址使用的矿料基本来自铜陵本地。与二里头遗址和周原地区铸铜作坊出土遗物铅同位素比值的对比，均有部分重合，为探索这两处遗址样品的矿料来源提供了线索。

3. 师姑墩遗址性质

师姑墩遗址出土冶铸遗物就地取材，合金类型繁杂，合金配比无严格要求，小件铜器以铜镞等兵器为主；在盆地内部与师姑墩遗址相距不远的其他三处先秦时期遗址采集到炉渣、炉壁和陶片，功能应与师姑墩相似。综合判断，师姑墩遗址可能为三代时期铜陵地区民间冶铸作坊群中的一处小型作坊遗址，或可能在该遗址活动的群体与官方存在特殊的关系。

八　存在的问题与展望

本项工作对师姑墩遗址各时期的冶铸遗物进行了系统的科技分析，该遗址的技术特征和发展脉络已经较为清晰，但对于皖南地区来说，还有大量工作需要开展：

1. 师姑墩遗址陶范材料的科技分析

由于时间有限，对师姑墩出土纹饰范和素面范的分析工作才刚刚开始，仅对其成分进行了检测。从之前对北方地区陶范的显微结构观察结果来看，成分数据能够说明的问题非常有限，要搞清楚陶范的原料处理工艺需要结合薄片分析来完成。同时，北方地区先秦时期有大量陶范发现，而南方地区相对很少，因此师姑墩遗址的陶范样品重要性不言而喻，对其深入的科技分析可以为研究南北方范铸工艺的异同提供第一手资料。

2. 在皖南地区开展系统的田野发掘工作

皖南地区的区域调查工作已经发现了大量遗址和遗物，但商代冶铸遗物发现相对较少，二里头时期冶铸遗物也十分匮乏。师姑墩遗址的发现使我们相信，皖南地区的冶炼铸造活动在二里头三四期已经开始，需要在该地区进行系统的田野发掘工作，来提供更多证据。

3. 对皖南地区出土冶铸遗物的检测工作

对师姑墩遗址出土遗物的系统分析是个好的开始，要详细了解皖南地区的冶铸技术整体情况，需要对当地更多遗址的冶炼、铸造遗物进行科学分析，在拥有更多资料的基础上进一步讨论江南金锡与中原地区的关系才更具有说服力。

第三四章　原始瓷科技研究

一　引言

师姑墩遗址西周地层中开始出现原始瓷（图 34-1），西周中期出土原始瓷数量仍较少；西周晚期至两周之际出土原始瓷的比例增加，出现了原始瓷豆；春秋早中期出土原始瓷的比例进一步增加，原始瓷种类开始丰富，除了豆、罐外，还大量出现碗、盘、盂等（图 34-2），其为皖南地区早期原始瓷手工业发展的研究提供了珍贵材料，具有重要学术价值。

师姑墩原始瓷及印纹硬陶数量明显多于周边其他遗址中所出，原始瓷豆、罐、碗、盘、盂等与邻近的南陵土墩墓内所出土的原始瓷大体相似，似与南方及东南原始瓷生产体系有关。然而，这批原始瓷胎釉工艺如何？其是本地烧制还是外地输入？与周邻地区出土原始瓷有着怎样的关系，尤其是与皖南地区土墩墓出土原始瓷在工艺上的联系尤为重要，其涉及该地区原始瓷手工业技术发展，以及物料分配、流通和使用等方面的问题。鉴此，本章通过对师姑墩遗址出土原始瓷的分析，初步讨论皖南地区先秦时期原始瓷手工业的技术特征，以期为该地区原始瓷手工业布局、生产、组织和管理等技术与社会之间的关系提供更多科学依据，推动相关研究的进展。

二　样品概况

师姑墩原始瓷样品均为器物残片，分别来自该遗址的第②、③、④、⑤、⑥、⑦和⑧层，器形有原始豆、罐、碗、盘和盂等（图 34-2）。本项工作共取样 29 件，取样情况详见表 34-1。

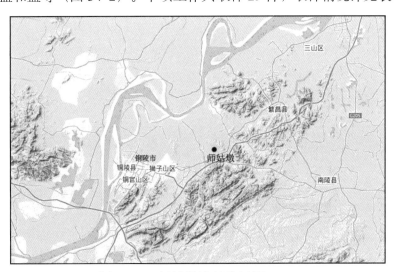

图 34-1　师姑墩遗址位置图

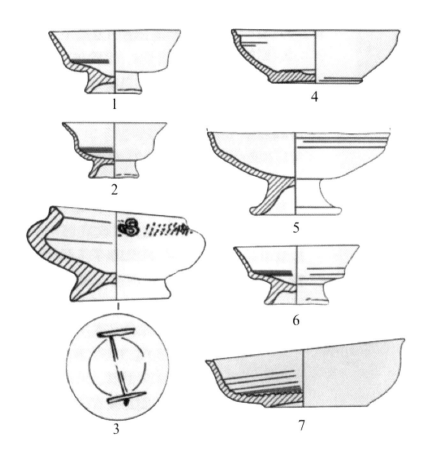

图 34-2 铜陵师姑墩遗址出土原始瓷器

1、2、6.B型原始瓷豆（T6④:9、T6⑤:4、T6④:2） 3.原始瓷盂（T11⑬:5）
4.原始瓷碗（T7④:10） 5.A型原始瓷豆（T6⑧:8） 7.原始瓷盘（T6③:1）

表 34-1 铜陵师姑墩遗址出土原始瓷取样表

实验号	出土号	器名	取样信息
SGD01	T6⑧:21	原始瓷豆	残片
SGD02	T7②:14	原始瓷	残片
SGD03	T7③:8	原始瓷	残片
SGD04	T7④:156	原始瓷	残片
SGD05	T7④:157	原始瓷	残片
SGD06	T7④:158	原始瓷	残片
SGD07	T7④:160	原始瓷	残片
SGD08	T7④:32	原始瓷	残片
SGD09	T7④:73	原始瓷	残片
SGD10	T7④:74	原始瓷	残片
SGD11	T7④:89	原始瓷	残片

实验号	出土号	器名	取样信息
SGD12	T36 ④: 22	原始瓷	残片
SGD13	T36 ④: 24	原始瓷	残片
SGD14	T36 ⑥: 12	原始瓷	残片
SGD15	T36 ⑥: 13	原始瓷豆	残片
SGD16	T36 ⑦: 35	原始瓷	残片
SGD17	T36 ⑦: 36	原始瓷	残片
SGD18	T37 ②: 41	原始瓷	残片
SGD19	T37 ⑦: 28	原始瓷	残片
SGD20	T37 ⑦: 29	原始瓷	残片
SGD21	T40 ③: 18	原始瓷	残片
SGD22	T40 ⑤: 10	原始瓷	残片
SGD24	T40 ⑥: 16	原始瓷	残片
SGD23	T40 ⑥: 17	原始瓷	残片
SGD25	T41 ③: 38	原始瓷	残片
SGD26	T41 ③: 39	原始瓷	残片
SGD27	T41 ⑤: 30	原始瓷	残片
SGD28	T41 ⑤: 31	原始瓷	残片
SGD29	T41 ⑥: 16	原始瓷豆	残片

三　分析方法与结果

样品测试所用仪器为北京大学考古文博学院的激光剥蚀电感耦合等离子体发射光谱仪（LA-ICP-AES）。实验仪器由美国 LEEMAN-LABS 公司的 Prodigy 型 ICP 和 NEW-WAVE 公司的 UP266-MARCO 型激光器组成。原始瓷器样品由激光剥蚀进样，电感耦合等离子体发射光谱仪（ICP-AES）测量。测试结果由标准样品进行数据校正：胎体成分使用标样为国家土壤标准 GSS2、GSS4、GSS5、GSS6；釉成分使用标样为美国康宁玻璃博物馆标准 Corning-B、C、D。胎体成分测试选择样品断面部位，釉层测试选择釉层较厚的部位，测试前样品使用酒精擦洗，每个样品读数 2 ~ 3 次，求平均值。

本项工作共对 29 件师姑墩遗址出土原始瓷样本化学组成进行了分析，共获取 29 件原始瓷胎的化学组成数据，结果见表 34-2。师姑墩原始瓷多数釉层较薄未进行测试，仅获取 11 件原始瓷釉的化学组成数据，结果见表 34-3。

检测结果表明，师姑墩原始瓷胎的 Al_2O_3 含量在 12.32% ~ 23.19% 之间浮动，SiO_2 的含量变化范围为 66.12% ~ 81.95%，R_xO_y 的含量在 5.53% ~ 10.39% 之间波动，其主要由 K_2O、Fe_2O_3 和 TiO_2

的含量所贡献。其中，K$_2$O 的含量在 1.64%～5.94% 之间，Fe$_2$O$_3$ 的含量在 1.21%～4.29% 之间，TiO$_2$ 的含量在 0.26%～1.3% 之间，这种组成上的接近说明师姑墩遗址出土原始瓷器的胎料化学组成差异不大。除原始瓷 T40 ③：18 样品较特殊外，其他样品 SiO$_2$/Al$_2$O$_3$ 的摩尔比在 4.85～8.66 之间，R$_x$O$_y$/Al$_2$O$_3$ 的摩尔比在 0.32～0.65 之间。

检测结果表明，师姑墩原始瓷釉中 Al$_2$O$_3$ 的含量在 11.04%～19.32% 之间，SiO$_2$ 的含量变化范围为 49.05%～64.06%。瓷釉中 Al$_2$O$_3$ 和 SiO$_2$ 含量均较其胎中的含量明显降低，而原始瓷釉中 CaO 的含量均较高，在 8.77%～20.61% 之间，其明显高于原始瓷胎中的含量。釉中 Fe$_2$O$_3$ 的含量在 1.86～6.64% 之间，其是瓷釉的主要着色元素，因此在还原气氛下釉色以青色居多。MgO 和 K$_2$O 的含量也较高，其中 MgO 的含量在 2.34%～4.69% 之间，K$_2$O 的含量在 1.60%～3.87% 之间。P$_2$O$_5$ 的含量在 0.53%～6.28% 之间，其明显高于原始瓷胎的含量。总体上，师姑墩原始瓷溶剂含量较高，其 R$_x$O$_y$ 的含量在 22.97～38.09% 之间，R$_x$O$_y$/Al$_2$O$_3$ 的摩尔比在 1.89～5 之间，SiO$_2$/Al$_2$O$_3$ 的摩尔比在 4.37～8.9 之间。

表 34-2　铜陵师姑墩遗址出土原始瓷胎化学组成（%）

编号	Na$_2$O	MgO	Al$_2$O$_3$	SiO$_2$	K$_2$O	CaO	TiO$_2$	Fe$_2$O$_3$	MnO$_2$	P$_2$O$_5$	总量	分子式
T7 ④：160	0.65	0.56	19.58	73.43	2.12	0.39	0.59	2.41	0.02	0.03	99.79	0.38R$_x$O$_y$·Al$_2$O$_3$·6.37Al$_2$O$_3$
T7 ④：74	0.55	0.60	19.45	73.70	1.84	0.35	0.65	2.40	0.02	0.21	99.76	0.36R$_x$O$_y$·Al$_2$O$_3$·6.44Al$_2$O$_3$
T7 ④：32	0.54	0.89	19.26	73.14	1.93	0.40	1.09	2.34	0.02	0.08	99.70	0.42R$_x$O$_y$·Al$_2$O$_3$·6.46Al$_2$O$_3$
T7 ④：157	0.84	0.76	20.79	70.81	2.27	0.35	1.06	2.86	0.03	0.01	99.78	0.42R$_x$O$_y$·Al$_2$O$_3$·5.79Al$_2$O$_3$
T40 ⑤：10	0.86	0.56	19.14	72.87	2.15	0.36	0.96	2.79	0.02	0.02	99.73	0.42R$_x$O$_y$·Al$_2$O$_3$·6.47Al$_2$O$_3$
T7 ④：89	1.89	0.17	17.69	71.77	5.94	0.29	0.26	1.21	0.02	–	99.24	0.65R$_x$O$_y$·Al$_2$O$_3$·6.90Al$_2$O$_3$
T37 ⑦：28	0.44	0.53	16.46	76.93	2.00	0.23	0.97	2.18	0.03	0.02	99.78	0.40R$_x$O$_y$·Al$_2$O$_3$·7.94Al$_2$O$_3$
T37 ②：41	1.01	0.77	20.53	70.70	2.32	0.43	0.93	2.93	0.03	0.06	99.70	0.45R$_x$O$_y$·Al$_2$O$_3$·5.86Al$_2$O$_3$
T7 ④：156	0.55	0.57	19.35	73.28	2.08	0.24	0.93	2.75	0.03	0.01	99.77	0.37R$_x$O$_y$·Al$_2$O$_3$·6.44Al$_2$O$_3$
T7 ③：8	0.27	0.91	23.19	66.12	1.76	0.63	1.20	4.29	0.07	1.26	99.69	0.43R$_x$O$_y$·Al$_2$O$_3$·4.85Al$_2$O$_3$
T7 ④：158	0.44	0.54	19.84	73.67	1.81	0.26	0.91	2.27	0.02	0.02	99.79	0.32R$_x$O$_y$·Al$_2$O$_3$·6.31Al$_2$O$_3$
T7 ②：14	0.70	0.55	18.33	74.09	2.24	0.46	0.84	2.47	0.02	0.03	99.74	0.43R$_x$O$_y$·Al$_2$O$_3$·6.87Al$_2$O$_3$
T41 ⑤：30	1.16	0.44	20.10	72.36	2.10	0.42	0.85	2.35	0.03	–	99.81	0.40R$_x$O$_y$·Al$_2$O$_3$·6.12Al$_2$O$_3$
T36 ④：24	1.57	0.50	20.70	70.95	2.37	0.66	0.81	2.24	0.02	–	99.82	0.46R$_x$O$_y$·Al$_2$O$_3$·5.83Al$_2$O$_3$
T41 ③：39	0.86	0.59	20.97	71.50	2.16	0.38	0.89	2.38	0.03	0.01	99.76	0.38R$_x$O$_y$·Al$_2$O$_3$·5.80Al$_2$O$_3$
T41 ⑤：31	0.75	0.54	20.01	72.59	2.19	0.27	1.09	2.28	0.03	–	99.75	0.37R$_x$O$_y$·Al$_2$O$_3$·6.17Al$_2$O$_3$
T40 ③：18	0.32	0.56	12.32	81.95	1.64	0.32	0.93	1.68	0.02	0.06	99.79	0.48R$_x$O$_y$·Al$_2$O$_3$·11.31Al$_2$O$_3$
T36 ④：22	1.50	0.51	20.52	70.91	2.39	0.54	1.02	2.37	0.02	–	99.78	0.45R$_x$O$_y$·Al$_2$O$_3$·5.88Al$_2$O$_3$
T36 ⑥：13	1.17	0.38	20.48	72.00	2.37	0.34	0.77	2.30	0.02	–	99.83	0.39R$_x$O$_y$·Al$_2$O$_3$·5.98Al$_2$O$_3$

编号	Na$_2$O	MgO	Al$_2$O$_3$	SiO$_2$	K$_2$O	CaO	TiO$_2$	Fe$_2$O$_3$	MnO$_2$	P$_2$O$_5$	总量	分子式
T7④: 73	0.66	0.45	15.39	78.35	1.85	0.34	0.62	2.11	0.02	0.02	99.81	0.42R$_x$O$_y$·Al$_2$O$_3$·8.66Al$_2$O$_3$
T36⑦: 35	1.31	0.38	22.98	69.17	2.52	0.36	0.82	2.22	0.02	0.01	99.78	0.36R$_x$O$_y$·Al$_2$O$_3$·5.12Al$_2$O$_3$
T40⑥: 17	1.09	0.49	20.37	72.05	2.33	0.38	0.69	2.40	0.03	—	99.83	0.40R$_x$O$_y$·Al$_2$O$_3$·6.01Al$_2$O$_3$
T36⑦: 36	0.69	0.65	20.47	71.60	2.22	0.39	0.88	2.80	0.06	—	99.76	0.40R$_x$O$_y$·Al$_2$O$_3$·5.95Al$_2$O$_3$
T6⑧: 21	0.75	0.64	22.76	68.55	2.54	0.34	1.30	2.77	0.03	0.07	99.74	0.38R$_x$O$_y$·Al$_2$O$_3$·5.12Al$_2$O$_3$
T37⑦: 29	1.39	0.39	22.23	68.73	2.77	0.43	0.75	3.05	0.05	0.01	99.79	0.42R$_x$O$_y$·Al$_2$O$_3$·5.26Al$_2$O$_3$
T41⑥: 16	0.76	0.50	19.15	73.57	1.87	0.27	1.07	2.58	0.02	0.02	99.81	0.38R$_x$O$_y$·Al$_2$O$_3$·6.53Al$_2$O$_3$
T36⑥: 12	0.83	0.53	21.50	71.01	1.90	0.32	0.91	2.80	0.02	0.01	99.81	0.35R$_x$O$_y$·Al$_2$O$_3$·5.61Al$_2$O$_3$
T41③: 38	0.79	0.65	21.70	69.79	2.21	0.35	0.96	3.22	0.03	0.03	99.73	0.39R$_x$O$_y$·Al$_2$O$_3$·5.47Al$_2$O$_3$
T40⑥: 16	0.86	0.68	20.66	70.98	2.23	0.44	0.87	2.98	0.05	0.01	99.75	0.42R$_x$O$_y$·Al$_2$O$_3$·5.84Al$_2$O$_3$
均值	0.87	0.56	19.86	72.30	2.28	0.38	0.88	2.53	0.03	0.10	99.78	0.41R$_x$O$_y$·Al$_2$O$_3$·6.19Al$_2$O$_3$
标准差	0.39	0.15	2.27	3.03	0.75	0.10	0.20	0.53	0.01	0.27	—	——

注：SiO$_2$含量为100减去主要已测元素氧化物含量之和。

表34-3 铜陵师姑墩遗址出土原始瓷釉化学组成（%）

编号	Na$_2$O	MgO	Al$_2$O$_3$	SiO$_2$	K$_2$O	CaO	TiO$_2$	Fe$_2$O$_3$	MnO$_2$	P$_2$O$_5$	总量	分子式
T41⑤: 30	1.05	2.73	14.82	56.05	2.44	17.32	0.71	2.80	0.22	1.25	99.39	3.11R$_x$O$_y$·Al$_2$O$_3$·6.43Al$_2$O$_3$
T41⑥: 16	0.75	3.68	12.98	58.83	1.60	15.99	0.89	2.23	0.36	2.08	99.39	3.48R$_x$O$_y$·Al$_2$O$_3$·7.71Al$_2$O$_3$
T37⑦: 29	1.34	4.16	13.83	52.94	2.65	16.31	0.78	3.06	0.58	3.65	99.30	3.69R$_x$O$_y$·Al$_2$O$_3$·6.51Al$_2$O$_3$
T40⑥: 16	1.13	4.69	12.13	49.05	3.63	20.61	1.02	2.95	0.32	3.76	99.27	5.00R$_x$O$_y$·Al$_2$O$_3$·6.87Al$_2$O$_3$
T40⑥: 17	1.46	3.19	15.79	58.32	3.87	10.88	0.79	3.28	0.27	1.67	99.53	2.44R$_x$O$_y$·Al$_2$O$_3$·6.28Al$_2$O$_3$
T36⑦: 35	1.31	4.49	14.64	49.98	3.07	18.85	0.66	2.36	0.78	3.05	99.19	3.84R$_x$O$_y$·Al$_2$O$_3$·5.80Al$_2$O$_3$
T7④: 73	0.61	3.82	14.19	58.97	2.20	12.91	0.82	3.04	0.60	2.11	99.26	2.90R$_x$O$_y$·Al$_2$O$_3$·7.07Al$_2$O$_3$
T36⑥: 13	1.21	2.45	15.33	58.19	2.64	15.39	0.81	2.06	0.16	1.36	99.58	2.74R$_x$O$_y$·Al$_2$O$_3$·6.45Al$_2$O$_3$
T7④: 89	0.52	2.61	19.32	49.65	3.08	8.77	1.85	6.64	0.17	6.29	98.89	1.89R$_x$O$_y$·Al$_2$O$_3$·4.37Al$_2$O$_3$
T7④: 74	0.56	3.53	11.04	57.76	3.48	19.72	0.75	1.85	0.31	0.53	99.51	4.70R$_x$O$_y$·Al$_2$O$_3$·8.90Al$_2$O$_3$
T7④: 160	0.75	2.34	12.59	64.06	3.51	12.72	0.66	2.05	0.13	0.79	99.61	2.90R$_x$O$_y$·Al$_2$O$_3$·8.65Al$_2$O$_3$
均值	0.97	3.43	14.24	55.80	2.92	15.41	0.89	2.94	0.35	2.41	99.36	3.23R$_x$O$_y$·Al$_2$O$_3$·6.66Al$_2$O$_3$
标准差	0.34	0.83	2.22	4.78	0.69	3.75	0.34	1.32	0.21	1.68	—	——

注：SiO$_2$含量为100减去主要已测元素氧化物含量之和。

四　结果分析与讨论

1. 胎料工艺

师姑墩遗址不同地层出土原始瓷样本胎的主次量元素含量差异不大。由表34-2可以看出，师姑墩原始瓷胎的 Al_2O_3 和 SiO_2 含量波动范围不大，其中 Al_2O_3 含量均值为19.86%，SiO_2 含量均值为72.3%。已分析过的山西、河南、河北、江西、浙江以及陕西省等地区的原始瓷样品胎中 Al_2O_3 含量一般在15%左右，SiO_2 含量在70%～80%之间[1]，可见师姑墩原始瓷胎料主要元素含量基本在我国大部分地区出土原始瓷胎料的变化范围内。进一步根据样品化学组成的胎式（即氧化物含量的分子摩尔比）（图34-3），可以发现表2中除样本 T37 ⑦：28、T40 ③：18 和 T7 ④：73 的 SiO_2/Al_2O_3 较高外（分别为7.94、11.31和8.66），其他样本的 SiO_2/Al_2O_3 集中在4.85～6.9之间，所有样本

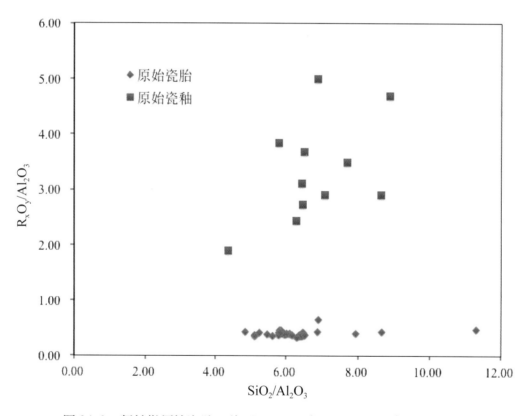

图34-3　师姑墩原始瓷胎、釉 SiO_2/Al_2O_3 与 R_xO_y/Al_2O_3 摩尔比值散点图

的 R_xO_y/Al_2O_3 在0.32～0.65之间。与我国其他地区出土原始瓷的胎式（一般在0.5～0.7，SiO_2/Al_2O_3 一般在5～11[2]）基本保持在同样水平的变化范围内。这种组成上的接近说明师姑墩遗址不同地层出土的绝大部分原始瓷可能是使用相同的原料烧制的。另外，由于大部分器物胎体化学组成以

[1]　李家治：《中国科学技术史·陶瓷卷》，科学出版社，1998年，第87～91页。

[2]　吴隽、吴军明、李其江等：《横岭山先秦墓葬群出土陶瓷的系统研究》，《中国科学》2009年第6期，第1074～1080页。

及 SiO_2/Al_2O_3 比值波动范围较小，其可能是因制瓷工匠对原料进行了一定程度的加工所致。师姑墩原始瓷胎原料以高硅低铝为特征，与我国南方盛产的瓷石组成相似[1]，皖南地区的祁门、钟鸣和繁昌一带有较多瓷石[2]，枞阳、庐江等地蕴藏有丰富的高岭土资源[3]，这些都有可能成为原始瓷烧制的原料。

从陶瓷发展的角度看，我国南方大部分地区由陶到瓷表现在化学组成上的变化就是由高 SiO_2，低 Al_2O_3 和高溶剂 R_xO_y（主要是 Fe_2O_3）向低 SiO_2，高 Al_2O_3 和低溶剂 R_xO_y（也主要是 Fe_2O_3）的变化[4]，这样的原料能够承受更高的烧成温度。师姑墩原始瓷胎溶剂 R_xO_y 的含量在 5.53% ～ 10.39% 之间变化（表34-2），其主要由 K_2O、Fe_2O_3 和 TiO_2 的含量所贡献，但 Fe_2O_3 和 TiO_2 的总体含量较低，均值分别为 2.53% 和 0.88%，其是原始瓷胎的主要着色元素。在当时古代陶工还无法意识到或者还没有掌握有效的除铁与除钛方法的前提下，这种含量级别及其含量的相对稳定性都说明了师姑墩原始瓷样品的原料，应是在可供选择的前提下，陶工们有意识地选择了一些含铁与含钛量相对较低的原料，使得烧制后的胎体呈灰色或灰白色，仅个别样品的 Fe_2O_3 和 TiO_2 含量较高，胎体呈较深的灰色。

2. 制釉技术

从师姑墩遗址出土原始瓷釉的主次量元素组成来看（见表34-3），其应属我国古代典型的高温钙釉[5]。师姑墩遗址不同地层出土原始瓷釉中 CaO 的含量均较高，均值为 15.41%，明显高于其釉中碱金属氧化物的含量，且釉中 MgO 和 K_2O 含量也较高，均值分别为 3.43% 和 2.92%，着色元素 Fe_2O_3、TiO_2 的均值分别为 2.94% 和 0.89%，可见师姑墩原始瓷釉应主要以 CaO、MgO、K_2O 以及 Fe_2O_3 等为助熔剂的高钙釉。原始瓷釉是一种高温釉，大致可分为两类，其第一类含有较高的熔剂，特别是 CaO 的含量较高，而 Fe_2O_3 含量一般都较低，其主要以 Ca、K 和 Mg 等为助熔剂的青色高钙釉，透明度较高；第二类的特点是 CaO 含量较低，其主要助溶剂是 Fe_2O_3 和 K_2O，釉呈现深酱色或黑色[6]，遮盖能力较强；对于不同的装饰效果追求，各有其特点和功能。师姑墩墓地出土的原始瓷釉以青釉居多，少数青釉青中带黄，系 Fe_2O_3 和 TiO_2 还原不充分所致。

总体来看，师姑墩原始瓷釉中助熔剂 R_xO_y 的含量较高，均值为 29.32%。师姑墩原始瓷釉以 CaO（MgO）为主要助熔剂，釉（青色釉）中锰、磷的含量相对较高，其中 MnO_2 的均值为 0.35%，P_2O_5 的均值为 2.41%，而一般高钙矿物如石灰石等的使用不会提高瓷釉中的锰、磷含量（两者之和一般小于 0.1%）[7]。实际上，在基本都用柴烧窑的我国南方，草木灰量多而且易得，因此样品釉中的高钙则很可能是由含高锰、磷的草木灰所引入[8]，且草木灰易得，古代制瓷工匠用树木柴草作为燃

[1] 李家治：《中国科学技术史·陶瓷卷》，科学出版社，1998年，第86～104页。

[2] 杨玉璋、张居中、李广宁、徐繁：《安徽繁昌窑遗址发掘与研究》，中国社会科学出版社，2006年，第144～146页。

[3] 张寿稳：《安徽庐枞地区高岭土资源及其开发利用》，《地质与勘探》2000年第5期。

[4] 李家治：《中国科学技术史·陶瓷卷》，科学出版社，1998年，第77页。

[5] 陈尧成、张筱薇：《夏商原始瓷和瓷釉起源研究》，郭景坤：《'02古陶瓷科学技术5国际讨论会论文集》，上海科学技术文献出版社，2002年，第32～40页。

[6] 李家治：《中国科学技术史·陶瓷卷》，科学出版社，1998年，第86～104页。

[7] 吴隽、张茂林、吴军明、李其江等：《中国陶瓷釉的多元化起源与初步发展探析》，《中国科学》2011年第2期，第223～228页。

[8] 张福康等：《中国传统高温釉的起源》，《中国古陶瓷研究》，科学出版社，1987年，第41～46页。

料，然后受草木灰或草木灰配以适量黏土在高温下转化成一层玻璃态物质的启发所致[1]。可见师姑墩原始瓷釉可能引入了草木灰。从外观上看，师姑墩遗址出土原始瓷大都釉层较薄，并且均匀性较差，釉面开裂严重，釉中存在大小不等的气泡，胎和釉结合度不是很好，脱落现象较为严重，反映了其施釉技术的原始性。

3. 产地分析

原始瓷产地问题一直是学界关注的重要问题，有"南方说"[2]，"北方说"[3]和"多中心说"[4]等观点。关于皖南原始瓷的产地问题有不少研究结果。《安徽屯溪西周墓葬发掘报告》认为屯溪釉陶的胎土取自祁门，烧制地点也在祁门附近[5]。王业友从器物形制、胎釉及纹饰方面分析指出，屯溪原始瓷与浙江、江苏出土原始瓷可能为同一产地，产地离屯溪较近[6]。还有学者根据屯溪所出原始瓷器的化学组成和祁门瓷土相近，认为其"应是在祁门邻近地区烧制的"[7]。李广宁等认为"中国的瓷器起源于吴越文化，皖南地区有可能也是早期起源地之一。"[8] 杨楠根据千峰山墓出土原始瓷的特征指出，皖南地区已成为"整个南方地区原始瓷器最为发达的区域"之一[9]。张宏明等认为"两周时期大规模从事采冶铜矿的活动，冶炼金属所具有的高温、炼炉等复杂的工艺、技术在制造原始瓷上的应用，直接推动了制瓷业技术的进步发展"，屯溪附近应有一个辐射苏、浙、皖三省的原始瓷器生产中心[10]。师姑墩原始瓷为聚落遗址出土，对其进行检测分析和产地探讨，不仅能增进对这批原始瓷的科学认知，也能为进一步认识皖南地区先秦手工业技术发展提供新的材料。

为作比较，本项工作选择了江西鹰潭角山、浙江湖州黄梅山、德清火烧山和苦竹坞等四个南方原始瓷窑址出土器物和师姑墩遗址出土的原始瓷一同进行多元统计分析。这四个窑址出土原始瓷器均具有一定代表性，其中江西鹰潭角山窑址是迄今我国发现最早的专门烧造印纹硬陶和原始瓷的大型窑场[11]，浙江湖州黄梅山窑址是浙江地区已发现最早的原始瓷窑址[12]，浙江德清火烧山窑址是国内首次正式进行考古发掘的原始瓷窑址[13]。另外还选择了安徽屯溪土墩墓、洛阳北窑墓地、山西曲沃晋侯墓地、陕西张家坡墓地和周原周公庙遗址等出土原始瓷数据进行比较，这些遗址和墓地兼顾南北方地区，较具代表性。分别将师姑墩原始瓷与典型窑址和墓地（遗址）原始瓷进行因子分析，因子提取方法是使用SPSS18软件进行的主成分分析法，将提取的因子1和因子2作散点图34-4和

[1] 吴隽、吴军明、李其江等：《横岭山先秦墓葬群出土陶瓷的系统研究》，《中国科学》2009年第6期，第1074～1080页。

[2] 李家治：《中国科学技术史·陶瓷卷》，科学出版社，1998年，第86～104页；陈铁梅、Rapp G. Jr.、荆志淳：《中子活化分析对商时期原始瓷产地的研究》，《考古》1997年第7期，第39～52页。

[3] 安金槐：《谈谈郑州商城商代瓷器的几个问题》，《文物》1960年第8、9合刊；安金槐：《对于我国瓷器起源问题的初步探讨》，《文物》1978年第3期。

[4] 朱剑、王昌燧：《商周原始瓷产地的再分析》，《南方文物》2004年第1期，第19～22页。

[5] 安徽省文化局文物工作队：《安徽屯溪西周墓葬发掘报告》，《考古学报》1959年第4期，第1～63页。

[6] 王业友：《浅谈屯溪出土的原始瓷器》，《安徽文博》1983年第3期，第17～22页。

[7] 中国社会科学院考古研究所：《新中国的考古发现和研究》，文物出版社，1984年。

[8] 李广宁、董家骧：《皖南瓷器考古的几点思考》，《东南文化》1991年第2期，第67～72页。

[9] 杨楠：《论商周时期原始瓷器的区域特征》，《文物》2000年第3期，第26～31页。

[10] 张宏明、沈汗青：《安徽商代以来陶瓷生产史略》，《文物研究》1999年第12期，第35～41页。

[11] 江西省文物工作队、鹰潭市博物馆：《江西鹰潭角山窑址试掘报告》，《华夏考古》1990年第1期。

[12] 潘林荣：《湖州黄梅山原始瓷窑址调查报告》，《东方博物》第四辑，浙江大学出版社，1999年。

[13] 李剑民：《德清发掘出中国目前最早的原始瓷龙窑遗址》，《光明日报》，2008年4月28日第001版。

图 34-5。

　　由图 34-4 可以看出，师姑墩原始瓷与其他窑址出土原始瓷胎主次量元素因子分析散点落在三个不同的区域内，其中浙江地区窑址出土原始瓷胎主要分布在 A 区，江西鹰潭角山窑址出土原始瓷胎主要分布在 B 区，师姑墩遗址出土原始瓷胎主要分布在 C 区，另有 3 件样品分布在 A 区，还有 2 件样品散点分布在这三个区域之外。可见，师姑墩原始瓷主体部分应不是来自江西或浙江两大先秦原始瓷器烧造地，仅 3 件样品 T37 ⑦：28、T40 ③：18 和 T7 ④：73 与浙江地区窑址出土原始瓷聚在一起，表明这 3 件样品的对应器物可能来自浙江地区，另有 2 件样品 T7 ④：89、T7 ③：8 散点离散的原因有待进一步研究。

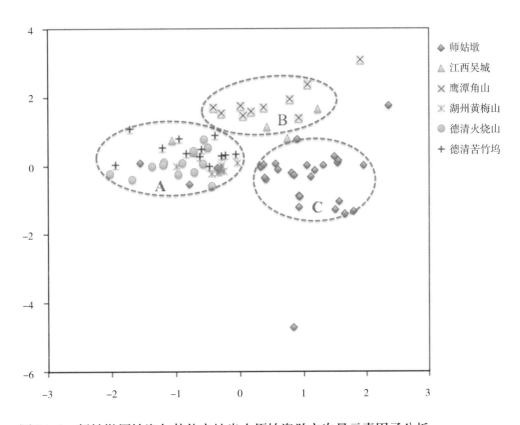

图 34-4　师姑墩原始瓷与其他窑址出土原始瓷胎主次量元素因子分析

　　由图 34-5 可以看出，师姑墩原始瓷与其他遗址或墓地出土原始瓷胎主次量元素因子分析散点落在两个大的区域内，其中洛阳北窑、晋侯墓地和周公庙遗址出土原始瓷胎主要分布在Ⅰ区，师姑墩遗址和屯溪土墩墓出土原始瓷胎主要分布在Ⅱ区，张家坡墓地出土原始瓷胎散点较为离散，但其亦不在师姑墩原始瓷分布的核心区域内。值得注意的是，有 3 件样品 T37 ⑦：28、T40 ③：18 和 T7 ④：73 分布在Ⅰ区，另有 2 件样品 T7 ④：89、T7 ③：8 散点分布在这两个区域之外。可见，洛阳北窑、晋侯墓地、张家坡墓地和周公庙遗址出土原始瓷与师姑墩遗址出土原始瓷的主体部分在产地上没有联系。

　　综合以上分析，本项工作认为师姑墩遗址出土原始瓷的主体部分可能是本地烧制，个别样品

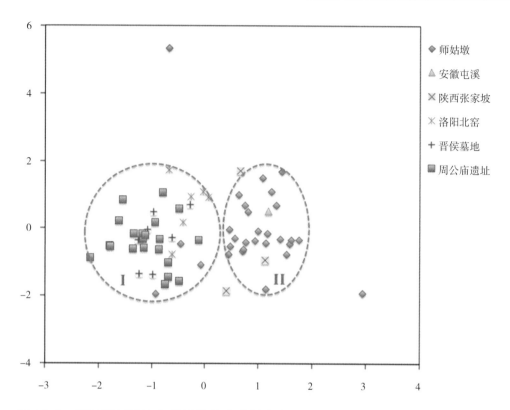

图 34-5 师姑墩原始瓷与其他遗址或墓地出土原始瓷胎主次量元素因子分析

对应的器物可能来自浙江地区。师姑墩遗址出土原始瓷的主体部分既不是来自江西或浙江两大原始瓷烧造地，也与洛阳北窑、晋侯墓地和周公庙遗址等出土的原始瓷在产地上没有联系，说明为师姑墩烧制原始瓷的窑址没有为这些遗址或墓地提供产品；而师姑墩原始瓷与屯溪土墩墓出土原始瓷因子分析散点有聚集，表明皖南地区在先秦时期有独立烧造原始瓷供当地使用的可能，当然皖南地区出土原始瓷、尤其是大量土墩墓出土原始瓷的检测工作尚少，需进一步研究。另外，从分析结果看，皖南地区从浙江地区输入少量原始瓷器也在常理，浙江德清是我国烧制原始瓷器最早的地区之一，从商代到西周再到春秋战国，均有对应原始瓷窑址的发现或发掘[1]，因此这一情况也是有可能的。

五 结论

本项工作通过激光剥蚀电感耦合等离子体发射光谱仪（LA-ICP-AES）对铜陵师姑墩遗址出土原始瓷胎釉化学组成进行了分析，初步得到以下认识：

第一，师姑墩遗址不同地层出土的原始瓷胎主次量元素含量差异不大，胎料以高硅低铝为特征，这种高硅低铝的特征同我国南方盛产的瓷石组成相似；部分器物胎体的 Fe_2O_3 和 TiO_2 含量较高，致

---

[1] 朱建明：《浙江德清原始青瓷窑址调查》，《考古》1989年第9期；朱媛，朱建明：《德清原始青瓷窑址群概述》，《东方博物》第二十六辑，2008年第1期。

使瓷胎呈灰白色或更深的灰色。

第二，师姑墩原始瓷釉属我国古代典型的高温钙釉，釉以 CaO 为主要助熔剂，釉中锰、磷含量相对较高，很可能是由含高锰、磷的草木灰所引入；部分器物釉中 Fe_2O_3 含量较高，釉的颜色较深呈褐色。

第三，分析表明，师姑墩遗址出土原始瓷的主体部分可能是本地烧制，个别样品对应的器物可能来自浙江地区；皖南地区在先秦时期有独立烧造原始瓷供当地使用的可能，有待结合更多材料尤其是土墩墓出土原始瓷做进一步分析研究。

第三五章　动物遗存分析

师姑墩遗址仅在 T6J1 ②下发现有动物遗存，共出土动物骨骼 100 余件，经种属鉴定，包括猪和鹿两类，以猪骨为主。所有动物骨骼的情况如下。

一　完整猪骨架

经骨骼部位鉴定和统计，除 1 件左侧跟骨外，其余猪骨均属于同一较为完整的个体，具体部位可见表 35-1。

表 35-1　师姑墩遗址 T6J1 ②下出土猪骨

头骨	下颌	寰椎	枢椎	肩胛骨	肱骨	桡骨	尺骨	第 3 掌骨	第 5 掌骨	中间 腕骨	其他 颈椎
1	左 1	1	1	左 1；右 1	左 1；右 1	左 1；右 1	左 1；右 1	左 1	右 1	右 1	2

胸椎	腰椎	尾椎	盆骨	股骨	胫骨	腓骨	距骨	肋骨	1 趾骨	2 趾骨	籽骨
4	10	1	左 1；右 1	左 1，右 1	左 1，右 1	左 1；右 1	右 1	若干	1	1	2

由表 35-1 的数据统计可以看出，除右侧下颌外，出土的猪骨几乎涵盖了一头猪的所有部位，趾骨等细小骨骼数量较少极有可能在清理过程中忽略丢失，由此可以推知这应为一具完整的猪骨架。由于该猪骨架被淤泥覆盖，无法获知其当时的出土状态，即是否有捆绑痕迹等，从而影响了对此猪功能的判断。此外，骨骼原本掩埋在淤泥的饱水环境中，出土后长期存放于库房中，造成骨骼脱水、骨骼表面干裂、呈粉酥状。照片（彩版二六一，1）是将保存较完整的骨骼按照部位进行摆放拍摄所得。

关于该猪的属性，即雄性还是雌性、家猪还是野猪，是关注的重点，这对判断 J1 的性质亦有重要的作用。对该猪的属性进行判别的信息包括以下几点：

1. 犬齿的发育程度

该猪的上、下颌均有发育强壮的犬齿，均磨耗严重（彩版二六一，2）。上犬齿断面近似椭圆形，下犬齿断面呈三角形，根据其犬齿的断面形态，判断其为雄性。

2. 齿列形态

从照片 3（彩版二六一，3）可以看出，该猪的左侧下颌较完整，保留了门齿两颗（I_1-I_2）、犬齿（C）、前臼齿四颗（P_1-P_4）、臼齿三颗（M_1-M_3），其齿列略扭曲，但扭曲程度并不严重。

3. 上、下颌 M3 尺寸

该猪的左侧上颌 M^3 长 32.7、宽 16.9 毫米，左侧下颌 M_3 长 38.7、宽 13.4 毫米。有学者指出，当猪群的上颌 M^3 平均长度 35、宽 20 毫米，下颌 M_3 平均长度 40、宽 17 毫米，可以作为判断家猪的标准。可见，该猪的牙齿尺寸属于家猪范围。

4. 死亡年龄

死亡年龄的推断主要根据牙齿的萌出和磨耗、骨骺的愈合。该猪的牙齿已经全部萌出，且 M3 已经开始磨耗。结合其桡骨远端、股骨近端、胫骨远端尚未愈合的情况，可以推断其死亡时的年龄大致为 2.5 ~ 3.5 岁，属于老年个体。

通常，现生野猪具有极为发育的犬齿，家猪的犬齿则较小。但是，家养雄猪中，有的也保留较大的犬齿，例如济南洛庄汉墓的随葬家猪就有发育的犬齿。齿列扭曲在野猪中并不见，在家猪驯化过程中，由于下颌骨体和牙齿尺寸变小并不同步，牙齿要慢于下颌，造成齿列扭曲的现象。但是，当家猪驯化稳定后，这种现象则会逐渐消失。虽然该个体有发育的犬齿，但是，其牙齿的尺寸明显属于家猪的范围，且齿列扭曲并不严重，这可能是由于家猪的饲养已经成熟，下颌骨和牙齿的形态已经趋于稳定。综合以上多方面信息，推断该猪很有可能是为育种所饲养的种猪。

二　其他猪骨骼

除以上完整的猪骨架外，另有 1 件猪的左侧跟骨，其近端的骨骺尚未愈合，且尺寸明显小于上述猪骨，因此，推断其属于另外一幼年个体。

三　中小型鹿科

共 7 件，包括左侧距骨 1 件、左侧股骨 1 件、左侧掌骨 1 件、左侧和右侧胫骨各 1 件、左侧跖骨 1 件、右侧跖骨 1 件（彩版二六一，4）。除右侧跖骨的两端保留关节外，其余骨骼的两端骨骺均未愈合，关节已脱落。根据骨骼的形态、尺寸以及骨骺的愈合状态推断，除 1 件右侧跖骨外，其余属于同一个体，年龄较小。

四　小型鹿科

共 10 件，包括右侧下颌 1 件、右侧肩胛骨 1 件、右侧肱骨 1 件、左侧桡骨 1 件、左和右侧胫骨各 1 件、左和右侧掌骨各 1 件、右侧股骨 1 件、左侧跖骨 1 件（彩版二六一，5）。所有肢骨的两端骨骺均未愈合，关节已脱落。左侧下颌保留牙齿状况为 dp2（孔）-dp4（孔）+M_1-M_2。其中，M_1 萌出一半，尚未磨耗，M_2 的前叶萌出一半，后叶的齿冠刚萌出于齿槽。以上的骨骼属于同一个体，根据肢骨的骨骺愈合及下颌牙齿的萌出状态可知，该个体为幼年个体。

后 记

　　发掘师姑墩遗址，是我自己选择的，也是同事们礼让的。我的同事都知道我喜欢挖遗址，不喜欢挖墓葬，所以在受领宁安城际铁路和京福高铁沿线考古工作任务时，让我优先选择了这个地点。

　　我在 2002 年构思自己的"皖江考古计划"时，便对皖南矿冶遗存的出现与发展有所兴趣，提出了铜矿、城址、聚落、土墩墓"四位一体"的研究思路，以突破固有的就矿论矿、就墓论墓模式，但这一区域的聚落考古一直缺乏有效的工作，而师姑墩遗址的发掘，便提供了这样的契机。虽然它只是沿江两岸和江淮之间数千个同类遗址中的普通遗址，但我一直秉持有点极端的"只有废人，没有废物"的理念，还是取得了不错的成果，不仅首次树立了皖南甚至更大区域内的相对较完整夏商周年代序列，还在青铜考古、聚落模式的研究方面取得了重要收获，也因此获得了国家文物局颁发的"田野考古奖"三等奖。这些成果，不只是我一人所能成的，它有赖于安徽省考古所、铜陵市县文物部门、钟鸣镇政府、长龙村委会的多方支持，以及当地大多数村民的友好合作，也凝聚了来自全国各地的考古队员特别是众多安徽大学学生的艰苦努力，在此表示衷心感谢。

　　当然，这次发掘并不是一帆风顺，而且也有很多不足但却无法弥补。考古发掘作为最接地气的工作之一，因为需要长时间地完全融入到当地社会中，与当地的各种矛盾交织是一种常态，也需要用农村的思维、习俗来解决问题——这是中国的现实，相信考古同仁都有同感，我在多年的考古经历中也处理过各类大小矛盾，但这次还是充满了令人难忘的艰辛与难得的回忆。

　　在这个由 4 个小村合并而成的大村中，小村之间、村民之间历年遗留的诸如土地权属、人事关系等问题一直被"和谐"地冷藏着，但当外来因素激发到其中微小的利益矛盾时，平静的现状便被打破，外来因素便成为事件的中心。这是中国多数农村的特色，只不过在这儿表现得更为明显而已。为此，"周旋"便成为此次发掘中的一项重要工作，而当发掘现场随时可以被任何一个村民随性地逼停时，作为领队已无法通过"周旋"来改变状况了，合并的小社会中因为没有传统的家族势力，没有权威的领导者，更是增加了"周旋"的难度，因为这时的"周旋"本领不是心诚则灵，也不是口若悬河，而是真金白银。

　　我并不责怪少数村民的蛮横，因为社会给予他们的太少，一旦有机会便会用各种方式去争；也并不嘲笑多数村民对蝇头小利的追逐，其实大多数人都有类似的心理，在这个人人争抢的时代，"损一毫而利天下"的事与他们没有什么关系，更没有什么责任。只是作为一个还有点学术和社会理想的考古学者，在困境中我试图儒雅却不能儒雅，试图蛮横却不愿蛮横，试图变通却不敢变通，因为我相信社会的正常发展是需要基本规则的，"千里之堤，溃于蚁穴"，作为一个还算讲原则的人，虽然也懂得些许变通，但却不能为了完成任务而采取突破底线的方式。

　　如此，便造成了发掘的困难。这种悲哀一方面是领队的无能，另一方面也反映出中国农村社会的松散、复杂现状。有人明说我傻冒，又不是花自己的钱，但我仍不愿过分无底线；有人暗笑我固执，那我就淡淡一笑而已，既便完不成任务我也敢于和愿意承担相应责任，因为自己的信念：社会基本规则需要每一位公民维护，与底线相比，具体任务的责任要渺小得多。

幸好，绝大多数村民还是善良的，他们是沉默的大多数；村里的干部还是很负责，尽心尽力促进事情的进展；市、县、镇各级政府和铜陵县文物管理所（现义安区文物局）的同志积极协调，铜陵博物馆的关心和铁路部门的宽容，以及考古队员们的艰苦努力，最终基本上完成了任务。

当我在写发掘经过一节时，一边堆码文字，一边选择照片，看到发掘队员们在现场的艰辛，特别是第二批探方发掘时在盛夏酷热的阳光下，我的同事和这些被称为"天之娇子"的学生们浑身透湿甚至不顾斯文而光着膀子努力工作着，夜晚在极其闷热的房间里、昏暗闪烁的灯光下忍受蚊虫的轰炸而靠着蚊香、风油精、小风扇勉强入睡，我作为领队却无法为他们创造舒适的条件，我的眼中充满了湿润——真的……。感谢你们的坚持，和我一起勉强完成了这项艰难的发掘，这一切也是我随后重新思考该怎样考古的起点。

也记得潘章军所长在第二批探方开工之初，被村民反复纠缠而急得不顾一切将黄豆苗拔掉的现场；记得有学生多日便秘痛苦仍坚持上工地的顽强；记得王仙兰女士在又热又湿的房间中每天三更起床做饭的辛劳；记得房东在多次磨合之后一家三口主动住在低矮偏房中的场景；还记得同事叶润清在开工之初替我处理用工问题，焦急地、期盼地不断跟我说着"来了五个、八个、十几个"陆续上工的民工时，那种无法表述的心情。

在发掘期间，所领导、考古部和其他各部门的很多同事给予了大力支持；各级领导、同行也时常到工地参观、慰问、鼓励；安徽大学的老师们在每当发掘需要人手时，都毫不吝啬地让学生及时支援。

我不会忘记……虽然感谢微不足道，但我真心。当然，我也不会虚伪地感谢不支持甚至阻碍工作的人，因为我不是一个善于虚伪的人。

当九月初的秋雨淋洒在房前，我带着最后坚持下来的几个人，在静谧的环境中将陶片板床锅碗瓢盆搬上农用车，踩着泥泞坑洼的小路，撤出村庄挪到钟鸣镇上时，一种莫名的放松油然而生，但心中却升起一丝淡淡的哀伤——从油菜花开到秋雨绵绵，不知是因为留下了工作的遗憾还是想起了辛酸的半年。在镇上安顿好的那一刻，我走出房门大口呼吸雨后清新的空气，因为那空气中充满了自由的气息，没有了压抑。那夜，我睡得好香，似乎嘴角还有微笑。

在后期整理中，需要特别感谢北京大学考古文博学院的徐天进老师和陈建立老师，如果没有徐老师的多次促成和鼎力支持，这本报告可能会遥遥无期了；如果没有陈老师及时、全面的科技考古工作，也难以达到现有的成果；王冬冬同学远离北大在合肥独留一年有余悉心整理材料，罗汝鹏同学前后数月多次往返协助整理，我们三人还经常讨论编写体例，令我感动；中国科技大学秦颖老师在发掘过程中也帮助检测了一些数据，安徽大学戴玲玲博士后帮助鉴定了骨骼，还有第二章中提及的诸位老师和数十位同学，都对本书的成稿提供了莫大的帮助，谢谢你们。

本书的分期、文化属性等内容是立足在王冬冬、罗汝鹏毕业论文的基础上，经过统稿最终而成。全部书稿是多人合作的成果，有时竟难以简单划归某一人，具体工作只能大致划分如下：

第一、二、三章吴卫红撰写；第四章王冬冬撰写；第五章张小雷撰写；第六～二九章的基础材料、数据系多人合作，先由王冬冬、罗汝鹏及众学生初撰，后经李宏飞核校，统稿时在基础材料上进行了系统地修改，第六～九章由吴卫红撰写完成，第一〇～一四章仍以王冬冬撰写为主，张小雷略加修订，第一五～二九章由张小雷撰写完成；第三〇章王冬冬主撰，罗汝鹏撰第一、二节；第三一章

第一节罗汝鹏撰写、其他王冬冬撰写；第三二章王冬冬撰写；第三三章王开、陈建立撰写；第三四章郁永彬、王开、崔剑锋、吴卫红、陈建立撰写；第三五章戴玲玲撰写。最后交出版社的文、图、照片统稿由张小雷负责完成。

书稿原计划 3 年完成，竟也前后花费了 8 年。初稿成形之后，出版社给了不少修改意见，但随后的凌家滩考古工作占用了大量时间，因而一拖再拖，特别是我于 2018 年入职安徽大学后，虽然仍继续撰写和研究，但所有实物、纸质、电子资料全部移交给了省考古所，幸得参加了第二批探方发掘的张小雷继续接棒，终于得以完成。报告即将出版之际，曾经参与发掘、整理、撰写者已各自在天南海北，但最后定稿中的各人撰写部分，出版前仍由各人再次审核、修改，其中单位改变的有王冬冬（北京科技大学科技史与文化遗产研究院）、罗汝鹏（浙江省文物考古研究所）、王开（中国国家博物馆）、郁永彬（景德镇陶瓷大学）、戴玲玲（辽宁师范大学历史文化学院、复旦大学在职博士后）、李宏飞（中国社会科学院考古研究所）。

由于本人在夏商周考古方面知识储备不足，以及近年诸事相杂，难有充足精力全力以赴，书中校对、结论等各种错误实是难免；此外本书在撰写之初，经多次讨论后在结构上作了一些大胆的尝试，以探方为核心发表材料，但这种探索缺乏既有经验参照，不知是否方便研究者使用，还望读者见谅与指教。

对这样一本报告，相信本书的编辑也大伤脑筋，但在付出了大量的精力后，使得本书增色不少。在此只能尴尬地说声感谢。

连续半年多的田野发掘工作，因为尽可能坚守工地，很少回家，爱妻独自一人操持着家庭，接送小女上学；父母无私地奉献着一切却难感受我的孝心，很是愧疚。连不满 10 岁的小女都觉得我是将家当作旅馆，还因此用小学生稚嫩的笔法写了一篇《爸爸的绿卡》，承诺我在家住满 10 天就给我发绿卡，虽然这张绿卡我一直没有得到，但我每次想起这篇小作文，都会莫名感动。我的生涯有你们陪伴，充满了欢乐，我愿以一生相伴，我更想说：我爱你们。

吴卫红

2014 年 4 月 7 日草就于凌家滩发掘工地

2016 年 10 月 20 日再改于合肥

2019 年 8 月 20 日定稿于合肥

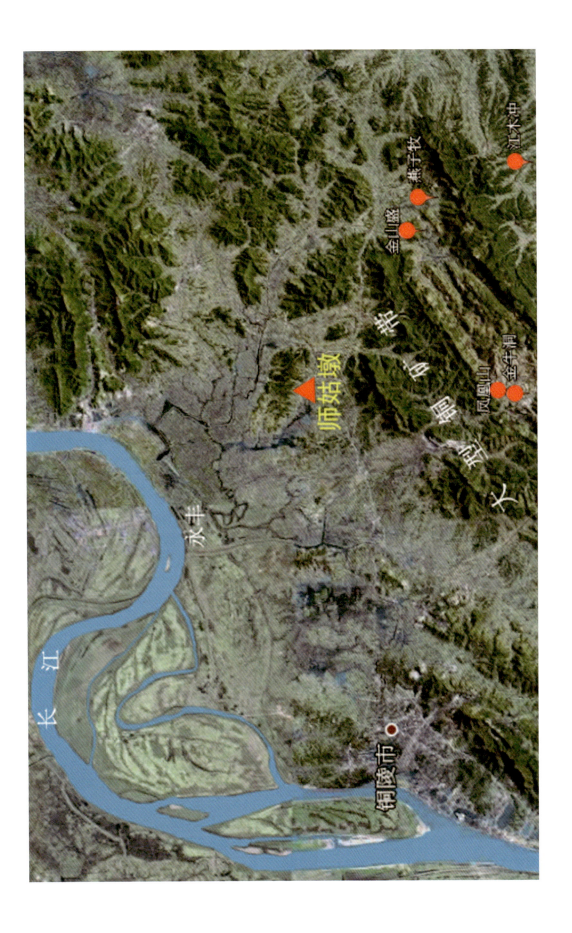

彩版一　师姑墩遗址

1. 从鲶鱼山上看闸河小流域

2. 从永丰坝看长江

彩版二　师姑墩遗址周边环境观察

彩版三　师姑墩遗址发掘前全景（镜向西南）

1. 师姑墩遗址东部发掘前全景（镜向西北）

2. 师姑墩遗址西部发掘前（近景）

彩版四　师姑墩遗址发掘前全景

1. 铁路建成后的师姑墩遗址现状

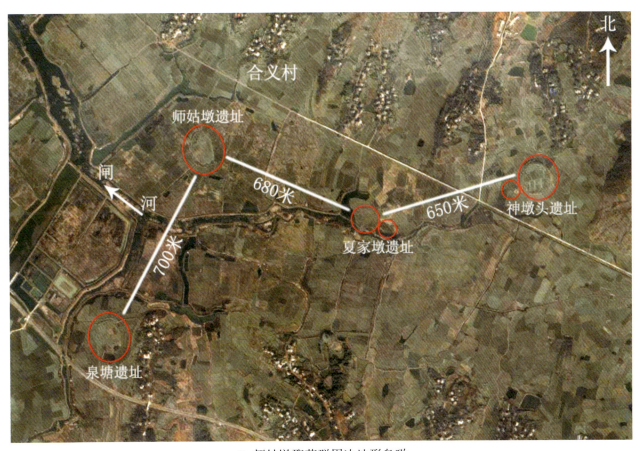

2. 师姑墩聚落群周边地形鸟瞰

彩版五　师姑墩遗址

1. 西部北侧探沟工作照

2. 排水器械（镜向西）

彩版六　师姑墩遗址发掘

1. 第一批探方开工前发掘人员合影（左起：吴卫红、邱振威、程志杰、朱强、陈文凯、渠志正、甄小峰、梁纪想、潘章军、田金成）

2. 第二批探方结束前全体发掘人员合影（前排左起：邱振威、李文成、黄珊珊；后排左起：潘启和、张小雷、吴卫红、赵卫东、闻磊、孙振、慕占雄）

彩版七　师姑墩遗址发掘

1. 学习田野考古操作规程

2. 程志杰、梁纪想（右）取炭样

3. T8⑩下层遗迹清理

4. J1 发掘现场

5. 现场在 T8 探讨地层问题（镜向西南）

6. 程志杰工作照

7. 朱强工作照

8. 张超工作照

彩版八　师姑墩遗址第一批探方发掘工作照

1. 第二批探方清表（镜向257°）

2. 清理耕土层后站在发掘区东部（镜向255°）

3. 吴卫红（右）与邱振威（左）工作照

4. 李文成工作照

彩版九　师姑墩遗址第二批探方发掘部分队员工作照

1. 黄珊珊工作照

2. 闻磊工作照

3. T5 表层土下出露的斜坡堆积

4. 慕占雄工作照

5. T5 红烧土面全景（镜向 152°）

6. 孙振工作照

7. 邱振威工作照

8. 张小雷工作照

彩版一〇　师姑墩遗址发掘

1. T32 西壁（镜向 255°）

2. T28 东壁（镜向 75°）

3. T33 西壁（镜向 260°）

4. T21 南壁（镜向 165°）

5. T37 北壁（镜向 347°）

6. T37 东壁（镜向 78°）

彩版一一　师姑墩遗址地层

1. 北壁局部

2. 东壁局部

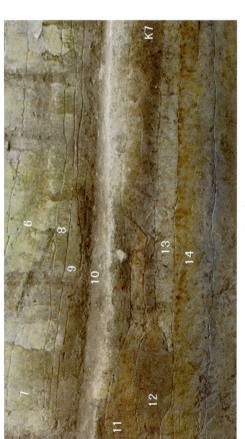

3. 南壁局部

4. 西壁局部

彩版一二　师姑墩遗址 T6⑩、⑪层比较

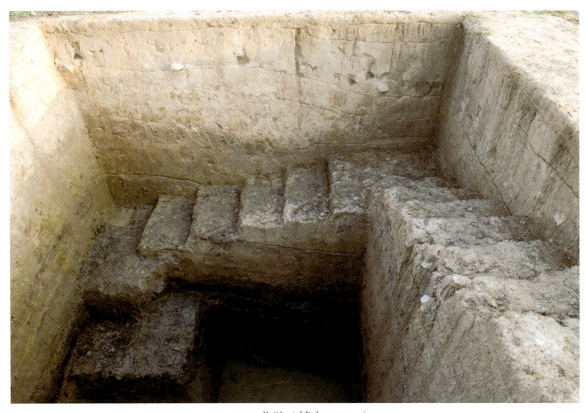

1. T37 北壁（镜向 347°）

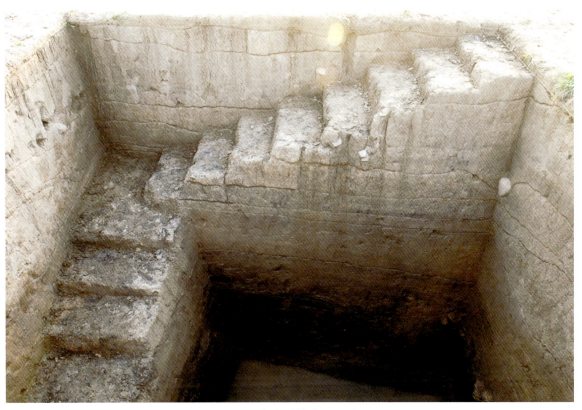

2. T37 东壁（镜向 78°）

彩版一三　师姑墩遗址地层

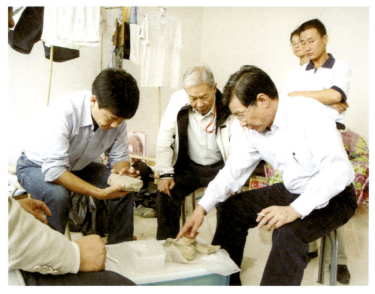

1. 李伯谦（中）、白云翔（右）、张昌平（左）在驻地观摩出土遗物

2. 徐天进（左）在发掘后的现场考察

3. 陈建立（右）、陈坤龙（中）在发掘后的现场考察

彩版一四　师姑墩遗址发掘工作照

1. 2011年9月2日上午，省委书记张宝顺视察考古所时参观师姑墩发掘材料整理现场（整理者为王冬冬）

2. 2013年1月21日最后的整理（左起：许晶晶、袁增箭）

3. 2013年1月21日最后的整理、拍器物合影（朱辞）

彩版一五　师姑墩遗址发掘工作照

1. H1 清理后（镜向北）

2. T11K1（镜向 320°）

3. G1、G2 全景（镜向西）

彩版一六　宋至清代遗迹

1. G1 局部（T6 南部转折，镜向东南）

2. G1 局部（T7～T8 内，镜向北）

3. G1 局部（T7 至 T8 内，镜向西）

彩版一七　宋至清代遗迹

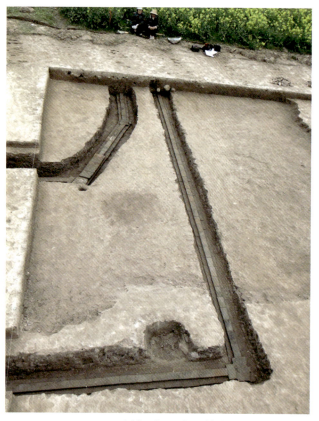

1. G1、G2局部（T8内，镜向北）

2. G1局部与石头堆（T8内，镜向北）

3. G1内砖局部

彩版一八　宋至清代遗迹

1. G2 局部（T7～T8 内，镜向西）

2. G3（镜向 110°）

3. M1 清理后（镜向 55°）

彩版一九　宋至清代遗迹

1. 青瓷碗 H1：2

2. 青瓷碗 H1：2

3. 青瓷碗 H1：3

4. 青瓷碗 H1：3

5. 青瓷碗 H1：4

6. 青瓷碗 H1：4

彩版二〇　宋代遗物

1. 青瓷碗 T4 ①：2

2. 青瓷碗 T4 ②：3

3. 青花碗 T5 ①：1

4. 青花碗 T5 ①：1

5. 青花碗 M1：2

6. 青花碗 M1：2

彩版二一　明清遗物

1. 青花碗 T11⑤：2

2. 青花碗 T11⑤：2

3. 青花碗 T11⑩：1

4. 青花碗 T11⑩：1

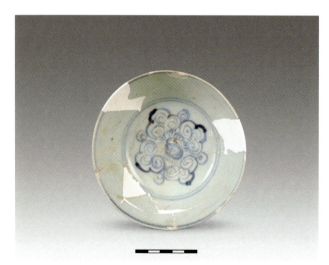

5. 青花碗 T11K1：1

6. 青花碗 T11K1：1

彩版二二　明清遗物

1. 瓷壶 T4 ② : 2

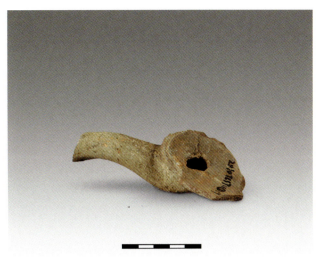

2. 瓷壶流口 T11 ② : 7

3. 瓷壶把手 T11K1 : 3-1

4. 瓷壶口沿 T11K1 : 3-2

5. 陶缸 T5 ① : 2

6. 圣宋元宝 T11 ⑥ : 1

彩版二三　明清遗物

1. 陶罐 T4⑫：1

2. 陶甗口沿 T4⑩：8

3. 陶甗口沿 T4⑩：9

4. 陶甗附耳 T4⑩：12

5. 陶盉箅 T4⑩：1（内底）

6. 陶盘 T4⑩：4

彩版二四　T4⑫、⑩层出土陶瓷器

1. 硬陶豆座 T4⑩：5

2. 硬陶豆座 T4⑩：5（豆把内壁抹痕及镂孔）

3. 印纹硬陶罐口沿 T4⑩：14

4. 印纹硬陶罐口沿 T4⑩：14（内壁指窝）

5. 原始瓷豆 T4⑩：6

彩版二五　T4⑩层出土陶瓷器

1. 陶甗口沿 T4 ⑨：21

2. 陶甗腰 T4 ⑨：28

3. 陶豆柄 T4 ⑨：33

4. 印纹软陶罐底 T4 ⑨：36

5. 印纹硬陶罐 T4 ⑨：39

6. 印纹硬陶罐 T4 ⑨：39（内壁）

彩版二六　T4 ⑨层出土陶瓷器

1. 印纹硬陶罐口沿 T4 ⑨：41

2. 印纹硬陶罐底 T4 ⑨：44

3. 原始瓷豆 T4 ⑨：45

4. 素面陶鬲 T4 ⑧：6

5. 陶鬲 T4 ⑧：7

6. 陶鬲 T4 ⑧：8

彩版二七　T4 ⑨、⑧层出土陶瓷器

1. 陶鬲 T4 ⑧：21

2. 陶鬲 T4 ⑧：21

3. 陶豆 T4 ⑧：20

4. 陶钵 T4 ⑧：4

5. 陶盂 T4 ⑧：2

6. 陶小杯 T4 ⑧：16

7. 圆圈纹陶片 T4 ⑧：15

8. 砺石 T4 ⑧：3

彩版二八　T4 ⑧层出土陶瓷器、石器

1. 陶鬲口沿 T4 ⑦：12   2. 陶鬲 T4 ⑦：23（红胎黑皮方格纹）

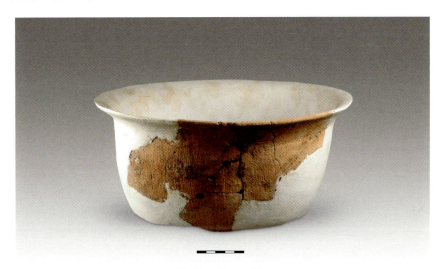

3. 陶甑上部 T4 ⑦：9

4. 陶豆柄 T4 ⑦：26（红胎黑衣陶，黑衣已脱离）   5. 陶豆柄 T4 ⑦：26（红胎黑衣陶，盘柄结合部制作痕迹）

彩版二九　T4 ⑧、⑦层出土陶瓷器

1. 陶罐 T4 ⑦ : 21（刻纹）

2. 硬陶盂 T4 ⑦ : 3

3. 硬陶盂 T4 ⑦ : 5

4. 印纹软陶罐 T4 ⑦ : 4-1

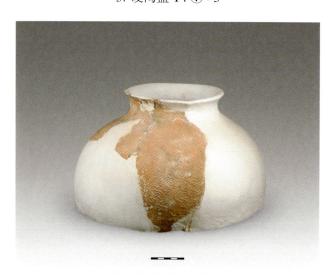

5. 印纹软陶罐 T4 ⑦ : 4-2

彩版三〇　T4 ⑦层出土陶瓷器

1. 原始瓷豆 T4 ⑦：6

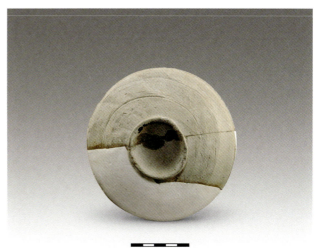

2. 原始瓷豆 T4 ⑦：6

3. 原始瓷豆 T4 ⑦：7

4. 原始瓷豆 T4 ⑦：8

5. 原始瓷豆 T4 ⑦：8

6. 原始瓷豆盘 T4 ⑦：37（内壁）

彩版三一　T4 ⑦层出土陶瓷器

1. 原始瓷豆盘 T4 ⑦：39

2. 原始瓷盉 T4 ⑦：11

3. 原始瓷片 T4 ⑦：40

4. 原始瓷片 T4 ⑦：40（内壁指窝痕）

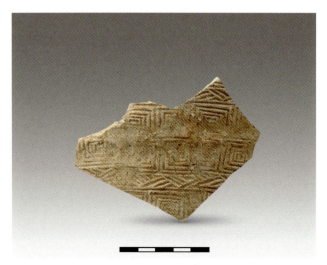

5. 原始瓷片 T4 ⑦：41

6. 石锛 T4 ⑦：1

彩版三二　T4 ⑦层出土陶瓷器、石器

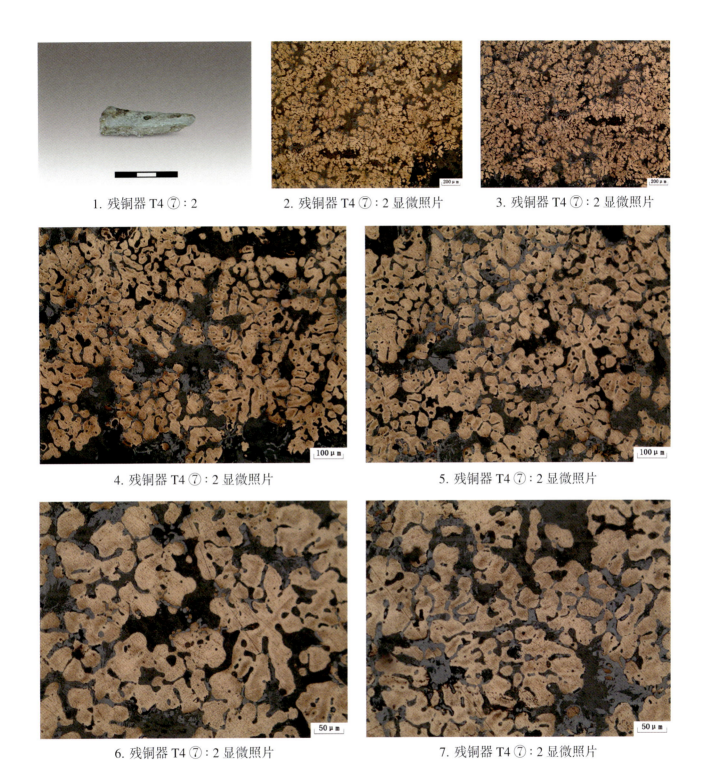

1. 残铜器 T4 ⑦：2　　　　　2. 残铜器 T4 ⑦：2 显微照片　　　　3. 残铜器 T4 ⑦：2 显微照片

4. 残铜器 T4 ⑦：2 显微照片　　　　　　　　5. 残铜器 T4 ⑦：2 显微照片

6. 残铜器 T4 ⑦：2 显微照片　　　　　　　　7. 残铜器 T4 ⑦：2 显微照片

彩版三三　T4 ⑦层出土残铜器

1. 陶鼎足 T4 ⑥ : 32

2. 陶鼎足 T4 ⑥ : 33

3. 绳纹陶盆口沿 T4 ⑥ : 8

4. 弦断绳纹罐口沿 T4 ⑥ : 9

5. 弦断绳纹罐口沿 T4 ⑥ : 9（内壁指窝）

6. 印纹硬陶片 T4 ⑥ : 17

彩版三四　T4 ⑥层出土陶瓷器

1. 印纹硬陶片 T4⑥：18（回纹与绳纹硬陶）

2. 印纹硬陶片 T4⑥：19

3. 印纹硬陶片 T4⑥：20

4. 印纹软陶片 T4⑥：25

5. 原始瓷豆 T4⑥：1

6. 原始瓷豆 T4⑥：1（底有不规则划圈痕）

彩版三五　T4⑥层出土陶瓷器

1. 绳纹陶盆口沿 T4⑤a：1

2. 印纹硬陶罐口沿 T4⑤a：22

3. 印纹硬陶罐口沿 T4⑤a：22（内壁指窝和刮抹痕）

4. 印纹硬陶片 T4⑤a：25

5. 印纹硬陶片 T4⑤a：26

6. 印纹硬陶片 T4⑤a：26（细部）

7. 印纹硬陶片 T4⑤a：27

8. 印纹硬陶片 T4⑤a：28

彩版三六　T4⑤a 层出土陶瓷器

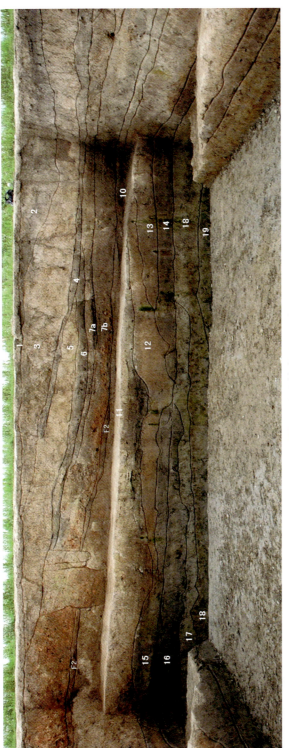

1. T5 北壁（镜向 348°）

2. T5 东壁（镜向 78°）

彩版三七 T5 地层剖面

1. T5 南壁（镜向 162°）

2. T5 西壁（镜向 260°）

彩版三八　T5 地层剖面

1. F2 全景（高角度俯视，镜向 320°）

2. F2 全景（高角度俯视，镜向 216°）

彩版三九　F2

1. F2 西北部隔墙东面全景（低角度平视，镜向 290°）

2. F2 西北角活动面全景（镜向 56°）

彩版四〇　F2

1. 陶鬲 F2：52

2. 陶甗足 F2：49（包制的夹砂红褐陶甗足细部）

3. 陶甗足 F2：51

4. 陶盉 F2：1

5. 陶盉 F2：1

6. 陶盉 F2：1（泥质红陶盉把手的榫头）

彩版四一　F2 出土陶瓷器

1. 陶盉 F2：53

2. 陶豆 F2：4

3. 陶豆 F2：14

4. 石凿 F2：2

5. 石凿 F2：6（刃部残片）

6. 石锛 F2：3

彩版四二　F2 出土陶瓷器、石器

1. T5 ⑦层下沟槽及柱洞分布全景（高角度俯视，镜向 140°）

2. T5 ⑦层下沟槽全景（清理后，镜向 318°）

彩版四三　T5 ⑦层下沟槽及柱洞

1. T5 东南角⑩层下 HDM1 全景（镜向 166°）

2. 泥质罐口沿 T5⑯：1

4. 陶鬲 T5⑭：1

3. 陶鬲 T5⑭：1

5. 印纹硬陶腹片 T5⑭：2

彩版四四　T5 ⑩层下与 T5HDM1 出土陶瓷器

1. 印纹硬陶腹片 T5⑭：3（绳纹陶片）

2. 绳纹硬陶片内壁垫窝 T5⑭：3

3. 粗绳纹鬲 T5⑬：14

4. 花边缸底 T5⑬：10（内底）

5. 花边缸底 T5⑬：10

6. 花边缸底 T5⑬：10（外底）

彩版四五　T5⑭、⑬层出土陶瓷器

1. 甗形盉甑部口沿 T5⑫：5（盉上部）

2. 粗豆柄 T5⑫：6

3. 陶甗腰 T5⑩：8

4. 石凿 T5⑩：2

5. 原始瓷片 T5⑨：6（印纹单拍）

6. 原始瓷片 T5⑨：6（内壁垫窝和抹痕）

彩版四六　T5⑫、⑩、⑨层出土陶瓷器、石器

1. 陶鬲 T5 ⑧：1

2. 硬陶腹片 T5 ⑧：11（印纹硬陶单拍）

3. 残铜块 T5 ⑧：2

4. 残铜块 T5 ⑧：2 显微照片

5. 残铜块 T5 ⑧：2 显微照片

6. 残铜块 T5 ⑧：2 显微照片

7. 残铜块 T5 ⑧：2 显微照片

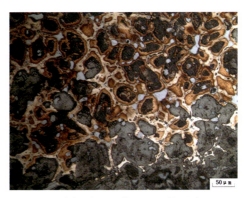

8. 残铜块 T5 ⑧：2 显微照片

彩版四七　T5 ⑧层出土陶器、残铜块

1. 炉渣 T5 ⑧：21

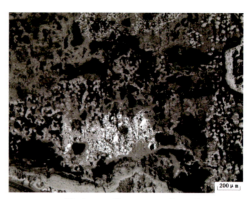

2. 炉渣 T5 ⑧：21 显微照片

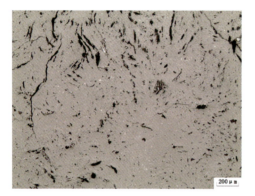

3. 炉渣 T5 ⑧：21 显微照片

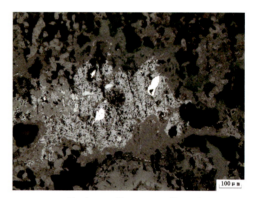

4. 炉渣 T5 ⑧：21 显微照片

5. 炉渣 T5 ⑧：21 显微照片

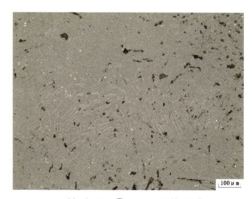

6. 炉渣 T5 ⑧：21 显微照片

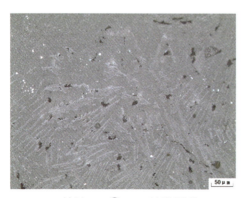

7. 炉渣 T5 ⑧：21 显微照片

彩版四八　T5 ⑧层出土炉渣

1. 陶盉箅 T5 ⑦：13（上部底孔内壁）

2. 陶盉箅 T5 ⑦：13（盉上部底孔外壁）

3. 陶器盖 T5 ⑦：12

4. 陶器盖 T5 ⑦：12

5. 陶器盖 T5 ⑦：12（内腔）

6. 陶器盖 T5 ⑦：21（三角划纹）

彩版四九　T5 ⑦层出土陶瓷器

1. 印纹硬陶片罐类 T5 ⑦ : 22（器底）

2. 印纹硬陶片 T5 ⑦ : 25

3. 印纹软陶腹片 T5 ⑦ : 24（夹砂方格纹陶片）

4. 原始瓷豆 T5 ⑦ : 4

5. 陶缸底 T5 ⑦ : 37

6. 陶缸底 T5 ⑦ : 37

彩版五〇　T5 ⑦层出土陶瓷器

1. 石锛 T5 ⑦：2

2. 石锛 T5 ⑦：9

3. 石锛 T5 ⑦：10

4. 石凿 T5 ⑦：5

5. 砺石 T5 ⑦：1

6. 砺石 T5 ⑦：1

彩版五一　T5 ⑦层出土石器

1. 铜锛 T5 ⑦ : 3

2. 铜锛 T5 ⑦ : 3

3. 铜锛 T5 ⑦ : 3

4. 铜锛 T5 ⑦ : 3

5. 残铜器 T5 ⑦ : 6

彩版五二　T5 ⑦层出土铜器

1. 残铜削 T5 ⑦：8

2. 残铜削 T5 ⑦：8

3. 残铜削 T5 ⑦：8

4. 残铜削 T5 ⑦：8 显微照片

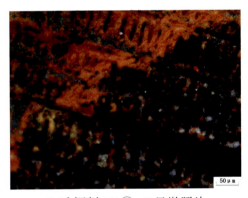

5. 残铜削 T5 ⑦：8 显微照片

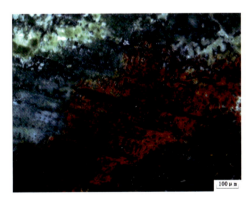

6. 残铜削 T5 ⑦：8 显微照片

7. 残铜削 T5 ⑦：8 显微照片

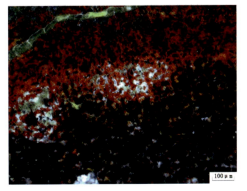

8. 残铜削 T5 ⑦：8 显微照片

彩版五三　T5 ⑦层出土铜器

1. 炉壁 T5 ⑥∶1

2. 炉壁 T5 ⑥∶1

3. 炉壁 T5 ⑥∶1 显微照片

4. 炉壁 T5 ⑥∶1 显微照片

5. 炉壁 T5 ⑥∶1 显微照片

6. 炉壁 T5 ⑥∶1 显微照片

7. 炉壁 T5 ⑥∶1 显微照片

8. 炉壁 T5 ⑥∶1 显微照片

彩版五四　T5 ⑥层出土炉壁

1. 绳纹鬲 T5 ④：6

2. 陶鬲 T5 ④：51

3. 陶盘 T5 ④：26

4. 石凿 T5 ④：2（一端斜磨面）

5. 铜削 T5 ④：1

6. 铜削 T5 ④：1

彩版五五　T5 ④层出土遗物

1. 陶范 T5④:4

2. 陶范 T5④:4

3. 陶范 T5④:4

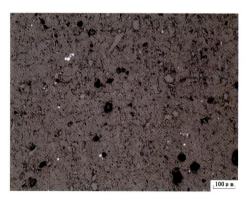

4. 陶范 T5④:4 显微照片

5. 陶范 T5④:4 显微照片

6. 陶范 T5④:4 显微照片

7. 陶范 T5④:4 显微照片

彩版五六　T5④层出土陶范

1. 陶纺轮 T5③：1

2. 陶角把鬲 T5②：1

3. 陶盆 T5②：4

4. 陶盆 T5②：4

5. 印纹硬陶腹片 T5②：13

6. 印纹硬陶腹片 T5②：17

彩版五七　T5③、②层出土陶瓷器

1. T6北壁（镜向 348°）

2. T6东壁（镜向 78°）

彩版五八　T6 地层剖面

1. T6南壁（镜向 162°）

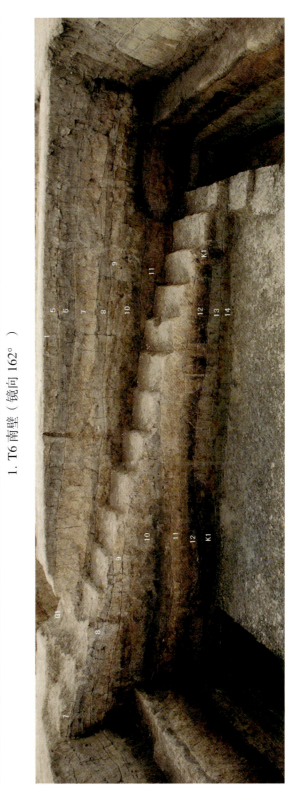

2. T6西壁（镜向 260°）

彩版五九　T6 地层剖面

1. T6 ⑩层下柱洞及坑（清理后，镜向 348°）

2. G7 位于 T6 东南角部分（镜向 76°）

彩版六〇　T6 遗迹

1. G7 位于 T6 东南角部分（镜向 166°）

2. G7 位于 T7 西北角部分（镜向 300°）

彩版六一　T6 遗迹

1. 陶鬲 G7：10

2. 陶鼎足 G7：5

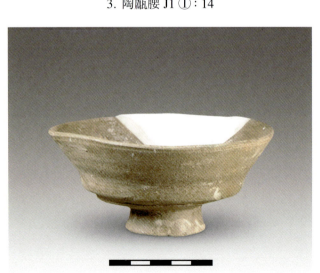

3. 陶甗腰 J1 ①：14

4. 原始瓷豆 J1 ②：1

5. 原始瓷豆 J1 ②：1

6. 原始瓷豆 J1 ②：1

彩版六二　T6 遗迹出土陶瓷器

1. J1（镜向 350°）

3. 腹片 J1 ①∶18

2. J1 剖面（镜向 348°）

4. 印纹硬陶腹片 J1 ①∶19（回纹）

彩版六三　T6J1 及出土陶瓷器

1. 陶鼎足 T6⑫：27、28（侧面）

2. 陶鼎足 T6⑫：27、28（背面）

3. 陶豆 T6⑫：38

4. 陶豆柄 T6⑫：31、53

5. 陶盆 T6⑫：7

6. 夹砂罐 T6⑫：36

彩版六四　T6⑫层出土陶瓷器

1. 陶瓠 T6⑫：9

2. 陶瓠 T6⑫：9（内底拉坯痕）

3. 厚唇缸 T6⑫：37

4. 管状器 T6⑫：3（孔在一侧）

5. 管状器 T6⑫：3（孔在正面）

6. 管状器 T6⑫：3（壁拉坯指印痕）

彩版六五　T6⑫层出土陶瓷器

1. 石斧 T6⑫：1

2. 石镰 T6⑫：2

3. 陶鼎 T6⑪：4

4. 陶鼎 T6⑪：114

5. 陶鼎 T6⑪：114

6. 陶觚 T6⑪：62

彩版六六　T6⑫、⑪层出土陶瓷器、石器

1. 陶鼎足 T6⑪：46、47

2. 陶鼎足 T6⑪：46、47（背面）

3. 陶鼎足 T6⑪：46（鼎足与身接合部痕迹）

4. 陶鼎足 T6⑪：48

5. 陶鼎足 T6⑪：48（背面）

6. 陶鼎足 T6⑪：84、50、49

彩版六七　T6⑪ 层出土陶瓷器

1. 陶鬶 T6⑪：42

2. 陶鬶 T6⑪：42（口沿内壁）

3. 陶豆柄 T6⑪：61、76

4. 陶豆柄 T6⑪：76（内壁拉坯指印）

5. 陶觚 T6⑪：63、88

6. 厚唇缸 T6⑪：35、38、37、33

彩版六八　T6⑪ 层出土陶瓷器

1. 陶鎏 T6⑪：44

2. 陶器耳 T6⑪：64

3. 陶腹片 T6⑪：113（网纹）

4. 花边器底 T6⑪：59

5. 印纹硬陶腹片 T6⑪：107（网格纹）

6. 印纹硬陶腹片 T6⑪：107（内壁垫窝）

彩版六九　T6⑪ 层出土陶瓷器

1. 石锛 T6⑪：3

2. 铜矛头 T6⑪：1

3. 铜矛头 T6⑪：1

4. 铜矛头 T6⑪：1

5. 炉渣 T6⑪：112

6. 炉渣 T6⑪：112

7. 炉渣 T6⑪：112

8. 炉渣 T6⑪：112

彩版七〇　T6⑪ 层出土遗物

1. 印纹硬陶罐耳 T6⑩：5（上有纹饰，定焦镜头拍）

2. 印纹硬陶罐耳 T6⑩：5（纹饰侧拍放大）

3. 印纹硬陶罐耳 T6⑩：5（纹饰倒转侧拍放大）

4. 捏窝状鼎足 T6⑩：7、8

5. 花边缸底、盂 T6⑩：6、3

彩版七一　T6⑩层出土陶瓷器

1. 陶鬲 T6⑨：1

2. 陶鬲足 T6⑨：6、5、7、4

3. 炉渣 T6⑨：10

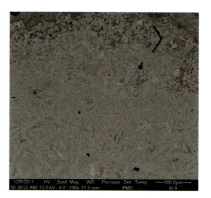

4. 炉渣 T6⑨：10 显微照片

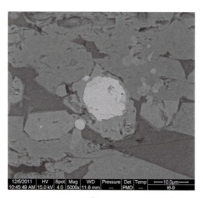

5. 炉渣 T6⑨：10 显微照片

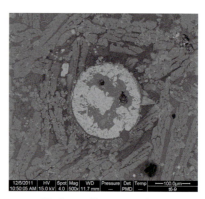

6. 炉渣 T6⑨：10 显微照片

7. 炉渣 T6⑨：10 显微照片

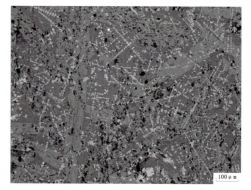

8. 炉渣 T6⑨：10 显微照片

彩版七二　T6⑨层出土陶瓷器、炉渣

1. 陶鬲 T6⑧：2

2. 陶鬲 T6⑧：3

3. 陶鬲 T6⑧：5

4. 陶鬲 T6⑧：16

5. 鬲足 T6⑧：9（刮抹痕）

6. 鬲足 T6⑧：11（抹泥浆半脱落）

彩版七三　T6⑧层出土陶瓷器

1. 陶盘 T6⑧：4

2. 陶罐 T6⑧：1

3. 陶纺轮 T6⑧：7

4. 印纹硬陶腹片 T6⑧：24

5. 印纹硬陶腹片 T6⑧：25

6. 印纹硬陶腹片 T6⑧：26

彩版七四　T6⑧层出土陶瓷器

1. 原始瓷豆 T6⑧：8

2. 原始瓷豆 T6⑧：21
（此器做过测试）

3. 原始瓷豆 T6⑧：21（内壁）

4. 石凿 T6⑧：6（两侧有磨痕）

5. 残铜块 T6⑧：47

6. 残铜块 T6⑧：47 显微照片

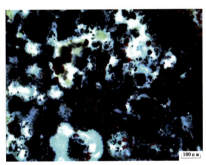

7. 残铜块 T6⑧：47 显微照片

8. 残铜块 T6⑧：47 显微照片

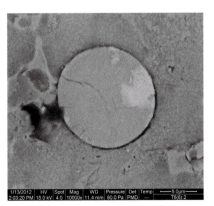

9. 残铜块 T6⑧：47 显微照片

彩版七五　T6⑧层出土遗物

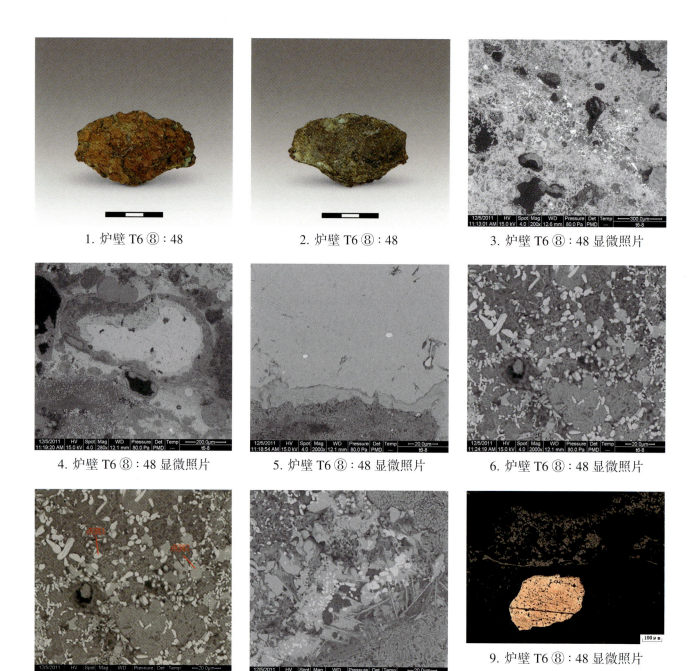

1. 炉壁 T6 ⑧：48

2. 炉壁 T6 ⑧：48

3. 炉壁 T6 ⑧：48 显微照片

4. 炉壁 T6 ⑧：48 显微照片

5. 炉壁 T6 ⑧：48 显微照片

6. 炉壁 T6 ⑧：48 显微照片

7. 炉壁 T6 ⑧：48 显微照片

8. 炉壁 T6 ⑧：48 显微照片

9. 炉壁 T6 ⑧：48 显微照片

彩版七六　T6 ⑧层出土炉壁

1. 陶鬲 T6⑦：1

2. 陶鬲 T6⑦：8

3. 陶盘 T6⑦：18

4. 陶罐 T6⑦：16

5. 印纹硬陶腹片 T6⑦：17

6 残铜块 T6⑦：19

彩版七七　T6⑦层出土陶瓷器、铜器

1. 陶鬲足 T6 ⑥ : 28、29、27

2. 陶鬲足 T6 ⑥ : 36、30、31

3. 陶甗耳 T6 ⑥ : 19

4. 陶甗耳 T6 ⑥ : 19

5. 陶甗耳 T6 ⑥ : 19

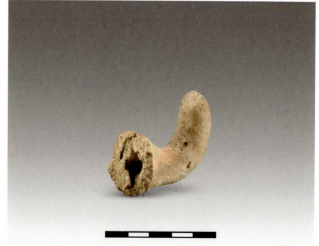

6. 陶盉柄 T6 ⑥ : 23

彩版七八　T6 ⑥ 层出土陶瓷器

1. 腹片 T6 ⑥：26

2. 印纹硬陶片 T6 ⑥：32

3. 印纹硬陶片 T6 ⑥：32（内壁起泡）

4. 印纹硬陶片 T6 ⑥：34

5. 印纹软陶片 T6 ⑥：33（方格纹）

6. 印纹软陶片 T6 ⑥：40-2（方格纹）

彩版七九　T6 ⑥层出土陶瓷器

1. 陶鬲 T6⑤：54

2. 陶鬲 T6⑤：91

3. 陶甗腰 T6⑤：44

4. 陶盂 T6⑤：22

5. 陶盂 T6⑤：22（内壁拉坯痕迹）

6. 小盆 T6⑤：30

彩版八〇　T6⑤层出土陶瓷器

1. 陶器盖 T6 ⑤：10

2. 陶纺轮 T6 ⑤：1

3. 陶纺轮 T6 ⑤：5

4. 印纹硬陶片罐 T6 ⑤：73

5. 印纹硬陶片 T6 ⑤：80

6. 印纹硬陶片 T6 ⑤：82

彩版八一　T6 ⑤层出土陶瓷器

1. 印纹硬陶片 T6 ⑤：83

2. 印纹硬陶片 T6 ⑤：83（内壁指纹）

3. 印纹硬陶片 T6 ⑤：84

4. 印纹硬陶片 T6 ⑤：84（内壁）

5. 印纹硬陶片 T6 ⑤：86

6. 印纹软陶片 T6 ⑤：81

彩版八二　T6 ⑤层出土陶瓷器

1. 原始瓷豆 T6 ⑤：2

2. 原始瓷豆 T6 ⑤：3

3. 原始瓷豆 T6 ⑤：4

4. 炉壁 T6 ⑤：103

5. 炉壁 T6 ⑤：103 显微照片

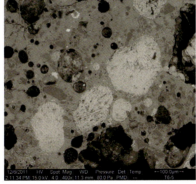

6. 炉壁 T6 ⑤：103 显微照片

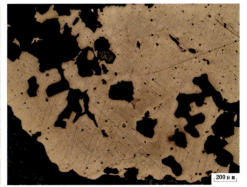

7. 炉壁 T6 ⑤：103 显微照片

彩版八三　T6 ⑤层出土原始瓷器、炉壁

1. 陶鬲 T6 ④：3

2. 陶小盆 T6 ④：62

3. 陶器盖 T6 ④：5

4. 印纹硬陶片 T6 ④：47

5. 印纹硬陶片 T6 ④：47（内壁垫窝、刮抹痕）

6. 印纹软陶片 T6 ④：54

彩版八四　T6 ④层出土陶瓷器

1. 印纹硬陶片 T6 ④：49

2. 印纹硬陶片 T6 ④：49（内壁垫窝）

3. 印纹硬陶片 T6 ④：50

4. 印纹硬陶片 T6 ④：50（内壁）

5. 原始瓷豆 T6 ④：43

6. 原始瓷豆 T6 ④：44（盘与足结合处色差明显）

彩版八五　　T6 ④层出土陶瓷器

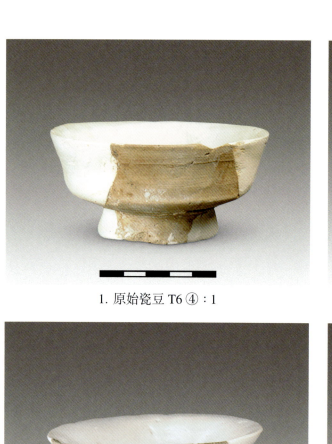

1. 原始瓷豆 T6 ④：1

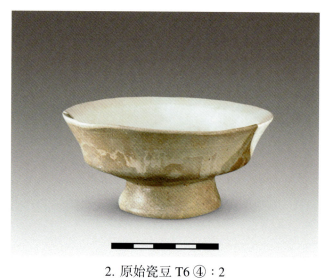

2. 原始瓷豆 T6 ④：2

3. 原始瓷豆 T6 ④：4

4. 原始瓷豆 T6 ④：9

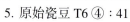

5. 原始瓷豆 T6 ④：41

6. 原始瓷腹片 T6 ④：51（带釉）

彩版八六　T6 ④层出土陶瓷器

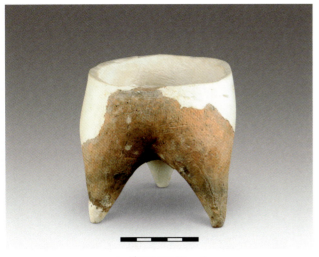

1. 陶鬲 T6③：6

2. 陶簋圈足 T6③：3

3. 陶罐耳 T6③：18（带鸟首陶片）

4. 印纹软陶罐底 T6③：39（方格纹）

5. 印纹软陶罐底 T6③：39（方格纹）

6. 原始瓷豆 T6③：4

彩版八七　T6③层出土陶瓷器

1. 原始瓷豆 T6③：30

2. 原始瓷豆 T6③：30

3. 原始瓷盘 T6③：1（内视轮制痕）

4. 原始瓷盘 T6③：1

5. 原始瓷盘 T6③：1（底视偏心涡纹）

6. 原始瓷罐 T6③：32（带釉印纹）

彩版八八　T6③层出土陶瓷器

1. 原始瓷碗 T6③：5（内视轮制痕）

2. 原始瓷碗 T6③：5

3. 原始瓷器底 T6③：58

4. 原始瓷器底 T6③：58

5. 原始瓷器底 T6③：58

6. 原始瓷腹片 T6③：37（带釉印纹内壁指窝痕）

7. 石钺 T6③：2

8. 石钺 T6③：2

彩版八九　T6③层出土陶瓷器、石器

1. 陶豆柄 T6②：1

2. 原始瓷豆 T6②：7

3. 陶钵 T6G1：6

4. 原始瓷碗 T6G1③：2（内底轮制痕）

5. 原始瓷碗 T6G1③：2

6. 原始瓷碗 T6G1③：2

彩版九〇　T6②层等出土陶瓷器

1. 石斧 M1 : 1

2. 石斧 M1 : 1

3. 石锛 T6 ① : 2

4. 磨石 T6 ① : 3

5. 磨石 T6 ① : 3

6. 磨石 T6G1 ③ : 3（磨砺面）

彩版九一　宋明清堆积中出土石器

1. T7 北壁（镜向 348°）

2. T7 东壁（镜向 78°）

彩版九二　T7 地层剖面

1. T7 南壁（镜向 162°）

2. T7 西壁（镜向 260°）

彩版九三　T7 地层剖面

1. T7 西北—东南部⑩层下柱洞及坑分布全景（镜向218°）

2. T7K12 全景（镜向141°）

彩版九四　T7 西北—东南部⑩层下柱洞及坑

1. H8（镜向 92°）

2. 泥质灰陶罐 H8：2

3. 夹砂绳纹略凹底罐 H8：1

彩版九五　T7H8 及出土陶瓷器

1. 陶瓿 H8：4

2. 花边缸底 H8：6

3. 陶鼎足 H7：1

4. 陶鬲足 H6：3（包制）

5. 印纹硬陶钵 H6：4

6. 印纹硬陶钵 H6：4

彩版九六　T7H8、H7、H6 出土陶瓷器

1. H7（镜向 50°　）

2. 残铜片 T7K10：1

3. 陶鬲口沿 T7 ⑤下 K4：2

4. 陶鬲足 T7 ⑤下 K4：7

5. 印纹硬陶瓮口沿 T7 ⑤下 K4：8

彩版九七　T7H7、K10、K7 等出土陶瓷器、铜器

1. 方格纹印纹软陶片 T7 ⑤下 K4 : 10

2. 原始瓷豆 T7 ⑤下 K4 : 4

3. 原始瓷豆 T7 ⑤下 K4 : 4

4. 陶瓿口沿 T7 ⑤下 K5 : 1

5. 敛口钵 T7 ⑤下 K5 : 7

6. 陶小盆 G6 : 10

彩版九八　T7K4 等出土陶瓷器

1. 陶鼎口沿 T7⑬：9

2. 陶鼎足 T7⑬：11、7、8

3. 陶罐底、豆盘、豆 T7⑬：4、10、5

4. 黑陶豆盘、豆柄 T7⑬：13、20

5. 陶豆柄 T7⑬：3

6. 陶豆柄 T7⑬：3（内壁的拉坯指印）

彩版九九　　T7⑬ 层出土陶瓷器

1. 陶流 T7⑬：6

2. 印纹硬陶腹片 T7⑬：12

3. 石锛 T7⑬：2

4. 陶鼎足 T7⑫：20

5. 陶豆 T7⑫：1

6. 陶豆柄 T7⑫：23

彩版一〇〇　T7⑬、⑫层出土陶瓷器

1. 泥质罐 T7⑫：14

2. 泥质罐 T7⑫：56

3. 陶觚 T7⑫：24

4. 陶觚 T7⑫：32、31、33

5. 陶觚 T7⑫：35

6. 印纹硬陶腹片 T7⑫：54（内壁垫窝）

彩版一〇一　T7⑫层出土陶瓷器

1. 陶甗或盆口沿、夹砂罐口沿 T7⑪：2、4、5

2. 陶盉 T7⑩：1

3. 陶盉 T7⑩：1

4. 甗形盉 T7⑩：10

5. 陶鼎足 T7⑩：14、8

6. 卷云纹陶片 T7⑩：9

彩版一〇二　T7⑪、⑩层出土陶瓷器

1. 石镞 T7⑩：2

2. 石镞 T7⑩：2

3. 陶鬲口沿 T7⑨：32

4. 陶鬲、甗、罐口沿 T7⑨：6、31、38、4

5. 柱状鬲足 T7⑨：17

6. 陶甗腰 T7⑨：11

彩版一○三　T7⑩、⑨层出土陶瓷器、石器

1. 陶甗腰 T7 ⑨：23

2. 陶甗腰 T7 ⑨：25

3. 绳纹陶盆口沿 T7 ⑨：18

4. 陶小盆口沿 T7 ⑨：5

5. 方唇夹砂黑皮陶罐 T7 ⑨：7

6. 印纹软陶腹片 T7 ⑨：33

彩版一〇四　T7 ⑨层出土陶瓷器

1. 刻纹陶腹片 T7 ⑨：30、29

2. 石锛半成品 T7 ⑨：2

3. 石锛半成品 T7 ⑨：2

4. 石凿 T7 ⑨：1

5. 陶鬲口沿 T7 ⑧：21

6. 陶甗腰 T7 ⑧：12

彩版一〇五　T7 ⑨、⑧层出土陶瓷器、石器

1. 绳纹罐口沿 T7 ⑧：6

2. 印纹硬陶罐 T7 ⑧：16

3. 印纹硬陶罐 T7 ⑧：16（内壁起泡和垫窝）

4. 原始瓷豆 T7 ⑧：2

5. 原始瓷豆 T7 ⑧：2

6. 石斧 T7 ⑧：1

彩版一〇六　T7 ⑧层出土陶瓷器、石器

1. 陶鬲足 T7 ⑦：9、4

2. 陶甗附耳 T7 ⑦：6

3. 陶甗附耳 T7 ⑦：6（内壁结构）

4. 陶盘圈足 T7 ⑦：7

5. 印纹硬陶腹片 T7 ⑦：14

6. 印纹硬陶腹片 T7 ⑦：14（内壁指窝和刮抹痕）

彩版一〇七　T7 ⑦层出土陶瓷器

1. 印纹硬陶腹片 T7 ⑦：15

2. 印纹硬陶腹片 T7 ⑦：15（内壁指窝和刮抹痕）

3. 石锛 T7 ⑦：1

4. 锥形鬲足 T7 ⑥：41（包足制法）

5. 陶鬲足 T7 ⑥：44

6. 陶鬲足 T7 ⑥：48（包足制法）

7. 印纹硬陶罐口沿 T7 ⑥：52

8. 印纹硬陶罐口沿 T7 ⑥：53

彩版一〇八　T7 ⑦、⑥层出土陶瓷器、石器

1. 印纹软陶片 T7 ⑥：56

2. 印纹软陶片 T7 ⑥：56（内壁垫窝）

3. 原始瓷豆 T7 ⑥：1

4. 原始瓷豆 T7 ⑥：7

5. 原始瓷豆 T7 ⑥：7

6. 陶缸口沿 T7 ⑥：21

彩版一〇九　T7 ⑥层出土陶瓷器

1. 陶盉柄残片 T7⑤：12

2. 陶盂 T7⑤：11

3. 陶罐 T7⑤：2

4. 原始瓷豆 T7⑤：1

5. 陶鬲 T7④：11

6. 陶鬲足 T7④：102

彩版一一〇　T7⑤、④层出土陶瓷器

1. 蹄形鬲足 T7 ④：104（接足制法）

2. 刮抹痕鬲足 T7 ④：105

3. 陶鬲足 T7 ④：107

4. 陶甗耳 T7 ④：18

5. 陶甗腰 T7 ④：19

6. 陶甗腰 T7 ④：143

7. 陶甗足 T7 ④：23

8. 陶甗足 T7 ④：24

彩版一一一　T7 ④层出土陶瓷器

1. 陶豆 T7 ④：2

2. 陶豆 T7 ④：2（圆圈纹）

3. 陶豆柄 T7 ④：65

4. 陶豆柄 T7 ④：67

5. 陶豆柄 T7 ④：151

6. 刻纹盆口沿 T7 ④：138

7. 陶盆 T7 ④：199

8. 陶罐 T7 ④：15

彩版一一二　T7 ④层出土陶瓷器

1. 陶罐口沿 T7 ④：114

2. 绳纹小罐 T7 ④：136

3. 泥质红胎外黑陶罐底 T7 ④：52（方格纹及绳纹）

4. 陶罐底 T7 ④：185（叶脉纹）

5. 陶罐底 T7 ④：187（叶脉纹）

6. 陶缸口沿 T7 ④：196

7. 陶纺轮 T7 ④：5

8. 陶纺轮 T7 ④：5

彩版一一三　T7 ④层出土陶瓷器

1. 硬陶豆 T7④：162

2. 硬陶豆 T7④：162

3. 印纹硬陶罐 T7④：76

4. 印纹硬陶罐口沿 T7④：75

5. 印纹硬陶罐口沿 T7④：77

6. 印纹硬陶罐口沿 T7④：174

彩版一一四　T7④层出土陶瓷器

1. 印纹硬陶罐口沿 T7 ④：79

2. 印纹硬陶罐口沿 T7 ④：79（内壁指窝）

3. 印纹硬陶罐底 T7 ④：82

4. 印纹硬陶罐底 T7 ④：82（内壁制痕）

5. 硬陶器盖（拼合）T7 ④：31+161

6. 印纹硬陶罐耳 T7 ④：81

7. 印纹硬陶罐耳 T7 ④：81（内壁指窝和制痕）

8. 印纹硬陶腹片 T7 ④：83

彩版一一五　T7 ④层出土陶瓷器

1. 印纹硬陶折肩罐 T7 ④：84

2. 印纹硬陶腹片 T7 ④：86

3. 印纹硬陶腹片 T7 ④：87

4. 印纹硬陶腹片 T7 ④：87

5. 印纹硬陶腹片 T7 ④：163

6. 印纹硬陶腹片 T7 ④：168

7. 印纹硬陶腹片 T7 ④：170

8. 印纹硬陶腹片 T7 ④：172

彩版一一六　T7 ④层出土陶瓷器

1. 印纹硬陶腹片 T7 ④：173

2. 陶罐耳 T7 ④：180

3. 印纹软陶罐外壁近底部 T7 ④：167

4. 原始瓷豆 T7 ④：7

5. 原始瓷豆 T7 ④：9

6. 原始瓷豆 T7 ④：12

彩版一一七　T7 ④层出土陶瓷器

1. 原始瓷豆盘 T7④：74（口沿饰横 S 形贴塑纹）

2. 原始瓷豆座 T7④：21

3. 原始瓷碗 T7④：3

4. 带釉原始瓷碗 T7④：6

5. 原始瓷碗 T7④：10

6. 原始瓷碗 T7④：10（底视有"山"字形纹）

彩版一一八　T7④层出土陶瓷器

1. 带釉印纹原始瓷罐口沿 T7 ④：169

2. 带釉印纹原始瓷罐口沿 T7 ④：169（断面起泡）

3. 带釉原始瓷腹片 T7 ④：89

4. 带釉原始瓷腹片 T7 ④：89（内壁指窝痕）

5. 石凿 T7 ④：8

6. 石凿 T7 ④：8

7. 铜矛 T7 ④：4

8. 铜矛 T7 ④：4

彩版一一九　T7 ④层出土遗物

1. 陶鼎足 T7③：10

2. 陶豆 T7③：2

3. 陶豆 T7③：2

4. 陶豆柄 T7③：46

5. 陶小盆 T7③：5

6. 泥质硬灰陶折肩盆 T7③：34（刻纹）

彩版一二〇　T7③层出土陶瓷器

1. 印纹硬陶罐 T7③：33

2. 印纹硬陶罐 T7③：33（内壁垫窝和泥条痕）

3. 印纹硬陶罐底 T7③：35

4. 横向叶脉纹印纹软陶腹片 T7③：36

5. 变形回字纹印纹软陶腹片 T7③：37

6. 变形回字纹印纹软陶腹片 T7③：37

彩版一二一　T7③层出土陶瓷器

1. 原始瓷豆 T7③：3

2. 原始瓷碗 T7③：4

3. 原始瓷碗 T7③：4

4. 陶盉把 T7②：8

5. 印纹硬陶腹片 T7②：13

6. 原始瓷碗 T7②：14（盘外壁饰波浪纹）

彩版一二二　T7③、②层出土陶瓷器

1. T8 北壁（镜向 348°）

2. T8 东壁（镜向 78°）

彩版一二三　T8 地层剖面

1. T8 南壁（镜向 162°）

2. T8 西壁（镜向 260°）

彩版一二四　T8 地层剖面

1. T8⑨层下平面遗迹（清理前，镜向75°）

2. T8⑨层下平面遗迹（清理后，镜向170°）

彩版一二五　T8⑨层下遗迹

1. T8⑧层下遗迹（高角度俯视，镜向260°）

2. T8⑥层下石头堆积（镜向345°）

彩版一二六　T8⑧、⑥层下遗迹

1. 石锛 T8⑫：1（略有段）

2. 石锛 T8⑫：1（背面琢制痕）

3. 陶鼎 T8⑩：2

4. 陶鼎足 T8⑩：21、22、28（足跟部都有捏窝）

5. 陶鼎足 T8⑩：27、66、59

6. 陶钵 T8⑩：3

彩版一二七　T8⑫、⑩层出土陶瓷器、石器

1. 泥质罐 T8 ⑩：12

2. 泥质罐 T8 ⑩：12（口沿的黑皮陶结构）

3. 弦断绳纹泥质灰陶罐 T8 ⑩：38

4. 泥质鸭形陶壶 T8 ⑩：6

5. 泥质鸭形陶壶 T8 ⑩：6（口沿内表轮旋痕）

6. 泥质陶瓿 T8 ⑩：20

彩版一二八　T8 ⑩层出土陶瓷器

1. 陶瓿 T8 ⑩：37、36

2. 泥质黑陶瓿 T8 ⑩：19

3. 泥质黑陶瓿 T8 ⑩：19

4. 泥质黑陶瓿 T8 ⑩：19

5. 陶尊 T8 ⑩：30

6. 厚唇陶缸 T8 ⑩：14

7. 硬陶腹片 T8 ⑩：68

8. 夹砂陶鸡冠形錾 T8 ⑩：64、67

彩版一二九　T8 ⑩层出土陶瓷器

1. 夹砂灰白陶花边器底 T8 ⑩：29

2. 夹砂灰白陶花边器底 T8 ⑩：29

3. 印纹硬陶片 T8 ⑩：58、56、34

4. 陶鬲 T8 ⑨：41（弦断绳纹口沿）

5. 陶豆 T8 ⑨：11

6. 原始瓷豆 T8 ⑨：9

彩版一三〇　T8 ⑩、⑨层出土陶瓷器

1. 印纹硬陶腹片 T8 ⑨：27、26

2. 印纹硬陶腹片 T8 ⑨：26（内壁刮抹痕）

3. 陶鼎足 T8 ⑨：29、19、16、33（早期遗物）

4. 石锛 T8 ⑨：1（疑为石料）

5. 石锛半成品 T8 ⑨：3

6. 石锛半成品 T8 ⑨：3

彩版一三一　T8 ⑨层出土陶瓷器、石器

1. 素面鬲 T8⑧：6

2. 陶盉 T8⑧：1

3. 陶盉 T8⑧：1

4. 陶盉 T8⑧：1

5. 陶罐底 T8⑧：20（放射纹）

6. 有段石锛 T8⑧：2

彩版一三二　T8⑧层出土陶瓷器、石器

1. 陶甗腰 T8 ⑦：25

2. 陶甗附耳 T8 ⑦：33

3. 陶盉把 T8 ⑦：34

4. 陶豆 T8 ⑦：31

5. 敛口钵 T8 ⑦：8

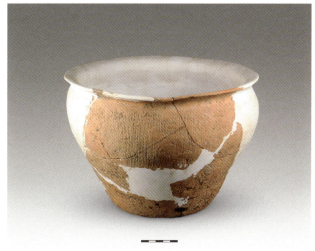

6. 陶盆 T8 ⑦：1

彩版一三三　T8 ⑦层出土陶瓷器

1. 原始瓷腹片 T8 ⑦：13

2. 原始瓷腹片 T8 ⑦：14

3. 石锛 T8 ⑦：2

4. 石锛 T8 ⑦：3

5. 石料 T8 ⑦：11（有片切痕）

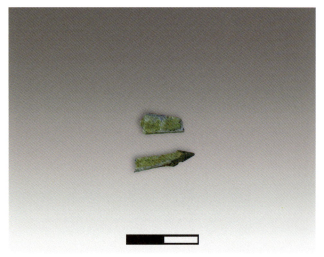

6. 铜镞 T8 ⑦：7

彩版一三四　T8 ⑦层出土遗物

1. 残铜器 T8 ⑦：4

2. 残铜器 T8 ⑦：4 显微照片

3. 残铜器 T8 ⑦：4 显微照片

4. 残铜器 T8 ⑦：4 显微照片

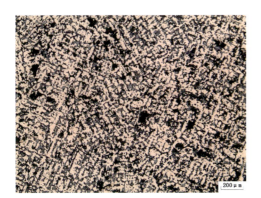

5. 残铜器 T8 ⑦：4 显微照片

6. 残铜器 T8 ⑦：4 显微照片

7. 残铜器 T8 ⑦：4 显微照片

8. 残铜器锈块 T8 ⑦：6

彩版一三五　T8 出土残铜器

1. 铅块 T8 ⑦∶9

2. 铅块 T8 ⑦∶9

3. 铅块 T8 ⑦∶9 显微照片

4. 铅块 T8 ⑦∶9 显微照片

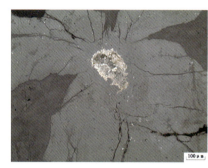

5. 铅块 T8 ⑦∶9 显微照片

6. 铅块 T8 ⑦∶9 显微照片

7. 铅块 T8 ⑦∶9 显微照片

8. 铅块 T8 ⑦∶9 显微照片

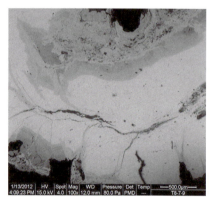

9. 铅块 T8 ⑦∶9 显微照片

彩版一三六　T8 出土铅块

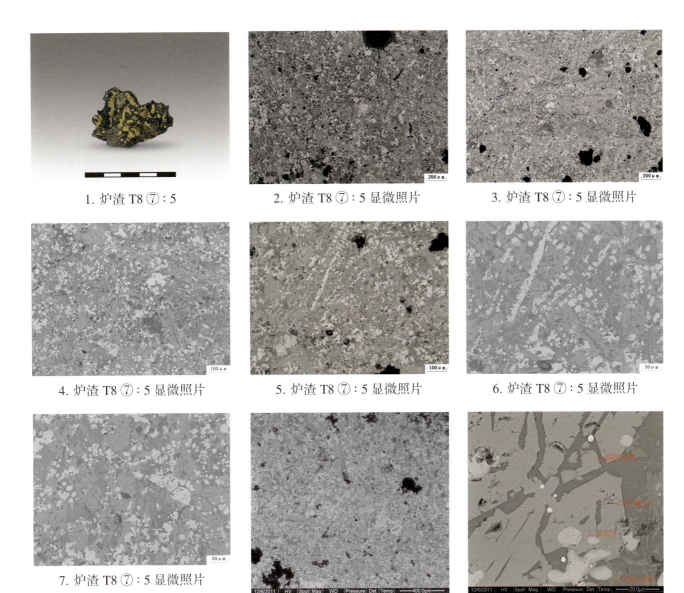

1. 炉渣 T8⑦:5   2. 炉渣 T8⑦:5 显微照片   3. 炉渣 T8⑦:5 显微照片

4. 炉渣 T8⑦:5 显微照片   5. 炉渣 T8⑦:5 显微照片   6. 炉渣 T8⑦:5 显微照片

7. 炉渣 T8⑦:5 显微照片   8. 炉渣 T8⑦:5 显微照片   9. 炉渣 T8⑦:5 显微照片

彩版一三七　T8 出土炉渣

1. 炉壁 T8 ⑦ : 10

2. 炉壁 T8 ⑦ : 10

3. 炉壁 T8 ⑦ : 10 显微照片

4. 炉壁 T8 ⑦ : 10 显微照片

5. 炉壁 T8 ⑦ : 10 显微照片

6. 炉壁 T8 ⑦ : 10 显微照片

7. 炉壁 T8 ⑦ : 10 显微照片

8. 炉壁 T8 ⑦ : 10 显微照片

9. 炉壁 T8 ⑦ : 10 显微照片

彩版一三八　T8 出土炉壁

1. 陶鬲足 T8 ⑥：9、10、15、14

2. 陶甑 T8 ⑥：8（内壁绳纹）

3. 陶甑 T8 ⑥：8（上部底部）

4. 敛口钵 T8 ⑥：2

5. 印纹硬陶罐 T8 ⑥：26

6. 印纹硬陶罐 T8 ⑥：26（内壁垫窝）

彩版一三九　　T8 ⑥层出土陶瓷器

1. 原始瓷腹片 T8 ⑥：16

2. 原始瓷腹片 T8 ⑥：16

3. 梭形孔盉箅 T8 ⑤：35

4. 泥质黑皮陶豆柄 T8 ⑤：36

5. 陶小罐 T8 ⑤：25

6. 陶罐底 T8 ⑤：55

彩版一四〇　T8 ⑥、⑤层出土陶瓷器

1. 印纹硬陶腹片 T8 ⑤ : 41

2. 印纹硬陶腹片 T8 ⑤ : 42

3. 印纹硬陶腹片 T8 ⑤ : 59

4. 印纹硬陶腹片 T8 ⑤ : 59（内壁垫窝及刮抹痕）

5. 原始瓷豆 T8 ⑤ : 1

6. 原始瓷豆 T8 ⑤ : 3

彩版一四一　T8 ⑤层出土陶瓷器

1. 原始瓷豆 T8⑤：56

2 带釉附加堆纹原始瓷腹片 T8⑤：58（釉脱落）

3. 带釉附加堆纹原始瓷腹片 T8⑤：58（釉脱落）

4. 石锛 T8⑤：2

5. 石锛 T8⑤：2

彩版一四二　T8⑤层出土陶瓷器、石器

1. 陶鼎足 T8 ④：49、48

2 陶甗腰 T8 ④：20

3. 陶罐口沿 T8 ④：14

4. 陶缸口沿 T8 ④：8

5. 陶缸口沿 T8 ④：8（内壁指窝）

6. 不明器 T8 ④：35

彩版一四三　T8 ④层出土陶瓷器

1. 印纹硬陶圆肩罐口沿 T8 ④：67

2. 印纹硬陶腹片 T8 ④：52

3. 印纹硬陶腹片 T8 ④：52（内壁泥条痕迹）

4. 印纹硬陶圆肩罐腹片 T8 ④：63（肩部纹饰）

5. 印纹硬陶圆肩罐腹片 T8 ④：63（内壁制作痕）

6. 印纹软陶腹片 T8 ④：59

彩版一四四　T8 ④层出土陶瓷器

1. 原始瓷豆 T8 ④：1（红硬陶？）

2. 原始瓷豆 T8 ④：3（红胎无釉）

3. 原始瓷豆 T8 ④：4

4. 原始瓷豆 T8 ④：4

5. 原始瓷豆 T8 ④：5

6. 原始瓷豆柄 T8 ④：6

彩版一四五　T8 ④层出土陶瓷器

1. 原始瓷豆 T8 ④：51

2. 原始瓷豆 T8 ④：51（盘底印文）

3. 带釉原始瓷罐口沿 T8 ④：60（凹弦纹）

4. 石锛 T8 ④：2

5. 石锛 T8 ④：2

6. 石锛 T8 ③：1

彩版一四六　T8 ④、③层出土陶瓷器、石器

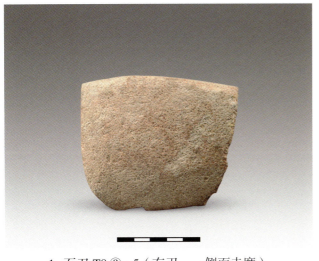

1. 石刀 T8③：5（有刃，一侧面未磨）

2. 石刀 T8③：5（有刃，一侧面未磨，另一面未磨平）

3. 砺石 T8③：8

4. 砺石 T8③：8

5. 鼓风管（？）T8②：4

6. 鼓风管（？）T8②：4

彩版一四七　T8③、②层出土陶瓷器、石器

1. 刻纹陶腹片 T8②：5

2. 印纹硬陶腹片 T8②：7

3. 印纹软陶腹片 T8②：6

4. 石镰 T8②：1

5. 石镰 T8②：1

6. 陶鼎足 K2：1

彩版一四八　T8②层等出土陶瓷器、石器

1. T9 北壁（镜向 348°）

2. T9 东壁（镜向 78°）

彩版一四九　T9 地层剖面

1. T9 南壁（镜向 162°）

2. T9 西壁（镜向 260°）

彩版一五〇　T9 地层剖面

1. T9 ⑧层下柱洞、坑、槽分布全景（高角度俯视，镜向350°）

2. H9（镜向265°）

3. H10（镜向348°）

1. 陶盆 H9：3

2. 陶支脚 H9：1

3. 陶支脚 H9：1

4. 陶支脚 H9：1

5. H2（镜向 314°）

6. H3（镜向 348°）

彩版一五二　T9H3、H2 及 H9 出土陶瓷器

1. 陶鼎足 H10①：1

2. 陶鬲足 H2：1

3. 陶器耳 T9⑪：8、50

4. 陶铃 T9⑪：3

5. 陶铃 T9⑪：3

6. 陶铃 T9⑪：3（内壁）

彩版一五三　T9 出土陶瓷器

1. 印纹硬陶 T9⑪：56

2. 印纹硬陶 T9⑪：56（内壁垫窝）

3. 陶罐 T9⑪：18

4. 陶罐底 T9⑪：19

5. 陶罐底 T9⑪：19（内底）

6. 石斧 T9⑪：1

彩版一五四　T9⑪层出土陶瓷器、石器

1. 石钺 T9⑪：2

2. 石钺 T9⑪：2

3. 炉渣 T9⑪：62

4. 炉渣 T9⑪：62 显微照片

5. 炉渣 T9⑪：62 显微照片

6. 炉渣 T9⑪：62 显微照片

7. 炉渣 T9⑪：62 显微照片

8. 炉渣 T9⑪：62 显微照片

彩版一五五　T9⑪ 层出土石器、炉渣

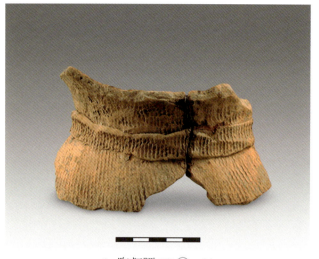

1. 陶甗腰 T9 ⑩ : 24

2. 陶鬶足 T9 ⑩ : 2-1

3. 陶鬶足 T9 ⑩ : 2-1（中空）

4. 陶鬶足 T9 ⑩ : 2-2

5. 陶鬶足 T9 ⑩ : 2-2

6. 陶豆柄 T9 ⑩ : 33

彩版一五六　T9 ⑩层出土陶瓷器

1. 陶豆柄 T9 ⑩：32

2. 陶豆柄 T9 ⑩：32（内壁制法）

3. 铜镞 T9 ⑩：1

4. 陶豆柄 T9 ⑨：36

5. 陶盉流 T9 ⑨：37

6. 直口缸腹片 T9 ⑨：30

彩版一五七　T9 ⑩、⑨层出土陶瓷器、铜器

1. 原始瓷器底 T9 ⑨：6

2. 原始瓷器 T9 ⑨：6

3. 陶鼎足 T9 ⑨：4、32

4. 陶鬶足 T9 ⑨：5

5. 陶鬶足 T9 ⑨：5（中空）

6. 石锛 T9 ⑨：2

7. 石铲 T9 ⑨：39

彩版一五八　T9 ⑨层出土陶瓷器、石器

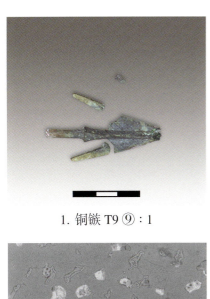

1. 铜镞 T9 ⑨∶1

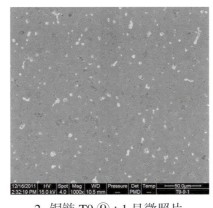

2. 铜镞 T9 ⑨∶1 显微照片

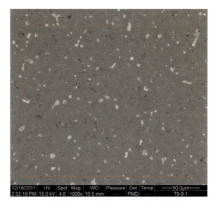

3. 铜镞 T9 ⑨∶1 显微照片

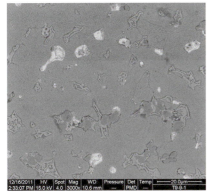

4. 铜镞 T9 ⑨∶1 显微照片

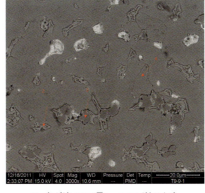

5. 铜镞 T9 ⑨∶1 显微照片

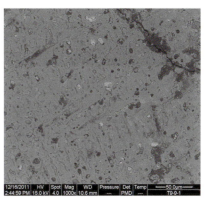

6. 铜镞 T9 ⑨∶1 显微照片

7. 铜镞 T9 ⑨∶1 显微照片

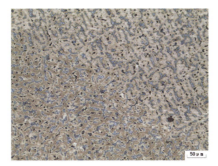

8. 铜镞 T9 ⑨∶1 显微照片

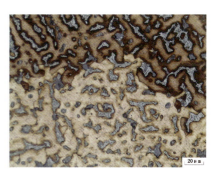

9. 铜镞 T9 ⑨∶1 显微照片

彩版一五九　T9 出土铜镞

1. 陶鬲足 T9 ⑧：20、19

2. 陶鼎足 T9 ⑧：31、16、84

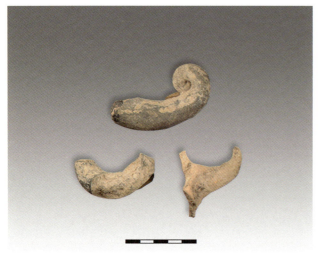

3. 陶盉把手 T9 ⑧：34、32、33

4. 陶罐口沿 T9 ⑧：23

5. 陶罐口沿 T9 ⑧：23

6. 印纹硬陶罐口沿 T9 ⑧：37

彩版一六〇　T9 ⑧层出土陶瓷器

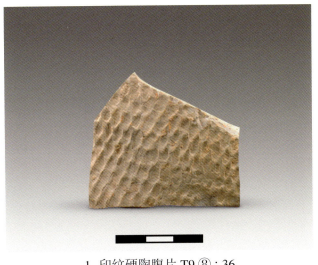

1. 印纹硬陶腹片 T9⑧：36

2. 印纹硬陶腹片 T9⑧：38

3. 硬陶腹片内壁 T9⑧：38

4. 印纹硬陶腹片 T9⑧：39

5. 石矛 T9⑧：1

6. 石矛 T9⑧：1

彩版一六一　T9⑧层出土陶瓷器、石器

1. 砾石 T9⑧：2

2. 砾石 T9⑧：2

3. 残铜块 T9⑧：3

4. 陶鬲足 T9⑦：9、8、7

5. 绳纹甗口沿 T9⑦：28

6. 陶甗腰 T9⑦：24

7. 陶甗腰 T9⑦：24（内壁制法）

8. 陶盉上部小钵 T9⑦：30

彩版一六二　T9⑧、⑦层出土遗物

1. 陶罐口沿 T9 ⑦：32

2. 带釉印纹硬陶腹片 T9 ⑦：34（釉脱落）

3. 带釉印纹硬陶腹片 T9 ⑦：34（内壁指窝痕）

4. 石凿 T9 ⑦：4

5. 石凿 T9 ⑦：4

6 砺石 T9 ⑦：2

7. 铜镞 T9 ⑦：3

8. 铜镞 T9 ⑦：5

彩版一六三　T9 ⑦层出土遗物

1. 素面鬲 T9 ⑥：47

2. 绳纹鬲口沿 T9 ⑥：49

3. 陶盉甂部小钵 T9 ⑥：85

4. 陶盉把手 T9 ⑥：96

5. 陶豆 T9 ⑥：2

6. 陶盘 T9 ⑥：20

彩版一六四　T9 ⑥层出土陶瓷器

1. 敛口钵 T9 ⑥：89

2. 陶盆 T9 ⑥：14

3. 陶小盆口沿 T9 ⑥：31

4. 陶罐口沿 T9 ⑥：44

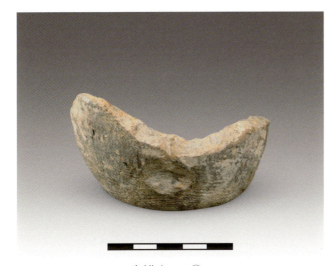

5. 陶罐底 T9 ⑥：39

6. 陶罐底 T9 ⑥：39

彩版一六五　T9 ⑥层出土陶瓷器

1. 圆圈纹陶片 T9⑥：100

2. 陶拍 T9⑥：4

3. 陶拍拍面 T9⑥：4

4. 陶垫 T9⑥：17

5. 陶垫垫面 T9⑥：17

6. 印纹硬陶罐耳 T9⑥：106

彩版一六六　T9⑥层出土陶瓷器

1. 原始瓷豆 T9 ⑥：13

2. 原始瓷豆 T9 ⑥：24

3. 有段石锛 T9 ⑥：6

4. 石锛半成品 T9 ⑥：16

5. 石锛半成品 T9 ⑥：16

6. 石凿 T9 ⑥：1

彩版一六七　T9 ⑥层出土陶瓷器、石器

1. 石凿 T9 ⑥：5

2. 石凿 T9 ⑥：7

3. 石凿 T9 ⑥：26

4. 石凿 T9 ⑥：26

5. 石钺 T9 ⑥：18

6. 石钺 T9 ⑥：27

彩版一六八　T9 ⑥层出土石器

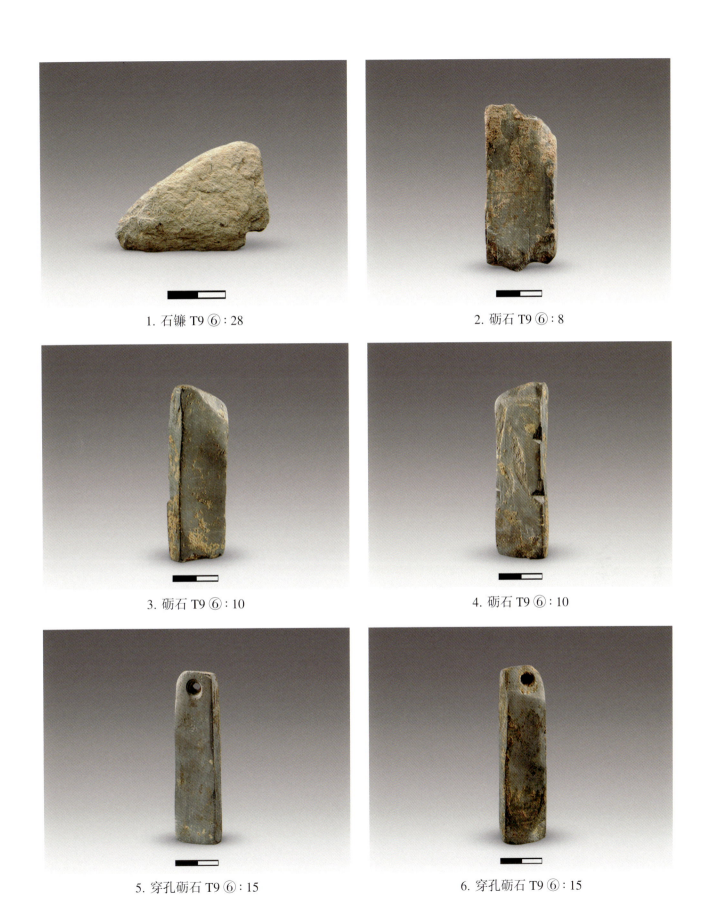

1. 石镰 T9 ⑥：28

2. 砺石 T9 ⑥：8

3. 砺石 T9 ⑥：10

4. 砺石 T9 ⑥：10

5. 穿孔砺石 T9 ⑥：15

6. 穿孔砺石 T9 ⑥：15

彩版一六九　T9 ⑥层出土石器

1. 砺石 T9 ⑥：23

2. 砺石 T9 ⑥：25

3. 砺石 T9 ⑥：25

4. 铜镞 T9 ⑥：3

5. 残铜削 T9 ⑥：12

6. 残铜削 T9 ⑥：12

彩版一七〇　T9 ⑥层出土石器、铜器

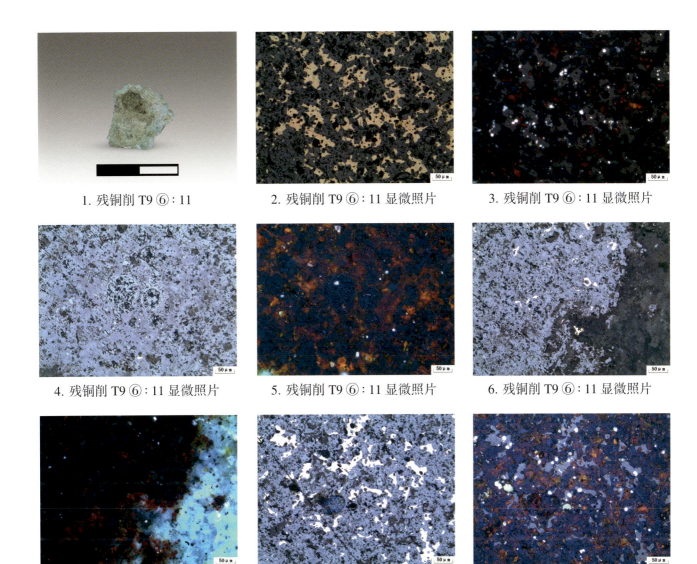

1. 残铜削 T9 ⑥：11　　　　2. 残铜削 T9 ⑥：11 显微照片　　　　3. 残铜削 T9 ⑥：11 显微照片

4. 残铜削 T9 ⑥：11 显微照片　　　　5. 残铜削 T9 ⑥：11 显微照片　　　　6. 残铜削 T9 ⑥：11 显微照片

7. 残铜削 T9 ⑥：11 显微照片　　　　8. 残铜削 T9 ⑥：11 显微照片　　　　9. 残铜削 T9 ⑥：11 显微照片

彩版一七一　T9 出土残铜削

1. 残铜器口沿 T9 ⑥ : 19

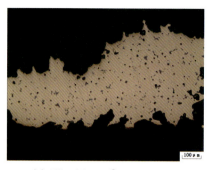

2. 残铜器口沿 T9 ⑥ : 19 显微照片

3. 残铜器口沿 T9 ⑥ : 19 显微照片

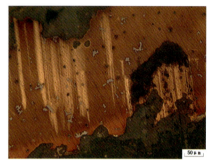

4. 残铜器口沿 T9 ⑥ : 19 显微照片

5. 残铜器口沿 T9 ⑥ : 19 显微照片

6. 残铜器口沿 T9 ⑥ : 19 显微照片

7. 残铜器口沿 T9 ⑥ : 19 显微照片

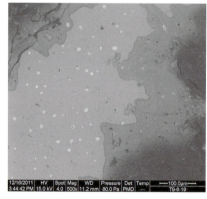

8. 残铜器口沿 T9 ⑥ : 19 显微照片

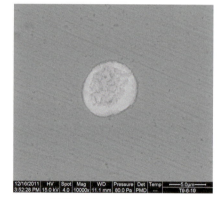

9. 残铜器口沿 T9 ⑥ : 19 显微照片

彩版一七二　T9 出土残铜器口沿

1. 素面鬲 T9 ⑤：18

2. 陶鬲口沿 T9 ⑤：19

3. 陶柱状鬲足 T9 ⑤：32、34、27

4. 陶锥形鬲足 T9 ⑤：21、29、36、35

5. 陶盉把手 T9 ⑤：40

6. 陶豆 T9 ⑤：1

彩版一七三　T9 ⑤层出土陶瓷器

1. 敛口钵 T9⑤：3

2. 敛口钵 T9⑤：4

3. 敛口罐 T9⑤：70

4. 陶纺轮 T9⑤：2

5. 印纹硬陶罐 T9⑤：55

6. 印纹硬陶罐 T9⑤：55

彩版一七四　T9⑤层出土陶瓷器

1. 印纹硬陶罐 T9 ⑤：60

2. 印纹硬陶腹片 T9 ⑤：56

3. 印纹硬陶腹片 T9 ⑤：56

4. 印纹软陶腹片 T9 ⑤：59

5. 印纹软陶腹片 T9 ⑤：59（内壁指窝）

6. 原始瓷豆 T9 ⑤：76

彩版一七五　T9 ⑤层出土陶瓷器

1. 柱状鬲足 T9 ④：40、39

2. 锥状鬲足 T9 ④：48、47、42

3. 陶盉甄部 T9 ④：6

4. 陶盉甄部 T9 ④：6

5. 陶豆 T9 ④：1

6. 陶豆 T9 ④：1

彩版一七六　T9 ④层出土陶瓷器

1. 弦断绳纹罐口沿 T9④：75

2 弦断绳纹罐口沿 T9④：75（内壁垫窝）

3. 陶器盖 T9④：101

4. 印纹硬陶罐口沿 T9④：119

5. 印纹硬陶器底 T9④：110

6.印纹硬陶器底 T9④：110（内壁垫窝、抹痕、圈筑痕）

彩版一七七　T9④层出土陶瓷器

1. 印纹硬陶片 T9 ④：111

2. 印纹硬陶片 T9 ④：118

3. 印纹硬陶片 T9 ④：121

4. 夹砂褐陶印纹软陶罐 T9 ④：84

5. 夹砂褐陶印纹软陶罐 T9 ④：84（外底印纹）

6. 泥质褐胎黑皮印纹软陶罐 T9 ④：86

彩版一七八　T9 ④层出土陶瓷器

1. 原始瓷豆 T9 ④：3

2. 原始瓷豆 T9 ④：4

3. 有段石锛 T9 ④：5

4. 石锛 T9 ④：8

5. 石凿 T9 ④：2

彩版一七九　T9 ④层出土陶瓷器、石器

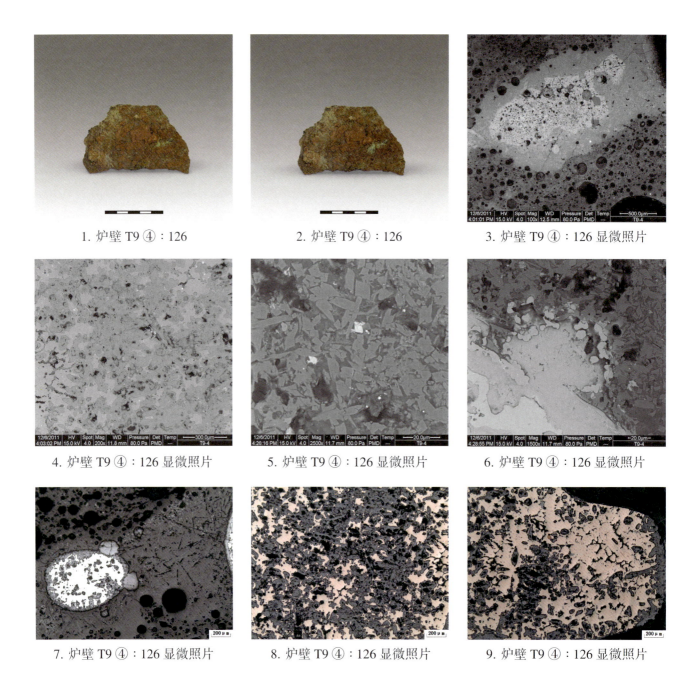

1. 炉壁 T9 ④：126

2. 炉壁 T9 ④：126

3. 炉壁 T9 ④：126 显微照片

4. 炉壁 T9 ④：126 显微照片

5. 炉壁 T9 ④：126 显微照片

6. 炉壁 T9 ④：126 显微照片

7. 炉壁 T9 ④：126 显微照片

8. 炉壁 T9 ④：126 显微照片

9. 炉壁 T9 ④：126 显微照片

1. 陶鬲 T9③：40

2. 陶盆口沿 T9③：24

3. 印纹硬陶罐 T9③：37

4. 印纹硬陶罐 T9③：37（内壁指窝）

5. 陶鬲 T9②：1

6. 刻纹陶盆 T9②：29

彩版一八一　T9③、②层出土陶瓷器

1. 残铜器 T9③：1

2. 残铜器 T9③：1

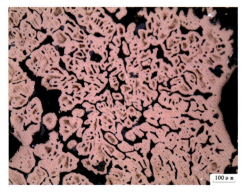

3. 残铜器 T9③：1 显微照片

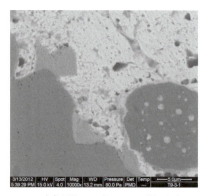

4. 残铜器 T9③：1 显微照片

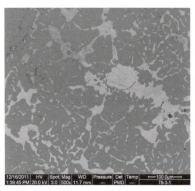

5. 残铜器 T9③：1 显微照片

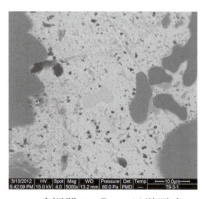

6. 残铜器 T9③：1 显微照片

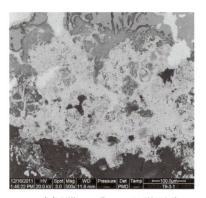

7. 残铜器 T9③：1 显微照片

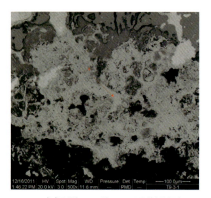

8. 残铜器 T9③：1 显微照片

彩版一八二　T9③层出土残铜器

1. 陶纺轮 T9②：2

2. 刻纹陶片 T9②：26

3. 硬陶豆座 T9②：21

4. 印纹硬陶腹片 T9②：36、35、34、37、38

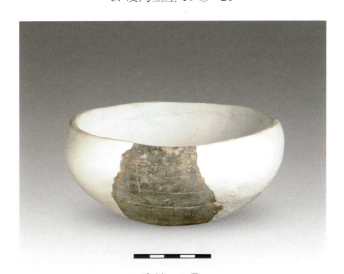

5. 陶钵 T9①：1

彩版一八三　T9 地层出土陶瓷器

1. F1 红烧土全景
（镜向 195°）

2. F1 全景（镜向
165°，高角度俯视）

1. F1 全景（镜向
348°，高角度俯视）

2. F1 中部类似隔墙与
柱洞（镜向 75°）

彩版一八五　T10F1

1. F1西部中段方台（镜向160°）

2. F1中部隔墙全景（镜向74°，侧视）

彩版一八六　T10F1

1. F1 上部活动面 1 下平面（镜向 70°）

2. 敛口钵 F1：1

3. T10 内活动面（俯视）

4. 陶罐底 T10HDM1：2、3

5. T10 南部中段石头堆积（镜向 264°）

彩版一八七　T10F1、M1 及出土陶瓷器

1. 原始瓷腹片 T10⑤a：5（叶脉纹）

2. 绳纹罐底 T10②：10

3. 印纹软陶罐底 T10②：12

4. 印纹硬陶腹片 T10②：11

5. 印纹硬陶腹片 T10②：13

6. 印纹硬陶腹片 T10③：2

彩版一八八　T10⑤a、③、②层出土陶瓷器

1. 有段石锛 T10②：1

2. 有段石锛 T10②：1

3. 石凿 T10③：1

4. 石凿 T10③：1

5. 石凿 T10②：2

6. 石凿 T10②：2

彩版一八九　T10②层出土石器

1. 捏窝鼎足 T11⑯：2

2. 泥质黑皮灰黑胎器座 T11⑯：3

3. 泥质黑皮灰黑胎器座 T11⑯：3（底视）

4. 泥质黑皮灰黑胎器座 T11⑯：3（内壁）

5. 陶鬲足 T11⑮：4

6. 陶鬲足 T11⑮：4

彩版一九〇　T11⑯、⑮层出土陶瓷器

1. 捏窝鼎足 T11⑮：3

2. 陶鬲足 T11⑭：3

3. 捏窝鼎足 T11⑭：2

4. 捏窝鼎足 T11⑭：5

5. 石锛 T11⑭：1

6. 石锛 T11⑭：1

彩版一九一　T11⑮、⑭层出土陶瓷器、石器

1. 陶鬲足 T11⑬：20、19、45

2. 红胎外灰陶甗腰 T11⑬：16

3. 陶豆柄 T11⑬：23

4. 敛口钵 T11⑬：9

5. 夹砂灰陶盆口沿 T11⑬：10

6. 夹砂灰陶弦断绳纹罐 T11⑬：3

彩版一九二　T11⑬层出土陶瓷器

1. 双耳罐 T11⑬：2

2. 双耳罐底 T11⑬：2

3. 网纹陶罐口沿 T11⑬：38

4. 叶脉纹罐底 T11⑬：27

5. 陶拍 T11⑬：6（拍面）

6. 陶拍 T11⑬：6（背面）

彩版一九三　T11⑬ 层出土陶瓷器

1. 硬陶盉 T11⑬：4

2. 硬陶盉 T11⑬：4（半边泛红）

3. 印纹硬陶腹片 T11⑬：25

4. 印纹硬陶腹片 T11⑬：31

5. 印纹硬陶腹片 T11⑬：31（内壁刮抹痕）

6. 原始瓷豆 T11⑬：26

彩版一九四　T11⑬ 层出土陶瓷器

1. 原始瓷盂 T11⑬：5

2. 石刀 T11⑬：8

3. 石刀 T11⑬：8

4. 石范内面 T11⑬：1

5. 石范内面 T11⑬：1

6. 石范 T11⑬：1

7. 石范 T11⑬：1

8. 石范 T11⑬：1

彩版一九五　　T11⑬ 层出土陶瓷器、石器

1. 红陶鼎 T11⑪：2

2. 绳纹陶盆 T11⑪：4

3. 原始瓷碗 T11⑪：1

彩版一九六　T11⑪层出土陶瓷器

1. 陶盉 T11 ⑩：2

2. 陶盉 T11 ⑩：2

3. 陶盉 T11 ⑩：2

彩版一九七　T11 出土陶盉

1. 原始瓷豆 T11 ⑨：2

2. 敛口钵 T11 ⑦：1

3. 原始瓷豆 T11 ③b：1

4. 陶鼎足 T11G4：12

5. 泥红胎黑皮陶器底指甲纹篦圈足 T11G4：7

6. 红陶豆盘 T11G4：15

彩版一九八　G4、T11 地层出土陶瓷器

1. 印纹硬陶罐 T12 ⑦：1

2. 印纹硬陶罐口沿 T12 ⑤：2

3. 印纹硬陶腹片 T12 ⑤：3

4. 印纹硬陶腹片 T12 ⑤：12

5. 印纹硬陶腹片 T12 ⑤：13

6. 石料 T12 ③：1（磨砺面）

彩版一九九　T12 地层出土陶瓷器、石料

1. 印纹软陶腹片 T15 ⑧：1

2. 陶鬲口沿 T15 ⑦：2

3. 陶鼎足 T15 ⑥：10

4. 陶甗腰 T15 ⑥：3

5. 灰胎黑衣陶碗 T15 ⑥：1

6. 印纹硬陶圆肩罐口沿 T15 ⑥：13

彩版二〇〇　T15 ⑦、⑥层出土陶瓷器

1. 原始瓷豆座 T15⑥：5

2. 原始瓷豆座 T15⑥：11

3. 原始瓷豆座 T15⑥：12

4. 陶鼎足 T15⑤：12

5. 桥形罐耳 T15⑤：7

6. 印纹硬陶罐口沿 T15③：1

7. 原始瓷盂 T15⑤：1

8. 原始瓷盂 T15⑤：1（内底轮制痕）

9. 三棱石镞 T15④：1

彩版二〇一　T15 地层出土陶瓷器、石器

1. T16 西壁（镜向 255°）

2. 陶甗足 T16 ⑥：7

3. 陶罐 T16 ⑥：1

4. 陶罐底 T16 ⑥：8

彩版二〇二　T16 及出土陶瓷器

1. T17 东壁（镜向 255°）

2. 绳纹盆口沿 T17⑧：1

3. 印纹硬陶罐 T17⑥：2

4. 原始瓷罐口沿 T17⑥：1

5. 原始瓷罐口沿 T17⑥：1（内壁泥条痕和抹泥痕）

彩版二〇三　T17 及出土陶瓷器

1. 原始瓷豆 T20 ⑦：1

2. 刻纹原始瓷豆 T20 ⑤：2

3. 刻纹原始瓷豆 T20 ⑤：2

4. 石斧 T20 ⑤：1

5. 石斧 T20 ⑤：1

彩版二〇四　T20 地层出土陶瓷器、石器

1. 陶甂口沿 T21 ⑦：3

2. 陶甂口沿 T21 ⑦：3

3. 印纹硬陶罐 T21 ⑦：5

4. 原始瓷豆 T21 ⑦：2

5. 原始瓷豆 T21 ⑦：2

6. 原始瓷豆 T21 ⑦：2

彩版二〇五　T21 ⑦层出土陶瓷器

1. 石钺 T21 ⑦：1

2. 石钺 T21 ⑦：1

3. 原始瓷豆 T21 ⑤：6

4. 原始瓷豆圈足 T21 ⑤：6（底内有指纹）

5. 原始瓷罐口沿 T21 ⑤：7（圆圈纹）

6. 陶鬲足 T24 ⑤：1

彩版二〇六　T21 ⑦、⑤、T24 ⑤层出土陶瓷器、石器

1. T25 冶炼遗迹全景
（镜向 75°）

2. T25 冶炼遗迹全景
（镜向 350°）

彩版二〇七　T25 冶炼遗迹

1. T25 冶炼遗迹（镜向 80°）

2. T25 冶炼遗迹（镜向 350°）

彩版二〇八　T25 冶炼遗迹

1. 陶豆柄 T25⑦：1   2. 石矛 T25③：1   3. 石矛 T25③：1

4. T28 西壁（镜向 255°）

彩版二〇九　T25 地层出土遗物与 T28

1. 平跟鬲足 T28⑨：11

2. 粗砂绳纹红陶罐 T28⑨：10

3. 粗砂绳纹红陶罐 T28⑨：10

4. 陶豆盘 T28⑧：1

5. 素面鬲 T28⑥：1（有刮抹痕迹）

彩版二一〇　T28⑨、⑧、⑥层出土陶瓷器

1. 弦纹盆口沿 T28③：7

2. 陶豆 T28③：10

3. 陶甗腰 T28②：6

5. 原始瓷豆 T28②：1（底红胎）

4. 原始瓷豆 T28②：1

彩版二一一 T28③、②层出土陶瓷器

1. 炉壁 T28 ②：9

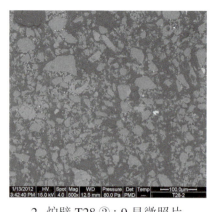

2. 炉壁 T28 ②：9 显微照片

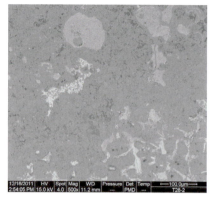

3. 炉壁 T28 ②：9 显微照片

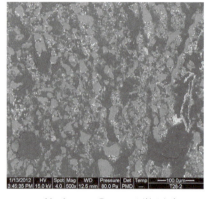

4. 炉壁 T28 ②：9 显微照片

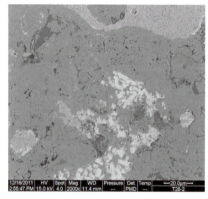

5. 炉壁 T28 ②：9 显微照片

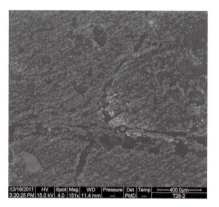

6. 炉壁 T28 ②：9 显微照片

7. 炉壁 T28 ②：9 显微照片

8. 炉壁 T28 ②：9 显微照片

9. 炉壁 T28 ②：9 显微照片

1. T29 北壁（镜向 345°）

2. T29 东壁（镜向 70°）

彩版二一三　T29 地层剖面

1. T29 南壁（镜向 170°）

2. T29 西壁（镜向 255°）

彩版二一四　T29 地层剖面

1. T29 ②层下西南部活动面（镜向 245°）

2. 原始瓷豆座 T29 ⑨：1

3. 原始瓷豆座 T29 ⑨：1

4. 附加堆纹绳纹盆口沿 T29 ⑦：4

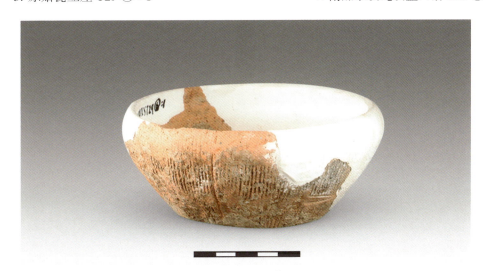

5. 敛口钵 T29 ⑥：1

彩版二一五　T29 及地层出土陶瓷器

1. 陶簋圈足 T29 ⑥：3

2. 陶簋圈足 T29 ⑥：3

3. 砺石 T29 ⑤：1

4. 砺石 T29 ⑤：1

5. 夔纹原始瓷腹片 T29 ④：5

6. 陶豆 T29 ③：2

彩版二一六　T29 地层出土陶瓷器、石器

1. 炉壁 T29 ⑤：2

2. 炉壁 T29 ⑤：2

3. 炉壁 T29 ⑤：2 显微照片

4. 炉壁 T29 ⑤：2 显微照片

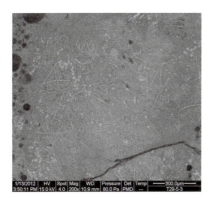

5. 炉壁 T29 ⑤：2 显微照片

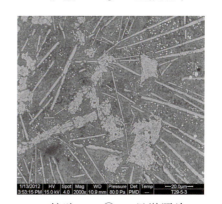

6. 炉壁 T29 ⑤：2 显微照片

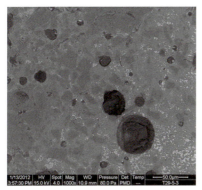

7. 炉壁 T29 ⑤：2 显微照片

8. 炉壁 T29 ⑤：2 显微照片

彩版二一七　T29 出土炉壁

1. 炉壁 T29 ⑤：6

2. 炉壁 T29 ⑤：6

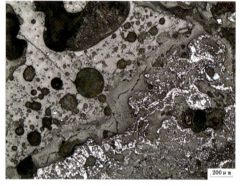

3. 炉壁 T29 ⑤：6 显微照片

4. 炉壁 T29 ⑤：6 显微照片

5. 炉壁 T29 ⑤：6 显微照片

6. 炉壁 T29 ⑤：6 显微照片

7. 炉壁 T29 ⑤：6 显微照片

彩版二一八　T29 出土炉壁

1. 炉渣 T29 ⑤：5

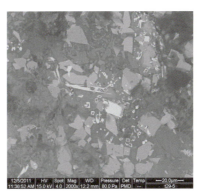

2. 炉渣 T29 ⑤：5 显微照片

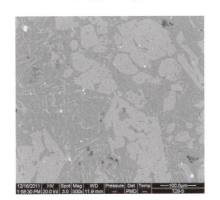

3. 炉渣 T29 ⑤：5 显微照片

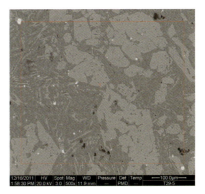

4. 炉渣 T29 ⑤：5 显微照片

5. 炉渣 T29 ⑤：5 显微照片

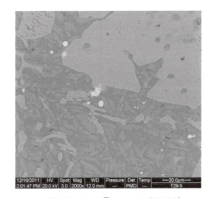

6. 炉渣 T29 ⑤：5 显微照片

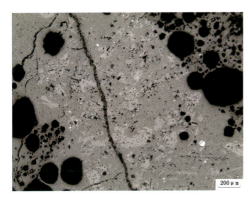

7. 炉渣 T29 ⑤：5 显微照片

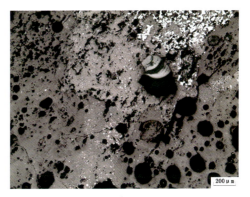

8. 炉渣 T29 ⑤：5 显微照片

彩版二一九　T29 出土炉渣

1. 斜柄石刀 T29 ③：1

2. 斜柄石刀 T29 ③：1

3. 石料 T29 ③：3

4. 原始瓷豆 T29 ②：35（外壁附泥饼）

5. 石斧 T29 ②：2

6. 铜锈块 T29 ②：3

彩版二二〇　T29 地层出土遗物

1. T32 北壁（镜向 350°）

2. T32 东壁（镜向 80°）

彩版二二一　T32 地层剖面

1. T32 南壁（镜向 165° ）

2. T32 西壁（镜向 255° ）

彩版二二二 T32 地层剖面

1. 弦断绳纹陶敞口沿 T32⑧：3

2. 泥质黑陶盘 T32⑧：1

3. 泥质黑陶盘 T32⑧：1

4. 弦断绳纹夹砂红陶盆 T32⑧：10

5. 夹砂青灰陶罐底 T32⑧：4（表面烧流气孔）

6. 夹砂青灰陶罐底 T32⑧：4（内壁抹泥痕）

彩版二二三　T32⑧层出土陶瓷器

1. 印纹硬陶罐底 T32⑧：6（外底"回"纹）

2. 带釉原始瓷器底 T32⑧：7（釉脱落）

3. 石矛 T32⑧：2

4. 石矛 T32⑧：2

5. 陶罐底 T32⑦：18

彩版二二四　T32⑧、⑦层出土陶瓷器、石器

1. 双耳深腹陶壶 T32 ⑦：2

2. 双耳深腹陶壶 T32 ⑦：2

3. 陶纺轮 T32 ⑦：1

4. 原始瓷腹片 T32 ⑦：25

彩版二二五　T32 ⑦层出土陶瓷器

1. 夹砂青灰陶盉柄 T32⑥：11

2. 泥质灰陶折肩盆 T32⑤：2

3. 带釉原始瓷罐口沿 T32⑤：24（印纹和圆圈纹）

4. 原始瓷罐口沿 T32⑤：24（内壁细密弦纹及垫窝）

5. 带釉原始瓷兽首形器耳 T32⑤：1

6. 带釉原始瓷兽首形器耳 T32⑤：1

彩版二二六　T32⑥、⑤层出土陶瓷器

1. 原始瓷豆 T32 ④：9

2. 泥质黑陶敛口钵 T32 ③：2

3. 原始瓷罐口沿 T32 ③：11

4. 铜镞 T32 ③：1

5. 印纹硬陶腹片 T32 ②：14

6. 印纹硬陶腹片 T32 ②：14（内壁垫窝痕）

彩版二二七　T32 ④、③、②层出土遗物

1. T33 北壁（镜向 355°）

2. T33 东壁（镜向 75°）

彩版二二八　T33 地层剖面

1. T33 南壁（镜向 165°）

2. T33 西壁（镜向 260°）

彩版二二九　T33 地层剖面

1. 陶罐口沿 T33 ⑦：7

2. 印纹软陶腹片 T33 ⑦：28

3. 陶鼎足 T33 ⑦：26、25、罐腹片 T33 ⑦：27

4. 炉壁 T33 ⑦：32

5. 炉壁 T33 ⑦：32

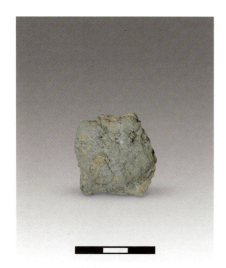

6. 铜锈块 T33 ⑦：33

7. 铜锈块 T33 ⑦：33

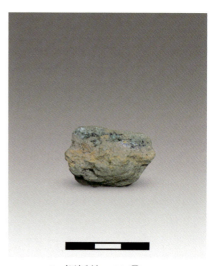

8. 铜锈块 T33 ⑦：33

彩版二三〇　T33 ⑦层出土遗物

1. 敛口钵 T33 ④：1

2. 陶罐 T33 ④：4

3. 陶罐 T33 ④：4（内壁垫窝）

4. 印纹硬陶罐 T33 ④：17

5. 原始瓷腹片 T33 ④：31

6. 原始瓷腹片 T33 ④：31（内壁垫窝痕）

彩版二三一　T33 ④层出土陶瓷器

1. 石铲 T33 ④：2（有片切痕）

2. 石铲 T33 ④：3

3. 陶豆 T33 ③：14

4. 石锛 T33 ③：1

5. 石锛 T33 ③：1

6. 原始瓷腹片 T33 ②：12

彩版二三二　T33 ④、③、②层出土陶瓷器、石器

1. T36 北壁（镜向 347°）

2. T36 东壁（镜向 78°）

彩版二三三　T36 地层剖面

1. T36 南壁（镜向 172°）

2. T36 西照（镜向 225°）

彩版二三四　T36 地层剖面

1. 砺石 T36 ⑧：1

2. 砺石 T36 ⑧：1（磨光面）

3. 绳纹夹砂红褐陶鬲口沿 T36 ⑦：8

4. 绳纹夹砂红褐陶鬲口沿 T36 ⑦：10

5. 泥质黑皮红褐陶豆柄 T36 ⑦：25

6. 弦断绳纹夹砂黑皮红褐陶鬲 T36 ⑥：6

彩版二三五　T36 ⑧、⑦、⑥层出土陶瓷器、石器

1. 刻纹原始瓷豆 T36 ⑦：1

2. 刻纹原始瓷豆 T36 ⑦：1

3. 刻纹原始瓷豆 T36 ⑦：1

4. 原始瓷豆座 T36 ⑥：13

5. 泥质黑皮红褐陶甗附耳 T36 ⑤：21

6. 泥质红褐陶盉流 T36 ⑤：20

彩版二三六　T36 ⑦、⑥、⑤层出土陶瓷器

1. 泥质黑皮红陶敛口钵 T36⑤：1

2. 原始瓷器底 T36④：27

3. 原始瓷器底 T36④：27（内壁垫窝）

4. 兽形青釉原始瓷鋬 T36④：2

5. 兽形青釉原始瓷鋬 T36④：2

6. 兽形青釉原始瓷鋬 T36④：2

7. 石锛（略有段）T36④：1

8. 陶罐 T36⑤：6+T36⑥：3

彩版二三七 T36⑤、④层出土陶瓷器、石器

1. 残铜器 T36 ④：28

2. 残铜器 T36 ④：28 显微照片

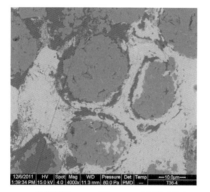

3. 残铜器 T36 ④：28 显微照片

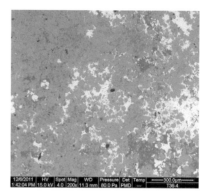

4. 残铜器 T36 ④：28 显微照片

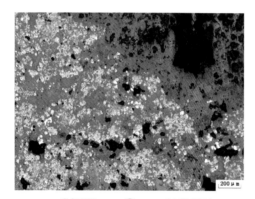

5. 残铜器 T36 ④：28 显微照片

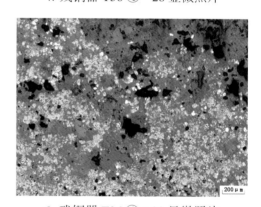

6. 残铜器 T36 ④：28 显微照片

7. 残铜器 T36 ④：28 显微照片

彩版二三八　T36 出土残铜器

1. 泥质黑皮红陶盘 T36③：1

2. 夹粗砂红褐陶鼎 T36②：1

3. 陶鼎足 T36②：16

4. 陶盉柄 T36②：18

5. 红褐胎黑皮陶豆 T36②：20

6. 陶罐耳 T36②：19

彩版二三九　T37③、②层出土陶瓷器

1. T37 北壁（镜向 347°）

2. T37 东壁（镜向 78°）

彩版二四〇　T37 地层剖面

1. T37 南壁（镜向 172°）

2. T37 西壁（镜向 225°）

彩版二四一　T37 地层剖面

1. 陶鬲 T37⑨：5

2. 陶鬲 T37⑨：5

3. 陶鬲 T37⑨：10

4. 陶鬲 T37⑨：10

彩版二四二　T37⑨层出土陶鬲

1. 陶鬲 T37 ⑨：20

2. 陶鬲 T37 ⑨：21

4. 陶鬲 T37 ⑨：21

3. 陶鬲 T37 ⑨：21

5. 陶鬲足 T37 ⑨：23、24

彩版二四三　T37 ⑨层出土陶鬲

1. 夹细砂陶鬶 T37 ⑨：11

2. 夹细砂陶鬶 T37 ⑨：11

3. 夹细砂陶鬶 T37 ⑨：11

4. 陶豆 T37 ⑨：3

5. 假腹陶豆 T37 ⑨：6

6. 假腹陶豆 T37 ⑨：6（柄内壁刮抹痕）

彩版二四四　T37⑨层出土陶瓷器

1. 罐形陶豆 T37 ⑨：7

2. 罐形陶豆 T37 ⑨：7 底部

3. 泥质陶豆盘 T37 ⑨：8

4. 泥质灰陶豆柄 T37 ⑨：37

5. 泥质黑陶杯类圈足 T37 ⑨：12

彩版二四五　T37 ⑨层出土陶瓷器

1. 竹节形陶杯柄 T37 ⑨：2（倒拍）

2. 竹节形陶杯柄 T37 ⑨：2

3. 竹节形陶杯柄 T37 ⑨：9（倒拍）

4. 泥质高领陶罐口沿 T37 ⑨：15

5. 附加堆纹圆肩陶罐 T37 ⑨：36、35

1. 素面夹砂陶鬲 T37⑨：17、16、19

2. 陶豆 T37⑨：1

3. 陶豆 T37⑨：4

4. 鹿角 T37⑨：42

5. 夹细砂褐陶弦断绳纹鬲 T37⑧：6

6. 泥质陶罐底 T37⑧：1

彩版二四七　T37⑨、⑧层出土遗物

1. 泥质黑皮陶素面折肩鬲 T37⑦：1

2. 夹砂陶器盖 T37⑤：2

3. 原始瓷豆 T37⑤：1

4. 原始瓷豆 T37⑤：1

5. 原始瓷豆 T37⑤：1

6. 原始瓷豆 T37⑤：3

彩版二四八　T37⑦、⑤层出土陶瓷器

1. Z字形器柄 T37③：10

2. Z字形器柄 T37③：10

3. 陶拍 T37②：1（拍面）

4. 陶拍 T37②：1（背面）

5. 石斧 T37②：2

6. 石凿残次品 T37②：3

彩版二四九　T37③、②层出土陶瓷器、石器

1. T40 北壁（镜向 347°）

2. T40 东壁（镜向 78°）

彩版二五〇　T40 地层剖面

1. T40 南壁（镜向 172°）

2. T40 西壁（镜向 225°）

彩版二五一　T40 地层剖面

1. 陶甗口沿 T40⑧：1

2. 绳纹鬲 T40⑥：2

3. 绳纹鬲 T40⑥：3

4. 绳纹鬲 T40⑥：3（内壁颈部接痕）

5. 泥质陶豆柄 T40⑥：10

6. 泥质陶豆柄 T40⑥：11

彩版二五二　T40⑧、⑥层出土陶瓷器

1. 印纹硬陶罐底 T40 ⑥：22

2. 印纹软陶圆肩罐口沿 T40 ⑥：20

3. 夹砂黑陶素面鬲 T40 ⑤：1

4. 泥质印纹硬陶圆肩罐口沿 T40 ⑤：12

5. 印纹硬陶罐口沿 T40 ③：32

6. 印纹硬陶罐口沿 T40 ③：32（断面做过测试）

彩版二五三　T40 ⑥、⑤、③层出土陶瓷器

1. 铜锈块 T40③：39

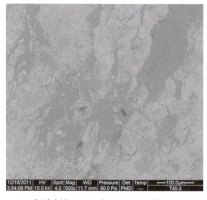

2. 铜锈块 T40③：39 显微照片

3. 铜锈块 T40③：39 显微照片

4. 铜锈块 T40③：39 显微照片

5. 铜锈块 T40③：39 显微照片

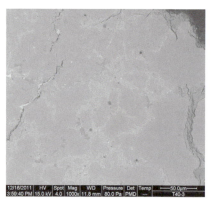

6. 铜锈块 T40③：39 显微照片

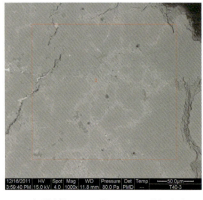

7. 铜锈块 T40③：39 显微照片

8. 铜锈块 T40③：39 显微照片

9. 铜锈块 T40③：39 显微照片

彩版二五四　T40 出土铜锈块

1. T41 北壁（镜向 347°）

2. T41 东壁（镜向 78°）

彩版二五五　T41 地层剖面

1. T41 南壁（镜向 172°）

2. T41 西壁（镜向 225°）

彩版二五六　T41 地层剖面

1. 夹粗砂红褐陶柱状鬲足 T41⑦：6

2. 泥质陶附加堆纹绳纹盆口沿 T41⑥：12（口沿片号为8）

3. 夹砂陶鬲 T41⑤：6

4. 原始瓷豆 T41⑤：1

5. 原始瓷豆 T41⑤：2

6. 原始瓷豆 T41⑤：3

彩版二五七 T41⑦、⑥、⑤层出土陶瓷器

1. 石铲 T41 ⑤∶4（半成品？）

2. 石铲 T41 ⑤∶4（半成品？）

3. 石铲 T41 ⑤∶5

4. 石铲 T41 ⑤∶5（背面一侧有片切痕）

5. 印纹硬陶罐 T41 ③∶34

6. 原始瓷碗 T41 ②∶1

彩版二五八　T41 ⑤、③、②层出土陶瓷器、石器

1. 铜锈块 T41 ⑤：40

2. 铜锈块 T41 ⑤：40 显微照片

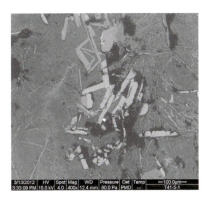

3. 铜锈块 T41 ⑤：40 显微照片

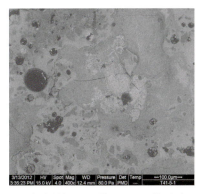

4. 铜锈块 T41 ⑤：40 显微照片

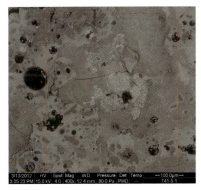

5. 铜锈块 T41 ⑤：40 显微照片

6. 铜锈块 T41 ⑤：40 显微照片

7. 铜锈块 T41 ⑤：40 显微照片

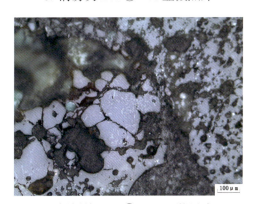

8. 铜锈块 T41 ⑤：40 显微照片

彩版二五九　T41 出土铜锈块

1. 炉渣 T41 ②：8

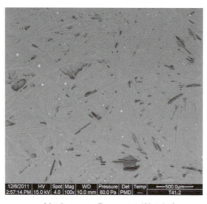

2. 炉渣 T41 ②：8 显微照片

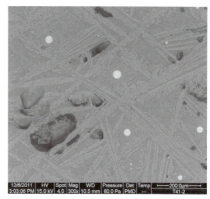

3. 炉渣 T41 ②：8 显微照片

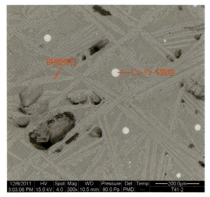

4. 炉渣 T41 ②：8 显微照片

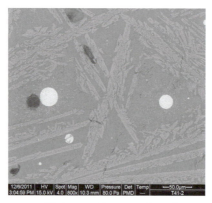

5. 炉渣 T41 ②：8 显微照片

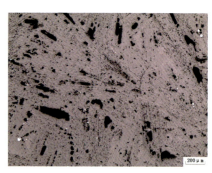

6. 炉渣 T41 ②：8 显微照片

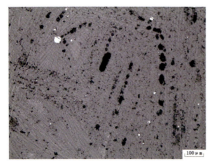

7. 炉渣 T41 ②：8 显微照片

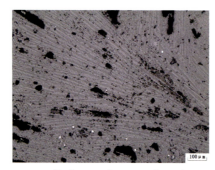

8. 炉渣 T41 ②：8 显微照片

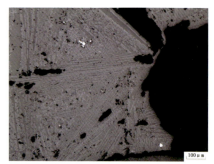

9. 炉渣 T41 ②：8 显微照片

彩版二六〇　T41 地层出土炉渣

1. 猪骨骼（J1）

2. 猪犬齿

3. 猪犬齿

4. 中小型鹿科骨骼

5. 小型鹿科骨骼

彩版二六一　出土动物骨骼